中国煤炭工业志

● 省级志系列

河南煤炭工业志

（1991—2015）

《河南煤炭工业志》编纂委员会

中国矿业大学出版社
煤 炭 工 业 出 版 社

图书在版编目(CIP)数据

河南煤炭工业志／《河南煤炭工业志》编纂委员会
—徐州：中国矿业大学出版社，2017.8
ISBN 978-7-5646-3786-6

Ⅰ.①河… Ⅱ.①河… Ⅲ.①煤炭工业—工业史—河南 Ⅳ.①F426.21

中国版本图书馆 CIP 数据核字(2017)第 286117 号

书　　名　河南煤炭工业志
编　　者　《河南煤炭工业志》编纂委员会
责任编辑　王加俊　马跃龙　章　毅　耿东锋　黄本斌　徐　玮
出版发行　中国矿业大学出版社有限责任公司
（江苏省徐州市解放南路　邮编 221008）
营销热线　(0516)83885307　83884995
出版服务　(0516)83885767　83884920
网　　址　http://www.cumtp.com　**E-mail**:cumtpvip@cumtp.com
印　　刷　徐州中矿大印发科技有限公司
开　　本　787×1092　1/16　**印张** 45.5　**插页** 14　**字数** 1179 千字
版次印次　2017 年 8 月第 1 版　2017 年 8 月第 1 次印刷
定　　价　360.00 元
（图书出现印装质量问题，本社负责调换）

《中国煤炭工业志》
编纂委员会

顾　　问　王森浩　韩　英　张宝明　范维唐　濮洪九
赵铁锤　赵岸青

主　　任　王显政

常务副主任　梁嘉琨　李万疆

副 主 任　彭建勋　姜智敏　田　会　解宏绪　刘　峰
王虹桥　吕　英　孙之鹏　吴晓煜

委　　员　（以姓氏笔画为序）

卜庆林　卜昌森　马占平　马富国　王连海　王金华
王智奎　王端武　毛占彪　方佳军　石文怀　田　洪
田光雄　付　伟　冯　跃　乔乃琛　向二牛　许胜铭
孙守仁　孙建军　严寅初　李　峰　李　强　李延江
李位民　李建民　李联山　李增全　李德东　杨国占
杨照乾　肖　蕾　吴卫龙　吴甲春　余有松　邹维纲
汪崇鲜　张　宏　张　勇　张仕和　张应伟　张建公
张绍强　陈永昌　陈养才　陈党义　邵俊杰　林金本
周寅生　周德昶　庞禹东　庞崇娅　赵　平　赵世民
赵永鑫　赵苏启　贺佑国　凌　文　黄锦生　商登莹
梁铁山　董跃鹰　景宏年　童亚辉　曾昭和　廖建湘
阚　兴　戴璐强　魏振宽

总　　纂　吴晓煜

副 总 纂　陈　昌

编纂办公室　陈　昌　刘新建　张素红　于海宏

《河南煤炭工业志》（1991—2015）编纂委员会

《河南煤炭工业志》（1991—2015）编纂委员会办公室

《河南煤炭工业志》(1991—2015)
编纂人员

执行总纂　张利亚

编　　辑　（以姓氏笔画为序）

丁　斌　刁良勋　牛卫东　付　蔚　孙文生

吉建庆　齐二伟　刘跃进　李海龙　李　锋

张宝山　张利亚　赵冬梅　赵利宝　茹纯洁

胡海洋　侯秀云　郭俊善　袁海刚　高建固

崔立峰　程乐金　薛红梅

参加初稿编写人员名单

河南省煤炭工业管理办公室

张利亚　李学同　齐保贤　孟召明　程乐全　茹纯洁

刘　东　田　刚　李　寒　胡海洋　陈　华　张　叠

马向阳　李　锋　赵利宝　贾太平　赵岳平　李　霞

河南煤矿安全监察局　袁海刚　马永德　陈春杰

河南省能源规划局　孙文生

河南省煤田地质局　刁良勋　彭桂香　刘跃进

河南能源化工集团有限责任公司　黄　蔚　孔森森

中国平煤神马能源化工集团有限责任公司　张献民　赵冬梅

郑州煤炭工业(集团)有限责任公司　高建固　张宏坤　焦　洁

河南能源义煤公司　付　蔚　刘桂英

河南能源永煤公司　丁　斌　姜　舟　王伟阳

河南能源焦煤公司　张嘉林　崔立峰　顾海涛　张　耀

河南能源鹤煤公司　温留正　侯秀云

河南神火集团有限公司　王永岐　孙永红　高　军　李华敏

河南省煤层气开发利用有限公司　刘彦龙　刘　芳

郑州市煤炭管理局　郭海臣　刘　刚

洛阳市煤炭工业局　陆孝俊

平顶山市安全生产监督管理局　吕会阁

安阳市煤炭工业管理办公室　张小辉

三门峡市煤炭工业管理办公室　王宏雅

济源市安全生产监督管理局　赵文豪　原继伟

河南理工大学　陈　康

河南工程学院　陈自龙　张松顷
河南工业和信息化职业学院　李志远
河南省煤炭高级技工学校　耿洪斌
河南地方煤炭集团有限公司　赵　杉
煤炭工业郑州设计研究院有限公司　刘信生
郑州煤矿机械集团股份有限公司　苏振宇
平顶山平煤机煤矿机械装备有限公司　王前进
河南矿业建设(集团)有限公司　张四周
河南省煤炭科学研究院有限公司　崔　林　李慧青　齐二伟
河南工程咨询监理有限公司　刘志刚
河南煤炭建设工程质监中心　孟　锴
河南矿山抢险救灾中心　薛雅娟
河南省煤炭总医院　张春旭
河南省煤矿工会　任文重
河南省煤炭行业协会　李柳保
河南省煤炭学会　邓　波　张桃平

1992年4月，中国统配煤矿总公司总经理胡富国（左五）到河南省现场办公，河南省煤炭工业厅厅长朱德沛（左四）陪同

1996年12月，煤炭工业部部长王森浩（前左三）视察河南焦作矿务局，河南省煤炭工业厅厅长高国安（前左二）陪同

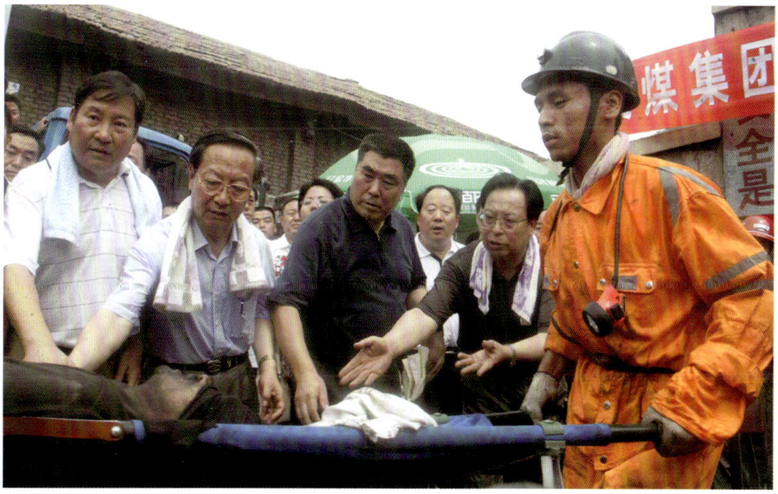

2007年7月31日，河南省委书记徐光春（右二）、国家安监总局局长李毅中（左二）、河南省省长李成玉（左三）、国家煤矿安全监察局局长赵铁锤（左一）在陕县支建煤矿“7·29”淹井现场指挥抢险

2013年4月23日，河南省委书记、省人大常委会主任郭庚茂（左二）视察中国平煤神马集团尼龙产业园区

2014年6月，河南省省长谢伏瞻（左二）到河南能源化工集团调研，河南省安全生产监督管理局煤监办主任李震寰（左一）陪同

2016年7月，河南省省长陈润儿（前右二）到郑煤集团调研指导企业深化改革工作，郑煤集团董事长王连海（前右一）介绍生产调度指挥中心情况

2008年春节，河南省副省长史济春（前排右三）到郑煤集团慰问，河南省煤炭工业管理局局长李恩东（前排左三）陪同

2007年12月，国家安监总局副局长、中煤协会会长王显政（右三）到郑州煤矿机械集团有限责任公司调研，河南省煤炭工业管理局副局长陈党义（右二）陪同

2015年9月,河南省副省长张维宁（左一）查看煤矿机械设备情况，河南煤矿安全监察局党组书记、局长严寅初（左二）陪同

1991-2015年，河南煤矿共计生产原煤32亿吨，为国家经济建设作出贡献

2007年11月，河南省煤炭工业管理局副局长陈党义（右二）在义煤集团耿村矿检查工作

2007年，河南省煤炭工业管理局在全省矿井推行“手指口述”工作法

2012年9月，中国首个自主研发的国产智能控制无人化综采工作面在平煤股份六矿试运行成功

2007年，河南省煤炭工业管理局首批
"五优"矿井命名表彰会议

2009年，年生产能力450万吨的
永煤集团陈四楼煤矿调度指挥中心

2008年，年生产能力400万吨的义煤集团耿村矿副井

2007年，义煤集团杨村矿
"五优"矿井创建后副井入口

义煤集团杨村矿
"五优"矿井创建前原副井入口

1996年11月，煤炭部副部长范维唐(右二)、
河南省委秘书长王全书(右三)为平煤集团公司揭牌

1998年1月7日，中国煤炭第一股郑州煤电股票上市

2006年11月23日，平煤天安A股成功上市，
河南省副省长史济春（左二）鸣锣开市

2004年1月，平煤集团开封炭素公司与美国C/G公司合资建设2.2万吨超高功率石墨电极项目签字仪式

平煤集团开封炭素公司石墨电极生产基地

2006年10月，郑州煤矿机械集团有限责任公司与俄罗斯煤炭销售管理有限公司签订ZY68001838型液压支架供货合同

郑州煤矿机械集团有限责任公司生产的7.2米液压支架

2007年，河南省煤炭工业
第四次科技大会在郑州召开

2008年6月21日，
焦作煤矿建矿110周年纪念大会

2006年9月，第五届国际矿山救援
技术竞赛在平煤集团举行

年产700万吨的
平煤集团平武焦化公司焦炭生产线

鹤煤集团发展循环经济建成的
煤矸石发电厂全景

2006年建成的亚洲最大煤制气生产企业
河南省煤气化集团公司义马气化厂夜景

2007年6月，河南省煤炭工业管理局副局长
刘世伟在郑煤集团棚户区改造开工奠基仪式上致辞

2008年12月竣工的平煤股份一矿棚户区改造项目寺沟新村职工住宅小区新貌

2009年7月，河南省煤田地质局
新郑市李粮店煤矿副井800米冷冻井施工现场

2009年11月，神火集团永城铝厂
建成400千安大型预焙电解槽

2011年3月，河南能源焦煤公司建成日产10000吨熟料的千业水泥厂全貌

2013年1月，中国煤机产品出口欧洲鲁尔
集团的ZY11310-24-52D型液压支架在
平顶山煤矿机械装备有限公司下线

中国平煤神马集团世界产能最大的工业丝、
帘子布生产基地

年吞吐500万吨的
中部地区最大煤炭中转港平鄂煤港

平煤集团二矿矸石山种植各种树木6万余棵

2005年10月，义煤集团耿村煤矿被中央精神文明建设指导委员会命名为全国文明单位

2007年4月，永煤集团陈四楼煤矿荣获全国“五一劳动奖状”

2011年10月，神火集团薛湖煤矿通过全国煤炭企业文化示范矿验收

2000年全国劳动模范平煤集团职工张玮被誉为新时期工人的楷模

全国道德模范、2007年感动中国人物焦煤集团职工谢延信出席中央电视台颁奖晚会

2010年被评为全国“五一”劳动奖章的平煤集团七矿开拓队班长白国周创建“白国周班组管理法”

2004年“郑煤杯”
全国煤矿第二届青年歌手大赛颁奖晚会

始建于1909年的河南理工大学

1956年建校的河南工程学院学生在
矿井实训中心学习（原郑州经济管理干部学院）

1975年建校的河南工业和
信息化职业学院综合楼（原河南省煤矿学校）

2017年3月2日，《中国煤炭工业志》编委会组织的《河南煤炭工业志》终审会议

总　序

志书是中华民族文化宝库中具有独特光彩的瑰宝。修志则是中华民族所特有的历史传承活动，是推动中华文明不断前进的一个重要手段，是文化建设事业中的一个重要组成部分。

新中国成立后，党和国家重视志书编纂工作，推动了修志事业的发展。党的十八大以后，修志工作进入新的阶段。2014年2月，习近平总书记在北京市视察时指出，要"高度重视修史修志""把历史的智慧告诉人们，激发我们的民族自豪感和自信心，坚定全体人民振兴中华、实现中国梦的信心和决心"。2014年4月，李克强总理也作出批示："地方志是传承中华文明、发掘历史智慧的重要载体，存史、育人、资政，做好编修工作十分重要。"要"秉持崇高信念，以更加饱满的热情，以求真存实的作风，进一步做好地方志编纂、管理和开发利用工作，为弘扬优秀传统文化，服务经济社会发展作出新的贡献。"

全国煤炭行业第一轮修志工作始于1989年。当时的能源部、中国统配煤矿总公司及后来的煤炭工业部、国家煤炭工业局持续组织了修志工作，历时十年，编纂出版了《中国煤炭志》，共30卷，凡3000万字，填补了空白，推动了全国煤矿的文化建设。

在国家作出第二轮修志的工作部署之后，中国煤炭工业协会根据《地方志工作条例》的法定要求，在煤炭工业管理体制发生重大变化的情况下，从改革发展的大局出发，主动担当责任，牵头组织协调全国煤炭行业的第二轮修志工作。2012年组建了煤炭工业文献工作委员会；协商组成了《中国煤炭工业志》编纂委员会和编纂办公室。2012年6月印发了《关于续修〈中国煤炭志〉有关工作的通知》，明确了第二轮修志工作的指导思想、组织领导、编纂原则、基本内容、工作方案和措施。先后于2012年10月、2013年11月、2014年12月召开全国煤炭工业文献史志工作年会，对第二轮修志工作予以部署和推动。国家安全生产监督管理总局、国家煤矿安全监察局等有关部门对煤炭行业修志工作给予了大力支持。煤炭行业修志工作得到全面、有序、有效推进。

煤炭行业在第二轮修志中，坚持与时俱进、积极探索、锐意创新，在一些方面取得了新的成果。

一是，在修志过程中认真贯彻党的十八大精神。始终坚持坚定正确的政治方向，沿着正确的轨道前进。

二是，修志规模扩大，形成《中国煤炭工业志》的志书体系。这一志书体系分为三个系列：省级《煤炭工业志》系列（含《新疆生产建设兵团煤炭工业志》）；煤炭专业志系列；煤炭企事业单位志系列。这是煤炭行业第二轮修志的新突破，《中国煤炭工业志》体系更为完整，布局更为科学。

三是，在内容上，突出了改革开放以来煤炭工业的新成就和时代特点。比如，对煤炭工业体制改革、安全生产、环境保护、煤矿关闭破产、兼并重组、文化建设、相关产业等重要内容在编纂中予以重视，时代特色鲜明。这对于总结历史经验教训、促进煤炭工业发展，必将发挥重大作用。

四是，从实际出发，做了一些必要的调整与改进：

志名。第一轮修志时志名为《中国煤炭志》，这次改为《中国煤炭工业志》。省级志由各省区卷改为各省区煤炭工业志，如《中国煤炭志·山西卷》改为《山西煤炭工业志》。

上下限。省级《煤炭工业志》上限自1991年起；专业志、企事业单位志上限起于单位成立。志书下限一般止于2010年底，但可延至2011—2015年的某一年底。

编写大纲。改变了第一轮修志时各省卷一律用全国统一的编写大纲的做法。由各志编委会根据实际自行研究拟定编写大纲，并经《中国煤炭工业志》编委会办公室组织评审，以突出地方特色。

其他有关技术性问题也从实际出发，做了相应变动，有所突破。

五是，依法修志、规范编纂，坚持质量第一。把全部修志工作纳入规范化轨道，坚持依法修志，建立一套较完整的修志工作制度。先后印发了《关于煤炭行业第二轮修志工作的指导意见》《煤炭志书审稿规定》等十余份规范性文件；召开了两次研讨会，以研讨成果指导工作；多次进行培训，提高业务能力；通过评审进行交流，把有关业务资料汇编成册，印发了《修志指要》。这些对提高编纂工作水平、确保志书质量，发挥了很好的作用。

尽管修志工作遇到了较大困难，但全国煤炭行业修志的意志、决心是坚定的，态度积极向上，行动果断有力。各级煤炭管理部门、煤矿安全监察机构、煤炭社团组织、煤炭企事业单位的负责同志从煤炭工业改革发展的大局出发，从对历史负责、对子孙后代负责的高度出发，主动协调，担当责任；加强领导，组织队伍；悉心筹划，精准部署；筹措资金，保证经费；克难求进，狠抓落实。基本上做到了思想、领导、队伍、经费、工作五到位，使全行业的修志工作稳步推进，效果明显。

特别令人感动的是，修志工作人员，包括一些老同志，能够以高度的政治责任心、对煤炭事业和矿工深厚的感情，不怕苦累、甘于奉献、默默无闻、潜心做事、苦心钻研。在困难重重的情况下，心无旁骛修志，专心致志写史。他们这种精神，正是煤炭职工所特有的特别能战斗的精神，反映了煤炭行业的光荣传统与矿工本色。其精神境界令人起敬，其贡献必将载于青史，成为发展煤炭工业的正能量。在此，向所有为煤炭行业修志工作做出贡献、付出心血的同志表示衷心感谢！

修志是一项传承古今、意义深远的神圣事业，其功至伟，其用甚巨。我们坚信，在党的十八大精神指引下，举全国煤炭行业之力，通过广大煤炭史志工作者的共同奋斗，一套体系完整的高质量的《中国煤炭工业志》必将以其独特风采立于志书之林。

2015 年 3 月 6 日

序

根据中国煤炭工业协会关于全国煤炭行业第二轮修志工作的统一部署，河南省煤炭行业从2016年3月开始正式启动第二轮修志工作。经过10个月辛勤努力，克服各种困难，终于编成了《河南煤炭工业志》。

编志，既是对过去历史的记录和总结，也是为后人提供借鉴参考，更好地把煤炭行业好的实践经验和“特别能战斗”的精神一代一代传承下去。河南煤炭工业志本轮编志记叙的时限是1991年至2015年，共设置10篇，照片51幅、图表112份，入录人物614人。这个时期，正是中国改革开放和社会主义现代化建设的重要时期。真实、准确、全面记叙这一时期我省煤炭工业改革发展历程，发挥“存史、资政、教化”的作用，是我们义不容辞的责任。

25年来，河南煤炭行业的广大干部职工，积极适应我国改革开放发展的新变化、新要求，在社会主义市场经济的大潮中，团结奋进，努力拼搏，使河南煤炭工业面貌发生了翻天覆地的变化，实现了河南省煤炭产业集中度、煤矿安全生产、产业转型升级上的新跨越。

煤矿数量大幅减少，机械化水平显著提高。从1991年的2126处减少到2015年底的470处；单井生产能力从1991年4万吨变成2015年底的45万吨；全省煤矿采煤机械化从1991年的43%提升到2015年底的78%，掘进装载机械化从1991年的42%提升到2015年底的100%。

煤矿安全形势明显好转，生产条件显著改善。煤矿百万吨死亡率从1991年的2.80下降到2015年的0.109；到2015年底，全省建成225座安全质量标准化矿井，有67座矿井被中国煤炭工业协会命名为安全高效矿井，占到全国的15%；55处矿井获得“五优矿井”称号；116处矿井实现了连续安全生产1000天以上。

煤炭产量及产值翻番，为社会经济贡献巨大。河南省煤炭年均产量1.3亿吨，25年来共生产煤炭32.5亿吨，有力地支持了国家和河南省地方经济发展。

产业结构日臻完善，转型升级成效明显。河南省煤炭产业从单一的煤炭生产发展到煤化工、尼龙化工、装备制造、有色加工、物流贸易等多业并重的局面，涌现出了河南能源化工集团、中国平煤神马集团等销售收入过千亿的世界500强煤炭企业。河南已形成煤炭生产开发、地质勘探、科研教育、煤矿设计、矿井建设施工、矿山机械制造、洗选加工和煤化工、盐化工、煤层气开发等较为完整的煤炭工业体系，为保障河南国民经济快速发展做出了重要贡献。

辉煌的成绩都是由广大煤炭人创造的。总结历史，感慨万千。回顾25年来，河南煤炭行业栉风沐雨，披荆斩棘，有太多的事需要记载，有太多的人值得铭记。

25年来，河南煤炭管理体制几经变革，但无论是从1990年的河南省煤炭工业厅，2000年的河南省煤炭工业局，2009年成立的河南省工业和信息化厅煤炭办，还是2015年新组建的河南省煤炭工业管理办公室，不管职能怎么变，历届领导班子都始终坚持以人为本，安全第一，改革开放并举，技术人才并重，呕心沥血，尽职尽责，保持了河南煤炭行业的安全、绿色、协调和可持续发展。

在安全生产管理上，20世纪90年代，省煤炭厅在全省煤炭系统建立了安全生产责任制、业务保安责任制，以及安全隐患责任追究和警示制度；“十一五”时期，省煤炭工业局制定出台了《省属国有重点煤矿安全警示制度》，出台了《河南省煤矿防治煤与瓦斯突出若干规定》和《加强煤矿安全监管工作的若干规定》。在全国率先推广“三委派”安全管理制度、“两包一驻”安全管理制度等，强化了小煤矿安全监管。打好整顿关闭、整合重组、管理提升三个攻坚战，始终坚持整合和管理提高两条路，提升煤矿安全保障水平。从1998年国家关井压产工作开展以来，河南就持续不断开展了以淘汰煤矿落后产能为主的关井压产、资源整合和兼并重组专项行动，共关闭矿井5000余处，淘汰落后产能5000多万吨。到2015年底，全省只保留5家省骨干煤炭企业和21家地方煤炭企业，共有矿井470处，核定年生产能力2.1亿吨。从2007年开始，以“一级标准化，工效上十吨，安全无事故，科技有创新，矿区文明化”为标准，在全国率先开展了“五优”矿井创建活动并取得明显成效。河南煤矿事故起数由创建前的2004年的119起下降到2015年的10起，下降91.6%；死亡人数由2004年的380人下降到2015年的14人，下降96.3%；百万吨死亡率由2004年的2.16减少到2015年的0.109，下降94.9%。55处“五优”矿井的采煤机械化程度达到了95%以上，装载机械化程度100%,人均工效翻一番。特别难忘的是,在2007年陕县支建煤矿“7·29”淹井事件抢险救援中,省煤炭工业管理局快速反应,组织有力,义煤公司全力以赴投入抢险,使69名矿工兄弟全部获救,创造了中国煤矿救援史上的奇迹,受到了河南省委、省政府和国家安全生产监督管理总局的联合表彰。

在推进改革开放上,“八五”期间,河南省煤炭行业面对年年亏损的不利局面,大力推进从思想观念到经济体制和经济增长方式的转变,大打扭亏增盈攻坚战,1996年实现了全行业扭亏为盈,受到了时任省委书记李长春的充分肯定。但在1998年到2000年的“九五”后期,受亚洲金融危机的影响,整个煤炭行业再次陷入困境,全省国有煤炭企业累计亏损14.4亿元。时任省长李克强明确提出要“找市场,不要找省长”,并且要求煤炭行业加大改革力度,破除“等、靠、要”思想。“十五”和“十一五”期间,河南煤炭系统建立了国有煤炭企业经营责任目标考核体系,建立完善了激励和约束机制,组织成立了河南煤炭销售联合体。到2007年底,河南煤炭上市公司达到3家,国有及国有控股煤炭企业实现销售收入首次突破千亿元大关。2008年,河南煤炭行业启动实施大集团战略,先后组建了中国平煤神马能源化工集团有限责任公司和河南煤业化工集团有限责任公司(后来与义马煤业集团重组为河南能源化工集团公司)。到2015年底,中国平煤神马集团混合所有制经济涵盖五大主业,组建企业数量已占下属子公司一半以上,90%以上的非煤企业与央企、民营企业、外企开展合资合作,实现了产权多元化,营业收入占全集团80%以上,在机制创新、结构调整等方面取得了明显成效。河南煤炭企业积极走出去、引进来,到新疆、贵州、青海等地整合资源,实现跨地区投资。河南能源化工集团、中国平煤神马集团的省外产量都已经形成规模,先后与巴西淡水河谷公司、上海宝钢、华润集团等世界500强企业开展合作。平顶山煤机装备公司2012年在德国鲁尔集团ZY11310/24/52D型两柱掩护式电控液压支架招标过程中,成功获得价值近4亿元的批量生产订单,改写了世界高端煤机市场不用中国产品的历史。

在科技兴煤上,河南煤炭行业高度重视科技创新,省煤炭厅1996年出台了《关于加快实施“科教兴煤”战略的决定》,1998年颁布了《河南省煤炭行业技术政策》。仅“九五”期间,全省煤炭行业共完成科技成果1000多项,获得省部级以上奖项68项,其中荣获国家科技进步奖二等奖4项,煤炭科技进步奖一等奖1

项，河南省科技进步奖一等奖2项。“十一五”期间，全行业以提高管理科技含量和安全生产为重点，围绕提高煤矿生产效率、环境保护和资源综合利用，不断加大科技资金投入、科研攻关和科技成果推广力度，多项技术成果实现创新。值得骄傲的是，郑煤机集团攻克了液压支架电液控制核心技术，开发了具有自主知识产权的煤矿综采工作面液压支架电液控制系统，赢得了巨大的经济效益和良好的社会效益，使我国厚煤层开采技术达到世界先进水平。“十二五”期间，河南煤炭积极构建以“企业为主体、市场为导向、产学研相结合”的自主创新体系，取得了包括低阶煤旋转床低温干馏分质利用技术和装备、煤炭综采智能控制系统及装备、大采高液压支架等一大批重要科技创新成果。煤炭科技人才迅速成长，涌现出了一批优秀人才，如平煤集团总工程师张铁岗荣膺中国工程院院士，冯立杰、张建国等荣获孙越崎能源大奖。

更让我们自豪的是，河南煤炭系统英雄模范层出不穷，展现了河南煤矿工人“特别能战斗”的精神风貌。从20世纪90年代起，河南煤炭系统相继涌现出新一代产业工人的榜样——平顶山矿务局的张玮、新世纪“金牌矿工”平煤集团的吴如、“大孝至爱”焦煤集团的谢延信、“矿山愚公”义煤集团付来成、“白国周班组管理法”的平煤集团白国周等先进模范人物，为煤炭战线的干部职工树立了榜样。令人记忆犹新的是，2008年4月23日，河南省煤炭工业先进集体、劳动模范和先进工作者表彰大会在郑州隆重召开，来自全省煤炭战线的50个先进集体、150名劳动模范和先进工作者受到省政府表彰，时任省委书记、省人大常委会主任徐光春、代省长郭庚茂、省政协主席王全书亲切接见全体代表并合影留念。河南煤炭战线涌现出的大批优秀共产党员和劳动模范，不仅树立了煤炭行业的文明新风尚，而且受到了社会各界的肯定和赞誉。

25年来，河南煤炭系统全力抓好党的建设，抓好党建促发展。20世纪90年代初，河南省煤炭工业局结合煤炭行业特点和党的各项方针政策，开展了创建“五好”基层党组织，争创“五好”优秀党员为主要内容的“创先争优”活动，实行了书记挂帅，行政领导“一岗双责”，党委、组织部门总体规划，支部具体落实，一级带一级，一级抓一级，层层抓落实的党建工作体制。尤其是党的十八大以来，全面落实从严治党，大力加强党的建设和精神文明建设，有力保障推动了河南煤炭工业的健康发展。

回顾历史，我们还要看到，随着改革开放和社会主义现代化建设的不断推进，25年来，河南煤矿职工收入持续增加，工作环境、生活条件不断改善，矿区面貌焕然一新，尤其是2008年改造煤矿棚户区近600万平方米，惠及职工家属25万多人；煤炭企业积极履行社会责任，积极开展“金秋助学”活动，帮助困难学生数万人；积极参与新农村建设，支持汶川等灾区重建，从2002年至2008年，河南煤炭系统累计捐款捐物折合人民币近亿元，展现了煤炭人的大爱。

一部《河南煤炭工业志》记录了80万河南煤炭人的奋斗史。修志，是对前人最好的纪念。为编写好志书，在《中国煤炭工业志》编纂委员会和编纂办公室的指导下，新组建的省煤炭工业管理办公室高度重视，从2016年初开始启动，多次开会研究，确定编纂工作规划，敲定编纂提纲，明确一名副主任主抓，从综合处抽调专人负责，各处室共同参加编志工作，招标河南省煤炭学会承办，并从河南能源化工集团、郑煤集团等单位聘请4名长期从事煤炭工作、热心煤炭、有一定文字功底的同志，组成史志编纂办公室。这些同志克服时间紧迫、资料缺乏、经费不足等困难，以强烈的使命感和责任感，勤勤恳恳，兢兢业业，加班熬夜，笔耕不辍，修成正果。编志没有工作经费，省工信委专门拨付了专项资金，保障了工作顺利开展。省煤炭工业管理办公室各业务处同志，在繁忙工作之余，加班加点，积极参与各有关章节起草和修改工作。省管煤炭企事业单位、各产煤省辖市、直管县(市)煤炭管理部门，非常重视志书编纂工作，在企业经济困难的情况下，指定专人积极收集整理资料，为编好志书奠定了坚实基础。河南煤监局、省能源局、省煤田地质局等兄弟单位，积极支持志书编写工作，为相关章节编写提供了大量资料和素材，使志书得以顺利付梓。春华秋实，行业上下近两年的辛勤努力和汗水，凝聚成了《河南煤炭工业志》。由于时间紧，任务重，加上资料收集难度大，编志人员能力、经验所限，成书离大家的期望还有差距，遗憾多多。在此，向所有为志书的编写做出努力的同志们表示由衷感谢。

《河南煤炭工业志》编纂委员会主任

2017年8月

凡　　例

一、本志编纂坚持历史唯物主义和辩证唯物主义，力求全面、客观地记述和反映断限内河南煤炭工业的历史与现状。执行国务院颁布的《地方志工作条例》和《河南省地方志工作规定》，承前启后，存史资政，服务当代，垂鉴后世。

二、本志是1996年出版的《中国煤炭志·河南卷》的续志，是中国煤炭工业志的组成部分。记事时限为1991—2015年。

三、本志坚持“实事求是”“横排竖写”“述而不论”“生不立传”的原则，采用篇章节目结构体式和述、记、志、传、图、表、录等记述体裁，以第三人称记述；以志为主，重记主业；以人为本，彰显奉献；突出时代特色、地方特色和行业特色。

四、本志前设概述、大事记，后设附录和志书编纂始末。概述概括全志，综合记述断限内河南煤炭行业改革开放的发展状况；大事记以时为序，重点记述断限内河南煤炭行业的大事、首事、要事，以反映煤炭行业兴衰发展的历程；附录收录有关重要文献。

五、本志人物与荣誉篇下设两章：人物章下设人物简介和人物名录两节，收录断限内在本行业具有突出贡献和重要影响的人物；荣誉章下设国家级个人荣誉和省部级个人荣誉两节，收录断限内为本行业作出突出贡献的先进模范和先进个人。

六、本志记事所称“八五”时期……“十二五”期间，是国民经济和社会发展“五年计划”（从“十一五”开始改为规划）的简称。

七、本志所记省委、市委、纪委、组织部、宣传部、党组、党委、党总支、党支部、书记、副书记、组织部长、党组成员、党员等，均为中共组织和职务称谓，行文中一般省略“中共”二字。全志所有称谓使用第三人称。

八、本志采用公元纪年；行文执行中国地方志指导小组印发的《地方志书质量规定》（中指组字〔2008〕3号）；煤矿科技术语执行国家标准GB/T 15663—2008、GB/T 7186—2008、GB/T 3715—2007。

九、本志一般不作注释，必要的采用夹注。

目　录

第五篇　安　全　生　产

第六篇　环　境　保　护

第七篇　相　关　产　业

第八篇　科　研　和　教　育

第九篇　文化生活与卫生

第十篇　人物与荣誉

单　位　简　介

附 录

概　　述

河南省位于中国中东部，黄河中下游，地处沿海开放地区与中西部地区的结合部，东接安徽、山东，北界河北、山西，西连陕西，南临湖北，呈望北向南、承东启西之势。国家促进中部地区崛起的战略部署，更加凸显了河南独特的区位优势。河南省是全国承东启西、连南贯北的重要交通枢纽，拥有铁路、公路、航空、水运、管道等相结合的综合交通运输体系。

一

河南矿产资源丰富，是全国矿产资源大省之一。截至 2015 年年底，河南已发现各类矿产 127 种(含亚矿种为 158 种)。其中，探明储量的有 75 种；已开发利用的有 86 种。在已探明储量的矿产资源中，居全国首位的有 8 种，居前 3 位的有 19 种，居前 5 位的有 26 种。煤、铝、钼、金、石油、天然气、天然碱、萤石、耐火黏土等储量较大。

河南是全国重要的产煤大省和国家规划的 14 个大型煤炭基地之一，煤炭产量连续多年保持在全国前列。1991—2015 年，河南省累计生产原煤 32.5 亿吨，其中 2009 年生产原煤 2.3 亿吨，煤炭工业成为河南重要的基础产业和支柱产业之一。

根据河南省煤炭生产开发布局和矿区区划，全省划分为 17 个主要煤炭生产矿区(安阳矿区、鹤壁矿区、焦作矿区、济源矿区、新安矿区、陕渑矿区、义马矿区、宜洛矿区、偃龙矿区、登封矿区、荥巩矿区、新密矿区、永夏矿区、汝州矿区、禹州矿区、平顶山矿区、韩梁矿区)、3 个尚未规模开发煤田(确山煤田、南召煤田和商固煤田)和 2 个找煤区(东濮找煤区、通许找煤区)。

河南煤炭资源品种齐全，储量中等丰富。煤种主要为长焰煤、气煤、肥煤、焦煤、瘦煤、贫煤、无烟煤等，其中，无烟煤资源储量约占全省煤炭总量的 1/3，其次为贫煤和炼焦用煤。截至 2014 年末，全省 2000 米以浅煤炭资源总量为 1165 亿吨，全省累计查明保有资源储量 272 亿吨。其中，比较适合化工用煤(长焰煤、无烟煤)占 37.4%，约 90 亿吨；适合发电用煤(贫煤、贫瘦煤、弱粘煤等)占 26.1%，约 65 亿吨；适合炼焦用煤(气煤、肥煤、1/3 焦煤、焦煤、瘦煤)占 36.5%，约 90 亿吨。预测资源量为 883 亿吨，其中，比较适合化工用煤占 45.7%，适合炼焦用煤占 39%，适合发电等动力用煤占 13.9%，其余为天然焦。在全省现有生产矿井中，平顶山矿区主要以 1/3 焦煤、贫瘦煤、焦煤、肥煤为主；焦作矿区全部为无烟煤；鹤壁矿区主要是贫瘦煤；义马矿区主要以长焰煤、贫煤和焦煤为主，其中长焰煤最多；郑州矿区主要以贫煤、无烟煤、贫瘦煤为主；永城矿区主要以无烟煤为主。

河南煤层气资源较为丰富，预测全省 2000 米以浅煤层气预测资源量约 8800 亿立方米，主要分布在豫西、豫北煤矿区。其中，荥巩、焦作、安鹤 3 个区块煤层气资源量均大于 1000 亿立方米，占全省煤层气资源总量的 46.6%；禹州、新密、平顶山、登封 4 个区块煤层气资源量 500 亿～1000 亿立方米，占全省煤层气资源总量的 35.4%。

截至 2015 年年底，全省有 12 个产煤市，34 个产煤县(市、区)；通过煤炭企业兼并重组，发展大型现代化煤炭企业集团，拥有河南能源化工集团、中国平煤神马集团、郑煤集团、省煤层气公司和神火集团等 5 家省骨干煤炭企业和 21 家地方煤炭企业；共有各类矿井 470 处，核定生产能力 2.1 亿吨。全省煤炭工业建成了集煤炭、地质勘探、煤矿设计、矿井建设施工、生产开发、科研教育、矿山机械制造、洗选加工和煤化工、煤层气开发等较为完整的煤炭工业体系。

二

“八五”期间，河南煤炭工业在煤炭部和河南省委省政府的正确领导下，抓住机遇，深化改革，转变观念，转换机制，以提高经济效益为中心，以扭亏增盈为目标，努力提高经济增长的质量和效益，加快向社会主义市场经济体制转变的步伐。经过5年的改革和发展，煤炭工业发生了深刻变化，实现了全行业整体扭亏为盈。煤炭生产稳定增长，全省煤炭产量提前一年实现9500万吨“八五”规划目标，1995年达到了9969万吨。煤炭出口创汇逐年增加，“八五”期间出口总量达到700万吨。煤炭基本建设完成投资52.4亿元，建设矿井40处，能力2052万吨，投产矿井25处，移交能力889万吨。技术面貌有所改善，“八五”期间共取得科研成果114项，推广新技术76项，92对矿井实现质量标准化，1995年国有重点煤矿采煤机械化程度达到64.3%，比1990年提高近10个百分点，有10处矿井达到了高产高效矿井。安全工作力度加大，安全稳定好转，1995年全省各类煤矿百万吨死亡率控制在2.5以下。其中：国有重点煤矿0.28，地方国有煤矿2.4，乡镇煤矿5.85，分别比1990年下降50%、23.5%和25%，连续五年实现了“1、3、6”奋斗目标。多种经营发展迅速，非煤产业初具规模。1995年多种经营产值达到41.1亿元，为1990年的5.1倍，年平均增长38.8%；从业人员1.84万人，为1990年的1.8倍，年平均增长12.4%。经济效益不断提高，扭亏增盈效果明显。1995年国有重点煤矿实现利润4亿元，比1990年减亏增利7.27亿元，提高222.6%。

“九五”时期，是河南煤炭工业逐步摆脱计划经济体制束缚、适应社会主义市场经济体制的一个艰难时期。由于受各方面条件的制约和经济大环境影响，进入1998年，经济形势已见好的煤炭工业，又陷入了市场持续疲软、煤炭销路不畅、货款拖欠严重的困境。但五年中，河南煤炭工业克服煤炭市场持续疲软、煤价大幅下跌等重重困难，认真贯彻落实党的十五大精神和中央、省委的各项方针政策，坚持深化企业改革，加强企业管理，优化煤炭产业结构，坚持科教兴煤战略，保持了平稳发展态势。全省煤炭工业完成工业总产值（现价）679.8亿元，其中，国有重点煤矿完成428亿元，年均增长率为2.8%；完成销售产值（现价）588.6亿元，其中，国有重点煤矿完成386.7亿元，年均增长率为3.04%；原煤产量完成4.5亿吨，销售量完成4.47亿吨，基本实现产销平衡。煤炭产量结构得到优化，国有重点煤矿产量年均增长率为0.3%，占全省总产量比重由1996年的40.5%上升到2000年的56.6%，国有地方煤矿由1996年的16.4%上升到2000年的17.1%；乡镇煤矿由1996年的43.1%下降到2000年的26.3%；安全生产水平不断提高，截至2000年年底，全省煤矿百万吨死亡率2.31，比1997年的百万吨死亡率3.46低1.15；国有煤矿在建矿井共完成投资84.2亿元，新投产矿井5处，新增生产能力600万吨，报废矿井10处，132万吨；建成高产高效矿井11处；建成质量标准化矿务局4个；完成科技成果1840多项，其中，获国家、省部级奖64项。平顶山、义马等6家国有重点煤矿以及部分地方国有煤矿、基建施工企业初步实现了公司化改造并在股份制改造、投资主体多元化方面迈出了可喜的一步；组织成立了河南省煤炭销售联合体。尤其是1998年7月，国务院作出了将国家统配煤矿下放地方管理的重大决策，打破了条块分割的管理体制。1998 年 8 月 15 日，17 家中央煤炭企事业单位下放河南。2000 年 3 月，随着新一轮政府机构改革的实施，原河南煤炭工业管理局改组为河南煤矿安全监察局，是国家煤矿安全监察局派驻的煤矿安全监察机构；原河南省煤炭工业厅改为河南省煤炭工业局，承担全省煤炭行业的管理职能，行业管理体制发生重大变革。

“十五”时期，河南煤炭工业抓住市场好转机遇，不断深化改革，努力加快发展，从“九五”期间河南的两大亏损行业之一，发展成为河南的支柱产业之一。原煤产量翻一番。“十五”期间，累计生产原煤 6.4 亿吨，比“九五”翻了一番。同时，为省外提供原煤 1.8 亿吨。经济效益成倍增长。“十五”时期，全省煤炭工业完成销售产值 1514 亿元，比“九五”时期增长了 2.6 倍；其中，仅 2005 年一年，销售产值就完成 598 亿元，比整个“九五”还多。经济效益明显好转，全省国有及国有控股煤炭企业上缴税金 174 亿元，较“九五”时期增加 124 亿元，增长 2.5 倍；实现利润 106 亿元，年均增幅 210%，比“九五”同期减亏增利 114.4 亿元。国有资产大幅增值。1998 年原中央煤炭企业下放时，资产总额不足 200 亿元；“十五”末达到 670 亿元，比下放时增值 2.3 倍。安全状况显著好转。“十五”期间，全省煤矿事故死亡人数比“九五”时期减少 329 人，同比下降 22%；煤炭百万吨死亡率由“九五”期间的 3.26 下降到“十五”期间的 1.80，同比下降 45%。产业集中度明显提高。全省小煤矿数量从“九五”时期的 5957 个，减少到“十五”末的 620 个，矿井年生产能力从“九五”初的 1 万吨提高到“十五”末的 15 万吨以上；国有重点煤炭企业产量由 1996 年的 4337 万吨增加到 2005 年的 8200 多万吨，全省形成 3 家千万吨级大型煤炭企业。2005 年，河南 7 家国有重点煤炭企业都进入了全国企业 1000 强，2 家企业进入了 500 强。河南煤炭基地初步建成。“十五”期间，全省共安排勘探项目 15 个，获得精查储量约 30 亿吨；先后开工建设大中型矿井 28 处，完成投资 55 亿元，规模 2457 万吨/年，开工规模是“九五”时期的 3 倍；实现矿井投产 15 处，能力 1021 万吨。非煤产业不断壮大。全省煤炭行业形成了煤与非煤齐头并进，多元化发展的经营格局；煤炭产业链条不断拉长，形成了“煤—电—铝”、“煤—焦、气化—煤化工”、“煤—煤矸石—新型建材”等多条产业链。煤炭深加工标志性项目——河南煤气化工程 2001 年建成投产。以平煤天宏焦化、平顶山飞行化工为核心的平顶山煤焦化基地，以综合利用电站、电解铝配套项目为核心的商丘神火工业园区已经形成。全省国有及国有控股煤炭企业非煤产业投资由“九五”期间的 11 亿元增加到“十五”的 111 亿元，增长 9 倍；“十五”期间，非煤产业经营总额 717 亿元，较“九五”时期增加 448 亿元，增长 166%。改革开放成果显著。国有重点煤炭企业建立完善了现代企业制度，实现了投资主体多元化，三项制度改革取得明显进展，企业主辅分离、辅业改制工作取得重大突破。招商引资成果显著，引进了巴西淡水河谷公司、泰国万浦集团、上海宝钢集团、中电投集团等一批国内外知名大企业作为合作伙伴。一批合资煤矿、电厂和煤化工项目已经开工建设，“十五”期间，共引进资金 100 多亿元。技术面貌焕然一新。全省煤炭行业有 107 项科研成果荣获国家、省部级科技成果奖；“三下”采煤技术、煤巷锚杆支护技术、矿井瓦斯和水、火的防治等一批新技术、新工艺得到推广应用；建立了包括矿井安全生产监测监控系统在内的计算机信息监控网络；建成了一大批质量标准化和高产高效矿井。矿井规模、安全装备和采煤工艺明显提高，矿井综合抗灾能力进一步增强。职工生活水平明显提高。国有重点煤炭企业职工人均收入从“九五”末的 7447 元增长到 2005 年的 1.8 万元，年均增幅 26%；竣工住宅面积 245.9 万平方米，建成职工住宅小区 16 个，人均住房面积从 2001 年的 8 平方米增长到 2005 年的 10.2 平方米，增长了 22%。

“十一五”时期，河南煤炭工业全面贯彻落实《国务院关于促进煤炭工业健康发展的若干意见》和《煤炭产业政策》等政策措施，经历了保电煤、抗击冰冻和地震灾害、保奥运、保增长及金融危机的考验，原煤产量稳步增长，生产结构进一步优化，企业自我发展能力显著增强，煤炭工业实现平稳较快发展。煤炭(煤层气)勘查步伐加快。在中央预算内资金支持下，煤矿地质补充勘探进度加快，完成首山二矿等 24 个补充勘探项目，总投资超过 10 亿元，获得升级储量约 30 亿吨。生产建设稳步发展。新井建设和产业升级改造力度增大，新开工规模 2600 万吨，建设总规模达到 5600 万吨，比“十五”同期增长 9%；建成赵家寨等 33 处矿井，新增生产能力 3000 万吨，与“十五”相比增长近 2 倍。全省煤炭产量稳步增加，供应能力进一步增强。2006 年突破 1.8 亿吨，2008 年以来达到 2 亿吨以上，稳居全国第四位。“十一五”累计生产原煤超过 10 亿吨，是“十五”总产量的 1.56 倍。河南煤炭除满足本省需求外，每年调出约 5000 万吨以上，有力地支持了华东、中南地区经济发展。整合重组深入开展，生产结构进一步优化。大力开展煤炭资源整合，累计关闭小煤矿 1027 处，“十一五”末保留 542 处，淘汰落后产能 8000 万吨，全省单井规模达到 30 万吨/年，比 2005 年提高 150%。深化实施煤炭企业兼并重组，产业集中度得到较大提升。2010 年省骨干煤炭企业在全省煤炭产量中的比重达到 85%，比 2005 年上升 28 个百分点。大集团建设初具规模，企业效益明显增强。永煤集团、鹤煤集团、焦煤集团联合中原大化、省煤气集团重组成立河南煤化集团，平煤集团联合神马集团重组成立中国平煤神马集团，义煤集团、郑煤集团等省骨干煤炭企业积极实施跨区域整合和兼并重组地方煤矿，企业实力明显增强。河南煤化集团、中国平煤神马集团、郑煤集团、义煤集团 4 家骨干企业年产量均达到 2000 万吨以上，其中河南煤化集团、中国平煤神马集团两个 5000 万吨级企业集团已经形成，以大型企业集团建设大型煤炭基地的设想基本实现，大型企业集团已成为河南煤炭基地开发主体，企业经济效益、运行质量和竞争能力明显提高。河南煤化集团资产、营业收入均突破千亿大关，跨入世界 500 强。全省国有及国有控股煤炭企业“十一五”实现利润 522 亿元，比“十五”增盈 417 亿元，年均增幅 28%；煤炭行业实现工业增加值约占全省工业 GDP 的 7.5%，支柱性产业和基础性工业地位进一步增强。一批制约煤炭安全高效生产建设的技术难题得到破解，煤矿重大装备水平进一步提升。立井冻结特殊凿井技术、“三软”不稳定煤层开采技术、井下定向压裂增透消突技术、冲击地压综合防治技术、工作面降温技术等科技创新成果在煤矿安全生产中发挥出了较大作用。煤机制造产业创新发展，走在了全国前列。煤炭产业升级改造，促进了矿井装备机械化水平提升，省骨干煤炭企业采、掘机械化程度分别达到 72%、79%，比 2005 年均提高 9 个百分点；原煤工效达到 4.33 吨/工，比 2005 年提高 61%；自动化综采工作面已在中国平煤神马集团、河南煤化集团得到推广应用。

安全基础管理工作得到加强，省骨干煤炭企业及时足额提取煤炭生产安全费用，吨煤提取标准已达 30 元，全省骨干煤炭企业 5 年累计投入煤矿安全改造资金 100 亿元，煤矿安全生产基础条件得到改善。建成 38 处“五优”矿井和 43 处安全高效矿井，“白国周班组管理法”在全国煤炭系统树立了新典型。与“十五”相比，在煤炭产量增长 65%的情况下，死亡人数和百万吨死亡率分别下降 24%和 54%，全省煤矿安全生产形势总体上稳步好转。矿区生态环境得到初步治理，全省骨干煤炭企业煤矸石等低热值资源利用电厂装机达 120 万千瓦，年消耗煤矸石、煤泥和劣质煤 700 万吨以上；全省煤矸石综合利用率达到 69%，矿井水综合利用率达到 57%；省骨干煤炭企业矿井水外排达标率 100%，洗(选)煤水循环利用率 90%，矸石山灭火率100%。煤层气地面开发工程在焦作、平顶山等矿区开始实施，2010年煤层气（煤矿瓦斯）抽采量达到3.7亿立方米，比2005年增加1.8亿立方米，年均增速14.3%；利用量0.80亿立方米，比2005年增加0.70亿立方米。平顶山、郑州、焦作、鹤壁、义马、永夏六大矿区采煤沉陷治理和棚户区改造等民生工程加快实施，完成投资136亿元，新建建筑面积906万平方米，幼儿园、学校、医院等矿区基础设施得到完善，17.47万户、60多万居民居住条件得到改善。对外合作成绩突出，省骨干煤炭企业与巴西淡水河谷公司、中电投、中石化、中石油、香港华润、上海宝钢等一批国内外知名大企业建立了煤—电、煤—钢、煤—化工等战略合作伙伴关系。在晋陕蒙疆等地区积极开发煤炭资源，初步取得资源量260多亿吨，省外煤炭产量达3450万吨。河南煤化集团等骨干企业跨行业、跨地区兼并重组了一批机械加工、有色金属、化工等企业，开发范围扩展到了铁、钼、铝等矿产领域，企业综合实力和核心竞争力显著增强。

“十二五”期间，河南煤炭产业逐步由黄金发展期转向经营困难的转变期。全省煤炭行业持续加快大型煤炭基地和煤炭储配中心建设，深化煤炭企业兼并重组，注重煤炭产业结构调整，基本实现了持续健康发展。但在全国煤炭供应总体宽松、结构性过剩的大背景下，全省煤炭行业景气度持续下降。原煤产量由2011年的2.09亿吨过渡到2015年的1.28亿吨。省骨干煤炭企业产业集中度达到94%，已成为河南煤炭基地开发的主力军。全省120万吨及以上的大型煤矿45处，产量9340万吨，占全省的62%，比2010年增加11个百分点。煤矿生产技术水平大幅提升。2014年省骨干煤炭企业采煤机械化程度达到82%，比2010年增加11个百分点；掘进机械化程度达到86%，比2010年增加7个百分点，已提前完成规划指标。2014年全省原煤入洗（选）率达到64.5%，2015年达到65.5%，完成国家“十二五”规划确定的65%的目标。2015年骨干煤炭企业原煤入洗（选）率达到70%左右。大型煤炭企业集团快速发展。河南能源集团成为河南首家煤炭亿吨级企业集团，平煤神马集团成为5000万吨级煤炭企业集团。全省已形成以大型企业集团建设大型煤炭基地、以骨干煤炭企业开发六大矿区的生产建设布局。煤矿安全生产形势稳定好转。累计投入煤矿安全改造各类资金200亿元，12个瓦斯治理示范矿井建设得到中央预算内资金支持，3处示范工程已完成竣工验收。到2014年年底，全省“五优”矿井、安全高效矿井分别达到55处、67处，分别比2010年增加13处、24处。“十二五”期间，河南省煤矿共生产原煤75529.69万吨，同比减少19620.17万吨，下降20.6%；发生伤亡事故52起，死亡121人，同比减少203起、844人，分别下降79.6%和87.5%；百万吨死亡率为0.160，同比减少0.854，下降84.2%。其中，发生3～9人较大事故7起，死亡36人，同比减少23起、141人，分别下降76.7%和79.7%；发生10～29人重大事故3起，死亡41人，同比减少15起、249人，分别下降83.3%和85.9%；未发生特别重大事故，同比减少6起、280人，分别下降100.0%和100.0%。

项目建设积极稳妥推进。国家规划的河南煤炭基地“十二五”期间开工项目17处、规模2550万吨/年，备选项目3处、规模420万吨/年。其中2个项目已获国家核准，4个项目国家同意开展前期工作，其余项目正在加紧开展前期工作。河南煤炭储配中心“三基地、四园区”发展布局已纳入《煤炭储配中心发展规划》和《中原经济区规划》，目前鹤壁和南阳园区已初具规模，其他园区正在按计划稳步推进。

资源综合利用加快实施。全省骨干煤炭企业煤矸石等低热值资源利用电厂装机达120万千瓦，年消耗低热值煤700万吨以上；煤层气地面开发工程在焦作、平顶山等矿区加快实施，2014 年煤层气（煤矿瓦斯）抽采量达到 7.62 亿立方米，比 2010 年增加 3.92 亿立方米；利用量 2.31 亿立方米，比 2010 年增加 1.51 亿立方米。省骨干煤炭企业瓦斯发电机组达 150 台、装机 7.62 万千瓦。煤矸石利用率由 2010 年的 87%提高到 2014 年的 98.4%，矿井水综合利用率由 85.5%提高到 87.4%，煤矸石和矿井水利用率提前完成了国家目标。

河南煤炭行业管理体制再次发生变革。为进一步加强我省煤炭行业管理，建立健全煤矿安全管理长效机制，2015 年 8 月，河南省人民政府办公厅印发了《河南省工业和信息化委员会主要职责内设机构和人员编制规定》的通知（豫政办〔2015〕105 号），将省工信委煤炭行业管理职责、省安全生产监督管理局煤矿安全生产监督管理职责以及省能源局部分管理职能进行了整合。省煤炭工业管理办公室内设 4 个处室，分别为综合与调度处、行业管理处、安全监管处和运营管理处，行政编制 55 名。其中：主任 1 名（厅级），副主任 3 名（副厅级）。正处级领导职数 6 名（含安全生产监察员 2 名），副处级领导职数 11 名；其他人事党务、后勤财务等工作由省工业和信息化委员会负责。同时成立了中共河南省煤炭工业管理办公室委员会，设党委书记 1 名，党委委员 3 名，接受省工信委党组指导、省直工委领导。主要职责是：贯彻落实国家法律、法规和煤炭行业政策，拟订煤炭行业发展专项规划，研究提出全省煤炭行业管理政策；统筹全省煤炭及煤层气资源的合理开发和综合利用；指导全省煤炭行业产业结构调整；负责全省煤矿安全生产监督管理，重点监管省骨干煤炭企业及中央所属企业，指导省辖市、县（市、区）煤矿安全生产监督管理工作；编制并组织实施煤矿安全生产规划，监督落实煤矿安全生产责任制并开展安全生产绩效考核；组织煤矿安全生产监督检查和安全专项整治，依法查处煤矿违法违规行为，参与煤矿事故调查处理；承担省瓦斯防治与抽采利用领导小组办公室日常工作；负责全省煤矿安全质量标准化建设和煤矿生产能力核定，实施行业调控；承担对大型煤矿机电设施检验检测工作的监督管理职责；负责组织协调煤矿抢险救灾工作；制定煤矿准入条件和办矿标准，提出煤炭资源矿业权设置的初审意见；负责对煤矿新建、改建、扩建项目提出行业审核意见，负责按规定权限核准煤矿技术改造项目并牵头组织竣工验收和联合试运转工作；负责全省煤炭建设工程质量监督工作，制定煤炭建设、生产技术规范、规程和标准；负责煤矿建设项目监督管理；监测煤炭工业经济运行情况；负责全省煤炭行业科技进步、节能降耗、淘汰落后和统计调度工作；负责全省煤炭经营监督管理工作，依法规范和整顿煤炭经营秩序；负责全省煤炭行业对外经济技术交流和市场信息发布；负责全省煤炭行业职工教育培训和职业健康管理工作；组织煤矿矿长安全资格认定及特种作业人员的安全培训、考核和发证工作。

三

从 1991 年到 2015 年，河南煤炭工业历经“八五”“九五”“十五”“十一五”“十二五”。25 年来，河南煤炭工业在改革开放的大潮中，破浪前行，走过了一段波澜壮阔的发展历程，发生了翻天覆地的历史巨变，取得了引人注目的辉煌成就，成为河南重要的支柱产业和基础产业。25 年来，河南煤炭行业始终坚持以下几个方面。

始终坚持安全第一。1991 年以来，河南煤矿安全管理体制几经变革，但不管怎么变，河南煤矿安全工作始终贯彻“安全第一、预防为主”的方针，坚持“管理、装备、培训”并重，坚持全员、全过程、全方位抓安全的新思路。“八五”“九五”期间，河南省煤炭厅、河南煤炭工业管理局在全省煤炭系统建立了安全生产责任制、业务保安责任制，以及安全隐患责任追究和警示制度，积极开展煤矿安全专项治理整顿和煤矿安全大检查，加大安全投入和培训力度。1994年，河南省人民政府颁布了《河南省乡镇煤矿安全生产基本标准》，使安全生产方针在乡镇煤矿进一步得到落实。1996年，为了落实领导干部安全责任制，省煤炭厅出台了《河南省国有煤矿责任事故行政处罚办法》，轻者警告，重者撤职。据统计，从1998年至2002年，全省煤矿共死亡873人，年均百万吨死亡率为2.2，其中，1998年原煤百万吨死亡率为2.51，2002年为1.85；这五年同1993年至1997年的五年间相比，死亡人数减少721人，年均百万吨死亡率下降30%。

2000年，全国煤矿安全监察体制改革，河南煤矿安全监察局作为国家煤矿安全监察的派驻机构成立，全省煤矿安全管理得到进一步强化，河南省煤炭厅变为河南省煤炭工业局（2006年12月更名为河南省煤炭工业管理局），负责河南煤矿安全生产管理工作，直至2009年3月撤销。从"十五"到"十一五"后期，为使煤矿安全管理工作真正做到关口前移、重心下移、超前预防，河南省煤炭工业局（河南省煤炭工业管理局）先后建立健全了各级安全生产责任制，完善和推广了重大安全隐患行政责任追究制度，制定出台了《省属国有重点煤矿安全警示制度》，出台了《河南省煤矿防治煤与瓦斯突出若干规定》和《加强煤矿安全监管工作的若干规定》，在全国率先推广了"三委派"安全管理制度、"两包一驻"安全管理制度等，强化了小煤矿的安全监管工作。以"一级标准化，工效上十吨，安全无事故，科技有创新，矿区文明化"为标准，在全国率先开展了"五优"矿井创建活动。2005年，在全国率先向省属煤炭企业派驻安全督导组，延伸了监管触角。尤其是2006年1月《河南省煤炭条例》出台后，全省各级煤炭管理部门加大安全执法力度，创新检查方式，开展了形式多样的安全生产监督检查。仅2006年一年，全省就查处各类隐患37400余条，下达隐患整改通知书420余份，对130余处不具备安全生产条件的矿井、采区和采掘头面实施了停产整顿。特别是在2007年陕县支建煤矿"7·29"淹井事件抢险救援中，省煤炭工业管理局快速反应，组织有力，整建制调动义煤集团抢险队伍和设备，取得了抢险救援的重大胜利，69名矿工兄弟全部获救，创造了中国煤矿救援史上的奇迹，受到了省委、省政府和国家安全生产监管总局的联合表彰。

"十一五"后期和"十二五"期间，河南煤炭安全管理体制发生变革，河南省安全生产监督管理局、河南省工业和信息化厅（委）煤炭工业管理办公室和河南煤矿安全监察局，按照各自职责负责煤矿安全生产管理工作。各有关部门认真贯彻《中华人民共和国矿山安全法》、《中华人民共和国煤炭法》等法律法规，落实省委、省政府安全生产各项制度和国家煤矿安全监察局制订的各项安全规章制度，先后制定并实施了隐患排查治理、专项督查、事故约谈、领导干部井下带班、复工复产验收等一系列安全管理制度，用制度管人、管事、管安全，全省煤炭行业逐级落实安全监管责任，严格安全生产责任考核，严格安全问责和安全生产"一票否决"。推进了河南煤矿安全管理工作的制度化、标准化和规范化。全省各类煤矿认真落实国家、省有关安全生产的方针政策措施，加大安全投入，强化安全培训，推进瓦斯防治、水害防治、基层基础建设、应急救援、落实主体责任等重点工作。截至2015年年底，全省建成205座安全质量标准化矿井，有55座矿井被中国煤炭工业协会命名为安全高效矿井，占到全国的15%。116处矿井实现了连续安全生产1000天以上。

2015年8月，河南省人民政府办公厅印发了《河南省工业和信息化委员会主要职责内设机构和人员编制规定》的通知（豫政办〔2015〕105号），将省工信委煤炭行业管理职责、省安全生产监督管理局煤矿安全生产监督管理职责以及省能源局部分管理职能进行了整合，组建河南省煤炭工业管理办公室，负责全省煤矿安全生产监督管理，重点监管省骨干煤炭企业及中央所属企业，指导省辖市、县(市、区)煤矿安全生产监督管理工作等。“十二五”期间，全省煤炭百万吨死亡率大幅下降，由 2010 年的 1.46 下降到 2015 年的 0.109，全省煤矿安全生产形势持续稳定好转。

始终坚持整合提高。1997 年国家六部委开始矿业秩序整顿，特别是从 1998 年国务院组织开展关闭非法和布局不合理煤矿(简称“关井压产”)工作以来，河南省就开始了以淘汰煤矿落后产能为主要目的的关井压产、专项整治、资源整合及兼并重组等工作，贯穿了“九五”“十五”“十一五”和“十二五”。

在 1997 年整顿前，河南全省有各类煤矿 5957 处，其中国有煤矿 129 处，乡镇煤矿 5828 处。经过五年整顿，到 2001 年年底，全省乡镇煤矿剩余 2118 处，比整顿前减少 3710 处，累计压减产量 3000 余万吨。2003 年 6 月，河南省开展了煤矿专项治理整顿工作并取得了阶段性成果，全省共有 1569 处小煤矿通过了市级人民政府组织的复查验收，关闭各类非法开采和不具备安全生产条件的小煤矿 392 处，全省小煤矿的整体面貌和综合抗灾能力比整顿前明显上了一个新台阶。

2004 年 7 月，河南省政府下发了《河南省煤炭铝土矿资源整合实施方案》，启动了全省煤炭资源整合工作。到 2006 年年底，全省 1569 处乡镇煤矿整合后减少为 622 个，技改乡镇煤矿生产能力达到 15 万吨以上，国有骨干煤炭企业资源控制率提高到 90%以上。河南省煤炭资源整合工作受到国务院的充分肯定并在全国推广。

2010 年 3 月，为进一步提高河南煤炭产业集中度和煤炭资源利用效率，增强煤矿安全保障能力，健康发展，河南省政府启动了全省煤炭兼并重组工作，决定对全省 466 处(后调整为 511 处)年生产规模 15 万～30 万吨的小煤矿(含 15 万吨和 30 万吨，合计年生产能力 7431 万吨)，由六大省骨干煤炭企业实施兼并重组。2012 年年底，全省煤矿兼并重组基本完成，全省煤炭企业数量由原来的 530 家减少到 30 家，矿井数量由 797 处下降为 560 处。省骨干煤炭企业所属矿井的年生产规模由原来的 1.2 亿吨上升到 1.8 亿吨，占煤炭总产量的比重由 60%上升到 86.9%。单井年生产能力由原来的 27 万吨提升到 45 万吨。到 2015 年年底，全省共有河南能源化工集团、中国平煤神马集团、郑煤集团、省煤层气公司和神火集团等 5 家省骨干煤炭企业和 21 家地方煤炭企业。全省共有各类矿井 470 处，核定年生产能力 2.1 亿吨。其中，省骨干煤炭企业本部矿井 141 处，核定年生产能力 1.4 亿吨；兼并重组矿井 252 处，核定年生产能力 0.45 亿吨；地方煤炭企业所属矿井 77 处，核定年生产能力 0.25 亿吨。

始终坚持深化改革。“八五”后期和“九五”期间，随着《中华人民共和国公司法》的颁布，省煤炭工业厅积极推进企业改革，建立现代企业制度，进行公司制改造。1994 年 9 月，商丘永城矿务局第一个改制为河南神火(集团)有限公司。1996 年 1 月，郑州矿务局改制的郑州煤炭工业(集团)有限责任公司正式挂牌成立，成为全国国有重点煤矿首家开始运营的国有独资公司；1999 年 5 月，省政府批准焦作、鹤壁矿务局改制为国有独资公司，至 2000 年末，河南省 6 个国有重点煤矿企业全部实行了公司制改造，各主要地方国有煤矿也大都实行了公司制改造。

“八五”期间，河南煤炭行业面对基本年年亏损的不利局面，积极适应市场变化，大力推进从思想观念到经济体制和经济增长方式的转变，大打扭亏增盈攻坚战，1996 年实现了全行业扭亏为盈，受到了时任省委书记李长春的充分肯定。但在 1998 年到 2000 年的“九五”后期，受亚洲金融危机的影响，整个煤炭行业再次陷入困境，全省国有煤炭企业累计亏损 14.4 亿元，拖欠职工工资最高时达 10 亿元。在这种情况下，时任省长李克强明确提出，要“找市场，不要找省长”，并且要求煤炭行业要加大改革力度，破除“等、靠、要”思想。同时，在 2000 年省直机构改革时，河南省委、省政府专门保留了正厅级的煤炭行业管理机构——河南省煤炭工业局，赋予其原省煤炭工业厅的职能，负责全省煤炭规划发展、安全监管和国资管理等工作，这在全国是唯一的。应该说，在这种管理体制下，省煤炭工业局从 2001 年开始，在“十五”和“十一五”期间，推动建立了国有煤炭企业经营责任目标考核体系，建立完善了激励和约束机制；组织成立了河南煤炭销售联合体，避免了企业间恶性竞争；大力减轻企业负担，从 2003 年到 2007 年，组织开展了企业主业辅业分离改制工作，4 年间省属煤炭企业分离辅业单位 170 多户，分离职工 10 万人；推动省属煤炭企业全部建立了现代企业制度，法人治理结构不断完善，产权制度改革取得重大进展，所属子公司 80%以上实现了股权多元化。成立了河南煤层气开发利用公司、河南省煤炭销售集团公司。稳步推进资源枯竭矿井关闭破产工作，启动破产项目 16 个，终结完成项目 8 个，争取国家补助资金 28.4 亿元，近 6 万名职工得到了妥善安置。积极推动企业上市融资，到 2007 年年底，河南煤炭行业上市公司达到了 3 家，河南国有及国有控股煤炭企业实现销售收入首次突破千亿元大关，达到 1095 亿元，是 1978 年的 190 倍。实现利润 87.49 亿元，上缴税金 101 亿元，位居全省工业行业前列。

2008 年，河南煤炭行业启动实施大集团战略。经河南省委、省政府批准，12 月 3 日，原平顶山煤业集团和神马集团联合重组为特大型能源化工集团——中国平煤神马能源化工集团有限责任公司；12 月 5 日，永煤集团、焦煤集团、鹤煤集团、中原大化集团、河南煤气集团等 5 家企业重组成立国有独资公司——河南煤业化工集团有限责任公司。2013 年 9 月 12 日，原河南煤化集团、义煤集团两家省管大型煤炭企业重组成立河南能源化工集团有限公司，成为集煤炭、化工、有色金属、装备制造、物流贸易、建筑矿建、现代服务业等产业相关多元发展的国有特大型能源化工集团。

“十二五”期间，在河南煤炭行业管理体制发生变化，积极培育发展大企业、大集团的趋势下，省管骨干煤炭企业继续加快推进企业管理体制改革。河南能源化工集团积极推进集团管控体制机制优化，持续压缩管理层级；以新疆公司为试点加快推进区域化管理，实现所有权与经营权相统一，促进各单位自主经营、高效运作；推进市场化运作机制，探索推进国有企业民营机制改革试点，中原大化、豫北化工对部分单位、内部业务单元实施承包经营，经济效益明显提升；生产辅助、生活服务等实行社会化、市场化、专业化管理稳健起步。义煤公司、鹤煤公司通过加强地企合作分流富余人员，全员效率明显提升。中原大化、豫北化工等单位组织专业化队伍走出国门开展维保服务，实现了员工收入和企业效益的双提升。持续加大竞争性选人用人力度，探索实施市场化选聘职业经理人工作。平煤神马集团的三项制度、煤炭板块物资管供、公务用车等改革取得实质进展；建立了市场化用工机制，将用工权全部下放到独立法人单位，实行劳务代理；大力发展混合所有制经济，积极引进战略投资，有效分散投资风险。到 2015 年年底，平煤神马集团混合所有制经济涵盖五大主业，组建企业数量已占下属子公司一半以上，90%以上的非煤企业与央企、民营企业、外企开展合资合作，实现了产权多元化，营业收入占全集团80%以上，在机制创新、结构调整、壮大规模、转型发展等方面取得了明显成效。

始终坚持开放引领。“八五”时期，河南煤炭行业全力做好煤炭出口工作，1996年出口煤炭157万吨，创汇6154万美元，比1992年分别提高144.5%和147%。“九五”“十五”期间，认真落实省委、省政府提出的“东引西进”战略，积极组织我省煤炭企业参加各种投资贸易洽谈会，同一些海外机构、公司建立了联系。1998—2002年，省煤炭厅接待外国专家、学者、工程技术人员来访和到矿区考察106批550多人次；组织河南煤炭行业管理和技术人员171批650多人次到国外进行了商务考察和技术交流，省煤田地质局在加纳投资兴建的神鹰盐业加纳有限公司进展顺利。煤炭出口保持平稳。五年来共出口煤炭642万吨，创汇1.97亿美元，年均出口量在128.4万吨。

2002年，永煤集团公司同宝钢集团合资经营城郊矿项目实现了突破性进展；省煤炭工业局组织部分煤炭企业对青海省海西州进行了考察，并确定了合作开发意向。2003年之后，省煤炭工业局积极组织省属煤炭企业实施“引进来”战略，积极推进母公司、子公司和在建项目的招商引资工作，通过增资扩股或股权转让等形式，引进国际战略投资者和国内具有较强实力企业集团的资金、技术和管理经验，实现强强联合，优势互补，促进煤炭企业大发展。先后引进了巴西淡水河谷公司、上海宝钢、华润集团等世界500强企业。到2007年年底，省属煤炭企业完成合资合作项目120个，引进外来资金60多亿元，合资资产400多亿元，所属子公司80%以上实现股权多元化。与此同时，省煤炭工业管理局积极推动煤炭企业“走出去”，帮助企业到新疆、贵州、青海等地寻找资源，实现跨地区投资。河南能源集团、中国平煤神马集团、郑煤集团的省外产量都已经形成规模，成了企业重要的经济增长点。

“十二五”时期，省属煤炭企业和煤机装备制造企业抓住机遇，积极开拓国际市场，取得了新的业绩。平煤神马集团突出尼龙产业优势地位，成立了国际贸易公司，在日本、美国先后设立了分公司，筹备设立了欧洲公司，不断开拓海外市场，工业丝、帘子布、石墨电极、糖精钠等产品远销五大洲30多个国家和地区，累计完成进出口总额35亿美元。郑煤集团建筑产业积极开发对外合作项目，采取投标和工程设计院合作投标、联合体投标、与大型建筑施工企业联营及劳务分包等灵活多元的合作方式，成功承揽了厄瓜多尔德尔西水电站（工程总承包土建第Ⅴ标段）、乌东德水电站（右岸地下电站一二层排水廊道及临江侧灌浆平洞开挖工程）、兰州市水源地建设工程（第7标段）等一批大型外部工程。神火集团充分利用新疆资源条件以及自身资金、技术、管理、人才、市场等优势，在新疆昌吉州吉木萨尔县五彩湾工业园区建设了年产80万吨铝合金项目；位于新疆准东地区的年产3000万吨的煤矿项目已完成了合资公司注册。郑煤机自2005年开始自主出口业务，共计向俄罗斯、土耳其、印度、越南、美国和澳大利亚出口17套设备，累计出口金额超过20亿人民币。平顶山煤机装备公司在国际化进程中迈出坚实步伐，2012年在德国鲁尔集团ZY11310/24/52D型两柱掩护式电控液压支架招标过程中，成功获得价值近4亿元的批量生产订单，改写了世界高端煤机市场不用中国产品的历史，推进了中国煤机的国际化进程。该套液压支架在德国鲁尔集团普罗斯帕煤矿自2014年11月使用至今，经受住了井下复杂环境的考验，实现国外顶级采煤、运输设备无缝衔接；2015年，该公司又分别和越南杨辉矿、俄罗斯拜凯姆斯卡亚煤炭公司签订价值共9000余万人民币的液压支架供货合同。

始终坚持科技支撑。1990年6月，省煤炭厅召开第二次全省煤炭工业科技工作会议，研究制定了“八五”期间河南煤炭科技发展纲要，提出了“依靠科技进步，发展煤炭工业”的方针，制定了《河南煤炭科技管理办法》和《科技进步奖励办法》。1996 年 12 月，省煤炭厅召开了全省煤炭行业第三次科技教育大会，出台了《关于加快实施“科教兴煤”战略的决定》，1998 年，省煤炭厅还颁布了《河南省煤炭行业技术政策》，到 2000 年，全省煤炭系统已有专门的科技研究院所 9 个，全省煤炭科技工作体系基本形成。“九五”期间，一批新技术、新工艺在矿井建设、煤炭采掘上得到推广应用。如三维高分辨率地震勘探技术、深井冻结法凿井技术、“三下”采煤技术、易自燃煤层、高瓦斯煤层放顶煤技术以及煤巷锚杆支护技术、矿井瓦斯和火的防治技术等，特别是放顶煤技术的应用，每年可为企业创造效益 3 亿多元。以微电子技术为主对国有重点煤矿矿井提升系统进行了机电一体化改造；建立了覆盖国有重点矿区包括矿井安全生产监测监控系统在内的计算机信息网络；深入开展了质量标准化和高产高效矿井建设，建成“双高”矿井 9 对；在绝大多数省属煤炭企业建立了国家或省级的技术中心。全省煤炭行业共完成科技成果 1000 多项，获得省部级以上奖项 68 项，其中荣获国家科技进步二等奖 4 项，煤炭科技进步一等奖 1 项，河南省科技进步一等奖 2 项。

“十五”期末，省煤炭工业局编制了河南煤炭科技“十一五”规划，出台了煤炭科技管理办法。注重建立健全企业科技创新体制和机制，加快科技成果向现实生产力转化步伐。到 2007 年，全省煤炭企业建成 3 个国家级技术研发中心；133 项自主创新成果荣获国家、省部级科技奖励，658 项获河南省煤炭工业科学技术进步奖。高压磨料射流割缝防突、煤矿突水点井下动水注浆封堵、悬移支架等一批新技术、新工艺得到推广应用。煤矿综采技术、监测监控技术和信息工程技术攻关取得突破性进展。

“十一五”期间，全行业以提高管理科技含量和安全生产为重点，围绕提高煤矿生产效率、环境保护和资源综合利用，不断加大科技资金投入、科研攻关和科技成果推广力度，多项技术成果实现创新，创新型企业建设迈出了新步伐。2009 年，河南煤化集团 3 个国家级企业技术中心、3 个博士后科研工作站和 1 个海外高层人才创新创业基地的“1331”工程建设持续推进。合成气制低碳醇、合成气制柴油和石蜡、二甲醚制醋酸乙烯、粉煤灰制纸浆、粉煤灰制氧化铝等一批新技术、新工艺加快工业化实验进程，全年获得省部级科技进步奖 13 项，拥有自主知识产权技术发明专利 20 项，实用新型技术专利 248 项。中国平煤神马集团大力推进清洁发展机制，加强污染源治理，瓦斯发电和尼龙化工 CDM 项目成效突出，节能率和污染物排放总量指标控制良好。郑煤机集团研制的神华 7 米支架，代表了世界当今液压支架最高水平，全年获授权专利 15 项；特别是攻克了液压支架电液控制核心技术，开发了具有自主知识产权的煤矿综采工作面液压支架电液控制系统，赢得了巨大的经济效益和良好的社会效益，使我国厚煤层开采技术达到了世界先进水平。引领了世界综采装备技术的发展方向。平煤机攻克了 40000kN 液压支架试验台、7 米大采高支架等一批世界性技术项目；河南煤层气集成创新与自主创新与一体的压裂设备投入使用，自主研发的“煤矿井下定向压裂增透消突成套技术”，大幅降低了瓦斯治理成本。河南工程学院 2009 年申报省部级科技成果奖 64 项，国家级课题 11 项，省部级课题申报 76 项，获得 2009 年度河南省高校科技创新人才支持计划项目 1 项，省级项目立项 59 项。河南省煤炭工业局组织了全省煤炭企业，历时二年编制了全国首套省级《瓦斯地质图》，获得省部级科技成果奖。

“十二五”期间，河南煤炭行业积极构建以“企业为主体、市场为导向、产学研相结合”的自主创新体系，取得了包括低阶煤旋转床低温干馏分质利用技术和装备、煤炭综采智能控制系统及装备、建筑物下综合机械化矸石密实充填采煤及塌陷控制、大采高液压支架等一大批重要科技创新成果，煤炭科技创新取得新突破。河南能源化工集团依托集团研究院，分产业设立了9个专业研究所，建成5个国内一流的瓦斯灾害防治实验室；与中国矿业大学、河南理工大学等高校共同组建协同创新联盟，完成河南省碳纤维工程技术研究中心组建；成为九三学社中央首家推动自主创新试点单位；年科技投入占全部营业收入总额的3%以上；参与完成的"中国煤矿瓦斯地质规律与应用研究"获国家科技进步二等奖；"固特捷瓦斯抽采钻孔封孔材料及工艺研究"、"聚甲醛汽车专用料"工程化项目等一批研发项目顺利应用或投产，8万～10万 m^3/hO_2 超大空分设备、高白超细氢氧化铝粉体、钼尾矿高效分选及综合利用等项目均取得重大突破；"行星齿轮调心球面滚子轴承研制"获中国机械工业科技进步一等奖；永煤公司被科技部等三部委联合命名为全国第三批创新型企业。郑煤集团围绕煤炭主业，针对制约企业发展的技术瓶颈，强化科技管理，累计投入技术研发资金42亿元，完成重点研发项目335个，科技成果转化率达到70%以上，建成2处省级以上技术研发平台，并与中国矿业大学等院校建立了长期合作协议，在"三软"煤层开采、瓦斯防治及利用、水害防治等领域相继取得突破并得到有效应用，针对所属矿井开采深度大、"三软"煤层、瓦斯和水害严重等特点，完成了李粮店矿深厚冲积层和深厚含水岩层800米冻结安全快速施工技术、"三软"不稳定难采煤高效绿色开采技术等百余项科技攻关项目。神火集团积极引进新技术、新工艺，实施了矿井区域防突、联合开采、"三软"煤层放顶煤开采、突出煤层快速安全掘进、沿空留巷等技术，极大地提高了矿井采掘水平，其中沿空留巷技术获得河南省科技进步二等奖，梁北煤矿5.5米大采高支架使用创新了国内极软厚煤层及高瓦斯矿井一次采全高的技术工艺；在铝电产业方面，实施了低电压铝电解新技术、不停电开槽技术等低电压节能技术，与中南大学合作的"低温低电压应用和推广项目"被科技部列为"十二五国家科技支撑计划"。

始终坚持多元发展。1992年7月，时任国务院副总理朱镕基在视察河南煤矿时反复指出，煤炭企业摆脱困境、扭亏增盈的根本出路，必须走多种经营、第三产业的路子。1993年开始，河南省利用国家贴息贷款，大力发展煤矿多种经营。1994年，河南省委、省政府又提出了在三五年内，使多种经营产值超过煤炭产值、多种经营从业人员超过煤炭生产人员。1996年，省煤炭厅提出了以提高经济效益为目标、上规模、上档次、上水平，重点发展高附加值、高技术含量、高效率产品项目的"九五"多种经营发展规划。1991—2000年，河南国有煤矿独立核算多种经营单位达到756个，生产经营网点达到1196个，从业人员16.21万人，占煤炭行业从业人员总数的47.29%，全年生产总值70.95亿元，占全行业生产经营总值的53.37%。2002年，省煤炭工业局组织召开了全省煤炭行业结构调整和非煤产业工作会议，制定了行业经济结构调整的总体工作思路，提出了"依托煤炭主业、延伸产业链条、提高技术含量及附加值"的思路，推动了一批非煤骨干项目竣工投产和上马，如焦煤集团公司的演马1×25MW机组扩建工程和东西部电网联网工程开始建设，义煤集团公司华兴碳酸钡厂竣工投产，曹窑氧化铝厂项目开工等。河南煤气化工程生产系统自10月份起实现了连续运行。2002年共生产煤气2995.1万立方米，生产甲醇2.3万吨，质量均达到或超过国家标准，提前一个月实现年年底单系列满负荷运转的目标。

2003—2007年，河南煤炭深加工步伐加快，煤化工建设全面展开，出台了建设五大煤化工基地的规划，重组成立了河南煤业化工集团、中原煤业化工集团、平煤蓝天化工集团三大煤化工企业；建成了平煤集团60万吨焦化及热电联产、永煤集团50万吨甲醇、省煤气集团

20 万吨甲醇等一批大型煤化工项目。省煤气化二期工程竣工投产，日产城市煤制气达到 300 万立方米，成为亚洲最大的煤制气生产企业。同时，到 2007 年年底，平煤集团 120 万吨真空制盐项目、永煤集团龙宇航天炉、鹤煤集团 60 万吨甲醇、郑煤集团的 180 万吨干法水泥等一大批骨干项目进展顺利。全省煤炭行业甲醇生产能力达到 980 万吨，焦炭产量 1000 万吨，尿素 104 万吨，二甲醚 40 万吨，煤炭转化能力已经超过 2200 万吨。率先在全国成立了省级煤层气开发利用公司，建成煤层气抽采井 37 口，形成年产 8000 万立方米的产能。全省建成瓦斯发电机组 53 台，装机容量 2.65 万千瓦，到 2007 年年底，全省利用瓦斯达到 5000 万立方米。煤建材产业建成和在建矸石砖生产线 20 条，年生产能力近 16 亿块；建成水泥厂 8 座，年生产能力 500 万吨；煤矸石年利用量从 2002 年的 1200 万吨，提高到 2007 年的近 1700 万吨；煤泥综合利用率达到 95%，煤矸石利用率达到 80%，矿井水全部达标排放，形成了“煤—电—铝”“煤—焦、气化—煤化工”“煤—煤矸石—新型建材”等多条产业链。到 2007 年年底，全省煤炭行业实现非煤产业经营总额达到 808 亿元，占到了全省煤炭工业经济总量的六成以上，基本形成了以煤为本、多元发展的产业布局。

“十一五”后期和“十二五”期间，河南煤炭产业结构不断优化升级。河南能化集团的乙二醇、碳纤维、聚甲醛、风电和高速铁路轴承、大型空分等一批代表产业前沿的项目相继开工建设，形成煤炭、化工、有色和装备等现代产业集群，推动河南成为全球最大的煤制乙二醇生产基地和全国最大的聚甲醛生产基地。煤炭、化工、有色金属、装备制造四大核心产业支柱作用进一步突出。中国平煤神马集团立足煤炭资源优势，加快推进结构调整，产业链不断延伸，构建起以煤炭采选、煤焦化工、尼龙化工、盐化工、新材料为主导产业，多业并举、多元支撑的新格局。立足平顶山地区丰富的煤炭、水、岩盐等资源优势，突出产业链上下游关联度，不断做优做精产业链条，把苯、氢气等焦化副产品充分利用，打造了由煤到焦炭再到尼龙、大规格超高功率石墨电极、糖精钠、盐化产品等多条全国独一无二的煤基化工产业链条，形成了新的经济增长点。特别是充分发挥煤炭、焦化、尼龙产业协同效应，打通了由煤炭到焦化副产品，再到尼龙 66 盐，最后到工业丝、帘子布、工程塑料、气囊丝，这一全球最完整循环经济特征最明显的煤基尼龙化工产业链。

始终坚持人才为本。“九五”“十五”时期，河南省煤炭工业局积极适应煤炭工业管理体制变革，强化对行业人才工作的规划指导，先后制订下发了《关于实施人才强煤战略加强人才工作的实施意见》《关于加强专业技术队伍建设的实施意见》《关于加强行业技能人才队伍建设的实施意见》等多个指导性文件。对高层次专业技术人才实行技术津贴，在河南煤炭企事业单位工作的政府津贴获得者、省管专家、省学术带头人和河南省煤炭工业局评出的各类专业技术骨干每月增加技术津贴 1000 元，地市级学术、技术带头人每月技术津贴 500 元。2003 年，平煤集团公司总工张铁岗当选中国工程院院士；2006 年，河南省煤炭系统有 4 人被评为享受国务院政府特殊津贴专家，3 人获“河南省技术能手”称号，5 人被推荐为省级的学术技术带头人，30 人被评选为行业级学术技术带头人。截至 2008 年年底，全省有国务院特殊津贴专家 127 人，省管专家 12 人，21 人被评为省级学术带头人，102 人被评为行业级学术技术带头人；近 6000 人取得技术资格。各地各企业也都普遍建立了专业技术人才、杰出人才选拔管理制度，重奖高层次人才，重点企业都设立了博士后流动工作站。针对煤矿主体专业人才紧缺的压力，河南省煤炭工业局率先在全国煤炭行业开展了紧缺人才培养工程。自 2003 年开始，与中国矿业大学、河南理工大学、河南工程学院等协商，探索建立了与学历文凭制度并存、并用、并重的“岗位职业资格证书”制度，到2007年，全省煤炭行业共选拔了4000多名综合素质高的一线职工，参加机械工程、采矿工程等行业急需的本专科培训。2009—2015年，全省煤炭行业共选拔培训近3000人。

2006年，河南省煤炭工业管理局还率先在全国开展煤矿井下劳动定员标准制定与核定工作，出台了《河南省煤矿劳动定员管理办法》和《河南省煤矿井下劳动定员核定办法》。2007年5月，国家发改委、国家煤矿安全监察局、劳动和社会保障部、中国煤炭工业协会联合在河南召开全国煤矿井下劳动定员现场研讨会，并将这一成果在全国推广。2007年，又颁布了《河南省煤矿企业从业人员准入资格管理规定》，成为全国第一个实施煤矿企业从业人员资格准入的省份。

2007年，省煤炭工业管理局制定下发了《河南省煤炭行业专业技术人员知识更新工程》，重点对中高级专业技术人才进行培训。各个煤炭企业也千方百计吸引、培训各类人才。到2007年，全省煤炭行业管理人员及专业技术人员达到61953人，与1991和1998年相比，分别净增23594人、10759人，占职工总数的比例由1991年的8.1%上升到2007年的16.9%，其中，工程技术人员达到19514人，占专业技术人员的比例由16.3%上升到19.7%。

2011年以来，河南省煤炭行业管理部门和安全监管部门狠抓煤炭企业主要负责人和“五职”矿长任职资格管理工作。“十二五”期间，共举办煤炭企业主要负责人和“五职”矿长培训班40期，参加培训人8660人次；成功组织了2万名“五职”矿长参加的年审考试。煤炭企业负责人和“五职”矿长的依法办企(办矿)的意识显著加强，管理水平有明显提高。积极做好煤矿特种作业和职工教育培训。大力推进岗位作业人员持证上岗，完善特种作业人员和煤矿职工教育培训体系，丰富培训内容，强化教育培训效果，取得了显著的效果。

始终坚持关爱矿工。“八五”“九五”期间，省煤炭工业厅在全省组织开展了创建文明矿活动，各矿区积极改善职工宿舍、食堂、澡堂、俱乐部，大力兴办职工医院、中小学、幼儿园以及各种商业、文教、体育、医疗等福利设施，举办各种文化体育活动，活跃职工业余生活。截至2007年，全省国有重点矿区兴建职工食堂339个，30088平方米；共有澡堂面积72719平方米。注重提高职工收入，1990年，全省县营以上煤矿职工平均工资2679元/(人·年)，2007年，国有煤炭企业职工人均年收入提高到2.56万元；2012年，全省骨干煤炭企业在岗职工人均收入达到5.47万元，为“十二五”时期的最高收入。职工住房不断改善。“八五”期末，国有煤炭企业职工人均住房4.91平方米，无房户2万多家。2007年2月，省政府为了解决省属煤炭企业矿工棚户区问题，印发了《关于加快推进省属国有重点煤炭企业棚户区改造工作的意见》，让煤矿工人更多地享受到改革发展的成果。涉及8个省辖市，6家省属煤炭企业，棚户区住户76021户，职工家属25万多人，改造面积581.4万平方米，2008年年底基本完成，有效地改变了部分矿区脏、乱、差的状况，极大改善了煤炭职工的居住条件和居住环境，职工人均住房面积达到10.99平方米。

煤矿养老保险、失业保险、医疗保险、工伤保险、意外伤害保险等全面开展，职工生活有了可靠保障。

大　事　记

1991年

1月7日 平顶山矿务局香山公司坑口电厂由国家计委批准立项，装机容量2×5万千瓦，总概算8900万元。

1月14日 能源部副部长、中国统配煤矿总公司总经理胡富国题写书名的《向铁人式英雄丁百元同志学习》一书出版。该书由焦作矿务局党委宣传部编纂。

1月16日 中共河南省委副书记、代省长李长春到平顶山矿务局检查工作，听取矿务局6年总承包情况和企业面临问题的汇报。

本月 中共河南省委宣传部政研会授予义马矿务局杨村煤矿思想政治工作优秀企业称号。

2月20日 焦作矿务局造纸厂生产的高强度瓦楞纸50吨，首次出口新加坡。

2月22日 鹤壁矿务局九矿原煤开始出口日本和法国，河南煤炭首次进入欧洲市场。

3月10日 经中国统配煤矿总公司(以下简称中煤总公司)批复：永城矿区项目建设临时管理委员会更名为永夏矿区建设管理委员会，负责项目前期工作和建设期间的管理及投产后的生产经营，暂定为副地市级机构，由河南公司负责管理。

3月17日 河南省委书记侯宗宾在商丘地委书记吉长荣、行署专员韩天经等陪同下，到永夏矿区视察。

3月20日 河南省煤炭厅、河南省煤矿工会筹办的“丁百元事迹展览”全省煤炭系统巡回展览首展式在郑州举行，省委常委、省委宣传部部长于友先，省总工会主席顾志平，省委宣传部副部长葛纪谦，省煤炭厅副厅长高国安、黄元庆、谷中立，省煤矿工会主席张云忠等参加首展式。12月10日，《中国煤炭报》报道，被誉为“乌金锻造的英雄”的焦作矿务局王封矿矿工丁百元同全国煤炭战线其他11名劳模人物一起入选荟萃全国各条战线英雄劳模、专家名人的《中国人物年鉴》(1991年版)。

3月30日 郑州矿务局宋(寨)大(平)铁路开工建设，全长26.5千米，总投资33460万元。1994年4月16日成立矿务局铁路运输处。1995年6月28日正式通车，由矿务局自营自管，初期年运量可达520多万吨。

4月4—5日 中国统配煤矿总公司副总经理濮洪九视察鹤壁矿务局运输带厂、链环厂、钢丝绳厂。

4月9日 永夏矿区列入《中华人民共和国国民经济和社会发展十年规划和第八个五年计划纲要》能源工业重点建设项目。

4月15日 郑州矿务局档案馆被中国统配煤矿总公司、河南省、郑州市档案局、河南省煤炭工业厅等单位考评验收为河南省煤炭系统第一家“国家一级企业档案馆”。

4月30日 河南省政府在省人民大会堂召开职工民主管理优秀企业表彰大会，省委书记侯宗宾、副省长刘源分别将“职工民主管理优秀企业”的荣誉证书和铜匾授予义马矿务局常村矿工会。

5月26日 平顶山矿务局承担的国家“七五”科技攻关项目“平八矿矿井降温技术”，通过国家技术鉴定，达到国际先进水平。

7月16日 国家计委批准永夏矿区为国家重点建设项目，实行建设、监理、总承包单位“三元结构”约束机制，使工程投资、质量、工期得到有效控制，被中国统配煤矿总公司誉为“永城模式”。

9月6日 平顶山市委、市政府批准平顶山煤炭工业总公司从12月1日起对市属梨园矿务局、梁洼矿务局、韩庄矿务局、朝川矿务局、香山煤矿及煤矿专用设备厂、矿山机械厂实行实体管理，对人、财、物、产、供、销实行“六统一”。

9月7日 《河南日报》报道，义马矿务局豫剧团主演的电视剧《福星照万家》获第六届全国戏曲电视剧“金纸奖”。

9月17日 巩义市大峪沟煤矿更名为大峪沟矿务局，年产煤量达100万吨以上。

9月25日 中国统配煤矿总公司党组副书记、副总经理韩英到义马矿务局视察工作。

本月 义马常村煤矿、杨村煤矿和义马煤炭技工学校被河南省委、省政府命名为文明单位。

10月3日 鹤壁矿务局出口法国4.2万吨烟煤。至此，该局已向日、法等国出口煤炭17.6万吨，成为河南省4个统配矿务局中的第二大煤炭出口基地。

10月27日 河南省省长李长春一行到永夏矿区视察。

11月15日 平顶山矿务局十矿机掘队创使用国产综掘机单头月进1031米（折合标准进尺1237.2米）的全国新纪录。

11月21日 全国总工会副主席、中国统配煤矿总公司原总经理于洪恩到平顶山矿务局视察。

本月 河南省人民政府根据国务院《关于清理整顿个体采煤的通知》，成立以副省长刘源为组长的清理整顿个体采煤领导小组，全面清理整顿个体煤矿，整顿的重点为无证开采经营矿、不具备基本办矿条件和基本安全生产条件的矿、严重威胁国营矿井或邻矿安全生产的矿，至1992年末清理整顿工作基本结束。

本月 河南省煤炭工业厅（公司）完成全省煤炭工业大中型企业划型申报工作。次年7月，经国务院经贸办等六部委批准，特大型企业有平顶山、义马矿务局；大型一档企业有焦作、郑州、鹤壁矿务局，平顶山煤炭工业总公司；大型二档企业有安阳、永城、新峰矿务局，郑州煤矿机械厂，济源矿灯厂。同时，省计经委第一批公布河南煤炭工业中型企业共28户：中型一档企业有大峪沟矿务局，新中、新登、龙门、高山、焦村、英豪、大众、济源、方庄、吕沟、陈召、吴村、安林煤矿，平顶山市煤矿机械厂，济源煤矿高压开关厂；中型二档企业有新新、五一、景家洼、苗李、马村、白庄、太行、白庙、风翅山、方山煤矿，平顶山市郊区洗煤厂，温县煤矿机械厂。

12月2日 河南省计划委员会同意由平顶山市梁洼矿务局、梨园矿务局、韩庄矿务局、香山煤矿和河南省朝川矿务局以及平顶山矿山机械厂、煤矿专用设备厂等7户国有企业现有的全部资产组成“平顶山煤炭工业总公司”，实行统一核算，统负盈亏。

12月24日 鹤壁矿务局总机厂研制的STG800、STG1000槽钢吊挂胶带输送机通过省级鉴定。这项成果填补了国内空白，处于全国领先地位。

本月 平顶山矿务局七矿选煤厂开工新建，设计年入选原煤能力90万吨，1995年6月建成投产，总投资8509万元。

本月 中国湖南第二届映山红民间戏剧节评比揭晓，义马矿务局豫剧团一举夺得戏剧节10个奖励项目的9个大奖。

是年 在能源部煤炭工业第9次科技进步奖评选中，河南有13项成果获奖，其中一等奖1项、二等奖4项、三等奖8项。

1992年

1月1日 郑州矿务局兼并中州煤矿机械厂。5月，中州煤矿机械厂由郑州市移交郑州矿务局。1994年9月河南省政府将中州煤矿机械厂划转洛阳一拖集团。

2月 河南省政府成立义马煤气化领

导小组，省长李长春要求尽快把义马煤气化建设好。年内，正式被确定为河南省20项振兴工程之一。

3月16日 中国统配煤矿总公司发布1991年建成现代化矿务局、矿名单，河南的平顶山矿务局及所属二矿、五矿、六矿、十一矿、高庄矿、大庄矿，郑州矿务局王庄矿榜上有名。

4月28—29日 能源部副部长、中国统配煤矿总公司总经理胡富国到河南省现场办公，对郑州、焦作、鹤壁、义马矿务局和永夏矿区建设给予分类指导，指出：河南煤炭要加快建设永夏矿区，积极发展郑州矿区，振兴鹤壁、义马矿区，搞活焦作矿区，为河南省煤炭工业的进一步发展理清思路。

5月9日 鹤壁矿务局卫星通信地球站投入使用。这是在鹤壁市境内建起的第一座卫星通信地球站。该站是国家能源部利用国家发射的东方红Ⅱ号卫星组建的全国煤炭系统卫星通信网的一个组成部分。

本月 能源部正式批准许昌市新峰矿务局梁北矿建设项目，设计生产能力90万吨/年，1994年10月破土动工，年底停工，1997年7月复工建设。

6月5日 能源部部长黄毅诚视察永夏矿区，要求矿井技术装备要高起点，人员要高素质，经营管理要高水平，职工工资要高收入，要瞄准世界先进水平，把永夏矿区建成国内一流水平。

本月 在国务院发展研究中心、《管理世界》中国企业评价中心、国家统计局工业交通统计司公布的1992年全国500家最大工业企业中，鹤壁矿务局排列450位，这是该局继1989年之后连续4年被列入国家500家工业企业。

7月1日 河南省煤矿设计研究院上划中煤总公司，更名为郑州煤炭设计研究院，实行事业单位企业化管理，经费自理，由河南公司管理。1993年2月24日，经中煤总公司批准，按副地市级待遇管理。

同日 永夏矿区陈四楼矿选煤厂开工建设，入选原煤能力240万吨/年，1997年11月6日建成投产。

7月7—13日 国务院副总理朱镕基在省委书记侯宗宾、省长李长春等陪同下，先后到平顶山、义马、焦作3个矿区进行考察。朱副总理在考察时指出："煤炭工业是基础工业，'兵马未动，粮草先行'。国民经济上台阶，煤炭必须跟上去。"现在煤炭全行业亏损，主要原因是用人太多，要转换经营机制，减人提效，狠抓多种经营和资源的综合利用，大力发展第三产业，尽快扭亏为盈，实现煤炭工业良性循环健康发展。

7月8日 受国务院副总理朱镕基的委托，能源部副部长、中国统配煤矿总公司总经理胡富国以及国务院经贸办副秘书长石万鹏等一行10余人到郑州矿务局视察。

7月30日 经国务院经济贸易办公室、国家计委、国家统计局、财政局、劳动部、人事部六部委审核，批准义马矿务局为国家特大型企业，永城矿务局晋升为大型二档企业。

本月 在中国煤炭工业管理协会第四届(1992)中国煤炭工业优秀企业评选中，鹤壁矿务局获中国煤炭工业优秀企业称号，并获得"金石奖"奖杯和"优秀企业"奖状。

9月21日 国家经贸委等6部门以国经贸企〔1992〕176号文公布平顶山煤炭工业总公司为国家大型一档企业。

10月18日 中国统配煤矿总公司调整义马矿务局领导班子：李玉成任义马矿务局局长，牛邦彦任局党委代理书记。

10月20日 永夏矿区车集矿开工建设，设计生产能力180万吨/年，总概算50444万元。是全国煤炭系统率先推行建设、监理、总承包单位组成的"三元结构"项目管理体系，按"项目法"施工的第一个大型矿井建设项目。

10月30日—11月3日 中国统配煤矿总公司总经理王森浩到河南省统配煤矿考察，对河南煤矿改革开放以来取得的成绩给予充分肯定。

12月14日 中国统配煤矿总公司批文，同意义马矿务局承担义马煤气化工程气源厂的建设和经营。

12月25日 经河南省第七届人民代表大会第六次会议选举，郑州矿务局局长、党委书记赵宗晋当选第八届全国人民代表大会代表。

12月28日 义马矿务局耿村矿扩建工程通过验收，正式投产。扩建后年产量可达240万吨。

12月29日 由河南省政府牵头，河南省煤炭工业厅、物资厅联合主办的郑州煤炭交易市场在中原贸易大厦隆重开业。1993年5月，郑州煤炭交易市场由省煤炭工业厅管理。

是年 在能源部煤炭工业第十次科技进步奖评选中，全省煤炭系统有14项成果获奖，其中一等奖2项、二等奖3项、三等奖9项；在河南省科技进步奖评选中有4项成果获奖，其中二等奖1项、三等奖3项。河南省煤炭科学研究所与郑州矿务局米村矿合作完成的《米村矿"三软"不稳定厚煤层综采放顶煤技术》项目获河南省煤炭厅科技进步特等奖，河南省煤炭科学研究所"XTD－7防爆特殊型蓄电池单轨吊"项目获河南省煤炭厅科技进步一等奖。

是年 中国统配煤矿总公司执行质量标准化矿井新标准后，河南省第一批达标矿井8对，其中，特级矿井5对：焦作矿务局的焦西矿，鹤壁矿务局的三矿，义马矿务局的北露天矿、新安矿，郑州矿务局的米村矿；部一级质量标准化矿井2对：焦作矿务局的朱村矿，郑州矿务局的王庄矿；部二级质量标准化矿井为鹤壁矿务局五矿。

1993年

1月1日 平顶山煤矿机械厂正式由平顶山市人民政府移交中国煤矿机械装备集团公司管理。

1月13日 安徽省计委在《关于永城矿务局新庄煤矿铁路专用线接轨问题的复函》中，同意永城矿务局新庄煤矿铁路专用线从皖北矿务局刘桥二矿接轨。

2月5日 河南省代省长马忠臣到平顶山矿务局视察。

2月7日 中国统配煤矿总公司河南公司成立社会养老保险基金统筹办公室，开始社会保险基金统筹工作。

2月17日 能源部批准河南省禹州矿区总体发展规划。

2月22日 能源部批准由郑州矿务局开发登封矿区暴雨山和马岭山井田。

3月2日 中国统配煤矿总公司总经理王森浩到永夏矿区考察。

3月10日 能源部批准义马矿务局总体发展规划。

3月13日 郑州矿务局被国家计委列为国家重点建设项目。

本月 河南省煤炭工业厅（公司）制定印发《河南省煤炭工业关于贯彻落实〈全民所有制工业企业转换经营机制条例〉及〈实施办法〉的意见》，下放7个方面的权力，进一步落实企业自主权。

6月15日 煤炭部副部长张宝明在河南省煤炭厅厅长朱德沛、副厅长高国安等陪同下到永城矿务局视察工作。张宝明指出："新庄煤矿条件好，应该上机械化。"对该矿以生产保基建，走生产基建同步发展之路给予充分肯定。

7月8日 国家能源投资公司、河南省计经委、郑州市政府、郑州矿务局、登封县政府签订合资经营登封矿区铁路协议书。

8月25日 煤炭部副部长韩英到永城矿务局视察，并到新庄矿察看矿井建设情况。

本月 永城矿务局被国家统计局排名“中国100家最大煤炭采选企业”第42位。

9月29日 中国统配煤矿总公司河南公司更名为河南煤炭工业管理局。

本月 由河南省煤炭工业厅承编的《河南省志·煤炭工业志》一书，在全国新编地方志首届优秀成果评奖中荣获一等奖；10月，在河南省社会科学优秀成果评奖中，获荣誉奖。

10月3日 河南省委书记李长春到河南省煤炭工业厅视察郑州煤炭交易市场。

10月15日 国家重点工程平顶山矿务局十三矿开工建设，设计生产能力180万吨/年，矿井服务年限76年，总概算182303万元。

11月15日 平顶山市宝丰县大营镇娘娘山煤矿发生特大瓦斯爆炸事故，死亡49人。

是年 中共中央总书记、国家主席江泽民参观全国首届地图展览会，对焦作矿业学院杨力生、张祖银、张子敏共同编制的《1∶200万中国煤层瓦斯地质图》科技成果给予高度关注和赞赏。《1∶200万中国煤层瓦斯地质图》是煤炭部重大科技攻关项目“全国煤矿瓦斯地质编图”的主要成果之一。该成果为瓦斯灾害预测和治理提供了理论和实践依据，对指导安全生产和瓦斯抽采利用有着极其重要的作用。其相关研究成果与治理方法写进国家《煤矿安全规程》，并被中联煤层气公司、美国环境保护署（EPA）和多家国际专业学术机构引用，在国家制定煤层气（煤矿瓦斯）开发利用“十一五”规划中发挥重要作用。

是年 河南省煤炭系统扭亏增盈工作取得显著成效，全年整体实现利润3300万元。其中，5个统配煤矿盈利2624万元，地方国有煤矿盈利632万元。年末，煤炭工业部在郑州召开了全国煤矿扭亏增盈工作会议。

是年 在煤炭部第十一届科技进步奖评审中，河南省有11项成果获奖。其中一等奖1项、二等奖4项、三等奖6项；在河南省科技进步奖评审中，煤炭行业有5项成果获奖，其中二等奖1项、三等奖4项；获河南省煤炭厅科技进步一等奖1项。

1994年

1月3日 永城矿务局新庄选煤厂由煤炭部办字〔1993〕416号文批准立项建设。3月7日，新庄选煤厂洗煤系统工程开工，11月3日建成试车成功，创全国同规模选煤厂当年建设当年简易生产的纪录。

1月25日 义马矿务局煤炭技工学校被国家劳动部命名为国家级重点技校。

2月18日 郑州矿务局对外工程公司14名施工技术人员前往伯利兹（中美洲国家）承担MCAL水力发电站竖井、调压井开挖工程，为河南煤炭系统承担国外工程首例。

3月15日 国务院总理李鹏在同出席八届全国人大二次会议的河南代表团共商发展大计时，对焦作煤矿作了评价：焦作煤矿是毛主席表扬过的，我也去过这个煤矿。这个矿民用煤是最好的，但它是个老矿，下面水多，有许多特殊的困难。如果把焦作煤矿改成现代企业制度，就解决它的问题了。形成一个发展机制，我们要靠这个。

3月25日 经河南省教委评选，报省人民政府同意，确定焦作煤炭工业学校为省部级重点中专。

4月20日 义马煤气化工程商务谈判结束。4月21日在北京长城饭店举行草签仪式。6月9日，中国和澳大利亚两国代表在澳大利亚国会大厦正式签订商务合同。

6月20日，中、澳两国政府代表在澳大利亚签订义马煤气化工程气化厂贷款合同，贷款总金额6300万美元，自1994年7月10日起生效，36个月建成投产。

4月29日 河南省委书记李长春主持召开会议，专题研究煤炭行业发展问题，副省长范钦臣、俞家骅和省煤炭工业厅(局)负责人参加会议。李长春指出：煤炭工业的根本出路，在于解放思想，转变观念，深化改革，尽快适应建立社会主义市场经济体制的新形势。必须以国有煤矿为骨干，多种经济成分共同发展；大力发展煤化工、坑口电厂、煤制气等，把一次能源转化为二次能源；必须从"一业为主，多种经营"转向"主副兼营"，把发展多种经营和第三产业作为煤炭行业的长远大计，力争在三五年内，使多种经营产值超过煤炭产值，使多种经营从业人员超过煤炭生产人员；要加快企业内部经营机制的转换，搞好三项制度改革，建立现代企业制度。会后，省委办公厅、省政府办公厅印发《煤炭行业发展问题会议纪要》，要求全省煤炭行业和各级政府贯彻执行。

6月13日 《义马煤气化工程可行性研究报告》经煤炭部、能源投资公司、国家计委、国家建行、国家开发银行审查批准后正式报国务院。14日，先后经副总理李岚清、邹家华、朱镕基批示同意。15日，国务院总理李鹏正式阅批。16日，国家计委以特急件印发经国务院批准的《国家计委关于审批河南义马煤气化工程的可行性研究报告的请示》。批准工程总投资为20.69亿元(部分为国外贷款)，建成后日产净煤气120万标立方米，主要向三门峡、洛阳、郑州三城市供气。这是省政府确定的振兴河南的20项重点工程之一，也是全国煤炭系统煤炭深加工的一个重大项目。

7月5日 河南省人民政府、煤炭工业部签署《关于解决中州煤机厂体制问题的商谈纪要》，中州煤矿机械厂正式归属一拖集团。

7月6日 平顶山矿务局局长梁尤平被评为第五届全国优秀企业家，荣获"金球奖"。

8月25日 根据河南省政府指示，河南省煤炭工业厅成立由厅长朱德沛任组长的乡镇煤矿清理整顿领导小组和专门办公室，对全省乡镇煤矿进行全面清理整顿。

9月2日 河南省计经委豫计经企〔1994〕1425号文《关于成立河南神火(集团)有限公司的批复》，同意以永城矿务局、永新开发公司、志永达纺织有限公司、宁陵异性钢管厂、郑州长洁纸品有限公司、上海绿源实业公司等9家成员企业共同出资2亿元组建河南神火(集团)有限公司。

9月20日 《河南省乡镇煤矿安全生产基本标准(30条)》开始实施。该标准对乡镇煤矿的矿井开采、通风瓦斯、运输机械、防水治水、电器通信、安全培训、两堂一舍等，做出具体要求。10月12日，煤炭工业部全文转发全国煤矿并上报国务院。11月20日，国务院副总理邹家华批示："河南的30条很好，值得推广。"

本月 煤炭工业部部长王森浩在河南省煤炭厅厅长朱德沛陪同下到永城矿务局视察工作，现场查看新庄煤矿及河南志永达纺织有限公司。

本月 禹州市吕沟煤矿组建以吕沟煤矿为主体的禹州中锋企业集团公司。

10月14—16日 全国煤炭工业思想政治工作研究会第5次年会在平顶山矿务局召开。与会的煤炭部部长王森浩会见河南省省长马忠臣，就河南煤炭工业发展有关问题交换意见。

10月23日 全国劳动模范、全国煤炭战线特等劳动模范、焦作矿务局王封矿掘进队副队长丁百元铜像，在山西太原中国煤炭博物馆落成揭幕。

11月17日 平顶山矿务局与波兰卡

托维兹公司结为友好企业，双方签订《合作协议草案》。

12月 登封铁路开工建设，全长58千米，由大平经告成至汝州与焦枝铁路相连，计划投资6.5亿元。

是年 全国煤炭工业发展规划纲要确定：重点建设20个大型综合发展的能源基地，15个重点矿区和100个重点产煤县。河南省的永城矿区煤电路列为大型综合发展的能源基地；禹州、登封列为地方重点建设矿区；安阳、济源、陕县、巩义、新密、汝州、宝丰、鲁山、平顶山郊区、新安、修武、焦作山阳区、荥阳等13个县(市、区)列为全国首批重点产煤县(市、区)。

是年 河南省计经委、财政厅、统计局、地税局公布：平顶山市香山煤矿、韩庄矿务局、济源太行煤矿为中型一类企业，新密市超化煤矿为中型二类企业。

是年 平顶山矿务局一矿、六矿和义马矿务局常村矿建成部级高产高效矿井，采煤机械化程度均达到100%，回采工效分别达到30.6吨/工、22.2吨/工和43.8吨/工。鹤壁矿务局五矿、九矿达到省级高产高效矿井标准，鹤壁矿务局九矿还成为全国煤炭系统28个高产高效矿井试点之一。义马矿务局常村矿综采队年产原煤150万吨，实现了一矿一队一面生产。

是年 河南省煤炭系统有8项科研成果获河南省科技进步奖，一等奖1项，三等奖7项；有9项科研成果获煤炭部第十二次科技进步奖，二等奖2项，三等奖7项；有90项优秀成果获河南省煤炭工业科技进步奖。

是年 河南省煤炭系统扭亏增盈工作取得显著成绩，全年盈利30541万元，其中，平顶山矿务局盈利35879万元，郑州、义马、鹤壁、焦作矿务局实现“三盈一减亏”，地方国有煤矿盈利1612万元，实现整体不亏损。

1995年

1月1日 中共中央总书记、国家主席江泽民，国务院总理李鹏等党和国家领导人看望工矿泰斗、焦作工学院名誉院长孙越崎。

1月21日 国务院副总理邹家华指示“在全国推广米村矿扭亏增盈经验”。

2月 焦作矿务局中央医院主任医师董世坤被中华全国总工会授予“1994年度全国职工自学成才奖”，这是河南省及全国煤炭系统唯一获此殊荣者。

3月16日 全国煤炭审计工作会议在郑州矿务局召开，煤炭工业部副部长濮洪九、国家审计署副司长王智玉、煤炭工业部审计局局长曹景全、河南省煤炭工业厅厅长朱德沛等出席大会。

3月26日 平顶山市新华区焦店三矿发生特大瓦斯爆炸事故，死亡41人，受伤7人。

本月 河南省政府决定建立河南义马煤气化工程联席办公会议制度，其成员由省计经委、煤炭厅、建设厅、石化厅、外经贸厅、省环保局、省人行、省建行、省工商行及郑州、洛阳、三门峡、义马市政府和义马矿务局等15个单位组成，下设河南省煤气化工程办公室，办公地点设在省煤炭厅。

4月4日 河南省委书记李长春到永夏矿区视察，要求永夏矿区管委会抓住机遇，克服困难，尽快建成，把地方经济带动起来。

4月5日 焦作矿业学院更名为焦作工学院。

本月 在煤炭工业部贯彻《乡镇煤矿管理条例实施细则》会议上，河南省被确定为发放生产许可证试点省，至年底，全省煤炭系统共发放国家统一制定的生产许可证1160个。

6月18日—7月12日 河南省煤炭厅厅长高国安率团赴越南考察，在河内达成中越双方联合办矿意向协定。

6月26日 煤炭工业部批复同意郑州矿务局组建为郑州煤炭工业(集团)有限责任公司，1996年1月18日公司正式挂牌，为全国煤炭系统第一家完成公司制改造的国有重点煤炭企业。

7月10日 河南煤炭管理局下发《关于加强企业科技发展资金管理的通知》，规定了科技发展资金的来源、数量和用途，使科技兴煤战略进一步落实。

8月18日 煤炭工业部党组批准，荣庆龙任中共鹤壁矿务局委员会书记、鹤壁矿务局局长。

9月1日 煤炭工业部批复同意平顶山矿务局改建为平顶山煤业(集团)有限责任公司，1996年11月26日，公司正式挂牌，成为全国煤炭系统第三家完成公司制改造的国有重点煤炭企业。

10月16日 焦作矿务局电子设备厂研制的交流提升机电控系统，在全国第九届发明展览会上荣获金奖。

10月21日 郑州矿务局被国家经贸委、国家统计局等联合评选为1995年度中国工业企业最优500家第421名；1995年度"中国的脊梁"国有企业500强420名；1995年度中国500家最大企业第470名。

本月 由河南省地方史志编纂委员会统一组织，河南省煤炭工业厅(局)承编的《当代河南历史丛书·煤炭卷——当代河南的煤炭工业》，由当代中国出版社出版。该书是当代河南煤炭工业第一部史书，先后被评为河南省社科联和河南省国史研究会优秀成果。

11月7—9日 中国煤炭工业企业管理协会在江苏省大屯煤电公司召开第六届中国煤炭工业优秀企业、优秀企业家命名表彰大会。义马矿务局被命名为优秀企业，荣获中国煤炭工业最高奖——金石奖；局长李玉成、第二机电设备厂厂长王曰成被授予优秀企业家称号，并分别荣获金钟奖。

12月5日 河南省煤炭工业厅党组书记、厅长高国安等领导到郑州矿务局宣布郑州煤炭工业(集团)有限责任公司领导班子成员：赵宗晋任董事长、总经理，李恩东、桑志卿任党委副书记，苏万里任纪委书记，李国安、李振江任副总经理，蒯保平任副总经理兼总会计师，张金贵任工会主席。

12月26日 国家经贸企〔1995〕851号文批准河南神火(集团)有限责任公司为大型一类企业，朝川矿务局、吴村煤矿、梨园矿务局、梁洼矿务局为大型二类企业。

12月30日 河南省人民政府发出《关于印发河南省煤炭工业厅(河南煤炭工业管理局)职能配置、内设机构和人员编制方案的通知》，确定河南省煤炭工业厅与河南煤炭工业管理局为一个机构、两块牌子，既是省政府的职能部门，又是煤炭部的派出机构，对河南煤炭工业实行统一管理。

是年 河南省国有重点煤矿平顶山矿务局一矿、四矿、六矿，义马矿务局常村矿、耿村矿，郑州矿务局米村矿、大平矿、超化矿，鹤壁矿务局五矿、九矿等10处矿井分别建成部级、省级高产高效矿井。

是年 河南省煤炭系统11项科技成果获煤炭部第十三次科技进步奖，其中二等奖3项、三等奖8项。

是年 河南省煤炭产量突破1亿吨。河南省国有重点煤矿实现利润40092万元。其中，平顶山矿务局实现利润40004万元，郑州、义马、鹤壁、焦作矿务局实现了整体不亏损，并略有盈利。

是年 河南省国有煤矿消灭了10人及以上重大事故。

是年 河南神火(集团)有限公司被列入河南省100家现代企业制度改革试点企业、全国512家重点扶持企业之一。

是年 义马矿务局耿村矿，郑州矿务局米村矿、大平矿、超化矿达到“双高”矿井标准。

1996 年

1 月 1 日—6 月 28 日 河南省煤炭工业厅、河南煤炭工业管理局颁发《推行国家公务员制度实施方案》，河南省煤炭工业厅（局）机关开始机构改革。改革后，设河南煤炭工业管理局和河南省煤炭工业厅，为一个机构、两块牌子，作为煤炭部的派出机构和河南省政府的职能部门，对河南省煤炭工业实行统一管理，机关行政编制 150 人。

1 月 11 日 平顶山矿务局、焦作矿务局参与研究的国家“八五”重点科研攻关项目“机掘面防突措施及配套装备的研究”，通过煤炭部组织的专家技术鉴定，具有国际领先水平。

1 月 15 日 平顶山矿务局被国务院发展研究中心正式确认为新中国第一个特大型煤炭基地，荣获“中华之最”荣誉证书，被载入《中华之最荣誉大典》。

1 月 22 日 河南省煤气化工程联席办公会议决定，成立河南省煤气（集团）有限责任公司，为河南省煤气化工程的项目法人，承担工程策划、资金筹措、实施建设、经营管理、偿还贷款及固定资产保值增值的职责。集团公司下设义马煤气化工业公司和义马—郑州煤气管道输气公司两个分公司和郑州、洛阳、义马市煤气公司三个子公司。河南省煤炭厅对省煤气化工程全过程负责。

3 月 22 日 国家计委常务副主任叶青主持会议，专题听取河南省义马煤气化工程进展情况的汇报。河南省副省长张洪华、省计委副主任范保国、煤炭厅厅长高国安汇报了工程进展情况及请求国家帮助解决的问题。叶青就筹措资金及开工建设等作了重要指示。

本月 郑州煤炭工业（集团）有限责任公司赵宗晋被评为全国优秀企业家，荣获“金球奖”。

4 月 3 日 河南省煤炭厅（局）被国家经贸委、劳动部、共青团中央评为“全国青年岗位能手活动优秀组织单位”。

4 月 18 日 中共中央政治局常委、国务院副总理朱镕基题写的“焦作矿务局”标牌揭牌。

4 月 25 日 河南神火（集团）有限公司发出《关于认购永城煤炭工业股份有限公司股票的通知》，股票发行时间为 5 月 1—31 日。此次共发售内部股票 1200 万元。加上集团公司配股，实际职工持股 6244.22 万元。

4 月 27 日 平顶山、焦作、义马、郑州矿务局（公司）及 27 个统配矿、23 个地方国有煤矿、19 个乡镇煤矿，分别获 1995 年度部级质量标准化矿务局、矿井称号。

6 月 10 日 义马矿务局常村煤矿 30 名综采职工组成达产队赴印度海得拉巴地区 PVK 矿，用首次出口印度的中国产全套综采设备为印方作示范性生产。7 月 1 日正式生产，提前 37 个工作日完成达产任务，11 月 22 日胜利返矿。

6 月 12 日 煤炭工业部副部长濮洪九带领部多种经营公司领导及全国 40 多个煤管局、矿务局领导到郑州煤炭工业（集团）有限责任公司参观考察多种经营工作，听取多种经营工作汇报，参观瑞达超硬材料厂、制药厂、新罗大帝烧烤店、九龙实业公司、金苑小区等。

7 月 1 日 国务院副总理吴邦国在焦作矿务局考察并召开座谈会，指出：焦作局经济发展的状况和所做的工作证明了煤炭工业改革开放的成果。煤炭工业要坚定不移地走减人提效之路，改革的力度要加大。关键是解决好几个问题：一是要转变观念，二是要上高能项目，三是要工作思路清晰。

指出，焦作矿务局的工作应给予充分肯定，它为全国煤炭工业走出困境，闯出了一条路子。

8月29日 河南省煤炭工业厅(局)成立宣传贯彻《中华人民共和国煤炭法》领导小组。10月，河南省煤炭系统开展《煤炭法》宣传月活动，并起草《河南省〈煤炭法〉实施办法》。

9月5—9日 中纪委廉洁自律巡视组巡视员、中纪委委员赵宗鼐、崔毅等到河南煤炭系统检查党风廉政建设情况，对河南煤炭系统的工作给予充分肯定。

9月8日 永城煤炭工业股份有限公司举行挂牌仪式。

9月19日 河南煤炭工业管理局发文《关于同意河南煤炭开发咨询服务公司更名的批复》(豫煤人字〔1996〕第566号)，河南煤炭开发咨询服务公司更名为河南矿业工程建设公司。

10月15—19日 煤炭部部长王森浩到河南省视察工作。

本月 平煤集团公司六矿综采一队实现单面月产煤25.5万吨，创出河南省单面月产新纪录，名列全国前茅。

11月12日 在煤炭工业部第十四次科技进步奖评审中，河南省煤炭系统有9项成果获奖。其中，由河南煤管局、北京建井所、永夏矿区管委会等单位共同完成的“陈四楼矿主、副井深井冻结凿井技术”获一等奖。

11月22日 《人民日报》在头版显著位置发表《河南煤炭行业扭亏为盈》的消息，介绍了河南煤炭行业围绕两个转变，依靠自身求生存、求发展所取得的工作成果。

12月2日 平顶山市新华区焦店西吴庄煤矿发生瓦斯爆炸事故，死亡32人。

12月3—5日 煤炭部在鹤壁矿务局召开“加快施工速度，缩短建井工期现场会”，推广鹤壁矿务局冷泉矿主、副井优质快速施工(井筒基岩段平均月成井59.7米，创全国深井施工新水平)的经验。

12月4—5日 煤炭工业部部长王森浩到焦作矿务局视察，与河南煤管局及平顶山、郑州、义马、鹤壁等矿务局，永夏矿区管委会主要领导进行座谈。王森浩称赞焦作局是煤炭特困企业走出困境的一面旗帜，对河南煤炭行业工作给予充分肯定。12月26日《河南日报》头版头条发表由省煤炭厅卞书田和《河南日报》记者肖建中、张立新采写的消息《煤矿报废怎么办？两个转变寻出路——王封矿四千余职工实现“整体转移”》。1997年1月7日，省委书记李长春给煤炭厅厅长高国安打电话：我看了王封矿的消息，很受感动。王封矿能在不出煤的情况下，把人安排了，很不简单。煤炭行业要认真总结朱镕基副总理视察河南煤矿以来的扭亏增盈和发展多经三产情况。

12月28日 豫证券办字〔1996〕16号文通知，根据中国证券监督管理委员会关于1996年公开发行股票申报材料要求的精神，报河南省政府同意，确定河南神火煤炭股份有限公司为河南省1996年度公开发行股票并上市预选企业。

本月 河南省煤炭工业厅(局)承编的《中国煤炭志·河南卷》，由煤炭工业出版社出版发行，是继《河南省志·煤炭工业志》之后又一部行业志书。1997年12月，在煤炭部召开的表彰会上，河南省煤炭厅被评为优秀组织单位，主编卞书田、胡克仪被评为优秀工作者。

本月 河南省煤炭科学研究所王春林同志被煤炭工业部授予“中国煤炭工业优秀企业家”称号。

是年 平煤集团公司的一矿、四矿、六矿，郑煤集团公司的王庄、大平、米村、超化矿，义马矿务局的杨村、常村矿达到部、省级高产高效矿井标准。

是年 经煤炭部审定，河南省的伊川、渑池、荥阳、郏县、平顶山市西区和新华区列入全国重点产煤县(市、区),河南省的全国重点产煤县(市、区)总数达到20个。

是年 河南省5个国有重点煤矿完成利润12163万元,实现家家不亏损。连续23年亏损的焦作矿务局实现利润16万元,摘掉亏损帽子,提前两年实现扭亏为盈目标。地方国有煤矿全年实现利润9836万元。全省煤炭行业扭亏为盈的事迹,引起省委领导关注。省委书记李长春先后在《河南煤炭行业扭亏情况的调查》等文件和新闻报道上相继作了5次批示,指出:“煤炭战线的典型很有代表性,很值得其他行业学习。”

1997年

1月6—8日 河南人民广播电台连续三天在《早间新闻》播发由省煤炭厅卞书田采写的长篇通讯《曙光在前——煤炭行业是怎样扭亏的?》。1月9日,河南省委书记李长春批示:省广播电台在《早间新闻》中连续报道煤炭行业是如何扭亏的……都很有深度,选题很好。

1月17日 河南省委宣传部、河南省煤炭工业厅(局)召开河南省煤炭工业新闻发布会,焦作矿务局局长陈碧川在会上宣布:1996年全局盈利16万元,圆满实现了一年扭亏为盈,结束了连续23年亏损的历史。新华社、人民日报社、中央人民广播电台等30多家新闻单位参加了发布会。

1月25日 义马矿务局耿村煤矿发生瓦斯爆炸事故,死亡31人。

2月3日 《河南日报》在头版头条位置登载长篇通讯《众志成城——河南煤炭行业振奋精神扭亏追记》,并配发评论《煤矿扭亏告诉我们什么》。省委书记李长春阅后在当天报纸上批示:“此文写得很好!评论员文章也很好。画龙点睛,对面上国有企业两个转变有指导意义。”并和省委常委、秘书长王全书在焦作与作者肖建中、张立新、卞书田合影。

2月5日 河南省委书记李长春到焦作矿区考察,深入朱村矿井下、热电厂、华飞电器工业公司、王封工业集团总公司烧碱厂,了解生产经营情况,代表省委、省政府对战斗在一线的职工表示亲切慰问。对焦作局实现扭亏为盈给予充分肯定,概括焦作局扭亏有四点启示:一是要有一个好的精神状态和思想观念;二是要找准摆脱困难的突破口;三是要有一个好的领导班子;四是要有一支好的职工队伍。指出全省煤炭行业扭亏为盈对其他行业具有普遍指导意义。并为焦作矿务局题词:“众志成城,再创伟业”。

2月19日 国家计委批准河南省煤气化工程开工建设,批准工程总投资284672万元。同年4月7日,开工奠基仪式在义马市举行,国家计委副主任叶青,河南省省长马忠臣,煤炭部总工程师尚海涛、河南省煤炭厅厅长高国安、澳大利亚代表雷蒙先生等参加开工仪式。省委副书记、省长马忠臣题词:“义马矿务局在改革中前进,建好煤气化工程,为子孙后代造福”。

3月3日 全省行业扭亏增盈现场座谈会在焦作矿务局召开,省直20个厅(局)的代表参加。会议要求把焦作局的经验带回去,争取早日实现各行业的扭亏增盈。12日,《河南日报》在头版头条刊发焦作矿务局一年扭亏的纪实通讯《历史性的跨越》。

3月4日 平顶山市鲁山县梁洼镇红土坡煤矿发生特大瓦斯爆炸事故,死亡89人。

3月18日 在全国煤炭工业扭亏增盈工作会议上,焦作矿务局局长陈碧川第一个在大会上作典型经验介绍,国务院副总理吴邦国在讲话中,再次肯定焦作矿务局扭亏工作。

4月8日 焦作矿务局研制成功的“膨胀全锚固树脂锚杆”技术获得国家实用新型

专利。该产品填补了国内软岩巷道全锚固支护的一项空白。

4月24—26日　河南省委、省政府在焦作召开全省学煤炭扭亏增盈工作会议，省委书记李长春，省委副书记、省长马忠臣，副省长俞家骅，省直各单位及各地、市主要负责人参加，李长春书记和马忠臣省长在会上作重要讲话，省煤炭厅高国安厅长和焦作矿务局陈碧川局长介绍全省煤炭行业和焦作矿务局实现扭亏增盈的做法和体会，会议提出："以学习推广煤炭行业扭亏增盈经验为契机，打一场扭亏增盈攻坚战，大力推进国有企业改革与发展，进一步提高全省工业经济运行质量和效益"。

本月　焦作矿务局被中央宣传部、国家经贸委选树为重点宣传的10家国有企业改革典型之一。

本月　河南神火集团新庄矿改扩建工程开工，矿井生产能力由90万吨/年扩大至180万吨/年，总概算17759.86万元，1998年实际产煤已达180.3万吨。

5月20日　中央外宣办率领的中央对外报道记者团到焦作矿务局进行采访。5月25日起，中央电视台、《人民日报》、《光明日报》、《工人日报》、中央人民广播电台等新闻媒体对焦作矿务局扭亏为盈的经验，相继作专题报道和评论。

5月29日　江泽民总书记在中共中央党校发表的重要讲话中，对焦作矿务局扭亏增盈工作给予高度评价。

同日　河南省煤炭行业协会成立。

本月　河南神火集团有限公司被煤炭部评为多种经营先进单位。永城矿务局荣获煤炭部"煤炭工业优秀企业金石奖"。新庄矿、光明公司被煤炭部授予"煤炭工业现场管理最佳企业"称号。

7月10日　按照《河南省整顿煤炭生产秩序方案》要求，河南省整顿煤炭生产秩序领导小组与全省11个产煤市、地主管工业的副市长、副专员以及各煤矿矿长，在省煤炭工业厅签订整顿煤炭生产秩序目标责任书。

8月18日　煤炭工业部批复：同意义马矿务局依照《公司法》改制为国有独资公司义马煤业（集团）有限责任公司，12月6日公司正式挂牌，煤炭部副部长王君、河南省煤炭厅厅长高国安为公司揭牌。

8月21日　煤炭工业部批复：同意永夏矿区建设管理委员会改制更名为永城煤电（集团）有限责任公司，实行总经理负责制，比照郑州、焦作等矿务局（集团公司）进行管理。11月6日公司正式挂牌。

8月29日　中央政治局委员、国务院副总理邹家华等在河南省委、省政府主要领导陪同下，视察河南义马煤气化工程。国务院副秘书长石秀诗、水利部部长钮茂生、国家开发银行行长姚振贵、国家计委副主任郭树炎等领导随行。

8月30日　煤炭工业部公布全国200个重点产煤县名单，河南省有19个：新密市、巩义市、登封市、宝丰县、鲁山县、汝州市、平顶山市湛河区、平顶山市西区（现石龙区）、平顶山市新华区、伊川县、渑池县、陕县、郏县、安阳县、济源市、新安县、禹州市、修武县、荥阳市。

9月　河南省煤炭工业厅（局）编撰、收录河南煤炭系统先进人物事迹的《豫煤之星》一书出版发行。河南省委书记李长春为该书题词："向奉献光和热的人致敬。"煤炭工业部部长王森浩题词："向矿山英雄学习，推进两个文明建设。"

10月8日　中国证监会批准郑州煤电股份有限公司公开发行A种股票（股票简称"郑州煤电"）8000万股，1998年1月7日在上海证券交易所成功上市，是全国煤炭系统第一只A股股票。

10月12日　河南省煤矿体育协会、平煤集团公司、郑煤集团公司被国家体委授予

“全国群众体育先进集体”称号。11 月，河南省煤矿体育协会被全国煤矿体育协会授予“全民健身活动先进单位”称号。

10 月 25 日 平顶山市石龙区张庄村杨应信个体煤矿发生特大瓦斯爆炸事故，死亡 32 人。

11 月 2 日 河南省委通知，鹤壁矿务局党委书记肖桂彬任鹤壁市委委员、常务委员会委员。

11 月 6 日 国家“八五”重点建设项目永城矿区第一对现代化大型矿井陈四楼煤矿建成投产，矿井设计生产能力 240 万吨/年，1990 年 7 月 26 日破土动工，总投资 9 亿多元，是全国煤矿基本建设综合改革试点项目之一。施工采用了先进的冻结法和钻井法等特殊技术，取得了全国煤矿井筒施工中穿过冲积层最厚(370 米)、冻结深度最深(435 米)、冻结质量最好(无一根冻结管断裂)的优良成绩，主、副、风三个井筒全部获得煤炭部优质工程奖，主井和副井获得煤炭部科技成果一等奖。

11 月 12 日 平煤集团安装分公司承担施工的平顶山十三矿主井井架(高 57 米，重 380 吨)斜撑一次竖立成功，前后仅用 135 分钟，属河南煤矿建设首例。

12 月 5—19 日 由国家计委、国家经贸委、煤炭部、内贸部、铁道部和交通部联合举办的 1998 年全国煤炭订货会在郑州召开。这是第一次在河南召开的全国性大规模煤炭订货会。河南省委书记李长春，国家计委副主任叶青，煤炭部部长王森浩，河南省省长马忠臣、副省长俞家骅等参加开幕式。

12 月 10 日 平顶山市石龙区五七煤矿发生特大瓦斯爆炸事故，死亡 79 人。

12 月 24 日 河南省煤炭工业厅(局)、平顶山煤业(集团)公司、焦作矿务局、义马煤业集团公司被评为河南省 1997 年廉洁自律工作先进单位。

是年 全省煤炭行业扭亏增盈成果进一步巩固，全行业全年盈利 39985 万元。其中，国有重点煤矿 33380 万元，国有煤矿 6991 万元。

1998 年

2 月 8 日 省煤炭厅基建处和中国煤炭科学研究院建井研究所等 7 个单位参加的“陈四楼矿主、副井深井冻结凿井技术”项目，荣获 1998 年国家科技进步二等奖。这是河南省煤炭系统自中华人民共和国成立以来获得的最高奖项。该项目创造了国内最大冻结深度的井筒无断管、无压坏井壁、井壁淋水仅为 0.27 立方米/时的好成绩，经煤炭部鉴定，其技术居国际领先、国内先进水平，1996 年获煤炭部科技进步一等奖。

2 月 25 日 全省煤炭工作会议在郑州召开。省煤炭厅领导，各国有重点煤矿党政主要领导、工会主席、安监局长、办公室主任以及所属各矿党政一把手，各市、县煤炭局局长，国有地方煤矿矿长，部分乡镇煤矿矿长等参加会议。张以祥副省长出席并作重要讲话，省煤炭厅厅长高国安做工作报告。

本月 义马煤业(集团)有限责任公司荣获中国煤炭工业最高奖——金石奖，石壕矿矿长魏增亮、耿村矿矿长邢奇生、千秋矿矿长张新伟，北露天矿矿长王林被评为全国优秀矿长，并分别获金钟奖。

3 月 6 日 河南煤炭工业管理局党组(豫煤党字〔1998〕第 8 号)通知：接中共煤炭工业部党组煤党任字〔1998〕第 23 号通知，李恩东同志任郑州煤炭工业(集团)有限责任公司党委书记。

3 月 11 日 义马—郑州输气管道工程暨洛阳城市管网工程在洛阳举行联合开工典礼。省政府办公厅副主任孔令晨、省煤炭厅厅长高国安等有关方面的领导参加开工仪式。

3月20日 煤炭工业部命名平顶山市梨园矿务局为1997年度地方国有煤矿质量标准化矿务局，梨园局郭庄矿为1997年度地方国有煤矿部级质量标准化矿井，平顶山市湛河区吕庄煤矿为1997年度乡镇煤矿部级质量标准化矿井。

3月23日 国家计委以计建设〔1998〕507号文下达1998年国家重点建设项目。平顶山矿区、永夏矿区和河南煤气化工程被列入国家重点项目。

3—10月 河南省煤炭厅对全省煤炭系统（除焦作局1996年试点单位外）企、事业单位集体企业进行清产核资。通过清产核资工作，对原来全民企业投向所属集体企业资产进行产权界定，彻底划清全民企业与集体企业产权关系，澄清集体企业的家底；使固定资产净值重估增值144万元，产权界定减少4万元。

4月2日 国家煤炭工业局命名平煤（集团）公司四矿、六矿，郑煤（集团）公司超化矿、裴沟矿、米村矿，义煤（集团）公司杨村矿、耿村矿等7个生产矿井为1998年度行业级高产高效矿井。平煤（集团）公司高庄矿、一矿，鹤壁矿务局三矿、四矿为省级高产高效矿井。

6月6日 平顶山市石龙区砂石岭煤矿五井、六井和梁马矿二风井发生特大瓦斯煤尘爆炸事故，死亡62人。

8月15日 副省长张以祥代表省政府与国家经贸委、国家煤炭工业局签署《国家经贸委、国家煤炭工业局与河南省人民政府关于河南国有重点煤矿管理体制改革问题商谈纪要》，将平煤集团公司等17户原部属煤炭企事业单位下放河南。《商谈纪要》同时确定划转的资产、职工及离退休职工人数及工资和养老保险基金余额、亏损补贴基数、事业经费基数、通借贷款、人事关系。并确定继续执行对国有重点煤矿的转产贴息贷款等有关政策。9月28日，国家煤炭工业局、河南省人民政府以煤办字〔1998〕第454号文件将此《商谈纪要》联合印发。

9月4日 河南省人民政府下发《河南省人民政府关于中央煤炭企事业单位下放接收有关问题的通知》（豫政〔1998〕44号），文件明确下放河南省的煤炭企事业单位的有关政策问题。同时，决定成立河南省中央煤炭企事业单位下放接收领导小组，张以祥副省长任组长，省煤炭工业厅厅长高国安为副组长，省直有关部委厅局为成员单位。下放河南省的煤炭企事业单位，由省煤炭工业厅（河南煤管局）统一归口管理。

9月17日 河南省劳动厅和煤炭厅联合签发《关于河南煤炭行业基本养老保险统筹移交地方管理后有关问题的通知》，河南煤炭行业养老保险移交河南省管理。包括原煤炭部直管的平煤（集团）公司、郑州煤机厂、平顶山煤机厂等单位。下放河南煤炭行业在职职工26万多人，离退休人员12万多人，整体参加河南省级统筹。

9月25日 河南省人民政府以豫政〔1998〕49号文批转省教育委员会、计划委员会、财政厅《关于国务院撤并部门所属在豫学校管理体制调整的实施意见》，明确原煤炭部所属的普通高校1所、成人高校5所、普通中专3所、技工学校6所及成人中专4所下放到河南省管理。根据省政府文件规定，除焦作工学院交由省教委管理外，其他煤炭院校仍由河南省煤炭工业厅管理。

10月17日 国家煤炭工业局局长张宝明，在河南省人民政府副省长张义祥等陪同下，对石龙区煤矿关井压产工作落实情况进行检查。

10月26—27日 河南省委书记马忠臣到平煤（集团）公司调研，听取该集团公司董事长兼总经理陈庆禄的工作汇报，视察平煤（集团）公司十矿和坑口电厂。

11月3日 河南省委副书记、代省长李克强视察义马气化厂工地。李克强代省长称赞气化厂工程建设有“三好”：工程进展好，工程质量好，工程管理好。同时，他还对煤气化工程提出了两点要求：一是要有走一步看两步的战略眼光，抓紧上副产品；二是要有经济头脑效益观念，使企业更好地生存和再发展。

12月1日 河南省煤炭厅根据《河南省人民政府关于中央煤炭企事业单位下放接收有关问题的通知》精神，与省劳动厅联合下发《关于河南省煤炭企业劳动工资管理工作有关问题的通知》，规定省属煤炭下放企事业单位劳动工资工作，从1998年7月1日起归河南省劳动厅统一领导，由河南省煤炭厅直接管理。有关煤炭企业的劳动工资政策、标准、制度、待遇按原规定执行，暂时不变。

12月1—7日 河南省煤炭交易会在郑州召开。参加这次交易会的有省内国有煤矿，市县煤炭主管部门和电力、冶金、化工系统重点用煤企业，郑州铁路局及各有关分局、省外重点用煤行业和企业共198个单位。

12月11日 与京广铁路接轨的浚鹤铁路全线轨道试车一次性成功。浚鹤铁路是1988年12月30日，经河南省计经委以豫计经设字〔1988〕1704号文正式批准建设的省市重点建设项目之一。

12月12日 平顶山市宝丰县大营镇一矿发生特大瓦斯爆炸事故，死亡66人。

12月19日 鹤壁矿务局六矿首次在20022工作面进行高档普采放顶煤工业性试验。该工艺采用3.5米Ⅱ型梁配DZ-22型单体液压支柱组成基本支架，靠煤墙一部SGW630-220运输割煤机运输，靠老塘一部40吨刮板输送机放顶煤运输。该工艺填补了国内采煤方法的一项空白。

12月31日 河南省煤炭厅党组作出《关于在全省煤炭系统开展向张玮同志学习的决定》。张玮同志是平煤(集团)公司田庄选煤厂修理车辆管工班班长。他在平凡的工作岗位上作出了不平凡的贡献，先后取得2项国家专利，30多项技术革新成果。获省、国家“五一劳动奖章”，被评为省“劳动模范”。

是年 河南省国有重点煤矿、国有地方煤矿和乡镇有证矿百万吨死亡率分别为0.26、2.76、5.43，均低于省、部下达的考核指标；国有煤矿百万吨死亡率为0.89，为近十年来安全状况最好的一年；国有重点煤矿杜绝3人以上重大事故，安全指标创历史最高水平。

是年 河南省国有煤炭企业非煤产业经营总额达到63.2亿元，实现总体不亏损。年末就业人数15.3万人。

是年 河南省煤矿实际销售原煤8541.66万吨，其中，国有重点矿(含平煤集团公司)4053.98万吨，地方国有煤矿1334.95万吨，乡镇煤矿3152.73万吨。年末，矿有存煤727.74万吨，其中，国有重点煤矿(含平煤集团公司)179.66万吨，地方国有煤矿214.04万吨，乡镇煤矿215.15万吨。

是年 河南省共取缔无证非法矿井1126处，停产整改矿井2063处，整顿后达到30条标准的矿井667处，办理生产许可证440处，解决独眼井生产矿井196处，安装主要通风机430台，局部通风机1094台，完善生产系统309处，安装防坠器213套，配备瓦斯检测器2519台，投入整改资金8632.7万元。

是年 全年共出口煤炭157.96万吨，创汇5328.6万美元。

是年 煤气化工程完成投资78235万元。气化厂土建工程基本完成，安装工程全面铺开；义马—郑州输气管道工程完成投资8500万元，敷设管道85.463千米。

是年 河南省经贸委经贸综〔1998〕314号文公布平煤(集团)公司、义煤(集团)

公司、郑州(集团)公司、神火(集团)公司为煤炭系统重点企业。

是年 平顶山市地方煤矿按照国务院《关于关闭非法和布局不合理煤矿有关问题的通知》(国发〔1998〕43号)和省市有关文件精神,积极开展工作,全市共关闭非法矿井487个,累计压产287万吨。

是年 全省煤炭企业集资建房59.47万平方米,至11月安居工程贷款1.435亿元。

是年 全省国有重点煤炭企业有10266人次实现再就业。

1999年

1月19日 鹤壁矿务局小型矿井气化技术,顺利通过国家煤炭工业局技术委员会、中国矿业大学、中国煤炭科学研究总院及河南省煤炭工业厅鉴定。矿井式气化技术是变传统的物理采煤为化学采煤,在现有生产矿井直接生产煤气的新技术。该局于1998年9月9日在报废的一矿井下点火一次成功,截至1998年年底,共成功气化煤炭2500吨,连续生产煤气800万立方米,煤气热值为4731千焦/立方米,并在地面4吨锅炉连续稳定燃烧。井下气化1吨煤比传统的物理开采1吨煤降低成本57%。

1月22—23日 国家煤炭工业局副局长王显政率领全国煤炭行业检查团,在河南省煤炭厅及三门峡市有关领导的陪同下到义马检查工作,重点了解1998年义煤集团的生产经营状况及存在问题,就乡镇煤矿关停压产问题进行座谈。

2月3日 河南省政府发出《关于印发河南省关闭非法和布局不合理煤矿实施方案的通知》,对关井压产的对象、范围、组织领导、实施步骤、政策措施等作了明确规定。4日,副省长李志斌在全国关井压产电视电话会议上发言。

本月 河南神火集团有限公司被河南省委、河南省人民政府命名为"省级文明单位"。

3月9日 河南省煤炭工业厅举行全国劳动模范张玮事迹报告会。3月29日,河南省委宣传部、省总工会、省文明办联合发出向张玮学习的决定,并组织省宣传新闻部门把张玮事迹作为省工交战线5个先进典型大力进行宣传。4月12日,《河南日报》发表长篇通讯《新时期工人的楷模》。4月15日,国家煤炭工业局党组做出开展向张玮同志学习活动的决定,《中国煤炭报》连续3期报道了张玮的事迹。25日,河南省委书记马忠臣、省长李克强接见了张玮。"五一"前夕,中央宣传部要求把张玮事迹作为全国重大先进典型大力宣传,新华社、《工人日报》等全国主要媒体播发张玮事迹。4月28日,张玮赴北京参加"五一"庆祝活动,29日,受到党和国家领导人胡锦涛等亲切接见。30日,张玮在全国总工会举行的劳动模范事迹报告会上做报告。5月13日,张玮被评为"河南十大新闻人物"。

4月2日 平顶山市卫东区红土沟煤矿发生瓦斯煤尘爆炸事故,死亡30人。

4月8日 平煤集团公司与中国煤炭科学研究总院重庆分院合作研究的"掘进工作面防突综合配套技术的应用"等4项国家"九五"科技攻关项目通过专家鉴定,其中2项达到国际先进水平。

4月13日 河南省煤炭工业厅决定,重新组建河南省地方煤矿公司,将河南省煤矿机械制造公司(河南煤矿机械装备技术服务中心)和河南省煤炭工贸有限公司,并入河南省地方煤矿公司。10月20日,经河南省煤炭厅批准,注销河南省煤矿机械制造公司,将河南煤矿机械装备技术服务中心与河南省煤炭工贸有限公司变为省地方煤矿公司下属的两个子公司。

4月16日 河南省教育委员会教函

〔1999〕26号文件批复，同意焦作煤炭工业学校更名为河南煤炭工业学校；平顶山煤炭卫校更名为河南煤炭卫生学校；郑州煤炭工业学校更名为郑州工业经济学校。

同日 神火集团获得国家对外贸易经济合作部颁发的“中华人民共和国进出口企业资格证书”。

5月12日 河南省人民政府以豫政〔1999〕62号文批准焦作、鹤壁矿务局依照《中华人民共和国公司法》改建为国有独资公司，分别更名为焦作煤业(集团)有限责任公司和鹤壁煤业(集团)有限责任公司。2000年3月9日和4月6日焦煤、鹤煤集团公司先后正式挂牌。

5月中旬 平顶山煤业集团公司六矿矿长闫有志、河南神火集团公司新庄矿矿长程乐团分别被评为全国煤矿第三、四届“十佳矿长”。

5月26日 国家煤炭工业局局长张宝明、办公厅主任刘玉华、行业管理司司长吴晓煜、人事司司长路德信、行业管理司副司长黄毅、整顿办副主任王树鹤、局长秘书宋元明等到平顶山督促检查关井压产工作。河南省副省长张以祥、省经贸委主任范保国等陪同。

5月27—29日 国家煤炭工业局局长张宝明率领国家关井压产领导小组、河南省关井压产领导小组，在副省长张以祥等陪同下，到平顶山市宝丰县张八桥镇、大营镇和义马矿区，督查小煤窑的关井压产工作。

5月28日 省关井压产领导小组在省政府召开第三次全省煤矿关井压产工作会议，国家煤炭工业局局长张宝明到会并讲话，副省长张以祥在讲话中指出，全省已取缔关闭各类小井2080处，压产980万吨，分别完成关井压产指标的96.8%和49%，下一步要加大执法监察和舆论监督两个力度，采取“关”、“限”两个重点措施，把关井重点向国有煤矿布局不合理的煤矿转移，在关井任务完成后把工作重点向压产方面转移，严把检查验收关。

5月30日 国家煤炭工业局局长张宝明一行6人，在河南省煤炭工业厅副厅长杨耀敏的陪同下，到鹤壁市视察关井压产情况。

本月 平煤集团公司田庄洗煤厂“天喜”牌煤炭产品商标正式经国家工商行政管理局商标注册登记，成为河南省第一个煤炭产品品牌。

7月5日 河南省劳动厅同意“河南省地方煤矿技工学校”更名为“河南省煤炭技工学校”。

7月6日 省劳动厅、煤炭厅联合发文，规定河南煤炭行业养老保险统筹整体参加河南省省级统筹。

7月23日 河南神火煤电股份有限公司经中国证券监督管理委员会批准，通过深圳证券交易所成功发行7000万股A股股票(“神火股份”)，每股发行价7.50元，共募集资金5.25亿元。8月31日，神火集团发行的股票“神火股份”在深证证券交易所上市。开盘价12.12元，较发行价7.50元升值61.60%，成为当日深交所成交量最大、升幅最大的几支股票之一。

本月 省总工会组织张玮事迹报告团在全省巡回演讲。9月16日，张玮当选为“全国十大杰出职工”。10月1日，张玮在北京参加国庆观礼，受到江泽民、胡锦涛等党和国家领导人的接见。

8月20日 河南省人民政府与国家煤炭工业局共同签署《关于永城煤电(集团)有限责任公司下放地方管理的交接纪要》，28日，联合印发《交接纪要》。11月12日，省政府发出《关于永城煤电(集团)有限责任公司归口管理问题的批复》，决定永城煤电集团公司下放后由省煤炭工业厅(局)管理。

8月24日 平顶山市韩庄矿务局二矿发生特大瓦斯爆炸事故，死亡55人。

同日 河南省煤炭工业厅下达《关于同意河南矿业工程建设公司更名的批复》(豫煤人字〔1999〕第 329 号),河南矿业工程建设公司更名为河南工程咨询监理公司。

9 月 17 日 河南省煤炭工业厅《关于赵立新、尹显志职务任免的通知》(豫煤人字〔1999〕第 342 号文),任命赵立新为河南工程咨询监理公司经理;免去尹显志河南工程咨询监理公司经理职务。

9 月 19 日 河南神火集团公司被中央精神文明建设指导委员会命名为全国精神文明建设工作先进单位。

9 月 22 日 根据省政府规定,调整煤炭企业岗位技能工资标准,人均增资约 200 元/月。

10 月 11—12 日 国家煤炭工业局局长张宝明率领国家关井压产检查组到平顶山市检查关井压产工作。

11 月 鹤壁矿务局被国家经贸委列入全国 520 家国家重点企业之一。

本月 根据豫编办〔1999〕18 号文,煤炭工业部抢险排水站郑州分站更名为河南矿山抢险救灾排水站。

12 月 7 日 省煤炭工业厅批复同意《登封市煤炭资源开发利用规划》,规划全市煤炭地质储量 12 亿吨,地方煤矿 83 处,生产规模 700 万吨/年,均衡生产 30 年,需投入资金 15 亿元。

12 月 13 日 中央组织部通知:平煤集团公司党委书记赵铁锤任国家煤炭工业局党组成员。2000 年 1 月 3 日,国务院任命赵铁锤为国家煤炭工业局副局长。

12 月 14 日 河南省委调整平煤集团公司党政领导班子:赵铁锤任公司党委书记、副董事长,陈庆禄任董事长、总经理、党委副书记。

12 月 16 日 河南省委调整义煤集团领导班子。省委组织部副部长王笑南宣布省委《关于付树林等 13 名同志任免职务的通知》:调付树林任义马煤业(集团)有限责任公司党委委员、书记、董事长,免去其平顶山煤业(集团)有限责任公司副总经理职务;郭中海任义马煤业(集团)有限责任公司副董事长、副总经理(主持经理层工作);陈玉星任义马煤业(集团)有限责任公司党委副书记(总经理级),免去其义马煤业(集团)有限责任公司代理党委书记职务。

12 月 19 日 河南省委调整郑煤集团领导班子,李国安任董事长、党委副书记,李恩东任党委书记兼副董事长,陈建生任总经理、党委副书记、副董事长,苏万里任党委副书记兼监事会主席。

12 月 28 日 河南省委对鹤壁煤业(集团)有限责任公司党政领导做出任命决定:李永新任公司董事长、党委书记,陈雪枫任公司总经理。

12 月 29 日 永城煤电集团公司第二对大型现代化矿井车集矿顺利通过国家验收正式投产。该矿系 1992 年 10 月 20 日开工建设,立井,设计生产能力 180 万吨/年,同时建设有与矿井生产能力相配套的选煤厂,主要产品为低灰、低硫、高发热量的优质无烟煤,其次为天然焦,建设工程累计投资 14.7 亿元。

同日 永城煤电集团公司第三对现代化大型矿井城郊矿开工建设,矿井设计生产能力 240 万吨/年,可采储量 4.02 亿吨,同时设计有年入洗能力 240 万吨的洗煤厂,建设工程总概算 126050 万元。

同日 河南省委决定:肖桂彬任中共永城煤电集团公司委员会书记。

本月 河南省委决定:辛世都任焦作煤业集团公司党委书记、董事长,杜工会任党委副书记、副董事长、总经理。

是年 全省煤矿安全生产继续稳定好转,各类煤矿平均百万吨死亡率为 1.87,其中,国有重点煤矿为 0.47,地方国有煤矿为 0.79,乡镇集体煤矿为 5.22,国有煤矿平均为0.56，远低于省政府下达的2.5的控制指标，创历史最高水平。

是年 平顶山、义马、鹤壁、神火4个公司达到全国煤炭行业级质量标准化公司标准，有61对矿井达到质量标准化矿井标准；有10户企业获得省级“管理达标单位”称号，5户企业通过了ISO 9000质量体系认证；有11对矿井成为高产高效矿井，其中，义马煤业集团耿村矿成为全国行业特级高产高效矿井；有10个综采队年产量超过100万吨，有22个采煤队达到全国煤矿创水平队标准。

是年 全省煤炭行业通过关井压产，煤炭生产总量得到较好控制。全省全年共取缔、关闭非法和布局不合理的煤矿1049处，连同1998年关闭的1126处，共2175处，共压产2026万吨，超额完成了国家下达的关井2148处，压产2000万吨的指标。全省全年实际产煤8002.42万吨，比1998年下降7.19%。其中，国有重点煤矿4255.05万吨，地方国有煤矿1483.32万吨，乡镇集体煤矿2175.71万吨，个体煤矿88.34万吨；全省煤炭系统工业总产值（当年价）1204676.7万元；共销售煤炭8033.9万吨，工业销售值1051428万元，出口煤炭111.43万吨，创汇2981.34万美元；全年共完成基本建设投资134254万元；国有煤炭系统年末全部职工421252人。

是年 省煤炭工业厅（局）先后完成《河南省煤炭工业“十五”计划和2015年发展规划》、《河南省煤炭行业结构调整规划》、《河南省煤炭资源评价》、《河南省煤层气资源开发利用总体规划》和《河南省煤炭工业统计资料汇编（1949—1999）》。

是年 河南神火集团公司、郑州煤炭工业集团公司超化矿煤炭产品通过ISO 9002质量体系认证，开创河南煤炭产品质量认证的先河。

是年 平煤集团高庄矿、焦作矿务局朱村矿、永煤集团陈四楼矿、洛阳市龙门矿、新密市超化矿、神火集团新庄矿、浚县安林煤矿等10个单位被省总工会授予省“五一劳动奖状”。

是年 全省煤炭行业共争取到中央财政拨付养老专项补贴资金34987.4万元，保证了离退休人员养老金的足额发放。财政部、劳动和社会保障部下达文件，规定从1999年10月起，河南煤炭行业养老保险金缴费比例统一降至26.9%（含个人缴费4%），不足部分由中央财政补助解决。

2000年

1月6—7日 河南省计划委员会在平顶山煤业集团公司召开平顶山煤焦油加工工程初步设计审查会，该项目1997年3月已经国务院批准可行性研究报告，总概算46903万元，年加工炼焦油12.5万吨。2000年6月，列为河南省2000年重点建设项目和平煤集团当年新开工项目。

1月17日 平煤集团公司张铁岗等设计的高压水射流风机获国家专利。

1月31日 鹤煤（集团）公司与中国信达资产管理公司在郑州签署涉及金额为5.5亿元的债转股协议。实施债转股后，鹤煤（集团）公司的资产负债率由转股前的71.2%降为42.24%，成为河南省和全国煤炭行业首家实施债转股的企业。4月11日，信达、华融资产管理公司又与义马煤业集团公司、郑煤集团公司、焦煤集团公司签订债转股协议，实施债转股25.7亿元，3个企业的资产负债率分别由60.6%、79.4%、71.11%降为37%、49%、50%。副省长张以祥参加签约仪式。

同日 副省长张以祥主持召开省经贸委、省工行、省建行、省中行、省高法等有关单位负责人参加的紧急会议，研究清理拖欠煤款，解决煤炭企业资金困难问题（煤炭用户累计拖欠各煤矿煤款达 35 亿元，煤炭企业累计拖欠职工工资近 10 亿元)，会议决定，在春节前落实资金 2 亿元，用于发放职工工资。

2 月 4 日 河南省煤炭工业厅决定：河南省煤炭工贸有限公司从河南省地方煤矿公司撤出，由省厅直接管理。

2 月 22 日 河南省煤炭工业厅印发《关于学习平顶山市石龙区煤矿安全工作先进经验的通知》(豫煤安字〔2000〕第 55 号)。3 月 29 日，河南省乡镇煤矿安全生产管理经验现场会在平顶山市石龙区召开。会上石龙区介绍三委派的做法，向全省乡镇煤矿推广。

4 月 11 日 义煤集团与中国信达资产管理公司在郑州举行 6.92 亿元债权转股权签字仪式。河南省副省长张以祥、省经贸委副主任张大岭、省煤炭厅厅长高国安、省建行等有关厅局的负责人出席签字仪式。

4 月 23 日 平煤集团公司在豫沪合作洽谈会上，与上海工业投资公司、上海飞龙国际工程技术公司签署共同建设、合资经营平煤集团热电项目意向书；与宝钢集团国际经济贸易总公司签订煤炭购销协议，2000 年供应宝钢 15.2 万吨主焦煤。

本月 河南煤炭工业管理局根据 1999 年 12 月 30 日国务院批准的《煤矿安全监察管理体制改革实施方案》，改组为国家煤矿安全监察局直属的河南煤矿安全监察局(正厅级机构)，实行国家煤矿安全监察局与河南省人民政府双重领导，以国家煤矿安全监察局为主的管理体制，承担河南省境内煤矿安全监察任务。局机关行政编制 60 名。局下设郑州、洛阳、鹤壁、平顶山、商丘 5 个煤矿安全监察办事处，编制 120 名。5 月 25 日，国家煤矿安全监察局、河南省委联合宣布河南煤矿安全监察局领导班子。12 月 28 日，河南煤矿安全监察局正式挂牌。

本月 根据国务院批准的《河南省人民政府机构改革实施意见》，河南省煤炭工业厅改名为省人民政府部门管理机构的河南省煤炭工业局(正厅级，属省经贸委管理)。5 月 21 日，河南省委通知：高国安任省煤炭工业局局长、党组书记，李恩东、张国辉任副局长、局党组成员。2001 年 1 月 15 日，河南省煤炭工业局正式挂牌。

5 月 30 日 鹤煤(集团)公司与国家贵阳铝镁研究院联合设计开发的最新型 HNO-3000L 卧式双搅刀热煤油加混捏机研制成功。从而改变了中国 3000L 混捏机依靠进口的历史，填补了国内空白。

5 月 31 日 教育部教职成〔2000〕6 号文件通知，授予河南煤炭工业学校为国家级重点中专。

7 月 11 日 河南煤田地质局更名为河南省煤田地质局，隶属河南省煤炭工业局管理。

7 月 21 日 河南省委通知：肖桂彬任永城煤电(集团)有限责任公司董事长，陈雪枫任公司副董事长、党委副书记、总经理。

7 月 25 日 河南省煤炭工业局对郑州煤矿机械厂领导班子进行调整，焦承尧任厂长，邵春生任厂党委副书记(主持党委工作)。

7 月 26 日 省政府下发《关于成立河南省整顿煤炭经营秩序领导小组的通知》，张以祥副省长任组长，孔令晨、谢伟民、高国安任副组长，李恩东兼任办公室主任。10 月 9 日，省政府正式批转《河南省整顿煤炭经营秩序工作方案》。10 月 12 日，领导小组召开全省整顿煤炭经营秩序动员大会，张以祥副省长到会讲话。

8 月 22 日 为贯彻中共河南省委、省政府提出的“东引西进”战略，省煤炭工业局组织全省煤炭行业 17 家企业单位 50 余人，远赴甘肃、新疆考察，开展省区间经济、技术和劳务合作。义煤集团公司北露天矿率先与新疆哈密市达成开发磁海铁矿和建设磁海至雅克苏铁路的合作意向。

8月26日 鹤煤集团公司总机厂首次向美国出口高锰钢40吨。

9月1日 河南省委对平煤集团公司主要领导调整:陈庆禄任公司董事长、党委书记,聂光国任副董事长、总经理。

9月2日 河南省委对郑煤集团党政领导班子调整:苏万里任郑煤集团党委书记、副董事长,李恩东不再任郑煤集团党委书记、副董事长职务,调任河南省煤炭工业局副局长。

9月4日 河南省煤炭运销公司、河南省煤矿供应公司、河南煤炭力源实业公司、河南煤炭工贸有限公司合并组建河南省煤炭销售(集团)有限责任公司,由河南省煤炭工业局管理。

9月8日 河南省煤炭工业局与所属各国有重点煤矿签订2000年扭亏增盈目标责任书,要求在补贴后总体亏损额较上年减亏60%。其中,鹤煤集团公司盈利5000万元,平煤集团公司盈利2000万元,郑煤集团公司盈利2700万元,焦煤集团公司减亏8000万元,义煤集团公司控亏9700万元,永城煤电集团公司控亏12000万元。

9月13日 河南省煤炭工业局做出《关于组建河南华中工程建设有限公司有关问题的批复》(豫煤人字〔2000〕第289号),由河南工程咨询监理公司、河南矿山抢险救灾排水站、河南煤炭施工设备租赁站三家企业组建河南华中工程建设有限公司。9月19日,河南省煤炭工业局党组任命赵立新为河南华中工程建设有限公司董事长,刘恩水为总经理;冯立杰为党委书记;李运德为纪委书记。

本月 河南省人民政府公布调整后的全省74户省重点企业名单,平煤集团公司、郑煤集团公司、鹤煤集团公司、义煤集团公司、河南神火集团公司等5家企业名列其中。

10月9日 河南省人民政府做出《关于省煤炭工业局负责全省煤炭经营资格审查问题的批复》。10月19日,省政府召开全省整顿煤炭经营秩序工作会议,各省辖市政府和省直有关部门领导80多人参加,副省长张以祥到会作重要讲话。会议要求力争在年内使河南煤炭经营秩序整顿工作达到国家验收标准,初步建立起一个"统一开放、竞争有序、管理科学"的煤炭流通新秩序。至年底已完成对批发类企业的资格审批,全省共批准具备条件的煤炭批发类企业422家。

本月 河南省煤炭工业局召开资源枯竭矿井关闭破产工作会议,对经国家企业兼并破产工作领导小组原则同意的义煤、焦煤集团公司的4对矿井进行关闭破产前期准备工作,至年底准备工作基本就绪,开始启动破产法律程序,进入实际操作阶段。这4个矿破产后,可减少企业亏损源1.5亿元。

11月30日 河南省教育厅教函〔2000〕70号文件批准河南煤炭工业学校更名为河南工程技术学校。

本月 河南省煤炭工业局制定实施《煤炭运输计划暂行管理办法》,按照"保国有煤矿、保国家合同计划"原则,实行煤炭铁路运输计划集中管理、集体审批、总量控制,加强县、市、省三级管理,充分发挥地方煤炭管理部门的作用。

12月1日 河南省煤炭工业局、省煤气集团公司在义马气化厂召开煤气化工程投产誓师动员大会,高国安局长作动员报告,具体安排煤气化工程试车投产工作。至2000年年底,义马煤气化工程已累计完成投资181064万元(2001年2月11日整个工程建成试送气,2月13日,输气东端郑州市通气点火,首批用户用上优质净化煤气)。

12月27日 由河南省煤炭工业局牵头,平煤、义煤、焦煤、郑煤、鹤煤、永煤集团公司6家国有重点煤矿和平顶山、郑州、洛阳、三门峡、许昌5个大产煤市的煤炭销售管理部门参加的河南省煤炭销售联合体正式成立。省经贸委副主任谢为民任名誉主任，省煤炭局副局长李恩东任主任，对省内电力、冶金、化工、有色等行业用煤实行统一订货、统一调度、统一价格、统一结算。

本月 河南神火集团公司“永城”牌优质无烟煤开始运往西班牙，首次远销欧洲。

是年 全省共关闭矿井877处，压减产量1267万吨，超额完成国家下达的关井870处的指标，宜洛煤矿等4对矿井已列入国家煤矿“14·40”项目，全省各类煤矿全年共产煤7664.82万吨，超过国家下达的控制指标903.82万吨。其中，国有重点煤矿产煤4336.97万吨，地方国有煤矿1309.61万吨，乡镇煤矿2018.24万吨。全省煤炭工业总产值1092810.4万元(当年价)，全年煤炭企业共销售煤炭8223万吨，工业销售值1105515.8万元。其中出口煤炭101.53万吨，创汇2497.19万美元。全省煤炭企业共完成基本建设投资127710万元，国有煤炭系统年末全部职工427189人。全省各类煤矿全年平均百万吨死亡率为2.31，其中国有重点煤矿为0.78，地方国有煤矿为1.75，乡镇煤矿为5.99，全年共死亡212人。

2001年

1月10日 河南省煤炭工业局豫煤人字〔2001〕第19号通知：河南煤炭总医院更名为“河南省煤炭总医院”，保留河南省煤矿职业病防治医院的牌子。

1月16日 河南省煤炭技术委员会在郑州成立。省煤炭工业局领导高国安、张国辉出席仪式并为技术委员会成员颁发证书。

2月11日 河南省煤气化工程点火试气成功，省委副书记、常务副省长李成玉下达点火令。

2月15日 河南省煤炭行业协会第二届理事大会召开。高国安当选为会长，李恩东、张国辉、陈庆禄、付树林当选为副会长，张国辉兼秘书长。一届任期5年。

3月5日 河南省副省长张以祥在河南省经贸委副主任谢伟民、河南省煤炭工业局副局长李恩东、商丘市委书记刘新民的陪同下，到神火集团调研。

5月25日 经河南省人民政府豫政文〔2001〕65号批复，同意在平顶山煤矿职工大学、平顶山煤炭高级技工学校的基础上建立平顶山工业职业技术学院。

5月31日 河南省企业工委对义煤集团领导班子进行调整。付树林任董事长，牛森营任党委书记，付永水任总经理。

6月1日 河南省人民政府印发《河南省人民政府办公厅转发省科研机构改革联席办公会议办公室关于省经贸委等部门所属28个科研机构企业化转制改革意见的通知》(豫政办〔2001〕66号)文件，批准河南省煤炭科学研究所实行企业化转制，整体转制为科技型企业。

7月 神火集团公司党委分别被评为“全国先进基层党组织”、河南省“全省先进基层党组织”。

8月10日 鹤煤(集团)公司与信达、华融债转股协议正式签署。

9月10—19日 郑煤集团承办全国煤炭系统第十三届“乌金杯”男子篮球赛，来自全国的15支代表队，240多名运动员参加比赛。

9月19日 国务院副总理吴邦国在河南省委书记陈奎元、河南省省长李克强、国家经贸委主任李荣融、副主任石万鹏、国家煤矿安监局局长张宝明、河南省副省长张以祥、河南省煤炭工业局局长高国安等领导陪同下到郑煤集团米村矿视察。吴邦国指示：“要把安全治理整顿长期不懈抓下去，保证职工生命安全，保证企业安全生产”。

10 月 河南省副省长李志斌到平顶山市石龙区乡镇煤矿视察并指导工作，要求石龙区一定要一如既往地抓好“三个委派”，全省各产煤地市要学习石龙区的先进经验。

11 月 8 日 国家煤矿安全监察局副局长赵铁锤带领有关部门负责人，在河南煤矿安全监察局副局长宋广太、省煤炭工业局副局长张国辉、平顶山市委常委、副市长肖新明的陪同下，到平顶山市卫东区调研乡镇煤矿治理整顿工作。

11 月 13 日 河南省省长李克强到神火集团铝电公司调研，李克强实地考察了电解铝厂生产与铸造车间、碳素项目改扩建工地等，详细询问有关生产经营指标完成情况。神火集团领导李志经向省长李克强汇报了公司“十五”发展规划概况。李克强寄语神火集团广大干部职工，要积极贯彻河南省七次党代会精神，认真落实“十五”发展规划，应对 WTO 挑战，加快企业经济结构调整步伐，确保企业持续快速健康发展。

本月 省劳动和社会保障厅调整河南煤炭行业基本养老保险业务管理办法，决定由省社保中心直接负责煤炭企业养老保险金的收缴和发放。

12 月 20 日 河南省煤炭运销协会在郑州成立，标志着河南省煤炭销售联合工作进入一个新的阶段。

12 月 25 日 豫劳社职技〔2001〕83 号通知，郑州煤矿机械制造技工学校更名为郑州机械制造技工学校。

12 月 26 日 鹤煤(集团)公司总机厂生产的 LWB-1 型菱形金属网编织机(4 台)，首次出口孟加拉国巴拉普库列煤矿。

是年 河南省煤炭工业局被省政府授予“河南省人民政府 2001 年度完成责任目标优秀单位”称号。

是年 基本完成焦煤集团焦西、小马村、冯营和义煤集团宜洛等 4 个煤矿关闭破产任务。4 个矿破产后共核销生产能力 175 万吨，减少原煤产量 87 万吨，减少亏损 10173 万元，拟核销银行呆坏账准备金 10126 万元，涉及企业人员 24908 人，其中在职职工 15628 人、离退休人员 9280 人。焦煤集团三个矿分别于 11 月 5 日、9 日终结破产程序。

是年 河南省煤炭经济秩序整顿工作进入发证阶段，全省共批准批发类企业 425 家、零售类企业 825 家、型煤加工类企业 2117 家。

是年 在河南省煤炭工业局组织的“煤炭工业 1998—2000 年科技进步奖”评选活动中，河南省煤炭科学研究所开发的“生产矿井基本情况数据库”项目获一等奖、“生产矿井基本情况数据库指标体系研究”等 3 个项目获三等奖。

是年 煤气化工程到位资金 46749 万元，完成投资 32535 万元，为年度计划的 71.66%；累计完成投资 213599 万元，占概算投资的 75%。全年共发展煤气用户 45000 户，安装 26500 户，已使用的 15600 户，气化厂先后 10 次开车向各用气城市输送城市煤气 463 万立方米，煤气销售收入 71.9 万元，发电量 8000 万千瓦时。其中上网电量 4000 万千瓦时，销售收入 1063 万元。加上其他化工副产品销售收入，共计 1181 万元。

2002 年

2001 年 12 月 28 日—2002 年 1 月 6 日 在 2002 年度全国煤炭订货交易会上，河南省共签订重点订货量 3771 万吨，比 2001 年增加 208 万吨。其中国有重点煤矿河南电煤价格比 1997 年平均上调 22.80 元/吨。

1 月 15 日 根据煤技字〔2002〕第 2 号文件，煤炭工业技术委员会同意煤炭工业省级科研所技术经济协会挂靠煤炭工业科技管理工作研究会。

1月18日 河南省煤炭工业局豫煤人〔2002〕25号批复，郑州煤矿机械制造技工学校更名为“郑州机械制造技工学校”。

同日 河南省煤炭工业局豫煤人〔2002〕26号批复，河南东方煤炭施工设备租赁站更名为“河南东方煤炭施工设备租赁中心”。

1月19日 河南省煤炭工业工作会议在郑州召开，副省长张以祥出席会议并强调指出，全省煤炭行业要继续深化改革，苦练内功，努力巩固扭亏成果；提高认识，加强管理，确保煤矿安全状况的持续好转；加大结构调整力度，不断提高煤炭行业的科技水平。

1月30日 河南省煤矿列入“14～40”计划的焦煤集团焦西、小马村、冯营矿和义煤集团宜洛等4个矿的破产法律程序全部终结。

同日 全国企业兼并破产和职工再就业工作领导小组分别以〔2002〕18号和〔2002〕24号文批准焦煤集团朱村、韩王、李封和鹤煤集团一矿等4个煤矿破产立项。这批项目实施后将核销生产能力81万吨，减少原煤产量50万吨，减少亏损6071万元，核销银行呆坏账20719万元。涉及企业人员28569人，其中在职17975人、离退休10594人。争取国家补助资金8.5亿元。

2月10日 河南省煤炭工业局豫煤人〔2002〕67号通知：郑州煤田职工地质学院并入郑州经济管理干部学院，新的郑州经济管理干部学院的规格仍为厅级，编制按原两个学院的编制总和控制，校级领导职数和处级领导职数维持现状不变，经费渠道不变，经费额度不变。郑州煤田职工地质学院的牌子不再保留。

3月26日 河南省济源煤矿改制为河南省济源煤业有限责任公司。29日，河南省济源煤业有限责任公司正式挂牌成立。

本月 河南省煤炭工业局组织开展全省首次煤炭经营资格证年度审查，吊销不合格煤炭经营单位资格证153家，其中批发类36家，零售类117家。

4月2日 河南省煤炭工业局以豫煤办〔2002〕589号文，请求省政府明确所得税返还问题。12月20日经省政府常务会议研究，决定省属煤炭企业上缴的所得税全额给予返还。

本月 全省煤炭行业扭亏增盈工作会议召开，省煤炭工业管理局局长高国安出席。会议对6家国有重点煤炭企业、2家煤机厂、2家施工企业及地方煤炭集团公司下达扭亏增盈目标，从盈亏、应收账款下降率、在职职工人均收入、安全、开拓掘进等方面进行考核，采取重奖重罚和上交风险抵押金等约束激励机制，并与企业负责人签订扭亏增盈责任书。6家国有重点煤矿2002年实现利润41857万元，同比增利21447万元，实现了家家不亏损，是历年来经济效益最好的一年，超额完成省政府下达的省煤炭工业局全年指标。

5月31日 河南省煤炭工业局豫煤人〔2002〕226号通知：河南省煤炭工业局经省政府和省编委批准，保留煤炭生产许可证、开办煤炭企业、煤炭经营许可证书、煤炭调运计划和方案、全省煤炭进出口计划、煤炭矿井报废和关停与煤矿破产、生产矿井工程质量标准化审查验收等7项行政审批职能和煤炭建筑业企业项目经理资质、煤矿爆破器材生产定点企业资格、全省煤炭行业技术改造项目、选煤厂和配煤筛选厂新建及改扩建项目、煤炭建设工程设计和施工单位的资格认证等5项核准职能。

6月21日 由国家安全生产监督管理局、中国矿业联合会、中央电视台联合举办的“首届全国矿山安全知识电视大赛”在北京中央电视台举行。神火集团作为河南省的安全生产先进单位应邀参加大赛。

本月 河南省人民政府以豫政文〔2002〕76、87、88、89、92号文件正式批准，省财政厅委托省煤炭工业局，对新组建的有限责任公司的国有资产行使出资人职能。实现了河南省煤炭工业局对省属煤炭企业国有资产管理权与所有权的统一。

7月5日 河南省煤炭工业局以豫煤安〔2002〕295号印发《省属国有重点煤矿安全警示制度》，对《省属煤炭企业重大隐患责任追究制度》进行了完善和深化。

7月15日 经河南省教育厅豫教发规〔2002〕82号文件批准，河南工程技术学校与焦作工学院联合创办焦作工学院高等职业学院。

7月31日—8月1日 河南省煤炭工业局在三门峡市召开全省煤炭运销工作暨煤炭运销协会第一届理事会第一次会议。协会发展团体会员224个。提出地销煤管理办法，出台地市电煤联合销售的意见。

8月21日 由河南省煤炭工业局（国资持股方）与中国信达资产管理公司、中国华融资产管理公司共同出资组建的鹤壁煤业（集团）有限责任公司正式成立。三方代表出席成立大会。

本月 在2001年度河南省煤炭工业科学技术进步奖的评审中，共评出科技进步奖89项，其中，特等奖3项，一等奖15项，二等奖24项，三等奖45项，科技情报一等奖2项。

本月 义煤集团的朱金明、胡冠军分别被评为“全国煤炭工业十佳采煤队长”和“全国煤炭工业十佳掘进队长”；平煤集团的李健全、王连生，义煤集团的杜青炎，鹤煤集团的申进才，神火集团的刘永林，郑煤集团的梁战伟被评为“全国煤炭工业优秀采煤队长”；平煤集团的王荣党、赵克楠，焦煤集团的肖怀星、李小平，郑煤集团的李文灿被评为“全国煤炭工业优秀掘进队长”。

8—9月 河南省修订债转股企业新组建有限责任公司章程、股东协议书、董事会和监事会议事日程，郑煤、鹤煤、义煤、焦煤先后召开股东会，签订股东协议书，召开第一届董事会和监事会。郑煤、焦煤、义煤、鹤煤、平煤5个煤业集团的债转股工作基本结束。

9月20日 中国煤炭工业协会在成都召开的全国表彰大会上，河南省平煤集团总经理聂光国、神火集团董事长李志经获全国煤炭2001年度优秀企业家荣誉称号。

9月26—27日 河南省煤炭企业采掘电钳工技术比武在鹤壁煤业集团公司举行，全省煤炭企业的12支代表队的36名选手参加比武，神火集团公司张飞获得第一名（同时获省“五一劳动奖章”），鹤煤集团公司闫军、宋玉明分别获得第二、三名（报省劳动厅表彰）。有16名选手获“河南省煤矿技术能手”称号，20名选手获“河南省优秀选手”称号。

10月10—11日 全省煤炭企业矿井通风工技术比武在义马煤业集团公司举行。12支代表队的33名选手参加比武。永煤集团公司的邵兴建获得第一名（同时获省“五一劳动奖章”），洛阳市煤炭局的朱占伟、永煤集团公司的孟卫东分别得获第二、三名（报省劳动厅表彰）。有16名选手获“河南省煤矿技术能手”称号，17名选手获“河南省煤矿优秀选手”称号。

10月11日 河南省委书记陈奎元批示：义煤集团开展的“春风进万家”活动是落实“三个代表”重要思想的有力措施。对于确保职工利益、维护企业稳定、促进改革发展都具有重大意义 。在贯彻落实全国再就业会议精神的工作中，各大型企业以及各级党政领导机关应借鉴义煤集团的经验。

10月17日 河南省副省长、中共河南省委企工委书记张以祥批示：义煤党委开展的“春风进万家”活动成效明显，不仅解决了职工的困难，而且改善了党的领导和形象，是“三个代表”重要思想的具体实践，很有意义。省属企业党委都要向义煤学习，采取各自适宜的方式，帮助困难职工解决生活问题，帮助下岗职工再就业，增强党组织和企业的凝聚力，促进企业发展。

10月24日 河南煤气日用气量突破30万立方米，达到33.25万立方米。11月底，义马气化厂基本实现自收自支，到12月底略有盈余。甲醇月产量突破5000吨，发电量首次突破1000万千瓦时。

本月 “郑州煤矿机械厂”改制为“郑州煤矿机械集团有限责任公司”，郑煤机由全民所有制企业改制为国有独资公司。11月18日，公司举行挂牌仪式。

11月22日 国家经贸委、国家计委、财政部联合发文，下达2002年第五批国债技改项目专项资金计划，安排河南省煤矿安全技改项目中央补助金24514万元，其中义煤集团2900万元、焦煤集团3700万元、鹤煤集团9460万元、永煤集团2560万元、平煤集团3027万元、郑煤集团1180万元、大峪沟矿务局1687万元。

11月26日 鹤壁煤电股份有限公司生产的“鹤翔牌”筛混煤，被国家质量管理权威机构——中国质量协会和全国用户委员会授予2002年度“全国用户满意产品”荣誉称号。

12月4日 河南省煤炭工业局以豫煤字〔2002〕568号下发《关于对全省煤矿矿长任职资格进行年审的通知》。规定从2002年起，每年对国有煤矿的“六职矿长”和乡镇煤矿的“五职矿长”进行全员考试，集中年审。

同日 在开封举行的“2001年度河南省工业综合实力百强企业新闻发布会”上，鹤壁煤业(集团)公司以其产品销售收入、利润总额、税金总额、工业经济效益指数四项指标的综合优势，位居全省百强工业企业第22位。省统计局、省经贸委领导向鹤煤(集团)公司颁发“河南省百强工业企业”证书和牌匾。

是年 河南省煤炭行业实现工业总产值(现价)173亿元，同比增长28%；实现工业销售产值(现价)170亿元，同比增长24%，产销率达到98%。生产原煤1亿吨，同比增长22%。其中：省属煤炭企业产量为5916万吨，同比增长16%；国有地方煤矿产量为1819万吨，同比增长15%；乡镇煤矿产量为2265万吨，同比增长49%。全省国有煤炭企业实现利润10.4亿元，同比增利5.7亿元。其中：6家国有重点煤炭企业在处理一部分潜亏和弥补安全欠账的基础上，实现补贴后盈利4亿元，同比增利2亿元；地方国有煤矿实现利润6.4亿元，同比增长3.7亿元。

是年 济源市济源煤矿(设计生产能力45万吨/年)采用轻型支架综采放顶煤开采，机械化程度实现100%，为河南省地方煤矿第一家使用综合机械化开采的煤矿。

是年 全省煤炭行业累计出售公有住房680.03万平方米、10.02万套，回收售房资金12.73亿元。焦作、鹤壁和永城煤业集团公司职工住房产权证已基本办理完毕。

2003年

2002年12月26日—2003年1月9日

2003年度全国煤炭订货交易会上，河南省重点订货量3884万吨，比2002年增加113万吨，价格除电煤价格统一确定外，其他用煤行业省属煤炭企业每吨上调15元左右。

1月 为推动煤炭企业的投资主体多元化进程，省煤炭工业局下发《永煤集团与宝钢国际经济贸易有限公司合资经营城郊煤矿的批复》(豫煤财〔2003〕8号)。组建的河南正龙煤业有限公司总投资12亿元，永煤集团出资占65%，宝钢国际经贸公司占 35%。

2 月初 总投资达 13.5 亿元的鹤壁煤业(集团)公司 2×135 兆瓦综合利用热电联产项目被国家经贸委正式批复。

2 月 15 日—3 月 10 日 河南省开展第二次煤炭经营资格证年度审查工作，按照《河南省煤炭经营资格年审办法》的具体规定，对已批准的 3691 家煤炭经营企业的经营条件进行重新审查。共吊销各类煤炭经营企业 131 家的经营资格，其中批发企业 23 家、零售企业 96 家、型煤加工企业 12 家。

2 月 25 日 河南省委决定，李恩东任河南省煤炭工业局局长、党组书记，高国安不再担任局长、党组书记职务。

3 月 26 日 河南省委书记李克强陪同国务委员、国务院秘书长华建敏到平顶山市视察小煤矿。

4 月 12 日 在第三届中国河南国际投资贸易洽谈会上，焦煤集团签约了赵固一矿、王封公司年产 7 万吨硅锰合金两个项目，总投资 154990 万元，引进资金 45447 万元。省领导李克强、李成玉出席。

4 月 29 日 全国企业兼并破产和再就业工作领导小组〔2003〕第 9 号文件批准郑煤集团公司王庄煤矿、芦沟煤矿纳入 2003 年国家政策性关闭破产计划。11 月 7 日经全国企业兼并破产和职工再就业工作领导小组〔2003〕第 23 号文批准，王庄矿、芦沟矿进入破产程序。2004 年 6 月 2 日《人民法院报》刊登公告：王庄矿、芦沟矿宣告破产。7 月 12 日郑州市人民法院下达两矿破产裁定书，同时成立破产清算组，进驻两矿。10 月 21 日郑州市中级人民法院下达两矿破产终结裁定。

本月 河南省人民政府下发《关于明确永城煤电(集团)有限责任公司国有资本出资人的批复》(豫政文〔2003〕40 号)，明确省煤炭工业局受财政厅委托履行永煤集团公司国有资本出资人职能。至此，六大国有重点煤业集团公司国有资本出资人全部得到明确。

5 月 21 日 河南工程咨询监理有限公司获国家安全生产监督管理局颁发的“煤矿专项安全评价”和“非煤矿山专项安全评价”资质。

本月 河南省煤炭工业局正式颁发《河南省煤矿防爆电气检查细则》，该细则自 7 月 1 日起在全省范围内执行。

6 月 7 日 鹤壁煤业(集团)公司生产的商品煤——“鹤翔”牌进行商标注册。

6 月 10 日 河南省煤炭工业局电子邮箱系统开发成功，并正式启用，结束省局没有自己邮件服务器的历史。

6 月 25 日 由河南省建设投资总公司、鹤壁煤业(集团)公司、鹤壁市经济发展建设投资公司共同投资建设的河南最大火力发电机组兴鹤发电公司 2×600 兆瓦评审暨投资意向签字仪式在鹤源饭店举行。该项目总投资 48.1 亿元，比例为：省建设投资总公司 50%；鹤煤(集团)公司 46%；鹤壁市经济建设发展投资公司 4%。项目建成后，预计年发电量为 66 亿千瓦时至 77 亿千瓦时，年销售收入可达 18.7 亿元，投资回收期为 12.5 年，是河南重点项目，为华中电网大型骨干电厂之一。

6 月 27 日 河南省人民政府在平顶山市召开全省煤矿专项治理整顿现场会，副省长史济春出席会议作重要讲话，由此拉开河南省煤矿专项治理整顿工作的序幕。到 12 月 20 日，河南省煤矿专项治理整顿工作取得阶段性成果，共有 1569 处小煤矿通过市级人民政府组织的复查验收，关闭各类非法开采和不具备安全生产条件的小煤矿 392 处，全年累计投入资金 7.5 亿元，新增设备 2 万余台(套)，架设专用供电线路 500 余千米，新建房屋 50 余万平方米，培训各类矿长 2800 余人次、特殊工种 20000 余人次，全省小煤矿的整体面貌和综合抗灾能力比整顿前迈上了一个新台阶。

本月 河南省煤炭科学研究所“城市住宅‘四表’管理系统”项目荣获河南省信息产业厅信息产业科学技术进步一等奖。9月该项目获河南省煤炭科学技术进步一等奖。

7月16日 国家发改委以发改能源〔2003〕738号文批复河南省焦煤、郑煤、义煤、平煤4个煤业集团2003年煤矿“一通三防”安全改造项目方案，批复项目总投资15728万元，其中中央预算内专项资金11999万元、企业自有资金3729万元。

本月 全省2002年度煤炭工业科学技术进步奖评审会议召开，共评出优秀科技成果100项。

8月 《河南省煤炭工业可持续发展规划纲要》编制完成，对全省煤炭行业今后20年的可持续发展进行了总体规划。

8月29日 河南省煤炭工业局豫煤人〔2003〕472号批复：同意平煤集团公司、永煤集团公司共同发起成立公司，联合开发汝州矿区。新公司注册资本2亿元人民币。其中：平煤出资10200万元，占51%；永煤出资9800万元，占49%。

9月10日 根据省政府《关于印发河南省人民政府保留和新增的行政审批事项的通知》（豫政〔2003〕25号），省煤炭工业局保留行政审批项目3项：煤炭生产许可证，煤矿矿井报废、关停与煤矿破产，煤炭经营资格证书；保留行政核准项目1项：煤矿爆破器材生产定点企业资格；新增行政核准项目1项：煤矿特种作业人员特殊作业操作资格证。

9月11日 永煤集团城郊煤矿（设计生产能力240万吨/年），通过国家正式投产验收。

本月 河南矿业建设（集团）有限责任公司获得河南省工商行政管理局、河南省合同管理协会联合评定的2002年度“河南省守合同重信用企业”荣誉称号。

10月16日 平煤集团首山一矿（设计生产能力240万吨/年）正式开工建设。

10月21日 神火集团神火铝电公司生产的“如固”牌铝锭在英国伦敦金属交易所注册成功，注册产量6万吨。即日起，神火“如固”牌铝锭可在伦敦金属交易所注册仓库中进行交仓。

11月1日 焦煤集团古汉山煤矿（设计生产能力120万吨/年）通过国家正式投产验收。

11月4日 国家煤矿安全监察局、河南煤矿安全监察局在平顶山市石龙区召开煤矿安全生产座谈会。

11月7日 全国企业兼并破产和职工再就业工作领导小组〔2003〕27号文件批准河南省郑煤集团王庄矿、芦沟矿，平煤集团七矿，义煤集团北露天矿和鹤煤集团一矿等5对破产项目进入破产法律程序。涉及煤矿职工3.7万人（其中在职2.7万人、离退休1万人），核销生产能力275万吨/年，核销银行呆坏账2亿元。预计申请国补资金17.8亿元。

12月16日 义煤集团新义煤矿开工奠基。新义煤矿位于新安县正村乡，是义煤集团和新安电力集团共同出资建设的矿井，井田面积51平方千米，工业储量2.1亿吨，煤种为贫瘦煤。矿井建设计划总投资4亿元，建设工期2.5年，设计生产能力为年产120万吨，服务年限83.9年，建成投产后可实现年产值1.8亿元，利润3000万元。

同日 河南神火集团有限公司“资源共享、优势互补的煤电铝一体化经营”获国家级第十届企业管理现代化创新成果一等奖。

12月18日 由郑煤集团控股、神火集团和省煤田地质局参股的新郑煤电有限责任公司（赵家寨煤矿）联合开发协议签字仪式在新郑市举行。省政府副省长史济春、副秘书长王春生，省煤炭工业局局长李恩东、副局长刘世伟，省国资委副主任贾保顺等领导出席签字仪式。2004 年 2 月 28 日，新郑煤电有限公司（赵家寨煤矿）开工奠基。

12 月 19 日 鹤壁煤业（集团）公司与河南省建设投资总公司共同出资建设的同力水泥厂三期工程（日产 5000 吨水泥熟料生产线）项目、鹤壁煤电股份有限公司与鹤壁市经济发展建设投资公司出资 2×13.5 万千瓦综合利用热电项目合资经营合同书签字仪式在鹤源宾馆举行。12 月 30 日，该生产线在同力水泥厂厂区正式开工。

12 月 20 日 中国煤炭工业协会召开中国煤炭改革与发展大会，河南省鹤煤集团公司董事长李永新、永煤集团公司董事长陈雪枫、义煤集团公司总经理付永水、郑州煤矿机械制造集团有限公司董事长焦承尧被评为全国煤炭行业优秀企业家；平煤集团公司、永煤集团公司被评为全国煤炭优秀企业；平煤集团六矿矿长刘银杰、郑煤集团超化矿矿长胡德进、鹤煤集团三矿矿长杨恒被评为全国煤炭“双十佳矿长”；平煤集团八矿矿长丁凯舟、义煤集团耿村矿矿长黄建伟、焦煤集团演马庄矿矿长陈万虎、郑州市新登煤业集团总经理郑同社被评为“全国煤矿优秀矿长”；永煤集团公司陈四楼矿和义煤集团耿村矿被评为全国煤矿“双十佳煤矿”。

12 月 26 日 郑煤集团白坪煤矿（设计生产能力 180 万吨/年）正式开工建设。7 月，郑煤集团（河南）白坪煤业有限公司成立，注册资本 1 亿元，郑煤集团控股 55%。

本月 经国家人事部批准，在神火集团建立企业博士后工作站。这在豫东地区尚属第一个。2004 年 6 月 24 日，神火集团博士后科研工作站揭牌。

是年 义煤集团耿村矿等 14 家国有重点煤矿被中国煤炭工业协会命名为行业级、省级高产高效矿井。行业级矿井名单：平煤集团公司一矿、六矿、四矿、十二矿、先锋矿；义煤集团公司耿村矿、杨村矿；永煤集团公司陈四楼矿。省级矿井名单：平煤集团公司十矿；郑煤集团公司超化矿、裴沟矿、米村矿；鹤煤集团公司三矿、四矿。

是年 在原煤炭工业部 1994 年《国有重点煤矿生产矿井质量标准化标准及考核评比办法》基础上，结合河南省煤矿实际，河南省煤炭工业局制定《河南省国有煤矿生产矿井质量标准化标准》，于 2003 年开始执行。

是年 为配合全省煤矿治理整顿工作，加强小煤矿矿图、防治水、劳动用工等方面管理工作，河南省煤炭工业局制定出台《河南省乡镇煤矿矿图管理暂行规定》、《河南省煤矿水害防治若干规定（试行）》、《河南省小煤矿管理若干规定》、《关于加强全省小煤矿劳动用工及入井管理的通知》等一系列管理文件和规定。

2004 年

1 月 5 日 河南省委组织部豫组干〔2004〕12 号文通知，武予鲁任河南省煤炭工业局副局长、党组成员。

1 月 7 日 中国企业联合会和中国企业家协会联合主办的 2003 年度“中国企业十大新闻”、“最具影响力企业”、“最受关注企业家”、“最具成长性企业”评选活动在北京人民大会堂揭晓。河南神火集团有限公司等四家企业被评委会评为 2003 年度全国“最具成长性企业”。其中，神火集团是全国煤炭行业、河南工业企业唯一当选者。

1 月 9 日 河南省煤炭工业局豫煤人〔2004〕20 号文批复，同意增补郝林杰为鹤壁煤业（集团）有限责任公司董事会董事，周永信不再担任鹤壁煤业（集团）有限责任公司董事会董事职务。

同日 郑煤集团隆重召开 2003 年煤炭产量突破 1000 万吨祝捷大会。河南省煤炭工业局颁发嘉奖令。

1月12日　国务院安全生产委员会办公室以安委办字〔2004〕1号文件下发《关于印发河南省平顶山市石龙区煤矿安全管理经验的通知》，向全国推广平顶山石龙区的做法。石龙区的经验主要有五条：一是地方各级党委政府高度重视煤矿安全生产工作，层层建立责任制。二是政府向煤矿派驻安全矿长、技术矿长和安全特派员。三是推进煤矿技术进步。四是政府转变职能，建立完善的安全生产监督管理和服务体系。五是强化安全管理的激励和约束机制。

1月18日　河南省国资委副主任、纪委书记于海和省煤炭工业局党组成员、副局长刘世伟传达中共河南省委、省政府、省国资委关于郑煤集团总经理人事变动的通知：姜光杰任郑煤集团总经理、党委副书记、副董事长；陈建生调任平煤集团董事长、党委书记。

1月19日　河南省省长李成玉到义煤集团视察工作，强调义煤要抓住煤炭市场变化的时机，狠抓企业管理，非煤建设上要考虑与煤炭主业的相关性，科学决策。

同日　河南省委组织部豫组干〔2004〕16号文件通知，调常建华任平顶山煤业（集团）有限责任公司总经理，不再担任河南省煤炭工业局副局长、党组成员职务。

2月3日　河南省煤炭工业局豫煤人〔2004〕45号文通知，聘请中国工程院院士张铁岗为河南省煤炭工业局顾问。

2月6日　河南省委组织部豫组干〔2004〕36号文通知，陈党义任河南省煤炭工业局副局长、党组成员。

2月25日—3月6日　河南省开展煤矿安全生产大检查活动。共抽查矿井135处，查出各类隐患828条，下达隐患整改通知书214份，停产整顿通知书6份，停产整顿采煤工作面1个、掘进工作面1个、采区1个、矿井3处。

3月4日　国务院国有资产监督管理委员会《关于抓紧做好2003年企业关闭破产新增建议项目有关工作的通知》（国资委改组〔2004〕19号）确定鹤煤集团五矿、义煤集团观音堂矿、郑煤集团王沟矿、焦煤集团公司王封矿和平煤集团高庄矿、大庄矿等6家煤矿为河南省2003年新增关闭破产建议项目。

4月11日　郑煤集团超化矿发生透水事故，12名矿工被困。国家煤矿安监局监察司副司长宋元明，河南省委常委、河南省副省长王明义，省煤炭工业局局长李恩东等领导现场指挥，调动多方力量抢救，至16日17时50分，12名被困矿工全部获救。

4月22日　河南省人民政府召开煤电运协调会议，鉴于省内电煤与省外电煤及市场煤炭的价格差距较大，为减少煤炭企业损失，鼓励多供电煤，根据省长办公会议纪要（〔2004〕38号）要求：电煤计划外价格分别调整为贫瘦煤230元、烟煤215元和长焰煤200元，分别比计划内高40元左右。

4月29日　义煤集团董事会首届第一次会议在北京召开，审议通过重组河南煤气集团和投资建设气化厂二期工程项目。

5月25日　河南省煤炭工业局豫煤人〔2004〕321号文件通知，在全省煤炭行业开展紧缺人才培养工程。由河南省煤炭工业局牵头，委托河南理工大学、郑州经济管理干部学院、河南工程技术学校，设置煤矿紧缺专业11个，选拔520名优秀一线青年煤矿职工进行2～3年培养。

同日　河南省煤炭工业局制定出台《河南省煤矿瓦斯监测监控网络建设技术标准》及《全省煤矿瓦斯监测控制网络系统建设实施意见》。

6月6日　河南省煤炭工业局制定下发《河南省国有煤矿生产矿井质量标准化标准》（试行）和《河南省小煤矿生产矿井安全质量标准化标准》。

6月16日　河南省煤炭工业局被评为

省直2003年贯彻落实党风廉政建设责任制优秀单位。

6月22日 河南省煤炭工业局豫煤人〔2004〕374号文件通知，批复建立郑州工业安全职业学院。

7月1日 河南省政府召开全省煤炭铝土资源整合专题会议，宣布全省煤炭资源整合工作正式启动。计划用1～2年时间使省煤炭骨干企业控制90%以上资源，原煤产量占全省的80%以上，为打造亿吨级煤业集团奠定基础。总体目标：以大并小，以强并弱，将相邻的规模小的小煤矿资源合并，组建较大规模的煤矿，在产权上采取一次买断，或按资产资源评估价值的大小入股组成股份制煤矿，或引进新的投资人或独资、或参股、或控股等形式组建新的煤矿企业。整合后小煤矿单井生产能力达到15万吨/年以上。省资源整合领导小组将小煤矿关闭削减任务分解到各市，要求一次布点规划，分步组织实施。省煤炭局编制出国有煤矿整合规划方案。各省辖市在排查摸底、调研分析的基础上，编制出小煤矿整合规划方案，经省煤炭工业局、国土资源厅组织专业技术人员 进行论证、把关、修改、完善。各市方案于2005年4月底由省资源整合办公室逐一批复。

7月7日 河南省政府下发对各市资源整合工作进行督导的通知，成立7个督导组，建立资源整合督导制度。把有资源整合任务的省辖市划分为沿陇海线片区、平顶山许昌片区、豫北片区，分别由王明义常务副省长、李新民副省长、史济春副省长牵头负责督导检查。督导组抽调省直各单位21名厅级干部和30名处级干部，自7月15日开始不定期督导。

同日 河南省煤炭工业局批复焦煤集团所属焦作重型机器制造有限责任公司和4个辅业单位的分离改制工作，置换国有企业职工身份7000多人。

7月8日 平煤集团与宝钢集团在郑州举行由两公司共同出资组建的河南平宝煤业有限公司和上海宝顶能源有限公司揭牌仪式。省长李成玉和宝钢集团董事长谢企华共同为两个新公司揭牌。

7月23—26日 河南省煤炭工业局组织召开全省2003年度煤炭工业科学技术进步奖评审会议，共评出优秀科技成果107项。

7月26日 河南省委组织部发出豫组干〔2004〕290号文件通知，王连海任河南省煤炭工业局助理巡视员。

8月14日 义煤集团与新疆生产建设兵团农六师在新疆维吾尔自治区五家渠市签订煤炭合作开发协议。9月1日，义煤集团与建设兵团农六师就合作经营大黄山煤矿和106团煤矿签订正式协议。

本月 经河南省政府批准，河南省煤炭资源整合计划正式推出，神火集团被列入省重点支持的7个煤炭骨干企业，参与河南省的整个煤炭资源整合。在被列入的这7家煤炭骨干企业中，仅神火集团隶属地方政府管理，其他6家均为省管国有重点煤炭企业。

9月8日 国家开发银行、永煤集团、义煤集团和省煤气集团举行了债务重组协议签字仪式。12月，国家对债务重组方案进行批复，同意省煤气集团的债务重组方案。

9月18日 郑州煤矿机械集团有限责任公司开发制造的ZY8640大采高支架、ZY4400(晋城)配刨煤机薄煤层支架通过中国煤炭工业协会组织的评审和鉴定，达到国际先进水平。

9月21日 鹤煤集团煤层气发电项目正式投入运营。该项目是以煤矿矿井瓦斯为燃料，利用燃气往复式、四冲程内燃机组发电的一种新技术，在国内处于领先水平，填补河南省煤层气发电技术的空白。

9月26日 全国最大直径为40米的SHX1900/40型环式给煤机通过河南省科学技术厅电力设计专家组成的评委评审。该产品制造精良，性能可靠，各项技术参数均为国内首创。

9月27—30日 “河南省矿山救护技术比武”在郑州举行。郑煤集团公司获得团体总分第一名，鹤壁煤业集团公司获得第二名，义马煤业集团公司和平顶山煤业集团公司并列第三名；获得个人总分前两名的分别是：郑煤集团公司救护大队代表队的余瑞好、王军，王光东和彭锟并列个人第三名。

9月29日 由义煤集团、永煤集团出资建设的河南省重点建设项目——河南省煤气化二期工程开工奠基仪式在义马气化厂举行，史济春副省长亲临现场并作重要讲话。

同日 河南省煤炭工业局下发《关于印发〈煤炭生产许可证资格审查专家管理暂行办法〉的通知》，河南省12位专家被国家发改委录入专家库。同时，建立了河南省煤炭生产许可证资格审查专家库。

9月30日 河南省煤炭工业局豫煤人〔2004〕626号文件转发省编委《关于省煤炭工业局所属事业单位机构编制的批复》，核定所属事业单位13个。

本月 河南省煤炭工业局出台《小煤矿资源整合验收标准》、《小煤矿技术改造标准》。

本月 “河南矿山抢险救灾排水站”更名为“河南矿山抢险排水救灾中心”（豫编〔2004〕83号），为自收自支事业单位，机构规格处级，事业编制10名，领导职数2名。

10月20日 郑煤集团大平矿发生特大瓦斯爆炸事故，死亡148人。国务委员华建敏，国家煤矿安全监察局局长王显政、副局长赵铁锤，河南省省长李成玉、副省长史济春，省煤炭工业局局长李恩东等赶赴现场指挥抢险救援。

10月29日 湖北省武钢集团与河南省平煤集团、鹤煤集团战略合作、合资协议签字仪式在郑州举行。省长李成玉、副省长史济春和湖北省副省长任世茂出席签字仪式。

11月11日 平顶山市鲁山县梁洼镇新生二矿发生瓦斯爆炸事故，死亡35人。

11月12日 永煤集团与巴西淡水河谷公司（简称CVRD）、上海宝钢集团投资合作股东协议在巴西首都巴西利亚正式签订。

11月15日 在全国最先进的煤炭企业神华集团液压支架项目竞标中，郑州煤矿机械集团有限责任公司战胜德国DBT公司、美国JOY公司等国际知名企业中标。

12月2日 国家发改委以发改投资〔2004〕2752号文件下达河南省国家补助勘探中央预算内资金3910万元，分别是鹤煤集团彰武—伦掌1500万元、义煤集团孟津900万元、焦煤集团赵固二井1000万元、神火集团泉店510万元；下达河南省4个大型煤炭基地项目中央预算内建设资金计33120万元，分别是平煤集团首山一矿4920万元、焦煤集团赵固一矿15100万元、永煤集团新桥矿7510万元、郑煤集团白坪矿3380万元、鹤煤集团四矿扩建2210万元。

12月9日 2005年全国重点煤炭产运需衔接会议在秦皇岛市召开。到2005年1月10日会议结束，河南省共签订重点合同4844万吨，增加重点运力681万吨。

12月10日 国家开发银行与平煤集团股权转让协议签字仪式在郑州举行。省煤炭工业局局长李恩东与国家开发银行授权代表、投资业务局副局长刘勇签署《国家开发银行、河南省煤炭工业局关于平煤集团公司股权转让协议书》。

12月16日 中国煤炭工业协会在北京召开年终大会。在会上河南省鹤煤集团四矿、神火集团葛店矿被授予“全国煤炭工业双十佳煤矿”称号；永煤集团陈四楼矿矿长张延明、平煤集团十矿矿长马世志、郑煤集团裴沟矿矿长张明剑被授予“全国煤炭工业双十佳矿长”称号；义煤集团杨村矿矿长席全法、焦煤集团中马村矿矿长樊百胜、禹州市新峰一矿矿长王全营、鹤壁浚县安林煤矿矿长乔康存、郑州市新密锦华煤矿矿长司国臣、平顶山市金牛山煤矿矿长王功伟被授予“全国煤炭工业优秀矿长”称号。

12 月 17 日　在北京举行的第七届中华技能大奖和全国技术能力表彰大会上，鹤壁煤电公司三矿维修队采掘电钳工高级技师阎军荣获全国技术工人最高奖——“全国技术能手”称号，受到国务院副总理黄菊的亲切接见。

12 月 21 日　义煤集团孟津煤矿开工奠基。孟津煤矿位于孟津县横水镇，矿井煤炭储量 1.6 亿吨，年生产规模 150 万吨，服务年限 55 年，建设总投资 5 亿元，项目建设工期预计两年。

12 月 23 日　河南省政府常务副省长王明义主持召开河南省煤炭资源整合工作会议，出台《关于进一步加快我省煤炭资源整合的意见》。

12 月 27 日　河南省煤炭销售有限责任公司创立大会暨第一次股东会在郑州市召开。河南省煤炭销售有限责任公司由河南省煤炭运销协会、六大国有重点煤炭企业和河南省神火集团有限公司，以及一个省辖市电煤联销公司共 13 家单位共同发起成立，充分发挥河南省煤炭资源优势、品牌优势、规模优势和提高河南省煤炭销售集中度和企业核心竞争力，是实施大公司和大集团的重大战略举措。

12 月 30 日　煤气化工程国家开发银行债务重组协议签字仪式在郑州隆重举行。国家开发银行党委委员、副行长刘克崮，河南省副省长史济春，开行河南分行以及省直有关部门负责人出席签字仪式。开行河南分行、永煤集团、义煤集团、省煤气集团公司四方签字。

12 月 31 日　河南省煤炭工业局完成永煤集团所属辅业单位清产核资、资产评估和辅业改制方案的审核与批复工作。至此，永煤集团的辅业改制工作全部结束。同时，完成省煤炭科学研究所、省煤炭化工研究所清产核资、资产评估和辅业改制方案的审核工作。

本月　国家发改委发改投资〔2004〕2754 号文批复，河南省 6 个采煤沉陷区治理项目治理方案国家批准总投资 50.6 亿元，其中 2004 年国家补助资金 25951 万元，包括鹤壁矿区 14094 万元、焦作矿区 11857 万元。

是年　平顶山市梨园矿务局破产后被平顶山煤业(集团)公司收购。

是年　在第二届中国(博兴)国际小戏艺术节上，平煤集团公司自创、自导、自演的现代戏《重圆》获得演出金奖。在文化部主办的金狮奖第四届全国小品大赛上，平顶山煤业集团公司参赛小品《如此孝心》获得银奖。

是年　河南省共生产原煤 1.54 亿吨，同比增长 22%。其中：6 家国有重点煤炭企业完成原煤产量 7677 万吨，同比增长 15%；地方国有煤矿完成 1781 万吨，同比下降 13.4%；乡镇煤矿完成产量 5962 万吨，同比增长 51.7%。2004 年，河南省煤炭行业共完成工业总产值 371 亿元，同比增长 51%；完成工业销售产值 373 亿元，同比增长 51%。其中，平煤集团公司实现销售收入 110 亿元，成为河南省煤炭行业第一家年销售收入超百亿的企业。全省国有及国有控股煤炭企业国有资产保值增值率达到 111%；实现工业增加值 168.35 亿元，同比增长 53%；实现利税 59 亿元，同比增长 67.5%。非煤产业经营总额 130 亿元，同比增长 22%；实现利润 3.9 亿元。

是年 全省45家国有地方煤矿中，已完成资源整合15家，整合生产能力573万吨；停产报废2家，达成合作意向6家，改制7家，其余的正在加快整合步伐。小煤矿整合工作进展顺利，已整合161家，达成整合意向86家。通过资源整合，初步遏制了煤炭资源无序开采的现象，使有限的煤炭资源逐步向优势骨干大型煤炭企业配置，提高了煤炭产业集中度，增强了企业发展后劲。

2005年

1月8日 河南省国资委党委决定：牛森营任郑煤集团董事长、党委书记；姜光杰任郑煤集团总经理、党委副书记、副董事长；李国安到龄退休；苏万里改任总经理级调研员。

1月10日 郑州煤矿机械集团有限责任公司与中国神华集团在北京签订ZY7600型液压支架本土化项目采购合同，标志着郑煤机已具备国际竞争能力。

同日 郑州经济管理干部学院在郑州与六家国有重点煤炭企业负责人签订了“校企合作办学协议”。

1月13日 河南省政府新闻办在郑州为平煤集团举办销售收入超百亿新闻发布会，新华社、《经济日报》、《河南日报》等省内外的28家新闻媒体记者参加。

1月18日 煤炭工业郑州钢丝绳检验站经中国国家认证认可监督管理委员会考核，获得中华人民共和国计量合格证书，成为全国煤炭行业15家各种产品检验机构之一。

1月20日 经全国企业兼并破产和职工再就业工作领导小组批准，鹤壁煤业有限责任公司五矿被列入国家正式破产计划。

1月29日 由义煤集团与中迈集团合作经营的英豪煤矿有限责任公司正式组建。

2月1日 义煤集团与洛阳新安铝电集团合作建设4×135兆瓦机组、年产120万吨煤矿项目，在洛阳牡丹城正式签字。

2月2日 《中州煤炭》获第六届河南省优秀科技期刊奖。

2月18日 河南省政府召开向6家省属重点煤炭企业派驻安全督导组动员大会，副省长史济春亲自作动员讲话。2月19日，第一批省政府安全督导组，分6个小组共计16人全部派驻到位。这是加强全省煤矿安全监管工作采取的重大举措。

2月23日 在河南省地方史志工作会议上，河南省煤炭工业管理局获河南省地方史志编委会授予的“全省地方史志系统先进集体”称号。

本月 郑州煤矿机械集团开始为晋城无烟煤集团公司研制ZY9400型掩护式液压支架，它是目前全世界唯一达到支护高度6.2米的支架。

本月 义煤集团被河南省委、省政府授予全省社会治安综合治理先进单位。这是义煤集团有史以来获得的综合治理工作最高荣誉，也是全省煤炭系统唯一获此荣誉的煤炭企业。

本月 郑煤集团团委被团中央授予全国优秀青年学习组织。

3月2日 河南省煤炭工业管理局组织开展全省煤矿综合生产能力核定和通风能力复核工作，此项工作至9月30日结束。共核定生产矿井259处。设计生产能力8964万吨/年，核定通风能力12398万吨/年，矿井综合生产能力10957万吨/年。其中国有重点煤矿73处，设计生产能力6325万吨/年，核定通风能力9066万吨/年，综合生产能力8015万吨/年；国有地方煤矿68处，设计生产能力1751万吨/年，核定通风能力2391万吨/年，综合生产能力2080万吨/年；乡镇煤矿121处，设计生产能力873万吨/年，核定通风能力920万吨/年，综合生产能力843万吨/年。

3月11日 郑州煤矿机械集团有限责任公司研制的ZY8640型国产化大采高强力高可靠性掩护式液压支架，被中国煤炭工业协会评为“2004年度中国煤炭工业十大科技成果奖”；同时，郑州煤矿机械集团有限责任公司董事长焦承尧获“2004年度煤炭工业技术创新优秀人才”称号。

3月13日 河南省政府副省长史济春在河南省煤炭工业局副局长陈党义、郑州市副市长胡荃以及市经委、市发改委、市高新区的有关负责同志的陪同下到郑煤机集团公司考察。史济春对郑煤机集团公司近几年的快速发展给予了充分肯定。

3月15日 河南省煤炭工业局联合河南省工商行政管理局下发《关于印发河南省煤炭经营资格证管理办法的通知》(豫煤调〔2005〕122号)文件对煤炭经营资格证的审查程序、申办条件等做出明确规定。

3月25日 平煤集团公司15万吨离子膜烧碱改扩建工程奠基，年产8000吨苯酐生产线正式投产。河南省政府副省长史济春，河南省煤炭工业局局长李恩东等领导出席。

3月27日 在2005全国企业管理创新大会上，由义煤集团申报的“资源型企业发展接续产业的决策与管理”获得第十一届国家级企业管理现代化创新成果一等奖。这也是河南省唯一获得此殊荣的企业。

本月 河南省煤炭工业局向国家申报了部分破产项目，其中，新增了破产项目1个，即义煤集团曹窑矿；推荐建议破产项目5个，即义煤集团观音堂矿、平煤集团高庄矿和大庄矿、焦煤集团王封矿、郑煤集团王沟矿；核实列入企业关闭破产规划项目4个，即平煤集团二矿、五矿，郑煤集团米村矿、大平矿。

4月5—9日 平煤集团10亿元10年期公司债券公开发行。

4月7—8日 华润集团下属企业华润电力燃料(中国)有限公司在香港与义马煤业(集团)有限责任公司和永城煤电(集团)有限责任公司分别签订合资协议书，合资共建煤矿。

4月13日 郑煤集团与国投郑州能源开发公司在中都饭店签订合作协议，共同开采白坪井田上部部分煤炭资源及教学二矿井田内的部分煤炭资源。10月12日郑煤集团(登封)教学二矿有限公司揭牌。

4月26日 河南省煤炭行业住房资金管理中心与郑州住房公积金管理中心业务对接，举行了郑州住房公积金管理中心省煤炭工业局管理部挂牌仪式。

同日 在海南博鳌亚洲论坛国际会议中心举行的第二届博鳌中国企业文化领袖峰会上，鹤煤集团被中国企业文化促进会授予“中国企业文化建设成功企业”称号。

4月29日 河南省委书记、省人大常委会主任徐光春在省煤炭工业局局长李恩东陪同下，到焦煤集团调研。徐光春一行深入到焦煤集团古汉山矿井下向一线矿工致以节日的问候，并就加强全省煤矿安全生产工作做重要讲话。

同日 义煤集团公司天瑞腾跃水泥公司一期180万吨新型干法水泥生产线正式投产，二期项目开工建设。省委书记徐光春代表省委、省政府为项目建成投产发来贺信，对生产线建成投产表示祝贺。

本月 河南省煤炭工业局组织专家对各省辖市上报的资源整合规划进行审查，经省资源整合领导小组研究同意，对郑州等10个省辖市小煤矿整合规划进行批复。根据批复整合规划，全省1569个小煤矿，整合保留730个、关闭839个。

5月17日 在河南省职工技术进步“双十双百”竞赛活动中，河南省煤炭系统有8名职工获“河南省百名技术英杰”称号；有7项职工技术创新成果获“河南省百项职工技术创新”奖。平煤集团十矿救护队张彬获

“河南省十大能工巧匠”称号；神火煤电股份有限公司的自动伸缩溜槽防块煤破碎装置获“河南省十大职工技术创新成果”奖。

5月24—25日 河南省煤炭工业局召开聘任省级煤矿安全督察员会议。副省长史济春、省煤炭工业局党组全体成员和各业务处处长参加会议。会上向180多位省级煤矿安全督察员颁发聘书。

6月7—8日 全国人大常委会副委员长许嘉璐，全国人大常委会委员、全国人大财经委副主任贾志杰，内蒙古自治区人大常委会副主任周维德，国家安监总局副局长梁嘉琨等到郑煤集团、平煤集团检查《安全生产法》贯彻执行情况。

6月8日 泰国万浦（中国）私人有限公司投资3.13亿元入股鹤煤集团，以四矿改扩建工程为主要项目，共同组建鹤壁中泰矿业有限公司。

6月18日 义煤集团义海公司大煤沟矿举行开工奠基仪式。

6月22日 按照“双高”矿井建设标准，河南省26对矿井被中国煤炭工业协会授予煤炭工业高产高效矿井，其中特级矿井6对、行业级矿井14对、省级矿井6对。

6月23日 国务院国资委正式批准义煤集团曹窑矿列入2005年国家关闭破产新增建议项目。

6月28日 国家重点建设项目焦煤集团赵固一矿正式开工建设。赵固一矿争取到国债资金1.5亿元，占项目总投资的10%。

7月1日 在泰国总理他信和中国国务院副总理回良玉的见证下，泰国BANPU集团与鹤煤集团出资7.83亿元矿井改扩建项目签字仪式在京举行。

7月9日 鹤煤集团与北京比兰德国际投资管理（香港）有限公司关于年产60万吨甲醇项目战略合作协议在鹤壁签字。按照签字协议，比兰德香港公司将出资现金6亿元人民币入股鹤煤集团，与鹤煤共组豫北煤化工基地（鹤壁）公司。

7月26日 河南省省长李成玉到义煤集团视察循环利用项目工程进展情况。

7—9月 国家发改委分别以发改投资〔2005〕1071号、发改投资〔2005〕2025号、发改投资〔2005〕2295号文下达河南省2005年煤矿安全改造国债资金19695万元，地方财政配套7881万元（省级6817万元、市县级1064万元），贴息贷款14亿元（贴息17133万元），企业自筹资金31.02亿元。

8月21—22日 在天津市召开的“2005年中国企业500强发布暨高层论坛”上发布2005年中国企业500强，河南省平煤集团、永煤集团上榜。

8—11月 全省煤炭系统矿灯管理工、采掘电钳工、安全仪器检测工三项技术比武分别在义煤集团、永煤集团、平煤集团成功举办。经过实际操作和理论考试，共产生“河南省煤矿技术能手”40名、“河南省技术能手”9名、“河南省五一劳动奖章”获得者3名。

9月8日 中国自主勘探设计建设的第一个特大型煤炭基地——平煤集团隆重庆祝建矿50周年，省委副书记支树平、国家煤矿安全监察局局长赵铁锤、中国煤炭工业协会第一副会长濮洪九、省人大常委会副主任李志斌、省政协副主席张洪华等出席庆祝大会。

9月23日 鹤壁煤电股份有限公司生产的“鹤翔牌”瘦精煤荣获“河南省名牌产品”称号。

9月24日 国家统计局在人民大会堂举行第五届中国大企业集团信息发布会，揭晓2004年中国1000家最大企业集团。河南省平煤集团、永煤集团、焦煤集团、义煤集团、神火集团、郑煤集团、鹤煤集团上榜“中国企业1000大”。

9月30日 河南省第十届人大常委会第十九次会议审议通过《河南省煤炭条例》，并于2006年1月1日起施行。

10月3日 鹤煤集团二矿发生特大瓦斯爆炸事故，死亡34人。

10月12—16日 中国煤炭史志工委在成都召开2005年史志工作年会暨史志著作表彰会，河南省10本史志书籍获奖。

10月20日 郑州煤矿机械集团有限责任公司与俄罗斯别龙集团在郑煤机举行了ZY6800支架出口合同签字仪式，共计149架，合同金额823万美元。

本月 由河南省煤炭工业局主管、省煤炭销售有限责任公司主办，面向全国煤炭市场的内部刊物《中部煤炭市场》创刊发行。

本月 全省完成以省煤炭工业局主会场为会议中心，以国有六大集团公司以及济源、郑州、洛阳市煤炭局为分会场的全省视频会议系统，10月1日正式投入使用。该系统基本覆盖了全省重点产煤地市，实现全省煤炭系统异地视频会议功能。

本月 河南省煤炭工业科技进步奖评审会召开，会议从申报的169项项目中，评出148项获奖项目，其中特等奖8项、一等奖43项、二等奖45项、三等奖52项。

11月3日 河南省煤气(集团)有限责任公司两项QC(质量管理)小组成果"降低安全生产事故发生率"和"消除601＃天车抓斗下滑现象"，在2005年全国煤炭系统QC成果发布会上获得"部优"称号。

11月8日 河南省副省长史济春等到义马煤气化二期工程工地、千秋矿新型矸石砖厂、义翔铝业公司视察指导工作。

11月11日 全省煤炭行业学习宣传贯彻《河南省煤炭条例》动员大会在郑州召开，并确定12月份为《河南省煤炭条例》宣传月。

同日 省发改委、省工业经济联合会对全省有突出贡献的企业和企业家进行表彰，平煤集团、永煤集团获河南省突出贡献奖。

11月18日 梁北煤矿火车铁路专用线开通。梁北矿铁路专用线全长3.5千米，通过平(顶山)禹(州)准轨铁路与焦枝线、京广线等国家铁路网相连。梁北矿铁路专用线的开通，标志着梁北煤炭运输正式纳入全国铁运网络，为梁北煤炭外运开辟了通道。

本月 河南省煤炭工业局成立资源整合矿井设计审查领导小组及评审专家委员会，副局长张国辉任设计审查领导小组组长，副局长陈党义、助理巡视员王连海任副组长。

12月2日 新安县寺沟煤矿发生特大透水事故，死亡42人。

12月10日 全省国有煤矿采掘接替及机械化生产水平调查结束。通过调查，全省91对国有煤矿中，接替正常矿井35对，占38.46％；接替紧张，通过调整，3年内可以达到正常接替的矿井42对，占46.2％；接替紧张、企业效益差、调整无望的矿井4对，占4.4％；资源枯竭、5年内拟将报废的矿井10对，占10.99％。

12月16—22日 以国家安全生产监督管理总局局长李毅中为组长的国务院安委会督查组来河南督查煤矿安全生产工作，对河南煤矿安全生产工作提出许多建设性意见和建议。省煤炭工业局局长李恩东、副局长张国辉陪同。

12月22日 河南省精神文明建设工作表彰大会在郑州召开，河南省委书记徐光春为荣获"全国文明单位"称号的神火集团颁奖。

12月27日 河南煤炭社会保险事业管理中心与中国人寿河南分公司签订国有煤矿井下职工团体意外伤害保险协议，为国有煤矿井下职工10万人建立意外伤害保险。

本月 河南省煤炭工业局根据资源整合规划及省政府《关于严厉打击非法和违法

生产煤矿遏制重特大事故的决定》，依法关闭 857 个小煤矿，超额完成小煤矿关闭任务。

本月 完成全省煤矿瓦斯监测网络系统的主干网络和省局控制中心的网络建设，实现了以煤炭工业局为网络中心，覆盖到重点产煤地市，建立以瓦斯在线监测、应急视频会议、IP 语音通信为主要应用的网络平台。该项目的完成，将加大河南省煤矿瓦斯监测力度，对遏制重特大瓦斯事故的发生，提高安全管理技术水平，有效开展应急救援指挥发挥了重要作用。

本月 全球竞争力组织中国代表处发布"中国上市公司竞争力报告"，排列出"2005 中国上市公司竞争力 100 强"。河南神火煤电股份公司在排行榜中位居第十，是全国煤炭行业唯一进入前十名的企业。

是年 河南省煤炭生产许可证的受理和审批工作：行政大厅共计受理煤炭生产许可证延续、变更材料 266 份，按照河南省煤炭资源整合政策，注销煤炭生产许可证的矿井 1300 余处。

是年 河南省煤炭销量、铁路运量均创历史最高水平。全省完成煤炭产量 1.8 亿吨，煤炭产销平衡，销量同比增长 25%；铁路运量完成 7889 万吨，同比增长 6%。实际完成电煤国家重点合同 4252 万吨，兑现率达到 116%。其中：实际供应省内电煤 1694 万吨，兑现率达到 137%；冶金煤完成 1415 万吨，兑现率 239%；化工煤完成 126 万吨，兑现率 148%。保证了重点煤炭供应。2005 年煤炭价格实现较大幅度提高，全省煤炭经济效益再创佳绩。6 家国有重点煤炭企业电煤综合平均价，比上年初吨煤提高了 110 元以上，比 2004 年均价提高了 61.11 元。6 家国有重点煤炭企业因煤价上调共增收了 57 亿元。

是年 省煤炭工业局对全省已取得煤炭经营资格的 1752 家批发和零售煤炭经营企业进行年审，全省 440 家批发企业当中，合格的 372 家，基本合格的 55 家，不合格的 13 家；全省 1312 家零售企业中，合格的 1020 家，基本合格的 195 家，不合格的 97 家。

2006 年

1 月 1—10 日 在 2006 年度全国重点煤炭产运需衔接会上，河南省共签订重点合同量 5475 万吨，比上年增加 631 万吨；化工煤价格吨煤上调 20～30 元，冶金煤价格稳定在 2005 年的高位水平。

1 月 9 日 省煤炭工业局下发《关于注销煤炭资源整合中技术改造矿井煤炭生产许可证和矿长资格证的通知》（豫煤行〔2006〕11 号），对 1304 处小煤矿的煤炭生产许可证予以注销。

1 月 19 日 省煤炭工业局按照国家发展改革委文件要求，制定《河南省煤炭经营企业合理布局和总量调控规划》（豫煤调〔2006〕44 号），进一步加强煤炭经营监管，克服盲目审批和无序膨胀，减少企业间恶性竞争，维护良好的煤炭经营秩序，保证全省能源安全。

2 月 河南矿山抢险救灾中心研制开发的用来解决潜孔锤上提遇阻难题的反向扩井器获得国家专利。

3 月 13 日 河南省煤炭工业局对平煤集团等 6 个 2005 年度安全质量标准化集团公司、平煤集团公司天安一矿等 87 个特级安全质量标准化单位、平煤集团公司五矿等 27 个一级安全质量标准化单位、焦煤集团公司韩王公司等 8 个二级安全质量标准化单位进行命名。

3 月 19—20 日 由国家发改委、中国工程院联合主办，省发改委承办的"煤矿安全技术创新院士行"活动专家团到平煤集团公司、郑煤集团公司研究解决煤矿安全生产技术难题。河南省煤炭工业局副局长陈党义陪同,中国工程院院士、中国工程院能源与矿业工程学部主任陈毓川及中国工程院院士、中国煤炭工业协会会长范维唐、中国工程院院士钱鸣高、周世宁、洪伯潜等17名院士参加此次活动。

3月25日 平煤集团公司15万吨离子膜烧碱改扩建工程奠基,年产8000吨苯酐生产线正式投产。

本月 义煤集团《北露天煤矿志》在河南省社会科学界联合会、河南省地方史志办公室、河南省地方史志协会联合组织的史志成果评比中荣获优秀成果一等奖。

4月12日 在第四届中国河南国际投资贸易洽谈会上,义煤集团与美国雷克投资有限公司、香港花旗国际亚太企业投资公司、日本欧力士集团共同签订利用外资1.5亿美元的煤电项目合同。鹤煤(集团)公司与美国联合能源公司签订《2×13.5万千瓦综合利用热电项目中外合资经营合同书》,双方合资成立"鹤煤热电有限责任公司",总投资12.9亿元人民币,鹤煤集团投资占注册资本的51%,美国联合能源公司投资占注册资本的49%。

4月21日 省煤炭工业局制定下发《河南省煤矿生产能力监管办法》(豫煤行〔2006〕348号),把河南省煤矿生产能力监管纳入规范化、法制化轨道。

5月10日 中国煤炭工业协会公布2005年度全国煤炭企业管理现代化创新成果。河南省神火集团煤电公司获一等奖1项;平煤集团、平煤集团六矿、平煤集团天安公司十矿、郑煤集团、神火集团、平煤集团田庄选煤厂各获二等奖1项,永煤集团获二等奖2项;平煤集团天安公司一矿、永煤集团龙宇公司陈四楼选煤厂各获三等奖1项。

5月22日 鹤煤(集团)公司技校更名为"鹤壁煤业(集团)有限责任公司高级技工学校"。

5月23—25日 第六届全国矿山救援技术竞赛在平煤集团公司举行。

5月25日 河南省省属国有企业改革工作联系办公会议发出《关于河南工程咨询监理公司产权制度改革整体方案的批复》(〔2007〕156号),同意河南省煤炭工业局对河南工程咨询监理公司实施产权制度改革。

5月27日 郑州煤矿机械集团与神华能源股份有限公司签订合同并附技术协议,正式启动6.3米高可靠性大采高液压支架项目。12月20日ZY10800/28/63D液压支架样机正式通过压架实验。

6月20日 根据河南省国企改革联席会议批复意见,河南省煤炭工业局同意郑煤机集团、河南工程咨询监理公司改制整体方案,依照《公司法》、《国务院办公厅转发国资委〈关于进一步规范国有企业改制工作实施意见〉的通知》(国办发〔2005〕60号)等有关法律法规和政策进行改制。

6月21日 义马市的北露天煤矿和豫庆公司煤矿旧址列入河南省政府核准公布的224处河南省第四批文物保护单位名单。

6月24日 全国工业重点行业"效益十佳"企业发布,永煤集团公司名列煤炭行业第二。

6月30日 在北京举行的庆祝中国共产党成立85周年暨总结保持共产党员先进性教育活动大会上,平煤集团公司党委被中央组织部授予"全国先进基层党组织"称号。

本月 中国煤炭工业协会公布2005年全国高产高效矿井资料的初审结果。河南省平煤集团六矿、四矿、十二矿,永煤集团陈四楼矿、车集矿、正龙公司城郊矿,义煤集团耿村矿,神火集团新庄矿等8个煤矿被评为特级;郑煤集团超化矿、米村矿、裴沟矿,平煤集团十矿、一矿、八矿、十一矿,义煤集团常村矿、跃进矿、杨村矿、千秋矿等11个煤矿被评为行业级;鹤煤集团中泰公司、济源煤业一矿被评为省级。

上半年　河南省煤炭工业局编印了《河南煤矿文明之花》画册。中共河南省委书记徐光春亲自为画册题写了名字，河南省煤炭工业局党组书记、局长李恩东为画册作序。这本画册共分5个部分，收集500多幅照片，是河南省煤炭系统有史以来第一部比较全面地反映矿区建设形象的画册。

7月12日　平煤天安A股通过中国证监会发审会审核。这是中国证券市场停发新股一年后，在上海证券交易所上市的获审核通过的全国首家非中央企业，是全流通后河南第一家将在上海证券交易所上市的公司，拟首发股数和募集资金量均位于河南上市公司第一位。该股票首发后，可募集资金约30亿元。

同日　《中国煤炭报》刊登对河南省煤炭工业局局长李恩东的专访《用好法律、行政和市场手段——河南省煤炭工业局局长李恩东谈行业管理》和《河南强化煤矿基本建设安全管理推行项目黑、红名单制度》的文章。

7月20—26日　全国煤矿第五届“乌金杯”领导干部篮球赛在内蒙古大雁矿业集团举行，义煤集团参赛队夺得冠军。

7月28日—8月17日　全国企业兼并破产和职工再就业工作领导小组下达焦煤集团王封矿，平煤集团高庄矿、大庄矿，郑煤集团王沟矿，义煤集团观音堂矿、曹窑矿关闭破产项目正式计划。

7月31日　经国家自然科学基金委员会重大项目学术领导小组批准，鹤煤(集团)公司的“鹤壁矿区深部开采工程关键技术及应用研究”项目，被列入国家自然科学基金重大项目现场科学实验示范工程(国家自然科学基金重大项目50490270)正式启动。

8月上旬　中国煤炭工业协会发布2006年中国煤炭工业100强，平煤集团公司列第8位，永煤集团公司列第16位，义煤集团公司列第26位，神火集团公司列第27位，鹤煤集团公司列第31位，郑煤集团公司列第34位，焦煤集团公司列第37位，郑煤机集团公司列第55位，安阳矿务局列第86位，郑州新登企业集团公司列第97位。

8月12日　河南省义马煤气化一期工程顺利通过国家验收，正式投入生产，日产净煤气120万立方米，每年联产甲醇5万吨，实现煤炭就地转化。

9月2日　中国企业联合会、中国企业家协会联合发布2006年中国企业500强，河南省9家企业上榜，其中3家为煤炭企业。平煤集团公司列第188位，永煤集团公司列第260位，义煤集团公司列第490位。

9月15—16日　由国家安全生产监督管理总局、国家煤矿安全监察局主办，省政府、平顶山市政府协办，平煤集团承办的第五届国际矿山救援技术竞赛在平煤集团隆重举行。来自澳大利亚、印度、秘鲁、波兰、俄罗斯、乌克兰、美国、中国等8个国家的11支代表队84名救护队员参赛。

9月19日　河南省煤炭工业局豫煤人〔2006〕892号通知，转发省劳动和社会保障厅、省发展和改革委员会、省财政厅《关于调整煤矿井下艰苦岗位津贴有关问题的通知》，调整后的井下艰苦岗位津贴标准自2006年10月1日起执行。

9月21日　河南省煤气化二期工程投料试车点火成功，亚洲最大煤气生产企业诞生。河南省委书记徐光春发来贺电，省政府下发表彰通报，省长李成玉、省委副书记陈全国打电话祝贺，省人大常委会副主任王明义、副省长史济春、省政协副主席赵江涛、中煤协会副会长许传播出席了点火仪式。省煤炭工业局局长李恩东、副局长刘世伟、陈党义参加点火仪式。省煤气化二期工程设计日产煤气140万立方米，设计投资9.5亿元，工期36个月，实际用24个月投资7.6亿元建成投产，创造了煤化工建设史上的奇迹。河南省政府以豫政〔2006〕65

号对该工程通报表彰。

本月 国家发改委批准河南省煤矿安全改造中央预算内专项资金2.99亿元。

10月1日 豫西第一个低浓度瓦斯发电站——义煤集团公司耿村矿4×500千瓦瓦斯发电站建成投产。

10月8日 对郑州煤矿机械集团有限责任公司产权制度改革实施方案进行批复，该单位改制工作结束。11月18日举行改制剪彩仪式。

10月17日 河南省煤炭工业局印发《关于进一步加强省属煤炭企业重大投资及对外担保管理的通知》(豫煤财〔2006〕898号)，加强对省属煤炭企业合资合作、对外担保事项的监督管理。

10月27日 平煤天安公司A股股票正式获得中国证监会批准，核准公开发行新股不超过4亿股。

10月31日 平煤集团采用镜面砼新工艺施工的6座原煤煤仓在十一矿建成，开创全国煤炭行业应用的先河。

本月 郑州煤矿机械集团与俄罗斯新西伯利亚煤炭工业集团签订液压支架产品出口合同，合同总额1100万美元，新西伯利亚煤炭工业集团为俄罗斯西伯利亚地区最大的煤炭生产企业。

11月6日 史济春副省长主持召开省长办公会议，研究国有煤矿整合小煤矿按照“一证一系统”的原则办理采矿许可证问题，印发《省长办公会议纪要》。

同日 河南地方煤业有限公司成立暨揭牌仪式在郑州举行。

11月17日 中央政治局常委、全国人大常委会委员长吴邦国，在省委书记、省人大常委会主任徐光春的陪同下，专程来到鹤煤(集团)公司一矿煤矸石砖厂、2×13.5万千瓦综合利用热电厂等循环经济项目进行视察调研。

11月20日 河南省煤炭科学研究院有限公司(筹)董事会召开会议，7位董事一致同意河南省煤炭科学研究所改制更名为河南省煤炭科学研究院有限公司，并以此名申请工商注册。12月18日完成“河南省煤炭科学研究院有限公司”的工商注册。

11月23日 由鹤煤(集团)公司捐资800万元，与中国煤矿尘肺病治疗基金会合作治疗矿工尘肺病协议签字仪式在鹤壁举行。中国煤矿尘肺病治疗基金会常务副理事长吴晓煜，鹤煤(集团)公司董事长、党委书记李永新代表各方在合作协议上签字。

11月28日 全国煤炭工业表彰大会在北京人民大会堂召开。平煤集团一矿、永煤集团车集矿被评为“全国双十佳煤矿”，平煤集团樊晋豫、永煤集团马正兰被评为“全国双十佳矿长”，鹤煤集团田小鹏、义煤集团李书民、平煤集团李永生、永煤集团杨联合、禹州中峰集团张良臣、鹤壁安林煤矿乔康存被评为“全国优秀矿长”，在表彰大会上被授予相应的荣誉称号，受到表彰。

12月20日 河南省国资委党委组织部部长周北鸿宣布国资委决定：宋广太任郑煤集团总经理、副董事长、党委副书记。

12月22日 河南省煤炭工业局豫煤人〔2006〕1075号通知，批准梁铁山等30名同志为2006年河南煤炭行业学术技术带头人。

12月26日 河南省煤炭科学研究院有限公司(原河南省煤炭科学研究所)揭牌仪式正式举行。省煤炭工业局局长李恩东、副局长陈党义、中国煤炭学会常务副理事长兼秘书长胡省三、河南煤矿安全监察局副局长薛纯运、省科学技术厅处长刘保民参加揭牌。

同日 河南省全面完成2006年煤矿生产能力复核工作。全省共有各类煤矿882处。现有正常生产矿井556处，核定能力为15897万吨/年。其中，参加复核的矿井150处，复核生产能力为9834万吨/年；新投产矿井 406 处，设计生产能力为 6063 万吨/年。本次复核中，六家国有重点集团公司 83 处，复核生产能力 8050 万吨/年，下降 5.58%；地方国有煤矿 44 处，复核生产能力为 1615 万吨/年，下降 7.61%；乡镇煤矿 23 处，复核生产能力为 169 万吨/年，下降 3.97%。

12 月下旬 2006 年度全省煤炭经营资格证进行年度检查，此项工作至 2007 年 3 月结束。全省 460 家批发企业中，合格的 388 家，基本合格的 52 家，不合格的 20 家；1591 家零售企业中，合格的 1292 家，基本合格的 121 家，不合格的 178 家。2007 年 6 月至 12 月，根据国家发展改革委《关于调整煤炭经营资格证登记内容换发新版煤炭经营资格证的通知》(发改运行〔2007〕20 号)和《关于启用和核发新版煤炭经营资格证有关事项的通知》，开展了全省煤炭经营资格证换发新证工作。河南省共为 2142 家经营企业换发新版资格证，其中批发企业 362 家、零售企业 1237 家、型煤加工企业 543 家。换证前后全省企业减少 846 家。全年共受理企业新申请资料 262 份，办结 262 份。

12 月 30 日 由河南省煤炭工业局组织调研、起草并报请河南省人民政府印发的《河南省煤矿企业从业人员准入资格管理规定》正式颁布实施，使河南省成为全国煤炭行业中第一家实施职业准入制度的省份，也是河南省第一个实行此项制度的行业。

本月 河南矿山抢险救灾中心科研项目“大功率卧式潜水电泵的开发及其在矿山抢险救灾排水中的应用”获得国家安全生产监督管理总局安全生产科技成果二等奖、2006 年度中国煤炭工业协会科学技术奖二等奖。

是年 河南省加大矿区污染治理和生态恢复工作力度，六大国有重点煤炭企业共投入资金 7880 万元，治理污染项目 134 个，已竣工项目 19 个，新增煤矸石综合利用量 120 万吨/年，新增污水处理量 1566 吨/日，新增废气处理量 558 万标立方米/时；土地复垦面积 260 万平方米。

是年 河南省煤炭工业局组织开展“寻找感动中国的矿工”和“感动中原十大年度人物”评选推荐活动。河南省煤炭系统 11 人入围“感动中国矿工”前 100 名，其中“金牌矿工”吴如、“大孝至爱”谢延信、“矿山愚工”付来成入围前 21 名，并角逐“感动中国十大矿工”的评选。平煤集团一矿采煤一队副队长吴如当选“感动中原十大年度人物”，焦煤集团鑫珠春公司职工谢延信获提名奖。

2007 年

1 月 6 日 河南省政府批准由河南省煤炭工业局牵头并代省政府出资，成立河南省煤层气开发利用公司，负责全省煤层气资源的勘探、抽采、开发和利用。平煤集团公司、义煤集团公司、郑煤集团公司、焦煤集团公司、鹤煤集团公司、永煤集团公司、神火集团公司和省煤田地质局、安阳鑫龙煤业集团公司、大峪沟矿务局、河南豫中地质勘查工程公司等共同出资。1 月 16 日河南省煤层气开发利用有限公司在郑州成立。国家煤矿安全监察局副局长彭建勋、河南省副省长史济春为公司揭牌。

同日 河南省煤炭工业局命名，义煤集团公司等 4 个单位为 2006 年安全质量标准化集团公司；平煤集团公司天安一矿等 97 个单位为特级安全质量标准化单位；平煤集团香山公司等 48 个单位为一级安全质量标准化单位；郑煤集团张沟矿等 13 个单位为二级安全质量标准化单位。

1 月 10—16 日 2007 年度全国重点煤炭产运需衔接合同汇总会召开，河南省共签订重点合同总量 5515 万吨；吨煤价格上调 30 元左右，达到历史最高水平。

1 月 12 日 河南省机构编制委员会下发文件，河南省煤炭工业局更名为河南省煤炭工业管理局，并改为省政府所属机构，正厅级规格不变，受河南省人民政府国资委委托代行省属煤炭企业国有资本出资人职责。1 月 26 日举行揭牌仪式。

本月 河南省煤矿工会获得全国“安康杯”竞赛优秀组织奖。

2 月 14 日 河南省煤炭工业管理局豫煤人〔2007〕119 号批复，同意河南省煤矿供应公司与平顶山煤业(集团)爆破器材有限责任公司、鹤壁煤业(集团)有限责任公司 511 厂、义马煤业(集团)102 化工有限责任公司联合组建“河南豫煤爆破器材有限责任公司”。

2 月 26 日 河南省委书记徐光春主持召开省委常委会议，明确将省属煤炭企业棚户区改造工作列为 2007 年省委、省政府承诺为群众办的“十件实事”之一。

2 月 27 日 《河南日报》公布“河南省建筑业 100 家骨干企业名单”，河南煤炭建设(集团)有限责任公司荣列第 70 位，成为河南省建筑业 100 家骨干企业中唯一的矿山工程施工企业。

本月 河南省煤炭工业管理局同意永煤集团接收河南矿业建设(集团)有限责任公司永城基地，遵循“人随土地走”的原则，永城基地和人员整体移交永煤集团。

3 月 1 日 省政府在郑州召开棚户区改造工作会议，史济春副省长代表省政府与 8 个省辖市政府和 6 家省属煤炭企业分别签订 2007 年度目标责任书，正式启动棚户区改造工程。

3 月 13 日 河南省煤炭工业管理局以豫煤人〔2007〕163 号文任命：马剑伟为河南矿业建设(集团)有限责任公司董事长；秦法彩为河南矿业建设(集团)有限责任公司副董事长、总经理。

3 月 21 日 河南省煤炭工业管理局豫煤人〔2007〕204 号批复，同意武予鲁为义马煤业(集团)有限责任公司董事会董事、董事长人选，付永水不再担任公司董事会董事、董事长职务；同意翟源涛为义马煤业(集团)有限责任公司董事会董事、副董事长人选，宋广太不再担任公司董事会董事、副董事长职务。

3 月 28 日 在河南省商务厅、中华人民共和国郑州海关、河南省出入境检验检疫局联合召开的“河南省进出口会议”上，神火集团被授予“2006 年度河南省高新技术产品出口先进企业”称号。神火集团 2006 年共出口创汇 5099 万美元，在河南省进出口创汇企业中名列前茅。

本月 全国煤炭系统第一家焊工专业培训基地在平煤集团成立。

4 月初 平煤集团环境监测站通过河南省质量技术监督局计量认证评审，成为全国煤炭系统唯一一家通过计量认证的企业环境监测站。

4 月 15 日 由国家煤矿安全监察局、中国煤炭工业协会、中国煤矿文联、中国能源化学工会联合举办的“兖矿杯·寻找感动中国的矿工”活动评选结果在北京揭晓，平煤集团一矿采煤一队副队长“金牌矿工”吴如、义煤集团千秋矿八一采煤队“矿山愚公”付来成当选“十大杰出矿工”；焦煤集团鑫珠春公司“大孝至爱”谢延信当选“十大杰出人物”；鹤煤集团任海军，永煤集团高兴超，平煤集团董光德、任文杰、方会珍，焦煤集团赵禧林，郑煤集团冯会军，郑州煤炭行业协会李青臣等 8 人入围前 100 名。2008 年 2 月 17 日，谢延信当选为“感动中国 2007 年度十大新闻人物”。

4 月 16 日 平顶山市宝丰县周庄镇王庄煤矿发生特别重大瓦斯爆炸事故，死亡 31 人。

4 月 18 日 根据省国企改革领导小组批复意见，下发了《关于平顶山煤矿机械厂产权制度改革整体方案的批复》(豫煤财〔2007〕277号);8月8日,改制后的平顶山煤矿机械有限责任公司正式挂牌成立。

4月27日 义煤集团与美国综合能源系统有限公司签订了合资建设日产1000万标方煤气项目的协议,项目总投资约50亿元人民币。

本月 2007年全国"五一劳动奖章"评选揭晓。永煤集团公司陈四楼煤矿获得全国"五一劳动奖状",焦煤集团鑫珠春公司谢延信、平煤集团公司第一建井工程处李书坡和鹤壁煤电股份有限公司张红卫三人获得全国"五一劳动奖章"。

本月 根据《河南省人民政府批转省教育厅关于建立河南工程学院实施意见的通知》(豫政〔2007〕33号),郑州经济管理干部学院升为本科,更名为河南工程学院。

5月1日 中共中央总书记、国家主席、中央军委主席胡锦涛视察郑州煤矿机械集团有限责任公司。总书记对郑煤机集团的发展成果给予充分肯定:"无论是在国内市场,还是在国际市场,你们的综采设备做得都非常成功。但是还不能满足,我们要创名牌,让郑煤机的产品具有国际竞争力。"总书记对郑煤机集团今后的发展做出重要指示:"一流的产品,一流的效益,而且还要创出世界名牌,关键是提高国际竞争力。""要想办法把电液控制系统攻下来。不管采取什么办法,采取联合攻关也行,兼并国外掌握这项技术的企业也行,总之要把技术拿下来,有了自主知识产权才能放手参与国际竞争。"郑煤机集团2000年以前严重亏损、资不抵债、拖欠工人工资长达8个月,如今已进入世界煤机先进行列,液压支架总产量世界第一,液压支架工作阻力和最大支护高度世界第一,液压支架市场占有率国内第一。2000年集团公司完成工业总产值1.11亿元,2007年完成30亿元,7年增长26倍。

同日 由河南省煤田地质局三队提交的《河南省安鹤煤田伦掌井田勘探报告》,通过了河南省国土资源厅审查批准,提交资源储量为26583万吨。

5月10日 河南省煤炭工业管理局豫煤人〔2007〕339号文件批复,同意陈建生、常建华、梁铁山、张富有、万善福、刘银志、张友谊、杨建国等8人为平顶山煤业(集团)有限责任公司新一届董事会省属国有资产出资方董事人选,倪政新为公司新一届董事会职工董事人选。推荐陈建生为平顶山煤业(集团)有限责任公司新一届董事会董事长人选,常建华为副董事长人选。同意徐建明、裴大文为平顶山煤业(集团)有限责任公司新一届监事会省属国有资产出资方监事人选。推荐徐建明为平顶山煤业(集团)有限责任公司新一届监事会主席人选。

5月15—16日 郑煤集团振兴二矿技改工程顺利通过竣工验收,成为全省第一个通过竣工验收的资源整合技改矿井。

5月21日 河南省煤炭工业管理局豫煤人〔2007〕367号通知,河南省煤炭销售有限责任公司、河南省煤炭运销公司(含河南省煤炭进出口公司)、河南煤炭力源实业公司三家联合组建河南省煤炭销售集团有限责任公司。河南省煤炭销售集团有限责任公司为国有控股有限责任公司,独立法人。

5月22日 河南省委书记徐光春题写书名,省委常委、宣传部长、副省长孔玉芳和焦作市委书记铁代生作序的长篇小说《谢延信》在河南省人民会堂举行首发式。

5月29日 全国企业兼并破产和职工再就业工作领导小组办公室以《关于同意山西汾西矿业集团柳湾煤矿有限责任公司等13户企业进入破产程序的通知》批复郑州煤炭工业集团公司王沟煤矿进入破产法律程序。11月12日王沟煤矿到位关闭破产补助资金25548万元。

6月6日 河南省政府召开2006年度

全省高层次人才表彰和颁证会议，煤炭系统牛森营、杜工会、宋广太同志被批准享受国务院政府特殊津贴，高有进、冯立杰、杜波、吴里杨同志被批准为2006年度河南省学术技术带头人。

6月11日 河南省煤炭科学研究院有限公司取得由河南省安全生产监督管理局颁发的安全评价机构资质证书。

6月16日 焦作恩村井田煤层气井网开工仪式在恩村区块Ec试验—09井场举行。该煤层气井网的开工，标志着河南省煤层气开发进入小规模井网试验阶段。

6月20日 中国煤炭工业协会公布“2006年度全国煤炭企业管理现代化创新成果”获奖项目，河南省煤炭行业协会推荐的10项成果全部获奖，其中一等奖1项、二等奖3项、三等奖6项。

6月中旬 平煤集团与上海交大、上海丰泰电子元件厂联合开发的锂电瓦斯报警矿灯和铅酸免维护瓦斯报警矿灯通过认证并取得煤安标志，填补了国内此类产品空白。

本月 河南省煤管局局直党委被省直工委评为省直机关“优秀机关党委”，局党组书记、局长、局直党委书记李恩东同志被省直工委评为省直机关“优秀机关党建第一责任人”，省煤管局机关和局直单位共评出“五好党委”3个、“五好基层党支部”4个、“五好基层纪委”2个、优秀共产党员44名、优秀党务工作者12名。

7月8日 国务院振兴东北地区等老工业基地领导小组办公室副主任宋晓梧到焦煤集团新东公司考察资源枯竭煤矿转型的典型经验，对新东公司成功转型给予肯定。

7月10—11日 全国小煤矿安全基础管理现场会在郑州召开。国家安全生产监督管理总局局长李毅中、国家煤矿安全监察局局长赵铁锤以及国务院应急办等国家有关部委负责同志出席。河南省政府省长李成玉出席会议并致辞，副省长、省安委会主任史济春代表省政府安委会介绍河南全面提高小煤矿安全生产管理水平的经验。国家安全生产监督管理总局局长李毅中对河南省小煤矿安全基础管理工作给予高度评价。

7月13日 河南省副省长张大卫带领省建设厅、发改委、国土资源厅等领导到义煤集团视察沉陷区治理及循环经济发展情况。

7月29日 三门峡市陕县支建煤矿发生透水淹井事件，国家安全生产监督管理总局局长李毅中、国家煤矿安全监察局局长赵铁锤赶赴现场指导救援工作，河南省委书记徐光春，省长李成玉，副书记陈全国，副省长李克、史济春等领导在现场组织抢险。经过76个小时的全力抢救，被困的69名矿工于8月1日全部脱险。8月4日，中央电视台、东方卫视等多家主流媒体到义煤集团采访“7·29”陕县支建煤矿抢险救灾事迹。8月13日，河南省“7·29”抢险救援表彰大会在郑州召开。

7月31日 根据省国企改革领导小组批复意见，省煤炭工业管理局发出《关于河南工程咨询监理公司企业改制实施方案的批复》(豫煤财〔2007〕569号)。9月9日，改制后的河南工程咨询监理有限责任公司正式挂牌成立。

8月8日 世界首台热—电—乙二醇矿井空调在平煤集团投入运行。

8月21日 平煤集团与国电燃料公司在郑州签署战略合作协议，共同投资建设陕西杨家坪煤矿和选煤厂，合作建设汉阳港口，合作建设火电项目，进行战略资源整合，加强煤炭供销战略合作，省政府副省长史济春出席签约仪式。

同日 义煤集团、新疆生产建设兵团农六师和新疆鸿基焦化有限责任公司组建的新疆大黄山豫新煤业有限责任公司正式挂牌运营。该公司拥有生产矿井2对,原煤生产能力70万吨,矿区煤炭地质储量1.6亿吨,煤种为西北地区稀有的气煤。

8月30日 中国煤炭工业协会发布2007中国煤炭工业100强。平煤集团列第8位,永煤集团列第9位,神火集团列第25位,义煤集团列第27位,郑煤集团列第30位,鹤煤集团列第35位,焦煤集团列第37位,郑煤机集团列第61位,郑州新登企业集团有限公司列第86位,平顶山煤矿机械厂列第90位,国投煤炭郑州能源开发有限公司列第92位。

9月1日 由中国企业联合会、中国企业家协会主办的2007中国企业500强发布暨中国大企业高峰会在武汉召开。平煤集团列2007中国企业500强第176位,永煤集团列第178位,神火集团列第487位。会上同时发布2006年度中国企业效益200佳和中国企业纳税200佳名单。永煤集团列2006年度中国企业效益200佳第73位。平煤集团列2006年度中国企业纳税200佳第98位,永煤集团列第153位。

同日 新华通讯社以《郑煤集团加强党委执行力,走出事故频发阴影》为题,报道郑煤集团党委加强执行力建设,大刀阔斧进行一系列改革,一跃成为河南国企改革先进典型的经验。9月4日,中共河南省委书记、省人大常委会主任徐光春就新华社的报道做出重要批示:"郑煤的经验值得总结推广。"副省长史济春批示要求:"国资委按光春书记批示精神落实,加大推广力度。"

9月8日 义煤集团与美国综合能源系统投资有限公司正式签约,合资建设河南义马合成气—甲醇—二甲醚项目,总投资3.955亿美元。

9月18日 由中央文明办、全国总工会、共青团中央和全国妇联等4部门联合开展的"全国道德模范"评选结果在京揭晓,河南省焦作煤业(集团)鑫珠春工业有限责任公司工人谢延信当选"全国孝老爱亲模范"。

9月29日 河南省委、河南省人民政府隆重召开座谈会,欢迎从北京载誉归来的全国煤炭工业劳动模范、先进工作者和先进集体代表。省长李成玉,省委常委、宣传部长、副省长孔玉芳,副省长史济春、张大卫,省长助理、省政府秘书长卢大伟,省长助理孙泉砀,省政府副秘书长王春生出席座谈会。省政协常委、省煤炭行业协会会长高国安,省煤管局领导李恩东、张国辉、刘世伟、陈党义、刘云达、莫建勇、付永水、王连海及七家国有骨干煤炭企业主要负责人参加座谈会。河南省煤炭系统共有33名劳动模范、3名先进工作者和18个先进集体受到国家人事部、中国煤炭工业协会的表彰。

9月29—30日 全省煤炭工业第四次科技大会在郑州召开,省人大常委会副主任张以祥,副省长史济春出席会议。会议讨论了《河南省煤炭工业"十一五"科技发展规划》和《河南省煤炭工业科技管理办法》,表彰了先进科技工作者和先进单位。安排部署了"十一五"时期全省煤炭科技工作。

10月9日 河南省第一口煤层气产气井在焦作一次点火成功,河南省副省长史济春出席点火仪式并亲手点燃了第一口产气井火炬。河南省煤管局局长李恩东,河南省政协常委、河南省煤炭行业协会会长高国安等省直有关部门领导出席点火仪式。

10月16日 河南工程学院揭牌仪式在郑州举行。

10月22日 河南省企业联合会、河南省企业家协会公布"2007年河南企业100强"排行榜,全省10家煤炭企业榜上有名。平煤集团列第6位,永煤集团列第7位,神火集团列第14位,义煤集团列第16位,郑煤集团列第18位,鹤煤集团列第22位,焦煤集团列第23位,河南豫联能源集团有限责任公司列第30位，郑煤机集团列第59位，平顶山煤矿机械厂列第95位。

10月29日 河南省政府常务会议决定，同意河南省煤田地质局二队、三队、四队三个非驻郑单位整建制迁入郑州市。

本月 河南矿业建设(集团)有限责任公司承建的河南省政府惠民工程——义煤集团华兴棚户区改造工程19－22号住宅楼项目开工建设。

11月6—9日 郑州煤矿机械集团有限责任公司参加北京第十二届中国国际煤炭采矿技术交流及设备展览会。郑煤机集团2007年10月成功研制的工作阻力大于15000千牛，支护高度6.5米，架间距达2米的ZY15000/30/65D型大采高强力高可靠性掩护式液压支架在展会上取得轰动效果。

11月13日 全国企业兼并破产和职工再就业工作领导小组办公室以《关于同意阜新矿业(集团)有限责任公司八道壕煤矿等10户企业进入破产程序的通知》批准平顶山煤业集团高庄矿、大庄矿有限责任公司，义马煤业集团观音堂煤矿、曹窑煤矿有限责任公司进入破产法律程序。

11月17日 “中国能源绿色企业50佳”揭晓，省煤气集团、义煤集团、永煤集团、鹤煤集团、平煤集团、郑煤集团榜上有名。

11月23日 河南省煤矿安全质量标准化暨“五优”矿井创建现场会在义煤集团召开，河南省煤管局局长李恩东出席会议，副局长陈党义做工作报告。

11月24日 鹤煤集团、河南省煤层气公司与韩国CUROCUM(克鲁卡姆)公司、KCBM(韩国煤层气)公司、KEEP(凯帕)公司合作开发荥巩煤田煤层气资源签字仪式在郑州举行。

本月 中豫建设监理公司被中国煤炭建设协会授予“全国煤炭行业建设监理企业二十强”(综合排名第8)称号。

本月 郑州煤矿机械集团有限责任公司3名普通工人荣登全国优秀高技能人才榜。他们是“机械工业突出贡献技师”、下料分厂维修电工芦文勇，“机械工业技术能手”、金属结构分厂电焊工娄胜利和“机械工业技术能手”、机具分厂车工杨喜顺。

12月24—25日 永煤集团新桥矿井、选煤厂及铁路专用线顺利通过河南省煤管局组织的竣工验收，新增生产能力120万吨/年。

是年 河南省煤炭工业管理局在全省开展“安全零死亡、工效超十吨、一级标准化、科技有创新、矿区文明化”的“五优”矿井创建活动，全面提升全省煤矿安全基础管理水平。此活动得到省委书记徐光春、副省长史济春的高度赞扬。

是年 全省原煤产量1.88亿吨，其中，国有重点煤矿9360万吨，地方国有煤矿1616万吨，小煤矿7550万吨，完成基建投资36亿元，投产7对矿井，新增生产能力336万吨/年。

2008年

1月8日 2007年度国家科学技术奖励大会在北京举行。平煤集团田庄选煤厂完成的“一种新型双流态微泡浮选机的研究开发和应用”，荣获国家技术发明二等奖。该项技术经专家鉴定为国内首创，达到了国际先进水平。双流态微泡浮选技术已被授予发明专利。

1月15日 《河南日报》报道，2007年，平煤集团棚户区改造工程全面启动，投入资金8亿元，拆迁棚户区住户12543户，棚户区改造工程开工面积143万平方米，目前已竣工65万平方米。

2月2—5日 河南省委书记徐光春、副省长史济春先后到郑煤集团杨河煤业，听取汇报，深入井下慰问矿工，勉励全省煤矿干部、职工，继续顽强拼搏，艰苦努力，多产煤、产好煤，满足河南电厂发电，响应党中央、国务院及省委、省政府号召，支援灾区，解决电煤供应紧张问题。

2月2—12日 平煤集团文工团一行20人，在国外进行了5场演出。本次演出是应埃及文化部、阿联酋哈菲特公司邀请，由中国文化部组织派遣进行的。

2月3日 平煤一矿棚户区改造首批住户乔迁仪式在该矿寺沟新村举行。他们是河南省煤炭企业棚户区改造工作的第一批受益者。

2月19日 国务院煤电油运和抢险抗灾应急指挥中心在北京召开会议，国家发改委副主任欧新黔对河南煤炭行业坚决贯彻中央精神，为国分忧，打好抗险救灾硬仗，保障电煤供应工作给予充分肯定和高度评价。

同日 河南省政府下发《关于表彰2007年度完成责任目标优秀单位和先进单位的决定》，省煤炭工业管理局被授予完成责任目标优秀单位。

2月26日 “安全中国·好矿哥好矿嫂”颁奖典礼在北京人民大会堂隆重举行。义煤集团千秋煤矿职工赵爱荣荣获最佳矿嫂称号，平煤集团二矿职工董纪周、焦煤集团九里山煤矿职工齐桂素分获好矿哥、好矿嫂称号。

2月27日 河南省副省长史济春批示：“几年来全省煤炭行业以‘五优’矿井创建为契机，使煤矿形象有了很大改观，矿井装备水平有了大幅提高，综合抗灾能力明显增强，推动了全省煤矿安全生产形势稳定好转，取得了令人鼓舞的新成就。希望你们继续努力，加大推广力度，确保全省煤矿安全形势稳定好转，煤矿形象不断提升。”

2月29日 河南省煤管局组织召开全省“五优”矿井命名表彰会议。

3月11日 郑州市政府为郑煤集团举办销售收入实现百亿元庆典。

3月20日 河南省委调整河南省煤管局主要领导职务：常建华同志任河南省煤炭工业管理局局长、党组书记。李恩东同志不再担任省煤炭工业管理局局长、党组书记职务，另有任用；提拔张国辉同志为正厅级领导干部，另有任用。

3月31日 国家煤矿安全监察局副局长彭建勋在《河南省煤炭工业管理局关于开展“五优”矿井创建活动建设本质安全型矿井的报告》上批示：“请行管司进一步调研，适时可将河南的做法及效果整理后，在全国煤炭系统推荐，供其他省借鉴。”

本月 焦煤集团宏程公司职工曾向党为北京奥运会创作的歌曲《奥运圆舞曲》获《奥运之春·中国民族歌曲》金奖，被中国音乐家协会和中国广播电视出版社选入《奥运之春·中国民族歌曲选粹》，并制作为音乐CD在全国发行。

4月3日 国家安全监管总局副局长、国家煤矿安全监察局局长赵铁锤在《河南省煤炭工业管理局关于开展“五优”矿井创建活动建设本质安全型矿井的报告》上批示：“河南省煤炭工业局几年抓煤矿安全基础工作，取得了一定的成效，有特点、有方法、有创新。”

4月8日 平煤医疗集团党委、平煤医疗集团举行挂牌仪式。国家煤矿安全监察局局长赵铁锤为平煤医疗集团成立题词。平煤医疗集团下设34家医疗卫生机构，其中三级甲等医院1所、二级甲等医院10所、一级医院及社区服务站所23家，拥有各类人员3929人，开放床位5000张，为全省最大的医疗卫生服务机构。

4月18日 河南省委组织部副部长马新华到平煤集团公司宣布省委决定：任命梁铁山同志为平煤集团公司总经理、副董事长、党委副书记。

4月23日 河南省煤炭工业先进集体、劳动模范和先进工作者表彰大会在郑州召开。省委书记、省人大常委会主任徐光春，省委副书记、代省长郭庚茂，省政协主席王全书，省人大常委会常务副主任李柏拴，省政府副省长史济春等领导，会前亲切接见了出席全省煤炭工业劳动模范表彰大会的全体代表并合影。对全省煤炭战线的 50 个先进集体、150 名劳动模范和先进工作者予以表彰。

5 月 13 日　根据国家安全生产应急救援指挥中心的命令，平煤集团 10 名救护队员组成河南省首支专业抢险救援队启程，奔赴四川汶川地震灾区参加抢险救灾工作。15 日凌晨河南矿山抢险救灾中心组织人员和设备赶赴四川地震灾区实施煤矿抢险救援。

5 月 20 日　河南省委副书记、代省长郭庚茂到永煤集团洛阳 LYC 公司视察工作，郭庚茂要求洛阳 LYC 充分利用优势资源，打造成中国一流、世界一流的轴承企业。

同日　河南省政府国资委印发《关于孟中泽、姜光杰同志职务任免的批复》(豫国资任〔2008〕14 号)，同意孟中泽同志调任河南省煤层气开发利用有限公司总经理、副董事长，姜光杰同志不再担任河南省煤层气开发利用有限公司总经理职务。

6 月 4 日　河南省委副书记、代省长郭庚茂到国家“十一五”循环经济高新技术产业化示范项目——永煤集团濮阳龙宇化工国内首套航天炉施工现场视察工作。

6 月 18 日　义煤集团义海能源公司大煤沟年产 120 万吨矿井建成投产。

7 月 12 日　平煤集团年产 100 万吨 PVC 一期 30 万吨工程开工典礼在叶县的平煤煤盐联合化工产业园举行。省人大常委会副主任储亚平出席开工典礼，副省长史济春发表重要讲话并下达开工令。

7 月 14 日　河南省国资委副主任、纪委书记于海宣布：牛森营调任河南煤矿安全监察局党组书记、局长，宋广太负责郑煤集团全面工作。

8 月 14 日　河南省委副书记、代省长郭庚茂到郑煤集团新郑煤电公司(赵家寨矿)调研。郭庚茂要求，通过产业政策调整提高煤炭企业准入门槛，加快小煤矿整合步伐，优化资源配置，提高煤炭产业集中度、规模化程度和安全水平，实现煤炭工业安全发展和可持续发展。

9 月 17 日　《河南日报》在一版刊发平煤集团推进管理体制改革的长篇通讯《到中流击水》，全面介绍了平煤在全省率先启动建矿以来规模空前、力度最大的管理体制改革的成功做法。

9 月 26 日　河南省煤炭工业管理局印发《关于设立河南省煤矿瓦斯治理研究院有限公司的批复》(豫国资任〔2008〕14 号)，同意省煤层气公司设立河南省煤矿瓦斯治理研究院有限公司，开展瓦斯灾害治理技术研究与应用，为河南省煤矿安全生产提供有力的技术支撑。

10 月 17 日　全国煤矿安全生产警示教育平顶山基地动工仪式在安培中心隆重举行。平顶山基地是全国煤矿安全生产警示教育 10 个基地之一，也是河南省唯一的教育基地。

11 月 12 日　河南省煤炭系统首套自动化综采设备在平煤集团六矿调试成功，这标志着集团公司数字化信息化矿井建设迈出了新步伐。该套设备于当月 15 日在六矿井下安装。

11 月 28 日　河南省委下发《关于陈建生等 3 名同志任职的通知》(豫文〔2008〕183 号、184 号)：陈建生任中国平煤神马能源化工集团有限责任公司董事长、党委书记；梁铁山任中国平煤神马能源化工集团有限责任公司副董事长、总经理、党委副书记；马源任中国平煤神马能源化工集团有限责任公司副董事长、常务副总经理、党委副书记(总经理级)。

11月30日 河南省委任命：杜工会任郑煤集团董事长、党委书记。

12月5日 由永煤集团、鹤煤集团、焦煤集团、中原大化和河南煤气化集团共同组建的河南煤业化工集团，由平煤集团与中国神马集团共同组建的中国平煤神马能源化工集团的创立大会暨揭牌仪式在郑州举行。河南省委副书记、代省长郭庚茂，省委副书记陈全国分别为河南煤业化工集团及中国平煤神马集团揭牌。郭庚茂在会上作重要讲话。省委常委、常务副省长李克主持大会。

12月15日 由河南省人民政府国有资产监督管理委员会作为主发起人，联合中国信达资产管理公司、中国华融资产管理公司、中国建设银行股份有限公司河南省分行三家单位，将义马煤业（集团）有限责任公司整体变更为义马煤业集团股份有限公司。

12月19日 义马煤业集团股份有限公司揭牌暨1000万标立方煤制气项目奠基仪式在义马市马庄工业园区内隆重举行。河南省委书记、人大常委会主任徐光春发来贺信，河南省人民政府副省长宋璇涛等参加揭牌暨奠基仪式。

同日 河南省改革开放30年"国企30家民企30人"大型评选活动颁奖晚会在郑州举行。平煤集团公司获得"省改革开放30年卓越贡献国有企业"称号。

是年 义煤集团全年共投入7亿元资金用于棚户区改造工程建设，累计开工住宅楼484栋，建筑总面积达到170.74万平方米，可安排22719户约7万名职工家属入住，至年底已分配住房4607户。

是年 全省煤炭产量首次突破2亿吨，居全国第三位。

2009年

1月4日 第十五届国家级企业管理现代创新成果在北京发布。中平能化集团公司的"大型综合能源集团战略业绩评价体系的构建与实施"和"基于利益相关方价值共享的战略营销"分获二等奖。

1月7日 根据河南省人民政府国有资产监督管理委员会《关于王思鹏、郭启文同志职务任免的批复》（豫国资任〔2009〕1号），河南省国资委党委《关于王思鹏、郭启文同志任职的通知》（豫国资党任〔2009〕1号），王思鹏任河南省煤层气开发利用有限公司总经理、副董事长、党委副书记。郭启文任河南省煤层气开发利用有限公司副总经理、党委委员。孟中泽同志不再担任河南省煤层气开发利用有限公司总经理、副董事长、党委副书记职务。

1月9日 在党中央、国务院于北京举行的国家科学技术奖励大会上，平煤集团公司与中国矿业大学等单位共同完成的"煤矿安全生产监控系统技术"项目获得2008年度国家科学技术进步二等奖。

1月18日 由团中央、全国学联主办，中国青年报社承办的2008年度"中国大学生自强之星"颁奖典礼在北京中国青年之家隆重举行。平顶山工业职业技术学院无臂大学生李彬彬获2008年"中国大学生自强之星标兵"称号，是河南省高校中唯一获此殊荣的大学生。

1月29日 河南省政府下发《河南省人民政府关于进一步明确煤矿安全生产工作责任的通知》（豫政〔2009〕3号），进一步明确煤炭生产企业是安全生产的责任主体和各级政府及其关部门安全监管监察职能，进一步强调各职能部门的安全生产责任。

2月2日 河南省政府"中原文化澳洲行"活动项目签约仪式在澳大利亚悉尼国际会展中心进行。仪式上，中平能化集团与澳大利亚CFTHenan（HK）有限公司负责人签署了"平煤矿区瓦斯综合治理与利用专案"投资合作协议书。该项目总投资12亿美元，是本次活动中河南与澳大利亚签署的22个经贸合作专案中规模最大的一个。中平能化集团董事长、党委书记陈建生随后在悉尼接受了澳大利亚中文媒体《大洋时报》记者的专访。

2月24日 经省政府批准，将省煤炭工业管理局煤炭工业行业管理职责划入省工业和信息化厅。3月1日，河南省工业和信息化厅成立。

4月8日 河南省委常委、常务副省长李克，副省长史济春到中平能化集团现场办公。在中平能化集团举行的“企业服务年”平顶山重点企业现场办公会上，李克强调，中平能化集团要按照省委、省政府的决策部署，抓紧时间，加大力度，加快深度融合，推进企业做强做大，为河南省产业结构调整、建立现代产业体系和经济发展做出更大贡献。办公会后，史济春察看了双30万吨氯碱项目建设工地和高阳小区施工情况。

4月14日 河南省省长郭庚茂、副省长史济春率领有关厅局和15个地市行政负责人组成的观摩团到义煤集团公司视察煤气化三期工程建设情况。1000万标方煤制气项目是义煤集团新发展战略的重要组成部分，这一项目是利用义煤集团中部长焰煤活性高的特点，采用美国SES公司的技术，和美国SES公司合作的一项大型煤气化项目，整个项目计划投资人民币100亿元，分三期建设。

4月22日 河南省人大常委会副主任刘新民一行到中平能化集团考察一矿和帘子布公司，了解企业发展情况并就实施监督法立法征求意见。省人大常委会财经工委主任张长森，省发改委副主任宋春迎，省工信厅副厅长陈党义等陪同考察。

本月 中平能化集团七星公司开拓四队班长白国周22年平安坚守煤矿生产一线的事迹经《中国平煤神马报》报道后，引起众多新闻媒体的高度关注，《工人日报》《中国煤炭报》《河南日报》《河南工人日报》《大河报》《平顶山日报》等分别以不同的方式对其进行重点报道。

5月8—9日 由中组部、国家发改委等8部委组织的院士、专家周国泰、张懿等一行6人到中平能化集团，开展咨询服务活动。参加活动的院士、专家重点了解集团煤化工产业的发展状况和重大技术难题，考察调研了三源制氢公司、赛尔项目和帘子布公司。

5月10日 焦煤集团举行赵固一矿竣工投产仪式。河南省副省长张大卫出席。该矿井地质储量37349万吨，可采储量16463万吨，矿井设计生产能力240万吨/年，服务年限49年。

6月25日 中平能化集团隆重举行20万吨尼龙66盐成套项目启动仪式。河南省委书记、省人大常委会主任徐光春，省长郭庚茂致信祝贺；省人大常委会副主任铁代生下达开工令；副省长史济春发表讲话。

6月26日 义安矿业公司正村煤矿竣工投产。该矿是义煤集团通过合作在豫西煤城建设投产的第一对现代化矿井，设计生产能力120万吨。

6月27日 由中国证券报主办的“2008年度金牛上市公司论坛暨上市公司百强金牛奖”颁奖典礼在北京举行。“神火股份”获第11届(2008年度)中国上市公司百强“金牛奖”。

7月9日 河南省政府办公厅印发《河南省安全生产监督管理局主要职责内设机构和人员编制规定》，将原省煤炭工业管理局煤矿安全监察职能划入省安全生产监督管理局，设立煤矿安全监察办公室，承担全省煤矿安全生产监督监察工作。

7月13日 河南省资源整合领导小组下发《关于河南省煤层气开发利用有限公司参与煤炭资源整合有关问题的通知》(豫资

源整合办〔2008〕7号)文件,批准河南省煤层气开发利用有限公司作为煤炭整合主体和煤矿安全监管主体参与全省煤炭资源整合。

7月15日 国务院安委办副主任、国家安全监管总局副局长、国家煤矿安监局局长赵铁锤带领国务院安委会督察组在青海省政府副秘书长钟通蛟等省领导的陪同下,到义煤集团青海义海公司大煤沟矿督查安全生产工作。

8月7日 中央政治局委员、国务院副总理张德江对《国内动态清样》第3202期《白国周"班组管理法"有效防止煤矿安全事故》做出批示:煤矿安全生产,加强班组建设发挥班组作用十分重要,"白国周班组管理法"是白国周同志在井下工作二十几年安全生产实践经验的总结和不断创新的成果。建议在煤矿系统推广"白国周班组管理法",把煤矿安全生产落实到班组。

8月19日 新华社推出《一口气"通"出全球最完整煤化工产业链》的重点报道,以中平能化集团打造煤化工产业链为切入点,对平煤集团和神马集团重组后对企业相关产业发展起到的巨大推动作用进行了深度解析。

8月20日 由国家安全生产监督管理总局、国家煤矿安全监察局、中华全国总工会共同组织的"白国周班组管理法"专题调研汇报会在中平能化集团举行。国家煤矿安全监察局副局长彭建勋,中华全国总工会劳动保护部副部长王俊治,国家煤矿安全监察局行管司副司长周博潇,河南省工信厅副厅长陈党义,河南煤矿安全监察局总工程师许胜铭,中平能化集团领导陈建生参加。

同日 《人民日报》《光明日报》等23家中央、省级新闻媒体采访团到中平能化集团,对白国周事迹进行集中采访。

8月26日 中平能化集团与国电河南电力公司在集团会议中心举行投资汝州2×1000兆瓦机组项目合作协议签字仪式。双方还就共同开发汝州市区域已取得和今后取得采矿权或探矿权的煤炭资源项目等事项进行协商。

本月 中平能化集团三矿职工医院副院长郭春梅在"2009中国·嘉峪关国际铁人三项洲际杯赛暨全国铁人三项冠军杯系列赛"中以2小时42分38秒的总成绩,完成游泳1500米、骑车40千米、跑步10千米赛程,获得业余组女子第一名。

9月3—4日 在全国煤矿瓦斯防治工作会议上,河南省煤层气开发利用有限公司自主研发的煤矿井下定向压裂增透消突技术被列为瓦斯治理10项重点推广的新技术之一。

9月8日 平顶山市新华区四矿发生特别重大瓦斯爆炸事故,死亡76人。

9月9日 省委省政府召开安全生产紧急电视电话会议,郭庚茂省长在会上作重要讲话,强调坚决遏制重特大事故高发苗头,确保全省经济社会持续稳定。9月10日下午,省政府召开政府常务会议,就安全生产工作进行再部署,再落实。9月11日,李克副省长连续召开18个地市安全督导组会议和省安委会部分成员单位会议,就贯彻落实省委、省政府安全生产紧急电视电话会议和省政府常务会议精神进行具体部署。9月12日,省长郭庚茂就加强全省安全生产工作提出严格要求。

9月10—12日 国务院安委会办公室副主任、国家安全生产监督管理总局副局长、国家煤矿安全监察局局长赵铁锤率领国务院安委会第十二督查组到河南省开展安全生产督查工作。

9月11日 义煤集团中联润世新疆煤业有限公司300万吨大型露天矿投产。义煤集团与中联润世北京投资公司合资的中联润世新疆煤业有限公司开发建设的大型露天矿位于准东将军庙煤电化工产业带红沙泉北，矿区面积10平方千米，地质储量4.7亿吨，首采区采用露天开采，初步设计生产规模300万吨/年。

9月22日 河南省委副书记、省长郭庚茂视察焦煤集团，到井下看望慰问一线工人。郭庚茂在视察时强调：各生产单位，尤其是煤炭生产企业，一定要把安全生产放在第一位，以安全生产推动各项事业的发展。

同日 河南省煤炭行业协会技术委员会成立，高国安、张铁岗任主任。

9月27日 河南省新郑煤电有限责任公司（赵家寨煤矿）竣工联合试运转庆典仪式举行，河南省副省长史济春出席典礼并讲话。赵家寨煤矿设计能力300万吨/年，服务年限53.3年。2010年9月26日通过竣工验收。

9月28日 由河南省委宣传部、省委组织部等10部门联合组织开展的“60位为新中国成立做出突出贡献的英雄模范人物和60位新中国成立以来感动中原人物”评选活动揭晓。中平能化集团张铁岗、吴如入选“60位新中国成立以来感动中原人物”。

10月24日 中平能化集团一矿500万吨技术改造工程竣工投产。

10月27日 国家安全监管总局、国家煤矿安监局、国务院国资委、中华全国总工会、共青团中央等5部委联合发出通知，要求在全国学习推广“白国周班组管理法”，进一步加强煤矿班组建设。

11月3日 国家安全监管总局、国家煤矿安监局和中华全国总工会在河南郑州召开全国煤矿学习推广“白国周班组管理法”推进班组安全基础建设工作会议。国家安全监管总局局长骆琳出席会议并讲话，河南省省长郭庚茂在大会上致辞，中华全国总工会副主席张鸣起出席并讲话。大会由国家安全监管总局副局长、国家煤矿安监局局长赵铁锤主持。河南省副省长史济春，国家煤矿安监局副局长王树鹤、彭建勋、黄毅出席会议。

11月6日 澳大利亚前工党主席孟鼎、澳中经济合作促进会主席董军和中国国际友好联络会上海分会秘书长陈健东一行，到中平能化集团考察投资建设的中澳合作煤矿瓦斯综合治理项目进展情况。

12月11日 河南省煤矿企业推广学习“白国周班组管理法”加强基层基础建设暨煤炭工作会议在平顶山召开。河南省工业和信息化厅厅长杨盛道出席会议并作重要讲话，副厅长陈党义主持会议，巡视员刘云达传达“全国煤矿学习推广‘白国周班组管理法’、推进班组安全基础建设工作会议”精神。

12月13日 河南省委书记卢展工在中平能化集团总经理梁铁山、副总经理万善福的陪同下视察开封炭素公司。卢展工在讲话中指出，中平能化集团是国内很有影响的大企业，管理上非常先进。开封炭素公司不但是开封的骄傲、河南的骄傲，也是全国的骄傲。

同日 中平能化集团七矿开拓四队班长白国周入选2009“感动中原十大年度人物”候选人。

12月18日 河南省煤炭学会组织专家对义煤集团金马重机公司研制的防爆特殊型蓄电池电机车进行评议，认为该电机车运行平稳、制动力大，具有安全性能好、启动力矩大、维修率低等特点。防爆特殊型蓄电池电机车各项性能指标符合相关标准和设计要求，取得了煤安标志认证，填补了省内空白，达到国内先进水平。

2010年

1月6日 鹤煤公司年入洗能力达200万吨的福兴选煤厂在中泰矿业公司开工建设。这是河南煤业化工集团2010年第一个超亿元的大项目。设计年入洗煤炭能力为200万吨，项目总投资超过1亿元，建设工期为9个月。

2月2日　《河南省人民政府印发关于加强煤矿安全生产若干规定的通知》(豫政〔2010〕17号)正式下发执行。通知严格安全准入标准，积极推进煤炭企业兼并重组，有序关闭退出，强化煤矿主体责任落实，完善监督管理机制，加大处罚和问责力度，构建煤矿安全生产长效机制。

2月16日　《河南省人民政府关于批转河南省煤炭企业兼并重组实施意见的通知》印发，决定由中平能化集团、河南煤化集团、义煤集团、郑煤集团、神火集团、河南省煤层气开发利用有限公司等大型煤炭企业作为兼并重组主体，对年生产规模在15万～30万吨的煤矿(含15万和30万吨，不包括年生产规模100万吨以上煤炭企业所属矿井)实施兼并重组，河南省煤炭企业兼并重组工作全面启动。

2月18日　中央电视台《新闻30分》《新闻联播》栏目，先后以“80后大学生矿工的井下春节”为题，对中平能化集团六矿综采四队大学生班组春节期间在井下一线坚持生产，进行报道。

2月26日　河南省煤炭企业兼并重组领导小组正式成立，由常务副省长李克任组长，副省长史济春、张大卫任副组长，省直相关部门负责人任成员。领导小组办公室设在河南省工业和信息化厅。

3月1日　河南工程咨询监理有限公司和内蒙古黄陶勒盖煤炭有限责任公司签订巴彦高勒矿井及洗煤厂建设监理合同。生产规模1000万吨/年。

3月2日　河南省政府在郑州召开全省煤炭企业兼并重组工作动员会，要求在2011年3月底之前，全部完成兼并重组工作。

3月27日　中平能化集团能源化工研究院、国际贸易有限公司创立揭牌仪式在郑州举行。河南省省长郭庚茂、副省长史济春出席仪式并揭牌。

3月31日　河南省洛阳市伊川县国民煤业公司发生特别重大煤与瓦斯突出事故，死亡48人。

4月7日　河南省委书记卢展工、省长郭庚茂在省市县三级主要领导干部会议上，对煤矿停工停产期间安全生产提出明确要求。4月10日，河南省安全生产领导小组召集省辖市政府主要领导，对煤矿安全生产进行再安排再部署。

4月9日　中央电视台《新闻联播》在头题播出了对中平能化集团董事长、党委书记陈建生的采访。陈建生就落实胡锦涛总书记在全党深入学习实践科学发展观活动总结大会上的重要讲话精神、转变经济发展方式阐述自己的观点。

4月10日　河南省政府印发《河南省2010年安全发展行动计划》，围绕遏制煤矿重特大事故，打好煤矿兼并重组、隐患排查治理、打击查处非法违法行为“三个”攻坚战，全面巩固安全生产执法监察和治理整顿成果。

4月21日　河南省委办公厅、省政府办公厅联合下发《关于严厉打击煤矿违法违规生产 坚决遏制重特大事故发生的紧急通知》(豫机号1185)，在全国率先实行安全生产党政同责、一岗双责、一并问责，率先实行煤矿两级包矿和干部24小时驻矿，并从“两到位、五控制”和问责追究等多个方面，对打击煤矿违法违规生产做出严厉规定。

本月　国家安全生产郑州钢丝绳检测中心完成了甲级资质扩项、变更的安全生产甲级资质考评授权工作和国家实验室的换证考评工作。

5月4日　河南省煤炭企业兼并重组领导小组印发《关于下发第一批兼并重组小煤矿名单的通知》(豫煤重组〔2010〕3号)，

决定对辉县市山前富达煤矿等466处小煤矿分别由河南煤化集团等6家省骨干煤炭企业实施兼并重组。

5月7日 《全国煤矿班组长安全培训教材》授书仪式在中平能化集团二矿举行。中华全国总工会副主席、书记处书记张鸣起,国家安监总局副局长、国家煤监局局长赵铁锤专程参加,为一线班组长授书。

5月9日 中央人民广播电台《新闻和报纸摘要》栏目以《循环经济产业链——企业发展的助推器》为题,播出了对中平能化集团董事长、党委书记陈建生的专访。

5月11日 全省煤矿安全质量标准化暨“五优”矿井创建现场会在焦作市召开,史济春副省长出席会议并作重要讲话。

5月12日 全省煤炭企业兼并重组推进会在洛阳市召开,标志着兼并重组工作全面启动。

5月27日 《河南省人民政府办公厅关于转发省发展改革委等部门支持煤炭企业兼并重组政策的通知》(豫政办〔2010〕55号)印发执行。

本月 《人民日报》、新华社、中央电视台、中央人民广播电台、《工人日报》、《光明日报》、《中国煤炭报》等媒体分别在不同栏目对中平能化集团公司七矿开拓四队班长白国周事迹集中宣传报道。

6月21日 河南省平顶山市卫东区兴东二矿发生特别重大炸药爆炸事故。死亡49人。

6月29日 河南省政府组织10个由1名厅级领导为组长的督导组,对产煤地区开展为期一个月不间断督查。此项工作于7月底结束。期间,省安全监管局组织9个专项核查组,对646对小煤矿落实“五控制”情况逐矿逐项进行核查。

7月2日 中华全国总工会、工信部、国务院国资委、全国工商联联合召开的全国班组建设工作会议授予中平能化集团七矿白国周班组“社会主义劳动竞赛先进班组”称号。

7月5日 河南省委常委会议听取河南省安全生产委员会专题汇报,对煤矿兼并重组期间安全生产再强调再要求,责成立即将55座15万吨以下小煤矿关闭到位。

7月8日 河南省煤炭企业兼并重组工作会议在郑州举行。河南省委副书记、省长郭庚茂在会上强调,要高度重视,痛下决心,同心协力,扎实推进煤炭企业兼并重组工作,彻底解决小煤矿安全生产这一影响河南经济社会发展全局的突出矛盾和问题,不折不扣地完成省委、省政府确定的煤炭企业兼并重组各项目标任务。

7月15日 全国首条万吨中低旦工业丝生产线在中平能化集团帘子布公司投产。

7月30日 河南省首个全自动工作面落户义煤集团耿村煤矿。

7月31日 河南省委做出郑煤集团主要领导任命决定:任命孟中泽为郑州煤炭工业(集团)有限责任公司总经理、党委副书记。

8月3日 郑州煤机集团股份有限公司在上海证券交易所完成A股上市。

8月9日 中平能化集团平宝公司首山一矿举行竣工投产仪式。国家能源局煤炭开发处处长王溢辉,河南省国资委副主任阮少华,省安监局副局长莫建勇,河南煤监局总工程师许胜铭,省能源局副局长李迎,许昌市副市长郑传德,平顶山市副市长黄祥利,宝钢集团副总经理戴志浩出席投产仪式。平宝公司首山一矿由中平能化集团与上海宝钢集团共同出资开发建设,项目于2002年8月经国家发改委批准立项,2004年8月16日开工建设,2009年9月23日联合试运转,2010年7月14日通过竣工验收。

8月13—14日 中共中央政治局委员、国务院副总理张德江到中平能化集团、郑煤集团视察。国家安全监管总局局长骆琳，国家煤矿安监局局长赵铁锤，河南省委书记、省人大常委会主任卢展工，省委副书记、省长郭庚茂陪同。

9月24日 全国煤炭工业企业文化暨五精管理现场推广会议在中平能化集团开幕。中煤政研会会长田淮俊，中化政研会副会长、秘书长温洪，河南省委宣传部副部长、政研会会长权红军，省国资委副主任阮少华，省煤炭政研会会长苏万里等出席会议。中平能化集团被中煤政研会和中化政研会共同命名为全国煤炭工业与化学工业企业文化示范基地并举行揭牌仪式。

9月26日 中国煤炭思想政治工作研究会命名郑煤集团裴沟煤矿全国煤炭工业企业文化示范矿。

9月28日 张德江副总理做出重要批示："河南义煤集团全面加强安全生产的经验很宝贵，要认真总结，在全国推广。"

同日 河南省首台煤矿机械化开采的掘进机——EBZ-132型悬壁式掘进机在永煤机电制修厂研制成功。这项成果填补了河南省自主生产掘进机的空白。

9月30日 河南省委下发《关于梁铁山、陈建生同志职务任免的通知》(豫文〔2010〕74号、75号)，梁铁山任中国平煤神马能源化工集团有限责任公司董事长、党委书记；陈建生不再担任中国平煤神马能源化工集团有限责任公司董事长、党委书记职务。

10月15日 中国证监会上市公司并购重组审核委员会召开2010年第31次并购重组委工作会议，审核并通过了欣网视讯重大资产出售及发行股份购买资产暨关联交易事项，标志着义煤集团借壳上市获得成功。

10月16日 中平能化集团平禹煤电公司四矿发生煤与瓦斯突出事故，死亡37人。

10月21—24日 由国家煤矿安全监察局彭建勋副局长带队的国务院安委办安全生产督查组、调研组对河南省贯彻落实煤矿企业负责人下井带班情况进行督导，对河南煤化集团、义马煤业集团安全生产管理经验进行调研。省政府副秘书长寇武江和省安全监管局及省工业信息化厅、河南煤矿安全监察局有关负责人参加督查组意见反馈会议。

同日 河南省政府下发通知(豫政任〔2010〕73号)，任命任文杰为平顶山工业职业技术学院院长。

11月6日 《河南日报》《中国煤炭报》《中国化工报》3家主流新闻媒体，就企业重组以来鹤煤集团快速健康发展、不断实现新的突破，采访鹤煤集团副董事长、党委副书记、总经理马正兰。

11月10日 河南省首台矿用可移动救生舱在中平能化集团机械制造公司研制成功。

11月16日 河南省委组织部下发《关于杨建国同志任职的通知》(豫组干〔2010〕452号)，省委同意杨建国任中国平煤神马能源化工集团有限责任公司党委副书记。

同日 中国平煤神马能源化工集团有限责任公司供水总厂获2010年全国企业文化建设优秀单位奖。

11月19日 河南省委下发《关于杨建国、梁铁山同志职务任免的通知》(豫文〔2010〕143号)，杨建国任中国平煤神马能源化工集团有限责任公司总经理、副董事长；梁铁山不再担任中国平煤神马能源化工集团有限责任公司总经理职务。

11月23日 河南省煤炭科学研究院有限公司被省科技厅、省财政厅、省国税局、省地税局首次共同认定为"河南省高新技术企业"。

11月26日 河南省委副书记、省长郭庚茂到义煤集团综能公司1000万标方煤制气、开祥化工公司1,4—丁二醇项目建设工地和耿村矿棚改区视察工作。

11月28日 全国煤炭行业人力资源管理工作会议和现代远程教育培训网工作会议在温州召开。中平能化集团被授予全国煤炭行业人力资源管理工作先进单位。

11月30日 国家商务部、国家发展改革委、国土资源部、国家能源局印发《关于同意中国石油天然气集团公司等三家公司开展对外合作开采煤层气资源试点工作的通知》(商资函〔2010〕984号),同意中国石油天然气集团公司、中国石油化工集团公司、河南省煤层气开发利用有限公司三家公司在国务院批准的区域内与外国企业开展合作开采煤层气资源的试点工作。

12月7日 河南省义煤集团巨源煤业有限公司发生瓦斯爆炸事故,死亡26人。

12月26日 全国煤矿班组安全建设推进会在北京人民大会堂举行。中平能化集团七矿开拓四队班长白国周在会上作典型发言。白国周班获全国煤矿"十佳"安全班组、"全国工人先锋号"称号。

同日 以中平能化集团七矿开拓四队班长白国周的事迹及其班组管理法创作改编的煤矿班组安全题材电影《金牌班长》在北京举行首映式。国家安监总局副局长杨元元、国家广电总局副局长张丕民、国家煤监局副局长彭建勋出席首映式。

是年 全省110处矿井达到安全质量标准化标准,其中国家级安全质量标准煤矿43处。

2011年

1月14日 在国家科学技术奖励大会上,中国平煤神马集团与中国科学院武汉岩土力学研究所、山东科技大学等单位共同完成的科研成果"煤矿千米深部岩巷稳定控制关键技术及应用",获得2010年度国家科技进步二等奖。

1月16日 河南省煤炭科学研究院有限公司与河南冠联工程有限公司签订了文化路老办公区联合开发协议,共同建设郑州硅谷广场项目。该项目被列为郑州市2012年十大工程项目之一。

1月21日 中共中央政治局常委、国务院总理温家宝到鹤煤集团棚户区改造后的馨苑二区职工家中慰问。

1月29日 中国平煤神马集团与重庆化医集团聚碳酸酯(PC)及光气合作协议签订仪式在集团会议中心举行。中国平煤神马集团领导梁铁山,重庆化医集团董事长、党委书记安启洪等出席仪式。

2月22日 在北京举行的全国职业培训工作电视电话会议上,平煤股份七矿开拓四队班长白国周荣获第十届中华技能大奖。当日下午2时40分,白国周等20名第十届中华技能大奖获奖者在中南海紫光阁受到中央政治局委员、国务院副总理张德江亲切接见。

2月24日 由义煤集团控股的河南大有能源股份有限公司A股正式在上海证券交易所上市交易。这是河南省煤炭能源系统的第四支A股上市股票。

3月1日 河南省政府组织召开全省煤炭工作会议,传达学习郭庚茂省长对全省煤炭工作的重要指示精神,对全省煤炭工作特别是安全生产和兼并重组工作进行全面安排部署。

同日 由中国平煤神马集团机械制造公司自主研发的"煤神"牌矿用可移动式救生舱全国首家通过行业鉴定。

3月29日 河南省委副书记、省长郭庚茂到郑煤集团视察调研棚户区改造情况,要求把党的优惠政策用足、用好,让矿区职工通过棚户区改造得到实惠。

同日 全国"安全生产万里行"组委会办公室主任、国家安监总局宣教中心主任裴文田到中国平煤神马集团，就“白国周班组管理法”的推广应用、小煤矿重组整合、“六大避险”系统建设、安全文化培育等开展调研。

4月2日 河南省委任命陈祥恩同志为河南煤化集团公司董事长、党委书记。

同日 中国平煤神马集团与国家“973计划”项目课题组在集团会议中心举行合作签约仪式，就“深部煤炭开发中煤与瓦斯共采理论”研究开展合作。平煤集团董事长、党委书记梁铁山与中国工程院院士、国家“973计划”项目首席科学家、四川大学校长谢和平代表课题组在合作协议上签字。国家“973计划”项目“深部煤炭开发中煤与瓦斯共采理论”，以谢和平为首席科学家、中国矿业大学为项目承担单位，2010年10月获科技部批准立项。中国平煤神马集团是该项研究的全国首个示范基地。

4月20日 郑煤集团告成矿被中国煤炭工业协会授予2010年度全国煤炭工业科技创新示范矿井称号。

同日 国家安全生产郑州钢丝绳检测中心完成钢丝绳等安标产品与“安标国家矿用产品安全标志中心”的委托协议签约工作。至此，该中心有能力介入国内外钢丝绳产品生产企业的安标产品检验检测工作。

同日 在中央召开的“庆祝中国共产党成立90年大会”上，河南煤化集团党委被授予“全国先进基层党组织”称号。

同日 国家安监总局和国家煤矿安监局命名表彰河南省河南煤化集团正龙煤业公司城郊煤矿等14处矿井、平煤神马集团平顶山天安煤业股份有限公司二矿等17处矿井、义煤集团耿村煤矿等5处矿井、郑煤集团郑州煤电公司超化矿等5处矿井、河南神火集团新庄煤矿等2处矿井共43处煤矿为“2010年度国家级安全质量标准化煤矿”称号。

4月25日 河南省政府印发《关于加强煤矿安全生产工作的补充意见》(豫政〔2011〕40号)、《河南省重大事故隐患排查治理责任追究规定》(豫政〔2011〕41号)和《关于进一步明确兼并重组煤矿安全生产责任的通知》(豫政〔2011〕42号)。

4月28日 中华全国总工会庆祝“五一”国际劳动节大会在北京人民大会堂召开。中国平煤神马集团平煤股份六矿综采四队大学生采煤班荣获“全国工人先锋号”称号。

本月 《中州煤炭》荣获“河南省自然科学期刊综合质量检测一级期刊”。

5月10日 河南省工业和信息化厅会同省工商行政管理局、省质量技术监督局组成检查组，并约请省煤炭质量监督检验站专家，在全省开展了电煤质量专项检查。此项工作于6月28日结束。

5月12日 《工人日报》在头版头条推出题为《青春在井下800米闪耀——记全国首个大学生采煤班组》的报道，介绍平煤股份六矿综采四队大学生采煤班典型事迹。

5月15日 由河南煤矿安全监察局主办，中国平煤神马集团承办的2011年河南煤矿安全科技活动周启动仪式在平顶山工业职业技术学院举行。河南煤矿安全监察局党组书记、局长牛森营，党组成员、副局长薛纯运等出席启动仪式。

5月30日 国家安监总局副局长、国家煤监局局长赵铁锤就中国平煤神马集团涌现出的平煤股份六矿综采四队大学生采煤班这一典型做出批示。批示中指出：“中国平煤神马集团六矿大学生采煤班是煤炭工业发展过程中涌现出的新生事物，也反映出新一代大学生的人生追求和精神风貌，对这样的典型我们要派出相关人员进行总结推广。要发现更多、更有价值的先进典型，真正把基层的典型经验总结好、推广好。”

6月3日 河南省2011年与中央企业合作重点项目签约仪式在北京人民大会堂

举行。仪式上，中国平煤神马集团与中电国际签署合作协议，双方将通过对等投资、优势互补开展煤电联营，推进煤电一体化项目。平煤神马集团董事长、党委书记梁铁山与中电国际总经理柳光池代表双方在协议上签字。

6月20日 平顶山工业职业技术学院举行国家二级安全生产培训机构挂牌仪式。国家安监总局副局长、国家煤监局局长赵铁锤为职业学院题词：安全就是生命，责任重于泰山。

6月29日 中华全国总工会党组书记、书记处第一书记、副主席王玉普就中国平煤神马集团平煤股份六矿综采四队大学生采煤班的典型事迹做出批示。批示中指出："中国平煤神马集团六矿大学生采煤班的事迹，对于当代大学毕业生投身生产一线，体现诚实劳动、创新劳动，实现自身价值具有很好的导向和示范作用，对于推动中国煤炭工业科学发展、安全发展具有深远意义。请全总宣教部、能源化学工会认真做好总结和宣传工作，可深入到现场一线进行调研和采访。"

6月30日 在河南省庆祝中国共产党成立90周年大会上，中国平煤神马集团党委、平煤股份十矿党委、易成公司党委、帘子布公司党委，郑煤集团白坪公司党委分别荣获先进基层党组织称号。

7月6日 河南省总工会做出决定，号召全省职工向中国平煤神马集团平煤股份六矿综采四队大学生采煤班学习。

7月25日 河南省矿产资源深勘部地质二队在荥巩煤田三李深部勘查区发现一块大型煤田，煤炭资源储量达4亿吨。该矿区构造类型简单，主要可采煤层稳定，埋藏深度在550～1800米，平均厚度4.72米，新探明的煤炭资源为中灰、低中硫、高发热量的无烟煤。

8月5日 河南工程咨询监理有限公司和淮南矿业集团有限责任公司签订顾桥煤矿改建工程监理合同。生产规模3000万吨/年，顾桥煤矿为亚洲最大井工矿井。

8月21日 《光明日报》在头版头条推出题为《平顶山有个大学生采煤班》的重点报道，介绍平煤股份六矿综采四队大学生采煤班的典型事迹。

8月22日 河南省地矿局第十一地质队在商丘地区勘查出煤炭资源51亿吨。

8月27日 河南省委决定：任命孟中泽为郑煤集团董事长、党委书记，杜工会为河南省管国有企业监事会主席（正厅级）。

9月20日 由中国平煤神马集团承办的2011年全省煤炭系统职业技能运动会暨综采维修钳工、煤质化验工技术比武开幕式在集团会议中心举行。河南省工信厅副厅长陈党义，省总工会巡视员马露霞出席开幕式。

9月24日 河南省委决定，张国伟同志任河南省安全生产监督管理局局长、党组书记，张国辉同志不再担任河南省安全生产监督管理局局长、党组书记职务。

10月9—12日 国务院安委会第二调研督导组对河南省安全生产进行督查，先后听取郑州市、焦作市、南阳市、新郑市、登封市、修武县、西峡县、内乡县政府以及河南煤化集团、郑煤集团等单位安全生产工作汇报，并现场检查了河南煤化集团焦煤公司九里山煤矿、郑煤集团赵家寨煤矿、南阳市金泰矿业公司等单位和部分人员密集场所。省安全监管局局长张国伟、副局长莫建勇及河南煤矿安监局副局长薛纯运、总工姚景洲陪同。

同日 中国煤炭工业协会"首批煤炭行业技能大师和煤炭行业技能大师工作室"评选结果在湖北十堰揭晓，平煤股份七矿白国周、八矿周先锋，神火集团刘河煤矿崔荣立获"煤炭行业技能大师"荣誉称号，白国周、周先锋学习工作室被命名为“煤炭行业技能大师工作室”。

10月24日 河南煤化集团永煤碳纤维公司顺利生产出高端碳纤维。填补了中国此项产品空白，打破了发达国家在该领域的垄断局面。

10月26日 国内企业医疗首家“全国慢病风险评估与控制标准化建设基地”在中国平煤神马集团医疗集团成立。

10月27日 河南煤化集团焦煤公司九里山煤矿发生一起煤与瓦斯突出事故，死亡18人。

11月3日 义煤集团千秋煤矿发生冲击地压事故，死亡10人。

11月7日 郑煤集团锦源建设公司参建的“郑州煤电总部搬迁项目主楼工程项目”获得2010—2011年度中国建设工程质量“鲁班奖”。

11月10日 河南省委书记、省人大常委会主任卢展工，到神火集团进行调研。卢展工一行先后到神火集团工业园区永城铝厂电解车间和铸造车间、河南科源电子铝箔公司察看。

11月18日 由中国平煤神马集团与美国泰坦公司合资创建的“平煤神马美国有限公司”在美国洛杉矶市成立。这是平煤神马集团在北美设立的第一家合资公司。平煤神马集团董事长、党委书记梁铁山，美国泰坦公司董事长、平煤神马美国有限公司总经理张洪杰出席仪式，并接受中央电视台、新华社、中新社、凤凰卫视以及多家美国媒体记者采访。美国联邦最高法院出庭律师张军主持仪式。

12月12日 河南省委任命张明剑为郑州煤炭工业(集团)有限责任公司总经理、副董事长、党委副书记；孟中泽不再担任郑州煤炭工业(集团)有限责任公司总经理职务。

12月26日 国家安监总局、中华全国总工会、国家煤监局联合主办的全国煤矿班组安全建设推进大会授予河南省中平能化集团七矿白国周班组全国煤矿“十佳”安全班组，并被中华全国总工会授予“全国工人先锋号”称号；义煤集团耿村煤矿刘和平、义洛公司崔永红分别被评为全国“十佳”班组长和“十佳”特聘群监员，并被中华全国总工会授予“全国劳动模范”称号。河南煤化集团永煤陈四楼煤矿综采安装队刘市里班、鹤煤三矿王宝成矿采煤班等8个班组，分别被评为“全国优秀安全班组称号”；中平能化集团十矿何校辉，建井一处范建、天力公司吴寨矿高义有，义煤集团新安煤矿陈富强等8名班组长分别被评为“全国优秀班组长”称号；郑州煤电公司米村煤矿陈保平等6名特聘群监员分别被评为“全国优秀特聘群监员”称号。

12月30日 中国平煤神马集团勘探工程处十矿打钻工区在平煤股份十矿成立，成为河南省第一支煤矿专业化防突打钻队伍。

是年 全省有175处矿井达到安全质量标准化标准，其中国家级安全质量标准煤矿61处。

2012年

1月10日 由河南省煤炭科学研究院有限公司出资在美国注册成立穿越国际贸易有限责任公司。

1月23日 国家安监总局副局长、国家煤监局局长赵铁锤到中国平煤神马集团慰问。在平煤集团领导梁铁山等陪同下，赵铁锤深入平煤股份十矿井下察看该矿安全紧急避险系统，并向坚守岗位的广大干部职工拜年。

2月13日 平武联合焦化100万吨煤焦油深加工项目在湖北省武汉市青山区经济开发区北湖工业园开工建设。该项目由中国平煤神马集团和武钢股份共同出资组建的武汉聚焦精化工公司负责建设，总投资20.9亿元。

2月20日 河南省委书记、省人大常委会主任卢展工到首山焦化公司视察。卢展工对中国平煤神马集团依靠技术转化发展焦化产品深加工，实现产业升级和效益提升的做法给予高度评价。

2月23日 平煤股份六矿综采四队大学生采煤班班长王香瑞被共青团中央授予全国青年岗位能手标兵称号。

本月 在全国精神文明建设工作表彰大会上，中国平煤神马集团有限责任公司一矿、郑州煤炭工业(集团)有限责任公司超化煤矿被授予“全国文明单位”称号。

本月 河南省人民政府办公厅转发河南省工业和信息化厅、河南省安全生产监督管理局、河南省能源局、河南煤矿安全监察局制定的《河南省高瓦斯和煤与瓦斯突出矿井分类管理实施意见》，意见要求将全省煤矿瓦斯划分三类管理，1、2类瓦斯管理区吨煤提取安全生产费用分别不低于70元、50元。

3月24日 国家能源局副局长吴吟到河南煤业化工集团焦作煤业公司九里山矿调研指导瓦斯治理工作。河南省能源局副局长李迎，河南煤业化工集团有限责任公司董事长、党委书记陈祥恩陪同。

3月27日 全国煤炭系统企业文化暨五精管理现场推广会议在郑州煤炭工业(集团)有限责任公司召开，郑州煤炭工业(集团)有限责任公司被命名为全国煤炭行业企业文化示范基地，中国平煤神马集团梨园矿获全煤企业文化示范矿称号，田庄选煤厂获全煤企业文化建设优秀单位称号。

4月7日 “同煤杯·第二届寻找感动中国的矿工”颁奖仪式在北京举行。河南煤业化工集团有限责任公司义煤集团公司铁生沟煤业公司总经理韩玉鉴、中国平煤神马集团有限责任公司十二矿女工王菊红获“十大杰出人物”，河南煤业化工集团有限责任公司义煤集团公司义络公司采煤一队采煤工崔永红、中国平煤神马集团有限责任公司六矿综采四队董刚、一矿福利厂厂长李书君等3人入选感动中国百名矿工榜。

4月10—13日 国家煤矿安全监察局副局长、总工程师王树鹤带领国务院第三调研组，对河南省煤矿瓦斯(煤层气)治理和抽采利用政策专题调研。

4月15日 全国煤矿“乌金冀中能源峰峰集团杯”第18届中国象棋、第17届围棋比赛结束。中国平煤神马集团围棋队获得男团、男女个人赛冠军，象棋队获得男团第二名。

4月28日 在中俄投资和贸易促进会(莫斯科)上，郑州煤矿机械集团董事长焦承尧与俄罗斯工商联盟煤业公司董事长费杰耶夫签署产品进出口合同。国务院副总理李克强和俄罗斯第一副总理舒瓦洛夫出席，河南省人民政府省长郭庚茂参会。这是中国唯一煤炭资源开采装备类出口项目，包含1个成套长壁工作面综采设备、4套短壁工作面设备和1套液压支架，总金额2000万欧元。

本月 郑煤集团开通河南省第一个煤炭产品电子商务平台。

5月4日 平煤神马集团六矿综采四队大学生采煤班被共青团中央、全国青联授予第十六届“中国青年五四奖章集体”称号。

5月9日 全国安全生产宣传工作会议暨安全文化建设现场会在甘肃省金昌市召开。平煤神马集团六矿被国家安监总局命名为全国安全文化建设示范企业。

同日 河南省委任命乔国厚为义马煤业集团有限责任公司总经理、副董事长、党委副书记，翟元涛不再担任总经理、副董事长、党委副书记职务。

6月4日 由河南省平顶山煤矿机械

有限责任公司与陕西中能煤田有限公司、天地科技开采事业部、西安科技大学共同研制的中国首套ZC8000/25/38型四柱掩护式柔模高水充填支架试验成功。

6月19日　“十二五”国家科技支撑计划项目启动会议在中国平煤神马集团有限责任公司召开。国家煤矿安全监察局科技装备司司长朱凤山主持会议并讲话。

7月3—5日　第七届河南省矿山救护技术竞赛在鹤壁市举行。河南煤矿安监局党组书记、局长牛森营，河南煤矿安监局党组成员、巡视员薛纯运，河南煤矿安监局党组成员、副局长许胜铭，河南省总工会党组成员、巡视员马露霞，鹤壁市市长魏小东，河南煤业化工集团有限责任公司董事长陈祥恩等出席开幕式。来自全省24支矿山救援队伍的168名矿山救护指战员参加。5日下午闭幕，比赛结果6个单位获得竞赛团体优胜奖，3名选手获得个人全能奖。

7月9日　2012年“豫见历史”——两岸青年中原文化研习营社会实践分营成员到中国平煤神马集团访问。河南省台联会长郭晴，台湾长荣大学领队苏文彬；平顶山市委常委、统战部部长段君海，副市长郑茂杰；平煤集团党委副书记王玉出席相关交流活动。

本月　经河南省党代表会议选举，中国平煤神马集团有限责任公司七矿开拓四队党支部书记白国周当选中共十八大代表，为河南省68名出席中共十八大代表中唯一一位煤矿工人代表。

8月2日　中共河南省委关于调整河南省煤层气开发利用有限公司主要负责人职务的决定：苗河根任省煤层气公司总经理、副董事长、党委副书记，免去王思鹏省煤层气公司总经理、副董事长、党委副书记职务，调郑煤集团任职。

8月15日　河南省委副书记、河南省省长郭庚茂到河南煤业化工集团有限责任公司濮阳乙二醇项目基地调研。河南省政府副秘书长徐衣显，濮阳市委书记段喜中，河南煤业化工集团有限责任公司董事长、党委书记陈祥恩等陪同。

8月17日　河南省委副书记、省长郭庚茂在《国务院安委会办公室关于安全生产工作的建议函》上做出重要批示：“要认真落实，坚持不懈，巩固发展好的局面。近年来，在党中央、国务院的正确领导和大力支持下，全省安全生产工作取得了较好成绩。希望各级、各部门、各单位进一步牢固树立生命至上、安全第一、责任如山理念，增强忧患意识，切实加强领导，落实责任，严格监管，严厉整治，严肃查处；把重点行业领域的专项整治和规范与推进经济发展方式转变、产业结构优化升级结合起来，全面提高安全生产工作科学化水平，坚决防止重特大事故的发生，促进全省安全生产形势持续稳定好转，为推动科学发展、建设中原经济区做出新的更大贡献！”

8月1日　河南省开展煤炭经营领域“打非治违”专项行动，专项行动历时4个月，于11月30日结束。河南省各地工信、公安、工商和质监四部门联合行动，共取缔无证无照经营企业1010家、处罚违规企业166家、取缔非法煤炭经销点451处。

9月1日　中国第一个自主研发的国产智能控制无人化综采工作面在中国平煤神马集团有限责任公司六矿试运行成功。

9月24日　2012中国(郑州)产业转移系列对接活动开幕式在郑州国际会展中心举行。省委副书记、省长郭庚茂，副省长张大卫出席活动。在中央企业参与中原经济区建设重点合作项目集中签约仪式上，中国平煤神马集团副总经理万善福代表集团与华电国际电力股份有限公司河南分公司总经理、党组副书记王凤蛟就合作建设煤电联营项目在协议书上签字。河南省煤层气开发利用有限公司董事长、党委书记于顺德与国电河南电力公司总经理朱国庆就合作开发煤层气、页岩气等非常规天然气项目在协议书上签字。

本月 中国平煤神马集团有限责任公司帘子布公司高强力工业丝技术试验成功，打破国外技术壁垒，填补了国内空白。

10月23日 全国政协副主席、中国致工党中央主席、科技部部长万钢到河南煤业化工集团有限责任公司碳纤维公司调研。河南省委副书记、省长郭庚茂，河南省政协主席叶冬松陪同。

10月30日 根据国家安全监管总局国家煤矿安全监察局《关于开展煤矿安全专项督查的通知》(安监总办〔2012〕127号)统一部署，第十四督查组在河南省进行为期24天的煤矿安全专项督查。督查活动于11月22日结束。分别在焦作、义马、郑州、平顶山和永城召开了豫北、豫西、豫中、豫南、豫东等5个片区座谈会，听取了郑州市、洛阳市、平顶山市、永城市等20余个市县政府和河南煤化集团、郑煤集团、平煤集团、济源煤业等30余家企业有关煤矿安全生产工作的汇报，抽查永煤集团城郊煤矿、神火集团薛湖煤矿、义煤集团耿村煤矿等31个矿井，查阅了相关资料并现场检查，对商丘市和济源市政府发了2个督查函，对河南煤化、义煤集团发了7个督查函。11月22日，督查组在郑州市召开督查活动总结反馈会议，对存在的问题提出意见和建议。

11月5日 中共中央政治局常委李长春，中共中央政治局常委、国务院副总理李克强分别到十八大河南代表团驻地看望。河南省委书记卢展工、河南省省长郭庚茂陪同。中共十八大代表、河南煤化集团董事长、党委书记陈祥恩受到接见并汇报本企业的发展情况。

11月22日 河南省煤炭企业兼并重组会议召开。河南省委常委、常务副省长李克出席并讲话。会议肯定河南省煤炭企业兼并重组成果：煤炭企业数量由兼并重组前的530家减少到30家，矿井数量由797处下降到550处，河南省骨干煤炭企业所属矿井生产规模由兼并重组前的1.2亿吨上升到1.8亿吨。

11月26日 省政府召开煤矿安全督查专题会议，听取省政府煤矿安全督查组工作汇报，安排部署近期全省煤矿安全生产工作。分管副省长出席会议并作重要讲话，省政府副秘书长程志明主持会议，省直有关部门主要负责人，重点产煤省辖市政府分管负责人和省骨干煤炭企业主要负责人参加会议。

12月5日 郑州煤矿机械集团股份有限公司在香港联交所挂牌上市，拥有了境内外A＋H股两个资本平台。

是年 全省有172处矿井达到安全质量标准化标准，其中国家级安全质量标准煤矿68处；全省有59处矿井获得2010—2011年度国家安全高效矿井称号，其中特级矿井11处、一级矿井26处、二级矿井22处；共建成“五优”矿井55处，总产能9041万吨，占年产量的48%；全省123处矿井实现全年安全生产1000天以上，居全国第二位。

2013年

1月11日 在中共中央、国务院举行的2012年度国家科学技术奖励大会上，中国平煤神马集团“综合机械化固体废弃物密实充填与采煤一体化技术”成果获得国家技术发明二等奖。

1月17日 《河南日报》头版刊发《我省安全生产创近年最高水平》，2012年河南省安全生产工作保持事故总量下降、重特大事故下降、多数行业事故下降和指标控制良好的“三下降、一良好”的态势。特别是重特大事故控制取得突破性进展，全省自2007

年以来首次避免了特别重大事故，煤矿自中华人民共和国成立以后首次避免了重大事故发生。

1月21日　根据国务院安委会统一安排，河南省安委会印发《河南省“千名干部与万名矿长谈心对话”活动实施方案》，河南省在全省煤矿开展与矿长谈心谈话活动。就强化红线意识、落实责任、贯彻“双七条”、推进安全风险预控等方面，进行谈心对话，听取煤矿矿长对全省煤矿安全生产工作的意见和建议。

1月22日　河南省政府安委会印发《河南省4个煤矿安全重点市遏制重特大事故攻坚战实施方案》，将登封市、新密市、济源市、巩义市列入重点攻坚市，用两年的时间，使煤矿发生脱胎换骨的改变，建设成装备先进、系统可靠、管理规范、安全高效、环境优美的现代化矿井。

1月30日　省长郭庚茂就安全生产作出重要批示：2012年，全省安全生产形势实现了持续稳定好转，尤其是在遏制重特大事故方面取得了明显突破，自2007年以来首次避免了特别重大事故，煤矿自中华人民共和国成立以来首次杜绝重大事故，创近年来最好水平。成绩来之不易，任务依然艰巨，容不得丝毫懈怠。希望各级、各部门、各单位在新的一年里，积极创新安全发展理念，大力实施安全发展战略，全面推进安全河南创建，持续深化重点领域整治，以务实求效的作风，狠抓安全生产责任措施特别是“一岗双责”的落实，切实防范和有效遏制各类事故发生，为全面建成小康社会提供坚实的安全保障。

2月23日　《河南日报》在一版头题刊发消息《中国平煤神马：煤钢焦循环链浴火煅成》，对集团提升资本运作层次，打造煤钢焦合作“旗舰”，构建新的产业循环链的做法进行重点报道。

2月28日　河南省电煤市场化改革座谈会在中国平煤神马集团举行。座谈会由中国煤炭工业协会组织召开。全国政协常委、中国煤炭工业协会会长王显政出席会议并作重要讲话。中国煤炭工业协会副会长兼秘书长姜智敏，纪委书记、综合部主任解宏绪，经济运行部主任、煤炭运销协会理事长王战军，科技发展部主任刘峰；省工信厅副厅长陈党义，河南煤监局副局长薛纯运；集团董事长、党委书记梁铁山，集团副总经理张富有；河南煤化集团、义煤集团、郑煤集团和神火集团的负责人等出席会议。

3月1日　全国政协常委、中国煤炭工业协会会长王显政带领协会有关人员，到义煤集团调研《国务院办公厅深化电煤市场化改革指导意见》精神落实和煤化工发展等情况。

3月2日　全国政协常委、中国煤炭工业协会会长王显政在副会长姜智敏和河南省工信厅副厅长陈党义、省煤监局副局长薛纯运陪同下，到河南理工大学视察指导工作。

3月5日　河南省人民政府印发《关于设置河南工业和信息化职业学院的批复》（豫政文〔2013〕82号）。同意将河南理工大学高等职业学院从河南理工大学剥离，设置河南工业和信息化职业学院。学院为专科层次的普通高等职业教育，主要面向河南省培养适应行业发展需要的高等技术应用型人才。5月28日上午9点，河南工业和信息化职业学院举行揭牌仪式。

3月14日　河南省政府办公厅印发《关于贯彻国办发〔2013〕99号文件精神进一步加强煤矿安全生产工作的实施意见》，从严格煤矿准入条件、深化瓦斯综合治理、强化生产能力管理、加强煤矿基层基础建设、强化煤矿安全监管责任、深化隐患排查治理、加大科技攻关力度、健全煤矿安全应急救援体系等8个方面作了规定。

4月7日　平顶山市石龙区被国家发

改委确定为全国首批实施独立工矿区改造搬迁工程五个试点县区之一。

4月9日 河南省政府在郑州组织召开全省煤炭企业兼并重组涉诉工作座谈会。会议通报了全省煤炭企业兼并重组工作进展情况，并就如何妥善处理煤炭企业兼并重组涉法涉诉问题提出了明确要求，促进了兼并重组小煤矿涉诉案件的顺利解决。

4月16日 河南省委决定，刘宛康任河南省安全生产监督管理局局长、党组书记，张国伟不再担任局长、党组书记职务。

4月26日 全国煤矿安全警示教育平顶山基地在中国平煤神马集团安培中心投入使用。

5月14日 第三届全国模范职工之家工会主席疗休养活动启动仪式在中国平煤神马集团举行。中华全国总工会副主席、书记处书记段敦厚出席仪式并讲话。河南省总工会党组书记、常务副主席李建庄，副主席王春萍；平顶山市委书记陈建生等出席启动仪式。

5月15日 中国平煤神马集团工人技术创新园建成。该园占地面积约5000平方米，由工人技术成果展厅、张玮学习工作室、白国周煤炭大师工作室、方国平专家工作室和成果孵化基地等组成，是目前国内规模最大的工人技术创新园。

5月28日 全煤第二届“百名优秀青年矿工”评选揭晓。中国平煤神马集团熊祥林、魏如愿，鹤煤二矿准备一队班长韩利果入选。

本月 针对煤炭产能过剩经济下行的压力，煤电双方按照省政府要求实行煤电互保。河南能源、平煤神马、郑煤三大煤业集团与发电企业签订三年中长期战略合作协议，每年5555万吨在年度合同中给予落实，并实行考核。

6月7日 河南省财政厅下发《关于做好退还关闭退出小煤矿剩余可采储量价款工作的通知》（豫财环〔2013〕21号），全省159处关闭退出小煤矿总计约7.76亿元剩余可采储量采矿权价款已经全部拨付到相关市、县。

6月8日 郑州煤矿机械集团公司获得2012年度“河南省省长质量奖”。

6月19日 河南省省长谢伏瞻到永城调研，深入永煤顺和煤矿下矿井现场检查，了解煤矿建设和生产情况，并召开全省煤矿安全生产座谈会。副省长张维宁一同调研并主持会议。

6月27日 全国煤矿煤焦化产业绿色发展现场会在中国平煤神马集团召开。中国煤炭工业协会会长王显政主持会议并讲话；中国煤炭工业协会副会长兼秘书长梁嘉琨作主题报告；中国煤炭工业协会副会长田会、刘峰，中国煤炭加工利用协会理事长吕英，河南省工信厅副厅长陈党义，河南煤监局巡视员薛纯运，河南省能源局副局长李迎等出席会议。

7月1日 河南省首条地下输煤通道——平姚地下输煤通道试运行。

7月3日 中国煤炭工业协会副会长刘峰一行到河南煤化集团、郑煤集团公司调研煤炭企业经济运行情况。省工信厅副厅长陈党义、省煤炭行业协会副会长王荣海陪同。

7月5日 第六届中国管理科学大会在北京钓鱼台国宾馆召开。会上，由地煤公司尹百灵等执笔撰写的《关于煤层气产业健康发展模式的探讨》，得到中国管理科学院常务副院长、著名管理学家王兴成很高的评价，并获优秀学术论文一等奖。

7月14日 根据国务院安委会统一部署，以中央纪委常委、监察部副部长姚增科为组长的国务院安委会安全生产第四综合督查组，在副省长李亚、省安监局局长刘宛康、河南煤监局局长牛森营、省纪委常委张战伟等领导的陪同下，到郑煤集团新郑煤电公司督查安全生产工作。

7月18日 煤炭安全生产河南省协同创新中心成立大会在郑州举行，河南省工业和信息化厅副厅长陈党义、河南省教育厅科技处副处长张水潮出席会议。中心成员单位共同签署了《煤炭安全生产协同创新中心协议书》，牵头高校河南理工大学与河南煤化集团、平煤神马集团、义煤集团和郑煤集团等四家单位签署了首批重大科技攻关项目合作协议书。

本月 郑州煤矿机械集团获得中国企业联合会与中国企业家协会2012年企业信用评价AAA级信用企业称号。

8月1日 河南省工信厅、省公安厅、省工商局、省质监局四部门在全省范围内开展煤炭经营领域“打非治违”专项行动，坚决治理和纠正煤炭无证经营、违规经营行为，确保煤炭市场健康平稳运行。专项行动于11月30日结束。

8月28日 2013年全省煤炭系统职业技能大赛颁奖大会在职工休养院召开。河南省工信厅副厅长陈党义出席会议。本次比赛，中国平煤神马集团获得了综采维修电工、矿井维修电工个人前三名，获得了综采维修电工团体第一名和优秀组织奖。

9月12日 河南煤业化工集团有限责任公司与义马煤业集团股份有限责任公司战略重组而成的河南能源化工集团有限责任公司在郑州揭牌成立。副省长张维宁出席揭牌仪式并讲话。

9月14日 河南能源化工集团对义煤集团领导班子进行调整：河南能源化工集团总经理乔国厚任义煤集团董事长、党委书记，河南能源化工集团党委副书记王文良任义煤集团总经理、副董事长、党委副书记。

本月 神火集团梁北矿通过技术革新，将采面长度扩展150余米达到327米，在突出矿井和突出煤层中是全省最长的工作面，平均日产原煤近5000吨，比革新前提高近2000吨，创造了梁北矿单面日产原煤新纪录；每小班人均工效达35.76吨，与国家特级安全高效矿井相比，超过20.76吨。作为全国“双突”较为严重的矿井之一，这一工效创造了全国煤炭生产的奇迹。

10月9日 河南省煤矿安全质量标准化新标准培训在平顶山开班，邀请国家煤监局行管司副巡视员王素锋对新标准进行解读，省工信厅副厅长陈党义出席会议。

10月12日 世界最大焦炉——中国平煤神马集团首山焦化公司7.63米捣固焦炉改造升级后投产。

10月23日 平顶山煤矿机械公司为德国鲁尔集团研制的ZY11310/24/52D型两柱掩护式液压支架顺利通过欧盟“CE”认证。

10月27日 国家“973计划”项目“深部煤炭开发中煤与瓦斯共采理论”科技项目在中国平煤神马集团通过验收。中国工程院院士、国家“973计划”项目首席科学家、四川大学校长谢和平，集团总工程师张建国出席了验收会。

11月8日 国务院下发《关于取消和下放一批行政审批项目的决定》（国发〔2013〕44号）。此前，河南省人民政府已于9月5日下发《关于取消和调整行政审批项目的决定》（豫政〔2013〕58号）。按照两个《决定》要求，河南省取消全省煤炭经营许可证。

11月12日 《人民日报》“新青年专刊”推出特别报道《800米井下的闪光青春》，对平煤股份六矿综采四队大学生采煤班的先进事迹进行重点报道。

11月18日 郑煤集团李粮店矿因井筒打注浆孔处理不当，引发井筒周围流砂层坍塌，致使主井井筒断裂、下沉。造成西部400米高铁路基下沉，高铁减速引起国务院高度重视，国务院安委会派督导组先后多次到郑督导。

12 月 10 日 河南省煤矿安全工作座谈会在郑煤集团新郑煤电公司召开，河南省副省长张维宁与部分省辖市分管领导和部分煤矿矿长就煤矿安全生产进行互动对话，围绕党中央国务院和省委省政府关于安全生产的政策和要求，谈认识、说看法、提建议，强化责任，统一思想。

同日 《河南省煤矿职工安全生产行为守则》正式印发，主要目的是全面增强煤矿职工安全意识和责任意识，提高职工业务技能和整体素质，有效防范“三违”现象，坚决遏制重特大事故的发生。

12 月 12 日 由中国医院协会企业医院分会主办的中国企业医院改革研讨会暨 2013 年企业医院分会年会在北京举办。会上，平煤医疗集团总医院获全国“十佳优秀企业医院”称号。

12 月 20 日 河南省政府安委会办公室召开《国务院办公厅关于进一步加强煤矿安全生产工作的意见》(国办发〔2013〕99 号)电视电话宣讲会，国家安全监管总局党组成员、总工程师王树鹤同志宣讲国办发〔2013〕99 号文件。张维宁副省长主持会议并作重要讲话，省直有关部门负责人和省骨干煤炭企业主要负责人在主会场参加会议，各产煤省辖市、直管县(市)及产煤县(市、区)分管负责人和全省煤矿矿长在各分会场参加会议。

12 月 22 日 中国矿业大学(北京)煤炭工业地下气化技术研究中心钱路新博士一行 4 人到河南省煤层气开发利用有限公司针对煤层气热采、煤炭地下气化等技术开展学术交流。

是年 全省有 194 处矿井达到安全质量标准化标准，其中一级安全质量标准煤矿 81 处，占全国一级标准化煤矿的 12%，居全国第 4 位。

2014 年

1 月 6 日 世界首条煤制甲醇蛋白联产脂肪酶生产线在河南省义马煤业集团投产。

1 月 7 日 “河南经济年度人物”大型评选活动揭晓。河南能源化工集团有限责任公司董事长、党委书记陈祥恩、中国平煤神马集团有限责任公司总经理杨建国当选。此活动由河南省广播电影电视局、中共河南省委农村工作办公室、河南省工商业联合会、河南省发展与改革委员会、河南省工业与信息化厅、河南省地税局、河南省社会科学院 9 家单位主办。

1 月 10 日 在 2013 年度国家科学技术奖励大会上，中国平煤神马集团有限责任公司与辽宁工程技术大学共同完成的科研项目“煤与瓦斯突出矿井深部动力灾害一体化预测与防治关键技术”获得国家科学技术进步二等奖。

1 月 15 日 河南省煤层气公司平顶山项目 SS-009 直井日产气一举突破 800 立方米，达到工业化开采标准，创河南省直井单井日产气最高纪录。

同日 河南省首座煤层气地面抽采利用撬装压缩站在河南省煤层气公司鹤壁项目安装完毕，可日收集高纯度煤层气 1000 立方米，标志着河南省煤层气地面抽采利用项目正式启动。

2 月 24 日 中国平煤神马集团与中国四联集团签署战略合作协议，在中国平煤神马集团合资建设国内第一家 LED 矿山照明产品基地。

2 月 28 日 郑煤集团米村煤矿矿用对轮拔拉装置和前探梁吊挂装置两项科技成果获得中华人民共和国国家知识产权局颁发的实用新型专利证书。

本月 国土资源部授权，河南省国土资源厅向河南能源化工集团义煤公司曹跃矿业颁发采矿许可证。批准其同时开采煤和铝土矿两种资源，成为全国首个煤铝联采的井矿企业。

3月14日 《河南省人民政府办公厅关于贯彻国办发〔2013〕99号文件精神进一步加强煤矿安全生产工作的实施意见》(豫政办〔2014〕22号)印发执行。

3月20日 郑州煤矿机械集团股份有限公司首套出口印度国有煤炭公司综采成套设备地面联调试验在郑州取得圆满成功。也是中国第一套出口印度的综采成套设备项目。

4月2日 国家安全生产监督管理总局任命严寅初为河南煤矿安监局党组书记、局长。牛森营不再担任。

4月25日 全国煤炭行业"五四"表彰大会在山东省泰安市举行。会上，中国平煤神马集团团委、平宝公司团委、神火集团梁北煤矿团委分别获2013年度全国煤炭行业"五四"红旗团委称号。

5月5日 青海省省长郝鹏到义煤公司义海能源木里矿视察。

5月6日 河南能源化工集团有限责任公司义马气化厂获评国家"危险化学品从业单位安全生产标准化一级企业"，为河南省唯一一家通过评审的企业。

5月9日 河南省副省长张维宁在青海省西宁市与青海省委常委、常务副省长骆玉林就加快河南煤炭企业在青海省的发展会谈。河南省政府国有资产管理委员会主任肖新明参加。

5月14日 河南省省长谢伏瞻到中国平煤神马集团考察。在实地察看氯碱发展公司和帘子布公司后，谢伏瞻强调，要高度重视安全管理，坚守安全红线；要切实抓好精细管理，进一步降低生产成本；要牢牢把握结构调整主线，科学合理调整产品结构、产业结构和市场结构，促进企业转型升级。平顶山市领导陈建生，中国平煤神马集团领导梁铁山等陪同。

5月27日 河南省委作出郑煤集团主要领导调整决定：王连海任郑州煤炭工业(集团)有限责任公司董事长、党委书记。

6月4日 由河南煤矿安全监察局、河南省工业和信息化厅、河南省安全生产监督管理局、河南省煤矿工会联合主办的第八届河南煤矿救援技术竞赛暨"安全生产月"应急演练活动启动仪式在中国平煤神马集团救护大队举行。

6月16—17日 全国煤炭系统企业文化暨"五精"管理现场推广会在陕煤化集团召开。会上，平煤股份八矿被命名为全国煤炭工业企业示范矿，平煤股份十一矿、郑煤集团告成煤矿被命名为全国煤炭工业"五精"管理样板矿，平宝公司被命名为"三平六宝"平宝文化品牌矿。郑煤集团供电处被命名为全煤系统第二批非煤单位企业文化品牌单位；郑煤集团铁运处被命名为全国煤炭工业第五批企业文化建设优秀单位。

6月19日 河南省煤矿安全生产座谈会在永城市召开。河南省省长谢伏瞻出席，河南省副省长张维宁主持，河南煤矿安监局党组书记、局长严寅初参加。

7月2日 河南省委授予平煤股份七矿工会副主席白国周"学习弘扬焦裕禄精神好干部"称号。

7月7日 河南能源化工集团有限责任公司入选世界500强企业，位列第328位，为河南省唯一上榜企业。

7月16—17日 河南省委书记、省人大常委会主任郭庚茂，省委副书记邓凯到中国平煤神马集团调研，并到平顶山化工产业集聚区调研该集团尼龙化工产业项目建设情况。

7月29日 《河南省人民政府关于印发河南省强化煤矿安全生产暂行规定的通知》(豫政〔2014〕63号)印发执行，提出防治瓦斯十条措施，进一步强化全省煤矿安全生产措施，防范和遏制煤矿重特大事故发生。

本月 中国平煤神马集团通过首批国家循环经济试点示范单位验收。验收由国家发改委、国家环保部、国家科技部、国家工信部、国家财政部、国家商务部、国家统计局等委托有关第三方咨询机构进行，并于7月14日至23日对入围名单进行为期10天的公示。

8月7日 《财富》杂志公布2014年中国财富500强排行榜，神火煤电位列第207位，河南省共有12家上市公司上榜，神火煤电位居河南上榜上市公司第3位。

9月18—19日 济南军区国防动员委员会第八次全体会议暨国防动员实战化建设会议在山东潍坊召开，并主办国防配套武器装备及新材料、新技术成果展。中央军委委员、国务委员兼国防部部长常万全参观河南能源化工集团碳纤维公司展位并对参展产品给予肯定。

9月26日 中国平煤神马集团与郑州大学签订战略合作框架协议。根据协议，双方将共同组建"焦煤资源与材料研究院"，重点开展焦煤二次资源高效分选和煤基材料深加工等技术研发，共同打造国家级资源型产业创新发展平台

同日 中国科学技术信息研究所在北京国际会议中心举办2014年中国科技论文统计结果发布会。经过对期刊总被引频次、影响因子、他引率、基金论文比等多项学术指标综合评定及同行专家评议推荐，《中州煤炭》入选"中国科技论文统计源期刊"(中国科技核心期刊)。

9月29日 河南省教育厅下发文件，河南工业和信息化职业学院获批成为高等职业教育特色院校建设单位。

9月30日 河南省政府任命，李震寰为河南省安全生产监督管理局煤矿安全监察办公室主任(副厅级)。

10月12日 河南工程咨询监理有限公司与内蒙古玉龙矿业股份有限公司签订西乌珠穆沁旗花敖包特银铅矿技术改造项目施工监理合同。生产规模3000吨/年。

10月15日 义煤公司青海义海生物科技有限公司年产2万吨甲醇蛋白联产酶制剂项目在青海省西宁市南川工业园区开工，拉开了打造青海煤电化生多联产基地的序幕。义煤公司在青海建设的3×2万吨/年甲醇蛋白联产酶制剂项目总投资30亿元，分三期建设。

10月29日 国务院安委会专项工作组在国务院安委办副主任、国家安全监管总局党组副书记、副局长王德学，党组成员、总工程师王树鹤，国家煤矿安监局副局长黄玉治等到郑煤集团新郑煤电公司视察安全生产工作。河南省副省长张维宁、省政府副秘书长王登喜、省安全监管局局长刘宛康、河南煤监局局长严寅初陪同。

11月4日 河南省委书记、省人大常委会主任郭庚茂，副省长张维宁到中国平煤神马集团调研。郭庚茂一行认真察看该集团硅烷项目、首山焦化公司能源中心和7.63米焦炉，听取该集团党委书记、董事长梁铁山，总经理杨建国工作汇报。郭庚茂强调，要坚定不移地走混合所有制发展道路。

11月14日 河南省人民政府办公厅下发《关于进一步加强煤矿安全生产管理的通知》(豫政办〔2014〕163号)文件，进一步明确产煤省辖市、县(市、区)政府是本辖区煤矿安全监管责任主体。

12月5日 河南省政府印发《河南省集中开展煤矿隐患排查治理行动方案》(豫政办〔2014〕172号)，成立以副省长、省政府安全生产委员会副主任张维宁任组长，省政府副秘书长王登喜、省安全监管局局长刘宛康、河南煤矿安全监察局局长严寅初任副组长，省工业和信息化厅、国土资源厅、财

政厅、安全监管局、能源局、河南煤矿安全监察局等部门负责同志，各产煤省辖市、省直管县(市)政府安全生产委员会主任为成员的省集中开展煤矿隐患排查治理行动工作领导小组。对全省煤矿开展隐患排查治理行动。

12月30日 《关于公布2014年度河南省著名商标名单的通知》(豫工商〔2014〕19号)，河南省煤炭科学研究院有限公司注册的“科明”商标荣获河南省著名商标。

是年 全省有225处矿井达到安全质量标准化标准，其中一级安全质量标准煤矿77处，占全国一级标准化煤矿的12%，居全国第3位；全省有67处矿井获得2012—2013年度国家安全高效矿井称号，其中特级矿井13处、一级矿井32处、二级矿井22处；全省116处矿井全年实现安全生产1000天以上，居全国第二位。

2015年

1月 河南省煤层气平顶山蓝天公司新南环路加气站投入试运营，自2014年12月中旬开始对平顶山公交车辆售气以来，日销气量达4100千克，河南省煤层气公司燃气利用迈出关键步伐。

4月10日 河南煤矿安全监察局印发《关于加强顶板管理的指导意见》(豫煤安监调查〔2015〕82号)，明确煤矿顶板管理责任，要求加强技术管理，严格现场安全管理，强化监督考核管理，加强教育培训，严肃责任追究。

4月13日 根据《国务院安委会办公室关于印发第二批50个煤矿安全重点县(市、区)遏制重特大事故攻坚战工作方案的函》，经省政府研究决定，在国家确定河南省4个煤矿遏制重特大事故攻坚县(市)(新密、登封、济源、巩义)的基础上，又增加了汝州市、禹州市、新安县、伊川市4个县(市)和平煤神马集团，形成“4＋4＋1”模式。

4月15日 国家安全监管总局在济源市开展“千名干部与万名矿长谈心对话”活动。国务院参事室特约研究员、国家安全监管总局新闻发言人黄毅，国家安全监管总局矿山救援指挥中心副主任田得雨，河南煤矿安全监察局主要领导参加座谈会。

5月13日 香港全国政协委员考察团在全国政协副主席李海峰率领下到中国平煤神马集团，参观考察帘子布公司。

5月15日 河南省安全监管局下发《关于省属和中央驻豫煤矿企业报告重大安全生产隐患有关问题的通知》(豫安监管办〔2015〕68号)，要求省属和中央驻豫煤矿企业按照《煤矿隐患排查和整顿关闭实施办法(试行)》的要求，每季度第一周对上季度重大安全生产隐患排查治理情况进行报告，报告应经煤矿企业负责人签字，重要情况随时报告。

5月28日 国家安监总局副局长孙华山到中国平煤神马集团调研矿山应急救援工作。河南省安监局局长刘宛康，该集团总经理杨建国、安监局局长杜波陪同。

5月29日 河南省煤矿安全攻坚战督导工作会议在中国平煤神马集团召开。根据省安委会《河南省8个煤矿安全重点市县及平煤神马集团遏制重特大事故攻坚战实施方案》，从2015年3月到年底，开展遏制重特大煤矿事故攻坚战活动。

6月3日 国家住建部公布核准通过的2015年度第五批建设工程企业资质资格名单。平煤神马建工集团获矿山工程施工总承包特级资质，成为中国第五家、河南省第一家具有该资质的企业。

6月5日 中国煤炭工业协会副会长、中国煤炭经济研究会理事长解宏绪一行到郑煤集团召开全国煤炭经济运行河南省调研座谈会。

6月10日 河南省煤矿安全质量标准

化暨顶板管理现场会在河南能化集团义煤公司新安煤矿召开。会议传达贯彻全国煤矿顶板管理技术交流会会议精神，部分煤矿企业做了交流发言，河南省工信委副主任、党组成员陈党义出席会议并对全省煤矿顶板管理工作进行安排部署。

8月7日 河南省委任命马正兰为郑煤集团总经理、副董事长、党委副书记。免去张明剑郑煤集团总经理、副董事长、党委副书记职务。

8月9日 河南省委常委、常务副省长李克，副省长赵建才、李亚到中国平煤神马集团建工集团郑州分公司承建的郑州新郑国际机场二期扩建空管工程塔台小区工程工地视察。

8月18日 中国煤炭工业协会会长、党委书记王显政到中国平煤神马集团调研。王显政一行先后来到联合盐化公司、尼龙科技公司、帘子布发展公司、天瑞科技公司和首山焦化公司，了解企业生产经营现状及存在的困难、问题，并听取意见和建议。

8月21日 根据《河南省人民政府办公厅关于印发河南省工业和信息化委员会主要职责内设机构和人员编制规定的通知》(豫政办〔2015〕105号)，批准设立河南省煤炭工业管理办公室，将河南省工信委煤炭行业管理职责、河南省安全生产监督管理局煤矿安全生产监督管理职责以及河南省能源局部分管理职能进行整合，划归河南省煤炭工业管理办公室。11月2日，河南省委组织部发出豫组组〔2015〕16号文，批准成立中共河南省煤炭工业管理办公室委员会。

10月29日 河南省副省长张维宁在省国资委主任肖新明、党委书记丁福浩等领导陪同下到郑煤集团就企业解危脱困进行专题调研。

11月5日 平煤集团工人劳模小区获得中国建设工程最高奖——鲁班奖，也成为河南省10年来首个获得中国建设工程住宅类鲁班奖的工程。11月12日，《人民日报》《工人日报》《河南日报》、河南电视台、《中国煤炭报》等中央、省新闻媒体记者，深入中国平煤神马集团工人劳模小区采访。平煤集团工人劳模小区于2014年6月25日交付使用。11月17日，中国建设工程鲁班奖表彰大会在北京钓鱼台国宾馆召开。

11月6日 河南省委发出通知(豫文〔2015〕221号)，省委决定陈党义任河南省煤炭工业管理办公室主任(正厅级)。同日，中共河南省委组织部发文(豫组干〔2015〕768号)，任命陈党义为河南省煤炭工业管理办公室党委书记。兼任河南省工业和信息化委员会党组副书记。11月30日，河南省人民政府发文任命陈党义为河南省煤炭工业管理办公室主任(正厅级)，李震寰为河南省煤炭工业管理办公室副主任(副厅级)，免去李震寰河南省安全生产监督管理局煤炭安全监察办公室主任职务。

11月10日 焦煤集团中央医院静配中心正式投入使用。该静配中心建筑面积约800平方米，为河南省内医院最大的静配中心。

11月19日 2015年“国家技术创新示范企业”名单公布。平煤股份公司入选并成为河南省第一家获此荣誉的企业。

11月25日 河南省煤炭工业管理办公室召开全省煤矿安全生产工作会议，下发《河南省煤炭工业管理办公室关于进一步加强全省煤矿安全生产工作的紧急通知》，对全省煤矿在年末岁初安全生产工作进行安排部署。

同日 河南省煤炭工业管理办公室印发《关于开展煤矿安全生产“126”工程行动计划的指导意见》(豫煤〔2015〕3号)，强调全省煤矿安全生产一定要坚守红线，围绕“1”个目标(安全生产)，突出“2”个重点(灾害防治和生产管理)，落实“6”项任务(监管体系、人员素质、安全装备、技术管理、规章制度、应急救援),不断夯实安全生产基础,实现全省百万吨死亡率低于全国平均水平,杜绝重大及以上事故,有效遏制较大煤矿事故,生产矿井力争实现"零死亡"。

11 月 30 日 河南省煤炭工业管理办公室下发《关于强化煤矿生产安全事故报告工作的通知》,进一步强化全省煤矿生产安全事故报告和应急救援工作。

12 月 7 日 河南天工橡胶科技公司在新三板挂牌上市,成为中国平煤神马集团首家登陆新三板的企业。中国安全生产协会会长赵铁锤,平顶山市市长张国伟,中国平煤神马集团总经理杨建国出席挂牌仪式。

12 月 22 日 2015 年"感动中原"十大年度人物候选人评出。中泰矿业退休职工刘厚忠入选。曾先后获"鹤壁好人""文明使者志愿服务之星"和"中国好人榜"等荣誉称号。

12 月 23 日 中国平煤神马集团副总经理李毛代表集团与浙江大学签署战略合作协议,以及"烟煤循环流化床多联产技术示范化研究"等 3 个项目技术合同。河南省省长谢伏瞻,副省长徐济超,浙江大学副校长严建华出席签约仪式。

12 月 26 日 中国平煤神马集团和中兴通讯公司在郑州签署战略合作协议。双方将联手打造中兴平顶山产业园项目,重点在人力资源、环保技术、工程总承包等方面开展合作。

是年 河南省有 187 处矿井达到安全质量标准化标准,其中一级安全质量标准煤矿 84 处,占全国一级标准化煤矿的10.6%,居全国第 3 位。

是年 河南机械装备投资集团有限责任公司成立:河南省国资委将所持有郑煤机 32.14%股份变更为河南机械装备投资集团持有,郑煤机控股股东变更为河南机械装备投资集团,河南省将河南机械装备投资集团列为发展混合所有制经济和职业经理人制度改革的试点单位。

是年 郑煤机为中国神华集团成功研制 8.8 米液压支架。8.8 米液压支架是目前世界上工作阻力最大、支护高度最高、配套生产能力最大、智能化技术最先进的支架,多项关键技术均为世界首创。

第一篇

管理体制与组织

20 世纪 90 年代，河南省煤炭行业管理体制随着国家经济体制改革发展，经历了几次大的变化。河南煤炭工业管理局是煤炭工业部的派出机构，受煤炭工业部和河南省政府双重领导，以煤炭工业部管理为主，负责对河南省域内煤炭行业的管理工作。“八五”计划时期煤炭管理体制开始实行政企分离，煤炭工业部撤销成立中国统配煤矿总公司，河南煤炭工业管理局随之撤销，成立中国统配煤矿总公司河南公司。1993 年国务院机构改革撤销中国统配煤矿总公司恢复煤炭工业部。同年 9 月中国统配煤矿总公司河南公司更名为河南煤炭工业管理局，其机构、职能、领导班子成员没有变动。1998 年贯彻落实《国务院关于改革国有重点煤矿管理体制有关问题的通知》精神，将煤炭工业部直属和直接管理的国有重点煤矿以及各类为煤矿服务的 17 家企事业单位一并下放归河南省地方管理。2000 年河南省人民政府机构改革，设置河南省煤炭工业局，为河南省政府机构，正厅级规格，主管全省煤炭行业，并代行出资人职责。2009 年河南省政府试行大部委制机构改革，撤销河南省煤炭工业管理局，职能和人员分别划入河南省工业和信息化厅、河南省发展和改革委员会等有关部门，在河南省工业和信息化厅内设煤炭工业管理办公室。2015 年河南省人民政府又将分散在各部门的煤炭行业管理、安全生产、煤炭运营等管理职责整合划入河南省工业和信息化委员会省煤炭工业管理办公室，确定河南省煤炭工业管理办公室主任由正厅级干部担任，内设 4 个处室，基本恢复管理全省煤炭行业的职能。

2000 年国家煤矿安全监察局《关于印发河南煤矿安全监察局职能配置内设机构和人员编制方案的通知》设立河南煤矿安全监察局，与河南省煤炭工业局（省管）分别设立。河南煤矿安全监察局为国家煤矿安全监察局的直属机构，实行国家煤矿安全监察局与河南省人民政府双重领导，以国家煤矿安全监察局为主的管理体制。主要职责是对煤矿安全实施监察，组织查处煤矿伤亡事故等工作。河南煤矿安全监察局设置郑州、豫西、豫北、豫南、豫东 5 个煤矿安全监察分局。2002 年组建河南省安全生产监督管理局，与河南煤矿安全监察局一个机构两块牌子，2008 年与河南煤矿安全监察局分别设立。

河南省形成比较完善的省、市、县 3 级煤炭行业管理机构。产煤市县主要有郑州、洛阳、平顶山、三门峡、许昌、安阳、济源等。各主要产煤市县设置煤炭管理或安全监察机构，乡镇设置煤炭管理站。

20 世纪 90 年代初，《中共中央关于建立社会主义市场经济体制若干问题的决定》，要求进一步转换国有企业经营机制，按照市场经济要求建立产权清晰、权责明确、政企分开、管理科学的现代企业制度。1995—2000 年，平顶山矿务局、焦作矿务局、鹤壁矿务局、义马矿务局、郑州矿务局，先后改制为平顶山煤业（集团）有限责任公司、义马煤业（集团）有限责任公司、郑州煤炭工业（集团）有限责任公司、焦作煤业（集团）有限责任公司、鹤壁煤业（集团）有限责任公司，1997 年永城煤电（集团）有限责任公司挂牌成立。期间河南国有煤炭企业开始由单一的煤炭生产经营向资本经营和多种经营转变。2008 年河南煤炭企业再次开始新一轮的做大做强兼并重组，永煤集团与焦煤集团、鹤煤集团、中原大化集团和河南省煤气化集团联合组建河南煤业化工集团有限责任公司。平煤集团和神马集团联合重组，组建中国平煤神马能源化工集团有限责任公司。2013 年河南煤化集团与义煤集团合并成立河南能源化工集团有限公司。

20世纪90年代末，全国性煤炭产能严重过剩，煤炭市场萎缩、价格下滑，河南煤炭企业出现大面积亏损。2000年开始政策性关闭破产工作，河南省国有煤炭企业先后实施关闭破产项目20个，进一步优化煤炭企业结构。2010年河南省启动煤炭企业兼并重组工作，至2011年年底河南省骨干煤炭企业兼并重组年生产规模15万～30万吨的小煤矿498处，矿井数量大幅减少，产业集中度得到提高，煤矿安全生产形势明显好转。

中国共产党组织建设、宣传教育、纪律检查工作方面，河南省煤炭工业局设有党组，机关党委，纪检监察室，工会；各煤业集团公司设有党委、组织部、宣传部、纪委、监察处，形成比较完善的党组织机构和反腐倡廉工作体系。河南省煤矿工会工作委员会，是党组织开展群众工作的渠道，指导企事业单位煤矿工会开展劳动竞赛、群众安全、民主管理、文化体育、维权帮扶等工作。河南省煤炭行业协会、河南省煤炭学会是由河南省煤炭行业的企事业单位、社会团体及个人自愿联合结成的依法登记的全省非营利性社会和学术组织，在企业和政府间发挥桥梁纽带作用。

第一章 行 政 管 理

第一节 行业管理机构

一、河南煤炭工业管理局

河南煤炭工业管理局是煤炭工业部的派出机构，受煤炭工业部和河南省政府双重领导，以煤炭工业部管理为主，负责对河南省域内煤炭行业的管理工作。1988—1993年国务院推行新一轮的体制改革，煤炭工业管理体制实行政企分开，撤销煤炭工业部，组建中国煤炭统配煤矿总公司，河南煤炭工业管理局随之撤销，在河南煤炭工业管理局基础上组建中国统配煤矿总公司河南公司。中国统配煤矿总公司下发《关于组建中国统配煤矿总公司河南公司的通知》(中煤总办〔1988〕第204号)文件，中国统配煤矿总公司河南公司主要任务是：领导和管理总公司所属在河南境内的统配煤矿焦作、鹤壁、义马、新密矿务局(不含平顶山矿务局)和其他煤炭企事业单位，组织和管理所属企事业单位的煤炭生产、建设计划和经营活动。原河南煤炭工业管理局局长、副局长相应转变为中国统配煤炭总公司河南公司经理、副经理，没有另行文件任免。同时，河南省人民政府继续贯彻执行豫政〔1984〕143号文件和煤炭部煤办〔1984〕1480号文件精神，河南省煤炭工业厅和中国统配煤矿总公司河南公司继续实行一套机构两块牌子，行使行政职能和全省地方煤炭工业的行业管理职能。

1993年，国务院机构改革方案撤销中国统配煤矿总公司，恢复煤炭工业部。根据煤炭工业部《关于省级煤炭管理机构更名的通知》(煤办字〔1993〕第257号)文件通知，1993年9月起，中国统配煤矿总公司河南公司更名为河南煤炭工业管理局，机构、领导班子成员没有变动，又恢复为煤炭工业部和河南省人民政府双重管理的省级行政管理部门，以煤炭工业部管理为主。

1991—1995 年，河南煤炭工业管理局局(厅)长、经理、党组书记朱德沛；副局(厅)长、副经理张春源(正厅级)、高国安、黄元庆；副经理杨耀敏、谷中立(任职情况详见第十篇的人物名录)。

二、河南省煤炭工业厅(局)

“九五”计划时期，河南省级煤炭行业管理体制逐步由煤炭部直管过渡为地方政府管理。1995 年，根据中共中央、国务院批准的河南省党政机构改革方案和国务院批复的煤炭工业部“三定”方案，河南省煤炭工业厅与河南煤炭工业管理局仍为一个机构两块牌子，既是省政府的职能部门，又是煤炭部派出机构，对河南煤炭工业实行统一管理。河南省政府下发《河南省人民政府办公厅关于印发河南省煤炭工业厅(河南煤炭工业管理局)职能配置、内设机构和人员编制方案的通知》豫政办〔1995〕140 号文件，煤炭工业部办公厅下发《关于河南煤炭工业管理局(河南省煤炭工业厅)职能配置、内设机构和人员编制方案的批复》煤厅字〔1996〕第 19 号文件，按照政企分开和精简、统一、效能的原则，确定其职能配置、内设机构和人员编制。为了适应社会主义市场经济发展和加快经济建设的要求，河南煤炭工业管理体制在深化改革的基础上要求进一步转变职能，简政放权，促进企业转换经营机制，加强宏观管理和行业管理，抓好规划、协调、监督、服务。职能转变主要体现在 5 个方面：① 研究和制定全省煤炭行业发展战略、布局、规划和有关政策。除国家规定的考核指标外，对企业只考核盈亏和百万吨死亡率两项指标。② 对全省各类煤炭企业产、运、需进行平衡和协调，不再干预企业的具体生产经营活动。③ 研究改革煤炭销售、运输体制，培育和发展煤炭市场。④ 下放干部管理权，不干涉企业的劳动用工权。⑤ 为全省各类煤炭企业搞好服务，创造平等竞争环境，促进企业提高经济效益。其主要职责规定为 10 大项：① 研究制定发展河南煤炭工业方针、政策、行业规范和各种宏观管理制度。② 根据国民经济和社会发展需求，制定河南煤炭工业发展战略，编制长远发展规划及年度计划，统筹规划煤炭工业布局，优化产业结构和产品结构，发展煤炭洗选加工、综合利用、多种经营和第三产业；搞好煤炭行业节能、环保工作。③ 统筹规划、合理开发和利用河南煤炭资源；对各种投资渠道、各种经营形式的煤炭实行行业管理和宏观管理；对重大建设项目和限额以上技术改造项目进行审查并提出立项建议，协调各种煤炭建设项目的内外部关系。④ 制定河南煤炭工业体制改革总体规划及配套措施，并推动实施；推进企业转换经营机制；培育和发展河南煤炭市场。⑤ 按照国家下达的年度煤炭生产、分配和进出口计划，协调煤炭工业与运输、电力等部门的关系，保障煤矿企业正常的生产经营次序。⑥ 负责河南煤炭行业科技、教育工作，组织协调煤炭行业重大技术攻关；归口管理煤炭工业技术、计量和质量监督工作；加强河南煤炭工业专业技术人才培养；按规定管理直属企事业单位的领导干部。⑦ 负责河南煤炭工业的对外经济、技术合作与交流，发展河南煤炭工业进出口贸易，扩大对外开放；归口管理重大煤炭技术装备的引进工作。⑧ 根据国家矿山安全法和煤矿安全规程等，监督检查煤矿的安全生产；对重大灾害事故组织抢救和调查，对全省煤矿军事化矿山救护队伍实行统一调度指挥。⑨ 按规定对河南煤炭企业国有资产的保值增值实施监督、检查、评估；负责管理直属事业单位国有资产。⑩ 汇集、发布煤炭行业国内经济、科技、市场信息，为河南煤炭企事业单位提供信息、技术、咨询服务。

1998 年，贯彻落实《国务院关于改革国有重点煤矿管理体制有关问题的通知》(国发〔1998〕22号)精神,国家经贸委、国家煤炭工业局会同财政部、中国人民银行、劳动保障部等有关部门,与河南省人民政府于1998年8月14—15日,就改革河南国有重点煤矿管理体制问题,在北京进行了认真商谈,签订了商谈纪要。国家煤炭工业局、河南省人民政府双方签订了《关于印发河南省国有重点煤矿管理体制改革问题商谈纪要的通知》(煤办字〔1998〕454号)文件。双方一致认为,国有重点煤矿划转地方管理,是煤炭工业管理体制的重大改革,是社会主义市场经济的客观要求,有利于政府职能转变和企业经营机制转变,有利于煤炭工业结构调整和健康发展。河南省人民政府印发《河南省人民政府关于中央煤炭企事业单位下放接受有关问题的通知》(豫政〔1998〕44号)文件。双方就有关事宜通知如下:① 下放的企事业单位。从1998年7月起,将原煤炭工业部直属和直接管理的国有重点煤矿以及原随煤矿一起上收的为煤矿服务的各类企事业单位一并下放地方管理。这次国有重点煤矿及企事业单位只下放到省,不层层下放。企业下放后,继续执行中央财政对国有重点煤矿的亏损补贴、增值税定额返还政策;对国有重点煤矿超亏占用工商银行贷款,按照有关规定继续实行计息挂账;继续执行对国有重点煤矿的转产贴息贷款政策:实行所得税返还政策,按照国家政策,煤炭企业上交的所得税由河南省财政厅全额返还河南省煤炭工业厅,由河南省煤炭工业厅统筹调剂,用于困难企业。企业利润不再上缴和划转,全部留给企业。由此产生的亏损补贴缺口,由中央财政增加亏损补贴基数解决。② 这次下放到河南的煤炭企事业单位共17家。即:平顶山煤业(集团)有限责任公司、焦作矿务局、鹤壁矿务局、义马煤业(集团)有限责任公司、郑州煤炭工业(集团)有限责任公司、郑州煤矿机械厂、平顶山煤矿机械厂、河南矿业建设工程第一公司、河南矿业建设公司、河南矿业建筑安装工程公司、河南煤炭基建设备租赁站、河南煤矿防排水站、河南煤炭总医院(河南煤矿职业病防治医院)、河南煤田地质局、河南煤炭科研所及洛阳分所、煤炭工业部郑州设计研究院、河南煤炭工业管理局附属单位。③ 资产划转。根据财政部批准的1997年企业财务决算,划转资产总额184.93亿元,负债总额105.60亿元,所有者权益79.33亿元。实收资本45.09亿元,其中国家资本金43.87亿元。劳动工资和社会保险基金划转,划转在职职工26.23万人,离退休职工11.35万人;企业应提工资28.27亿元,实提工资24.46亿元,工资总额22.74亿元;事业单位工资总额0.26亿元;养老保险基金余额2.58亿元。亏损补贴基数划转,原煤炭部和财政部确定的基数:盈亏缴拨净拨补1.12亿元,考虑河南省的实际,亏损单位亏损补贴基数按1.87亿元划转。事业经费基数划转,根据财政部下达的1997年基数,事业单位经费划转指标为0.44亿元。划转下放企业使用原煤炭部和统配煤矿总公司统贷的建设银行基建投资贷款余额0.20亿元,工商银行"三产"贴息贷款6.31亿元,煤田地质总局从开发银行统贷借款0.15亿元,随企业下放一并划转。④ 人事关系划转,根据干部管理有关规定,将下放企事业单位原煤炭部管理的领导干部移交给地方管理,具体办法按干部管理权限办理,同时移交有关人事档案。下放河南省的煤炭企事业单位,由河南省煤炭工业厅(局)统一归口管理,管理办法由河南省煤炭工业厅会同省直有关部门研究制定后报领导小组审定。

1999年8月,永城煤电(集团)有限责任公司下放地方管理。至此,河南煤炭企事业单位全部归口河南省煤炭工业厅(河南煤炭工业管理局)管理。

根据《河南省人民政府办公厅关于印发

河南省煤炭工业厅(河南煤炭工业管理局)职能配置、内设机构和人员编制方案的通知》豫政办〔1995〕140号文件,内设机构15个:办公室、规划发展处、国有煤矿处、乡镇煤矿处、基本建设处、煤炭调运处、安全监察局、财务处、劳动工资处、人事处、科技教育处、综合利用多种经营处、审计处和机关党委、纪检组(监察室)。机关行政编制150名,其中河南省政府核定编制30名、煤炭部核定编制120名,包括厅长1名、副厅长4名(其中1名兼任总工程师)、纪检组长1名、处级领导职数40名。另设老干部处,编制10名,处级领导职数2名。机关服务中心由办公室归口管理,编制23名,处级领导职数3名。

1995—2000年河南省煤炭工业厅(河南煤炭工业管理局)厅(局)长、党组书记高国安;副厅(局)长先后有杨耀敏、黄元庆、谷中立、李九成;纪检组长蒋喜成(任职情况详见第十篇的人物名录)。1995—2000年河南煤炭工业体系设置如图1-1-1所示。

三、河南省煤炭工业管理局

"十五"计划时期,河南省煤炭管理行业职能和机构经历了发展和撤销合并过程。2000年5月23日,中共河南省委、河南省人民政府《关于印发〈河南省人民政府机构改革实施意见〉的通知》(豫文〔2000〕40号),同意设置河南省煤炭工业局。明确河南省煤炭工业局是河南省经济贸易委员会管理的主管全省煤炭行业的行政机构。河南省煤炭工业局的主要职责:① 研究制定全省煤炭工业的发展战略、行业规划,管理省属煤炭企事业单位的国有资产,组织河南煤炭资源合理开发利用,促进行业结构调整,引导行业合理布局。② 研究提出发展全省煤炭工业的政策和法规;组织制定行业规章、规程和技术标准;协调行业内部关系,维护公平竞争秩序;对全省煤炭行业产、运、需进行平衡,组织协调外销、外运和全省煤炭行业对外协作。③ 研究制定全省煤炭工业体制改革的政策和措施,指导国有煤炭企业改革、改组,建立现代企业制度,推动国有煤炭企业兼并破产、扭亏增盈、转产分流、发展多种经营和第三产业,实现再就业工程。④ 组织协调煤炭行业技术的开发、推广和先进技术的引进、合作与交流;依法监督行业内工程建设质量;发展河南煤炭进出口贸易,扩大对外开放。⑤ 依法整顿煤炭生产和经营秩序,关停违法开办和经营的各类煤矿及销煤中介机构,培育和发展河南煤炭市场。⑥ 加强煤炭专业技术干部队伍建设,促进人才资源合理开发利用;按照干部管理权限,负责直属单位的领导干部管理工作,协助省委管理国有重点煤炭企业领导班子。⑦ 掌握和分析全省煤炭工业生产动态,汇集、分析和发布国内外煤炭经济技术和市场信息,提供信息咨询服务。⑧ 负责全省煤炭行业的安全管理工作,会同有关部门组织协调全省煤炭系统灾害、事故的抢险救护工作。⑨ 承办省政府和省经贸委交办的其他事项。河南省煤炭工业局开始全面行使河南省人民政府赋予的职责,负责全省煤炭行业管理。

根据上述职责,河南省煤炭工业局设7个职能处室:办公室、规划发展处、人事处(机关党委)、行业管理处、煤炭调运处、安全管理处、经济运行处(挂财务处牌子)。河南省煤炭工业局机关行政编制为55名。其中:局长1名,副局长3名,处级领导职数21名(含机关党委专职副书记)。

2000年4月,根据国务院批准的《河南省人民政府机构改革实施意见》,河南省煤炭工业厅改名河南省煤炭工业局(正厅级,属省经济贸易委员会管理),为省人民政府部门管理机构。5月21日,河南省委通知:高国安任河南省煤炭工业局局长、党组书记,李恩东、张国辉任副局长、局党组成员。

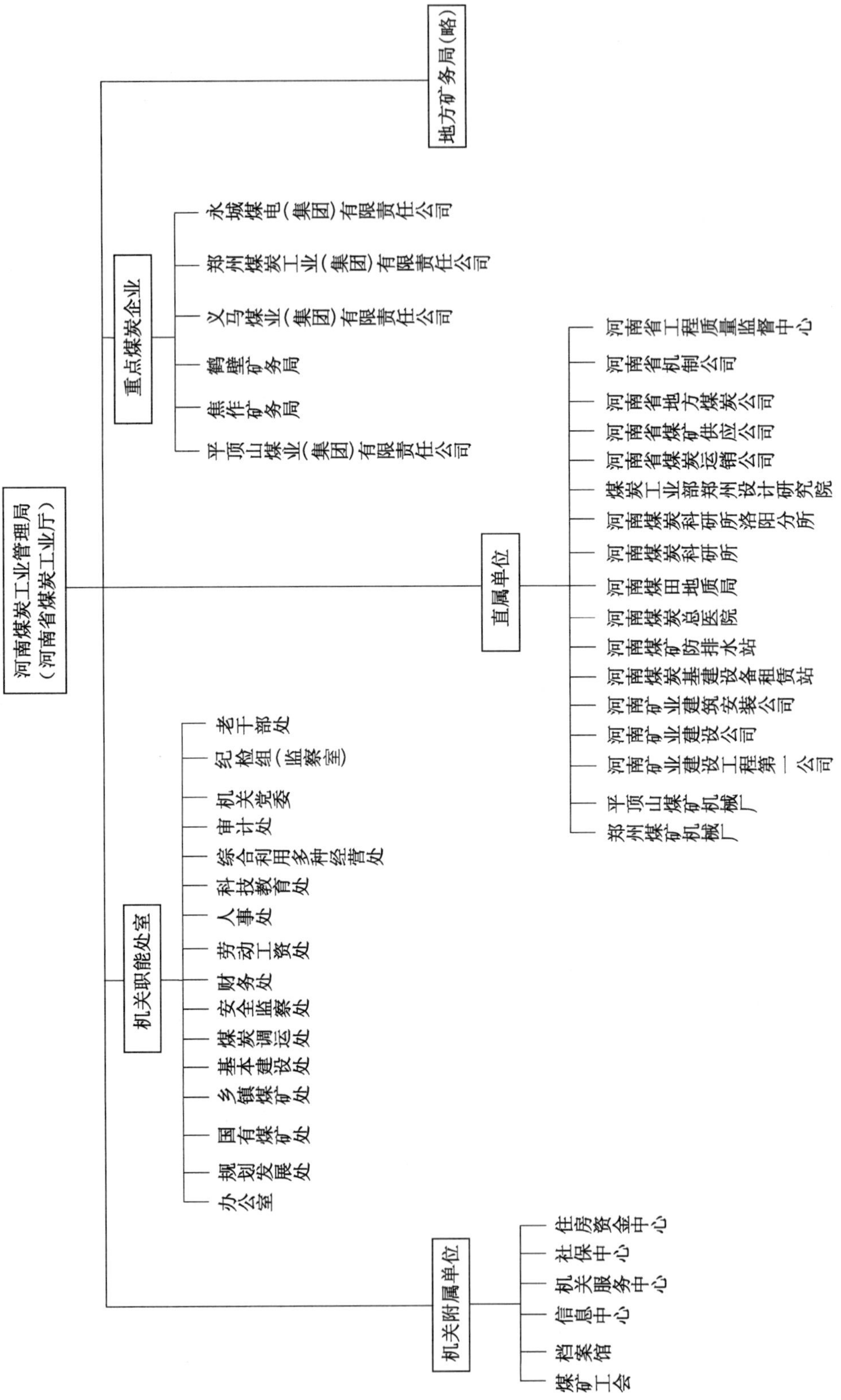

图1-1-1 1995—2000年河南煤炭工业体系设置图

2001 年 1 月 15 日，河南省煤炭工业局正式挂牌。

2000—2003 年 2 月，高国安任河南省煤炭工业局党组书记、局长，2003 年 2 月—2008 年 3 月，李恩东任河南省煤炭工业局党组书记、局长；副局长先后有张国辉、武予鲁、刘世伟、陈党义、莫建勇、付永水；纪检组长刘云达，巡视员付树林，副巡视员王连海。2008 年 3 月—2009 年 3 月，常建华任河南省煤炭工业管理局党组书记、局长（任职情况详见第十篇的人物名录）。

2007 年 1 月 12 日，河南省编制委员会下发《河南省编制委员会关于省煤炭工业局更名为省煤炭工业管理局》（豫编〔2007〕2 号）文件，同意河南省煤炭工业局更名为河南省煤炭工业管理局，由省国资委领导的机构改为省政府所属机构，正厅级规格不变。代行出资人职责问题，仍按《河南省政府常务会议纪要》（〔2005〕22 号）文件执行，由河南省国资委委托河南省煤炭工业管理局代行出资人职责。

2009 年初国家开始新一轮机构改革，中共河南省委根据中共中央办公厅国务院办公厅批复《河南省人民政府机构改革方案》（厅字〔2008〕26 号），河南省印发《河南省人民政府机构改革实施意见》（豫文〔2009〕18 号），坚持以人为本，执政为民，本着精简统一效能的原则，以转变政府职能为核心，优化政府组织结构，积极探索大部门制，整合部门职能、精简内设机构，进行大处室制试点。为调整优化组织结构，撤销河南省煤炭工业管理局，组建河南省工业和信息化厅，为省政府组成部门，将河南省煤炭工业管理局的煤炭行业管理职责，整合划入新组建的河南省工业和信息化厅，内设煤炭工业管理办公室，保留两个处室，生产综合处和运营管理处，河南省工业和信息化厅副厅长、党组成员陈党义兼任煤炭工业管理办公室主任，沈天良、王海长任副主任。主要职责是承担煤炭工业行业管理工作，研究编制煤炭工业发展规划，组织拟订行业政策、技术标准、煤矿准入条件和开办标准，指导全省煤炭工业生产建设技术工作，监督煤炭企业执行生产建设规范和标准，指导全省煤炭、煤层气资源开发及综合利用，依法规范和整顿煤矿生产建设和经营秩序，统筹煤炭调运计划，负责煤炭生产许可、经营许可管理工作。

这次机构改革将原河南省煤炭工业管理局的安全生产监督管理职责划入河南省安全生产监督管理局。将原河南省煤炭工业管理局的煤炭行业规划、煤矿新建项目核准等职责整合划入河南省能源规划建设局。机构改革政策是人随职责走，编制随人走，原河南省煤炭工业管理局人员划入河南省工业和信息化厅 44 人，划入河南省安全生产监督管理局 19 人，划入河南省能源规划建设局 15 人，划入河南省金融办 2 人。至 2009 年 3 月，河南省煤炭工业管理局撤销，职能和人员整合划入有关部门，所辖省属六大煤业集团和省属企业划归省国资委管理。2000—2008 年河南煤炭工业体系变化如图 1-1-2 所示。

四、河南省煤炭工业管理办公室

“十二五”规划时期，河南省级煤炭行业管理职能逐步得到恢复。2009 年机构改革后，河南省工业和信息化厅煤炭工业管理办公室继续加强煤炭行业管理工作职能，由于河南省煤炭行业管理、安全生产和行业规划分散在政府多个部门管理，工作职能产生部分交叉，煤炭工业管理办公室多次建议河南省委、省政府加强煤炭行业统一管理，经过几年呼吁和努力，在 2015 年河南省机构改革时恢复省级煤炭行业管理、安全生产、煤炭运营统一归口管理。

2015 年根据《河南省委省人民政府关于省政府职能转变和机构改革的实施意见》

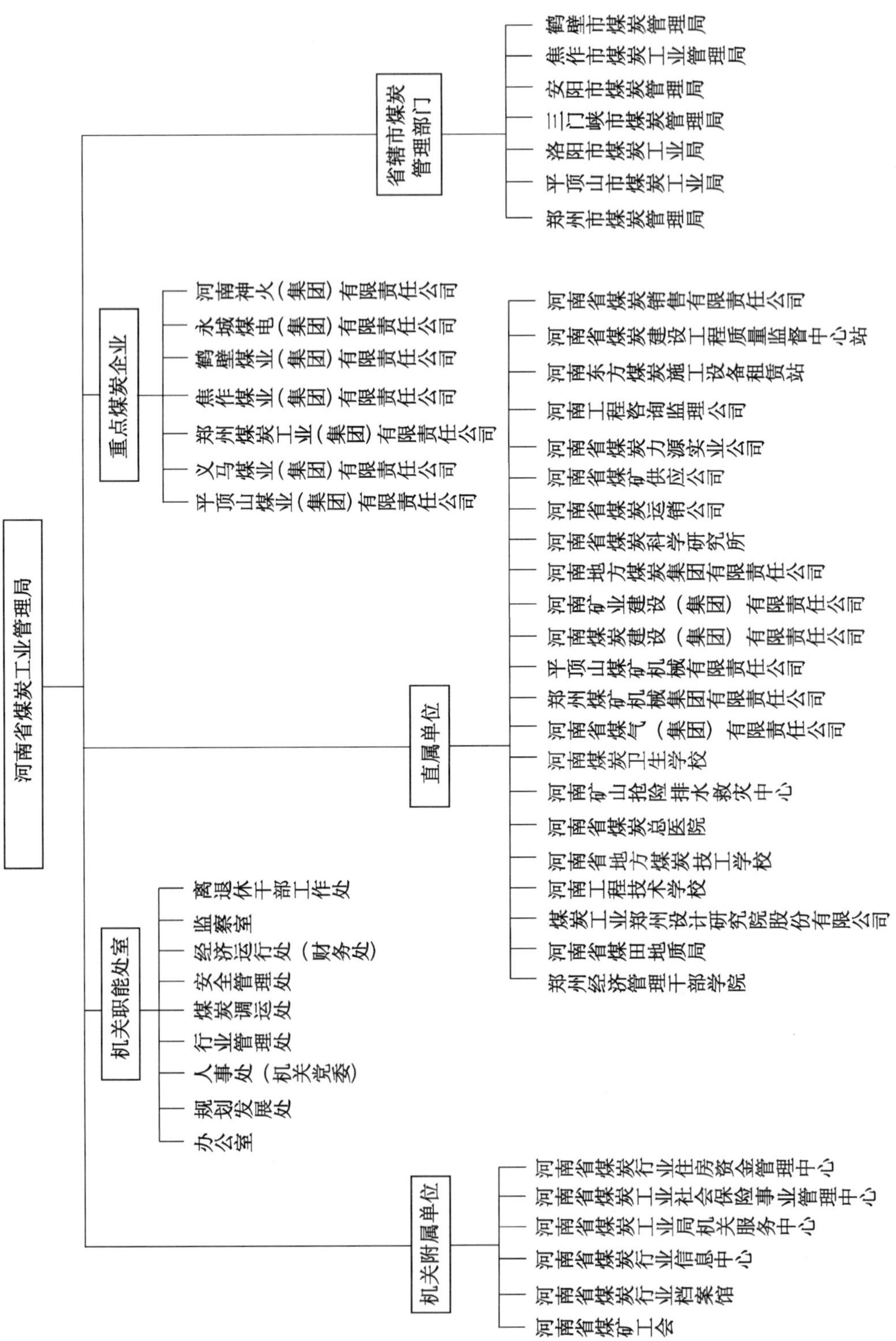

图1-1-2 2000—2008年河南省煤炭工业体系设置图

(豫发〔2014〕7 号),河南省人民政府印发《关于河南省工业和信息化委员会主要职责内设机构和人员编制规定》(豫政办〔2015〕105 号),其中与煤炭职能转变有关主要内容有:① 取消的职责:一是煤炭生产许可职责;二是煤炭经营资格许可职责。② 整合划转的职能:将分散在各部门的煤炭管理职责整合划入省工业和信息化委员会。根据将分散在各部门的煤炭管理职责整合划入省工业和信息化委员会的要求,加强了省煤炭工业管理办公室职能,确定省煤炭工业管理办公室主任由正厅级干部担任,内设 4 个处室,基本恢复原河南省煤炭工业管理局管理全省煤炭行业职能。

主要职能有:① 河南省煤炭工业管理办公室负责贯彻落实国家法律、法规和煤炭行业政策,拟订煤炭行业发展专项规划,研究提出全省煤炭行业管理政策;② 统筹全省煤炭及煤层气资源的合理开发和综合利用;③ 指导全省煤炭行业产业结构调整;④ 负责全省煤矿安全生产监督管理,重点监管省骨干煤炭企业及中央所属企业,指导省辖市、县(市、区)煤矿安全生产监督管理工作;⑤ 编制并组织实施煤矿安全生产规划,监督落实煤矿安全生产责任制并开展安全生产绩效考核;⑥ 组织煤矿安全生产监督检查和安全专项整治,依法查处煤矿违法违规行为,参与煤矿事故调查处理;⑦ 承担省瓦斯防治与抽采利用领导小组办公室日常工作;⑧ 负责全省煤矿安全质量标准化建设和煤矿生产能力核定,实施行业调控;⑨ 承担对大型煤矿机电设施检验检测工作的监督管理职责;⑩ 负责组织协调煤矿抢险救灾工作;⑪ 制定煤矿准入条件和办矿标准,提出煤炭资源矿业权设置的初审意见;⑫ 负责对煤矿新建、改建、扩建项目提出行业审核意见,负责按规定权限核准煤矿技术改造项目并牵头组织竣工验收和联合试运转工作;⑬ 负责全省煤炭建设工程质量监督工作,制定煤炭建设、生产技术规范、规程和标准;⑭ 负责煤矿建设项目监督管理;⑮ 监测煤炭工业经济运行情况;⑯ 负责全省煤炭行业科技进步、节能降耗、淘汰落后和统计调度工作;⑰ 负责全省煤炭经营监督管理工作,依法规范和整顿煤炭经营秩序;⑱ 负责全省煤炭行业对外经济技术交流和市场信息发布;⑲ 负责全省煤炭行业职工教育培训和职业健康管理工作;⑳ 组织煤矿矿长安全资格认定及特种作业人员的安全培训、考核和发证工作。

河南省煤炭工业管理办公室的 4 个内设机构是:综合与调度处、行业管理处、安全监管处、运营管理处,行政编制 55 名。其中:主任 1 名(正厅级),副主任 3 名(副厅级),正处级领导职数 6 名(含安全生产监察员 2 名),副处级领导职数 11 名。其人事党务、后勤财务等工作由河南省工业和信息化委员会负责管理。

2015 年 11 月,河南省委省政府任命河南省煤炭工业管理办公室主任、党委书记陈党义(正厅级),副主任李震寰(副厅级)、党委委员(豫政任〔2015〕239 号,豫组干〔2015〕779 号)。2016 年 2 月,河南省委组织部任命沈天良、万战伟任河南省煤炭工业管理办公室副主任(副厅级)、党委委员(豫组干〔2016〕231 号)。

1991～2015 年河南省煤炭管理机构变化见图 1-1-3。

五、河南省煤炭工业局事业单位

2004 年河南省机构编制委员会下发《关于省煤炭工业局所属事业单位机构编制的批复》(豫编〔2004〕83 号)文件,核定河南省煤炭工业局所属事业单位情况如下:

(一) 保留郑州经济管理干部学院、河南工程技术学校、河南省地方煤矿技工学

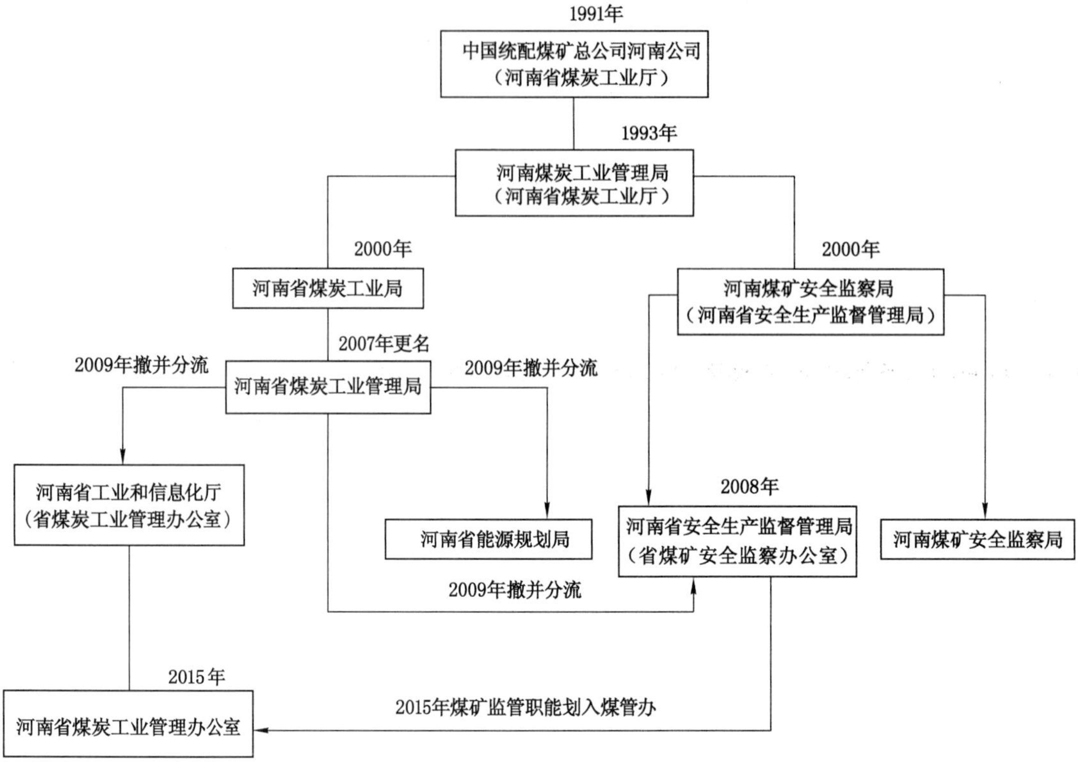

图 1-1-3 1991—2015 年河南省煤炭管理机构变化示意图

校、河南省煤炭总医院、河南省煤炭行业信息中心、河南省煤矿工会、河南煤炭建设工程质量监督中心站。上述单位承担的主要任务、机构规格、事业编制、领导职数、经费。供给形式均不变。

（二）河南煤炭卫生学校，机构规格相当于处级，事业编制 240 名，其中领导职数 4 名。经费供给形式不变。

河南省煤炭工业局机关服务中心，机构规格相于处级，事业编制 30 名(其中驾驶员编制 5 名，经费实行财政全额预算管理，自收自支事业编制 25 名)，其中领导职数 3 名。

河南煤炭工业管理局社会保险事业管理中心更名为河南省煤炭工业社会保险事业管理中心。机构规格相当于处级，事业编制 17 名，其中领导职数 3 名，负责管理和经办煤炭行业工伤保险等业务，经费供给形式不变。

河南煤炭工业管理局住房资金管理中心更名为河南煤炭行业住房资金管理中心。机构规格相当于副处级，事业编制 5 名，其中领导职数 1 名，原承担的主要任务、经费供给形式不变。

河南矿山抢险救灾排水站更名为河南矿山抢险排水救灾中心，机构规格相当于处级，主要任务：组织实施对全省煤矿事故的抢险救灾工作等。事业编制 10 名，其中领导职数 2 名，经费管理形式不变。

河南煤炭工业管理局档案馆更名河南省煤炭行业档案馆。机构规格相当于副处级，事业编制 5 名，其中领导职数 1 名，原承担的主要任务、经费供给形式不变。

第二节 安全监察机构

一、河南煤矿安全监察局

1999年12月30日，国务院批准中编办、国家经贸委、国家煤炭工业局拟定的《煤矿安全监察体制改革实施方案》(国办发〔1999〕104号)，决定实行垂直管理的煤矿安全监察体制。设立的国家煤矿安全监察局，与国家经贸委管理的国家煤炭工业局是一个机构两块牌子，负责全国煤矿安全监察工作；将原煤炭部直属的16个省(区)煤炭工业管理局，改组为煤矿安全监察局，作为国家煤矿安全监察局的直属机构，实行国家煤矿安全监察局与所在省(区、市)政府双重领导，以国家煤矿安全监察局为主的管理体制。同时，在大中型矿区设立安全监察办事处，作为省级煤矿安全监察局的派出机构。2000年5月10日，中编办、国家煤矿安全监察局印发《关于各地煤矿安全监察局行政编制分配和办事处设置方案的通知》(中编办发〔2000〕11号)，下达了19个省级煤矿安全监察局行政编制分配和68个办事处设置方案。2000年6月13日国家煤矿安全监察局办公室下达了《关于印发河南煤矿安全监察局职能配置内设机构和人员编制方案的通知》(煤安司办〔2000〕第9号)，将原煤炭部属的河南煤炭工业管理局改组为(设立)河南煤矿安全监察局，与河南省煤炭工业局(省管)分别设立。河南煤矿安全监察局为国家煤矿安全监察局的直属机构，实行国家煤矿安全监察局与河南省人民政府双重领导，以国家煤矿安全监察局为主的管理体制。主要职责是：对煤矿安全实施监察，组织查处煤矿伤亡事故，组织指导煤矿安全生产技术培训、职业危害防治、煤矿救护队及其应急救援工作，负责煤矿使用的设备、材料、仪器仪表的安全监察管理工作，查处不符合安全生产标准的煤炭企业，承办国家煤矿安全监察局交办的其他事项。内设办公室(财务办公室)、安全监察一处、安全监察二处、安全技术装备保障处(职业危害防治处)、事故调查处(行政复议处)、人事培训处6个职能处室，另设机关党委、纪检组(监察室)，机关党委与纪检组(监察室)合署办公。河南煤矿安全监察局机关行政编制60名。

2000年6月22日，河南省委下发豫发〔2000〕72号文件，同意设立河南煤矿安全监察局党组。2000年9月14日，国家煤矿安全监察局办公室《关于同意原河南煤炭工业管理局老干部处等机构更名的批复》(煤安司办〔2000〕第29号)，批准原河南煤炭工业管理局老干部处更名为河南煤矿安全监察局离退休干部工作处，行政编制13名，处级领导职数3名。

2000年4月，国家煤矿安全监察局党组任命：李九成任河南煤矿安全监察局局长、党组副书记；刘云涛任党组书记；宋广太、李尚宽任党组成员、副局长；常建华任党组成员、纪检组长；黄元庆任巡视员；谷中立任助理巡视员。2001年12月，李九成任河南煤矿安全监察局党组书记(兼)。

2005年8月22日，国家安全生产监督管理总局办公厅《关于印发河南煤矿安全监察局主要职责内设机构和人员编制规定的通知》(安监总厅字〔2005〕108号)，批准河南煤矿安全监察局内设办公室、科技装备处、安全监察一处、安全监察二处、事故调查处、执法监督处、财务处、人事培训处8个职能处室。另设纪检组与监察室合署办公、机关党委。机关行政编制60名。局级领导职数5名，核定局级非领导职数2名；处级领导职数28名。

主要职责：① 贯彻落实国家关于煤矿安全生产工作的方针政策、法律法规、规章规程；研究分析煤矿安全生产形势，提出煤矿安全生产发展规划和目标的建议。② 依法监察煤矿企业贯彻执行安全生产法律法规、规章规程、标准和安全生产条件、设备设施安全及作业场所职业卫生等情况；对煤矿安全实施重点监察、专项监察和定期监察；对煤矿安全生产违法行为作出现场处理决定或实施行政处罚，对不符合安全生产标准的煤矿企业进行查处。③ 检查指导地方煤矿安全监督管理工作。对地方贯彻落实煤矿安全生产法律法规、标准，关闭不具备安全生产条件的矿井，煤矿安全监督检查执法，煤矿安全专项整治、事故隐患整改及复查，煤矿事故责任追究的落实等情况进行监督检查，并向有关地方人民政府及其有关部门提出意见和建议。④ 依法组织或参与煤矿事故的调查处理，监督事故查处的落实情况；负责煤矿安全监察调度、统计信息工作，发布煤矿事故、职业危害等煤矿安全生产信息。⑤ 指导煤矿安全生产科研和科技成果推广工作，研究提出煤矿安全生产科技规划建议；组织对煤矿使用的设备、材料、仪器仪表、安全标志、劳动防护用品的安全监察工作。⑥ 按照职责范围，负责对从事煤矿安全生产条件和煤矿设备设施检测检验、安全评价、安全培训、安全咨询等业务的社会中介机构的资质管理工作，并进行监督检查。⑦ 负责煤矿安全生产许可证的颁发管理；组织、指导煤矿安全程度评估工作。⑧ 负责煤矿企业主要负责人和安全管理人员的安全资格、煤矿特种作业人员(含煤矿矿井使用的特种设备作业人员)的培训考核与发证工作；负责煤炭行业注册安全工程师的管理工作。⑨ 按照职责范围，依法监督检查煤矿企业建设项目安全设施"三同时"情况，组织煤矿建设工程安全设施的设计审查和竣工验收；监督检查为煤矿服务的矿井建设施工、煤炭洗选等企业的安全生产工作。⑩ 指导、协调或参与煤矿事故应急救援工作。⑪ 负责机关、监察分局和直属单位干部管理及人事、劳动工资和财务管理工作。⑫ 承办国家安全生产监督管理总局、国家煤矿安全监察局交办的其他事项。

2005 年 5 月，薛纯运任党组成员、副局长职务。2006 年 3 月范朝庆任纪检组组长、党组成员；许胜铭任党组成员、总工程师；张庆玉任副巡视员。

2008 年 4 月，国家安全生产监督管理总局党组决定：免去李九成河南煤矿安全监察局局长、党组书记职务。

2008 年 6 月，国家安全生产监督管理总局党组决定：牛森营任河南煤矿安全监察局党组书记、局长；2010 年 11 月许胜铭任副局长，免去其总工程师职务；姚景州任党组成员、总工程师。2011 年 2 月陈滨任纪检组组长、党组成员；2011 年 9 月，薛纯运任河南煤矿安全监察局巡视员，免去其副局长职务；姚景州任副局长。2012 年 3 月，范朝庆任河南煤矿安全监察局党组成员、副局长。

2014 年 2 月 8 日，国家安全生产监督管理总局党组决定：严寅初任河南煤矿安全监察局党组书记、局长。

二、河南省安全生产监督管理局

2002 年 2 月 7 日，河南省机构编制委员会印发《河南省安全生产监督管理局职能配置内设机构和人员编制规定》(豫编〔2002〕5 号)，组建了河南省安全生产监督管理局，与河南煤矿安全监察局一个机构两块牌子。2002 年 7 月 31 日，河南省安全生产监督管理局正式成立，与河南煤矿安全监察局合署办公，同时承担河南省政府安全生产委员会办公室职能。

2008 年 5 月 23 日，中共河南省委第 56 次常委会议研究决定，河南省安全生产监督管理局与河南煤矿安全监察局分别设立。原河南省安全生产管理职能划归河南省安全生产监督管理局。

三、煤矿安全监察分局

2000 年 5 月 10 日，中央机构编制委员会办公室、国家煤矿安全监察局印发《关于各地煤矿安全监察局行政编制分配和办事处设置方案的通知》（中编办发〔2000〕11 号），批准河南煤矿安全监察局设置郑州、洛阳、鹤壁、平顶山、商丘 5 个煤矿安全监察办事处，办事处总编制为 120 名。2000 年 6 月 13 日，国家煤矿安全监察局办公室《关于印发河南煤矿安全监察局职能配置内设机构和人员编制方案的通知》（煤安司办字〔2000〕第 9 号），批准煤矿安全监察办事处为河南煤矿安全监察局的派出机构，其主要职责是：在河南煤矿安全监察局的领导下，负责划定区域内煤矿的安全监察和执法工作。河南煤矿安全监察局设郑州、洛阳、鹤壁、平顶山、商丘 5 个煤矿安全监察办事处。郑州煤矿安全监察办事处主要负责郑州市所辖行政区域内各类煤矿的安全监察和执法工作；洛阳煤矿安全监察办事处主要负责豫西地区的洛阳、三门峡和济源市所辖行政区域内各类煤矿的安全监察和执法工作；鹤壁煤矿安全监察办事处主要负责豫北地区的焦作、鹤壁、安阳、新乡市所辖行政区域内各类煤矿的安全监察和执法工作；平顶山煤矿安全监察办事处主要负责豫南地区的平顶山、许昌、信阳市所辖行政区域内各类煤矿的安全监察和执法工作；商丘煤矿安全监察办事处主要负责豫东地区各类煤矿的安全监察和执法工作。办事处总编制为 120 名。每个办事处设主任 1 名，副主任 1 名。

2000 年 8 月 16 日，《河南煤矿安全监察局各煤矿安全监察办事处职能配置内设机构和人员编制方案》（豫煤安人函字〔2000〕第 10 号），批准郑州煤矿安全监察办事处内设 5 个科室，行政编制 30 名；洛阳煤矿安全监察办事处内设 4 个科室，行政编制 20 名；鹤壁煤矿安全监察办事处内设 4 个科室，行政编制 25 名；平顶山煤矿安全监察办事处内设 5 个科室，行政编制 30 名；商丘煤矿安全监察办事处内设 3 个科室，行政编制 15 名。

2005 年 1 月 21 日，中央机构编制委员会办公室、国家煤矿安全监察局《关于煤矿安全监察办事处更名为监察分局的通知》（中编办发〔2005〕4 号），批准郑州、洛阳、鹤壁、平顶山、商丘 5 个煤矿安全监察办事处，分别更名为郑州、豫西、豫北、豫南、豫东煤矿安全监察分局。

四、煤矿安监局事业单位

2000 年 12 月 9 日，国家煤矿安全监察局办公室批准，将原河南煤炭工业管理局信息中心更名为河南煤矿安全监察局信息调度中心。2001 年 2 月 27 日，国家煤矿安全监察局办公室批准，将原河南煤矿安全技术培训中心更名为河南煤矿安全监察局安全技术培训中心。2001 年 11 月 20 日，国家煤矿安全监察局办公室批准，成立河南煤矿安全监察局矿用安全产品检验中心。

2009 年 10 月 15 日，中央机构编制委员会办公室《关于国家煤矿安全监察系统事业单位机构编制的批复》（中央编办复字〔2009〕140 号），2010 年 4 月 20 日，国家安监总局办公厅下发《关于印发河南煤矿安全监察局所属事业单位主要职责内设机构和人员编制规定的通知》（安监总厅字〔2010〕70 号），同意河南煤矿安全监察局设立统计中心编制人数为 16 人，救援指挥中心编制人数为 16 人，安全技术中心编制人数为 19 人，安全培训中心核定财政补助事业单位 20 人。同意设立机关服务中心并核定为经费自理事业单位，编制人数 27 人。

河南煤矿安全监察局机构设置，如图 1-1-4 所示。

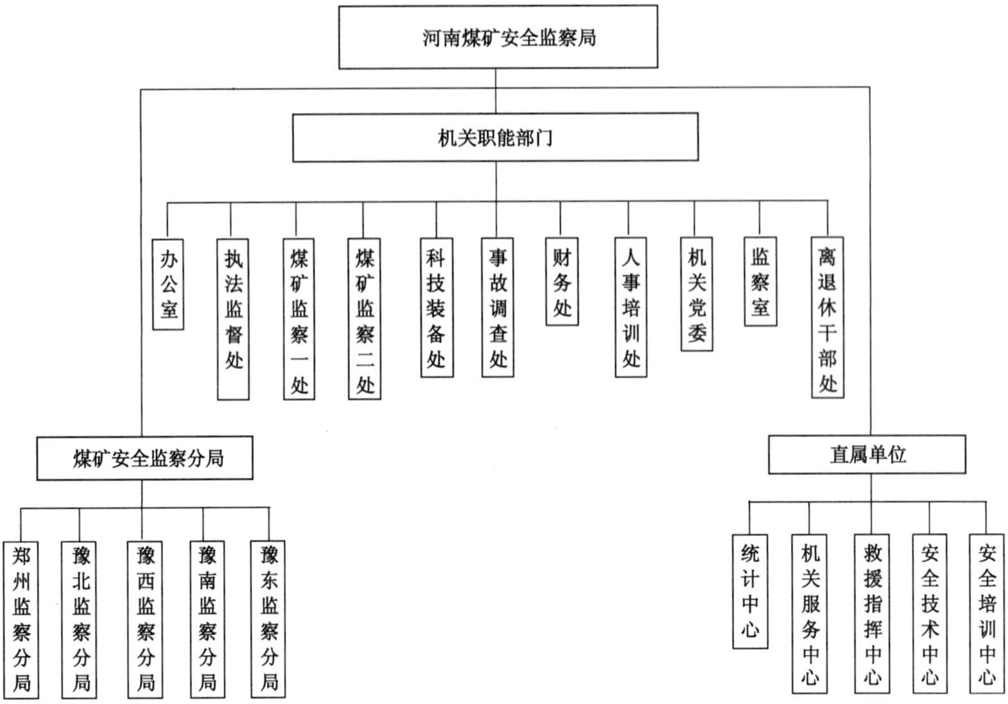

图 1-1-4 河南煤矿安全监察局结构设置图

第三节 市县管理机构

一、郑州市煤炭管理机构

1995 年 11 月以前，郑州市煤炭化学工业局对全市煤矿实施行业管理职能。1995 年 11 月，郑州市政府决定撤销郑州市煤炭化学工业局、地质矿产管理局，组建郑州市地质矿产煤炭管理局，正县级规格，行政编制 38 人，主管郑州市地质矿产行政管理和煤炭行业管理。2001 年，根据郑办〔2001〕47 号文件，撤销郑州市地质矿产煤炭管理局，建立郑州市安全生产监督管理局，和郑州市煤炭局实行一套机构两个牌子。内设办公室、组织人事处、政策法规处、安全生产综合管理处、安全监察一处、安全监察二处、煤炭行业管理处、煤炭运销管理处。2004 年 8 月，郑州市人民政府决定设立郑州市煤炭管理局，对全市煤矿实施行业管理职能。

郑州市各产煤县（区、市）相继成立煤炭管理部门。1994 年 5 月，密县撤县建市，密县煤炭工业局更名为新密市煤炭工业局。2002 年 8 月，新密市煤炭工业局改名为新密市煤炭管理局。

1994 年 5 月，登封撤县建市，登封市煤炭管理局主管登封市煤炭工业。2015 年，登封市煤炭管理局内设科室 12 个，下属事业单位有：登封市矿山救护队、登封市煤矿安全技术培训中心、登封市欣安煤矿安全测控仪器技术服务公司等。

1996 年 6 月，荥阳市机构改革，将荥阳市煤炭工业局和荥阳市矿产资源管理局合并，成立荥阳市矿产资源煤炭管理局，负责全市煤炭企业和矿山等行业管理。2002 年 3 月，荥阳市再次机构改革，荥阳市矿产资源煤炭管理局分家，煤炭行业列入荥阳市经贸委。同时成立荥阳市安全生产监督管理局，负责全市煤炭企业的行业管理和安全生产管理。2002 年 5 月，为加强煤炭行业管理，荥阳市成立荥阳市煤炭局，主要职责是对辖区煤矿企业进行安全管理和行业管理。2010 年 12 月，荥阳市煤炭局和荥阳市安全生产监督管理局合并，成立荥阳市安全生产监督和煤炭管理局，下设煤炭工业管理办公室，负责辖区煤矿的安全监督管理。

1991 年，新郑市土地局对全市煤矿实施管理职能。2007 年 3 月，成立新郑市煤炭管理局，正科级规格，事业全供编制 8 名。2010 年 4 月，根据新郑市人民政府机构改革实施意见，不保留新郑市煤炭管理局，职责划入新郑市安全生产监督管理局。2010 年 6 月，成立新郑市煤炭管理中心，隶属市安全生产监督管理局。

2011 年 2 月，二七区煤矿安全监管办公室成立，正科级事业单位，隶属于二七区政府，编制人数为 21 人，内设综合科、煤矿管理科、安全监察科、法制科等 4 个科室。

乡镇煤炭管理站是县级煤炭工业管理部门的派出机构。有些是按照产煤乡镇行政管辖区域设立，有些则按照煤矿数量和矿井分布跨区域设立。其主要职责是：贯彻落实国家有关煤矿安全生产法律法规和上级指令、指示文件等有关精神；对辖区煤矿实施技术管理，提供技术服务；深入一线进行安全检查，督促煤矿做好隐患排查治理工作；指导煤矿开展安全培训。郑州市各主要产煤县(市)从 20 世纪 80 年代就相继设立了乡镇煤炭管理站。

1996 年经新密市编委批准，设立来集、超化、七里岗、平陌、东一、东二、西一、西二 8 个煤管站，每站 5～8 人，正式列入编制。2011 年，新密市煤炭管理局撤销各煤管站。按照兼并重组后煤矿的分布情况，成立了 5 个执法中队，实行“一矿一站(工作站)”式管理。

1996 年 6 月，荥阳市矿产资源煤炭管理局，下设 7 个矿产资源管理站。其中，崔庙、贾峪、刘河 3 个矿产资源管理站肩负煤炭管理职责。2002 年 5 月，荥阳市煤炭局，下设 3 个煤管站；2010 年 12 月，荥阳市安全生产监督和煤炭管理局下设崔庙中心煤管站。

2004 年 4 月，河南省煤炭工业局下发《关于加强全省各县(市、区)煤矿安全生产监督管理站管理的通知》，各县(市)根据文件精神，对煤炭管理站的设置及职责、管理制度等都做了进一步规范。

2008 年，新郑市煤炭管理局成立龙湖、辛店煤矿安全监督管理站，股级规格，事业全供编制 10 名。2010 年 4 月，两家煤矿安全监督管理站人员和职责一起划归新郑市安全生产监督管理局。

登封市煤炭管理局下设大冶煤管站、宣化煤管站、徐庄煤管站、告成煤管站、大金店煤管站、石道煤管站、胥店煤管站 7 个煤管站。

二、洛阳市煤炭管理机构

洛阳市煤炭工业局前身为 1988 年成立的能源化工局。1992 年煤炭、化工再次分开，成立洛阳市化工局和洛阳市煤炭工业总公司。1995 年，改名为洛阳市煤炭工业管理局和洛阳市煤炭工业总公司，为一个单位两个牌子的事业单位。1999 年，改名为洛阳市煤炭工业局。职责是对洛阳市煤炭行业进行宏观指导、统筹规划、综合平衡、组织、协调、监督。设立 5 个内设机构，分别为办公室、行业管理科、安全管理科、煤炭运销科、人事科。2006 年 7 月，经洛阳市编办批准，撤销行业管理科和安全管理科，成立监督管理一科、监督管理二科、监督管理三科。根据《洛阳市机构编制委员会关于印发洛阳市煤炭工业局主要职责内设机构和人员编制规定的通知》，洛阳市煤炭工业局是负责全市煤炭工业行业管理和煤矿安全生产监督管理的市政府直属正县级事业单位，设有6个内设机构，分别为办公室、监督管理一科、监督管理二科、监督管理三科、煤炭运销科、人事科。编制人数31名，经费实行财政全额拨款。

洛阳市的6个产煤县（市区）建立健全煤炭管理机构，分别是新安县煤炭管理局、宜阳县煤炭管理局、伊川县煤炭工业局、偃师市煤炭工业局、汝阳县煤炭管理站、伊滨区安全生产监督管理局。

1991年3月，新安县成立新安县煤炭管理局，下设煤炭运销公司、煤炭物资供应公司、矿山救护队三个二级机构；2004年8月，成立新安县煤矿安全技术培训中心；2007年2月，撤销新安县煤炭管理局，成立新安县煤炭工业管理局。局机关设办公室、行业管理股、安全管理股（加挂煤炭安全监察大队牌子）三个股室，下设三个煤管站，新安县南李村煤管站、新安县北冶煤管站、新安县石寺煤管站。2012年5月，新安县煤矿安全技术培训中心整合到县安全生产技术培训中心；新安县矿山救护队更名为县矿产品管理服务中心（隶属县国土资源局领导）。2013年12月，煤炭运销公司宣布破产。

1991年宜阳县煤炭管理局内设三个机构：办公室、财务股、安全生产技术股，2005年撤销安全生产技术股设立煤管站，分别是白杨、樊村、焦家凹、马庄煤管站。2015年内设机构：办公室、财务股、综合股、人事股、运销股、调度中心、监察室、3个监管股（白杨、樊村、城关）等10个股室，共有在职职工61人。其中，35名财政全供编制，26名事业自筹编制。

伊川县煤炭工业局前身为伊川县矿产煤炭局，1991年内设机构4个，办公室、财务室、安全股、行业股，下设机构3个，马岭山煤炭管理站、暴雨山煤炭管理站、高山煤炭管理站。1996年更名为伊川县地质矿产煤炭局，内设机构增加至10个，下设机构增加至12个。2006年更名为伊川县煤炭工业局，内设机构缩减为4个，下设机构缩减为7个，马铃山煤炭管理站、暴雨山煤炭管理站、何庄煤炭管理站、高山煤炭管理站、煤矿安全执法监察大队、煤矿职工培训中心、供销公司。

偃师市煤炭工业局前身为原偃师市经济贸易委员会的煤炭工业管理科，1998年8月，偃师市政府成立偃师市煤炭工业管理局（加挂偃师市煤炭工业总公司牌子），2004年3月，机构改革，原煤炭局、矿管办合并成立偃师市矿产资源管理局；2005年4月，机构改革，撤销偃师市矿产资源管理局，成立偃师市煤炭工业局至今。2007年1月，根据偃编〔2007〕1号文件，偃师市煤炭工业局经费形式由差额补贴变更为财政全供，机构规格不变，编制人数11名。内设办公室、行业管理科、安全管理科（加挂煤炭安全监察大队牌子）等3个科室。下设第一、第二煤管站（加挂煤炭监察中队牌子），财政全供、事业编制各5名，股级规格，人员实行聘用制。偃师市煤炭工业局为政府直属科级事业单位，领导职数一正二副。

1991年，汝阳县的煤炭管理站为股级规格，设在县发改委，编制3人。2007年12月，根据汝编〔2007〕47号文件精神，汝阳县煤炭管理站由股级规格提升为副科级规格，为县发改委的二级机构，核定编制3名。2010年6月，煤炭管理站由县发改委领导的事业单位调整为县工业和信息化局领导的事业单位，编制及工作职责不变。

三、平顶山市煤炭管理机构

1993年5月，平顶山市人民政府决定恢复平顶山市煤炭工业管理局。1995年12月，平顶山市煤炭工业管理局更名为平顶山市煤炭工业局。2013年7月，根据工作需要，经平顶山市编委会议研究并报平顶山市委常委会议同意，平顶山市安全生产监督管理局、平顶山市煤炭工业局实行合署办公(平编〔2013〕28 号)。合署办公后的机构名称为平顶山市安全生产监督管理局(平顶山市煤炭工业局)，可以共同或各自的名义对外开展工作。平顶山市煤炭局煤炭行业管理职能划入市工业和信息化局，市煤炭局规划发展科、行业管理科、煤炭调运科 3 个科室划入市工业和信息化局，7 名在编人员连人带编随之划转。调整后，平顶山市安全生产监督管理局(平顶山市煤炭工业局)机关保留行政编制 26 名、事业编制 44 名、机关驾驶员事业编制 3 名。两局办公室、人事培训科(机关党委)分别合并，平顶山市煤炭局安全监督管理科更名为安全监督管理四科。调整后市安全生产监督管理局(市煤炭工业局)内设办公室、政策法规科(行政审批服务科)、综合协调科(市政府安全生产委员会办公室、职业安全健康监督管理科)、安全监督管理一科、安全监督管理二科、安全监督管理三科(烟花爆竹安全监督管理科)、安全监督管理四科、信息调度中心、事故调查科、人事培训科(机关党委)、财务科等 11 个科室。

2015 年 11 月，平顶山市人民政府决定撤销平顶山市煤炭工业局，新设立平顶山市安全生产监督管理局。同时将平顶山市工业和信息化委员会煤炭工业行业管理职责和原平顶山市煤炭工业局的煤矿安全监管职责划入市安全生产监督管理局，并设立 4 个煤炭管理科室，煤炭综合规划科、煤炭行业管理科、煤矿安全监督监察科、煤炭运营管理科。

四、三门峡市煤炭管理机构

1996 年 4 月，三门峡市煤炭总公司(局)成立。2000 年年底，三门峡市煤炭局共有 26 人，内设生产科、安全科、计征科、财务科、党政办公室等科室，为参照公务员管理事业单位，经费由市财政全额供给。2010 年，三门峡市机构改革，撤销三门峡市煤炭局，其职能分别划转到三门峡市安监局、三门峡市工信局，原三门峡市煤炭局所属安全科、救护队、执法队等相关科室及下属单位划归三门峡市安监局；原市煤炭局所属生产科、运销科等科室划归三门峡市工信局；剩余人员组建三门峡煤炭总公司。

三门峡各产煤县(区、市)相继成立煤炭管理部门。1998 年 4 月，义马市资源局分为义马市地矿局、义马市煤炭局两家单位。1990 年，渑池县煤炭局、渑池县煤炭总公司为一个机构、两块牌子。1998 年 3 月，改称为渑池县煤炭总公司。2007 年天池镇兴安煤矿 2.2 事故发生以后，渑池县煤炭局和各乡镇开始向各煤矿派驻驻矿员，13 处地方主体和兼并重组矿井均派驻有煤管办驻矿员 52 名和乡镇驻矿员 26 名。1992 年，陕县煤炭工业管理局整体职能转变后，称陕县煤炭工业总公司。陕县煤炭工业管理局为一个机构、两块牌子，属全民所有制企业。

义马、渑池、陕县 3 个产煤县(市)均设有煤矿安全技术培训中心和煤矿执法监察支队，分别对辖区内的煤矿进行安全技术培训和煤矿安全执法监察，并接受三门峡市煤炭局对行业的指导、服务。2008 年，三门峡市煤炭局成立煤矿安全监察支队，事业编制 6 人，经费由财政全额供给。同年，成立煤矿安全技术培训中心，编制 7 人，属自收自支事业单位。3 个产煤县(市)增加事业编制 126 人，其中陕县 26 人、义马 30 人、渑池 76 人，经费由各县财政全额供给。

五、安阳市煤炭管理机构

1991 年，安阳市矿产煤炭化学工业总公司组建，负责安阳市地方煤炭、矿产资源、化学工业的安全生产。1996 年，成立安阳市地质矿产煤炭化工管理局，归安阳市经贸委领导。2001 年，撤销安阳市地质矿产煤炭化工管理局，成立安阳市煤炭工业管理局，与安阳市安全生产监督管理局一个机构、两个牌子，内设煤炭安全生产监管科、企业管理科。2007 年，单设安阳市煤炭管理局，内设煤炭安全管理科、企业科等科室。2009 年，撤销安阳市煤炭管理局，其安全生产监察职能划入安阳市安全生产监督管理局；行业管理职能和安全管理职能划入安阳市工业和信息化委员会。

六、济源市煤炭管理机构

1996 年，为规范煤炭运销市场，济源市煤炭工业局增设煤炭运销管理办公室。1997 年 1 月，济源实施省直管体制后，原属焦作市管理的矿山救护队济源分队整体移交给济源市，更名为济源市矿山救援中心，隶属于济源市煤炭工业局管理。矿山救援中心下设 2 个救护小队，救护人员 23 人。2000 年，济源煤炭工业局内设 6 科、2 室和 8 个经营机构，共有干部职工 200 余名，政企合并办公。2001 年，济源市煤炭工业局更名为济源市煤炭工业管理局。2004 年年底，在济源市煤炭工业管理局的基础上组建成立济源市安全生产监督管理局，内设煤炭安全生产监管科、煤炭市场管理科，下设克井、邵原、下冶 3 个煤管站。2007 年 3 月，将煤炭行业管理职能划转到济源市工业经济发展服务局，成立二级机构事业单位济源市煤炭管理局。2009 年，济源市煤炭管理局成为市政府直属部门，机构单列。2010 年，济源市煤炭管理局在机构改革中正式成为市政府 31 个工作部门之一，内设 4 个正科级科室（综合科、生产技术科、安全监管科、纪检监察室），下设 3 个正科级事业单位（煤矿安全生产监察支队、煤矿安全生产培训中心、矿山救援中心）。2011 年 9 月，济源市招聘驻矿安监员 56 名，成立了驻矿员管理办公室。2015 年 1 月，根据济源市政府机构改革有关要求，济源市煤炭管理局职能、人员、编制整体划入济源市安全生产监督管理局，内设煤炭安全监督管理科和煤炭生产技术科，具体负责煤矿安全生产监督管理、煤炭市场的经营管理等职责。

第二章 企业体制

第一节 建立现代企业制度

一、国有企业体制改革

1993 年 11 月，中共十四届三中全会通过《关于建立社会主义市场经济体制若干问题的决定》，颁布《中华人民共和国公司法》，要求进一步转换国有企业经营机制，按照市场经济要求建立产权清晰、权责明确、政企分开、管理科学的现代企业制度。1994 年，河南煤炭企业相继开展建立现代企业制度的工作。平顶山、郑州矿务局被批准为煤炭工业部建立现代企业制度的试点单位，在原已进行企业管理制度改革的基础上积极开始模拟法人运转，实行内部市场化管理、集体承包经营、股份合作等经营形式，转换旧的工厂制管理模式，进行组建集团公司的各项准备工作。

1994 年 9 月，商丘地区永城矿务局和禹州市吕沟煤矿分别以煤矿为主体，组建成河南神火（集团）有限公司和禹州中锋企业集团公司。

1995 年 6 月，煤炭工业部正式批准郑州矿务局改制为国有独资公司郑州煤炭工业（集团）有限责任公司（简称郑煤集团），由煤炭部对郑煤集团的国有资产实行管理和监督，代表国家行使出资者的职能。郑煤集团行使资产经营中心、投资决策中心、财务决算中心、企业战略发展中心的职能。郑煤集团内部结构为“母—子”制，母公司对子公司依据产权联结享有资产受益、重大决策和选择企业领导人等权利。集团公司设立董事会和监事会，董事长为企业法定代表人。1995 年 12 月，郑州矿务局现代企业制度试点《实施方案》和《公司章程》，经煤炭工业部论证和审查批准，随即办理了公司登记注册各项手续。1996 年 1 月 18 日，郑州煤炭工业（集团）有限责任公司正式挂牌成立，成为全国国有重点煤矿首家开始运营的国有独资公司。

1995 年 9 月，经煤炭工业部批准，同意平顶山矿务局改制为平顶山煤业（集团）有限责任公司（简称平煤集团），是煤炭工业部直接管理的国有独资有限责任公司。1996 年 11 月 26 日，平顶山煤业（集团）有限责任公司正式挂牌成立。1997 年 8 月 18 日，煤炭工业部批复同意义马矿务局改制为国有独资公司义马煤业（集团）有限责任公司（简称义煤集团）。12 月 6 月，义煤集团挂牌运营。1997 年 8 月 21 日，煤炭工业部批复同意永夏矿区建设管理委员会更名为永城煤电集团有限责任公司（简称永煤集团）。11 月 6 日，永煤集团挂牌营运。

1998 年 7 月，为贯彻落实《国务院关于改革国有重点煤矿管理体制有关问题的通知》（国发〔1998〕22 号）精神，国家煤炭工业局、河南省人民政府双方签订了《关于印发河南省国有重点煤矿管理体制改革问题商谈纪要的通知》（煤办字〔1998〕454）号文件，国有重点煤矿划转地方管理，平顶山煤业（集团）有限责任公司、焦作矿务局、鹤壁矿务局、义马煤业（集团）有限责任公司、郑州煤炭工业（集团）有限责任公司下放由河南管理。1999 年 8 月，永城煤电（集团）有限责任公司下放河南管理。至此，河南煤炭国有重点煤矿全部归口河南省煤炭工业厅（河南煤炭管理局）管理。

1999 年 5 月 12 日，河南省人民政府批准焦作、鹤壁矿务局改制为国有独资公司，分别更名为焦作煤业（集团）有限责任公司（简称焦煤集团）和鹤壁煤业（集团）有限责任公司（简称鹤煤集团）。2000 年 3 月 9 日，焦煤集团挂牌成立。4 月 6 日，鹤煤集团挂牌成立。至 2000 年末，全省 6 个国有重点煤矿企业全部实行了公司制改造，并按《公司法》要求，完善董事会、监事会和经理层的规范运作。

在向市场经济过渡时期，煤炭企业出现了严重困难，党和国家十分关注，提出了“通过改革、改组、改造和加强管理，使多数国有大中型亏损企业摆脱困难”的要求，河南煤炭企业开始了改革开放，引进战略投资，发展国有资本和混合所有制经济，由原来的生产经营向资本经营转变，促进煤炭企业改革发展，提升煤炭企业竞争力。1998 年，平煤集团面对煤炭市场疲软的严峻考验，选择煤、电、焦、化综合开发模式，大力发展煤化工、电力、盐化工三大非煤支柱产业，由传统的煤炭工业向新的发展领域迈进，开展战略合作，拓宽企业发展空间，与华电集团、中电投、宝钢集团分别签订了战略合作和煤电开发协议。同时，积极整合周边煤炭资源，取得了汝州矿区的煤炭开发权，与禹州市签订了联合开发禹州煤田的框架协议。实施兼并重组，先后并购朝川矿务局、香山矿、平顶山市焦化公司、平顶山市飞行化工公司等企业，初步形成了“以煤为本，相关多元”的发展格局。

2003 年 4 月 9 日，永煤集团与宝钢集团合资项目宝晟能源有限公司在上海正式挂牌。8月19日，大型中外合资股份制煤炭企业河南龙宇能源股份有限公司成立。2005年6月22日，永煤与世界三大矿业集团之一的巴西淡水河谷公司结成战略伙伴，增资16.6亿元对龙宇公司进行扩股，将龙宇能源改造成为中国首家中外合资股份制煤炭企业。2003年9月22日，永煤集团与上海宝钢集团、巴西淡水河谷两家世界500强企业在上海签署《合作备忘录》。2004年1月30日，永煤集团在贵州的第一个重组黔金矿签字仪式在郑州举行。11月29日，永贵能源开发有限责任公司在贵阳市注册成立，永煤集团盘下了近30亿吨储量的优质煤炭资源。2006年1月12日，永锦能源有限公司成立，先后在河南洛阳、许昌、安阳、三门峡等地，盘下的资源形成千万吨的生产能力。2007年，永煤集团开始进军新疆、内蒙古、山西等地，在新疆占有煤炭资源150多亿吨，至2015年永煤集团拥有煤炭资源储备300多亿吨。

2008年，煤炭企业开始新一轮的做大做强兼并重组。12月5日，经河南省委、省政府批准，永煤集团与焦煤集团、鹤煤集团、中原大化集团和省煤气化集团联合组建了河南煤业化工集团有限责任公司(简称河南煤化集团)。12月，平煤集团和神马集团两家中国500强企业联合重组，创立中国平煤神马能源化工集团有限责任公司(简称中国平煤神马集团)，注册资本194.32亿元，由河南省国资委、武汉钢铁股份有限公司、中国华融资产管理公司等9家股东共同持股。

2013年9月12日，经河南省委、省政府批准，由河南煤业化工集团有限公司、义马煤业集团股份有限公司再次战略重组成立河南能源化工集团有限公司(简称河南能源)，是集煤炭、化工、有色金属、装备制造、物流贸易、建筑矿建、现代服务业等产业相关多元发展的国有特大型能源化工集团。截至2015年年底，河南能源化工集团共有员工23.92万人(不含洛阳LYC轴承有限公司)，2015年累计生产煤炭1.01亿吨，实现营业收入1602.46亿元，上缴税费68.28亿元，完成项目投资44.43亿元，位列2015年世界500强企业第364位、中国企业500强第74位、中国煤炭企业100强第6位。

截至2015年年底，中国平煤神马集团共有员工24万人。2015年累计煤炭产销量4989万吨，实现营业收入1468.4亿元，上缴税费29.77亿元，完成项目投资36.76亿元，位列中国企业500强第105位、中国煤炭企业100强第12位，企业在逆势中总体实现了持续稳定发展。

1991—2007年河南省国有煤炭工业职工人数情况见表1-2-1。

表1-2-1 1991—2007年河南省国有煤炭工业职工人数表 人

年份	年末职工人数		其中:管理人员人数			备注
	总计	其中女性	总计	其中管理人员	专业技术人员	
1991	474954	72524	51289	2938	38359	
1992	460497	72479	48977	3021	38996	
1993	440280	71147	48387	2375	40237	
1994	427604	72976	46512	2846	38949	
1995	418204	75070	52328	3024	41885	
1996	411451	75215	51912	3152	42363	

表 1-2-1(续)

年 份	年末职工人数		其中:管理人员人数			备 注
	总 计	其中女性	总 计	其中管理人员	专业技术人员	
1997	408634	79505	52620	2674	43579	
1998	359753	72616	51194	3136	42283	未含下岗职工 23021
1999	372166	87899			43016	未含下岗职工 35534
2000	306117	67223	44417		37979	未含下岗职工 50318
2001	294671	64531	42417	7132	35659	
2002	394219	78886	43564	7377	35899	
2003	391831	69537	44065		35844	
2004	382111	76499	26317	2991	39875	
2005	391540	73670	27458	3022	36560	
2006	381556	75008	35064	2200	37811	
2007	506929	89789	39438	2575	43416	

注:2009 年机构改革撤销河南省煤炭工业管理局，2008 年以后缺少河南省国有煤炭职工人数统计资料。

二、企业股份制改造

20 世纪 90 年代后期,河南煤炭企业开始由原来的生产经营向资本经营转变,一批绩优国有煤炭企业开始进行股份制改造,组织上市公司,向社会公开发行股票。

1996 年 8 月,郑州煤炭工业集团公司董事会第二次会议做出《关于组建股份公司上市发行股票的决议》,将郑煤集团所属米村矿、超化矿、东风电厂优质资产作为发起人资产,以向社会公众发行股票上市的方式,设立郑州煤电股份有限公司。1997 年 3 月,经审计评估论证,两矿一厂净资产值折股 22000 万股,作为国有法人股,另发行社会公众股 8000 万股(含公司职工股 800 万股),公司总股本为 30000 万股。1997 年 10 月,由煤炭工业部推荐,经国家体改委和中国证监会批准,通过上海证券交易所发行 8000 万股 A 股股票(简称郑州煤电),共募集资金 4.4 亿元。1998 年 1 月 7 日,在上海证券交易所成功上市交易,郑州煤电成为全国煤矿第一只 A 股股票。所募集资金主要用于收购新投产的告成矿(设计生产能力 90 万吨/年)、东风电厂二期工程、芦沟矸石电厂工程的投资。至 2000 年末,郑州煤电股份有限公司总资产达 204103 万元,总股本 81000 万股。其中国有法人股 59400 万股,占总股本的 73.33%。

1996 年 9 月,经河南省政府批准,河南神火(集团)有限责任公司改制为股本制企业。经清产核资,神火集团共投入股本 18112 万元,职工认购股份 6248 万元。1998 年 8 月,以神火集团有限公司为发起人组建的河南神火煤电股份有限公司正式成立并注册登记,进行公开发行 A 股股票“神火股份”的各项准备工作。1999 年 7 月 23 日,经中国证监会批准,通过深圳证券交易所成功发行 7000 万股 A 股股票,共募集资金 5.25 亿元。8 月 31 日,神火股份在深圳证券交易所成功上市。

1998 年 3 月,平煤集团以效益、安全较好的 6 个矿井和 1 个选煤厂的生产经营性资产出资组建了平煤天安公司,并进行申请境外发行 3 亿股的 B 类股票各项准备工作。4 月 22 日,经中国证监会发行审核委员会审查通过,平煤天安 B 股获准发行。

但由于当时B股市场长期低迷和亚洲金融危机影响，B股发行渠道受阻，“天安”B股被迫暂停发行。2001年，经平顶山市政府推荐、省政府同意，平煤天安转为发行A股。2006年7月12日，经证监会发行审核委员会第十八次工作会议审核，平煤天安股票发行申请获准通过。11月8日，平煤天安成功发行A股3.7亿股，募集资金30亿元。11月23日，平煤天安在上海证券交易所挂牌上市。

2000年1月31日，鹤壁煤业(集团)有限责任公司签订债转股协议，成为河南省首户、全国煤炭系统第一家实施债转股的大型企业。2002年5月，国家经贸委批准鹤煤集团公司实施了债转股。9月28日，组建为由国资持股方(河南省煤炭工业局)、中国信达资产管理公司、中国华融资产管理公司3方共同出资的鹤壁煤业(集团)有限责任公司。

2002年10月，平煤集团、义煤集团、郑煤集团、鹤煤集团、焦煤集团5家企业债转股工作全面完成，共实施债转股55.3亿元，每年减少财务费用4亿多元，信达资产管理公司、华融资产管理公司以及国家开发银行成为煤炭企业的股东，省政府明确了河南省煤炭工业局履行国有资本出资人职责，河南煤炭企业首次实现了股权多元化。鉴于煤炭行业的特殊性，2006年河南省政府再次明确由河南省煤炭工业局代行国有资本出资人职责。在履行出资人职责时，河南省煤炭工业局坚持以“管宏观，不管微观；管发展、管政策、管投资方向，不管具体经营”的总体原则，做到该放手的放手、该指导的指导、该把关的把关、该监督的监督，在健全国有资产监督管理机制、促进企业改革与发展、推动法人治理结构规范运作、实现国有资本保值增值等方面取得了成效。

2002年10月，郑州煤矿机械厂改制为郑州煤矿机械集团有限责任公司(简称郑煤机)，郑煤机是由全民所有制企业改制为国有独资公司。2006年10月，郑州煤矿机械集团有限责任公司改制为国有控股的有限责任公司，在河南省委、省政府的支持下，进一步改制为国有控股51%、职工股占49%的有限责任公司，郑煤机实现了产权制度上的重大突破，引入职工持股，极大调动了广大干部员工的积极性、创造性和主人翁精神。2008年，郑煤机完成股份制改造，为满足整体上市的要求，以协议的方式将职工股转让给12家社会投资机构和26名自然人股东，并于当年12月注册成立由河南省国资委持股51%，12家社会投资机构和26名自然人股东持股49%的郑州煤矿机械集团股份有限公司。2010年8月3日，郑煤机在上海证券交易所成功完成国内A股上市，发行前公司总股本为56000万股，发行14000万股人民币普通股，发行价格20元/股，发行后总股本70000万股，募集资金28亿元。2012年12月5日，郑煤机H股登陆香港联交所主板，实现香港H股上市，拥有了境内外A+H股两个资本平台。公司H股发行22112.2万股境外上市外资股(H股)，发售价定为每股10.38港元，募集资金总额22.95亿港元。

2010年10月15日，中国证监会审核并通过了欣网视讯重大资产出售及发行股份购买资产暨关联交易事项，标志着义煤集团借壳上市成功。2011年2月，河南大有能源股份有限公司A股在上海证券交易所挂牌上市，股票代码：600403。

三、地方煤矿产权制度改革

1993年《中华人民共和国公司法》颁布以后，河南省各主要地方国有煤矿也大都实行了公司制改造，市、县人民政府先后出台关于企业产权制度改革具体意见。改革的目标是：通过推行股份制、股份合作制组建企业集团，出售、拍卖、兼并、嫁接改造和破产等形式，逐步建立起适应社会主义市场经济体制要求的“产权清晰、权责明确、政企分开、管理科学”的现代企业制度。使企业真正成为自主经营、自负盈亏、自我约束、自我发展的法人实体和市场竞争主体，加快企业改革步伐。

1995 年，郑州市登封地方国有的新登煤矿组建郑州新登企业(集团)有限公司，集团的领导体制为实行董事会领导下的总经理负责制。1996 年 12 月，登封地方国有杨家门煤矿破产，被民营企业阳城集团公司收购。2001 年 11 月，新新煤矿依法破产，被广贤工贸有限公司收购，更名新丰煤矿，变为民营股份制企业。2003 年，登封市政府将小河煤矿整体下放给大冶镇人民政府管理。2007 年 9 月，郑州登电煤业开发有限公司成立，下属 5 家煤矿企业和两块勘探区，是登封电厂集团有限公司所属的煤炭资源投资开发及煤矿安全生产监督管理的国有独资公司。2009 年，郑州新登企业(集团)有限公司由国投公司控股，成为股份制企业。

1995 年 12 月，郑州市磴槽集团有限公司挂牌成立，它的母体企业是登封市大金店公社兴办的磴槽煤矿，后发展成为以煤炭生产经营为主导，石材加工、化工、水泥、房地产、教育等多种产业的集团型企业。磴槽集团成立时即为股份制企业。由于其主要股东磴槽煤矿为大金店镇政府所有，磴槽集团班子成员仍由镇政府任命。2003 年，经登封市企业产权制度改革领导小组批准，大金店镇人民政府将磴槽煤矿评估作价后转让给个人袁占国。袁占国主持将镇政府奖给企业的 1100 万元资本作股权配发给全体职工，将企业改制为民营股份制企业。

2002 年 3 月—2003 年 7 月，新密市政府先后对 6 家地方国有煤矿进行改制，组建 6 家煤业有限责任公司，其中 2 家国有不占股份，其余 4 家国有股均不超过 10%。2006 年，新密市 14 家国有煤炭企业全部退出国有经济领域，变为独立法人的控股企业。

河南其他地方煤矿也先后进行了改制，河南煤矿企业管理体制基本上由传统的工厂制转变为现代的公司制。

第二节 关闭破产与主辅分离

一、关闭破产

20 世纪 90 年代末，全国煤炭产能严重过剩，全国性煤炭供大于求，煤炭市场萎缩，价格下滑，货款拖欠严重，煤炭企业大面积亏损，煤炭工业经历了一段艰难而困苦的岁月。1998—2000 年，河南省国有煤炭企业累计亏损 14.4 亿元，拖欠职工工资最高时达 10 亿元。1998 年 12 月 5 日，国务院下发《关于关闭非法和布局不合理煤矿有关问题的通知》，提出到 1999 年年底，关闭非法和布局不合理煤矿 2.58 万处，压减产量 2.5 亿吨。其中要求河南关井 2148 处，压产 2000 万吨。

政策性关闭破产是国家解决煤矿历史问题、提高煤矿生存能力的一项优惠政策。政策性关闭破产工作自 2000 年开始，经过 8 年努力，河南省国有煤炭大型企业经批准已实施和后续实施的关闭破产项目共计 20 个，争取国家补助资金 60 亿元，核销银行呆坏账 4.9 亿元，涉及破产企业职工 11.2 万人。

2001 年，平煤集团抓住国家对“资源枯竭矿山实施政策性关闭破产”的政策机遇，积极申报七矿、大庄矿、高庄矿实施政策性破产。平煤集团七矿地处平顶山市新华区西部，是平顶山矿区建矿初期首批开工建设的矿井，1959 年 8 月建成投产，设计生产能力 90 万吨/年。随着开采年限增长，七矿煤炭资源急剧枯竭，2003 年经全国关闭破产和职工再就业工作领导小组批准立项，列入煤炭行业“1660 工程”计划。2003 年 11 月七矿进入破产程序，2004 年 5 月 21 日，宣布破产重组，成为平煤集团第一家破产重组矿井。平煤集团大庄矿位于平顶山市石龙区，1966 年 6 月开工建设，1973 年 10 月简易投产，设计生产能力 90 万吨/年，由于资源的枯竭，2004 年大庄矿向国家提出了政策性破产，2006 年 7 月被国家列入政策性破产计划，2007 年 11 月经有关部门审批，大庄矿全面进入政策性破产程序，2012 年 8 月政策性破产终结。平煤集团高庄矿，位于平顶山市石龙区境内。1968 年 12 月投产，高庄矿历经 40 余年的开采及周边小煤窑越界侵采的影响，资源严重枯竭，2006 年 7 月被国家列入政策性破产计划，2008 年 4 月正式启动政策性破产工作，2010 年 8 月政策性破产程序终结。

截至 2008 年，焦煤集团、鹤煤集团、义煤集团、郑煤集团终结破产项目 13 个。其中：焦煤集团 6 个煤矿，焦西煤矿、小马村矿、冯营矿、朱村矿、韩王矿、李封矿；鹤煤集团 2 个煤矿，一矿、冷泉矿；义煤集团 3 个矿，北露天矿、宜洛矿、曹窑矿；郑煤集团 2 个煤矿，王庄矿、芦沟矿。破产终结的 13 个项目全部完成了企业重组和职工分流安置，实现了股权多元化和员工持股，促进了企业机制创新和管理创新，重组后的企业经济效益明显提升，职工收入显著提高。河南省部分煤矿破产的企业基本情况见表 1-2-2。

表 1-2-2 1999—2000 年河南省部分煤矿企业破产基本情况表

序号	企业名称	所在地	核定生产能力（万吨）	职工人数（人）			资产总额（万元）	负债总额（万元）	累计亏损额（万元）	企业人员安置费用（万元）		
				合计	在职	离退休				合计	在职	离退休
1	焦西矿	焦作	25	4011	2464	1547	11843	11032	3133	4783	2386	2397
2	小马村矿	焦作	25	5565	3339	2226	6054	7679	5972	6054	3605	2449
3	冯营矿	焦作	45	5581	3754	1827	6861	7941	6588	6879	3391	3488
4	朱村矿	焦作	60	7389	4803	2586	4855	4901	3158	10532	5953	4579
5	韩王矿	焦作	21	3723	2707	1016	3220	2340	2734	5295	2765	2530
6	李封矿	焦作	40	4202	2275	1927	9312	10857	3541	3395	2112	1283
7	一矿	鹤壁	50	3101	1308	1793	10623	10752	6161	2117	1024	1093
8	冷泉小井	鹤壁	15	969	770	199	3145	2603	1489	1485	699	786
9	北露天矿	义马	60	4027	2292	1735	23855	9454	2754	5257	3109	2148
10	义洛矿	义马	80	10140	6270	3870	17446	15390	8122	12676	5696	6980
11	曹窑矿	义马	30	2185	1260	925	8157	7074	5167	4278	1681	2597
12	王庄矿	新密	120	8132	7031	1101	3392	29999	26606	26666	18822	7844
13	芦沟矿	新密	45	6023	4921	1102	9176	30622	21446	20063	15252	4811

二、主辅分离

2002 年，国家开展了大中型企业主辅分离、辅业改制工作。2003 年 4 月，河南省政府召开会议进行全面部署，河南省煤管局结合企业实际，制定了改制计划、目标和措施，积极开展工作，按照国家政策对生产性辅业单位、后勤服务单位、企业办社会 3 类单位进行界定并作为分离对象。各企业在辅业改制过程中做到了依法规范操作,维护了国有资产的安全完整,做好职工的分流安置;在生产经营上,对改制单位采取“扶上马,送一程”措施,逐步提高其生存能力;在处理一些矛盾和问题的过程中,坚持国家、企业、职工三方利益都得到保护;在涉及职工具体利益上,坚持“无情改制,有情操作”。至2007年12月,省属六大国有重点煤炭企业共分离辅业单位170多家,分离职工10万人。永煤集团、郑煤集团、焦煤集团全面完成了辅业改制任务,对2.3万名国有职工身份进行置换。义煤集团完成11个辅业单位改制任务,置换国有职工身份6964人。2004年郑煤集团开展主辅分离辅业改制,对主业以外及主业单位内多种经营、后勤服务进行分离改制,改制成为混合所有制的公司制企业;2005年推进机关机构改革,大幅压减机构科室,公司机关由77个部门合并为24个,分流人员1167人,精减64.3%;中层干部职数由197个减至114个,精减42.1%;改革后机关每年减少管理费用2100万元以上。通过一系列改革,企业逐步实现了由粗放型向精细型、由生产管理型向经营效益型、由外延粗放型向内涵集约型转变。

第三节 煤炭企业兼并重组

为从源头上治理煤矿安全生产事故,2010年,河南省委省、政府在总结省内外煤矿安全管理经验和广泛深入调研的基础上,做出决定:“坚持政府引导和市场运作相结合,推动生产规模15万～30万吨/年煤矿实施兼并重组,提高煤炭资源利用率、煤炭产业集中度和煤矿安全保障程度。”河南省煤炭企业兼并重组工作正式启动。

2010年2月2日,河南省人民政府印发了《河南省人民政府关于加强煤矿安全生产工作的若干规定》(豫政〔2010〕17号)文件,明确煤矿生产实行严格的准入制度,要求河南省辖区内煤矿企业必须具备相应的安全生产技术和管理规模并符合安全生产条件。坚持政府引导和市场运作相结合,推动生产规模15万～30万吨/年煤矿实施兼并重组,提高煤炭资源利用率、煤炭产业集中度和煤矿安全保障程度。河南省内现有煤炭生产规模100万吨/年以上的企业可作为兼并重组主体,以产权为纽带兼并重组小煤矿,兼并重组主体企业所占股权比例不得低于51%。

2月26日,印发《河南省人民政府关于批转河南省煤炭企业兼并重组实施意见的通知》(豫政〔2010〕32号),重点是对年生产规模在15万～30万吨的煤矿(含15和30万吨,不包括年生产规模100万吨以上煤炭企业所属矿井)实施兼并重组。到2010年年底,全省要力争建成3个年产5000万吨的特大型煤炭企业;省骨干煤炭企业控制的煤炭资源量占全省占用煤炭资源量的85%以上,产量占全省总产量的75%以上;单个矿井生产规模不低于15万吨/年。兼并重组的方式,以省骨干煤炭企业为主体,以资源为基础,以资产为纽带,通过企业并购、转让、联合重组、控股等多种方式,由大型煤炭企业兼并重组中小煤矿;鼓励大型煤炭企业联合重组;国有煤炭企业之间的兼并重组,可采用资产划转的方式;非国有煤炭企业之间或非国有与国有煤炭企业之间的兼并重组,可采用资源、资产评估作价入股的方式。大力支持中平能化集团、河南煤化集团、义煤集团、郑煤集团、神火集团、河南省煤层气开发利用有限公司等大型煤炭企业作为兼并重组主体,兼并重组中小煤矿,实现规模化经营。年生产规模100万吨以上的煤炭企业可兼并重组中小煤矿。划定兼并重组区域:中平能化集团主要以平顶山矿区、韩梁矿区、临汝矿区、禹州矿区、郏县矿区为主；河南煤化集团主要以永夏矿区、鹤壁矿区、安阳矿区、焦作矿区、济源矿区、新乡矿区；义煤集团：义马矿区、陕渑矿区、新安矿区、偃龙矿区、宜洛矿区、汝阳矿区为主；郑煤集团主要以新密矿区、登封矿区、荥巩矿区、新郑矿区、三李矿区为主；神火集团主要以永夏矿区、禹州矿区为主；省煤层气开发利用有限公司：可利用自身技术力量优势，兼并重组中小煤矿。各产煤省辖市具备兼并重组主体资格的煤炭企业原则上只允许兼并重组本辖区内的中小煤矿，并可根据本实施意见确定的兼并重组原则和全省煤炭企业兼并重组整合规划兼并重组相邻相近的中小煤矿。

2月26日，印发《河南省人民政府关于成立河南省煤炭企业兼并重组领导小组的通知》（豫政文〔2010〕31号），决定成立河南省煤炭企业兼并重组领导小组，加强对全省煤炭企业兼并重组工作的领导。组长由时任常务副省长李克担任，副组长由时任副省长史济春，时任副省长张大卫担任，成员由省发改委、工信厅、公安厅、监察厅、财政厅等16家河南省直部门负责人组成。领导小组下设办公室，办公室设在河南省工业和信息化厅，负责日常工作，杨盛道兼任办公室主任。

3月24日，河南省煤炭企业兼并重组领导小组召开会议，专题研究加快推进煤炭企业兼并重组工作有关事宜。要求做好小煤矿兼并重组规划，对全省被兼并重组小煤矿进行摸底调查，列出工作进度时间表和路线图。按照划定的兼并重组区域和就近周边的原则，落实到具备兼并重组主体资格的煤炭企业，重点是河南省骨干煤炭企业。严格明确兼并重组主体。凡是在豫政〔2010〕17号文件正式下发后新组建的煤炭企业，一律不得作为兼并主体。抓紧制定出台配套政策。各产煤省辖市人民政府以及省发展改革、财政、国土资源、税务、国资等部门按照豫政〔2010〕32号要求，在资产评估、资源配置、采矿权价款以及退出等方面，尽快制定出台相关配套政策，调动省骨干煤炭企业以及小煤矿的积极性。

2010年5月4日，河南省煤炭企业兼并重组领导小组印发《关于下发第一批兼并重组小煤矿名单的通知》（豫煤重组〔2010〕3号），同意辉县市山前富达煤矿等466处矿井分别由河南煤化集团等6家省骨干煤炭企业予以兼并重组，其中：河南煤化集团58处（新乡市7处、安阳市16处、鹤壁市12处、许昌市7处、焦作市1处、济源市15处）、中平能化集团132处（平顶山市104处、漯河市1处、许昌市27处）、义煤集团84处（洛阳市53处、三门峡市31处）、郑煤集团124处（郑州市124处）、省煤层气公司38处（郑州市11处、平顶山市27处）、神火集团30处（许昌市29处、信阳市1处）。

5月27日，印发《河南省人民政府办公厅关于转发省发展改革委等部门支持煤炭企业兼并重组政策的通知》（豫政办〔2010〕55号），河南省发改委、财政厅、国土厅、省政府国资委、省地税局、工商局、国税局等省直有关部门分别出台政策，在项目建设、财政奖励、资源配置、资产评估、企业注册、税收政策等方面，对煤炭企业兼并重组工作予以支持。

2010年6月10日，河南省煤炭企业兼并重组领导小组办公室印发《河南省煤炭企业兼并重组领导小组成员单位联席办公会议纪要》（〔2010〕1号），明确兼并重组过程中小煤矿"六证"变更、配套政策相关解释等有关问题。对于已经签订兼并重组正式协议的小煤矿，经省辖市煤炭企业兼并重组领导小组签署意见，由省骨干煤炭企业提出申请，及时对相关证照进行变更。各级证照管理职能部门在接到申请后，要按规定尽快予以办理。对于完成兼并重组工作任务的小煤矿，从签订正式协议起，其复工复产验收工作分别由省骨干煤炭企业和省辖市人民政府主管部门负责，符合安全生产条件的，由省骨干煤炭企业和省辖市主管部门批准尽快组织生产。对于被兼并重组小煤矿的安全生产主体及监管责任，自双方签订正式协议之日起，安全主体责任由市、县(市、区)人民政府移交到省骨干煤炭企业，安全监管责任仍有地方人民政府负责。

8月4日，河南省政府印发《河南省人民政府关于批转河南省煤炭企业兼并重组年度行动计划的通知》(豫政〔2010〕68号)，对煤炭企业兼并重组工作提出明确要求：兼并重组主体企业必须对小煤矿进行实质性兼并重组，做到“真控股、真投入、真管理”。兼并重组主体企业在所兼并重组小煤矿中所占股权比例不得低于51%；进一步健全完善联合办公机制，加快办理兼并重组煤矿企业名称预核准和采矿许可证、安全生产许可证、煤炭生产许可证等证照的变更手续。严厉打击小煤矿违法非法生产行为。凡没有完成兼并重组并未按规定程序通过检查验收擅自恢复生产和施工的，一律视为违法违规生产，要发现一起查处一起；情节严重的，当地政府要立即依法予以关闭。严肃查处涉煤违反党纪政纪的行为。

8月13日，河南省煤炭企业兼并重组领导小组办公室印发《河南省煤炭企业兼并重组领导小组成员单位联席办公会议纪要》(〔2010〕2号)，进一步明确了兼并重组过程中小煤矿工商营业执照办理、采矿许可证变更和补助资金的申报等问题。18日，河南省煤炭企业兼并重组领导小组办公室对全省地方煤炭企业兼并重组主体资格进行了确定，具体分布情况如下。郑州市：郑州市磴槽集团有限公司、国投煤炭有限公司河南分公司、登封市嵩基(集团)有限公司、郑州登电煤业开发有限公司、郑州登电煤业开发有限公司、河南金丰煤业集团有限公司、郑州市集华嵘昌事业有限公司、河南大峪沟煤业集团有限责任公司、河南红旗煤业股份有限公司、河南永联煤业有限公司、郑州裕中能源有限责任公司、郑州中兴实业集团有限公司、郑州宏源煤业有限公司、新密市煤业集团有限责任公司。洛阳市：洛阳市天源集团有限公司、新安电力集团公司。济源市：济源煤业有限责任公司。河南地方煤炭集团有限公司。

2011年4月2日，河南省煤炭企业兼并重组领导小组印发《全省煤炭企业兼并重组工作推进方案》(豫煤重组〔2011〕1号)，进一步明确了兼并重组的工作重点。以点带面，加快工作步伐。对资源条件好、投资回收快、股东积极配合的矿井，在确保安全的条件下，优先复工复产；对资源量少、无法收回投资的矿井，在征求股东同意的情况下，由当地政府协调退出，依法实施关闭；对于不配合兼并重组、漫天要价、消极对抗、自身存在重大隐患、不具备安全生产条件的矿井，由当地政府严格监管，停止一切采掘活动，逾期予以关闭。做到“真控股、真投入、真管理”，实现统一管理。对完成兼并重组的小煤矿，省骨干煤炭企业要对兼并重组小煤矿实施收购或绝对控股，控股比例51%以上；全面派驻管理团队，“五职”矿长、科(室)长以及班组长等重要岗位必须由集团公司统一派驻；井下采掘、机电维修等生产活动严禁使用包工队。实施统一管理，要将兼并重组小煤矿纳入本单位安全生产监管体系，建立健全各项规章制度，完善安全生产指挥体系，提高安全生产保障能力。对于准予复工复产的矿井，要严格按照规定的程序和标准进行验收，做到科学有序、复工复产，严防一哄而起，确保复工复产期间小煤矿安全生产形势稳定。强化培训，提高职工素质，培训重点要以煤矿安全生产法律法规、技术知识和工作岗位安全操作基本知识为主，使职工系统地掌握煤矿安全生产的基本知识、基本技能和煤矿安全生产过程中自我保护的基本要求。

4 月 15 日，省政府召开全省推进煤炭企业兼并重组工作领导小组例会，确定了兼并重组小煤矿关闭程序。兼并重组小煤矿关闭退出首先应由兼并重组主体企业与原小煤矿股东协商达成一致意见，并报省煤炭企业兼并重组领导小组办公室和省国资委备案。小煤矿关闭工作实施，需兼并重组主体向当地政府提出申请，由省辖市政府督促小煤矿所在地县(市、区)政府按照国家关闭矿井的标准(吊销相关证照、停止供应火工品、拆除供电、通信、生产等设备、封闭井筒、恢复地貌以及遣散从业人员)予以关闭。矿井关闭后，省辖市政府要组织兼并重组主体和县(市、区)政府进行验收，验收合格后，按照有关程序办理关闭补偿、资产核销等手续。

4 月 25 日，印发《河南省人民政府关于进一步明确兼并重组煤矿安全生产责任的通知》(豫政〔2011〕42 号)，按照“谁办矿、谁负责”的原则，落实兼并重组主体企业安全生产主体责任；按照“分级负责、属地管理”的原则，落实各级政府煤矿安全生产监管责任。兼并重组主体企业是煤矿安全生产的责任主体，其主要负责人和矿长是煤矿安全生产第一责任人。产煤省辖市、县(市、区)政府应按照“分级负责、属地管理”原则，对辖区内兼并重组煤矿实施安全生产监督管理，切实承担对兼并重组煤矿的安全生产监督管理责任。产煤省辖市、县(市、区)政府应当加强对兼并重组煤矿安全生产工作的支持与协调，督促各有关部门依法履行安全生产监督管理职责，推动兼并重组煤矿落实安全生产主体责任。

4 月 27 日，河南省政府召开全省推进煤炭企业兼并重组工作领导小组例会。会议要求各级各部门以及省骨干煤炭企业要进一步明确目标，落实责任，坚定信心，强力推进，三季度要确保兼并重组工作大头落地，四季度解决部分遗留问题，确保年底基本完成工作任务。对于采用托管、收取管理费等方式的“假整合”“假重组”小煤矿，必须停工停产；按“三真”原则兼并重组到位后，方可复工复产。对于按照“三真”原则，兼并重组已经到位的小煤矿，各级政府要在证照办理、复工复产等方面予以政策支持，杜绝乱收费、乱罚款，优化企业生存环境，为企业发展提供方便。

5 月 17 日，河南省工业和信息化厅、河南省公安厅、河南省监察厅等八部门联合下发《关于实行煤矿非法违法生产行为举报奖励制度的通告》，进一步打击各类煤矿非法违法生产行为，鼓励和奖励举报煤矿非法违法生产行为，推进煤炭企业兼并重组工作，防止重特大煤矿事故发生，切实保障人民群众生命安全和社会大局稳定。在本省行政区域内，各类煤矿存在下列非法违法生产行为的，任何单位或个人均有权举报：(一) 举报“六证”不全的非法煤矿，即煤矿未依法取得采矿许可证、安全生产许可证、煤炭生产许可证、营业执照和矿长未依法取得矿长资格证、矿长安全资格证擅自进行生产的；(二) 举报煤矿非法生产的，即煤矿已被责令关闭、停产整顿、停止作业，而擅自进行生产的；(三) 举报煤矿未经批准擅自开工建设的，边基建、边生产的，在技改区域内边技改、边生产的。举报查处：对被举报并经确认的非法违法煤矿，将严格按照相关法律、法规和河南省有关文件规定，对有关单位和有关责任人从快从重进行处理。举报奖励：对举报的煤矿非法违法生产行为，经调查核实，情况属实且有关部门尚未知情立案的，将给予第一举报者一次性 5 万～10 万元人民币奖励，并依法免交个人所得税。

2011 年 8 月 7 日，河南省煤炭企业兼并重组工作指导督查小组办公室就兼并重组小煤矿退出关闭、复工复产等问题进行了专题研究和讨论，进一步明确兼并重组小煤矿退出关闭和复工复产的验收标准和程序。首先,省骨干煤炭企业应与兼并重组小煤矿原矿主达成退出关闭协议,并签署兼并重组小煤矿所在县(市、区)、省辖市政府意见;协议签订后,省骨干煤炭企业应在15日内将退出关闭补偿款按照协议约定支付到位;补偿款支付到位后,县(市、区)政府要立即成立由煤炭、安监、公安、电力等相关涉煤部门组成的工作小组,对退出关闭小煤矿依法实施关闭。小煤矿退出关闭的标准应严格执行《国务院关于预防煤矿安全事故的特别规定》(国务院令第446号),主要内容如下:(1)吊销相关证照;(2)停止供应并处理火工用品;(3)停止供电,拆除矿井生产设备、供电、通信线路;(4)封闭、填实矿井井筒,平整井口场地,恢复地貌;(5)妥善遣散从业人员。小煤矿退出关闭到位后,首先由县(市、区)政府组织相关人员,按照关闭矿井的标准逐项进行验收并签字;验收合格后,省辖市政府要逐矿进行复验;复验合格后,报省指导督查小组办公室备案;省指导督查小组办公室对上报的退出关闭小煤矿组织抽查。兼并重组小煤矿复工复产条件:工商营业执照、采矿许可证、安全生产许可证、煤炭生产许可证、矿长资格证、矿长安全资格证(以下简称"六证")变更完毕,齐全有效。省骨干煤炭企业严格按照"三真"原则,实质性兼并重组到位。兼并重组小煤矿安全生产条件符合(豫政〔2011〕17号)和《煤矿安全规程》规定。省骨干煤炭企业批复的复产实施方案。兼并重组小煤矿复产程序:首先由兼并重组小煤矿进行自检;自检合格后,向区域公司提出申请,区域公司会同县(市、区)进行初检;初检合格后,由区域公司向省骨干煤炭企业提出申请,省骨干煤炭企业会同省辖市进行正式验收;验收合格后,省骨干煤炭企业批准其恢复生产,并报河南省煤炭企业兼并重组工作指导督查小组办公室备案。

9月21日,河南省工业和信息化厅、国土资源厅、工商局、安监局、煤监局等五部门联合印发《关于公布第一批退出兼并重组小煤矿的通知》(豫工信〔2011〕487号),公布河南省142处兼并重组小煤矿退出煤炭开采领域,并注(吊)销上述矿井相关证照,2012年1月9日再次公布河南省29处兼并重组小煤矿退出煤炭开采领域(豫工信〔2012〕14号)。

河南省全面启动煤炭企业兼并重组工作后,河南省共有498处年生产规模15万~30万吨的小煤矿,由河南省骨干煤炭企业实施兼并重组。截至2011年年底,河南省基本完成煤炭企业兼并重组工作,并取得显著成效。一是矿井数量大幅减少。全省煤炭企业数量由原来的530家减少到30家,矿井数量由797处下降为574处。二是产业集中度得到提高。河南省骨干煤炭企业所属矿井的年生产规模由原来的1.2亿吨上升到1.8亿吨,占煤炭总产量的比重由60%上升到86.9%。三是单井生产能力大幅提升。单井年生产能力由原来的27万吨提升到39万吨。四是煤矿安全生产形势明显好转。2011年,河南省煤矿共发生死亡事故8起、死亡36人,同比减少27起、少死亡230人,分别下降77.1%和86.5%;百万吨死亡率0.192,同比减少1.250,下降86.7%,创历史最好水平。

第三章 中国共产党组织

第一节 组织建设

一、省厅(局、办)党组织建设

1993年,根据煤炭工业部《关于省级煤炭管理机构更名的通知》(煤办字〔1993〕第257号)文件,能源部中国统配煤矿总公司河南公司更名为河南煤炭工业管理局,同年设立党组,朱德沛任河南煤炭工业管理局党组书记,局机关设立机关党委,对局机关及所属的企事业单位实行领导。1995年,煤炭工业部(煤党任〔95〕25号)文件任命高国安为河南煤炭工业管理局党组书记。1995—2003年河南煤炭工业管理局(河南省煤炭工业厅)党组书记高国安;纪检组长蒋喜成。

2000年5月23日,中共河南省委、河南省人民政府《关于印发〈河南省人民政府机构改革实施意见〉的通知》(豫文〔2000〕40号),设置河南省煤炭工业局。中共河南省直属机关工作委员会(豫直批〔2000〕84号)文件批复,李恩东任中共河南省煤炭工业局直属单位委员会委员、书记。2003—2008年河南省煤炭工业局党组书记李恩东,党组成员:张国辉、武予鲁、刘世伟、陈党义、莫建勇、付树林、付永水,纪检组长刘云达。至2008年,河南省煤炭工业局直属机关党委,直管28家企事业单位的党组织,下设党委23个,党总支16个,支部220个,党员人数4782名。

2009年3月,河南省煤炭工业管理局撤销,职能和人员整合划入有关部门,全省煤炭行业管理职能划归河南省工业和信息化厅内设的煤炭工业管理办公室,煤炭工业管理办公室下设两个处室,生产综合处和运营管理处,保留2个支部。

2015年,河南省机构改革基本恢复煤炭工业管理办公室管理全省煤炭行业职能,党组织工作归口河南省工业和信息化委员会党组管理,设置中共河南省煤炭工业管理办公室委员会(豫组组〔2015〕16号)。同年9月,河南省工业和信息化委副主任、党组书记陈党义任中共河南省煤炭工业管理办公室党委书记(豫组干〔2015〕768号),党委委员:李震寰、沈天良、万战伟。下设4个支部,党员人数35名。

二、各煤业集团党组织建设

(一)平煤神马集团党组织建设

1993年12月,中共平顶山矿务局召开第二次代表大会。出席大会代表301名(其中,特邀代表21名,列席代表70名),实到295名,代表全局20174名党员。会议选举产生了平顶山矿务局党委常务委员会委员、党委书记、副书记;批准了中共平顶山矿务局纪律检查委员会第一次全体会议选举产生的纪委书记。新当选党委委员27名,党委书记为陈兆华,纪委书记为吕源沛。

2006年10月,中共平煤集团公司召开第一次代表大会。大会正式代表300名,实到292名,代表全集团公司36991名党员,选举产生了中共平煤集团公司第一届委员会常务委员会委员、党委书记、副书记;批准了中共平煤集团公司纪律检查委员会第一次全体会议选举产生的纪委书记。新当选党委委员31名，党委书记为陈建生，纪委书记为徐建明。

2009年10月，中共中国平煤神马集团召开第一次代表大会。大会正式代表360名，实到352名，代表平煤神马集团42121名党员，新当选的党委委员51名。选举产生了中共中国平煤神马集团第一届委员会常务委员会委员、党委书记、副书记；批准了中共平煤集团公司纪律检查委员会第一次全体会议选举产生的纪委书记。当选党委常务委员会委员11名，党委书记为陈建生，纪委书记为徐建明。

1996—2004年，平煤集团共发展新党员10896人。其中：高中以上文化程度8246人，占76%；35岁以下7050人，占65%；工人6788人，占62%；专业技术人员2786人，占26%；企业管理人员1322人，占12%。党员队伍文化程度、年龄结构和分布情况不断优化。2008年12月，平煤集团与神马集团重组，成立中国平煤神马集团党委，党员发展工作统一管理。2014年，根据中共中央办公厅《关于加强新形势下发展党员和党员管理工作的意见》（中办发〔2013〕4号）要求，平煤集团党委下发《关于加强新形势下发展党员和党员管理工作的实施意见》，意见提出集团发展党员工作以“控制总量、优化结构、提高质量、发挥作用”作为总体方针。2015年年底，中国平煤神马集团下属72个基层党委、14个直属党总支、108个基层党总支、2025个基层党支部，党员总数53708人。原平煤及中国平煤神马集团1991—2015年党员概况见表1-3-1。

表1-3-1　1991—2015年平煤及中国平煤神马集团党员概况统计表　　人

年度	在册党员	预备	女	少数民族	年龄			学历					
					35岁及以下	36岁至59岁	60岁及以上	研究生	大学本科	大学专科	中专	高中中技	初中及以下
1991	18915	1308	1915	300	4474	13610	831	2440			1980	2972	11523
1992	19737	1330	2071	322	4831	13974	932	2717			2149	3269	11602
1993	20714	1288	2253	347	5038	14539	1137	3000			2215	3685	11814
1994	21576	1165	2422	364	5333	14976	1267	3501			2396	4128	11551
1995	22443	1320	2615	389	5829	15096	1518	3944			2552	4358	11589
1996	23629	1404	2853	393	6395	15404	1830	4390			2701	4880	11658
1997	24704	1433	3183	448	6819	15957	1928	4981			2764	5445	11514
1998	27389	1509	3580	479	7499	17173	2717	35	5750		3248	6064	12292
1999	28590	1535	3917	493	7247	18142	3201	84	7127		3110	6649	11620
2000	29725	1499	4168	511	7177	19119	3429	87	7643		3133	6687	12175
2001	30744	1319	4351	504	7218	19355	4171	81	2195	5933	3268	7087	12180
2002	31410	1775	4566	519	7194	19637	4579	84	2131	6333	3359	7287	12216
2003	32422	1100	4833	525	6845	20336	5241	80	2294	6683	3427	7713	12225
2004	36342	1278	5377	560	7010	23344	5988	88	2532	7509	3766	8961	13486
2005	36315	623	4901	571	6518	23195	6602	93	2460	7732	3877	9255	12898
2006	37021	678	5306	598	6114	23633	7274	122	2640	7826	4082	9512	12839
2007	37415	722	5342	582	5820	23889	7706	154	2989	7983	4029	9892	12368

表 1-3-1(续) 人

年度	在册党员	预备	女	少数民族	年龄			学历					
					35 岁及以下	36 岁至 59 岁	60 岁及以上	研究生	大学本科	大学专科	中专	高中中技	初中及以下
2008	42042	1048	6558	733	6713	26803	8526	326	5015	10012	3592	10957	12140
2009	43195	1250	6929	747	6812	27282	9101	368	5455	10622	3645	11353	11752
2010	44974	1581	7403	777	7284	28018	9672	428	6218	11409	3749	11723	11447
2011	47121	2028	8050	813	8268	28611	10242	512	6895	12179	3719	12428	11388
2012	49128	2400	8543	850	8966	29326	10836	592	7598	13208	3795	12738	11197
2013	50561	1867	8875	876	9091	30105	11365	668	8387	14359	3848	12329	10970
2014	52562	1470	9168	1000	9797	31313	11452	744	9220	15314	3906	12545	10833
2015	53708	1362	9703	925	9940	32016	11752	771	9698	15882	3912	12711	10734

(二) 义煤集团党组织建设

1991 年,义马矿务局培养和吸收生产一线工人中的优秀分子入党,解决生产一线党员少、生产班组中无党员的状况,发展党员 422 人,一线工人入党 300 人。1998 年 3 月,完善了作风建设等 7 项工作制度:即“三会一课”制度、民主评议党员制度、重大问题集体讨论制度、党员联系群众制度、党费收缴管理制度、目标管理考核制度、党支部向支部大会报告工作制度。同年,下发《党费收缴管理制度》,制度规定党员在每月开资后 3 日内将党费交到党小组,党小组在 5 日内缴到党支部,党支部在 7 日内交到党总支,党总支(直属党支部)在 10 日内交到基层党委组织部,基层组织部每季向义煤集团党委组织部上缴一次,上缴范围、比例,按中组部文件执行,即将党费 50%上缴中共义马市委组织部,50%自留。加强对党费收缴工作的管理,坚持每季检查一次、半年公布一次。2000 年以后,按照“坚持标准、保证质量、改善结构、慎重发展”的方针注重在生产一线、优秀中青年、知识分子、先进模范人物、妇女、农民协议工中发展党员。2000 年 4 月,建立了《中共义煤集团公司委员会书记例会制度》,规定每季度第一个月的上旬召开,传达贯彻上级党组织的有关文件、会议精神,贯彻义煤集团党委的有关决议、决定;对义煤集团党委重大决策、部署、方案、酝酿讨论;重点分析思想状况和动态;总结上月工作,提出下一步工作意见。同年,中共义煤集团党委对副处级以上干部实行了党风廉政建设抵押金制度。2002 年 11 月,中共义煤集团委员会颁发了《全委会会议制度》《常委会会议制度》《常委会议事规则》《书记办公会议制度》《政工例会制度》。2003 年印发《中国共产党义马煤业(集团)有限责任公司委员会工作条例》。《条例》包括:总则、领导机构设置与工作设置、议事规则、领导班子建设、坚持党管干部的原则、参与企业重大问题的决策、思想政治工作、社会主义精神文明建设、党组织的活动及工作方式、纪律检查机构及其工作,加强对群众组织的领导、附则等,共 12 章 59 条。条例的颁布,充分发挥了党组织的作用。2004 年 2 月,对党员目标管理做出了具体的规定,评议结果分优秀党员、合格党员、不合格党员 3 个档次。要求每个党员都要按规定自觉参加组织生活。对下岗分流后仍居住在矿区的党员,要逐步建立下岗分流党员档案,确保党员“下岗不离党,分流不褪色”。2007—2008 年围绕集团公司强势发展,及时在合资企业、新建企业设置了党的组织机构，使基层党建、思想政治工作得到加强。截至2008年，中共义煤集团党委下设基层党委35个，直属总支5个，党支部615个，有党员12918名。其中：正式党员12344名，大专以上3983名，采掘一线工人2062名，工人党员4644名，管理人员、专业技术人员中5148名，离退休人员2817名。

（三）郑煤集团党组织建设

1991年“三个结合”（结合支部换届选举，选配好一个党支部书记；结合干部教育，抓好支部委员、支部书记培训；结合目标管理，开展民主评议党支部考核）实行党组织和党员目标管理责任制，开展“创建五好党支部”“忆传统、比贡献，做新时期合格共产党员”“为群众送温暖、办实事”“为党旗添光彩”活动。1992—1993年制定党员分类测评标准，提出基本不合格党员和不合格党员的定格处置意见。不断完善“党员责任区”和“党员分片联络网”活动内容并进行考核。注重在生产一线和经济工作关键岗位建立党支部，通过重点发展、组织调整，矿务局无党员班组由22%下降到14%，把安全生产、经营管理等纳入党建工作并定期检查考核。1994年对基层党支部换届改选，新建和调整456个党支部，选拔398名党支部书记，对4408名党员进行民主评议（优秀950名，合格3375名，基本合格62名，基本不合格12名，不合格9名）。1998年按照中共十五大关于“在新的历史条件下，共产党员要保持先进性、体现时代要求”精神，开展民主评议党员活动（优秀89名，合格5839名，基本合格30名，不合格1名）。换届改选452个党支部委员会，新设5个党支部，调整支部书记80多名，召开了基层党支部工作经验交流现场会。2000年组织党员认真学习“三个代表”重要思想和报刊有关理论文章，在党员中开展“我为党旗添光彩”“忆传统、鼓斗志、做优秀共产党员”等活动。2003年试行发展党员公示制度。2004年建立完善《共产党员守则》《发展党员工作细则》《党员目标管理制度》《流动党员活动证制度》《党员责任区制度》等项制度。2005年按照中共中央和省、市委部署，开展“保持共产党员先进性”教育活动。制定《加强基层党支部建设工作的意见》和《做好建立健全保持共产党员先进性长效机制工作，进一步推进党的先进性建设的意见》。各级党组织精心组织，规范操作，扎实推进，受到中共中央组织部、中共河南省委充分肯定，中央电视台、人民日报先后对郑煤集团先进性教育活动进行专题报道。

2008年根据企业发展实际和党建工作的需要，对各基层单位的党支部进行换届。有26个基层单位党委组织党支部换届选举。按照中共中央组织部《关于做好在抗震救灾第一线发展党员工作的意见》的通知，及时吸收入川援建中表现突出的锦源建设公司7名职工为中共预备党员党。全年发展党员230名，生产经营一线达67%以上。

2010年围绕开展“安全生产零死亡、道德建设零案件、信访稳定零上访”的目标创建活动，开展创建“学习型党组织、学习型领导班子”和争做“学习型党员、学习型干部”活动，举办4期近1500人（次）党员领导干部培训班。8月31日人民日报以“创新学习　激发活力”为题报道郑煤集团创建学习型党组织的经验和做法。广大党员干部向玉树灾区捐款119万余元。

2011年组织开展迎接建党九十周年系列活动，举办集团公司“我为党旗添光彩”演讲比赛，承办省管企业“我为党旗添光彩”演讲比赛，集团公司党委被河南省省管企业创先办授予纪念建党90周年“我为党旗添光彩”演讲比赛优秀组织奖荣誉称号。

表 1-3-2　1991—2015 年郑煤集团主要年份基层党组织、党员统计表　人

年份	党委	总支	支部	党员	发展新党员	预备党员转正
1991	22	2	336	4631	388	278
1995	27	14	430	6014	398	366
2000	37	9	482	7915	435	419
2005	37	4	452	9191	340	391
2010	43	3	508	10431	536	497
2015	37	11	527	11473	160	170

（四）鹤煤集团党组织建设

1991 年 5 月 28 日，中共鹤壁矿务局委员会召开党员代表会议，选举出席中共鹤壁市第四次代表大会代表。1995 年 10 月，组织部和干部处合并为组干部，下设干部科、组织科、办公室、科技科。1991—1995 年期间，矿务局党委学习推广西山矿务局创建的“区、站、网”（区就是“党员责任区”，站是指“思想政治工作服务站”，网是指“党员分片联络网”）活动。

1996 年 11 月 1 日，中共鹤壁矿务局委员会召开党员代表大会，选举出席中共鹤壁市第五次代表大会的代表。1999 年 12 月 16 日，中共鹤煤（集团）公司委员会成立后，设立组干部，内设综合科、干部科、组织科、科技科。1996—2000 年期间，对届满的 344 个党支部进行了换届选举。基层党支部增加到 445 个。

2001—2005 年制定完善了《鹤煤公司发展党员工作程序》《发展党员工作流程图》和《加强对入党积极分子培训工作的规定》等制度。一是从制定规章入手，努力完善工作制度。二是严格按照发展党员工作细则的要求和有关规定，积极发展新党员。三是做好创先争优和民主评议党员活动，鼓励先进，鞭策后进。四是做好专项教育活动，保证广大党员思想统一，行动一致。

1991—2015 年，鹤煤集团共发展新党员 3853 名。其中：女党员 847 名，占发展党员的 21.98%；生产一线工人党员 2389 名，占发展党员总数的 62%；年龄在 35 岁以下的 2581 名，占发展党员总数的 67%；高中以上文化程度的 2774 名，占发展党员的 72%。

2015 年，鹤煤公司组织开展了民主评议党员活动。经过评议，各基层党委对 10738 名正式党员审定了格次，其中合格党员 10577 名、基本合格党员 139 名、基本不合格和不合格党员 22 名。在民主评议党员的基础上，公司党委表彰了 9 个先进基层党委、50 个先进基层党支部、93 名优秀共产党员和 50 名优秀党务工作者。

至 2015 年，鹤煤公司党委下属 33 个基层党委会、7 个党总支、11 个直属党支部、345 个基层党支部，共有党员 11449 人。

（五）永煤集团党组织建设

1991 年 11 月，成立永城矿区建设管理委员会临时党委。1992 年 2 月，成立永夏矿区建设管理委员会党委。1997 年 11 月，经煤炭工业部批准，在永夏矿区建设管理委员会改制的基础上，建立永城煤电（集团）有限责任公司，同时成立永城煤电（集团）有限责任公司党委。2000 年 1 月，永煤集团党组织关系从河南省煤炭厅直属机关党委划转商丘市委管理。2007 年 9 月，更名为中共永城煤电控股集团有限公司委员会。2008 年 8 月，经河南省国资委批准，永煤集团党委实行党委常委制。截至 2015 年年底，永煤集团共有党的基层组织 560 个，其中党委 59 个、总支 23 个、党支部 478 个，共

有党员9400余名。永煤集团党组织遍布全省14个市及贵州、内蒙古、安徽、上海等省(市)。

三、组织活动

(一) 创优争先活动

20世纪90年代初，中共河南省煤炭工业局党委结合煤炭行业特点和党的各项方针政策，在党内开展了以创建“五好”基层党组织、争创“五好”优秀党员为主要内容的“创先争优”活动，各单位成立了由党组(委)书记、局长、局直党委书记任组长，各有关部门负责人为成员的争创“五好”基层党组织活动领导小组，实行党委书记挂帅，行政领导“一岗双责”，党委、组织部门总体规划，支部具体落实，一级带一级，一级抓一级，层层抓落实的党建工作体制。

1991年，平顶山矿务局开展以行业争先进、岗位争先锋、生产一线争效益、党员个个争优秀为主要内容的“党员先锋工程”活动。

1993年，郑州矿务局把“创先争优”活动与经济建设、生产经营和经济指标等有机结合起来，围绕深化企业改革，转换经营机制，组建郑煤集团、提高经济效益等工作开展活动，重点是创建“五好”党支部、整改党员责任区和搞好党员形象工程。

1996年，义马矿务局党委下发《优秀党支部书记》条件和评比表彰办法。“五好”党组织半年一次初评，年末一次总评，审定“五好”党组织，并按照好中选优的原则评选、表彰一定数量的先进党组织。2002年5月，义煤集团按照河南省企业工委的部署，开展了“两比三争”活动；被中共河南省委企业工委命名为先进基层党组织。2003年，中共义煤集团第四次党代会，下发《关于开展“六大工程”活动的实施意见》，“六大工程”活动的主要内容：①“灵魂素质工程”；②“先锋楷模工程”；③“党心温暖工程”；④“企业形象工程”；⑤“机制保障工程”；⑥“矿区稳定工程”。全年确定“党员先锋工程”项目254个，参与党员8000余人，取得经济效益8000多万元，涌现“五好”党组织9个。

2005年，郑煤集团结合建设“平安郑煤、百亿郑煤、百年郑煤”，采用“党员责任区”“党员先锋岗”等载体不断深化创新内容和形式，使“创先争优”实现新突破。同年，鹤煤集团党委在开展“创先争优”活动中被河南省国资委党委授予“河南省属企业先进党委”称号。

2006年，平煤集团党委下发《关于创建“五好”党组织的意见》，提出开展以“领导班子好、队伍建设好、工作机制好、发展业绩好、群众反映好”为主要内容的“五好”党组织创建活动。2007年7月，中华人民共和国人事部、中国煤炭工业协会授予六矿综采一队、一矿掘进四队“全国煤炭工业先进区队”荣誉称号，被表彰人员在人民大会堂受到国务院总理温家宝的亲切接见。平煤集团在开展“创先争优”“先进典型提升暨基层党建品牌创建年”等活动中，形成了一大批特色鲜明、行之有效、务实管用的党建典型经验和做法，提升了党建工作层次和质量。1991—2015年平煤集团创先争优活动情况见表1-3-3。

(二) 宣传模范树立榜样

河南省煤炭工业局通过宣扬劳模事迹，弘扬劳模精神，不断加强全省煤炭行业职工政治思想和道德建设。20世纪90年代新一代产业工人的榜样平顶山矿务局的张玮，新世纪“金牌矿工”平煤集团的吴如，“大孝至爱”焦煤集团的谢延信，“矿山愚公”义煤集团的付来成等先进模范人物为煤炭战线的干部职工树立了榜样。河南煤炭工业局先后在全省十个矿区举办了全国劳模、优秀共产党员事迹展览300余场，他们的事迹在河南各大矿区乃至全国煤炭系统，得到了深入广泛地传扬，对全省煤矿职工的思想境界

表 1-3-3 1991—2015 年平煤集团创先争优情况统计表 人

年度	党支部总数	先进支部数	党员总数	优秀党员数
1991	1011	313	18915	4683
1992	1021	326	19737	5271
1993	1058	312	20714	5456
1994	1093	332	21576	5133
1996	1147	376	23629	5346
1997	1164	356	24704	4947
1998	1264	418	27389	5350
1999	1312	349	28590	4835
2000	1253	377	29725	5046
2001	1260	101	30744	101
2003	1267	100	32422	102
2006	1484	160	37021	200
2007	1558	180	37415	220
2008	1754	175	42042	199
2010	1839	270	44974	200
2011	1930	200	47121	281
2012	1968	220	49128	325
2013	2030	221	50561	299
2014	2017	214	52562	308
2015	2005	193	53708	277

说明:2000 年后先进党支部及优秀共产党员统计口径仅包含集团级。

表 1-3-4 1997—2015 年平煤集团红旗区队、先进区队奖励标准表 元

年 度	红旗区队			六好区队		
	井下一线	井下辅助	地面单位	井下一线	井下辅助	地面单位
1997—2003	10000	8000	6000	5000	4000	3000
2004—2015	15000	13000	10000	5000	4500	4000

表 1-3-5 平煤集团基层党建特色品牌一览表

单 位	特色品牌名称
一 矿	党建工作精细化管理
二 矿	干部人事档案管理
四 矿	“双考双评”执行力考核模式
六 矿	党员立项攻关
十 矿	党代表巡视
十二矿	党建“四考评两创建”机制

表 1-3-5(续)

单 位	特色品牌名称
十三矿	“员工素质登高”工程
朝川矿	“双树双创”典型培育
田庄选煤厂	道德银行
平禹煤电公司	党建“四维”绩效管理
瑞平煤电公司	股份制企业党建创争机制
电务厂	“六抓六创”党支部工作法
帘子布公司	困难党员帮扶机制
尼龙化工公司	党员量化培养
土建处	“六三一”干部教育培训法
机械装备集团	“三个一”人才强企工作法

和职工队伍的建设，产生了深远的影响。1997 年河南省煤炭厅编辑发行的《豫煤之星》一书，以 43 万字的篇幅，辑录了“八五”期间河南煤炭系统部分劳动模范、先进工作者和优秀企业家的先进事迹。张玮是平煤集团田庄选煤厂管工班班长。他抱着强烈的主人翁责任感，认真学习科学技术，立足岗位，刻苦钻研，任劳任怨，无私奉献，为企业发展做出了突出贡献。1987 年，张玮被河南省授予“技术革新能手”称号；1992 年获得河南省“五一劳动奖章”；1993、1994 年连续被评为河南省“劳动模范”。1998 年，河南省煤炭工业局党组做出在全省煤炭系统开展向优秀基层干部邢首超、新时期工人的楷模张玮学习的决定，号召煤炭职工学习他们的事迹，树立正确的世界观、人生观、价值观，加强主人翁意识。张铁岗是平煤集团公司总工程师、教授级高级工程师，2004 年 1 月当选中国工程院院士，成为中国第一位来自煤炭生产企业的院士，实现了河南省本土中国工程院院士零的突破。张铁岗长期工作在煤矿生产、科研一线。从一名采煤工干起，先后在技术员、工程师、矿长和集团总工程师等岗位上工作了 30 多年，致力于复杂难采煤层的开采和安全工程的技术攻关，在学术上取得了重大成就，他主持的国家“九五”重点科技攻关项目“矿井瓦斯综合治理示范配套技术研究”，其中瓦斯防突、分级、隔抑爆技术达到国际领先水平。各煤矿企业在实际工作中，都创建树立了自己的“窗口”“典型”“能手”“十佳”等英雄模范群体和个人，并采取多种形式在矿区广为宣传，对两个文明建设和职工队伍建设起了很好的作用。付来成是义煤集团公司千秋煤矿一名普通支架工，33 年奋战在井下一线，敬业实干，刻苦钻研，淡泊名利，无私奉献，为企业发展做出突出贡献，体现了新时期煤矿工人优秀品质，在 2006 年，被评为“感动中国十大矿工”。在 2007 年陕县支建煤矿“7・29”事故的抢险救灾中，河南省煤炭系统的干部职工英勇顽强、科学施救，成功救出了 69 位矿工兄弟，创造了中国煤炭救援史上的奇迹。陕县支建煤矿“7・29”事故抢险救灾英雄群体受到国家安全生产监督管理总局和河南省委、省政府的联合表彰。同年 4 月 23 日，河南省煤炭工业先进集体、劳动模范和先进工作者表彰大会在郑州隆重召开，来自全省煤炭战线的 50 个先进集体、150 名劳动模范和先进工作者受到河南省政府的表彰。

（三）精神文明创建活动

精神文明创建是党委的一项重要工作

之一，中共河南省煤炭工业局局直党委制定下发了《关于局机关开展创建省级文明单位的实施意见》《关于创建省级文明单位工作责任分工》《河南省煤炭工业局机关“争创文明处室、争当优秀公务员”活动量化考核暂行办法》等文件。把局机关文明创建工作与业务工作结合起来，并坚持做到“七个有”：有组织领导，有规划方案，有制度措施，有职责任务，有量化指标，有检查评比，有奖惩标准。年年赋予新内容，年年采取新措施，文明单位创建常抓不懈，常抓常新。在经费紧张的情况下，筹措资金上千万元设立创建专款，对河南省煤炭工业局机关办公大楼进行了全面整修改造，更新了办公设施，对办公区内外进了整治绿化；更换计算机100余台，铺设了内部局域网和全省煤炭系统远程通信专用网，实现了机关办公自动化和电话会议视频化。通过这次大规模的改造，美化了办公环境，改善了办公条件，使机关面貌焕然一新。在改善机关办公环境的同时又多方筹措资金改善居住环境，提高职工生活质量，先后投入50万元整修家属区生活环境，投资20万元添置了体育活动器材，进一步加强了职工之家建设。2006年投资30万元对局行政服务大厅重新进行改造，2006年河南省煤炭工业局获得“省级文明单位”荣誉称号，河南省煤炭工业局家属院被郑州市评为精神文明创建示范家属院。2007年、2008年顺利通过了河南省文明委组织的省级文明单位复查。

河南省煤炭系统各级党组织积极开展文明煤矿创建工作，坚持用企业文化高标准建设文明煤矿，把创建文明煤矿与党建工作相结合，与经营管理相结合，与队伍建设相结合，与矿区稳定相结合，2008年年底河南省煤炭系统建成全国文明煤矿19个，省级文明煤矿34个。其中，义煤集团耿村矿、郑煤集团超化矿分别获得全国文明单位和全国精神文明创建先进单位称号。

2004—2008年，河南省煤炭工业局机关累计筹措资金15万元，帮助35名考入大学的困难职工子女圆了大学梦，积极开展“金秋助学”活动。平煤、义煤和鹤煤等国有煤业集团累计筹资750余万元帮助困难学生近万人，使困难家庭的孩子能够正常读书上学，助学工作多次受到河南省青少年发展基金会、省希望工程、省慈善总会和省直工委的肯定与表彰。河南省煤炭工业局驻村帮扶工作队连年被省委、省政府或当地政府评为先进驻村工作队。2002—2004年，义煤集团有2000多名科级以上干部与困难职工结成对子，帮助3842人落实了最低生活保障。2005—2008年，按照加强和改进党的作风建设的要求，关注弱势群体，贴近贫困职工家庭，为职工群众办好事办实事，河南省煤炭系统开始棚户区改造和建设，改善了煤炭职工住房条件。

2008年5月，四川汶川发生8.0级特大地震，河南省煤炭系统积极开展“情系灾区、奉献爱心”捐助活动，平煤集团党委号召广大党员踊跃交纳抗震救灾“特殊党费”，2万多名党员自愿交纳抗震救灾“特殊党费”750多万元。义煤集团积极组织机关职工捐款捐物支援灾区建设，共计捐款10万余元、棉被514条，缴纳“特殊党费”94万元。2010年，郑煤集团广大党员干部向玉树灾区捐款119万余元。鹤煤公司党委组织全公司广大党员开展了“众志成城、抗震救灾”捐助活动，先后2次为四川地震灾区捐款计140万元。鹤煤集团公司9159名党员主动缴纳“特殊党费”共计182万元。2002—2008年，河南省煤炭系统累计捐款捐物折合人民币近亿元，支援灾区人民生活和建设。

四、国企领导班子建设

20世纪90年代，随着《公司法》颁布实施，河南省煤矿逐步建立现代企业制度，企业领导体制也发生了重大变化，河南省煤矿在已经推行局、矿、厂长负责制和任期目标责任制的基础上，部分煤矿初步构建了现代企业制度下的法人治理结构，形成了股东会、监事会、经理层的互相制约机制。党组织在各级领导班子选人用人上，在政治方向、政治立场、政治观点、政治纪律、政治鉴别力、政治敏锐性等方面严格要求干部，注重讲作风，讲正气，讲团结，讲奉献。在重大问题决策上，执行严谨的议事制度，坚持正常的党委会、行政办公会、职代会等会议制度。在干部提拔调整时，按照民主推荐、组干部门考察、党委会研究决定这一程序办理，减少用人失误。在思想作风建设上，要求领导班子成员以党章规范自己的行为，坚持过好双重生活会，充分交流思想，开展批评与自我批评，不断提高解决自身矛盾的能力。加强领导干部的监督管理，针对一些领导干部违法乱纪、腐败堕落的教训，各级党组织对干部严格要求、严格管理、严格监督，把干部的培养、教育、选拔任用、监督管理有机结合起来。先后制定领导干部廉洁自律规定、党风廉政建设责任制以及反腐倡廉、强化监督等实施意见，建立健全干部谈话、干部诫勉、民主评议干部等一系列干部监督制度，不断规范各级领导干部廉洁自律行为。同时，加大纪检、监察、审计工作力度，重视群众来信来访，鼓励新闻舆论监督，真正把反腐败斗争和干部管理结合起来。在加强领导班子建设过程中，各级党委和组干部门坚持破除论资排辈、求全责备、迁就照顾等陈旧观念，解放思想，拓宽选人用人渠道，建立后备干部选拔培养制度，以保证领导班了长远建设的需要。1997 年，河南省煤矿局、矿两级后备干部达 1586 人，新提拔的局、矿（处）级干部中，后备干部就占 95％以上。各级班子中青年干部已过半数，98％的领导干部具有大专以上学历，班子成员70％具有高级专业技术职务任职资格。有效地改善了干部队伍的年龄结构、文化结构，基本完成新老班子的跨世纪交接任务。

1998 年，煤炭管理体制改革，原煤炭工业部管理的 6 家国有重点煤炭企业下放河南，河南省煤炭工业厅履行出资人职能，其资产和领导班子由当时的河南省煤炭工业厅管理。中共河南省委《关于中央下放河南省的煤炭企事业单位领导干部管理问题的通知》（豫文〔1999〕17 号）文件明确领导干部任免权限，平顶山煤业（集团）有限责任公司、义马煤业（集团）有限责任公司的董事长、副董事长，党委书记、副书记，总经理、副总经理，总工程师、总会计师、总经济师，监事会主席，纪委书记，工会主席职务列为省委管理。董事长，党委书记，总经理职务任免由省委常委会议讨论决定，其他职务由省委组织部讨论决定。焦作矿务局、鹤壁矿务局、郑州煤炭工业（集团）有限责任公司的董事长、局长、党委书记、总经理职务列为省委管理。其他职务任免省委组织部讨论决定。副董事长，党委副书记，副总经理，三总师，监事会主席，纪委书记，工会主席职务由河南省煤炭工业厅（河南煤炭工业管理局）党组管理，并向省委备案。河南煤炭其他企业单位领导班子成员由河南省煤炭工业厅（河南煤炭工业管理局）党组任免管理。

2004 年，河南省煤炭工业局加大对局属企业领导班子年度考核的力度，不断完善考核办法，及时对班子进行完善和调整，优化班子结构，推进制度建设，规范领导班子管理，印发《中共河南省煤炭工业局党组关于加强和改进局属企业领导人员管理工作的意见》《关于河南省煤炭工业局直属单位领导职数设置问题的通知》和《关丁规范和改进干部选任与管理工作的规定》，按照管少、管好、管活和分级管理的原则，加强对干部的宏观管理。一是认真贯彻执行党的干部工作方针，坚持原则不动摇、标准不走样、程序不变通。二是严格机构编制和领导职数管理，严禁擅自增设机构和领导职数、提高机构规格，严禁超职数呈报、审批、配备领导干部。三是重新修订《中共河南省煤炭工业局党组管理的干部职务名称表》，明确干部管理的权限，谁管理谁负责。四是认真贯彻执行《干部任用工作条例》，有效防止和杜绝选人用人上的不正之风。制定下发《关于进一步深化干部人事制度改革的实施意见》，实行领导干部任期制、任职试用期制、聘任制以及考察预告制、任前公示制等，认真落实职工群众对干部选拔工作的知情权、参与权、选择权、监督权。为疏通干部的“出口”，建立了领导干部退二线制度。对已改制的企业，按照《公司法》的要求，进一步明确董事会、监事会和经理层的职责和权限，改进干部管理方式。

2009 年 3 月，河南省煤炭工业管理局撤销后，省属国有企业领导班子任免由中共河南省委、河南省国资委管理。

五、企业干部管理

（一）郑煤集团干部管理

1992 年，郑州矿务局把政治标准放在选拔任用干部的首位。矿（厂、处）党政一把手，条件具备的可以一肩挑，配专职副书记。制定《关于加强干部任免工作的意见》《干部队伍建设规划》《后备干部队伍建设规划》，下发《关于加强干部计划管理工作的通知》，同时完善聘用制干部的管理办法。

1994 年，郑州矿务局为适应市场经济和建立现代企业制度需要，选拔干部打破“论资排辈、求全责备、平衡照顾”，坚持“不唯身份看素质，不唯年龄看本领，不唯资历看能力，不唯文凭看水平”的原则，提拔矿（处）级干部 44 名，最小 30 岁，大专以上学历占 68%，有专业技术职称的占 62%；提拔科级干部 162 名，最小的 23 岁，大专以上学历 103 名，有专业技术职称的 28 名。根据中共河南省委组织部和省煤炭工业厅统一安排，郑州矿务局对年龄在 45 周岁以下、大专以上文化程度的 125 名矿（处）级干部进行普查登记，确定 24 名优秀年轻干部。全面检查 29 个局属领导班子及其 221 名班子成员，抽查区队（车间）班子，对成绩突出的予以表彰。

1997 年，郑煤集团在领导班子中开展“建一流班子、带一流队伍、创一流业绩”活动；在干部中开展“三讲三比”（讲学习、讲政治、讲正气，比素质、比团结、比奉献）活动。10 月调整和充实矿（处）级后备干部队伍，分单位建立后备干部名单，正职按 1∶2，副职按 1∶1 的比例选备；机关处级后备干部按处室正、副职各 1 名选备；近期、中期、远期比例为 5∶3∶2。同年对 20 名后备干部进行岗位交流。组织 500 余名干部参加“市场经济与技术创新、市场经济与企业管理”讲座。

1998 年，郑煤集团把工商管理培训是否合格列入领导岗位任职资格条件之一，下发《1999—2003 年矿（处）级领导班子建设规划和实施意见》《重申干部选拔任用工作程序和纪律的意见》《实行干部交流制度的若干规定》《矿（处）级领导班子和领导干部年度考核工作的实施意见》《对领导干部实行谈话的暂行规定》等文件，对科级以上干部进行德、能、勤、绩 4 个方面的考核。

2002 年，郑煤集团坚持党管干部原则，坚持用好的作风选人，选作风好的人。一批优秀干部走上各级领导岗位，改善了领导班子的结构，为干部队伍增添生机和活力。全年选拔矿（处）级干部 36 名（含副提正），平均年龄 38.4 岁，最大的 48 岁，最小的 33 岁；具有大专以上文化程度的 35 名，占提拔总数的 97.2%；具有中级以上专业技术职务的 32 名，占总数的 88.9%。调整矿级领导班子 4 个，调整矿（处）级干部 38 名。其中降（免）职 5 名，岗位交流 14 名，改任非领导职务、转岗从事三产 8 名。调整后，矿

(处)级领导干部的平均年龄从48.7岁下降到46.5岁,具有大专以上学历和中级以上专业技术职务的比率进一步提高。从后备干部队伍中选拔矿(处)级领导干部27名,平均年龄39.6岁,占后备干部总数的21.2%。

2007年,郑煤集团充实完善基层领导班子20多个,下发《郑煤集团外派董事、监事管理办法》,对外派人员的选聘和调整、任职资格和条件、职责和权限、日常管理、业务工作、薪酬待遇、考核奖惩、手续办理做出详细规定。把创建"四好"领导班子纳入执行力建设考核。郑煤集团领导19名(在职16名、调研员3名);矿(处)级干部637名(正171名、副466名),其中基层单位406名(正100名、副306名),机关部门(含经费单位和补贴经费单位)181名(正71名、副110名),财务委派人员15名,外派董事、监事12名,挂靠、待岗干部23名。

2009年,郑煤集团制定《郑煤集团矿处级领导班子和领导干部年度考核评价办法(试行)》《郑煤集团干部选拔任用及管理办法(讨论稿)》《郑煤集团后备干部推荐选拔办法(讨论稿)》,全年共交流矿处级干部116名(其中提拔任职20名、改任非领导职务29名)。采取民主测评与个别座谈相结合的方式,对56名代理期满的矿处级干部进行考察。

2012年,郑煤集团对米村煤矿、告成煤矿等单位的206矿处级干部进行调整交流,面向全省范围公开郑煤集团招聘设备管理中心主任、郑煤集团总医院院长,审批任免423名科级干部。选送8名中层领导干部参加厦门大学集团总裁班学习、16名优秀财务管理人员参加厦门大学高级财务经理人研修班学习;选派15名领导干部分别到美国、德国、澳大利亚等国家进行考察、交流和学习。开展机构编制清查整顿工作,各直管生产矿井共精简机构35个、精减中层干部246人。

2015年,郑煤集团组织开展年度领导干部个人有关事项报告、汇总综合和抽查核实工作,有723名矿(处)级干部填报了个人有关事项报告,并随机抽查73名处级干部。开展违规持有因私出国(境)证件专项整治,强化党员领导干部出国(境)管理,严格执行因公出国政审及证照统一管理制度。制定印发《关于直管生产矿井优化劳动组织结构的指导意见》,10个直管生产矿井减少科室机构82个、减少区队机构44个。

(二)义煤集团干部管理

1996年,义煤集团对新任矿处级干部建立试用制度。制度规定对新提拔的副矿(处)级领导干部一律实行试用期制度,试用期限为一年。新聘任的科级干部应具备中专及以上文化程度,年龄不超过48周岁。同年,颁布《义马矿务局聘用管理技术人员的规定》。1999年,执行中共中央《党政领导干部选拔任用工作暂行条例》,下发了《中共义煤集团公司委员会关于严格按照党的原则选拔任用干部的意见》。文件规定被任用者必须具备的资格:① 提任副科(队)级领导职务的,一般不超过35周岁;由副科提任正科,年龄一般不超过45周岁;原则上应具有中专以上文化程度,对确因工作需要提拔实际能力特别强、年龄在35岁以上的人员担任井下采掘一线区队长的,可放宽到高中文化程度。② 提任矿(处)级领导职务的,一般应具有五年以上工龄和两年以上基层工作经历,年龄一般不超过45周岁;一般应具有在下一级两个以上职位任职的经历;原则上应具有大学专科以上文化程度。③ 由副职提任正职,一般要在副职岗位上工作两年以上;由下级正职提任上级副职,一般要在下级正职岗位上工作三年以上。④ 提任党的领导干部,还应当符合党章规定要求。

2006年9月,义煤集团召开第三届科

技工作暨优秀知识分子表彰大会，下发了《义煤集团公司2006年至2010年人才工作规划》《义煤集团公司优秀人才管理暂行办法》《义煤集团公司优秀人才管理暂行办法》等文件，规定对专业技术拔尖人才、知识分子标兵、优秀知识分子实行任期制，每届为两年。义煤集团级专业技术拔尖人才和其他各类优秀人才给予津贴和提高工资待遇奖励。义煤集团级拔尖人才，自批准之月起，给予津贴，井下每月1500元，地面每月1200元；知识分子标兵，自批准之月起，给予津贴，井下每月1000元，地面每月800元；优秀知识分子，自批准之月起，可享受向上浮动一级岗效工资的待遇，连续三届被评为"优秀知识分子"的人员，上浮的一级岗效工资转为固定，但工资最高标准不高于1570元。

2007年1月，在义煤集团四届三次职工暨会员代表大会上，讨论通过《义煤集团公司提高井下专业技术人员待遇暂行办法》。文件规定：(一) 经济待遇：(1) 义煤集团实行首席专业技术岗位制度。对于采矿、机电运输二个专业各设一个首席专业技术岗位及一个首席助理岗位；对通风、安全、矿建、地质、测量专业各设一个首席专业技术岗位。其月岗效工资标准为：义煤集团首席专业技术负责人执行集团公司副总师级标准2590元；首席助理执行正矿(处)级标准2340元。矿首席专业技术负责人执行副矿级标准1940元，首席助理执行矿副总师级标准1570元。生产、安全处室不实行首席及首席助理技术岗位制度。(2) 义煤集团首席专业技术负责人及首席助理人员实行年技术补贴制，其补贴标准为：义煤集团首席专业技术岗位为70000元，首席助理为60000元；矿首席专业技术岗位为50000元，首席助理为40000元。(3) 对于从事井下工作的七大专业(采矿、矿建、机电、通风、安全、地质、测量)工程技术人员，第一学历为本科毕业的，其月岗效工资标准为1570元，年技术补贴标准为30000元；第一学历为大专毕业的，其岗效工资标准为1380元，年技术补贴为20000元；第一学历为中专毕业的，其岗效工资标准为1040元，年技术补贴为10000元。(二) 政治待遇：(1) 第一学历为本科毕业且从事井下工作的七大专业工程技术人员，参加工作时间满一年的，经组织人事部门考察，符合条件的，可享受副科(队)长级待遇；工作时间满三年的，可享受正科(队)长级待遇；工作时间满五年的，可享受矿副总工程师或处室副主任工程师级待遇。(2) 连续三年在矿首席助理以上技术岗位工作的人员，经组织人事部门考察合格，符合条件的，可享受矿副总工程师级待遇；对连续三年在矿首席以上技术岗位工作的人员，经组织人事部门考察合格，符合条件的，可享受副处级待遇；对连续三年在公司首席助理以上技术岗位工作的人员，经组织人事部门考察合格，符合条件的，可享受正处级待遇；对连续三年在义煤集团首席技术岗位工作的人员，经组织人事部门考察合格，符合条件的，可享受义煤集团副总工程师级待遇。

2008年，义煤集团机关机构改革中，凡男年满54周岁、女年满52周岁的义煤集团中级管理人员，改任调研员；初级管理人员，男年满51周岁、女年满49周岁，不再担任实职，改任协理员。

第二节 宣传教育

一、河南煤炭系统宣传教育

1991年，中共河南煤炭工业局党组在全省煤炭系统提出认真学习贯彻《中共中央关于加强党同人民群众联系的决定》，在党员干部中进行马克思主义基本原理学习和党的群众路线教育，克服党员干部中官僚主义、主观主义、形式主义和个人主义等脱离群众的倾向。1992 年，结合邓小平南方视察讲话，学习邓小平理论和学习贯彻中共十四大会议精神，通过举办各种培训班和理论研讨会，开展建设中国特色社会主义理论学习，促进了党员干部思想解放和改革开放的深化。

1995 年，中共中央宣传部、国家经贸委下发《关于加强和改进企业思想政治工作的若干意见》，对新时期企业思想政治工作的重要性、工作内容和方式方法进行了规范，以及加强党对思想政治工作的领导等做了全面系统的规定。河南省各煤矿企业积极学习贯彻，结合自身实际拟定了贯彻落实《若干意见》实施方案。在《若干意见》精神指导下，河南省国有重点煤矿的思想政治工作管理体制基本健全，专职政工人员人数基本达到要求，政工经费渠道基本理顺，“以育人为本，以经济建设为中心，以党的领导班子建设为核心，以提高职工队伍素质为基础，贴近实际，贴近群众，贴近生活，情理交融，亲切可信”的政工思路逐步形成，把灌输引导和自我教育结合起来，注意以活动为载体，加强企业文化建设，加强调查研究，拓宽思想政治工作的渠道，改进思想政治工作的方式方法，符合新时期思想政治工作要求的工作思路和工作秩序基本形成。同年，河南省国有重点煤矿开展学习《中共中央加强党的建设几个重大问题的决定》《建设有中国特色社会主义理论》《中国共产党章程》以及社会主义市场经济理论、现代企业制度和科学管理知识等培训班，举办矿处级学习班对干部进行市场经济知识、现代企业制度、劳动法、人事管理、党建知识、采煤概论、工商管理等方面的教育，同时按照中央提出的“大规模地培训干部”的要求，分别为矿处级、区队长、中青年干部、后备干部、支部书记、组织、人事等进行培训。

2001 年，按照中共中央和河南省委要求，河南省煤炭工业局印发《中共河南省煤炭工业局党组关于在直属大中型企业领导班子及成员中开展“三讲”和“三个代表”学习教育活动的实施意见》的通知，在全省煤炭系统开展“讲学习、讲政治、讲正气”和江泽民“三个代表”重要思想学习教育活动，教育活动原则是：一把学习提高贯穿始终，开展批评与自我批评；二是坚持学习教育活动与推动企业改革发展相结合，要抓住当前存在的重点问题，要害问题、群众反映强烈影响企业发展大计问题；三是边学边改，生产经营两不误两促进；四是活动既不回避矛盾，又不搞人人过关；五是活动与考察领导班子加强企业基础党组织建设相结合。平煤集团、义煤集团、郑煤集团、鹤煤集团等单位按照要求，以集团公司领导班子及成员为主要对象开展“三讲”教育活动，学习教育活动按照有关要求，分为“学习理论，提高思想认识”“找准问题，开好领导班子民主生活会”“制定整改方案，落实整改措施”3 个环节。

2005 年，河南省煤炭工业局印发《中共河南省煤炭工业局党组关于在全局党员中开展以实践“三个代表”重要思想为主要内容的保持共产党员先进性教育活动的实施方案》的通知，其指导思想是树立和落实科学发展观，按照立党为公、执政为民的要求，坚持党要管党、从严治党的方针，学习实践“三个代表”重要思想为主要内容，引导全体党员学习贯彻党章，坚定理想信念，坚持党的宗旨，增强党的观念，发扬优良传统，认真解决党员和党组织在思想、组织、作风以及工作方面存在的突出问题。同年 7—11 月，平煤集团公司党委按照《河南省第二批保持共产党员先进性教育活动工作方案》要求，开展了保持共产党员先进性教育活动，对象为集团全体共产党员，涵盖基层党组织 62 个，涉及党员 36342 名。河南省委第 37 督导组全程指导平煤集团公司保持共产党员先进性教育活动。鹤煤集团公司36个基层党委(总支、直属支部)的475个党支部共10311名党员参加活动。活动领导小组制定下发了20多个指导性文件,派出6个由公司党委领导任组长的指导组,各矿(厂)党委组成了216个指导组,加强活动各个环节的指导。其他煤业集团公司按照文件要求开展了保持共产党员先进性教育。

2008年,按照《中共河南省委关于在全省党员中开展深入学习实践科学发展观活动的实施意见》要求,省煤炭工业局作为河南省第一批开展学习实践活动单位,历时3个月,分学习调研、分析检查、整改落实3个阶段6个环节进行,要求全体共产党员参加学习实际活动,成立学习实践科学发展观活动领导小组和活动机构。省委派出指导检查组对学习实践活动进行检查指导,学习实践活动结束后,省直各单位党组向省委报送总结报告。

河南省煤炭工业局建立了党委中心组学习制度和党员干部学习制度,出台了《省煤炭工业局党组中心组学习制度》和《省煤炭工业局局直单位党委中心组学习考核制度》,坚持做到领导干部先学一步、深学一步、多学一点。采用党委书记亲自辅导、召开学习交流会、播放录像教学片等方式大力加强干部职工的政治理论学习工作,充分利用党校和集中办学习班,分期分批培训中层以上干部和党员的学习形式,在局机关和局直单位先后举办了邓小平理论,"三个代表"重要思想,"讲正气、树新风"等培训班,每次培训班都轮训局机关和局直单位处级以上干部200人次以上。在"豫煤党建网站"开辟了理论学习专栏,组织网上视频讲座,组织了邓小平理论、新党章、《江泽民文选》、胡锦涛"七一"讲话精神等40多项专题学习活动。先后邀请了中央党校、省法制办、省委党校等单位的10多名专家作专场辅导报告。在新党章和廉政建设学习活动中,省煤炭工业局组织局直4000多名党员开展党章知识测试和学习贯彻党章知识和党规法纪知识竞赛、演讲比赛和原文背记等系列活动,增强了广大党员干部的党性观念和责任意识。在每年七一建党节期间,均组织新党员举行入党宣誓仪式,增强了新党员的党性观念。

二、煤业集团宣传教育

(一)平煤集团宣传教育

1993年,平顶山矿务局党委下发《关于表彰理论学习先进单位的决定》,对深入学习、宣传、贯彻邓小平南方视察谈话、党的十四大文件和《条例》,认真抓好"党史党建"学习和"双基"教育轮训等工作,对企业的深化改革、转换经营机制起到促进作用的11个理论教育先进单位进行表彰。同年,平顶山矿务局党委宣传部下发《1993年宣传工作要点》,要求各级党组织把深入学习、宣传、贯彻党的十四大精神作为当前的首要任务,着重学习江泽民在十四大所做的报告和《中国共产党章程》。

1998年,平煤集团党委下发《关于认真贯彻中央〈通知〉精神,深入学习邓小平理论的意见》和《关于认真组织学习江泽民总书记〈在纪念党的十一届三中全会召开二十周年大会上的讲话〉的通知》,把深入学习邓小平理论作为加强党的建设的一项根本任务切实抓好,广大党员、干部特别是矿处级领导干部要认真研读原著,全面正确领会和掌握邓小平理论的科学体系和基本精神。

2006年,平煤集团公司党委下发《平煤集团公司党委中心组理论学习规范》。《规范》共分总则、中心组理论学习、成员组成、任务要求、检查考核等5部分17条内容,对集团公司各基层党委(直属党总支)中心组理论学习的组织领导、学习内容、学习制度、学习档案、经费支持以及检查考核首次进行了明确规范,对于各级党组织认真做好政治理论学习具有重要的指导意义。

2009 年，平煤集团与中国神马集团合并，成立中国平煤神马能源化工集团有限责任公司（简称中平能化集团），中平能化集团党委下发《中国平煤神马集团公司党委关于开展“应对挑战抓机遇，坚定信心促发展”主题讨论活动的意见》，要求各基层党委切实落实好形势任务、目标任务、发展意识、改革意识、安全意识和稳定意识教育“六项主要内容”，宣讲团、电视论坛、知识竞赛、演讲比赛、报告团等“五项载体活动”，讲、谈、访、帮、情、树“六个重要环节”，创造性地开展工作，不断增强活动的吸引力和感染力，务求活动实效。建立完善周有学习日、月有学习心得、季有学习要点、年有学习考评，不定期有学习交流的政治理论学习模式，使理论学习制度化、经常化、规范化。

2010 年，中平能化集团党委下发《中平能化集团党委 2010 年党委中心组理论学习安排意见》，要求各级党组织以学习马克思主义基本理论为基础，以中国特色社会主义理论体系，特别是科学发展观为重点，紧紧围绕“加快实现千亿跨越，奋力挺进世界 500 强，建设具有国际竞争力的新型能源化工集团”奋斗目标，安排好党委中心组学习。

2012 年，中国平煤神马集团党委下发《关于开展“应对挑战抓机遇，稳中求进促发展”主题教育活动的意见》，要求各级党组织紧密围绕集团党政部署，重点开展八个方面的教育。同年，中国平煤神马集团党委下发《关于认真学习宣传贯彻党的十八大精神的通知》，要求各级领导干部原原本本、认真研读学习党的十八大报告和党章，学习习近平在十八届一中全会上的重要讲话精神，坚持学以致用、用以促学，不断把学习实践引向深入。

2015 年，中国平煤神马集团党委下发《关于开展“思想闯关聚合力，众志成城战危机”主题教育活动的安排意见》《关于 2015 年度党委中心组分专题集中学习的安排意见》，分列 10 个学习专题，切实用党的理论创新成果武装头脑，指导实践推动工作，努力把学习成果转化为加快三个转变，打赢安全生产翻身仗和经济下行阻击战的强大动力和思路举措。

（二）义煤集团宣传教育

1991 年，义马矿务局组织全局各级干部学习《马克思主义哲学学习纲要》，规定矿处级干部学习不少于 1 个月，脱产学习 20 天。其中，干部 2 个月，科队级干部脱产学习不少于 15 天。学习结束后，进行考试，并将学习成绩记入档案。通过学习，提高干部队伍的思想素质和理论素质。

1992 年，义马矿务局组织学习邓小平南方视察重要讲话和中共十四大精神，促进了党员思想解放和改革的深化。同年，组织局矿两级领导干部 200 余人到北京煤干院、郑州煤干院参加《转换经营机制条例》学习培训。

1994—1995 年，义煤集团组织全局干部学习《邓小平文选》，学习《中共中央加强党的建设几个重大问题的决定》《建设有中国特色社会主义理论》《中国共产党章程》以及社会主义市场经济理论、现代企业制度和科学管理知识等，全局共举办矿处级学习班 7 期 350 人，后备干部学习班 3 期 150 人，科级干部学习班 5 期 250 人。

1999 年 7 月，义煤集团依法取缔“法轮功”邪教组织。义煤集团党委成立处理“法轮功”问题领导小组，分片包干，对“法轮功”练习者摸底排查，对少数受害较深者重点进行帮教、转化。

2002 年，义煤集团开展理想信念与廉洁从政教育。组织党员和干部先后赴井冈山、延安、西柏坡等革命圣地接受革命传统教育。

2004 年，义煤集团按照中央提出的大规模地培训干部的要求，义煤集团对干部进行“三个代表”重要思想教育。以《全国干部学习读本》和工商管理培训教材为主，有针对性地组织广大干部学习政治、经济、科技、文化和履行岗位职责所需要的各类业务知识。举办4期矿处级培训班，每期三周，培训干部200人。举办中青年干部培训班2期，每期二周，培训中青年干部100人。

2005年，义煤集团在全体党员中开展实践以“三个代表”重要思想为主要内容的保持共产党员先进性教育活动。公司基层党委、直属支部21个，基层支部577个，党员11592名参加。活动期间，成立领导小组239个，抽调人员1652人，编写学习材料10000多册，购买学习书籍3000余册，到基层联系点上党课、做辅导的党员领导干部398人，406名矿处级干部谈心6391次，撰写分析材料162万字以上，群众满意度测评达到97%。党员合格率达到99%；帮扶结对子2337对，慰问职工8593人次，办实事1713件，解决下岗在就业1246人，安排子女就业1300人，返还集资款9000多万元；归纳整理党员全年反映比较集中的意见和建议11838条。

在新闻报道方面，1994年5月15日义马矿务局宣传部新闻干事王晓顺采写的消息《新安矿贴出廉政特别告示——吃请者扣奖金被通报秃子烂脚没一头；请吃者白花钱事不成鸡飞蛋打两头空》一稿，在《中国煤炭报》头版头条刊发，获得全国报纸头条消息大赛二等奖。1995年5月7日，杨晓东采写的消息《常村矿常年为职工看护楼院——12元保365天平安》，在《中国煤炭报》上头版头条刊登，后被《工人日报》采用。1996年3月15日，刘大顺与《人民日报》记者傅雷杰合作采写的通讯《谁说老矿无风光》，在《人民日报》海外版刊登。10月8日，杨志华采写的消息《观音堂矿摆脱困境显生机》，在《中国煤炭报》头版头条刊登。10月，《中国煤炭报记者》张广泉与杨晓东合写的《体制围绕市场改革——对义马局按市场流向组建运销分公司的调查》《纲举目张事业旺——义马局局长李玉成访谈录》等文章，先后在《中国煤炭报》发表。1997年，在河南煤炭好新闻评选中，《义马矿务局建设经济强局纪实》《新安矿的老模成为企业之星》等15篇新闻获得三等奖，《为“红旗”增添时代色彩》《八一队职工个个一专多能》等6篇新闻获得二等奖，《义马矿务局新安矿贴出廉政告示》《凯歌为祖国奏响》获得一等奖。1997年7月，《中国煤炭报》总编李士翘到义马矿务局考察，参观了千秋煤矿“八一”采煤队。当年9月，杨晓东与《中国煤炭报》记者张广泉合写了《转制过程中看义马》(上、下两篇)一稿，发表后引起了强烈反响，全国煤炭行业的48家企业先后来参观学习，为全国煤炭行业对小企业进行股份合作制改造起到了引路作用。1998年11月29日，《中国煤炭报》头版头条刊发了杨晓东、王飞鸿采写的《煤矸石里储珍宝》，报道了义马矿区发现世界最早银杏化石的消息，被评为1998年度煤炭工业十大科技新闻。

1999年4月，《中国煤炭报》在义煤集团洛阳豫美宾馆召开记者工作会议，社长马德庆、党委书记白海金、总编田玉章、副总编彭玉敬等报社各部室负责人、驻地记者约70多人出席了会议。2002年11月，《中国煤炭报》驻义马矿区记者站承办了全国煤炭系统新闻业务研修班，来自全国煤炭行业的110多名基层通讯员参加了这次研修班，中国煤炭工业协会副会长朱德仁以及《中国煤炭报》总编彭玉敬、副总编崔涛等授课。《中国煤炭报》记者站成立以来，发表头版头条稿件30余篇，其他重头稿件200余篇。在搞好新闻报道工作的同时，杨志华、杨晓东还采写了一批内参，如《小浪底压煤千万吨亟待抢采》《义马矿区2万余名职工家属吃水告急》《曹家窑林场乱采金矿森林资源遭到破坏》《义马矿区宗教活动趋势》《义马矿务局矿产资源补偿费问题亟待解决》《义马市擅自征收过路过桥费》等，稿件从不同侧面客观反映了义马矿区安全生产、职工生活等方面一些亟待解决的问题，对有关问题的最后解决起到了积极作用。其中《义马矿区2万余名职工家属吃水告急》，经时任能源部副部长、中煤统配总公司总经理胡富国和河南省副省长刘源批示，拨款300万元，加快了义马矿务局引水工程建设；《义马矿区宗教活动趋势》被新华社转载；《义马矿务局矿产资源补偿费问题亟待解决》，时任国务院秘书长的罗干批示"在国务院实施细则出台之前，任何单位不准擅自征收矿产资源补偿费"，当时被冻结的500多万元资金立即解冻，被强行划走的150万元资金也要求退回。

2000年，常服从、张新军、王飞鸿采写的通讯《减负了，空闲时间咋安排》获年度河南新闻三等奖。2004年8月17日，《中国煤炭报》头版刊登了杨晓东采写的《新疆抢滩》。2005年3月3日，《中国煤炭报》头版头条刊发了陈志杰、杨晓东采写的《义煤集团加快合纵联横》，对义煤集团实施多元化发展战略进行了报道。4月30日，《中国煤炭报》头版刊登了杨晓东采写的《敢给五百条生命断电》，促使义煤集团新安煤矿生产用电得到较快解决。9月，杨晓东出版个人新闻专辑《历程》。2006年，该新闻专辑获得第十六届中国新闻奖三等奖，《敢给五百条生命断电》是中国煤炭报唯一的获奖作品。2006年1月13日，《中国煤炭报》头版头条刊登了杨晓东采写的《义煤经济总量增长78%》，9月4日刊登了杨晓东、赵学强采写的《2006年中国企业500强出炉》。2007年5月1日，《河南日报》头版头条刊登了李宜鹏、杨晓东采写的《矿山上的"科学家"》。7月29日，陕县支建煤矿发生透水事件，69名矿工被困井下，义煤集团整建制派出救援队伍，整批量调运救援物资，经过76小时的奋战，成功解救全部被困矿工，创造了煤矿抢险救援的奇迹。事件发生后，全国各主流媒体如《人民日报》《河南日报》《中国煤炭报》《中国安全生产报》《中国企业报》《大河报》等，中央电视台、河南电视台、凤凰卫视、东方卫视等，新华网、人民网、新浪网、搜狐网、网易等对义煤集团参与抢险救援的情况进行了报道。8月1日《中国煤炭报》头版头条刊登了刘耀平、杨晓东采写的《河南陕县煤矿透水事故抢救紧锣密鼓》。8月3日《中国煤炭报》头版头条刊登了韩迪、苏雅琴、刘耀平、杨晓东采写的《69名矿工76小时危情救援成功》。8月7日《中国企业报》头版头条刊登了杨晓东、王庆林、昌钦振采写的《关键时刻看国有企业——义煤集团参加支建煤矿"7·29"透水事故抢险纪实》。8月7日《中国安全生产报》头版头条刊登了韩迪采写的《五大因素环环相扣铸就奇迹》。2008年2月25日，杨晓东、王庆林、昌钦振合写的《义煤集团诚邀支建煤矿获救矿工加盟》在《中国煤炭报》头版头条发表。

（三）郑煤集团宣传教育

1993—1995年，郑州矿务局重点宣传贯彻改革开放、解放思想、实事求是、勇于创新的观念，组织政工干部学习煤矿管理知识，教育职工钻研业务，组织局矿领导及宣传思想战线上的中层干部到林县、临颍、南街村、兰考、巩义、竹林等地学习他们敢想敢干、开拓进取的精神。宣传建立现代企业制度、组建郑煤集团、推行股份制的政策法规及减人提效、分流转岗等新举措，聘请专家学者来局作专题报告，召开座谈会、研讨会，使广大干部职工深刻认识建立现代企业制度的重要性和必然性，自觉为组建郑煤集团献计献策。

1996年，郑煤集团开展"一树两提"（树立典型，提高职工思想素质、提高经济效益）为中心内容的宣传教育活动。与河南省信息广播电台联办《矿工的风采》专栏，推出

"矿山顶梁柱"李文力(王庄矿),奋力拼搏、忠诚奉献的好队长何遂彬(王庄矿),全煤采煤状元张富举(米村矿)等。在矿区举办《煤炭法》宣传板报一条街活动和"《煤炭法》在我心中"文艺晚会。

1997年,郑煤集团编写5万余字的《郑煤集团股份制改造宣传提纲》在《郑州矿工报》刊出,并开辟股票知识专栏,举行"郑州煤电"股票知识竞赛;组织宣传车8辆,发放宣传册3万余份;在电视台举办股票知识讲座。

1998年,郑煤集团为庆祝建制40年,宣传郑煤40年伟大成绩;组织"分流转岗再就业先进人物事迹报告团",在百里矿区巡回演讲,受教育人员达1.5万多人。

2000年,郑煤集团学习贯彻中共中央《关于加强和改进思想政治工作若干意见》。建立以宣传部为思想政治工作信息反馈中心,以各单位宣传部(科)为信息站,以基层党支部为信息点的信息网络。

2003年,郑煤集团围绕"安全管理年",整体推进安全宣传教育,制定考核细则,坚持一季度一考核,考核结果通报,奖惩及时兑现。针对王庄矿、芦沟矿关闭破产,下发《关于做好关闭破产矿井职工宣传思想工作的通知》,编印《关闭破产工作宣传手册》1万册。

2004年为适应"发展年"要求,郑煤集团通过电视现场直播、专题会、座谈会、评论、访谈等多种形式,丰富安全宣传教育载体,开展岗位练兵,技术比武,收到很好效果。

2005年,郑煤集团紧紧围绕"基础管理年"这一主题,全面宣传贯彻中共十六届四中、五中全会精神,开展"双学双转"活动。

2006年,郑煤集团着重宣传执行力建设和"系统管理年"活动。下发《关于进一步加强执行力建设的实施意见》举办执行力建设培训班,完善执行力机制建设和考核办法,强力推进执行力建设。

2007年,郑煤集团重点宣传执行力建设,提出"精细化管理年"和建设"平安郑煤、百亿郑煤、和谐郑煤"口号。在《郑州矿工报》、矿区电视台(站)相继开辟"提高执行力、创造新业绩"专栏和专题,编发执行力建设专题文章420篇,系统报道执行力建设的主要成绩、经验和做法。制作36期大型展板,对推进执行力建设的重大举措进行宣传。先后举办采掘作业标准知识竞赛、"平安之歌"安全文艺会演、安全宣传教育红旗竞赛等活动。

2008年,郑煤集团以加强执行力建设为主线,以实施"人本管理年"为重点,以"平安郑煤、和谐郑煤"为目标,不断创新宣传思想工作内容。推出了《百亿颂歌》大型诗集、《百亿郑煤五十华诞》纪念画册。

2009年,郑煤集团针对社会热点焦点和国内外重大事件,在各单位党委宣传部建立了宣传舆情信息直报点,全年收到信息800余条,上报信息56期。同年,郑煤集团职工冯会军获得"感动中国百佳矿工"、"温暖2008·河南十大爱心人物""河南省第二届道德模范"。陈相娟被省民政厅等七部门联合授予"河南省十大敬老楷模"。

2011年,郑煤集团广泛开展安全宣传教育活动,制定下发了《关于在兼并重组矿井开展安全宣传教育红旗竞赛活动的通知》,引领广大干部职工牢固树立"铁制度硬执行,动真格不糊弄""死一人免矿长"等安全理念,确保先进安全理念深入人心。撰写长篇通讯《青山依旧在——追记郑煤集团郑新公司优秀共产党员杜青山》,并在全省国有企业巡回演讲后,引起了极大反响。

2013年,郑煤集团开展"五个怎么办"大讨论活动,按照集团公司党委统一部署,协调各系统和相关部门,组织撰写系列文章,把大讨论活动引向深入。组织编印《五个怎么办系列文章汇编》等书籍1万余册,分发到广大干部职工中学习讨论，激发了集团公司上下齐心协力战危机、破危局、谋发展的思想动力。开展“阳光心态”征文活动，教育引导广大干部职工树立“阳光心态”，在处级干部中征集诗歌、散文、随笔等作品60余篇。

2014年，郑煤集团围绕“三保一促”总目标和26个方面改革和加强管理举措，印发《直面困难 提振士气 为实现“三保一促”营造良好氛围》等文件，开展形势任务教育，使广大干部职工客观准确认清形势、明确目标、振奋士气。组织1200多名干部职工观看《天上的菊美》《永远的焦裕禄》等电影，开展“书记讲形势”宣讲活动，使干部职工进一步增强意志，振奋精神，增强工作干劲。

2015年，郑煤集团坚持突出学习习近平总书记系列重要讲话这一重点，每季度下发集团公司党委中心组学习内容安排，举行10次集体学习。全面认识集团公司面临的严峻形势，准确把握集团公司脱危解困、转型发展各项部署和具体措施，进一步坚定了对企业持续发展的信心，增强了危机感、责任感和担当意识，激发了立足岗位、开拓创新、拼搏奉献的自觉性积极性。在《郑州矿工报》头版开辟“社会主义核心价值观”专栏，编发文章20余篇。

（四）焦煤集团宣传教育

1992年6月，经焦作矿务局党委批准，党委宣传部组建焦作矿务局有线电视台，人员编制20人，机构设置为三部一室，记者部、编辑部、技术部、制作室。1993年2月，焦作矿务局有线电视台呼号经国家广播电影电视部和省广播电视厅批准使用，开始固定播出自办节目。主要节目内容有：每周二期《焦矿新闻》《大观园》《影视剧场》等。1994年，在焦作矿务局电视台的指导下，各基层矿井相继建立电视台，基层电视台数量达到10个，其中韩王矿、中马村矿、九里山矿电视台定期制作播出自办新闻节目。1998年，焦作矿务局电视台进行了第一次改版，增加了《艺海拾贝》《点歌台》《市场聚焦》等节目，播出时间由原来的每天4个小时增加到每天6个小时。2004年，电视台配置硬盘播出设备，节目播出实现了电脑编排，自动化播出，配备了摇臂，购置SONY-600P型专业摄像机，拍摄水平与画面质量得到提高。2006年，电视台开始筹拍焦煤建矿110年专题片，经过一年多的策划、拍摄、编辑，焦煤第一部自主拍摄的企业形象电视专题片《百年辉煌》制作完成。在谢延信获得“全国道德模范”荣誉称号后，电视台拍摄了敬老爱亲员工典型谢延信事迹专题片，参与了接待中央媒体采访团，并为外部媒体提供谢延信视频资料。2008年12月，随着河南煤业化工集团的组建，焦煤集团电视台更名为河南煤业化工集团焦煤公司电视台，并设河南煤业化工集团电视台焦煤公司记者站。2010年，焦煤电视台进行第三次改版，增加了《焦煤视点》《凡人凡事》《读报》《焦煤大讲堂》《安全面面观》《开心时刻》等十个栏目，播出时间由原来的每天6小时增加到15小时，并聘用3名播出人员值机。2012年，焦煤电视台参加中国煤炭系统新闻工作者协会中国煤炭新闻奖评选，电视专题片《发展循环经济 打造经济增长极》获电视专题类一等奖，新闻《小小送餐车 温情暖人心》获电视新闻类一等奖，新闻《让离退休职工享受升级版文化服务》获电视新闻类二等奖。

（五）鹤煤集团宣传教育

1991年，中共鹤壁矿务局委员会党校成立。党校和鹤壁矿务局职工中等专业学校设在一处办学，主要承担支部书记、科队长以上干部的理论培训任务。

1992年，鹤壁矿务局党委开展学习党的十四大会议精神，对297名专职党支部书记进行了培训。举办培训班56期，1684人参加培训;办板报452期,举行报告会、研讨会82场,7300多人参加学习;专题广播稿件426篇,订购学习教材、辅导材料等9100余册。

1997年6月,鹤壁矿务局举办了庆祝建局40周年"我爱鹤局"电视知识大赛;编辑制作《鹤壁矿务局画册》2000本;局有线电视台开办了《迎局庆,献厚礼》栏目和"辉煌四十年"系列报道;制作了两个文明建设成就的图板45块。

1998年,鹤煤集团为纪念改革开放20周年,举办了"辉煌20年"征文活动,共收到征文58篇,评出优秀征文25篇。

2000年,鹤煤集团四矿灯房班班长郭文芹被授予"全国劳动模范"后,公司党委做出了《关于开展向全国劳动模范郭文芹学习活动的决定》,号召公司员工向全国劳动模范郭文芹学习,举行了郭文芹先进事迹报告会,在鹤煤集团兴起向全国劳动模范郭文芹学习的热潮。

2007年,鹤煤集团为庆祝鹤煤集团建企50周年所取得的辉煌成就,在《中国煤炭报》《河南日报》进行了专版宣传。全面展示了公司50年来发生的深刻变化。

至2015年,鹤煤集团共有22所基层党校,开办各种学习班85期,培训学员达6468人次。

第三节 纪检监察

一、省煤炭系统纪检监察工作

20世纪90年代初,河南省煤炭系统先后成立纪检监察机构。河南省煤炭工业厅机关设立监察室,各统配矿务局设立监察处(下设案件检查室、党风建设室、信访室、效能监察室等机构),矿厂及其他企事业单位设立监察室,监察室(处)在各级纪委领导下开展工作。

1995年,纪检监察狠刹了公款大吃大喝,挥霍浪费的不正之风,对全省煤炭系统公款吃喝情况进行专项检查545次,处理违纪人员65人。1997年,对"三乱"问题进行清理检查,共审核取消省煤炭工业厅收费项目4个,协调各矿务局抵制外部"三乱"收费1800多万元,先后3次在全国煤炭系统纪检监察工作会议上做专项治理工作经验介绍。1997年,各级纪检监察部门参与事故调查995次,处分事故责任者461人。

2000年,河南省煤炭系统以各级纪委为主要力量,设立专项治理办公室,针对不同问题,采取多种形式,坚决予以制止和清理纠正。对河南省煤炭工业局机关和所属18个驻郑单位多占住房问题进行专项清理,对违规占房的156人作了处理,退交住房110套,超面积处理35套,一些干部职工多占住房问题得到了纠正。

2002年开始,全系统纪委负责人分别同下级党政主要负责人谈话、任前廉政谈话、诫勉谈话,帮助领导干部强化廉洁自律意识和责任意识,有针对性地提出廉洁自律和履行党风廉政建设的要求,部分领导干部上缴无法拒绝的礼品礼金折款363.75万元。2002年后,河南省煤炭工业局先后出台了《关于进一步落实党风廉政建设责任制的实施办法》《对领导干部实行谈话制度的暂行办法》《关于强化监督的实施意见》《关于重大决策规则和程序的若干规定》《关于规范和改进干部选拔与管理工作的规定》《局党组会议议事规则》《局党组讨论干部任免事项原则》等多项制度措施,强化了对权力的监督制约,切实发挥制度在防治腐败中的重要作用。同年开始在河南省全行业实行了会计委派制度和经济责任审计制度,避免了私设小金库、挪用公款、浪费国家资产等违纪违法问题的发生。对局属大多数企事业单位领导班子成员实行了风险抵押金制度,坚持每年进行全面考核、奖惩兑现和情况通报制度。纪检监察通过细化分解各项工作任务，落实到党政领导班子成员和各职能部门，做到职责划分清晰，责任要求明确，工作任务具体，完成时限清楚，保障措施有力，形成了科学合理、协调有效的反腐倡廉工作机制

2003 年以后，河南省煤炭工业局严格落实行政审批制度，颁发、换发、吊销、注销煤炭生产许可证和煤炭经营许可证 10369 件，没有发现违反规定、徇私舞弊的问题。

2004 年，坚决贯彻落实中央和省委关于党员领导干部廉洁自律的各项规定，认真执行个人有关事项、礼品登记、收入申报 3 项制度。清理纠正违规配置的小汽车 21 辆并全部处理到位。通过刹风整纪、专项治理，逐步解决了群众反映强烈的热点、焦点和难点问题。

2005 年，河南省煤炭系统对 197 名领导干部开展经济责任审计。其中，对 53 名领导干部开展了任期经济责任审计，对 144 名领导干部开展了离任经济责任审计，查出违纪违规资金 2.12 亿元，并予以纠正。同时针对发现的问题，进一步完善了《关于加强省属煤炭企业国有资产监督管理的办法》《关于对局直企事业单位领导干部进行任期经济责任审计的实施方案》等制度措施。通过深入开展源头治理，全省煤炭系统单位基本实现了处级以上干部零违法、零犯罪。同年全省煤炭系统加大了政风行风建设工作力度，针对社会各界提出的意见建议和自查中发现的问题，制定整改方案，采取得力措施，落实工作任务。

2008 年，河南省煤炭工业局机关 40 名处级干部和 28 个局直单位共 105 名领导班子成员全部填写了电子廉政档案。按照省委、省纪委和煤炭部党组的部署，以党风廉政建设责任制为龙头，紧紧围绕经济建设这个中心，突出重点，加大力度，始终坚持把党风廉政建设与全局的重点项目建设以及其他各项工作相结合，与领导干部考核、述职评议相结合，做到一起部署、一起落实、一起检查、一起考核。通过多年坚持不懈的努力，全系统领导干部廉洁自律的意识不断增强，一些职工群众反映突出的违纪违规现象不同程度地得到遏制，党群、干群关系明显改善。

各级纪检监察部门不断完善信访工作制度，及时处理各类信访案件，认真对待每一封来信、每一个举报电话、每一位上访者，特别在事关社会稳定、工程建设和经济方面的问题，不隐瞒、不护短、不拖延，对举报人所反映的问题严格按照有关程序，积极稳妥地进行调查处理。改革开放以来，全系统共办理信访举报 1.8 万多件，做到了件件有落实，事事有回音。各级纪检监察部门按照“事实清楚、证据确凿、定性准确、处理恰当、手续完备、程序合法”的 24 字办案方针，坚持“既严明党的纪律、坚决查处违纪案件，又支持改革创新、保护党员干部干事创业的积极性”的工作原则，全系统共查处各类违纪违法案件 3881 起，给予党纪政纪处分 3662 人，挽回经济损失 1.15 亿元。坚决贯彻从严治党方针，严肃查办案件，职工群众对反腐败工作成效的认可度、满意度，对腐败现象的遏制度等 6 项主要评价指标评分逐年上升，为维护和促进全省煤炭工业改革、发展、稳定大局做出了重要贡献。

这一时期，河南省煤炭工业局多次组织召开企(厂、矿)务公开现场会，行业上下把发展规划、重大决策、经营管理、改革方案等重大问题以及与职工切身利益相关的热点、焦点问题及时公开，广泛征求职工群众意见。提出在企业改制、破产等涉及职工切身利益的重大决策时，必须经职工代表大会或职工大会讨论通过方可实施，否则视为违纪行为，保证了决策的正确性，规避了风险，维护了职工特别是近 10 万农民工的合法权益。

河南省煤炭工业局纪检组会同人事部门，对干部实施综合测评，干部选拔任用须过纪检监察关，实施纪检监察部门全程介入和跟踪考察的同时，纪检监察部门对干部的提拔享有“一票否决权”，选人用人机制得到不断完善。为了满足新形势下工作的需要，全省煤炭系统各级党政组织及纪检监察部门积极采取多种方式组织纪检监察干部参加学习培训，先后选派纪检监察干部300多人到中纪委或省纪委培训中心、省委党校、省行政学院和有关院校接受培训，有1200余人参加理论研讨班、座谈会和学习讲座等以会代训形式的培训。组织开展了“做党的忠诚卫士，当群众的贴心人”主题实践活动，纪检监察干部队伍素质明显提高。同时全省煤炭系统加大了对纪检监察干部交流的力度，通过交流、职位轮换等形式，重点把懂经济、懂法律、懂管理的干部选调到纪检监察部门工作，把在纪检监察岗位上工作多年、有较强工作能力、政治素质好的干部输送到其他岗位，全系统共交流任职200多人。纪检监察干部交流任职后，大部分表现出色，工作实绩突出，尤其是被交流提拔到重要领导岗位上的一些，政治立场坚定，思想作风过硬，受到了交流单位的好评。2003—2007年，河南省煤炭工业管理局连续4年被河南省委、省政府评为“党风廉政建设优秀单位”。

二、煤业集团纪检监察工作

（一）平煤集团纪检监察

1991年，平顶山矿务局纪委内设秘书科、检查科、审理科和信访科，行政监察处内设综合科、监察科、机关监察科和审理科。2008年12月，平煤集团与神马集团合并成立中国平煤神马集团，原两家纪委合并成为中国平煤神马集团纪委（监察部）。2009年10月，中国平煤神马集团召开党代会，选举产生新一届纪委领导班子，集团纪委首次实行常委制，纪委常委7名，纪委委员21名。

1993—1996年，平煤集团公司600多名副处级以上干部中有123名自查自纠住房问题。其中，48人退出成套住房49套，75人补交超面积房款46万元。1994年，组织开展了“四项”专项治理工作。即，利用工作之便，向服务对象吃拿卡要；利用掌握的权利和岗位优势，吃请收礼，乱收费、乱罚款；利用系统、部门优势，强买强卖为个人或小团体谋取私利；服务不端正，不给好处不办事或给了好处乱办事。1995年，监察处会同财务处对全局及各基层单位自1985年实施总承包以来对外投资情况进行清理统计，涉及19家单位53个项目，金额2415.35万元。1996年初，针对截留克扣、虚报冒领职工工资奖金等“戴帽工资”行为和职工群众反映强烈的问题，平煤集团纪委下发《关于严禁截留克扣职工工资奖金的若干规定》，并不间断地开展治理工作。1999年，平煤集团制定下发《关于实行党风廉政建设责任制的规定》和《关于开展党风廉政建设责任制检查考核的通知》的文件，开始对基层单位进行全面检查考核。

2000年，平煤集团纪委根据企业快速发展实际，积极构建“四员一站（‘四员’即党支部纪检员、区队兼职监察员、党小组党风信息员、班组群众监督员，‘一站’即纪检监察工作站）”监督网络。通过对“四员一站”工作建章立制、强化管理，严格标准、加强培训，典型示范、整体推动等一系列举措，“四员一站”工作日渐成熟，基层建立纪检监察工作站1813个，“四员”队伍达9855人，在企业内部形成了一个横向到边、纵向到底、遍布各个生产区队的庞大监督网络，实现了反腐倡廉工作关口前移、下移，促进了党风建设和反腐败斗争的深入开展。

2004年3月，平煤集团下发《平煤集团公司党风廉政建设责任金抵押及考核奖惩暂行规定（试行）》，规定基层单位党政主要负责人、纪委书记每人抵押2000元/年，增强其责任意识。同年，开展治理截留克扣职工工资歪风，全年有13名党员干部受到党纪政纪处分，14人受到免职处理。2005年，开展“小金库”“账外账”专项治理活动，平煤集团公司下属单位主动上缴账外资金1.9万元，自查自收违纪款50余万元，收缴违纪款6万元。2005年物资供应总公司发生财会人员挪用、贪污公款事件，平煤集团纪委与平顶山市检察院组成联合调查组，进行调查核实，14名当事人和有关责任人受到法律和党政纪追究，一些不正之风得到了有效遏制。

2006年，平煤集团开展治理商业贿赂工作，采取签订“拒绝商业贿赂”承诺书、“治理商业贿赂工作目标责任书”和“廉政公约”等形式，明确责任，强化监督，规范干部职工行为，防止问题发生。2007年，平煤集团制定出台《关于工作日中午禁止饮酒的规定》，日常工作中坚持“三个没有”（没有内外有别、没有特殊情况、没有下不为例）的原则，从严贯彻落实“禁酒令”管理规定。禁酒令规定以后，先后对54名违反禁令的干部给予了免职处理。同年，组织开展了清理“小金库”“戴帽工资”专项治理活动，查出有问题的单位10个，收缴资金29.76万元。

2009年9月，中国平煤神马集团成立，重新制定下发《关于实行党风建设和反腐倡廉工作责任制的规定》等相关办法，每年坚持年中抽查和年底全面考核。同年根据中办、国办的通知要求，开展了工程建设领域突出问题专项治理，平煤集团纪委选聘46名基层纪检监察干部，按不同专业分10个督导组对基层立项项目进行督导。同年成立效能监察专家库，聘任53名具有高级专业技术人员成为效能监察专家，负责每年对申报项目的评审。当年查处平禹许昌电煤联销公司重大违法违纪案件，处理违纪违法者13人，3名主要涉案人员被移交司法机关，1名网上追逃人员投案自首，追缴涉案款164万元。2009—2010年上半年，六矿违规发放年薪奖金，并私设“小金库”，纪委收缴滥发奖金796万元，收缴违纪资金152万元，单位党政一把手、纪委书记和财务负责人受到纪律处分，其中原矿长和总会计师被免职。

2011年，纪委组织开展煤炭领域腐败问题专项治理，排查出煤炭领域存在问题13条。组织开展“小金库”专项治理，集团纪委在重点检查中查出“小金库”金额17.5万元，收缴违纪款15.07万元，免职4人，行政记过1人，调离原岗位1人。2012年，香山矿领导班子违规发奖金、违反财务制度；19名处级干部违规参股谋取利益278万多元全部予以收缴；107名科级干部违规参股分红总计404万元全部予以收缴；该矿违规购买的3台超标轿车予以收缴。2012年，对朝川矿、汝州市合力金属公司、汝州市万通运输公司、梨园矿汝州鑫源公司、机械装备集团煤神公司、医疗集团平顶山市慈济医院和慈济大药房等单位存在的问题进行督促整改，6家单位参股职工以及副科级以上管理人员1336名，清理注册资金4069万元。2014年，按照河南省国资委纪委要求，组织开展了招投标问题、违规关联交易、违规借款担保3个专项治理工作。同时平煤神马集团公司开展违规收受礼金礼品和截留克扣虚报冒领职工工资的专项治理，1126名副处级以上干部填写了个人自查登记表，并在登记表上签字承诺，其中74名副处级以上干部自查违规违纪问题，上交198.30万元。平煤集团纪委收到举报179起，经过重点核查，处分处理173人（次），其中处分89人（次）、组织处理84人次。有37个单位自查出各类违规违纪金额2896.77万元，上交459.97万元。

截至2015年年底，平煤集团67个基层单位都成立了纪检监察机构，19个直属党总支设置了专职纪检委员，集团专职纪检监察干部达到376人。

1991—2015年，平煤集团纪委共受理来信来访8585件(次)，立案1991起，党政纪处分3184人。2002—2014年，平煤集团纪委积极与平顶山市特派员配合，抵制乱收费、乱罚款、乱摊派、乱检查，拒绝无证检查191起405人次，为企业避免和减少经济损失7889.59万元，2014年年底特派员撤离集团。

(二) 义煤集团纪检监察

1994年11月，义马矿务局信访科归属局行政办公室，机关设有监察科。1995年，局属矿(厂、公司)纪检和监察机构相继合署办公，实行一套班子、两块牌子，履行两种职能。1998年4月，义马矿务局改制义煤集团后，纪委与监察室合署办公。2002年10月，义煤集团召开第四次党代会，选举产生了中共义煤集团第四届纪律检查委员会。2004年2月，监察室改为监察处。2008年9月，机关机构改革，纪委监察处下设办公室、案件监察室、效能监察室、廉政信访室、宣传教育室、审理室6个科室。

1991年，义马矿务局监察室发出《关于认真做好清理挪用公款及借款长期不还的通知》，对债权情况开展效能监察，共查出个人拖欠、挪用公款450多万元，当年清回150多万元。1993年，制定《义马矿务局领导干部廉洁自律十条规定》，举办廉政教育学习班29期，培训党员1819人次；举行廉政报告会41场次，受教育党员6032人次；拒收"回扣"贿赂的干部70人，拒收"回扣"贿赂款44290元。1996年，连续5年在全局范围内组织党风廉政建设录像片播放教育月活动，举办各类学习培训班117期，对18个基层单位的307名领导干部进行了党纪知识考试，受教育党员7100多人，占全局党员总数的93%。1997年，《中国共产党纪律处分条例(试行)》《中国共产党党员领导干部廉洁从政若干准则(试行)》《中华人民共和国行政监察法》颁布实施。义马矿务局制定下发《义马矿务局招待十条规定和违犯规定处理办法》，规定工作人员下基层一律吃工作餐。坚持公务活动接待费用包干，超支自付和业务招待费定期公开并向职代会报告制度。全局业务招待费应提取337万元，实际只用220万元，节约117万元，节支35%。同年，对全局352部小汽车的管理使用进行了专项清理。对26部违控车和公车入私户车全部予以纠正。并制定了《关于加强公务用车管理办法》《关于对清理小汽车有关问题的处理办法》，对定编车辆按规定配发准用证260个，其余车辆一律封存，清车工作共节约资金376万元。1998年，义煤集团纪委、监察室对义煤集团井田范围内开办的小煤窑情况进行了效能监察，查明义煤集团井田范围内开办小煤窑510个，其中无证非法开采的有343个，严重威胁国有煤矿安全生产的小煤窑159个，封填井口101个。发现了一些职工参与开办小煤窑的线索，立案2起，查处入股开办小煤窑案件和私自为小煤窑提供技术资料和技术服务的案件。

2000年，义煤集团副处级以上干部包括公司纪委、监察处所有纪检监察干部，实行党风廉政建设责任制责任抵押金制度。交纳责任抵押金标准：公司正职、纪委书记每人1000元；公司级副职每人800元；正矿(处)级、纪委书记每人500元；副矿(处)级和公司机关纪检监察人员每人300元。每半年考核兑现一次，被考核者成绩在95分以上的，奖励所交责任抵押金的100%；考核成绩在85分以上，奖励所交责任抵押金的70%；考核成绩75分以下的沉淀所交责任抵押金的50%；考核成绩50分以下的，所交责任抵押金全部沉淀。2000年印发《义煤集团纪检监察机关致党员领导干部家属的一封公开信》，告诫领导干部的家属严守家门,不污夫名,争做“廉内助”。通过电视、报纸及家属座谈会形式进行了广泛宣传。同年,建立副科级以上领导干部廉政档案制度。档案主要内容分 8 个方面:① 住房情况;② 参加民主生活会的个人发言材料;③ 职代会的民主评议材料;④ 个人收入申报表;⑤ 个人重大事项申报表;⑥ 收受礼品登记表;⑦《廉政准则》执行情况;⑧ 受奖惩情况。同年,对 12 名局级干部、335 名矿(处)级干部、2415 名科级干部建立了“廉政档案”。

2001 年,义煤集团对 20 多个基层单位大型设备进行清理,发现大型设备管理混乱,账、卡、物不相吻合。义煤集团有 86 台设备长期外借没有归还,有的单位擅自购买小汽车,有的单位不经上级批准,擅自报废或者卖掉大型设备,违纪金额达 180 余万元。效能监察小组提出 18 条整改建议,机电部完善相关规章制度。2002 年,开展了对多经、三产亏损厂点专项监察,加强对物资采购、煤炭销售和工程承发包活动的监督。全年共参与监督设备、材料招标会 293 次,投标厂家共 1187 个,招标金额 2.36 亿元。通过监督,节约采购资金 2281 万元。总医院全年医药采购涉及金额 450 万元,通过招议标为医院节约采购资金 40 万元。

2003 年,义煤集团警示教育基地在三门峡监狱挂牌。2005 年,义煤集团请三门峡监狱在押职务犯罪人员 40 多人次到义煤集团公司现场说法,3000 多名副科级以上领导干部接受了警示教育。同年,组织开展“清理纠正国有企业负责人投资入股煤矿问题”,对 5 名矿处级领导投资入股煤矿问题进行了调查清理和登记上报,共撤出股金 15 万元。同年,义煤集团完善了《效能监察管理办法》《效能监察奖惩办法》,对重点建设项目进度及资金管理情况、租赁设备修理合同签订及执行情况等进行了效能监察,收缴违纪款 15.9 万元,发现案件线索 29 起,立案 7 起,处理违纪人员 8 人,挽回经济损失 572 万元。

2006 年 2 月,义煤集团印发《义煤集团党委、义煤集团贯彻落实〈建立健全教育、制度、监督并重的惩治和预防腐败体系实施纲要〉的具体实施意见》的通知,对惩防体系建设提出了具体要求。在廉洁自律工作方面,开展了以“三送三查三个专题”为主要内容的“春廉行动”。“三送”即送廉政书法进区队、送廉政短信进岗位、送廉洁祝福进家庭;“三查”即领导干部自查、单位组织检查、开展重点督查;“三个专题”即春节前围绕廉政自律搞一次专题教育、各单位组织召开一次以党风廉政建设为主要内容的专题会、对本单位勤政廉政模范等先进典型搞一次专题回访。以“廉管家、廉助手、廉法人、廉内助”为主要内容的“四廉”教育和治理商业贿赂、治理节日病、纠刹“吃喝风”等专项治理活动。举办廉洁理念、廉政警示语和廉洁文艺作品征集活动,将廉政格言、廉政知识和警示语制成警示牌和台历,摆放在领导干部办公桌上,形成了独特的“桌面廉洁文化”。将廉政警示语制作成灯箱和警示牌,悬挂在矿区主要街道和矿区公园,建成了“廉洁文化一条街”和“廉洁文化长廊”,营造浓郁的崇廉、学廉、守廉气氛。同年,对煤炭销售、物资采购、设备管理、供电管理、资金管理和重点建设项目工程等进行了效能监察;建立了评标专家库,制定了评标专家抽取办法,规范了招标监督工作;对挂靠义煤集团的经营性实体进行了专项清理;义煤集团两级效能监察避免经济损失 2429 万元,参与招标监督 30 次,涉及合同金额 2.6 亿元,节约资金 2500 万元。

2008 年,义煤集团落实中纪委《关于严格禁止利用职务上的便利谋取不正当利益的若干规定》和中纪委二次全会提出的“七不准”要求,及时下发《加强“双节”期间党风廉政建设工作的通知》和《关于严禁各级管理人员公务接待饮酒行为影响公务形象的规定》，通过下发禁酒令、设置“高压线”，完善党风建设责任制考核标准，逐级签订责任书。各级领导干部层层签订党风建设责任书，以双向承诺、双向报告、双向考评为主要方法，对上进行书面承诺的同时，对下向职工进行公开承诺。全年共追究党政领导干部 84 人，其中：追究矿处级 15 人、科队级 69 人；诫勉谈话 21 人，写出书面检查 21 人，批评教育 19 人，通报批评 27 人。

1998—2008 年，结案 429 起，涉及 1162 人。其中包括矿（处）级干部 193 人、科（队）级干部 694 人，受到开除党籍处分 55 人，受到行政撤销职务处分 17 人，挽回经济损失 1379.47 万元。截至 2008 年年底，共受理群众来信来访来电 991 人次，每年办结案率都在 92%以上。

（三）郑煤集团纪检监察

1991 年 9 月—11 月，按照中共郑州市纪委部署，郑煤集团在全体党员干部中开展以党章、准则、中纪委《八个条规》为主要内容的纪律条规教育活动，举办学习班 74 期，播放党风党纪录像 72 场，受教育人数 8000 多人次；286 名处级干部、688 名科级干部和 4562 名一般党员干部参加党纪条规理论测试，人均成绩 93 分。开展纠正乱收费、乱罚款、乱集资摊派等行业不正之风，自查出：乱罚款 4 项，计 19.89 万元；乱收费 52 项，计 31.52 万元；乱集资摊派 15 项，计 55.36 万元。

1993 年，郑煤集团贯彻落实《全民所有制工业企业转换经营机制条例》，制定《局领导干部保持自身廉洁的六条规定》。即：廉洁奉公，为建设四化大业掌好权、用好权；在干部使用上，不搞任人唯亲；洁身自律，反腐倡廉；勤政为民，恪守职责，努力做好自己分管的工作；艰苦奋斗、不搞铺张浪费；不搞假、大、空。

1994 年，郑煤集团下发《关于全局副处级以上领导干部廉洁自律工作的安排意见》，组织召开了 33 个矿处级党政班子 348 名副处级以上领导干部参加的专题民主会；对副处级以上领导落实“中央五条”“省委八条”和郑州矿务局“两个六条”规定进行检查和督察。

1995 年，郑煤集团制定《郑州矿务局关于贯彻执行国有企业领导干部廉洁自律“四条规定”的实施细则》《关于严禁在公务活动中接受礼品的规定》以及领导干部用车、招待、收入申报、礼品登记等 6 个方面 42 条规定。重点对煤矿安全生产方针的贯彻执行情况进行督察。调查隐患 779 条，提出建议 636 条，制定安全措施 330 条，43 人参与安全事故调查，处分事故责任者 18 人。对贯彻执行煤炭工业部“三不发煤”政策情况进行专项检查，当年外销煤 537.07 万吨，收回煤款 6.766 亿元，回收率 100%；清理单位“小金库”43 个，收回资金 186 万元，收回干部职工个人欠款 971.8 万元。

1996 年，坚持“重导向、重治本、重预防”原则，在全体党员干部中开展学理论、学党章、学江泽民“一定要讲政治”重要讲话，开展查思想、查作风、查纪律，克服拜金主义、享乐主义、个人主义的活动。同年制定郑煤集团《领导干部收入申报制度的实施办法》《关于业务招待费开支向职代会报告的规定》《党政领导抓党风廉政责任制规定》《领导干部离任监察制度》和礼品登记制度等。重点清理 78 名副处级以上干部多占住房和多购成套住房、用公款购房、压价购房、超标准建房、用公款超标准装修等问题，查出超规定面积 4096 平方米；自查自纠主动交款的 15 人计 13 万元，主动退房 40 人，转已婚子女居住 22 人。

1997 年，郑煤集团印发《关于对郑煤集团领导干部乘坐小汽车情况进行清理的通知》。抽调 37 名人员，对各单位车辆的资金来源、购车计划、社控手续、车辆型号、入账手续等，进行逐车检查核对，共清核小汽车403辆，查出的17辆超标轿车，封存变卖或转招待用车。

1998年，郑煤集团分别制定《关于清理纠正违反规定配置、使用通信工具的补充意见》《关于重申严格执行〈廉政准则〉搞好领导干部廉洁自律的若干规定》和《关于对全公司党员干部进行党性党风党纪教育的通知》，清理通信工具、严格控制会议、制止公款吃喝玩乐3项违规行为，共清理违规配备移动通信工具42部，取消会议74个，节约会议开支31万元；严格控制庆典活动15次，节约100多万元；业务招待减少15万元，同比降低27.3%。513名处级以上领导干部进行收入和收礼登记，497名处级以上领导干部对重大事项进行报告，有12名拒收礼品折款2.41万元，有103名党员干部拒绝宴请177次。

1999年，郑煤集团在处级领导干部中实行《廉洁自律谈话通知书》《廉洁自律规劝通知书》《廉洁自律限期改正通知书》和《信访反映通知书》等"四书告诫"制度；严格控制领导干部通信工具和车辆配备及会议开支；严格控制改建、扩建、新建或购买、装修办公楼和宾馆；严格控制公费出国（境）旅游等。

2000年，郑煤集团印发《关于严禁用公款请客送礼的规定》和《关于严禁用公款吃喝玩乐的规定》。对7名矿处级领导干部公款吃喝、收取回扣、公款办理驾照等违规违纪问题进行查处，收缴违纪金额2.64万元，转立案3件；压缩会议38个。

2003年，郑煤集团重点开展"牢记两个务必，坚持执政为民"为主题的权力观教育活动。组织521名处级干部、1591名科级干部参加党风廉政法规知识测试；在权力观教育中，收集全国范围内有较大影响的反腐倡廉正反两方面的典型，编印《先锋录》《警示录》《忏悔录》，发给每位党员领导干部，举办反腐倡廉成果展览，受教育职工达1万余人次。同年重点加强对"职工住房公积金管理""职工工资管理""压煤村庄搬迁管理"和"煤款清欠"等4项执法效能监察，职工住房公积金收缴面扩大4%，收缴额增加260多万元，收缴率提高9%，退休职工的公积金及时转移支付。

2006年，郑煤集团对33个单位贯彻落实党风廉政建设责任制工作进行考核，为24个优秀单位和57名优秀个人兑现责任抵押金；对4个考评差单位的党政一把手实施诫勉谈话。同年重点开展"养老、医疗、工伤、失业及住房公积金"五项保险金执法效能监察，42个基层单位补缴2005年"五金"2055万元。2007年，郑煤集团按照《关于开展清理领导干部拖欠公款效能监察的通知》文件规定，清理回收46个单位464名副科队级以上干部拖欠的公款5057万元；对33个资源整合矿井领导干部跟班制度进行监察，检查直属矿井及分公司领导干部下井259人次，发现问题117个，提出监察建议11条，对7名没有完成下井班数的领导干部进行诫勉谈话；检查监督资源整合矿井9个，缴纳安全技术服务费及吨煤回报款4672万元，收缴率79%；监督11起安全生产事故，对33人进行了党政纪处分。

2014年，郑煤集团公司全面推进"十条规定"贯彻落实，集团公司两级纪委共处理违反"十条规定"行为32起，涉及115人。

2015年3月—5月，河南省委第四巡视组对郑煤集团公司进行了专项巡视。巡视期间，郑煤集团公司高度重视，积极配合，在组织人员谈话、设立举报信箱、协助案件线索查办等方面做了大量切实有效的工作，保障了巡视工作顺利开展。各单位对2008年以来工资、奖金等发放情况进行全面排查，经过为期20天的集中治理，郑煤集团公司共清退违规发放工资、奖金等3200万元，涉及党员干部1827人。同年组织公务用车竞拍工作，参加评估车辆 23 台，成交车辆 19 台，流拍车辆 4 台，评估价 136.56 万元，成交价 172.52 万元，增值 41.66 万元。对 4 台流拍车辆，按照规定程序进行妥善处置，确保国有资产保值增值。

（四）焦煤集团纪检监察

1997 年 3 月，焦煤集团纪委、监察处合署办公，一个部门，两块牌子，两种职能，设置 5 个内部机构，分别为办公室、教育室、信访室、检查室、审理室。1998 年 7 月纪委教育室撤销。1999 年 5 月，中共焦作矿务局纪律检查委员会更名为中共焦作煤业（集团）有限责任公司纪律检查委员会，焦作矿务局监察处更名为焦作煤业（集团）有限责任公司监察处。2014 年 5 月焦作煤业（集团）有限责任公司监察处更名为焦作煤业（集团）有限责任公司监察部。

2012—2015 年立案审查 96 件（次），给予党政纪处分 193 人，其中处级干部 53 人，科级干部 108 人，其他人员 32 人，为企业避免和挽回经济损失 180 余万元。开展效能监察项目 90 项，下发效能监察建议书 263 份，提出监察建议 1267 条，制定和完善规章制度 41 项，避免和挽回经济损失 1390 余万元，创造经济效益 9470 余万元，对负有直接或间接责任的 370 人给予了处理。

（五）河南能源化工集团纪检监察

2008 年 12 月，河南煤业化工集团（河南能源化工集团前身）成立，设纪委和纪检监察审计部。2009 年，审计业务分离后，更名为纪检监察部。2011 年，纪委和纪检监察部合署办公，下设办公室、案件检查室、审理室、效能监察室。2013 年，河南煤化与义煤集团重组成立河南能源化工集团（下称河南能源），纪检监察机构未作调整。2015 年，根据省委巡视组反馈意见，保留办公室、审理室，成立信访室、党风政风监督室，案件检查室更名为纪律审查室，撤销效能监察室。

2009 年，河南煤化制定《贯彻落实〈建立健全惩治和预防腐败体系 2008—2012 年工作规划〉实施意见》《关于加强纪律作风建设的若干规定》。畅通信访渠道，确立每月 20 日为领导干部接访日。组织协调 40 多名纪检监察、财务审计人员，组成六个检查组对 109 个基层单位私设“小金库”问题进行重点专项整治，共清理各类小金库 379 个，查处并纠正违纪资金 2800 万元，其中上缴违纪资金 2400 万元，对 91 人进行党政纪处理，其中处级干部 33 人。2010 年，出台《“三不三无”本廉体系建设纲要》《国有资产损失责任追究暂行办法》《工程建设项目招标管理办法》《关于加强纪律作风建设的若干规定》《关于实行党风廉政建设责任制的规定》等一系列制度。2011 年，开展了“队伍建设年”活动，组织 16000 余名党员干部参加了集团公司“廉洁从业法规制度”知识答卷，考核命名了 15 个集团公司廉洁文化建设示范点，集团公司纪检监察工作经验先后在河南省国有企业反腐倡廉建设工作会议和纪检监察系统查办案件工作会议上作了典型介绍。

2012 年，河南煤化扎实开展廉洁风险防控工作，共计梳理岗位职权 14810 项，编制业务流程图 10303 个，查找各类廉洁风险点 66797 个，制定防控措施 66797 项。组成 4 个检查组，督查 9 家成员单位及其 31 个下属单位，发现、整改问题 160 余条，对 48 名负有领导和管理责任的人员进行了问责追究。开展“反腐倡廉集中宣传教育月”“反对贿赂·公平竞争”承诺，“做廉洁模范、漾煤化清风”短信征集评选，组织观看《警钟长鸣》和《“潜规则”使他毁灭》警示教育片，先后举办案件管理系统软件实操培训班和招投标法实施条例培训班，对 200 余名纪检监察干部进行培训。集团公司纪委、纪检监察部被河南省纪委、监察厅、预防腐败局评为“2008—2011 年度全省纪检监察案件监督管理工作先进集体”。

2013年，河南能源化工集团根据中央“八项规定”，制定《改进工作作风密切联系职工群众实施细则》，深入开展了“提能力、增效率、正风气”为主题的改进工作作风系列活动。严肃查办了一批严重违纪违法案件，挽回经济损失1000余万元，并在案发单位召开了警示教育大会。集团公司纪委、纪检监察部被河南省纪委、监察厅、人力资源社会保障厅评为“全省查办案件工作先进单位”。深入开展会员卡专项清退活动，集团公司410名纪检监察专职人员全部做出“零持有”报告。2014年，河南能源制定出台了《关于落实党风廉政建设党委主体责任和纪委监督责任的实施意见》《党风廉政建设责任制考核办法》等制度。

2015年，河南能源开展了以“守纪律讲规矩”为主题的专项整治行动，坚持“一案双查”和“一案双究”，点名通报曝光40名因落实“两个责任”或领导责任不力被问责的领导干部。施行廉洁风险告知，主动防控廉洁风险。出台《协作纪律审查实施办法》，修订完善《案件审理工作备案审查暂行办法》《执行党纪政纪处分决定实施办法》及《员工奖惩暂行规定》等制度，保证监督执纪问责的制度化、规范化。制定《纪委书记、副书记提名考察办法》和《开展查办腐败案件体制机制改革实施细则》，强化上级纪委对下级纪委的领导。清退纪检监察机构参与的议事协调机构和业务，共退出机构1452个、业务1937项，分别占原参与机构及业务的72%和71%。开展信访线索再审查，对2008年以来纪委受理的所有信访件进行梳理，把结果存疑的43件作为再审查重点，对其中11件提出了再处置意见，给予党政纪处分9人、组织处理4人。

2008—2015年，河南能源各级纪检监察机构共受理信访举报1427件，立案929起，给予党政纪处分1381人次。

第四章　工会与社团组织

第一节　工　　会

一、机构

河南省煤矿工会工作委员会，前身为中国煤矿工会河南省委员会。1998年省煤炭企事业单位下放省级管理后，更名为河南省煤矿工会工作委员会，现隶属于河南省工业和信息化委员会。2009年根据《河南省机构编制委员会办公室关于省煤炭工业管理局所属企事业单位及省煤矿工会隶属关系调整问题的通知》（豫编办〔2009〕16号）、《河南省机构编制委员会办公室关于河南省总工会所属事业单位清理规范意见的通知》（豫编办〔2012〕280号）文件规定，河南省煤矿工会工作委员会是河南省总工会驻河南省工业和信息化委的产业工会，规格相当于处级，编制6名，其中领导职数1名，副调研员1名。其作为河南省8家驻厅局产业工会之一，同时接受中国能源化学工会的业务指导。主要职责指导全省各级企事业单位煤矿工会开展劳动竞赛、群众安全、文化体育、维权帮扶等工作。联系和指导河南省煤炭系统各级工会工作，包括河南能源化工集团、中国平煤神马集团、郑煤集团、河南神火集团、郑州市煤炭管理局、河南煤炭建设集团、河南矿业建设集团、河南地方煤炭集团、河南省煤炭高级技工学校、河南工程技术学校、河南省煤炭总医院、郑州煤矿机械集团、平顶山煤矿机械厂、国投煤炭河南分公司、三门峡英豪煤矿等15个单位。

二、工会工作

技能竞赛和技术创新。2004—2015年，工会围绕提高企业经济效益，提升煤炭职工综合技术水平，创建一支思想坚定、技术过硬、具备带头作用的高技术人才队伍的要求，组织动员全省煤炭行业开展职工技能大赛，并在煤炭行业特殊工种中每年选择2～6项进行河南省煤炭系统职工职业技能大赛，组织过13届全省煤炭系统技能大赛决赛，涉及采煤、掘进、机电、运输，通风、排水、测量七大系统以及部分地面辅助工种，每年带动全省煤炭企业百项工种举办和万名专业技术人员参加。截至2015年，共有33名选手获得河南省“五一劳动奖章”，495名选手获得河南省技术能手。

围绕河南省委、省政府着力创建一支“技能豫军”的远大目标，工会大力开展群众性经济技术创新活动，兴办劳模创新工作室，选拔技能大师和科技带头人。河南煤化集团永煤公司车集煤矿选煤厂“创业之星”1号实验室、平顶山天安煤业股份有限公司十一矿捷利德创新工作室、平煤集团程宏图创新工作室获中国能源化学系统劳模创新示范工作室，被命名为“全国能源化学系统劳模创新工作室”；平顶山天安煤业股份有限公司朝川矿工会、河南煤化鹤煤公司工会、义煤集团公司工会、郑煤集团公司工会获评“全国煤炭系统技协先进集体”；11名同志分别获得全国煤炭系统技协先进个人和技术创新能手荣誉称号；54名同志获“河南省煤炭系统技术创新能手”称号，50项职工技术创新优秀成果受到表彰。

2013年，第五届全国煤炭行业职业技能竞赛在河南省平顶山市举办。中国平煤神马集团获得全国比赛三项团体第一名，胡长江获电机车修配工第一名，段小亚获安全仪器监测工第一名。在河南省总工会、河南省发改委组织全省十项重点建设工程中开展的“三保两讲”(保安全、保质量、保高效、讲文明、讲协作)建功立业竞赛活动中，平煤集团首山一矿、郑煤集团白坪矿、焦煤集团赵固一矿、永煤集团新桥矿、义煤集团新义煤矿矿井建设工程、永煤集团50万吨甲醇工程、河南煤化集团永煤公司顺和煤矿基建工程、河南煤化集团焦煤公司赵固二矿基建工程、神火集团薛湖煤矿基建工程、中平能化平禹煤电九矿项目和神火集团梁北煤矿改扩建项目获得奖项。

劳动保护和群众安全。1998年全国首次开展“安康杯”活动，河南省煤矿工会工作委员会立足产业，探索并逐渐完善活动内容。2006年4月创刊《豫煤工会工作》，成为河南省煤炭系统“安康杯”工作的主要宣传阵地。2008年，以全国“安康杯”竞赛活动的开展为契机，建立河南省煤矿工会劳动保护和群众安全工作机制，大力推动职工参与企业安全生产，开展具有河南煤炭特色的竞赛活动。2011年，按照《河南省委办公厅、河南省政府办公厅转发省总工会、河南省工业和信息化厅、河南省安全生产监督管理局〈关于加强安全生产群众监督的意见〉的通知》精神，结合河南煤炭系统实际，把工会各项工作整合到促进企业安全生产上来，着力打造“3个加强”，即加强群监员制度和队伍建设，加强职业病防治工作，加强安全生产宣传和培训工作。聘请河南省总工会、省安全生产监督管理局有关专家为全省煤炭系统群监员进行授课。参与全国煤炭系统省际群众安全互检工作，与山东、四川、黑龙江、蒙古、陕西、新疆等多个产煤大省建立互检关系。聘任2期煤矿特聘群监员和特聘协管员(累计聘任各级群监员6万余名，协管员2万余名，工会劳动保护检查员近5万名)，发放3000本《特聘群监员工作实用手册》。加强对企业安全生产状况和职工队伍状况的调研，建立健全职业病防治机制，改善职防院医疗卫生条件，建立20万份职工职业健康档案。

河南煤矿工会宣传和推广中国平煤神马集团六矿大学生采煤班、白国周班组安全管理法。2012年，河南煤化焦煤公司古汉山矿豫焦八队马永勇班、义煤集团的耿村矿五四队生产二班和铁生沟公司采三队生产一班受到全国总工会、国家煤矿安全监察局的表彰。2014年，郑州煤电股份超化煤矿综采队生产一班被评为“全国煤矿十佳班组”并获“全国工人先锋号”称号，平煤神马集团六矿大学生采煤班班组长王香瑞被评为“全国煤矿十佳班组长”、河南大有能源石壕矿采煤二队生产一班特聘群监员张礼亮被评为“全国煤矿十佳群监员”，并获全国“五一劳动奖章”。河南省煤矿工会工作委员会被中华全国总工会、国家安监总局授予全国安康杯竞赛“优秀组织奖”荣誉称号，2005—2015年，连续11年获此称号。

女职工工作。河南煤矿工会贯彻《工会女职工委员会工作条例》，以维护女职工合法权益和特殊利益为主题，以培育感恩文化为重点，以服务安全生产协管工作为中心，在河南省煤炭系统女职工队伍中组织开展了素质提升工程、爱心帮扶工程和建功立业工程等三项重点工作。通过开展岗位练兵、技能竞赛、技术创新等活动，引导女职工不断提高学习能力、创新能力和良好的竞争意识；通过丰富女职工文娱活动，构建和谐矿区，寻找好矿嫂活动，深入挖掘身边默默无闻支持丈夫、支持矿山发展的矿嫂们，把煤炭系统的大爱精神发扬起来。

2006年，河南省煤炭系统9个群监会、11个群监分会、7个进口接待站、7个女工家属安全协管会、6名劳动保护干部、13名群监员、7名家属协管员、7个基层女职工委员会、6名优秀女工干部分别受到中国能源化学工会的表彰。河南省煤炭系统陆续有12个单位获得“全国煤炭系统先进协管会”，14名优秀女职工家属获得“全国煤炭系统优秀协管员”称号。

寻找感动中国人物工作。2002年10月，中央电视台首次启动以“感动中国”为主题评选年度任务以后，河南省煤炭系统作为有百年历史的传统行业，有45万名职工，各级煤矿工会积极搜集挖掘典型人物，调查宣传先进事迹，涌现出一批感动人物。2007年，河南省煤矿职工吴如、谢延信、付来成同志分别当选“寻找感动中国的矿工”十大杰出矿工，任海军等8位同志当选为“感动中国的矿工”。焦作煤业(集团)鑫珠春工业有限责任公司工人谢延信同时当选“全国孝老爱亲模范”。

文化体育工作。2006年，河南煤矿工会与河南省文联等单位共同组织举办了河南省“郑煤杯”安全教育小品小戏大赛。承办“2006年度年省会各界人士春节茶话会”、河南省庆祝五一国际劳动节“五月放歌”大型电视文艺演出和河南工会大厦落成庆典晚会三项大型文艺演出。在2008年迎奥运全国职工书画展暨国际书画名家作品友好交流展中，河南省煤炭系统有12幅作品入围参展。

第二节　社会团体

一、河南省煤炭行业协会

1997年5月，河南省煤炭行业协会成立，召开第一次会员代表大会，选举产生了第一届理事会。第一届理事会依照协会章程，对协会的自身建设和工作机制进行积极探索，为协会发挥作用奠定了基础。河南省煤炭行业协会，是由河南省煤炭行业的企事业单位、社会团体及个人自愿联合结成的，是不受部门、地区、所有制限制的全省性非营利性社会组织。其主要任务是，在企业和政府间起到桥梁和纽带作用，发挥服务和自律功能，协助政府主管部门推行经济政策和法令，推动煤炭行业技术与管理进步和科学发展。2001 年协会召开了第二次会员代表大会，选举产生了第二届理事会。第二届理事会根据党的十六届三中全会审议通过的《中共中央关于完善社会主义市场经济体制若干问题的决定》，按照“积极发展独立公正、规范运作的专业化市场中介服务机构，按市场化原则规范发展各类行业协会、商会等自律性组织”的要求，初步形成了一整套较为科学的工作机制。2008 年 1 月，协会召开了第三次会员代表大会，选举理事 165 名、常务理事 63 名，组成第三届理事会及其常务理事会；选举李恩东（时任河南省煤炭工业管理局局长、党组书记）为名誉会长，高国安为会长，张国辉（时任河南省煤炭工业管理局副局长）、陈建生（时任中国平煤神马集团董事长、党委书记）、张铁岗（中国工程院院士）、王荣海等 14 人为副会长。会议决定，王荣海兼任秘书长，万战伟任常务副秘书长，何建民任副秘书长。同年，经理事会选举，增补薛纯运（时任省煤矿安全监察局副局长）、王玉枝（时任郑州市煤炭管理局局长）、张举峰（时任平顶山市煤炭工业局局长）为河南省煤炭行业协会副会长。2010 年 5 月，王玉枝不再担任郑州市煤炭管理局局长职务，经理事会决定，其副会长职务由李书峰（时任郑州市煤炭管理局局长）接任。2011 年 4 月，理事会决定：由于职务变动，陈祥恩（时任河南煤化集团董事长、党委书记）、杨建国（时任中国平煤神马集团总经理）接任副会长职务；增补谢康兴（时任国投煤炭有限公司河南分公司总经理）、王荣超（时任河南大峪沟煤业集团公司董事长）为副会长；增补包洪凯（时任河南金丰煤业集团有限公司董事长）为常务理事。

协会人员变动主要原因：一是河南省对煤炭企业开展了大规模的兼并重组，煤炭企业单位发生重大变化，致使会员单位发生相应变化；二是在煤炭企业任职的同志随着职务的变动，其在协会兼任的职务也做了相应调整；三是为贯彻中共中央办公厅、国务院办公厅印发的《行业协会商会与行政机关脱钩总体方案》和中组部《关于规范退（离）休领导干部在社会团体兼职问题的通知》（中组发〔2014〕11 号），一大批在协会兼职的同志（包括退休的和在职的）辞去了职务。

按照协会章程，第三届理事会任期届满，需要换届，但由于近年来国家行政机关改革涉及协会商会的改革力度很大，换届条件不成熟，致使协会工作至 2015 年仍由第三届理事会主持。

第三届理事会自 2008 年以来所做的主要工作如下。

2008 年，由于国际金融危机的影响和国内经济形势的变化，煤炭行业结束了“黄金十年”，煤炭经济逐步步入下行、压力不断加大的新时期。协会关注煤炭经济发展的走向，努力为煤炭行业应对新形势服务，重点深入大型以及不同类型的煤炭企业进行调研，总结各企业的经验，了解存在的困难和问题，深入探讨解决困难的办法。协会及时向会员单位通报情况，同时向政府建言献策、反映行业诉求。2012 年河南省协会与河南省煤炭管理办公室等部门，对全省煤炭行业的经济运行情况作了认真的调研，形成了书面材料。6 月 14 日中国煤炭协会召开会长扩大会议，分析全国煤炭经济的形势，研究对策，河南协会主要领导应邀参会，通报了河南省的情况。会后，向河南省有关部门建议，河南煤炭行业协会于 6 月 26 日和河南省煤炭管理办公室联合召开了全省主要煤炭企业和各产煤市煤炭管理部门（协会)负责人会议,通报了中煤协会会长扩大会议精神,为河南省煤炭行业应对当前形势发挥了重要作用。协助中煤协会煤炭经济调研组工作,安排好调研组到煤炭企业调研和组织各类座谈会,协助调研组完成调研任务。

2009 年,河南省煤炭行业协会成立技术部和煤炭技术委员会,技术委员会聘请包括中国工程院院士张铁岗在内的全省煤炭行业各个专业的知名专家,积极为全省煤炭行业开展技术服务工作。一是受河南省能源局委托,组织技术专家收集研究巩荥、三里煤田大量的地质资料和煤与瓦斯突出的防治文献,历时 3 个月完成《巩荥煤田煤与瓦斯突出煤层开发可行性研究报告》;二是受安阳超越集团委托,完成《安阳联兴矿业农庄集团有限公司发展战略研究报告》的评估;三是受郑煤集团的委托,完成《郑煤集团裴沟煤矿改扩建(300 万吨/年)可行性研究报告》的评估;四是评估论证《郑煤集团新郑精煤公司选煤厂项目的可行性研究报告》;五是评估论证《中平能化集团梨园煤矿宁庄矿井四 7 煤层开采技术安全论证报告》;六是组织技术委员会的专家参加"河南省煤炭可持续发展资源保障评价"。协会还建立"河南省煤炭工业技术委员会专家库",为组织更多高水平的专家参与技术服务工作提供了保证。

协会完成评选推荐全国煤炭工业先进集体、劳动模范等各类评先工作。全国煤炭工业先进集体、劳动模范和先进工作者每 5 年评选表彰一次。① 2012 年,协会评选推荐全国煤炭工业先进集体、劳动模范、先进工作者。河南省煤炭行业协会与河南省人力资源社会保障厅会同有关部门联合组成了领导小组,协会承担起草《评选推荐工作实施方案》,对评选范围、名额分配、评选条件、推荐评选要求和工作日程做了明确规定;严格按程序办事,认真对各单位推荐人选和材料的进行预审;并将材料正式上报。河南省推荐的先进个人 36 名、先进集体 19 个全部通过最终评审,邵春生等 33 人获得全国煤炭工业劳动模范称号,沈天良等 3 人获得全国煤炭工业先进工作者称号,河南省煤炭地质勘察研究总院等 19 个单位获得全国煤炭工业先进集体称号。② 评选推荐全国双十佳煤矿(先进煤矿)、双十佳矿长(优秀矿长)。本届理事会向中煤协会推荐了 2007 年、2008 年、2009 年、2010—2011 年、2012—2013 年、2014—2015 年共 6 届的评选人选和材料。河南省煤炭行业协会对每届的评选推荐工作都认真谨慎推荐,经各会员单位推荐、省协会初审后,与河南省工信厅等部门会商确定推荐上报表彰的人选。③ 在推荐评选表彰全国煤炭工业双十佳煤矿(先进煤矿)、双十佳矿长(优秀矿长)的同时激励和表彰河南省在煤炭工业一线工作的同志。协会设立了河南煤炭行业双十佳煤矿(先进煤矿)、双十佳矿长(优秀矿长)以及"双十佳区队长"(优秀区队长)、模范班组长和协会先进工作者的评选表彰工作。此项评选表彰活动每年一次,并在年初的理事会上进行隆重表彰。2008 年以来,协会共评选表彰年度十佳矿长 70 名、优秀矿长 30 名,授予 3 名矿长特别奖;评选表彰年度十佳煤矿 40 个、先进煤矿(先进单位)35 个;评选表彰年度双十佳区队长(优秀区队长) 179 名、模范班组长 361 名、协会先进工作者 143 名。

经河南省人民政府批准,河南省工信厅主办,河南省煤炭行业协会和河南省贸促会(省国际商会)联合承办了 4 届博览会。2011 年 10 月,在郑州国际会展中心举办"2011 中国河南国际煤炭工业矿山设备暨新能源和节能产品技术博览会"。参展单位展示了煤炭采掘、洗选、安全监测、救护,煤层气开发利用,节能减排发展循环经济,煤炭应用等领域的新技术、新设备、新产品;展示了风能、水能、太阳能、生物质能、地热能等新能源和可再生能源的新技术、新设备和新产品,会展期间还举办了“中原经济区与能源产业发展论坛”。2012 年 5 月在郑州国际会展中心,协会举办“中国(郑州)国际煤炭工业博览会”,共有 8 个国家、20 多个省(区)市 100 多家企业参展,展出了煤炭勘探、开采、生产、安全等方面一大批先进设备和采用新能源的汽车及其他设备,展会期间还举办了“2012 中原经济区与能源产业发展论坛”。2013 年 6 月在郑州国际会展中心举办“2013 第三届河南国际煤炭工业、矿山机械展览会”,北京凌天世纪自动化技术有限公司、华为技术有限公司、中煤科工集团、中船重工、郑州煤矿机械集团等 200 多家企业参展,展出了先进的选矿设备、勘探设备、采矿技术装备、矿山通用设备、矿用安全检测设备等。这次博览会,搭建了我国中部地区煤炭行业技术交流的最大平台。2014 年 6 月在郑州国际会展中心举办“2014 第四届中国(河南)国际煤炭工业矿山技术暨能源环保产业博览会”和“2014 第十届郑州煤炭工业装备暨采矿安全技术产品博览会”。博览会集煤炭工业、环保产业、矿山机械、能源产业及焊接切割设备等,进行推介展览,是国内煤炭行业大会。

企业管理现代化创新成果的评审鉴定和推荐。每年年初,根据中煤协会的安排,对本年度的“企业管理现代化创新成果”的评审、鉴定和推荐工作下文做出安排部署,协会把通过评审鉴定的成果向上级推荐。2008 年至 2015 年共征集成果 675 项,推荐 571 项参加全国煤炭企业管理现代化创新成果评奖,有 4 项获特等奖、57 项获一等奖、111 项获二等奖、197 项获三等奖。这些成果受到中煤协会的表彰,并在全国煤炭行业推介。

河南省煤炭协会举办“河南煤炭行业科学发展论坛”并出版论文集。2008 年至 2015 年共征集论文 1516 篇,评选表彰一等奖 170 篇、二等奖 297 篇、三等奖 472 篇。从这些获奖论文中,共选取 204 篇,经过整理、加工和编辑。《河南煤炭行业科学发展论坛优秀论文集》分别于 2009 年、2011 年、2013 年由河南人民出版社、郑州大学出版社、河南科学技术出版社出版发行。

河南省煤炭协会开展煤炭企业信用等级评价和煤炭行业职业经理人资格认证工作。经中煤协会的授权,从 2011 年起河南省煤炭行业协会开展了煤炭企业信用等级评价和煤炭行业职业经理人资格认证工作。河南能源化工集团等 22 家企业获 AAA 级信用等级,平煤机械制造公司等两家企业获 AAA^- 级信用等级,郑煤矿业建设公司获 AA^+ 级信用等级。2012 年全省有 696 名同志基本具备煤炭职业经理人资格认证的条件,经全国煤炭行业职业经理人资格认证管理办公室认定,柴明贵等 38 人获得全国煤炭行业高级职业经理人资格,郑保川等 75 人获得全国煤炭行业中级职业经理人资格。

河南省煤炭行业协会成立以来,编发双月刊《河南煤炭信息》,作为协会会刊进行内外信息交流。2010 年 4 月,协会第三届理事会成立后,创办了内部刊物《河南煤炭》。刊物本着为会员服务、为政府宏观决策服务的宗旨,传达国家和省政府关于煤炭行业的方针政策、法律法规,发布全省煤炭企事业单位的信息,报道全省煤炭行业的工作情况,交流管理、科技创新经验和成果,展示河南省煤炭行业企业和人物的风采。《河南煤炭》每月一期,至今已出版了 54 期。该刊物发行到河南省协会各理事单位、煤炭企事业单位,并报送中煤协会和省领导及各有关煤炭管理部门。

二、河南省煤炭学会

河南省煤炭学会(以下简称“学会”)是由河南省煤炭科学技术工作者自愿组成并

依法登记的学术性非营利性的法人社会团体，是河南省科学技术协会的团体会员，是党和政府联系广大煤炭科技工作者的桥梁和纽带，是推动河南省煤炭科技事业发展的重要力量。

河南省煤炭学会于 1965 年 4 月 23 日经河南省科学技术协会批准在郑州成立，为中国煤炭学会的分会。“文化大革命”期间中断活动。1979 年 3 月，在全国科学大会召开后恢复活动。河南省煤炭学会成立第一届理事会扩大会，指定理事 35 人，其中常务理事 14 人。

1992 年 4 月，河南省煤炭学会第四届理事会召开，理事 56 人，名誉理事 14 人，其中常务理事 19 人。理事会选举时任河南省煤炭工业厅厅长朱德沛为理事长，张奇铭、严金满、黄国纲、郭均生为副理事长。学会在原有六个专业委员会的基础上，扩增了 4 个专业委员会，共有通风安全、防治煤与瓦斯突出、矿井建设、矿山机电、矿山测量、煤田地质、矿井地质、煤矿开采、计算机和煤矿医学等 10 个专业委员会；设有秘书处机构、1 个咨询服务部、1 个学术委员会和 1 个刊物编委会。

2002 年 1 月，学会在郑州召开第五次会员代表大会。选举产生了第五届理事会，理事 96 人，其中常务理事 27 人。理事会选举时任河南理工大学校长袁世鹰为理事长，张国辉、李尚宽、郭均生、张铁岗为副理事长，王恒泰为秘书长，邓波为常务（专职）副秘书长。2004 年 7 月，增补时任河南省煤炭工业局副局长陈党义、河南理工大学校长邹友峰为学会副理事长。

第五届理事会期间的主要工作：

（1）加强组织建设明确学会定位。学会确定在原有 11 个专业委员会的基础上，新增煤炭加工利用、环保、管理工程、科技信息 4 个专业委员会。学会设有 3 个工作委员会，1 个秘书处，1 个煤矿开采技术鉴定委员会，1 个全国公开发行的会刊《中州煤炭》。学会制定并印发了《河南省煤炭学会改革方案》《河南省煤炭学会专业（工作）委员会工作简则》等 8 个文件，工作逐步走向规范化、制度化。国家能源办公室确定河南省煤炭学会为《能源法》起草小组联系单位。河南省煤炭提交了《关于河南省有关能源方面地方条例起草制定及调研工作的情况汇报》《关于河南省煤炭行业资源综合利用及重点煤炭企业节能降耗调研情况汇报》。学会按照加强自身建设的工作部署，开展了两次先进集体和优秀工作者的表彰活动，机电专业委员会、平顶山市煤炭学会等 30 个单位获得学会先进集体称号，于励民等 100 人被评为优秀工作者。学会还先后两次组织“河南省煤炭优秀科技论文”的评选，共评选出优秀论文 180 篇，出版论文集 6 部。学会在创立“品牌”活动中成绩突出，连续两次被河南省科协评为先进单位。在全国学会杂志社科技社团评价中心组织的“省级学会之星”评选中被评为“首届全国 20 强学会之星”，并获得奖牌和荣誉证书。

（2）紧密结合煤炭生产建设组织学术交流活动。2002 年 4 月，学会与中国煤炭学会、中国劳动保护技术学会，在河南理工大学联合举办“2002 年采矿科学与安全技术国际学术会议”，会议邀请国外 8 家大学参加。2007 年 4 月，举办“2007 年采矿科学与安全技术国际学术会议”，会议代表有来自国内外的知名学者，两院院士，专家教授，共计 350 多人。这两次学术会议均被河南省科协列为重点学术会议及重点对外国际交流活动。2006 年 8 月，协会在西宁召开“河南省煤炭学会 2006 年学术年会暨河南省煤炭科技论坛”会议，论坛主题为：安全、高效、创新、洁净——河南省煤炭工业可持续发展的新型工业化之路。论坛形式有：专题报告、学术研讨、科技讲座、新技术交流、成果展示等。论坛特邀中国煤炭学会副理事长朱德仁、中国工程院院士张铁岗、瓦斯专家王兆丰等全国著名的专家学者做学术报告；论坛编辑出版《河南省煤炭学会学术年会论文集》，并对评选出的28篇一等奖、45篇二等奖、100篇三等奖的优秀论文进行了表彰。学会和平煤集团、郑煤集团参与组织“煤矿安全技术创新院士行”活动，旨在推动煤炭企业技术进步和技术创新，协助企业分析、诊断和研究煤矿安全的技术难题，提出煤矿安全生产的对策建议，促进煤矿企业加强与科研院所、高等院校之间沟通与联系。第五届理事会期间，学会共组织和召开大型学术会议28次，专题学术活动32次，编辑出版论文集8部，参加人3500人次，提交论文1600篇，扩大了科技交流范围，增强了与企业结合，体现了学会“学术交流主渠道”的地位。

(3) 学会承担完成科研项目与组织产品展览洽谈会。学会连续承办4届“郑州煤铝矿机械装备展览洽谈会”，共有326家国内知名厂家的近2000种煤矿机械装备和安全产品参加展出，煤炭系统28000多人到会参观洽谈，合同金额近4亿元，取得了较好的影响和效果。学会先后组织和参与完成了10项科技攻关和科研项目，其中，学会和河南矿山抢险救灾中心共同承担完成的省科技攻关项目“煤矿重大水灾害抢救技术研究”“大功率卧式潜水电泵的开发及其在矿山抢险救灾排水中的应用”分别获得河南省科技进步一等奖和中国煤炭工业科技进步二等奖。学会和省煤炭研究所共同承担完成的“基于GPRS应用的污染源在线系统”“智能化数字水表技术研究”“矿区大型设备经济运行分析评价及节能信息途径研究”分别获得省科技进步三等奖。学会完成的“登封天河煤矿堵水工程技术研究”项目被评为中国科协“厂会协作”示范表彰项目，解决乡镇煤矿在技术与安全方面遇到的难题。

(4) 学会参与组织河南省煤炭系统科技进步奖的评审工作，共评出了427项科技成果。有20多名同志获得各类科技奖，其中，学会常务理事卫修君、冯立杰获得“全国优秀科技工作者”；学会常务理事张建国等6人获得“河南省青年科技奖”；河南煤化集团总经理唐远游等6人获得“孙越崎青年科技奖”；学会理事蒋猛等5人获得“中国煤炭青年科技奖”；会员黄超慧等8人获得“全国煤炭工业生产一线优秀青年科技工作者”，获奖人数在全国煤炭系统和省同级学会中均名列前茅。

(5) 受主管部门委托，发挥学会专业人才集中的优势，学会分别组织专家评审组对河南省重点国有煤矿和地方国有煤矿的生产能力核定报告、矿井瓦斯等级鉴定报告、企业能源审计报告和企业节能规划等进行了评审，出具评审报告并提出了切实可行的整改意见。开展科技服务和中介服务，受有关单位委托，学会承担“平顶山市聚仙陵园建(构)筑物受损裂缝与平顶山天安煤业股份有限公司采掘活动关系”“安阳红星煤矿高产高效开采法研究”“伊川祥和煤矿开采损害技术鉴定”等30多项技术咨询、技术论证、技术鉴定项目。

2008年11月，学会在郑州召开了第六次会员代表大会。选举产生了第六届理事会，理事118人，其中常务理事31人。袁世鹰(原河南理工大学校长)为理事长，陈党义(时任河南省煤炭工业管理局副局长)、薛纯运、胡卫民、邹友峰、王连海为副理事长。邓波为秘书长，万昌、高建良、闫杯标为副秘书长。聘请张铁岗院士、时任河南省煤炭协会高国安会长为特邀顾问。2013年4月，增补时任河南工程学院院长刘文锴为学会副理事长，聘请时任河南省科协副主席刘炯天院士为学会特邀顾问，

第六届理事会期间的主要工作：

(1) 加强常务理事会力量，搭建社会化的学会工作平台。学会常务理事会由省工

信厅、安监局、煤监局、重点煤业集团、高校、科研、设计、基建等单位的34名主管领导组成，具有较高的权威性、代表性和很强的执行力。学会每年定期召开常务理事会议并由各大煤业集团轮流主办，会议听取并审议学会年度工作报告，商讨学会年度工作计划，采取分管理事长、各专委会主任分工负责制保证工作计划能够顺利实施。学会设有16个专业委员会，3个工作委员会和煤矿开采损害技术鉴定委员会。这些分支机构的组成人员中汇集了大批专家学者、教授，分支机构的挂靠单位分别设在重点煤业集团、大专院校和科研院所；学会还聘请时任中国煤炭学会副理事长张铁岗院士、时任河南省科协副主席刘炯天院士为学会特邀顾问，指导学会工作。学会通过进一步健全组织机构，为广大煤炭科技工作者提供了开展学术交流研讨的服务平台。

学会发挥高智力智囊机构的作用，紧扣煤炭工业发展的脉搏，建言献策，组织业内专家、学者针对全省煤炭行业发展中带有战略性、长远性的重大问题进行调研，在决策咨询等方面积极发挥作用。学会受省科协、省发改委、省工信厅、省国资委等有关部门的委托，提交了《河南省采矿安全对策研究》《河南煤化集团矿井水害分区分类防治对策研究》《河南省煤炭行业资源综合利用和节能减排目标完成情况调研报告》《河南省煤矿机械装备制造业发展状况调研报告》《河南省煤炭行业资源综合利用发电情况调研报告》《河南省煤矿综合自动化发展指导意见》等报告。这些对策研究和调研报告为政府制定相关政策提供了决策依据，对促进全省煤炭工业科学发展起到了积极的推动作用。

学会主持编制煤炭企业研究开发项目税前加计扣除鉴定有关标准工作。根据河南省发改委《关于委托编制重点耗能行业主要用能产品能耗限额标准的函》文件要求，河南省技术监督局确定学会为“煤矿主要用能设备能耗限额”标准的起草单位。学会聘请了15名专家组成标准起草小组，编制完成了《煤矿在用主通风机装置工序能源消耗限额》《煤矿在用主提升带式输送机工序能源消耗限额》《煤矿在用主排水工序能源消耗限额》《煤矿在用空气压缩机工序能源消耗限额》《煤矿在用主提升机工序能源消耗限额》等5个省颁标准，由河南省技术监督局2009年颁布执行。省工信厅委托学会牵头编制的《河南省煤矿机电水平评价标准》也于2013年颁布执行。省科技厅和省财政厅委托学会对河南煤化集团、中国平煤神马集团、郑煤机集团等单位承担完成的2010—2014年度22项企业研究开发项目税前加计扣除额超过1000万元的科研项目进行了鉴定认证，共计为企业核定34800万元的税前加计扣除额，支持了煤炭企业科技创新和研究开发。

2014年，河南省煤炭学会获河南省“十佳学会”，2015年获河南省“五星学会”和“2015中国煤炭学会先进单位”；学会秘书长邓波荣获“中国煤炭学会贡献奖”并在中国煤炭学会2013年工作会上作先进经验介绍。

(2) 学会举办“2009年采矿科学与安全技术国际学术会议”“河南省煤炭学会2010年学术年会暨河南省煤炭发展高层论坛”“国际矿山测量协会(ISM)2011年中国国际学术论坛”“2013年河南省煤炭行业信息化发展高层论坛”“2014年全国煤矿科学采矿新理论与新技术学术研讨会”“2015年第34届国际采矿岩层控制会议”等学术会议。这些学术会议均被列为河南省科协重点学术会议及重点对外国际交流活动，体现了河南在全国采矿科学与安全技术领域的特色和优势，促进了国际合作与交流。学会和省工信厅、安监局、煤监局等主管部门联合举办了“河南省煤矿机电运输经验交流会”“煤矿瓦斯防治技术考察暨经验交流会”“河南省煤矿冲击地压防治和防灭火经验交流会”“河南省煤矿防治水技术与应用经验交流会”“河南省煤炭安全科技工作座谈会”等5次大型技术考察暨经验交流会，总结交流全省煤矿机电运输、瓦斯综合治理、冲击地压防治、防治水技术、防灭火技术和安全科技方面的经验，组织科技讲座、学术研讨与交流，学习考察外省的先进技术、装备及好的经验，引导企业推广先进适用的科技成果。

(3) 学会组织或主持完成了10多项国家和省重点科技攻关项目，有8个项目获得了国家科技进步奖二等奖和省部级科技进步一等奖。其中，时任学会副理事长、河南理工大学校长邹友峰，时任常务理事卫修君等主持完成的“大面阵数字航空影像获取关键技术及装备”“中国煤矿瓦斯地质规律与应用研究”等项目获得国家科技进步二等奖；时任学会常务副理事长、省工信厅副厅长陈党义，时任常务理事冯立杰等主持完成的“煤矿井下定向压裂增透消突成套技术”“千米矿井水灾害抢救关键技术与装备研究”等项目分别获得中国煤炭工业科学技术一等奖、河南省科技进步一等奖；时任学会秘书长邓波等主持完成的“煤矿重大水灾害抢救技术研究”“钢丝绳牵引带式输送机防爆四象限变频拖动及控制系统的研制与应用”等项目分别获得河南省科技进步一等奖和中国煤炭工业科学技术一等奖；时任学会常务理事李建新、许胜铭等主持完成的“高瓦斯易自燃厚煤层巷道冲击地压预测预防理论与技术研究”“跃进煤矿巷道底板型冲击规律及控制研究”等项目获得国家安全生产科技成果奖一等奖。这些科技成果进一步提高了学会常务理事会的学术地位，也争得了较高的荣誉。

学会积极完成国家和省科协“厂会合作”和金桥项目。学会先后开展了“中国煤矿瓦斯地质图和全国矿井、矿区、省区市瓦斯地质图编制”“矿井能源利用分析评价及节能改造示范工程”“矿区灰岩水防治技术研究”等8项“厂会协作”和金桥项目的研究。时任学会副理事长、河南理工大学校长邹友峰等主持承担完成的“中国煤矿瓦斯地质图和全国矿井、矿区、省区市瓦斯地质图编制”项目通过了中国煤炭工业协会组织的成果鉴定，该研究成果对综合指导煤矿瓦斯灾害预测和防治、瓦斯(煤层气)抽采利用，以及煤矿瓦斯治理宏观规划具有积极的指导作用。学会和中国平煤神马集团合作完成的“环境实时监测及污染防治设施监控管理系统的研究和应用”，学会和永煤集团合作完成了“煤矿安全高产高效矿井技术及实施的研究”等6个“厂会合作”项目均通过了有关方面的鉴定验收。通过这些项目的实施，推动了科技与经济的结合，促进了煤炭企业的科技创新。

2009年，学会与河南省石油和化学工业协会还联合承办了“2009中部地区石油和化学工业高层论坛”和“2009首届中部(郑州)化工博览会”，河南煤化集团、中国平煤神马集团、义煤集团等企业在博览会进行了煤化工、盐化工、精细化工新产品、新技术、新设备展示推介，有关石化和煤化工企业、部分工业园区、产业集聚区化工企业共10000多人到会参观了博览会。

学会受政府有关部门的委托，分别组织有关专家组成评审委员会对全省86家重点国有煤矿和地方煤矿的生产能力核定报告、580余家煤矿矿井瓦斯等级鉴定报告、15家矿井安全评价报告、15家企业能源审计报告及企业节能规划等进行了评审验收，写出高质量的评审报告并提出了切实可行的整改意见。

(4)《中州煤炭》是河南省煤炭学会会刊，1979年创刊，是河南省煤炭系统唯一公开发行的科技刊物。经河南省新闻出版局批准,《中州煤炭》自 2009 年第 1 期正式由双月刊改为月刊,每年出版 12 期,出版字数约 280 万字,每期发行量达 5000 份。2009 年 10 月,学会在郑州举办了《中州煤炭》创刊 30 周年庆典暨理事会工作会议。省工信厅厅长、省新闻出版局副局长、省煤炭学会理事长等领导出席会议,43 家理事单位领导到会祝贺。2014 年会刊《中州煤炭》晋升为中国科技核心期刊。学会每年都召开会刊《中州煤炭》理事会和编委会,要求《中州煤炭》及时编发总结煤炭行业前瞻性、关键性、共性技术的重大突破和创新成果,不断追踪学科领域的热点,用优质的内容扩大刊物的影响,保持刊物的学术水平和办刊质量,不断提升《中州煤炭》的学术水平和办刊质量。《中州煤炭》是河南省自然科学期刊综合质量检测一级期刊,进一步提高了刊物在行业内外的影响力和知名度。

学会在全省范围内共征集了煤炭行业“十一五”期间科技成果 304 项,与成果相关的技术论文 85 篇,编辑出版了《河南省煤炭行业“十一五”科技创新论文集》,全书共计 60 万字,该论文集的出版进一步促进了河南省煤炭行业科技成果的推广应用。

第 二 篇

地 质 勘 查

河南省煤田地质局建立于1954年8月，是河南省煤田地质勘查的主力队伍。六十多年来，找矿成果丰硕。在河南境内发现了焦作、平顶山、安阳、鹤壁、义马、郑州、永夏等18个煤田和5个含煤区，先后组织完成了299个井田的资源勘查工作。近年又进军新能源领域，开展了焦作煤田、获嘉县马厂井田等项目的煤层气勘查、抽排、压裂工作，为实现河南省煤炭工业持续稳定绿色发展，促进中原经济崛起做出贡献。

1991年以后，中央和河南省人民政府投入了大量的人力物力和财力，专门进行河南省煤田地质勘查工作。各大煤业集团依据河南省煤田地质局提交的勘探报告建立了一批大型煤矿，如郑煤集团赵家寨煤矿、王行庄煤矿、白坪煤矿，平煤集团梁北二井，神火集团薛湖煤矿，焦煤集团赵固一井、二井等大型矿井已建成达产。2006年《国务院关于加强地质工作的决定》(国发〔2006〕4号)发布，2010年以后河南省开展了找矿突破战略行动，河南省地勘基金项目从2004年投入煤炭勘查资金0.66亿元猛增到2009年高峰值的5.21亿元，截至2015年年底累计投入26.084亿元，实现了煤田地质找矿重大突破，不仅在全省范围内基本探明了垂深1000米左右的煤炭资源赋存情况，还新发现了一处大型煤田——通柘煤田，超额完成了找矿突破战略行动任务，为河南各煤田的开发提供了可靠的后备保障，而且积累了不少煤田地质勘测工作的经验和理论研究资料，建立了一批能较全面地为煤炭工业生产建设服务的煤田地质勘测队伍。

1991年以来河南省煤田地质局等勘查单位累计提交各类勘查地质报告224件，其中勘探地质报告36件，详查地质报告38件，普查报告61件，预查报告89件；完成三维地震114.72平方千米，二维地震物理点913738个，地质钻探2436525.45米；查明资源储量391.71亿吨，预测资源量(334)?866.29亿吨。

第一章　煤田地质与煤炭资源

第一节　煤田分布与煤层地质

煤炭是河南的一大资源优势，储量丰富，煤类齐全，煤质优良，开采条件好。全省有70多个市、县有煤炭资源赋存，含煤面积2.9万平方千米，占全省总面积的17.36%。

一、煤田分布

河南煤田分布较广，煤田赋存主要集中在豫西地区，其次为豫北和豫东，豫南地区很少。全省129个市、县中，蕴藏煤炭资源的有：林县、安阳、汤阴、清丰、范县、台前、淇县、获嘉、长垣、封丘、修武、博爱、武陟、沁阳、孟州、灵宝、卢氏、陕县、渑池、孟津、偃师、新安、宜阳、伊川、汝阳、嵩县、洛宁、栾川、巩义、荥阳、登封、新密、新郑、宝丰、鲁山、叶县、襄城、郏县、许昌、长葛、临颍、永城、夏邑、虞城、柘城、项城、郸城、太康、通许、杞县、汝南、确山、方城、南召、淅川、内乡、西峡、商城、固始等县，以及濮阳、安阳、鹤壁、焦作、三门峡、洛阳、郑州、平顶山、许昌、济源、卫辉(原汲县)、辉县、义马、汝州、禹州等县市。全省已探明的19个煤田4个找煤区中,依其地理位置的分布如图2-1-1所示。

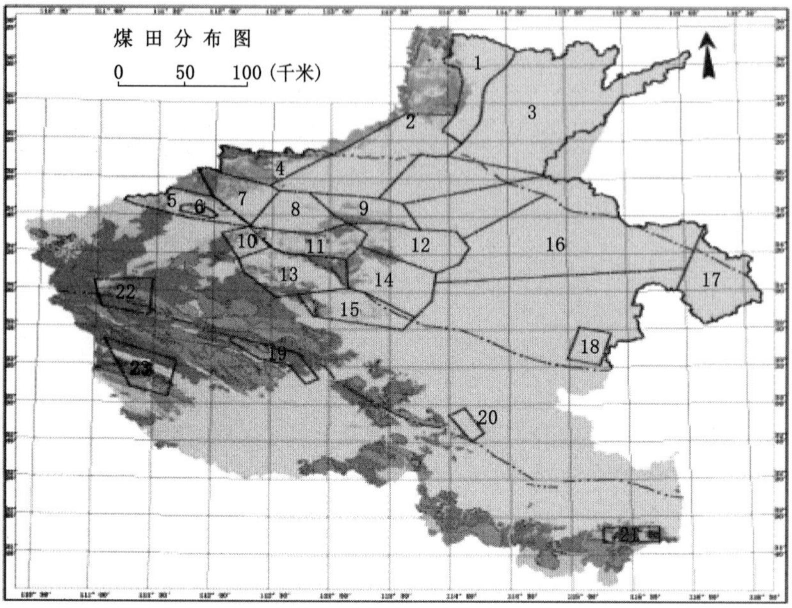

图2-1-1 河南省煤田分布示意图

1——安鹤煤田;2——焦作煤田;3——东濮找煤区;4——济源煤田;5——陕渑煤田;6——义马煤田;7——新安煤田;8——偃龙煤田;9——荥巩煤田;10——宜洛煤田;11——登封煤田;12——新密煤田;13——临汝煤田;14——禹州煤田;15——平顶山煤田;16——通柘煤田;17——永夏煤田;18——郸城含煤区;19——南召煤田;20——确山煤田;21——商固煤田;22——栾川卢氏含煤区;23——淅川内乡含煤区

豫北地区有安阳—鹤壁、焦作、济源3个煤田和东濮找煤区,垂深2000米以浅煤炭资源赋存量为362.76亿吨,占全省总量的28.7%。

豫西地区有陕渑、义马、新安、宜洛、偃龙、荥巩、新密、登封、临汝、平顶山、禹州11个煤田。垂深2000米以浅煤炭资源赋存549.03亿吨,占全省总量的43.4%。

豫东地区有永夏煤田、通柘煤田和郸城含煤区。垂深2000米以浅煤炭资源赋存333.33亿吨,占全省总量的26.4%。

豫南地区有确山、南召、商固3个小煤田和栾川卢氏石煤含煤区及淅川—内乡零星含煤区。垂深2000米以浅煤炭资源赋存18.88亿吨,仅占全省总量的1.5%。

二、含煤地层与煤层

河南境内含煤地层,由老至新有寒武系、石炭系、二叠系、三叠系、侏罗系、古近系、新近系及第四系(含泥炭)。以石炭二叠系为主,约占全省煤炭总储量的98%,而二叠系山西组二$_1$煤(大煤)又占石炭二叠系储量的90%以上。其次为侏罗系。

(一)寒武系(∈)

河南省寒武系含石煤地层仅分布于豫西的卢氏、栾川和豫西南的内乡、淅川等地。煤层赋存于寒武系底部,煤质低劣,储量不多。

(1)卢氏栾川区:煤系为寒武系中统上楼村组的上段,一般含石煤二层。下层厚度0～63.1米,一般为10～25米;上层距下层10～100余米,一般为10～20米,煤厚0～

32.4 米，一般 10 米。

（2）内乡、淅川区：煤系为寒武系下统水沟口组的下段，含煤 1～3 层，单层煤厚 0.5～5 米，最厚达 10 米，厚度不稳定。

（二）石炭系(C)

（1）下统(C_1)：分布于商城、固始、新县、克山等地。厚 1055～2055 米，自下而上分为花园墙组、寒坡岭组和杨山组。杨山组为区内主要含煤地层(前人称杨山煤系)，含煤 22 层，均为不稳定煤层。其中局部可采煤层有 5 层(五煤、七煤、八煤、九煤及十三煤)，余者均不可采或偶尔可采。五煤厚 0～5.66 米，七煤厚 0～3.00 米，八煤厚 0～3.28 米，九煤厚 0～2.35 米，十三煤厚 0～2.67 米。煤层在浅部赋存较好，往中、深部发育不好。

（2）中统本溪群(C_{2b})：分布于三门峡—郑州鄢陵一线以北地区。以铝土质泥岩为主，其上部在安阳、鹤壁、永城一带，为灰黑色、灰色灰岩及碳质泥岩，含薄煤一层，无可采价值。

（3）中统太原群(C_{2t})：是河南省境内主要含煤地层之一，岩性由灰岩、砂岩、砂质泥岩、泥岩及煤层组成。一般可分为三段，即下部灰岩段，中部碎屑岩段及上部灰岩段，总厚度 22～140 米，一般为 68 米左右。含煤 2～19 层，一般为 2～9 层，称为一煤段(组)，在豫北多俗称小煤或下夹煤。主要可采煤层有$一_1$煤，在安阳、鹤壁、焦作等地，一般厚 0.8～2.0 米；$一_2$煤层一般厚度为 0.7～0.85 米，在安阳、鹤壁、焦作等地稳定可采，往南发育不好，多为局部可采或偶尔可采。$一_3$、$一_5$、$一_8$煤层在部分煤田局部可采。表 2-1-1 为河南省各煤田太原群地层厚度及含煤情况。

表 2-1-1　河南省各煤田石炭系太原群地层厚度及含煤情况表

煤田(或矿区)名称	地层厚度(米)	灰岩层数	含煤情况		
			煤层数	可采或局部可采煤层数	可采煤层总厚度(米)
安阳	130±	9	9	5	2.8～5
鹤壁	140±	6～9	9	2	2.47
焦作	92	8～9	9	2	2.56
济源	50	1～7	3～7	2	0～3.57
陕渑	37	1～3	2～7	2	1.54
新安	43	5	10	1	0.70
宜洛	22	2	7	2	1.50
偃龙	49	2～6	8	1	0.51
荥巩	86	9	8	2	1.90
登封	50	8	8	1	0.85
新密	75	9	9	1	1.00
禹州	68	11	7～19	1	1.26
庇山	42	6～8	9～10	2	1.23
朝川	30±	3～5	5～8	1	0.97
平顶山	76	7	7	2～3	2.10
永夏	134	8～14	6～12	1	0.73
确山	44	6	6	1	0.74

(三) 二叠系(P)

分布于三门峡、确山、固始一线以北地区,除上统石千峰组不含煤外,其他各组均含煤,其中山西组为河南省最主要含煤地层。二叠系地层总厚度为650~1200米,其中含煤地层厚度为480~800米。

(1) 下统山西组(P_{1s}):为深灰、灰黑色砂质泥岩、泥岩、砂岩和煤层组成,一般厚度为70~95米,含煤1~7层,称二煤段(组)。煤层总厚平均为6.5米,煤厚大于9米的富煤带从新密到范县呈北东向展布,往东、西、南三面均依次变薄,西南部三门峡—汝阳—确山一线为沉积边缘,煤层较薄。山西组$二_1$煤(俗称大煤)层位稳定,全省普遍可采,是当前主要开采对象。煤层厚度0~37.78米,平均厚度为5.35米。全省除个别地段,如济源煤田西部,新安煤田北部缺失外,其他地区均发育良好。煤层厚度以豫北最为稳定,厚5~8米。其次在平顶山、登封、新密等地亦属稳定。在豫西地区$二_1$煤厚度变化虽大,但多在可采范围。$二_2$煤在偃龙、新密、登封等地为局部可采煤层。$二_2$、$二_4$煤仅在济源下冶发育,为局部可采煤层。其他煤层均为不稳定不可采煤层。

表2-1-2为河南省各煤田二叠系山西组地层厚度及含煤情况表。

表2-1-2 河南省各煤田二叠系山西组地层厚度及含煤情况表

煤田(或矿区)名称	地层厚度(米)	煤层		可采或局部可采煤层		$二_1$煤厚度(米)
		层数	总厚度(米)	层数	总厚度(米)	
安阳	110	2	5.20	1	5.00	5.00
鹤壁	70~100	5	7.55	1	7.00	7.00
焦作	84	6	6.96	3	6.76	5.36
济源	63	5	600	2	2.60	
陕渑	70	6	3.70	2	2.81	2.61
新安	79	5	6.14	3	5.62	4.32
宜洛	107	4	6.70	1	6.50	6.50
偃龙	83	8	2.82	3	6.87	4.16
荥巩	68	4	4.86	1	4.00	4.00
登封	75	4	6.30	2	5.90	4~6
新密	87	4	10.30	3	10.30	7.00
禹州	82	6	7.15	1	3~6	3~6
临汝	81	8	6.61	3	6.37	4.52
平顶山	77	4	7.15	2	6.70	5.50
永夏	104	3	3.80	2	3.41	3.00
确山	89	6	6.52	1	5.83	5.83

(2) 下统下石盒子组(P_{1x}):本组下以砂锅窑砂岩之底为底界,上以田家沟砂岩之底为顶界,含三、四、五、六煤段(组)。地层总厚度为195~444米,一般厚265米。由灰绿、灰白色砂岩、灰紫色铝土质泥岩、灰黄色砂质泥岩、泥岩及煤层组成,共含煤0~11层。

① 三煤段(组):厚约82米,含煤1~4

层，除平顶山、确山及永夏煤田有可采煤层外，其他地区均为不可采或局部可采。永夏煤田的三$_0$煤层为较稳定煤层，厚0～5.72米，平均为1.45米。三$_3$煤层厚度0～3.85米，平均1.11米，为不稳定局部可采煤层。

② 四煤段(组)：厚约52米，含煤0～11层，一般4～5层。四$_2$、四$_3$煤层在平顶山、禹州、临汝、宜洛等地为大部分可采煤层。四$_2$煤层在平顶山煤厚为0.47～2.80米，平均为2.50米；在临汝为0～6.43米，平均厚度为2.28米。其他均为不稳定不可采煤层。

③ 五煤段(组)：厚约52米，含煤4～5层，发育于黄河以南各煤田。五$_2$煤层在平顶山、临汝和禹州煤田煤厚分别为0.07～4.05米、0～3.34米和0.10～2.94米，平均厚度为0.80～1.40米，属于大部可采煤层。其他煤田多为偶尔可采。

④ 六煤段(组)：厚度79米左右，含煤0～5层，一般1～2层。六$_2$煤层在平顶山厚度为0.30～3.35米，在禹州为0.10～2.94米，在临汝为0～1.85米，为局部可采煤层。在其他地区均为不稳定不可采煤层。

(3) 上统上石盒子组(P_{2s})：上以平顶山砂岩之底为顶界，下以田家沟砂岩之底为底界，含七、八、九煤段(组)。地层总厚度140～300米，平均为246米。由紫斑泥岩、泥岩、砂质泥岩、硅质海绵岩、砂岩及煤层组成。

① 七煤段(组)：厚约95米，含煤2～7层。七$_2$煤层发育相对较好，除豫北、永夏、确山未见煤层外，其他诸煤田多属局部可采或偶尔可采煤层。

② 八煤段(组)：厚约77米，含薄煤两层。在豫北未见煤层，其他煤田多属局部或偶尔可采煤层。

③ 九煤段(组)：厚0～137米，含煤线及炭质泥岩0～8层。主要发育在永夏、平顶山、禹州、新密、登封、荥巩诸煤田，东厚西薄，偃龙煤田以西全部缺失。

(4) 上统石千峰组(P_{2sh})：厚约200～300米，自下而上分为四段，即平顶山砂岩段、砂泥岩段、泥灰岩段、同生砾岩段，均不含煤层。

河南境内石炭二叠系煤层名称和煤段(组)划分，各时不一。1953年时，中南地质局401队在勘探平顶山煤田时，将石炭二叠系煤层自下而上划分为A、B、C、D、E、F、G、H等8个煤组。后河南省地质局也曾采用这一种划分方法。20世纪60年代，平顶山煤田将石炭二叠系煤层自上而下改称为甲、乙、丙、丁、戊、己、庚七个煤组。1982年，原河南省煤田地质勘探公司在综合了大量资料基础上，将全省石炭二叠系煤层统一划分为一至九煤组(段)，并对各煤层进行统一编号。表2-1-3为河南省各煤田石炭二叠系煤层名称对照表。本志中所用煤组(段)划分和煤层名称，以原河南省煤田地质勘探公司统一编号为准，必要时加注当地俗称。

(四) 三叠系(T)

主要分布于三门峡、宜阳、鲁山、上蔡以北地区，豫西的渑池、济源、宜阳、伊川、临汝、登封、巩义一带最发育。地层总厚度近3000米，分为中下统二马营群和上统延长群，仅延长群下部的油房庄组和上部的谭庄组在局部地区含煤。在渑池义马，延长群上部谭庄组含煤最多达20余层，但仅有一层局部可采，称为“四尺煤”，厚0～1.63米，极不稳定。

(五) 三叠系上统(T_3)至侏罗系下统(J_1)

主要分布于卢氏双槐树和南召马市坪、留山一带。

(1) 卢氏一带：西起双槐树茄子河，东到朱阳关衙沟一带，局部含煤，煤层呈透镜状、鸡窝状不规则地分布于断层破碎带内，煤层最厚达0.6～1米，一般为0.1～0.3米，储量小，煤质低劣。

表 2-1-3 河南省各煤田石炭二叠系煤层名称对照表

统一名称 时代	煤组	煤层 \ 煤田	安阳 曾用名称			安阳 可采性	鹤壁 曾用名称			鹤壁 可采性	焦作 曾用名称			焦作 可采性
上石盒子组	九煤组	九$_{3}$												
		九$_{2}$												
		九$_{1}$												
	八煤组	八$_{5}$												
		八$_{4}$												
		八$_{3}$												
		八$_{2}$												
		八$_{1}$												
	七煤组	七$_{4}$												
		七$_{3}$												
		七$_{2}$												
		七$_{1}$									七			
下石盒子组	六煤组	六$_{5}$												
		六$_{4}$												
		六$_{3}$												
		六$_{2}$												
		六$_{1}$									六			
	五煤组	五$_{5}$												
		五$_{4}$												
		五$_{3}$												
		五$_{2}$												
		五$_{1}$									五			
	四煤组	四$_{8}$												
		四$_{7}$												
		四$_{6}$												
		四$_{5}$												
		四$_{4}$												
		四$_{3}$												
		四$_{2}$									四$_{2}$			
		四$_{1}$									四$_{1}$			
	三煤组	三$_{3}$												
		三$_{2}$												
		三$_{1}$									三			
山西组	二煤组	二$_{7}$												
		二$_{6}$												
		二$_{5}$					兆煤				兆煤			
		二$_{4}$					兆煤				兆煤			
		二$_{3}$					兆煤				兆煤			
		二$_{2}$	小煤	y_{14}			小煤	y_{14}			朱村层			局
		二$_{1}$	大煤	y_{13}	1	可	大煤	y_{13}	1	可	大煤	y_{13}	一煤	可
		二$_{0}$									冯营层			局
太原群	一煤组	一$_{9}$	一座	y_{11-12}	2	局	一座	y_{11-12}	2		小煤$_{2}$			
		一$_{8}$	野青	y_{9-10}	3	局	野青	y_{9-10}	3	偶	小煤$_{3}$			
		一$_{7}$	山青	y_{8}	4_{2}		山青	y_{8}	4_{2}		小煤$_{4}$			
		一$_{6}$	山青	y_{7}	4_{1}	偶	山青	y_{7}	4_{1}		小煤$_{5}$			
		一$_{5}$	伏青	y_{5-6}	5	偶	伏青	y_{6}	5_{3}	偶	小煤$_{6}$	y_{7}	二煤	大部
		一$_{4}$					伏青	y_{5}	5_{1}		小煤$_{7}$			
		一$_{3}$	小青	y_{4}	6	大部	小青	y_{4}	6		小煤$_{8}$			
		一$_{2}$	大青	y_{3}	7	大部	大青	y_{3}	7	局	小煤$_{9}$	y_{3}	三煤	大部
		一$_{1}$	下夹	y_{1-2}	8_{1-2}	可	下夹	y_{1-2}	8_{1-2}	大部	小煤$_{10}$			局

表 2-1-3(续)

统一名称 \ 煤田			济源			陕渑				新安		宜洛			
时代	煤组	煤层	曾用名称		可采性	曾用名称			可采性	曾用名称	可采性	曾用名称			可采性
上石盒子组	九煤组	九$_{3}$													
		九$_{2}$													
		九$_{1}$													
	八煤组	八$_{5}$													
		八$_{4}$													
		八$_{3}$													
		八$_{2}$													
		八$_{1}$													
	七煤组	七$_{4}$				烟炭$_{4}$						柳叶顶	y_{8-4}		
		七$_{3}$				烟炭$_{3}$	六$_{3}$					柳叶二	y_{8-3}		
		七$_{2}$	柳叶$_{2}$		局	烟炭$_{2}$	六$_{2}$		偶	烟炭$_{2}$	局	柳叶大	y_{8-2}	地瓜	偶
		七$_{1}$	柳叶$_{1}$			烟炭$_{1}$	六$_{1}$			烟炭$_{1}$	偶	柳叶底	y_{8-1}		偶
下石盒子组	六煤组	六$_{5}$													
		六$_{4}$													
		六$_{3}$													
		六$_{2}$													
		六$_{1}$													
	五煤组	五$_{5}$													
		五$_{4}$													
		五$_{3}$				中三$_{3}$						中三$_{3}$	y_{7-3}		
		五$_{2}$	中三$_{2}$			中三$_{2}$						中三$_{2}$	y_{7-2}		偶
		五$_{1}$	中三$_{1}$			中三$_{1}$				中三	偶	中三$_{1}$	y_{7-1}		局
	四煤组	四$_{8}$													
		四$_{7}$													
		四$_{6}$										连五顶	y_{6-6}		
		四$_{5}$										连五$_{4}$	y_{6-5}		
		四$_{4}$										连五$_{3}$	y_{6-4}		偶
		四$_{3}$				连五$_{3}$				连五$_{3}$		连五$_{2}$	y_{6-3}		偶
		四$_{2}$	连五$_{2}$			连五$_{2}$				连五$_{2}$		连五大	y_{6-2}		可
		四$_{1}$	连五$_{1}$			连五$_{1}$				连五$_{1}$	偶	连五底	y_{6-1}		
	三煤组	三$_{3}$													
		三$_{2}$													
		三$_{1}$	紫夹			紫夹				紫夹					
山西组	二煤组	二$_{7}$													
		二$_{6}$													
		二$_{5}$	头脉			香炭	二$_{6}$			香炭$_{3}$					
		二$_{4}$	二脉		局	香炭$_{2}$	二$_{5}$		偶	香炭$_{2}$	局				
		二$_{3}$	三脉		偶	香炭$_{1}$	二$_{4}$		局	香炭$_{1}$	局				
		二$_{2}$	兵铁			大煤$_{1}$	二$_{3}$					大占顶	y_{5-3}		
		二$_{1}$	大煤		大部	大煤	二$_{2}$		可	大煤	可	大占	y_{5-2}		可
		二$_{0}$				小煤	二$_{1}$		偶	小煤		大占混于	y_{5-1}		
太原群	一煤组	一$_{9}$	铁里石	兰烟						六煤					
		一$_{8}$	土脉							五$_{2}$ 煤		铁里石大	y_{4-3}		可
		一$_{7}$				六煤	一$_{7}$		偶	五$_{1}$ 煤		铁里石二	y_{4-2}		
		一$_{6}$				五煤	一$_{6}$		偶	四$_{2}$ 煤		铁里石一	y_{4-1}		
		一$_{5}$	y 脉	中格	局	四煤	一$_{5}$	火焦煤	偶	四$_{1}$ 煤	偶	胡石大	y_{3-2}		
		一$_{4}$				三$_{2}$ 煤	一$_{4}$			三$_{2}$ 煤	偶	胡石小	y_{3-1}		
		一$_{3}$				三$_{1}$ 煤	一$_{3}$		局	三$_{1}$ 煤	偶				
		一$_{2}$	底脉		局	二煤	一$_{2}$		偶	二煤		青石大	y_{2-2}		局
		一$_{1}$				底煤	一$_{1}$		局	底煤	偶	青石小	y_{2-1}		

表 2-1-3(续)

统一名称＼煤田			偃龙			荥巩				登封			
时代	煤组	煤层	曾用名称		可采性	曾用名称			可采性	曾用名称			可采性
上石盒子组	九煤组	九$_3$											
		九$_2$											
		九$_1$										九	
	八煤组	八$_5$											
		八$_4$											
		八$_3$											
		八$_2$											
		八$_1$		七	偶							八	偶
	七煤组	七$_4$		六$_4$	偶							七$_4$	偶
		七$_3$		六$_3$	偶							七$_3$	
		七$_2$		六$_2$	偶		七$_2$		偶	上三路		七$_2$	偶
		七$_1$		六$_1$	偶		七$_1$					七$_1$	
下石盒子组	六煤组	六$_5$											
		六$_4$											
		六$_3$											
		六$_2$					六$_2$			上中路	E	六	
		六$_1$					六$_1$						
	五煤组	五$_5$										五$_5$	
		五$_4$										五$_4$	
		五$_3$					五$_3$			中路	D_3	五$_3$	局
		五$_2$		五$_2$	偶		五$_2$		偶			五$_2$	偶
		五$_1$		五$_1$			五$_1$					五$_1$	
	四煤组	四$_8$											
		四$_7$											
		四$_6$											
		四$_5$		四$_5$	偶								
		四$_4$		四$_4$								四$_4$	偶
		四$_3$		四$_3$	偶							四$_3$	偶
		四$_2$		四$_2$	偶		四$_2$			水濂洞	C_2	四$_1$	偶
		四$_1$		四$_1$			四$_1$						
	三煤组	三$_3$		三$_3$									
		三$_2$		三$_2$			三$_2$					三$_2$	
		三$_1$		三$_1$			三$_1$					三$_1$	
山西组	二煤组	二$_7$	香炭	二$_8$	偶								
		二$_6$	香炭	二$_{6-7}$	偶								
		二$_5$	香炭	二$_5$	局								
		二$_4$	香炭	二$_4$		香炭	二$_4$				B_4	二$_4$	
		二$_3$	香炭	二$_3$		香炭	二$_3$		偶		B_3	二$_3$	偶
		二$_2$	香炭	二$_2$	局	香炭	二$_2$		偶	二煤	B_2	二$_2$	局
		二$_1$	大煤	二$_1$	可	大煤	二$_1$		可	壤煤	B_1	二$_1$	可
		二$_0$	小煤	二$_0$	偶		二$_0$						
太原群	一煤组	一$_9$		一$_9$	偶		一$_9$		偶				
		一$_8$		一$_8$	偶		一$_8$		偶			一$_8$	偶
		一$_7$					一$_7$		局		A_4	一$_7$	偶
		一$_6$		一$_6$	偶							一$_6$	偶
		一$_5$		一$_5$	偶		一$_{5-6}$		偶		A_3	一$_5$	偶
		一$_4$		一$_4$	偶		一$_4$		偶			一$_4$	偶
		一$_3$		一$_3$	偶		一$_3$		偶	太后	A_2	一$_3$	局
		一$_2$		一$_2$	偶		一$_2$		偶			一$_2$	偶
		一$_1$	底煤	一$_1$	局	底煤	一$_1$		可		A_1	一$_1$	偶

表 2-1-3(续)

统一名称：时代	煤组	煤层	新密：曾用名称			新密：可采性	禹州：曾用名称			禹州：可采性	临汝：曾用名称			临汝：可采性
上石盒子组	九煤组	九$_3$		九$_3$										
		九$_2$		九$_2$										
		九$_1$		九$_1$									九	
	八煤组	八$_5$												
		八$_4$											八	
		八$_3$					火石煤		七$_5$	局			七$_3$	
		八$_2$		八$_2$									七$_2$	
		八$_1$		八$_1$									七$_1$	偶
	七煤组	七$_4$												
		七$_3$		七$_3$	H_{12}	局							六$_3$	偶
		七$_2$		七$_2$			大煤		六$_4$	大部			六$_2$	局
		七$_1$		七$_1$									六$_1$	偶
下石盒子组	六煤组	六$_5$												
		六$_4$											五$_4$	
		六$_3$		六$_3$									五$_3$	
		六$_2$		六$_2$			柳叶炭		五$_2$	局			五$_2$	偶
		六$_1$		六$_1$									五$_1$	
	五煤组	五$_5$											四$_9$	
		五$_4$											四$_8$	偶
		五$_3$											四$_7$	局
		五$_2$		五$_2$		偶	红砂炭		四$_{4-5}$	局	五$_2$		四$_6$	大部
		五$_1$		五$_1$									四$_5$	偶
	四煤组	四$_8$												
		四$_7$												
		四$_6$										D_4		
		四$_5$									四$_9$	D_2		局
		四$_4$										D_1		
		四$_3$		四$_3$							四$_5$		三$_{10}$	大部
		四$_2$		四$_2$		偶	夹矸		三$_{9-10}$	局	四$_3$		三$_9$	大部
		四$_1$		四$_1$		局							三$_8$	
	三煤组	三$_3$		三$_3$										
		三$_2$		三$_2$										
		三$_1$		三$_1$					三				三	
山西组	二煤组	二$_7$												
		二$_6$												
		二$_5$											二$_8$	
		二$_4$	香炭$_3$										二$_5$	
		二$_3$	香炭$_2$			局							二$_4$	偶
		二$_2$	香炭$_1$			局					高大煤		二$_{2-3}$	局
		二$_1$	大煤			可	黄煤	B_1	二$_1$	大部	底大煤	B_1	二$_1$	可
		二$_0$												
太原群	一煤组	一$_9$		一$_9$					一$_{17-19}$				一$_7$	偶
		一$_8$		一$_8$	A_8				一$_{16}$		铁里石	A_4	一$_6$	局
		一$_7$		一$_7$	A_7				一$_{13-15}$				一$_5$	偶
		一$_6$		一$_6$	A_6				一$_{11-12}$					
		一$_5$		一$_5$	A_5				一$_{8-10}$					
		一$_4$		一$_4$	A_4				一$_{5-7}$					
		一$_3$		一$_3$	A_3		臭煤		一$_4$	局			一$_3$	偶
		一$_2$		一$_2$	A_2				一$_{2-3}$				一$_2$	偶
		一$_1$	底煤	一$_1$	A_1	可			一$_1$				一$_1$	偶

表 2-1-3(续)

统一名称 \ 煤田			平顶山				永夏			确山			
时代	煤组	煤层	曾用名称			可采性	曾用名称		可采性	曾用名称			可采性
上石盒子组	九煤组	九$_3$	I_{42-43}		八$_{8-10}$								
		九$_2$	I_{41}	甲$_1$	八$_7$	偶							
		九$_1$	I_{37-40}		八$_{3-6}$								
	八煤组	八$_5$	H_{35-36}		七$_{7-8}$								
		八$_4$	H_{33-34}		七$_{5-6}$	偶							
		八$_3$	H_{32}	乙$_2$	七$_4$	局							
		八$_2$					八						
		八$_1$											
	七煤组	七$_4$											
		七$_3$											
		七$_2$	G_{31}		六$_4$	局	七$_2$						
		七$_1$	G_{30}		六$_3$		七$_1$						
下石盒子组	六煤组	六$_5$	F_{29}			偶				D_6			
		六$_4$	F_{28}			偶				D_5^2			
		六$_3$	F_{27}			偶				D_5^1			局
		六$_2$	F_{26}	丙$_3$	五$_2$	局	六$_2$			D_4^2			局
		六$_1$	F_{25}				六$_1$			D_4^1			可
	五煤组	五$_5$								D_3			可
		五$_4$	E_{24}							D_2^{2-3}			局
		五$_3$	E_{23}	丁$_4$		偶				D_2^1			局
		五$_2$	E_{21-22}	丁$_{5-6}$	四$_{6-7}$	大部	五$_2$			D_1^2			
		五$_1$	E_{20}	丁$_7$		偶	五$_1$			D_1^1			局
	四煤组	四$_8$								C_5^3			局
		四$_7$								C_5^2			局
		四$_6$	D_{19}			偶				C_5^1			局
		四$_5$	D_{18}			偶				C_4^3			可
		四$_4$								C_4^2			局
		四$_3$	C_{17}	戊$_8$	三$_{12}$	大部				C_3			可
		四$_2$	C_{15-16}	戊$_{9-10}$	三$_{10-9}$	大部	四$_2$			C_2^{3-4}			局
		四$_1$	C_{11}	戊$_{11-13}$		偶	四$_1$			C_2^{1-2}			局
	三煤组	三$_3$					三$_{5-6}$		偶				
		三$_2$					三$_{3-4}$		局	C_1^2			偶
		三$_1$					三$_{1-2}$		可	C_1^1			偶
山西组	二煤组	二$_7$											
		二$_6$											
		二$_5$											
		二$_4$								香炭			局
		二$_3$	B_{11}	己$_{14}$		偶	二$_3$			B_3	黄四		
		二$_2$	B_{10}	己$_{15}$		大部	二$_2$		可	B_2^2	黄三		可
		二$_1$	B_{8-9}	己$_{16-17}$	二$_1$	可	二$_1$		局	B_2^1	黄二		可
		二$_0$								B_1	黄一		
太原群	一煤组	一$_9$											
		一$_8$	A_7			偶	一$_8$						
		一$_7$	A_6	庚$_{12}$		偶	一$_7$			A_6			
		一$_6$	A_5	庚$_{19}$		偶	一$_6$			A_5			局
		一$_5$	A_4	庚$_{20}$		局	一$_5$			A_4			
		一$_4$	A_3	庚$_{21}$		局	一$_4$						
		一$_3$					一$_3$			A_3			
		一$_2$	A_2	庚$_{22}$		局	一$_2$			A_2			
		一$_1$	A_1	庚$_{23}$		偶	一$_1$			A_1			

(2) 南召、方城一带：为泥岩、砂岩、砾岩及煤层组成的碎屑岩系，总厚为1750米。仅下部留山组含煤，一般含煤3层，最多7层，均为薄而不稳定煤层。局部可采煤层有二、四两层煤。二煤主要在龙潭沟发育，煤厚0～4.75米，一般0.5米左右。九里山以东，煤层发育较差。四煤厚0～0.72米，在留山、太山庙、九里山局部可采。

(六) 侏罗系(J)

分布于济源、渑池、商城、淮滨一带，在确山七棵树也有零星露头，仅渑池义马、确山七棵树、济源地区含煤。

(1) 渑池义马：广泛分布下侏罗统义马组地层，厚26.1～136米，平均厚74.63米。按其岩性组合自下而上分为4段，共含煤5层，煤层总厚平均21.63米，含煤系数达28.98%。

① 底砾岩段：位于义马组底部，厚0～46.4米，为煤层的直接底板。

② 下煤段：厚0～64.44米，为灰黑色砂质泥岩，含煤3层。自下而上为2—3煤、2—2煤(也称底层煤1、底层煤2)和2—1煤(也称中层煤)。其中2—3、2—1煤在全区普遍发育，层位稳定，为义马组主要可采煤层。2—3煤厚0～25.6米，一般厚10米左右。2—1煤厚0～9.09米，一般厚3.09米左右。2—2煤仅在煤田西部发育可采。在煤田深部三层煤重合。

③ 泥岩段：一般厚19.13米，为灰黑色泥岩、砂质泥岩和砂岩，是义马组的主要标志层。

④ 上煤段：一般厚17.15米，因遭受剥蚀，保留不全，含煤两层，自下而上为12煤和1—1煤(也称上层煤1和上层煤2)，仅在煤田西部发育，局部可采。1—2煤厚0.3～2.60米，一般厚2米左右。1—1煤厚0.82～2.4米，一般厚1.3米左右。

(2) 确山七棵树：零星出露侏罗系地层，岩性为灰色、灰黄色粉砂岩，灰黑色灰质页岩，灰色砾状粗砂岩。区内老窑较多，据调查有煤1～3层，可采者仅一层，煤厚0.12～2.0米，极不稳定，呈凸镜状夹于砂质页岩或页岩内，属低变质长焰煤。

其他地区侏罗系地层中或不含煤，或仅夹煤线及炭质泥岩。

(七) 古近系与新近系

古近系煤系有栾川潭头盆地的潭头群Ⅱ～Ⅲ组、卢氏盆地的项城组、东濮盆地的东营组。新近系煤系有东濮盆地、开封盆地、周口盆地的馆陶组。

(1) 潭头群：分布于栾川潭头、嵩县大章等地。中部的第Ⅱ组和第Ⅲ组含煤。其中，底1煤地表厚度为0.1米，底2煤地表厚度0.8米，上层煤地表厚0.1米。中层煤在井下厚度为3.6米，含夹矸两层，夹矸厚0.30米，下部煤质较好。

(2) 项城组：分布于卢氏故县、洛宁兴华镇和灵宝川口、朱阳镇等地。含煤地层总厚度为190米。含煤三层，呈薄层或透镜体夹于炭质泥岩内，除中层煤较为稳定外，其他皆不稳定。煤质差，灰分和硫分高。

(3) 东营组：分布于东濮盆地，为棕色、褐灰色泥岩与浅棕黄色、灰白色砂岩互层，中下部有炭质泥岩、薄煤层及富含生物的化石层，总厚400米左右。据石油部门钻探资料，计有习1孔见煤一层，文3孔见煤七层，煤厚一般在0.5米左右，个别厚1.00米。含煤面积和煤质不清，埋藏深度在1445米以下。

(4) 馆陶组：在东濮盆地地层发育，含煤性较好。在开封及周口盆地仅含劣质煤一层。东濮盆地地层厚350～385米，据石油部门钻探资料，见煤1～4层，煤层单层厚0.5～3.0米，平均厚1.38米。埋藏深度最浅为1080米，最深为1938米。

(八) 第四系(Q)

本系地层广泛分布于东部平原及西部山区的河流两岸、山麓边缘及盆地之中，厚度为10～435米。含泥炭夹层，一般北部多、南部少，山地多、平原少。主要泥炭层分布于林县、辉县、博爱一带，赋存于山前洪积扇之边缘，呈条带状展布，储量较大，质量较好。

三、煤田地质构造

河南省位于秦岭—昆仑巨型纬向构造体系东段与新华夏系第二沉降带之华北坳陷和第三隆起带太行隆起的复合、联合部位。西北部与祁昌贺山字形前弧东段毗邻，东南与淮阳山字形脊柱相接。省内煤田地质构造基本受小秦岭—嵩山构造体系、新华夏构造体系、嵩淮弧形构造带的控制和改造。

河南煤田的展布形态和保存状况是含煤建造形成后多次构造运动对其改造的结果。对煤田起保存和破坏作用的构造运动，主要起于寒武纪以后的加里东运动—华力西运动—印支运动—燕山运动—喜马拉雅运动。特别是燕山期构造运动对上古生代石炭二叠系煤系地层的影响，形成了一系列隆起和坳陷，在长期剥蚀作用下，隆起区煤系不复存在，坳陷区煤系得到完整的保存，形成各个独立的含煤盆地，即今石炭二叠系煤田。

（一）小秦岭—嵩山东西向构造体系

燕山运动以来，东西向构造体系产生了一系列东西向隆起、凹陷和断裂构造，使煤系地层的走向受到极大影响，豫西各煤田普遍呈现东西或近东西走向，如陕渑、偃龙、荥巩、新密、登封煤田等，尤以嵩山、箕山大背斜，严格控制了石炭二叠系含煤地层的走向。嵩山背斜北翼为偃龙、荥巩煤田；嵩山背斜以南，箕山、荟翠山—风后岭背斜以北，为东西方向的颍阳大金店向斜和新密—新郑向斜，登封煤田和新密煤田即保存在这两个向斜盆地中。在这两个背斜的两侧，因重力作用而产生规模巨大的层间滑动所形成的滑动构造（也称表皮构造），使二叠系含煤地层上覆岩层（一般为石千峰组或平顶山砂岩组）被推覆到二叠系下部含煤地层段上，与下伏含煤地层呈低角度或波状断层接触。这种现象在荥巩、登封、临汝煤田以及洛阳龙门矿区等地，均有发现。

在该构造体系内，东西向断层发育，规模巨大，分布较密，多数为高角度正断层，少数为逆断层或逆冲断层，对煤田起了一定的改造作用，使煤系地层抬升，埋藏变浅而利于开发，如焦作煤田东部的东西向阶梯状正断层。也有因其存在，破坏了煤系和煤层的连续性及完整性，使开采条件复杂化的，如新密煤田的大隗镇断层等。

（二）嵩淮弧构造带

形成于燕山运动末期，呈北西方向斜穿小秦岭嵩山东西向构造带，规模较大，表现强烈，所经之处对东西向构造带改造作用明显，并控制和影响到石炭二叠系煤田的赋存与展布，对煤田的构造形态以及地下水、瓦斯、地温等均有重要影响。受该构造带明显改造的有宜洛、临汝、平顶山、禹州以及确山等煤田。这些煤田的轴向大致为北西向，以宽缓向斜与紧密背斜相间形成的隔挡式构造，并伴随许多走向正断层为其特点。由北向南煤田构造有由复杂变简单之势。

（三）新华夏构造体系

在河南北部和东部表现强烈，对豫北、豫东各煤田的改造作用特别明显。北部太行山区，由于燕山运动以来，新华夏系第三隆起带大幅度上升，石炭二叠系含煤地层遭受剥蚀，仅沿太行山东南麓与新华夏第二沉降带交界处，保留部分煤系地层，如安阳、鹤壁、焦作、济源等煤田。安阳、鹤壁煤田主要受新华夏系的控制，煤系地层走向及煤田主要构造方向，均沿北北东向展布。普遍发育的高角度正断层，破坏了煤田的连续性和完整性。从安阳、鹤壁煤田以南至焦作，构造方向线由北北东逐渐转为北东向。由于新华夏系与小秦岭嵩山东西向构造带的联合、复合作用，致使焦作到陈召、庙口大片地区煤的变质程度加深而成为无烟煤。

在豫北东部沉降带内，断裂构造发育，

形成规模不等的隆起、凹陷或地垒、地堑式构造。在隆起区煤系抬升受到不同程度的剥蚀。在凹陷区煤系得到保存，但一般深度过大，不利开发。在隆起和凹陷之间的斜坡地带往往保存有规模较大又埋藏较浅的煤系，如内黄隆起东侧的东濮煤田，永城背斜的两翼永夏煤田等。

在豫东地区，主要显示了新华夏系与纬向构造带的复合关系。西部靠近嵩箕山区，以纬向构造为主。东部永夏地区，则以新华夏系为主。两个构造体系隆起叠加部位，往往保存有埋藏较浅的石炭二叠系煤系地层，如东西向的太康隆起与北东向的宁陵背斜相叠加，即出现了保存较浅的通柘煤田。

（四）构造体系对中新生代含煤盆地的影响

河南省中新生代含煤地层主要是上三叠统—下侏罗统，其次是新近系、古近系，均赋存于中新生代构造盆地内。含侏罗纪煤系的有洛阳、济源、伊川、大金店、瓦穴子、马市坪、王楼、留山、石滚河等盆地。含新近纪、古近纪煤系的有卢氏、东明、潭头、洛宁、开封等盆地。这些含煤盆地多为燕山运动以来形成的断陷盆地，少数为凹陷盆地。盆地的生成、发育、展布方向和规模与所在地区主要构造体系密切相关。如洛阳盆地中的义马煤田，含煤地层为侏罗系下侏罗统，其展布方向受纬向构造体系的控制。南召煤田，含煤地层为上三叠统—下侏罗统，延展方向与伏牛—大别山北西向构造体系一致。豫北东明凹陷新近系、古近系煤系，其展布方向严格受新华夏系北北东向控制。各中新生代含煤盆地因所在地区构造体系的活动特点不同，成煤条件变化很大，含煤性也有差异，且煤层多不稳定，赋存较深，影响了煤田的工业价值：此外，河南境内晚古生代煤系地层沉积后，几次较大的构造运动均伴随有岩浆活动。对河南煤田有影响的岩浆岩活动主要有燕山期和喜山期活动。如豫北安阳煤田有燕山期闪长岩、正长岩侵入；豫东永夏煤田有燕山期中性闪长岩和基性辉绿岩的侵入；豫西宜洛煤田有燕山期黑云母黄斑岩的侵入；陕渑煤田有燕山期闪长岩的侵入；韩梁矿区梁洼井田有喜山期角闪岩、安山岩的侵入和喷发；平顶山煤田平十三矿有喜山期橄榄玄武岩；确山煤田有喜山期碱性正长岩的侵入；商固煤田有燕山期花岗岩、花岗斑岩、正长岩的侵入等。

岩浆活动对河南部分煤田煤层产生不同程度的破坏和影响：一是岩浆顺煤层侵入，引起煤层厚度的变化，煤层部分或全部被侵吞，储量减少；二是引起煤层结构复杂化，使煤层产生分叉，如确山煤田的$二_1$煤层由于正长岩的顺层侵入，同一层煤被分成上下两层，时而合并时而分叉；三是引起煤层变质程度的局部增高，煤的化学性质变得复杂，煤类多样化，甚至变为天然焦，如鹤壁安阳煤田、永夏煤田等；四是火山岩系覆盖了部分煤系地层，如平顶山韩梁矿区，在火山岩之下，揭露有煤系地层的赋存；五是引起矿区地质构造复杂化，给井巷设计、煤层开采带来了不利因素。

综观河南煤田地质构造，多数中等，部分简单，少数复杂，地层倾角多为 10～20 度，部分 20～30 度，急倾斜者甚少，为煤田开发提供了良好条件。

第二节　水文地质及其他开采技术条件

一、水文地质

河南省地势西高东低，东部平原海拔多在 100 米以下，西部山区海拔一般为 500～2000 米，最高山峰达 2413.8 米。境内有大小河道 1500 余条，分属于海河、黄河、淮河、长江四大水系，成放射状向东北、东、东南、南各方分流。

河南省气候属温带大陆季风型，气温适中，四季分明。全省各地年平均气温在13～15摄氏度之间。冬季天气寒冷，一月份温度最低，平均为－2～2摄氏度，冻土深度极值由南而北为8～35厘米。夏季天气炎热，七月份气温最高，平均为32～34摄氏度。年降水量大致在600～1200毫米之间。冬季雨量稀少，降水量为20～100毫米。夏季雨量集中，降水量为300～500毫米。

（一）含水岩组

河南省内各煤田水文地质条件差别很大。豫北的焦作、鹤壁、济源、安阳等煤田，由于受太行山系强含水层的奥陶系灰岩和太原群灰岩的补给，水文地质条件复杂或极复杂。豫西的登封、义马、宜洛、偃龙、荥巩、新密西部等煤田，由于嵩山、箕山山脉接受大气降水的灰岩面积小，又与主要河流相隔较远，富水岩层补给性较差，除个别井田水文地质较复杂外，其余均属简单至中等类型。河南各煤田含水岩组，根据其地下水埋藏条件、贮水空间特征以及水理性质等，分为以下四组：

（1）松散岩类孔隙含水岩组：由中更新统、上更新统及全新统地层组成，主要分布于山前平原地带和山间沟谷之中。从山前到冲积平原，含水层颗粒由粗到细，富水性由强到弱。多覆于煤系地层之上，局部地段和山西组二$_1$煤露头、石炭系灰岩及奥陶系寒武系灰岩直接接触，造成复杂的矿坑充水条件。

（2）碎屑岩类裂隙、孔隙含水岩组：由二叠系的砂岩、泥岩互层组成。山西组二$_1$煤层位于较厚的砂岩（或砂泥岩）层底部，俗称“大占砂岩”和“香炭砂岩”，是二$_1$煤层的直接顶板或间接顶板。地表出露面积较小，大部分隐伏于第四系松散岩类孔隙含水岩组之下，为构造裂隙和风化裂隙含水层，含水性弱。

（3）碎屑岩夹碳酸岩类裂隙岩溶含水岩组：岩性为石炭系太原群和本溪群的砂泥岩夹灰岩多层组成。其中灰岩5～11层，一般9层，总厚20～40米。以八层灰岩和二层灰岩厚度最大、分布稳定，为主要含水层。二者均位于山西组二$_1$煤层之下，是矿井主要的充水含水层。八灰上距二$_1$煤底板15～25米；二灰上距二$_1$煤底板50～75米，下距奥陶系灰岩10～30米。由于后期构造运动的作用，往往使二灰、八灰局部地段与二$_1$煤层及奥陶系灰岩形成带状接触，构成矿坑充水的直接水源。

（4）碳酸盐岩类岩溶裂隙含水岩组：由奥陶系中下统及寒武系中上统的厚层灰岩、白云质灰岩及泥灰岩组成，总厚900米左右。广泛出露于河南省山区，或隐伏于煤系地层之下，或隐伏于松散岩类之下。由于受多期次、多类型的构造运动影响，岩溶十分发育，富水性极强，是河南境内主要的含水岩组。其中中奥陶统上马家沟组灰岩，层厚质纯，岩溶发育，是河南煤矿开采中最大水害源泉。

（二）水文地质条件复杂程度

根据各煤田直接充水含水层的富水性及补、径、排条件，结合煤田开发后的实际涌水量等因素，全省各煤田水文地质条件复杂程度分为以下四类：

（1）水文地质条件复杂类：包括豫北的焦作、鹤壁、安阳等煤田，其中以焦作煤田为典型。焦作煤田是全国著名的大水矿区，20世纪80年代，年平均涌水总量达500立方米/分左右。中华人民共和国成立以来，全煤田矿坑突水700余次，其中大于10立方米/分的突水达100多次。最大突水量为320立方米/分（1985年5月在演马庄矿）。因突水淹井造成的经济损失总计约3亿元以上，原煤成本中排水费用平均约占20％。随着矿井开采深度加大，水文地质条件更趋复杂。

各煤田矿坑充水水源主要为石炭系和

奥陶系灰岩岩溶水，多从煤层底板构造突水涌入矿坑。石炭系地层在豫北各煤田总厚90～140米，含灰岩8～10层，其中L_2和L_8灰岩厚度大而稳定，岩溶发育，是富水性强、对矿井具有威胁的含水层。单位涌水量L_8灰岩达0.5～5.4升/(秒·米)，L_2灰岩达0.0014～2.4升/(秒·米)。水位标高L_8灰岩一般在+90～+92米左右，疏排降压后可降至+70米，是山西组二$_1$煤层的主要充水含水层。奥陶系含水层主要为中统马家沟灰岩，总厚达550～600米，溶洞发育，单位涌水量达0.5～2.0升/(秒·米)。水位标高一般在+90米左右，疏排降压后可降至+75米左右。该含水层被构造切割与煤层接触时，突水量最高曾达320立方米/分。且因受太行山脉大面积降水补给，水量充沛，是开发焦作煤田的最大水害威胁。

(2) 水文地质条件中等类：包括新密、荥巩煤田。新密煤田现有生产矿井正常涌水量为90～800立方米/时。井下瞬时突水量最高达4500立方米/时，但消减很快，动储量较小。荥巩煤田总体水文地质条件中等。但其中的新中煤矿，自1969年建矿以来，共发生12次突水，突水量为90～3630立方米/时，超过800立方米/时者达6次。1978年8月1日，+92米水平东大巷遇断层带突水淹井，突水量为3630立方米/时。上述二煤田主要矿坑充水水源为奥灰水，但由于补给面积不大，总水量以静储量为主，动储量较小。一旦突水，来势也很猛，但易于疏排。另外地表出露的泉群比较多。形成自然的疏排区。

(3) 水文地质条件中等—简单类：包括平顶山、禹州、偃龙、永夏四个煤田。平顶山煤田矿井正常涌水量为60～1400立方米/时，一般介于200～600立方米/时。其中平煤二矿最大涌水量为1400立方米/时。涌水量小于100立方米/时的矿井有十矿、四矿等。个别矿井曾发生底板突水，如平煤八矿东风井1971年10月17日在−273.82米水平发生突水，突水量达4200立方米/时，来势猛而后逐渐变小，补给动储量不很大。偃龙煤田矿井正常涌水量为100～530立方米/时。煤田西端的诸葛矿曾发生3次突水，造成2次淹井，突水量为1900～2535立方米/时，注浆后全矿涌水量为530立方米/时。

(4) 水文地质条件简单类：包括登封、新安、宜洛、陕渑、济源、临汝、义马等煤田。登封煤田已开发的生产矿井多分布于浅部，矿井涌水量为1400～2000立方米/天。宜洛煤田的李沟矿矿井涌水量平均为450立方米/时，沈村矿平均为80立方米/时。义马煤田开采侏罗纪煤层的矿井，其矿井涌水量一般为100～250立方米/时。这些煤田供水水源均较贫乏。

二、其他开采技术条件

(一) 煤田瓦斯

河南各煤田约有45%的煤炭资源在开采中受到煤层瓦斯的严重威胁。现有生产矿井的绝对瓦斯涌出量两极值为0.16～37.87立方米/分，相对瓦斯涌出量为1.28～51.90立方米/(吨·天)。各矿区主要开采对象为山西组二$_1$煤层的瓦斯含量，以安阳—焦作—荥巩—平顶山煤田为中心带，向东、西方向递减，依次由高—中—低作条带状分布。

(1) 高瓦斯带：东以京广线为界，西至沁阳—巩义登封一线，自北向南包括安阳—鹤壁、焦作、荥巩、新密、禹州和平顶山等6个煤田，其中具有煤与瓦斯突出的煤田有5个，占83%。现有生产矿井以高瓦斯矿井和煤与瓦斯突出矿井为主，约占现生产井的75%，其中突出井又占生产井的58%，是河南煤矿受瓦斯灾害最严重的地带。据有记载的38对矿井统计，截至2015年年底共发生煤与瓦斯突出近13000次。最大突出强度为1500吨/次(焦作演马矿,1975年8月4日);最大突出瓦斯量为290万立方米/次(鹤壁四矿,1977年8月)。

① 安阳—鹤壁煤田:是河南具有煤与瓦斯突出严重的煤田,尤以安阳矿区更为严重。据对现有42对矿井统计,有高瓦斯和突出矿井34个,占81%,绝对瓦斯涌出量为0.64～37.87立方米/分,相对瓦斯涌出量为4.34～37.85立方米/(吨·天)。自1959年9月发生第一次突出起,已累计突出350多次,总突出煤量9850吨以上,突出瓦斯总量高达850万立方米以上。最大突出发生在1986年4月安阳矿务局龙山矿,突出煤量达805吨。据对全煤田有突出强度记载的96次突出统计,突出强度以小型(<50吨/次)为主,共60次,占突出总数的63%,中型突出(>50～100吨/次)18次,次大型突出(>100～500吨/次)17次,大型突出1次。始突深度最浅为180米,多在300米以上,最深为425米(大众煤矿)。

② 焦作煤田:煤层瓦斯含量大,煤与瓦斯突出严重。矿区内有生产矿井共17对,其中具有煤与瓦斯突出矿井11对,占总数的64.7%;瓦斯矿井6对,占35.3%。绝对瓦斯涌出量为1.08～31.19立方米/分,相对瓦斯涌出量为2.00～39.75立方米/(吨·天)。自1955年6月发生第一次突出至今,累计突出295多次,总突出煤量在18000吨以上,突出瓦斯总量高达350万立方米。最大突出是1975年8月4日演马庄矿,突出煤量1500吨,突出瓦斯量44万立方米。突出强度以中、小型为主。据245次有突出强度记载资料统计,小型突出160次,中型突出49次,次大型突出28次,大型突出7次,特大型突出(>1000吨/次)1次。始突深度各矿不一,最浅为田门矿156.5米,最深为李封矿290.6米。

③ 荥巩煤田:是河南境内又一个煤与瓦斯突出严重的煤田,不仅瓦斯大,且突出频率之高为全省之冠。据对大峪沟、新中、徐庄等矿的调查统计,矿井绝对瓦斯涌出量为2.44～13.27立方米/分,相对瓦斯涌出量为9～51.9立方米/(吨·天),煤与瓦斯突出总次数达750次,最大突出强度为856吨/次,大型突出次数占10%,严重影响了煤田的开发。

④ 平顶山煤田:20世纪50年代平顶山矿区开发初期,煤层瓦斯含量较小,多属瓦斯矿井。随着大型矿井开发和老矿井扩大延深,矿井瓦斯等级急剧向高瓦斯矿井转化,煤与瓦斯突出矿井增多。现有15对大中型矿井中有突出矿井6对,高瓦斯矿井3对。仅1991—2015年便发生煤与瓦斯突出25次,最大突出强度(平八矿)450吨/次,突出瓦斯量为2.2万立方米/次,始突深度为462米。2009年9月8日1时左右,平顶山市新华区新华四矿发生特大瓦斯爆炸事故,死亡76人,受伤14人,直接经济损失3986.4万元。平顶山矿区地温异常,是煤与瓦斯突出增多的原因之一。

⑤ 新密、禹州煤田:位于荥巩与平顶山两个突出煤田之间。低瓦斯、高瓦斯、突出矿井皆有,以高瓦斯矿井为主。郑煤集团现有矿井中有高瓦斯矿井3个,矿井相对瓦斯涌出量为3.11～21.01立方米/(吨·天)。禹州煤田现有生产矿井规模较小,开采深度较浅,多属瓦斯矿井。其中新峰一矿和五矿为高瓦斯矿井,相对瓦斯涌出量为11.8立方米/(吨·天)和20.93立方米/(吨·天)。

(2) 中瓦斯带:东以沁阳巩义—登封一线与高瓦斯带接邻,西以邵源铁门镇一线为界。包括济源、新安、宜洛、偃龙、登封、临汝、韩梁等煤田。以高瓦斯矿井为主,南北两端为低瓦斯矿区,东西两缘(宜洛、登封煤田)有突出矿井分布。

西缘宜洛煤田6对生产矿井的鉴定资料包括高瓦斯矿井为50%。矿井绝对瓦斯涌出量为8.8～16.19立方米/分,相对瓦斯涌出量为 3.48～33.96 立方米/(吨·天)。宜洛煤矿李沟井，自 20 世纪 60 年代以来，共发生较大煤与瓦斯突出事故 6 次。其中 1963 年和 1980 年 2 次，分别突出煤 170 吨和 120 吨，突出瓦斯 1.899 万立方米和 1.148 万立方米。东缘登封煤田的杨家门、新新煤矿，相对瓦斯涌出量分别为 39.9 立方米/(吨·天)和 18.8 立方米/(吨·天)。新新煤矿曾连续发生瓦斯突出，杨家门、磴槽等矿也曾发生瓦斯涌出。南端的韩梁煤田矿井绝对瓦斯涌出量为 2.10～5.74 立方米/分，相对瓦斯涌出量为 2.13～7.81 立方米/(吨·天)。北端的济源煤田矿井瓦斯相对涌出量均小于 10 立方米/(吨·天)。中部的偃龙煤田，除龙门、上庄、涉村煤矿相对瓦斯涌出量分别为 16.1 立方米/(吨·天)、13.0 立方米/(吨·天)和 13.8 立方米/(吨·天)，属高瓦斯矿井外，其余均为瓦斯矿井。临汝煤田各矿相对瓦斯涌出量均不大于 5.0 立方米/(吨·天)。

(3) 低瓦斯带：分为东西二翼。东翼主要是永夏煤田，根据勘查资料和小井实测，瓦斯含量较低，属瓦斯矿井。西翼邵源—铁门以西的陕渑煤田，现有生产矿井 15 对，除义马甘豪矿相对瓦斯涌出量为 13.71 立方米/(吨·天)，为高瓦斯矿井外，其他均为瓦斯矿井。

(二) 煤尘及煤层自燃

根据河南各矿区现有矿井资料与地质勘查测试成果，当前各煤田所开采的二$_1$煤层的煤尘爆炸危险性和煤的自燃倾向性分为以下三个类型：

(1)“双无”区：即煤尘无爆炸、煤不自燃的矿区，包括焦作、济源、荥巩、偃龙以及永夏矿区。煤的挥发分(V_{daf})值在 6%～10%之间，火焰长度大多为 0，抑制煤尘爆炸岩粉添加量均为 0，煤尘属无爆炸性。煤的自燃测试资料，还原煤样与氧化煤样着火点的温差，即 ΔT_{1-3} 在 14～23 摄氏度之间，按《煤矿安全规程》中的自燃倾向性等级分类标准，属不自燃煤。

(2)“一有一无”区：即煤尘具有爆炸性危险，煤为不自燃—不易自燃的煤田，包括新密、禹州、登封、平顶山以及安阳煤田。煤的挥发分(V_{daf})值为 15%～39%，火焰长度为 30～200 毫米，抑制煤尘爆炸岩粉添加量为 35%～75%。属有煤尘爆炸性危险的煤层。煤的自燃倾向指数为 ΔT_{1-3} 为 8～39 摄氏度，属不自燃—不易自燃煤。

(3)“双有”区：即煤尘具有爆炸性和煤易自燃的煤田，包括临汝、宜洛、新安、陕渑等矿区，煤的挥发分(V_{daf})值为 17.11%～23.5%，火焰长度为 17～250 毫米，抑制煤尘爆炸岩粉添加量为 15%～80%，属煤尘有爆炸性危险。煤的自燃倾向测试结果，ΔT_{1-3} 为 23～44 摄氏度，属易自燃煤。现有生产矿井中，如临汝煤田的梨园、炉沟矿；宜洛煤田的李沟、沈村矿；陕渑煤田的观音堂矿等均发生过多次煤的自燃事故。此外，鹤壁煤田亦属煤尘有爆炸危险，煤有自燃倾向性的矿区。

义马煤田的侏罗系长焰煤为极易自燃煤层，煤的着火点小于 300 摄氏度，自然发火期为 15～30 天，煤层平均自然发火率为 2.6 次/百万吨，1981 年最高达 31 次/百万吨。

(三) 煤层顶底板岩性

根据河南煤矿现有生产矿井顶底板岩性及其所显现的特点，河南主要开采的石炭二叠系煤层的顶底板类型分为以下四个区域。

(1) 北区：包括安阳、鹤壁、焦作、济源四个煤田。特点是直接顶板以中等稳定砂质泥岩为主，基本顶以砂岩为主，来压明显级居多。底板以泥岩或炭质泥岩为主，是河南煤矿顶底板条件较好的区域。

(2) 中区：包括新密、登封、荥巩、偃龙等四个煤田。基本特点是滑动构造发育，低缓角度的断层大多沿二$_1$煤顶板滑移，煤层及其顶底板受构造应力挤压揉搓，煤层呈粉状，原生结构遭到破坏，煤壁松散易片帮。伪顶时厚时薄，时有时无。顶板裂隙发育，有的矿井煤层顶板已成为破碎带，厚度从数米到百余米。底板大多随煤层厚薄而起伏，遇水有底鼓或变软，是河南省"三软"（煤层、顶板、底板均松软）不稳定厚煤层发育区。

（3）西区：包括宜洛、新安、陕渑三个煤田。基本共性是直接顶板与基本顶多为同一层大占砂岩，煤层厚度变化比较大，常有不可采区段出现，底板软的、硬的兼有。有些矿煤层倾角较大，如宜洛矿、仁村东部等。基本顶来压不明显，直接顶板以不稳定—中等稳定类为主，底板多属较硬类别。

（4）南区：包括禹州、平顶山、韩梁、临汝四个煤田。其共性是：山西组二$_1$煤层总体来说，仍属"三软"煤层，但明显好于中区，介于北区与中区之间。上石盒子组煤层发育较好，但由于沉积条件不稳定，沉积环境变化大，造成这些煤层的直接顶底板相变迅速，出现多种类别。

（四）煤田地温与热害

20世纪70年代以来，河南煤矿始进行地温勘测工作，并开始与有关科研单位合作，开展区域性专题研究，为煤田地温与热害的研究和治理工作打下了基础。

1. 矿区地温变化规律

（1）地温梯度由北而南增大。北部安阳、鹤壁、焦作煤田地温梯度为1摄氏度/100米；往南荥巩、偃龙煤田深部较为稳定的地温梯度为1.5摄氏度/100米；中部登封煤田为1.9摄氏度/100米，禹州煤田为2.2摄氏度/100米；南部平顶山煤田地温梯度为3.2～3.5摄氏度/100米。

（2）山西组二$_1$煤层垂深千米的温度北部低南部高。北部安阳、鹤壁、焦作煤田二$_1$煤层垂深千米的温度为27摄氏度；荥巩、偃龙煤田垂深千米的温度为30～32摄氏度，平均值为31摄氏度；中部登封矿区则为32～34摄氏度，平均33摄氏度；禹州煤田上升到35～38摄氏度；南部平顶山煤田高达50摄氏度。

（3）二$_1$煤层一级与二级热害临界深度北部深南部浅。豫北各矿区在垂深1500米以浅无热害区。一级热害（31摄氏度），在荥巩、偃龙煤田一般临界深度在3000米左右；往南登封煤田为800～900米；禹州煤田为700～800米；南部的平顶山矿煤田只有400～500米；二级热害（37摄氏度），据推算偃龙、荥巩煤田约为1300米；登封煤田约为1100米；禹州煤田约为1000米左右；平顶山煤田为700～800米。

2. 地温异常煤田的特征

在具有地温异常分布的豫西地区已勘查的1427平方千米的含煤面积中，查明和预测一级热害面积为150平方千米，二级热害为121平方千米，热害区总面积为271平方千米，占勘查面积的19%。已发现的具有地温正异常的矿区有平顶山煤田、新郑矿区及禹州梁北一号井田。

（1）平顶山煤田：是河南迄今发现的规模最大的地温正异常矿区。1970年10月，平煤八矿东风井的北石门（－270米）涌出了温度为37摄氏度的热水，水量达4200立方米/时，淹没了井筒，井下气温局部曾达到34摄氏度。1974年平顶山矿务局与中国科学院地质研究所合作，系统研究了八矿地热问题，然后扩大到整个煤田。煤田系统地温测量控制深度达1040米，测温孔总数为120个，并进行了热流测试研究，获得6个热流数据，总结出煤田基本地温呈现地区性地温偏高和地温梯度值偏大的结论。平煤八矿第一开采水平（－430米）温度为33.2～36.6摄氏度，－600米二$_1$煤底板温度达到和超过40摄氏度，平均地温梯度为3.2～4.4摄氏度/100米。八矿以西各井田深部400～700米钻孔温度测量平均地温梯度为 3.22 摄氏度/100 米。位于李口集向斜的平煤十三矿 12 个钻孔平均地温梯度值为 3.17 摄氏度/100 米。$二_1$煤－300 米水平的温度为 27～35 摄氏度，－500 米水平为 31.3～45 摄氏度。

(2) 新密煤田新郑矿区：是河南第二位高温类型矿区。矿区实测恒温带深度 19 米，温度 16.5 摄氏度。－300 米水平温度为 25～36.5 摄氏度，最高值出现在滹沱背斜轴部，向两翼温度逐渐降低。$二_1$煤层温度变化于 23～53 摄氏度之间，最高温度分布在双洎河断层附近及其以东，矿区北隅为热害严重区，最高温度达 53 摄氏度。中部基本低于 31 摄氏度，一般在无热害温度界限以内。南部属一级热害区。$二_1$煤以上的平均梯度值为 1.96～5.49 摄氏度/100 米，梯度值大于 3 摄氏度/100 米的范围占矿区大部分面积，低于 3 摄氏度/100 米者，只限于矿区西南部，区内热流值为 0.9～2.4HFU，其分布与地温梯度相似。

(3) 禹州煤田梁北一号井田：地温梯度为 2.35～3.15 摄氏度/100 米，$二_1$煤底板温度为 21～44 摄氏度。一级热害线大体沿$二_1$煤－430 米标高分布，二级热害线大体沿$二_1$煤底板－500～－700 米标高分布，西部较深，东部稍浅。$二_1$煤底板 550 米水平的温度多在 35 摄氏度左右，局部可达 37 摄氏度。井田内地温梯度分布有一显著规律，沿虎头山断层一带明显增高，在虎头山断层与北东向断层交接复合部位，形成地温异常区，宽度约 3 千米，面积约 5 平方千米，中心部位的地温梯度达 4.4 摄氏度/100 米。

第三节 储量、煤种与煤质

一、资源储量分布

中华人民共和国成立以来，河南省煤田地质勘探系统在进行了大量地质勘探的基础上，对全省煤炭资源赋存总量进行了三次全面预测。第一次是 1958—1960 年，由于受“大跃进”高指标影响，预测全省垂深 1800 米以浅煤炭资源赋存总量为 2187 亿吨。第二次是 1975—1982 年，预测垂深 2000 米以浅，煤炭资源赋存 1178.35 亿吨。第三次是 1991 年 2 月至 1994 年 6 月，预测垂深 2000 米以浅，煤炭资源赋存 1199.6 亿吨，居全国第十位。

(一) 煤炭资源赋存总量

截至 2015 年年底，全省已勘探的 19 个煤田和 4 个预测含煤区，垂深 2000 米以浅煤炭资源赋存总量为 1264 亿吨。依地理位置分，京广铁路以西的广大豫西地区 11 个煤田，煤炭资源赋存总量为 549.03 亿吨，占全省赋存总量的 43.4%；黄河以北的豫北地区 3 个煤田和 1 个预测含煤区，煤炭资源赋存 362.76 亿吨，占全省赋存总量的 28.7%；豫东地区永夏煤田、通柘煤田和 1 个含煤区，煤炭资源赋存总量为 333.33 亿吨，占全省赋存总量的 26.4%；豫南地区 3 个小煤田和 2 个零星含煤区，煤炭资源赋存 18.88 亿吨，仅占全省总赋存量的 1.5%。

(二) 累计查明资源储量

截至 2015 年年底，全省已探明的 19 个煤田和 4 个含煤区累计查明资源储量 391.71 亿吨，其中能利用或进一步工作后可利用资源储量 353.87 亿吨，近期尚难利用或近期不宜进一步工作的资源储量 37.84 亿吨，与全国各省比较居第十位。按 2015 年全省人口平均每人仅有煤炭 332 吨。按勘探程度分，全省 271 处矿权或矿产地，达到勘探阶段的有 141 个，占 52%；详查和普查阶段各有 65 个，均占 24%。按地理位置分，豫西各煤田为 241.46 亿吨，占总量的 61.6%；豫北各煤田为 83.73 亿吨，占 21.4%；豫东永夏、通柘煤田为 62.49 亿吨，占 16%；豫南 3 个小煤田为 4.03 亿吨，仅占 1%。

（三）保有资源储量

截至2015年年底，全省19个煤田保有煤炭资源储量346.57亿吨。其中，豫西各煤田为210.03亿吨，占60.6%；豫北各煤田为72.66亿吨，占21%；豫东永夏煤田为59.88亿吨，占17.3%；豫南3个小煤田为4亿吨，占1%。

二、煤种与煤质

（一）煤类分布及其规律

河南省煤类较齐全，且具有呈区域环形带状分布的特点，主要煤类有无烟煤、贫煤、贫瘦煤、瘦煤、焦煤、1/3焦煤、肥煤、长焰煤、褐煤和少量的气煤和弱黏煤。全省煤类分布情况见图2-1-2。

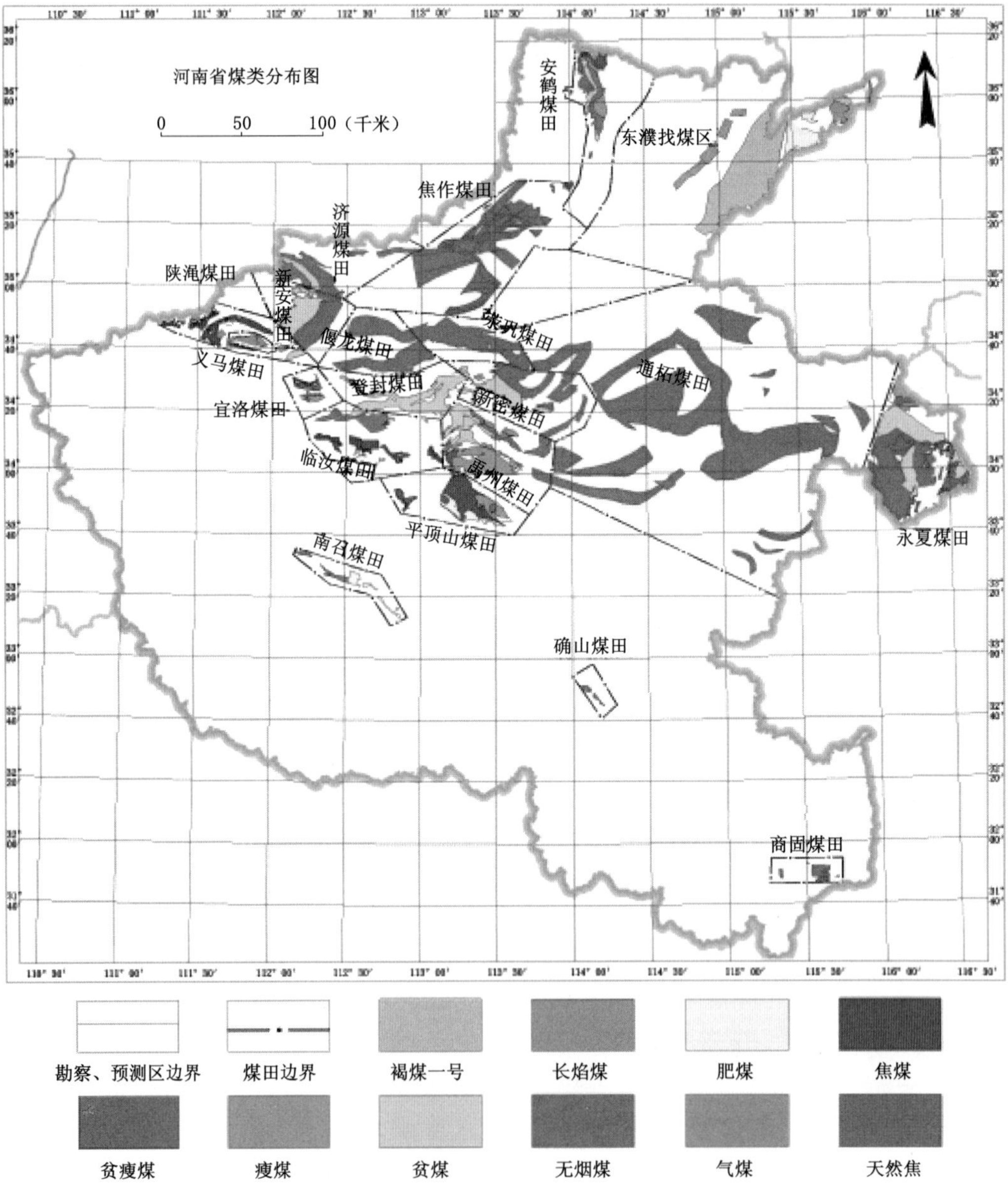

图2-1-2　河南省煤类分布示意图

(1) 煤类分布：按 2009 年 6 月颁布的《中国煤炭分类》(GB/T 5751—2009)，河南省各煤田煤类分布情况大致如下：

① 褐煤一号(HM1)：成煤时代为古近纪、新近纪，分布在豫西卢氏的文峪、灵宝的五庙乡、洛宁的兴华等地和豫北隐伏区。

② 长焰煤(CY)：成煤时代为侏罗纪，主要分布在渑池、义马煤田。

③ 弱黏煤(RN)：主要分布在平顶山煤田韩梁矿区大庄～石古泉井田和确山煤田。

④ 气煤(QM)：主要分布于平顶山、韩梁煤田，还见于确山煤田和濮阳范县一带的石炭二叠系煤层。

⑤ 肥煤(FM)：主要分布在平顶山、临汝煤田，其次为安阳煤田复兴井田。宜洛煤田、确山煤田、济源煤田的下冶也有分布。

⑥ 1/3 焦煤(1/3JM)：主要分布在平顶山煤田浅部韩梁矿区和临汝煤田梨园矿区。

⑦ 焦煤(JM)：主要分布在临汝、宜洛、陕渑煤田。其次为禹州、登封、平顶山煤田及安阳矿区的岗子窑、积善井田。

⑧ 瘦煤(SM)：主要分布在平顶山煤田的深部、禹州煤田的南部，陕渑煤田的仁村井田，新安煤田南部，宜洛煤田东部，安阳矿区的红岭井田。

⑨ 贫瘦煤(PS)：主要分布在鹤壁煤田和禹州煤田新峰一矿。

⑩ 贫煤(PM)：主要分布在禹州煤田北部的方山、蔡寺—白沙，登封煤田，新密煤田裴沟和王沟井田，新安煤田新安矿。其次为确山煤田、鹤壁煤田南部和南召煤田。

⑪ 无烟煤(WY)：豫北分布在焦作煤田，济源煤田克井矿区，鹤壁煤田的陈召、庙口井田，安阳矿区的龙山、铜冶、王家岭、红岭等井田。豫西分布在偃龙煤田、荥巩煤田、新密煤田北部，宜洛煤田的西马村井田。豫东分布在永夏煤田。豫东南分布在确山、商固煤田。

另外，在豫西南的淅川、内乡、卢氏、栾川等地有寒武系石煤。

(2) 煤类分布规律：河南煤的变质因素，主要表现为深成变质作用。成煤时代越老，变质程度越高。成煤时代新的煤层，变质程度较低。在水平方向上，同一煤层在不同煤田随煤层上覆地层的增厚，煤的变质程度加深。在垂直方向上，同一煤田不同煤层自上而下变质程度增高。

① 煤类平面带状分布规律：以山西组$二_1$煤为例，平面上煤类呈北西—南东向的区域环形带状分布。以中部无烟煤带为中心，向南、西、北侧依次为变质程度降低的煤类对称带。大致如下：

无烟煤带：北界从焦作、庙口和长垣一号井至夏邑北；南界自济源，经偃龙、荥巩煤田及新密煤田北部至永城南。

贫煤带：北带为鹤壁煤田的南部；南带包括新安煤田新安矿，登封煤田，新密煤田南部，临汝煤田庇山矿区，禹州煤田的米托寺、方山和蔡寺—白沙井田。

贫瘦—瘦煤带：北带主要是鹤壁煤田及安阳矿区积善、红岭井田以南；南带包括禹州煤田新峰一矿、梁北二号井，宜洛煤田马道、高山矿区，陕渑的仁村和新安煤田南部。

焦煤带：北带为岗子窑和红岭井田北部的一部分；南带包括平顶山煤田一、四、八、十、十三矿，临汝煤田的朝川、焦谷山、汝阳等矿区，宜洛煤田马道井田以西部分，陕渑煤田观音堂矿区以西。

肥煤、1/3 焦煤带：北带包括安阳矿区复兴井田及东部掩盖区；南带包括平顶山煤田的二、三、五、六、七、九、十一、十二等矿，韩梁煤田，临汝煤田的梨园矿区，确山吴桂桥井田等。

晚石炭系太原群和晚二叠系上石盒子组诸煤层，其煤类在平面上的分布也有以上近似特点。

② 煤类垂向分布规律：不同时代煤层煤类在垂直方向的变化表现为成煤时代老的煤层变质程度深，成煤时代新的煤层变质

程度浅。如禹州煤田新峰一矿从下而上太原群煤层为贫煤，山西组二$_1$煤为瘦煤，上石盒子组煤层为焦煤，这种在垂向上自下而上煤化度相对降低的变化趋势，在绝大多数煤田均有反映。

（二）煤的化学性质

河南省各地质年代的煤层，煤质差异颇大。其中以早二叠世山西组的二$_1$煤煤质最佳；晚石炭世太原组、晚二叠世上石盒子组以及早侏罗世义马组的煤层，其灰分、硫分稍高，煤质次之；其他各年代的煤层，除个别煤质尚好外，多为劣质煤。

1. 寒武纪石煤

在卢氏、栾川地区，原煤灰分为45.79%～69.96%；发热量一般为3.14～15.55兆焦/千克，平均为7.15兆焦/千克。在内乡、淅川地区，灰分为49.52%～85.27%，平均为71.88%；发热量3.14～15.55兆焦/千克，平均为7.51兆焦/千克。均属高灰高硫低热值煤。

2. 石炭纪煤层

（1）下石炭统煤层：仅在商固煤田有局部可采煤层。原煤灰分为20%～40%，全硫含量为0.43%～1.50%，挥发分为5.17%～9.76%，Y值为0，属高灰、低硫、低磷无烟煤。

（2）上石炭统太原群一煤段（组）：主要煤层为一$_1$煤和一$_2$煤，腐殖煤显微组分含量平均值为：镜质组85%，丝质组12%，稳定组少许，矿物质8%，煤岩类型以光亮型为主。原煤平均灰分除安阳、陕渑、新安和确山等煤田大于20%外，其他各煤田均低于20%。经洗选后，除安阳、陕渑煤田局部大于10%外，其他均为10%以下，原煤全硫平均含量普遍在2%～8%之间，以硫化物硫和有机硫为主。经洗选后，全硫含量仍在1.8%～4.5%之间。原煤分析基发热量平均为24.69～33.04兆焦/千克。灰成分SiO_2和Al_2O_3含量在90%～95%以上，其他含量少许。煤灰熔点一般较高，软化温度多在1300摄氏度以上。挥发分和胶质层最大厚度Y值则随煤类不同而异。磷含量平均在0.001%～0.03%之间。属低—中灰、低磷、高硫，以无烟煤为主的多煤类煤层。

3. 二叠纪煤层

（1）山西组二$_1$煤层：为中灰、低硫、低磷的优质煤层。煤类齐全，以无烟煤为主，其次是瘦煤、贫瘦煤、贫煤、焦煤、1/3焦煤和肥煤，还有少量的气煤和弱黏煤。腐殖煤显微组分，镜质组64%～80%，稳定组0%～6%，煤岩类型为暗亮至亮煤型。

二$_1$煤灰分除陕渑、新安、宜洛、确山煤田大于20%外，其他煤田一般为15%～20%。其中以韩梁和新密煤田最低，分别为11%和14%左右。经洗选后，灰分含量一般低于10%。

二$_1$煤层挥发分在全省范围内由低—中—高变化较大，最低小于5%，最高接近40%左右。焦作、济源、偃龙、荥巩、新密、永夏煤田均小于10%，属高变质的无烟煤。登封、新安、新密煤田的南部以及确山煤田为10%～20%左右，Y值为0，无黏结性，属较高变质的贫煤。豫西的平顶山、临汝、禹州、陕渑、宜洛、新安及豫北的鹤壁、安阳矿区的部分井田，挥发分为15%～35%左右，属中等变质程度的焦煤、1/3焦煤、肥煤、瘦煤、贫瘦煤等。平顶山煤田的1/3焦煤、肥煤挥发分最高为30%～40%左右。

二$_1$煤的胶质层最大厚度Y值为0～30毫米，变化很大。平顶山煤田Y值最高为15～29毫米，韩梁矿区为5～25毫米，陕渑、宜洛、临汝煤田为12～25毫米左右，鹤壁、禹州、新安煤田的郁山、蕨山井田Y值为0～12毫米。

二$_1$煤层煤灰熔点普遍较高，软化温度除偃龙、荥巩、登封、济源煤田为1200～1400摄氏度外，其他均大于1400～1500摄氏度。全省二$_1$煤层原煤全硫含量，大部分低于 1%。含硫量较高的煤田有临汝、宜洛、陕渑、新安、登封煤田西部等，含硫量为 1.84%～4.5%。

二$_1$煤层原煤发热量为 21.07～32.53 兆焦/千克，其中焦煤和瘦煤发热量最高，其他煤类稍低。

(2) 石盒子组煤层：属高灰难以洗选、低硫、低磷，以炼焦用烟煤为主的煤层，煤质稍差。平顶山、临汝、登封、宜洛、新安、确山等煤田四、五、六、七煤段(组)的煤层，原煤灰分均较高，为 25%～40%左右，新安煤田七$_1$煤高达 30%～50%。洗煤灰分为 10%～20%左右。原煤全硫含量除新安煤田的七$_1$煤、宜洛马道井田较高为 1%～5%，以及禹州、确山煤田为 0.5%～2%外，其他煤田均低于 1%。挥发分多数为 12%～40%，Y 值为 12～36 毫米。煤灰熔点普遍较高，软化温度均大于 1400 摄氏度。灰成分以二氧化硅和三氧化二铝为主，分别为 55%～65%和 30%～35%。磷平均含量为 0.001%～0.03%。

4. 晚三叠—早侏罗世煤层

主要是南召煤田，属高灰、高硫难以洗选的贫煤。原煤灰分为 30%～40%。全硫含量为 3%～6%。洗选后精煤灰分小于 10%，但硫分仍高达 2%～3%，煤质较差。

5. 侏罗纪煤层

主要是义马煤田，属长焰煤类。原煤灰分为 14%～30%，一般 20%左右，洗选后灰分小于 10%。挥发分 40%左右。Y 值为 0。原煤全硫含量为 1%～3%，洗选后为 0.5%～1.5%左右。发热量平均为 22.99 兆焦/千克。化学活性好，产气率高，不黏结，为良好的气化用煤。

6. 第三纪褐煤

在豫西地区，多属高灰、高硫、低发热量的劣质煤。原煤灰分 9.66%～89.89%，挥发分 40.1%～67.89%，硫分 1.01%～5.10%，煤质变化很大。

(三) 煤的加工性能

(1) 煤的黏结性与结焦性：河南省各煤类中，除贫煤、无烟煤外，其余胶质层最大厚度 Y 值变化在 0～45.5 毫米之间；黏结指数 $G_{R.I}$ 大于 5～105；奥亚膨胀度 b 在 1/3 焦煤、肥煤和焦煤中变化在 60%～240%之间，以焦煤最小。石炭二叠纪煤层不同煤类的黏结性指标见表 2-1-4。

表 2-1-4　河南省石炭二叠纪煤层煤的黏结性指标表

层位	黏结性指标	FM	1/3JM	JM	SM	PS
石盒子组	$G_{R.I}$	$\frac{4—105}{99.8}$	$\frac{83.8—103}{94.9}$	$\frac{83—97}{90.0}$		
	Y(毫米)	$\frac{26—40.5}{32.6}$	$\frac{15.5—25}{22.0}$	$\frac{10.5—17.5}{14.8}$		
山西组	$G_{R.I}$	$\frac{92—97}{95}$	$\frac{85—94}{88}$	$\frac{80—94}{86.8}$	$\frac{22—64}{38}$	$\frac{8.5—15}{12.7}$
	Y(毫米)	$\frac{23—31.5}{27.7}$	$\frac{12.5—22.5}{17.6}$	$\frac{15—20.4}{17.6}$	$\frac{5.2—9.2}{7.6}$	0.8
太原组	$G_{R.I}$	103—105		92		
	Y(毫米)	36—45.5		14.5		0—8

注：表列数字含义为：$\frac{\text{最小—最大值}}{\text{平均值}}$。

各地炼焦用煤单煤类炼焦试验结果表明，石盒子组煤层因灰分高且难洗选，炼出的焦炭虽抗碎强度和耐磨性尚好，硫磷含量也较低，但因灰分高难以作冶金焦炭。山西组、太原群煤层的焦煤炼焦可获得灰分低的焦炭。但豫西西部的二$_1$煤和全省的太原群煤层硫分高，且多数耐磨性达不到冶金焦标准。瘦煤、贫煤黏结性较差，鹤壁的贫瘦煤在配煤炼焦中仅能配入 10%～20%。但经型焦试验，以 92%～94%的贫瘦煤，加入 6%～8%的焦油或沥青，可得到 50 毫米×40 毫米×30 毫米的型焦块，各项指标符合要求。河南省炼焦煤矿区各主要煤层单煤类炼焦试验结果见表 2-1-5。

表 2-1-5 河南省炼焦煤矿区主要煤层单煤类炼焦试验成果表

矿区	煤层	煤炭	库姆指数		灰分(%)		硫分(%)	
			M_{40}	M_{10}	装炉	焦炭	装炉	焦炭
鹤壁	二$_1$	PS	24～36.2	31.6～70.0	8.0～9.0	10.0～11.0	<1	0.3～0.5
宜洛	二$_1$	JM－SM	63.4～69.4	8.5～18.0	11.3～18.1	14.6～24.7	2.0	1.4～2.0
陕渑	二$_1$	JM	71.6～87.3	6.7～8.7	10.2～11.8	12.3～18.3	1.52	0.9～1.2
临汝	二$_1$	JM	61.8～72.8	5.8～7.8	9.15～17.94	11.14～21.41	0.25～0.46	0.47～0.66
韩梁	二$_1$	1/3JM	63.4～70.4	9.4～11.1	6.2～10.8	9.4～14.1	0.26～0.63	0.3～0.5
平顶山	五$_3$	1/3JM－FM	75.6	11.0				
	四$_2$	1/3JM－FM	76.9	10.2				
	二$_1$	JM	70.4	9.7	11.69	15.34	0.39	
	二$_1$	1/3JM	66.3	10.8	11.0	15.18	0.50	0.42
	二$_1$	FM	63.7	8.7				

(2) 煤的气化性能：河南省无烟煤和贫煤的资源储量最多，是气化用煤的主要煤类。据试验资料，温度为 950 摄氏度时，CO_2 还原率贫煤在 40%左右，无烟煤在 20%以下。其温度升高至 1000 摄氏度时，CO_2还原率贫煤可升至 60%，而无烟煤仍不大于 40%。对 CO_2的反应性有随煤化程度增高而变差，随温度升高而增大的规律。煤的机械强度和热稳定性以焦作的块煤最好(TS+6 为 72%～80%)。其他地区多为粉粒状煤，除宜作粉煤气化炉用煤外，还可进行型煤加工，供固定床气化炉用煤

义马煤田的长焰煤活性高(93.5%)，不黏结，煤气产率高，虽块煤较易风化，煤灰熔点偏低，但仍是气化用煤的良好原料。

(3) 煤的低温干馏焦油产率：河南省的 1/3 焦煤、肥煤和焦煤类在低温干馏试验中有一定的焦油产出，以石盒子组煤的煤化程度较低，焦油产率相对较高，属富油煤。而山西组、太原群煤层多属含油煤。

(4) 煤的可选性。① 煤的粒度组成及其质量特征：河南省除焦作煤田外，各煤层的粒度以细粒级(大于 13 毫米)所占比例较大。焦作煤田二$_1$煤的块度率最高，大于 13 毫米级产率为 57.51%。而豫西中、西部诸煤田的细粒级比例高达 60%～80%。安阳、鹤壁、永城、平顶山等煤田居于二者之间。从垂向上看，石盒子组煤层的块度率高于山西组和太原群；而太原群煤的块率又高于山西组。各粒级产品质量有随粒度变小而灰分增高的规律。各煤田二$_1$煤粒度组成见表 2-1-6。② 煤的可选性：河南各煤层煤的可选性在垂向上有下易上难的变化趋势，即以浮煤灰分 10%左右的产品，±0.1 含量自下而上增大。山西组二$_1$煤一般为 10%～30%，多属易选—中等可选煤。安阳、鹤壁、焦作、平顶山、临汝等煤田的二$_1$煤可选性较好，多属易选煤。而豫西的陕渑、宜洛、新安煤田的二$_1$煤多为中等可选。各煤田二$_1$煤可选性评价见表 2-1-7。

表2-1-6　河南省各煤田山西组二$_1$煤层煤的粒度组成表

粒级(毫米) \ 矿区		安阳	鹤壁	焦作	陕渑	宜洛	新安	登封	荥巩	平顶山	永城
>50		16.46	17.06	20.28	3.87	4.01	2.89	5.19	2.52	6.81	15.52
50～25		9.68	8.20	15.69	5.46	4.03	2.61	3.98	4.88	9.16	9.55
25～13		12.98	14.09	21.54	7.82	7.40	8.94	13.16	7.83	22.70	14.83
13～6		14.27	9.07	12.19	12.49	7.03	5.34	8.48	4.15	12.81	19.72
6～3		12.33	25.66	13.90	16.64	20.05	15.13	20.54	20.77	24.92	14.09
3～0.5		23.27	19.90	9.44	29.09	30.01	26.09	23.79	36.39	14.16	14.73
<0.5		11.01	6.02	6.88	24.63	27.47	39.00	24.86	23.46	9.44	11.50
其中	矸石	1.43	2.17	1.18	3.20	0.55	0.03	0.57		5.68	2.00
	硫化铁				0.04	0.32	0.66	0.04			

表2-1-7　河南省二$_1$煤层煤的可选性评价表

项目 \ 矿区		安阳	鹤壁	焦作	陕渑	宜洛	新安	登封	荥巩	平顶山	永城
分选密度		1.6	1.5	1.8	1.5	1.5	1.6	1.5	1.7	1.6	1.6
浮煤灰分 A_d(%)		9.76	9.99	10.28	10.00	9.35	9.65	10.00	10.49	7.68	10.15
可选性	±0.1含量	3.92	28.26	4.49	9.14	28.63	15.81	22.70	22.60	9.50	11.91
	评价	极易选	中等	极易	极易	中等	易选	中等	中等	极易	易选
浮煤	回收率(%)	63.37	4.15	66.17	1.97	77.04	84.28	65.30	86.17	90.41	92.27
	评价	良等	优等	良等	良等	优等	优	良等	优	优	优

太原群煤层若仅从降低灰分产率来衡量，与山西组煤相近，但硫分的脱除效果差。石盒子组煤层的±0.1含量高达53.68%～82.01%，一般为60%～70%，属极难选煤。

第二章　地质勘测与煤田测绘

第一节　地质勘测

一、勘测机构

1991年河南煤田地质公司经中国煤田地质总局批准改为河南煤田地质局。1998年国家大部制改革，河南煤田地质局下放至河南省，更名为河南省煤田地质局，由河南省煤炭工业管理局代管，2009年撤销河南省煤炭工业管理局成立河南省工业信息化厅，河南省煤田地质局划归河南省国土资源厅管理。

从1991年，由于国家银根紧缩勘探任

务骤减，原有勘查煤田的千米钻机开始搞市场经济，开展了桩基、护坡、水井专业队、去陕北找石油和去山西蓝焰勘查煤层气等市场项目，这期间组建了河南煤炭地质勘察研究总院、豫中勘察工程公司等多个二级单位，制印厂更名为河南省煤田地质局资源环境调查中心。

河南省煤田地质局下属 10 个正处级二级单位，分驻郑州、洛阳、新乡、平顶山等市。全局创办各类企业、经济实体等三级单位 90 余个。主要从事业务为：煤及伴生矿资源勘查设计、施工与评价，浅层石油、地热及特殊钻井工程，地球物理勘查，岩土工程，地质与工程测绘，制图印刷，煤炭质量检验与监督，岩矿及水质检验等。拥有固体矿山勘查，地球物理勘查，勘查工程施工，气体、液体矿产勘查，水文地质、工程地质、环境地质调查、地质灾害治理，岩矿鉴定与岩矿测试，测绘等甲级资质证书。

截至 2015 年 3 月，河南省煤田地质局在职专业技术人员 999 人，其中高级以上 180 人，占 18.02%，中级以上 522 人，占 52.25%。各专业分布统计见表 2-2-1。

表 2-2-1 2015 年 3 月河南省煤田地质局工程技术人员专业分布统计表

专业技术职称	地质	水文	钻探	物探	化探	矿山	环境	环保	机电	其他	合计
教授级高工	25	0	4	7	0	1	0	1	1	0	39
高级工程师	81	9	5	22	0	0	1	0	4	19	141
工程师	155	35	51	76	0	1	3	0	12	9	342
助理工程师	263	23	37	91	2	0	0	0	28	33	477

二、地质钻探

（一）钻探工作

1991—1995 年，勘查项目开始出现萎缩，大都是第七个五年计划期间没有完成之勘查项目的续作，事业经费大幅减少。仅煤田一队和煤田四队分别提交了《新密煤田樊寨详查报告》、《河南登封白坪井田精查地质报告》。完成二维地震物理点 15625 个，地质钻探 27479.04 米；查明资源储量 50353 万吨，预测资源量(334)？ 8529.8 万吨。

1996—2000 年，煤炭行业陷入极度困难期，职工下岗分流，原各大统配矿务局先后改名为煤业集团。这期间原有的荥巩煤田三李详查、新密煤田赵家寨勘探，焦作煤田恩村勘探项目受资金链断裂而停止勘查。国家财政项目仅有平顶山煤田首山勘探、禹州煤田蔡氏白沙普查项目，社会地质项目为数也不多，提交有《河南襄县首山一井精查地质报告》等报告 4 件，完成二维地震物理点 16713 个，地质钻探 82551.96 米；查明资源储量 92066 万吨，预测资源量(334)？ 77924 万吨。

从 2000 年开始，煤炭形势开始复苏且势头强劲，各大煤业集团和地方煤矿急需大量探明储量以供建井利用，探明储量猛增，开启了我省煤炭十年黄金时代，新建矿井最多，郑煤电公司赵家寨煤矿、郑煤集团赵固一井、二井等大型矿井都是这个时期完成勘探并开始基建的。提交各类勘查地质报告 18 件，完成三维地震 45.21 平方千米，二维地震物理点 42865 个，地质钻探 182809.36 米；查明资源储量 343299.7 万吨，预测资源量(334)？ 100012.5 万吨。

2006—2015 年，这十年煤田勘查以省财政投入(省基金项目)与社会投入并举。

省基金项目有河南省煤田地质局、河南省地质矿产开发局、河南省有色矿产地质局和河南省地质科学研究院四家单位共同承担完成，十多年来累计投入煤炭勘查资金26.084亿元。各阶段煤田勘查项目171个，完成二维地震810582个物理点，各类钻探进尺1722069米，共探获埋深1500米以浅的(332)＋(333)＋(334)？煤炭资源量227.3亿吨。新发现一处通柘煤田，通柘煤田查明资源量27.9亿多吨，完成了我省布置的战略找矿任务。

社会自筹资金勘探的项目：共提交25件勘查地质报告，完成三维地震69.505平方千米，二维地震物理点43578个，地质钻探369911.62米；查明资源储量310566.45万吨，预测资源量(334)？14812万吨。

（二）钻探技术

钻探装备方面：1991年为适应煤田地质勘探需要，引进了TK系列、XY系列液压岩芯钻机及CSD-1800A全液压顶驱钻机，在TXB-1000钻机基础上升级的TXJ-1600、THJ-2000钻机；为开发煤层气及浅层石油，大量购置了TSJ-1000、TSJ-2000、GZ-2000、GZ-2600为主的水源水井钻机及少量ZJ30、ZJ40、ZJ50石油钻机；为满足多工艺快速钻进要求引进了宝峨RB50、雪姆T130DX等车载钻机；桩基基础施工以ZP18-2000长螺旋钻机、YTR250、YTR280旋挖钻机为主。购置了NBB250/60、TWB-850、TWB-1200、3NB-500～1300等各类型号泥浆泵，大泵量泥浆泵的应用保证了多工艺、定向井、大口径工程井对排量需求，大幅提升了钻井效率，确保了钻孔安全。引进了阿特拉斯·科普柯XRVS976、寿力1150XHH/1350XHDL、英格索兰XHP1070等大型空压机实现了多工艺空气钻进。定向仪器方面，在单点、多点定向钻井技术普及的基础上，先后引进了MWD无线随钻测量仪、EMWD电磁波无线随钻测量仪、随钻方位伽马测量仪及陀螺测斜仪、RMRS连通工具等国际先进的仪器设备。

钻探工艺方面：采用了金刚石(PDC复合片)钻进、绳索取芯钻进、多工艺空气潜孔锤钻进、液动冲击回转钻进、牙轮钻进、反循环钻进、深孔钻进、定向钻进、水平井、L形井钻进、U型井钻进、大口径工程井、煤层气掏穴井等施工工艺以适应不同的工程领域。与此同时，钻探冲洗液也从清水、黏土固相分散泥浆发展到聚丙烯酰胺低固相、无固相泥浆，卤水泥浆、针对不同的岩层配制出性能优良的不同冲洗液，如适应深井钻进的膨润土泥浆、适应盐层钻进的饱和盐水预胶化淀粉泥浆、适应油井钻进的聚丙烯酰胺和R59处理剂组成的无固相泥浆等等。施工领域涵盖煤田地质勘探、油气勘查开发(石油、煤层气)、大口径工程井钻、完井(瓦斯抽放、矿山抢险救援、电缆孔、送料孔、输冷降温孔)、水源水井钻探、地热井钻探、矿山工程综合治理等。科研项目获得荣誉："丛式井钻进工艺研究"获河南省煤田局科技进步特等奖、"煤炭勘查超千米深孔快速钻进成套技术研究"获河南省煤炭工业局科研一等奖、"大直径工程井施工技术研究"获河南省煤田局科技进步特等奖、"深部煤炭资源快速钻探成套技术研究报告"获河南省国土资源厅科技一等奖、"煤矿大口径瓦斯抽排井施工技术研究"获河南省国土资源厅科技一等奖、"大口径气举反循环钻具研制及应用研究"获河南省国土资源厅科技一等奖、"煤矿大口径输冰井施工技术"获河南省国土资源厅科技一等奖、"煤层气欠平衡水平井钻井工艺研究"获河南省国土资源厅科技一等奖、"大直径工程井气举反循环钻井工艺研究"获河南省煤田局科技进步一等奖。

截至2015年3月，河南省煤田地质局拥有钻探装备合计90台套(详见表2-2-2)，其中岩芯钻机39台套，水源钻机43台套，车载钻机3台套，石油钻机4台套，其他钻机1台套。各单位占有的钻机总台数和种类分布分析如表2-2-2所示。

表 2-2-2　2015 年 3 月河南省煤田地质局钻探设备统计表　　台套

钻机类型及型号（台数 / 单位）		煤田一队	煤田二队	煤田三队	煤田四队	豫中公司	合计
岩芯钻机	TXB1000			1	1		39
	TXJ1600	8	5	2	7		
	TXJ2200		2				
	XY-2	2					
	XY-4	3					
	XY-42T	3					
	XY-44	2					
	XY-6B	2			1		
水源钻机	TSJ-1000				1	1	43
	TSJ-2000		2	2	1	13	
	TSJ-2600(GZ-2000)		1	4			
	TSJ-3000(GZ-2600)	2			5	2	
	THJ-2000	4		3	2		
车载钻机	T130					1	3
	RB50		1			1	
石油钻机	ZJ20					1	4
	ZJ30		1	1			
	ZJ40					1	
冲击钻机	CZ-9				1		1
小计		26	12	13	19	20	90

注：XY 表示液压立轴式钻机。

图 2-2-1 所示为 2009 年 7 月新郑市李粮店煤矿 800 米冷冻副井施工现场。

图 2-2-1　2009 年 7 月新郑市李粮店煤矿 800 米冷冻副井施工现场

图 2-2-2 所示为车载钻机。

图 2-2-2　车载钻机(雪姆 T130、宝峨 RB50R2、CMD100)

三、物理勘探

(一) 地震勘探

20 世纪末河南煤田地质物探队伍的煤田地震勘探整体技术能力达到国内先进水平,引进并应用了高密度全数字三维地震采集;高精度静校正、迭前时间偏移处理等系列新技术。

随着地震勘探仪器多次的更新换代,地震勘探技术能力全面提升。目前,全局拥有法国 CGG 公司 408UL、428XL 等国际先进的地震数字采集系统 8 台套(15000 道)、CGG、Geoframe 等处理解释系统,装备和地震勘探技术水平位居全国煤炭地质勘探系统前列。掌握了高密度全数字三维地震采集技术、高精度静校正、高保真去噪、迭前时间偏移等处理技术,以及三维可视化等高新技术。在完成煤炭及伴生矿产资源、非常规气等勘查评价的同时,还能够解决影响矿井安全高效生产的众多地质问题:

(1) 在断层控制方面,常规三维地震可查明落差大于 5 米的断层,高密度全数字三维地震在条件较好的测区查明落差大于 3 米的小断层。

(2) 能够控制主要煤层的赋存形态,查明波幅大于 5 米的褶曲。

(3) 查明主要煤层的隐伏露头;圈定无煤带、煤层变薄区,确定分叉合并边界、主要煤层的风氧化带边界,解释可采煤层的厚度变化等。

(4) 探明长轴直径大于 30 米的陷落柱及发育形态。

(5) 探明岩浆岩对煤层的影响范围;探查地下巷道分布情况;探明老空区分布情况;圈定构造煤发育范围,预测瓦斯富集区。

(二) 电磁法勘探

1991—2015 年,电磁法勘探技术经过近 60 年的发展,已经从当初的找煤,逐渐扩展到矿井水文地质条件勘查评价、工程地质勘查、矿山环境评价、金属矿产资源勘查等众多领域，掌握并应用了高精度数据采集、处理和解译技术，解决地质问题的能力和水平大幅提升。目前拥有加拿大 V8、加拿大 PROTEM、TEM 系列、澳大利亚 Tree ATEM、美国 GDP32、美国地质雷达 SIR-20、英国雷迪 RD8000 等国际先进的电磁仪几十台套，电磁法工作站具备时间域的常规电剖面、电测深、高密度电法、瞬变电磁测量功能；具备频率域的 MT（大地电磁法）、AMT（音频大地电磁法）、CSAMT（可控源音频大地电磁法）、SIP（频谱激电）电法勘探测量功能。可开展电阻率法、充电法、激发极化法、瞬变电磁法、音频大地电磁测深法、可控源音频大地电磁测深法、高精度磁法等技术工作。主要服务内容有：

（1）探测主要含、隔水层的埋深、层厚、产状，评价含水层的富水性。

（2）探测主要断层裂隙构造及岩溶、裂隙发育带位置，并对其富水性进行评价。

（3）探测采煤工作面顶、底板岩层或掘进巷道前方断层、陷落柱等隐伏导水通道和含水体的位置。

（4）探测老窑采空区，圈定采空区积水范围；确定煤层火烧区范围等。

（5）防治水工程质量评价，如注浆效果检测等。

（6）地热资源勘查。

（7）金属矿产资源勘查。

（8）地下管网探测。

图 2-2-3 所示为 V8 电磁法工作站。

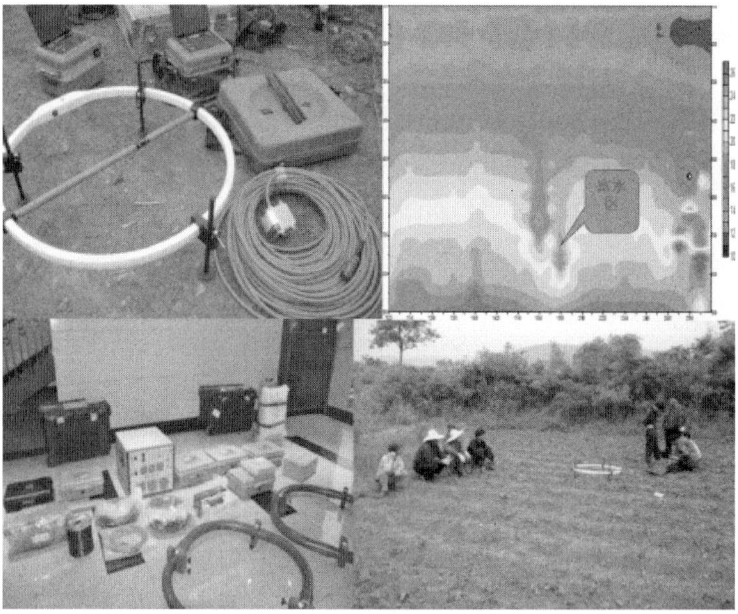

图 2-2-3　V8 电磁法工作站

（三）电测井

1991 年后，测井已实现了数字化，使用仪器以国产 TYSC 系列数字测井仪为主。测井资料解释也实现了计算机处理，在准确确定煤层深度、厚度和结构的同时，还能进行岩性解释，分层定性定厚；计算目的煤层的炭、灰、水含量，岩层的砂、泥、水含量和岩石力学性质，岩层的产状和裂隙大小等。2000 年以来，煤层气测井技术不断发展，取得了许多可喜的成果。先后从石油系统引进了两套国内先进的小口径 MT3000 系列数控测井仪器和其他数字测井仪器十多套，配备了超声波成像、全波列、伽马能谱测井探头，以及功能齐全的处理解释系统，可进行补偿密度、补偿声波、补偿中子、双侧向、微侧向、深中浅电阻率、自然伽马、自然电位、井径、井斜、井温、声波变密度、声幅、套管接箍、双感应、磁化率、流量等方法的测井工作。在煤层气、页岩气勘探中，测井技术和解释方法也取得了突破性进展，已成为高效、快速的探测和分析手段之一。

（四）矿井物探技术

矿井物探技术在20世纪90年代发展较快，拥有矿井地震仪、巷道地质探测仪、地质雷达、瞬变电磁仪、直流高密度电法仪、无线电波透视仪等国内外先进的仪器设备几十台套，手段丰富、方法多样，在巷道迎头、采煤工作面超前探测等方面形成了领先国内的核心技术优势。解决的主要地质问题有：

(1) 掘进巷道前方构造及含水地质体超前预报。

(2) 工作面煤层顶板、底板岩层含水地质体探测。

(3) 工作面巷道外边界断层赋水性探测。

(4) 工作面煤层内部小断层、小褶曲、陷落柱等地质异常体探测。

(5) 含水构造注浆效果检测等其他探测工作。

四、勘查成果

（一）勘查区域

从1991年起计划经济体制开始逐渐退出，原来所划定的区域勘查和矿权归属去行政化管理，不再强迫命令，矿权归属采用转让、拍卖等多种形式取得，然后煤炭企业委托勘查单位进行勘查，省财政找矿勘查项目（勘查基金项目）采用招标方式寻求勘查单位，这个阶段各勘查单位完成主要勘查项目情况详见表2-2-3。

1991—1995年，煤田勘探工作主要由河南省煤田地质局承担，煤田一队承担有荥巩煤田三李详查、新密煤田樊寨详查、新密煤田赵家寨勘探，煤田二队承担有禹州煤田蔡寺～白沙普查，煤田三队承担有焦作煤田恩村勘探、登封煤田郭沟井田勘探，四队承担有河南登封白坪井田精查等项目，这个阶段提交勘探地质报告2件，详查地质报告1件，找煤小结2件；完成二维地震物理点15625个，地质钻探79183.51米；查明资源储量50353万吨，预测资源量(334)？8529.8万吨。勘查项目开始出现萎缩，大都是第七个五年计划期间没有完成的勘查项目的续作，事业经费大幅减少。

1996—2000年，随着国家银根紧缩，煤炭行业陷入极度困难期，职工下岗分流，原各大统配矿务局先后改名为煤业集团。河南省煤田地质局也于1998年由中国煤炭地质总局管理下放到河南省煤炭厅代管。这期间原有的荥巩煤田三李详查、新密煤田赵家寨勘探，焦作煤田恩村勘探项目受资金链断裂而停止勘查。国家财政项目仅有平顶山煤田首山勘探、禹州煤田蔡氏白沙普查项目，社会地质项目为数也不多，仅有河南巩义市荥巩煤田金龙煤矿精查、河南省安鹤煤田贺驼井田勘探地质报告、河南省辉县市吴村煤矿程村井田勘探（精查）项目。提交勘探地质报告4件，普查地质报告1件；完成二维地震物理点16713个，地质钻探82551.96米；查明资源储量92066万吨，预测资源量(334)？77924万吨。

2001—2005年，从2000年开始，煤炭形势开始复苏且势头强劲，各大煤业集团和地方煤矿急需大量探明储量以供建井利用，这个时期是河南省勘探成果最丰富、获奖级别最高的阶段，探明储量猛增，开启了河南省煤炭十年黄金时代，新建矿井最多，郑煤电公司赵家寨煤矿、焦煤集团赵固一井、二井等大型矿井都是这个时期完成勘探并开始基建的。提交各类勘查地质报告18件，其中勘探地质报告11件，详查地质报告5件，普查报告2件；完成三维地震面积45.21平

表 2-2-3 1991～2015 年完成主要勘查项目情况一览表

项目名称	勘查阶段	工作起止日期	主要工作量			资源量(万吨)			投入资金(万元)	利用情况	项目投入单位	获奖情况	承担单位
			二维物理点	三维地震面积(平方公里)	钻探(米)	查明	(334)?	合计					
河南新密煤田樊寨勘探区详查报告	详查	1987—1994			13164.14	13925		13925	1184.76	已利用	国家财政		煤田一队
河南省济源煤田下冶勘查区找煤地质总结报告	找煤	1990.4—1993.10			8094.41		8362	8362		已利用	国家财政		煤田三队
河南省修武县赤庄找煤区勘探地质小结	找煤	1992.4			316.35		167.8	167.8		已利用	修武县方庄镇赤庄村		煤田三队
河南省登封煤田郭沟井田勘探地质报告	勘探	1993.6—1994.9			3456.34	9185		9185		已利用	国家及省财政		煤田三队
河南登封白坪井田精查报告	勘探	1985.1—1993.10			54152.27	27243		27243	2072	已利用	郑煤集团	中国煤炭工业协会地质报告一等奖	煤田四队
1991—1995 年小计					79183.51	50353	8529.8	58882.8					
河南禹县煤田蔡寺—白沙区普查	普查	1993.3—1997.12	5079		28243.14	25369	77924	103293	3061.42	已利用	国家财政	获中国煤田地质总局第七次新发现资源奖	煤田二队
河南巩义市荥巩煤田金龙煤矿精查	精查	1999.3—2000.12			7667.58	5097		5097	525	已利用	巩义金龙煤矿有限公司		煤田二队
河南省安鹤煤田贺驼井田勘探地质报告	勘探	1997.8			5130.92	4724		4724		已利用	白莲坡煤矿		煤田三队
河南省辉县市吴村煤矿程村井田勘探(精查)地质报告	勘探	1997.11—2000.2			5596.72	16656		16656		已利用	吴村煤矿		煤田三队
河南襄县首山一井精查	勘探	1995.1—1996.12	11634		35913.6	40220		40220	3091.12	已利用	国家财政	中国煤炭工业协会地质报告一等奖	煤田四队

表 2-2-3(续)

项目名称	勘查阶段	工作起止日期	主要工作量			资源量(万吨)			投入资金(万元)	利用情况	项目投入单位	获奖情况	承担单位
			二维物理点	三维地震面积(平方公里)	钻探(米)	查明	(334)?	合计					
1996—2000 小计			16713		82551.96	92066	77924	169990					
河南登封市玉皇池井田二$_1$煤层详查地质报告	详查	2001—2003			4011.54	1962		1962	166	已利用	登电集团		煤田一队
河南新密煤田王行庄井田勘探报告	勘探	2003—2004	2572		5065.65	58866	9517	68383	230	已利用	河南华康贸易有限公司		煤田一队
河南登封市牛山矿区煤矿详查报告	详查	2003—2004	580		3230.22	2645		2645	150	已利用	登电集团		煤田一队
河南登封市马鸣寺井田煤炭详查报告	详查	2003—2005	750		6334.03	1945	1790	3735	290	已利用	登电集团		煤田一队
河南省焦作煤田新河井田勘探报告	勘探	2002.8—2004.3			7014.57	5668		5668	500	已利用	白庄煤矿	河南省国土资源厅优秀地质找矿项目二等奖	煤田三队
河南省安阳市龙宫井田北部勘查区二$_1$煤详查报告	详查	2004.9—2005.2			2898.9	1183		1183	172	已利用	河南超越矿业股份有限公司		煤田三队
河南省安鹤煤田王家岭煤矿深部勘探报告	勘探	2002.9—2005.9		2.3	6055.54	4342	945	5287		已利用	河南超越矿业股份有限公司		煤田三队
河南省安鹤煤田伦掌勘查区详查报告	详查	2004.3—2005.5	3339		20597.38	20239	5778	26017		进一步勘查	河南超越矿业股份有限公司	全国地质勘查行业优秀地质找矿项目	煤田三队
河南禹州市方山镇科杏普查	普查	2004.11—2005.7			2522.6	1030.7	473.5	1504.2	351.2	已利用	方山科杏公司		煤田四队

表 2-2-3(续)

项目名称	勘查阶段	工作起止日期	主要工作量			资源量(万吨)			投入资金(万元)	利用情况	项目投入单位	获奖情况	承担单位
			二维物理点	三维地震面积(平方公里)	钻探(米)	查明	(334)?	合计					
河南省焦作煤田赵固矿区普查	普查	1997.11—2003.8	17005		5281.75	62178	65300	127478	1160	进一步勘查	国家财政	全国优秀地质找矿项目一等奖、中国煤炭工业协会地质报告特等奖	煤勘总院
河南省巩义市桐花沟区勘探	勘探	1999.4—2001.7			9547.54	11561		11561	436	已利用	国家资源补偿费		煤勘总院
河南省新密煤田赵家寨勘探	勘探	2002—2005	5370		43988.24	43834		43834		已利用	河南煤田地质局	中国煤炭工业协会地质报告特等奖	煤勘总院
河南省禹州煤田泉店井田勘探	勘探	2003.1—2004.9				16135	324	16459		已利用	神火集团	中国煤炭工业协会地质报告二等奖	煤勘总院
河南省鹤壁煤田四矿、九矿延深区(龙宫井田)勘探报告	勘探	2003.5—2004.4	2132	5.26	1554.05	11003		11003	595.99	已利用	鹤壁煤电		煤勘总院
河南省永夏煤田薛湖井田勘探	勘探	2003.5—2004.2	3091	4.35	9559.92	14138	6072	20210	750	已利用	神火集团	中国煤炭工业协会地质报告一等奖	煤勘总院
河南省焦作煤田赵固一井田勘探	勘探	2003.9—2004.7	6660	11	12169.03	37349		37349		已利用	焦煤集团	国土资源部国土资源科技成果二等奖	煤勘总院
河南省安鹤煤田彰武—伦掌南部区勘探	勘探	2004.2—2005.5	1366	9.63	29404.58	15287	9813	25100		已利用	鹤煤集团	2006 河南省国土资源科技一等奖	煤勘总院
河南省焦作赵固二井田勘探	勘探	2004.10—2005.7		12.67	13573.82	33934		33934		已利用	焦煤集团		煤勘总院
2001—2005 小计			42865	45.21	182809.36	343299.7	100012.5	443312.2					

表 2-2-3(续)

项目名称	勘查阶段	工作起止日期	主要工作量			资源量(万吨)			投入资金(万元)	利用情况	项目投入单位	获奖情况	承担单位
			二维物理点	三维地震面积(平方公里)	钻探(米)	查明	(334)?	合计					
河南新密市超化井田外围煤炭详查报告	详查	2005—2006	3128		7262.32	3743		3743	500	已利用	郑煤集团超化煤矿		煤田一队
河南郑州二七区——新郑市三李勘探区东段二$_1$煤层勘探报告	勘探	2005—2006			4138.20	5843	1721	7564	350	近期不利用	河南新兴煤炭实业有限公司		煤田一队
河南新密市超化井田外围煤炭勘探报告	勘探	2006		1.5	7774.49	3397		3397	450	已利用	郑煤集团超化煤矿	国土厅科技成果三等奖	煤田一队
河南登封市牛山矿区煤矿勘探报告	勘探	2006			2065.69	3228		3228	120	近期不利用	登封启迪能源开发有限公司		煤田一队
河南新密煤田关口井田勘探报告	勘探	2006—2007		3.0	1328.92	8194	329	8523	80	已利用	新密市超化煤矿有限公司		煤田一队
河南登封市马鸣寺煤矿勘探报告(2008 年为最终报告)	勘探	2006—2008			5984.33	3489		3489	390	已利用	登电集团		煤田一队
河南登封市老庄沟矿区煤矿详查报告	详查	2007	704		2442	1817	381	2198	150	近期不利用	煤田一队		煤田一队
河南登封市老庄沟煤矿勘探报告	勘探	2009—2010		5.8	8260.64	2074		2074	900	近期不利用	郑煤集团有限责任公司		煤田一队
河南省巩义市金龙煤矿外围煤矿勘探	勘探	2005.11—2007.10		1.78	2448.84	4434		4434	320	已利用	金龙煤业有限责任公司		煤田二队
河南省郏县安良镇狮王寺煤炭区勘探	勘探	2008.3—2008.11		11.325	8950.96	15290	2696	17986	800	已利用	郏县煤炭运销总公司	中国煤炭工业协会地质报告二等奖	煤田二队

表 2-2-3(续)

项目名称	勘查阶段	工作起止日期	主要工作量			资源量(万吨)			投入资金(万元)	利用情况	项目投入单位	获奖情况	承担单位
			二维物理点	三维地震面积(平方公里)	钻探(米)	查明	(334)?	合计					
永城李大庄煤矿顺河煤矿西部分煤田勘探	勘探	2014.7—2015.5			6219.98	20520		20520	1625	已利用	河南财源投资有限责任公司		煤田二队
河南省安鹤煤田伦掌井田勘探报告	勘探	2005.5—2006.12		8.9	34354.42	34034		34034	1797	近期不利用	河南超越矿业股份有限公司		煤田三队
河南禹县梁北二井勘探	勘探	2005.11—2006.6		8.6	21426.48	22423		22423	2280	基建中	平煤集团	中国煤炭工业协会地质报告一等奖	煤田四队
河南汝州煤田牛庄井田勘探	勘探	2007.2—2007.10		4.10	5588.61	3599		3599	627.8	基建中	平煤集团		煤田四队
河南郏县王集煤详查	详查	2008.4—2010.12			18879.94	15608	1048	16656	1482.7	近期利用	河南巨能能源公司	中国煤炭工业协会地质报告一等奖	煤田四队
河南省荥巩煤田小里河区勘探	勘探	2004.5—2006.11	5354	11.48	51365.52	21659		21659	7152.54	近期利用	省厅+省局	中国煤炭工业协会地质报告一等奖	煤勘总院
河南省新密煤田李粮店区勘探	勘探	2004.7—2006.8	11243	11.62	45683.35	36155		36155		已利用	郑煤集团	中国煤炭工业协会地质报告一等奖	煤勘总院
河南省禹州煤田王庄区勘探	勘探	2004.11—2006.10	7838		20404.12	17070		17070	3120.8	近期利用	国土厅、煤田局合作勘探	河南省优秀地质找矿项目一等奖	煤勘总院
河南省新密市王庄煤矿接替资源勘查(普查)	普查	2005.12—2009.1	3949		8321.50	8716	6664	15380	810	已利用	郑煤集团	中国煤炭工业协会新发现矿产资源报告奖	煤勘总院
河南省新乡市陈召煤矿外围南部区勘探	勘探	2006.5—2007.8		1.4	5648.27	4162	109	4271		近期利用	新乡市陈召煤矿		煤勘总院

表 2-2-3(续)

项目名称	勘查阶段	工作起止日期	主要工作量			资源量(万吨)			投入资金(万元)	利用情况	项目投入单位	获奖情况	承担单位
			二维物理点	三维地震面积(平方公里)	钻探(米)	查明	(334)?	合计					
河南省郏县王集勘查区煤炭勘探	勘探	2012.7—2015.4			20898.67	145.45		145.45	2015.35	近期利用	郑煤集团		煤勘总院
河南省宝丰县闹店—凤凰山详查	详查	2007—2009	1141		12996	17968	1276	19244		进一步勘查	财政、院合资		河南省矿产资源科研院
河南省巩义市石井井田煤炭勘探报告	勘探	2010—2011.3			13849.51	9067	588	9655		已利用	神火永昌矿业有限公司		地矿局二勘院
河南省汝州煤田夏店井田勘探报告	勘探	2005—2007.9	4945		30134.62	23767		23767		近期利用	平煤集团		中煤总局129队
河南省汝州市黄庄勘查煤炭详查报告	详查	2010.10—2011.12	5276		23484.24	24164		24164			平煤集团		中煤总局129队
2006—2015年小计			43578	69.505	369911.62	310566.45	14812	325378.45					
合计			119869	114.75	797008.41	888351.15	279202.3	1167553.45					

注:1.该资源储量汇总数据普详查及勘探阶段有重复计算问题,仅代表各时间段的勘查成果;

2.该表不含省地勘基金项目。

方千米，二维地震物理点 42865 个，地质钻探 182809.36 米；查明资源储量 343299.7 万吨，预测资源量(334)？100012.5 万吨。本阶段完成的 18 件地质勘查报告，除河南省焦作煤田赵固矿区普查属国家财政拨款外，其余 17 个勘查项目的投资来源均为煤炭企业自筹，且因为勘查程度高，提交的资源储量均已利用。

2006—2015 年，这十年煤田勘查以省财政投入(省基金项目)与社会投入并举。由于省国土厅项目办提供的数据没有将项目分年度分割，本志也无法按年度分割，十年作为一个勘查阶段进行统计。

1. 省基金项目

2006 年 1 月 20 日，《国务院关于加强地质工作的决定》(国发〔2006〕4 号)发布，河南省政府极为重视，开展了轰轰烈烈的战略找矿行动，省财政十多年来累计投入煤炭勘查资金 26.084 亿元。各阶段煤田勘查项目 171 个，完成二维地震 810582 个物理点，各类钻探进尺 1722069 米，省财政投入的煤田地质勘查基金项目主要由河南省煤田地质局承担，地矿、有色等局配合完成。

通过各阶段工作，省基金项目共探获埋深 1500 米以浅的(332)＋(333)＋(334)？煤炭资源量 227.3 亿吨，其中查明的(332)＋(333)煤炭资源量 122.2 亿吨，(334)？资源量 105.1 亿吨；天然焦 2.8 亿吨，查明的(332)＋(333)天然焦 2 亿吨，(334)？0.8 亿吨。新发现一处通柘煤田，通柘煤田查明资源量 27.9 亿多吨，超额完成了我省布置的战略找矿任务。

不过由于基金项目查明的煤炭资源量大多埋藏较深，仅有“河南省偃龙煤田西村煤详查”、“河南省禹州煤田葡萄寺煤详查区详查”、“平顶山煤田贾寨—唐街煤详查”等少数矿权成功转让给郑煤集团和平煤集团外，其他查明资源量暂时不宜利用，可作为国家战略储备资源。

2. 社会自筹资金勘探的项目

与省地勘基金项目不同的是，社会自筹资金勘探的项目除个别井田外，资源储量基本已经利用或近期利用，且绝大部分项目是省煤田地质局各单位承担勘查工作，部分项目是煤田局与省财政共同出资完成。

本阶段完成的 25 件地质勘查报告，共提交勘探地质报告 19 件，详查地质报告 5 件，普查报告 1 件；完成三维地震 69.505 平方千米，二维地震物理点 43578 个，地质钻探 369911.62 米；查明资源储量 310566.45 万吨，预测资源量(334)？14812 万吨。

(二) 勘探程度

截至 2015 年年底，全省已探明有 19 个煤田，累计查明资源储量 391.71 亿吨，其中能利用或进一步工作后可利用资源储量 353.87 亿吨，近期尚难利用或近期不宜进一步工作的资源储量 37.84 亿吨。

按勘探程度分，依据 2015 年年底储量表，全省 271 处矿权或矿产地，达到勘探阶段的有 141 个，占 52%；详查和普查阶段各有 65 个，均占 24%。其中，可供建井利用的 192 个，已经建井利用的 156 个，尚未建井利用的 36 个。在全省范围内现有开采技术条件所能达到深度和范围内的煤炭资源，即垂深 1000 米左右的煤炭资源赋存已经基本探明。

(三) 煤田预测

中华人民共和国成立以后，河南省先后进行了 3 次全省煤田预测。第三次全国煤田从 1991 年 2 月开始，至 1994 年 6 月结束。中国煤田地质总局为了适应中国煤炭工业发展和煤田地质工作的需要，以中煤第字(91)第 60 号和 241 号文决定开展第三次全国煤田预测，并列为总局“八五”重点攻关课题和煤炭部一类科研项目。据此，河南省煤田地质局从 1991 年 2 月至 1994 年 6 月开展了我省第三次煤田预测工作，河南省煤田地质局下属的一、二、三、四地质队和物探测量队及第一煤田地质勘探局下属的129队、科教中心，江苏煤田地质局四队计8个单位260余人参加。编制有1∶50万《河南省煤田预测图》、《河南省煤类分布图》等图件和《河南省煤炭资源预测与评价报告》。截至1992年年底，已探明资源储量279.6亿吨，保有资源储量为237.54亿吨，预测全省二叠系山西组二$_1$煤层煤炭资源量920亿吨。

2007年3月至2012年12月，河南省国土资源科学研究院承担了《河南省煤炭资源总量预测与找矿方向研究》(豫财招标采购〔2006〕264号)项目，其成果报告于2012年12月5日由河南省国土资源厅组织专家通过了审查验收，预测全省埋深2000米以浅煤炭资源储量1264亿吨。其中查明资源储量327.58亿吨，预测936.41万吨。

第二节　煤田测绘

一、煤田测绘

1991年以后，河南煤田地质勘探紧跟时代变革的步伐，引进新技术、新设备，引进培养高科技人才，测绘精度成倍提高，成本大幅下降，服务领域不断扩大。在全国煤炭系统率先引进美国双频GPS接收机，开始用全球定位系统布设大地控制网。1995年开始购置全站仪、数字水准仪等先进的测量设备，逐步实现了成图全过程的数字化，淘汰了大平板仪手工测图的作业方式。2003年引进了GPS RTK技术，改变了图根测量的方式，工作效率大大提高。2004年开始使用数字航空摄影测量方法进行地形图测绘，大大提高了生产效率，降低了成本，缩短了成图周期。2008年以后，逐步引进了地理信息系统、三维激光扫描、无人机航测和遥感等技术手段，并和高校、科研院所及国内大的测绘软件公司合作，开始了信息化测绘之路，测绘技术水平得到了不断提升。目前全局拥有进口及国产各类型号GPS、GNSS接收机150余台套；高精度全站仪200余台套；精密数字水准仪100余台套；航天远景全数字摄影测量系统、探地雷达、管线探测仪、管道监测系统(CCTV)、移动数据采集终端、无人机和ArcGIS、KQGIS、MapGIS、ENVI、ERDAS、Oracle等软硬件设备。另有三维激光扫描仪10台套，扫描绘图仪器近20台，实现了地质工作的全面数字化。拥有多项甲、乙级测绘资质，服务领域包括大地测量、工程测量、摄影测量与遥感、地理信息系统工程、不动产测绘、地图编制等；另外还能开展土地规划设计与软件开发等服务。图2-2-4所示为各类GPS接收机。

二、化验与质量监督

在煤炭化验方面，1991年以前发热量的测定主要是用贝克曼温度计人工测定，温度值的读取和温校正均需化验员手工完成，随着测控技术的进步，先是用单片机配合铂电阻探头完成了温度读取的自动化，后在1995年引进微机控制的热量计，对温度信号的采集及复杂的校准、结果换算全部由计算机完成。煤中全硫的日常测定在20世纪80年代主要采用高温燃烧碘量法，由人工完成滴定操作，在1991年开始采用库仑定硫仪电位滴定替代人工操作。煤中水分的测定之前一直使用传统的烘箱空气干燥法，在1992年增加配置了充氮烘箱，使得煤样在高温下的氧化问题得以控制，测定精度明显提高；在2002年引进德国产的全自动水分仪，从样品的称量到试验终点判断及结果显示全部自动完成。煤灰熔融性测定从之前的依靠人工目视观察，到使用自动摄像存储设备，降低了化验人员的劳动强度，此外，还购置了格金低温干馏仪、奥阿膨胀度试验

图 2-2-4 各类 GPS 接收机

仪、结渣性测定仪、色谱吸氧法自燃倾向性测定仪、煤尘爆炸性测定仪、原子荧光光谱仪等，更新了分光光度计、原子吸收光谱仪等设备，煤质检测手段进一步完善。20 世纪 80 年代的化验主要针对煤质检测，1996 年后还增加了煤层气成分分析、放散初速度测定、高压等温吸附等煤层气检测项目，并购置了米库姆转鼓等焦炭检测设备，分析试验手段进一步完善。

自 1995 年起实验室参与起草、审查国家标准、行业标准一百余项；研究人员每年组织全国煤炭地质测试能力验证活动，并定期组织召开全国煤炭地质测试学术交流会。

在煤质基础研究方面，建树颇丰：1992 年实验室研究人员证明国际挥发分理论体系存在基础性错误，并提出纯煤挥发分理论，使几十年无大变化的国际煤质基础理论获得突破性进展，并使我国在该领域一直保持着国际领先水平。

在质量监督方面，计划经济时期煤炭主要是作为一种产品存在，没有法律层面的质量监督概念。改革开放后，煤炭也逐步从产品变成了商品，随着我国有关法律体系的不断完善，开始逐步建立产品质量监管体系。实验室从之前的只为煤田地质勘探提供化验服务，经不懈努力逐步转型为产品质量监督机构：1992 年挂牌能源部河南煤炭质量监督检验站；1993 年更名为煤炭部河南煤炭质量监督检验站；1995 年成立河南省煤炭质量监督检验站；2011 年更名为河南省煤炭质量监督检验中心。

第三篇

煤矿建设

煤矿建设是煤炭生产的重要基础。20世纪90年代初期,河南省煤炭开采进入快速发展时期,但受技术条件限制,开采深度、施工技术、生产规模和建井周期等尚未得到较大突破。20世纪90年代中后期,河南省煤矿基本建设开始进入快速发展阶段,煤矿建设水平迅速提高,矿井设计、施工和管理理念不断创新,专业的建设施工队伍不断壮大,技术不断提高,解决了许多以前受技术限制的问题。1991—2015年的25年,河南煤炭企业为了满足市场需要,与时俱进,不断加大煤矿建设的投资力度,特别是冷冻技术的出现和运用,使复杂地质条件的地区建井成为可能。许多新井设计能力达到120万吨、180万吨、240万吨、400万吨。25年中,河南省煤炭企业充分利用新技术、新设备、新工艺,国有重点矿井进行了大规模的改扩建和技术改造,矿井生产能力逐步提高,义马、鹤壁(含安阳煤田)矿区矿井生产能力得到大幅度提升。同时,新井建设步伐加快,永夏矿区进入规模开发时期。平顶山、郑州、焦作等矿区一批大中型接续矿井陆续建成,河南煤炭生产开发规模进一步壮大,河南大型煤炭基地纳入国家煤炭开发战略布局。其间新开工建设矿井(含改扩建)80余处,设计生产能力6100万吨,建成投产大中型矿井70余处,新增生产能力5200万吨。从平顶山、义马、郑州、焦作、鹤壁五大矿区生产到河南大型煤炭基地规模开发,形成了以平顶山、义马、郑州、焦作、鹤壁、永夏六大矿区开发为重点,国有重点煤炭企业为主体,地方国有煤矿、小煤矿(集体和个体)共同发展的煤炭生产开发布局,构建了煤炭生产、矿井建设、地质勘探、科研教育、煤矿设计、矿山机械制造等较为完整的煤炭工业体系。新建和改扩建矿井不断增加,煤炭产量逐年上升,全省煤炭建设呈现出蓬勃发展之势,除满足本省国民经济发展需要外,还大量调出省外,支援全国国民经济建设,成为华东和中南地区能源构成重要组成部分,为全国尤其是华东、中南地区国民经济和社会发展做出了巨大贡献。

第一章 建 设 项 目

第一节 煤矿设计

一、设计机构

(一)煤炭工业郑州设计研究院股份有限公司

煤炭工业郑州设计研究院股份有限公司(以下简称郑州煤炭院),是国家甲级工程设计咨询机构、高新技术企业、AAA级信用单位。郑州煤炭院创立于1971年,前身为河南省煤矿设计研究院,是河南省第一支专业煤炭工业设计队伍,全国首批核准的国家甲级设计院。1992年划归中国统配煤矿总公司管理,更名为郑州煤炭设计研究院;1994年,煤炭工业部恢复后,更名为煤炭工业部郑州设计研究院,成为煤炭部重点设计院之一;2006年根据国务院和河南省政府文件精神完成改制,更名为煤炭工业郑州设计研究院有限公司;2012年整体变更为股份有限公司。该院拥有矿井设计、选煤厂设计、建筑工程设计、建筑智能化设计、建筑装饰工程设计、建筑幕墙设计、建筑轻钢设计、照明工程设计、消防设施工程设计、煤炭工程咨询、建筑工程咨询、岩土工程咨询、火电及岩土工程咨询、生态建设和环境工程咨询、矿山工程监理、房屋建筑工程监理、市政公用工程监理、岩土工程、工程测量、工程造价、工程总承包、项目管理、安全评价、煤炭招标代理等20余项甲级资质，城乡规划编制、露天矿工程设计、火力发电工程设计、送变电工程设计、新能源发电工程设计、市政行业综合(涵盖热力、给水、排水、道路、桥梁、公共交通、环境卫生等)设计、冶金矿山工程设计、环境工程(大气污染防治工程、固体废物处理处置工程、水污染防治工程、污染修复工程、物理污染防治工程)设计、环境影响评价、水土保持方案编制、招投标代理、电力工程监理、压力管道设计等40多项乙级、专项及其他资质，具有境外承包工程资格；业务涵盖煤炭工程、建筑工程、市政工程、电力工程、新能源工程、智能化工程、环境工程、冶金矿山工程、岩土工程、物流工程等诸多领域；可以为海内外客户提供从规划咨询、工程造价、环境评价、勘察设计、工程监理、设备采购、EPC总承包到生产运营全过程的高品质服务；曾多次被建设部等部门授予全国优秀勘察设计院、全国勘察设计创新型优秀企业、全国煤炭行业十强设计院、河南省十佳科技型企业等称号。2013年，郑州煤炭院被中国勘察设计协会授予全国勘察设计创新型优秀企业称号，董事长兼总经理杨彬被授予全国勘察设计优秀企业家(院长)称号。

(二) 煤业集团设计机构

国有重点煤炭企业下放地方后，20世纪90年代进行了改制，设立了煤炭集团公司，企业集团内部设置了专业的设计机构。主要有平顶山平煤设计院有限公司(原平煤集团设计处)、义马广宇工程设计咨询有限公司(原义煤集团设计处)、焦作市宏图矿业设计有限公司(原焦煤集团设计处)、中南煤炭工程设计有限公司(原郑煤集团设计处)、鹤壁中矿工程设计有限公司(原鹤煤集团设计处)等，主要承担本集团内煤矿的开拓延伸、水平接替、采区设计、技术改造、中小型矿井等设计任务。

(三) 在豫注册、备案的煤炭设计机构

在河南注册、备案的煤炭设计单位主要有中煤科工集团武汉设计研究院有限公司、中煤科工集团北京华宇工程有限公司等。

二、设计成果

1990年8月，国家计委、中国统配煤矿总公司及中国能源投资公司在永夏矿区召开了全国煤炭基本建设管理改革现场会，对郑州煤炭院在永夏矿区地面总体布置改革的经验给予了充分肯定和较高评价，开始在全国范围内推广。

20世纪90年代后期，受亚洲金融危机影响，全国煤炭基本建设逐渐滑向低谷，但郑州煤炭院仍然完成了永城矿区陈四楼矿井、铁路专用线，车集矿井、选煤厂及铁路专用线，城郊矿井，以及义马矿务局耿村矿井改扩建、东庞矸石电厂等一批优质工程设计。

进入21世纪，河南煤炭建设迎来了新的发展高潮，郑州煤炭院抓住机遇，强化科技创新和质量管理，在矿井设计中进一步优化开拓布局和地面布置，推广设备自动化和智能化，注重经济效益、安全环保和资源综合利用，努力建设现代化的新矿区，大大提高了技术水平和设计能力；承担了焦煤集团赵固一矿，鹤煤集团十一矿，郑煤集团白坪矿，义煤集团孟津矿、新义矿、义安矿，神火集团泉店矿、薛湖矿，新能集团王行庄矿，超越集团伦掌矿等20多个现代化矿井和部分选煤厂、电厂的勘察、设计、监理任务，为河南煤炭工业的快速发展做出重要贡献。

河南矿井建设地质条件复杂、埋藏深、地温高、地压大、瓦斯大、水大。通过技术人员的不懈努力，在复杂地质条件矿井设计方面形成了具有自身鲜明特点的核心技术，郑州煤炭院在现代化矿区规划、深井冻结井壁设计、深井巷道支护、倾斜大巷开拓、井下水处理等方面全国领先。特别是深井冻结井壁设计方面，先后承担了10余对大中型矿井的深井冻结井筒设计，最大表土厚度530米，最大冻结深度超过800米，多次刷新全国深井冻结纪录。该院设计的永煤陈四楼矿，是当时穿过冲积层厚度最深的井筒，也是发现竖向附加力存在后施工的第一对井筒。该院在井壁结构设计中，打破了传统的井壁按平面受力设计的观念，首次考虑了竖向附加力对井壁结构设计的影响，提出了"抗"与"让"相结合的井壁结构设计理念，获得国家科技进步二等奖；永煤新桥矿井，刷新了当时全国煤炭冻结建井深度纪录，获省级优秀设计一等奖；辉县市程村矿井，刷新了当时全国煤炭冻结建井深度纪录，获部级科技进步一等奖。2000年后，他们组织力量做好特大型矿井设计、深井冻结设计以及防治水、防治瓦斯突出等技术的攻关，集中解决了采煤工艺、倾斜大巷辅助运输、井底撒煤清理等技术难题，获得专利技术和软件著作权数十项，全部应用到设计工作当中，并在设计中积极引进新设备、新工艺，为保证项目的安全、优质、高效建设奠定了基础。

郑州煤炭院中标的青海盐湖金属镁一体化选煤装置EPC项目，是中国第一个在青藏高原地区建设的大型现代化选煤工程，该装置采用业界最先进的重介选煤工艺和实用、灵活、完善的生产流程，将原煤处理后按下游各装置对煤质的不同要求全部转化为产品，实现了单一系统同时生产炼焦用煤、化工用煤、动力用煤。产品分别供给金属镁一体化项目的焦化厂、甲醇厂、供热中心等用户。装置配备最先进的计量检测设备及自动化控制系统，建成后可以实现对原煤及选后产品数、质量指标的快速检测，对工艺流程及工艺参数的快速调整，准确控制选后产品的质量指标，可实现无废弃物生产。为了保证工程在高寒缺氧、盐渍土强腐蚀性地基等恶劣的条件下顺利实施，郑州煤炭院组织了10多个科研攻关项目组，潜心研究每一个细节，攻克了一个又一个技术难题，使工程在同时开工的十几个装置中率先建成投产，各项指标在全国处于先进水平。

在技术创新过程中，郑州煤炭院自觉贯彻了建设新型工业化、城镇化和资源节约型、环境友好型社会的要求，加快了清洁能源加工利用项目、生物质能发电项目、瓦斯抽采与综合利用项目等符合国家产业政策导向的技术储备。2000年后，完成生物质能电厂设计10余部，在全省乃至全国生物质能发电设计领域取得了先机。集中发展煤炭深加工和清洁能源技术，完成了鄂尔多斯罕台川洗配中心、青海甘河谷工业园选煤厂、河南煤化焦煤赵固二矿选煤厂、河南煤化鹤煤四矿选煤厂、新能集团王行庄选煤厂等20多项大中型选煤厂、煤炭物流中心设计任务，技术水平迅速提高。环保专业开辟了矿井生态整治报告、清洁生产审核报告、拟上市公司环保核查报告、环境保护验收调查等新业务，服务领域扩大到煤矿、铁矿、金矿、锰矿、石灰石矿山、道路交通、市政等行业，任务量有了显著提高。此外，郑州煤炭院还积极承揽并完成了省内各大煤业集团沉陷区治理工程、棚户区改造工程、安全技改国债项目、瓦斯治理与利用示范工程等设计任务，为改善煤矿安全生产条件、建设现代化新矿区和改善矿区人居环境做出了应有贡献。

第二节　矿井建设

1991—2015 年，河南煤矿建设步伐加快，新增产能达到 5200 多万吨，为河南大型煤炭基地规模发展奠定了坚实基础。

一、煤矿建设项目

新矿井的不断建成投产和老矿井改扩建的完成，使河南煤炭产量大幅上升。以平煤、义煤、郑煤、焦煤、鹤煤、永煤 6 家国有重点煤炭企业为首的河南煤炭企业，紧紧抓住改革开放深入发展、煤炭需求不断增大的战略机遇，在加大对老矿井改扩建的同时，多方筹措资金，加快新井建设步伐，推动全省煤炭产能快速增加，连续突破一亿吨和两亿吨产量大关。不但满足河南经济建设的需要，而且大量调出到邻近的南方经济发达地区，支持了国家的经济发展。其间共开工建设大中型矿井（含改扩建）81 处，设计规模 6127 万吨，建成投产矿井 70 处，新增生产能力 5241 万吨。

河南省“八五”以来各时期建设规模见表 3-1-1。

表 3-1-1　河南省“八五”以来各时期煤矿建设情况汇总表

	“八五”期间			“九五”期间			“十五”期间			“十一”五期间			“十二五”期间		
	个数	规模（万吨/年）	投资（亿元）	个数	规模（万吨/年）	投资（亿元）	个数	规模（万吨/年）	投资（亿元）	个数	规模（万吨/年）	投资（亿元）	个数	规模（万吨/年）	投资（亿元）
合计	27	1606	26.9	24	1729	59.2	46	3760	60.9	49	4044	162.3	37	2487	145.2
在建	6	405	9.3	11	601	26.0	3	126	1.9	6	435	22.7	13	1026	76.8
投产	7	339	3.8	6	621	20.3	15	988	16.3	26	2337	90.5	9	621	31.5
新开工	14	862	13.8	7	507	12.8	28	2646	42.7	17	1272	49.1	15	840	36.9

由表 3-1-1 可见，2000 年之后的十年是河南煤炭开发建设大发展的黄金十年，建设规模、投资规模均达到历史最高峰，为河南大型煤炭基地可持续开发和煤炭战略地位奠定了坚实基础。

（一）“八五”期间

在建矿井合计 27 处，建设总规模 1606 万吨/年，设计总投资 80 亿元，五年完成投资 26.9 亿元。其中，续建项目 6 处，规模 405 万吨/年；投产项目 7 处，新增产能 339 万吨/年；新开工项目 14 处，规模 862 万吨/年。新开工项目主要布局在平顶山、郑州、永夏矿区。1991—1995 年河南省煤矿建设项目见表 3-1-2。

表 3-1-2　1991—1995 年河南省煤矿建设项目一览表

项目名称	企业主体	建设规模（万吨/年）	总投资（万元）	开工时间	投产时间	五年内完成投资（万元）
		1606	799903			269194
一、续建项目		405	203931			93218
瑶岭煤矿	巩义市瑶岭煤矿	45	15476	1990.9		7100
天坛井	三门峡英豪煤矿	15	2340	1988.8		1600
刘庄井扩建	偃师焦村煤矿	6/21	3316	1990.10		2569

表 3-1-2(续)

项目名称	企业主体	建设规模（万吨/年）	总投资（万元）	开工时间	投产时间	五年内完成投资(万元)
跃进矿扩建	义马矿务局	60/120	16515	1990.10		16500
陈四楼煤矿	永夏矿区管委会	240	160559	1990.7		60649
任岗煤矿	密县任岗煤矿	30	5725	1988.7		4800
二、投产项目		339	58954			38082
大峪沟	大峪沟矿务局	45	4184	1983.7	1994.10	2100
新新矿扩建	登封市新新煤矿	9/30	3796	1985.10	1994.10	1900
新庄矿	永城矿务局	90	14400	1985.11	1995.12	15000
安阳白莲坡新井	安阳矿务局	9	1357	1990.3	1995.5	1300
新峰四矿扩建	禹州新峰矿务局	21/30	1500	1986.9	1995.7	1600
鹤壁六矿扩建	鹤壁矿务局	75/120	10424	1990.7	1995.12	10424
耿村矿扩建	义马矿务局	120/240	23293	1988.1	1992.12	5758
三、新开工项目		862	537018			137894
告成煤矿	郑州矿务局	90	35566	1992.9		23689
平十三矿	平顶山矿务局	180	132302	1993.12		34152
平十一矿扩建	平顶山矿务局	60/120	25791	1993.10		2029
古汉山煤矿	焦作矿务局	70	94314	1991.12		25927
冷泉矿	鹤壁矿务局	60	47063	1994.12		10729
寺湾井	鹤煤集团	15	1974	1992.7		1100
车集煤矿	永夏矿区管委会	180	147172	1992.10		26641
李楼井	禹州市凤达集团	15	2811	1993.5		320
云盖山煤矿	禹州中峰集团	60	16337	1994.9		2000
庇山一号井	庇山煤矿	30	9913	1995.6		300
葛店煤矿扩建	永城矿务局	30/75	11630	1993.1		3767
鲁仙井扩建	林州大众煤矿	30/45	4140	1992.1		4140
东平煤矿扩建	密县东平煤矿	9/30	4643	1992.5		2148
梁家洼井	三门峡英豪煤矿	21	3362	1991.10		952

（二）"九五"期间

受亚洲金融危机影响，此期间，原国有重点煤矿企业下放地方，包袱沉重，经营困难加剧，企业投资规模明显收缩。五年在建矿井合计 24 处，建设总规模 1729 万吨/年，设计总投资 98.6 亿元，五年完成投资 59.1 亿元。其中，续建项目 11 处，规模 601 万吨/年；投产项目 6 处，新增产能 621 万吨/年；新开工项目 7 处，规模 507 万吨/年。新开工项目主要布局豫中豫西，以地方国有煤炭企业为主开发。1996—2000 年河南省煤矿建设项目见表 3-1-3。

（三）"十五"期间

此期间，煤炭企业逐步走出困境，投资规模逐步增加。五年在建矿井合计 46 处，建设总规模 3760 万吨/年，设计总投资

表 3-1-3 1996—2000 年河南省煤矿建设项目一览表

项目名称	企业主体	建设规模（万吨/年）	总投资（万元）	开工时间	投产时间	五年内完成投资（万元）
		1729	986122			591423
续建项目		601	361340			259904
古汉山煤矿	焦作矿务局	70	94314	1991.12		43837
冷泉矿	鹤壁矿务局	60	47063	1994.12		34046
平顶山十三矿	平煤集团	180	132303	1993.12		131396
平顶山十一矿扩建	平煤集团	60/120	25791	1993.10		21178
梁家洼井	三门峡英豪煤矿	21	3362	1991.10		4241
李楼井	禹州风达集团	15	2811	1993.5		802
云盖山煤矿	禹州中锋集团	60	16337	1994.9		13042
葛店煤矿扩建	神火集团	30/75	11630	1993.1		4588
天坛井	三门峡英豪煤矿	15	2340	1988.8		1100
瑶岭煤矿	巩义市瑶岭煤矿	45	15476	1990.9		5008
庇山一号井	庇山煤矿	30	9913	1995.6		666
投产项目		621	370162			203292
任岗煤矿	密州市	30	5725	1988.7	1996.10	900
陈四楼煤矿	永煤集团	240	160559	1990.7	1997.11	76432
车集煤矿	永煤集团	180	147172	1992.10	1999.12	110159
东平煤矿扩建	新密市东平煤矿	9/30	4625	1992.5	1997.7	2301
跃进矿扩建	义马矿务局	60/120	16515	1990.10	1996.1	500
告成煤矿	郑州矿务局	90	35566	1992.9	1999.9	13000
新开工项目		507	254620			128227
城郊煤矿	永煤集团	240	145031	1999.12		68402
梁北煤矿	许昌新龙矿业公司	90	49175	1997.8		28798
暴雨山煤矿	伊川电力集团	60	36785	1998.9		25785
大郭沟煤矿	洛阳亚迪矿业公司	21	4004	1998.11		1339
沙坡煤矿	宜阳县沙坡煤矿	21	1900	1998.3		1411
焦村煤矿扩建	偃师市焦村煤矿	15/30	1088	1996.8		878
瑞平公司张村矿	平煤集团	60	16637	1998.5		1614

218.9 亿元，五年完成投资 60.9 亿元。其中，续建项目 3 处，规模 126 万吨/年；投产项目 15 处，新增产能 988 万吨/年；新开工项目 28 处，规模 2646 万吨/年。新开工项目主要以国有重点煤炭企业为主开发。2001—2005 年河南煤矿建设项目见表 3-1-4。

表3-1-4 2001—2005年河南省煤矿建设项目一览表

项目名称	企业主体	建设规模（万吨/年）	总投资（万元）	开工时间	投产时间	五年内完成投资(万元)
		3760	2189763			609057
一、续建项目		126	41007			18712
瑞平公司张村矿	平煤集团	60	20535	1997.8		11550
李楼井	禹州风达集团	21	4996	1993.5		4962
瑶岭煤矿	巩义瑶岭煤矿	45	15476	1992.9		2200
二、投产项目		988	581036			163328
庇山一号井	庇山煤矿	30	9913	1995.6	2005.11	9010
大郭沟煤矿	洛阳亚迪矿业公司	21	4004	1996.8	2005.5	6202
梁北煤矿	神火集团	90	49175	1997.8	2003.6	9616
城郊煤矿	永煤集团	240	145031	1999.12	2003.7	76630
暴雨山煤矿	伊川电力集团	60	36785	1998.9	2003.7	11000
沙坡煤矿	宜阳县沙坡煤矿	21	1900	1998.3	2003.1	1000
焦村煤矿扩建	偃师市焦村煤矿	15/30	1088	1996.8	2004.8	1500
葛店煤矿扩建	神火集团	30/75	11630	1993.1	2005.3	7100
云盖山煤矿	禹州中锋集团	60	16337	1994.9	2005.3	4000
梁家洼井	三门峡英豪煤矿	21	3362	1991.10	2002.5	2001
平顶山十一矿扩建	平煤集团	60/120	25791	1993.10	2003.8	15000
平顶山十三矿	平煤集团	180	132303	1993.12	2002.5	3000
冷泉矿	鹤壁矿务局	60	47063	1994.12	2002.2	15000
古汉山煤矿	焦作矿务局	70	94314	1991.12	2003.11	1769
天坛井	三门峡英豪煤矿	15	2340	1988.8	2002.6	500
三、新开工项目		2646	1567720			427017
首山一矿	平煤集团	240	89465	2004.12		23741
梨园矿宁庄矿井	平煤集团	45	24597	2005.1		3305
新义煤矿	义煤集团	120	38420	2004.1		17766
孟津煤矿	义煤集团	120	48462	2005.1		13639
杨庄煤矿	义煤集团	45	13000	2004.12		3140
龙王庄煤矿	永煤集团	45	17502	2004.3		6831
义安矿业公司	义煤集团	120	50497	2003.11		28644
白坪煤矿	郑煤集团	180	64636	2003.12		22725
赵家寨煤矿	郑煤集团	300	146000	2004.1		24000
赵固一矿	焦煤集团	240	168502	2005.6		31508
新桥矿井	永煤集团	120	98915	2004.12		34205
常村煤矿	永煤集团	45	30329	2004.6		11613
刘河煤矿	神火集团	30	24172	2004.8		17024

表 3-1-4(续)

项目名称	企业主体	建设规模	总投资	开工时间	投产时间	五年内投资完成
薛湖煤矿	神火集团	120	135600	2004.12		38636
泉店煤矿	神火集团	120	99624	2005.12		19000
王行庄煤矿	国投河南分公司	120	55000	2004.10		18045
何庄煤矿	洛阳市	45	35580	2003.8		24580
十一矿改扩建	平煤集团	120/300	55908	2004.12		7136
朝川矿扩建	平煤集团	120/180	81921	2005.3		2000
香山公司技改	平煤集团	30/60	11938	2004.12		3744
鹤煤四矿扩建	鹤煤集团	90/150	42392	2004.7		4651
鹤煤九矿扩建	鹤煤集团	30/60	14095	2004.7		4145
二号井西井	济源市洛源煤业公司	21	4376	2003.8		2000
英豪煤矿	三门峡英豪煤矿	45	17502	2004.2		8660
白莲坡煤矿贺驼井	安阳市白莲坡煤矿	30	8845	2001.6		9040
辉县市吴村煤矿	辉县市吴村煤矿	60	46300	2002.1		24239
合成煤矿	三吉利	45	75442	2005.4		15000
方山新井	平煤集团	30	68700	2003.8		8000

（四）“十一五”期间

此期间，煤炭企业已经进入黄金十年发展期，投资规模达到高峰。五年在建矿井合计 49 处，建设总规模 4044 万吨/年，设计总投资 337 亿元，五年完成投资 162.3 亿元。其中，续建项目 6 处，规模 435 万吨/年；投产项目 26 处，新增产能 2337 万吨/年；新开工项目 17 处，规模 1272 万吨/年。新开工项目主要以国有重点煤炭企业为主开发。自此河南大型煤炭基地已形成了以骨干煤炭企业为主体的生产开发布局。2006—2010 年河南省煤矿建设项目见表 3-1-5。

表 3-1-5 2006—2010 年河南省煤矿建设项目一览表

项目名称	企业主体	建设规模（万吨/年）	总投资（万元）	开工时间	投产时间	五年内完成投资（万元）
		4044	3370732.4			1622770
一、续建项目		435	425054			227000
新义煤矿	义煤集团	120	38420	2004.1		40000
孟津煤矿	义煤集团	120	115100	2005.1		45000
朝川矿扩建	平煤集团	120/180	85000	2005.3		21000
鹤煤四矿扩建	河南煤化集团	90/150	42392	2005.8		31000
合成煤矿	三吉利	45	75442	2005.4		45000
方山新井	平煤集团	30	68700	2003.8		45000
二、投产项目		2337	1249665.4			904893
首山一矿	平煤集团	240	89465	2004.12	2010.7	65000

表 3-1-5(续)

项目名称	企业主体	建设规模(万吨/年)	总投资(万元)	开工时间	投产时间	五年内完成投资(万元)
梨园矿宁庄矿井	平煤集团	45	24597	2005.1	2009.12	21000
瑞平公司庇山矿	平煤集团	30	7301.42	1996.6	2006.11	3000
瑞平公司张村矿	平煤集团	60	20535	1997.8	2007.11	11000
义安矿业公司	义煤集团	120	50497	2003.11	2009.6	31000
白坪煤矿	郑煤集团	180	64636	2003.12	2008.10	42000
新桥煤矿	永煤集团	120	98915	2004.12	2007.12	53000
常村煤矿	永煤集团	45	30329	2004.6	2009.8	15000
龙王庄煤矿	永煤集团	45	17502	2004.3	2009.6	9000
瑶岭煤矿	巩义市瑶岭煤矿	45	15476	1992.9	2006.6	4500
赵固一矿	焦煤集团	240	168502	2005.6	2009.5	133393
何庄煤矿	洛阳市	45	35580	2003.8	2007.12	11000
刘河煤矿	神火集团	30	24172	2004.7	2007.8	6000
薛湖煤矿	神火集团	120	135600	2004.12	2009.12	130000
泉店煤矿	神火集团	120	99624	2006.3	2009.12	81000
李楼井	禹州李楼煤矿	21	4996	1993.5	2008.2	1000
寺湾井	鹤煤集团	15	1974	1992.7	2006.12	2000
九矿扩建	鹤煤集团	30/60	14095	2004.8	2009.5	12000
赵家寨煤矿	郑煤集团	300	146000	2004.1	2010.9	121000
二号井西井	济源市	21	4376	2003.8	2009.8	3000
王行庄煤矿	国投河南分公司	120	55000	2004.10	2008.12	60000
英豪煤矿	三门峡	45	17502	2004.2	2007.7	9000
白莲坡煤矿贺驼井	安阳市	30	8845	2001.6	2008.7	3000
辉县市吴村煤矿	新乡市	60	46300	2002.1	2006.10	22000
平顶山十一矿改扩建	平煤集团	120/300	55908	2004.12	2008.8	49000
香山公司技改	平煤集团	30/60	11938	2004.12	2008.12	7000
三、新开工项目		1272	1696013			490877
夏店	平煤集团	150	169769	2009.8		15000
平顶山八矿二井	平煤集团	45	150000	2009.6		18000
顺河煤矿	河南煤化集团	60	130000	2009.1		35000
赵固二矿	河南煤化集团	180	184877	2007.1		171509
新河煤矿	河南煤化集团	60	167769	2008.3		51616
嵩山煤矿	河南煤化集团	60	59000	2006.10	2010.12	59000
李粮店	郑煤集团	240	284136	2009.5		21000
高岭煤矿	郑煤集团	45	52949	2009.1		23000
大磨岭	三吉利	60	86259	2008.5		12000

表 3-1-5(续)

项目名称	企业主体	建设规模（万吨/年）	总投资（万元）	开工时间	投产时间	五年内完成投资（万元）
华泰煤矿	大峪沟	60	24000	2007.2		19000
马鸣寺	登电集团	45	53000	2010.9		9752
金鼎煤矿	洛阳市	45	75178	2008.4		12000
王家岭新井	安阳市	45	71122	2008.3		11000
平禹一矿升级改造	平煤集团	60/150	86245	2007.2		11000
安阳主焦煤矿扩建	永煤集团	30/60	22067	2010.10		2000
安阳红岭煤矿扩建	永煤集团	54/90	48188	2010.10		8000
梨园长虹矿升级改造	平煤集团	39/60	31454	2009.6		12000

（五）“十二五”期间

煤炭企业经过黄金十年发展，投资规模体量仍然较大，但 2012 年之后受世界经济危机影响，新建矿井明显减少。五年在建矿井合计 37 处，建设总规模 2487 万吨/年，设计总投资 297.5 亿元，五年完成投资 145.2 亿元。其中，续建项目 13 处，规模 1026 万吨/年；投产项目 9 处，新增产能 621 万吨/年；新开工项目 15 处，规模 840 万吨/年。新开工项目主要以骨干煤炭企业产业升级改造为主。2011—2015 年河南省煤矿建设项目见表 3-1-6。

表 3-1-6 2011—2015 年河南省煤矿建设项目一览表

项目名称	企业主体	建设规模（万吨/年）	总投资（万元）	开工时间	投产时间	五年内完成投资（万元）
		2487	2974941			1452002
一、续建项目		1026	1571017			768381
孟津煤矿	义煤集团	120	238722	2005.3		107000
朝川矿扩建	平煤集团	120/180	81921	2005.3		67000
合成煤矿	三吉利	45	75442	2005.4		15000
夏店	平煤集团	150	169769	2009.8		51000
平顶山八矿二井	平煤集团	45	150000	2009.6		70000
新河煤矿	河南煤化集团	60	167769	2008.3		63132
李粮店	郑煤集团	240	284136	2009.5		150000
大磨岭	三吉利	60	86259	2008.5		45000
马鸣寺	登电集团	45	53000	2010.9		21000
金鼎煤矿	洛阳市	45	75178	2008.4		34526
王家岭新井	安阳市	45	71122	2008.3		33000
平禹一矿升级改造	平煤集团	60/150	86245	2007.2		85000
梨园长虹矿升级改造	平煤集团	39/60	31454	2009.6		26723
二、投产项目		621	680199			314744

表 3-1-6(续)

项目名称	企业主体	建设规模（万吨/年）	总投资（万元）	开工时间	投产时间	五年内完成投资(万元)
新义煤矿	义煤集团	120	107003	2004.1	2011.4	67003
方山新井	平煤集团	30	68700	2006.1	2014.8	17000
顺河煤矿	河南煤化集团	60	130000	2009.1	2014.2	85000
赵固二矿	河南煤化集团	180	184900	2007.1	2011.4	41000
高岭煤矿	郑煤集团	45	52949	2009.1	2011.11	31000
华泰煤矿	大峪沟	60	24000	2007.2	2011.4	5000
安阳主焦煤矿扩建	永煤集团	30/60	22067	2010.10	2012.9	21000
安阳红岭煤矿扩建	永煤集团	54/90	48188	2010.10	2012.12	41000
鹤煤四矿扩建	河南煤化集团	90/150	42392	2005.8	2011.7	6741
三、新开工项目		840	723725			368877
华安煤矿	河南煤化集团	120	151744	2013.3		38474
平禹九矿	平煤集团	120	136980	2012.3		35000
阳光煤矿	河南煤化集团	45	88885	2011.12		37298
天中煤业安里煤矿	驻马店市	45	68000	2012.2		53476
吴寨煤矿升级改造	平煤神马	45/90	12200	2011.1	2015.2	12321
张村煤矿升级改造	平煤神马	115/150	17520	2011.1		15894
平煤五矿升级改造	平煤神马	135/190	35568	2012.1	2015.4	35000
平煤香山矿升级改造	平煤神马	60/90	13942	2011.3	2015.11	11777
告成矿产业升级改造	郑煤集团	100/150	48000	2011.8		25300
平煤九矿升级改造	平煤神马	30/90	25085	2012.6	2015.3	25080
宝雨山煤矿升级改造	河南能源集团	60/90	4998	2011.1	2012.11	4801
庇山矿升级改造	平煤神马	30/85	7300	2011.1	2013.4	7156
石壕煤矿升级改造	河南能源集团	90/120	13800	2012.11		8700
安阳大众煤矿扩建	河南能源集团	30/120	89203	2012.3		55000
登峰丰阳矿升级改造	河南能源集团	60/90	10500	2012.12		3600

二、骨干煤炭企业矿井建设

(一) 平煤集团

平顶山矿区包括平顶山、汝州、禹州煤炭区，开发主体为平煤神马集团。经过煤炭企业资源整合和兼并重组，骨干煤炭企业跨区域整合，永煤集团、神火集团在禹州煤田的开发也具有了一定规模。随着矿井生产区域不断向深部转移，平煤集团矿井的主、辅运输系统和通风系统等生产环节严重制约矿井安全生产和效率的进一步提升，为保证煤炭产业持续稳定发展，平煤集团进行了一系列的新井建设、改扩建、产业升级、技术改造。通过这些项目的建设，提高了生产集中化程度，改善了矿井安全状况，提高了劳动生产率，加快了矿区现代化建设，收到了投资少、见效快、效益高的效果，保证了正常的矿井接替和企业的长远稳定发展。主要建设项目如下：

(1) 五矿产业升级：平煤股份五矿位于平顶山市区西北约8千米处，设计能力120万吨/年，二水平标高－225米，截至2015年末矿井剩余可采储量7171.4万吨。为保证矿井正常接替，矿井于2003年9月开始着手开发三水平。三水平标高－650米，主要工程有北山进风井、北山回风井、－650车场、三水平泵房水仓、火药库、瓦斯抽放泵站等。开拓工程量16584.5米。预计2017年6月首采面投产。概算总投资31387.79万元。2006年10月开始建设二水平己四采区，设计生产能力为100万吨/年，工业储量为3912万吨。采区可采储量为2283万吨，初步设计采区开拓工程量13581.5米。2009年矿井开始着力进行产业升级改造，矿井升级改造后生产能力提升为190万吨/年。该项目于2011年3月取得省发改委的项目核准批复（豫发改能源〔2011〕288号）。概算总投资35568.37万元。2011年再次对该矿生产能力进行核定提高，河南省工业和信息化厅豫工信煤〔2011〕287号文批准核定矿井综合生产能力165万吨/年。2015年年底完成了矿井产业升级改造，经批复矿井生产能力为190万吨/年。

(2) 八矿二号井：平顶山天安煤业股份有限公司八矿位于平顶山市区东部，设计能力300万吨/年，是中国自行设计和施工的第一座特大型矿井，1966年由当时的华东煤矿设计研究院、煤炭工业部武汉设计院和平顶山矿务局组成的八矿设计队设计，始建于1966年12月21日，1981年一期投产，1984年12月全面建成投产，2003年，矿井产量才第一次达到了313万吨/年。2008年和2011年经原河南省工业和信息化厅核定矿井综合生产能力为360万吨/年。在实际生产中，矿井存在高温，瓦斯状况也逐步升级，1989年定为突出矿井。1990年由煤炭工业部武汉设计院提出了八矿通风补套设计，1992年通风补套开始施工，1996年补套工程完工。其间该设计经平顶山矿务局设计所于1994年4月进行了修改。设计新增了中央进风井、丁一回风井、丁一下山采区，将原西进风井改为西二回风井。1996年3月由平煤集团设计院结合通风补套工程，于1999年6月完成了八矿二水平初步设计，设计生产能力400万吨/年。将通风补套中的中央进风井改为新副井，增加了－693水平井底车场及硐室等。2003年8月，平煤股份公司以平煤总〔2003〕14号文对八矿二水平方案设计批复；2005年2月，河南煤矿安全监察局以豫煤安监一〔2005〕161号文予以批复。2007年5月二水平新西二风井投运；2008年5月八矿新副井投运。2014年4月27日，河南煤矿安全监察局以豫煤安监一〔2014〕82号文批复了八矿二水平技术改造安全设施及条件竣工验收。为开发井田东部煤炭资源，结合八矿生产布局、生产系统情况，2010年开始新建二号井（设计生产能力45万吨/年）。二号井建设项目审批情况为：2002年，河南省发展和改革委员会以《关于平煤集团公司天安煤业股份有限公司八矿二号井（改造）项目建议书的批复》（豫计基础〔2002〕573号）同意在八矿井田范围内开发八矿二号井。河南省环境保护局以《关于〈平煤集团天安煤业股份有限公司八矿二号井（改造）项目环境影响报告书〉的批复》（豫环然〔2002〕31号）同意项目实施。立项后由于煤炭经济形势变化，项目一直没有推进，2005年河南省发展和改革委员会以《关于平顶山天安煤业股份有限公司八矿二号井项目延期的函》同意该项目延期。2008年该项目二次启动，委托平煤集团设计院重新修编八矿二号井（改造）初步设计，2009年9月29日，河南省工业和信息化厅以《河南省工业和信息化厅关于平顶山天安煤业股份有限公司八矿二号井（改造）初步设计的批复》（豫工信

〔2009〕241号)对项目初步设计进行了批复。2010年8月24日,河南煤矿安全监察局以《关于平顶山天安煤业股份有限公司八矿二号井(改造)安全设施设计的批复》(豫煤安监一〔2010〕286号)对项目安全设施设计进行了批复。2014年9月9日,河南煤矿安全监察局以《河南煤矿安全监察局关于平顶山天安煤业股份有限公司八矿二号井(改造)建设项目职业病防护设施设计专篇的批复》对项目职业病防护设施设计进行了批复。2015年3月26日,河南省环境保护厅以《关于平顶山天安煤业股份有限公司八矿二号井(改造)项目环境影响报告书的批复》(豫环审〔2015〕99号)对项目的环境影响报告书进行了批复。二号井建设项目主要内容有新工业广场建设井口房、办公楼、35千伏变电站、6千伏变电所、生活水处理等工程设施。建设进风立井(直径7.6米,采用冻结法施工),回风立井(直径6米,钻井法施工),新建主斜井。八矿二号井(改造)建设项目包括:井巷工程总长度22226米,总体积426889立方米;新建的主要建筑物、构筑物总建筑面积11731平方米,总建筑体积71783立方米。2015年3月,2号井回风井主通风机挂网投运。

(3)九矿技术改造和产业升级:平顶山天安煤业九矿有限责任公司原名香山二矿,1958年8月21日开工建设,设计年产量21万吨,由武汉煤矿设计院设计,1959年11月30日建成投入生产。1960年初淹井,1970年开始复矿生产,更名为平顶山矿务局九矿,1989年由原平煤九矿转为平煤香山多种经营公司,2009年10月20日企业名称变更为平顶山天安煤业九矿有限责任公司。

九矿矿井技术改造工程由平煤集团设计院设计,2004年12月1日项目开工。2005年1月平煤集团设计院完成了《香山公司矿井技术改造初步设计》编制,工程投资13830.28万元,于2007年9月上报河南省煤炭工业管理局。2007年10月,河南省煤炭工业管理局对九矿矿井技术改造初步设计审查,并以豫煤规〔2007〕921号文对该矿井技术改造项目进行了批复,批准矿井设计生产能力60万吨/年,工程投资19673万元,建设工期36个月,2008年12月1日竣工。安全专篇由河南省煤矿安全监察局豫南煤安监〔2005〕33号文批复。环评报告由平顶山市环保局审评,该项目已经过河南省发展和改革委员会备案。2011年3月河南省发展和改革委员会以豫发改能源〔2011〕340号文对平煤股份九矿技术改造项目竣工验收予以批复,批复生产能力为60万吨/年。随着矿井生产区域不断向深部转移,矿井主、辅运输系统,通风系统等生产环节严重制约着矿井的安全生产和效率的进一步提升,为此矿井进行了产业升级改造,主要内容是新增新暗斜井、丁戊集中胶带巷,保留原副井提升系统,老副井改为行人斜井,新建丁二下山采区。本次产业升级改造完成后矿井生产能力达到90万吨/年。其项目审批情况为:2012年4月8日国家能源局正式立项,2012年5月16日河南省发展和改革委员会对九矿90万吨产业升级项目进行了核准和批复(豫发改能源〔2012〕591号)。2015年12月河南省能源规划建设局对《平顶山天安煤业九矿有限责任公司产业升级初步设计(修改)》予以批复(豫能局煤炭〔2015〕5号)。2015年6月河南煤矿安全监察局对《平顶山天安煤业九矿有限责任公司产业升级安全设施设计专篇(修改)》予以批复(豫煤安监一〔2015〕117号)。

(4)十一矿改扩建:1971年12月经原国家燃化部批准,1972年5月由平顶山矿务局勘探设计处进行初步设计,原设计生产能力60万吨/年。1972年8月15日开工兴建,1979年1月1日简易投产,直到1986

年，实际生产原煤 60.02 万吨，达到了设计生产能力。1995 年经煤炭工业部批准，十一矿在开拓二水平的同时进行第一次矿井改扩建，改扩建工程由平煤集团集团设计院设计，设计生产能力净增 60 万吨/年，主要生产环节能力满足挖潜到 90 万吨/年。该项目于 1996 年 5 月开工，2004 年通过河南省煤炭工业局验收。十一矿二次改扩建设计由中煤国际工程集团武汉设计研究院设计，2005 年经国家发改委批准，净增设计能力 180 万吨/年，扩建后矿井设计生产能力为 300 万吨/年 。二次改扩建的主要内容为，在矿井本部新建一个主井提升系统及配套工程，新主井采用两对 16 吨箕斗提升，井筒直径 7 米，井下配套施工丁戊组和已组两套运煤系统，实现炼焦煤和动力煤分运。施工中央回风立井及配套工程，井筒直径 6 米。矿井西翼新建了进回风井，进回风井井筒直径均为 6 米。还有排矸系统、地面压风机站、地面变电站、灌浆站、地面瓦斯抽放站等工程。2008 年 12 月改扩建主要工程完工，顺利通过河南省煤炭工业局组织的竣工验收，并在当年实现达产。为解决矿井西区采区的提升、通风和行人等问题，由武汉设计院设计，对原改扩建工程的西区主运输系统环节进行优化设计，系统改造总投资 36915.1 万元，2010 年 2 月开工，2014 年上半年西区主运输系统试运行成功并通过竣工验收。

（5）新建十三矿：十三矿 1989 年由煤炭工业部武汉煤矿设计院设计，设计生产能力 180 万吨/年。矿井采用 1 个斜井、8 个立井、1 个水平上下山开拓全矿井。矿井有已一采区、已二采区、已三采区、已四采区 4 个生产采区。该项目自 1978 年开始立项，分别于 1978 年和 1989 年经煤炭部和中国统配煤矿总公司批准立项，审批文件分别为《对于平顶山矿务局十三矿设计任务书的批复》（煤炭部〔78〕煤计字第 1451 号）和《关于平顶山矿务局十三矿矿井可行性研究报告的审定意见》（中国统配煤矿总公司部室文件〔89〕中煤总基训字第 97 号）。矿井初步设计于 1989 年 12 月 18 日，经原国家能源投资公司以《关于平顶山矿务局十三矿矿井初步设计的批复》（能投煤技〔1989〕 370 号）批准。十三矿于 1993 年 12 月 18 日开工建设，1998 年 10 月试生产，2002 年 5 月 18 日正式生产。原矿井已一和已二两个采区实际生产能力只有 130 万吨/年，为充分发挥矿井各系统的生产能力，实现矿井 180 万吨/年的设计生产能力，对矿井已三采区进行了开发。采区设计生产能力 120 万吨/年，2005 年矿井实现达产。2008 年经河南省煤炭工业局豫煤行〔2008〕 199 号文批准核定生产能力为 210 万吨/年。由于十三矿煤炭资源储量丰富、煤质好，2009 年集团公司对十三矿进行改扩建，针对矿井提升、运输、通风、供电以及储装运等“卡脖子环节”进行了改造，开发了已四采区，并对地面储装运系统进行改造。项目概算总投资13.28 亿元，施工工期 2007 年 4 月—2014 年 12 月。完成了采区地面储装运、主斜井、已四大巷、采区井底车场、进回风石门等矿建、土建、安装工程。2015 年 10 月完成了采区竣工验收。

（6）新建首山一矿：河南平宝煤业有限公司首山一矿，1998 年 4 月由煤炭工业部同意立项（煤规字〔1998〕 第 118 号）；设计生产能力 240 万吨/年，服务年限 91.8 年。2002 年 8 月国家计委批准立项（计基础〔2002〕 1378 号）；2002 年 8 月国家环保总局环境工程评估中心进行了技术评估（国环评价书〔2002〕 67 号）；2003 年 12 月经国家发改委对项目进行批复（发改能源〔2003〕 2201 号）。2004 年 2 月中煤国际工程集团武汉设计院完成了首山一矿初步设计、安全专篇。2004 年 4 月，国家煤矿安全监察局组织专家组对安全专篇进行了审查（煤安监函字〔2004〕 14 号）；2004 年 7 月，河南省发改委、河南省煤炭工业局组织专家对首山一矿初步设计进行了审查(豫煤规〔2004〕467号);2004年8月河南省发改委签发了(豫发改设计〔2004〕1494号);2004年8月16日开工建设。工程主要由平煤神马建工集团有限公司承建,河南兴平工程管理有限公司担负工程建设的监理,煤炭工业平顶山矿区建设工程质量监督站对该项目进行了全过程的质量监督。2008年9月竣工验收投产,完成井巷工程38078.21米/583132立方米,土建工程47235平方米/258699立方米,投资168498.56万元,投产时达到设计产量的27%。2009年9月23日批准开始联合试运转(豫能局综合〔2009〕37号),2010年7月首山一矿正式通过竣工验收。矿井通风补套项目,于2012年9月开工建设,项目井巷工程量1100米,概算投资10751.05万元。2013年1月河南省工信厅以《河南省工业和信息化厅关于平宝煤业有限公司首山一矿矿井通风系统补套初步设计的批复》(豫工信煤〔2013〕49号)对项目初步设计予以批复。同年4月河南煤矿安全监察局以《河南煤矿安全监察局关于平宝煤业有限公司首山一矿矿井通风系统技改安全设施设计的批复》(豫煤安监一〔2013〕85号)对项目安全专篇予以批复。2015年12月达到设计生产能力。

(7) 天力公司:天力公司有吴寨矿、先锋矿两座生产矿井,总核定生产能力120万吨/年。

吴寨矿始建于1987年,先锋矿始建于1999年。吴寨矿原设计生产能力为120万吨/年,开拓方式为一对斜井开拓,串车提升。主斜井兼作回风井,副斜井兼进回风井。2005—2008年矿井进行技术改造,由平煤集团设计院设计,该工程于2005年8月开始施工,2008年1月建成投产。2009年吴寨矿实施90万吨/年产业升级改造。其初步设计及安全专篇由中煤科工集团武汉设计研究院编制,由中国平煤神马集团建井一处和安装处具体施工,2010年8月开工建设,2013年9月建成投产。

先锋矿是1999年9月平煤集团设计院完成矿井设计的,同年开工建设,2001年9月建成投产,建设期2年,开拓方式为两立井一斜井综合开拓,炮采炮掘,2009年由单体柱支护升级为悬移支架炮采。设计生产能力为21万吨/年,核定生产能力为30万吨/年。

(8) 香山矿产业升级:平顶山天安煤业香山矿有限公司前身是地方国有香山矿,原名许昌地区红旗矿,始建于1958年。原设计能力15万吨/年,1984年9月由河南省煤矿设计研究院完成香山矿改扩建设计,设计生产能力30万吨/年。2003年5月香山矿加盟平煤集团。2004年8月由平煤集团设计院完成了香山矿二水平下山部分初步设计,设计生产能力45万吨/年。2005年香山矿产量达到63万吨,2006年生产能力核定为60万吨/年。2008年确定了矿井产业升级改造项目,2009年3月开始进行矿井产业升级改造,设计生产能力达到90万吨/年。香山矿产业升级改造项目按设计完工后,2012年12月3日河南煤矿安全监察局豫南分局以《关于平顶山天安煤业香山矿有限公司建设项目安全设施及条件竣工验收的批复》(豫南煤安监〔2012〕65号)认为香山矿主要安全设施和生产系统符合设计要求。2015年12月10日河南省发改委会同河南省工业和信息化委员会组织有关单位和专家对香山矿产业升级改造项目进行了竣工验收。

(9) 朝川矿技改:朝川矿始建于1970年。1978年8月成立洛阳地区朝川煤矿,1980年5月更名为河南朝川矿务局。1998年7月,朝川矿务局被平顶山煤业集团公司兼并,更名为平顶山煤业(集团)公司朝川矿,2005年年底改名为平顶山天安煤业股份有限公司朝川矿，核定生产能力为135万吨/年。2005年，为更加有效利用资源，进一步提高矿井机械化开采水平，简化矿井生产系统，朝川矿对一井、二井进行产业升级改造(产业升级改造完成后矿井生产能力180万吨/年，服务年限23.6年)。该项目设计概算总投资81921.55万元。2005年7月，朝川矿委托中煤国际工程集团武汉设计研究院编制了《平煤集团整合矿井煤炭产业升级改造项目申请报告》，并经河南省发改委以豫发改能源〔2005〕1432号文件进行了批复。河南省煤田地质局四队受朝川矿委托，编制整合后的朝川矿地质报告，于2008年9月提交了《平顶山天安煤业股份有限公司朝川矿矿井地质报告》。煤炭工业郑州设计研究院有限公司于2009年10月编制完成了《平顶山天安煤业股份有限公司朝川矿产业升级改造初步设计》。2010年6月8日，河南省工业和信息化厅组织对初步设计进行了评审，并以豫工信〔2010〕472号文予以批复。

为能够真实反映朝川矿的建设状况，同时为矿井下一步的建设、生产管理提供较为准确、翔实的资料，受朝川矿委托，煤炭工业郑州设计研究院股份有限公司根据矿井的施工现状，对原产业升级改造初步设计进行了修编，于2013年10月编制完成了《平顶山天安煤业股份有限公司朝川矿产业升级改造初步设计(修改)》。2013年11月4日，河南省工业和信息化厅组织对初步设计进行了评审，并以豫工信煤〔2013〕799号文予以批复。2014年，朝川矿一、二井产业升级改造项目建设完成。

朝川矿的三井技术改造，最早由焦作工学院于2002年10月提交了《平煤集团朝川矿三井技术改造可行性研究报告》，2003年煤炭工业郑州设计研究院完成了《平煤集团朝川矿三井技术改造初步设计》，省煤炭工业局以豫煤行〔2003〕435号文批准了初步设计。2006年煤炭工业郑州设计研究院有限公司完成了《平煤集团朝川矿三井技术改造初步设计(修改版)》，省煤炭工业局于2007年10月10日组织专家进行了审查，并以豫煤行〔2007〕1033号文予以批复。煤炭工业郑州设计研究院有限公司编制了《平顶山天安煤业股份有限公司朝川矿三井技术改造(30万吨/年)初步设计》，2009年9月29日河南省工业和信息化厅组织对初步设计进行了评审，并以豫工信〔2009〕242号文予以批复。矿井设计生产能力30万吨/年，矿井服务年限11.7年，新增井巷工程量4244.6米/52749.2立方米，概算总投资9987.85万元。2011年11月29日，河南省工业和信息化厅组织对平顶山天安煤业股份有限公司朝川矿三井技术改造(30万吨/年)(需核)项目进行了竣工验收，并以豫工信煤〔2011〕716号文予以批复。

(10) 平禹一矿产业升级(技术改造)：河南平禹煤电有限责任公司一矿位于禹州市北8千米，隶属朱阁、古城两乡，矿井原设计生产能力60万吨/年，由武汉煤矿设计院设计，于1969年开工，1976建成投产；2004年生产能力核定为100万吨/年。产业升级项目设计新增生产能力90万吨/年，项目建成后全矿井生产能力达到150万吨/年。2004年经平煤集团同意进行产业升级(技术改造)，2005年经河南省发展和改革委员会核准。2006年河南省发展和改革委员会下发《2006年河南省第一批重点建设项目名单》，平禹一矿产业升级(技术改造)项目被列入河南省重点建设项目，设计概算总投资86245万元，井巷工程量19166.5米。2007年2月经河南省煤炭工业管理局批准开工，2015年11月项目建成，累计完成投资84096.18万元。2015年12月10日开始联合试运转。

(11) 平禹六矿技术改造：平禹煤电有限责任公司六矿(原新峰矿务局六矿)始建

于1970年,1975年简易投产。1982—1987年进行技术改造,设计生产能力21万吨/年。矿井于2005年10月报请平煤集团对技术改造初步设计批复,2005年11月11日平顶山煤业(集团)有限责任公司办公室以《关于新峰六矿公司五$_2$下山采区设计方案的批复》(平煤办〔2005〕181号)对设计方案进行了批复。项目设计生产能力为45万吨/年,服务年限13.6年。集团公司审定初步设计概算16568.63万元,项目实际投资17251.99万元。2011年1月11日,河南省发展和改革委员会以《河南省发展和改革委员会关于河南平禹煤电有限责任公司六矿技改竣工验收的批复》(豫发改能源〔2011〕40号),批复河南平禹煤电有限责任公司六矿技改建设项目通过竣工验收。

(12) 张村矿产业升级:中国平煤神马集团瑞平煤电有限公司张村矿,位于汝州市东南15千米处,井田面积约9.8729平方千米。原设计生产能力60万吨/年,由武汉煤矿设计院设计,于2007年投产并达产。2009年河南省工业和信息化厅对矿井生产能力进行核定,并以豫工信〔2010〕41号文件批复,同意张村矿核定生产能力为115万吨/年。根据国家能源局《关于下达2010年煤炭产业升级改造项目的通知》(国能煤炭〔2010〕241号)精神,2010年10月公司编制完成了《中平能化集团瑞平煤电有限公司张村矿2010年煤炭产业升级改造项目申请报告》,并经河南省发改委以豫发改能源〔2011〕287号文件进行了批复,同意张村矿生产能力由115万吨/年升级改造为150万吨/年,采煤工艺由炮采升级为综采。2011年8月由煤炭工业郑州设计研究院有限公司编制完成《中平能化集团瑞平煤电有限公司张村矿产业升级改造初步设计》,并经河南省发改委以豫发改能源〔2011〕1610号文进行了批复。2015年10月由煤炭工业郑州设计研究院股份有限公司编制完成《中国平煤神马集团瑞平煤电有限公司张村矿产业升级改造初步设计(修改)》,并经河南省发改委以豫发改能源〔2015〕6号文进行了批复。

(13) 新建梨园矿井:包括宁庄井、宁庄二井、郭庄井、郭庄井东采区。梨园矿宁庄井位于河南省汝州市西北13千米处的庇山矿区北隅,行政区划归汝州市陵头乡管辖。矿井由平煤集团设计院设计,2005年12月开工建设,设计生产能力45万吨/年。2009年4月改扩建项目通过河南省有关单位全面验收,核定生产能力达到45万吨/年,并于当年达产。2012年,生产能力达到83万吨/年。梨园矿宁庄二井位于汝州市西北13千米处陵头乡境内。井田东西走向长3～4千米,倾斜长1.6千米,面积6.64平方千米,工业储量为450万吨,可采储量为245万吨。矿井2006年初由梨园矿委托煤炭工业郑州设计研究院设计,设计生产能力15万吨/年,按照21万吨/年装备,矿井2015年投产。梨园矿郭庄井位于河南省汝州市寄料镇境内。井田面积4.89平方千米,矿井由北京煤矿设计院设计建矿,设计生产能力30万吨/年,1974年投产。2006年核定生产能力39万吨/年,2013年因资源枯竭关闭。梨园矿郭庄井东采区位于汝州市寄料乡区域内,井田走向0.94千米,倾向宽0.48千米,面积0.45平方千米,设计生产能力9万吨/年,2001年投产,2012年因资源枯竭关闭。

(14) 汝州夏店煤矿、禹州梁北二井两个项目也均已开工,但受去产能政策制约,“十二五”后期均已停工。

(二) 义煤集团

(1) 新义煤矿:新义煤矿位于河南省新安县正村乡境内,距新安县城8千米,它是由义煤集团与中原腾达物资贸易公司合资兴建的股份有限责任公司。该项目注册资本15000万元,股权设置为中原腾达物资贸易公司出资6750万元，占45%股份；义煤集团投资7500万元，占50%股份；博通公司投资750万元，占5%。新义煤矿井田长约10.5千米，宽3.79～4.52千米，面积达43.44平方千米；井田储量22729万吨，可采储量11276万吨，矿井设计生产能力120万吨/年，服务年限67.1年。2003年12月16日开始建设，2011年4月建成投产，总投资107003.15万元，截至2015年年底，矿井保有储量为21670.8万吨，可采储量为11220.4万吨。主采二$_1$煤层为低中灰、中硫、低磷、高发热量、高熔融性粉状贫煤。

（2）孟津煤矿：孟津煤矿位于河南省孟津县横水镇境内，东距孟津县城15千米，属义煤集团公司同香港华润集团公司合资合作项目。其中义煤集团占51%股份，香港华润集团占49%股份，公司2009年6月注册成立，注册资本金3.83亿元，现有职工2200余名。孟津煤矿井田走向长为7.2千米，倾斜宽为8千米，井田面积达57.52平方千米。矿井地质储量1.46亿吨，可采储量7232万吨，设计生产能力120万吨/年，矿井服务年限为43.1年，属瓦斯突出矿井。该项目概算总投资238722万元，2005年3月开工建设。截至2015年年底，已累计完成投资222014万元，其中井巷工程投资79133万元，土建工程投资17116万元，安装工程投资16868万元，设备及工器具投资30362万元、其他费用投资78535万元。至2015年年底已具备竣工验收条件。

（3）义安矿业：洛阳义安矿业有限公司是河南大有能源股份有限公司与万基控股集团有限公司共同出资组建的大型现代化矿井。公司位于新安县正村乡境内。矿井设计生产能力120万吨/年，服务年限55.8年。义安井田位于新安煤田南部，井田走向长6.3千米，倾向宽5.5千米，面积28.74平方千米。井田赋存煤系地层为石炭-二叠系地层，可采煤层为山西组下部二$_1$煤层和二$_2$煤层，其中二$_1$煤层为主采煤层，二$_2$煤层局部可采。井田煤炭资源储量16407万吨，可采储量9382.2万吨。煤种为低中灰、中高硫、特低磷、高发热量粉状贫煤。煤尘有爆炸危险性，煤层瓦斯含量较高，2007年，被河南省煤炭工业局鉴定为煤与瓦斯突出矿井。2003年11月开工建设，2009年6月竣工投产，总投资103439万元，2010年达产。截至2015年年末，矿井保有地质储量16136.7万吨，可采储量9316.4万吨，剩余服务年限55.5年。先后荣获河南省“省管企业先进基层党组织”、“河南之星最佳企业”、“省级文明单位”、2013年度“煤炭行业一级安全高效矿井”、国家级“煤矿瓦斯综合治理示范矿井”、国家级“安全质量标准化煤矿”等荣誉称号。

（4）跃进矿：义煤集团跃进煤矿位于义马市310国道南2千米，1958年建井，1959年简易投产，设计能力为15万吨/年，经1975年、1996年两次改扩建，设计能力达到120万吨/年，2011年核定矿井生产能力为180万吨/年。截至2015年年底，矿井保有资源储量10160.2万吨，可采储量6199.5万吨，剩余服务年限24.6年。2013年矿井瓦斯绝对涌出量6.32立方米/分，相对涌出量3.49立方米/吨，属瓦斯矿井。煤尘有爆炸危险性，煤层具有自然发火倾向，自然发火期一般为1～3个月，最短15天。矿井正常涌水量143立方米/时，最大涌水量239立方米/时，矿井水文地质类型中等。矿井现生产采区均采用走向长壁后退式综合机械化方式开采。矿井采用斜井多水平分区式上下山开拓方式。目前矿井采深650～1060米。

（5）耿村矿：耿村矿是一个设计生产能力为120万吨/年的大型矿井。1982年移交生产，资源可靠，储量丰富，产量稳定。为进一步满足国民经济发展对煤炭产量的需求，根据煤炭部的指示，1988年1月耿村矿开始了矿井的改扩建工作。耿村矿改扩建工程于1992年12月28日竣工投产，矿井设计生产能力由原来的120万吨/年增加到240万吨/年，净增120万吨/年。原设计概算投资为11082.71万元，后经多次设计变更和价差调整，确定概算投资为23292.8万元。1994年，耿村矿投资1900万元从英国引进刮板输送机、转载机，与改造后的国产采煤机和支架配套，装备了第一个高产高效工作面(2-1煤13031工作面)。1995年，建成省级高产高效优质矿井。1997年9月又投资2000多万元在(2-3煤)1301工作面首次装备了全局第一套ZHBSα-18.2/28型综采放顶煤支架。2000年8月和2002年11月，又先后投资1600多万元和1500多万元装备了ZF2800型轻型放顶煤支架和一套ZFBSα-18.2/28型综采放顶煤支架，均一次试采成功，为矿井的快速发展提供了物质基础。2006年核定生产能力为350万吨/年，2007年该矿实际产量达到370万吨。后经技改，2008年矿井核定能力400万吨/年，截至2015年年底，矿井保有储量为6822.5万吨，可采储量为3937.3万吨。

(6) 阳光煤矿：阳光煤矿位于渑池县北部，主副井位于渑池县仰韶镇阳光村、礼庄寨村，风井位于坡头乡城头村，地质储量5057万吨，设计能力45万吨/年，概算投资88885万元，2011年11月开工建设，截至2014年年底，三个井筒已落底，井底车场已形成，地面工程基本完成，完成投资37298万元。2015年建设停工。

(三) 郑煤集团

(1) 告成煤矿：位于嵩山东麓登封市境内，郑少高速、永登高速穿境而过，交通十分便利。井田面积约35平方千米，主采二$_1$煤层，煤层平均厚度4.86米，倾角8°～26°，井田范围受滑动构造影响，顶底板破碎、起伏变化大，煤层赋存不稳定。1992年4月开工建设，1999年9月建成投产，设计生产能力90万吨/年，2012年核定生产能力120万吨/年。截至2015年年底，二$_1$煤层保有储量12756万吨，剩余可采储量6388万吨，剩余服务年限38年。矿井布置6个井筒，主井、副井、辅助进风井、南翼副井进风，中央风井、北翼风井回风，通风方式为混合式，通风方法为抽出式。主井采用单绳缠绕式提升机、8吨底卸式箕斗提升原煤，副井采用塔式多绳摩擦式提升机、1吨单层双车罐笼提升人员及物料。

2010年5月，告成煤矿被列入2010年煤炭产业升级改造项目计划，新建南翼副井，配套改造矿井通风、运输、排水、供电等系统，概算总投资82907.96万元，产能由原来的100万吨/年提高到150万吨/年。按照矿、土、安三类工程划分共计66个单位工程。2011年7月15日开工建设，截至2015年年底共计已完成26个单位工程，完成投资44853.88万元。

(2) 白坪煤矿：2003年12月开工建设，由煤炭工业郑州设计研究院设计。2003年11月国家发改委对郑州煤炭工业(集团)有限责任公司白坪矿可行性研究报告进行了批复(发改能源〔2003〕2327号文)，根据国家发改委的批复意见和郑州工业(集团)有限责任公司的设计委托书(郑煤集团办字〔2003〕55号文)，于2004年11月完成矿井初步设计。2006年9月国家及省煤矿安全监察局在矿井安全设施设计的批复中，要求该矿井按煤与瓦斯突出矿井设计，所采二$_1$煤层为突出煤层。根据国家发展计划委员会《关于河南郑州白坪矿井项目建议书的批复》(计基础〔2000〕2497号文)，白坪矿井设计生产能力180万吨/年，采用主斜井、副立井两个水平上下山开拓，东翼水平标高－175米，西翼水平标高－250米；主、副井口位于井田深部107～108勘探线之间，井口标高分别为＋360米和348米，井筒落底于－175米水平；矿井初期采用中央边界式通风系统；设计以一个采区、一综一炮两个放顶煤工作面保证矿井生产能力。服务年限45年。项目井巷工程量17205.9米，井巷工程总体积258257.9立方米，概算投资9.46亿元。2007年10月13日建成联合试运转，2008年10月17日竣工投产，实际完成投资8.8亿元。

（3）赵家寨煤矿：河南省新郑煤电有限责任公司赵家寨煤矿由郑州煤电股份有限公司（51%）、河南神火煤电股份有限公司（39%）、北京联合德信投资有限责任公司（10%）共同出资建设，中煤国际工程集团武汉设计研究院有限公司设计，设计生产能力300万吨/年，服务年限53.3年。井田面积48.96平方千米。主采山西组二$_1$煤。矿井瓦斯绝对涌出量11.86立方米/分，矿井瓦斯相对涌出量1.74立方米/吨。矿井地质条件中等，水文地质条件复杂，设计正常涌水量1910立方米/时，最大涌水量2491立方米/时。矿井设计3个立井、1个水平上下山开拓全矿井。矿井有11采区、12采区、14采区、24采区、26采区、13采区和21采区等7个设计采区，其中11采区和12采区为矿井的首采区。该项目2003年12月28日举行了揭牌仪式，2004年2月28日举行了项目奠基仪式。2006年4月国家发展和改革委员会对该项目进行了核准（发改能源〔2006〕1297号）。2005年12月编制了矿井初步设计和安全专篇，2007年1月河南省发改委对矿井初步设计进行了批复，2006年10月河南省煤监局对矿井安全设施设计进行了批复。2007年3月河南省煤炭工业管理局同意了赵家寨煤矿项目开工建设。2009年6月河南省能源规划建设局对矿井初步设计（修改）进行了批复，2009年9月河南省煤监局对矿井安全专篇（修改）进行了批复。项目概算总投资19.98亿元。2009年8月试生产，2010年9月竣工投产。

（4）超化高岭煤矿：位于河南省新密市平陌镇刘沟村，井田面积14.94平方千米，北距宋大铁路1千米，S203省道从勘探区东南部斜穿而过，交通便利。矿井主采七$_2$煤层和二$_1$煤层，井田地质储量3397万吨，可采储量1182万吨，其中七$_2$煤地质储量695万吨，可采储量388.9万吨，二$_1$煤地质储量2702万吨，可采储量793.1万吨。两煤层均属不易自燃煤层，煤尘均具有爆炸危险性，属低瓦斯矿井。矿井地质条件中等，水文地质条件中等，设计正常涌水量为405.13立方米/时，最大涌水量为607.69立方米/时。矿井设计生产能力45万吨/年，建井工期30个月。超化高岭矿井为立井多水平开拓，中央并列式通风，矿井首采区设计两个炮采面。2008年8月，河南省发改委以《关于郑州煤电股份有限公司超化高岭煤矿项目核准的批复》（豫发改能源〔2008〕1183号）对该项目进行了核准。项目核准总投资29056万元，2011年3月修改初步设计后，总投资调整为52949万元。高岭煤矿于2009年1月1日开工建设，2012年5月31日通过省发改委、省能源局组织的专家组验收，2012年6月1日顺利通过矿井项目竣工验收。

（5）华辕煤业李粮店矿：郑州华辕煤业有限公司是由郑煤集团和华润电力于2006年12月共同出资设立的合资公司，公司注册资本7.5亿元人民币。李粮店矿井位于河南省中部新郑市、长葛市和尉氏县三地交界，属新密煤田的东南部，距西北方向的郑州市约50千米，距新郑市约11千米。郑州煤炭工业（集团）有限责任公司于2006年9月取得了李粮店井田的探矿权（证号0100000630186），2006年11月国土资源部对《河南省新密煤田李粮店区勘探报告》进行了评审备案。李粮店井田地理坐标为东经113°42′24″～113°52′50″，北纬34°19′04″～34°22′45″。行政区划属新郑市梨河镇、和庄镇、八千乡和长葛市管亭乡、大周镇以及尉氏县岗李镇管辖。井田东西走向长2～10千米，南北倾斜宽3～8.7千米，面积约73.7平方千米。国家发改委以《关于郑州矿区李粮店煤矿开展前期工作的咨询复函》同意项目开展前期工作。李粮店煤矿项目为“十一五”开工项目，矿井设计生产能力240万吨/年，2013年8月由国家发改委以《关于河南郑州矿区李粮店煤矿核准的批复》(发改能源〔2013〕1634号)进行了核准。2013年10月，河南省能源规划建设局对《郑州华辕煤业有限公司李粮店矿井初步设计》进行了审查，并以豫能局煤炭〔2013〕12号文进行了批复。2013年11月15日，国家局委托河南煤矿安全监察局组织专家对《郑州华辕煤业有限公司李粮店矿井初步设计安全专篇》进行了预审。河南省政府2008—2010年连续3年将其列入河南省重点项目。矿井开拓方式为立井单水平上、下山开拓，水平标高分别暂定为－655米，局部设辅助水平，井筒位于寺前刘村以南300米，京珠高速公路东侧，初期采用主、副、风井三个立井开拓。2008年12月18日开始主、副、风井井筒井检孔施工，2009年5月12日矿井破土开工建设。2009年6月21日开始风井井筒冻结，2009年12月9日副井井筒开始冻结，2010年1月10日主井井筒开始冻结；2009年12月26日风井井筒开挖，2010年2月20日副井井筒开挖，2010年3月24日主井井筒开挖。2013年11月，矿井建设过程中副井发生透水溃沙，矿井全面停工缓建。截止到2013年年底，累计完成投资194280.15万元(含资源价款52000万元)，累计完成矿建工程量为11615米，硐室11181立方米，土建工程完成总设计的70%，副井永久提升系统、中央变电所、中央泵房等机电安装工程完成了安装并投入运行。

(6)振兴二矿产业升级：振兴二矿位于郑州市二七区侯寨乡三李村境内，前身为郑州市二七区三李煤矿，为集体企业。根据河南省煤炭、铝土矿资源整合精神，参加了河南省煤炭资源整合，郑煤集团占70%股份。矿井产业升级，设计生产能力由30万吨/年增加到45万吨/年，可采储量921.54万吨，服务年限15.75年，井田面积4.5215平方千米。主要建设内容为：在工业广场内新建一副立井，担负矿井辅助提升任务，将原立井改造为专用回风井，报废原立风井；配套改造矿井运输系统、供电系统等。2010年，振兴二矿列入2010年煤炭产业升级改造计划。2010年3月开工，建设工期36个月，2013年12月主体工程基本完工，2014年3月18日经河南省工业和信息化厅豫工信煤〔2014〕191号文批复联合试运转，2015年8月河南省工信厅会同省安监局、省能源局和河南煤监局对该项目进行了竣工验收。

(四)焦煤集团

(1)古汉山矿：焦作矿务局古汉山矿设计生产能力120万吨/年，井田可采储量9416.69万吨，服务年限53.8年。1991年中煤总公司以中煤总基字〔1991〕第581号文批准焦作矿务局古汉山矿井开工。1993年能源投资公司以能投煤技〔1993〕672号文下达了《关于焦作矿务局古汉山矿井、选煤车间、铁路专用线修改设计及概算的批复》，批准概算总投资36240.92万元。1997年，按照煤炭部煤基字〔1996〕第202号文的要求，进一步对该项目进行设计优化和概算调整，同年12月煤炭部以煤基字〔1997〕第579号文下达《关于焦作矿务局古汉山矿井优化设计及概算调整的批复》，矿井概算投资94313.69万元(含位村井9514.01万元)。煤炭工业河南建设工程质量监督中心站2001年12月对矿井进行认证，矿井项目被评为合格工程。2001年12月通过了河南煤矿安全监察局组织的安全专项验收，2003年2月11日通过了焦作市公安局消防支队组织的消防专项验收，2003年6月6

目通过了河南省环保局组织的环境保护专项验收，2003 年 4 月 28 日河南华建工程造价咨询事务所完成了项目的竣工审计，2003 年 11 月古汉山矿项目通过了竣工验收。

（2）赵固一矿：赵固一矿位于焦作煤田东部，矿井地质储量 37349 万吨，可采储量 16463 万吨。矿井设计生产能力 240 万吨/年，服务年限 49 年。《焦作煤业（集团）有限责任公司赵固一矿初步设计修改说明》于 2008 年 7 月 7 日由河南省煤炭工业局以豫煤规〔2008〕528 号文批复，概算总投资 168502.78 万元。2003 年 10 月，成立赵固项目建设指挥部。2004 年 1 月国家发改委以发改能源〔2004〕133 号批准立项；7 月勘探报告评审通过备案；11 月通过邀请招标确定河南工程咨询监理公司为监理单位，由河南煤炭建设工程质量监督中心站负责工程质量监督，焦煤集团安监局负责安全监督；11 月 5 日可研报告通过国家发改委核准（发改能源〔2004〕2442 号），11 月 16 日初步设计通过省发改委、煤炭工业局组织的专家评审。2005 年 1 月，项目建设用地通过国土资源部预审，一年内基本完成项目审批程序，并获得国家大型煤炭基地建设项目基金 15100 万元、勘探基金 500 万元。2005 年 3 月，河南煤炭建设集团进场，开始进行主、副井筒掘砌准备工作。2008 年 10 月 30 日河南省煤炭工业管理局以豫煤规〔2008〕729 号文批复进行联合试运转。2009 年 4 月 30 日由国家能源局以能煤函〔2009〕13 号文委托河南省发改委组织项目竣工验收。2009 年 6 月 26 日由河南省发改委以豫发改能源〔2009〕1017 号文批复项目通过竣工验收。

（3）赵固二矿：赵固二矿位于焦作煤田东部，矿井工业资源储量为 31269 万吨，设计资源储量为 21307 万吨，可采储量为 13986 万吨，矿井建设规模 180 万吨/年，服务年限 55.5 年，矿井概算总投资 184877.18 万元。2005 年 5 月 12 日，成立焦煤集团赵固二矿建设项目领导小组和筹建办公室，项目前期工作全面展开；8 月 31 日，委托中煤国际工程集团武汉设计研究院编制项目可行性研究报告和项目申请报告。2006 年 6 月开始施工，2010 年 9 月建设内容基本完成。2010 年 11 月经河南省能源规划建设局批准开展联合试运转（豫能局煤炭〔2010〕27 号文）；2011 年 3 月 21 日由国家能源局以能煤函〔2011〕7 号文委托河南省发改委组织项目竣工验收；2011 年 4 月 21 日由河南省发改委以豫发改能源〔2011〕633 号文批复项目通过竣工验收。

（4）新河矿井：新河井田位于焦作市东部的修武县城北部，井田勘探提供资源储量 5638.8 万吨，工业资源储量 5148.48 万吨，矿井可采储量 2906.38 万吨，设计生产能力 60 万吨/年，服务年限 37.3 年 。2004 年 4 月勘探报告评审通过备案，2005 年 9 月可研报告通过国家发改委核准，2008 年 1 月初步设计通过省发改委、省煤炭工业局组织的专家评审，2006 年 10 月 17 日项目建设用地通过国土资源部预审，2007 年 9 月国家发改委以发改能源〔2007〕1525 号批准立项，2007 年 10 月成立新河矿井项目建设指挥部，2007 年 11 月正式开工。矿井概算投资 74626.06 万元。2012 年河南能源化工集团有限公司对项目重新进行梳理论证，重新测算总概算为 167768.70 万元（含选煤厂和铁路专用线），决定项目缓建。截至 2015 年年底，矿井部分累计完成投资 114747.67 万元。

（5）宝雨山矿：宝雨山煤矿隶属于河南能源化工集团焦煤公司，位于登封煤田西端，地处登封、汝州及伊川三县（市）交界处。由武汉煤矿设计院设计，1998 年 9 月开工建设，2001 年 8 月投产，项目总投资 36785 万元。井田面积 20.8627 平方千米，可采煤层有两层，其中二$_1$ 煤层属主采煤层，平均厚度 4.02 米，$二_1$ 煤层总资源储量为 12092.4 万吨，设计资源储量 7126.0 万吨，设计生产能力 60 万吨/年，服务年限 37 年。2011 年 9 月通过河南省发展和改革委员会核准，实施煤炭产业升级改造，2011 年 10 月开始实施，2014 年 6 月通过省发展和改革委员会竣工验收，项目总投资 4801.59 万元。项目完成后，宝雨山矿产能由 60 万吨/年提升至 90 万吨/年。

（6）何庄矿：何庄煤矿位于洛阳市伊川县半坡乡境内，位于登封煤田马岭山勘探区西部。由武汉煤矿设计院设计，2003 年 8 月开工建设，2007 年 12 月投产，项目总投资 35580 万元。井田面积 6.8037 平方千米，主采二叠系山西组下部的 $二_1$ 煤层，煤层厚度 0.6～13.2 米，平均 4.46 米，可采储量 2300 万吨。设计生产能力 45 万吨，服务年限 36.3 年。

（五）鹤煤集团

（1）鹤壁六矿扩建：六矿改扩建工程是煤炭部“八五”重点工程之一，分矿井和选煤厂两部分。1990 年 7 月动工兴建，全部工程由北京煤炭设计研究院设计。设计生产能力由年产 75 万吨扩建为 120 万吨，新增产能 45 万吨/年。概算总投资 9274.14 万元，其中选煤厂 1282 万元。全部工程先后有六矿、局建筑一公司、工程处等 17 个单位参与施工，历时 5 年，至 1995 年 9 月基本完成，12 月 5 日至 6 日进行了预验收，12 月 26 日经国家验收委员会验收正式移交生产。经煤炭部河南质量监督中心站认证，综合评分 79.91 分，优良品率 38.5%，定为良好工程。

（2）寺湾小井建设：寺湾小井于 1992 年 7 月开工兴建。初步设计由国家能源投资公司以能投煤技〔90〕654 号文批准，概算投资 1974 万元。2002 年，河南省煤炭工业局以《关于同意鹤煤集团恢复寺湾井基建工程的批复》（豫煤规〔2002〕213 号）批复，同年 5 月恢复矿井基本建设。2006 年 12 月 11 日至 12 日矿井顺利通过省煤炭工业管理局组织的竣工验收。

（3）冷泉矿：十矿是鹤煤集团公司开发建设的第十对生产矿井，是“九五”期间的重点工程，位于矿区冷泉井田，为立井单一水平开拓方式，概算总投资 47063 万元。矿井于 1994 年 12 月 31 日开工兴建，最初定名为冷泉矿。1998 年 12 月，鹤煤公司决定将冷泉矿正式更名为第十煤矿。2000 年 10 月 27 日，开始进行试生产。

（4）鹤煤四矿扩建：鹤壁中泰矿业有限公司（原鹤壁煤电股份有限公司四矿）原生产能力为 90 万吨/年，矿井改扩建后生产能力为 150 万吨/年，采用立井、斜井、多水平开拓。随着开采工艺不断创新，2005 年 7 月，鹤壁煤电股份有限公司积极吸引外资，与泰国万浦集团合资组建为鹤壁中泰矿业有限公司。2006 年被河南理工大学鉴定为煤与瓦斯突出矿井。中泰公司井田范围扩大后，矿井保有储量为 15661.6 万吨，其中原井田范围内保有储量 8205.8 万吨，扩大井田内资源储量为 7455.8 万吨，矿井服务年限 35.5 年。矿井改扩建后，采煤方法设计采用倾斜长壁法开采，装备两个采区、两个综采放顶煤工作面保产，初期新、老区各一个采区进行配采。矿井通风方式为抽出式，采用分区式通风。2005 年 8 月，项目正式开工建设；2010 年 12 月 31 日，河南省发改委以豫发改能源〔2010〕2014 号批准同意矿井进行联合试运转；2011 年 7 月通过了竣工验收（豫发改能源〔2011〕1189 号）。中泰公司改扩建项目矿井建设批复概算总投资 44479.92 万元（豫能局煤炭〔2011〕5 号），实际完成 40198.80 万元，完成概算总投资的 90.38%；中泰矿业选煤厂改扩建工程批复概算投资为 12511.72 万元，实际完成 12074.12 万元，完成总概算投资的 96.5%。

(5) 鹤煤九矿扩建:九矿位于鹤壁矿区北部边界,井田面积为6平方千米,设计生产能力30万吨/年,改扩建后为60万吨/年。九矿井田范围扩大后,矿井保有工业储量为4620万吨,保有可采储量为2462万吨。矿井服务年限27.9年。开拓方式采用立井、斜井、暗斜井多水平上下山开拓。通风方式为混合式,通风方法为机械抽出式。2005年8月项目正式开工建设。2009年7月27日,河南省能源规划建设局以豫能局综合〔2009〕25号文批准九矿联合试运转。2009年11月10日河南省能源规划建设局以《关于鹤壁煤电股份有限公司九矿改扩建项目竣工验收的批复》(豫能局综合〔2009〕44号)批复项目通过竣工验收。九矿改扩建项目批复概算投资42084.32万元,实际完成投资41001.99万元。

(6) 华安煤矿:华安煤矿建设项目是由鹤壁煤电股份有限公司(占股份50%)、宁波中鼎贸易有限公司(占股份40%)、安阳鑫龙煤业(集团)有限公司(占股份10%)合资开发的项目。矿井田位于彰武至伦掌南部煤勘探区,面积40.12平方千米,可采储量12767万吨。矿井位于安阳县蒋村乡双全村东侧,总占地面积41.45公顷。项目建设生产能力180万吨/年矿井一座,同时建设同能力选煤厂一座和铁路专用线。矿井服务年限约50.7年。矿井开采煤层为二$_1$煤层,煤厚4.19~8.66米,平均6.47米,煤层倾角6°~18°,煤层赋存稳定。二$_1$煤属低灰~中灰、特低硫、低磷、高发热量的无烟煤、贫煤、贫瘦煤和瘦煤。水文地质条件为简单偏中等型,矿井正常涌水量546.68立方米/时,最大涌水量710.68立方米/时。煤层属于自燃煤层,煤尘具有爆炸性,矿井为煤与瓦斯突出矿井。设计采用走向长壁分层开采采煤法。矿井采用立井单水平上下山开拓,主、副、风井在同一工业场地内,采用中央并列式通风,开采水平为−840水平。配套建设一座与井型一致的选煤厂。项目批复概算总投资29.46亿元,其中:矿井26.23亿元,选煤厂2.66亿元,铁路专用线0.57亿元。项目计划建设工期72个月。2011年年底项目核准后,2012年6月先后对主、副、风井井筒开始地面预注浆;2013年4月开始主、副井筒施工,至2014年4月,主井井筒施工至908米,副井井筒至937米。因资金紧张,项目经集团公司论证,2014年12月以2014年第44期会议纪要同意暂缓项目建设。

(六) 永煤集团

(1) 陈四楼煤矿:陈四楼煤矿位于河南省永城市境内,是河南能源化工集团永煤公司第一对矿井,煤炭品种为低灰、特低硫、特低磷、高发热量的优质无烟煤,矿井井田面积73平方千米。陈四楼煤矿于1985年3月立项,矿井初步设计于1987年3月(提交说明书时间)由河南矿井设计研究院完成,于1987年8月由煤炭工业部以〔87〕煤基字第442号文审查批准,1990年7月26日正式开始建设,1997年11月6日投产,设计生产能力240万吨/年,2005年批准的核定生产能力为358万吨/年,2009年批准的核定生产能力为450万吨/年,2016年豫煤行〔2016〕84号文确定生产能力为378万吨/年。

(2) 车集煤矿:矿井位于河南省永城市境内,是国家“八五”、“九五”重点建设项目,是永城煤电集团有限责任公司控股的河南龙宇能源股份有限公司主体企业之一。项目于1980年3月立项,矿井初步设计于1980年11月由河南煤矿设计院设计,1984年6月由河南省煤炭厅发〔84〕豫煤基便字第30号文审查批准,1985年5月提交精查地质报告。井田面积57平方千米,地质储量为4亿多吨,可采储量为2亿多吨。矿井始建于1992年10月,1999年12月29日顺利通过国家验收委员会验收正式投产。

矿井最后完成基本建设总投资 13.68 亿元，设计生产能力为 180 万吨/年，服务年限为 82.5 年。2009 年核定矿井综合生产能力 280 万吨/年。

（3）城郊煤矿：城郊煤矿位于河南省永城市老城东侧，设计能力 240 万吨/年，1999 年 12 月开工建设，2003 年 7 月竣工投产。2009 年经过技术改造，河南煤炭工业管理局以豫煤行〔2009〕84 号文件批复，核定生产能力 500 万吨/年。

（4）新桥煤矿：新桥煤矿是永煤集团股份有限公司在永夏矿区开发建设的第四对大型矿井。新桥井田位于河南省永城市西南，北邻城郊井田，南与安徽省接壤，井田面积约 36 平方千米，可采储量 9515.2 万吨，设计服务年限 56.6 年。矿井采用立井单水平上下山开拓，走向长壁采煤法后退式开采，一次采全高，全部垮落法管理顶板。水文地质条件为中等类型，矿井正常涌水量 560 立方米/时，最大涌水量 1010 立方米/时。瓦斯矿井，煤尘具有爆炸性，主采$二_2$ 煤层。2004 年 12 月新桥煤矿开工建设，2007 年 12 月新桥煤矿竣工投产，矿井设计生产能力 120 万吨/年。新桥煤矿南风井工程被国家能源局以国能煤炭〔2010〕241 号文列为 2010 年度国家煤炭产业技术改造项目，2013 年 2 月 2 日开工，2016 年 3 月 25 日河南省煤炭工业管理办公室以豫煤行〔2016〕39 号文件批复新桥煤矿南风井技改工程联合试运转。2015 年 12 月 30 日河南省煤炭工业管理办公室以豫煤行〔2015〕15 号文核定矿井生产能力为 150 万吨/年。

（5）顺和煤矿：顺和煤矿是永煤集团在永城本部建设的第五对现代化矿井，位于河南省永城市城关镇北 20 千米，属顺和镇管辖。本区呈近东西向的长条形，面积约 34.3831 平方千米，可采储量 3250.6 万吨，设计生产能力 60 万吨/年，服务年限 38.7 年。2008 年 5 月，河南省煤炭工业管理局对顺和矿井可行性研究报告予以批复（豫煤规〔2008〕337 号），2009 年 5 月取得了河南省发展和改革委员会的项目核准批复（豫发改能源〔2009〕747 号），2009 年 8 月河南省能源规划建设局对顺和矿井初步设计予以批复（豫能局综合〔2009〕32 号），矿井由煤炭工业郑州设计研究院有限公司设计，于 2009 年 10 月开工建设，主、副、风三个井筒开拓，中央并列式通风。2014 年 5 月经省发改委组织竣工验收（豫发改能源〔2014〕1036 号文）。2015 年 4 月，顺和煤矿由瓦斯矿井升级为煤与瓦斯突出矿井，河南省工业和信息化厅对顺和矿井升级为煤与瓦斯突出矿井予以批复（豫工信煤〔2015〕122 号）。

（6）嵩山煤矿：嵩山煤矿即原偃师市焦村煤矿夹沟矿井，原属偃师市办地方国有煤矿，2005 年 9 月 22 日经资源整合由河南煤化集团河南永华能源有限公司接管。该矿位于河南省偃师市城南约 26 千米处，该井田地处偃龙矿区嵩山井田之东南，属偃师市府店乡管辖。1986 年开工建设，1990 年建成投产。2007 年 8 月嵩山煤矿进行技术改造，2010 年 12 月投产，新建两对立井，矿井采用双立井开拓，单水平上下山开采全井田。装备两个综采放顶煤工作面和四个掘进工作面来保证矿井的生产能力和生产的正常接替。采煤方法为走向长壁后退式采煤法，综采放顶煤工艺，全部垮落法管理顶板。嵩山煤矿设计生产能力为 60 万吨/年，核定生产能力为 140 万吨/年。

（7）郭村煤矿：郭村煤矿原为偃师市焦村煤矿刘庄井，原属偃师市办煤矿，2005 年 12 月 20 日经资源整合由河南永华能源有限公司接管，该矿位于河南省偃师市城南约 32 千米处，该井田地处偃龙矿区郭村井田之东南，处于偃师市缑氏乡境内。刘庄井建于 1958 年，设计生产能力 6 万吨/年。1988 年刘庄井委托北京煤炭设计院进行了技术改造设计，于1990年动工，实施了刘庄井6万吨/年至21万吨/年技术改造，由于资金问题和井下出水等因素，1995年改造项目被迫停建。2006年5月，由煤炭工业郑州设计研究院有限公司进行初步设计，设计生产能力30万吨/年，该矿2007年进行了30万吨/年的技术改造，并于2008年8月14日通过竣工验收正式投产。经批准，目前该矿井正进行90万吨/年产业升级改造。

(8) 龙王庄煤矿：位于河南省陕县和渑池县的交界处，井田面积约11.43平方千米。矿井设计年生产能力45万吨/年，煤种为焦煤，产品单一。三门峡龙王庄煤业有限责任公司成立于2004年，2005年12月天津中迈集团兼并改制成股份制企业。2006年5月底，永煤集团和中迈集团合资建设龙王庄矿井，永煤集团占50%股份，中迈集团下属两个公司占50%(天津港保税区国宏国际贸易有限公司29%，天津新技术产业园区国贸贸易有限公司21%)。2012年12月份天津中迈50%股权转让给河南国担投资有限公司。2008年8月矿井实现联合试运转，2009年6月5日通过矿井竣工验收。

(9) 主焦煤矿改扩建：主焦煤矿位于豫、冀两省交界处，井田面积8.2488平方千米，井田开拓方式为立井、暗斜井、多水平开拓，矿井通风方式为对角式、抽出式通风。矿井原设计能力为30万吨/年，改扩建设计生产能力为60万吨/年，该项目由煤炭工业郑州设计研究院有限公司设计。2010年10月河南省发改委批准改扩建项目开工建设，2012年9月通过河南省煤炭工业局竣工验收，并于当年达产。本次改扩建主要内容为：在工业广场改建了主、副井筒，主井净直径5.5米，装备一对4吨单绳箕斗，担负矿井煤炭提升任务；副井净直径6.0米，装备一对单层双车多绳罐笼，担负矿井人员、设备升降、提矸下料、进风等任务；风井净直径5.0米，井筒内敷设排水、压风和瓦斯抽放管路，主要用于回风。

(10) 红岭煤矿：红岭煤矿全称为安阳鑫龙煤业(集团)红岭煤业有限责任公司，该矿位于殷都区伦掌镇境内，井田位于豫、冀两省交界处，开采煤层为山西组二$_1$煤层，井田面积7.06平方千米，由煤炭工业郑州设计研究院股份有限公司设计。现扩建后，设计生产能力90万吨/年，净增36万吨/年。2010年10月开工，2012年12月投产。完成投资48188万元。煤种为贫、瘦煤。该矿属高瓦斯矿井，矿井采用一立、二斜多水平综合开拓方式开拓。

(11) 大众煤矿(安阳大众煤业有限责任公司)：矿井始建于1974年，1978年投产，经1983年、1990年两次技术改造后，矿井生产能力由15万吨/年改造为30万吨/年。安阳大众煤业有限责任公司成立于2005年，有安阳鑫龙煤业(集团)有限责任公司、河南金秋控股有限公司、安阳市四方房地产开发有限责任公司三家法人股东。矿井主要开采山西组二$_1$煤层，产品为低水、中灰、特低硫、高熔灰分、发热量高的优质无烟煤、贫瘦煤，属煤与瓦斯突出矿井。2011年12月9日获得国家发展和改革委员会的批复(发改能源〔2011〕2899号)，扩建至120万吨/年，新增设计生产能力90万吨/年。项目开工备案于2012年3月2日获得河南省能源规划建设局的批复，文号为豫能局煤炭〔2012〕3号。建设内容为：在现工业广场内建一主井，在井田中部建一副井，新掘运输下山和－553运输大巷与现有生产系统联通，利用矿井现有的中央风井和北风井实现分区式通风，装备一个综合机械化采煤工作面。项目总投资约89203.35万元，服务年限40.7年，项目于2012年3月开工，目前正在建设。

(七) 神火集团

(1) 葛店煤矿：葛店煤矿位于河南省永城市东南部，行政区划隶属高庄镇、苗桥乡管辖。矿井设计井型 21 万吨/年，服务年限 39.5 年，建井工期计划 54 个月。葛店煤矿 1958 年成立筹建处，开始矿井的筹建工作。由于在建井初期过程中遇到困难，被迫停止施工。1969 年恢复施工，1975 年建成投产。1985 年，河南省地方煤矿公司下发《关于商丘地区永城葛店煤矿改扩建初步设计的批复》，同意葛店煤矿进行改扩建，并委托河南省煤矿设计研究院进行改扩建设计，改扩建设计矿井生产能力为 30 万吨/年，矿井服务年限为 23.5 年。经改扩建后，1990 年矿井生产达到改扩建后的设计产量。1992 年，永城矿务局向商丘地区计建委送审《永城矿务局葛店矿井改扩建初步设计计划任务书》，河南省计划经济委员会下达《关于永城葛店煤矿改扩建工程可行性研究报告的批复》，同意改扩建，并委托郑州煤炭设计研究院进行改扩建设计，1993 年 5 月，河南省煤炭工业厅对葛店煤矿改扩建初步设计的批复又作了补充，同意葛店煤矿生产能力由 30 万吨/年 扩建到 75 万吨/年。2005 年竣工投产。

（2）新庄煤矿：新庄矿位于河南省永夏煤田永城市东部，矿井地质储量 7045 万吨，可采储量 6237.34 万吨，设计生产能力 90 万吨/年，服务年限 66 年，总投资 14400 万元。1985 年 11 月 1 日新庄煤矿主井筒建设破土动工，1992 年 4 月简易投产。1995 年 12 月 18 日经河南省计划委员会组织验收委员会对新庄矿井建设进行验收后正式投产。后经改造，2006 年矿井核定生产能力达到 225 万吨/年。

（3）刘河煤矿：刘河矿位于河南省永夏煤田永城矿区东北部，矿井地质储量 2956.6 万吨，可采储量 1121 万吨。矿井设计生产能力 30 万吨/年，服务年限 26.7 年，总投资 24172 万元。2003 年 6 月河南省发展计划委员会以豫计基础〔2003〕1058 号文批准立项；2003 年 11 月 24 日可研报告通过河南省发展计划委员会核准；2004 年 2 月 26 日初步设计通过河南省煤炭工业局组织的专家评审；2004 年 12 月项目建设用地通过国土资源部审批；2004 年 7 月项目开工；2006 年 10 月 8 日实现首采工作面贯通；2006 年 12 月 15 日河南省煤炭工业局以豫煤规〔2006〕1073 号文批复进行联合试运转；2007 年 8 月正式竣工投产。

（4）薛湖煤矿：薛湖煤矿位于永夏矿区的北部，矿井地质储量 20210 万吨，可采储量 8674 万吨。矿井设计生产能力 120 万吨/年，服务年限 51.6 年，总投资 135600 万元。2003 年 11 月河南省发展计划委员会以豫计基础〔2003〕2167 号文批准立项；国家发改委于 2004 年 12 月 9 日以发改能源〔2004〕2869 号文核准；河南省国土资源厅于 2004 年 7 月 13 日以豫国土资函〔2004〕314 号文批复建设工程用地申请；河南省煤炭工业局于 2005 年 6 月 13 日以豫煤规〔2005〕319 号文批复初步设计；采矿许可证于 2006 年 3 月 30 日由国土资源部颁发。矿井由中煤第五建设公司承建，二期工程由河南煤炭建设集团承建，河南理工大学建设工程监理所为监理单位，由煤炭工业河南永煤矿区质量监督站负责工程质量监督，神火煤电股份有限公司安监部、薛湖煤矿筹建处负责安全监督。矿井于 2004 年 12 月开始施工建设；2008 年 8 月工作面贯通；2008 年 12 月 26 日矿井开始进行联合试运转；矿井采用分期投产方式，2009 年 12 月 16 日通过一期工程验收，2012 年 5 月 28 日通过二期工程验收。

（5）泉店煤矿：泉店煤矿位于禹州矿区东部，井田地质储量 16135 万吨，可采储量 8515 万吨，总投资 99624 万元。矿井设计生产能力 120 万吨/年，服务年限 48.3 年。2005 年 12 月国家发改委以发改能源〔2005〕2747 号文核准泉店煤矿项目；2004 年 11 月勘探报告由国家国土部以国土资储备字〔2004〕300号文评审通过备案；2006年4月初步设计通过河南省煤炭工业局组织的专家评审（豫煤规〔2006〕318号）；2006年12月项目建设用地通过国土资源部审批（国土资函〔2006〕689号）。河南工程咨询监理公司作为监理单位，由河南建煤炭建设工程质量监督中心站负责工程质量监督，神火煤电股份有限公司安监部、泉店煤矿筹建处负责安全监督。2006年3月16日矿井正式开工建设，主要由中煤五公司三处、中煤三公司七十一处、河南煤炭建设（集团）有限责任公司、河南第二建筑工程有限责任公司、神火建安公司、开滦建设集团等公司承建。2008年11月6日实现首采工作面贯通，2009年4月河南省发展与改革委员会以豫发改能源〔2009〕536号文批复进行联合试运转，2009年12月正式竣工投产。

（6）梁北煤矿：梁北矿位于禹州市梁北镇，地质储量2.55亿吨，可采资源储量0.9亿吨。矿井设计生产能力90万吨/年，服务年限49年，总投资49175万元。梁北矿的建设早期由新峰矿务局负责筹建，由煤炭工业部武汉设计研究院负责设计，1992年8月经河南省煤炭厅《关于新峰矿务局梁北矿开工的批复》批准后正式开工。后因国家政策调整，建设资金来源中断，矿井建设工作于1994年停止。1997年，经国家开发银行重新评估，资金得以落实，矿井建设工作于1997年7月3日复工，同年8月，成立了项目法人——河南省许昌新龙矿业有限责任公司，具体负责项目的建设工作。梁北矿由鸡西矿务局负责施工，北京众智科威建设咨询所负责监理，煤炭工业河南工程质量监督中心站负责安全监督和竣工工程质量认证。主井井筒于1998年3月落底，为1997年全国主井井筒基岩段掘砌速度最快水平；副井井筒于同年8月竣工验收，其间创出了月进192.3米的全国最高纪录；东风井井筒于2000年12月竣工；2001年1月，主、副井区和东风井总回风巷实现贯通，同年6月，梁北矿永久通风系统形成。2003年2月，梁北矿11采区01010工作面和21采区工作面全部形成，达到了矿井移交时两个采区、三个工作面一采、一抽、一准的移交标准。2003年6月正式竣工投产。

第三节　配套建设

一、铁路建设

（一）义煤集团

义马矿区铁路运输（图3-1-1）均系由国家干线——陇海铁路分别在义马、渑池、观音堂、南岗车站和洛阳至宜阳支线的宜阳车站铺设准轨铁路专用线通达各个矿井和其他工业场所。其建设情况包括铁路专用线和站场两个方面。

1. 铁路专用线

1996年，矿区铁路专用线总长为100.95千米，其中站线长44.573千米、干线长56.377千米。截至2008年年底，义马矿区共有铁路专用线12条，线路总长增加到122.103千米，其中干线长93.29千米、站线长28.813千米，有装车站12个。这些铁路专用线和车站分别由义煤集团自营或由铁路部门代管。其中南石线，于1984年4月开工修建，1988年12月竣工并投入使用，总投资8000万元，竣工时铺轨长度17.52千米。2008年年底线路总长发展到21.76千米，其中正线总长15.2千米、站线长6.1千米、安全线长0.46千米，途经23组道岔、3座桥梁、64个涵渠、5个道口（1个有人看守道口、4个无人看守道口）、2条隧道（金岭隧道长1684米），线路等级Ⅱ级，限制坡度15‰，最大坡度1.8‰。南石线连接着南岗站、石寺站，主要担负新安煤矿煤

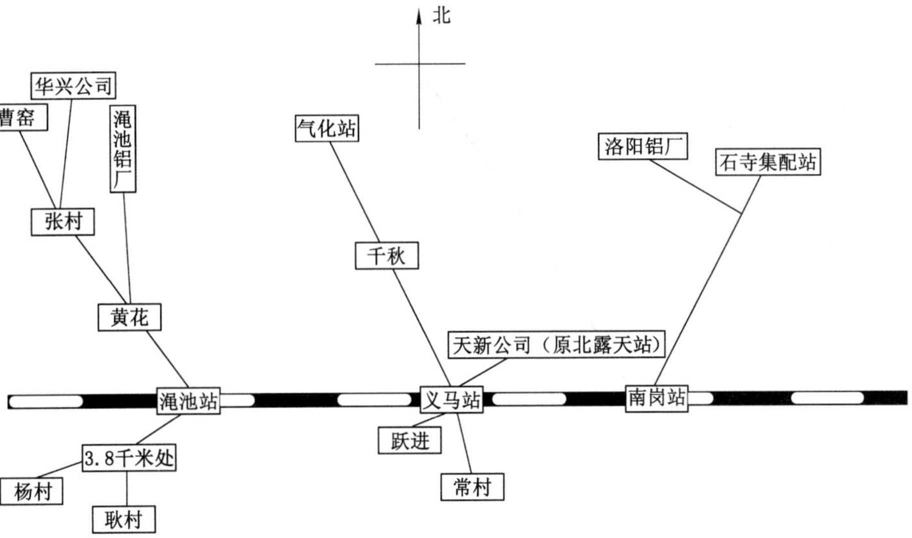

图 3-1-1 义煤集团铁路运输系统示意图

炭外运任务。该线钢轨类型 50 千克/米，轨距 1.435 米，轨枕类型为水泥枕，轨枕连接采用扣板式扣件，道床厚度 0.4 米。

2. 站场改造

(1) 张村车站：张村车站始建于 1958 年 8 月，1961 年 10 月竣工。站线长 2.189 千米，11 组道岔，Ⅱ道为正线，1、3、4 道为到发线，5 道为货物线。为了便于机车洗检，2002 年在 5 道建设 1 座机车检修库。2004 年由曹窑矿投资在 4 道安装 1 台地磅，2005 年对其进行改造后投入使用。由于车站值班室年久失修，且离道太远，不利于调车作业，2005 年，铁运处投资兴建新的值班室，并于 11 月 6 日投入使用。

(2) 石寺车站：石寺车站始建于 1984 年 4 月，1988 年 12 月建成投入使用。Ⅱ道为正线，1、3、4、5 道为到发线，6 道为存车线，7、9 道为到货物线，8 道为牵出线，J1、J2、J3 道为机车整备线。竣工时站线长 6.664 千米，1992 年又增铺一道，站线长 7.629 千米。钢轨类型 50 千克/米，轨距 1.435 米，有 9 组道岔。

(二) 郑煤集团

新建铁路专用线主要有宋大铁路、大平铁路、超化铁路、平告铁路等。

1. 宋大铁路

宋大铁路是郑煤集团自营的第一条矿区单线铁路，1991 年 3 月 31 日开工，1995 年 6 月 28 日建成通车，总投资 30489 万元，运输能力近期为 520 万吨/年，远期为 860 万吨/年。东起新密宋寨车站，西至新密平陌车站，全长 26.18 千米，占地 1376.145 亩(1 亩≈666.67 平方米)，建有大中型桥梁 7 座、隧道 4 个、涵洞 2 个，完成路基土石方工程 250 余万立方米，房屋建筑 34522 平方米。

2. 大平铁路

大平铁路 1994 年 7 月开工，1997 年 3 月竣工，总投资 6997.24 万元，每千米造价 1062.08 万元。西起平陌车站，东至大平矿，全长 3.343 千米，路基土石方 39.18 万立方米，建有箱式铁路大桥 1 座、中型桥 2 座、涵洞 14 座，占地 204 亩，房屋建筑面积 2193 平方米。

3. 超化铁路

超化铁路 1992 年 5 月开工，1995 年 6 月 28 日建成通车。专用线自超化站接轨，到超化矿井装车站，正线长 2.509 千米，装车站站线长 1.571 千米，征地 94.447 亩，房屋建筑面积 222.6 平方米，总投资 2636.01 万元，单价每千米 1050.62 万元。

4. 平告铁路

平告铁路 1995 年 12 月 1 日开工，1999 年建成使用。自大平矿装车站接轨，到告成矿装车站，全长 15.53 千米，总投资 9292.32 万元，征地 904 亩，建有 4 座大桥、4 座中型桥，路基土石方 125.2 立方米，房屋建筑面积 3824 平方米。

（三）鹤煤集团

鹤煤浚鹤铁路是准轨地方铁路，国铁Ⅲ级，鹤壁市政府 1985 年筹划，1998 年 10 月全线贯通。北起八矿 3 号桥南，在鹤壁火电厂专用线 K0＋38.31 米处接轨后与煤矿专用线相连，途径故县、鹿楼、桐家庄、西扒厂、东柴厂、冷泉、山后、谷垛、菜庄、王武岗、后小屯、杨小屯、户堂、大盖族、郭庄、小连庄共 16 个村庄。其中，谷垛、王武岗、大盖族、小连庄归安阳市汤阴县管辖。南止鹤壁站(原浚县站)，接入京广线。铁路正线全长 18.591 千米，站线全长 8.34 千米，全线共铺轨 26.931 千米，单线铁路，蒸汽机车牵引。共设 3 个站，自北向南为鹿楼站、庞村站、鹤壁站。鹿楼站为货运集配站，水泥厂、火电厂、矿务局煤炭专用线之咽喉，站线有效长 550 米。庞村站为编组站，设机车整备点，站线有效长 1050 米。鹤壁站为交接站，站线有效长 1050 米。进入鹤壁站后，与国铁交接。国铁交给地铁的列车进入庞村站后，解体编为两列运至鹿楼站，再根据车辆去向，分散至各地。

（四）永煤集团

永煤集团股份有限公司铁路运输处是国家六大无烟煤基地之一、河南省重点企业——河南能源化工集团永煤公司的下属二级单位，主要承担永煤本部矿区的煤炭外运，永城市地方货物(到、发)运输经营，以及职工通勤任务。矿区铁路接轨于上海铁路局青町站(安徽省涡阳县境内)，通过自营铁路青(町)永(城)线进入矿区连接各煤矿。原设计运输能力 800 万吨/年，2008 年经过新建齐山会让站和集配站改扩建后，设计运输能力达到 1500 万吨/年。矿区铁路东邻京沪线，西邻京九线，北邻陇海线，南北跨豫皖两省三县(市)，通过上海铁路局淮北车务段青町站进入华东及全国各地。目前，铁运处管辖线路总长 116.8 千米，现有车站 9 个(其中编组站 1 个、交接场 1 个、装车站 4 个、电厂站 1 个、客运站 1 个、会让站 1 个)。在运输动力上全部实现了内燃化，现有东风 10DD 型内燃机车 7 台，东风 4DH 型内燃机车 2 台，重型轨道车 2 台，捣固车 1 台，自备车 96 辆，可自主承担机车小辅修和车辆段修业务。在信、集、闭装备上拥有微机连锁和无线平面调车等先进设备。在铁运处车站、道口、货场等重要场所安装视频监控系统，机车、轨道车安装电子填乘设备，列车安装列尾装置，有效保障矿区铁路运输安全、高效进行。

铁运处于 1992 年 4 月正式组建。矿区铁路青(町)永(城)线于 1994 年 12 月 14 日正式开通之后，开始承担矿区建设材料设备和地方货物运输。1997 年 11 月，随着陈四楼矿投产，矿区铁路正式承担起煤炭外运任务。目前，年运量已由最初的几十万吨发展到 917 万吨，年货运周转量由 3700 万吨千米发展到今天的 45002 万吨千米。

铁运处机关设有 7 个职能科室(运输科、安检科、经营管理科、政工科、综合办公室、财务科、保卫科)，基层设有 6 个站段(机务段、车务段、工务段、电务段、检修段、集配站)。铁运处现有职工 454 人，其中劳动合作制职工 354 人，劳务职工 70 人，各类专业技术人才82人，大专以上学历153人，管理人员99人（处级干部5人，科级干部38人），按机、车、工、电、检五大工序组织分工。

铁运处坚持“多上设备少上人”，提高设备安全保障能力，降低维修作业量，改善作业环境，减少职工劳动强度。近年来，先后完成青永线P50钢轨更换、平交改立交、道口合并取消、整体道口板和整体道岔运用、“三电”设备升级、电子监控网络完善、站场改扩建、站坪改造等。先后购置了两台大功率内燃机车和机械维修设备、综合养路设备等，对全线钢轨进行探伤、桥梁进行检测，对机车、车辆等主要设备进行维修等，有效提升了设备稳定性。在不断推动装备升级，改善环境的同时，有效降低了员工劳动强度，提高了安全保障系数。

矿区铁路线路总长116.8千米，其中站线长39.53千米，正线长77.27千米。矿区共有铁路专用线4条，铁路支线1条，闽源特钢接轨的钢厂铁路专用线1条，与在建神火薛湖煤矿铁路专用线1条。如图3-1-2所示。

（1）青永铁路支线：是永煤集团第一条矿区铁路单线，与国铁青阜线青町工业站接轨至永城集配站，铁路正线总长34千米，区间占地1170086.48平方米，线路等级为企业Ⅰ级。1989年9月20日开工修建，1994年12月14日竣工通车，包括青町站、青永铁路支线区间、集配站。2002年6月，集配站进行改扩建，由原4股道扩建为6股道。

2007年7月集配站进行第二次改扩建，2008年8月改扩建工程竣工，扩建为16股道。2014年1月更名为中心站。2009年6月10日，青永铁路支线齐山站竣工，齐山站为青永线的中间站，采用城郊站远程控制。目前，青永铁路支线正线长度34千米，站线长11.9千米，道岔73组，其中，青町站8组，齐山站5组，中心站60组。线路最大坡度为0.4%。175米大桥两座，中桥3座，小桥5座，涵洞116个，无人看守道口11个，有人看守道口5个。该线钢轨类型50千克/米，轨距1.435米，轨枕类型为水泥枕，轨枕连接采用弹条式扣件，道床厚度0.4米。

（2）陈四楼铁路专用线：1991年10月20日开工修建，1995年5月25日竣工。1996年11月16日，陈四楼通勤客车正式开通运营。陈四楼铁路专用线，南起集配站北至陈四楼装车站，DK4+402建客运站，集配站至客运站区间为企业一级线路，客运站至陈四楼装车站为企业Ⅱ级线路。2007年10月至2008年9月，陈四楼站改扩建完成，成为永煤集团首个具备整车装车能力的车站。陈四楼铁路专用线全长13.417千米，占地319106.93平方米，建有172米大桥1座，中桥2座，小桥5座，涵洞36座，无人看守道口13个，有人看守道口7个，道岔15组该线钢轨类型43千克/米，轨距1.435米，轨枕类型为水泥枕，线路最大坡度为空车方向0.8%。

（3）车集铁路专用线：1997年9月车集矿铁路专用线开工建设，1999年7月车集铁路专用线投入使用。车集铁路专用线，西起客运站东至车集装车站，正线长度7千米，站线长1.66千米，设计标准为企业二级。由河南煤炭设计研究院设计，武汉设计院监理，煤炭部第三十三处和中铁十五局二处负责施工。占地176078.21平方米，建有中桥7座，小桥8座，涵洞30座，道岔4组。该线钢轨类型50千克/米，轨距1.435米，轨枕类型为水泥枕，轨枕连接采用弹条式扣件。

（4）城郊铁路专用线：2001年11月26日开工建设，2002年10月25日竣工。城郊铁路专用线南起集配站，西至城郊装车站，全长6.6千米，站线厂1.72千米，设计标准为企业Ⅱ级，煤炭部第三十三处和中铁十五局二处负责施工。建有中桥2座，涵洞15座，道岔4组。该线钢轨类型43千克/米，轨距1.435米，轨枕类型为水泥枕，轨枕连接采用扣板式扣件。

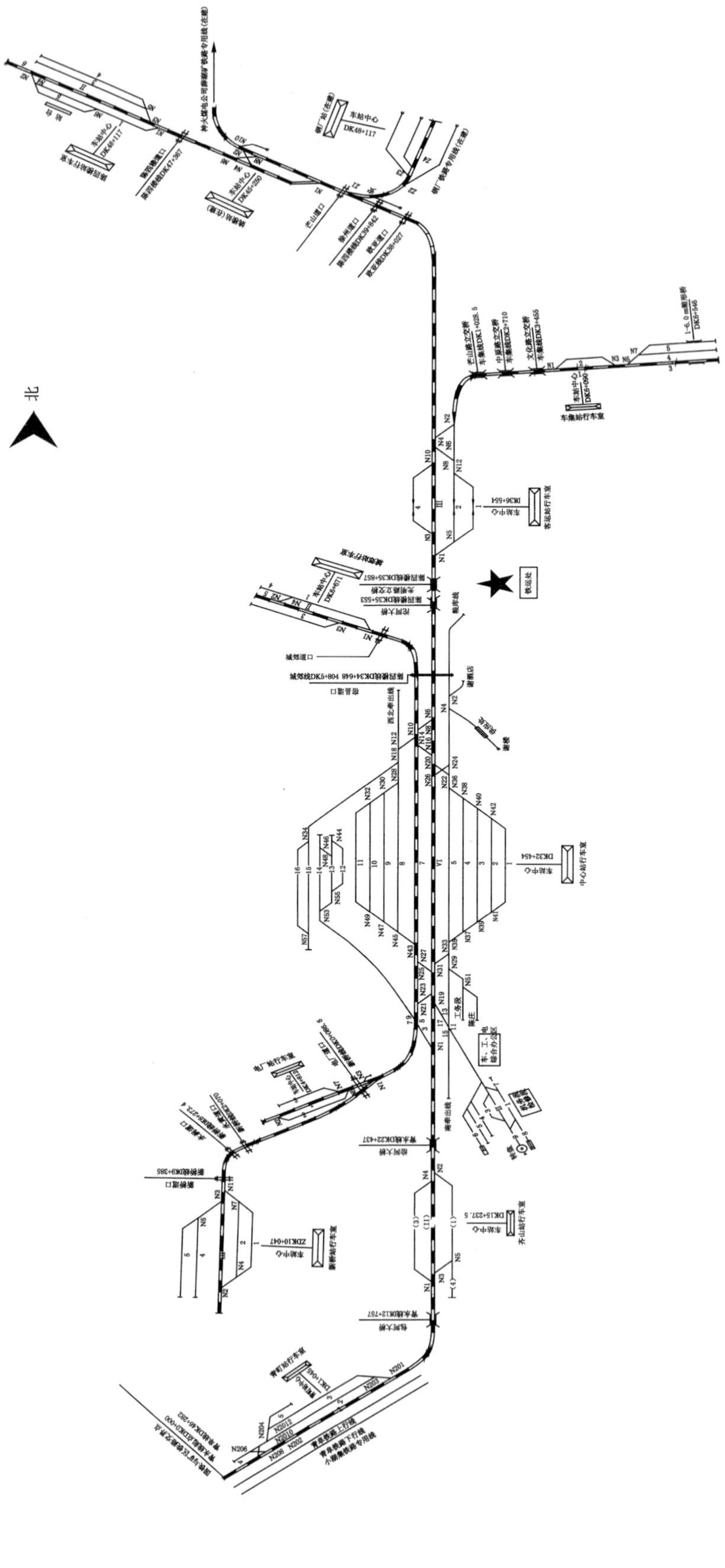

图3-1-2　永煤矿区铁路示意图

(5) 电厂铁路专用线:2003 年 4 月 5 日开工建设,2004 年 7 月开通运行。电厂铁路专用线南起集配站,西至电厂站,全长 5.5 千米,站线厂 1.03 千米,设计标准为企业Ⅱ级,建有中桥 2 座,涵洞 12 座,道岔 5 组。该线钢轨类型 43 千克/米,轨距 1.435 米,轨枕类型为水泥枕,轨枕连接采用扣板式扣件。

(6) 新桥铁路专用线:2006 年 5 月开工建设,2007 年 9 月 1 日建成通车。新桥铁路专用线,东起电厂站西至新桥装车站,正线长度 9.3 千米,站线长 2.8 千米,设计标准为企业二级。占地 194530 平方米,建有中桥 2 座,小桥 4 座,涵洞 27 座,道岔 6 组。该线钢轨类型 50 千克/米,轨距 1.435 米,轨枕连接采用弹条式扣件。

二、选煤厂

(一) 平煤集团

(1) 田庄选煤厂:田庄选煤厂是一座原设计年处理原煤 370 万吨的矿区型选煤厂,于 1970 年由我国自行设计、施工并建成投产。采用重介、浮选联合流程的选煤工艺。主要产品为九级、十级 1/3 焦精煤和焦精煤。2002 进行了技术改造,改造后核定能力为 450 万吨/年。2010 年进行选煤工艺升级改造,2012 年竣工,设计能力达到 800 万吨/年。

(2) 八矿选煤厂:平煤股份八矿选煤厂是一座原设计年处理原煤 180 万吨的矿区型选煤厂,1985 年 11 月底由我国自行设计、施工并建成投产。2005 年 7 月新建了处理能力为 90 万吨/年的戊组煤选煤系统。主要产品为九级、十级焦精煤和十二级肥精煤。2008 年又进行外来煤及储装运系统改造,形成己组焦煤 360 万吨/年和入选戊组肥煤 90 万吨/年,总计为 450 万吨/年的入选能力。2011 年完成产业升级改造,实际生产能力达到 500 万吨/年。

(3) 七星选煤厂:平煤股份七星选煤厂是一座原设计年处理能力 90 万吨的矿区型选煤厂,1995 年建成投产。2008 年新增一套处理能力为 150 万吨/年的三产品重介旋流器分选系统,设计总处理能力达 240 万吨/年,2006 年技改后核定能力为 270 万吨/年。2013 年完成跳汰改重介技术改造,实际生产能力达到 360 万吨/年。

(4) 天宏选煤厂:平顶山天安煤业股份有限公司天宏选煤厂位于平顶山市矿工路东段 1 号天宏焦化公司工业场地内,占地 69800 平方米,2012 年 7 月 1 日经平顶山市卫东区发展和改革委员会备案后开工建设,2014 年 3 月份竣工投产,实际完成投资 59339.69 万元。设计处理能力 500 万吨/年,采用三产品重介+TBS 分选机+浮选的联合工艺,属矿区型选煤厂。

(二) 义煤集团

(1) 观音堂矿选煤厂:1975 年选煤厂经扩建完工,入选能力 45 万吨/年。1997 年以后,精煤市场极度疲软,为了提高混煤质量,再次对部分系统环节进行改造,改原煤分级筛为 6 毫米深度筛分。2001 年,为进一步提高煤质,观音堂矿利用选煤厂内原有运输系统加装 13 毫米分级筛做进一步深度筛分,筛上物供电厂发电,筛下物上南山装仓外销或配煤。2001 年以后,观音堂矿原煤产量逐年增加,观音堂矿对煤炭的筛选加工进行调整,2003 年,在保留老选煤厂内深度筛分的同时,在南山储煤场落地带式输送机尾增加振动筛 1 套,对分流出的大部分毛煤进行 50 毫米分级。至 2008 年年底,形成了入选能力为 45 万吨/年的筛选系统。

(2) 千秋矿选煤厂:1981 年 7 月经煤炭部批准,千秋矿计划投资 450 万元补建入选能力为 120 万吨/年的矿井型选煤厂。1983 年该项目开工,1987 年 7 月建成并试生产。1999 年 12 月,为彻底解决煤泥水外排污染环境问题,采用压滤机替代圆盘真空过滤机回收煤泥，实现了选煤水闭路循环。为进一步完善设施，提高其选煤加工能力，对选煤工艺进行了改造，2008 年年底筛选能力为 210 万吨/年。

(3) 曹窑矿选煤厂：曹窑矿选煤厂是由义马矿务局自行设计和建设的项目，计划投资 687.34 万元。1994 年 3 月开工，1995 年 3 月投产，实际完成投资 802 万元。设计入选原煤 21 万吨/年，入选粒度为 13 毫米，采用水介旋流器-浮选联合工艺，原煤湿法分级。2005 年 6 月，为适应生产的需要，曹窑矿对筛分楼部分设备进行技术改造。2008 年年底，曹窑矿筛选厂的年入选能力达到 45 万吨。

(4) 石壕矿选煤厂：石壕矿选煤厂是义马矿务局自筹资金建设的矿井型炼焦煤选煤厂，由煤炭科学研究总院唐山分院设计，设计能力为 21 万吨/年。1995 年 5 月 18 日工程开工奠基，1996 年 9 月 19 日投产，实际投资 1202 万元。选煤采用无压给料三产品重介旋流器及煤泥重介旋流器联合工艺流程，精煤产品部分出口韩国。由于该选煤厂入选能力较小，与矿井生产能力不配套，2008 年义煤集团决定对该选煤厂进行技术改造。新建选煤厂设计规模 120 万吨/年，选煤工艺为三产品无压给料重介旋流器-浮选联合工艺流程。选煤厂工程项目概算总资金为 11206.76 万元。主要建筑物包括主厂房、浓缩压滤车间、外来煤入选系统、产品运输系统、原煤仓、精煤仓。主要生产灰分小于 11.50%的冶炼精煤，也可根据市场需求生产出优质动力煤。2001 年，义煤集团 2001 年还在该矿投资 150 多万元另建一座干法选煤厂，入选能力为 60 万吨/年，分级粒度达 8 毫米。

(5) 跃进矿选煤厂：1993 年，义马矿务局利用国家贴息贷款在跃进煤矿建设处理能力 120 万吨/年的矿井型动力煤选煤厂。该厂由义马矿务局委托煤炭科学研究总院唐山分院设计，由中煤建第七十三工程处承建。1994 年 8 月开工，1995 年 12 月建成，1996 年 10 月 8 日投产，工程总投资 1291 万元。采用块煤分级动筛跳汰选煤工艺，入选粒度为 25～150 毫米，主要产品为混中块煤和混末煤。因跃进矿煤质差，影响销售，2015 年义煤公司决定对跃进矿选煤厂进行升级改造。入选能力由原来的 120 万吨/年提升到 180 万吨/年。

(6) 新安矿选煤厂：新安矿选煤厂由平顶山选煤设计院设计。选煤工艺为分级跳汰，入选粒度下限为 8 毫米，设计能力为 60 万吨/年，主要产品为混煤。该项目于 1998 年 11 月开工，2000 年 11 月竣工投产。2006 年采用 SLU-A/2 型振动筛代替 DD1740 型振动筛，进行 25 毫米分级改造，产品质量明显提高。截至 2008 年年底，形成了处理能力为 100 万吨/年的筛选系统。2014 年，新安矿将选煤厂改造为年生产能力 180 万吨的风选厂。

(7) 耿村矿选煤厂：2000 年 7 月，成立耿村矿选煤厂建设指挥部，9 月开工，2002 年 5 月试生产。耿村矿选煤厂由平顶山选煤院设计，豫西建设工程公司承建，工程预算为 1983 万元，实际投资 1993 万元。采用原煤分级跳汰选煤工艺，入选粒度为 13～75 毫米 。设计能力为 300 万吨/年。由于受资金制约，选煤厂原煤分级系统、煤泥水处理系统、原煤缓冲系统不完善，导致选煤厂不能正常生产。为了提高产品质量，2008 年义煤集团对耿村矿选煤厂进行了技术改造，原煤筛分能力基本能满足生产需求，设计能力为 450 万吨/年。

(8) 常村矿选煤厂：2002 年 5 月将新安矿简易风选设备调到常村矿分选储煤场落地原煤，7 月底安装调试完成，8 月开始正常运转。

(9) 常村矿筛选厂：于 1978 年以前已经存在。1978 年，国家调拨技改资金 72 万元、自筹14万元对常村矿简易筛选厂进行扩建。2002年12月,义煤集团决定在常村矿新建一座180万吨/年的风选厂,委托平顶山选煤设计院进行选煤厂设计。该项工程于2003年4月18日开工,2003年11月18日建成投产,工程总投资1275万元。2008年年底,入选能力为200万吨/年。

(10) 杨村矿选煤厂:1991年11月利用中煤总公司无息贷款,对选煤楼的设施进一步完善。1995年3月,对块煤仓进行技术改造。2007年7月,义煤集团开始筹建杨村矿原煤分级及风选厂建设项目。该项目由义马广宇工程设计咨询有限责任公司设计,能力为120万吨/年,资金概算1112.08万元。2007年12月2日工程开工建设,2008年12月3日竣工验收。

(11) 北露天矿筛选厂:北露天矿筛选厂1965年开始土建施工,1967年3月与矿生产系统同步建成投产。1991年11月,从中煤总公司争取无息贷款,对筛选厂的辅助设施进行补充完善。北露天矿筛选厂可以同时生产特大块、大块和混煤3个品种,功能比较完备。至2008年年底,该厂随着北露天矿的破产重组而继续发挥作用,并保持年入选能力为100万吨的筛选系统。

(12) 铁生沟筛选厂:2003年前铁生沟矿已有筛选加工系统,2005年后原煤产量不断提高,该矿将原煤分级筛筛孔扩大到80×120平方毫米左右,进行一级选矸,在产品仓上增加二次分级筛,分级粒度为25毫米。2008年年底,铁生沟矿已经形成入选能力为100万吨/年的筛选加工系统。

(13) 华兴矿业公司筛选厂:华兴矿业公司的前身——陈村煤矿在并归义马矿务局前已有筛选加工系统,2005年5月筛选选厂煤工艺改造,入选能力达到60万吨/年。

(三) 鹤煤集团

2004—2007年,鹤煤(集团)公司根据企业发展和环境保护的要求,先后新建了中山(二矿)、福源精煤(三矿)、九矿等3座选煤厂,对中泰公司(四矿)、六矿洗煤厂进行了改造。

2004年,投资7000余万元筹建了中山(二矿)、福源精煤(三矿)两座洗煤厂,采用申克(天津)工业技术有限公司模块选煤厂技术。2006年,又投资3829万元,新建九矿60万吨/年选煤厂。该工程于2006年7月18日开工,2007年3月完工。三座新建的洗煤厂均采用目前国际上先进的生产技术工艺对原煤进行分选加工,对选煤水进行处理后重复利用,洗煤水不外排,彻底避免了选煤废水外排污染环境现象的出现。生产工艺采用跳汰分选、煤泥浮选工艺,为世界上成熟的先进技术。

2006年,投资5000万元对中泰公司、六矿洗煤厂进行了改造,新增了粉煤洗选系统,其作用是将煤泥水中粒度小于0.5毫米级的精煤洗选出来,回收煤泥水中的精煤资源,小粒度的煤粒不再混在煤泥水中外排。该两项工程均于2006年3月1日开工,分别于2006年11月和10月竣工投产。

鹤煤公司新建和技改的5座选煤厂全部采用先进的煤泥浮选工艺,实现了选煤水闭路循环、选煤水不外排,年回收低灰精煤泥33万吨。

(1) 中山选煤厂:2004年5月18日,鹤煤公司选煤厂建设工程项目开工,2005年2月18日投产运营,建设工期历时9个月。中山选煤厂设计处理能力为45万吨/年,属矿井型炼焦煤选煤厂,煤质牌号为贫瘦煤。选煤厂位于二矿工业场地内,主厂房位于铁路北侧,压滤车间设在铁路南、地销煤场东侧。选煤厂建筑面积为2537平方米,其中主厂房建筑面积1870.6平方米,高度22.1米。选煤厂主要由主厂房、尾煤压滤车间、入选原煤皮带走廊、中煤皮带走廊、精煤皮带走廊和精煤落地卸料点、落地精煤返装火车系统等组成。选煤厂采用跳汰-浮选工艺。入选原煤进入跳汰机主选,细煤泥进入浮选柱进行浮选,选煤厂实现煤泥水闭路循环。

(2) 福源精煤公司:福源精煤公司位于三矿工业场地铁路东侧,属矿井型炼焦煤选煤厂,为申克(天津)工业技术有限公司承包设计建造的模块式选煤厂,采用重介-浮选联合工艺。福源精煤公司主要有原煤缓仓、精煤仓、矸石仓、主厂房、浓缩池、运输栈桥、清水泵房、浮选药剂库、办公楼等建(构)筑物组成。原煤缓冲仓采用钢筋混凝土结构,容量 2500 吨。末精煤仓属钢筋混凝土结构,容量 1500 吨。块精煤仓及矸石仓为钢筋混凝土结构,仓容量分别为 190 吨和 400 吨。浓缩车间包括浓缩池、事故池、入料缓冲池和循环水池,为钢筋混凝土结构。运输桥共 380 米长,生产清水和消防水池容积 400 立方米,既可为洗煤生产补充水,又可作为消防水源。主厂房面积 1600 平方米,采用冲击钻孔灌注桩钢筋混凝土地基,钢筋混凝土承台基础,轻钢结构厂房,双层彩板封闭。原煤全部由鹤煤公司三矿提供,属于中灰、低硫、低磷、高熔点的高品质瘦煤。

(3) 福兴工贸公司:福兴工贸公司属矿井型炼焦煤选煤厂,设计处理能力为 150 万吨/年,选煤工艺为重介-浮选,煤质牌号为贫瘦煤。其前身为鹤壁四矿选煤厂,1992 年随矿井配套扩建为年入选能力 90 万吨,采用跳汰选煤工艺。2011 年 4 月,改扩建为重介-浮选型选煤厂,更名为福兴工贸公司。2006 年,选煤厂进行煤泥水处理系统改扩建工程,新增了粉煤选煤系统。2010 年元月由煤炭工业郑州设计研究院设计,鹤煤投资公司投资 1.26 亿元,在原工业场地新建重介工艺选煤厂,并对部分老系统设备进行升级改造。2010 年,在原煤准备流程中设计实施动筛跳汰机加双辊破碎机联合双通道工艺。2011 年,改造 704 精煤装车带式输送机,跨煤仓制作安装一部带式输送机,通过研制振动开式溜槽和刮板自清装置,改善了单一浮选精煤水分偏大难以单独销售的难题,稳定了精煤综合煤质和外观,拓展了新客户。2013 年,进行了浮选精煤配仓带式输送机头延长改造。

(4) 福祥工贸公司:福祥工贸公司于 2010 年 3 月正式开工建设,位于五矿工业场地,施工时间 10 个月,于 12 月 25 日建成试运行,2011 年 4 月投产。福祥工贸公司属矿井型炼焦煤选煤厂,设计能力为 60 万吨/年,日最大处理能力 1820 吨,设计服务年限 70 年。选煤厂采用重介-浮选联合工艺,大直径有压三产品重介旋流器+浮选柱+TBS 粗煤泥分选。2011 年,进行开展 TBS 顶水管网改造和矿浆准备器补水管改造。2012 年,改造离心机滤液处理工艺,避免了浮选尾矿跑粗。2013 年,在主选煤车间精煤压滤机加设空气储罐两处。2014 年,在精煤仓下东侧靠近铁路处加设落地精煤返装火车平台。2015 年,针对浮选精煤灰分低、水分高的问题,将部分粗精煤旋流器的底流用橡胶管引到浮选柱溢流收集槽作为浮选精煤,并将粗精煤离心机滤液引入精煤磁尾桶中进行再次分选,减轻了浮选入料的压力,并提高了浮选精煤产率约 1 个百分点,提高了浮选精煤灰分,使浮选精煤灰分达到 8.5%以上,浮选精煤掺粗使得精煤压滤水分下降了 1.5 个百分点。

(5) 六矿选煤厂:六矿选煤厂始建于 1968 年,原设计生产能力为 75 万吨/年,1993 年进行改扩建,设计生产能力为 120 万吨/年,属矿井型炼焦煤选煤厂,煤质牌号为贫瘦煤。2006 年,在已有的主厂房内新增粉煤洗选系统设置。2011 年,实施储煤系统改造,新建原煤配仓、精煤两用仓各一个。2012 年,通过开展集中控制技术改造和自动化装车系统改造,实现了车间设备的集中控制,极大提高了外运装车速度。2013 年,通过改造浓缩后的煤泥水直接进入循环水池作为洗煤用水使用，实现煤泥水系统闭路循环，杜绝了煤泥水外排现象。2015 年，利用闲置的精煤离心机对精煤直线筛筛上精煤脱水，减少捞坑精煤量，稳定了精煤灰分，降低了精煤水分。

(6) 鹤润选煤厂：鹤润工贸公司鹤润选煤厂为 2010 年 4 月收购的原民营选煤厂，设计处理能力为 45 万吨/年，属矿井型炼焦煤选煤厂，入选煤源为八矿原煤，煤质牌号为贫瘦煤。采用跳汰-浮选工艺，原煤经 YT-S8 型跳汰机分选后，中煤、矸石经斗提机脱水，跳汰精煤由直线筛振动脱水，煤泥水通过水力旋流器分级后，粗精煤经高频筛分选，细煤泥入浮选。2011 年，进行了粗煤泥处理工艺技术改造，降低了粗精煤和综合精煤水分。2014 年，将楼外原有的颚式破碎机更换为了 2PGC-600×750A00 型双齿辊破碎机，增加了处理能力，杜绝了超粒。同时延长并抬高转载带式输送机，增加两道固定筛实现双手选，用一台 1735 圆振筛代替了两台往复式给煤机和两台棒条筛。2015 年，完成了原煤运输系统改造，新增了一条 300 米原煤运输带式输送机及 1500 吨原煤缓冲仓。

(7) 九矿选煤厂：2006 年，鹤煤公司在九矿新建一座设计能力为 60 万吨/年的矿井型选煤厂，煤质牌号为贫煤。主厂房采用钢筋混凝土框架及轻钢门架结构、内部模块钢结构，复合彩板围护，立面及屋面均设有采光带，屋顶处设有轴流风机，加设通风窗户。选煤厂由申克(天津)工业技术有限公司和大地工程开发公司工程总承包施工建设，选煤厂采用跳汰-浮选工艺，煤泥水可实现闭路循环。2011 年 11 月对外运装车系统进行了改造，改造后实现外运装车系统的智能化，提高了外运装车速度，保证了外运装车商品煤的质量。改造后节约人工工资支出，减少亏涨吨产生的经济损失，避免了装车产生的商务纠纷。2012 年 5 月，自行制作旋流器对离心机离心液和振动筛筛下粗煤泥进行分选回收，改造后综合精煤产率提高了 2%，每年回收精煤 1000 吨，增收 336 万元。改善了加压过滤机的入料粒度，浮精煤水分降低 1%～2%。2014 年 10 月至 2015 年 6 月，原煤泥脱水系统增加一台快开式压滤机、煤泥刮板机，加快了煤泥处理速度。改造后每年节约电费 74 万元，入选能力每年提高 6.5 万吨。

(8) 福瑞选煤厂：福瑞工贸公司选煤厂属矿井型选煤厂，位于十矿工业场地内，设计处理能力为 120 万吨/年，煤质牌号为贫煤。2010 年 3 月开工建设，12 月带煤试车，2011 年 4 月份投产。选煤工艺为无压三产品重介旋流器＋粗煤泥干扰分选床分选＋细煤泥浮选，主要入选鹤煤公司十矿的矿井原煤。2012 年，该厂对选煤工艺进行技术更新，在原煤脱泥筛筛前增设一个筛缝为 80 毫米的箅子，箅子与脱泥筛相连接，与脱泥筛一起振动。脱泥筛筛前溜槽开一排方口，大块矸石从此处落地。落地矸石通过新增的一趟管路进入三产品旋流器矸石集料箱排走，减少了大块矸石进入旋流器导致堵塞而造成的停产检修时间。2013 年，增加一部落地带式输送机，实现了原煤落地掺配销售。2014 年，改造原筛板为虹拱筛板，提高了筛分效率。2015 年，该厂自行设计了组合式溜槽，利用物料抛物线轨迹，改善物料的流动性，确保出料顺利。

(四) 永煤集团

永煤集团的煤矿配套项目主要为选煤厂。永煤集团自 2008 年成立以后，已经建成的有河南省境内的陈四楼矿选煤厂、城郊矿选煤厂、车集矿选煤厂、新桥矿选煤厂、永锦选煤厂、永龙精煤选煤厂、顺和矿选煤厂。通过多年发展，永煤集团的选煤厂建设已完成从劳动密集型向资本技术密集型转变。2007 年 12 月份投产的新桥矿选煤厂(120 万吨/年)在册人数约 400 人，而 2014 年 5

月投产的顺和矿选煤厂(100 万吨/年)按照多上设备少上人的管理理念,通过积极优化设计和劳动组织,除在手选矸、跳汰机等少数几个岗位设置人员外,其他设备均实现了集中自动控制,在册人数仅 62 人,成功打造成了精简高效项目。

(1) 陈四楼选煤厂:陈四楼选煤厂于 1997 年 11 月 6 日投产,入选能力可达到 450 万吨/年,主要洗选工艺为跳汰-浮选,原煤既可分级跳汰入选,也可全部混合跳汰入选,煤泥既可直接浓缩压滤,也可经浮选处理后尾煤压滤回收和干燥配煤,实现了洗煤水闭路循环。洗选品种有洗精煤、洗中块、洗小块、洗粒煤、筛末煤、煤泥及沸腾煤等,主要用于冶金、电力、化工、造气、民用等行业,其中洗精煤、筛末煤取得出口煤许可证,被中国质量检验协会授予"质量合格好产品"称号,产品远销巴西、东南亚和中国华东沿海等地。

(2) 车集选煤厂:车集选煤厂位于河南省永城市高庄镇车集村车集矿工业场地内,属于矿井型动力煤选煤厂,配套永煤集团车集煤矿生产。厂区交通便利,地理位置优越,西北至陇海铁路商丘东站约 95 千米,夏邑东站 62 千米;东北至京沪铁路徐州车站约 90 千米,东南至宿州车站约 75 千米;距京九铁路的亳州车站约 65 千米,区间均有公路相通。

车集选煤厂从建厂至目前的发展大致经历了三个时期。

1994—1999 年为设计投产期。1994 年煤炭工业郑州设计研究院完成车集选煤厂初步设计,1996 年 7 月优化该初步设计,同年年底经煤炭工业部审查批准。1997 年 4 月开工建设,1999 年 12 月 29 日正常投入生产,设计生产能力为 180 万吨/年,采用块煤跳汰洗选,煤泥厂内压滤回收,选煤水闭路循环。

2000—2008 年为扩能改造期。2004 年,车集选煤厂进行扩能改造,扩建了选煤系统、产品仓、煤泥水系统。2005 年 6 月,二期扩能改造工程全部竣工,设计生产能力达到 240 万吨/年。2008 年 6 月完成浮选系统改造,实现了跳汰+浮选联合工艺。

2009 年后为稳定发展期。2011 年,车集选煤厂进行浮选精煤脱水工艺改造,实现浮选精煤脱水双系统运行功能。

(3) 城郊选煤厂:城郊选煤厂隶属于河南能源化工集团永煤公司,为与城郊煤矿配套的大型矿井型选煤厂。入选煤种为无烟煤 3#。2000 年 8 月开工建设,设计生产能力为 240 万吨/年。采用块煤斜轮分选,末煤两产品重介旋流器分选和煤泥浮选联合洗选工艺,生产工艺灵活可靠,可实现筛末煤全入选、部分入选和不入选,主要产品结构为洗中块、洗小块、洗粒煤、末精煤、末原煤。选煤厂于 2003 年 5 月顺利投产并当年达产。随着煤炭市场的持续好转及矿井的扩能,为适应矿井扩能和满足市场对产品结构调整的需要,城郊选煤厂进行了多次改扩建。2004 年对原煤系统、块煤分选系统进行了改造,2007 年进行了末精煤生产系统扩建改造,2009 年 5 月增加了 TBS 粗煤泥分选系统,2014 年 4 月增加了矸石再洗系统。通过持续改造和调整工作制度,整个系统处理能力达 500 万吨/年。生产工艺升级为:块煤斜轮、末煤两产品重介旋流器分选,粗煤泥 TBS 分选,煤泥浮选联合洗选工艺。

(4) 新桥选煤厂:新桥选煤厂于 2005 年 10 月始建,2007 年 12 月 26 日正式投产,设计入选能力 120 万吨/年,服务年限 50 年,是与新桥煤矿相配套的矿井型选煤厂,以入选贫煤和无烟煤为主,煤质优良,天然焦次之,为低中灰、特低硫、特低磷、高发热量、高熔灰分、抗碎强度较高、热稳定性好的优质贫煤和无烟煤。矿井北邻城郊井田,南与安徽省接壤。行政区划属双桥、新桥、马桥三乡管辖,井田中部的新桥乡距永城市区16千米,东北距陇海、京沪铁路交会站徐州市118千米,北距陇海铁路商丘站114千米,西距京九铁路亳州站80千米,东距徐(州)阜(阳)铁路的百善站48千米。矿区铁路专用线已投入运营,永(城)涡(阳)公路纵贯井田,乡村道路四通八达,交通方便。

选煤厂设计采用跳汰浮选联合工艺流程,主要分为原煤准备、跳汰分选、煤泥水处理和产品装车四部分。

(5) 顺和选煤厂:顺和选煤厂于2011年9月正式开工,项目建设期限为两年,建设规模为100万吨/年,主要生产工艺为跳汰+浮选,项目计划投资13899.39万元,实际投资14256.88万元。2013年9月,选煤厂单机试运转,2013年10月15日矿厂开始联合试运转。

2014年5月,顺和选煤厂正式投产。2015年新增块煤储运系统,包括带式输送机和设计储存能力为1500吨的中、小块仓。

主要产品为洗中块(100～38毫米)、洗小块(38～17毫米)、粒煤(17～13毫米)、末精煤(13～0毫米)、末原煤(13～0毫米),产品主要作为化工、发生炉造气、高炉喷吹、建材、动力用煤及民用燃料。

顺和选煤厂选煤工艺为:混合(分级)跳汰选,以及80～0.5毫米原煤三产品跳汰分选,粗煤泥TBS分选,细煤泥浮选,浮选精煤压滤,尾煤浓缩压滤联合生产工艺。

(6) 永锦选煤厂:永锦选煤厂位于禹州市方岗乡方南村,属矿区型炼焦煤选煤厂,由煤炭科学研究总院唐山分院设计,设计能力为120万吨/年,采用先进的不脱泥无压三产品重介旋流器+煤泥重介旋流器+喷射式浮选机联合工艺,煤泥水压滤回收,选煤水达到一级闭路循环,煤质牌号为贫瘦煤。永锦选煤厂主要由原煤大棚、精煤大棚、矸石仓、主厂房、浓缩池、皮带巷、清水泵房、浮选药剂库、办公楼等建(构)筑物组成。项目于2010年1月通过初步设计审查,2010年5月正式开工建设,历时14个月进入生产运营阶段。2011年将原工艺环节中粉矸石截粗工艺去掉,将原来的一次浮选+浮精二次精选工艺改造后一次精选工艺,2013年进行浮选精煤脱水改造,增加两台过滤面积430平方米的快开始压滤机,配合原来的两台390平方米快开式压滤机+两台1400沉降过滤式离心脱水机使用,改造完成后洗精煤综合水分由原来的21%降至18.3%以内。2017年,计划对浮选系统改造,增加一台4槽20立方米的机械搅拌时浮选机配合现有的4槽48立方米的大浮选机作为一次浮选机使用,增加矿浆预处理一台,降低浮选入浮浓度,提高精煤产率。

(7) 龙山选煤厂:龙山选煤厂由平顶山选煤设计院设计,始建于1995年,1996年4月投产,选煤工艺为主洗跳汰-煤泥压滤,设计入洗能力为20万吨/年,产品为精煤(末精煤、精中块、精小块)、中煤、煤泥和矸石。2010年以来增加粗煤泥回收工艺和块煤分级系统,并对煤泥水处理系统、原煤储存系统、选煤系统等先后进行技改,现入煤能力为45万吨/年。

(8) 三门峡永龙精煤选煤厂:三门峡永龙精煤有限公司(以下简称永龙精煤)隶属于河南能源永煤公司,是永煤公司2010年6月8日注资5000万元成立的国有独资企业,为年入选能力120万吨原煤的炼焦煤选煤厂,2013年建成投产。永龙精煤设计采用不脱泥、无压三产品重介-浮选联合选煤工艺,50～0.5毫米原煤由原煤重介旋流器分选,0.5～0.35毫米煤泥由煤泥重介旋流器分选,-0.35毫米细煤泥采用浮选,浮选精煤采用沉降过滤离心机和压滤机脱水回收,浮选尾煤经浓缩机浓缩后采用沉降过滤离心机和压滤机联合脱水回收。主要入选三门峡龙王庄煤业及本地区煤矿原煤,精煤产品主要供下游焦化厂,副产品作为电力用煤,最大程度合理利用了本地的煤炭资源。

第二章 建 设 施 工

第一节 施工队伍

河南省的煤矿建设在20世纪90年代以后快速发展，除平顶山、义马、郑州、焦作和鹤壁5个老矿区依托重点煤炭企业发挥优势迅速扩建外，永夏矿区也进入规模开发阶段，永城煤业集团发挥地理资源和政策优势迅速崛起。主要担任建设任务的有河南国控建设公司、河南矿业建设公司。各大煤业集团为发展需要，相继扩建自己的建设力量，承担企业基建任务，技术设备、管理水平、施工能力不断提高，施工队伍也不断壮大，为省内外煤矿建设做出了重要贡献。

一、平煤神马建工集团有限公司

平煤神马建工集团有限公司下属的施工单位，大多是原煤炭部直属的工程处，1955年响应国家开发建设平顶山矿区的号召，从全国各地汇聚到平顶山，1978年整体划给平顶山矿区局。1996年，以土建处为基础成立平顶山煤业(集团)土木建筑有限责任公司。2000年，平煤集团下属的建井一处、建井三处、安装处和第六工程处经过资产重组，进入平顶山煤业(集团)土木建筑有限责任公司。2003年，经平煤集团公司批准，撤销平顶山煤业(集团)土木建筑有限责任公司，更名为平顶山煤业(集团)建筑安装工程有限公司。2008年，平煤集团实施管理体制改革，以平顶山煤业(集团)建筑安装工程有限公司下属的建井一处、建井三处、安装处、六处为基础，整合平煤集团设计院、平煤集团勘探工程处、兴平工程建设监理有限公司、平煤集团房地产开发公司、世纪万安咨询公司、平煤集团天元水泥有限公司、平顶山福星现代建材有限公司等单位，组建了平煤建工集团有限公司，2010年11月10日，更名为中平能化建工集团有限公司。2012年2月7日，更名为平煤神马建工集团有限公司。

二、河南省豫西建设工程有限责任公司

1984年9月，义马矿务局成立建筑安装公司。1986年1月，河南省煤矿基本建设公司第四建井工程处划归义马矿务局，更名为义马矿务局建井工程处。1992年11月，义马矿务局建筑安装公司更名为第一建筑安装公司，建井工程处更名为第二建筑安装公司。1996年6月，以第一建筑安装公司为主，接收局属各矿14个建筑队，成立义马矿务局建筑安装总公司，施工资质为工民建一级。1998年5月随着企业改制，义马矿务局建筑安装总公司更名为河南省豫西建设工程有限责任公司。同年6月，合并义煤集团公司第二建筑安装公司。2015年，豫西建设工程有限责任公司的施工资质经国家住房与城乡建设部审批为具有建筑工程施工总承包一级、矿山工程施工总承包二级、机电设备安装工程总承包二级、钢结构工程专业承包二级、建筑装修装饰工程专业承包二级、房地产开发二级、市政公用工程总承包三级、电力工程施工总承包三级、起重设备安装工程专业承包三级、混凝土预制构件专业二级等多项资质的有限责任公司。2006年，该公司获中国工程建设协会“全国安全生产优秀施工企业”称号。下属有20

余个分公司和项目部、1 个矿建施工队和 1 个建筑材料厂，共有职工 1000 余人。

义马矿区除豫西建设工程有限责任公司外，还有永兴工程公司、义煤集团铁路建筑工程公司。永兴工程公司具有矿山工程总承包二级、房屋建筑工程总承包三级、机电设备安装工程专业承包三级、防腐保温专业承包三级、工程勘察乙级资质，在册职工 1571 人；义煤集团铁路建筑工程公司具有铁路工程二级、建安工程三级资质，有各类工程技术及管理人员 29 人。

三、郑煤集团

（一）河南锦源建设有限公司

河南锦源建设有限公司建于 1972 年，原名称为郑州矿务局建筑工程处。2007 年更名为河南锦源建设有限公司，2015 年吸收合并郑州煤炭工业（集团）工程有限公司和河南郑煤矿业建设有限责任公司两家企业，注册资本金 9150 万元，净资产总额 26690 万元，年施工能力 20 亿元。有职工 2862 名。河南锦源建设有限公司为国家房屋建筑施工总承包一级、矿山工程施工总承包一级企业。经营范围涉及建筑工程、矿山工程、水利水电工程、机电工程、市政公用工程、钢结构工程、防水防腐保温工程、建筑装修装饰工程、环保工程、电子与智能化工程、建筑节能外墙保温工程、铁路工程、公路工程等多种领域。

（二）郑州煤炭工业（集团）工程有限公司

郑州煤炭工业（集团）工程有限公司是 1994 年从郑州矿务局建井工程处分流出一部分人员组建的专业施工队伍，是具有矿山工程施工总承包二级、房屋建筑工程施工总承包二级、机电设备安装工程专业承包二级、土石方工程专业承包三级、水工隧洞工程专业承包三级、控制爆破 A 级资质的综合性施工企业。拥有大型专业施工机械和高素质的施工队伍，具有矿井建设、隧洞施工、机电设备安装、控制爆破、各类滑模等专业施工技术和经验。2015 年并入河南锦源建设有限公司。

（三）河南郑煤矿业建设有限责任公司

1986 年 1 月，河南省煤矿基本建设公司第二建井工程处划归郑州矿务局，更名为郑州矿务局建井工程处，具有矿山建筑施工总承包二级、房屋建筑施工总承包三级、送变电工程专业承包三级资质。2015 年并入河南锦源建设有限公司。

四、河南能源化工建设集团有限公司

河南能源化工建设集团有限公司隶属于河南能源化工集团，原名称为河南煤化建设集团有限公司，2010 年 12 月注册成立，注册资本 10.2 亿元，2014 年 2 月更名为河南能源化工建设集团有限公司。成立初期有河南国龙矿业建设有限公司、河南富昌建设工程有限责任公司、焦作宏程工程建设有限公司、鹤壁天宏钢结构有限公司、焦作神龙水文地质工程有限公司、焦作宏图矿业设计有限公司、河南国龙置业有限公司等七家子公司，参股煤炭工业郑州设计研究院。2011 年 10 月，河南国龙置业有限公司划归永煤公司。

截至 2015 年年底，河南能源化工建设集团有限公司共有员工 2947 人，其中工程技术管理人员 301 人。主要从事矿山工程设计与施工、房屋工程设计与施工、机电设备安装、钢结构工程、矿井水害治理、煤田地质勘探等业务。具有矿山工程总承包一级资质、房屋建筑工程总承包一级资质、机电设备安装专业承包一级资质、钢结构工程专业承包一级资质等 20 余项企业资质，施工工程遍布河南、贵州、新疆、内蒙古、山西、山东、安徽等省、自治区。

2010—2014 年连续五年跻身全国煤炭施工企业综合实力前十强，年生产总值达

30 亿元。

（一）河南国龙矿业建设有限公司

河南国龙矿业建设有限公司前身为成立于 1964 年 10 月的煤炭部第八十四工程处。该工程处由原陕西铜川煤炭基建公司和甘肃山丹矿务局基建处合并成立，目的在于赴新疆开采矿藏。在此期间，先后建设了伊宁 731 矿、芦草沟煤矿、艾维尔沟矿，以及军工、气象、供变电工程等，为我国核能、煤炭、军工、气象等事业做出了重要贡献。1973 年按照煤炭部指示，从新疆迁至河南，建设焦作矿区。至此，该工程处由祖国西北边陲转战至中原大地。1997 年划归永煤集团；2003 年完成重组；2005 年 5 月，公司进行现代化企业产权改革，改制为永城煤电集团龙宇能源开发有限公司；2008 年 12 月，随永煤集团重组融入河南煤业化工集团有限责任公司；2009 年 4 月，企业更名为河南国龙矿业建设有限公司。2010 年年底，从永煤集团分出重组融入河南煤化建设集团有限公司。

公司具有国家住建部颁发的矿山工程施工总承包一级、建筑工程施工总承包一级资质及建筑机电安装、钢结构工程、建筑装修装饰、防水防腐保温、建筑幕墙工程、地基基础等专业承包资质。经过五十多年的发展，目前公司已发展成为集钻探、冻结、矿建、土建、安装五类工程一体化的综合施工企业。公司已通过三标一体认证。工程项目遍布内蒙古、新疆、安徽、山东、江苏、贵州、陕西、河南等省区的二十多个地区。公司下设十多个矿建项目部、2 个安装公司及冻结公司、钻探公司、建筑公司、物管中心、物资租赁中心等二级机构。公司以承建大中型煤矿、选煤厂、公路、隧道为主，先后承建全国各类矿井五十多对（个）。具备地质勘探、井筒冻结与掘砌、井筒注浆、井巷快速施工、机电加工与安装、永久井架制作与安装、电力设施承装、压力容器与压力管道安装与维修、防腐保温、钢结构、工业与民用建筑、大型桩基等方面的资质和能力。公司矿建施工多次创全国先进水平和世界纪录。总承包施工的河南正龙煤业城郊煤矿（240 万吨/年）仅用三年半建成投产。总承包施工的永煤集团新桥煤矿（120 万吨/年）3 年建成投产，并入选中国企业第十四批新纪录。立井施工月度进尺多次进入全国劳动竞赛前三名。施工的淮北海孜矿新副井井筒掘砌工程（深度 1056 米，井径 6.5 米），实际完工仅用 14 个月。施工的山东兖矿集团万福煤矿风井掘砌工程创出了外壁施工一次性穿过－753 米超深厚冲积层和内壁施工一次性连续浇筑完成至－840 米的两项世界纪录。作为国内为数不多的钻探、冻结、矿建、安装、土建五类工程一体化施工队伍，目前已形成了井筒冻掘一体化、立井巷道一体化、五类工程总承包一体化施工的特色和优势，并开始涉足国际矿建市场。

（二）河南富昌建设工程有限责任公司

河南富昌建设工程有限责任公司前身为煤炭部经四十三工程处，始创于 1954 年。1971 年煤炭工业部将企业下放，第四十三工程处被命名为湖南省煤炭工业局第六工程处。1973 年 5 月又改为湖南省煤矿基本建设公司第六工程处。1977 年 4 月，煤炭工业部决定，湖南省煤矿基本建设公司第六工程处调回河南省鹤壁市。1977 年 12 月，经鹤壁市同意，第六工程处改名为鹤壁矿务局第二建井工程处。1978 年 2 月，鹤壁矿务局决定，第二建井工程处和 1975 年 12 月 25 日成立的鹤壁矿务局综合工程处合并，改名为鹤壁矿务局工程处。2002 年 1 月，经河南省煤炭工业局批准，由鹤壁矿务局工程处、建筑一公司、勘探公司 3 个单位重组，并吸收鹤壁福田工贸有限责任公司的股份，成立了鹤壁富昌建设工程有限责任公司，2007 年 11 月，企业更名为河南富昌建设工程有限责任公司。2008 年 12 月，随鹤煤集团重组融入河南煤业化工集团有限责任公司，2010年年底，从鹤煤集团分出重组融入河南煤化建设集团有限公司。

公司具有矿山工程施工总承包一级、房屋建筑施工总承包一级、机电设备安装工程专业承包一级、钢结构工程专业承包一级、市政工程施工总承包二级等各项资质，是集矿建、土建、安装、注浆、市政、装饰装修、隧道、机械制造、交通运输为一体的综合施工企业。公司已通过三标一体认证。公司具有六十多年的历史与施工经验。先后在十余省区承建施工了四十多对大中型矿井、28对配套矿井，多对井径8～12米大断面矿井，是全国煤炭基本建设队伍中的一支劲旅，能够同时承建10对120万吨/年以上的矿井。公司承建的山西省阳煤集团600万吨/年新元矿井，创斜井月成井156.5米的纪录，荣获全国煤炭行业"太阳杯"最高奖；公司承建的鹤煤九矿工业场地风井工程连续4个月超百米，其中5月份月进尺166米，创河南省立井施工新纪录；承建施工的鹤煤公司三矿、八矿新风井是千米深井，双井筒连续4个月超百米，采取了置换注浆法顺利通过流沙层，填补了国内立井井筒普通凿井法穿过流沙层的空白。

（三）焦作宏程工程建设有限公司

焦作市宏程工程建设有限责任公司前身为煤炭部第四十五工程处、焦作矿务局建筑安装工程处、焦煤集团建安总公司，始建于1956年，1995年更为现名。2003年焦煤集团内部所有建筑施工单位合并，宏程公司业务范围进一步扩大。2005年企业改制。2008年12月，随焦煤集团重组融入河南煤业化工集团有限责任公司；2010年年底，从焦煤集团分出重组融入河南煤化建设集团有限公司。

公司具有房屋建筑工程施工总承包一级，钢结构工程专业承包一级、矿山工程施工总承包二级、电子与智能化工程专业承包二级、防水防腐保温工程专业承包二级、建筑装修装饰工程专业承包二级、建筑机电安装工程专业承包二级、输变电工程专业承包三级等各项资质。公司拥有导轨式爬架、施工电梯、现代滑模等先进的施工机械设备。可独立承接各类大中型工业与民用建筑、公共建筑、矿井建设、机电设备工程安装等的施工。公司已通过三标一体认证。近年来，公司承建的大型项目有焦作西城家园（南苑）一期工程，洛阳乙二醇项目，翠园小区项目、建业龙城3#、6#、8#楼项目，焦煤开元化工，千业水泥等项目。公司施工工程多次获得市级优质结构工程、安全文明工地、省级结构"中州杯"等荣誉、奖项。

（四）鹤壁天宏钢结构有限公司

鹤壁天宏钢结构有限公司于2005年9月注册成立，注册资金3000万元。2008年12月，随鹤煤集团重组融入河南煤业化工集团有限责任公司；2010年年底，从鹤煤集团分出重组融入河南煤化建设集团有限公司。

公司具有钢结构制造企业一级资质，钢结构工程专业承包一级资质。目前主要从事钢结构建筑设计、制造和安装服务。具备年产30000吨轻钢结构件的生产能力，年安装能力150000平方米以上，为豫北地区最大的钢结构施工企业。公司现为中国钢结构协会团体会员。公司设有实验室，有超声波探伤仪、漆膜测厚仪、水平仪、经纬仪等检测设备，配备有专业检测人员，保证产品质量。公司与国家金属制品质量监督检验中心等专业检测机构有长期合作，进行端板摩擦因数试验、高强螺栓副扭矩试验等。2008年被河南省建设厅授予河南省援建四川灾区活动板房先进企业光荣称号；2009年被河南省工业和信息化厅授予年度"一级安全质量标准化单位"光荣称号。

（五）焦作神龙水文地质工程有限公司

焦作市神龙水文地质工程有限公司公

司始建于1955年3月，历经了焦作矿务局水文地质队、焦作矿务局水文地质勘探工程公司、焦作煤业集团水文地质勘探工程分公司等阶段，2003年8月28日，变更为焦作市神龙水文地质工程有限公司；2008年12月，随焦煤集团重组融入河南煤业化工集团有限责任公司；2010年年底，从焦煤集团分出重组融入河南煤化建设集团有限公司。

公司具有国土资源厅固体矿产勘查乙级、煤炭系统钻探乙级、河南省工程勘察乙级、重磁电法勘查丙级、地质测绘丙级和河南省水井施工单位一级资质等级证书，是一家以煤矿水害治理、煤田地质及水文地质勘探为主导，供水管井、工程勘察、各种井型排水孔、瓦斯抽放孔、电缆孔、井检孔等系列工程为配套，集工程设计、施工、报告编制为一体的具有高技术含量的企业。凭借在煤矿井上下注浆堵水的专业水平和成熟技术，在全省乃至全国煤矿水害治理领域始终处于领先地位。2008年公司完成的“煤层底板多含水层突水动水注浆技术研究”被省科技厅鉴定为“达到国际领先水平”，并荣获焦作市科技进步一等奖。1997年“河南煤矿水害救治中心”在该公司的挂牌运营，标志着该公司成为全省煤矿注浆堵水的专业队伍和领导者。

（六）焦作宏图矿业设计有限公司

焦作宏图矿业设计有限公司于2005年1月注册成立，注册资金300万元。2008年12月，随焦煤集团重组融入河南煤业化工集团有限责任公司；2010年年底，从焦煤集团分出重组融入河南煤化建设集团有限公司。

公司具有煤炭行业（矿井）专业乙级、建筑行业（建筑工程）丙级设计资质，可面向社会承担中型煤矿全套设计和工业与民用建筑工程设计及相应工程技术咨询服务，设置有采矿、机电、工业与民用建筑、给排水、管理、财务等科室。公司先后设计了焦作煤业集团矿区的赵固一矿、赵固二矿、古汉山矿、九里山矿、张屯矿、方庄一矿等矿井的技术改造项目和矿区棚户区改造及沉陷区治理等大量工业与民用建筑工程项目，同时还完成了河南其他矿区（教学三矿、徐庄矿、果园矿、新丰矿、方山矿、大郭沟矿）等大批煤矿建设工程设计。1996年设计施工的焦作煤业集团古汉山矿5.5兆帕高压防水闸门硐室一次注水试压成功，填补了国内煤矿科技空白，获煤炭工业科技成果二等奖；2002年安徽祁东矿煤巷4.8兆帕高压防水闸墙硐室设计与施工，即高压防水闸门（墙）硐室在煤矿井下防治水方面的研究与应用项目获国家安全生产科技成果三等奖；2005年完成的焦作煤业集团九里山矿14采区特大突水快速综合治理项目（突水量46立方米/时、水压2.4兆帕），即煤矿突水快速综合治理技术研究与应用项目已通过河南省科技厅鉴定，为国际先进水平。

五、河南国控建设集团有限公司

河南国控建设集团有限公司简称河南国控建设集团，是由河南煤炭建设集团有限责任公司于2016年1月更名而来。前身是组建于1953年的煤炭工业部第四十五工程处，已有基建施工历史60余年。河南煤炭建设集团有限责任公司除名称之外的所有登记事项、业务关系均由“河南国控建设集团有限公司”承继，企业类型、住所、法定代表人、经营范围、经营期限、资质资格、隶属关系等均无改变。企业拥有矿山工程、房屋建筑工程、市政公用工程、机电安装工程施工总承包一级资质，隧道工程、冻结工程、注浆工程、钢结构工程专业承包一级资质。可承接各类矿山工程、房屋建筑工程、机电安装工程、市政公用工程（包括城市道路、桥梁、隧道、公共广场工程，城市供水、排水和污水处理工程，城市燃气和热力工程，城市生活垃圾处理工程）、隧道桥涵工程、冻结注浆工程、钢结构工程、地铁及轨道交通工程、装饰装修工程、防腐保温工程、爆破工程。企业还拥有河南省商务厅颁发的对外承包工程资格证书和对外贸易经营者备案登记证，可承包国外工程项目，开展进出口贸易等。集团公司下属矿建工程公司、建筑工程公司、房地产开发公司、安装工程公司、市政工程公司、隧道工程公司、特殊工程（冻结、注浆）公司、水利工程公司、施工装备公司、钢结构公司等全资（控股）公司 16 个，员工 5000 多人，各类高中级技术管理人员 900 余人，总资产 30 亿元，各类大中型专业施工设备 3000 余台（套），年施工能力 50 亿元。在数十年的建设生涯中，企业高举团结奋进旗帜，秉承艰苦创业传统，坚持“安全、优质、快速、高效”施工方针和“同场竞技争第一、内部竞赛创纪录”的竞争理念，弘扬“不畏困难、团结奉献、求实创新、共谋发展”的企业精神，强化人才队伍建设、科学规范管理和现代装备配套，提升综合素质、管理水平、科技力量和施工能力，出色完成数百项大中型项目及数千项配套工程的施工任务，获得省部级以上科技进步奖、优质工程、施工工法、专利技术等成果上百项。创造省部级施工纪录 30 余项，通过了“质量、环境、职业健康与安全”管理体系认证，荣获了“河南省 A 级纳税信用企业”、“河南省重合同守信用企业”、“全国煤炭行业信用等级 AAA 企业”、“全国建筑业优秀企业”、“全国施工行业百强企业”、“中国基础设施建设 50 强企业”、“中国施工行业矿山工程十强企业”等荣誉，被河南省政府认定为“河南省建筑业 100 家骨干企业”之一。

六、河南矿业建设（集团）有限责任公司

河南矿业建设（集团）有限责任公司，始建于 1956 年，系国有独资企业，具有国家房屋建筑工程施工总承包一级、国家钢结构工程专业承包一级、机电设备安装工程专业承包二级资质，同时具有建筑行业工程设计专业乙级资质、工程咨询（建筑乙级，轻工、农业丙级）资质，商务粮行业工程设计行业乙级资质和市政公用工程、公路路基工程、送变电工程、建筑装修装饰工程专业承包等资质。集团公司注册资本 1 亿元，现有各类专业技术人员 300 多人，一、二级建造师近百人，下属 12 个分公司、若干直属项目部、6 个子公司，是集建筑施工、房地产开发、机电设备安装、粮食工程设计咨询、钢结构制作与安装、设备租赁和物业管理等为一体的综合性企业，主营业务年生产能力 10 亿元以上，信誉等级 AAA 级，省级“重合同守信用”企业，是质量管理、环境管理、职业健康安全管理标准体系认证达标企业。集团下属河南省粮食工程设计院有限公司承担着全省粮食系统基本建设项目的咨询设计工作，可承揽各类工业与民用建筑工程设计，居住小区规划设计，粮油、饲料和食品加工项目的土建工艺设计，粮食储备库、粮食中转库及配套工程土建工艺设计及各类工程项目的项目建议书、可行性研究报告、资金申请报告和项目申请报告编制等咨询服务。

第二节 施工监管

一、行业管理

2003 年河南省煤炭工业局成立河南省煤炭大型项目管理办公室，副局长张国辉兼任办公室主任，配备专业工作人员，专门负责全省大中型煤矿项目的日常管理工作。先后制定了《河南省煤炭行业基本建设管理意见》、《河南省煤炭重点建设项目责任目标奖罚暂行办法》、《河南省煤炭重点建设项目稽查特派员暂行办法》等一系列管理办法。在煤炭建设项目推行了项目法人责任制、项目招投标制、工程监理制、产品质量终身负责制、项目责任目标追究制等制度。与项目

法人签订目标责任书，对重点建设项目实行目标风险金抵押制度，建立项目管理的激励和约束机制。

二、质量监督

（一）河南煤炭建设工程质量监督中心站

河南煤炭建设工程质量监督中心站（煤炭工业河南建设工程质量监督中心站）始建于1986年，2004年经河南省机构编制委员会批准设立的事业单位。在煤炭工业建设工程质量监督总站、河南省煤炭行业管理部门的具体领导下，负责河南省境内煤炭工业建设工程质量的监督管理工作，对省内矿区工程质量监督站实施业务领导。其具体职责如下：

（1）贯彻执行国家和上级部门有关工程质量监督管理的方针、政策、法规和强制性技术标准，制定全省煤炭建设工程质量监督注册、事中监督、质量认证等的具体管理制度。

（2）实施对矿区站的业务领导，组织协调矿区站开展质量监督工作，负责矿区站的资质年审、业务考核，对质量监督员进行业务培训和从业资格审核。

（3）负责组织投资总额在5000万元及以上或建设规模21万吨以上的煤炭工业建设项目的质量监督注册登记和质量认证，参与煤炭建设项目竣工投产验收，组织评审和上报优质工程。

（4）对全省煤炭工业建设项目工程质量实施动态巡查，及时纠正、制止和处置建设工程质量责任主体的违规行为；参与重大工程质量事故的处理和质量纠纷的仲裁。

（5）研究、分析全省煤炭建设工程质量状况，提出搞好煤炭建设工程质量工作的建议。

（二）矿区质检站

在平顶山、义马、焦作、鹤壁、永城、郑州6大矿区，以及神火集团（前身为许昌站）和禹州（前身为新峰站）设有8个矿区站，负责矿区内煤炭工业建设工程质量的监督管理工作。

（三）监督工作组

2006年4月，为了加强对河南省煤炭资源整合矿井技术改造工程的质量监督工作，在产煤省辖市（县）煤炭局成立了平顶山、郑州、三门峡、许昌、安阳、洛阳、新密、巩义、荥阳、登封等10个监督工作组，负责辖区内资源整合矿井技术改造工程的质量监督工作。

三、工程监理

（一）监理机构

1. 河南工程咨询监理有限公司

河南工程咨询监理有限公司于1993年10月12日取得工程监理甲级资质证书，为中华人民共和国建设部核定的全国首批59家甲级监理公司之一。公司拥有矿山工程、房屋建筑工程和机电安装工程的甲级监理资质，市政工程、电力工程的乙级监理资质，人防工程的丙级监理资质，煤炭、建筑专业的甲级咨询资质，火电、建筑材料、生态建设和环境工程、市政、机械专业的丙级咨询资质及其各专业的节能评估报告编审资格，矿山工程乙级设计资质、工程招标代理资质、工程造价咨询资质、河南省矿井瓦斯等级鉴定资质。是中国煤炭工业协会理事单位、中国煤炭建设协会常务理事单位、中国建设监理协会理事单位、河南省建设监理协会常务理事单位、国际咨询工程师联合会（FIDIC）会员单位。截至2015年年底，公司已完成项目891个，工程累计投资约2000亿元。公司拥有各类工程技术人员共300余人，其中教授级高级工程师5人、高级工程师31人、各类国家注册师77人。公司经营追求“科学、创新、卓越”理念，信守“公平、独立、诚信、科学”准则，连年被评为煤炭行业先进监理企业、中国煤炭监理企业二十强、河南省先进监理企业、河南省监理企业二十强。

2. 煤炭工业郑州设计研究院股份有限公司

煤炭工业郑州设计研究院股份有限公司(曾用名河南中豫建设工程监理有限公司)成立于 1991 年 4 月 25 日,为中国建设监理协会及河南省建设监理协会会员单位,具有房屋建筑工程甲级、矿山工程甲级、市政公用工程甲级,电力工程乙级等监理资质,可从事工程监理及工程项目管理等相关业务。2004—2013 年连续 10 年被评为河南省先进工程监理企业;2008—2013 年四次被评为河南省工程监理二十强,同时 2006—2013 年六次被评为全国煤炭系统监理企业二十强;2008 年 12 月被河南省评为“河南省建设监理二十年突出贡献奖优秀工程监理企业”。

3. 河南兴平工程管理有限公司

河南兴平工程管理有限公司成立于 1995 年,是中国平煤神马集团旗下的子公司,注册资金 1000 万元。拥有化工石油工程、电力工程、矿山工程、房屋建筑工程、市政公用工程及冶炼工程 6 项甲级监理资质,工程招标代理、工程造价咨询两项乙级资质,人防工程监理丙级资质。此外,公司电工设备供应处可经营建材、工矿配件、机电产品、劳保用品的批发、零售业务。公司现拥有工程管理及技术人员 400 余人,其中高级职称 32 人,中级职称 186 人,各类注册工程师 87 人次。主要业务涉及石油、煤焦化工、电力、机电安装、矿井建设、公路桥梁、环保、人防、城市道路、给排水、房屋建筑、工程造价、招标代理等领域。公司通过 ISO 9001:2008 质量管理体系认证。是中国建设监理协会化工分会会员单位、中国煤炭建设协会常务理事单位、建设监理理事会副理事长单位、河南省建设监理协会副秘书长单位、河南省建设工程招标投标协会会员单位、平顶山市建筑业协会副会长单位。

4. 义马天宇建设监理有限责任公司

义马天宇建设监理有限责任公司成立于 2002 年,资质等级为房屋建筑工程监理丙级、市政公用工程监理丙级,可以开展相应类别建设工程的项目管理、技术咨询等业务。公司具有法人资格,注册资本金 112.9 万元,注册监理工程师 6 人。公司可承担相应工程建设监理业务,拥有先进的计算机管理系统和从事建设监理所需的试验及检测的仪器、设备,为高质量完成监理任务提供了科学手段和物质保证。

公司成立以来,始终坚持以人为本,注重自身素质建设,重视规范化、标准化、科学化管理。通过多年来的不懈努力,公司已发展成人员素质高、技术力量强、管理完善的专业监理公司。先后承担了孟津煤矿地面工程、新义煤矿地面工程、义煤技校安培中心办公楼工程、义煤集团艺苑小区工程、义煤集团榕苑小区工程、义煤集团棚户区改造工程、义煤集团 1 号办公楼改造及装饰装修工程、杨果公路改建工程、跃进矿挡风抑尘墙工程、千秋矿新建综合楼工程、义马体育公园工程等 200 多项工程的监理工作,涉及工业与民用建筑、市政管理等诸多行业。

5. 其他监理机构

河南省内的煤炭监理机构还有鹤壁市鹤武工程建设监理有限公司,成立于 1991 年 7 月,是鹤壁矿务局和武汉设计院联合创建的,具有矿山工程甲级资质。河南理工大学建设工程监理所具有矿山工程乙级资质。

(二) 监理项目

河南省内的煤炭监理机构除承担了省内大中型煤矿建设监理任务外,还承揽了贵州、山西、新疆、内蒙古、安徽、青海、四川、湖北、陕西、宁夏、云南等省、自治区的部分煤矿建设监理任务,监理业务也拓展到建筑工程、石油化工工程、电力工程、市政公用工程、冶炼工程及机电安装工程等领域。

四、施工管理

平煤、义煤、永煤、郑煤、焦煤、鹤煤集团6大煤炭骨干企业和神火集团均设置有基本建设部门(基本建设处、规划发展处、项目建设部),专门负责基本建设管理工作,各煤矿建设项目设置筹建处,对煤矿建设项目的投资、进度、质量、安全进行控制管理。

第三节　施工技术

在立井施工方面,由于河南煤矿开采深度日益增加,凿井难度日益加大,因而采用冻结法、钻井法及地面预注浆法等特殊施工技术的井筒日益增多,且取得了进度快、质量好、安全生产的好效果。

20世纪90年代,全省煤矿应用冻结法、地面预注浆法及钻井法施工的立井井筒即达25个,占同期施工的34个立井井筒的74%。1990年采用冻结法开工建设的永城矿区陈四楼矿主、副立井,冻结深度达435米,是当时国内冻结最深的井筒,在施工中实现了无断管、无压坏井壁、无任何安全事故,工期、质量、投资都得到了有效控制,其施工技术居国际、国内领先水平,获得了国家和煤炭部颁发的科技进步奖。同期,采用钻井法施工的陈四楼矿风井,利用泥浆絮凝技术实现了地面泥浆处理的历史性突破,处理效果达95%以上,解决了钻井法施工中多年存在的一大难题。并应用内外管注浆充填技术,做到钻井壁后充填一次成功,井壁滴水不漏,技术、经济效益俱佳。其泥浆絮凝处理技术获得国家科技发明二等奖。

1993年12月建成的平顶山六矿新立井井深705米,采用掘砌混合作业施工,由伞形钻架、中心回转大抓岩机及管线吊挂井壁等组成机械化作业线,取得了全国煤矿立井施工技术重点攻关突破。

1994年,采用地面预注浆法开工建设的鹤壁冷泉矿立井,地面预注浆深度达750米,是当时国内注浆最深的井筒。它和平顶山十三矿主、副井及禹州梁北矿主、副井,在地面预注浆中均采用了黏土水泥浆,节省了大量水泥,降低了工程成本,堵水率均在99%以上,在注浆技术上是一项创新。

在机电安装施工方面,焦作九里山矿副井和永城陈四楼矿副井,分别利用钢筋混凝土井架及钢井架作建井和生产两用井架,取得了较好的技术经济效果。平顶山十矿北风井,采用液压顶推整体平移技术,将底重435吨、总重524吨的预制钢筋混凝土井塔一次安全精确整体平移就位,填补了河南煤矿液压顶推平移技术的空白。1995年,平顶山矿务局安装处在平顶山六矿北风井井筒罐道梁安装中,首次采用树脂锚杆固定钢壁座安装新工艺,加快了施工进度,降低了工程成本。1997年,在平顶山十三矿制作安装了中南地区最大的单斜撑箱形钢结构井架(高57米,重380吨),采用异地组装起立、整体滑移就位施工工艺,仅用135分钟一次竖立成功,为河南煤矿首例。

一、永城陈四楼矿深井冻结凿井技术

陈四楼矿是永城矿区建设的第一对大型矿井,设计生产能力240万吨/年。1990年7月开工建设,1997年11月建成投产。采用立井开拓,主、副井筒深度分别为499米和511米,净径分别为5米和6.5米,分别穿过冲积层第三、四系369米和375米,采用冻结法施工,冻结深度达435米,是当时国内冻结最深、冲积层最厚的人工冻结井,施工难度之大国内罕见。在设计与施工中主要采取了以下技术措施:

(1) 施工前认真做好冻土强度及冻胀

性能力学试验，掌握冲积层各层位冻土特性。试验表明，冻土强度主要取决于冻土温度，温度降低，冻土抗压强度增高，增高强度依冲积层性质不同而有差异，砂层强度提高快，黏土和砂质黏土次之。

（2）优化冻结设计，确保冻结钻孔质量。冻结施工采用差异冻结法，除冻结冲积层外还冻结基岩较大含水层；在冲积层浅部120～130米以上段增加防片帮孔；采用低温冻结，确保冻结壁厚度和强度；采用优质冻结管，主井用进口无缝钢管，副井用高档优质无缝钢管。永城陈四楼矿深井冻结参数如表3-2-1所示。

表3-2-1　永城陈四楼矿深井冻结参数表

参数名称	单　位	主　井	副　井
矿井年产量	万吨/年	240	240
井筒净直径	米	5.0	6.5
井壁最大厚度	米	1.6	1.8
表土层深度	米	370	374.5
冻结方案		差异冻结法	差异冻结法
冻结深度	米	423/400	435/405
内排防片帮孔深度	米	120	130
冲积层最大地压	兆帕	4.796	4.868
冻结壁最低温度	摄氏度	－32	－32
冻结孔布置	米	15.3	18.2
内排孔布置	米	9.6	11.6
冻结孔数	个	19/18	22/22
内排孔数	个	10	12
井筒制冷量	万卡/小时	216.4	263.9
装机容量	千瓦		7812

（3）凿井采用短段掘砌与液压滑模筑壁（图3-2-1）工艺。为防止施工中冻结管断裂和发生片帮事故，两井掘进段高始终控制在2.2～2.7米，采用短段掘砌混合作业施工。作业循环根据土层性质确定，一般黏土层实行日循环，砂层多为两日三循环。由于采用滑模施工，省掉了多次立模、拆模时间，简化了筑壁工艺，套壁速度最快为15米/日，平均为7.02米/日。为确保混凝土质量在混凝土中掺定量高效减水早强剂Ⅸ-2及JP-1，并进行优化组合试验。两井冻结段平均月成井分别达到35.5米和37.5米，未发生断冻结管、“开窗”、抽帮等事故，井壁无淋水，工程质量优良，工程造价控制在中标价范围之内，取得了很好的技术经济效益。1996年，陈四楼矿冻结凿井技术获得煤炭部科技进步一等奖，1998年获国家科技进步二等奖。

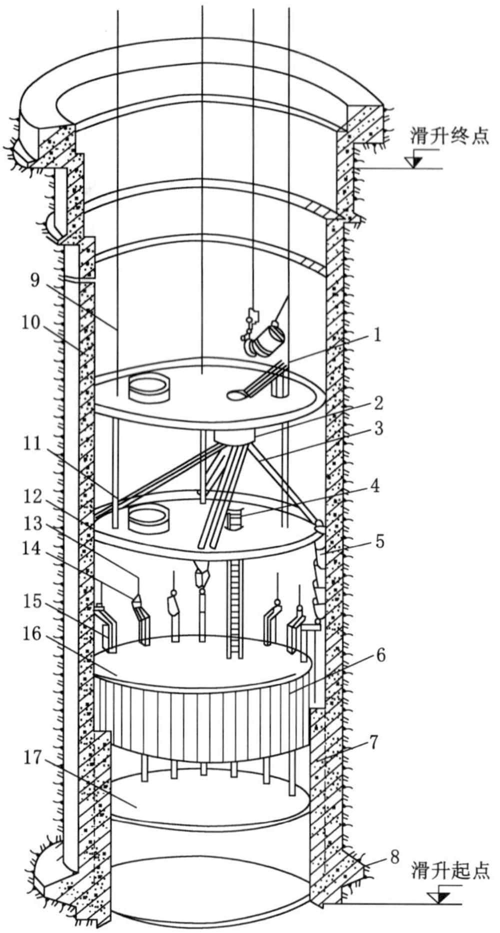

图 3-2-1　永城陈四楼矿主井滑模筑壁图

1——灰槽；2——分灰器；3——溜槽；
4——活节梯子；5——竹节溜子；6——模板；
7——内壁；8——壁座；9——吊盘稳绳；
10——外壁；11——喇叭口；12——吊盘；
13——支承杆；14——千斤顶；15——提升架；
16——操作平台；17——下辅助盘

二、平煤集团一矿三水平戊二回风下山工程施工技术

平时集团一矿三水平戊二回风下山工程于 2013 年 5 月开始施工，于 2014 年 12 月完工，总工程量为 1589.671 米，服务年限为 20 年。

施工方案：三水平戊二采区回风下山从戊二回风下山与回风斜巷交点处由上向下施工。巷道掘进采用 CMJ17HT 钻车（YT-28 型凿岩机）打眼，人工装药连线进行光面爆破作业，全断面掘进。2—2 断面采用锚网喷＋锚索＋注浆联合支护；3—3 断面采用锚网喷＋锚索＋注浆锚杆＋注浆组合锚索＋36U 型钢支护形式（U 形棚子复喷在壁后注浆之后进行）。采用 P-60B 耙斗机将碴经漏斗转载到带式输送机，传入戊二矸石仓。锚网喷＋锚索支护完成后，再对巷道全断面注浆，然后从上向下架设金属支架，最后喷浆成巷。采用局部通风机压入式通风。

施工方法：采用“三八”制作业，“两掘一喷”的作业方式。遇到顶板破碎、压力大以及地质构造带等特殊情况时，缩小循环进尺增加循环。打眼采用 CMJ17HT 型钻车（YT-28 型凿岩机），掘支单行作业。爆破采用矿用隔爆型爆破器，炸药采用煤矿许用三级乳化炸药，雷管采用煤矿许用毫秒延期电雷管，正向装药，串联起爆，分次装药，分次爆破。第一次装药高度 2.5 米，爆破后找掉顶帮及迎面危矸浮岩后再二次装药。

工作面采用 P-60B 型斗容 0.6 立方米耙斗机将碴经漏斗进入 DSJ80/40/2×75 型带式输送机，再由 DSJ80/40/45 型带式输送机将碴传入戊二矸石仓。耙斗机距工作面最近距离 10 米，最远距离 30 米。爆破前钻车和掘进机后退至耙斗机后用钢笆网掩护再用旧胶带和道木遮盖严实，然后方可爆破。巷道锚网喷＋锚索支护完成 30 天左右，再对巷道全断面注浆，然后从上向下架设金支，最后喷浆成巷。

斜巷施工中，在行人侧（右帮）每隔 40 米做一个躲避硐室。躲避硐室规格：净宽 2 米×高 2 米×深 2 米，硐室进行锚网喷支护。

断面爆破说明见表 3-2-2—表 3-2-4。

表 3-2-2 平煤集团一矿三水平戊二回风下山爆破原始条件表

瓦斯等级	突出	掘进断面	22.6 平方米
普氏系数	$f=4\sim6$	钻眼机具	CMJ17HT 型钻车
炸药类别	煤矿许用三级乳化炸药	雷管类别	煤矿许用毫秒延期电雷管

表 3-2-3 平煤集团一矿三水平戊二回风下山爆破参数表

序号	炮眼名称	眼深/米	眼数/个	装药量/千克		封泥长度/米	起爆顺序	连线方式	备　注
				卷/孔	小计				
0	中空眼	1.9	1					串联	1. $f=4\sim6$ 2. 选用 $\phi35\times400$ 毫米乳化药爆破，0.44 kg/卷，毫秒延期电雷管 3. 采用正向装药 4. 如岩性变化，可适当调整爆破参数
1～4	掏槽眼	1.9	4	2	8	0.8	Ⅰ		
5～49	辅助眼	1.7	45	1	45	0.8	Ⅱ		
50～88	周边眼	1.7	39	0.5	19.5	0.8	Ⅲ		
89～98	底眼	1.9	10	2	20	0.8	Ⅲ		
合计		171.3	99	92.5 卷 40.7 千克					

表 3-2-4 平煤集团一矿三水平戊二回风下山预期爆破效果表

序号	指标名称	单位	数量	序号	指标名称	单位	数量
1	炮眼利用率	%	88	5	每米炸药耗量	千克	27.1
2	每循环进尺	米	1.5	6	每方岩石炸药用量	千克	1.2
3	每循环爆破岩量	立方米	33.9	7	每米巷道雷管耗量	发	65.3
4	一循环炮眼长度	米	171.3	8	每方岩石雷管耗量	发	2.9

三、平煤集团五矿明斜井井筒施工技术

平煤股份五矿明斜井井筒 2009 年 9 月开工建设，2012 年 6 月 25 日竣工，设计长度 1307.5 米，施工坡度－15.5°，半圆拱形断面，净宽 5600 毫米，净高 4100 毫米，净面积 19.6 平方米。其中：表土段斜长 581 米，掘进断面积为 25.05 平方米，采用 36U 型钢混凝土联合支护：36U 金支两架/米，浇筑 C25 混凝土 450 毫米厚；基岩段斜长 726.5 米，掘进断面积为 21.34 平方米，采用锚网喷＋锚索联合支护，喷射 C20 混凝土 150 毫米厚。锚杆均采用 $\phi20$ 毫米×2400 毫米高强左旋树脂锚杆，间排距：700 毫米×700 毫米，$\phi6$ 毫米金属网，网格 80 毫米×80 毫米；锚索采用 $\phi17.8$ 米×6.5 米钢绞线，间排距：2100 毫米×2100 毫米；过煤及软岩段采用金支喷射混凝土支护，金支使用 36U 型钢，棚距 500 毫米，喷射混凝土强度等级 C20；铺底 100 毫米厚，砼强度等级 C15。

根据明斜井的工程特征、地质状况、支护形式、施工设备和操作技术等因素，优选确定施工方案为：采用斜井快速施工机械化配套施工工艺，即激光指向、光面爆破、双轨双耙斗装岩、双箕斗提升、翻矸台汽车排矸、风泵配合卧泵接力排水。明斜井明槽采用人工配合机械分层分段开挖，一次挖完，一次性浇注混凝土的方法，开挖时注意做好临时支护；表土段、基岩段采用 YT-28 型凿岩机打眼，2 台激光指向仪定向、中深孔光面爆破的两光施工法，三掘一喷，一次成巷，“四六”制作业，表土段不需要爆破时用风镐

开挖。四机两泵：两台 P-60(B)型耙斗机，两台喷浆机，两台水泵配套施工。前期采用地面混凝土集中搅拌站供料，2 台喷浆机通过 3 英寸输料管向工作面(约供 250 米)送料，后期采用箕斗输送喷浆料，“双机双枪”喷射混凝土一次成巷；前期明槽开挖采用 BQW50-50 型排沙水泵排水，基岩施工排水设备采用 D46-50×8 型排水泵。提升：前期选用 2 台 JY-6 型绞车配 2 台 6 立方米前卸式箕斗提矸、下料，双钩提升，850 米以后其中一趟轨道运输采用 1 台 JK-2.5/30 型提升机，另一趟轨道运输在斜巷 800 米左右位置安装 1 台 JY-6 型绞车与上井口前期安装的 1 台 JY-6 型绞车形成接力提升系统以满足斜井施工需要。基岩段施工采用对头施工，后期从下端开始反上山施工基岩段 300 米。斜长超过 300 米时，靠斜井一帮安设 RZX 型助行器帮助人员上、下以减轻体力消耗。

根据图纸会审纪要和《煤矿安全规程》规定，井筒施工过程中每隔 40 米施工一个躲避硐。施工躲避硐时，根据井筒各段支护形式不同，采取相应的支护方式，要求在《施工措施》中详细说明。

四、赵固二矿矿井工程施工技术

赵固二矿矿井 2006 年 6 月开始施工，2010 年 9 月建设内容基本完成。建设期间，冲积层厚度大，井筒施工困难，通过冻结井壁 C40～C90 高强高性能混凝土研制与应用、赵固二矿深井冻结段快速施工技术研究及应用等科技攻关项目研究，使国内最深冻结井之一的赵固二矿的主、副、风井安全快速地通过冻结段，取得了可观的技术经济效益。赵固二矿巷道埋藏深，为深井复杂高应力软岩巷道，采用了高强高性能喷射混凝土配制与推广应用项目研究提出的支护技术，配制的 MK-1 型高强高性能增强剂，在施工井底车场巷道及大断面硐室过程中，因其支护强度高，有效控制了巷道变形，加快了施工速度。赵固二矿构造特征以断裂为主，局部发育小幅度次级褶曲，且断层多、底板灰岩含水层水压高，通过开展大埋深高水压巷道过断层破碎带技术研究，在井下采用特殊的钻孔施工工艺、钻孔止水技术、注浆工艺对巷道前方的断层破碎带进行预注浆加固，确保了巷道安全通过断层破碎带。

第四篇
生产运销

1991—2015年的25年，国民经济从“八五”时期发展到“十二五”时期，河南煤炭行业经历了由计划经济体制到社会主义市场经济体制的转变，煤炭生产既取得了全省煤炭产量的持续增长，也遇到短缺经济结束后煤炭市场长期疲软、企业资金短缺、产销亏损严重等种种困难。全省煤炭生产仍然呈现长期稳定发展局面，满足省内外对煤炭的需要，为地区经济发展做出了重大贡献。

1991年以后，河南煤炭工业生产力水平有了很大提高。河南煤炭行业瞄准全国和世界煤炭工业先进生产力，在建设现代化大型矿井的同时，狠抓对原有生产矿井的技术改造，矿井生产能力和技术水平大为提高。同时，大力研究和采用煤炭生产新技术、新装备，有计划地引进国外先进生产设备，大力发展综合机械化采煤，成功地研究推广放顶煤开采技术，煤炭生产机械化水平和生产效率大为提高。1995—1997年，煤炭生产连续3年突破1亿吨。2000年，全省国有重点煤矿平均生产能力提高到100.2万吨/年，采煤机械化程度提高到63.54%。

河南省煤矿长期深入持久地开展采掘队上等级、创水平竞赛，坚持开展质量标准化建设和创建现代化、高产高效矿井，1991年，河南省统配煤矿局、矿达到质量标准化，成为全国煤矿典型。至2000年，全省先后有18个国有重点矿被命名为全国煤炭行业或省级高产高效矿井。

2007年，河南省煤矿在开展质量标准化活动和现代化、高产高效矿井建设的基础上，创新性提出开展“五优”矿井创建活动，明确在安全、高效、达标、科技与文明建设等5个方面优化煤矿管理，打造一批在国内有竞争力的现代化矿井。当年河南省煤炭企业共建成“五优矿井”12对，占全省重点生产矿井总数的14%；建成全国高产高效矿井22对，占全国总数的10%。全省有11个煤炭企业入选本年度中国煤炭工业100强名单。2008年，河南省煤炭产量突破2亿吨。2015年，河南省55处煤矿建成“五优”矿井，产能8000万吨/年。

河南省煤炭运销从1997年煤炭市场放开以后，省煤炭工业管理局一直高度重视煤炭运销工作。各煤炭企业强化市场经济意识，强化管理和服务，努力构建供需和谐关系，认真贯彻落实科学发展观，煤炭运销工作逐年好转，煤炭销量逐年增加，煤炭价格逐年升高，煤炭市场呈现购销两旺的形势，企业经济效益大大增加，促进了全行业经济形势根本好转。到2007年，河南省煤炭销售量达2亿吨，铁路运量达8165万吨，国有重点煤炭企业销售收入达828亿元，其中平煤集团达355亿元、永城煤电集团达316亿元，双双进入河南省企业销售收入超300亿元行列。2012年，受多种因素影响，煤炭销量和售价开始下滑，到2015年河南省煤炭行业连年实行限产，但库存仍在增加，运销出现困难。

第一章 开 拓 掘 进

第一节 矿井开拓

一、开拓方式

20世纪90年代以来，根据煤炭资源赋存条件，河南煤矿大多采用立井开拓和斜井开拓，个别矿井采用平硐开拓，如义马煤业集团义络矿；采用露天开采的仅有义马煤业集团天新公司。

（一）平煤神马集团

平煤神马集团所属矿井的开拓方式，有3种类型。具体情况如下：

(1) 中央并列式竖井、环形井底车场、煤组集中石门和底板运输大巷、双面采区上下山及采区风井（立井或斜井）的开拓系统，是平顶山大、中型矿井的基本开拓方式。深部开发，采用新开一个中央提升井（立井或斜井），延深原副井或开凿一条暗斜井连通第一、二水平的方式。属于此类开拓方式的有一矿、四矿、五矿、六矿。还有一些矿井第一水平开采丁、戊组煤层；第二水平开采己组煤层，如七矿、高庄矿、大庄矿，一水平开采戊组煤层，二水平开采己组煤层。八矿、十一矿（浅部为急倾斜）一水平开采丁、戊、己3组煤层。十二矿一、二水平均开采己组煤层。

(2) 中央边界式立井或斜井、岩石运输大巷、采区上下山和总回风巷的开拓系统，是二矿、三矿两个小型矿井投产初期的开拓方式。原设计仅开采己组煤层浅部，后来为了延长矿井寿命，曾多次扩大井田边界。20世纪70年代又采用开凿穿层石门或下山的办法，增采了原平衡表外的庚组煤层。

(3) 立井多水平开拓系统，有四矿、十一矿。四矿两个水平生产，混合式通风系统，一水平主井、二水平主井、副井、东风井、三水平主斜井和三水平进风井进风，一水平回风井、二水平回风井及三水平回风井回风。十一矿有9个井筒，东翼6个：新主井、新副井、老主井、老副井、中央立风井与南风井；西翼3个：明斜井、西翼进风井、西翼回风井。

（二）义煤集团

义煤集团各生产矿井的开拓方式主要以斜井单水平和斜井多水平为主，立井单水平和立井多水平开拓较少。义络煤业公司（由原宜洛煤矿改制、破产重组而成）沈村井采用平硐开拓方式。义煤集团北露天煤矿，设计能力60万吨/年，设计采剥比为1∶6.25，剥、采、运全部采用机械化。该矿采用准轨机车、移动坑线露天开采的开拓方式。覆盖层由穿孔机穿爆后，用D-4、W-4等型电铲将土石直接装上60吨自动翻车，由准轨机车牵引至排土场自行翻卸。原煤自采煤台阶用电铲装车后，由机车牵引至工业广场选煤楼煤仓，经筛选分级后直接装火车外运。2007年，在北露天矿破产基础上重组的天新公司，生产采用移动坑线、汽车运输的露天开采工艺，主要生产设备有PC320-7型液压挖掘机2台、小松300液压挖掘机2台、ZL50型装载机3台、东风10D型调车内燃机1台、BJZ3364矿用自卸汽车10台和W-K4型电铲、回转150型钻机、XZJ5231JQZ16C汽车起重机、压路机、推土机、加油车、洒水车各1台。

（三）郑煤集团

超化矿、裴沟矿、米村矿、芦沟矿、告成矿等5对矿井为多水平上、下山开拓方式；大平矿、金龙矿等2对矿井为立井单水平上、下山开拓方式；白坪矿为立井斜井单水平上、下山开拓方式；赵家寨矿为立井单水平上、下山开拓方式。采区多为双翼开采，分区段布置工作面。矿井巷道布置分为单一煤层走向布置或倾斜布置。教学二矿、宋楼矿为立井单水平上、下山开拓，振兴二矿为立井单水平下山开拓。

（四）焦煤集团

焦煤赵固一矿、赵固二矿采用立井单水平盘区式开拓，已关闭（关停）的小马村矿和韩王矿采用斜井上下山开拓，白庄矿采用立斜井混合开拓，其他矿井均采用立井单水平或多水平上下山开拓，大巷多布置在煤层顶板，通过大巷或暗斜井布置有各个采区进行分区开采。

（五）鹤煤集团

鹤煤集团可采煤层为二$_1$煤，煤层平均厚度8米左右，所属矿井均为高瓦斯或煤与瓦斯突出矿井。开拓方式采用立井、暗斜井多水平上下山开拓，大巷及暗斜井多布置在煤层底板以下15～30米的位置，然后通过大巷及暗斜井布置采区，进行分区开采。各采区均布置有底板抽采巷，通过底板抽采巷进行瓦斯抽采，抽采达标后布置工作面进行煤炭开采。

（六）永煤集团

永煤集团所属矿井均采用立井上下山开拓，煤业子公司生产矿井采用立井上下山或斜井上下山开拓。井下开拓工程主要布置在稳定岩层中，主要支护方式为锚网索支护。

2015年，全省共有各类煤矿462处，核定能力2.1亿吨/年。包括正常生产矿井312处，核定生产能力总计16045万吨/年。其中：采用立井开拓方式的共有287处，占正常生产矿井总数的92%，设计生产能力总计14064万吨/年；采用斜井开拓方式的共有23处，占总数的7.37%，设计生产能力总计1899万吨/年，包括大型矿井9处、中型矿井9处、小型矿井5处；采用平硐开拓方式的仅有义马煤业集团义络矿1处，设计生产能力60万吨/年；采用露天开采的仅有义马煤业集团天新公司1处，设计生产能力22万吨/年。

二、巷道布置

1991年以后，河南省煤矿巷道布置基本延续以前的做法：

（1）分煤层开凿运输大巷，上下山开采：直接在煤层中沿走向开凿水平运输大巷，分采区开拓沿煤层的上下山，再分小阶段进行开采。

（2）集中岩石大巷和采区石门开拓布置：采用集中岩石大巷和采区石门的开拓布置，将运输大巷布置在煤层底板岩石内。对开采2个以上煤层的矿井，采用石门联络各煤层，使一套运输系统同时为几个煤层服务，大大减少大巷维护工作量，更有利于合理集中生产。

（3）煤层群分组联合集中大巷开拓和上下山同时开采：使矿井水平储量和服务年限增加，水平个数减少，节省了大量的开拓工程，有利于合理集中生产。

（4）无煤柱护巷布置：为减少厚煤层分层开采中区段中间平巷护巷煤柱损失，提高资源回收率，减少巷道维护工作量，也有的采用无煤柱护巷布置。

第二节 井巷掘进

1991年以后，河南省各煤矿大力推广井巷掘进机械化，减少工作量，降低施工成本，提高工作效率和经济效益。截至2015年年底，全省煤矿共有开拓掘进工作面

2772个；开拓掘进工人8万余人，占井下工人总数的20%，掘进与采煤工人的比例为1∶2.5。

20世纪90年代初期，平顶山矿务局所属煤矿，在中、小断面岩巷掘进中主要采用以气腿式凿岩机、耙斗装岩机为主的一般机械化作业线。用气腿式凿岩机打眼，P-30型耙斗装岩机装岩，矿车运输，喷射混凝土做永久性支护，激光指向。1992年，矿井岩石巷道扒装机械化程度达到95.3%，并广泛应用光爆锚喷支护技术。1993年，巷道锚喷支护在岩巷掘进中，占岩巷总进尺的70%以上。1995年以后，在组织快速掘进中，主要从钻眼爆破、岩石装运、综合机械化和巷道支护等方面积极推广新工艺、新技术和新设备，以加快掘进进度，提高工程质量。2000年，在十一矿西大巷施工中，创出断面积为19平方米，炮掘岩巷锚喷支护月进150米的好成绩。由于开拓巷道为永久巷道，服务年限比较长，一般布置在坚硬岩石中。岩石大巷掘进是制约矿井开采的主要技术问题。岩石大巷普遍采用炮掘，采用劳动强度大的气动凿岩机打眼，耙斗机装岩和人力出矸，月进尺普遍徘徊在60米左右的水平，炮掘法具有工序多、速度慢、超欠挖量大、安全性差、工人劳动强度大、施工环境差等一系列难以克服的缺点。

2000年以后，随着煤矿综合机械化技术的发展，掘进综合机械化水平不断提高。岩巷开拓采用综掘工艺，巷道截割成形好，对围岩扰动比爆破小，从而能最大限度地保持巷道围岩的自身强度，增强围岩自承能力，更好地控制成形，节约后期喷浆用料，降低材料消耗。实现机械化，施工速度加快。取代传统的钻爆破岩，杜绝火工品使用中的安全隐患，施工安全可靠。操作者远离工作面约5米，处于永久支护下作业，极大地提高作业安全性，降低人员伤亡事故概率。2007年，郑煤集团首先在裴沟矿－180运输大巷使用推广EBZ-200H型岩巷掘进机，配备SJ-800型带式输送机，实现岩巷掘进机械化。1993年巷道单进为61.97米/月，2007年为88.39米/月。2009年8月，鹤煤公司在六矿开始推广使用岩巷掘进综合机械化作业线，使用佳木斯煤矿机械公司EBZ230、EBZ260两个型号的悬臂式掘进机。2010年4月，在中泰矿业公司－440辅助水平带式输送机巷使用佳木斯煤矿机械有限公司EBZ230型岩巷掘进机。EBZ230型全岩掘进机为纵轴悬臂式中型掘进机，适用于半煤巷和全岩巷的掘进，配套采用KCS-40827型湿式振弦除尘风机，除尘风机处理风量为408立方米/分，除尘效率90%（≤10微米呼吸性粉尘）；可伸缩带式输送机DSJ800/63/2×75型（槽钢落地结构），可储存胶带100米，最长可延长使用800米。使用综掘机后，每米巷道节约人工、材料等成本费用约4000元，单进水平提高了一倍，有效缓解了矿井接替紧张的局面。

2011年起，永煤集团全面推广“液压钻车＋挖掘装载机、带式输送机＋采区矸石仓”的破岩机械化和连续出矸的岩巷作业线。该作业线配套设备主要包括液压凿岩台车、履带式挖掘装载机、带式输送机、矿车、矿车间隙随动分矸装置及电机车等。并改良了新型出矸系统，实现了将破碎岩石和出矸等工序联合作业，及连续掘进的综合设备作业工艺。该系统在巷道掘进工作面应用后，真正实现了耙矸、装矸、运矸一体化，月平均单进提高30%以上。2013年，针对岩巷掘进爆破中炮眼利用率低、周边超挖大、巷道成形差等爆破中出现的问题，永煤集团与中国矿业大学合作开展“空气柱L-S两封法岩巷光面爆破关键技术研究”。项目从光面爆破成形、掏槽眼爆破增威、全断面一次起爆、炮眼角度深度导控、水泡袋定位预留空气柱长度、底眼拒爆（残爆）快速识别等方面研发了一整套岩巷光面爆破关键技术。该技术能够有效减少炸药爆炸对巷道围岩的破坏,眼痕率高(达到85%以上),成形好,且容易操作,易于实现,利于实现正规循环,能够满足煤矿岩巷快速掘进的生产要求。

2015年4月,中国平煤神马集团八矿二水平戊二带式运输大巷使用EBZ-300硬岩大功率掘进机,单进最高达到262.5米/月,创公司同类巷道最高水平。

第三节 巷道支护

巷道的支护状况是矿井技术发展水平的重要指标之一。河南煤矿巷道先后经历了木柱支护,料石砌碹和钢筋混凝土支护,金属支架支护,锚杆、锚索支护和联合支护等阶段。

一、木柱支护

使用木柱(俗称坑木)支护巷道,是河南煤矿最早、最普遍采用的一种传统的支护方法。20世纪90年代以后,在河南的一些煤矿仍有使用。2007年,为提高小煤矿支护水平,有效控制火灾事故,河南煤矿安全监察局推广巷道锚喷支护和工字钢、U形钢支护,要求所有小煤矿在建的永久性巷道和工作面准备巷道不得使用木支护,现有井筒和永久性巷道的木支护,限定于2008年6月底前更换完毕,淘汰可燃性支护材料。在采煤工作面实行壁式采煤方法,推广应用单体液压支柱和金属摩擦支柱支护,取消木支护。

二、料石砌碹和钢筋混凝土支护

全省新建矿井和原有的大、中型矿井永久性巷道和硐室,多采用料石砌碹或钢筋混凝土支护。这种支护方式仅限于压力较小的巷道和硐室,随着支护改革的发展,日益为锚喷等新型支护所代替。

三、金属支架支护

20世纪80年代中期,平顶山矿务局开始推广使用U型钢可缩支架支护巷道。1991—2015年共完成支护巷道92376米。1993年,郑煤集团煤巷支护采用工字钢对棚支护。1998年,开始使用25号U型钢支护。2007年,采用29号U型钢和36号U型钢支护,椽子背帮顶,同时规定,裴沟、超化、米村等矿井综采工作面上下副巷、主要开拓架棚巷道采用14平方米36号U型钢支架支护;炮采工作面上下副巷采用12平方米29号U型钢支架支护,每棚支架拉杆不少于5道。

2007年,河南省在采煤工作面实行壁式采煤方法,推广应用单体液压支柱和金属摩擦支柱支护。7月全省煤矿采用单体液压支柱支护的采煤工作面已达到70%以上,其中登封市小煤矿全部实现采煤工作面单体液压支柱支护。

四、锚杆、锚索支护和联合支护

(一)锚杆、锚索支护

20世纪90年代,锚杆、锚索支护作为一种新型支护方式,在河南省煤矿得到大力推广。与传统支护方式相比,锚杆、锚索支护可以主动加固岩土体、有效控制其变形从而防止坍塌的发生,因而可广泛使用于稳定、较稳定的岩巷、半煤岩巷和煤巷。1996年,煤炭部在平顶山矿务局召开全国锚杆支护现场会,实地参观一矿、四矿、六矿的锚杆支护巷道。支护材料由原来的木支护、料石砌碹、石墙钢梁、工字钢、大弧板、钢管混凝土、钢筋网壳锚喷、U型钢、加强U型钢支护发展到锚杆+锚索+锚注联合支护等。锚杆由原来的木锚杆、竹锚杆、水泥砂浆锚杆、钢筋锚杆、倒楔锚杆、缝管锚杆、玻璃钢锚杆发展到等强锚杆、高强锚杆(335兆帕)、超高强锚杆(500～600兆帕)、中空注浆锚杆、高强让压力锚杆,拉拔力从3～5吨提高到15～30吨。锚索由原来的直径15.2毫米、直径17.8毫米发展到直径21.6毫米、直径25毫米、直径30～50毫米,以及中空注浆锚索、组合注浆锚索,拉拔力从20～25吨提高到30～60吨。托盘由原来的木托盘、铁托盘、废旧的工字钢或U型钢托盘发展到235兆帕、16Mn钢冲压成形的直径150毫米、厚10毫米锚杆托盘以及直径300毫米、厚14～20毫米的锚索托盘。1997年,鹤壁矿务局将煤巷锚杆支护技术的研究和推广列为重点科研项目,组织技术人员进行攻关,刚应用钢性梁理论试验成功了高强度、高预应力、可回收的新型组合式锚杆;与焦作工学院合作,进行了全煤巷道锚杆支护研究,并在全局推广。煤巷锚杆支护工艺的推广应用,为鹤煤(集团)公司实现扭亏增盈的奋斗目标发挥了作用。2011年煤巷锚杆支护累计完成85794米,创直接经济效益12854.67万元。

(二)联合支护

为了提高以锚杆支护为基础的支护技术的适应性,推出多种联合支护方式。如锚杆、锚索、网、梁联合支护方式,对采煤工作面开切眼、回撤通道以及大断面巷道交叉点等有非常好的支护效果;在联合支护方式中加入喷浆或者注浆技术,可以使软岩、松软破碎的巷道围岩形成较稳定的围岩整体,防止顶板碎岩掉落、冒顶和巷道围岩大变形等事故的发生。1994年5月,义马矿务局开始在耿村矿新西大巷施工中试验推广岩巷"三小"光爆锚喷技术,其特点是小钻头、小炸药、小锚杆,不仅降低成本,同时光爆巷道成形好,支护工程质量明显提高。到2008年年底,岩巷"小三"作业线技术在义煤集团岩巷施工中普遍应用。2008—2013年,焦煤集团为适应综合机械化采煤工艺,煤巷掘进断面加大,支护工艺改革为树脂锚杆配合"W"钢带支护。局部地区因巷道围岩变形较为严重,使用工钢棚＋单体柱支护,或采用U型钢棚支护,以保证支护强度。优点是支护强度高,尤其在巷道顶板相对破碎或托煤掘进等巷道,架设工钢棚科有效控制巷道顶板及两帮围岩变形。缺点是劳动强度大、施工速度相对慢,架设U型钢顶梁时时常需要登高作业,施工过程中危险性较大,支护材料后期回收工作量大。

2000年开始,郑煤集团使用锚杆网喷浆、锚索进行岩巷支护,2005年开始采用锚网、喷浆、注浆、锚索联合支护,对深部软岩采用U型钢、锚注联合支护,对断层破碎带软岩巷道采用"U型钢＋锚＋网＋喷＋注"联合支护。2013年,郑煤集团各矿积极尝试煤巷支护改革,尤其是在煤巷主动支护方面取得实质性突破。其中赵家寨矿、芦沟矿以大棚距＋锚杆(补强)为主,共计开展1100米;白坪矿以全锚网支护为主,共计开展180米;告成矿以小棚距＋锚网索补强支护治理高应力煤巷为主,共计开展1080米。2014年,强力推行锚网支护改革,制定《"三软"煤巷锚网支护技术管理规定》,对锚网支护的设计、施工、管理、监测等环节提供依据。全年完成支护改革进尺9255米,煤巷全锚网支护完成2400米,按1米巷道直接和间接节省6000元计算,降本增效5553万元。

随着矿井开采深度的不断增加,矿压显现和巷道围岩变形越来越严重。中国平煤神马集团四矿己三采区$己_{15}$-23140机巷,埋深在860～990米之间,巷道由于埋藏深,支护条件复杂,巷道支护难度显著增加。在掘进过程中,顶压、侧压较大,底鼓严重,锚杆、锚索破断问题时有发生,巷道变形大,严重威胁安全生产。采用"高强可变形让压锚杆＋鸟巢锚索＋W钢带"支护技术,达到了支护强度高、巷道变形小、安全可靠、经济快速的目的。平煤十矿$己_{15}$-24080机巷首次在埋深千米的煤巷掘进工作面，采用“BHRB600 型左旋无纵筋高强让压锚杆＋鸟巢锚索”支护，达到预期支护效果，通过对超高强锚杆在大埋深条件下的使用，大大提高巷道支护效果，达到安全、可靠、经济，满足安全生产工作的需要，保证高应力突出工作面得以安全回采。

2015 年，煤炭市场面临持续低迷严峻形势，中国平煤神马集团实施矿井支护改革，大力推广复合煤层锚网支护技术，减少矿用支撑钢投入，提出“支得快、支得住、支得省”的支护新理念，重点体现为“一次支护到位，杜绝前掘后翻，满足设计要求”。2015 年 9 月起，锚网支护替代支撑钢支护，减少金属支护用量达到 60％以上，当年减少支撑钢支护巷道 8061 米，减少支撑钢用量 2500.29 吨，减少支护成本投入约 1085 万元。并规定巷帮支护全面淘汰等强锚杆。巷道支护所有开拓掘进工作面和巷修工作面一律采取锚网索或锚注支护形式。

第二章 煤 炭 开 采

第一节 采煤方法

1990 年以后，河南煤矿采煤工作面多采用走向长壁采煤法，其特点是：工作面的两巷顺煤层走向布置，基本上呈水平状态，工作面沿走向推进。为简化采区生产系统，在近水平煤层开采时多数采用倾斜长壁采煤法巷道布置，其特点是：工作面的两巷沿煤层的倾斜方向布置，呈倾斜状态，工作面沿煤层倾斜方向推进。长壁式采煤法因落煤工艺不同又分为炮采、炮采放顶煤、综采、综采放顶煤等。

（一）平煤神马集团

平煤神马集团绝大部分煤层为缓倾斜赋存，局部有少量的倾斜和急倾斜煤层。根据这样的条件，所有矿井在设计时均选用走向长壁全部陷落后退式采煤法：从采区上（下）山，沿走向向采区边界掘出两条巷道，一个为上平巷（风巷），另一个为下平巷（机巷），巷道间距即为工作面采长，到边界后掘斜巷贯通，称为切眼，此为工作面的巷道布置。回采工作由切眼开始向上（下）山方向进行，称为后退式开采。

采下的煤由工作面刮板输送机、转载机、机巷带式输送机运出工作面；所需材料由上（下）山到风巷进工作面，用矿车运输；工作面所需的新鲜空气由采区上（下）山到机巷，进入工作面，乏风从风巷排出。

（二）郑煤集团

随着煤炭科学技术的进步，采煤装备的更新换代，1991—2007 年，采煤工作面单产水平大幅度提升，生产效率不断提高。1993 年工作面平均产量为 21607 吨/月，回采工效 7.278 吨/工；2003 年工作面平均产量达到 56181 吨/月，回采工效 12.58 吨/工；2007 年平均工作面产量 52317 吨/月，回采工效 13.057 吨/工。

按采煤工作面回采工艺和机械化程度，郑煤集团长壁式采煤工作面可分为炮采面和综采面。

1. 炮采工艺回采

1991—1994 年，全部采用倾斜分层下行垮落采煤法，采煤工艺主要包括爆破落煤、人工装煤、刮板输送机运煤、推移输送机、顶板支护和回柱放顶。实践证明，分层开采支柱钻底严重，顶板下沉量大，回采中、上分层时，顶板管理困难，极易造成推垮型冒顶事故，严重影响采面安全生产，采面产量和效率普遍偏低，因而分层开采不适合“三软”不稳定煤层开采。1994 年开始，对炮采面回采工艺进行重大改革，在超化矿试验沿底送巷一次采全厚炮采放顶煤开采工艺并取得成功。采煤工作面支护为 DZ22-30/100 型单体液压支柱与 2.4 米 Π 形钢梁对棚支护方式，每对棚（分主、副梁）五根柱，主梁一梁三柱，副梁一梁二柱。柱距 0.6 米，排距 1 米，最小控顶距 2.4 米，最大控顶距 3.4 米，机头与机尾采用 3.4 米长钢梁对棚支护，确保安全出口畅通。1996 年，完成炮采工作面 Π 形钢梁的推广应用。2007 年，集团先后在教学二矿 31011 炮采面、大平矿 15071 炮采面试验应用 ZH1600/16/24Z 型整体顶梁组合悬移液压支架。2010 年 5 月，为提高悬移支架采煤工作面的单产和工效，在米村矿 26 煤柱工作面进行整体顶梁悬移支架机采放顶煤回采工艺试验。该面走向长 1191 米，倾斜长 141～201 米，平均煤厚 3.4 米，煤层倾角 7°～11°，可采储量 90.81 万吨。设备配备：采煤机型号 MG170/410-WD，中间支架型号 ZH2000/20/28Z，端头支架型号 ZH2000/20/28Z，前部运输机型号 SGZ-630/264，后部运输机型号 SGD630/264。该项试验取得应用成功，最高日产 3480 吨，月产稳定在 8 万吨左右，工效达 21 吨/工，比悬移支架炮采面提高 160%，实现稳产高产。

2. 综合机械化开采

1992—2007 年，综采工作面相关配套设备不断改进完善，主要设备型号为：采煤机 MG200W 或 WG250/600-WD、前部运输机为 SGZ730/2×200、后部运输机为 SGD630/264、中间支架为 ZFS3600/19/28D、过渡支架为 ZFS4000/21/30D、转载机为 SZZ764/200、乳化液泵为 WRB200/31.5A、带式输送机为 SSJ1000/2×160S，使围岩控制和支护技术、快速拉架、端头支护等核心技术有重大突破。“米村矿‘三软’不稳定厚煤层综采放顶煤技术研究”成果获 1992 年河南省煤炭工业科技进步特等奖和 1994 年河南省科技进步一等奖；“‘三软’煤层综采放顶煤支架系列快速移架装置”获 2003 年国家实用新型专利。通过实践逐步掌握了“三软”不稳定厚煤层开采的矿压显现和围岩变形规律，从而保证综采放顶煤单产稳定在 100 万～120 万吨/年以上。2013 年 5 月，首套低位放顶煤设备在白坪煤业公司 13091 综采面投入使用，通过磨合调整，在发挥综采安全高效的技术潜能、降低工人劳动强度方面的优势已凸显出来，采面产量突破万吨，从此拉开低位综采放顶煤生产工艺变革的序幕。2014 年 9 月 13 日，首套轻型低位综采放顶煤设备在裴沟矿 31022 工作面开始安装，共计安装 66 架。2015 年 12 月，赵家寨矿 122011 综采工作面生产原煤 22.9066 万吨，创采煤工作面月产最高纪录。

（三）河南能源

按照“安全、先进、经济、采出率高、因地制宜”的基本原则，采煤方法上综合考虑地质因素、技术因素、经济与管理因素，以及国家技术政策、法规和规程等因素，各矿井一般采用长壁采煤法（包括走向长壁采煤法、倾斜长壁采煤法）。

2000 年以后，焦煤集团以机械化发展为龙头，加大采煤工艺创新力度，淘汰落后采煤方法，推行集约化生产，减人提效，以达到“单产水平高、劳动效率高、资源回收率高、经济效益好、安全状况好、劳动条件好、环境治理好”的目的。采煤工作面多采用走向分层长壁式采煤方法，仅在煤柱回收走向布置工作面不合理时，采用倾斜分层长壁布置工作面进行开采。经过不断实践和改进，生产技术管理日趋完善，机械装备水平逐步提高。采煤工艺由炮采逐步向普采、高档普采和综合机械化采煤发展。

2008年以后，鹤煤集团所采用的采煤方法主要有两种，即走向长壁全陷采煤法、倾斜长壁全陷采煤法，主要在中泰公司、九矿使用。

2012年年初，永煤集团矿井均为中厚煤层综采一次采全高，除城郊煤矿试验的充填开采工作面外，全部采用全部垮落法处理采空区。各煤业子公司单体柱放顶煤替代工作圆满完成，永煤公司所属矿井全面淘汰落后采煤工艺，保证回采期间工作面支护强度。至2015年，除永龙公司仍采用悬移支架工作面炮采放顶煤采煤方法外，永煤公司所属省内各矿均实现综合机械化采煤。

截至2014年年底，义煤集团所属各矿普遍采用的采煤方法是走向长壁式采煤法。与老式采煤方法相比，采出率可达80%以上，大大节约煤炭资源，工作面的通风状况更加稳定，安全状况更加可靠。

第二节 技术装备

20世纪90年代，大部分矿井已实现综合机械化采煤，小部分矿井采用普通机械化采煤，极少数矿井仍然采用炮采工艺。至2015年，全省煤矿共有机械化采煤工作面260个(综采160个，悬移支架及普采面100个)，占采煤工作面总数的70%；采煤机械化程度达到87%(综采85.5%，高档及普采1.5%)，低于全国煤矿平均水平2～3个百分点。

一、炮采工艺

1994年2月，郑煤集团超化矿首采面投产，采用炮采工艺，实行分层开采。同年10月，开始试验沿底送巷一次采全厚炮采放顶煤开采工艺并取得成功，很快在集团下属煤矿进行全面推广。1996年，完成炮采工作面Ⅱ型钢梁的推广应用。随着炮采工艺的改革，矿井工作面单产由1994年的1.5万～2万吨/月增加到2007年的3.5万吨/月以上，工效由1994年的2～4吨/工增加到2007年的7～10吨/工。

二、普通机械化采煤

(一) 河南能源

2008年6月1日，焦煤公司在演马庄矿22061采煤工作面首次成功采用悬移支架配采煤机组的采煤工艺，平均日产原煤1295吨。2009年1月，矿井在22062(底分层)采煤工作面继续使用悬移支架机采工艺，实现“破、装、运、支、回”等工序的全部机械化，并取得良好的技术经济效果，证明该工艺的完全适应性。

(二) 平煤神马集团

20世纪90年代中期，该集团第一台销轨齿轮无链(行走)采煤机投入使用，淘汰原有链或钢丝绳牵引(行走)采煤机。1996年，第一台MAX-380型电牵引采煤机在六矿投入使用，从此逐步淘汰原液压牵引采煤机。刮板输送机也由轻型向重型、整体铸造封底式转移。普采工作面落煤采用单滚筒采煤机(或刨煤机)。普采机型有MLQ-64型、MLQ-80型采煤机和MBJ-2A型刨煤机。支护使用金属摩擦支柱和铰接顶梁。普采面生产工艺唯落煤和装煤改变，顶板管理基本与炮采工作面相同。采煤机进刀方式为人工预开缺口，其长度为上端8～10米，下端3～5米。采煤机上行时割顶煤，同时追机挂梁，至上缺口后，下降摇臂，翻转挡煤板，开始下行割底煤，并清理浮煤，顺序推移输送机，安设支柱，直至下缺口。采煤机往返一次进一刀。一般的工艺程序为：煤机上行沿顶割煤-挂梁-煤机下行-推移输送机-安设支架-回柱放顶。高档普采是指使用单体液压支柱支护顶板，使用采煤机落煤的工作面。同时选用较大功率的采煤机和刮板输送机，该集团八矿高档普采工作面使用MLS-170型采煤机和SGW-150C运输机。

其工艺为:采煤机落煤-推移运输机-挂梁打柱-回柱放顶。

三、综合机械化采煤

(一) 郑煤集团

20 世纪 90 年代,郑煤集团开始引进综合机械化采煤技术,并在米村矿 15011 工作面试验成功,平均月产量 5.29 万吨。1992 年年产 62 万吨,创历史最高水平。1992—2007 年,对综采工作面相关配套设备不断改进完善,主要设备型号为采煤机 MG200W 或 WG250/600-WD、前部运输机 SGZ730/2×200、后部运输机 SGD630/264、中间支架 ZFS3600/19/28D、过渡支架 ZFS4000/21/30D、转载机 SZZ764/200、乳化液泵 WRB200/31.5A、带式输送机 SSJ1000/2×160S,为该集团年生产能力破千万吨起到关键作用。超化矿综采队 1996 年单产达到 100.04 万吨,最高年产量 2004 年为 184.08 万吨。

(二) 河南能源

2010 年 3 月,焦煤公司九里山矿 24021 综采工作面设备安装完成,开始生产。2010 年 7 月 15 日,焦煤公司赵固一矿 12011 综采工作面开始回采。该工作面为该矿西二盘区首采工作面,走向长壁布置,走向长 1843 米,倾斜长 210 米,采高 4.5 米,可采储量 243 万吨。选用 MG650/1620-WD 型采煤机、ZF13000/25/50 型液压支架(单重 40.4 吨)、SGZ1000/1710 型刮板输送机,三机配套设备装机容量将近 5000 千瓦,质量 6000 余吨,价值约 1.42 亿元,时为河南省采高最大、支护强度最大、设备最重、供电电压最高、设备投资额最大的工作面。2010 年 9 月,鹤煤公司王河煤矿 10902 薄煤层综采工作面投产,工作面首次使用薄煤层综采设备,采煤机型号为 MG-160/360,支架型号为 ZY3300/7.5/15D,运输机型号为 SGZ630/220,为薄煤层综合机械化开采开创一条新路。同年,永煤公司城郊煤矿、义煤公司常村煤矿成功安装并顺利投产综合自动化综采工作面。该工作面采用多种现代化信息与自动化技术,通过建立综采装备监测、控制、管理一体化智能控制系统,实现对采煤机、液压支架和刮板机的系统集成,实现三机的远程智能监控,提高矿井综采装备的效能,达到少用人、低成本、高效率的目标。2011 年 12 月,焦煤公司赵固二矿 11050 工作面开始回采。该工作面采用走向长壁后退式采煤方法、采全高综合机械化采煤工艺,沿煤层顶板回采,采高为 4.5～6 米,循环推进度 800 毫米。采用 MG900/2085-GWD 型采煤机割煤、装煤,SGZ1200/2×1000 型刮板输送机运煤,中间架采用 ZY18000/30/65D 型液压支架支护顶板。工作面最大控顶距 5.66 米,最小控顶距 4.86 米,全部垮落法处理采空区。该面创下河南省煤矿井下采高、支架支撑高度最高纪录。投资 2.5 亿元的装备先进程度,到 2015 年在河南省仍首屈一指:采煤机滚筒直径 3.2 米,生产能力最大可达到每小时 4000 吨;液压支架最大支撑高度可达 6.5 米。整套设备具有装机功率大、采高范围大、输送能力强等特点,且具备无人值守进行远程操作的条件。由于采用重型化、强力化、自动化和机电一体化的设备,工作面单产得到大幅度提高。

2012 年,鹤煤公司针对采煤工作面单产水平低,综采工作面采高小、采煤机小、工效低的问题,组织进行“复杂地质条件下创建百万吨工作面开采工艺技术应用研究”,“端头支架、过渡支架在综采综放工作面应用研究”,使工作面单产达 10 万吨以上。同年,鹤煤公司中泰矿业综采设备升级为 ZF5600 型支架和 MG250/600 型大功率采煤机,相对原 ZF3200 型支架有效控制顶板压力,消除以往工作面易片帮、平巷超前段压力集中、断面小的情况,通过装备升级有效提高综采单产水平;二矿通过将 MG150/375 型液压牵引采煤机升级为 MG150/380 型电牵引采煤机,有效提高大坡度采煤机爬坡能力(局部达到 42°以上)。

(三) 平煤神马集团

2004 年 5 月,六矿综采一队开采的丁$_{56}$-22200 综采工作面,采用国产成套综采设备:液压支架 ZY5000-18/38 型、电牵引采煤机 MGTY300/700 型、刮板输送机 SGZ-830/750W 型、转载机 SZZ-830/250 型,月生产原煤 21.5 万吨,创集团中厚煤层综合机械化开采最好水平。2008 年 11 月 1 日,第一个国产自动化成套综采设备在六矿投入使用,主要配套设备型号是:ZY5000-14.5/30D 型电液控二柱掩护式液压支架,MGTY250/600-1.1 型智能电牵引采煤机,SGZ-764/500W 型中双链整体铸焊封底式输送机,集成控制采用 KTC101 系统。自动化综采工作面能实现计算机程序化控制,实现工作面无人跟机作业,实现设备事故自动诊断及报警,改善工作面环境,提高综采工作面劳动效率。生产班配备人员 10 人以下,平均月产 13.75 万吨,最高月产 18.23 万吨。2011 年 1 月 5 日,第一个综采设备充填工作面在十二矿已$_{15}$-13180 采面投入使用并取得成功。该套设备采用国产 ZZC-8800/20/38 型液压支架,SGZ-764/500W 型(前部)、SGZ-764/200 型(后部)输送机,MG-300/700 型采煤机配套。充填材料采用地面矸石山的矸石,经过粉碎后再通过专用通道输送到工作面进行充填,初步实现矿井绿色开采。此充填开采方法能有效控制岩层移动,减少地面沉陷。2014 年,第一套综采设备同填在十二矿已$_{15}$-31010 工作面投入使用。综合机械化采煤实现了采煤全过程的机械化。工作面备有双滚筒采煤机、可弯曲刮板输送机、桥式转载机、移动变电站等设备。落煤由采煤机完成,进刀方式有人工开口和斜切进刀两种。采煤机上的螺旋滚筒与弧形挡煤板配合进行装煤。推移输送机和移架由装在液压支架上推移千斤顶完成。移架工序可同时实现对新暴露顶板的支护和放顶两项工作。其工序相对简单:割煤-移架-推移输送机,或割煤-推移输送机-移架。

2012 年 12 月,该集团承担国家煤炭综采成套装备及智能控制系统项目的研制与试验。经过实践,自动化综采工作面与普通综采工作面相比较,实现自动化程序控制,产量增加 50%,人员减少 60%,安全生产有更高保障。该项目在一矿、二矿、六矿、八矿、十二矿、首山一矿得到推广。到 2015 年,该集团采煤机械化程度达到 88%。

四、放顶煤技术

1990—2000 年,针对豫西“三软”(顶软、底软、煤软)不稳定煤层在开采过程中巷道维修困难、煤壁易片帮、顶板易冒落、支架移动困难的特点,河南省煤炭厅在《1990—1995 年河南煤炭工业科技发展规划》中把放顶煤开采方法作为开采“三软”不稳定厚煤层的主攻方向,在郑煤集团米村矿、新密市超化矿分别开展综采放顶煤和炮采放顶煤的科技攻关。河南省煤炭科技部门与企业一起,进行支架的试验与改型,对工作面围岩及顶煤活动规律进行观测与研究。经过一年多的试验,郑煤集团公司米村矿工作面单产突破 6 万吨/月,回采工效达到 20.3 吨/工,被称为“米村煤矿综采放顶煤模式”。放顶煤采煤技术为“三软”不稳定煤层的开采闯出一条新路,省煤炭厅在全省进行推广。其适用范围不断拓宽:义马煤业集团义络煤矿在 44°~45°倾角的极倾斜煤层中开采成功,郑煤集团芦沟煤矿在村庄下采用条带放顶煤开采成功,超化煤矿跨上山放顶煤开采成功,鹤壁煤业集团四矿在高瓦斯稳定厚煤层中综采放顶煤试验成功。该技术在全省煤矿使用范围不断扩大,郑煤集团所有厚煤层全部使用放顶煤开采；义煤集团 29 个工作面推广到 19 个；新密市、禹州市、登封市、巩义市、洛阳市等地的国有地方煤矿及有条件的乡镇煤矿也都采用放顶煤技术。到 1998 年，全省共有放顶煤工作面 61 个，其中综采放顶煤工作面 8 个、炮采放顶煤工作面 53 个。综放工作面最高单产 17 万吨/月，炮采放顶煤工作面最高单产 6.4 万吨/月，回采工效分别达到 75.2 吨/工和 20.6 吨/工。放顶煤年产量 1711 万吨，占当年总回采量的 48.7%，采煤机械化程度达到 65.6%，原煤生产效率达到 2.604 吨/工。河南能源集团义煤公司至 2015 年年底，共有综采放顶煤设备 13 套 1325 架，装备 13 个综放工作面，全年综放产量达 1438.37 万吨，占总回采产量的 82.54%，综采放顶煤工作面装备达到国内先进水平。

郑煤集团从 1991 年开始，采取多项技术措施，集中力量解决“三软”煤层开采问题。当年把“三软”煤层开采作为科研课题，成立科研小组，组织拔尖科技人员，联合煤炭科研机构和煤炭高等院校，对“三软”煤炭开采技术进行攻关，开采技术不断实现突破，取得多项科研成果。首先在米村矿 15021 工作面试验采用综采放顶煤工艺，使用国产 ZFS3600-19/28 型中位开天窗放顶煤液压支架，采煤机使用 MG-200W 无链牵引采煤机，综采年产量突破 60 万吨，综采放顶煤工艺在“三软”不稳定厚煤层应用成功，获河南省科技进步一等奖。此后，在裴沟矿、超化矿推广，工作面平均年产量为 120 万～200 万吨。2004 年，米村矿、裴沟矿、超化矿的 3 个综采队年产量达到 438 万吨，占当年集团产量的近 1/2。在炮采工作面推广使用铁柱鞋，提高采面支柱支撑力，减少顶板初期离层及下沉量；综采工作面对 ZFS3600-19/28 型支架底座前端加长 70 毫米，使前立柱柱窝中心到底座前端由原来 630 毫米增加到 700 毫米，增加底座与底板的接触面积，减小比压，防止底座前端陷入底板，成为“三软”不稳定厚煤层放顶煤开采的领先核心技术。所有采煤工作面从 2003 年起，普遍采用煤壁浅孔动压注水技术，注水的煤体黏结在一起形成具有一定厚度的塑性黏结层，有效解决了采煤工作面煤壁易片帮及梁端顶煤破碎冒落问题。综采放顶煤工作面最高月产 18 万吨，最高年产 184.08 万吨；炮采放顶煤工作面最高月产 8 万吨，最高年产 87.9 万吨。2013 年，该集团使用首套低位综采设备，型号分别是端头支架 ZFT26000/18/35、过渡支架 ZFG6400/19/32、中间支架 ZF6400/19/32、采煤机 MG300/730-QWD、前部刮板输送机 SGZ-764/500、后部刮板输送机 SGZ-630/264、转载机 SGZ-764/200、破碎机 PLM-1200。2014 年，使用首套轻型低位综采放顶煤设备，型号分别是过渡支架 ZFG3200/18/27、中间支架 ZF3000/17/27、采煤机 MG170/410-WD、前后部刮板输送机 SGZ630/264、转载机 SZZ730/160、破碎机 PLM1000。

五、“三下”采煤技术

“三下”煤层开采是指水体下、铁路下和建筑物下的煤炭开采。当地下煤层被开采运出后，地表受拉伸变形，会出现裂缝，造成水坝、铁路、建筑物不同程度受到破坏。若在水体下较浅部采煤，水体还有可能沿裂缝灌入井下发生突水事故。

（一）河南能源

2008 年 1 月，河南省发改委对“村庄下与承压水上膏体充填绿色开采技术研究”进行正式立项，在焦煤公司朱村矿成立膏体充填项目指挥部。2008 年 7 月，地面完成充填站设备安装、调试和操作人员的培训，井下完成工作面生产设备的安装调试及充填管路的铺设，井上下系统形成，具备进行工业性试验的条件，并进行地面带料调试。

2008 年 7 月 31 日，膏体充填首次工业性试验取得成功，为煤炭行业积累宝贵经验。充填液压支架实物及膏体充填效果图见图 4-2-1。

图 4-2-1　河南能源焦煤公司朱村矿充填液压支架实物及膏体充填效果图

2011 年 5 月，永煤公司城郊煤矿 C2401 超高水材料充填工作面工业性试验，配套 MG200/500-QWD 型电牵引采煤机，Y3400/17.5/34 型充填支架，SGZ730/400 型刮板运输机。超高水充填材料主要由 A、B 两种物料组成。A 料主要以铝土矿、石膏等独立炼制并复合超缓凝分散剂构成，B 料由石膏、石灰与复合速凝剂构成。二者以 1∶1 比例配合使用，满足井下充填要求，水体积最高可达 97%。超高水材料固结体体积应变小，凝结时间可控、易调，输送距离基本不受限制，适于井下大规模充填开采的需求。

（二）郑煤集团

为减少“三下”压煤量，珍惜不可再生的煤炭资源，提高回收率，郑煤集团各生产矿井积极研究探索“三下”采煤的技术途径。

1. 建筑物下采煤

大平矿区根据地面村庄稠密、建筑物多、村庄下压煤占可采储量 70% 的实际情况，开展村庄下条带采煤技术研究，先后在 14 采区西翼、11 扩大区进行试验研究，采用留 40 米采 20 米的采留比，地面建立岩移观测站等措施，安全采出煤炭 100 多万吨。裴沟矿 22101 综采工作面在设计时尽量使建筑物位于工作面正上方，采用全部垮落法管理顶板，地面建筑物仅受到轻微破坏，比搬迁建筑物节省 500 多万元。

2. 铁路下采煤

大平矿在 16021 工作面进行铁路下采煤试验，通过对地面铁路桥涵加固、铁路填方垫轨、工作面加快推进、控制放煤高度等措施安全采出 24 万吨，并保证了宋大铁路线的正常运行。超化矿对铁路下厚煤层放顶煤开采及其地面移动规律进行研究，运用先进的开采后地表移动和变形预计理论对铁路路基变形进行预计，在回采过程中及时起垫，保证铁路正常运营。通过铁路下采煤和跨上山回采研究，解放 11 采区上山煤柱及铁路下压煤 34 万吨，减少综采搬家费用，获经济效益 900 万元以上。

3. 水体下采煤

王庄矿在双洎河下布置多个采煤工作面进行回采获得成功，实现河流下安全开采。米村矿开采位于宋沟水库下的 26 扩大区二$_1$ 煤层，煤层底板距水体高度 297～347 米，经科学计算二$_1$ 煤开采形成的冒裂带高度和地表裂隙深度发育深度，分析其连通性后确认 26 扩大区水库下采煤是安全的，2007 年安全回采宋沟水库下的 260061 综采工作面。

第三章 生产辅助系统

第一节 提升与运输

一、提升系统

1991年以后，随着开采水平的延深和科技进步，矿井提升由单一的罐笼和箕斗提煤逐步演变成带式输送机和箕斗提煤。绞车功率从最小100多千瓦增加到数千千瓦，提升速度从最小3.8米/秒增加到最大11.1米/秒，提升高度从百米增加到1000多米。现我省煤矿主提升系统主要采用的提升方式有：立井（斜井）箕斗单、双卷筒缠绕式提升，立井罐笼单、双卷筒缠绕式提升，立井箕斗（罐笼）摩擦式提升，斜井带式输送机提升等。

2000年以后，焦煤集团提升系统安全装备，普遍使用FHT型防撞托罐装置，配套BS型摩擦卷筒式缓冲器。2006年开始，焦煤集团逐步对朱村矿、冯营矿、演马庄矿等矿主井底装载系统进行改造，将原圆盘配重装载系统改造为定重仓装载系统，克服空间狭窄的困难，创造性地采用平板闸门、给煤机闸门，改变定重仓大小及位置等办法，较好解决了类似矿井长期无定重装载的技术难题，并在其他矿井推广使用。

2004年，郑煤集团超化矿副井井筒使用镀锌冷弯方管罐道，副井口、井底使用可编程控制操车系统，该系统工艺简单而且操车装置可以进入罐笼内操车，解决了人工辅助操车的问题。并且一个提升循环时间由236秒缩短为128.4秒，其中推车时间由90秒缩短到11.4秒。

随着煤矿提升控制技术的发展，提升机原有的串电阻调速方式逐渐被变频调速技术所取代，提升机电控设备经历了串金属电阻控制、直流控制、交-直-交变频控制及交-交变频控制的发展过程。焦作矿务局煤矿提升机控制装置的开发和研究从1993年10月开始，在国内第一家采用工业计算机PLC（可编程控制器）完成提升机电气控制设备所需要的基本功能。此后，各矿井提升机电控系统逐步更新为JTDK-ZN-01S/P型和ZTDK-ZN-01S/P型PLC电控系统。1996年5月，用控制台完成提升机的所有工艺过程和安全保护控制，填补国内空白。同年11月，矿井提升机交流电控设备获得同行业中唯一的部级科技进步二等奖。矿井提升机交流电控设备还在比利时世界博览会上获得尤里卡发明奖。2000年2月，用西门子原装6RA70完成直流并联12脉动电控。2001年7月，用西门子原装6RA70完成了直流串联12脉动电控。2001年8月，将全套电控设备在北京市计量检测科学研究院做EMC（电磁兼容性）试验。2004年9月，将普通高压四象限变频器使用到矿井提升机上。2005年开始，逐步使用GBP-H型高压变频调速电控装置，实现提升机全过程闭环控制，采用安全回路双线制，提高可靠性，变频调速节电效果达到30%，设备运行成本明显降低。焦煤赵固一矿、赵固二矿主井提升机电控系统分别采用德国西门子生产的交-交变频控制系统和瑞典ABB公司生产的ACS6000SD型交-直-交变频控制系统，调速过程平稳，控制精度高，可实现自动化提升。2006年，矿山大功率高性能电力传动关键技术在平煤股份八矿提升系统第一次得到应用，平煤股份提升绞车电控现已基本全部采用低耗能、高效率的交流变频调速方式。2010 年以后，我省大部分矿井主提升机已具有自诊断功能并能实现远程监控，主井绞车可实现无人值守。

为了保障提升系统的安全运行，各单位不断建立健全提升设备及安全设施管理制度和钢丝绳维护、检查和更换制度，每年对设备进行安全性能检测和关键部分的探伤检查，对设备进行定期检查验收，保证了提升设备的正常运转。

二、运输系统

河南省煤矿井下运输主要由轨道运输和带式输送机组成。矿井在用的带式输送机主要有 3 种，分别是钢丝绳牵引带式输送机、钢丝绳芯带式输送机、普通强力带式输送机。

1979 年 7 月，第一部钢丝绳牵引带式输送机在平顶山矿务局四矿丁七带式输送机下山安装投运，型号为 GDS-100，运输距离 1500 米，运输能力 400 吨/时，驱动方式为 2×400 千瓦直流电动机拖动，电控为调压器＋二极管整流，这也是第一条可以运送人员的带式输送机。随着煤矿产能的提升，由于钢丝绳牵引带式输送机运输能力有限，不能满足大运量、长运距的要求，已经不再是煤矿原煤运输设备的首选机型。到 2015 年 5 月，平煤股份矿井共计有 82 部钢丝绳芯带式输送机投入运行，总运输距离为 83964 米，单部钢丝绳芯带式输送机平巷最大运输距离为 3070 米，上山运输最大运输距离 2924 米，最大运输倾角为 35°，最大运输能力为 1000 吨/时，胶带最大宽度为 1400 毫米。普通强力带式输送机，主要应用在采区运输下山、采面工作面机巷、掘进巷道出货系统，主要应用型号有 DTL、SPJ、SDJ、STJ 等，最大带宽为 1200 毫米，最小带宽 650 毫米。随着采、掘工程进度的变化，普通强力带式输送机运输距离变动较大，设备台数也时有增减。

随着时代变迁、科技发展，煤矿井下辅助运输由人力搬运逐步演变成现代机械化运输，运输设备主要有架线式电机车、防爆特殊型蓄电池机车、防爆柴油机机车、斜巷提升绞车、架空乘人装置、小绞车、无极绳绞车、无轨胶轮车、平巷人车、斜巷人车、矿车等。

2005—2007 年，中国平煤神马集团各生产矿井将井下架线式电机车更换为防爆特殊型蓄电池机车和防爆柴油机机车。2005—2008 年，平煤股份八矿、一矿、十三矿、十一矿、平宝公司等 5 对矿井先后安装使用机车运输安全监控系统，在地面调度室实现对井下大巷运送人员、煤炭和物料的列车进行监测和调度控制。2008—2010 年，平煤各矿对地面架线电机车和井下蓄电池电机车进行升级改造，使用斩波调速控制器替代切电阻调速控制器。2011 年以后，各矿新购置的电机车，调速方式为斩波调速、变频调速、永磁调速 3 种。1987 年 5 月，在十矿一水平己$_2$暗轨斜井安装液压绞车，进行工业性试验。到 2004 年年底，公司将井下串电阻调速绞车全部更换为防爆液压绞车；2005 年，在天力公司副斜井首次使用防爆变频绞车。2011 年以后，公司逐步淘汰斜巷人车，人车数量由原来的 36 列减少为 15 列。2012 年推广应用无极绳绞车，井下使用数量逐年增多，十二矿、平宝公司等矿井采区风巷全部实现无极绳绞车运输。2013 年 7 月，三矿在己$_{15}$-11140 采面运输巷道条件复杂、出现 5 处转弯和变坡情况下，风巷使用的无极绳绞车创造国内先例。到 2015 年年底，公司井下在用防爆液压绞车 48 台（最大电动机功率 280 千瓦），防爆变频绞车 25 台（最大电动机功率 500 千瓦），小绞车1500台，无极绳绞车30台，防爆柴油机无轨胶轮车4台。斜巷提升绞车用于斜巷物料、人员运输；小绞车用于车场调车和采区风巷运输，井下使用较多；无极绳绞车、无轨胶轮车用于采区风巷物料运输，无轨胶轮车只有一矿、六矿少量使用。2013年以后，公司推广应用30千克/米及以上钢轨、高强度水泥轨枕、新型固轨器，主要运输线路道岔控制实现远程操作，井下运输大巷及主要斜巷轨道均为30千克/米及以上钢轨。到2015年年底，井下主要轨道线路总长300米，其中平巷轨道180千米，斜巷轨道120千米。钢轨类型主要有18千克/米、22千克/米、24千克/米、30千克/米、38千克/米5种。其中，18千克/米、22千克/米、24千克/米钢轨主要用于采区风巷和部分斜巷；30千克/米钢轨主要用于井下运输大巷、运输斜巷；38千克/米钢轨用于井下运输大巷，八矿、六矿使用较多。2011年年底，平煤股份九矿自行研制架空乘人装置断绳抓捕器和卡钳抱索器零速上下装置，获得国家发明专利。该公司吴寨矿东斜井架空乘人装置巷道条件较为复杂，有3处转弯，水平方向转弯达到105°；平煤股份二矿9部架空乘人装置实现从地面到井下采区连续化运输和地面集中控制。同年年底，该集团井下在用架空乘人装置58部，运距13.83千米，最大电动机功率132千瓦。其中，蜗轮蜗杆减速机架空乘人装置18部，液压驱动架空乘人装置26部，变频调速架空乘人装置14部。设备布置方式有专巷独立布置、“机轨合一”混合布置、“皮机合一”混合布置等3种。

20世纪90年代，焦作矿务局各生产矿井运输除九里山、古汉山矿为大巷机车运输与带式输送机混合运输方式外，均为大巷机车为主的运输方式。主要生产矿井运输距离达8千米以上，主要运输斜巷大部分在800米以上。由于矿井开采时间长久，资源枯竭，经济效益一直制约着机电运输设备更新改造。2003年，中马矿装备完成KJ15型矿井信集闭系统。2004年，安装矿井漏泄通信系统。2005年，演马矿完成矿井信集闭系统和矿井漏泄通信系统，经过使用，系统设备运行正常，矿井运输效率和运输安全有效提高。各生产矿井大巷运输均更换为特殊防爆型电机车，主要运输大巷斜巷完善行车保护装置，带式输送机均加装各种运行保护装置，运输事故大大降低。2008年，该公司主要运输设备有矿用特殊防爆电机车72辆、矿车1720辆、带宽1米以下带式输送机112台、1.2米直径以上斜巷绞车18台。2009年以后，对井下运输设备逐步进行改造更新，增加安全保护装备，将矿用防爆变频电控用于井下轨道绞车上。在古汉山矿、赵固一矿、九里山矿等推广使用调节电动机转速的变频调速运输集中自动控制系统，对提高设备运转效率和节能、软启动性能起到较好作用，矿井运输设备技术落后面貌得到一定程度上的改变。2008年以后，新投产的赵固一矿、赵固二矿，主运输系统采用多部带式输送机通过采掘工作面-东西大巷-上仓进行接力运输。辅助运输方式为轨道运输，主要辅助运输设备包括防爆蓄电池电机车、无极绳绞车。个别新开口巷道和短距离转载点采用调度绞车运输，人员运输方式采用架空乘人装置。赵固二矿主煤流运输均为带式输送机运输。上仓选用DTL140/200/4×500型带式输送机，带宽$B=1400$毫米，带速$v=4$米/秒，电动机功率4×500千瓦，机长$L=982$米，上运倾角7.3°，胶带选用ST2000阻燃型钢丝绳芯胶带。采用KXJ-6/1140(660)型带式输送机控制箱，启动采用福伊特YNRQD-450型液体黏性软启动器。液体黏性软启动器具有能够使大功率电动机空载启动，以减小对电气和机械的冲击；液体黏性软启动装置能够提供可调的、平滑的、无冲击的启动力矩。

2010年以后，该公司在中马矿29轨道、赵固二矿辅运斜巷、赵固一矿东大巷安装斜巷运输视频监控系统，采用斜巷综合监控装置集中控制防跑车装置和跑车防护装置，实现连锁控制要求，并通过视频实时监控斜巷各车场及巷道中的情况，系统达到国内领先的斜巷运输自动化监控系统水平。

1991年，郑州矿务局大平矿和裴沟矿部分采用带式输送机，其余矿为架线电机车运输。斜坡运输保险设施实现一坡多挡，采区运输推广使用水介质液力耦合器。米村矿22采区带式输送机实现胶带集控化，并建立阻燃胶带安全监测站。井下机车运输推广使用ZDFM-A型载波电话和电机车脉冲调速装置。王庄矿大巷安装区间闭塞信号机和电动道。1992年6月，郑煤米村矿作为全国第二批矿井信集闭系统10个试点单位之一，由合肥工业大学承建安装调车“信、集、闭”系统。1993年，5对生产矿井安装使用直流架线电机车可控硅脉冲调速装置。1995年5月，郑煤集团印发《关于统一装设“井下铁路运输行车安全标志”的通知》，规范自1993年以后各矿采用的自定标志。1996年在各矿推广应用双向带式输送机、气垫带式输送机。1999年，告成矿、裴沟矿大巷运输简易“信、集、闭”系统试运行。2002年超化矿21071综采上副巷推广使用无极绳连续牵引绞车。2003年在超化矿、裴沟矿下山安装架空乘人装置。甲带式给煤机在米村矿试用，解决了给煤能力低的问题。在米村矿4号煤仓应用煤仓新型破拱器，解决了堵仓问题。可运送U型钢双向带式输送机在超化矿应用，使运料更加安全。2004年，架空乘人装置在米村矿21行人下山、裴沟矿34轨道下山、超化矿22下山及21采区投运。甲带式给煤机在米村矿、裴沟矿、超化矿、告成矿等矿推广应用。工作面上平巷推广应用SQ-1200型连续牵引绞车。2005年，米村矿21强力带式输送机安装高压软启动装置和闭环自动调节系统；大平矿16轨道下山投运第一套大倾角、可摘钩式的架空乘人装置；裴沟、米村、超化等矿大巷安装使用10套ZKC型气动司控道岔；超化矿、告成矿斜巷安装使用ZJF-127/B型全自动常闭式跑车防护装置。2007年，矿井强力带式运输机应用隔爆软启动器，并配合限矩型液力耦合器，实现长距离满负荷启动和多台电机功率平衡；辅助运输推广平巷连续牵引车，投入全自动、常闭式跑车防护装置；主斜坡巷道各个车场完善语音信号装置；主要运输大巷道岔部分实现电机车司控化。2009年，在裴沟矿－180大巷、告成矿25运输下山等安装使用12部架空乘人装置。2014年，先后在超化矿、赵家寨矿等矿井的采掘工作面安装无极绳绞车5部；在裴沟矿、张沟矿等矿推广应用挖装机和轻型单轨吊等辅助运输装备。2015年，水煤泥分离及快捷运输装备科研项目和销齿单轨吊的研究与应用项目取得成功；带式输送机群集中连锁控制等一批以改进现场施工工艺、提高工作效率、降低作业人员劳动强度、减少井下作业人员数量为主要目的的革新项目在现场得到推广应用。

2008年开始，河南煤化集团矿井主要轨道运输系统采用固定提升机或调度绞车等方式，部分矿井采用液压绞车提升，采掘地区主要使用调度绞车群接力运输的方式。挡车装置有门挡式、单杠式、框式等多种形式，多数采用人力操作。大巷运输采用架线式电机车、蓄电池式电机车，轨道采用18千克/米、24千克/米、30千克/米等多种型号，安全设施规格型号多，运输管理环节多，安全设施管理难度大。带式运输系统，大多数矿井采用600毫米、800毫米、1000毫米、1200毫米、1400毫米带宽，带速2～4米/秒，胶带分为普通胶带和钢丝绳芯强力胶带，各种保护装置齐全。2008年，永煤集团陈四楼矿将井下大巷轨道和主要斜巷轨道由原22千克/

米升级为30千克/米轨道。2009年以后，河南煤化集团对井下运输设备逐步进行改造更新，增加安全保护装备，推广使用调节电动机转速的变频调速集中自动控制系统，改变矿井运输设备技术落后面貌。2010年，该集团永煤公司车集煤矿将矿井主运输机车运输改为带式输送机运输，将14吨架线机车改为12吨、8吨防爆蓄电池机车作为矿井辅助运输。义煤公司对跃进煤矿主井钢缆带式输送机电控制系统进行技术改造，淘汰老式的可控硅控制方式，采用变频控制技术实现四象限调速，运行更加平稳。同年11月，该集团国内首家景区式观光缆车在义煤公司耿村煤矿二号斜井投入使用。该缆车型号为RJY90-32/1800，代替原来的2JK-3.5型提升机（斜井人车运送人员）运送人员上下井。上下井人员乘坐的是三面封闭式吊箱，相对于原来的斜井人车，观光式缆车提高了乘坐人员的安全性和舒适性。2011年，在所属矿井淘汰22千克/米（不包括22千克/米）以下规格道轨，主斜坡道运输全面推广应用统一规范的气动道岔、保险杠、阻车器等。2012年4月，集团召开机电运输专题会议，组织制定采掘工作面施工设计标准规范，明确采区布置中所有涉及机电运输系统的设计标准和要求，从源头上保障机电运输安全，不断提高质量标准化水平。2013年，柴油机单轨吊车在该集团永煤公司城郊矿投入使用。2014年12月，永煤公司井下斜巷行人及斜巷助力装置，全部由双向固定式或可摘挂式架空乘人装置以及由单向架空乘人装置替代，取代了井下斜（井）巷人车。2015年，永煤公司井下采掘运输全部采用无极绳绞车或柴油机单轨吊车运输，运输装备水平及运行安全得到提升。同年12月，永煤公司陈四楼矿将井下轨道大巷机车架线拆除，将7吨变频架线式电机车改为12吨和8吨永磁式防爆蓄电池电机车。

第二节 通风与排水

一、通风系统

20世纪90年代以后，我省煤矿围绕提高矿井通风能力，实现系统合理、设施完好、风量充足、风流稳定，提升抗灾能力，率先在全国煤炭行业开展整顿通风系统、合理优化、降阻增风、提高抗灾能力活动。在主要通风机装备和改造、推广不停风倒台、通风系统优化等方面取得长足发展，为矿井安全生产提供有效支撑。

20世纪90年代初期，平顶山矿务局由于矿区自身特点，矿井瓦斯灾害随采深增加，矿井瓦斯管理等级呈整体跳跃升级：由20世纪80年代前的2对高瓦斯矿井，发展到5对煤与瓦斯突出矿井、2对高瓦斯矿井，低瓦斯矿井也存在高瓦斯区域。矿井瓦斯绝对涌出量已达300立方米/分，并且每年以较大幅度递增。其间，查明生产矿井主要通风机运行现状，提出安全经济运行方法，推广节能技术改造，逐步开展采区和工作面的通风布置方式优化工作，逐步提高通风能力和风排瓦斯能力。生产矿井全面推广局部通风机“双风机、双电源”以及自动倒台，实现风电闭锁与瓦斯电闭锁，杜绝了工作面停风现象。1996—2000年，随着矿井瓦斯涌出量的增大，开展了通风系统优化整顿改造，以提高矿井抗灾能力。完善形成高突采区专用回风巷系统，整改风门数量和质量，提出采区风门不超过15组原则，风门全部实现连（闭）锁。在生产矿井推广大功率对旋主要通风机，增大合理工作区域；加强通风机及其附属装置管理，减少风硐、通风机内部和扩散塔的阻力损失和风量漏损，提高通风机运行效率。制定符合实际的矿井供风标准和风量计算方法，建立矿区通风安全实验室和计量检定站。2001年以后，该集团各矿井迎来新一轮水平接替和延伸，煤与瓦斯突出矿井达到 17 对，为进一步优化通风系统，提升通风装备水平，在生产矿井先后新施工风井 30 余个，新装备性能优良的主要通风机 32 组，主要推广应用新型的对旋式轴流通风机和无驼峰式轴流通风机 BDK、GAF、ANN 等系列。对原来 30 余组在用的效率低下和老化的主要通风机先后进行更换和技术改造，有效提高了矿井主要通风机的性能和供风可靠性。掘进工作面推广应用大功率对旋局部通风机和大直径高强风筒，单头大断面煤巷掘进长度能力达 2000 米以上，岩巷达 3000 米以上。到 2015 年年底，该集团生产矿井主要通风机装备总功率达到 6.1 万千瓦，主要通风机总工作风量达到 43.9 万立方米/分，通风能力 5475 万吨/年。

1999 年开始，郑煤集团对各矿通风系统进行大规模改造和优化。裴沟矿先后关闭北风井和张庄风井，将原老副井改造为中央风井。同年 10 月 5 日，王庄矿对 43 采区、45(西)采区进行封闭，缩短通风流程。2000 年 7 月 26 日，米村矿关闭 13 风井、张庄风井和宋村风井，新建于湾风井，封闭西翼采区、13 采区和 15 采区，扩修 21 采区 3 条下山和 26、28 进回风大巷，优化矿井通风系统。2001 年 8 月 20 日，超化矿、大平矿分别对东、西风井主要通风机进行更换。同年，裴沟矿把施工的深部副井作为主要进风井，并将老型号主要通风机更换为 FBCDZ 系列对旋式高效节能通风机，同时对主要回风巷道进行扩修，使巷道供风满足安全生产需要。2002 年 10 月 24 日，芦沟矿对东风井主要通风机进行更换，供风量有所增加。截至 2003 年，该集团总风量增加 1.5 万立方米/分，总通风能力核定增加 300 多万吨/年，各矿采煤工作面供风量一般为 450～1350 立方米/分。掘进工作面采用 11 千瓦、22 千瓦、28 千瓦局部通风机供风，部分矿井推广使用对旋式高效节能局部通风机，所有掘进工作面均安装双风机，并采用双回路供电。风筒直径一般为 500～800 毫米，风筒出口风量一般为 200～550 立方米/分。但芦沟矿因巷道断面小，通风困难局面仍没有得到明显改变。2005 年，该集团对各矿井通风系统再次进行升级改造，所有高突矿井每个采区均布置专用回风巷道和专用回风井，每个采区、采掘工作面均实现独立、分区通风。各通风断面一般为 6～13 平方米，通风阻力一般为 900～3200 帕，等积孔一般为 1.5～2.2 平方米。逐步淘汰低效率局部通风机，多改用 2×11 千瓦、2×15 千瓦、2×30 千瓦对旋式高效节能局部通风机，并推广使用强力轻质大直径风筒。至 2007 年年底，直管矿井通风系统均稳定可靠，通风能力完全能够满足安全生产的需要。2008—2010 年，新建裴沟矿 31 风井、42 风井，白坪煤业公司东翼风井，芦沟矿 32 风井，超化矿 31 风井，告成矿北翼风井等 6 对风井。对巷道断面小于 8 平方米的矿井主要回风巷、一翼回风巷、采区回风巷进行扩修。优化改造告成、芦沟、张沟、超化等矿的矿井通风系统，全部淘汰低效率局部通风机和直径 500 毫米以下的风筒，提高矿井通风系统的稳定性、可靠性和经济性。至 2010 年年底，直管矿井通风系统实现完整可靠。2011—2015 年，直管矿井主要回风巷、一翼回风巷、采区回风巷基本没有了小于 8 平方米的巷道，至 2015 年年底各直管矿井通风系统均比较合理可靠，通风系统均能够满足安全生产的需要。

焦煤集团矿井多数为 20 世纪五六十年代建设的矿井，大多采用 2BY 型、70B2 型主要通风机，风机装置静压效率低，噪声污染严重。1986 年以后逐步对老矿井通风机进行改造，逐步改造为沈阳鼓风机厂生产的 2K60 型通风机。1995 年以后对当时 7 台 2K60 型轴流式通风机进行了改造，解决了通风机大角度运行时的安全问题，效率提高了10%左右。同时新选型的主要通风机主要选用升级换代后的2K58型或2K56型高效节能通风机，结构新颖，运转平稳，安全可靠；反风方式简单可靠；性能达到同类产品国际先进水平。该类型通风机可以直接反转反风，反风量达到60%以上。随着矿井开采向深部的延伸，许多矿井主通风机通风量已不能满足要求，而且许多矿井主通风机已经达到了使用寿命，2003年以后逐步开始通风机的更新换代，主要选用新型的高效节能通风机，如上海鼓风机厂生产的GAF型轴流式通风机、沈阳鼓风机厂生产的MAF型轴流式通风机，可以实现停车动叶一次调节，同时采用锻造铝合金叶片，设计合理，技术先进，噪声低，能耗小，效率高，安全性好，维护方便。2007年焦煤公司首先在古汉山矿及位村井通风机上推广变频调速装置。位村井采用HARSVERT-A06/100一拖二（一台异步，一台同步）高压（6千伏）自动控制方案的变频器，分别拖动6千伏800千瓦的同步机（TKS800-10，6千伏）和异步机（YKK630-10，6千伏），通风机两台均为沈阳鼓风机厂生产的G4-73No29.5D离心式通风机，电动机、通风机在整个调速范围内运行平稳，节电率达到26%。2008年后新建投产的赵固一矿、赵固二矿主要通风机全部采用了变频调速控制系统，后来又在中马村矿、演马庄矿、九里山矿、方庄一矿等矿井轴流式通风机上安装使用了变频装置。2013—2014年期间，在古汉山矿、九里山矿、赵固一矿、赵固二矿、宝雨山矿、何庄等矿推广应用主要通风机自动化监测监控系统，实时监视主要通风机的运行工况和参数，为合理调节风机运行工况和了解设备运行状态提供了依据，并提高了主要通风机的自动化运行水平。同时积极开展主要通风机不停机倒台改造工作，实现了通风机的不停机倒台，避免了通风机倒台时风流中断的问题，保证了矿井通风安全。

二、排水系统

20世纪90年代初期，平顶山矿务局所属矿井随着生产矿井数量增加，开采水平延深，煤层开采强度加大，下伏石炭系、寒武系含水层不断揭露，涌水量不断增加，平均每小时达6812.27立方米。至2015年年底，矿井涌水量增至每小时12547.75立方米，最大涌水量每小时为21892.6立方米。大部分矿井的排水方式由当初的一级排水变成多级排水。在平煤股份管辖的17对矿井中，三矿、四矿、七矿、天力公司、朝川矿为一级排水，其余矿井均为分级排水。各下山采区设置临时水仓及泵房排水至水平泵房，再逐级排出地面。全集团排水设备共有井下中央泵房46处，安装水泵222台（套），其中水泵功率最小110千瓦，最大1800千瓦。单泵额定流量最小46立方米/时，最大600立方米/时。扬程最小172米，最大1031米。总电动机功率达到15万千瓦，总排水能力为每小时73510立方米。各矿井下的排水泵房（站），按《煤矿安全规程》规定，设置工作、备用、检修三套水泵。各种规格的排水管路121趟，排水管径从最小100毫米到最大530毫米。各个矿井建立完整的排水设备管理制度，每年雨季前清理水仓，对排水设备进行安全性能检验，通过水泵联合排水试验检验排水系统及供电系统的可靠性，对排水设备定期维护保养，保证排水设备正常运转。各生产矿共有井下水仓104处，均有在用和备用水仓，蓄水容量为40.3566万立方米。

2007年，郑煤集团矿井排水方式除白坪煤业公司、赵家寨矿、崔庙煤矿、金龙煤矿等22对矿井采用一级排水，其余矿井采用分级排水，下山采区建立排水系统。矿井排水设备，到2015年，直管矿井有井下主排水泵房、采区泵房31处，安装水泵193台，其中MD600型1台、MD580型18

台、MD500 型 47 台、MD450 型 44 台、MD420 型 10 台、MD300 型 6 台、MD280 型 27 台、200D 型 6 台、MD155 型 18 台、D155 型 4 台、MD85 型 2 台、MD46 型 6 台、BQW70 型 4 台，总排水能力 52505 立方米/时。各种规格排水管路 97 趟，总排水能力 53391 立方米/时。

20 世纪 90 年代初期，焦作矿务局共有生产矿井 10 对，主排水泵房 24 个，主水泵 193 台，总排水管路 115 趟，装机总容量 113180 千瓦，单机最大功率 1050 千瓦，水仓总容量 101000 平方米，大部分矿井采用一级排水，随着矿井开采水平的延伸，矿井涌水量不断增加，除演马庄矿、宝雨山矿、方庄一矿采用一级排水外，其他矿井采用二级排水。截至 2015 年年底，焦煤集团共有矿井 12 对，矿井正常涌水量 382.46 立方米/分，最大涌水量达到 592.64 立方米/分，主排水泵房 28 个，水仓总容量 222357 立方米，主排水泵台数 238 台，总排水管路 145 趟，装机总容量 194700 千瓦，其中单机最小功率 250 千瓦，最大功率达到 1250 千瓦，单泵额定流量最小 2.58 立方米/分，最大 10 立方米/分，扬程最小 215 米，最大 837 米，总排水能力 1327.2 立方米/分；抢险救灾潜水泵 18 台，装机总容量 30800 千瓦，单机最大功率达到 3200 千瓦。各矿井下的排水泵房按照《煤矿安全规程》规定，设置工作、备用、检修水泵，各矿井建立完整的排水设备管理制度，每年雨季前清理水仓，对排水系统进行安全性能检测和群泵联合试运转试验，对排水系统设备、设施定期维护保养，保证排水设备正常运转。

第三节　供电与通信

一、供电系统

平煤神马集团矿区供电依托平顶山市电网(属豫南电网)500 千伏姚孟、香山(宝丰境内)和湛河(叶县境内)等变电站，与 220 千伏滍阳、宝丰、程庄、计山、贾庄、尊化和苏园等变电站，形成西部、西南部和东南部多个 220 千伏、110 千伏环网，安全性、可靠性较高。矿区电网的进线电源及供电范围是：西部进线分别为 110 千伏滍岳线、肖岳线、滍谢线、西谢线、计谢线和 35 千伏孙高双回路线，负责三矿、四矿、五矿、六矿、七矿、九矿、十一矿、大庄矿、高庄矿、香山矿、先锋矿、建材厂等供电。东部进线分别为 110 千伏平月线、申月线和 35 千伏贾焦双回路线、申马线、申八线、贾月线、贾二线、贾一线、贾田线、七宝线、首宝线，负责一矿、二矿、八矿、十矿、十二矿、十三矿、首山一矿、吴寨矿、田庄选煤厂、八矿选煤厂、天宏焦化、机械装备公司及矿区城网等供电。其中负责首山一矿供电的平宝站电源来自于许昌市的襄城变电站和马尧变电站的 35 千伏首宝线、七宝线。除国家电网供电外，该集团还有 3 座自备电厂：① 四矿煤矸石热电厂，位于平顶山市西北擂鼓台下，距市中心约 6 千米。承担着四矿井上下制冷降温机组安全稳定运行和一矿、二矿、三矿、四矿生产生活供热的重要任务，对煤矿安全生产和后勤生活保障发挥着重要作用。② 矸石电厂，位于平顶山市卫东区东工人镇西东高皇村北，所发电力并入矿区电网，负责东部矿区的集中供热和向十二矿直供电(自集团月台变电站转供电)。矸石电厂按照省、市政府关于小机组关停工作要求，发电机组于 2011 年 9 月 26 日全部停运并进行拆除。③ 坑口电厂，位于平顶山新华区青石路，年发电能力 4 亿千瓦时，承担着为集团矿井安全生产提供电力支持的任务。2015 年 5 月 5 日，为充分利用集团煤炭、供电、供热等设施资源，实现就地转化热能电力服务集团矿井安全生产，集团决定对 1 号锅炉进行安全节能环保改造，2015 年 10 月 23 日动工建设，项目静态总投资10506万元。

1991—2015年，郑煤集团主要注重强化供电设施建设，不断加强供电系统管理。1993年，35千伏申沟变电站建成投运，主变压器容量2×8兆伏安[2004年增容扩建为(2×8+12.5)兆伏安]，双回电源取自平陌110千伏变电站，35千伏Ⅰ、Ⅱ平申线路长2×11.3千米。1994年，告成35千伏变电站建成，主变压器容量2×8兆伏安，双回电源取自平陌110千伏变电站，Ⅰ、Ⅱ平告线路长2×18.3千米，导线型号LGJ-120。方山110千伏变电站成功投运，主变压器容量1×25兆伏安；110千伏Ⅱ矿方线电源来自东风电厂，长度13.3千米，导线型号LGJ-185。35千伏矿山线由原Ⅰ、Ⅱ密村线路改造而成，直接接入方山站35千伏母线系统，总长度24千米，导线型号为2×LGJ-190/LGJ-185。方山站馈出5条35千伏线路，分别是Ⅰ、Ⅱ方王线，Ⅰ、Ⅱ方村线，方袁线。1995年1月，袁庄变电站建成投运，主变压器容量(6.3+3.2)兆伏安，供袁庄、松岳、华宝水泥厂等用电。单回35千伏方袁线长6.3千米，导线型号为LGJ-120。矿区中心变电站建成投运，主变压器容量2×12.5兆伏安，双回电源取自东风电厂升压站35千伏母线，主要供集团本部及周边地区生活用电。1997年8月，为解决电厂小机组发电负荷外供问题，由东风电厂在厂区西南角建设中区变电站，主变压器容量(12.5+16)兆伏安，电源负荷由电厂升压站35千伏设备区出线，主要供电厂三产以及周边冶炼负荷。同年芦沟电厂开工建设，1999年竣工，2000年建成35千伏矿芦线，解决芦沟电厂并网问题。2002年建35千伏芦岳线，解决芦沟电厂另一并网线路问题。2003年7月，来集110千伏变电站建成投运，主变压器容量2×31.5兆伏安，双回路电源来自东风电厂二期扩建工程2×25兆瓦机组，双回路供电线路Ⅰ、Ⅱ矿来线长度2×6千米，导线型号LGJ-185。同年11月，裴沟矿35千伏变电站建成投运，主变压器容量2×10兆伏安，双回电源Ⅰ、Ⅱ来集杨河线来自来集110千伏变电站35千伏母线，导线型号LGJ-120。2005年年底，白坪煤业110千伏变电站竣工投运，装机容量2×16兆伏安，双回路电源Ⅰ、Ⅱ热坪线来自登电集团俱进电厂，全线采用双回路同塔架设，导线型号LGJ-185，长度2×3.6千米。2006年10月，鹅矿(鹅湾220千伏变电站-东风电厂)110千伏双回并网线路建成投运，东风电厂由原来的密矿线一点并网实现两点并网，提高供电网络的安全性、可靠性。2007年年底，110千伏密矿线退出运行，三李35千伏变电站竣工投运，主变压器容量2×10兆伏安；同年7月，白坪境内腾升、马池、东坪3个10千伏开关站相继建成投运。同年年底，集团公司实现微机控制自动化网络系统供电，拥有110千伏变电站3座、35千伏变电站12座、10千伏开关站3座、6千伏变电所19个、箱式变压器2个。共有35千伏及以上主变压器30台，总容量364兆伏安；拥有6～110千伏各种电压等级线路329.67千米，各种类型线路杆塔2642基，年供电量11.6亿千瓦时。所有矿井变电站全部采用微机综合自动化管理。2011年4月，配合南水北调工程完成东部胡华线改线工程。8～12月，裴沟站、米村站、申沟站各安装2台S11-M-50/35型站用变压器，吴庄站安装1台S11-M-50/35型站用变压器，岳村站安装2台S11-M-100/35型节能型站用变压器，淘汰原超期服役且为国家明令淘汰的高能耗变压器。2012年，35千伏高岭变电站投运，主变压器容量2×6.3兆伏安，双回35千伏Ⅰ、Ⅱ平高线导线型号LGJ-120，长度2×17.4千米，电源来自110千伏平陌站，供高岭矿用电。岳村变电站新装2套SVG自动无功补偿装置，有效提高电能质量、功率因数及主变压器的利用率，此新型自动无功补偿装置为该集团首次使用。110千伏观郑线(110千伏观星站至白坪煤业公司,导线型号LGJ-185,长度8.689千米)验收送电投入运行,消除了白坪煤业公司原供电电源由登电集团热电厂孤网供电的薄弱环节,白坪煤业公司的供电可靠性得到极大提高。同年年底,110千伏墨玉变电站投运,主变压器容量2×16兆伏安,双回110千伏Ⅰ、Ⅱ音墨线导线型号(LGJ-180,长度2×1.2千米),电源来自110千伏观音堂站,供芦沟煤矿用电。截至2015年年底,该集团拥有110千伏变电站5座,主变电压器容量共212000兆伏安;35千伏变电站14座,主变电压器容量共325600兆伏安;10千伏开关站4座,6千伏变电所17个,6千伏及以上输变电线路83条近400千米,年供电量约9亿千瓦时。

2008年,河南能源化工集团各矿区供电建有110千伏、35千伏、6千伏等不同电压等级的变电所,上级电源通过地面架空线网引自国家电网,入井通过多回路YJV型交联电缆向井下供电。所属矿井基本实现双回路供电,个别矿井供电回路有"T"接现象,一些矿井高压开关柜、高压防爆开关老化需升级换代。2008年以后,集团持续完善区域电网建设,淘汰老旧、高耗能高压电器设备,保障矿井供电安全可靠。2008年,集团所属焦煤公司成立煤层气开发利用有限公司,系唯一瓦斯综合开发利用企业。九里山矿南发电站、罗庄二期等低浓度燃气发电机组先后并网发电。2009年,义煤公司实施35千伏变电站升级改造,将35千伏母线区瓷式绝缘子更换为新型复合硅胶绝缘子,35千伏瓷式刀闸更换为新型复合硅胶隔离刀闸,35千伏室外贫油断路器改为真空断路器,将油PT改为干式PT,大幅度提高了供电的可靠性。2011年,集团开始推广供电标杆示范矿井的经验模式,组织实施供电系统优化改造,实现由地面到井下真正的双回路供电,确保矿井供电安全。义煤公司将35千伏耿村变电站陈旧老化的微机保护改造为数字化综合保护,耿村站成为义煤公司建成的第一座数字化保护变电站。同年,集团印发《关于加强煤矿井下供电管理的通知》(河南煤业化工明电〔2011〕249号),进一步规范井下供电短路保护整定、井下掘进工作面供电系统各种试验流程、井下供电故障恢复操作流程的工作,以及井下掘进工作面局部通风机供电系统优化工作,切实保障井下供电安全。2012年,针对矿区供电系统在雷电灾害天气中出现的问题,集团采取35千伏线路全线避雷、10千伏及以下线路使用绝缘导线、欠压保护合理延时等措施,完善矿区供电系统综合防雷方案,最大限度杜绝雷电灾害导致的矿井大面积停电事故。2014年10月,集团为进一步提高矿井供电管理水平,规范供电工作程序,建立供电安全管理长效机制,印发《关于进一步加强矿井供电管理的通知》(河南能源〔2014〕805号),充分发挥供电管理部门的专业化管理与指导服务职能,建立完善所属矿井供电管控机制。主要是建立完善所属矿井供电系统改造审批机制、供电系统安全保障机制、供电系统指导帮扶机制、对外联系机制、供电系统管理机制。2015年12月,集团所属永煤公司供电全部实现环网供电,矿井全部实现可靠的双回路供电。

二、通信系统

1995年以后,随着煤炭生产建设和社会科技的发展,平煤集团公司通信由矿务局时期的有线电话为主,载波电话和无线电台为辅进行通信联络,发展为包括程控电话、光纤线路、互联网、社会无线电话等多种通信方式。1995年5月,开建程控交换机工程,工程投资700万元,使用的是4057厂的04型交换机,总门数4000线。1996年正式开通使用,标志着该集团通信向数字化和小型化迈出重要一步。1996年10月，集团第一条从信息楼到十三矿的17.8千米光缆线路开通使用，线路总投资100万元。实现两个第一：第一次使用光缆完成长距离传输，第一次使用高压线路进行光缆线路架设。1997年7月，正式成立计算机通讯分公司，主要由原现代化处和原电务厂的通讯车间组成，负责集团的通讯保障和信息化建设。1998年2月，进行数字程控交换机改造，工程投资2600万元，资金来源为各矿筹集资金。设备使用的是华为CC08接入式交换机，一期上线10000门，其特点是由下面各分节点设备分别和具有交换功能主节点设备相连。全网实现数字化传输，传输设备用的是华为SDH光传输设备，网络实现光缆连接，结束电缆骨干传输的时代。1998年以后，在CC08交换机基础上，在保证安全生产的前提下，开始面向职工家庭用户，计算机通讯分公司开始全面市场化。2001年，在原有的电缆电话的基础上实现ADSL宽带接入，使得用户极大提高上网满意度，为推进集团信息化工作奠定基础。2007年10月，软交换开通，设备向着网络化和更小型化的方向发展，实现20万用户的容量，标志着互联网通信的开始。2008年，在软交换设备的基础上开始实施光纤到楼工程。2010年3月，集团将有线电视台业务同计算机通讯分公司业务合并，统一提供语音、数据、图像等综合多媒体的通信业务，实现“三网融合”，与国务院决定加快推进国家电信网、广电网和互联网三网融合的政策相一致。该集团成为全国第一个实现三网统一运行、维护、运营管理的企业。2012年开始光纤到户的改造工程，逐步实现“光进铜退”，步入光纤时代，该集团通信和互联网速度再上一个大台阶，国家“宽带中国”、“互联＋”等决策在河南煤矿矿区落地。

1996年，郑煤集团成立通信中心；2006年更名为信息管理中心(对外称郑煤集团通信分公司)，由集团的服务型处室转变为独立经营型单位。2009年3月，成为郑州煤电全资分公司，更名为郑州煤电股份有限公司通信分公司，负责集团公司的通信信息建设和管理。从20世纪90年代开始，该集团通信设备不断升级换代。1995年12月，安装HJD-04型5120门数字程控自动电话交换机，实现国内、国际长途直拨；1999年10月，扩容安装HJD-04型数字程控自动电话交换机2000门，容量达到7120门，实现由磁石交换机→供电式交换机→纵横制交换机→纵横制自动交换机→数字程控自动电话交换机的升级扩容。2004—2007年，逐步实现无线通信、数字微波通信、卫星通信、互联网通信、信息化通信等。至2007年年底，拥有1部大型电话程控交换机、2部以太网核心交换机、9台IBM服务器、2台HP服务器等一批大型高科技通信设备，及400多千米的通信光缆、电缆的传输线路；开通大型程控交换、微波、卫星和光缆传输，开展一线通互联网、网站建设和网页制作等业务。矿区信息通信承担着整个集团安全生产、煤炭运销、综合调度、设备管理、计划统计、医疗保险、物资供应、电视监控、视频会议、瓦斯监测和VPN等11个网络子系统的通信工程、电信服务、信息化建设和管理业务等任务，为矿区方圆百余千米1万多家固定电话和互联网用户提供服务。机线完好率达96%以上，电话接通率达99%以上，电话故障及时修复率保持在98%以上。2009年10月，集团总部新办公大楼利用国内最先进的软交换设备装备建成网络中心，并开通彩铃、一号通等增值业务；在郑州阳光花苑住宅区采用先进的EPON技术，实现光纤到户。2010年5月，将软交换技术延伸到新密矿区。2011年，分别对芦沟矿、超化矿语音系统进行改造，对阳光花苑小区弱电项目安装后备电源。2012年先后对大平矿、振兴二矿、米村矿语音系统进行改造，安装阳光花苑三期工程后备电源、改造语音故障申告台(112)保安单元(项目工程总产值213万元),该集团语音通信系统更加安全可靠。2013年,升级中兴软交换系统,更换软交换网管服务器,对机房空调与UPS电源进行维护保养。2014—2015年,更换B/S架构的综合电信业务系统。话单分拣系统、计费管理系统、话费营收系统、170话费查询催缴系统、自动停复机系统等功能模块于2015年第一季度割接运行。对郑州网络中心机房与矿区运维机房的核心语音承载网进行改造,软交换系统处理能力更强,速度更快。2006年9月,郑煤集团安装至各矿的视频会议设备,主型号为MCU(多点会议控制单元),采用以色列RADVISION INVISION 12,SONY PCS-1P或PSC-11P。同年11月,省煤炭工业厅至郑煤集团至大平矿、超化矿、芦沟矿、米村矿、裴沟矿、告成矿等矿三级视频会议系统正式投入使用。2007年10月,该集团总部迁郑办公,开通总部布瑞克大厦、白坪煤业公司视频电话会议系统。2009年10月筹建赵家寨矿、金龙矿、张沟矿视频电话会议系统,2010年10月正式开通使用。2009—2010年,先后以超化矿、裴沟矿为试点,推进矿井综合自动化建设,实现供电主提升、主煤流系统远程监测、监控,并通过VPN传输系统将51个资源整合矿井纳入安全生产网。2012年,组织修订《郑煤集团"十二五"信息化发展规划》,出台《郑煤集团公司信息化建设项目管理规定》、《郑煤集团公司信息化网络管理办法》,成为集团规范信息化发展管理的重要规章制度。2015年5月,编制完成《煤矿信息系统防雷技术规范》并通过中国煤炭协会组织的鉴定,对煤矿信息系统特别是综合自动化信息系统防雷减灾具有积极意义。

第四章 生 产 管 理

1991年,全省煤炭产量达8972.58万吨,平顶山矿务局、义马矿务局年产量均达千万吨以上,成为全国煤炭工业特大型企业。1995年,全省煤炭总产量首次突破1亿吨,创年产历史最高水平。2008年超过2亿吨。1997—1998年,全国煤炭市场持续疲软,煤款拖欠严重,企业资金短缺,全省煤炭经济在低谷中运行。但随着煤矿采掘机械化程度的提高和煤炭生产规模的扩大,煤炭产量仍在稳步增长。1998年河南煤炭产量连续第19年居全国各省、区第二位。同年开始执行国家"减产限产"、"总量控制"政策,关闭非法和布局不合理小煤矿,之后全省煤炭产量大幅度降低。到2000年,全省煤炭产量降至7692.98万吨,居各省、区第四位。其中,国有重点煤矿4376.98万吨,占56.9%;地方国有煤矿1347.32万吨,占17.51%;乡镇和个体煤矿1968.68万吨,占25.59%。2000年年末,全省实有煤矿个数减少到1693个。2002年以后,市场需求旺盛,煤炭产量持续大幅度增长,各煤炭企业通过深挖内潜,大搞技术改造,扩大生产规模,深入开展质量标准化、高产高效、五优矿井建设,全面加强企业生产管理,年年提出生产奋斗目标。2006年全省煤炭产量达到1.8亿吨。2008年产量2.05亿吨,居全国第三位,4个煤炭企业产量超千万吨。2012年,全国煤炭市场又一次开始出现疲软,全省煤炭总产量下降到 1.52 亿吨。2013 年以后，产量逐年下滑。1991—2015 年煤炭产量见表 4-4-1。

表 4-4-1 1991—2015 年河南省煤炭产量统计表 万吨

年份	产量合计	省属国有重点煤矿	地方国有煤矿	乡镇及个体煤矿
1991	8972.58	4129.61	1633.74	3209.23
1992	9026.71	4005.21	1663.11	3358.39
1993	9278.85	3928.08	1651.23	3699.54
1994	9617.53	3980.65	1637.26	3999.26
1995	10181.05	4237.11	1738.32	4205.62
1996	10780.22	4364.86	1764.07	4651.29
1997	10028.35	4425.84	1718.42	3884.09
1998	8690.68	4175.36	1402.67	3112.65
1999	8002.19	4254.85	1483.29	2264.05
2000	7692.98	4376.98	1347.32	1968.68
2001	8326.06	5163.46	1635.59	1527.01
2002	10051.95	5915.63	1871.49	2264.83
2003	12634.17	6649.17	2055.90	3929.10
2004	15420.18	7677.42	1779.93	5962.83
2005	14958.27	8269.06	1735.82	4954.39
2006	18312.38	8470.25	1847.68	7994.45
2007	18855.95	9690.30	1615.77	7549.88
2008	20468			
2009	19605			
2010	18208			
2011	18723			
2012	15153			
2013	15331			
2014	13521			
2015	12802			
总 计	324641.10			

注：1991—2007 年煤炭产量数据来源于河南省煤炭工业综合统计资料；2008 年以后省属国有重点煤矿、地方国有煤矿、乡镇及个体煤矿无统计数据。

第一节 生产调度

生产调度是煤炭安全生产和外运销售的指挥中心和神经中枢。它的主要工作任务就是按照批准的作业计划组织生产、施工及外运销售，同时还肩负着对各级领导、上级部门以及本单位有关安全生产信息的上传下达、下情上报，原河南省煤炭工业厅生产调度室一直发挥着重要作用。运行特点如下：一是不论接到什么信息都要按流程立即处理，坚决不能拖拉和积压。二是必须24小时值守，随时做好各类事件的应急处置。三是由一个网络体系组成，20世纪90年代时期，煤炭生产调度就由煤炭部生产调度-各省级煤炭管理部门生产调度-(各统配矿务局生产调度、市县煤炭管理部门生产调度)-煤矿生产调度组成，全国煤矿安全生产、外运销售等信息每天都在上下传达。四是每天都要对每一个统配煤矿当天原煤产量、开拓掘进、外运车皮销量、洗精煤等进行调度统计，层层上报，直至报到煤炭部生产调度，每月印发生产调度月报，通报当月原煤产量、开拓掘进、外运车皮销量、洗精煤完成情况，分析指出安全生产存在的问题，对下月工作提出要求，月报要报各单位分管领导、主要领导，同时向上级管理部门报送。五是随着科技进步，煤炭生产调度装备不断更新改进。1991—1992年，普通传真机开始广泛应用。2000年，开始推广数字传真技术。2005年以后，各煤矿开始组建计算机网络，将安全监测、生产调度的实时数据信息和生产系统的数据图像有机结合，进行数字化处理、存储和传输。

一、平煤神马集团

生产调度是煤炭生产的指挥中心，是连接煤炭生产各个环节、搞好综合平衡的枢纽。调度室要收集和掌握各单位的生产情况，负责旬报和月报。旬报：收集各生产矿原煤产量、总进尺、开拓进尺完成情况和原煤外运、洗精煤完成情况；统计各类生产事故发生中次数、影响时间和少产煤吨数；找出各采煤队任务完成好坏原因，经过加工整理，提出旬生产动态的分析。旬报还包括汇总采煤工作面接替和停产的简要情况以及重点工程进展情况。月报：统计全月各生产矿和采掘队原煤产量、总进尺、开拓进尺完成情况，洗精煤、外运完成情况，生产矿生产事故发生情况。了解下月各矿和采煤队作业计划的安排。统计当月采面接替情况和下月采面接替预报，以及重点工程进展情况，填写各种台账。根据资料，总结经验，分析问题，提出生产趋势预测材料，按时报送有关领导和上级管理部门。

二、河南能源

2009年7月1日，调度室成立，配备调度人员，及时掌握所属企业安全生产、经营状况，监督集团公司所属企业安全生产、经营指标完成情况，确保集团公司所属企业生产、经营稳定有序进行。该集团生产调度工作通过三级调度管理体系完成。调度室设立在经济运行部，是整个集团的安全生产运营信息中心、生产业务协调中心、经营业务督导中心。各二级公司(永煤公司、义煤公司、焦煤公司、鹤煤公司、豫北化工、豫西化工、中原大化公司、新疆公司)设立二级生产调度室，负责该公司所属企业的生产调度工作。各生产企业生产调度室作为集团公司系统的三级生产经营调度，负责本企业的生产调度工作。在生产调度业务上，下级生产调度向上级生产调度负责，特殊情况下，集团公司生产调度可以直接向企业生产调度下达指导意见。

三、郑煤集团

1991—2005年，实行集团、矿两级调度体制。2006年后集团把整合煤矿组建成新密、登封、二七和汝州4个分公司(各分公司分区域管理资源整合矿)，形成集团、矿(分公司)、资源整合煤矿三级调度体制。郑煤集团设有总调度室，与通风调度联合办公，负责安全生产调度，对各直管矿、分公司、资源整合煤矿调度室实行业务领导和指挥，对电力调度室实行业务指导。

2006年，投资120万元对郑煤集团和部分生产矿两级调度系统进行改造。安装一套先进的计算机网络、工控自动化及多媒体技术信息系统。2009 年 10 月，在集团郑州新总部三楼建成调度指挥中心，装备一套安全生产调度指挥信息系统。该系统对直管矿井、整合矿井生产调度的实时数据信息、安全监测、工业电视的视频图像信息、采掘机运通等生产系统的数据图像等实现高效传输，满足生产调度指挥需要。2010 年 6 月，开发产量上报系统，实现网络传输。2013 年，投入资金 600.45 万元，更换总调度室调度台工业监视器 3 台，工业控制电脑 5 台，并用于装备赵家寨矿自动化集控中心大屏幕系统，裴沟矿调度通信系统、人员定位系统扩容，张沟矿调度大屏幕视频监控系统改造，振兴二矿人员定位系统扩容和赵家寨矿、裴沟矿等 13 对矿井打钻视频监控系统安装。2015 年，投资 198 万元，在直管矿井安装应急广播系统，提高矿井抗灾能力。

第二节 采掘管理

一、采掘工作面作业规程

20 世纪 90 年代以后，煤矿采掘工作面作业规程和作业计划管理制度已经成为全省煤矿采掘工作面管理和保证安全生产的一项基本制度。在每一个新的采掘工作面开始生产前，都由采掘区队技术主管人员根据设计文件和工作面煤层赋存以及地质水文、瓦斯、顶底板等具体条件，编制出专用于该工作面的作业规程初稿，由矿总工程师组织生产技术、安全检查、通风、煤质等部门技术人员进行会审、修改，然后经总工程师正式批准执行。批准后的作业规程，在工作面开工前，都由采掘区队长和技术主管人员向全体人员宣讲、组织学习并贯彻，将主要技术要求和标准等制成图板设置在采掘工作面附近，供操作和质检人员随时进行检查对照。采掘工作面作业规程的主要内容，一般包括工作面概况、地质条件、采煤方法和掘进施工工艺、顶板管理和支架规格、机电运输和通风、劳动组织、循环作业图表、各项经济技术指标、各种生产管理制度和安全技术措施等。

二、正规循环作业

河南省煤矿自推行长壁工作面采煤法以后，都强调采掘工作面必须按正规循环作业，实行图表管理。河南煤矿采煤工作面正规循环的作业方式，长期以来大多为“两采一准”制，即每昼夜两个班采煤、一个班准备（含放顶、推移输送机及检修等），一天一个循环。也有实行一个班采煤、一个班放顶、一个班检修的，仍为一天一个循环。

（一）平煤神马集团

1996 年设立生产管理处，2011 年生产管理处更名为平煤股份生产处，是该集团负责煤炭生产的职能部门。主要负责掌握开采动态，包括采面生产、地质变化、收尾和投产情况；处理采煤过程中有关的技术问题，参与年度、季度生产计划的编制；是采面顶板管理的业务保安单位；负责推广采面支护方面的新技术、新工艺；负责提出合理开采建筑物、水体、铁路下（简称“三下”）煤炭的方法，对采面影响到的地面建筑物和铁路，负责提出保护措施或拆迁方案。采煤工作面的管理，集团由生产处，矿由技术科负责，主要管理采煤工作面的生产计划和工程质量。采煤工作面的生产计划，集团对矿下达年度计划，工作面生产计划由各矿自行编制。采面工程质量管理主要根据国家、河南省颁发的采煤工作面质量检查标准，生产处结合实际情况进行日常检查、评分，生产处每月抽调各矿采煤副总、采煤队队长等技术人员进行互检，月底各项评分综合考虑，排定名次上报主管部门。各矿为提高工程质量，还将检查结果直接与施工队、采煤队的奖金挂钩，奖优罚劣。

对各矿采煤工作面要求编制作业规程，主要内容包括：工作面概况、采面地质条件、采煤方法、顶板管理、生产系统、循环作业图表、工作面的劳动组织、经济技术指标、采面有关管理制度和安全技术措施。采煤队技术员负责编制采面作业规程，依据采区设计说明书、本队人员情况、预计的采面矿压情况、《煤矿安全规程》以及其他有关规定编制初稿，由矿总工程师召集技术、安全、通风、煤质科等单位会审，并经矿总工程师批准后生效。批准后的作业规程，在采面开工之前由队长和技术人员带领全队人员学习，规定停产学习时间不少于3天，参加的人员必须在作业规程的附表上签名。

该集团的开拓掘进工作自1991年以后，由集团公司开拓处负责。此后，原煤产量保持较快增长势头，大部分生产矿开掘进尺的增长低于原煤产量的增长，采面接替一度出现紧张局面。集团坚持"采掘并举，开拓先行"的方针，狠抓开掘单进创水平工作，长期大打开拓掘进之仗，组织重点接替紧张采面工程会战活动，提高单进水平，遏制采面接替紧张的势头，保证集团原煤产量的持续稳步提高。到2015年，集团开拓煤量达到5亿吨以上，生产能力达到3515万吨/年以上；生产战场比较开阔，加上矿井改扩建工程完成后产能的提升，使集团具有充分的生产潜力和后劲，采掘衔接走上良性循环。随着矿井机械化程度的提高和技术进步，矿井水平、采区采面范围扩大，矿井万吨掘进率降到61米左右；综合单进每月达到185米；开掘人员由1980年的21000人减少到2015年的14547人；综掘和装载机械化程度分别达到78%和100%。

（二）郑煤集团

从20世纪80年代开始到2007年，郑煤集团严格执行"以掘保采、以采促掘、采掘并举、掘进先行"的技术要求，保证各生产矿井采掘平衡。采取的主要措施如下：① 生产矿井召开月末、季末和年末生产计划平衡会，计算分析矿井三量可采期是否符合规定，发现问题及时采取得力措施予以解决。② 随着采煤机械化水平的提高，为解决采煤工作面推进速度及单产水平大幅度提高和掘进进度慢的矛盾，投入大量资金购买综掘设备，开展职工培训，提高掘进机械化程度，加快开拓掘进速度。2007年，裴沟矿购进全省首台EBZ200型硬岩掘进机，2008年7月，完成进尺151米，创集团岩巷大断面掘进最高纪录。③ 改进矿井开拓布置和巷道布置，改革采煤工艺，大力推广放顶煤采煤法。④ 在掘进过程中，加强矿井地质预测预报，超前采取措施，减少无效进尺。

（三）河南能源

2013年5月，河南能源化工集团深入落实"两调整、两提高"、"两创新、两带动"战略举措，以标杆队建设为抓手，持续提升矿井采掘单产单进和安全生产水平，实现矿井安全高效发展，制定《河南能源化工集团矿井采掘标杆队建设管理办法》。建立长效正向激励机制，通过采掘标杆队建设，优化矿井生产布局，实现减人提效，提高安全生产管理水平。同年12月，为进一步加强基层员工队伍建设，提升作业效率，促进矿井转变发展方式，优化人力资源配置，实现安全高效可持续发展，根据集团公司人力资源管理制度，结合企业实际，制定下发《河南能源化工集团矿井采煤队伍标准化建设考核办法（试行）》。在煤炭生产过程中，煤矿井下采煤队伍在不同自然地质和工艺装备条件下，对人员素质、人员数量、劳动组织、队伍结构等进行规定性要求，以及对应完成产量、效率规定标准。2015年6月，制定下发《河南能源化工集团矿井采掘队伍标准化建设考核办法（试行）》，落实安全高效、多上设备少上人、提高素质、持续优化、务实有效的管理原则。

第三节 设备管理

矿用设备管理是河南省各主要煤矿业务技术管理的重要组成部分，分为三级管理。各单位均设立机电管理机构，配备专门人员，从事矿井机电设备、配件和供电管理工作，各集团和矿均设有分管机电工作的副局长(副总经理)、副矿长和副总工程师。集团公司设有机电处，矿井设有机电科，下辖井口修理厂和机电队；在各生产区、队设有专门的机电管理人员。2000 年之前，河南煤矿对各种机电设备多实行账、卡、牌板管理。各集团公司、矿的机电处、科，均配备有专职设备管理员，采、掘、运输等生产区队配备有由工人兼职的设备管理员。2000 年以后，部分煤炭企业开始尝试运用信息化技术进行设备管理。

一、平煤神马集团

1991 年，相继成立综机设备租赁站、开拓设备租赁站、机电设备租赁站。1999 年，合并成立设备租赁分公司，相关设备的采购、验收、管理、发放、维修等由设备租赁分公司管理。2003 年开始，建立覆盖全集团的设备管理信息系统，包括现场管理、信息处理、综合租赁管理、领导决策支持以及矿级设备管理等 5 个子系统。采用 B/S(浏览器/服务器)和 C/S(客户端/服务器)相结合的模式来处理，并建立信息编码体系，实现各个子系统之间信息的共享。2005 年起，立项研发设备管理信息系统。2006 年，建立煤矿设备编码体系，以正式企业标准的形式颁布设备编码、客商编码、生产厂家编码、组织机构编码等编码标准。同时引入单台管理理念，每台设备都有唯一的身份码与之对应，并将设备身份码刻制到设备上，实现完全意义上的单台管理。2007 年，设备管理信息系统开发完成并投入运行，下发设备信息系统管理办法等文件，明确各部门的权限和管理职责。系统具有合同管理、到货登记管理、验收入库管理、出库管理、固定资产登记管理、设备发放管理、设备租赁管理、设备现场管理、设备修理管理、设备报废管理、设备状态及分布情况查询、决策支持等功能模块，系统功能定位贯穿每台设备整个生命周期，实现单台设备全过程管理，实现了煤矿设备管理信息化。2009 年，下发《平煤股份公司设备管理规定》，明确公司设备业务实行归口分类管理。各业务主管部门负责本战线设备的技术管理：① 机电运输类设备由机电处负责；② 采煤类设备由生产处负责；③ 开掘类设备由开拓处负责；④ 一通三防类设备由通风处负责；⑤ 选煤类设备由质监中心负责；⑥ 地质勘探防治水类设备由地测处负责；⑦ 安全救护类设备由安监局负责；⑧ 调度通信监测、储装运设备由总调度室负责；⑨ 未明确分类的设备由机电处负责，并按此归口分类成立各专业组，由集团分管副经理任各专业组组长。机电处是公司设备综合管理部门，各业务分管处室是本专业设备管理部门；各矿(厂、处)机电科(设备中心)是设备综合管理部门，各业务分管科室负责本专业设备管理。公司设备管理实行公司、矿(厂、处)、区(队、车间)三级管理，各归口设立与生产相适应的管理机构，并配备专(兼)职设备管理人员。

二、郑煤集团

1991 年以后，设备管理制度不断健全完善。先后制定《设备管理办法》《设备到货验收实施细则》《设备大修管理办法》《报废设备管理办法》《设备信息化系统管理制度》《设备固定资产管理制度》《郑煤集团公司闲置设备管理(暂行)规定》《郑煤集团公司设备调剂实施细则》《郑煤集团公司设备管理考核办法》等，这些制度的不断健全和完善，使设备管理工作逐步规范。

在设备的验收和分配上，制定《郑煤集团设备到货验收实施细则》，明确设备验收工作由设备管理中心负责。设备到货后，采购单位提供设备清单，设备管理中心组织计划、财务及相关业务部门会同使用单位进行现场实物验收。设备管理中心负责对到货设备进行编号，采集设备铭牌数据，收集技术资料，及时录入“设备固定资产折旧台账”、“机电设备管理台账”及“机电设备技术档案”等信息化管理系统。参加验收的部门，按照设备订货合同及技术协议要求，对到货设备的各种证件（生产许可证、煤安标志证、出厂合格证）、数量、规格型号、随机技术文件等，进行认真核对、登记、验收，填写《设备到货验收记录》并签字，验收合格后，参加验收部门共同审定结算费用，作为年终决算依据。对验收不合格的设备，设备管理中心监督采购和制造单位及时退货、调换。所有设备根据各单位生产实际需要，由设备管理中心按照先调剂、再购置的原则，制定分配使用计划，统一分配，并办理使用手续。

在设备租赁上，1991 年开始，郑煤集团对各生产矿（单位）实行设备租赁制度。设备租赁工作的程序是：① 编制设备计划。② 签订设备使用协议。③ 设备停租。④ 新投入设备。

在设备信息化管理上，2007 年，建立起一套集计划、档案、运行、租赁、调拨、质检、单位使用、分布图、固定资产等管理及统计分析等的全部设备管理信息化系统。该系统能对设备进行详细分类、统计、分析，对矿井设备、车辆、抢险设备分别管理，支持设备图片、分布图传输，全过程动态管理，高效、安全，且具有灵活的权限管理和可扩展性，预留出与其他信息系统间的数据传输接口，实现数据共享，做到同其他系统的有效集成。

三、河南能源

河南能源化工集团对设备管理实行煤业公司、矿（厂）和区（队、车间）三级管理，煤业公司设立设备管理部门，矿（厂）设置机电设备科即矿（厂）一级设备管理部门，区（队、车间）为设备的使用、维护、现场管理部门。部分机电设备实行租赁机制，综采、综掘成套机械化采煤设备全部实行租赁制。机电设备租赁站为所属各煤业公司机电设备租赁管理单位，向所属的矿（厂）租赁所需设备，形成一套成熟的设备租赁管理模式，为煤矿生产提供最优的技术装备。随着租赁业务的开展及管理水平的不断提高，租赁范围不断增加，管理更加规范。无论设备资产属性，设备的选型、计划审核、设备购置、新设备验收、租赁、修理、调剂、技术改造、报废等全过程由煤业公司统一管理，设备重复购置现象不再发生，备用设备和库存积压明显减少，设备使用效率得到提高，设备面貌得到改善。

2009—2015 年，集团加大投入，对禁用设备淘汰更新，重点是淘汰禁用设备及工艺第三、四批目录中的设备。这一时期，全面完成禁用设备的淘汰，实现强力皮带阻燃化、井下轨道重轨化、井下变压器干式化、地面高压开关柜及井下防爆高低压开关真空智能化。选用先进高效节能的机电产品，对大系统、大型设备加大技术改造力度，加快机电设备更新改造步伐，矿井机械化自动化程度显著提高，生产能力得到进一步提升。2010 年，焦煤公司对赵固一矿、古汉山矿、九里山矿等 14 对矿井推行设备租赁内部市场化管理，提高企业经济效益。2011 年，集团加强设备检修管理，对于时间超过 24 小时的设备检修或技术改造项目，各煤业公司提前 15 天报集团批准、备案，在集团全面推行永煤公司陈四楼矿检修项目安全质量双确认制，确保矿井检修工作的质量和安全。

2012年，对主要系统及设备的日常检查、维护，提出“四个到位”管理理念：保障主要系统日常检查、维护落实到位；隐患定期排查整改落实到位；各项检测、试验落实到位；周期性、预防性检查、检修落实到位。2014年，集团设备管理采取合作修理、合同能源管理和融资租赁等多种形式，生产成本大幅降低。2015年，该集团推进合同能源管理，分别在焦煤公司宝雨山煤矿，义煤公司义络矿、耿村矿等十余个矿井实施空压机余热利用，既达到环保要求，也降低了设备投资压力。

第四节 煤质管理

1991年，河南省随着煤炭开采深度增加和开采难度不断加大，井下采煤环境复杂多变，原煤矸石含量提高，不经过任何筛选加工程序已无法直接出售。在这种形势下，各大煤炭企业通过井下带式输送机人工捡矸，井上机械筛分的方式对原煤进行简单的加工，原煤矸石含量有大幅下降，煤炭质量明显提高。

20世纪90年代后期，随着全省煤炭产量的大幅增长，各大企业采煤机械化程度逐步提高，受复杂地质条件的影响，多数矿井煤层厚薄不均匀，煤炭质量变化波动较大。原有较为原始的质量管理方式效率低下，已经无法跟上生产的需要。同时，下游市场对煤炭质量要求更加细化，尤其是冶金、化工等行业对煤炭质量提出更高要求。为了满足用户需求，做到产品与市场的最优配置，陆续投入巨额资金引进先进洗煤设备，对没有洗选条件的进行风选。为河南省煤炭打开省外市场提供有力的质量保障。

2000年以后，在国家政策的引导下，全省煤炭企业资源整合不断深入，行业集中度进一步加强。国有大型煤矿采煤机械化程度越来越高，企业管理不断规范，在竞争激烈的煤炭市场中为了提升自身产品的综合竞争力，各企业对煤炭质量的管控更加重视，成立专门的煤质管理机构，对煤炭质量进行全面监督管理，建立煤炭质量预警系统，完善煤炭质量检测机制，修订和完善各项煤质管理办法，形成从井下采煤工作面源头到储装运环节全面科学的质量管理体系。全省煤炭企业适应市场竞争需要，不断打造企业产品品牌。平煤神马集团、郑煤集团通过国际ISO 9001质量体系认证，平煤集团“天喜”牌精煤、郑煤集团“超化”牌贫瘦煤被评为“河南省免检产品”，并通过ISO 9002质量体系认证，裴沟、米村、大平等矿的筛选混煤分别获得河南省、郑州市免检产品称号，河南省煤炭品牌逐步在市场上占有一席之地。

2003年以后，由于煤炭市场持续好转，部分煤矿放松煤质管理，煤炭质量有所下滑。为了保持河南煤炭对外形象，维护河南煤炭行业长远发展利益，河南省在全国煤炭系统第一家开展全省煤矿煤炭经营诚信评比活动，评出平煤神马集团、焦煤集团、鹤煤集团、义煤集团、郑煤集团、永煤集团等多家煤炭生产经营诚信企业，引导煤炭生产经营企业提高煤炭质量和服务水平，全面提升企业综合竞争能力。各煤炭企业完善选煤加工系统，增加煤炭品种，调整产品结构，满足市场和用户需要，塑造河南煤炭品牌新形象。

一、平煤神马集团

质量技术监督中心负责对煤炭质量进行全面监督检查与管理，在下属各煤炭生产单位建立健全煤质管理机构，配备专职管理干部、技术人员，以及井上下煤质监督检查、检验人员。2005年，修订完善《平煤股份公司煤炭质量管理办法》，建立煤炭质量预警系统。2007年8月，制定《煤炭产品质量浮动考核办法》，把产品质量同各单位生产成本挂钩,直接和单位领导、职工的经济收入紧密联系。2012 年,重新修订集团《煤炭质量管理办法》,使煤炭质量管理更具有科学性、针对性、严谨性;重新编制《矿井煤质工作标准及检查评分办法》,对煤质的管理多措并举,环环相扣。质监中心每年对原煤生产单位接替采面进行煤质普查,为年度煤质计划的下达提供翔实、可靠、科学的依据,力求普采煤样覆盖面广、代表性强、准确性高,并编制《年度煤层可采煤样》,积累大量的煤质数据。集团对煤炭质量实施生产全过程管理,把握 6 个环节:① 开采设计环节。② 施工作业规程环节。③ 掘进、回采、运输、巷修环节。④ 采掘接替环节。⑤ 筛分拣矸和破碎环节。⑥ 煤场管理环节。加强装车管理,每一个生产单位根据本单位煤质特点和客户要求,拟定装车方案:① 商品煤装车保证质量均匀一致,严禁"盖点"和"盖被子",上下质量不一致。② 严禁在煤炭装车、销售中掺杂使假。③ 装车点要安装平车器。④ 装车后煤的表面有大块和杂物时要安排人拣出来。⑤ 装车前把车皮内留存的杂物清扫干净,车帮破洞要堵严。⑥ 装车称重准确,严防亏吨。

二、郑煤集团

郑煤集团生产的煤炭为中灰、低硫、高发热量煤种,可磨性好(哈氏可磨性指数>120),灰熔融点高($ST>1400$ 摄氏度);粒度组成,以粉煤为主,粒度>6 毫米的占 70%以上;随着开采深度逐渐加大,灰分逐渐升高,发热量也逐渐降低。

(一) 煤质管理机构

1994 年,煤炭加工利用处更名为煤炭质量管理处。2000 年,煤炭质量管理处更名为煤质监测中心。2003 年年底,为更好地实行商品煤按发热量计价,煤质监测中心与运销公司合并。2006 年,集团及各矿调度、生产、煤质监测、运销为煤质管理主体部门,并规定各部门的质量责任,强化生产过程中的煤质管理。

(二) 煤质管理制度

1994 年,发布《进一步加强煤质管理的决定》,对各个系统、各个环节的煤质管理提出具体规定,推行内部"以质计价"。2000 年,制定《生产矿井"联质计产"的产量分配办法》,矿对各采掘区队按实际生产煤质量实行"扣矸、折卡"后计算产量。同年制定《煤质管理办法》。2007 年,制定《煤质管理日常监督检查处罚办法》。2009 年,制定《郑煤集团公司直管地销煤矿井煤质管理规定》和《郑煤集团公司地销煤质量检测管理办法》,进一步加强对地销煤煤质监管力度,规范地销煤质量检测,确保质检结果真实可靠。2011 年,制定《郑煤集团公司商品煤质量考核办法》,对各矿实行煤质与工资总额挂钩和返矿煤款"以质计价"政策,充分调动各方面抓煤质的积极性。2011 年 6 月,制定郑煤集团公司《煤炭产品质量规格》,进一步规范企业产品标准,保证煤炭产品质量。

(三) 煤质技术管理

1991—1996 年,煤质管理实行"三拣四不上"(矸石在工作面拣、在运输机拣、在矿车上拣,矸石不上掀、不上刮板输送机、不上带式输送机、不上矿车),"三不打、两不割"(炮眼不打顶、不打底、不打夹石层,综采不割顶、不割底)等简单方法,煤质没有保证。1997 年开始,随着煤质科研监测等技术发展,逐步实行技术措施和管理手段并重的全面煤质控制。技术方面明确生产、地测、煤质等部门的职责,完善煤层地质预测预报、煤层煤质鉴定、采煤工作面煤质报告书及煤质预测预报等制度;采煤工作面设计合理选择回采工艺、合理配采;生产过程中逐步探索出综采硬碴放松动炮,多轮循环放煤和改善支护条件,加强顶、底板及水的管理等技术和管理措施;生产组织逐步形成分采、分运、分筛、分储、分销等一系列煤质控制手段，尽可能降低地质生产因素对煤质影响，为提高煤质提供保证。

（四）煤质采样化验

从1991年到1996年11月，火车外运商品煤由各矿煤质科采制样和化验，煤质监测中心负责在火车站及各矿监督抽查。到1997年8月，煤炭运销公司成立收购站，并派驻各矿采样员，每半月进行两次商品煤采制样，送收购站化验室化验。2000年5月，对铁运商品煤采样改在新密和宋寨两个火车站进行，由煤质监测中心检查科直接管理。驻矿人员一部分在两个车站采制样，一部分人员仍驻各矿，对各生产矿井的产量、煤质、安全等方面实施监督。2003年8月，煤质监测中心采制样站成立，负责全集团铁运煤煤样的采取和制备，制定15种管理制度，确保采制样严格执行国家标准。

三、河南能源

永煤公司、焦煤公司、鹤煤公司、义煤公司主要煤炭产品包括高炉喷吹精煤、冶炼精煤、洗块煤、末（混）煤等，广泛用于冶金、电力、化工、建材等行业。

（一）精煤产品

永煤公司无烟洗精煤具有低灰、低硫、低磷、发热量高、可磨性好的特性，是优质的高炉喷吹煤种；焦煤公司无烟洗精煤低灰、低硫、低磷、固定碳含量高、热稳定性好，适用于高炉喷吹和铁矿石烧结；鹤煤公司瘦精煤低硫、低灰、高发热量、结焦性好，是良好的炼焦配煤；鹤煤公司贫瘦喷吹煤低灰、低硫、高发热量、可磨性好，是优质的高炉喷吹配煤；义煤公司炼焦洗精煤具有低灰、黏结性高，可作为炼焦用煤。

（二）块煤产品

永煤公司无烟块煤具有挥发适中、特低磷、煤质偏软、燃烧时无烟无味的特性，是民用块煤的优质产品，同时也适用于化工造气；焦煤公司无烟块煤具有特低硫、挥发分低、热稳定性好、固定碳高的特性，是化工造气的首选产品。

（三）末（混）煤产品

永煤公司、焦煤公司无烟末煤低硫、低磷、高发热量、燃烧性好，适合制造型煤及电厂掺配发电，广泛用于化工及电力行业；鹤煤公司混煤属于稀缺的贫瘦煤，且含硫低，是很多电厂掺配的必需煤种；义煤公司长焰煤易燃、高挥发的特性，是优质的发电用煤。

河南能源矿井煤炭质量指标情况见表4-4-2。

表4-4-2　河南能源矿井煤炭质量指标表

企业	指标	粒度	灰分 A_d	全水分 M_t	硫分 $S_{t,d}$	挥发分 V_{daf}	发热量 $Q_{net,ar}$	哈氏可磨指数 HGI	适用行业
	单位	毫米	%	%	%	%	卡/克		
永煤	洗精煤	≤17	≤11.00	≤9.0	≤0.50	7～10		≥60	钢铁
	一级末煤	≤13	18.0～23.00	≤9.0	≤0.50	7～10	≥5800		化工、电力
	二级末煤	≤13	23.0～26.00	≤9.0	≤0.50	7～10	≥5500		化工、电力
	洗中块	25～80	12.0～15.50	≤3.0	≤0.50	7～10			化工、民用
	洗小块	13～35	11.0～14.00	≤4.0	≤0.50	7～10			化工
	洗粒煤	8～17	10.5～12.50	≤4.0	≤0.50	7～10			化工

表 4-4-2(续)

企业	指标	粒度	灰分 A_d	全水分 M_t	硫分 $S_{t.d}$	挥发分 V_{daf}	发热量 $Q_{net.ar}$	哈氏可磨指数 HGI	适用行业
	单位	毫米	%	%	%	%	卡/克		
永煤	冶炼精煤(瘦精煤)	≤50	≤10.50	≤8.0	≤0.50	12~18			炼焦
	贫瘦精煤	≤50	≤10.50	≤8.0	≤0.50	12~18			炼焦
	喷吹精煤(贫煤)	≤50	≤11.00	≤8.0	≤0.50	12~18		85~120	钢铁
	混煤	≤50	≤31.00	≤8.0	≤0.50	14~20	≥5000		电力
焦煤	洗末煤	≤13	≤11.00	≤10.0	≤0.50	≤8		35~45	钢铁
	62 级末煤	≤13	14.00~16.50	≤9.5	≤0.50	≤8	6200~6400		化工、电力
	58 级末煤	≤13	19.00~21.50	≤9.5	≤0.50	≤8	5800~6000		化工、电力
	55 级末煤	≤13	21.50~25.00	≤9.5	≤0.50	≤8	5500~5800		化工、电力
	53 级末煤	≤13	25.00~27.50	≤9.5	≤0.50	≤8	5300~5500	35~45	化工、电力
	50 级末煤	≤13	27.50~31.00	≤9.5	≤0.50	≤8	5000~5300		化工、电力
	47 级末煤	≤13	33.50~37.00	≤9.5	≤0.50	≤8	4700~5000		化工、电力
	45 级末煤	≤13	33.50~37.00	≤9.5	≤0.50	≤8	4500~4800		化工、电力
	42 级末煤	≤13	38.50~41.00	≤9.5	≤0.50	≤8	4200~4500		化工、电力
	特优洗中块	50~80	≤15.00	≤5.0	≤0.50	≤8			化工、民用
	优质洗中块	25~80	≤15.00	≤5.0	≤0.50	≤8			化工、民用
	2# 洗中块	25~50	≤15.00	≤5.0	≤0.50	≤8			化工、民用
	洗小块	13~25	≤14.00	≤7.0	≤0.50	≤8			化工
	洗粒煤	8~13	≤14.00	≤7.0	≤0.50	≤8			化工
义煤	长焰煤混煤	<50	25~29	12~14	<0.8	38~42	4200~4500		电力
	长焰煤混中块	13~80	15~18	10~12	<1.0	38~42	4950~5280		电力
	长焰煤洗大块	>80	17~20	10~12	<1.0	38~42	5000~5200		化工
	长焰煤洗末煤	<13	22~28	11~13	<0.8	38~42	4300~4800		动力
	焦煤混煤	<50	25~30	5~8	<1.8	20~25	5150~5700		电力
	焦煤冶炼精煤	<50	11~12	12~13	<1.3	20~25			炼焦
	贫瘦煤混煤	<50	24~28	5~8	<2.0	15~20	5300~5850		电力

注:1 卡≈4.186 焦。

第五节 班 组 建 设

班组是煤矿的最小生产单位,班组管理是煤矿管理中的基础,既是承上启下的桥梁,又是员工联系领导的纽带。进入 20 世纪 90 年代以后,河南省煤炭企业对班组管理越来越重视,用先进的管理办法,奠定煤矿安全生产的基础。

一、平煤神马集团

20 世纪 90 年代,全面推行“六好区队”、“五好班组”、“四有职工”创建活动,班组建设的工作机制、工作载体日趋规范完善，形成较为完整的班组建设工作模式。

2008 年，把班组建设放在安全生产的突出位置，大力开展创建学习型班组活动，班组建设实现由粗放型向精细型管理的转变。培养和选树以白国周为代表的先进班组长典型，在行业引起较大反响。2009 年，贯彻中华全国总工会、国家煤矿安全监察局印发的《关于加强煤矿班组安全生产建设的指导意见》，制定集团《关于加强班组建设的指导意见》，出台《加强煤炭产业班组建设实施办法》，对基层单位提出全面推广白国周班组管理法，切实加强班组现场安全管理工作，相关工作受到国家有关部委的高度重视。该集团七星公司开拓四队班长白国周在生产过程中，严格落实安全生产的各项制度，不断探索班组安全管理的新方法，先后总结提炼理念引领法、班前礼仪法、指令处理法、"三不少"隐患排查法、"三必谈"身心调适法、"三快三勤"现场管理法、互助联保法、手指口述交班法、亲情和谐法等"班组安全管理九法"，强调以人为本，并坚持把这些管理方法运用到生产实践中去，创造 22 年没有出现任何安全事故的奇迹。同年，国家安全生产监督管理总局、国家煤矿安全监察局、国务院国有资产监督管理委员会、中华全国总工会、共青团中央等部委联合下发《关于学习推广"白国周班组管理法"，进一步加强煤矿班组建设的通知》，联合召开会议，在全国煤炭行业重点推广。2011 年，在集团加快转变发展方式、建设具有国际竞争力的新型能源化工集团的关键时期，集团培育出具有现代煤矿"四高"(高素质人才、高科技装备、高标准管理、高效率团队)特色的班组——平煤股份六矿综采四队大学生采煤班。该班成立短短两年，安全生产原煤 300 多万吨，原煤工效在全国同类矿井中名列前茅。国家煤矿安全监察局办公室下发《关于印发中国平煤神马集团六矿综采四队大学生采煤班经验材料的通知》，向全国各级煤炭管理部门和中央企业推广大学生采煤班的管理经验。中华全国总工会授予其"全国工人先锋号"称号。2013—2015 年，集团加大班组建设工作的研究力度，建立健全由研究员、特邀研究员相结合的专门研究团队，编辑印发集团首个《班组建设》专题杂志，构建集团、单位、区队、班组多级联动的班组建设理论研究体系，实现以理论创新推动实践创新。在创新实践中，"以煤矿现场安全管控为核心的班组管理"的研究成果，分别获得国家级和行业级一等奖。

二、郑煤集团

郑煤集团以班组网络建设为着力点，建立健全了"一个网络、两项选举、三级管理、四顶挂钩"的班组安全网络新机制，即编织一个安全小组网络(按照岗位、工作内容相近的原则，将区队中每个生产班按 6～10 人规模细分成若干个安全网络小组)，每个职工是网上的一个节点，形成小组成员之间互帮互学、相互监督的安全联保机制；实行"两项选举"(对安全网络小组组长和小组成员实行选举制)，保证安全网络顺利运行；对问题小组成员实行"三级管理"，由生产班长、区队支部书记、矿安监科逐级帮教，时刻把"不安人员"置于安全管理人员的监督之下；实行"四项挂钩"，与违章和安全指标挂钩，与小组安全活动挂钩，与日常安全培训成绩挂钩，与出勤挂钩。并制订了班组安全网络建设考核实施办法，对安全网络成员的责任、义务、奖励进行了详细规定，有力推进了安全文化进区队、进班组、到岗位，达到了企业自主创新、区队自治安全、班组自我管理、个人自律规范的目的，实现了矿井安全管理的关口前移，进一步夯实了安全管理的基础。

三、河南能源

永煤公司 2008 年以后，开展形式多样的班组竞赛活动，抓牢基层，夯实基础，促进安全“双基”建设。在整体活动中，公司注重发挥层级管理作用，实行班组建设梯次推动，即基层区队班组层面突出创先争优，通过多种形式的班组竞赛活动，促进班组成员提素质、管理上水平、安全有保障；公司、子公司、矿（厂）层面突出评优表先，通过典型选树、标杆评比等活动，促进基层单位在班组建设方面开展创争，营造达标争优的良好氛围。同时允许各单位结合本单位实际开展不同形式的创建活动，不拘泥固定模式，不照搬别人经验，从而把创新管理的空间尽可能地留给基层，充分调动基层的积极性、主动性和创造性。公司每年评审表彰班组建设示范单位 20 个、标杆班组 100 个、优秀班组长 100 名，打造班组建设“双十双百”竞赛新亮点，推动公司各单位班组建设水平持续提升。

第六节　质量标准化

1991 年，中国统配煤矿总公司修订和颁发新的质量标准化标准。河南煤炭系统执行新标准新要求，按照“管理、装备、培训”并重的原则，高标准、严要求，深入广泛开展质量标准化工作。省煤炭工业厅（公司）在河南省煤炭工业十年规划和“八五”计划中，明确提出“瞄准一个目标（建设现代化矿井），抓住两个关键（提高采掘机械化程度，提高全员效率与经济效益），打好三个战役（实现矿井质量标准化、采掘机械化、现代化）的部署，把现代化矿井建设作为煤炭工业“三件大事”之一来抓。在开展质量标准化活动的基础上，在全省国有重点煤矿开始现代化、高产高效矿井建设。投入大量人力物力，优化生产布局，推广应用新技术、新工艺、新装备，逐步完善和强化生产管理。同年，全省统配煤矿局局、矿矿达到质量标准化，成为全国煤矿典型。

1992 年，在中国煤矿统配总公司召开的厅（局）长会议上，焦作矿务局的位村矿，鹤壁矿务局的四、五、六、九矿，义马矿务局的常村矿、耿村矿，郑州矿务局的米村矿、大平矿被确定列入全国重点建设的 100 处安全高效矿井。3 月，平顶山矿务局及所属的二矿、五矿、六矿、十一矿、高庄矿、大庄矿和郑州矿务局的王庄矿，经煤炭部检查验收达到现代化矿务局、现代化矿井标准，命名为现代化矿务局、现代化矿井。至此，河南全省统配煤矿已有 1 个矿务局、18 个矿分别被命名为现代化矿务局、现代化矿井。

煤炭部于 1994 年重新制定《国有重点煤矿生产矿井安全创水平标准及考核评级办法》之后，河南省人民政府办公厅以豫政办〔1994〕49 号文批准省煤炭工业厅制定的《河南省乡镇煤矿安全生产基本标准（30 条）》。这一加强煤炭行业管理、提高办矿素质的重大举措，引起国务院副总理邹家华的重视，做出重要批示：河南的“30 条”很好，值得推广。这一年，平顶山矿务局一矿建成河南省第一个全国煤炭行业级高产高效矿井，年产煤炭 402 万吨，跨入全国煤矿特大型矿井行列，采煤机械化程度 100%，掘进机械化程度 87.47%，全员工效 4.88 吨/工，回采工效 30.57 吨/工，分别为全省统配煤矿平均值的 2.73 倍和 3.67 倍。义马矿务局常村矿、平顶山矿务局六矿、鹤壁矿务局五矿、九矿，建成省级高产高效矿井。义马矿务局常村矿全年产煤 155.48 万吨，实现利润 5900 多万元，采煤和掘进机械化程度分别达到 100%和 98.53%，原煤工效和回采工效分别达到 5.0 吨/工和 43.81 吨/工，在全省煤矿首家实现一矿一队一面（一个工作面）高效高产。

1995 年，河南煤矿高产高效矿井建设全面展开，省煤炭工业厅经过统一规划，做出全省建设 30 个高产高效矿井的决定（国有重点矿 13 个、地方国有矿 11 个、乡镇矿

6个)，并决定把高产高效矿井建设作为考核局矿长政绩的一个主要方面，要求有条件的单位，建立高产高效矿井建设专项基金。平顶山矿务局、焦作矿务局、义马矿务局、郑州矿务局获“国有重点煤矿部级质量标准化矿务局”称号；平顶山市梨园矿务局、商丘地区永城矿务局、禹州市新峰矿务局获“地方国有煤矿部级质量标准化矿务局”称号。

经过5年的努力，1997年全省煤矿采煤工作面平均单产由1993年的1.65万吨/月，提高到1997年的1.98万吨/月。全年有5个综采队年产量突破100万吨。1998年，河南省共有62个国有煤矿和65个乡镇煤矿达到新的质量标准化矿井标准，平煤集团、郑煤集团、焦煤集团、鹤煤集团、神火集团成为质量标准化集团公司，提前实现煤炭工业部提出的质量标准化规划目标。1999年8月，由登封电厂集团第一煤矿和省煤炭科学研究所联合攻关的“地方煤矿依靠科技进步建设安全高产高效矿井”科研项目通过省科委鉴定。登封电厂集团第一煤矿前后经过5年，在采煤、运输、机电等六大安全生产系统和现代化管理体制方面进行一系列改革，使这个小矿由原年产煤不足1万吨提高到22万多吨，全员工效由0.4吨/工提高到2.5吨/工，年盈利突破700万元，成为小煤矿建设高产高效矿井的样板。同年义煤集团耿村矿建成河南省第一个全国煤炭行业特级高产高效矿井。该矿当年煤炭产量205.01万吨，采煤和掘进机械化程度均达到100%，原煤工效达到10.12吨/工，实现利润5094万元。

到2000年，全省国有重点煤矿先后经全国煤炭行业认定命名的高产高效矿井共18个，其中全国煤炭行业特级1个、全国煤炭行业级9个、省级8个。这些矿井2000年产煤2528.83万吨，占当年全省49个国有重点煤矿总产量的57.78%。高产高效矿井建设有力地促进了河南煤炭工业现代化水平的提高和煤炭生产的发展。全省国有重点煤矿与1992年比，矿井平均生产能力由81.5万吨/年提高到100.2万吨/年，提高22.94%；采煤和掘进机械化程度分别由50.11%和49.85%提高到63.54%和79.54%，分别提高13.43和29.69个百分点；原煤和回采工效由1.507吨/工和7.248吨/工提高到2.521吨/工和12.041吨/工，分别提高67.29%和66.13%。平煤集团、义煤集团、焦煤集团、鹤煤集团、永煤集团及所属33个煤矿，神火集团等17个地方国有煤矿，磴槽煤矿等20个乡镇煤矿分别达到行业特级或行业级质量标准化矿务局(公司)、矿标准。

2003年10月，全国煤矿安全质量标准化现场会在黑龙江七台河矿务局召开，明确提出“煤矿安全质量标准化”的概念，将安全、质量统一起来，会后出台《关于在全国煤矿深入开展安全质量标准化活动的指导意见》。之后，国务院做出《关于进一步加强安全生产工作的决定》，提出在全国工矿等行业开展安全质量标准化活动的要求。2004年，河南省煤炭工业局结合国家标准制定了《河南省国有煤矿生产矿井质量标准化标准(试行)》和《河南省小煤矿生产矿井质量标准化标准(试行)》。2006年，对标准进行修订，重新印发《河南省国有煤矿生产矿井和地面厂处安全质量标准化标准及考核评级办法》，明确采煤、掘进、机电、通风、运输、地测防治水、调度、爆破八大考核专业，使标准更贴合实际。标准的建立，使全省煤矿质量标准化管理工作逐步迈入制度化和规范化轨道。

第七节 “五优”矿井创建

2007年，在深入开展安全质量标准化和安全高效矿井建设的基础上，河南省煤炭工业局提出在全省范围内创造性地开展“五优”矿井创建活动，明确在安全、高效、达标、科技与文明建设等5个方面优化煤矿管理，提高水平，打造一批在国内有竞争力的现代化矿井。“五优”矿井，是指在安全质量达标和安全高效的基础上，煤矿实现“安全零死亡、工效超十吨、一级标准化、科技有创新、矿区文明化”。具体内涵是：第一，安全生产：煤矿百万吨死亡率必须为零，实现安全生产零死亡、事故零隐患、瓦斯零超限、职工零“三违”、矿井零“三超”、干部职工零距离目标。第二，安全高效：原煤生产人员效率达到10吨/工以上，职工年人均工资在4万元以上或增长幅度不低于20%；取得国家安全高效矿井称号；采煤机械化程度达到85%以上，掘进装载机械化程度达到95%以上；资源回收率符合国家规定。第三，质量达标：这是基础和根基，“五优”矿井必须达到煤矿一级安全质量标准化标准。第四，科技创新：矿井每年必须有1项及以上市（厅、局）级以上的科技成果；中层以上领导干部中专以上文化程度人员所占比例不低于85%。第五，矿区文明：矿区和谐稳定，班子团结，企业文化建设主题鲜明，环境文明优良等。创建“五优”矿井得到了全省煤矿的积极响应，各单位积极创建，当年各类生产矿井共建成重点达标精品工程600余个。全省煤炭企业共建成“五优”矿井12对，占全省重点生产矿井总数的14%；建成全国高产高效矿井22对，占全国总数的10%。全省有11个煤炭企业入选当年度中国煤炭工业100强名单。到2015年，全省55处煤矿建成“五优”矿井，产能8000万吨/年，分别占重点煤矿的39%和63%。

“五优”矿井创建，对河南省煤炭质量标准化工作与高产高效现代化矿井建设产生显著效果：

第一，2007年以后，煤矿安全生产实现事故起数、死亡人数、百万吨死亡率“三个下降”和零死亡矿井数、安全周期3000天以上矿井数“两个上升”的良好态势。事故起数由2010年的35起下降到2015年的10起，下降71%；死亡人数由2010年的266人下降到2015年的14人，下降95%。百万吨死亡率由2010年的1.46减少到2015年的0.109，下降93%。尤其是2012年全省发生死亡事故5起，死亡12人，百万吨死亡率0.079，创河南煤矿安全生产历史最好水平。重点煤矿零死亡矿井越来越多，比例达95%以上；安全周期超3000天以上的煤矿逐年增多，2015年达50处，占重点煤矿35%以上。

第二，2013年，按照国家煤矿安全监察局《煤矿安全质量标准化考核评级办法（试行）》和《煤矿安全质量标准化基本要求及评分方法（试行）》，河南省按照新标准，坚持“巩固一级、提升二级，促进三级”的原则，制定实施办法，增加量化考核指标，建立检查、评比、考核、奖惩一整套标准体系，组建涵盖11个专业315名专业技术人员的煤矿安全质量标准化专家库，紧紧围绕标准实施动态监管，205处正常生产矿井达到质量标准化标准，重点煤矿达标率100%，其中一级矿井85处，占达标矿井的41.5%；3家煤业集团实现零死亡，获得全省安全质量标准化集团公司称号。67处矿井获得国家安全高效矿井称号，占全国的15%。116处矿井实现连续安全生产1000天以上，占全国的8.6%，居全国第4位。到2015年，全省生产矿井全部达到标准化三级及以上标准，正常生产矿井达标率100%，一级达标矿井数量连续4年位居全国前三位。

第三，以提高全员工效为基础，坚持“按需投入”和“多上设备少上人”，仅2012年，重点煤矿机械化改造和“一通三防”方面就投入资金40多亿元，新上和更新一批设施设备。到2015年，重点煤矿机械化程度达到84%以上，“五优”矿井采煤机械化和装载机械化程度100%，人均工效实现翻一番。

第四，科技成果累累，科技人才大展风采。全省建成 3 个国家级技术研发中心；“高瓦斯突出煤层强化卸压增透及瓦斯资源化高效抽采关键技术”“河南省瓦斯地质规律研究”等 100 多项自主创新成果获得国家、省部级科技进步奖；“深井大断面穿层软岩巷道高强复合加固支护技术的研究与应用”“煤矿突水点井下动水注浆封堵”等 200 多项科研项目获全省煤炭工业科学技术进步奖，一批新技术、新工艺得到应用。

1994 年，煤炭工业部对质量标准化标准进行第二次修改，由静态达标转变为动态达标。1995—1997 年，质量标准化建设由矿井扩大到地面所有企业，各煤业集团质量标准化建设步入良性循环轨道。1998—1999 年，受全国煤炭市场疲软影响，集团经营非常困难，但矿井质量标准化达标创建不停步，质量标准不降低，规章制度不改变，质量标准没滑坡。千方百计筹措资金，加大质量标准化投入，采取定期与不定期检查、集团验收与各矿互检互学等多种形式，使质量标准化达标工作有序进行。2000 年，质量标准化建设进入改革创新阶段，按各矿自然条件划分类别，每季度按质量标准化打分，年终总评，奖励前两名，处罚后两名。2002—2003 年，修订完善《质量标准化检查验收办法》、《质量标准化奖罚办法》，在吨煤工资中提取 0.10～0.20 元用于达标奖励。2004 年，把“职业安全健康体系”建设纳入质量标准化达标建设。2006 年，质量标准化矿井建设同高产高效矿井建设同步进行，并拓展到资源整合矿井。

第五，矿区和谐文明。全省煤炭企业以企业文化引领创新理念，形成了在内涵、标识、外观等方面独具特色的企业安全文化。义煤集团对“五优”矿井实行立体、全方位的美化、亮化、净化、声化建设，井上下形成“千米知识窗，万米文化廊”的靓丽风景，达到了“井下环境本安化，电缆吊挂规范化，临时铺轨地铁化，设备设施明净化，管子架设艺术化，质量标准数字化，制度管理精细化，生产高度科学化，教育培训制度化，人员行为标准化”。同时，本着着力改善职工福利待遇同时，更加为职工的生活生存环境着想，都加大对“两堂一舍”的改造，均保证职工有一个作乱愉悦的生活环境。并提出“职工只走工作面上下巷”，完善井下机械运人装置，安装投入使用大巷人车和斜巷运人装置，为 10 万余名职工上、下政策提供了使得。平煤集团大力推行机械化，坚决取消炮采工作面，河南煤化集团坚持“多上设备少上人”，郑煤集团积极使用悬移支架，都极力为职工创造一个良好的工作空间，真正实现了“井下文明生产，井上文明生活”的良好氛围。

矿区绿化成荫。认真实施蓝天绿地工程，投入 10 亿元资金均对矿区进行了绿化，实现矿井绿化覆盖达 40%以上。这些都为职工创造一个文明、和谐、优美的生活环境。

2007 年，郑煤集团从吨煤成本中提取 5 元，用于质量标准化达标建设补助；重新修订和完善质量标准化管理办法和奖罚制度；按照省煤炭工业管理局《关于开展“五优”矿井创建活动的通知》精神，成立“五优”矿井创建领导小组，制定“五优”矿井创建规划和奖励政策，全面开展以强化矿井安全生产基础管理工作为重点的“五优”矿井创建活动。2008 年初，集团下达安全质量标准化暨“五优”矿井创建工作计划，出台《郑煤集团“五优”矿井考核标准》，明确全年安全质量标准化和“五优”矿井创建指导思想和工作思路。3 月，在超化矿和桧树亭煤矿分别召开现场推进会和整合矿井质量标准化动员会，提出创建任务和目标：白坪煤业公司和大平矿创建“五优”矿井；登封分公司、新密分公司年底前各有 2 对矿井达到二级质量标准化，二七分公司有1对矿井达到二级质量标准化;在各直管矿井推行准军事化管理,职工做到举止文明化、学习高效化、安全管理规范化、现场管理精细化、生活环境清洁化、穿戴整齐化,形成纪律严明、行为规范、步调一致、井然有序的安全生产秩序。

2009年,郑煤集团出台《质量标准化资金使用管理办法》,按吨煤5元标准提取专项资金。制定《资源整合矿井质量标准化验收考核办法》,技改矿井投产一个达标一个。全面推进整合矿井"手指口述、岗位描述"操作法,规范职工操作行为。同年7月,在桧树亭煤矿召开资源整合矿井企业管理现场观摩会。质量标准化检查由集团组织检查改为集团督察,各矿井之间互检。2010年年初,制定下发《关于下达郑煤集团公司2010年质量标准化资金计划的通知》,安排年度"五优"矿井创建及质量标准化项目资金2847万元,用于提高装备水平,搞好工程质量、设备质量,改善矿井安全生产条件,着力推进安全管理标准化,调动各矿井创建"五优"矿井的积极性,在集团各矿再掀创建"五优"矿井新高潮,矿井安全质量标准化动态达标水平显著提高。每季度开展安全质量标准化大检查,把集团检查与各矿互检互查相结合。各矿在互检中相互学习,相互借鉴,取长补短,开阔视野,创新思路,达到共同提高目的,把搞好安全质量标准化工作当作实现安全生产的长效机制,安全质量标准化管理水平明显提升。集团14对直管生产矿井实现矿矿达标,达到一级安全质量标准化矿井13对,资源整合矿井7对,地面单位4个。裴沟矿、超化矿、白坪煤业公司保持河南省"五优"矿井称号,米村矿、告成矿通过省级"五优"矿井验收。

2011年,郑煤集团出台《资源整合矿井质量标准化验收考核办法》,制定《集团公司安全生产绩效考核办法》,把质量标准化与矿领导绩效考核挂钩,一季度一考核,严格奖惩兑现。直管矿井实行质量标准化红黄旗竞赛,一月一评比,一月一兑现,奖优罚劣,充分调动区队搞好质量标准化的主动性。加大质量标准化投入,按不低于5元/吨煤标准提取专项费用用于质量标准化建设,重点对综采设备升级改造,继续扩大悬移支架的应用范围,直管矿井采煤工作面整体顶梁支护达到20个,使用率达到83%以上,大大提高采面安全程度;增加综掘设备投入,推进掘进技术装备升级,减轻工人劳动强度,改善作业环境,集团公司矿井安全质量标准化动态达标水平显著提高。当年,集团公司直管矿井建成一级标准化矿井13对、二级矿井1对,整合矿井建成一级标准化矿井1对、二级矿井8对。直管矿井有7对分别被命名为国家级标准化矿井和全省"五优"矿井;供电处、铁路运输处、东风电厂和万合公司连续多年保持一级质量标准化地面达标单位称号。2012年,按照集团董事长提出的"大矿要精细化,小矿要规范化"要求,组织征集推广各生产矿井小改小革适用项目70余项,巩固、提升"五优"矿井创建成果,推进矿井精细化规范化管理。集团被命名为全省"安全质量标准化公司",赵家寨煤矿、振兴二矿通过省级"五优"矿井验收。2013年,贯彻落实煤矿安全质量标准化新标准。集团下发《煤矿安全质量标准化基本要求及评分方法》4000余本,组织基层主管人员70余人,参加省工信厅《煤矿安全生产标准化基本要求及评分办法(试行)》培训班,指导直管矿井健全标准化管理机构、制度,按照新标准,推进职业卫生和应急救援体系建设,与《新标准》尽快接轨;拓展安全质量标准化达标专业范围,规范现场作业行为和管理行为,提升工程质量标准化;推行安全质量标准化信息系统管理,直管生产矿井每月将矿井质量标准化达标验收情况,按程序数据录入上传信息，实现矿井-集团公司-省厅三级联网，及时掌握矿井质量标准化达标情况。2014—2015 年，持续推进集团安全质量标准化工作，开展质量标准化检查活动，直管矿井检查达到全覆盖；兼并重组矿井中检查生产矿井 21 对，覆盖面 92%。

第五章　洗　选　运　销

第一节　煤炭洗选

1996 年，国有煤炭企业改制以后，河南选煤行业有长足发展，新建一批现代化大型选煤厂，并对原有选煤厂进行大规模技术改造。至 2015 年，全省煤炭企业共有选煤厂 52 座，入选能力 10395 万吨/年。1991—2015 年河南省煤炭企业原煤入洗情况见表 4-5-1。2015 年共入洗原煤 6499 万吨，生产精煤产品 2808 万吨，原煤入选率 53.61%。2015 年河南省煤炭企业选煤厂概况见表 4-5-2。

一、平煤神马集团

1995 年，新建七矿选煤厂（后更名为七星选煤厂），入选能力 90 万吨/年，采用跳汰洗选工艺。2000 年以后，选煤厂建设进入高速发展阶段。2002 年，田庄选煤厂和八矿选煤厂进行大规模技术改造，入选能力大幅度提高，生产工艺改造为先进的重介工艺，田庄选煤厂入选能力达到 450 万吨/年。2005 年，八矿选煤厂新建入选能力 90 万吨/年的戊组煤系统，入选能力达到 270 万吨/年。2006 年，新建朝川焦化选煤厂（原朝川矿选煤厂，因工艺落后，在原位置重建），入选能力 90 万吨/年。2007 年，十矿、八矿、六矿和首山矿焦化选煤厂先后投产，入选能力分别为 180 万吨/年、90 万吨/年、300 万吨/年、120 万吨/年。2008 年，八矿选煤厂进行外来煤及储装运系统改造，入选能力达到 450 万吨/年。七星选煤厂新增一套入洗能力 150 万吨/年的重介生产系统，技改后入选能力达到 240 万吨/年。十一矿动力煤选煤厂于年底投产，入选能力 240 万吨/年。2010 年后，田庄选煤厂、八矿选煤厂、七星选煤厂进行产业升级改造，入选能力分别提升到 1000 万吨/年、500 万吨/年和 360 万吨/年。2013 年，七星选煤厂进行重介系统改造，淘汰落后的跳汰工艺，至此平煤神马集团所属炼焦煤选煤厂跳汰选煤工艺全部改造完成。2014 年，入选能力 500 万吨/年的天宏选煤厂投产（天宏焦化公司转型项目，原有两座选煤厂因工艺落后不再使用）。至 2015 年，中国平煤神马集团共有 11 座选煤厂，合计入选能力达到 3765 万吨/年，原煤入选率达到 70%以上。

二、义煤集团

2008 年，义煤公司耿村矿将入选能力 300 万吨的选煤厂扩能改造为 450 万吨/年。2014 年，义煤公司千秋矿洗煤厂、选煤厂随矿井停产。2010 年，义煤公司石壕洗煤厂将原选煤厂进行技术改造，新建选煤厂设计规模 120 万吨/年，选煤工艺为三产品无压给料重介旋流器-浮选联合工艺流程；2008 年，杨村矿原煤分级及风选厂建设项目建成，设计能力 120 万吨/年。

表 4-5-1 1991—2015年河南省煤炭企业原煤入选情况汇总表

万吨

年份	全省合计				分企业统计																							
	原煤量	入选原煤量	精煤量	入选率	原煤量								入选原煤量								精煤量							
					河南能源化工集团					中国平煤神马集团	郑煤集团	神火集团	河南能源化工集团					中国平煤神马集团	郑煤集团	神火集团	河南能源化工集团					中国平煤神马集团	郑煤集团	神火集团
					合计	永煤	义煤	焦煤	鹤煤				合计	永煤	义煤	焦煤	鹤煤				合计	永煤	义煤	焦煤	鹤煤			
1991	4163.61	796	486	19.12	1904.71		1030.19	394.52	480	1689	536	34	335		21.66	189.12	124.20	461			176		9.53	155.08	10.90	310		
1992	4058.20	773	490	19.05	1800.94		937.23	420.95	442.76	1692	512	53	313		19.57	198.07	95.20	460			179		8.61	162.42	8.20	311		
1993	4017.08	789	484	19.64	1708.07		860.96	379.96	467.15	1715	505	89	334		23.80	183.25	126.90	455			168		10.71	150.27	6.80	316		
1994	4107.65	818	544	19.91	1732.64		871.90	379.82	480.92	1719	530	127	316		31.20	227.58	57.20	502			202		14.04	173.39	14.50	342		
1995	4393.11	1042	664	23.72	1845.37		894.69	395.19	554.49	1784	608	156	369		33.90	257.26	77.70	535		138	224		15.25	190.44	17.90	369		72
1996	4567.86	1116	679	24.43	1895.61		908.66	394.65	592.30	1759	710	203	403		40.80	251.99	110.60	510		203	223		18.36	191.26	12.90	356		100
1997	4658.83	1195	696	25.65	1818.82	17.79	850.60	360.00	590.43	1956	651	233	436		51.91	272.37	112.20	526		233	242		24.54	211.01	6.20	341		113
1998	4431.36	1208	665	27.26	1717.63	120.00	730.14	301.00	566.49	1847	610	256	338		53.08	229.42	55.50	614		256	202		23.44	170.19	7.90	337		127
1999	4539.84	1267	616	27.96	1701.84	160.88	666.13	304.79	570.04	1899	654	276	363		79.59	203.98	79.60	627		276	167		7.93	147.66	11.60	307		142
2000	4681.98	1548	766	33.06	1840.91	238.26	671.82	318.32	602.51	1834	702	305	569	122.12	132.51	234.26	80.40	697		282	308	86.21	38.27	177.76	5.50	310		149
2001	5466.46	1770	902	32.38	2229.54	360.00	837.32	350.00	682.22	2099	835	303	629	123.26	134.39	286.24	85.60	846		295	349	93.11	29.49	218.70	7.30	401		152
2002	6215.63	1953	970	31.42	2654.87	502.79	1076.09	365.00	710.99	2369	892	300	707	140.78	176.68	290.54	98.90	946		300	374	99.13	26.92	222.26	25.40	444		153
2003	6971.17	2258	1193	32.39	2968.83	756.43	1101.34	393.00	718.06	2669	1011	322	1197	602.18	174.35	310.03	110.10	741		320	549	264.05	38.35	225.14	21.50	491		153
2004	8013.42	2879	1505	35.93	3625.76	978.26	1373.98	517.34	756.18	3070	982	336	1512	603.22	360.13	430.53	118.50	1032		335	701	306.83	60.45	305.49	27.80	647		158
2005	8662.06	3218	1675	37.15	3999.20	1090.86	1670.14	553.19	685.01	3206	1064	393	1794	784.73	480.62	402.67	125.60	1078		346	882	408.97	67.71	322.47	83.00	629		164
2006	8910.25	3718	1766	41.73	4266.35	1250.41	1816.28	550.13	649.53	3095	1109	440	2007	869.99	571.55	449.72	115.50	1316		395	942	448.81	42.98	331.18	118.60	632		193
2007	10152.30	4127	2115	40.65	4622.52	1501.78	1883.95	527.89	708.90	3743	1325	462	2113	903.45	575.88	495.43	138.10	1539		475	1089	509.25	57.65	350.93	171.20	778		248
2008	11040.21	4939	2484	44.74	4778.69	1244.10	2186.30	616.69	731.60	4120	1669	473	2456	1033.50	596.58	575.58	250.80	2029		454	1381	808.78	49.89	350.20	172.30	811		292
2009	12768.36	5934	2584	46.47	4780.72	1336.20	2260.20	1123.12	1061.20	4580	1836	572	3072	1155.00	559.92	645.59	712.00	2311		551	1454	667.90	44.17	526.88	215.30	762		367
2010	15099.97	6523	2829	43.20	7347.73	1357.20	3119.70	1558.63	1312.20	4973	2202	577	3363	1271.80	696.12	901.36	494.10	2557	25.00	577	1660	752.82	68.05	564.61	274.20	734	13.00	422
2011	15996.94	7063	3214	44.15	8343.30	1372.20	3361.70	1916.10	1693.30	4757	2254	643	3779	1242.50	799.80	1134.76	601.50	2575	122.00	587	1931	729.35	92.74	777.84	331.40	787	73.00	423
2012	14879.23	7399	3146	49.73	7461.41	1316.10	3002.50	1775.11	1367.70	4727	2067	624	3857	1207.90	1036.90	996.44	615.60	2864	118.00	560	1721	665.48	84.45	622.63	348.09	927	67.00	431
2013	14446.57	8079	3511	55.92	7236.77	1336.40	3071.90	1459.37	1369.10	4468	2070	672	4341	1202.80	1334.80	1153.27	650.20	3070	56.00	612	1936	698.76	119.97	718.94	398.60	1081	34.00	459
2014	12401.51	7322	3268	54.64	6925.99	1383.70	2736	1401.19	1405.10	3948	1892	636	3853	1182.80	1040.80	1052.25	576.80	2902	0.80	567	1834	710.54	92.35	692.58	338.40	1037	0.60	397
2015	12121.72	6499	2808	53.61	5686.12	1171.30	2692.20	1264.42	558.20	4073	1732	631	3137	1047.40	889.92	850.02	350.10	2825	52.00	484	1455	610.84	77.83	574.11	192.40	1001	8.00	344

表 4-5-2 2015 年河南省煤炭企业选煤厂概况表

单位			选煤厂类型	投产时间	入选能力（万吨/年）	主要选煤工艺（重介、跳汰、浮选）	主要产品
河南能源	永煤公司	陈四楼选煤厂	矿井型	1997	450	跳汰＋浮选	末精煤、块煤
		车集选煤厂	矿井型	1999	240	跳汰＋浮选	末精煤、块煤
		城郊选煤厂	矿井型	2003	500	重介＋浮选	末精煤、块煤
		新桥选煤厂	矿井型	2007	120	跳汰＋浮选	末精煤、块煤
		顺和选煤厂	矿井型	2014	100	跳汰＋浮选	末精煤、块煤
		河南永锦选煤有限公司	矿区型	2011	120	重介＋浮选	精煤
		三门峡永龙精煤有限公司	矿区型	2013	120	重介＋浮选	精煤
		龙山选煤厂	矿井型	1996	45	跳汰	末精煤、块煤
	义煤公司	耿村选煤厂	矿井型	2002	450	动筛跳汰	洗混块
		常村煤矿选煤厂	矿井型	2003	200	复合干选	混块
		跃进煤矿选煤厂	矿井型	1996	180	动筛跳汰	洗大块
		新安煤矿选煤厂	矿井型	2000	180	复合干选	混煤
		义络煤业选煤厂	矿井型	2014	90	复合干选	混煤
		石壕煤矿选煤厂	矿区型	2010	120	重介＋浮选	冶炼精煤
		千秋煤矿选煤厂	矿井型	1987	210	跳汰	洗混快
		杨村煤矿选煤厂	矿井型	2008	120	复合干选	混块

表 4-5-2(续)

单位			选煤厂类型	投产时间	入选能力（万吨/年）	主要选煤工艺（重介、跳汰、浮选）	主要产品
河南能源	焦煤公司	赵固一矿选煤厂	矿井型	2009	550	重介+浮选	末精煤、块煤
		赵固二矿选煤厂	矿井型	2011	350	跳汰+重介+浮选	末精煤、块煤
		古汉山矿选煤厂	矿井型	2000	150	跳汰+重介+浮选	末精煤、块煤
		九里山矿选煤厂	矿井型	1983	150	跳汰+重介+浮选	末精煤、块煤
		中马村矿选煤厂	矿井型	1971	115	跳汰+重介+浮选	末精煤、块煤
		演马庄矿选煤厂	矿井型	1989	120	跳汰+重介+浮选	末精煤、块煤
		鑫珠春公司选煤厂	矿井型	1980	75	跳汰	末精煤、块煤
		方庄一矿选煤厂	矿井型	2009	30	跳汰	末精煤、块煤
		方庄二矿选煤厂	矿井型	2010	50	跳汰	末精煤、块煤
		冯营公司选煤厂	矿井型	1995	60	跳汰	末精煤、块煤
	鹤煤公司	中山选煤厂	矿井型	2005	45	跳汰+浮选	冶炼精煤
		福源精煤公司选煤厂	矿井型	2006	150	重介+浮选	冶炼精煤
		福兴工贸公司选煤厂	矿井型	2011	150	重介+浮选	冶炼精煤
		福祥工贸公司	矿井型	2011	60	重介+浮选	冶炼精煤
		六矿选煤厂	矿井型	1968	120	跳汰+浮选	冶炼精煤
		鹤润工贸公司选煤厂	矿井型	2010	45	跳汰+浮选	冶炼精煤
		九矿选煤厂	矿井型	2007	60	跳汰+浮选	高炉喷吹精煤、块煤
		福瑞工贸公司选煤厂	矿井型	2011	120	重介+浮选	高炉喷吹精煤、块煤

表 4-5-2（续）

单位		选煤厂类型	投产时间	入选能力（万吨/年）	主要选煤工艺（重介、跳汰、浮选）	主要产品
中国平煤神马集团	田庄选煤厂	矿区型	1970	800	重介＋浮选	炼焦精煤
	八矿选煤厂	矿区型	1985	500	重介＋浮选	炼焦精煤
	七星选煤厂	矿区型	1995	360	重介＋浮选	炼焦精煤
	天宏选煤厂	矿区型	2014	500	重介＋浮选	炼焦精煤
	朝川焦化选煤厂	用户型	2006	270	重介＋浮选	炼焦精煤
	首山焦化选煤厂	用户型	2007	210	重介＋浮选	炼焦精煤
	一矿动力煤选煤厂	矿井型	1997	315	重介	动力煤
	六矿动力煤选煤厂	矿井型	2008	300	重介	动力煤
	八矿动力煤选煤厂	矿井型	2007	90	跳汰	动力煤
	十矿动力煤选煤厂	矿井型	2007	180	跳汰	动力煤
	十一矿动力煤选煤厂	矿井型	2008	240	重介	动力煤
郑煤集团	新郑精煤有限责任公司	矿井型	2010	300	重介＋浮选	高炉喷吹、炼焦配煤
神火集团	新庄选煤厂	矿井型	1995	240	重介＋浮选	精煤、中块、小块
	葛店选煤厂	矿井型	1995	30	重介＋浮选	精煤、中块、小块
	刘河选煤厂	矿井型	2008	45	重介＋浮选	精煤、中块、小块
	薛湖选煤厂	矿井型	2008	120	重介＋浮选	精煤、中块、小块
	泉店选煤厂	矿井型	2009	180	重介＋浮选	精煤
	梁北选煤厂	矿井型	2007	90	重介＋浮选	精煤

三、郑煤集团

20世纪90年代，郑州矿区根据煤质特性和主要用途，各矿煤炭加工方式主要以筛选为主，但在管理和工艺流程方面有较大变化。管理模式上，1994年之前大部分矿煤炭筛选加工由机电运输队的一个车间或班组承担，管理混乱，筛选效率低、效果差，商品煤质量无保证。1994年以后各矿成立相对独立的筛选厂（队），负责煤炭筛选加工。同时，制定《生产矿井筛选厂管理工作标准及检查评分办法》，作为煤质管理标准化“三项达标”内容之一，实行标准化管理。到2007年裴沟、超化、米村、告成、大平等矿先后建成郑煤集团一级标准化筛选厂。

（一）选煤工艺

1991年以前，各矿煤炭筛选加工以振动筛为主，筛孔尺寸大部分为50毫米或大于50毫米，商品煤中存有大于50毫米矸石。1991年以后，逐步将振动筛改造为螺旋筛，筛孔尺寸降为13～25毫米。2015年，在白坪煤业公司、告成矿安装FGX复合式干法分选机，排矸降灰效果明显，选后商品煤发热量平均提高600卡/克，有效解决了劣质煤销售问题。

（二）选煤技术

该集团针对矿区煤炭粉煤量大、遇水易泥化等特性，2004—2007年，分别到省内有关单位和山西、陕西、山东、福建、云南等地与郑州矿区煤质特性近似的选煤厂考察与试验研究，得出“郑州矿区煤炭洗选加工从技术工艺上可行”的初步结论，两次邀请国内选煤专家对郑州矿区煤炭洗选可行性研讨。2009年5月，在郑州矿区300万吨/年选煤厂可行性报告通过后，郑煤集团与河南神火煤电股份有限公司共同投资成立新郑精煤公司，项目设计入选原煤300万吨/年，选煤工艺为重介＋浮选的联合工艺，精煤灰分10.50%～11.00%，精煤回收率大于53%，精煤产品主要为冶炼高炉喷吹用煤。2010年7月18日，新郑精煤公司成功试运行，结束郑州矿区煤炭不能洗选的历史。2011年3月，通过技术革新，原煤给煤量由原来的每小时300多吨提高到改造后的每小时500吨以上，月可入选原煤25万吨左右，达到原煤入选设计能力。2013年8月起，历时2个月，完成公司外来煤入选工程，完善公司原煤入选系统。2014年选煤厂技改后双系统生产，一套系统选喷吹煤，另一套系统选动力煤，可随时根据用户的需要进行加工。2015年3月，根据市场形势变化进行动力煤或精煤入选，对选煤厂生产系统进行改造，由原来的两条精煤系统生产线改造为一条动力煤系统生产线和一条精煤系统生产线。

四、焦煤集团

2000年，古汉山矿选煤厂投产，设计能力为120万吨/年，实际入选能力60万吨/年，生产工艺为＋13毫米跳汰入选，－13毫米末煤直接销售。2005年，进行二期改扩建，增加末煤重介分选与煤泥浮选系统。

2001年，中马村矿选煤厂改为块煤通过水洗溜槽排矸脱水后进入重介浅槽分选机分选，设计能力30万吨/年。2002年，增加末煤重介和煤泥浮选系统，设计能力60万吨/年。

2006年，鑫珠春公司选煤厂对两台跳汰机数控风阀和自动排料本机改造。2007年，增设焦煤集团首家自动装车系统。2008年，投入480万元对选煤系统进行自动化控制改造。2010年，对压滤机进行更新改造，由X-3540型更换为XMZ-500型。

2009年，赵固一矿选煤厂建成投产，设计能力350万吨/年；方庄一矿、张屯煤矿、白云矿均自行建成一套简易选煤系统，方庄一矿原煤全入选，张屯煤矿、白云矿仅入选块煤。同年10月，焦煤公司赵固二矿选煤厂动工建设。2010年6月，焦煤公司方庄二矿选煤厂建成投产，设计能力50万吨/年；赵固一矿选煤厂改扩建工程完工，新增250万吨/年选煤能力。2011年4月，赵固二矿选煤厂正式投产，设计生产能力350万吨/年。2015年，增建块精煤重介浅槽再选系统。选煤工艺：原煤不分级跳汰分选、块精煤重介浅槽再选、粗煤泥TBS分选和煤泥浮选联合工艺。

到2015年，焦煤公司尚有10家选煤厂，其中主力选煤厂有6家，设备相对完好，工艺较为先进。

五、鹤煤集团

2009年，中山洗煤厂、福源精煤公司、中泰公司选煤厂、六矿选煤厂、九矿选煤厂与矿井分离，实行独立经营。2011年，鹤煤公司对中泰公司选煤厂改扩建为设计能力150万吨/年的福兴选煤厂；在五矿、十矿新建福祥、福瑞选煤厂，设计能力分别为60万吨/年和120万吨/年；3个选煤厂实现当年定方案、当年设计、当年建成。2010年4月，鹤煤公司收购八矿外的民营选煤厂组建鹤润选煤厂，使鹤煤公司原煤年处理能力提升至750万吨，鹤煤公司自此实现原煤全部入选的目标。2011年4月，福瑞工贸公司选煤厂投产，设计能力120万吨/年，煤质牌号为贫煤，选煤工艺为无压三产品重介旋流器＋粗煤泥干扰分选床分选＋细煤泥浮选，主要入选十矿原煤。

六、永煤集团

2008年，车集选煤厂为增加生产效益，回收煤泥中的精煤产品，完成浮选系统改造，实现跳汰-浮选主洗、煤泥厂内压滤回收、洗水一级闭路循环的生产工艺。2009年8月，城郊矿选煤厂提高末精煤产品的回收率，降低介耗，增加TBS粗煤泥分选系统。10月，新桥矿选煤厂进行技术改造，新增粗煤泥TBS分选工艺，增加两台快开压滤机对浮选精煤压滤脱水，实现“跳汰-粗煤泥TBS分选-细煤泥浮选”洗选工艺。2010年6月，龙山选煤厂进行选煤工艺技改，增加粗煤泥回收工艺：对捞坑溢流、分级脱水筛筛下水、离心液进行粗煤泥回收。增加分级旋流器组、螺旋分选机、煤泥离心机、弧形筛、高频筛等主要设备。2013年1月，三门峡永龙精煤有限公司（选煤厂）正式投产，主要入选三门峡龙王庄煤业及本地区煤矿主焦煤，为独立中央型主焦煤选煤厂。投产后通过改造增加一台XJM-S4型机械搅拌式浮选机，来增强浮选系统的处理能力，从而可较好改善浮选效果，降低尾矿跑煤量，提高浮选效率。2014年，城郊选煤厂为适应矿井原煤中天然焦和夹矸煤增多、提高中块煤产品质量，增加矸石再选系统。

七、神火集团

1991—2015年，神火集团共建成选煤厂6座。其中永城矿区4座（新庄选煤厂、葛店选煤厂、刘河选煤厂、薛湖选煤厂），许昌矿区2座（梁北选煤厂、泉店选煤厂），总入选能力705万吨/年。

第二节 煤炭运输

一、铁路运输

（一）运输能力

河南省地处全国铁路网中心，国家铁路干线京广、陇海、京九、宁西、焦枝、焦新、新荷、侯月以及孟宝、新密等支线在境内交汇，还有漯（河）阜（阳）、汤（阴）台（前）等地方铁路。在煤炭资源集中分布的豫北、豫西地区，国家铁路、公路纵横交错，市场辐射范围可达中南、华东、西南等地区。2015年，平煤神马集团共有东西外运发站8个，其中包括武汉铁路局的平东站和郑州铁路局的平顶山西、小屯街、王堂、庙下、许昌、汝州、李珍等7个发站。矿区铁路线正线长125千米，总延长260千米，有26个车站、62个装车点。日装车能力可达1400车，年运输能力5100万吨以上。

（二）出入运量

1991—2015年，河南省铁路运煤量为151274万吨，约占全省煤炭产量的43.9%左右。河南煤炭运输主要流向基本固定在中南、华东等十几个省（区市），主要集中在中南地区，占外运量的一半多，运往最多的是湖北省，占外运量的近40%，其他市场有湖南、江西、上海、江苏、浙江、安徽、山东、河北、广东、广西等地。

2008年以后，煤炭生产重心加速向晋陕蒙地区转移，该地区成为全国主要煤炭调出区。河南省主要煤炭调入通道为山西、陕西进入河南省的陇海、侯月、太焦和宁西4条国家铁路线，以及规划中的长兖、蒙西通道在河南省市场，调入量占总消费量的20%～30%。

（三）运输管理

河南省煤矿与铁路部门加强路矿协作，共同管理煤炭运输。2004—2010年，煤矿主动参与铁路改革，根据铁道部提出的“两整合、一建设”运输策略，省属国有重点煤矿把推进战略装车点建设作为提升运输能力的重要途径，极大增加一次作业时间。同时，完善方案，以计划量调整运输流向提高运输保障能力。2005年，永煤集团、平煤集团、郑煤集团与铁路部门签订战略合作协议书，实施路企直达运输。平煤集团投资武汉抬船路港，组建平鄂煤港，搭建双边、多边贸易平台，有效解决长江下游的煤炭集运问题，煤炭运输保证能力进一步提高。2009年，为适应矿区发展需要，煤矿积极参与地方铁路投资经营。平煤神马集团参与地方铁路投资的范辛线正式开通，通过加强与登峰铁路公司、漯阜铁路公司的合作，平煤神马集团运输保障能力向西北部煤炭资源丰富地区延伸，形成一条西起焦枝线临汝镇、东至京九线阜阳站、横跨中原的煤运新通道，打通中原地区煤炭资源进入华东地区的运输瓶颈。加强与郑州铁路局合作，强力开发平顶山西站、王堂站、庙下站运输资源，运输市场控制力大为增强。

二、公路运输

1991—2000年，河南公路运输主要靠地方车辆运输，汽车运输由小吨位运输向大吨位运输发展。随着生产量的提高，煤炭的销量逐年增加。从2003年起，为了适应市场形势需要，各国有重点煤矿对各生产矿的汽车衡、轨道衡进行升级改造，汽车衡也由原来的50～60吨升级为100～150吨，轨道衡也由机电结合改为全电子计量式。地销煤的销售实现计算机管理，煤炭销售的发运量得到提高。2005年，平煤集团建成全国首家煤炭企业自主建立的现代化煤炭交易大厅，实现市场交易的阳光透明和公平公正。

三、内河航运

河南是内陆省份，没有海港，河流流量偏小，河床多浅滩礁石，为非通航河段，依靠水路运输较为困难。2004年8月投资两亿多元的沙颍河周口港复航续建工程开工建设，到2005年12月工程完工，建成周口港、沙颍河周口至漯河段航运线路，上下游衔接贯通，形成周口经阜阳至淮河五级渠化航道，沙颍河周口以下河道实现常年通航，河南省腹地部分煤炭通过沙颍河、茨淮新河、淮河、京杭大运河入长江输出。

四、各集团煤炭运输

（一）平煤神马集团

平煤神马集团煤炭销售运输方式主要

为铁路运输、公路运输、管道运输以及铁路-港口水陆联运。公路运输因受销售半径短、运费高以及公路超限治理、环保等因素影响，运量比例低。

该集团矿区铁路与国铁孟宝支线(京广线孟庙站-焦柳线宝丰站)交汇于平顶山东站、平顶山西站，并与在建的登阜地铁(焦柳线登封站-京九线阜阳站)交汇于矿区范庄站，通过孟宝支线以及在建的登阜地铁，集团可依托京广、焦柳、京九三大铁路干线，市场可辐射至华东、华中、西南等地区。2015 年，集团东西外运发站 8 个，年外运输送能力 2800 万吨，其中东部 2300 万吨，西部 500 万吨。

截至 2015 年，该集团矿区铁路线正线长 125 千米、总延长 260 千米，有 26 个车站、62 个装车点。铁路总运量由 1990 年 2273 万吨，提高到 2015 年的 5170 万吨。

1. 基本建设

矿区铁路的基本设施建设主要是矿区铁路建设和铁路设备改造两个方面。

(1) 铁路建设：1993 年 3 月，由铁运处设计的市第二焦化厂专用线竣工，与矿区铁路军营沟站接轨，线路全长 1.091 千米。1995 年，十三矿站建成通车，担负十三矿煤炭外运任务。十三矿铁路线路全长 16.56 千米。2006 年，申西站技术改造，增加了申西站运能，新铺线路 3.95 千米，新铺设单开道岔 10 组、交叉渡线 2 组。2007 年，田庄站技术改造，增加了田庄站运能，新铺线路 2.31 千米。2008 年，八矿站技术改造，新铺线路 0.72 千米。范庄站技术改造新铺设 11 道 1.25 千米。吴寨矿技术改造新铺设专用线 0.32 千米。十一矿站扩建项目，增加线路 1.86 千米。铺设田庄站-申西站区间第二线 1.16 千米。2009 年，首山一矿站建成，新铺线路 4.59 千米。2010 年，七矿站技术改造，新铺线路 4.49 千米。彭庄站建成通车，增加线路 6.25 千米。鲁阳电厂站建成通车，增加线路 7.58 千米。2011 年，七矿站技术改造，增加七矿站Ⅲ场，新铺线路 3.57 千米。八矿站技术改造，增加八矿站Ⅱ场，新铺线路 1.65 千米，新铺设单开道岔 8 组。范庄站新建南货场，新铺线路 2.08 千米，新铺设道岔 7 组。2012 年，九矿站技改，新铺线路 3.66 千米。2014 年，四矿站改造，新铺线路 0.25 千米。五矿站改造，新铺单开道岔 2 组、交叉渡线 1 组。2015 年，机务段西出库线改造，新铺线路 0.58 千米，新铺交叉渡线 1 组。

(2) 设备改造　20 世纪 90 年代，矿区铁路机车全部为蒸汽机车，机车老旧陈杂。2000 年以后所有蒸汽机车进入报废期。2003 年 11 月 15 日，矿区铁路购买第一台内燃机车 GKD3B0003 入段。12 月 22 日，机车试运行，开启矿区铁路的内燃机时代。2004—2008 年，铁路蒸汽机车陆续淘汰更换内燃机车。2008 年 12 月 25 日，在册的 26 台蒸汽机车，除 4 台封存外，其余全部报废，彻底终结矿区铁路蒸汽机车的历史，实现牵引动力内燃化。

2. 煤炭运输

1991—1994 年，由于物价上涨和其他增支因素，矿区铁路运输成本逐年提高。为解决企业困难，保证运输工作正常进行，1991 年 3 月根据国家物价局〔1991〕价重字 109 号文件及平顶山市物价局平价工字〔1991〕27 号文件规定，矿区铁路运价由每吨千米 0.11 元调整为 0.23 元，平均运距平顶山东站交接口为 20 千米，宝丰站交接口为 21 千米，自 1991 年 4 月 1 日起执行。1994 年，矿区铁路完成总运量 2483 万吨，其中煤炭外运 1613 万吨。

1995—2000 年，煤炭销售市场疲软，矿区铁路运量明显下降，铁路总运量由 1995 年的 2505 万吨下滑到 2000 年的 2312 万吨。1995 年在机车乘务人员和调车人员中，实行车千米计件效益工资分配办法。调动和发挥生产一线乘务人员、调车人员的生产积极性，提高运输效率。1996 年 4 月 16 日，河南省物价局下发豫价工字〔1996〕094 号《关于调整平顶山矿务局等煤矿铁路专用线货运价格的通知》，矿区铁路运价由每吨千米 0.23 元调整为 0.32 元，平均运距仍按物价部门 1991 年核定的平顶山东站交接口 20 千米，宝丰站交接口 21 千米执行。

2001—2011 年，煤炭销售形势逐渐好转。到 2003 年，铁路总运量以年均 300 万吨的速度增长。随着煤炭产量的提高，商品煤结构的变化，该集团煤炭深加工和综合利用向多样化发展，选煤煤量增加，使入选煤运量由 2001 年的 347 万吨提高到 2011 年的 968 万吨，排矸石运量也由 2000 年的 74 万吨提高到 2011 年的 158 万吨；集团公司所属电厂电煤运量也由 2000 年的 47 万吨提高到 2011 年的 115 万吨。

2012—2015 年，煤炭行业结束十年黄金时期，受市场及集团煤炭销售影响，矿区铁路运输结构不均衡程度加剧，运输组织极为困难。该集团精煤、原煤外销困难，天宏选煤厂的投产等因素，使运输结构性变化进一步加剧。煤炭总运量 2015 年比 2011 年提高 11.2%，完成总运量 5170 万吨。煤炭外运量 2015 年比 2011 年下降 23.1%，外运量 1204.1 万吨。自备车运量占总运量的比重由 2011 年的 56.3%上升到 2015 年的 66.1%，外运量占总运量比重由 2011 年的 33.7%下降到 2015 年的 23.3%。

（二）郑煤集团

郑煤集团的煤炭销售运输方式主要为铁路运输、公路运输两种运输方式。

1. 铁路运输

2005 年 4 月，开拓西线市场，与济源车务段合作，开通临汝镇车站发运通道，平衡市场结构。1996—1999 年，受小煤窑及国外煤炭企业低成本的影响，市场竞争极度激烈，铁路外运量 1997 年仅为 367 万吨。2000 年起，实行销售“五统一”，提高市场竞争力，铁运量迅速提高。2003 年达 719 万吨，2004—2010 年铁路外运量稳步上升。2007—2009 年依次为 820 万吨、913 万吨、928 万吨，2010 年达到 1154 万吨。2011—2015 年铁路外运量保持稳定，每年外运量依次为 968 万吨、901 万吨、810 万吨、726 万吨、755 万吨。

2. 公路运输

2003—2007 年历年地销运量依次为 250 万吨、207 万吨、168 万吨、310 万吨、960 万吨。2007 年以后，郑煤集团开始整合周边小煤矿，生产规模不断扩大，地销煤量大幅增加。2007—2011 年历年地销量依次为 960 万吨、1041 万吨、1579 万吨、1602 万吨、1999 万吨。2012 年，在直管矿井全面推行以质计价、以质定价，扩大竞价销售在郑州周边地区的影响力和辐射面。2012—2015 年历年地销运量依次为 1116 万吨、1255 万吨、1145 万吨、1006 万吨。

（三）河南能源

河南能源化工集团的煤炭运输实行铁路外运与公路地销相结合的运输方式：对于距离 300 千米以外的用户，基本采取铁路运输方式；对于距离 300 千米以内或公路运输较为方便的，采用公路运输的方式进行；同时，部分内部单位及其他单位，由于距离矿井较近，并建有专用线，采用专用线运输的方式。

2010—2015 年，在义煤集团未纳入统管销售之前，由于永煤、鹤煤、焦煤 3 个煤业公司省外市场空间充足、价格相对较高，因此铁路外运成为公司优先选择的发运及运输方式，铁路运量高于公路运量。2014 年以后，主要由于市场形势下滑、省外市场萎缩、外运转地销运量增加等原因，长距离的铁路运输比重明显下降，短途公路运量比重上升。该集团 2010 年以后铁路运输与公路运输情况见表 4-5-3。

表 4-5-3 2010—2015 年河南能源化工集团铁路运输和公路运输统计表

单位		2010 年		2011 年		2012 年		2013 年		2014 年		2015 年	
		运量/万吨	占比	运量/万吨	占比	运量/万吨	占比	运量/万吨	占比	运量/万吨	占比	运量/万吨	占比
永煤	铁路	773	61%	760	60%	745	61%	712	59%	680	55%	519	52%
	公路	495	39%	503	40%	475	39%	494	41%	553	45%	478	48%
小计		1268		1263		1220		1206		1233		997	
焦煤	铁路	599	50%	584	49%	558	55%	601	54%	634	55%	495	48%
	公路	592	50%	619	51%	465	45%	521	46%	524	45%	544	52%
小计		1191		1203		1023		1122		1158		1039	
鹤煤	铁路	359	47%	335	47%	300	51%	268	42%	222	31%	168	24%
	公路	406	53%	372	53%	286	49%	364	58%	484	69%	539	76%
小计		765		707		586		632		706		707	
义煤	铁路									793	49%	664	49%
	公路									842	51%	697	51%
小计										1635		1361	
合计	铁路	1731	54%	1679	53%	1603	57%	1581	53%	2329	49%	1846	
	公路	1493	46%	1494	47%	1226	43%	1379	47%	2403	51%	2258	
合计		3224		3173		2829		2960		4732		4104	

注:统计数据为四煤业公司本部数据,且义煤本部矿井销量从 2014 年统管销售后开始统计。

第三节 煤炭销售

一、煤炭品种

河南省煤炭资源具有品种多样化(无烟煤、烟煤、褐煤)、分布广泛的特点,煤种分带性明显。平顶山矿区以烟煤为主,最有代表性的是冶炼精煤,是理想的冶金和焦化原料;郑州矿区以贫瘦煤为主,有少部分洗精煤;义马矿区主要为长焰煤、焦煤、贫瘦煤;焦作矿区无烟煤素有“香砟”之称,“洗块煤”、“洗末煤”被中国煤炭加工利用协会评为“煤炭行业煤炭质量信得过产品”,畅销全国 18 个省(区市),曾出口欧亚多个国家和地区;鹤壁矿区有瘦煤、贫瘦煤、贫煤等煤种,“鹤翔”牌筛混煤和瘦精煤分别被评为“全国用户满意产品”“河南省名牌产品”;永夏矿区以无烟煤为主。

二、订货与价格

1991 年以后,河南省煤炭价格变化大体经历 6 个阶段:第一阶段,1991—1993 年,遵循计划经济政策,煤炭价格实行政府定价;第二阶段,1993—1997 年,煤炭价格处于恢复上涨期,煤炭价格呈上涨趋势;第三阶段,1997—2000 年,受亚洲金融危机和煤炭产能过剩影响,煤炭价格经历一波下降周期;第四阶段,2000—2003 年,煤炭市场形势逐渐好转,煤炭价格恢复性上涨;第五阶段,2003—2012 年,煤炭市场经历十年黄金期,煤炭价格持续上涨,达到历史顶峰;第六阶段,2012—2015 年,煤炭市场十年黄金期结束,煤炭价格持续回落。

河南煤炭价格从 2000 年开始,在全国重点煤矿实行合同订货的前提下,全省逐步构建全面、合理、有利的价格形成体系：① 稳步提高重点合同煤炭价格。每年全国煤炭衔接会前，在全面了解全国经济发展状况，研究未来一段时期内经济发展对能源的需求，调查煤炭市场供求状况的基础上，与用户进行充分沟通交流，确定年度煤炭衔接价格。在年度合同执行过程中，根据市场情况对供货价格进行适时、合理调整。② 适时调整重点合同外煤炭价格。对重点合同以外用户煤炭价格，依照既占有市场，又提高效益的原则，根据用户类型和地区的不同，分别制定不同价格，在及时掌握各地市场信息的基础上，积极同用户展开协商，适当调整煤炭价格。③ 实行“以质计价、优质优价”。根据市场形势，不断探索价格政策，提高质价比例。④ 逐步缩小省内外价格差异。省内外煤炭价格长期差距过大一直制约着全省煤炭企业的煤炭销售工作。通过与有关部门沟通，逐年缩小省内外价格差异。⑤ 积极探索竞价销售模式。河南能源、平煤神马集团、郑煤集团都在煤炭竞价销售方面积极探索，取得一定成效。

2001 年，煤炭市场形势有所好转，煤炭企业强烈呼吁价格上涨，煤炭价格自此开启至 2008 年 7 月的上涨潮。2001 年全国煤炭订货交易会，全省实现重点订货 3563 万吨，新增重点订货量 50 万吨。其中电煤重点合同量保持上年水平。价格仍按国家规定的 2000 年电煤价格政策执行。全省煤炭市场价格涨幅在 10%以上。

2002 年开始，国家放开电煤价格，取消电煤指导价，参照市场供求关系变化，煤炭价格逐步恢复至 1997 年水平。河南省成立煤炭订货领导小组，通过艰苦细致的谈判，煤炭价格实现历史性突破，其中国有重点煤矿河南电煤价格比 1997 年平均上调 22.80 元/吨。

2003 年，河南电煤价格暂时按照河南省政府电煤协调会会议纪要精神，在 2002 年基础上，每吨上调 5 元进行结算。2003 年的电煤订货经过 4、5、6 月的多回合谈判，国有重点煤炭企业最终签订电煤重点合同煤价涨幅为每吨 1～8 元的合同。

2004 年，河南省按照“讲究策略，适度上调煤价，稳步增加订货量，争取公正合理合同条款，调整优化市场结构，展示河南新形象”的订货指导思想，各煤炭企业协调联动，全省实现重点订货 4163 万吨，新增重点订货量 279 万吨，全省电煤重点合同在普遍上调 12 元/吨左右，冶金精煤用户价格平均上调 70 元/吨左右，轻工建材煤用户价格平均上调 20～30 元/吨。市场煤高出电煤平均价 30 元/吨左右。

2005 年，全省对电煤价格，凡供需双方已签订合同的，按合同确定的价格执行；对尚未签订合同的电煤，以 2004 年 9 月底实际结算的含税车板价为基础，在 8%的幅度内，由供需双方协商确定。全省煤炭重点订货量和订货价格均达到历史最高水平。

2008 年，四季度以后，全国经济运行困难增加，与煤炭紧密相关的电力、冶金、化工、建材等行业用户生产受限，煤炭供大于求，卖方市场转入买方市场，煤炭价格快速下滑，全省煤炭价格出现大幅下跌。

2009 年，煤炭行业景气度不断回暖，外部环境持续改善。全省煤炭价格一、二季度较为平稳，三季度受煤炭市场旺季不旺影响，价格均有所下跌，而四季度随着全国煤炭市场供应紧张影响价格快速回升。省政府多次召开省内煤电工作座谈会，要求省内电煤价格一季度按照 450 元/吨暂结算，二季度按照 440 元/吨暂结算。由于发电企业久拖不决，5 月又改为“在双方没有商定价格之前，以上年末价格作为预付款价格，以预付款价格作为结算价格”的原则，由省工信厅协调落实，保证煤电平稳运行。

2010—2011 年，全省煤炭企业本着“随行就市，适度从高”的定价原则，煤炭销售价格创历史最高水平。2011 年,平煤神马集团煤炭综合售价 524.87 元/吨,比 2009 年提高 122.82 元/吨;郑煤集团煤炭综合售价 535.37 元/吨,比 2009 年提高 151.11 元/吨。

2012 以后,煤炭供需形势出现多年来少有的宽松局面,重点合同电煤与市场煤价差明显缩小。2013 年上半年,市场需求持续下滑,煤炭价格持续回落,全省电煤价格下行压力加大。7 月 30 日,为了确保煤电经济的平稳运行,全省召开煤电经济运行座谈会,建议煤电企业参照环渤海指数对煤炭价格形成联动机制,按照其变动范围的 50%～60%进行调整。

2015 年,由于从 2012 年四季度开始,煤炭行业“黄金十年”结束,全省煤炭价格基本回到 2005 年水平,与煤炭生产成本严重倒挂,企业亏损不断加剧。平煤集团煤炭综合售价 310.89 元/吨,比 2011 年下降 213.98 元/吨,降幅 40.8%;郑煤集团煤炭综合售价 255.96 元/吨,比 2011 年下降 279.41 元/吨,降幅 52.2%。1991—2015 年河南省煤炭销售情况详见表 4-5-4、国有重点煤炭企业商品煤综合售价详见表 4-5-5。

表 4-5-4 1991—2015 年河南省煤炭销售统计表 万吨

年份	煤炭销售量	年份	煤炭销售量
1991	8445.58	2004	15670.00
1992	9036.56	2005	15757.00
1993	9278.85	2006	17360.16
1994	9946.72	2007	20071.10
1995	16103.66	2008	21902.74
1996	10828.42	2009	21879.94
1997	10436.68	2010	22502.33
1998	8541.66	2011	25491.33
1999	8033.90	2012	19525.02
2000	8223.87	2013	20159.47
2001	8791.83	2014	17953.33
2002	10157.00	2015	17708.39
2003	12350.00		

表 4-5-5 1991—2015 年河南省国有重点煤炭企业商品煤综合售价统计表 元/吨

单位 年份	河南能源				平煤神马	郑煤集团	神火集团
	焦煤	鹤煤	永煤	义煤			
1991		65.72		41.63	69.04	43.43	
1992		72.10		55.64	83.56	58.38	
1993	114.04	77.15		78.55	109.88	84.09	
1994	133.49	111.40		92.56	124.36	87.39	
1995	156.87	124.01		103.44	145.49	97.31	
1996	184.27	141.83		123.46	165.09	109.70	

表 4-5-5(续) 元/吨

单位 年份	河南能源				平煤神马	郑煤集团	神火集团
	焦煤	鹤煤	永煤	义煤			
1997	196.93	150.05		125.00	174.37	116.67	
1998	177.70	139.46	125.08	131.27	163.39	104.32	
1999	162.69	125.42	102.96	110.59	141.71	93.77	
2000	158.33	118.59	120.05	95.91	131.30	93.74	
2001	188.17	142.01	177.81	114.84	147.47	111.64	180.26
2002	224.53	128.09	216.72	136.18	168.47	137.45	204.59
2003	244.21	125.94	240.50	135.99	173.62	145.00	201.53
2004	394.59	288.34	377.76	186.36	254.88	216.47	311.62
2005	484.12	324.48	445.91	242.61	317.85	295.85	388.29
2006	466.89	244.28	413.46	224.10	318.66	298.47	359.89
2007	513.37	385.56	425.92	273.88	348.28	320.81	474.99
2008	765.30	470.00	506.43	357.58	518.83	419.10	712.21
2009	705.05	525.00	453.92	379.64	402.05	384.26	730.50
2010	878.98	538.46	481.22	394.70	458.26	463.41	817.76
2011	900.62	586.55	504.17	404.99	524.87	535.37	931.59
2012	793.72	524.51	471.60	400.50	504.14	499.73	930.75
2013	707.99	464.45	390.67	349.97	465.04	435.70	667.28
2014	566.09	395.40	327.22	308.58	409.46	365.59	538.67
2015	463.00	302.40	261.31	217.09	310.89	255.96	402.97

三、销售市场

2008 年以前，河南省作为产煤大省，支持南方地区和华东地区用煤，为净调出省。2008—2012 年，随着全国国民经济快速发展，煤炭需求量不断增加，各产煤大省均以保证本省用煤为主，河南省煤炭产量已无法满足省内需求，在省外市场对省内煤炭需求强烈的情况下，本省也需要从省外调入部分煤炭，河南省由煤炭净调出省变为净调入省。

2012 年四季度以后，河南省传统的湖北、湖南、江西、江苏、安徽等地区市场不断萎缩，全省煤炭销售市场逐渐演变为“省内为主，省外为辅”的格局。

2013 年 5 月开始，针对全省煤炭企业煤炭销售和经营困难的实际，省政府启动煤电平稳运行应急机制，实施“煤电互保”政策，调动省内发电企业采购本省煤炭的积极性，促进煤炭销售。同年年底，组织省属 3 个煤业集团（平煤神马集团、河南能源集团、郑煤集团）与省统调电厂签订 2014—2016 年度中长期煤炭买卖合作协议，配套年度电量考核、价格调整、煤款结算等措施，保证中长期合作协议的顺利执行。2014 年和 2015 年省内电煤合同兑现量分别为 5630 万吨和 5317 万吨，合同兑现率分别为 101%和 104%（2015 年签订的合同量 5500 万吨，需要扣除：华能洛阳热电和渑池热电厂 100 万吨、三吉利周口隆达电厂 60 万吨、叶县蓝光热电厂 60 万吨，河南能源自备电厂鹤壁煤电和商丘裕东电厂 100 万吨，平煤自备电厂瑞平电厂和许昌能信电厂 50 万吨）。

（一）平煤神马集团

平煤神马集团煤炭资源储量丰富、煤炭品种齐全，是国内品种最全、具有重要影响力的焦煤基地和动力煤生产基地之一。销售的主要煤种按照加工程度可以划分为冶炼精煤和动力煤。冶炼精煤又包括主焦精煤、1/3 焦精煤等。冶炼精煤是原煤经洗选加工的产品，主要用作冶金、焦化原料；动力煤由原煤简单分选加工而成，主要用作发电的能源、建材原料。动力煤占集团总销售量的 71%左右。精煤战略联盟用户对于市场份额稳定起到重要支撑作用，精煤销量占总量的 29%左右。

（二）郑煤集团

在煤炭运输和销售渠道上，1992 年以前，该集团煤炭销售主要通过铁路发往中央各部直属企业及河南、湖北、江苏、浙江、安徽、山东、广东、广西、上海等省（区市）；通过汽车运输发往郑州周边地区，另有少量煤炭通过代理方式出口日本、韩国。1993—2000年，煤炭产量逐年增加，煤炭企业逐步获得销售自主权，集团不断优化市场布局，在巩固河南、湖北市场的同时，加大湖南、江西以及华东等地市场开发力度。巩固和扩大已有冶金、化工、建材行业，提高非电力用煤在销售结构中的比重。至 2000 年年底，集团煤炭市场已遍布河南、湖北、湖南、江西、山东、安徽、广东、广西等地。30%左右的煤炭销往郑州周边地区。2001—2007 年，把适销对路的江西、湖南地区作为市场开发的战略重点；立足长远利益，在湖北地区开发荆门电厂、华润湖北有限公司，在湘赣地区开发井冈山电厂、鲤鱼江电厂、华能岳阳电厂、金竹山电厂，在华东地区逐步开发阜阳华润、苏州保利协鑫、新海电厂等新用户。初步建立起豫、鄂、湘赣“三足鼎立”的市场格局。2008—2009 年，实施“调整河南，稳固湖北，发展湘赣，开拓华东”的销售战略，与华润、华能、国电三大集团签订长期战略合作协议，开发安徽海螺水泥有限公司、民权电厂等一批实力强的新用户。2010 年，为打开精煤市场，开发武汉、安阳、涟源、萍乡等一批钢铁企业精煤用户。2013 年遭遇煤炭市场最为严峻形势，实施亲情销售、大客户战略，抓住“煤电互保”政策机遇，落实保供方案，大力提升市场应变力。2015 年，为应对严峻市场形势，制定《加强煤炭销售、稳定煤炭生产实施方案》，新开发华润焦作、华润首阳山、孟津电厂等省内电厂，恢复开发湖北襄阳电厂、湖北双环，以及江西瑞金、井冈山、安源等家省外电厂。

（三）河南能源化工集团

河南能源化工集团煤炭产品销售大致划分为本部矿井、省内煤业子公司、贵州地区、新疆地区、内蒙古和青海地区等几大块。其中，本部矿井煤炭销售由销售总公司负责（本部矿井包括永煤、义煤、焦煤、鹤煤 4 个煤业公司）；省内煤业子公司，包括永锦、永华、龙门、永登、安阳鑫龙、永龙煤业、龙王庄煤业、永龙精煤、宝雨山煤业、瑶岭煤业，煤炭由各矿自销，销售总公司进行价格和信息指导，其他省内煤业子公司煤炭由各矿自销；贵州地区、新疆地区煤炭销售分别由贵州公司、新疆销售公司负责；内蒙古和青海地区煤炭销售由各矿自行负责。

1. 煤炭销售流向

该集团本部矿井商品煤包括无烟喷吹精煤、贫瘦精煤、瘦精煤、无烟中小块、末（混）煤等多种产品。其中：永煤公司无烟喷吹精煤，由于永夏矿区紧靠华东，同时铁路运输属于上海局，运输方便，区域内有宝钢、沙钢、马钢等大型钢铁企业，因此主要通过铁路运输到华东地区，其次销往东北、华北等地区；焦煤公司无烟喷吹精煤，由于焦作矿区属郑州铁路局范围，且沿线货运繁忙、车皮紧张，发往华东地区相对较少，主要通过铁路发往华北、东北地区钢厂，主要有河钢、鞍钢、本钢、首钢等用户；鹤壁喷吹洗精煤、瘦精煤等，主要供应周边地区，包括省内安阳钢铁、济源钢铁，以及省外的河北钢铁、武汉钢铁等。

永煤公司、焦煤公司无烟块煤，行业流向上最主要流向化工企业，主要用来生产尿酸、液氨、纯碱等化工产品；其次则是流向民用市场，主要作为燃料使用。地域流向上两公司外运块煤以华东市场为主，主要流向江苏、山东、安徽、上海、浙江等，地销块煤主要以省内及安徽地区为主。其中焦作无烟块煤以化工企业使用为主，永城无烟块煤除化工企业外，民用块煤也占有一定比重。大型化工企业包括河南心连心化肥、中铝中州公司等。

集团本部矿井末（混）煤，行业流向主要流向电力企业，或水泥、化工等行业作为燃料煤使用；地域流向主要集中在省内地区，省外主要流向山东、安徽、湖北、江西、江苏等省份。主要用户包括华电、国电、省投、大唐等电力企业。河南能源化工集团销售煤炭流向见表 4-5-6、表 4-5-7。

表 4-5-6 河南能源化工集团煤炭销售地域流向表

地域	2010 年	2011 年	2012 年	2013 年	2014 年	2015 年
安徽	7%	6%	8%	9%	6%	5%
北京	3%	1%	1%	1%	0%	0%
河北	3%	4%	4%	5%	3%	2%
河南	39%	51%	43%	43%	63%	64%
湖北	7%	6%	6%	5%	4%	5%
湖南	1%	1%	2%	1%	2%	1%
江苏	16%	13%	14%	14%	8%	9%
江西	1%	1%	1%	1%	1%	1%
辽宁	7%	4%	4%	5%	3%	2%
山东	7%	6%	9%	8%	5%	5%
上海	7%	5%	5%	5%	4%	3%
浙江	1%	1%	1%	1%	1%	1%
其他	1%	1%	1%	1%	1%	1%
总计	100%	100%	100%	100%	100%	100%

注：1. 河南能源 2013 年 9 月正式成立，于 2014 年初义煤本部矿井开始纳入统管销售，销售与综合售价在 2014 年有明显变化。2. 百分比数据按四舍五入取近似值，“0%”为地区销量占总体销售量不足 1%。

表 4-5-7 河南能源化工集团煤炭销售行业流向表

行业	2010 年	2011 年	2012 年	2013 年	2014 年	2015 年
电力	19%	21%	16%	16%	37%	38%
冶金	49%	45%	44%	47%	28%	28%
化工	15%	17%	17%	17%	17%	18%
建材	1%	1%	2%	2%	1%	1%
民用其他	15%	16%	21%	18%	16%	15%
合计	100%	100%	100%	100%	100%	100%

注：数据只统计煤业公司本部销量占比，且 2010—2013 年统计数据不包含义煤公司本部，之后年份包含义煤公司。

2. 港口转运情况

2008年以后，集团本部矿井主要转运港口有连云港港、日照港、邳州港。其中连云港主要转运永煤公司精煤，供应宝钢；日照港主要转运焦煤公司洗末煤和鹤壁精煤，焦煤公司洗末煤主要供应宝钢，鹤煤公司精煤主要供应本钢等；邳州港主要转运焦煤公司块煤和末煤，主要供周边用户。2010—2015年河南能源化工集团港口转运情况见表4-5-8。

表4-5-8 2010—2015年河南能源化工集团港口转运情况表 万吨

单位	港口	2010年	2011年	2012年	2013年	2014年	2015年
永煤公司	连云港	92.72	71.89	60.48	54.44	62.70	60.10
焦煤公司	日照	19.75	7.10	11.11	5.47	24.42	3.97
焦煤公司	邳州	0	0	0	2.56	3.28	2.16
合计		112.47	78.99	71.59	62.47	90.40	66.23

3. 重点用户情况

2010—2015年河南能源化工集团重点用户情况详见表4-5-9。

表4-5-9 2010—2015年河南能源化工集团十大用户表

序号	2010年	2011年	2012年	2013年	2014年	2015年
1	宝山钢铁股份有限公司	武汉钢铁股份有限公司	武汉钢铁股份有限公司	武汉钢铁股份有限公司	三门峡华阳发电有限责任公司	华能沁北发电有限责任公司
2	武汉钢铁股份有限公司	宝山钢铁股份有限公司	商丘裕东发电有限责任公司	宝山钢铁股份有限公司	武汉钢铁股份有限公司	武汉钢铁股份有限公司
3	大唐安阳发电有限责任公司	大唐安阳发电有限责任公司	河北钢铁集团有限公司	本钢板材股份有限公司	华能沁北发电有限公司	三门峡华阳发电有限责任公司
4	本钢板材股份有限公司	商丘裕东发电公司	常州中发炼铁有限公司	常州中发炼铁有限公司	河南华润首阳山发电公司	河南华润电力首阳山有限公司
5	商丘裕东发电公司	本钢板材股份有限公司	本钢板材股份有限公司	河北钢铁集团有限公司	神华国华孟津发电有限责任公司	安阳钢铁股份有限公司
6	江苏沙钢集团公司	河北钢铁集团有限公司	宝山钢铁股份有限公司	安阳钢铁股份有限公司	义马气化厂	宝山钢铁股份有限公司
7	鞍钢股份有限公司	安阳钢铁股份有限公司	马鞍山钢铁股份有限公司	商丘裕东发电有限责任公司	宝山钢铁股份有限公司	神华国华孟津发电有限责任公司
8	马鞍山钢铁股份有限公司	常州中发炼铁有限公司	江苏沙钢集团公司	马鞍山钢铁股份有限公司	安阳钢铁股份有限公司	河南省煤气（集团）有限责任公司义马气化厂
9	安阳钢铁股份有限公司	马鞍山钢铁股份有限公司	山东钢铁股份有限公司	江苏沙钢集团公司	万基控股集团有限责任公司	河南龙宇煤化工有限公司
10	国电濮阳热电有限公司	江苏沙钢集团公司	安阳钢铁股份有限公司	芜湖新兴铸管有限责任公司	本钢板材股份有限公司	万基控股集团有限公司

4. 煤炭销售情况

2010—2015年河南能源化工集团煤炭销售情况详见表4-5-10。

表4-5-10 2010—2015年河南能源化工集团销量及综合售价表

矿区	2010年		2011年		2012年		2013年		2014年		2015年	
	销量（万吨）	综合售价（元/吨）	销量（万吨）	综合售价（元/吨）	销量（万吨）	综合售价（元/吨）	销量（万吨）	综合售价（元/吨）	销量（万吨）	综合售价（元/吨）	销量（万吨）	综合售价（元/吨）
永城	1268	933	1263	1079	1220	942	1206	799	1233	633	997	524
焦作	1191	854	1203	1054	1023	913	1122	809	1158	620	1039	506
鹤壁	765	833	707	970	586	876	632	759	706	559	708	413
义马									1634	367	1360	270
合计	3224		3173		2829		2960		4732		4104	

注：自2014年初义煤开始纳入河南能源集团统管销售，销售与综合售价在2014年有明显变化。

四、煤炭出口

1991—2000年，在国家各项鼓励煤炭出口政策的扶持下，河南煤炭企业煤炭出口迅速发展。河南国有重点煤矿根据煤炭工业部下达的出口计划，同河南省煤炭厅、河南省煤炭出口公司订立合同，定期向河南省煤炭出口公司结算。1995—2000年，河南省煤炭工业出口每年达到100多万吨，创汇累计达到28140万美元，主要销往日本、韩国及巴西等国。从2003年下半年开始，国家自身煤炭供应紧张，煤炭出口数量难以为继，销量剧减。河南省国有重点煤炭企业1991—2008年历年煤炭出口情况见表4-5-11。

表4-5-11 1991—2008年河南省国有重点煤炭企业煤炭出口统计表 吨

单位 / 年份	河南能源				平煤神马	郑煤集团
	焦煤	鹤煤	永煤	义煤		
1991年	504711	306418			1991—1995年180万吨	48357
1992年	299856	342390				27975
1993年	380218	198631				23746
1994年	687864	298765				36924
1995年	535847	386030				34041
1996年	355349	495418	547600	100467		
1997年	417801	407159			308941	112724
1998年	311566	618244			311421	62955
1999年	206907	620000			93771	33215
2000年	99712	634590			35877	56600
2001年	224950	593801	167541		220258	45124
2002年	136926	355616	130042	3025	334824	32084

表 4-5-11(续) 吨

单位 年份	河南能源				平煤神马	郑煤集团
	焦煤	鹤煤	永煤	义煤		
2003 年	68684	232535	74914		239332	41187
2004 年	110123	255234	50452			17048
2005 年	12089	187607	91699			9247
2006 年			24124			3805
2007 年	14989					
2008 年	22000		221977			

第四节 煤炭经营监管

为整顿和规范煤炭经营秩序，禁止非法、违法矿井生产的煤炭进入流通领域。1999 年 6 月 22 日，经国务院同意，国家经济贸易委员会以第 11 号令颁布出台《煤炭经营管理办法》，实行煤炭经营资格审查制度，煤炭经营资格审批坚持按经营场地所属地管辖的原则，分级审查，逐级上报，集中受理，集体研究，依法审批。

河南省认真贯彻执行《煤炭经营管理办法》，1999 年开始实施煤炭经营许可制度，加强煤炭经营监管，全省煤炭经营秩序明显好转，煤炭经营企业由 2000 年 27586 家，减少到 2013 年 2748 家(批发类企业:449 家，零售类企业 2104 家，型煤加工类企业 195 家)，减少 90%，有效地规范了煤炭经营秩序。

2000 年 8 月 16 日，根据《国家煤炭工业局、国家国内贸易局、国家工商行政管理局关于成立整顿煤炭经营秩序领导小组及办公室的通知》(煤行管字〔1999〕第 204 号)文件要求，省政府印发《河南省人民政府关于成立河南省整顿煤炭经营秩序领导小组的通知》(豫政〔2000〕第 251 号)文件，明确了张以祥副省长为组长，孔令晨、谢伟民、高国安为副组长，李恩东为办公室主任的领导小组。10 月 9 日，根据国家煤炭工业局、国家国内贸易局、国家工商行政管理局印发的《关于贯彻执行〈煤炭经营管理办法〉 依法整顿煤炭经营秩序的实施意见》(煤行管字〔1999〕第 205 号)文件精神，省人民政府印发《河南省人民政府关于省煤炭工业局负责全省煤炭经营资格审查问题的批复》(豫政〔2000〕第 1302 号)文件，《河南省人民政府关于批转河南省整顿煤炭经营秩序工作方案的通知》(豫政〔2000〕第 61 号)文件，拉开河南省全面整顿煤炭经营秩序的帷幕。通过整顿煤炭经营秩序，基本建立了全省煤炭经营监督管理体系，煤炭经营资格证制度得到落实。经过省、市、县(区)煤炭经营资格审查，依法取缔了一大批不具备煤炭经营条件的经营企业，规范了煤炭经营企业行为，重点打击非法经营活动。整顿后使煤炭经营企业的数量大大减少，布局更为合理。从事煤炭经营的企业数由整顿前的 27586 户，减少到 2934 户。

2001 年，河南省煤炭经营秩序整顿工作进入发证阶段，全年全省共批准批发类企业 425 家、零售类企业 825 家、型煤加工类企业 2117 家。6 月 1 日至 8 月 25 日，河南省煤炭经营秩序整顿办公室会同河南省经贸委、河南省物资集团和各省辖市煤炭经营秩序整顿办公室对已批准的煤炭经营企业进行验收。

2002 年 1 月出台《河南省煤炭经营资格证年度审查办法》，制定下发《河南省煤炭经营资格审查工作制度》，开展全省首次煤炭经营资格证年度审查，吊销不合格煤炭经营单位资格证153家，其中批发类36家，零售类117家。10月份，组织全省18个省辖市整顿办进行整顿煤炭经营秩序检查。

2003年对已批准的3691家煤炭经营企业的经营条件进行了重新审查。共吊销各类煤炭经营企业131家，其中：批发企业23家，零售企业96家，型煤加工企业12家。9月，开展了"煤炭经营行政执法月"活动，重点对无证非法经营企业进行了取缔，同时对有证企业的违法行为进行查处。全省共查处无证非法煤炭经营企业678家，处理各类案件308起，整改企业219家。

2004年12月27日，国家发展和改革委员会以第25号令形式发布《煤炭经营监管办法》。2005年对全省已取得煤炭经营资格的1725家批发和零售煤炭生产及煤炭经营企业进行年审，全省440家批发企业当中，合格的372家，基本合格的55家，不合格的13家；全省1312家零售企业中，合格的1020家，基本合格的195家，不合格的97家。3月15日，河南省煤炭工业局联合河南省工商行政管理局下发了《关于印发河南省煤炭经营资格证管理办法的通知》（豫煤调〔2005〕122号）文件，对煤炭经营资格证的审查程序、申办条件等作了明确规定。6月份，为遏制煤炭市场出现煤炭质量下滑现象，开展了煤炭质量专项检查，重点是各矿矸石山的管理。9月30日，河南省通过地方立法出台了《河南省煤炭条例》。9月至11月，开展"诚信企业"评比活动，对65家煤炭经营诚信企业颁发了诚信认证奖牌，对30名煤炭经营监督员颁发了聘书。

2006年1月，制定《河南省煤炭经营企业合理布局和总量调控规划》（豫煤调〔2006〕44号）。进一步加强煤炭经营监管，克服了盲目审批和无序膨胀，减少了企业间恶性竞争，维护了良好的煤炭经营秩序，保证了河南省能源安全。开展煤炭质量专项检查工作，对全省18个管辖市进行了专项检查，严厉打击在煤炭产品中掺杂使假等违法行为，取得明显成效。2006年度全省煤炭经营资格证检查，全省460家批发企业中，合格的388家，基本合格的52家，不合格的20家；1591家零售企业中，合格的1292家，基本合格的121家，不合格的178家。

2007年9月下发《河南省煤炭工业管理局关于开展煤炭产品质量整治工作的通知》（豫煤调〔2007〕697号）文件，推广焦作、周口等地区型煤管理经验，总结出"统一采购、集中粉碎、定点成型、统一配送、连锁经营"的型煤加工经验。根据国家发改委《关于调整煤炭经营资格证登记内容换发新版煤炭经营资格证的通知》（发改运行〔2007〕20号），开展全省煤炭经营资格证换发新证工作。河南省共换发新版资格证经营企业2142家，其中批发企业362家，零售企业1237家，型煤加工企业543家。换证前后全省企业减少846家。全年共受理企业新申请资料262份，办结262份。

2009年3月，根据《中共河南省委河南省人民政府关于印发河南省人民政府机构改革实施意见的通知》（豫文〔2009〕18号）文件精神，将原省煤炭工业管理局煤炭工业行业管理职责划入省工业和信息化厅，全省煤炭经营监管职责也一并划入省工信厅。8月，印发《河南省工信厅关于开展全省煤炭经营秩序综合检查和调研的通知》（豫工信〔2009〕165号）文件，开展全省煤炭经营秩序综合检查和调研工作。12月，对全省2937家煤炭经营企业进行了全面检查。

2010年3月，印发《河南省工信厅关于印发河南省煤炭经营资格证监管办法的通知》（豫工信〔2010〕118号）文件，重新修订了河南省煤炭经营资格证监管办法，同时宣布《河南省煤炭经营资格证管理办法》（豫煤调〔2005〕122号)废止。印发《关于开展百家煤炭经营诚信企业评选活动的通知》(豫工信〔2010〕124号)文件,开展全省煤炭经营企业评选活动。

2012年7月,河南省工信厅印发《河南省煤炭经营企业"十二五"发展规划》(豫工信煤〔2012〕475号)文件,总体要求是:以科学发展观为指导,以保障全省煤炭供应为目标,以调控总量、优化布局、改善结构、提升规模为主线,强化依法监管,提高执法和服务水平,规范和维护煤炭经营秩序。"十二五"期间,全省煤炭经营企业总量控制在3700家以内,其中批发类企业控制在500家以内,零售类企业控制在2500家以内,型煤加工企业控制在700家以内。10月印发《关于对全省煤炭经营领域开展"打非治违"专项行动进行督查的通知》(豫工信煤〔2012〕771号)文件,组织开展全省煤炭经营领域"打非治违"行动。

2013年6月29日《中华人民共和国煤炭法》经第十二届全国人民代表大会常务委员会第三次会议修正,2013年11月8日国务院下发关于取消和下放一批行政审批项目的决定(国发〔2013〕44号),2013年9月5日河南省人民政府印发《关于取消和调整行政审批项目的决定 》(豫政〔2013〕58号)文件。取消煤炭经营许可证制度。煤炭经营许可证取消时全省煤炭经营企业共有2748家,其中:批发类煤炭经营企业449家,零售类煤炭经营企业2104家,民用型煤加工类煤炭经营企业195家。

2014年7月30日,国家发展和改革委员会以第13号令形式发布《煤炭经营监管办法》,自2014年9月1日起施行。确立煤炭经营告知性备案制度,煤炭经营由事前许可变为事中事后监管。9月,河南省工信厅、河南省国土厅、河南省环保厅以"豫工信联煤〔2014〕512号"文件形式印发《关于对全省煤炭经营储煤场地合理布局规划的通知》,河南省工信厅印发《关于在全省开展煤炭经营企业备案工作的通知》(豫工信煤〔2014〕608号)文件,规范全省煤炭经营企业备案工作。

2015年10月,河南省发改委、河南省工信委、河南省环保厅、河南省商务厅、河南省工商局、河南省质检局印发《河南省商品煤质量管理暂行办法》,明确煤炭生产、加工、储运、购销、进口和使用企业是商品煤质量的责任主体,分别对各环节商品煤质量负责,确定生产、加工、储运、购销、进口和使用环节商品煤质量的基本标准,要求省质监、工商、环保、口岸检验检疫及煤炭管理部门在各自职责范围内依法对煤炭质量实施监管,明确了违反此规定的企业和个人应当承担的法律责任。2015年全年839家煤炭经营企业进行了告知性备案。

第五篇
安全生产

20世纪90年代以后，河南深入贯彻落实《中华人民共和国矿山安全法》等法律法规，坚持“安全第一、预防为主、综合治理”安全生产方针，制定完善煤矿安全管理制度，针对全省煤层赋存条件复杂、安全装备水平低等不利因素，河南省委、省政府不断加大煤矿安全整治力度，积极推进煤矿安全监管机制体制改革，深化煤炭行业结构调整，支持、培育集团公司集约化发展，逐步形成河南能源化工集团、中国平煤神马集团、郑煤集团3个省属煤业集团公司，提升安全管理的水平和质量。

1996年8月，《中华人民共和国煤炭法》颁布实施，对煤矿生产安全工作进一步作出具体规定，为安全生产提供了法律保障。1999年，河南煤矿百万吨死亡率降至1.87，创历史最好水平。2000年，煤矿安全监察工作管理体制进行重大改革，将煤炭行业管理与安全监察分离，成立了直属国家煤矿安全监察局的河南煤矿安全监察局，在郑州、洛阳、鹤壁、平顶山、商丘设立区域性的煤矿安全监察办事机构，专门从事煤矿安全监察工作，强化了安全监察工作职能。

强化对瓦斯、水害、火灾、顶板、粉尘和冲击地压等重大灾害防治，改进和完善安全技术装备，一大批矿井装备现代化的安全自动检测系统，强力推进矿井监测监控系统、人员定位系统、紧急避险系统、压风自救系统、供水施救系统、通讯联络系统六大系统建设，煤矿的防灾抗灾能力显著增强，有效遏制重大灾害事故的发生。

2005年，平煤集团、义煤集团、郑煤集团、焦煤集团、鹤煤集团、永煤集团6个国有重点煤炭企业投入安全技术措施费用15亿元，提升安全装备水平。河南省政府向国有重点煤炭企业派驻安全督导组，河南省煤炭工业管理局对省属重点煤业集团公司领导班子实行安全风险抵押金制度。组织开展“一通三防”、防治水等专项检查和煤矿安全专家会诊工作。

2005年以后，河南继续深化煤矿资源整合和兼并重组，狠抓煤矿基层基础建设，加大安全投入，大力实施科技兴安，开展隐患排查治理和重大灾害治理攻坚战，安全生产状况持续好转，百万吨死亡率从1991年的2.80下降到2015年的0.109，下降96.4%，低于全国平均水平。

第一章　安全生产监督管理

第一节　规章制度

1991—1997年，国家相继出台一系列煤矿安全法律法规和技术规范，煤矿法律体系日臻完善，各种管理规章制度逐步健全。河南煤炭行业结合实际制定出台了一系列法规、规章和管理制度，形成了一套较为完善的制度体系。2010—2015年，全省煤矿安全生产形势持续稳定好转，死亡人数由“十一五”期间（2006—2010）的932人降至“十二五”期间（2011—2015）的119人，降幅达87%。

一、行政规章

1991年，河南煤矿建立安全生产责任制和业务保安责任制，明确规定行政一把手为本单位安全工作的第一责任人，各副职对分管业务负责，总工程师负全面技术责任，各业务部门对分管业务的业务保安负责。

1994年9月，河南省人民政府颁布实施《河南省乡镇煤矿安全生产基本标准》（豫政办〔1994〕49号），共30条，从煤矿开办关闭、安全生产、组织管理和责任追究等方面作出规定，规范管理，夯实基础，促进小煤矿安全发展。1995年11月，河南省煤炭工业厅对《河南省地方煤矿管理条例（试行）》进行修订，进一步规范和强化对地方煤矿的安全管理。1996年，制定《河南省国有煤炭企业责任事故行政处罚办法》，规定对事故责任者分别给以行政处分，直至建议追究刑事责任。

1998年，河南省煤炭工业厅制定《河南省重点煤矿矿井通风系统安全可靠性技术管理规范》，在技术层面对通风管理做出硬性规定和要求，对全面提高煤矿通风系统的可靠性、稳定性起到重要作用。2000年12月，河南省政府安全领导小组出台《关于安全生产和事故调查处理工作职责的意见》，明确各部门的安全生产责任，强化责任追究。河南煤矿安全监察局下发第一号令《河南省煤矿企业重大事故隐患报告规定》，明确事故报告的程序、内容和奖惩。

2002年3月，河南省煤炭工业厅出台《强化乡镇煤矿安全管理配备专业技术人员的规定》，要求所有乡镇煤矿必须配备2名以上专业技术人员。同年7月，制定出台《省属国有重点煤矿安全警示制度》（豫煤安〔2002〕295号），根据事故隐患和事故性质，安全警示分为预警通报、黄牌警告和红牌处罚三种形式，凡受到预警通报的煤矿，必须在3天内拿出隐患整改方案，主要领导在预警期内不得外出，集团公司分管领导进驻该矿，现场督促隐患整改，并且在煤矿预警期内不得外出。受黄牌警告和红牌警告的煤矿，对分管领导给予行政记过、行政记大过、降级、降职直至就地免职等处理，对促进全省煤矿安全稳步好转起到积极作用。

2003年，河南省煤炭工业厅出台《河南省乡镇煤矿矿图管理暂行规定》、《河南省煤矿水害防治若干规定（试行）》、《河南省小煤矿管理若干规定》，着力强化对小煤矿的安全管理，促进小煤矿管理水平提升。特别是平顶山市石龙区从1998年就开始对辖区小煤矿的安全管理体系进行大胆创新。①构建一个层层负责、环环相扣、纵横交织、立体展开的安全生产责任体系。即区长对主管副区长、主管副区长对煤炭局长、煤炭局长对主管副局长、主管副局长对各个煤管站站长、煤管站长对所辖煤矿，自上而下，层层签订安全生产目标责任书，一级抓一级，一级对一级，形成一个纵向延伸、金字塔式的行政管理网络，搭建“安全互联网”式的主体框架。同时，明确界定地矿、安监、公安、工商、税务、电力、工会等部门在煤矿安全生产中的职责和分工，这些部门的主要领导与包矿的区四大班子领导签订目标责任书，形成上连区四大班子领导、下连各煤矿、具有社会监督特色的安全管理网。②1998年10月，全区煤矿实行安全副矿长委派制。通过新闻媒体刊登广告，公开招聘安全副矿长，经过严格的考核，符合条件的90多名专业技术人员成为石龙区第一批煤矿安全副矿长。该区将安全副矿长定位于安全监管系统的中心位置，实行“高薪保安”，工资奖金与工作绩效挂钩；实行动态管理，优胜劣汰。专门设立安全副矿长管理办公室，制定一整套科学的管理办法。安全副矿长到位后，充分发挥自身专业技术特长，积极贯彻落实各项安全生产制度，使煤矿的安全形势得到迅速好转，安全装备水平迅速提升，井下基础条件迅速改善。安全副矿长委派制的成功实践，赢得了国家和省、市有关部门的高度评价。2000年3月，河南省乡镇煤矿安全生产管理经验现场会在平顶山市石龙区召开，安全副矿长委派制的管理经验向全省推广。③ 1999年5月，开始推行安全特派员委派制，从区直各单位抽调59名优秀年轻干部到各煤矿担任特派员，代表区委、区人民政府对煤矿安全生产实施全方位监督。通过特派员这条线，把全区各煤矿、包矿部门、区四大班子领导紧密联系起来，形成了责任共担、齐抓共管保安全的格局。2001年继安全副矿长委派制、安全特派员委派制之后，推行技术副矿长委派制。2003年11月，国家安全生产监督管理总局在石龙区召开煤矿安全生产调研座谈会，总结石龙区的乡镇煤矿安全监管经验。2004年1月，国务院安全生产委员会办公室下发文件，将"三个委派"(委派安全副矿长、安全特派员、技术副矿长)作为一项重要经验向全国推广。④ 2004年以后，该区在全省又率先推行机电副矿长委派制、生产副矿长委派制。通过多年不断的公开招聘、考试考核，集中选拔了一大批具有中级以上职称和多年煤矿管理经验的高素质人才，在煤矿的安全生产和技术管理岗位上发挥作用。形成以安全副矿长为中心的煤矿内部安全监管机制、以技术副矿长为中心的技术服务机制、以机电副矿长为中心的煤矿机电管理机制、以生产副矿长为中心的安全生产调度机制和以安全特派员为中心的煤矿外部安全监控机制。

2004年4月，河南省实施煤矿督查员制度，从国有煤业集团公司、产煤省辖市煤炭管理部门选聘112名安全督查员，代表河南省煤炭工业局行使煤矿现场安全监督权。

2005年9月，河南省颁布《河南省煤炭条例》。这是河南省规范煤炭行业发展的第一部行政法规，共七章四十八条，此条例强调煤矿企业是煤矿安全生产的责任主体，煤矿企业主要负责人对本单位安全生产工作负全面责任，其他负责人对分管业务范围内的安全生产工作负领导责任，县级以上人民政府应当加强对煤矿安全生产工作的领导，支持、督促各有关部门依法履行煤矿安全生产监督管理职责，煤矿安全监察机构依法履行煤矿安全监察职责，对煤矿实施安全监察，县级以上人民政府煤炭管理部门依照规定的权限具体负责本行政区域内煤矿安全生产的监督管理工作。煤矿必须取得煤炭生产许可证、安全生产许可证方可生产，煤矿矿长和特种作业人员应当持证上岗。提出了全省煤矿企业加强安全生产管理的9项规定：① 按照有关法律、法规、煤矿安全规程和技术规范的要求，建立健全通风、防瓦斯、防尘、防火、防水、防冒顶、爆炸物品和危险物品管理制度；② 加强井下劳动组织管理和现场管理，定期检查，及时发现、排除事故隐患；③ 建立煤矿企业负责人和生产经营管理人员下井带班作业制度；④ 使用的设备、器材、火工产品和安全仪器，必须符合国家标准或者行业标准；⑤ 加强对高瓦斯和煤与瓦斯突出矿井的管理，建立健全危险源辨识技术体系、瓦斯抽采和监测监控体系、灾害预警救援体系；⑥ 定期为职工提供保障安全生产所需的劳动保护用品，对井下作业的从业人员提供特殊的保护措施；⑦ 严格遵守国家关于井下作业人员工作时间的规定；⑧ 按照规定提取使用煤炭生产安全费用；⑨ 其他关于煤矿安全生产的规定。

2005年8月31日国务院第104次常务会议通过《国务院关于预防煤矿生产安全事故的特别规定》(国务院令第446号)，自公布之日起施行。第十二条规定：对被责令停产整顿的煤矿，在停产整顿期间，由有关地方人民政府采取有效措施进行监督检查。因监督检查不力，煤矿在停产整顿期间继续生产的，对直接责任人，根据情节轻重，给予降级、撤职或者开除的行政处分；对有关负责人，根据情节轻重，给予记大过、降级、撤职或者开除的行政处分；构成犯罪的，依法追究刑事责任。第二十五条规定：国家行政机关工作人员、国有企业负责人有违反本规定的行为，依照本规定应当给予处分的，由监察机关或者任免机关依法做出处分决定。国家行政机关工作人员、国有企业负责人对处分决定不服的，可以依法提出申诉。

2005 年，河南省煤炭工业局印发《河南省煤矿防治煤与瓦斯突出若干规定(试行)》(豫煤安〔2005〕12 号)和《河南省煤炭工业局关于加强煤矿安全监管工作的若干规定(试行)》(豫煤安〔2005〕663 号)，进一步强化煤矿安全监管和规范对煤与瓦斯突出矿井的管理。

2006 年 12 月，河南省政府印发《河南省煤矿企业从业人员准入资格管理规定》(豫政〔2006〕98 号)，建立煤矿从业人员职业准入制度，明确从业人员范围：① 矿长及安全、生产、机电、技术副矿长(以下简称“五职”矿长)及安全管理部门负责人、总工程师；② 在煤矿安全生产和基建岗位上从事技术、生产安全管理的工程技术人员；③ 在煤矿安全生产和基建岗位上从事矿建、采掘、机电、运输、通风、监测和地质测量及火工品等专业的技术工人；④ 在煤矿安全生产和基建岗位上从事矿建、采掘、机电、运输、通风、监测和地质测量及火工品等专业的成建制劳务工；⑤ 劳动和社会保障部第 6 号令规定的其他工种技术工人。并对相关人员的学历和从业经历作出规定。2010 年 2 月 2 日，河南省政府印发《关于加强煤矿安全生产若干规定》(豫政〔2010〕17 号)，共七章十七条。严格准入条件，明确矿井规模，淘汰 15 万吨/年以下矿井，设定 10 个安全生产条件；推进兼并重组进度，关闭退出不合格矿井；强化企业主体责任和政府监管责任；加大行政处罚和失职问责力度。7 月 30 日，河南省人大第十一届常委会第十六次会议通过《河南省安全生产条例(修订草案)》，自 2010 年 10 月 1 日起施行。

2011 年 4 月，河南省政府印发《关于加强煤矿安全生产工作的补充意见》(豫政〔2011〕40 号)，追责力度更大更严，规定：煤矿发生一次死亡 1 人以上事故的，立即停产(停工)整顿；煤炭企业(集团公司)发生煤矿事故，一次死亡 1 至 2 人，给予矿长、分管副矿长免职处理，一次死亡 3 至 9 人，给予集团公司专业化公司(区域公司、子公司)主要负责人和分管负责人免职处理，责令集团公司董事长、总经理和分管负责人写出书面检查。一次死亡 10 至 29 人或者一年内发生两起 3 至 9 人较大事故的，给予集团公司总经理、分管负责人停职检查处理；对集团公司董事长进行诫勉谈话。一次死亡 30 至 49 人或者一年内发生两起一次死亡 10 至 29 人重大事故的，给予集团公司总经理和分管负责人免职处理；给予集团公司董事长停职检查处理。一次死亡 50 人以上特别重大事故或者一年内发生两起一次死亡 30 至 49 人特别重大事故的，给予集团公司董事长、总经理和分管负责人免职处理。发生事故，对负有责任的当地政府和有关部门主要负责人和分管负责人先行问责：一次死亡 3 至 9 人较大事故的，给予县(市、区)政府有关部门主要负责人和分管负责人免职处理；对负有责任的乡镇长、分管副乡镇长，给予免职处理；责令县(市、区)长和分管副县(市、区)长写出书面检查。一次死亡 10 至 29 人重大事故或者一年内发生两起一次死亡 3 至 9 人较大事故的，给予县(市、区)长、分管副县(市、区)长和省辖市政府有关部门主要负责人和分管负责人诫勉谈话处理；对县(市、区)政府和省辖市政府有关部门予以通报批评。发生一次死亡 30 至 49 人特别重大事故或者一年内发生两起一次死亡 10

至29人重大事故的，给予县（市、区）长、分管副县（市、区）长和省辖市政府有关部门主要负责人和分管负责人免职处理；对省辖市政府予以通报批评。发生一次死亡50人以上特别重大事故或者一年内发生两起一次死亡30至49人特别重大事故的，给予省辖市市长、分管副市长免职处理。同时，河南省政府又印发《河南省重大事故隐患排查治理责任追究规定》（豫政〔2011〕41号）和《关于进一步明确兼并重组煤矿安全生产责任的通知》（豫政〔2011〕42号），对隐患排查治理和兼并重组煤矿责任进一步明确和细化。

2013年4月10日，河南省政府安全生产委员会印发《关于在全省煤矿开展"保护矿工生命，矿长守规尽责"主题实践活动的通知》（豫安委〔2013〕4号），落实主体责任，夯实安全基础，坚持"铁规定、钢执行、全覆盖、真落实"，严厉打击违法违规行为，切实保护矿工生命安全。

2014年12月5日，深入贯彻落实习近平总书记、李克强总理等党中央、国务院领导和省委、省政府主要领导关于安全生产的一系列重要指示批示精神，进一步强化红线意识和底线思维，提高对安全生产的主动性。

2015年1月12日，河南省政府安全生产委员会印发《河南省安全生产暗访暗查工作制度》（豫安委办〔2015〕5号），要求省级安委会及有关部门组织暗访暗查每年不少于2次，省辖市（直管县）政府安委会及有关部门组织暗访暗查每年不少4次，暗访坚持"四不两直"，采取暗访、夜查、走访、座谈等形式，针对本地区、本领域安全生产的薄弱环节和突出问题，建立健全报告制度。同年4月10日，河南煤矿安全监察局印发《关于加强顶板管理的指导意见》（豫煤安监调查〔2015〕82号），明确煤矿顶板管理责任，严格现场安全管理，强化监督考核管理，严肃责任追究。同年11月25日，河南省煤炭工业管理办公室印发《关于开展煤矿安全生产"126"工程行动计划的指导意见》（豫煤〔2015〕3号），强调全省煤矿坚守安全生产红线，围绕"1"个目标（安全生产），突出"2"个重点（灾害防治和生产管理），落实"6"项任务（监管体系、人员素质、安全装备、技术管理、规章制度、应急救援），狠抓落实，力争生产矿井全部实现"零死亡"。同年11月30日，河南省煤炭工业管理办公室下发《关于强化煤矿生产安全事故报告工作的通知》，强调煤矿发生死亡或者重大非伤亡事故后，2小时内上报到省煤炭工业管理办公室，紧急情况现场人员可直接向省煤炭工业管理办公室报告，明确报告内容：事故发生单位概况，事故发生的时间、地点以及事故现场情况，事故的简要经过，事故已造成或者可能造成的伤亡人数和初步估计的直接经济损失，已经采取的措施，其他应当报告的情况。

河南安全生产形势大有好转，死亡人数从"十一五"规划期间（2006—2010）的932人降到"十二五"规划期间（2011—2015）的119人，每年死亡人数控制在50人以下。

二、企业制度

全省煤炭企业认真贯彻落实国家和河南省委、省政府关于煤矿安全生产的一系列法律法规和行政规章制度，并结合安全生产实际，及时将各种安全规章转化为企业安全生产制度，严格落实并渗透到安全管理的方方面面。

（一）中国平煤神马集团

1991—1995年，平顶山矿务局逐步建立了各级安全生产责任制、职能机构安全生产责任制、岗位人员安全生产责任制；建立了安全目标管理制度，安全检查制度，安全隐患排查制度，安全技术审批制度，安全办公会议制度、安全奖惩制度等主要安全管理制度。

1996—2008年，平顶山煤业（集团）有限责任公司建立健全了安全生产目标管理、投入、奖惩、技术措施审批、培训、办公会议制度，安全检查制度，安全隐患排查、治理、报告制度，事故报告与责任追究制度等。各煤矿制定了作业规程和操作规程。

2009—2015年，中国平煤神马集团进一步健全和完善了主要安全生产与职业病危害防治制度，主要包括：安全生产责任制度、安全会议制度、安全目标管理制度、安全质量标准化制度、安全教育与培训制度、安全投入保障制度、事故隐患排查与整改制度、安全监督检查制度、安全绩效考核制度、安全与经济利益挂钩制度、安全举报制度、职业卫生管理制度、管理人员下井带班管理制度、入井人员管理制度、安全技术措施审批制度、矿用设备器材使用管理制度、安全操作管理制度、矿井主要灾害预防制度、事故应急救援制度及其他安全管理制度。

（二）郑煤集团

1991—1995年，推行安全目标管理，实行全员安全风险抵押，把百万吨死亡率纵向分解到矿（厂、处）、区队、班组，横向分解到采、掘、机、运、通各业务部门；推行班组长职能转变和煤矿安全质量结构工资制度，由安监部门按1∶9比例核算，即发生死亡事故，扣除当月单位工资总额的10%。各矿安监部门内部推行浮动工资政策。

1996—2008年，全面推行安全目标管理，狠抓安全整顿和质量标准化，出台和完善安全技术管理审批制度、事故责任追究规定、重大安全隐患责任追究规定、事故业务保安责任划分办法、典型违章行为处罚规定、安全工作报告制度、质量标准化考核奖罚办法、安全调度工作制度、采掘工作面瓦斯超限事故分析处理规定等规章制度；补充和修改炮采工作面管理规定、巷道维修管理规定、局部通风机供电管理制度、强力胶带接头管理制度、水仓管理制度、钢丝绳输送带硫化工艺要求、井下电气管理制度等现场管理规定和技术规范，形成一整套适合郑煤集团实际的安全生产规章制度体系和技术规范体系。

2009—2015年，出台完善规章制度，修订重大事故应急救援预案，对预案的审批、备案、发布等环节程序进行规范，出台《郑煤集团公司应急管理制度》、《郑煤集团公司突发事件应急管理办法》、《郑煤集团公司应急预案演练管理办法》，指导矿井开展应急演练工作，规范集团公司应急救援管理。制定《郑煤集团公司煤矿安全管理红线制度》，在集团层面划定煤矿安全管理红线，严禁逾越。出台实施《关于班组长现场停产撤人十项权利制度》，明确规定班组长在十种不能保证安全的状态下现场停产撤人的权利。

（三）河南能源化工集团焦煤公司

2012年，河南能源化工集团焦煤公司落实安全关口前移，出台《焦煤集团“安全管理红线”》，界定采掘机运通、安全管理等专业80条红线，在实施全员培训达到全面掌握安全管理红线的基础上，严格管理考核，凡触犯红线者，干部免职、员工解除劳动合同，有效规范干部的管理行为和职工的操作行为。

第二节 行政许可

一、安全生产许可

2003年9月，按照河南省优化经济发展环境工作领导小组办公室关于开设便民服务窗口的要求，河南煤矿安全监察局挂牌成立政务受理中心，由局信息调度中心负责，安排工作人员3名，信息中心1名副主任常驻，另外2名工作人员由各处室人员轮流担任，每月轮换。

2004年，为贯彻落实《中华人民共和国

行政许可法》和5月17日国家安全生产监督管理总局发布的《煤矿企业安全生产许可证实施办法》，河南煤矿安全监察局进一步推进政务公开，规范河南煤矿的行政许可工作，集中做三件事：① 成立行政许可办公室，管理政务受理中心。该机构承担的主要职责：负责行政许可申请受理、登记和分送；依据法律法规和《办事指南》对申请材料是否齐全，是否符合法定形式进行初审；对经审定的许可事项进行复核；按规定送达制证中心制作许可证书或许可文书，向申请人送达许可证(文)书；负责行政许可申请材料、审批表、审查文件整理归档和信息统计报送；对许可证书使用情况进行管理；负责《河南煤矿企业安全生产许可证综合管理数据库》的管理工作；定期通报全省安全生产许可证办结情况。② 组建制证中心。负责制作安全生产许可证书、煤矿安全管理人员安全资格证书。③ 行政许可按业务分工，形成工作体系。河南煤矿安全监察局煤矿监察一处主办国有重点煤矿的行政许可；煤矿监察二处主办地方国有和乡镇煤矿的行政许可；人事培训处主办三、四级安全培训机构资质许可；科技装备处主办乙级安全评价机构资质许可；煤矿安全培训中心主办煤矿安全管理人员安全资格证书考核发证；纪检监察室负责对办理行政许可事项各环节进行监督监察，及时纠正行政许可实施中的违纪违规行为；执法监督处负责对行政许可行为合法性进行监督，及时纠正行政许可违法行为；各部门分工协作，各负其责，形成一个比较完整的行政许可工作体系。同年，制定出台行政许可三项制度：《河南煤矿安全监察局行政许可审批管理暂行办法》、《河南煤矿安全监察局行政许可审批内部运行暂行办法》(豫安监许可〔2004〕245号)、《河南煤矿安全监察局行政许可事项办理流程》。

2007年，根据国家煤矿安全监察局颁布的《煤矿建设项目安全设施监察规定》、《煤矿建设项目安全设施设计审查和竣工验收标准》、《煤矿企业安全生产许可证实施办法》、《煤矿安全生产基本条件规定》等规定和省委省政府"高标准、规模开发、从严控制煤矿数量"的要求，结合资源整合和全省小煤矿兼并重组的规划目标，河南煤矿安全监察局下发《关于做好全省煤炭资源整合期间煤矿建设项目安全设施"三同时"工作的通知》、《关于规范地方煤矿建设项目安全设施验收的通知》(豫煤安监二〔2007〕168号)等一系列文件，编制《河南省国有重点煤矿企业安全生产许可证实施办法》和《河南省地方煤矿实施〈煤矿企业安全生产许可证实施办法〉说明》，推进煤矿资源整合和兼并重组工作。

2009年，制定《河南煤矿安全监察局机关办理行政许可事项工作规定》(豫煤安监监督〔2009〕18号)。在政务受理中心和网上公开各类行政许可事项《办事指南》。加强政务受理工作管理，建立《政务受理中心工作准则》、《政务受理中心工作人员守则》和《学习制度》，从制度上确保政务受理中心的规范运行。办理行政许可事项有标准可循，有制度可依，始终遵循"依法办理、规范运作、限时办结，方便群众、公开透明、监督制约"的原则，由政务受理中心一个"窗口"对外，统一受理、一次性告知和统一送达。形成由主办处室负责行政许可项目的审查、审核，局长办公会集体研究审批；政务受理中心复核，制证中心统一制证；政务受理中心统一核发颁证的一套完整、较为科学的工作流程。

2003—2015年，河南煤矿安全监察局在煤矿安全行政许可工作的过程中注重从煤矿安全专篇的编制审查、中介机构的评价、安全设施的竣工验收到颁证及许可证的管理等方面严格把关。① 要求新建和资源整合技术改造矿井的"安全专篇"必须由有相应资质的设计单位编制，按照生产能力大小，分别报省局或监察分局进行审查，重点审查矿井各系统是否满足安全生产需要，安全设施是否与矿井实际灾害情况相符合。对安全设施标准从严掌握。② 下发《关于规范地方煤矿建设项目安全设施验收评价的若干意见》(豫煤安监二〔2997〕167 号)，对中介机构评价工作提出具体要求，对每个系统规定评价标准，制作评价责任表，举办煤矿安全评价培训班，发现不负责任、与矿井实际情况不符甚至弄虚作假的《煤矿建设项目验收评价报告》，视其情节轻重追究有关人员的责任甚至吊销其评价资质。③ 要求煤矿建设项目安全设施竣工验收必须成立验收组，按照矿井通风、防灭火、防治水、瓦斯防治、提升运输、电气工程、安全监控、检测、粉尘灾害防治、其他等系统，逐条逐项检查验收，各系统必须同时达到"安全专篇"设计要求，符合《煤矿安全规程》及有关安全规范的规定。煤矿使用涉及安全生产的产品，必须取得煤矿矿用产品安全标志并经过有资质机构安全检验。④ 严格颁证条件和程序。河南煤矿安全监察局成立办证工作领导小组，多次召开重点煤矿企业安全生产许可证颁发动员大会和地方煤矿安全生产许可证颁证工作会议，将办理许可证的政策、条件和具体要求贯彻到每一个煤矿企业。审理办证坚持依法公开公正，严格标准，认真把关，对具备安全生产条件的，限时办结，及时发放许可证；对接近时限(45 个工作日)的申请件，一般由行政许可办发函催办，通过集中催办，提请领导和主办处室的高度重视，加快审批速度。逾期不具备安全生产条件的，坚决不予发证。为防止审查、审批走过场，防止不符合安全条件的矿井蒙混过关，对提交的材料严格要求材料图纸必须规范适用，符合实际，有关证照合法有效。尤其对评价报告所表述的关键内容，对照颁证条件和《煤矿安全规程》逐条审查，要求每一个章节都要做出合格结论，评价机构必须到矿井进行细致严格的复查，指导煤矿整改问题，复查情况必须体现在最后提交的安全评价报告中。对材料合格的煤矿，主办处室召开处务会研究，明确审核意见，提交局长办公会，集体研究决定，对拟颁证的矿井，在网上向社会公示，公示期满，没有异议的，按程序发证。⑤ 把住许可证管理环节，每年进行一次安全生产许可证专项监察，对取得安全生产许可证矿井全部检查，对降低条件、达不到条件矿井暂扣许可证，并限期停产整改；对关闭煤矿、证照到期不按规定及时申请延期煤矿、发生重大事故不再具备安全生产条件的煤矿及时吊销和注销安全生产许可证；建立安全生产许可档案，对申请安全生产许可证的煤矿企业，按照一矿一档的规定，将申报材料装订成册，定期移交档案室，对决定颁发安全生产许可证的煤矿企业，除纸质档案外，建立电子档案，定期上报国家局网站和省局网站，定期向社会公布，接受公众监督。

二、煤炭生产许可

为加强煤炭生产行业管理，促进煤炭安全生产，1994 年 12 月 20 日，国务院以第 168 号令发布《煤炭生产许可证管理办法》，共六章二十一条，自发布之日起施行。确立了煤炭生产许可制度。

1995 年 3 月 29 日，根据国务院《煤炭生产许可证管理办法》制定了《煤炭生产许可证管理办法实施细则》，共六章三十五条。

自 1994 年煤炭生产许可制度实施以来，河南省认真贯彻实施煤炭生产许可制度，加强煤炭生产监管，使原来煤炭生产领域混乱的局面得到了很大程度的扭转，全省煤炭工业面貌发生了显著变化。煤炭产量由 2000 年 7673 万吨，增加到 2013 年 1.53 亿吨，增长 99.8%。百万吨死亡率由 2.96 下降到 0.065，降低 97.8%。

2001 年 4 月 3 日，河南省煤炭工业局下发《关于成立河南省煤炭生产许可证审查领导小组的通知》(豫煤行〔2001〕120号),办公室设在行业管理处,沈天良兼任办公室主任。

2003年度河南国有煤矿煤炭生产许可证年检结果合格矿井113处;基本合格22处;不合格1处(安阳矿务局王家岭煤矿)已吊销其煤炭生产许可证。

2004年,为贯彻落实国家发展和改革委员会《关于加强煤炭生产许可证年检工作的通知》(发改运行〔2004〕648号),河南省煤炭工业局以豫煤行〔2004〕301号进行了转发,并对全省煤矿煤炭生产许可证年检工作提出了明确要求和具体安排。

2005年1月28日,根据国家发展和改革委员会办公厅《关于印发煤炭生产许可证资格审查专家管理暂行办法的通知》(发改办运行〔2004〕1536号)规定,河南省孔令辉、陈旭昌、田小鹏、何青林、刘丙申、李建新、周新贞、孙成群、张明杰、常用根、刘白宙、王建国12名同志聘为全国煤炭生产许可证资格审查专家。

2005年1月28日,国家发展和改革委员会《关于表彰全国煤炭生产许可监管工作先进集体、先进工作者和依法生产先进煤矿的通知》(发改办运行〔2005〕178号),河南省安阳市煤炭管理局、焦作市煤炭工业管理局、平顶山市石龙区煤炭工业局获得先进集体称号,河南省煤炭工业局李文正、洛阳市煤炭工业局魏柳安、平顶山市卫东区煤炭和地质矿产局陈迎运获得先进工作称号,平煤集团六矿、神火集团新庄煤矿等12家煤矿获得先进煤矿称号。

2005年4月14日,在鹤煤集团召开全省煤矿生产许可监管工作会议。副局长陈党义出席会议作重要讲话,会上印发了《河南省煤炭生产许可证资格审查专家管理暂行办法》,聘任沈天良、刘述森、吴晓薇、李文正、孔令辉、茹纯洁、程乐金等47名同志为全省煤炭生产许可证资格审查专家,并建立专家库,推动全省煤矿依法监管工作开展。

2005年7月21日,制定印发了《关于加强我省煤炭资源整合期间煤矿技术改造及煤炭生产许可证管理工作的通知》(豫煤办〔2005〕409号),对上报程序和审查方案做出了明确规定。

2005年度,河南省煤炭行政大厅共计受理煤炭生产许可证延续、变更材料266份,按照河南省煤炭资源整合政策,注销煤炭生产许可证的矿井1300处。

2006年5月15日,制定下发了《河南省煤炭工业局关于开展2006年度煤炭生产许可证年检工作的通知》(豫煤行〔2006〕489号),对年检工作进行安排部署。

2006年度,河南省煤炭行政大厅共计受理煤炭生产许可证延续、变更材料77份,省煤炭生产许可证审查领导小组召开9次会议,研究延续、变更事项,经集体审查后,都按时给予了办理和答复。

2007年6月4日,制定下发了《河南省煤炭工业局关于开展2007年度煤炭生产许可证年检工作的通知》(豫煤行〔2007〕409号),对年检工作进行安排部署。8月10日,下发《河南省煤炭工业局关于换发新版煤炭生产许可证有关问题的通知》(豫煤行〔2007〕615号),标志着新版煤炭生产许可证换发工作正式启动。

2008—2013年7月,组织开展了320处矿井的煤炭生产许可证重新核发、20处新建矿井生产许可现场审查和380次重点矿井的煤炭生产年检等工作,提高了监管工作的质量和水平,促进了煤矿企业依法生产,维护了生产秩序。2009年成立了以河南省工业和信息化厅副厅长任组长的“河南省煤炭生产许可证审查领导小组”,负责全省煤炭生产许可证的审查发放工作。建立完善产煤市、县(市、区)两级煤炭管理部门专家审查机制,形成省、市、县三级生产监管体系。制定下发了《河南省工业和信息化厅关于加强煤炭生产许可监管的实施意见》(豫工信〔2010〕29号)文件，设立行政许可服务审批大厅，坚持“三集中”(集中受理、集中审查、集中发放)审批制度，由全省煤炭生产许可证审查领导小组集中时间对受理申请的企业进行集体审查，累计审查400次矿井的申办、延续、变更等许可手续。建立公示制度，在省级网站上公示，接受社会监督。对符合条件的煤矿企业在规定时间内集中办理；对达不到规定条件的，一律不予批准并说明理由退回相关资料。充分依靠和发挥专家的技术和智力支持，建立完善省级煤炭生产许可专家库，聘任全省100名采煤、机电、运输、通风、地质和环保等主体专业工程技术人员作为煤炭生产许可证审查专家。每年坚持“四个结合”，即年检与执法检查相结合，年检与生产能力核定相结合，年检与隐患排查治理相结合，年检与深化瓦斯治理相结合。推动了年检工作制度化、规范化和常态化。先后组织开展了10多次安全执法监督检查，督查矿井470处，查处各类隐患1200条，下达隐患整改通知书130份，停产整顿矿井、采区和采掘头面等36处。对发现的重大隐患都严格按“五定”原则实施了挂牌警示和责任追究，96%的重大隐患已得到根治，安全生产基础进一步夯实。

《煤炭生产许可证管理办法》已经被2013年7月18日起施行的第638号国务院令予以废止。

第三节　专项整治

1998—2001年，在各级政府和有关部门及煤炭企业的共同努力下，河南省关闭3000多处小煤矿。

2001年6月13日，国务院办公厅25号明电《国务院办公厅关于关闭国有煤矿矿办小井和乡镇煤矿停产整顿的紧急通知》下发后，组织经贸委、地矿、监察、公安、工商、煤炭、电力等部门分7个组共136人，对各地治理整顿情况进行为时一个月的督查，共督查12个产煤市、28个县(市、区)，抽查11个国有重点矿、6个国有地方矿、498个乡镇煤矿，推动各地治理整顿工作。2001年又进一步关闭“四证”不全和不具备安全生产条件矿井659处。全省投入安全整改资金7亿多元，其中，国有煤矿投入资金近4亿元，乡镇煤矿投入3亿多元，使长期没有解决的通风、安全出口、提升容器及防坠、供电等问题基本得到解决，煤矿安全整体水平得到提升，专项治理整顿取得阶段性成果。2001年9月19—20日，国务院在河南召开关闭整顿小煤矿和煤矿安全生产工作现场会，对河南的工作给予充分肯定。2001年9月，全省贯彻落实《国务院办公厅关于进一步做好关闭整顿小煤矿和煤矿安全生产工作的通知》(国办发〔2001〕68号)和全国关闭整顿小煤矿和煤矿安全生产工作现场会议精神，河南省下发《河南省人民政府办公厅关于贯彻国办发〔2001〕68号文件精神进一步做好我省关闭整顿小煤矿和煤矿安全生产工作的通知》(豫政办〔2001〕100号)，明确提出“四个一律关闭”：即国有煤矿矿办小井、国有煤矿矿区范围(即国有煤矿采矿登记确认的范围)内的小煤矿、不具备基本安全生产条件的各类煤矿、“四证”(即采矿许可证、煤炭生产许可证、营业执照和矿长资格证)不全以及生产高灰高硫煤炭(灰分超过40%、含硫超过3%)的小煤矿，必须坚决全部予以关闭；六个关闭标准：煤炭管理部门撤销办矿批准文件、吊(注)销煤炭生产许可证及矿长资格证，国土资源管理部门吊(注)销采矿许可证，工商行政管理部门吊(注)销营业执照，生产建设和地质资料上交煤炭管理部门，省辖市人民政府负责在市级以上报纸发布公告，拉倒井架、毁闭井筒、拆除设施、填平场地,恢复地表植被或复垦。小煤矿整顿的重点内容:煤矿矿井通风、防治瓦斯、防治粉尘、防灭火(以下简称“一通三防”)等安全设施的建设是否符合规定要求;矿井生产是否符合煤矿安全规程和技术规范;煤矿矿长是否具备安全专业知识,有无有效资格证书,特殊工种作业人员是否有职业资格证书;煤矿开采是否符合环保要求,排放污染物是否达到环保标准;资源利用是否合理,矿业秩序是否良好。时任副省长张以祥和副省长史济春先后担任全省煤矿安全专项治理整顿领导小组组长,省政府专门成立由省煤炭工业管理局牵头,省工商、公安、电力、监察、国土资源等单位参加的河南省煤炭企业关闭整顿小煤矿和煤矿安全生产检查验收领导小组。国有煤矿以“一通三防”为重点开展专项整顿,由河南煤矿安全监察局牵头。明确各级政府为此项工作的责任主体,并规定有关部门的职责,明确对整顿工作措施不力,负有责任的领导干部,比照《国务院关于特大安全事故行政责任追究的规定》和省政府有关规定,从严从重追究行政责任。河南煤矿安全监察局多次以整顿办的名义组织开展督查。

2002 年,河南省全力开展小煤矿安全检查复工验收工作,制定煤炭生产许可证换发办法,要求必须经省政府批准后小煤矿方可进行“四证”换发工作。到年底,全省有 1563 个小煤矿通过省级验收,为 900 个通过省级验收的小煤矿换发煤炭生产许可证。

2003 年,为进一步提高全省煤炭行业整体素质,巩固煤矿专项治理整顿成果,保持矿业秩序和安全状况持续稳定好转,省政府下发《河南省煤矿专项治理整顿工作实施方案》(豫政办〔2003〕43 号),规定对违反煤炭生产有关法律法规及规定和不具备安全生产基本条件的小煤矿依法实施关闭,列出“五类”整顿矿井、“十项”整顿标准、“六类”关闭矿井。

2004 年初,为了解决全省煤矿数量众多、布局分散、单井规模小、开采方法落后、安全状况差等问题,河南省委、省政府提出要在全省范围内开展煤炭资源整合工作,整顿关闭小煤矿,提高产业集中度和技术装备水平,推动煤炭资源向优势企业集中,促进资源的节约保护和可持续发展,随机在全国率先开展煤炭资源整合。历时 3 年多,通过加强领导,制订方案,政策引导,强化督导等,全省小煤矿数量由整合前的 1569 处减少到 550 处,七家省骨干煤炭企业年生产能力由整合前的 7235 万吨提高到 1 亿吨左右,所控制的煤炭资源量由 78 亿吨提高到 116 亿吨,达到全省的 90%以上,小煤矿安全生产装备水平明显提高。

2005 年 8 月,河南省安全生产监督管理局等部门制定《关于整顿和关闭不具备安全生产条件和非法煤矿工作方案》,河南省人民政府办公厅以豫政办〔2005〕76 号文件予以转发。该方案明确“七类”矿井停产整顿:① 在 2005 年 7 月 13 日之前,没有提出办理煤矿安全生产许可证申请、煤矿安全监管监察机构已责令停产整顿的矿井;② 已提交申请,但经审查认定不具备安全生产条件、责令限期整顿的矿井;③ 证照不全的矿井、超能力生产的矿井;④ 没有按规定建立瓦斯监测和瓦斯抽放系统的矿井;⑤ 没有按规定采取防治煤与瓦斯突出措施的矿井、没有经过安全生产“三同时”竣工验收而投产的基建与改扩建矿井和“四类”关闭矿井(证照不全拒不停产或无证生产的矿井);⑥ 已被关闭又非法生产的矿井、明停暗开或“停而不整”的矿井;⑦ 经整顿仍达不到安全生产条件的矿井。要求 2005 年年底前完成整顿和关闭工作。

2009 年 5 月 5 日,根据《国务院办公厅关于进一步推进安全生产“三项行动”的通知》(国办发〔2009〕32 号)有关部署要求,省政府下发《河南省安全生产“三项行动”实施方案》，明确煤矿为重点领域。安全生产“三项行动”：

一是执法行动。依法打击或查处9种行为：① 无证或证照不全从事生产、经营、建设的；② 关闭取缔后又擅自生产、经营、建设的，小煤矿应关未关或关闭计划不落实的；③ 私采滥挖、超层越界开采、尾矿库违规排放的；④ 违反建设项目安全设施“三同时”(环保设施必须与主体工程同时设计、同时施工、同时投产使用)规定，违法违规进行项目建设的；⑤ 瞒报事故的；⑥ 重大隐患隐瞒不报或不按规定期限予以整治的；⑦ 不按规定进行安全培训或无证上岗的；⑧ 拒不执行安全监管监察指令、抗拒安全执法的；⑨ 其他非法违法生产、经营、建设行为。

二是治理行动。对10种行为进行严格治理：① 安全生产工艺系统、技术装备、监控设施、作业环境、劳动防护用品配备不符合规定要求的；② 危险性较大的特种设备和危险物品的存储容器、运输工具完好率不达标及不按规定进行检测检验的；③ 受自然灾害威胁而未落实防范措施的；④ 隐患排查治理制度不健全、责任不明确、措施不落实、整改不到位的；⑤ 应急救援队伍不健全，应急预案制订修订、演练不及时，以及自救装备配备不足、使用培训不够的；⑥ 高危行业安全生产费用提取使用、安全生产风险抵押金交纳等经济政策落实不到位的；⑦ 重大基础设施建设安全制度不完善、管理措施落实不到位的；⑧ 违章指挥、违章作业、违反劳动纪律的；⑨ 各级政府对有关行业(领域)和企业、单位的安全监管责任不落实，安全管理机构不健全，有关部门监督检查不到位，安全许可制度执行不严格的；⑩ 有关地方和行业主管部门确定的行业(领域)及企业、单位安全隐患治理不到位的。

三是宣传教育行动。① 宣传安全生产法律、法规、规章、制度，增强安全法制意识；② 宣传安全发展理念，推进安全文化建设；③ 宣传推广安全生产工作的典型经验和做法，推进安全生产示范企业建设；④ 完善安全生产信息发布制度，公布安全生产事故企业“黑名单”、事故查处情况，加强安全生产舆论监督；⑤ 深入开展“安全生产月”、“安全生产万里行”、“安全生产科技周”等集中宣传教育活动；⑥ 改革企业相关招用工制度，推广实行“变招工为招生”，加大委托学校定向培养工作力度；⑦ 严格教育培训机构监管，加强师资力量、培训装备建设，提高培训质量；⑧ 加强企业主要负责人、安全管理人员和特种作业人员培训，抓好新进人员安全教育，强化全员安全技能培训。

第四节 教育培训

一、培训机构

1991—1995年，全省产煤县先后成立16个安全技术培训机构，与河南煤矿安全技术培训中心形成全省安全培训网络。1994年6月，按照煤炭工业部《关于对河南理顺煤矿安全技术培训体制的批复》(煤安函〔1994〕34号)要求，成立河南煤矿安全技术培训中心，培训中心设在河南省煤炭工业管理局(厅)，由该局的安监局负责安全技术培训业务工作。

1995年5月25日，河南煤炭工业管理局下发《关于成立河南煤矿安全技术培训中心的通知》(豫煤人字〔1995〕256号)，成立河南煤矿安全技术培训中心。

2001年2月27日，国家煤矿安全监察局办公室下发《关于同意河南煤矿安全技术培训中心更名的批复》(煤安监司办字〔2001〕11号)，原河南煤矿安全技术培训中心更名为河南煤矿安全监察局安全技术培训中心。2003年9月11日，河南煤矿安全监察局下发《关于河南煤矿安全监察局安全技术培训中心承担全省煤炭企业主要经营管理者、安全生产管理人员及特种作业人员安全技术培训的批复》(豫煤安人〔2003〕123号),同意河南煤矿安全监察局安全技术培训中心继续承担全省煤炭企业主要经营管理者、安全生产管理人员及特种作业人员安全技术培训。

2004年12月28日,国家安全生产监督管理局(国家煤矿安全监察局)第20号令《安全生产培训管理办法》要求,安全培训机构从事安全培训活动,必须取得相应的资质证书。资质证书分四个等级。一级、二级资质证书,由国家局审批、颁发;三级、四级资质证书,由省、自治区、直辖市安全生产监督管理部门审批、颁发。设立煤矿安全监察机构的省、自治区、直辖市,由省级煤矿安全监察机构负责所辖区域内从事煤矿安全培训活动的培训机构三级、四级资质证书的审批、颁发。

2005年10月31日,河南煤矿安全监察局下发《关于对河南煤矿安全监察局安全技术培训中心实行聘用制度方案的批复》(豫煤安人〔2005〕189号),同意河南煤矿安全监察局安全技术培训中心实施聘用制度改革,内设综合科、培训考核科两个科。同年年底,全省获得认证的煤矿安全培训机构81家,其中二级培训机构3家、三级33家、四级45家。2007年6月5日,河南煤矿安全监察局安全技术培训中心获得国家二级煤矿安全培训资质。

2009年10月16日,根据中央机构编制委员会办公室《关于国家煤矿安全监察系统事业单位机构编制的批复》(中央编办复字〔2009〕140号)河南煤矿安全监察局安全培训中心编制人员20名,财政补助20名。2009年10月14日,河南省安全生产监督管理局下发《河南省安全培训机构资质认定与管理办法(试行)》,对河南省国家三、四级安全培训机构认证管理作出规定。同年,河南煤矿安全监察局组织专家对2009年资质到期的36家三级和62家四级煤矿安全培训机构进行复审。

2010年4月20日,安监总厅〔2010〕70号文件同意河南煤矿安全监察局安全培训中心主要职责内设机构和人员编制规定,职责范围为:① 在资质范围内的煤矿企业主要负责人、安全生产管理人员和特种作业人员培训工作;② 承担煤矿安全评价、咨询、检测检验人员、注册安全工程师和煤矿安全培训机构教师等培训工作;③ 受委托承办全省煤矿安全生产管理人员安全资格考核和煤矿安全培训机构管理相关工作;④ 受委托承担市、县级煤矿安全监管部门执法人员培训工作;⑤ 承办上级交办的其他事项。内设4个职能科室:办公室(财务科)、培训一科、培训二科、信息管理科。

2012年9月10日,河南煤矿安全监察局出台《河南省煤矿安全培训机构管理办法》规定,河南省行政区域内煤矿安全培训机构资质的审批、颁发、监督和管理,坚持公开、公平、公正的原则,实行总体规划、合理布局、严格准入。

2012年年底,获得认证的煤矿培训机构110家,其中,一级煤矿安全培训机构1家、二级煤矿安全培训机构9家、三级煤矿安全培训机构39家、四级煤矿安全培训机构61家,覆盖全省国有重点矿区和重点产煤县。河南能源化工集团焦煤公司安全培训中心为二级煤矿安全培训机构资质,保留河南省煤炭高级技工学校等29家机构三级煤矿安全培训资质,取消鲁山县矿山安全技术培训中心等8家机构安全培训资质。

2013年9月24日,国家安全生产监督管理总局下发《安全生产资格考试与证书管理暂行办法》(安监总培训〔2013〕104号),文件规定:安全生产资格考试及证书管理工作,坚持教考分离、统一标准、统一题库、统一证书、分级负责原则。总局考试机构由国家安全生产监督管理总局和国家煤矿安全监察局确定，承担全国安全生产资格考试管理工作。省级考试机构由省级考核发证部门按照职责分工确定，报国家安全生产监督管理总局备案，承担本行政区域内的安全生产资格考试管理工作。市(地)级考试机构设置及职责，由省级考核发证部门根据实际工作需要确定。考试机构应当按照高效便民原则，合理设置考试点。考试机构不得从事与所承担考试任务有关的培训活动。

2015 年 8 月 10 日，河南煤矿安全监察局下发《河南煤矿安全监察局关于煤矿安全培训考试体系建设有关问题的通知》(豫煤安监人〔2015〕154 号)，要求建设由河南煤矿安全监察局考试中心、考试点和培训机构组成的河南省煤矿安全监察局安全培训考试体系。其中，规划 1 个省级考试中心，即河南煤矿安全监察局考试中心，考试中心设在河南煤矿安全培训中心。9 月 7 日，河南煤矿安全监察局下发《河南煤矿安全监察局关于确定煤矿安全生产资格考试点(第一批)的通知》(豫煤安监人〔2015〕178 号)，决定设立河南理工大学安全技术培训中心等 19 家第一批河南煤矿安全生产资格考试点。同年，根据《河南省安全生产资格考试与证书管理实施细则(试行)》文件精神，安全生产培训机构资质取消分级，省安全监管局对全省 113 家安全生产培训机构进行考核。

二、培训活动

1998 年，全省范围内开展安全生产法律法规及安全知识竞赛活动，10 万人参加竞赛，299 名职工获得优秀奖；举办乡镇煤矿技术负责人培训班、6 万吨以上乡镇煤矿矿长资格培训班、煤矿安监员培训班、地方国有煤矿矿长资格培训班，共计培训 322 人。

1999 年，河南省煤炭工业厅出台《河南省煤矿安全培训机构及教师资格认证管理办法》、《河南省煤矿职工安全技术培训及考核管理实施办法》。举办 6 万吨以上乡镇煤矿矿长资格培训班、地方国有煤矿矿长资格培训班、煤矿安监员培训班、防治煤与瓦斯突出培训班和由日本专家授课的地方煤矿安全管理技术培训班 7 期，培训 354 人。

2001 年，河南省煤炭行业开展“豫安杯”煤炭法律法规安全知识竞赛和中州煤矿安全巡访活动，共 10.6 万人参加，掀起学法、普法、用法高潮。同年，集中培训各类安全管理人员 3500 余人。

2002 年，河南省煤炭工业厅下发《关于对全省煤矿矿长任职资格进行年审的通知》(豫煤字〔2002〕568 号)，每年对国有煤矿“六职矿长”和乡镇煤矿的“五职矿长”进行全员考试，集中年审，全面提升煤矿矿长安全管理和安全技术水平。

2003 年，加大矿长、特殊工种、煤炭从业人员的培训力度，培训各类矿长 2800(人)次、特殊工种 20000 人(次)，其他人员 5 万人。完成全省国有重点煤矿和神火集团“五职矿长”资格年审工作，294 人参加考核考试，265 人审核通过。

2004 年，在做好矿长、特殊工种、煤炭从业人员教育培训的同时，河南省煤炭工业局举办三期乡镇煤矿安全质量标准化培训班，培训业务骨干 200 人。

2005 年，培训各类煤矿管理技术人员 3700 人次。举办《国务院关于促进煤炭工业健康发展的若干意见》研修班，鹤煤集团、平煤集团、永煤集团、鹤壁市煤炭企业负责人 300 人参加研修。11 月 11 日，举行全省煤炭行业学习宣传《河南省煤炭条例》动员大会，对学习贯彻做出重要部署。与河南理工大学共同举办“煤矿安全生产实务培训班”，局机关 45 岁以下非煤矿主体专业毕业的工作人员、新录用的公务员约 30 人参加培训。河南省煤炭工业局举办《煤矿通风能力核定办法》培训班，各煤业集团和中介机构的主要技术负责人 50 人参加培训。

2006 年，各地、各煤炭企业积极开展《河南省煤炭条例》颁布实施一周年宣传贯彻活动，并对全省国有重点煤业集团所属矿井的 500 名“五职”矿长持证情况进行审查，对国有重点和地方国有煤矿 800 名“五职”矿长任职资格进行年审。

2007 年，河南省煤炭工业局下发《关于落实河南省煤矿从业准入资格管理规定实施意见有关问题的通知》（豫煤人〔2007〕291 号），对 2554 名“五职”矿长任职资格进行年审。2003—2007 年的五年间，累计培训各类矿长 1.8 万人次，“五职”矿长持证率从 2003 年的 49%提高到 2007 年的 95%；培训技术工人 25 万人次，其中 18 万人取得职业资格证书。组织 50 万人次参加各类技术比武、技术创新和劳动竞赛活动。积极组织实施“紧缺人才”培养工程，培养本、专科层级的学员 4 批 8000 名，缓解煤矿主体专业人才短缺的压力。同年，组建郑州工业安全职业学院，平顶山工业职业技术学院成为全国首批示范性高职安全学院。

2008 年，河南省安全生产监督管理局与河南煤矿安全监察局分口办公，两局分别负责企业主要负责人安全生产培训和其他安全生产管理人员培训，煤矿任职资格管理培训仍由河南省煤炭工业管理局负责。河南省煤炭工业管理局下发《关于全省煤矿“五职”矿长任职资格学历有关规定的通知》，要求国有重点煤矿及神火集团新聘用任命的“五职”矿长必须具备煤矿安全生产相关专业大专以上学历，地方国有煤矿“五职”矿长必须具备煤矿安全生产相关专业中专以上学历，乡镇煤矿必须具备高中以上学历，国有重点煤矿及神火集团原在职“五职”矿长继续任职的，矿长和总工程师必须具备煤矿相关专业大专以上学历，其他副职矿长在 2009 年 6 月 30 日前，应具备煤矿相关专业中专以上学历。

2010 年，河南煤矿安全监察局印发《关于进一步加强煤矿安全生产管理人员资格培训工作的意见》，对培训内容和考核过程做出进一步规定。

2011 年，河南省安全生产监督管理局将原由人事培训处负责的煤矿主要负责人安全资格证的考核发证工作，调整为省安全生产监督管理局煤矿监察办公室负责，出台《关于加强全省煤矿“五职”矿长任职资格证和主要负责人安全资格证管理工作的通知》等文件，进一步完善培训取证相关工作标准和程序、严格任职条件审查、明确办证程序。举办 6 期兼并重组煤矿“五职”矿长培训班，共计培训“五职”矿长 431 人，提高兼并重组煤矿管理人员安全素质。

2012 年，河南煤矿安全监察局下发《关于进一步加强煤矿班组长安全培训工作的通知》（豫煤安监人〔2012〕286 号），规定煤矿班组长初次安全培训时间不得少于 72 学时，每年接受再培训的时间不得少于 20 学时。组织召开“五职”矿长任职资格“回头看”活动。专门组织召开工作会议，对“五职”矿长进行任职资格审查、笔试、面试，1687 名“五职”矿长参加任职资格“回头看”考核工作。同年 10 月，对国有重点煤矿“五职”矿长任职资格进行年审考试。同年，共组织开办矿长培训班 13 期，培训矿长 1256 人次。

2013 年，全省举办煤矿企业主要负责人和“五职”矿长培训班 8 期，参加培训 866 人；组织 1452 名“五职”矿长参加年审考试。同年 3 月 5 日，举办《煤矿矿长保护矿工生命安全七条规定》（以下简称《七条规定》）宣贯大会，国家煤矿安全监察局副局长黄玉治结合典型事故案例，逐条解析《七条规定》的主要内容及刚性要求，全体矿长签订“安全承诺书”，现场参加《七条规定》知识考试。河南省安全生产监督管理局在登封市举办安全生产风险预控管理培训班，各煤炭企业安监局长和312名煤矿管理人员参加培训。同年6月和8月两个月，在神华集团宁夏神宁集团公司举办两期全省煤矿企业主要负责人风险预控管理体系建设专题培训班，共86家煤炭企业126名主要负责人和111名副职矿长参加。

2014年11月，河南省委、省政府印发《关于加强安全生产工作的意见》（豫发〔2014〕23号），明确了党委、政府主要负责人的安全生产工作第一责任，进一步强调各部门按照“管行业必须管安全、管业务必须管安全、管生产经营必须管安全”的总体要求依法履行安全生产行业管理、专项监管和综合监管职责，突出企业主体责任，完善安全生产长效机制，强化安全生产支撑保障。同月，省政府办公厅印发《河南省人民政府办公厅关于进一步加强煤矿安全管理的通知》（豫政办〔2014〕163号），对煤矿安全地方监管职责进行了细化。

2014年，国家取消煤矿矿长资格证，河南省安全生产监督管理局印发《河南省安全生产资格考试与证书管理实施细则（试行）》，在省、市（直管县）两级考试机构的设立、职责、设立程序以及考试回避制度、跨省取证人员监管、市级（直管县）考核发证全省通用、违规违纪考试机构和考试点的惩戒等方面作出新规定，坚持教考分离、统一标准、统一题库、统一证书、分级负责。将安全生产知识考试时间由原来的90分钟增加到120分钟，各类考试合格分数线由60分提高至80分；考试机构使用全国安全生产资格考试网络平台进行考试管理，除特种作业人员实际操作考试外，其他考试均要求实行计算机考试。特种作业人员需在安全生产知识考试合格后，方可进行实际操作考试，考试期间考试机构要安排监考人员进行现场监考，实际操作考试安排考评人员现场评分；考试点对考试过程进行全程录像，录像资料存入档案，保存3年以上。同年10月28日，省安全生产监督管理局按照“一矿出事故、万矿受教育，一地有隐患、全国受警示”的要求，召开全省煤矿事故汇报暨警示教育会议，分析典型煤矿事故发生原因，剖析煤矿在安全生产理念、安全管理制度建设与落实、现场管理、安全技术措施等方面存在的深层次问题。

2000—2015年，全省煤矿安全机构培训煤矿“三项岗位人员”（煤矿企业负责人、煤矿安全管理人员、特殊工种人员）749332人次（历年“三项岗位人员”培训情况见表5-1-1）；培训煤矿班组长、职业卫生、培训机构师资、防突、总工、顶板管理、注册安全工程师继续教育等其他专项培训共计129005人。

表5-1-1 2000—2015年河南省煤矿“三项岗位人员”安全生产培训情况统计表　　人

年份＼人员分类	合计	煤矿主要负责人			煤矿安全生产管理人员			煤矿特种作业人员		
		小计	初训	复训	小计	初训	复训	小计	初训	复训
合　计	749332									
2000—2004	24109	4619			3139			16351		
2005	103468	5620	2069	3551	3286	2037	1249	94562	84900	9662
2006	59908	719	419	300	6178	2223	3955	53011	43550	9461
2007	165534	741	348	393	13274	7213	6061	151519	61130	90389
2008	120509	857	462	395	12911	6466	6445	106741	70543	36198
2009	128083	921	490	431	18007	8715	9292	109155	70055	39100

表 5-1-1(续) 人

年份＼人员分类	合计	煤矿主要负责人			煤矿安全生产管理人员			煤矿特种作业人员		
		小计	初训	复训	小计	初训	复训	小计	初训	复训
2010	20016				20016	11161	8855			
2011	28244				28244	15638	12606			
2012	25272				25272	9199	16073			
2013	26317				26317	11750	14567			
2014	26406				26406	11307	15099			
2015	21466				21466	7170	14306			
备注	培训煤矿班组长、职业卫生、培训机构师资、防突、总工、顶板管理、注册安全工程师继续教育等其他专项培训共计 129005 人									

第五节 安全评价

2003 年，河南省按照国家煤矿安全监察局的要求，在全省开展煤矿安全程度评估工作。5 月，河南煤矿安全监察局下发《关于在全省煤矿开展安全程度评估工作的通知》(豫煤安办〔2003〕61 号)，全面开展煤矿安全程度评估工作。2004 年根据评估结果，对矿井划分 A、B、C、D 4 个类别，分别为安全、基本安全、安全较差和安全不合格矿井。同年，评估国有重点煤矿矿井 66 个，其中 A 级 8 个、B 级 52 个、C 级 5 个、D 级 1 个；地方煤矿矿井 61 个，其中 A 类 5 个、B 类 43 个、C 类 11 个、D 类 2 个；乡镇煤矿生产矿井 407 个，其中 A 类 127 个、B 类 85 个、C 类 164 个、D 类 31 个。对以上矿井实行分类管理。

一、平煤神马集团

1991 年 11 月，平顶山矿务局根据中国统配煤矿总公司安全工作要求，下发《关于推行〈程序化检查方法和安全评价方法与管理方法(试行)〉的通知》，自 1992 年 4 月 1 日起在全局实施程序化检查和安全评价工作，并要求各基层煤矿单位制定实施细则。1999 年 9—11 月，集团编制《煤矿生产矿井劳动安全卫生评价手册》，共分 23 个分册，涵盖煤矿井工开采各系统和专业。1999 年 12 月 20 日，手册经国家经贸委安全生产局专家组评审通过，作为集团公司煤矿安全评价的技术依据。2000 年 11 月，集团明确平顶山万安劳动安全卫生评价咨询有限公司为处级单位，主要从事涵盖煤炭采选业 9 个行业的安全评价、安全咨询工作。2004 年 10 月，制定下发《关于 2004 年度开展煤矿安全程度评估工作的安排意见》(平煤安〔2004〕28 号)，对基层煤矿单位的安全程度评估工作进行全面安排部署，明确工作任务和时间要求。

1991 年以后，集团先后对一矿、四矿、五矿、六矿、九矿、十一矿、十二矿、十三矿、朝川矿、首山一矿、天力公司吴寨矿、平禹煤电公司一矿、长虹矿业公司、景昇煤业公司等煤矿实施包括产业升级、技术改造、通风系统补套、矿井主运输系统改造等开展评价工作。按照国家《安全生产法》、《建设项目安全设施"三同时"监督管理暂行办法》等规定，对所有建设项目实行安全设施"三同时"管理，做到安全设施与主体工程同时设计、同时施工、同时投入生产和使用。在对建设项目实施安全设施评价的同时，对所有建设项目实行职业卫生"三同时"管理，委托中国平煤神马集团职业病防治院、世纪万安科技

(北京)有限公司、平顶山市职业病防治所等,在建设项目可行性论证阶段进行职业病危害预评价,在建设项目联合试运行期间对职业病防护设施运行情况和工作场所职业病危害因素进行监测,以及职业病危害控制效果评价。

二、郑煤集团

2007年,郑煤集团创新安全管理模式,对采掘工作面存在的瓦斯、水害、顶板隐患实施"三项评价"和工作面机电运输评价。2008年,编制《采掘工作面"三项评价"手册》,进一步完善、规范瓦斯、水害、顶板"三项评价"机制,实行评价和审核两级管理,所有矿井全部采掘工作面实行逐月评价,未通过"三项评价"或未评价的采掘工作面严禁施工,评价结果上网公示。评价出的重大安全隐患,各业务部门登记上表,明确具体监控部门和监控人,采取现场落实和电话询问方式实施动态监控管理。每周定期召开一次安全隐患重点监控平衡会,通报本周重点监控的隐患整改情况。对完全整改到位的予以注销,对没有按期整改的,进一步研究落实整改措施。形成预先评价—信息采集验证—辨识重大隐患—过程重点监控—最终消除隐患的四环五级闭环管理系统,安全管理由被动检查型向超前防范型转变。

第二章 安 全 监 察

第一节 监察执法

2000年6月,河南煤矿安全监察局建立煤矿安全监察工作机制,下发《河南省煤矿企业重大事故隐患报告规定》、《煤矿事故隐患及隐瞒伤亡事故举报办法》、《河南省乡镇煤矿安全矿长派驻办法》,在培训、信息调度、事故处理、矿山救护等方面建立一系列工作制度。坚持"边组建,边培训,边监察"。根据《中华人民共和国矿山安全法》等法律法规规定,拟订"限期改进决定书"和"行政处罚建议书",规范执法文本。全省各级煤矿安全监察机构连续不断开展安全大检查,全年共监察矿井1929处,查出各类安全隐患6736条,责令限期整改、停产整顿矿井905处,提请关闭小煤矿356处。

2001年,河南煤矿安全监察机构按照《煤矿安全监察条例》要求,连续组织开展以国有煤矿"一通三防"、高突矿井、安全装备、乡镇煤矿、夏季"三防"、矿办小井等为内容的专项安全检查。在节后复工、"两会"召开期间、治理整顿期间和第四季度,集中开展安全执法监察。全年共检查煤矿5440矿次,其中,对56个国有重点煤矿检查303次,对74个国有地方煤矿检查321次,对2000多个乡镇煤矿检查4816次。全年共下达现场处理决定书1502件,其中,责令停止作业工作面(头)438个,责令停止使用设备426台。经过复查,对落实整改达到要求的同意恢复作业或使用,对达不到要求的依法进行处罚。全年下达行政处罚决定书300多件,其中责令停止生产矿井298个、实施行政处罚59.9万元。在执法监察中,共查出各类安全隐患17948条,督促企业整改隐患,现场解决9136条,限期整改8812条。

2002年,河南煤矿安全监察局和区域

煤矿安全监察机构，全年共监察煤矿3372矿次，下井监察10665人次，查出事故隐患21129条。其中现场纠正9027条，责令限期整改7602条，责令关闭矿井362个，责令停止工作面711个，责令停用机电设备1165台。下达行政处罚决定书325份，其中责令停止生产或施工176起，罚款168万元。

2003年，河南煤矿安全监察局认真做好安全生产综合监督管理和煤矿安全监察工作，提出“综合分析助决策，认真执法不失职，依法监督不越位，加强管理不缺位，认真协调共谋事，热情服务图发展”的工作原则，全面履行煤矿监察职责。全年组织监察煤矿2867矿次，查出隐患20030条，下达执法文书7808份，责令停产整顿工作面640个，停止使用设备1318台，实施行政处罚222.5万元，提出加强和改善安全管理的建议205份。组织查处突击生产和超通风能力生产矿井，对国有重点煤矿进行通风能力核定和通风系统可靠性评价，督促高瓦斯、煤与瓦斯突出矿井安装安全监控系统，督促41对高突乡镇煤矿全部实施“四位一体”防突措施。组织防治水专项监察、矿用产品和劳动保护用品专项监察等多个专项安全监察。

2004年，河南煤矿安全监察局贯彻落实《国务院办公厅关于完善煤矿安全监察体制的意见》，全面履行煤矿安全监察职责。全年共监察煤矿3137矿次，查出事故隐患16524条，下达执法文书9085份。其中，现场检查笔录3020份，调查取证笔录1541份，现场处理决定书3252份，撤出作业人员命令书322份，立案决定书407份，行政处罚决定书370份，实施行政处罚543.3万元，责令关闭矿井9对。向地方政府及有关部门提出加强和改善安全生产管理建议书173份。将27个瓦斯突出矿井、34个煤矿作为重点监控对象重点监察。对国有重点煤矿自然灾害严重、绝对瓦斯涌出量大、煤与瓦斯突出、发生过重特大事故、有煤与瓦斯突出动力现象的五类矿井集中监察，责令5个矿井停止使用架线电机车，4个没有专用回风巷的采区立即停止生产，15个突出煤层放顶煤采煤工作面停止生产，9个违法建设工程停止施工。对17个重点防汛单位重点监察，组织防治水专项监察和雨季集中监察，共排查国有重点煤矿56对，查出隐患150条，帮助企业及时消除隐患。

2005年，全年共监察煤矿2911矿次，查出事故隐患12407条，复查整改9399条，其中查出重大事故隐患1544条，复查整改1125条。下达执法文书共8260份，其中现场检查笔录2448份，调查取证笔录1208份，现场处理决定书2647份，撤出作业人员命令书140份，复查意见书865份，立案决定书472份，行政处罚决定书480份，行政处罚504次(其中生产经营单位498次，煤矿主要负责人6次)，责令停产整顿矿井303个，责令关闭矿井858处，实施行政处罚1226.3万元。根据国家煤矿安全监察局“五整顿”“四关闭”工作的要求，对存在问题的矿井采掘头面责令停产整顿。全省共组建联合执法检查组67处，执法检查50个市、县的1000多处煤矿；下达执法文书1000多份，责令停产整顿矿井440处，收缴证照1500多处；责令关闭矿井858处，吊销证照3000多处；查处非法生产矿井4处并提请当地政府关闭。同年年底，各级政府组织有关部门验收合格57处，对验收不合格的340处矿井和资源整合需要关闭的518处矿井实施关闭，关闭无证非法矿井228处。

2006年，河南省强化煤矿监管监察和基层基础工作，立足构建和谐社会大局，将安全发展列入构建和谐社会、创建平安河南战略布局，对中央驻豫和省管企业加强安全监管和目标考核。在5个省辖市开展非公有制中小企业安全监管试点。开展联合执法、综合治理。全年共监察矿井841处、2534矿次，下达执法文书6521份，查出隐患10578条，其中重大隐患423条。组织开展煤矿资源整合和水害防治、消防重大隐患整改、民爆物品安全、冬季消防等专项督察。对省属煤炭企业督察矿井710矿次，查出隐患3717条，其中重大隐患152条，责令停止作业工作面44个，责令停产整顿矿井45对，停用设备2419台，责令关闭矿井4处，下达督导建议书291份。两次大规模集中执法监察，对省属所有高瓦斯矿井、煤与瓦斯突出矿井以及省属煤炭企业资源整合矿井和基建矿井开展全面监察，查出各类隐患1147条，其中重大隐患141条，责令停产工作面64个，责令停产整顿矿井52处，关闭矿井12处。

2007年，全省坚持煤矿安全监察与隐患排查治理相结合，按照“抓大系统、除大隐患、防大事故”的工作思路，既查地面，也查井下；既查局部，更查系统；既查一般隐患，更查重大隐患，从大系统着眼，选择关键环节和部位作为重点开展监察。全年监察矿井815处、1872矿次，查出隐患8392条，行政处罚478次，责令停产整顿煤矿12处，实施行政处罚3328万元。处理责任人员461人次，其中移交司法机关追究刑事责任46人、行政处分296人、党纪处分80人(其中党纪、政纪并处70人)、行政罚款39人、罚款196万元。开展煤矿作业场所职业危害、劳动防护用品、煤矿矿用设备专项监督检查，共检查各类生产经营单位13449家，检查发现存在问题企业5873家，从使用环节上避免劣质劳动防护用品进入企业。煤矿矿用设备专项监察以矿用安全标志产品和禁止使用、淘汰设备为重点，共抽查各类矿用设备6255台(件、套、批)，查出无安全标志设备1298台(件、套、批)，安全标志执行率79.2%；查出禁止使用设备148台，淘汰设备在用率2.4%；在用大型固定设备检验率为82.5%。

2008年，河南煤监机构按照省委、省政府部署，与省直有关部门密切配合，分工协作，联合执法。同年4月下旬至7月底，开展煤矿百日安全督查专项行动，抽调30多人组成3个督查组，督察21个产煤县(市、区)和227个矿井，排查并督促治理隐患3415条。12月，省发改委、国资委、监察厅、公安厅、安监局、煤炭局、总工会、煤监局等部门联合行动，领导带队，抽调486名人员组成23个联合检查组，对716处停工停产矿井逐矿检查。全年全省煤矿安监机构共监察煤矿1678矿次，查处各类隐患11252条，其中重大隐患137条。根据不同时期煤矿的特点，针对性地组织开展瓦斯治理、夏季“三防”、安全培训、安全投入、矿用设备等专项监察和定期监察。其中瓦斯治理专项监察矿井108处，查出隐患1450条，责令停止作业工作面21个。郑州分局、豫南分局实施“四不监察”：不做盲目的、敷衍的、不执法的和无效果的监察；豫北分局、豫东分局集中力量，对煤矿进行全面、系统的“解剖式”监察；豫西分局建立“安全诚信机制”，鼓励煤矿企业主动排查治理隐患，提高监察执法效果。全年共提出加强和改善煤矿安全管理的意见和建议280多份。

2009年，按照国务院关于开展安全生产年活动的部署，围绕“三项行动”和“三项建设”为主体，组织开展以重点监察、专项监察和定期监察为内容的“三项监察”。推行异地监察、专家参与检查的监察方式，提高全省煤矿企业贯彻国家相关法律、法规，依法治矿的自觉性。全省煤矿安全监察系统共监察矿井584处、1671矿次，查处违法行为8910个，下达执法文书6991份，实施行政处罚680次。全年“三项监察”执法264矿次，其中重点监察37矿次、专项监察191矿次、定期监察36矿次。采取执法监察与宣传教育相结合、专家检查与监察执法相结合、隐患排查与督促整改相结合的方式，促进全省煤炭企业装备水平、管理水平和本质安全程度的提高。豫东分局探索解剖式监察执法方法，注重检查效果，不留死角，不走过场，对每一矿井、每一套系统、每一个环节做到巷巷必进、面面必查，机电设备逢台必检。豫南分局开展示范式监察执法，选择有代表性的典型煤矿作为示范监察对象，邀请煤矿安全监管、行业管理部门、乡镇政府及同类煤矿的矿长、实际控制人、技术负责人等参加监察活动。对查出的事故隐患，对照有关规定逐项点评。监察过程做到"三准"：违法事实查准、法律法规用准、处理处罚把准。坚持行政处罚集体研究，对所有煤矿一视同仁，一个标准，"一把尺子量到底"。

2010 年，全面贯彻落实《国务院办公厅关于继续深入开展"安全生产年"活动的通知》(国办发〔2010〕15 号)，河南省研究提出继续深入开展"安全生产年"活动，进一步做好煤矿安全生产工作的九项措施。制订"防治煤与瓦斯突出监察工作检查表"、"煤矿防治水监察工作检查表"、"防治煤与瓦斯突出监察工作企业自查表"、"煤矿防治水监察工作企业自检表"。下发《关于开展省属煤炭企业矿井"一通三防"专项监察的通知》(豫煤安监〔2010〕97 号)、《关于开展省属煤炭企业矿井防治水和雨季"三防"专项监察工作的通知》(豫煤安监〔2010〕99 号)，围绕瓦斯、水害防治重点，组织监察。从 5 个监察分局和 6 个省属煤炭企业抽调 11 名技术专家，组成两个专项检查组，分别对省属煤炭企业的 12 对矿井进行解剖式监察，共查出隐患 206 条，责令 4 个采煤工作面停止生产、2 个掘进工作面停止掘进，2 台设备停止使用。全年进行"三项监察"执法 240 矿次，其中重点监察 12 矿次、专项监察 184 矿次、定期监察 44 矿次。全年共监察矿井 513 处、1189 矿次，下达执法文书 4515 份，实施行政处罚 503 次，责令停产整顿矿井 9 处。

2011 年，以遏制重特大事故为目标，确立"一个中心、两个手段、三项重点、八个抓手"的工作思路，依靠法律和行政两种手段，促使煤炭企业、地方政府严格落实主体责任和监管责任。突出瓦斯治理、水害防治和兼并重组矿井安全三项重点，抓大系统、除大隐患、防大事故。开展"不定时间、不定地点、不打招呼"的突击监察，尝试追根求源的审计式监察形式，提高监察效能。相继开展矿领导带班下井、煤与瓦斯突出防治、建设项目"三同时"、兼并重组矿井、矿井防治水、安全培训与持证上岗、"六大系统"建设、安全费用提取与使用等专项监察活动。开展示范式、剖析式、异地集中执法监察。全系统共监察矿井 508 处、1131 矿次，下达执法文书 4456 份，实施行政处罚 404 次，责令停产整顿矿井 4 处。"两会"期间，抽调 106 名监察人员组成 23 个督导组，采取明察暗访等形式，抽查 7 个省辖市监管部门、12 个县(市、区)政府、18 家煤炭企业、142 处矿井，督促排查消除安全隐患 3268 条，"两会"期间全省煤矿企业实现安全无事故。强力推进"六大系统"建设和完善工作，全省生产矿井全部建成监测监控、压风自救、供水施救和通讯联络系统，90％的生产矿井建成人员定位系统，88 个矿井的紧急避险系统开工建设，其中 7 个试点矿井已经完成井下永久避险硐室设备安装和功能调试。同时推广在掘进工作面等重要作业场所安装视频监控系统。深入开展打非治违，督查小组办公室出动 800 余人次，查处有效举报 41 起，查证属实并结案 4 起，向举报人发放奖金 33 万元，追究 35 名相关责任人，抓捕 30 余名非法违法采矿当事人。促使 166 处小煤矿签订退出关闭协议，淘汰落后产能 2250 万吨。

2012 年，全省煤矿监察系统严格执行

国家安全生产监督管理总局、国家煤矿安全监察局《加强煤矿安全监察监管工作“十项要求”》，积极落实并推行“事故可防可控”的安全“零隐患”理念，确立“一个核心、三项重点、三个手段、四种意识”的工作思路，强化监察执法，推动煤矿落实主体责任。全年“三项监察”矿井 964 矿次，其中重点监察 531 矿次、专项监察 347 矿次、定期监察 86 矿次，下达执法文书 4286 份，实施行政处罚 443 次，其中经济处罚 424 次，罚款 3607.31 万元。严厉打击煤矿非法违法生产，制订河南省煤矿“打非治违”专项行动实施方案，成立 5 个督导组开展督导工作，各地政府组成 253 个督导组，出动 1.5 万余人次，查处各类违法违规行为 2.52 万条，重大隐患 96 条，查处举报案件 5 起，促进了煤矿依法安全生产。重点监察、专项监察和定期监察共查处违法违规行为 1544 条，其中瓦斯防治重点监察查处违法违规行为 68 条，防治水重点监察查处违法违规行为 143 条，配合国家煤矿安全监察局开展防治水督察查处违法违规行为 40 条，防治水专项治理查处违法违规行为 306 条，煤矿建设项目专项检查查处违法违规行为 152 条，煤矿安全培训专项监察查处违法违规行为 192 条，安全生产许可证持证条件专项检查查处违法违规行为 72 条，煤矿矿用设备专项监察查处违法违规行为 72 条，职业危害防治和劳动保护专项监察查处违法违规行为 126 条，“六大系统”建设专项监察查处违法违规行为 74 条，两会期间定期监察共查处违法违规行为 189 条。全省各区域监察机构创新监察方式，提高监察效果。郑州分局组织开展专项立案调查、审计式监察、解剖式监察、安全约谈、突击监察和夜查等；豫北分局探索实施分类监察、突击监察、表格式监察、“体检”式监察等；豫西分局集中监察力量，聘请专家，综合运用示范监察、剖析式监察、审计监察、专家监察、隐患责任倒查、安全生产约谈等；豫东分局采取高位监察、标准化监察，降低监察执法频度、提高监察执法精度、加大监察执法力度、坚持严格公正、科学廉洁执法，查处一批安全生产违法违规行为。

2013 年，认真落实《煤矿矿长保护矿工生命安全七条规定》和煤矿关闭整顿等治本攻坚“七条举措”，继续开展“打非治违”，监察执法力度持续加大。重点打击煤矿无证无照生产、不具备安全条件擅自生产、超层越界、关闭取缔后“死灰复燃”以及未批先建、批小建大等违法违规行为。全年监察矿井 932 矿次，其中重点监察 523 矿次、专项监察 327 矿次、定期监察 82 矿次，下达执法文书 6185 份，实施行政处罚 679 次，罚款 3932.7 万元。6—9 月，全省成立 200 余个煤矿安全大检查工作组，组织参加各类煤矿安全检查 20086 人次，检查矿井 3663 矿次，查出隐患和问题 28723 条，停止采、掘工作面 17 个，处理责任人 446 人次，实施行政处罚 552.66 万元，暂扣安全生产许可证 2 家，责令矿井停产整顿 85 处。按照《国务院安委会办公室关于在全国煤矿开展“保护矿工生命，矿长守规尽责”主题实践活动的通知》（安委办〔2013〕6 号）要求，成立落实《煤矿矿长保护矿工生命安全七条规定》督查组，督察省骨干煤炭企业 15 处矿井。贯彻落实国家安全生产监督管理总局、国家煤矿安全监察局《煤矿安全生产大检查工作方案》，印发《河南煤矿安全监察局关于开展煤矿安全大检查工作方案的通知》，按照全覆盖、零容忍、严执法、重实效要求，依法关闭一批、处罚一批、停产整顿一批、公布一批“黑名单”、曝光一批案例、宣传一批典型，有效防范和遏制煤矿重特大事故。加快小煤矿关闭退出，深化煤矿瓦斯综合治理，强化隐蔽致灾因素普查和防治，推进煤矿机械化、自动化、信息化，规范劳动用工管理，提升应急救援能力，提高煤矿企业安全生产水平。共组织督查检查组 40 个，检查矿井 64 处，责令改正、限期改正、停止违法行为250起，暂扣安全生产许可证2家。

2014年，全省煤矿安全监察系统牢固树立红线意识，坚守安全底线，用法治思维和法治方式解决煤矿安全问题，以“防范煤矿重特大事故”为工作目标，以“三个一切”为工作出发点和落脚点，以“做好服务，减少事故”为工作定位，扎实开展监察执法工作。制定煤矿企业违反“七条规定”行政处罚办法，将“双七条”规定纳入监察内容，严格执法。开展“谈心对话”活动，配合国家安全生产监督管理总局、国家煤矿安全监察局徐绍川、赵铁锤、宋元明等领导4批次来豫与150名矿长谈心对话。全省51名领导干部、24名集团公司负责人、527名矿长及实际投资人参与谈心对话活动。推进重点县攻坚战，采用正常检查和突击夜查等方式，督导煤矿24家，提出建议81条，督促政府和企业完善方案、整改问题。开展全省煤矿隐患排查治理集中行动，安排部署排查治理工作，建立联席会议制度、联络员制度及定期通报和报告制度。开展建设项目、安全培训、防治水、安全费用、矿用设备和职业卫生、瓦斯治理、安全生产许可证、顶板管理等8次专项监察，查处大批违法违规行为和安全隐患。组织煤矿安全监察系统全部力量开展代号“2014·雷霆行动”安全执法，成立5个监察组，监察项目涵盖矿井证照、规章制度、隐患排查、应急救援、安全培训、领导带班、安全投入等484条内容，对重大隐患倒查追责，对重大隐患负有责任的副矿级领导采取约谈、在组织人事部门备案、建议党政纪处分等方法，对副矿级以上人员违法违规行为严肃处理，对企业的管理阶层形成威慑力。全年“三项监察”执法955矿次，其中重点监察525矿次，专项监察338矿次，定期监察92矿次。共监察矿井312处，查处一般隐患3457项，重大隐患8项，行政处罚490次，经济处罚461次，罚款3035.96万元，暂扣安全生产许可证6家，立案调查457矿次，下达执法文书5023份。

2015年，积极践行“1223”工作理念，注重对重点矿区、隐患严重企业的监察。对灾害严重矿井、安全薄弱矿井的监察。注重执法实效，由监察物的不安全状态向监察人的不安全行为深化，督促企业管理人员履职尽责。强力推行“告知式”执法，督促企业自查、自报、自改隐患、提高隐患排查的数量和质量。配合组织国家安全生产监督管理总局黄玉治、黄毅和副省长张维宁等8位领导与500多名矿长和有关责任人的谈心对话活动。按照“一个承诺、一张问卷、一次考试”的规定动作与449处煤矿负责人谈心对话，实现“听企声、察企情、解企难、保安全”的监察目标。煤监局领导带队对11个产煤省辖市、4个直管县煤矿安全监管工作开展监督检查，督促各地完善“党政同责、一岗双责、齐抓共管”的安全生产责任体系，落实属地监管责任。督促全省267个排查组，完成对全省492处矿井的隐患集中排查治理。开展重点县攻坚战督导工作，全省重点县(市)新密市、登封市通过国务院安委会验收，禹州市通过省安委会验收。全年监察矿井250处、534矿次，查处违法行为4185条、重大隐患14条，责令停产整顿矿井12处、实施行政处罚3571万元，严厉打击违法违规行为。对发生重大未遂事故和存在重大隐患的煤矿负责人，开展安全约谈和责任倒查，督促企业深挖管理漏洞、严查失职行为。对河南能源义煤公司石壕煤矿瓦斯超限和鹤煤公司六矿瓦斯突出事故，组织对矿井及公司部门负责人约谈，督促河南能源化工集团严厉问责，发挥警示和惩戒作用。

第二节 事故处理

20世纪90年代，按照1991年2月22日国务院公布的《企业职工伤亡事故报告和处理规定》,轻伤事故、二级非伤亡事故由事故单位组织调查,调查处理报告报上级直属单位;重伤事故、一级非伤亡事故、重大非伤亡事故,由事故单位的上级单位组织安监、调度、监察、工会、劳动、人事和业务部门参加事故调查,查清事故原因,认定事故责任者,提出对事故责任者的处理建议,制定事故防范措施,写出事故调查报告;1～2 人死亡事故由事故单位的上一级单位组织安监、调度、监察、工会、劳动、人事和业务主管部门参加,事故单位配合,查清事故发生经过、原因及人员伤亡和经济损失情况,确定事故责任者,提出对事故责任者处理建议,制定防范措施,写出事故调查报告。发生一次死亡 3 人以上事故,由企业配合上级政府部门组织调查。2000 年以后,全省煤矿事故调查由河南煤矿安全监察机构负责。

2002 年,全省查处重、特大生产安全事故 20 起,共有 201 人受到责任追究。其中:移交司法机关依法追究刑事责任 31 人,立案侦查 10 人,行政处分 145 人(党纪政纪并处 29 人),党内处分 15 人。地方政府共有 6 名县级领导干部和 28 名乡镇科级干部受到责任追究。

2003 年,依法严肃查处事故,共有 244 人受到责任追究,其中追究刑事责任 59 人,立案侦查 10 人,行政处分 147 人,党内处分 28 人。严厉打击隐瞒事故行为,对查证属实的 18 起隐瞒事故案件,严肃处理并给予经济处罚。

2004 年,查处较大以上事故 18 起,共有 130 人受到责任追究,其中追究刑事责任 67 人,立案侦查 12 人,行政处分 37 人,党内处分 14 人。

2005 年,查处事故 54 起,行政处分 240 人(其中,行政部门领导干部 42 人,煤矿企业主要负责人 167 人),受党纪处分 66 人,移送司法机关依法追究刑事责任人 22 人(其中,行政部门领导干部 19 人,煤矿企业主要负责人 3 人)。

2006 年,受理举报煤矿隐瞒事故案件 158 起,核实 88 起,查出隐瞒死亡人数 27 人,对隐瞒事故的责任单位和人员,依法给予严肃查处。

2007 年,在处理的事故责任人中,公务员 41 人,其中科级 20 人、县级 8 人;国有企业行政人员中,处级 65 人。对 35 个事故单位实施行政处罚,建议罚款 8505 万元,责令停产矿井 2 个,责令关闭矿井 2 个。

2008 年,河南煤矿安全监察机构会同公安厅、监察厅、安监局、煤炭局、总工会、检察院等单位成立事故调查组,组织调查事故 64 起,结案 55 起,建议行政处分 97 人、党纪处分 53 人,追究刑事责任 29 人。严厉打击隐瞒事故行为,组织查处案件 76 起,查实 11 起,查实死亡 43 人,对瞒报事故行为依法严厉制裁。联合监察厅、公安厅、煤炭局、检察院等单位组成督查组,对 10 起重特大事故的责任追究落实情况进行督查,并向省政府提交督查报告,督促有关部门对没有处理到位的责任人处理到位。

2009 年,对发生的 3 起较大事故批复结案,共追究责任人 45 人。对 2008 年发生的 4 起较大事故研究批复,追究责任人 45 人,其中 5 人被移送司法机关依法处理。对 2008 年发生的 6 起重大以上事故批复结案,共追究责任人 145 人,其中 73 人被移送司法机关依法处理。依法从严查处瞒报事故行为,全年受理举报 84 件,结案 65 件,查实隐瞒事故 14 起,查实瞒报死亡人数 23 人。

2010 年,依法调查处理各类煤矿死亡事故 32 起,结案 19 起,给予行政处分 128 人,党纪处分 23 人,移送司法机关追究刑事责任 6 人。全年查实隐瞒事故 5 起、查实瞒报死亡人数 14 人,对责任人作出严肃处理。全年共追究责任人员 189 人,其中建议司法机关依法处理 52 人。

2011 年，强化事故责任追究，严肃查处隐瞒事故行为，对发生的 6 起一般事故全部调查结案，共追究责任人 70 人，移交司法机关 1 人，政纪处分 49 人，党纪处分 20 人。对 2010 年发生的两起较大事故批复结案。对国家安全生产监督管理总局批复的 3 起重大事故、国务院批复的 1 起特别重大事故督促责任落实。42 名矿长受到免职处理。全年受理举报案件 54 件次，按期办理结案 40 件次，查实瞒报事故 3 起、瞒报死亡人数 3 人，对瞒报事故相关责任者严肃责任追究。

2012 年，查处死亡事故 3 起，对 45 名责任人进行追究。

2013 年，查处死亡事故 1 起、死亡 7 人，重伤事故 3 起、受伤 4 人。

2015 年，对 2014 年发生的 10 起煤矿事故组织调查处理，按期批复结案 9 起，追究责任人员 100 人。

第三章　灾　害　防　治

第一节　瓦斯灾害防治

河南省煤矿地质条件复杂、灾害严重，瓦斯、水、火、粉尘、顶板和冲击地压、地温等灾害并存，特别随着矿井向深部延伸，矿压、瓦斯含量增大，煤与瓦斯突出灾害更加严重，部分矿区出现冲击地压与瓦斯突出互为诱导的灾害事故。同时，全省煤矿保护层开采条件有限，煤层松软、透气性差、抽采困难，给煤矿瓦斯灾害防治带来极大困难。20 世纪 90 年代，全省煤矿安全生产监测、监控系统设备不断更新，软件平台、数据库管理、监控网络、通讯效率等进一步完善、提高，矿井预防灾害能力大大增强，安全生产得到有力保障。2000 年以后，矿井“一通三防”工作不断加强，瓦斯灾害逐步得到控制，瓦斯事故大量减少，因瓦斯事故造成的死亡人数从“八五”时期的 553 人、“九五”时期的 1201 人减少到“十二五”时期的 38 人。

一、通风管理

1991—2000 年，为预防瓦斯等事故发生，全省狠抓矿井“一通三防”工作。各煤炭企业及煤矿除加强日常通风、瓦斯管理外，省煤炭工业厅定期组织人员对全省国有煤矿的“一通三防”工作现状进行集中审查，重点排查矿井通风系统、瓦斯管理、防治煤与瓦斯突出、防灭火等方面存在的重大隐患。1998 年，全省在开展关井压产专项整治活动中，共解决独眼井生产矿井 196 处，安装主要通风机 430 台、局部通风机 1094 台，配备瓦斯检测器 2519 台，有效解决矿井通风及瓦斯检查现状。1995—1999 年，共审查 513 处矿井，查出风量不足、串联通风、瓦斯防治、防火等重大隐患 370 项，提出整改意见，明确责任，限定时间整改。

1994 年 12 月 17 日，煤炭工业部以煤厅字〔1994〕389 号文转发《河南省乡镇煤矿安全生产基本标准》。其中第二部分“通风、防瓦斯”规定：矿井必须有完整的独立通风系统；地面必须安装主要通风机，并有备用电动机；严禁采用局部通风机代替主要通风机；风井不能兼作提煤井；掘进工作面必须采用局部通风机通风；严禁无风、微风作业，严禁瓦斯超限作业，严禁矿井一条龙串联通风;矿井必须配备6台以上光学瓦斯检定器,并配备适量的瓦斯报警矿灯和一氧化碳检定器;每个班必须有专职瓦斯检查员;每个矿必须配备一组风表。1998年,出台《河南省重点煤矿矿井通风系统安全可靠性技术管理规范》。

2002年4月,河南省煤炭工业局对安阳市安阳矿务局所属王家岭煤矿、铜冶煤矿、龙山煤矿、马村煤矿进行以"一通三防"为重点的安全大检查。共查出各类隐患119条,下达隐患限期整改通知书18份,停产整顿通知书3份,对王家岭煤矿和铜冶煤矿－100二号区段上平巷掘进工作面、－100一号炮采工作面实施停产整顿。

2006年2—3月,河南省煤炭工业局组织国有重点煤业集团总工程师、通风处长及所属各矿总工程师、有关煤矿矿长对国有重点煤矿"一通三防"各系统存在的隐患及采取的措施进行全面排查,发现问题,分析原因,提出解决办法。同年11月,省煤炭工业局组织各国有重点煤业集团总工程师、安监局长、通风处长和各省辖市煤炭管理部门分管安全的副局长、总工程师及高瓦斯和煤与瓦斯突出矿井矿长、总工程师共计200余人,在淮南召开瓦斯治理技术考察暨经验交流现场会,学习外地瓦斯治理先进经验。

二、瓦斯管理

1991年以后,河南省出台一系列规范矿井通风及瓦斯防治方面的标准、规定和措施,为预防瓦斯灾害提供制度保证。河南省煤炭工业厅(后更名省煤炭工业局、省煤炭工业管理局)及机构改革后的省工业和信息化厅每年组织对全省矿井瓦斯等级进行鉴定和审批。根据鉴定结果对矿井瓦斯分类管理。1994年9月20日,省人民政府办公厅以豫政办〔1994〕49号文转发省煤炭工业厅制定的《河南省乡镇煤矿安全生产基本标准》(简称《30条》)。11月12日,煤炭工业部在《煤矿安全动态》上全文印发《30条》,要求在全国推广。11月20日,国务院副总理邹家华对此作重要批示:"河南省的30条很好,值得推广"。2010年2月,河南省政府印发《关于加强煤矿安全生产若干规定》(豫政〔2010〕17号),对瓦斯治理方面作出规定:高瓦斯、煤与瓦斯突出矿井建立完善的井上下瓦斯抽放系统,构建"通风可靠、抽采达标、监控有效、管理到位"的瓦斯治理工作体系。2012年2月,河南省政府办公厅转发省工业和信息化厅、省安全监管局、省能源局、河南煤矿安全监察局制定的《河南省高瓦斯和煤与瓦斯突出煤矿分类管理实施意见》(豫政办〔2012〕18号),对全省高瓦斯和煤与瓦斯突出煤矿实行分类管理。按照煤与瓦斯突出危险程度,将全省煤矿瓦斯分三类进行管理。明确分类标准及认定程序、分类管理措施、工作要求等,规定要严格控制产量及加大安全投入:有Ⅰ类、Ⅱ类瓦斯管理区的矿井分别按核定生产能力的80%、90%组织生产,吨煤安全费用提取标准分别不低于70元、50元(其中用于瓦斯治理的不低于70%);有Ⅲ类瓦斯管理区的矿井按最小生产系统能力的90%组织生产。同年5月,省政府印发《关于进一步加强煤矿瓦斯防治和利用工作的意见》(豫政〔2012〕46号),明确全省煤矿瓦斯防治和利用的指导思想和发展目标,在加强组织领导、严格责任考核、落实防治措施、完善技术体系、加强政策支持、强化监管监察等方面做出详细规定。

三、煤与瓦斯突出防治

1991—1995年,全省煤矿企业及煤与瓦斯突出矿井深入研究瓦斯突出机理,积极探索瓦斯突出规律。在2009年8月《防治煤与瓦斯突出规定》实施前,按照《防治煤与瓦斯突出细则》规定坚持"四位一体"综合防突措施;《防治煤与瓦斯突出规定》实施后,煤与瓦斯突出矿井按照两个“四位一体”综合防突措施的要求，加强煤与瓦斯突出防治工作。《河南省强化煤矿安全生产暂行规定》和《河南省煤矿防治煤与瓦斯突出十项措施》出台后，煤与瓦斯突出矿井采取以底板岩巷穿层抽采煤巷条带和回采区域煤层瓦斯、本煤层顺层钻孔预抽回采区域煤层瓦斯相结合的区域瓦斯治理措施，并采取穿层钻孔水力冲孔、带压封孔、预裂爆破增透等有效措施强化抽采效果。部分矿井增加上隅角埋管、顶板裂隙抽采钻孔、顶板高抽巷等瓦斯抽采措施，加大瓦斯抽采力度，提高防突效果。

1996—2000 年“九五”时期，随着矿井开采深度增加，矿山压力显现明显，煤与瓦斯突出矿井数量日趋增多。全省重视煤与瓦斯突出防治科技攻关工作。1999 年 4 月 8 日，平煤集团公司与煤炭科学总院重庆分院合作研究的“掘进工作面防突综合配套技术的应用”等 4 项国家“九五”科技攻关项目通过专家鉴定，其中两项达到国际先进水平。

2001—2010 年，全省不断组织煤与瓦斯突出防治经验交流和技术研讨，提高全省煤与瓦斯突出防治水平。2007 年 7 月 6 日，在三门峡市召开全省煤矿防治煤与瓦斯突出专题会议，组织编写《“一通三防”暨安全管理交流会论文集》，邀请专家学者做专题讲座，交流推广在防治煤与瓦斯突出方面的先进技术和经验。同年 12 月 7 日，深井高应力严重突出矿井灾害防治技术研讨会在平煤集团召开，中国工程院院士张铁岗和部分全国知名专家学者出席会议，并围绕大采深、高应力和严重煤与瓦斯突出矿井灾害防治重点、科技攻关方向和安全防范措施进行发言。2008 年 3 月，河南省煤炭工业管理局出台一系列规范性文件，对防治煤与瓦斯突出工作进行规范和强调。印发《深井、严重煤(岩)与瓦斯突出煤层防治突出若干规定》(豫煤安〔2008〕184 号)，对全省煤矿深井、严重煤(岩)与瓦斯突出煤层的防治管理工作做出具体规定。

2014 年 7 月，河南省政府印发《河南省强化煤矿安全生产暂行规定》(豫政〔2014〕63 号)，对防治煤与瓦斯突出工作做严格规定，其中包括对煤与瓦斯突出等灾害严重矿井，煤炭企业必须组织专家论证其灾害防治技术措施的针对性和可靠性，未经论证或经论证在现有技术条件下难以有效防治的区域，严禁一切采掘活动；矿井所采煤层瓦斯压力大于 0.6 兆帕或瓦斯含量大于 6 立方米每吨时(简称“双 6 标准”)，必须采取保护层开采或底(顶)板岩巷预抽煤层瓦斯；残余瓦斯压力及含量降到 0.6 兆帕和 6 立方米每吨以下后，方可进入煤层进行采掘作业；采掘工作面分段进行区域防突措施效果评价时，长度不得小于 500 米；煤与瓦斯突出矿井必须按照核减后的生产能力科学合理组织生产等。同年 8 月，省政府办公厅转发河南煤矿安全监察局制定的《河南省煤矿防治煤与瓦斯突出十项措施》(豫政办〔2014〕126 号)，从“建立健全瓦斯灾害防治管理体系，强化矿井瓦斯等级管理、规范区域突出危险性预测和区域验证，从严确定矿井区域突出危险性预测、防突措施效果检验的参数临界值，严格执行区域防突措施，加强煤与瓦斯突出矿井地质探查工作，建立瓦斯管理预警分析处置制度和煤与瓦斯突出调查处理制度，合理安排生产布局、确保抽采达标，严格防突现场管控，加强防突培训”等十方面对防治煤与瓦斯突出工作进行要求和强调。

(一) 中国平煤神马集团

2001—2005 年，对 11 对升级为煤与瓦斯突出的矿井，树立“治理瓦斯是解放生产力，治理好瓦斯是发展生产力”的理念，坚持瓦斯超限就是事故，对瓦斯超限进行责任追究；坚持瓦斯治理“措施型”与“工程型”并重，先后开展顺层钻孔攻关，开展高位钻场水平钻孔治理上隅角瓦斯技术攻关及突出矿井工作面预测预报敏感指标及临界值技术研究。对瓦斯灾害严重矿井实施瓦斯抽排放专用巷道，高瓦斯、突出矿井全部建立地面与井下瓦斯抽放泵站，高瓦斯、突出矿井全部实现安全监测监控系统联网。2010年年底，瓦斯突出矿井达到15对。该集团科学制定“高突工作面设计报审规定”和“高突工作面投产验收规定”，坚持“四大”抽放，即大抽放泵、大抽放管、大钻机、大钻孔，提出“三个转变”：从“局部治理”向“区域治理”的转变，从“生产过程治理”向“超前治理”转变，从“措施型”向“工程型”转变。开展瓦斯综合利用，初步形成“以用促抽，以抽保用，抽用并举”模式，初步实现瓦斯治理由“单纯抽放”到“综合利用”的转变，在四矿、八矿、十矿、十二矿各安装4套共计16台500千瓦低浓度瓦斯发电系统，并在十矿建立一座5000立方米瓦斯储气罐。2014年1月10日，中国平煤神马集团与辽宁工程技术大学共同完成的科研项目“煤与瓦斯突出矿井深部动力灾害一体化预测与防治关键技术”获得国家科学技术进步二等奖。国家在“九五”期间以平煤集团公司为试点，开展“改善煤矿安全状况综合配套和关键技术的研究”国家重点科技攻关项目，经过近5年的攻关研究试验，解决一些煤矿瓦斯治理方面的技术性难题，建成平顶山矿区瓦斯灾害综合治理示范基地。

（二）河南能源化工集团

2005年焦煤公司各矿井，严格落实“通风是基础、抽采是关键、防突是重点、监控是保障”的瓦斯治理思路，坚持“风量足、断面够、系统顺、设施牢、不失爆”的原则，对通风系统进行大幅度技术改造，2010年启用新风井4座，全部实现多风井分区通风，通风阻力均符合规定要求，所有采区实现“两进一回”或“两进两回”的通风系统，采掘工作面都有独立的进回风系统；采煤工作面消除炮后瓦斯超限，掘进工作面炮后瓦斯超限次数明显减少，高突掘进工作面安设防逆风装置，有效防止瓦斯突出逆风现象。2012年，该集团出台《河南煤业化工集团高突矿井瓦斯综合治理纲要》，提出把瓦斯治理作为煤矿安全的一号工程，以不消除突出危险不进煤巷、抽采不达标不能生产为前提，以地面和井上下联合抽采为技术发展方向、以具备可靠岩石屏障的区域瓦斯治理措施为基本手段，以高突矿井低瓦斯开采为目的，积极探索瓦斯治理新技术、新途径，加快研发瓦斯治理新工艺、新装备，强化组织、技术、投入、考核体系保障，确保瓦斯零爆炸、零突出、零超限。提出多措并举，严防瓦斯事故。① 加大对瓦斯计划外超限的管理力度和责任追究力度，针对每次计划外超限均按照事故进行追查和处理。② 完善瓦斯治理工程的监督监管手段。井下全面实现在线监测，确保系统可靠；加大对钻孔施工监督力度，执行打钻视频监控管理，实现突出区域打钻视频监控全覆盖。③ 建立监督监管制度，对瓦斯治理方案的实施、工程进度、工程质量进行监督监管，现场发现未按批准方案执行、不符合设计施工、质量不合格的，不计入工程量，并追究验收人员的责任。④ 全面推广深孔强力钻机。本着“没有治不了的瓦斯，只有打不到位的钻孔”打钻抽采理念，全面推广大功率强力深孔钻机。2012年年底，已彻底淘汰扭矩1900千牛及以下钻机，提高钻孔深度和打钻效率，消灭抽采空白带，瓦斯综合治理效果显著提高。到2015年，大部分矿井引入履带式钻机，自行改造自移式钻机，缩短移钻时间，提高打钻效率。⑤ 开展瓦斯利用，以用促抽。为了提升瓦斯利用量，各矿井采取“强抓井下瓦斯抽采管理，确保瓦斯高效利用”的做法，为达到更高的瓦斯发电浓度，矿井通过调整井下瓦斯抽采网络，优化管路接口减少管路漏气；采用新型封孔工艺提高瓦斯抽采单孔浓度;对井下瓦斯抽采单孔浓度进行监控测定,及时甩掉瓦斯浓度5%以下瓦斯抽采管,将其并入低负压抽采系统。采取上述措施后,地面瓦斯抽采浓度由原来的10%～15%提高至15%～20%。⑥ 开展产学研技术合作,寻求瓦斯治理技术新突破。科研项目有:煤矿井下水力压裂关键技术及示范、煤与瓦斯突出综合预警技术研究及应用示范、井下瓦斯抽采系列关键技术及装备研究与应用、地面钻孔和井下联合抽采工艺技术,千米钻机"以孔代巷"技术瓦斯治理等,取得显著成果。特别是煤矿井下水力压裂关键技术项目,针对无保护层可采、单一低透气性突出煤层的特点,开展虚拟储层压裂抽采技术研究,取得显著成效。

(三) 郑煤集团

2005年,对矿井通风设施进行升级改造,通风设施由普通型改造为防突型;机电设备由一般型改为防爆型;建立地面瓦斯抽采系统。开展科研攻关和技术研究,摸索采用煤层顺层钻孔、煤层穿层钻孔、巷旁抽采、浅孔抽采、高位抽采巷、高位走向钻孔、隅角埋管、煤层底板抽采巷等瓦斯抽采新技术。制定采掘工作面瓦斯防治评价制度,实行矿和集团公司分级管理。2010年,下发《"三软"突出煤层突出区煤巷掘进区域防突措施及效果检验执行细则》、《关于执行"三软"突出煤层突出区煤巷掘进区域防突措施及效果检验执行细则的特别规定》以及《"三软"突出煤层突出区煤巷掘进区域防突措施及效果检验执行细则的补充规定》的相关规定,新开口巷道采用底板岩巷穿层钻孔增透卸压预抽煤层瓦斯区域防突措施。2011年,突出矿井瓦斯治理由局部瓦斯治理向区域瓦斯治理转变已进入成熟阶段,各矿严格落实各项区域防突措施,切实做到"不掘突出头、不采突出面"。① 坚持以区域瓦斯治理先行、局部瓦斯治理补充的原则,建立以保护层开采和底板岩巷穿层钻孔增透预抽瓦斯为主、顺层条带为辅的瓦斯治理技术模式。② 各矿根据现场实际,对照规程和技术标准,结合有关图纸、资料,对采掘工作面瓦斯地质情况、突出危险性进行分析研究,从而制定针对性措施,防止瓦斯事故发生。③ 突出危险区的采掘头面生产前,必须经集团公司瓦斯研究所对煤巷条带或回采区域煤层进行区域措施效果检验,测试指标低于临界值,确认消除突出危险并出具书面消突报告,方可进行采掘作业活动。

四、瓦斯监测系统

1991年以后,在矿井瓦斯检查方面,各煤矿按照《煤矿安全规程》规定,配备瓦斯检查员,按规定对采掘工作面、硐室、使用中的机电设备的设置地点、有人员作业的地点等地方进行瓦斯检查。建立巡回检查制度和请示报告制度,将每次检查结果记入瓦斯检查班报手册和检查地点的记录牌上,填写瓦斯检查班报,做到"牌板、手册、班报三对照"。同时建立并执行"一炮三检制"和"三人连锁放炮制"。

1991—2000年,全省各主要煤矿相继装备从国外引进或国产的安全生产监测系统,监测技术进一步发展。监测系统设备不断更新,监控软件平台、数据库管理、监控网络、通讯效率等进一步完善和提高,使瓦斯检查实现自动连续监测,做到瓦斯超限时自动报警、自动断电,大大提高瓦斯灾害预防及预警能力。其中1991—1995年,全省煤矿建立安全监测监控系统27套。到1999年、2000年,全省所有高瓦斯和煤与瓦斯突出矿井均已装备安全监测系统。其中,6个国有煤业集团有32个矿井装备安全监测系统,安装各种安全监测仪器7000多台件;国有地方煤矿也有6个矿装备监测系统;乡镇煤矿登封市大金店乡磴槽煤矿、大冶乡东施煤矿等也装备安全监测系统。安全监测系统装备基本实现国产化。

2004年5月，为规范煤矿瓦斯监测监控网络系统建设，省煤炭工业局制定出台《全省煤矿瓦斯监测控制网络系统建设实施意见》和《河南省煤矿瓦斯监测监控网络建设技术标准》。

2005年12月，全省完成煤矿瓦斯监测网络系统的主干网络和省局控制中心的网络建设，实现以煤炭工业局为网络中心，覆盖到重点产煤地市，建立以瓦斯在线监测、应急视频会议、IP语音通信为主要应用的网络平台。该项目的完成，进一步加大河南省煤矿瓦斯监测力度。

2006年以后，逐步实现地方煤矿与县(市)煤炭管理部门，煤业集团公司与所属煤矿瓦斯监测监控系统联网，建立瓦斯监测系统、便携式瓦斯检测报警仪、光学瓦斯检测仪相互结合、互为补充的检测瓦斯“三道防线”，对预防瓦斯超限及瓦斯事故发生起到重要作用。其中：河南能源化工集团焦煤公司对所有矿井安装瓦斯监测监控系统，实现对瓦斯、风速、压力、馈电、风门开关、一氧化碳、设备开停、风筒风量、抽采等多参数的监测监控。特别是顶层有突出危险的采掘工作面，在满足《煤矿安全规程》要求后，加大瓦斯传感器的布设密度，在采掘工作面回风巷的中间、回风流机电硐室、机电设备附近增设瓦斯传感器；2008年，焦煤公司所属矿井监控系统全部进行升级改造，并实现公司内部联网，保证24小时不间断监测监控。2015年实现双网络传输技术，确保上传数据安全监控稳定、连续、可靠。郑煤集团1998年年底，形成瓦斯自动监测、便携式瓦斯报警、光学瓦斯鉴定“三位一体”的瓦斯综合检测机制。1999—2004年，该集团加大资金投入，多次对安全监测监控系统进行升级改造。所有矿井都安装和完善安全监测监控系统，所有采掘点均安装1～2台甲烷传感器(报警、断电、闭锁等功能齐全)，一氧化碳、风速、负压、温度、烟雾、水位、风门开关、设备开停、馈电、故障闭锁等传感器，实现地面24小时连续监测和监控。2003年，各主要矿井安装使用由郑州海纳电子设备有限公司生产的KJ88型矿井安全生产无线网络系统，在全省率先实现集团与各生产矿井之间的无线联网。加之便携式瓦斯报警仪普及应用，瓦斯检测手段形成以监测监控系统为主、以便携式瓦斯报警仪和光学瓦斯鉴定器为辅的新格局。对井下瓦斯超限严格管理，建立瓦斯超限按事故分析制度。2006—2007年，原有安全监测监控系统进行全面升级改造，各矿井回采工作面、回风流、上隅角和高突矿井的进风流均安装甲烷传感器。2007年，在全国率先安装由北京龙软科技股份有限公司与郑煤集团联合开发研制的瓦斯导航系统，集团与各矿井(分公司)实现联网。2008年10月，投入资金完善监控系统风电闭锁功能，在局部通风机停止运行后，掘进工作面及回风流甲烷浓度达3%闭锁，必须使用密码软件或专用工具方可人工解锁。同年，对裴沟矿、芦沟矿、大平矿、超化矿、米村矿、告成矿瓦斯防治系统进行技术改造升级，在白坪煤业公司、崔庙矿、张沟矿、金龙矿、教学二矿、老君堂矿建成瓦斯防治导航系统；实现二七分公司、新密分公司、登封分公司、汝州分公司4个分公司所监管的38对资源整合矿井安全监控系统与郑煤集团联网。2009—2010年，赵家寨矿、振兴二矿建成瓦斯防治导航系统，标志着郑煤集团所有直管矿井均建成瓦斯防治导航系统。

五、瓦斯抽采

进入20世纪90年代以后，全省煤矿瓦斯威胁越来越严重。为了从根本上治理瓦斯，各集团公司逐渐开展瓦斯抽采试验。1991年4月，中国平煤神马集团委托中国矿业大学在十矿井下开展瓦斯抽采试验。

经过一年多的抽采，采煤工作面回风流中瓦斯浓度降低到 0.4%～0.78%，抽采钻孔控制区域的煤层瓦斯抽采率达到 25%，采煤工作面回采过程中的瓦斯超限现象大大减少。从而使"平顶山煤层瓦斯抽采不可行"的看法得到改变。

1993 年，郑煤集团投资 50 万元，在所属大平矿建立井下移动瓦斯抽采系统，对该矿 14031 采煤工作面进行边采边抽瓦斯试验，成功控制工作面瓦斯超限现象。20 世纪 90 年代中后期，郑煤集团所属矿井瓦斯涌出量急剧增加，采煤工作面绝对瓦斯涌出量最高达 25 立方米/分。用通风方法已无法有效治理瓦斯。郑煤集团先后购置井下移动瓦斯抽放泵 6 台，在瓦斯大的超化、大平、告成等矿进行瓦斯抽采，取得较好效果。

到 1995 年，平煤集团、义煤集团、鹤煤集团、焦煤集团陆续建立瓦斯抽采系统，推广密钻孔、严封闭以及顺层抽、穿层抽和边采边抽、边掘边抽、超前预抽、网格抽采等综合预抽手段，加大瓦斯抽采力度。

1996—2000 年，全省有 20 个高瓦斯矿井建立瓦斯抽采系统。期间的 1998 年，全省煤矿施工瓦斯抽采孔 728912 米，抽采瓦斯近 5000 万立方米，焦作和鹤壁矿区瓦斯抽采和利用率均达 60%以上。

2000 年，焦煤集团、鹤煤集团、平煤集团、郑煤集团四家国有重点煤矿有 24 个瓦斯大的矿井建立瓦斯抽采系统，按照"密钻孔，严封闭，综合抽"的原则，采用本煤层的穿层打孔及交叉布孔方法，分别实行先抽后掘，边抽边掘，先抽后采，边抽边采等措施，进行瓦斯抽采。全年抽采瓦斯总量达到 5000 万立方米，累计达到 5 亿多立方米，为防治矿井瓦斯事故起到重要作用。鹤煤集团、焦煤集团还对抽出的瓦斯实施利用，利用率达 60%以上。

2001—2015 年的 15 年间，全省不断加大瓦斯抽采系统建设及瓦斯抽采力度。2005 年，河南能源化工集团焦煤公司利用国债和自筹资金，对抽采矿井现有的 7 套抽采系统进行全面技术改造，新建 8 座地面抽采泵站，抽采泵能力达到 250～500 立方米/分，将矿井主抽采管路由直径 200～250 毫米改造为直径 400～750 毫米，抽采支管路由直径 100～150 毫米改造为直径 250 毫米以上，推广应用扭矩 4000～6000 千牛的深孔强力钻机、履带钻机，下向孔深度达到 130 米，上向及平孔深度达到 202 米，基本实现"大抽泵、大管路、大钻机、大钻孔"的"四大"目标。2008 年，抽采能力达到 1 亿立方米/年。为了提高地面抽采系统的瓦斯浓度，提高瓦斯利用率，焦煤公司各矿井在井下建立多个抽采系统，实现高低负压、高低浓度分源抽采，2012 年该公司年抽采能力提高到 3 亿立方米。2009 年，为加大矿井瓦斯抽采力度，郑煤集团确定对瓦斯抽采实行特殊补贴，当地面抽采系统抽出瓦斯浓度≥8%、井下抽采系统抽出瓦斯浓度≥10%时，每抽出 1 立方米纯瓦斯量补贴 0.3 元，同时制定《郑煤集团瓦斯抽采系统运行及计量验收考核管理办法》。2012 年，坚持优化矿井通风系统，提高矿井防灾抗灾能力，优化改造告成矿、芦沟矿、华辕煤业等矿井通风系统。集团公司与突出矿井和高瓦斯矿井签订瓦斯防治责任书，明确瓦斯超限、瓦斯抽采量、利用量和穿层钻孔工程量目标及责任，每季度组织有关部门进行验收考核，按责任书对目标责任人进行奖罚。推动瓦斯抽采达标评判工作。编制下发《郑煤集团公司煤矿瓦斯抽采达标评判细则(试行)》，组织技术人员进驻三李矿进行瓦斯抽采达标评判，协助矿完善管理制度、达标工艺方案等，指导 11021 上下副巷执行预抽煤层瓦斯效果评判。

2011—2015 年，全省共施工煤层气井 51 口，其中直井 42 口，水平井 9 口，年产气规模达 200 万立方米。开展"低透气性煤矿区煤层气地面抽采”大量先导性试验，地面煤层气抽采水平井分段压裂、地面掏煤卸压区域消突、垂直井网瓦斯综合治理、井下定向压裂增透等技术取得一定突破。煤层气地面工程项目中，平煤神马集团十三矿直井单井最高日产气量达到1700立方米，河南煤化集团鹤煤公司六矿水平井单井最高日产气量达到3600立方米，取得软煤低透气性煤矿区地面抽采的阶段性成果。到2015年年底，全省新增(或更新)瓦斯抽放泵184套，增加井下移动抽采站30个，增加抽采管路1135.7千米，购置钻机1307余台，累计施工瓦斯抽采钻孔工程量1064.7万米，施工瓦斯抽采巷12万米，煤层瓦斯抽采量完成34.6亿立方米，比2006年到2010年的5年增加147%；全省地面瓦斯抽放泵站达到301座，安装抽放泵684台，总装机能力80113立方米/分。2015年，全省所有煤与瓦斯突出矿井均建有地面永久瓦斯抽采系统，高瓦斯矿井按规程要求建有井下临时瓦斯抽采系统或地面永久瓦斯抽采系统，按照“密钻孔，严封闭，综合抽”的原则，采用底(顶)板岩巷穿层钻孔和本煤层顺层钻孔相结合预抽煤层瓦斯，实行先抽后掘、先抽后采。全年煤矿瓦斯抽采量达到78103.19万立方米，瓦斯抽采率达48.79%，在矿井瓦斯事故防治中起到重要作用。

六、瓦斯地质图

2006年1月，为掌握全省瓦斯地质规律和各矿区、矿井的瓦斯地质规律以及瓦斯资源赋存规律，有效地进行瓦斯预测和治理，河南省率先开展了瓦斯地质规律研究和瓦斯地质图的编制工作。河南省煤炭工业管理局副局长、党组成员陈党义任组长，办公室设在行业管理处，处长沈天良兼任办公室主任，朱中民、程乐金具体负责工作推进。组织省骨干煤炭企业(平煤集团、义马集团、郑州集团、焦煤集团、鹤煤集团、永城集团、神火集团)与河南理工大学，联合开展了“河南省瓦斯地质规律研究及煤矿瓦斯地质图编制”工作。

该项工作于2007年12月结束。全省划分出4个不同构造特征控制的瓦斯带，编制了159处矿井的瓦斯地质图和相应的研究报告；绘制了平顶山、焦作、鹤壁、安阳、郑州、陕渑—义马、新安、永夏等矿区的煤矿瓦斯地质图及相应的研究报告；计算了全省2000米以浅煤层气资源量；研究分析了全省煤田相关的区域构造、构造应力场演化及其对矿区、矿井构造的控制特征；划分了太行山造山带东缘高突瓦斯带、豫西强变形“三软”煤层高突瓦斯带、秦岭造山带北缘逆冲推覆构造系高突瓦斯带、鲁西南豫东断隆低瓦斯带4个瓦斯带；最终编制出了河南省煤矿瓦斯地质图和相应的研究报告。

开展瓦斯地质规律研究及煤矿瓦斯地质图编制，一是初步搞清了全省煤矿瓦斯地质规律，在治理瓦斯上做到有的放矢。河南省煤矿瓦斯地质编图采用四级编制：首先，编制采掘工作面瓦斯地质图；其次，编制矿井瓦斯地质图；第三，编制矿区瓦斯地质图；最后，形成河南省煤矿瓦斯地质图。得出了不同矿区、矿井、采区、采面，都存在着明显的瓦斯分区、分带规律。从而搞清了全省煤矿瓦斯地质赋存规律，进一步深化了瓦斯地质理论和技术，提高了瓦斯灾害预测的前瞻性，增强瓦斯灾害防治的针对性。二是对全省煤矿瓦斯进行了分级划分。通过编制的采掘工作面、矿井、矿区和全省煤矿4级瓦斯地质图，预测了全省煤矿瓦斯涌出量和煤与瓦斯突出危险性，划分了煤与瓦斯突出危险区、威胁区和无突出区，编制了瓦斯涌出量、瓦斯含量和瓦斯压力等值线，计算了矿井瓦斯(煤层气)资源量，为全省煤矿生产规划、瓦斯综合治理、煤层瓦斯抽采工艺设计和煤层气开发提供了科学依据，使矿井瓦斯治理做到有的放矢。三是明确了全省瓦斯治理与煤层气资源开发利用方向。通过开展全省煤矿瓦斯地质编图，得出了全省17个矿区的瓦斯赋存分布特征。四是提出了河南省煤层气开发总体思路。评价了全省煤层气资源，预测了全省煤层气资源量为8795.7×10^{8}立方米，提出了河南省煤层气开发总体思路，意义深远。五是规范了全省的瓦斯地质管理，建立了瓦斯地质人才队伍。通过开展全省煤矿瓦斯地质编图，培训了上千名工程技术人员，建立了瓦斯地质人才队伍；深入普及了瓦斯地质知识，提高了对瓦斯地质规律的认识；建立了瓦斯地质工作制度，形成了瓦斯地质管理规范，为全省综合瓦斯治理打下了坚实的基础。

七、安全装备

掘进工作面是矿井瓦斯煤尘事故的多发地域，在掘进工作面形成安全技术装备系列化，达到工作面供风稳定，瓦斯浓度降低，井下空气净化，机电设备保护装置齐全，监测仪表可靠，能够有效避免瓦斯超限和发生瓦斯事故。

进入20世纪90年代以后，掘进工作面安全技术装备系列化在全省各国有煤矿普遍实施，系列化装备标准也相应提高。1991年，河南省煤炭工业厅投入安全技措资金60万元，专项解决地方国营煤矿掘进安全系列化装备。到2015年，全省煤矿的所有掘进工作面完全实现安全技术装备系列化，局部通风机配备双风机、双电源，实现“三专两闭锁”（专用变压器、专用线路、专用开关，风电闭锁、瓦斯电闭锁），对预防瓦斯煤尘事故发挥了重要作用。

第二节 水害防治

1991—2006年，河南省各煤炭企业对煤矿防治水工作重视程度不足，防治水机构不够完善，水害防治能力非常薄弱，突水、透水事故时有发生。1995年11月5日，义马煤业集团新安煤矿，工作面遇断层时，奥灰水通过3米落差的断层，发生滞后突水事故，最大涌水量每小时4260立方米，由于突水点涌水量远远大于矿井排水能力而造成淹井事故，经济损失达1.2亿元，经地面打钻注浆对突水点进行封堵，1996年4月23日堵水成功，开始排水，至8月份，新安煤矿恢复生产。1997年5月3日，郑煤集团芦沟矿26下山发生滑动构造突水，最大突水量达3440立方米/时，突水水源为奥灰、寒灰水，矿井被淹，经过地勘公司地面注浆封堵突水通道，突水被全部封堵。1996年7月、1998年4月，义马煤业集团千秋煤矿工作面误揭小煤窑采空区，分别发生透水事故，当时最大涌水量分别达2000立方米/时、343立方米/时，造成采区停产，每次经济损失都在500万元以上。2004年10月，郑煤集团告成矿13151工作面发生顶板突水，突水量300立方米/时，瞬间突水量最大达900立方米/时，水中夹带大量煤和碴块，工作面被迫停产，该矿采取施工3号顶板疏水巷，在该巷和工作面上、下巷施工顶板疏水钻孔措施，3号顶板疏水巷疏水量最大达550立方米/时，工作面上、下巷疏水孔水量最大达200立方米/时，到2008年3月，13151工作面水量减至80立方米/时（切巷水量减至30立方米/时）；2006年，该集团大平矿探出弋湾矿老空水达50万立方米，掘进巷道与弋湾矿轨道下山贯通后，在轨道下山修建挡水墙（埋设有放水管），解除老空水害威胁。2006年12月23日，义马煤业集团曹窑东井27080工作面回采过程中发生奥灰滞后突水，最大涌水量达169立方米/时，灾害通过两井贯通大巷波及曹窑煤矿，造成直接经济损失3000多万元，经地面打钻注浆充填巷道，截断涌水外泄通道，至2007年6月底堵水工程全面结束。2001年，小浪底大坝建成蓄水后，随着水位的上升，济源市位于大峪、下冶、邵原3个产煤乡镇的大部分煤矿，因受底板奥灰水与小浪底水库导通的影响，相继被淹，济源市通过煤矿安全专项治理整顿，依法关闭一批不具备安全生产条件的13处乡镇煤矿。2003年，义马煤业集团随着小浪底水库的蓄水，新安矿井田东翼大部分被小浪底水库淹没，地表水对矿井构成水害威胁。

2000—2007年，河南省各煤炭企业煤矿水害防治能力有所提高，但突水、透水事故仍时有发生。焦作矿区是全国有名的大水矿区，焦煤集团为加强防治水工作专门设立水文地质勘探公司，专门从事矿井水勘探和水害防治工作，对焦作矿区地下水进行深入调查研究，积累了丰富的防治水害经验。至2000年年底，焦煤集团所属矿井已连续10年零190天未发生水害事故。永城煤电集团自1997年第一对矿井陈四楼矿投产至2001年，各矿井发生较大的灰岩突水14次，其中陈四楼矿4次；车集矿1999年12月投产，至2001年回采7个工作面，突水淹了6个；城郊矿在投产前掘进巷道突水4次，灰岩突水水量在260～1080立方米/时。

2001—2005年，河南省煤炭行业管理部门和各煤业集团不断强化煤矿水害管理，完善制度，成立机构。2003年，制定《河南省煤矿水害防治若干规定(试行)》，规定受水害威胁的煤矿，必须执行“先探后掘，先探后采”的探放水要求。2004年，平煤集团成立专业地质测量处，成为水害防治管理专业机构，矿井防治水管理工作得到加强。义煤集团在生产技术部设水害防治科，专门负责水害防治，开展“新安煤矿水下采煤防治水技术研究”“煤层底板注浆加固技术研究”“义马煤田深部顶板富水规律与防治技术研究”“陕渑煤田矿井突水规律与防治研究”科研项目，购置数字直流电法仪、无线电波坑透仪、音频透视仪、瑞利波探测仪、地质雷达等先进物探仪器。2005年9月，郑煤集团裴沟矿引进$二_1$煤层底板注浆改造技术，在动水条件下采取井下注浆封堵，将工作面水量从1600立方米/时降到650立方米/时；对工作面煤层底板进行注浆改造，边注边采，确保工作面后期安全回采，有效防止底板奥灰突水，为郑州矿区“三软”不稳定煤层底板水防治找到一条新途径。同年5月21日，召开全省煤矿水害防治工作会议，坚持“预防为主，疏堵结合，分类治理，综合防治”的原则，依靠科技进步，强化现场管理，严格执行规程，提升抗灾能力，煤矿防治水工作取得成效。

2006—2010年，河南省煤矿水害防治制度日趋完善，水害防治能力进一步加强，个别矿区水害事故偶有发生。2007年12月12日，河南省煤炭工业管理局组织召开河南省煤矿地质测量和防治水工作座谈会暨煤炭学会矿井地质专业委员会年会，会议听取各单位贯彻落实《国务院关于加强地质工作的决定》情况以及全省煤炭企业地质测量和防治水工作开展情况，客观分析当前工作中存在的问题，安排部署全省煤矿地质测量和防治水工作重点。

2008—2010年，平煤集团开始实施煤矿灰岩水区域治理战略，煤矿灰岩水害治理资金投入逐年增加，灰岩水害治理工程得到较好落实，效果明显，灰岩水及其他矿井水害事故逐渐减少。

2011—2015年，河南省完善规章制度、提升管控能力，各煤业集团加大防治水治理力度，全省煤矿防治水工作取得较好成效。2011年10月至2012年9月，郑煤集团裴沟矿32071工作面底板注浆加固共施工203个孔，累计进尺23953米，其中水量大于20立方米/时的钻孔53个(其中水量大于50立方米/时的钻孔6个，单孔最大水量80立方米/时)，共注水泥27065.95吨，注黄土934立方米，工作面回采期间底板最大水量60立方米/时，安全采出煤炭62.8万吨。2014 年 9 月至 2015 年 8 月，郑煤集团超化矿 21001 工作面底板注浆加固共施工 124 个孔，累计进尺 14029 米，水量大于 20 立方米/时的钻孔 42 个(其中水量大于 50 立方米/时的钻孔 17 个，单孔最大水量 120 立方米/时)，共注水泥 10292.6 吨，工作面回采期间底板无出水，安全采出煤炭 25 万吨。中国平煤神马集团 2011 年以后的 5 年间，没有发生矿井水害事故。

一、底板水防治

(一) 河南能源化工集团

永煤公司通过对矿井煤层底板灰岩裂隙水综合防治、对煤层底板局部改造工艺和施工技术进行大量研究与应用，研究开发适应永城矿区底板突水防治和井下局部底板注浆改造的防治水方法和一整套施工技术，主要技术包括注浆材料研究、布孔综合设计技术、塌孔处理技术、跑水钻孔封堵技术、注浆管路防堵技术研究与应用、快速注浆施工技术研究与应用、间歇注浆技术研究与应用、突水通道快速封堵技术、矿井水综合利用技术等，有效保障永煤公司防治水工作安全有效推进。2002 年开始，永煤公司大力实施煤层底板注浆改造工程，率先开展煤层底板注浆加固工作。到 2009 年，河南煤化集团所属有底板水害的矿井全部建立地面注浆站，采用煤层底板注浆加固或改造，将底板薄层灰岩含水层，弱含水层变为相对隔水层，对构造带或底板导水裂隙进行充填、闭合，使之不导水，切断下伏含水层的水力联系，切断地下水径流补给方向上的水力联系。2010 年后，对所有水害工作面采用全覆盖底板注浆加固，年施工注浆加固钻孔 5600 个，进尺 68200 米，注浆 27.26 万吨。永城矿区煤层底板水压为 3～7 兆帕，大力实施底板注浆改造技术，实现矿井多套注浆站、多趟注浆管路，采取工作面底板各孔大浆量连续注浆、间隙注浆、引流注浆等技术，在底板水害的超前预治理中取得实效，同时在技术管理上实行精细化管理，从工程设计、规程措施、施工工艺、现场管理、工程质量及效果评价等方面，对每个环节进行规范，保障地质防治水工程设计“零漏洞”，过程管理“零失误”，工程质量“零缺陷”，通过超前治理，杜绝了水害伤亡事故。

焦煤公司赵固矿区底板含水层灰岩水水压高达 5～7 兆帕，煤层底板注浆改造技术在全区推广实施，在实施过程中，大力推行底板注浆改造技术创新，先后研制开发本地黏土和水泥的混合注浆材料，注浆效果好，工程费用低；研制开发系列井下钻孔高压止水器，解决注浆钻孔提前出水止水的难题；研制开发注浆孔固料添加器和柔性阻水材料，解决井下封堵突水点时注固料的困难，拓宽注浆改造技术的应用范围；解决注浆钻孔在高压水条件下钻进遇到的一系列技术难题；采用三级套管解决高压情况下注浆时发生的跑浆、底鼓等难题；注浆终压提高到 12.5～15 兆帕，对裂隙进行高压破裂，提高钻孔注浆量，确保注浆改造质量；焦煤公司重组以后未发生水害淹面事故，特别是焦煤公司大水矿区，重组前工作面采空区老突水点多，矿井涌水量大，通过年年对老突水点的封堵，矿井涌水量大大减少，九里山矿、方庄二矿、何庄矿、演马庄矿等，矿井涌水量 2013 年减少 1175 立方米/时，年减少排水费用 1500 万元，经济效益显著。

(二) 中国平煤神马集团

坚持“区域治理、远近兼顾、以疏为主、疏堵结合、水压达标、确保安全”的底板灰岩水治理原则，带压采区采掘前，采取先在地面用大功率直流电法、瞬变电磁法等手段进行探测，对发现的富水异常区，再采用井下直流电法、瞬变电磁、音频电穿透等井下物探仪器进行近距离超前探测的治理措施；采掘工程接近井下超前物探富水异常区时，采用钻探手段对物探异常区进一步验证，根据验证结果，进一步实施疏水降压或注浆封堵等针对性防治措施，底板灰岩水得到有效治理。

（三）郑煤集团

$L_{7\text{-}8}$灰岩溶裂隙含水层为二$_1$ 煤层底板直接充水含水层，开采二$_1$ 煤层的矿井对$L_{7\text{-}8}$灰含水层以疏放为主；L_5 灰、$L_{1\text{-}4}$灰、O_2 灰、$\in_3$ 灰这几层含水层为二$_1$ 煤层底板间接充水含水层，开采二$_1$煤层的矿井对 L_5 灰以下含水层以防为主；$L_{1\text{-}4}$ 灰、O_2 灰（$\in_3$ 灰）含水层为一$_1$、一$_3$煤层直接充水含水层，在开采一$_1$、一$_3$煤层的矿井采用疏堵结合进行防治水。

二、顶板水防治

（一）平煤神马集团

针对五、四、二组煤顶板砂岩水坚持“自然疏干和加强排水”的防治原则，防治措施主要采取完善采掘工作面排水系统的方法，即配备满足最大预计涌水量的排水设施，同时加强排水管理，保证足够的排水能力；针对一煤顶板砂岩水，坚持“强排为主、超前探测和疏排结合”的防治原则，防治措施为在完善采掘工作面排水系统、加强排水基础上，再实施超前物探、钻探以及疏水降压等。

（二）义煤集团

顶板水危害较严重的有铁生沟矿、跃进矿、曹窑矿东井等矿，顶板水主要防治措施是加强顶板水赋存规律及防治技术的研究，利用瞬变电磁勘探等手段圈定煤层顶板的富水区段，采用钻孔或巷道进行采前预疏放，完善工作面防排水系统，加大工作面排水能力等。

（三）郑煤集团

第四系砂、砾石层孔隙含水层，古近系和新近系泥灰岩岩溶裂隙含水层和顶板滑动构造砂岩含水层，易造成顶板水害，为防止水害的发生，采取事先查清含水层富水情况，然后采取钻探、送顶板疏水巷或专门设计工作面回采进行疏放等措施。

三、老空水防治

（一）河南能源化工集团

规定凡是在受水害威胁的区域，以及水文条件复杂的矿井、兼并重组矿井、高瓦斯矿井、煤与瓦斯突出矿井，掘进前要采用钻探进行超前探测，坚持“有掘必探、先探后掘”的原则，发现有水害威胁时要停止掘进，对隐伏致灾因素采取积极治理措施。2012年各矿井由过去的“有疑必探”向“有掘必探”转变，经过探测治理后进行评价，评价合格后，发放掘进巷道准许掘进通知书，确保掘进巷道安全施工。该集团每年施工超前钻探进尺30余万米，累计探放老空水90余万立方米，未发生误揭煤、误揭构造现象。义煤公司为防止发生老空水突水事故主要采用的手段：加强浅部及相邻小煤窑的监管，定期调查或测量相关的生产或废弃小煤窑的积水情况；利用电法等物探手段，探查小煤窑的采区边界及积水情况；在采掘工程平面图等图纸上标注小窑水的积水量、水压及探放水警戒线等；在开掘过程中，坚持“有疑必探，先探后掘”的探放水原则。

（二）中国平煤神马集团

针对小窑老空水坚持“六位一体”综合防治原则：“地面封填井筒、物探圈定靶区、井下逢掘必钻、严控超前距离、禁止上山施工、采前开展评价”，对可能受小煤矿老空水威胁的采掘工作面采取提前编写探放水工程设计，业务主管部门审批后组织实施，超前探放水作业的防治措施；针对本矿老空水，坚持动态排查和超前探放的防治原则，对存在老空水威胁的采掘工作面采取提前编写探放水工程设计，经业务主管部门审批后组织实施超前探放水作业。

（三）郑煤集团

为防止老空水害发生，常采用留设防水煤柱、修建挡水墙、探放水等方法。从

1986—2006年，该集团大平矿与弋湾矿老空之间采取留设防水煤柱的办法，既减少排水费用，又确保大平矿不受弋湾矿老空水威胁。2006年大平矿探出弋湾矿老空水达50万立方米，掘进巷道与弋湾矿轨道下山贯通后，在轨道下山修建挡水墙（埋设有放水管），解除老空水害威胁。2005—2007年，超化矿成功探出本矿22081工作面老空区积水，放出水量达60万立方米，积水标高从－98.6米下降到－184米，解除空区积水威胁，确保22101工作面安全掘进。

四、地表水防治

（一）河南能源化工集团

义煤公司各矿对附近地面水流及矿区内老窑、地面塌陷、裂缝情况不断进行调查，并绘制成图，然后据此进行充填、挖沟疏导排放，防止地面水渗入井下；涧河从义煤公司千秋矿、跃进矿和常村矿等井田穿过，地表水主要防治措施是首先进行水下试采研究，通过钻探和物探等手段，查明地质构造情况，探查不同采高等条件下的导水裂隙发育高度，待取得成功经验后，根据采区岩性组合，选取恰当的采后导水裂隙最大发育高度经验公式，留设足够的防水煤柱，合理确定采高等采煤参数，截至2008年年底，义马矿区没有发生过重大地表水水害事故。

（二）中国平煤神马集团

针对地表及浅层水害坚持“留设防治水煤（岩）柱和浅部堵源”的防治原则，采取了对塌陷裂隙必须填平压实、对小煤矿废弃井筒必须填实封闭、对浅部集中径流通道、在地面实施注浆封堵补给通道、在井下实施截水疏导工程等防治措施。

五、断层水防治

（一）河南能源化工集团

针对矿井水压高，隔水层薄，断层破碎带发生恶性水害事故几率增大，而断层破碎带在井下注浆加固施工困难，时间长、效果差，难以满足生产需要的问题，实施井上下联合注浆加固断层破碎带工程，以减少井下断层注浆加固时间，加快矿井开拓进度。

（二）郑煤集团

采取3种方法：① 在导水或含水断层两侧，留设断层防水煤柱，防止断层突水，当断层与强含水层接触或接近时，留设断层防水煤柱，防止含水层突水。超化矿、裴沟矿等矿探清导水大断层位置，留足断层防水煤柱。② 当采掘接近或穿过导水断层时，采取超前预注浆加固，防止断层突水。裴沟矿42轨道巷、胶带巷在穿过落差达200米的浮山寨大断层前，对断层进行超前预注浆加固，保证巷道安全通过。③ 工作面有落差大于5米的断层并“带水压开采”，采取钻探注浆加固断层方法，防止断层突水。1992年6月17日，裴沟矿－110米东大巷发生断层突水，最大突水量达900立方米/时。10月29日，－110米东大巷又发生滞后突水，最大突水量756立方米/时，突水水源为$L_{1\text{-}3}$、O_2灰水，造成东大巷被淹。经过地面注浆封堵突水通道，水量减至71立方米/时。1997年5月3日，芦沟矿26下山发生滑动构造突水，最大突水量达3440立方米/时，突水水源为奥灰、寒灰水，矿井被淹，经过地面注浆封堵突水通道，突水被全部封堵。2006年1月，超化矿21091（西）综采工作面发生F_3正断层（落差2～11米）突水，水量达230立方米/时，综采工作面被迫停产，经过对断层注浆加固，突水全部被封堵。

第三节　火灾防治

1993年，义煤集团研制成功的巷道顶帮固化充填堵漏防灭火技术，有效减少巷道顶帮破碎煤体自然发火的概率；1995年，该集团引进的化学凝胶充填防灭火技术，推广应用后效果显著，成为矿井防治煤层自然发火的主要技术。1996 年，义煤集团与中国矿业大学合作完成“易燃厚煤层矿井通风安全可靠性调研”课题，从矿井通风安全方面总结、分析出开采易燃厚煤层矿井的安全防火指标，为大幅度降低矿井煤层自然发火灾害，提供科学的通风技术管理依据。该集团常村煤矿根据多年的经验，总结出的“低风量供风技术”，可有效防止采空区遗煤发火。1997 年，义煤集团与西安矿业学院合作研制成功的“胶体泥浆大流量充填防灭火技术”，对早期预防和快速灭火效果显著；1998 年，义煤集团引进西安科技大学的“复合胶体防火技术”，提高煤层长效安全防火的保险系数；2000 年，该集团自行研制成功的“复合凝土充填防灭火技术”，不仅解决了矿井安全、环保防灭火的状况，而且可以在一定程度上改善巷道受力情况，达到长效、安全的防火效能。

1991—1995 年，中国平煤神马集团火灾防治主要集中在原有防灭火技术装备性能提升以及新型防灭火材料研制等方面，碳酸氢铵和水玻璃混合制成的凝胶推广应用于井下煤巷高冒地点和煤柱的自燃治理。郑煤集团加强防止外因火灾管理，火灾发生次数明显减少，采取 5 项措施：① 推广使用水胶乳化炸药，爆破使用水炮泥等，爆破火灾得到控制；② 井下支护逐步使用不燃性材料，井下风筒、电缆、胶带等使用阻燃型材料，减少可燃物数量；③ 井下逐步推广使用防爆性能好、安全性高的机电设备，有效减少火灾产生源；④ 减少井下电气焊作业；⑤ 进一步补充和完善防灭火制度。

2001 年，义煤集团利用二氧化碳气体发生器，向采空区压注二氧化碳，开创“大范围、大高度”的防火新局面；2002 年，该集团与西安科技学院合作完成的“义马矿区易燃厚煤层综放开采成套防灭火技术研究”项目，分析综放开采时采空区浮煤的合理遗留厚度、“三带”分布规律及其与工作面供风量的关系、煤炭各个氧化阶段的标志气体、自燃危险区域判定技术，以及安全防治的综合技术措施等，提高综放开采时安全防火的可靠性。该集团还自行摸索现场实用性较强的“钻场间接准确灭火、开区合理均压防灭火”等技术；2003 年，该集团开始在自然发火最严重的常村煤矿、千秋煤矿和耿村煤矿装备制氮机。同年，自行探索“均压、注氮联合防止采空区发火技术”，消除采煤工作面、采空区经常出现的危险性自燃隐患和撤除期间采空区发火灾害。引进 MEA 高分子材料，自行探索“井上固定式大流量和井下移动式远距离粉煤灰或胶体充填”防灭火技术。2004 年，该集团引进压注高分子泡沫堵漏防灭火技术，在常村煤矿装备“煤矿自燃火灾束管监测系统”，形成全方位、多手段的煤层自燃隐患监测预报体系。2005 年，与中国矿业大学合作引进“三相泡沫灌注防灭火技术”等。自行完成“综放面采空区抽放瓦斯安全防火技术”等一系列防灭火新技术，效果明显。同年 12 月，义煤集团与煤炭科学研究总院合作的“易燃煤层综合防灭火技术研究”项目，经中国工程院院士周世宁和张铁岗为主任的专家组鉴定认为，该研究成果总体达到国际先进水平，部分成果达到国际领先水平，各项技术具有广泛的推广应用前景，并获得国家安全生产监督管理总局“第三届安全生产科技成果二等奖”。

1996—2000 年，中国平煤神马集团采用铝酸钠替代碳酸氢铵，形成无氨味的无机凝胶，在煤矿井下火灾防治上进行推广应用。1998—2000 年，该集团在煤层自燃矿井普遍应用高吸水材料和交联材料等有机材料组成的凝胶材料，防灭火效果明显。

2001—2005 年，中国平煤神马集团将罗克休、玛丽散、艾格劳尼等工程材料广泛推广应用到煤矿井下治理高冒、采空区堵漏等方面的防火措施中。2006—2010 年，该集团采用中国矿业大学研制的用氮气、粉煤灰浆液和中倍发泡材料混合形成的气、液、固三相泡沫，在发泡后体积是黄泥灌浆系统的数十倍，达到较好防灭火效果。郑煤集团进一步规范井上、下消防材料库的建设和消防器材的配备标准、采空区密闭的检查周期和检查内容，进一步完善机电硐室、打钻作业防火措施和防灭火管理制度，购买两套注氮防灭火设备，提高防灭火装备水平。到2007年，郑煤集团的井下防灭火系统形成体制完备、方法广泛、措施有力、监控到位的管理格局。

2011—2015年，中国平煤神马集团逐渐采用液态二氧化碳用于煤矿井下防灭火，该技术兼有窒息灭火、冷却降温作用，灭火效果良好，而且火区不易复燃。郑煤集团为防止在煤层中机械打钻引发火灾，规范矿井打钻作业地点一氧化碳传感器安设工作和矿井各类传感器调校工作，确保安全仪器的灵敏度和准确度。

第四节 顶板事故预防

1991年以后，全省煤炭企业高度重视煤矿顶板灾害治理工作，依靠科技进步，研究和采用新技术、新装备，有计划地引进先进生产设备，积极走综合机械化之路，国有重点煤矿机械化程度逐年得到提升，由“八五”时期的62.7%，提升到“十二五”时期的80%，矿井顶板事故逐步下降。

针对豫西“三软”不稳定厚煤层在开采中巷道维护困难、煤壁易片帮、顶板易冒落、支架移动困难等特点，矿井发生的顶板事故，多为压垮型、漏垮型和推垮型顶板灾害，易发生在采掘工作面和巷道。河南省煤炭工业厅和郑煤集团组织科研和生产技术力量，成立科技攻关组，开展技术研究攻关，对放顶煤液压支架进行改造，将原支架前梁伸缩梁的伸缩长度由原来的600毫米增加到800毫米，将原支架四连杆结构改为单绞点结构，并设计制造过渡支架，1991年10月，将改造后的ZFS4400-19/28型放顶煤支架和新研制的ZTG4300-19/28型二柱式过渡支架在郑煤集团米村煤矿15011工作面安装试采，改造后的支架抽屉式伸缩梁很好地解决了片帮、冒顶问题。此后，综采放顶煤技术在河南煤矿逐步推广，特别是豫西的义煤集团和鹤煤集团，相继在急倾斜煤层、易自燃煤层和高瓦斯煤层中应用成功。

1993—2000年，为进一步掌握和摸清“三软”不稳定煤层综合机械化开采矿压显现规律，河南省煤炭工业厅和郑煤集团先后在该集团米村煤矿、王庄煤矿、超化煤矿8个综采工作面进行矿压观测技术试验，即“支护质量和顶板动态”监控技术。在工作面液压支架前立柱安装一个矿压表和综采圆图自记仪，每5架安装一个，在回采过程中，通过观察压力变化和记录的数据，分析了解顶板来压情况，特别是在基本顶初次来压及周期来压期间的压力显现情况。通过对数据的分析和电脑的制图，初步掌握“三软”不稳定煤层矿压显现规律。“三软”不稳定煤层初次来压步距为距切眼45～60米，周期来压步距为18～25米。通过矿压观测技术，对采煤工作面初次来压或周期来压提前进行预报，采取有效措施，严加防范，取得良好效果。预报率达到95%，准确率达到80%以上。针对义煤集团5对矿井顶板压力显现的特点，省煤炭工业厅与该集团共同研究，决定全部矿井采用综合机械化采煤。1994年，煤炭工业部《高产高效矿井标准》颁布后，该集团耿村煤矿先后引进国外先进的综采液压支架，取得成功，但不能有效防范顶板压力。1997年，耿村煤矿与焦作工学院合作进行易自燃厚煤层综采放顶煤开采技术研究，较好地控制住顶板压力显现。至2000年，全省6个国有重点煤矿共装备35个综合机械化采煤工作面，综合放顶煤技术开采取得良好成效。

2002年,为进一步加强全省乡镇煤矿顶板管理,在乡镇煤矿一律实行壁式开采,推广应用综合机械化采煤技术,同年1月,济源市济源煤矿(设计生产能力45万吨/年)在全省地方煤矿第一家采用轻型支架综采放顶煤开采,机械化程度实现100%。随后,郑州市下辖登封市新登煤矿、教学三矿等也相继采用综合机械化采煤。

在采掘工作面的顶板管理上,随着采掘技术的不断发展,1998年河南省在全省煤矿推广应用锚杆锚索联合支护,实现主动支护,支护效率高,安全可靠。尤其在大断面巷道(综采宽切眼),采用锚杆锚索支护,综采搬家方便、安全。2014年7月,下发《河南省强化煤矿安全生产暂行规定》,采煤工作面(保护层开采工作面除外)淘汰单体液压支柱配Π型钢梁支护,坚决淘汰落后支护方式和开采方式。同年11月,下发《河南省人民政府安全生产委员会办公室关于汲取事故教训加强煤矿顶板管理的通知》(豫安委办〔2014〕73号),明确提出:进一步强化技术管理,及时掌握煤层赋存情况、地质构造、顶底板岩性、煤岩物理力学参数和矿压显现规律,做好采区地质情况的预测预报工作;按照规程、规范科学合理制订采掘工程支护设计方案,条件发生变化时,及时进行调整;进一步强化现场管理,严格落实作业规程和安全技术措施,遇有过老巷、煤柱、地质构造破碎带等特殊情况时,及时补充制定安全技术措施,进一步加强跟班矿长、队长、班长现场靠前指挥,确保各项安全技术措施的落实,严格执行敲帮问顶制度,严禁空顶作业,加强对装备悬移支架工作面的现场管理,确保措施完善并落实到位。2015年2月,下发《河南省人民政府安全生产委员会办公室关于近期两起顶板事故的通报》(豫安委办〔2015〕12号),立即开展"一矿一组、一矿一案、一矿一策"的煤矿顶板管理的隐患排查治理专项行动,做到全覆盖、零容忍、严执法、求实效,切实做到不安全不生产。2015年5月,下发《河南省工业和信息化委员会关于开展全省煤矿顶板管理会战活动的通知》,提出活动方案:① 落实责任,健全完善顶板管理各项规章制度,明确分管负责人和分管业务部门,配齐专业技术人员,严格考核奖惩,确保各项制度落到实处。② 加强地质勘探和地质资料分析研究,做好地质预测预报以及矿压观测工作,掌握煤层赋存情况、地质构造、顶底板岩性和矿压显现规律,为顶板管理提供基础资料。③ 采取有效合理的支护设计方案,确定相应的支护方式和支护参数,避免出现孤岛煤柱、生产过度集中采掘相互扰动等情况,采煤工作面不得采用单体柱和Π型梁支护。④ 严格采掘工作面现场管理,加强现场带班和巡回检查,重点地段安排安全员不间断进行监管;严格执行敲帮问顶制度,严禁空顶作业。⑤ 加强特殊地点安全支护管理,开采坚硬顶板煤层,大断面巷道掘进时,制定有效安全措施,防止冒顶事故发生;加强采煤工作面上、下安全出口安全支护;过地质构造带,顶板破碎带,煤岩交接处及安装、拆除支架时,针对顶板管理制定专门安全技术措施。⑥ 加强巷道维修工作,维修井巷支护时,必须有支护设计、顶板治理方法和施工安全技术措施,严防顶板冒落伤人、堵人,巷道失修率不得超过规定。⑦ 大力推进支护方式改革,推广应用顶板管理的先进适用技术,及时淘汰落后的支护方式和工艺,积极推广应用顶板支护新技术、新工艺、新材料,优先选用综采支架等安全程度较高的支护方式,提高支护强度和质量。⑧ 加强职工培训教育,提高职工安全操作技能,增强防范顶板事故的意识和能力,杜绝违章作业、违章指挥,不按作业规程规定实施作业现象。⑨ 加大对顶板管理工作的动态监控力度,实时监控顶板来压情况,做到隐患分析、排查、整改、验收闭环管理,对因隐患排查不到位、治理措施不落实导致发生顶板事故发生的，要按有关规定从严追究相关人员的责任。

一、中国平煤神马集团

1991—2000 年，采煤工作面综采、炮采兼有。综采工作面液压支架工作阻力主要在 3000 千牛以下，以国产液压支架为主，部分使用进口液压支架；炮采工作面使用单体柱配铰接支护顶板。综采、炮采两巷超前支护均采用单体柱配铰接支护顶板。2001—2010 年，该集团综采工作面全部使用国产液压支架，工作阻力在 5000 千牛以下；炮采工作面仍然使用单体柱配铰接支护顶板。综采、炮采两巷超前支护均采用单体柱配铰接支护顶板。2011—2015 年，集团公司综采工作面全部使用国产液压支架，工作阻力在 4000～6800 千牛之间；炮采工作面全部采用悬移支架支护顶板，工作阻力 2400 千牛。综采、炮采两巷超前支护仍然采用单体柱配铰接支护顶板。采煤工作面顶板灾害主要采取的预防措施：① 采用的液压支架等支护设备与采场矿压相匹配，重视设备操作性能与维护能力的提高；② 严格执行敲帮问顶制度，作业时必须专人观山；③ 及时支护裸露顶板的支护方式，严格控顶作业；④ 加强上下出口三角区、两巷超前支护段、过断层或地质构造带等顶板破碎区域的顶板管理；⑤ 坚持在工作面上下端头使用特殊支护；⑥ 合理布置炮采工作面炮眼，严格控制装药量，避免崩倒支架，崩坏顶板；⑦ 加强顶板安全知识培训，提高员工对冒顶事故预兆的辨别及预防处理能力。

1991—1996 年，该集团在开拓掘进工作面顶板灾害防治上，使用 U 型钢可缩支架支护巷道，并逐步推广使用锚杆、锚索支护巷道技术。2015 年，实施矿井支护改革，大力推广复合煤层锚网支护技术，提出“支得快、支得住、支得省”的支护理念，做到满足设计需求，一次支护到位，杜绝前掘后翻。巷道顶板灾害主要预防措施：① 巷道开口前，先对开口附近巷道进行维修和加固；② 严格执行敲帮问顶制度；③ 坚持质量标准化施工、一次成巷施工；④ 迎头到永久支护之间使用临时支护，严禁空顶作业；⑤ 喷浆巷道掘进后及时喷浆封闭围岩；⑥ 巷道顶板严重破碎时，采取注浆加固手段。

二、郑煤集团

1991 年对巷道支护改进，岩巷支护锚喷化，煤巷支护钢铁化。岩巷掘进工作面采用初喷加锚杆作为临时支护，煤巷掘进工作面采用前探梁作为临时支护，严禁空顶作业；架棚巷道，掘进工作面 10 米范围内支架必须使用防倒器连锁，防止爆破崩倒棚子；巷道顶板破碎时要采用挺钎椽护理顶板，防止顶煤冒落。1998 年开始使用 25 号 U 型钢支护，并采取对煤层内进行静压超前注水，提高煤体的黏结程度。2005 年，对巷道顶板分为 A、B、C 三类（A 类为最难管理顶板），根据顶板管理的难易程度，制定相应的顶板管理方法和措施。2007 年，对埋深超过 400 米以上的巷道，岩巷采用“锚、网、喷、注”联合支护，地质构造带及围岩特别破碎巷道采取超前预注浆；煤巷采用 36 号 U 型钢支护，或采用 29 号 U 型钢缩小棚距的办法支护，并进行煤体注水或注黄泥浆等措施。对掘进巷道加强爆破管理，采用光面爆破，严格控制装药量，减少对围岩震动破坏；加强工程质量管理和巷道维护，及时更换受压损坏支架，保证支护效果和支护强度。通过一系列顶板管理方法和管理措施，有效控制掘进顶板事故。

该集团在采煤工作面顶板事故预防上，针对顶板事故分为压垮型、漏垮型和推垮型，类型不同，采用不同的防治方法。压垮型冒顶事故预防主要措施：① 加强地质工作，搞清工作面直接顶及基本顶的强度、厚度、分层情况以及断层、裂隙情况；搞清直接底的厚度及比压。② 进行常规矿压观测，求出工作面的初次来压步距、周期来压步距、支柱工作阻力及其变化和顶板下沉量、下沉速度及其变化，以及支柱下缩量、下缩速度及其变化等情况。根据矿压观测，掌握基本顶来压规律，确定合理的支护强度，在基本顶来压期间加强工作面支护，避免采面发生压垮型冒顶。③ 按实测数据或按经验公式合理选用支柱类型及合理设计工作面支护的强度及排柱距。④ 遇到平行工作面的断层时，当断层刚露出煤壁时就及时加强工作面支护，不得正常回柱，并且扩大工作面控顶距，待断层进到采空区后再回柱。漏垮型冒顶事故预防主要措施：① 选用合适的支柱，使工作面支护系统有足够的支撑力与可缩量；② 顶板必须背严背实；③ 严禁爆破、移溜时弄倒支架，防止出现局部冒顶。复合顶板推垮型冒顶防治的方法：① 采用“整体支架”，用联柱器把每排支柱从工作面上端至下端连接起来，以增加其整体稳定性。② 提高单体柱的初撑力及刚度；液压支架初撑力不低于规定值的 80%，底板松软时，支柱要穿柱鞋，防止顶板发生离层现象。③ 工作面应布置成伪俯斜方向，使垂直工作面方向向下倾角达 40°～60°，尽可能避免仰斜开采。④ 掘进上下平巷时不破坏复合顶板，对漏顶或空顶要及时充填严实。⑤ 工作面初采时不要反推，或提前摘除贴柱支柱。⑥ 控制采高，使软岩层冒落后能超过采高。⑦ 尽量避免上下平巷与工作面小于 45°的锐角斜交。⑧ 灵活地应用戗柱戗棚，使它们迎着六面体可能推移的方向。

三、永煤集团

（一）加强巷道顶板管理

永煤集团从 2003 年开始不断摸索创新，逐步形成适合永煤公司不同条件下的多种机械化作业线配套形式并推广应用。巷道临时支护先后发展前探梁临时支护、轻型单体临时支护等支护工艺。2012 年，开始推广机载临时支护，将煤巷机载临时支护装置安装在掘进机悬臂上，通过掘进机液压系统提供动力，适用范围广，支护强度大，杜绝空顶作业。

（二）预防大型顶板灾害

2012 年，开始在城郊煤矿采煤工作面推行物联网矿压监测系统，系统配备矿压观测、预警、专家分析等模块，对矿压异常的早期监控为加强支护留足时间。采煤工作面全部实现综合机械化采煤，使用 ZY3800-16/35 型、ZY4000-16/35 型液压支架，有效避免采煤工作面大型冒顶事故。2015 年，城郊煤矿针对 21406 工作面回采期间将过基岩风化带这一状况，引进 ZY5000-16/35 型综采液压支架。为防治巷道顶板灾害，该公司绝大部分巷道的支护方式均采用锚网（索）支护，与特殊地段如断层、跨巷、裂隙带、托顶煤施工段采用架棚支护或锚网索与架棚复合支护。对易发生推垮型冒顶的巷道在巷道的架棚之间严格地用拉杆或连接板连接固定，增加架棚的稳定性，以防推倒。倾斜巷道中架棚被推倒的可能性更大，其架棚间拉杆或连接板的强度也适当加大。

（三）预防局部顶板灾害

2010 年，该公司为防治采煤工作面严重片帮，在煤层中注入马丽散等材料。2013 年，开始在综采工作面的轨道巷采用 ZT2×3200/15/30 型巷道超前支护液压支架代替单体液压支柱和金属铰接顶梁进行超前支护，不仅减轻了工人劳动强度，还提高了工作面超前段支护强度。

第五节 提升运输事故预防

煤矿提升和运输事故是指在煤炭生产过程中为了满足提升运输大量物料、煤矸或作业人员及设备等生产需求发生的人身伤害和设备损坏等事故。20 世纪 90 年代以后，预防煤矿机电和提升运输事故逐渐成为抓好煤矿安全生产工作的重要组成部分。

一、中国平煤神马集团

预防煤矿提升运输事故首先要加强对提升运输技术的安全培训，进一步细化提升运输设备使用管理体制。认真落实设备定期检查、检修和日常维护工作。建立设备入井检验、设备定期检查、各种安全装置和安全保护定期试验的制度。建立设备的台账管理、建立设备安装、验收和管理制度。加强运输安全源头管理，强化轨道辅助运输和轨道铺设质量管理和维护，对矿用机车、矿用钢轨等运输设备进行升级换代，通过积极推广应用新技术、新装备逐步实现提升运输系统的自动化。

提升事故预防：督促煤矿立即停止使用国家明令禁止或淘汰的提升设备及控制装置，确保煤矿提升机的电控系统、液压及机械制动系统可靠。信号闭锁功能正常，制动能力满足安全控制要求。加强煤矿提人设施设备的日常检查与管理维护工作。督促煤矿企业完善提升设备管理的各项规定。确保提升装置、钢丝绳、防坠器等设施设备性能可靠。主提升钢丝绳选型及使用必须符合规定。要督促煤矿完善提升运输系统的各类安全保护装置。矿井主要提升装置必须严格按照《煤矿安全规程》规定装设保险装置和后备保护装置。对于煤矿提升机的过卷、过速、限速和减速功能保护必须设置成相互独立的双线型式，互为备用，运行时严禁甩掉保护。确保保护装置动作灵敏、性能可靠。对于提升设备的机械传动部分必须设置护罩或护栏。

运输事故预防：完善机车、架空乘人装置、斜巷人车、斜巷提升绞车、小绞车、无极绳绞车等矿井辅助运输设备的安全保护装置，斜巷运输“一坡三挡”齐全完好。加强架空乘人装置安全管理，尤其是“一巷两用”架空乘人装置，对于“机轨合一”架空乘人装置必须实现与绞车可靠电气闭锁，对于“皮机合一”架空乘人装置必须有可靠的隔离防护，防护栏设计要合理，能够防止煤矸滚落伤人，而且便于胶带运输机的检查维修。斜巷轨道运输严格执行“行车不行人、行人不行车”的规定，严禁蹬钩作业，斜巷人车运行时，必须配备两名绞车司机，一人开车、一人监护，斜巷人车上安设移动视频监测探头，便于司机观察人车运行线路情况。设备材料装车、刹车和摘挂钩要符合规定，运送超宽、超长、超高等物料时制定专项安全技术措施。定期委托有资质的检测检验机构对架空乘人装置、斜巷人车、斜巷提升绞车、钢丝绳及连接装置等进行安全性能检测。加强技术管理，完善矿井辅助运输系统管理制度和图纸资料。加强职工培训，不断提高职工安全技术素质和业务技能。

二、永煤集团

一是强化制度建设。永煤集团先后制定和下发了《永煤集团矿井运输管理办法(试行)》、《永城煤电控股集团有限公司矿井大型固定设备管理规定》等相关的管理制度。通过强化制度建设，确保提升运输系统安全。二是强制采取事故预防措施。结合永煤集团矿井实际情况，采取措施主要有：加大对矿井主、副井提升系统的日常检查、维护与管理。各矿制订有日检、周检、月检与年检计划，并按计划完成检修与验收，对达到使用年限的机械电气设备及时进行更换；矿井每天安排专人负责，对主、副井提升系统进行重点检修与排查，对检修与排查过程中发现的问题和隐患进行总结梳理后，及时整改和完善。加大运输系统日常管理。永煤集团本部所有矿井将原来平巷和主要斜巷 22 千克/米的钢轨更换为 30 千克/米的钢轨，将手扳道岔更换为司控道岔，将部分煤与瓦斯突出矿井架线机车改为防爆蓄电瓶机车。所有井下强力胶带机、轨道及辅助运输设备的设计、安装和使用符合《煤矿安全规程》要求，并定期对提升运输设备及保护装置进行检查和维护。定期按要求对提升运输系统设备、设施进行年检，矿井每月对主、副井提升系统进行安全评价与总结。开展提升运输系统安全检查和隐患排查治理活动，对排查出的隐患按“五定”原则进行整改。三是强化现场管理。坚持区队现场排查，科室现场指导，矿井专项检查与系统排查，发现的问题及时处理。四是加大培训力度，提高相关技术管理人员与操作人员的业务素质，以及责任心、操作能力及应急处理能力。

三、焦煤集团

一是制定完善了主提升系统各项管理制度及标准，分类建立统一的提升系统检查维护工作流程，并对重点部位的检查时间、周期、方法等制定统一标准，加强对关键部位、重点环节的日常巡检维护，确保日常检查人员有效配备，实现检查维护时间、质量和检查维护项目的全覆盖。二是为建立机电运输安全管理的长效机制，规范管理体系和管理机制，对矿井副井提升系统实行准运证管理，对矿井主、副井提升系统实行安全评价管理，每月由机电矿长亲自组织对主、副井提升系统进行全面的安全评价，及时发现存在的隐患和问题，确保系统安全运行。三是制定了《焦煤集团矿井提升运输系统应急救援预案》和安全运行保障措施，平时加强主提升系统安全管理，对重大危险源加强监控，对主、副井提升系统的提升钢丝绳、平衡钢丝绳、罐道钢丝绳、防坠钢丝绳和连接装置，及主要斜坡轨道的提升钢丝绳及连接装置，按《煤矿安全规程》的有关规定进行管理、检验、检查；罐笼防过卷缓冲托罐装置及防过放缓冲装置必须定期检查，保证其性能安全可靠；对主、副井提升系统的钢丝绳、提升容器（包括附件和连接装置）、天轮等主要关键部件要求不间断备用；主、副井提升机电控系统、各种保护必须完善、可靠，并定期进行试验，保证灵敏可靠。主、副井绞车的传动部件定期检查，保证完好、可靠。

四、鹤煤集团

一是主提升装置必须每天派专人检查维修，发现问题及时处理，做好记录，每天运转时由专职人员必须对其进行全面检查一次，每月机电科必须组织相关单位进行检查，发现问题，必须立即处理，检查和处理结果都应留有记录。二是每一提升装置，必须装有从井底信号工发给井口信号工，井口信号工发给绞车司机的信号装置。井口信号装置必须与绞车的控制回路相闭锁，只有在井口信号工发出信号后，绞车才能启动。除常用的信号装置外，还必须有备用信号装置。井底车场与井口之间，井口与绞车司机之间，除有上述信号装置外，还必须装设直通电话。三是主提升钢丝绳的使用和保管，要定期检查和试验。悬挂安全系数和检查处理技术标准等必须符合《煤矿安全规程》相关规定。提升钢丝绳每天检查一次，发现问题及时处理，检查和处理结果必须有记录。四是在斜井运输过程中，做到开车不行人，行人不开车，严禁任何人蹬车、扒车、跳车。五是加强提升机钢丝绳的巡回检查，每天必须由专人检查一次，并做好记录，发现问题立即处理。六是加强事故预警与信息报告。

第六节 粉尘危害防治

粉尘是煤炭生产的一大危害。粉尘危害主要有两个方面：一是可能参与瓦斯爆炸，引起更大、更严重的危害；二是威胁矿工的身心健康。在全省各煤矿中，除河南煤化集团焦煤公司无烟煤煤尘爆炸指数低，不易发生爆炸外，其余多数矿井煤尘均具有爆炸危险性。河南各煤炭企业煤矿煤尘爆炸指数分别为：河南煤化集团焦煤公司 5.43%～11.05%，鹤煤公司 12.76%～17.80%，义煤公司 23.04%～51.83%，永煤公司 12.10%～22.18%；中国平煤神马集团 27.67%～42.80%；郑煤集团 12.55%～18.12%；神火集团 12.10%～22.18%。1991 年以后，有 4 次事故煤尘参与瓦斯爆炸事故，且全部为特别重大事故，共造成 247 人死亡。因此，河南煤矿特别重视粉尘防治工作，经过多年治理，河南煤矿发生粉尘事故得到有效控制，粉尘职业危害也逐年降低，广大职工身心健康得到较好的保护。

采掘工作面是粉尘的主要产生地，又是煤尘事故的多发地。河南煤矿采煤工作面的防尘措施有：煤层注水、水打眼、水炮泥、爆破前后洒水、转载点喷雾、风流净化、巷道冲洗、架下水幕、架间冲洗等。掘进工作面的防尘措施有：水打眼、水炮泥、爆破喷雾、扒装洒水、冲洗巷壁、净化风流、转载点喷雾、巷道冲洗以及个人防护等。

一、湿式凿岩、煤体注水

1991 年以后，河南煤矿坚持湿式凿岩、煤体注水等防尘措施，井下所有岩石巷道及半煤岩巷道全部实现湿式凿岩，全部消灭干打眼。煤层注水是采煤工作面最有效的防尘措施。水的除尘机理包括 3 个方面：① 湿润煤体内的原生煤尘，使其失去飞扬的能力；② 有效地包裹煤体的每个细小部分，当煤体在开采中破碎时，避免细粒煤尘的飞扬；③ 水的湿润作用使煤体塑性增强，脆性减弱。当煤体受外力作用时，许多脆性破碎变为塑性形变，因而大量减少煤体被破碎为尘粒的可能性，降低煤尘的产生量。到 2015 年，全省煤矿已全部实现采煤工作面煤体注水，有效降低煤尘量。煤层注水是在回采前预先在煤层打若干钻孔，通过钻孔注入压力水，使其渗入煤体内部，破坏煤体内原有的煤—瓦斯两相体系的平衡，形成煤—瓦斯—水三相体系，体系内各个介质相互作用，使煤的物理化学性质、力学性质及热力学性质发生变化。煤层注水按钻孔深度分深孔注水和浅孔注水。深孔注水是在采煤工作面前方进风巷或回风巷沿煤层倾斜平行于工作面打孔，孔深一般为工作面斜长的 2/3，孔径 75～100 毫米。用水泥浆或橡胶封孔器封孔后，即可开始注水。与浅孔注水相比，深孔注水成本较高，打钻较困难，只适用于中厚与厚煤层。优点是预湿范围大，能充分湿润，而且不影响采煤工作。但在“三软”不稳定煤层的矿区，由于煤层致密且富有油性，注水较困难，注水量小。要适当增大注水压力、延长注水时间，确保注水效果。煤层注水参数要根据煤层的物理学性质、顶底板岩性等进行设计。

二、喷雾洒水、水炮泥爆破

1991 年开始，河南煤矿逐步实现水炮泥爆破。水炮泥是煤矿井下爆破除尘、预防电火花最有效、最直接的专用产品，将水注入筒状聚乙烯塑料袋并封住口而制成的，其长度一般在 250～300 毫米左右，直径略小于炮眼直径，采用高频、高压、高温一次成型，具有防尘效果好、预防电火花、卫生安全、使用方便等优点。其作用：① 炸药爆炸后，水炮泥可以起到封口作用，并同时爆炸，水炮泥的水在爆炸气体的冲击作用下能形成一层水幕，起到降低爆温、缩短爆炸火焰延续时间的作用，从而减少引爆瓦斯煤尘的可能性，有利于安全生产。② 水炮泥破裂后形成的水幕，有降尘和吸收炮烟中有害气体的作用，有利于改善劳动条件。用水炮泥与用黄泥比较，煤尘浓度可降低 50%，二氧化碳和二氧化氮可分别减少 35%和 45%。水炮泥经过专家的多次试验、研究，逐步由普通水炮泥改进到高效水炮泥再到新型水炮泥，煤尘大大降低，呼尘降尘率达 91%以上，全尘降尘率达 89%以上。全省各煤矿投入大量资金购入新型全自动、半自动喷雾洒水装置，安设在矿井各进风、回风大巷，主运大巷胶带头、尾转载点处、工作面运输平巷、回风平巷及各转运机头尾。通过全自动、半自动洒水装置的投入使用，净化空气，降低煤尘，杜绝煤尘飞扬。

河南矿用自动喷雾洒水降尘装置为 ZP-127 系列矿用自动洒水降尘装置。该装置设定洒水时间简单、快捷，根据用户的要求进行洒水或停喷时间的设定。主机采用 PLC 控制，壳体进行 LED 显示，对装置的工作或待机状态进行实时显示。井下运输巷、回风巷、井下车场等场所主要安设 ZPR-127 热释光控洒水降尘装置，采用定时微电脑控制，在所定时的时间内，实现人过停喷，人过后延时设定的延时时间后，继续喷雾，一直到所设定的时间。定时时间和延时时间可以根据实际情况设定。在井上、井下胶带运输机头、工作面刮板输送机、转载机机头、溜煤眼等煤流或煤炭转载点处安设 ZPC-127 触控洒水降尘装置，当胶带等运煤输送机有物料时自动喷雾，无物料时延时设定的时间后停止喷雾。在采掘工作面安装煤炭科学研究总院重庆煤科院研制的 GCD1000 型矿用粉尘浓度传感器及温度传感器，并接入矿安全监控系统(KG90NB)，实现工作面粉尘浓度及温度的 24 小时监测，可根据连续监测数据分析作业地点的粉尘及高温危害，以利于制定有针对性的防治措施。国投河南分公司教学三矿在煤尘防治方面工作突出，被河南省命名为职业健康示范矿井。

(一) 中国平煤神马集团

1991—2010 年，随着煤矿综采、综掘工作面的迅速发展，煤矿井下生产过程中的粉尘产生量明显增加。该集团主要采用通风排尘、注水减尘、封闭尘源、喷雾降尘、捕尘网捕尘、风机除尘、抑尘剂抑尘、清理积尘、提高个体防护标准、开展职业健康教育培训和定期体检等措施，构建从井下到地面的综合防尘体系，达到防尘、降尘与保护职工身体健康的目的。2011—2015 年，逐步在采掘工作面回风巷安装粉尘监测传感器，实时监测粉尘浓度，并配合人工定期检测井下粉尘浓度、游离 SiO_2 含量以及粉尘分散度，根据作业场所粉尘信息及时采取相应治理措施。

(二) 郑煤集团

1991—1994 年，完善矿井防尘洒水管路系统，各转载点设置手动喷头，采掘工作面进回风巷内设置降尘水幕，实施煤层高压注水，推广应用降尘剂，坚持使用水炮泥，爆破装煤(岩)前后洒水定期冲刷、清扫、大巷刷白，在矿井两翼、采区、工作面进回风巷内设置隔爆水袋，搞好个体防护，定期测定粉尘浓度，湿式打钻和安装移架放煤喷雾等 14 种措施，井下作业点粉尘浓度大幅度下降，但仍达不到《煤矿安全规程》行业标准要求。炮采工作面仍为 10～60 毫克/立方米，综采工作面为 15～85 毫克/立方米，岩巷掘进工作面为 0.1～2 毫克/立方米。1995—1997 年，随着采煤工作面放顶煤回采工艺的推广应用，因$二_1$煤层属典型的“三软”不稳定厚煤层，煤质松软破碎，在落煤、运输、转载环节中，粉尘产生量较大，且有“遇水成泥、无水成尘”的特性。致使采煤工作面及回风流中粉尘浓度大幅度上升，综采放顶煤工作面最大粉尘浓度达 300 毫克/立方米，炮采放顶煤工作面最大粉尘浓度达 200 毫克/立方米。为解决这个问题，该集团组织人员多次到山东新汶矿业集团、兖州矿业集团等单位参观学习，并与中国矿业大学(北京)以及省煤炭科技研究所结合，分别在米村矿、超化矿进行多次试验，但因为煤层特点，试验始终没有取得实质性进展。1997 年，到辽宁省七台河煤矿参观学习后，开始在超化矿试验煤壁浅孔注水技术，即在采掘工作面煤壁侧受采掘活动影响的卸压带范围内实施煤体浅孔动压注水，取得较好的效果，继而在全集团推广应用。1998—2007年，增加综采放顶煤工作面安装使用移架放煤自动喷雾装置、采掘工作面煤壁浅孔动压注水、设置自动化水幕、自动化喷雾、增加隔爆水袋、水棚等措施。各矿防尘系统健全，设施齐全，水源充足，水质、水压满足生产需要。采掘工作面粉尘浓度一般为全尘10～30毫克/立方米，呼吸性粉尘4～7毫克/立方米；岩巷掘进工作面粉尘浓度一般为全尘1～3毫克/立方米，呼吸性粉尘0.3～0.6毫克/立方米。2008年，下发《郑州矿区二$_1$“三软”煤层注水及粉尘测定实施办法》，进一步规范各采掘作业产尘地点的测尘方法和测尘周期，全面实现煤巷掘进工作面逢掘必注，采煤工作面逢采必注，煤巷扩修工作面逢扩必注；逐步推广使用直读式粉尘测定仪、自动化喷雾和自动化水幕等先进装备，提高矿井装备水平和防尘综合水平。2008—2010年采掘工作面粉尘浓度一般为全尘8～20毫克/立方米，呼吸性粉尘2～5毫克/立方米；岩巷掘进工作面粉尘浓度一般为全尘0.8～2.3毫克/立方米，呼吸性粉尘0.2～0.4毫克/立方米。2010年以后，为加强粉尘危害防治工作，该集团各矿井均建立矿井防尘系统，严格落实煤层注水制度，采用湿式作业，降低粉尘浓度，保护职工健康。采掘工作面安装净化水幕，各转载点采用喷雾洒水，积极推广应用自动化喷雾装置和捕尘装置，对防尘措施落实情况进行监测监控，对达不到要求的单位进行处罚并责令限期整改。每月对井下粉尘浓度测定不少于2次，每年对粉尘分散度测定不少于2次，做出详细检测记录。集团总部在煤矿关键地点建立自动监控装置，实施在线实时监控，及时监测粉尘浓度情况。各矿井配备专职测尘员，每月对井下产尘点进行两次粉尘含量测定，测定全尘的同时必须测定呼吸性粉尘，并及时编制粉尘测定报表。瓦斯检查工、安全监察员等人员负责对除(降)尘系统的使用、维护进行监督检查，对查出的问题按照“五定”原则进行整改落实。2015年，为加强粉尘危害防治工作，集团各矿井均建立矿井防尘系统，严格落实煤层注水制度，采用湿式作业，降低粉尘浓度。采掘工作面安装净化水幕，各转载点采用喷雾洒水，积极推广应用自动化喷雾装置和捕尘装置，对防尘措施落实情况进行监测监控。

第七节 冲击地压预防

一、岩爆灾害

河南煤矿随着开采深度的增加，矿压显著增强，极易造成冲击地压灾害。全省受冲击地压集中在河南能源化工集团义煤公司所属的5对矿井。1998年，该公司首次发生冲击地压以后，累计发生冲击地压62起，共造成4335米巷道损坏，15人死亡，24人受伤，经济损失达11730万元。其中造成人员伤亡的3起，占全部发生次数的5.3%，造成较大巷道严重破坏的12次，占全部发生次数的21.4%。2007年以后，义煤公司所属煤矿共发生冲击地压现象107起，其中造成人员伤亡的冲击地压事故4起，造成31人死亡，经济损失数千万元。此后通过有效治理，2011年冲击地压发生最少、损失最小，仅发生1次，占全部发生总数的1.79%，相比2010年下降80%。

二、岩爆成因

义煤公司冲击地压的主要因素有4个方面：① 开采深度。该公司冲击地压矿井采深近千米，冲击地压危害日趋严重。② 构造。义马煤田地质构造复杂，处于义马向斜北翼，不整合其上，区内受落差大于500米的F_{16}断层走向分割，矿井内又多走向、倾向、斜交断层，煤层厚度变化不均，存在较大的构造应力，受采动扰动影响，极易诱发冲击地压。③ 上覆巨厚坚硬顶板岩层影响。煤田煤层上覆 400 多米厚的坚硬难垮落巨厚砾岩，造成冲击地压应力积聚。④ 义煤公司主采煤层具有冲击倾向性。经中国矿业大学煤层冲击倾向性试验鉴定，义马煤田 5 个矿井开采煤层均具有冲击倾向性。

三、灾害预防

（一）管理机构与队伍

2007 年以后，义煤公司到冲击地压防治经验丰富的抚顺矿务局老虎台矿、新汶矿务局华丰矿、协庄矿引进高级防冲人才 3 名，专门成立矿压研究所，培养一批技术骨干。2008 年后，各冲击地压矿井陆续成立防冲科室，专门负责防冲措施的制定和现场落实，其中跃进、千秋矿先后建立负责矿井防冲措施落实的防冲区队。全公司形成由公司组织、各矿井防冲部门参与的防冲管理体系。冲击地压管理队伍从无到有，发展到目前 232 人。其中：管理人员 24 人，占 10.3%；专业技术人员 49 人，占 21.1%；技术工人 55 人，占 23.7%；其他现场施工工作人员占 44.9%。

邀请中外专家、教授对集团公司内部各冲击地压矿井防治技术人员进行冲击地压防治现场施工及疑难问题的培训和经验交流；各矿井组织对一线职工进行防冲知识培训。到 2011 年 8 月，累计培训管理、技术人员 3000 余人次，职工 20000 余人次；2015 年开展外聘专家培训 10 余次，培训人员 800 余人次，职工防冲意识和素质得到根本性提高。

（二）监测防控体系

义煤集团在组建冲击地压管理机构和队伍的同时，积极采取措施，迅速建立和完善对冲击地压灾害具有预警功能的科学监测系统和强力防控体系。

1. 监测系统

2007 年以后，集团公司先后引进电磁辐射监测系统、地音监测系统、阻力监测系统、ESG 微震监测系统、ARIMIS 微震监测系统，初步构建防冲监测体系。通过对国内其他矿井冲击地压治理经验的学习，又引进 SOS 微震监测、CRM 微震应力监测一体化，形成矿区监测、矿井监测、采区监测、冲击危险巷道监测四级监测手段。

矿区监测采用矿震 KZ-301 监测设备，在千秋煤矿架设监测终端，其余矿井铺设子监测系统，矿井监测采用 ESG、ARAMIS、SOS 微震监测设备，采区采用地音监测、阻力监测设备，冲击危险巷道采用电磁辐射、煤体应力监测设备。形成多参数综合立体交叉的冲击地压监测网络，各系统数据共享，通过长期的数据收集、分析，逐步对集团公司整个矿区的冲击地压情况进行深入了解，为冲击地压防治提供第一手资料。到 2015 年，累计投入资金 3 亿余元，购置微震监测系统五套，矿震监测系统一套，电磁辐射仪 50 余台，各类工程钻具上百台。所有工作面安装在线矿压监测系统，实现由点到面、由局部到区域的多参数、多系统监测预警。

2. 防控体系

2008 年以后，义煤集团秉承冲击地压"可防、可控、可治"理念，提出"消弱冲击地压条件、实现诱发冲击、无冲击，即使发生冲击也不伤人"的目标，建立"六位一体"（健全机构、安全培训、预测预报、措施解危、效果检验、安全防护）综合防治体系。为使冲击地压治理有章可循，有制可束，先后制定《义马煤业集团股份有限公司冲击地压治理各级领导岗位责任制》、《义马煤业集团股份有限公司冲击地压目标管理考核办法》、《义马煤业集团股份有限公司冲击地压综合防治实施细则》、《义马煤业集团股份有限公司冲击地压防治管理规定》等规章制度，使冲击地压防治工作步入规范化、制度化。在冲击地压防治中，坚持以科学防治为中心，以原有科技手段为基础，依托现有的国际先进技术，积极探索、不断改良，建立"强监测、强卸压、强支护、强防护"冲击地压"四强"综合防冲体系。具体的做法：① 下发《冲击地压防治管理规定》、《冲击地压监测设备巡查维护制度》等制度。制定8条防冲红线和8条防冲重点，并根据红线和重点条款要求，有针对性地制定红线和重点条款的图文释义，在中部矿井进行宣贯、讲解和现场释义、落实。严把设计关卡、提升防冲技术水平，对有冲击危险的采掘工作面做到开工前采用综合指数法、经验类比法等进行冲击危险性评价，划分冲击危险区域；根据评价结果编制冲击地压防治专项设计，并经集团公司审批。② 编制中长期规划，按计划管理。义煤公司编制《冲击地压防治三年规划》，各冲击地压矿井编制《矿井冲击地压防治五年规划》，提前着手，严加防范，确保安全。③ 强化现场管理，严格考核指标。按照《年度冲击地压防治工作计划》，对年度工程量计划分解到各月，并于每月初下发月度工作计划。以日常检查、双基检查等形式按照《义马煤业集团股份有限公司冲击地压防治目标管理考核办法》文件要求，对月度、季度完成情况进行考核，考核结果纳入矿井月度双基考核。为全面掌握矿井每天监测数据、防冲工程等具体情况，公司防冲部门每天对矿井各项监测数据、防冲工程进行汇总、制定报表，在公司调度会上通报，并防控体系根据矿井监测和工程实施情况，及时对矿井进行技术指导。④ 狠抓隐患排查、开展防冲技术会诊。⑤ 落实"五强一大"防冲措施。强化设计优化，采取合理布局、留设小煤柱、按顺序开采等措施，避免或降低由于布局与开采不合理造成局部应力集中；合理控制工作面推进速度减小采掘扰动，降低冲击危险。强化监测预警，建立健全矿井和采区范围的微震监测系统、工作面范围的矿压监测系统和应力监测系统、局部地点采用钻粉检测和巷道变形量监测，义煤公司及各矿井建设监测预警平台，完善监测预警体系，实现各监测设备数据联动综合分析和有效预警。强化煤体卸压，实行"大直径卸压钻孔和煤层注水为主、爆破卸压为辅"的卸压措施，对中等冲击危险以上的掘进工作面，正头卸压钻孔推行直径153毫米大直径卸压钻孔，孔数由原来的2个增加到8～10个，坚持正头超前卸压孔"钻30进15"或"钻40进20"的方式，始终留有不小于15米的安全距离，循环卸压；在底煤厚道大于1.5米的巷道段，采取断底爆破措施，断底爆破孔间距1米，采取"隔一爆一"的方式，不爆破的断底孔进行下管注水，对底煤进行软化处理，提高底煤卸压效果。强化安全防护，采取"系统防护、环境防护、人身防护、制度防护"四级防护模式，系统防护是通过设置通信、供水、压风三大系统，将供(排)水管、注浆管与压风管连通，可迅速将排水管、注浆管改为供风；环境防护是通过实施巷道大断面，保障冲击后人员有生存空间，安装垛式支架、移步支架、门式支架，提高巷道抗压抗冲能力，对U形棚连接卡缆采取遮护，防止卡缆崩断伤人，工作面采取远距离供电供液，避开应力集中区；人身防护是指作业人员穿戴防冲服、防冲头盔，减轻冲击波和撞击对人体的伤害；制度防护是通过控制危险区域进入人员、采煤工作面下巷生产期间实行封闭式管理、回采与巷道维修严禁平行作业、实行远距离爆破和延长躲炮时间。强化巷道支护，根据不同危险程度，对强冲击危险区域实施门式(吸能)、大立柱抬棚梁等加强支护，对中等以上冲击危险区域采煤工作面超前工作面150米、300米采取液压抬棚梁加强支护。大断面巷道，大断面强支护是为冲击破坏后预留空间，使现场作业人员得以生存。经过实践，冲击地压伤亡事故现场巷道大多在1米以下，冲击后巷道高度在

2 米以上的基本不会造成人员伤亡。

2014 年，河南省政府对冲击地压灾害提出明确要求。对冲击地压矿井，煤炭企业必须组织专家论证其灾害防治技术措施的针对性和可靠性，论证结果由煤炭企业主要负责人签字确认；未经论证或经论证在现有技术条件下难以有效防治的区域，严禁一切采掘活动。冲击地压灾害严重矿井掘进及采煤工作面要积极推广大断面复合支护和充填式开采工艺，提高抗冲击地压能力；合理安排采掘布局，降低采煤工作面推进速度，科学留设煤柱，严禁在应力集中区域或孤岛煤柱内进行采掘活动；严禁采用放顶煤一次采全高开采方式。

（三）支护手段

义煤集团工作面实施上巷超前 100 米、下巷超前 300 米的强力超前支护；在全国首创门式支架，在实践过程中，不断改进、优化设计，使支护技术更加成熟。跃进煤矿 2010 年 8 月 11 日发生冲击，前期安装的 100 架门式支架由于设计和支护密度原因，90%以上支架不同程度受损，362.8 米巷道断面收缩 1/4，较以往冲击相比巷道破坏明显降低。“8·11”事件后，通过改进设计，将原两柱式门式支架改为三柱式，增加支护密度，2011 年 3 月 1 日，跃进煤矿再次发生冲击地压，能量达 1.45×10^8 焦，地面明显震感，震级比“8·11”冲击增加 0.7 级，门式支架受损 7%，断面仅缩小 15%，未对生产造成影响，未对冲击现场施工人员造成人身伤害。两次冲击比较见图 5-3-1。

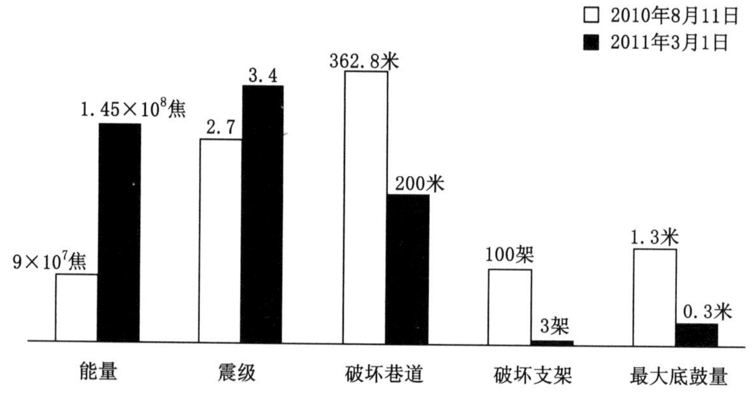

图 5-3-1 义煤集团跃进矿“8·11”与“3·1”冲击地压事故破坏比较图

矿井工作面三级强支护体系：

一级支护：高强度预应力树脂锚杆，配以小孔径预应力树脂锚索、“十”字钢带及金属网等构件的锚网索；

二级支护：高强度 36U 型钢圆形（椭圆形）可缩全封闭；

三级支护：门式液压支架、垛式液压支架（在胶带机头使用垛式液压支架进行支护，保证操作人员的安全）。

在冲击地压支护方面取得多项技术突破：① 24 平方米以上大断面“锚网索＋O形可缩棚＋液压大吨位防冲支架”三级强力复合支护技术实现国内首创，较好地解决大采深冲击地压回采巷道支护问题。② 冲击地压危险区域巷道门式支架、垛式支架、超前工作面迈步支架、巷道软包等技术的应用有效保证人身安全。③ 快速膨胀水泥封孔、深孔间隔式分段装药爆破、36U 形可缩支架整体连锁装置、巷道支护 O 形棚搭接部位并环等八项科技创新成果的应用，使义煤集团冲击地压防治水平登上新台阶。

在强化巷道支护的同时，加强对作业人

员的防护。在冲击危险区域采用作业环境防护和人身防护"双保险"的防护模式。冲击危险区严格控制施工人员，工作面生产期间对冲击地压危险区进行封闭式管理；为每一位职工配备防冲服、防冲头盔，增强职工的安全性；进行物料捆绑避免物件弹起对人体造成伤害；采取危险区域巷道软包、O形棚卡子护套，打造"橡皮房子"式巷道，有效减少巷道内可能对人员造成伤害的各种因素。

（四）加强规律研究与探索

为进一步摸清冲击地压规律，义煤集团与北京科技大学、辽宁工程技术大学等高校和科研机构合作，将义马煤田历史上有冲击地压显现的107次破坏性冲击地压进行"还原"，建立冲击地压卡片，认真分析冲击地压发生原因及预兆。按照冲击地压发生力源、前兆性、时空关系等进行调研分类统计。开展"义马煤田冲击地压地质分析"、"开采因素对冲击地压的影响"、"冲击地压监测预警规律分析"等研究。初步了解义马煤田冲击地压基本情况，掌握一些基本规律。

2010年10月28日，义煤集团成立"河南省煤矿冲击地压防治工程技术研究中心"，使全省防冲工作走在全国前列。该集团投入900余万元资金购置冲击地压治理实验设备，依托中国矿业大学冲击地压最新研究技术，实现冲击地压治理的实验室模拟。

为更好地解决这一难题，国家科技部设立"973"科研项目——煤炭深部开采中的动力灾害机理与防治基础，义煤集团参与该项目的研究，与"973"课题组进行两年合作，共同完成第一阶段的科研计划。2011年7月，经中国煤炭工业协会批准由义煤集团牵头，有关科研院所参与，编制《冲击地压危险区域煤层注水方法》行业标准。同年，为了更好吸收借鉴国内外先进的防冲治理经验、治理技术，义煤集团联合中国矿业大学共同主办2011年绿色开采理论与实践国际研讨会。国内外众多冲击地压方面专家积极响应与参与，中国工程院院士彭苏萍、张铁岗，中国矿业大学教授王铁群，中国矿业大学（北京）副校长、教授、"973"首席科学家姜耀东，波兰矿山研究总院 A. Lurka 教授和 G. Mutka 教授，葡萄牙籍国际岩石力学委员会委员 Luis Ribeiro e Sousa 教授；另外还邀请煤炭科学研究总院、中国矿业大学、波兰矿山研究总院等八所科研院校和新闻媒体共30余家单位近200余名代表嘉宾参会，会议期间共收到国内外高水平学术论文60余篇，参会代表共同分享7个单元31个专题报告。

第四章 事故与救援

第一节 事故案例

一、瓦斯及煤尘爆炸事故

（一）平煤集团十矿"5·21"瓦斯爆炸事故

1996年5月21日18时11分，平煤集团十矿己二采区己$_{15}$-22210回采准备工作面发生特大瓦斯爆炸事故，造成84人遇难，68人受伤，直接经济损失984.45万元。事故主要原因：

（1）重生产，轻安全。① 严重超通风能力违章生产。1996年十矿矿井通风能力仅有170万吨/年，当年矿井产量计划215万吨，缺风3640立方米/分，其中己二采区缺风 1213.5 立方米/分，矿井通风能力严重不足，超通风能力生产。② 不重视瓦斯抽采工作。按照《煤矿安全规程》要求，十矿有 4 个工作面应进行瓦斯抽采，实际上仅有 1 工作面进行抽采，而且抽采时间短，瓦斯抽出率低。

（2）违章指挥，违章作业。① 下调瓦斯探头数值，隐瞒瓦斯实际情况。为使瓦斯超限时不断电，1995 年 11 月十矿安全办公会议研究决定，把瓦斯传感器向下调 0.2%～0.4%，造成长期瓦斯超限冒险作业。② 瓦斯记录、报表弄虚作假。瓦斯检查记录、监测超限记录人员高值低记，超限少报、不报，弄虚作假。③ 违章作业。己$_{15}$-22210 掘进工作面，在瓦斯涌出量较大的情况下，前面掘进作业，后面同时扩帮，严重违反作业规定。

（3）通风瓦斯管理混乱。① 己$_{15}$-22210 掘进工作面贯通后，通风部门无人下井调整风路，造成无措施、无组织的情况下，施工队随意调风。② 通风设施无人管理，风门经常随意打开、关闭，造成风流不稳定。③ 巷道严重失修，通风巷道断面小、阻力大，用风地点风量不足。④ 存在用炮泥、塑料布、衣服等堵塞瓦斯探头行为，使瓦斯超限而不能及时断电，造成超限作业。经调查认定，该矿“5·21”瓦斯爆炸事故是一起重大责任事故。对事故有关责任人员 18 人进行责任追究，其中 3 人移送司法机关，15 人给予党纪、政纪处分。

（二）平顶山市西区五七集团公司大井“12·10”特别重大瓦斯爆炸事故

1997 年 12 月 10 日 10 时 50 分，平顶山市石龙区五七集团公司大井发生特别重大瓦斯爆炸事故，死亡 79 人，直接经济损失 480 万元。事故原因：

（1）矿井通风系统不合理，风流短路，造成井下风量不足；盲目向采空区送巷，导致采空区大量高浓度瓦斯涌出；井下作业地点大串联通风；局部通风机吸循环风，造成瓦斯积聚达到爆炸界限；爆破工违章爆破引起瓦斯爆炸。

（2）五七集团公司大井承包后，为了追求高额利润，重生产、轻安全，无视国家法律法规，违规在长 385 米、宽 83 米的狭小煤柱上同时布置 4 个采掘工作面，超通风能力生产。矿井生产、安全技术力量匮乏，截至出事故时，该矿已 9 个月没有配备总工程师；安全检查力量严重不足，井下每班仅一名安全检查工，不仅要检查十多个地点的瓦斯，还要负责局部通风、排查隐患等，工作量大，经常存在空班、漏检和爆破不执行“一炮三检”的规定。

（3）有关管理部门对煤矿安全生产工作监督、管理不力，致使这些长期存在的事故隐患没有被发现和查处。

（三）平顶山市石龙区沙石岭煤矿、梁马煤矿“4·6”特大煤尘爆炸事故

1998 年 4 月 6 日 5 时 30 分许，平顶山市石龙区砂石岭煤矿五井、六井和梁马矿二风井，因争抢资源放明炮酿成特大爆炸事故，造成 62 人死亡，4 人受伤，直接经济损失约 200 万元。事故原因：

（1）为争抢资源，砂石岭煤矿六井在井下放明炮破坏邻矿巷道，引起煤尘参与爆炸，是这次事故的直接原因。

（2）三个矿井的矿主违反国家法律、法规，非法进入平煤集团大庄矿己二采区争抢国有大矿资源，且相互之间巷道打通，乱采滥挖，是发生这次事故的重要原因。

（3）采矿秩序混乱。当地政府和有关部门对无证采矿、一证多矿、越层越界等非法行为长期存在，整顿不力，执法不严，处理不彻底，留下了严重的安全隐患，是造成这次事故的根本原因。

（4）供电管理、火工品管理上还存在大量漏洞。对于非法生产矿井的电力没有切断，炸药雷管还有供应渠道，也是发生事故的原因之一。

（四）河南省宝丰县大营镇一矿“12·12”特大瓦斯煤尘爆炸事故

1998年12月12日11时35分，河南省宝丰县大营镇一矿发生特别重大瓦斯煤尘爆炸事故，死亡66人，直接经济损失约180万元。事故的直接原因：该矿井没有形成全负压通风系统，井下多个采掘工作面靠局部通风机通风，副井采掘工作面因循环风使瓦斯积聚，4号工作面电缆短路产生火花，引起瓦斯爆炸，同时引起煤尘爆炸。事故的主要原因：矿井在没有取得生产许可证的情况下非法开采和强行作业，并对一矿两井实行分井承包，造成风井出煤，严重超能力生产。

（五）郑煤集团大平煤矿“10·20”瓦斯爆炸事故

2004年10月20日22点9分12秒，郑煤集团大平矿发生特大煤与瓦斯突出引发的特别重大瓦斯爆炸事故，造成148人死亡、32人受伤，直接经济损失3935.7万元。事故原因：① 21岩石下山掘进工作面，在10月20日爆破揭穿一个落差10米的逆断层，由于这个逆断层有利于瓦斯储存，使该区域煤层的瓦斯压力增大。掘进工作面突然进入断层破碎带后，在高地应力和高瓦斯压力的共同作用下，煤与瓦斯突破断层破碎带岩柱，发生延期性特大型煤与瓦斯突出。② 突出的瓦斯逆流进入西大巷新鲜风流中，导致西大巷与11轨道石门交会处的瓦斯浓度达到爆炸极限，遇到架线电机车产生的火花引起瓦斯爆炸。经国务院事故调查组调查，对事故相关责任人分别给予刑事、党纪政纪处分。

（六）鹤煤集团第二煤矿“10·3”瓦斯爆炸事故

2005年10月3日4时36分，鹤壁煤业（集团）有限责任公司（以下简称鹤煤集团）第二煤矿（以下简称二矿）38采区北煤柱1工作面发生一起特别重大瓦斯爆炸事故，造成34人死亡、19人受伤（其中1人重伤），直接经济损失801.25万元。事故发生后，38采区的55名作业人员中，18人自救升井，37人受困。造成事故的直接原因：38采区北煤柱1工作面施工的顶煤预裂炮眼距切顶线只有0.8米，不符合作业规程规定的1.4米，且向采空区方向倾斜，最小抵抗线不够，在实施17号炮眼顶煤预裂爆破时，违章爆破，引起附近采空区内积聚的瓦斯爆燃、爆炸。经事故调查组认定，河南省鹤煤集团二矿“10·3”特别重大瓦斯爆炸事故是一起责任事故。对24名相关责任人予以责任追究，其中2人移送司法机关追究刑事责任，22人给予党纪、政纪处分。责成鹤煤集团向河南省人民政府做出深刻书面检查。

（七）登封市郑州广贤工贸有限公司新丰二矿“9·21”特别重大煤与瓦斯突出事故

2008年9月21日0时55分，登封市郑州广贤工贸有限公司新丰二矿发生特别重大煤与瓦斯突出事故，造成37人死亡、7人受伤，直接经济损失1766余万元。事故调查组经过现场勘察、调查取证、查阅相关资料和技术鉴定，查清事故原因：① 新丰二矿62011下副巷掘进工作面煤层具有突出危险性，在没有采取“四位一体”综合防突措施的情况下，打钻作业诱发煤与瓦斯突出。② 该掘进工作面与62006采煤工作面串联通风，致使事故扩大。调查认定，河南省登封市郑州广贤工贸有限公司新丰二矿“9·21”特别重大煤与瓦斯突出事故是一起责任事故。对42名责任人给予责任追究，其中20人被移送司法机关追究刑事责任，22人给予党纪、政纪处分。对新丰二矿违法生产原煤11.26余万吨的违法所得3152.8万元，根据《中华人民共和国煤炭法》第六十七条的规定，依法没收，并处1倍罚款，没收违法所得和罚款共计6305.6万元。依法吊销新丰二矿有关证照，由河南省人民政府依法实施关闭。

（八）平顶山市新华区四矿“9·8”瓦斯爆炸事故

2009年9月8日0时55分，平顶山市新华区四矿发生特别重大瓦斯爆炸事故，造成76人死亡、14人受伤，直接经济损失3986.4万元。事故直接原因：① 新华区四矿违法违规开采己组煤层，其201机巷顶板冒落导致局部通风机停风后，造成201掘进工作面内积聚大量高浓度瓦斯。② 违章排放瓦斯过程中致使瓦斯浓度达到爆炸界限。③ 巷道内破损的煤电钻电缆短路产生高温火源引起瓦斯爆炸。经调查认定，河南省平顶山市新华区四矿“9·8”特别重大瓦斯爆炸事故是一起责任事故。对64名事故责任人给予刑事、行政处分，其中43人被移送司法机关追究刑事责任，21人给予党纪、政纪处分。依法吊销该矿及有关责任人的所有证照。

（九）洛阳市伊川县国民煤业公司“3·31”煤与瓦斯突出事故

2010年3月31日19时20分，洛阳市伊川县国民煤业公司发生一起特别重大煤与瓦斯突出事故，造成48人死亡，直接经济损失2728.4万元。导致事故发生的直接原因：① 该矿违法在二$_1$煤1102回风巷工作面掘进，由于区域和局部综合防突措施不落实，在施工瓦斯排放钻孔时诱发煤与瓦斯突出。② 突出的瓦斯逆流至副斜井井口，遇明火发生爆炸，并引起瓦斯燃烧。经调查认定，河南省洛阳市伊川县国民煤业公司“3·31”特别重大煤与瓦斯突出事故是一起责任事故。有77名责任人被追究责任，其中45人被移送司法机关追究刑事责任，32人给予党纪、政纪处分。

（十）中国平煤神马集团平禹煤电公司四矿“10·16”煤与瓦斯突出事故

2010年10月16日6时，中国平煤神马集团平禹煤电公司四矿（以下简称平禹四矿）发生特别重大煤与瓦斯突出事故，造成37人死亡、4人受伤，直接经济损失2274万元。事故发生的直接原因：平禹四矿12190工作面具有煤与瓦斯突出危险性，虽采取预抽煤层瓦斯的区域防突措施，但实际未消除突出危险，在工作面实施打煤层抽采钻孔的局部防突措施期间，调试调直采煤机割煤扰动煤体，发生煤与瓦斯延时突出，导致人员被埋和窒息死亡。经调查认定，平禹四矿“10·16”特别重大煤与瓦斯突出事故是一起责任事故。对27名事故责任人给予责任追究，其中2人被移送司法机关追究刑事责任，25人被给予党纪、政纪处分。依法对平禹煤电公司处以罚款250万元。

二、透水事故

洛阳市新安县寺沟煤矿“12·2”透水事故。2005年12月2日23时40分，洛阳市新安县寺沟煤矿发生特别重大透水事故，共造成35人死亡、7人下落不明，直接经济损失972.6万元。直接原因：寺沟煤矿08采掘煤巷非法进入矿井边界煤柱，在接近已关闭的桥北煤矿（1998年关闭）老空积水区采煤，造成煤柱突然垮落，桥北煤矿老空区积水体和与其存在密切水力联系的松散孔隙地下水及青河地表水迅速溃入井下，导致事故发生。间接原因：① 寺沟煤矿不服政府监管，长期违法违规组织生产。② 寺沟煤矿违反《煤矿安全规程》和《煤矿防治水工作条例》的相关规定，在矿井水文地质资料不清，存在老空积水等重大水害隐患的情况下，既不进行水害分析预报，不执行“有疑必探”，也不编制采掘煤巷探放水设计和探放水安全措施，同时违反规定用煤电钻代替专用探水钻进行探水，达不到探放水的要求和效果。③ 寺沟煤矿没有技术管理机构，安全管理人员技术水平低，安全意识淡薄。④ 石寺镇政府对寺沟煤矿安全监管不到位，措施不力。⑤ 新安县煤炭工业局履行职责不到位。⑥ 新安县公安局对寺沟煤矿火工品的月审批量超过新安县煤炭安全生产专项整治领导小组办公室核准的供应量，为寺沟煤矿违法违规生产提供条件。新安县国土资源局对寺沟煤矿资源开采状况监督管理不到位。⑦ 新安县人民政府对其有关职能部门履行职责的情况督促检查不到位，对寺沟煤矿长期违法违规生产制止不力。⑧ 洛阳市煤炭工业局对煤矿资源整合工作指导不力。事故调查组通过现场勘察、调查取证、技术分析等，认定寺沟煤矿"12·2"特别重大透水事故是一起责任事故。25 名责任人受到处分，其中 12 人移送司法机关追究刑事责任，13 人给予党纪、政纪处分。对寺沟煤矿实施行政处罚：由河南省有关部门依法没收寺沟煤矿自 2005 年 6 月至事故发生前的非法所得 1128.92 万元，并处 5 倍罚款 5644.6 万元，合计 6773.52 万元。事故后该矿被依法关闭。

三、冲击地压事故

义煤集团千秋煤矿"6·5"冲击地压事故。2008 年 6 月 5 日 15 时 57 分，义煤集团千秋煤矿（以下简称千秋煤矿）发生一起重大冲击地压事故，造成 13 人死亡、11 人受伤，直接经济损失 950 万元。事故原因：千秋煤矿开采深度大、煤层顶板坚硬，在地应力和采动应力共同作用下巷道周围煤岩体弹性变形能聚积，扩修巷道支架、清落巷道底板诱发围岩聚积的能量在短时间内急剧释放，导致 21201 综采工作面下副巷外口以里 725～830 米处巷道严重底鼓。经过对事故的调查分析，认定千秋煤矿"6·5"重大冲击地压事故为自然事故。千秋煤矿对矿井大采深坚硬顶板条件下地应力和采动应力影响增大、诱发冲击地压发生的不确定因素增多认识不足，未组织人员按照《煤矿安全规程》第八十一条规定编制开采冲击地压煤层专门设计；贯彻落实《义煤集团预防冲击地压暂行技术规定》不到位，未进行煤岩冲击倾向性指数测定，未制定冲击地压防治人员责任制、冲击地压分析排查制度和冲击地压资料收集汇报制度；对 21201 综放工作面贯彻落实防止冲击地压措施情况监督检查不够。义煤集团公司督促检查千秋煤矿安全生产工作不到位。该集团 5 名相关责任人受到党纪、政纪处分。

第二节　事故统计

1991 年，全省煤矿百万吨死亡率为 2.8。其中焦作矿务局、鹤壁矿务局、义马矿务局、郑州矿务局百万吨死亡率连续 6 年下降，并连续两年降到 1 以下，同年降到 0.61。其中郑州矿务局 1991 年实现零死亡。地方国营煤矿、乡镇煤矿百万吨死亡率为 2.88 和 5.6，提前实现 3 和 6 的奋斗目标。全省煤矿 3 人以上死亡事故 24 起，死亡 113 人。其中地方国营煤矿 4 起，死亡 19 人，乡镇煤矿 20 起，死亡 94 人。

1992 年，全省煤矿百万吨死亡率为 1.96。其中焦作矿务局、鹤壁矿务局、义马矿务局、郑州矿务局四个统配首次降到 0.5 以下，为 0.422；地方国有煤矿降到 3 以下，为 2.89；乡镇煤矿降到 3.39 人。全年 3 人以上死亡事故 17 起，死亡 116 人。其中统配煤矿 1 起，死亡 3 人；地方国营煤矿 1 起，死亡 19 人；乡镇煤矿 15 起，死亡 94 人。

1993 年，全省煤矿百万吨死亡率国有重点、地方国有、乡镇煤矿分别为 0.55、2.23、5.98，连续 3 年稳定在 1、3、6 以下。全年发生 3 人以上事故 23 起，死亡 206 人。其中焦作矿务局、鹤壁矿务局、义马矿务局、郑州矿务局 4 个国有重点企业 2 起死亡 44 人，乡镇煤矿 21 起死亡 162 人。

1994 年，全省煤矿百万吨死亡率为 2.57。焦作矿务局、鹤壁矿务局、义马矿务局、郑州矿务局连续两年未发生 3 人以上瓦斯煤尘事故。焦作矿务局全年无死亡，成为河南省14年来继郑州矿务局之后第二个没有发生死亡事故的煤炭企业。

1995年，全省煤矿百万吨死亡率国有重点、地方国有、乡镇煤矿分别为0.28、2.94、5.58，连续五年控制在1、3、6以下。发生3人以上事故25起，死亡180人，其中4个重点煤炭企业1起，死亡6人；地方国有煤矿3起15人，乡镇煤矿21起，死亡159人。

1996年，全省煤矿百万吨死亡率为3.82，死亡412人。发生3人以上死亡事故33起，死亡324人。其中，国有重点煤矿2起，死亡90人；国有地方煤矿2起，死亡30人；乡镇煤矿发生29起，死亡204人。

1997年，全省煤矿百万吨死亡率为3.46，死亡347人。发生3人以上死亡事故22起，死亡259人。其中，国有重点企业发生瓦斯事故1起，死亡31人；地方国有煤矿发生事故2起，死亡32人；乡镇煤矿发生19起，死亡196人。

1998年，全省煤矿百万吨死亡率为2.51，死亡218人。其中国有煤矿百万吨死亡率为0.89，杜绝3人以上事故，安全指标创历史最好水平。

1999年，全省煤矿百万吨死亡率为1.87，死亡150人。

2000年，全省煤矿事故死亡227人，百万吨死亡率为2.95，安全指标居全国煤矿先进水平。其中，国有重点煤矿死亡37人，百万吨死亡率为0.86，其他国有煤矿死亡32人，百万吨死亡率为2.52，乡镇煤矿死亡158人，百万吨死亡率为7.62。与当年全国同类煤矿平均死亡率比较分别低44.16%、39.86%、47.85%。

2001年，全省煤矿发生死亡事故159起，死亡213人，百万吨死亡率为2.56。

2002年，发生死亡事故134起，死亡285人，百万吨死亡率为2.83。

2003年，发生死亡事故99起，死亡256人，百万吨死亡率为1.74。

2004年，全省煤矿发生死亡事故119起，死亡380人，百万吨死亡率为2.46。

2005年，全省煤矿发生死亡事故63起，死亡210人，百万吨死亡率为1.16。

2006年，全省煤矿发生死亡事故48起，死亡133人，百万吨死亡率为0.73。

2007年，全省煤矿发生死亡事故43起，死亡159人，百万吨死亡率为0.84。

2008年，全省煤矿发生死亡事故64起，死亡256人，百万吨死亡率为1.16。

2009年，全省煤矿发生死亡事故52起，死亡149人，百万吨死亡率为0.76。

2010年，全省煤矿发生死亡事故35起，死亡266人，百万吨死亡率为1.461。

2011年，全省煤矿发生死亡事故8起，死亡36人，百万吨死亡率为0.192。

2012年，全省煤矿发生死亡事故5起，死亡12人，百万吨死亡率为0.079。

2013年，全省煤矿发生死亡事故8起，死亡10人，百万吨死亡率为0.065。

2014年，全省煤矿发生死亡事故20起，死亡47人，百万吨死亡率为0.348。

2015年，全省煤矿发生死亡事故10起，死亡14人，百万吨死亡率为0.109。

2006—2015年，全省煤矿百万吨死亡率除2007年和2010年超过1以外，有7个年份百万吨死亡率控制在1以下，其中，2012年和2013年百万吨死亡率连续保持在0.1以下，安全生产创历史最好水平。1991—2015年河南省煤矿死亡事故统计表如图5-4-1至图5-4-6所示。

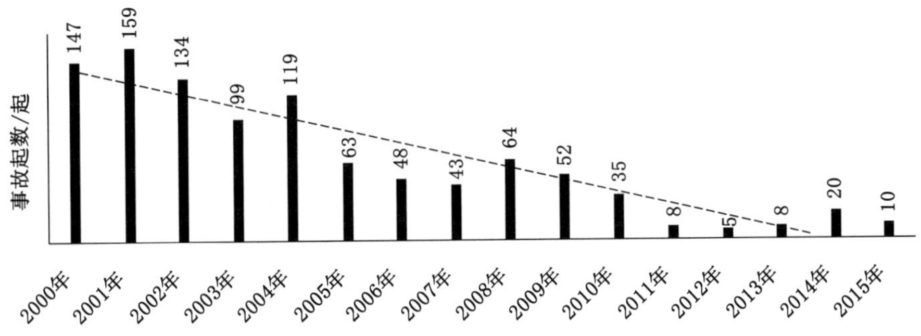

图 5-4-1　2000—2015 年河南省煤矿事故起数柱状图

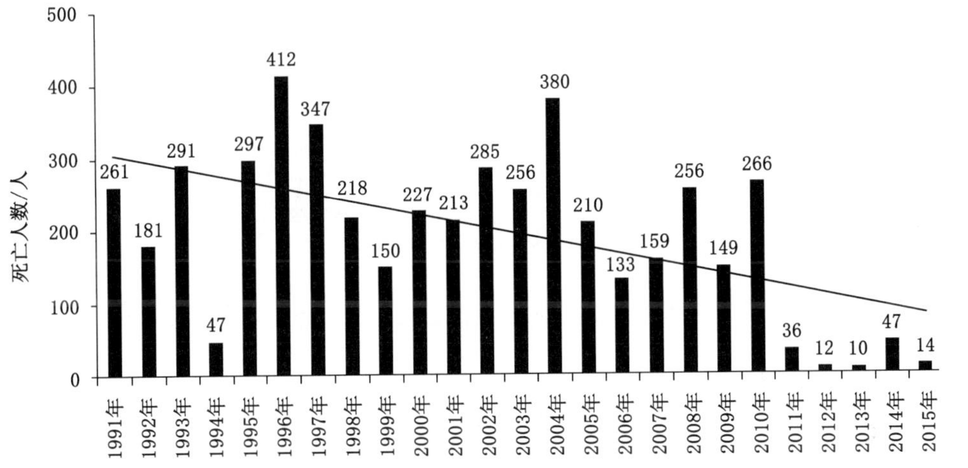

图 5-4-2　1991—2015 年河南省煤矿死亡人数柱状图

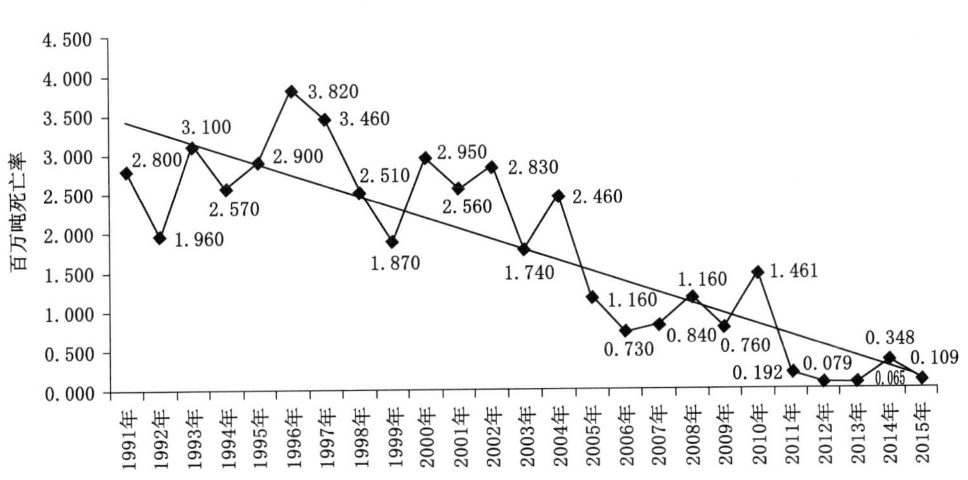

图 5-4-3　1991—2015 年河南省煤矿百万吨死亡率

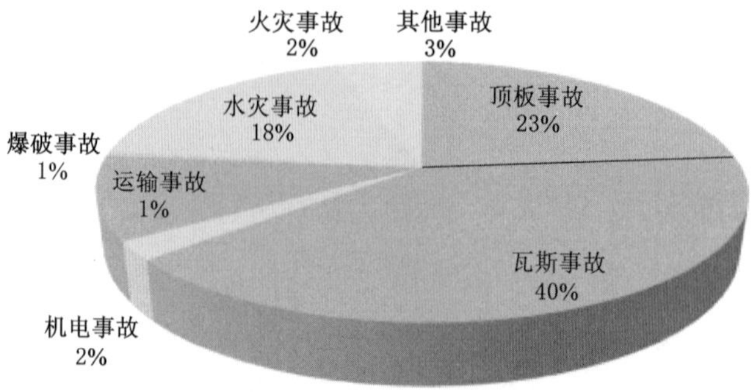

图 5-4-4 “十五”期间(2001—2005 年)河南省煤矿死亡事故分类统计图(死亡人数 1344 人)

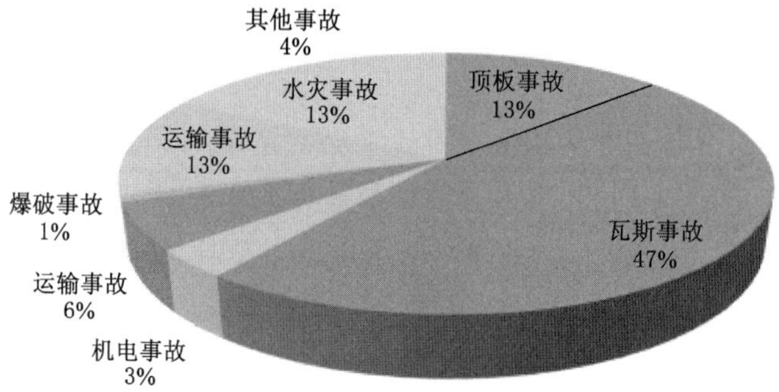

图 5-4-5 “十一五”期间(2006—2010 年)河南省煤矿死亡事故分类统计图(死亡人数 932 人)

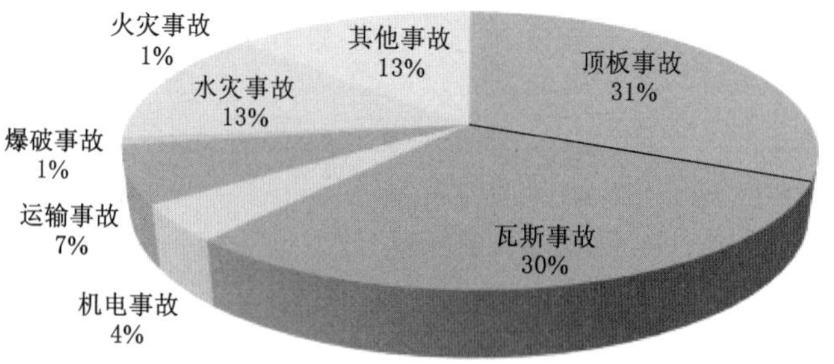

图 5-4-6 “十二五”期间(2011—2015 年)河南省煤矿死亡事故分类统计图(死亡人数 119 人)

第三节 应急救援

一、队伍建设

进入 20 世纪 90 年代以后，河南省高度重视煤矿应急救援工作，尤其 2005 年以后，河南省政府先后拨出专款 5600 万元，为河南矿山抢险救援中心配备车载顶驱液压钻车、超大功率抢险排水泵等先进救灾装备。以产煤县(市、区)政府为主导，建立关键救灾物资区域储备制度。2007 年，在陕县支建煤矿“7·29”特大洪灾抢险救援中，河南省矿山救护队伍投入救援，多方努力，科学施救，经过 76 小时的艰苦奋战，69 名遇险矿工全部成功脱险，创造我国煤矿抢险救援史上的奇迹。2007 年 8 月 13 日，国家安全生产监督管理总局与河南省委、省政府联合召开“7·29”抢险救援表彰大会，对陕县支建煤矿“7·29”特大洪灾的成功救援给予充分肯定。省委书记徐光春把这概括为“人本精神、科学精神、团结精神、牺牲精神、拼搏精神、先锋精神”，号召在全省大力弘扬。

（一）救护组织

2010年，河南煤矿安全监察局矿山救援指挥中心成立。主要职责是负责河南煤矿安全监察应急管理工作，参与协调指挥煤矿事故抢险救援工作，承办煤矿安全监察应急救援体系建设，编制应急救援工作规划及应急预案，承担煤矿安全应急救援资源管理、标准化建设、救护技术培训及宣传教育工作，承办救护队伍资质认定的审查和管理工作，负责煤矿应急救援新技术、新装备的推广应用，组织、参加矿山救援竞赛及技术交流活动等。

到2015年，全省共有独立矿山救援单位26家，共计70支救护队、217支救护小队，专职指战员2953人。其中救护大队7支：平顶山天安煤业股份有限公司救护大队，下辖13支中队，该救护大队为国家陆地搜寻与救护平顶山基地（国家矿山救援平顶山队）；郑州煤炭工业（集团）有限责任公司矿山救援中心，下辖16支中队；河南大有能源股份有限公司（义马煤业集团）救护大队，下辖6支中队；鹤壁煤业（集团）有限责任公司救护大队，下辖3支中队；焦作煤业（集团）有限责任公司救护大队，下辖4支中队；永城煤电集团有限责任公司救护大队，下辖6支中队；郑州市矿山救护大队，负责新密、登封、巩义市救援队伍管理。有独立救护队19支：济源市矿山救援中心、洛阳市煤炭矿山救护队、安阳市工矿应急救援中心、平顶山市地方救护大队、平顶山市石龙区矿山救护队、汝州市军事化矿山救护队、宝丰县矿山救护队、鲁山县煤炭工业局救护中队、禹州市矿山救护队、国投煤炭有限公司河南分公司王行庄救护队、国投煤炭有限公司河南分公司教学三矿救护队、国投煤炭有限公司河南分公司新登救护队、驻马店吴桂桥煤矿救护队、郑州市广贤工贸有限公司新丰煤矿救护队、登封市金岭煤矿救护队、登封市千祥煤矿救护队、郑州登电德鑫煤业有限公司救护队、河南大峪沟煤业集团有限责任公司华泰煤矿救护队、河南神火煤业公司葛店煤矿矿山救护队等。

2009年以后，为全面贯彻国务院关于落实企业安全生产主体责任的要求，切实增强矿山企业安全生产保障能力，按照建立兼职矿山应急救援队伍的要求，河南省在煤矿企业建立兼职矿山救援组织，要求每个煤矿企业都要结合生产规模和安全生产实际，建立兼职应急救援队。兼职救护队员由矿井安全管理和生产一线具有丰富安全生产经验，具备矿山救护队员条件的人员组成，经过所在地矿山应急救援队伍和机构的业务指导和技术培训，在掌握基本矿山应急救援知识和技术基础上，配备基本的安全应急救援装备；一旦发生灾害，可立即投入初期救援，避免事故扩大。到2015年，全省建立46支矿山企业兼职救护队，兼职救护队员741名，形成以应急管理领导小组、救援指挥中心、救护大队、救护中队、兼职救护队“五位一体”的煤矿应急救援体系。

（二）救护战训

1991年之后，各煤业集团年年开展各种形式的救护练兵活动和军事化训练。2010年，组织开展质量达标活动，17个救护队被国家安全生产应急救援指挥中心命名为特级队。组织救护队参加第八届全国矿山救援技术竞赛，平煤神马集团和河南煤化集团鹤煤公司救护大队分别获得团体第二名和第七名。组织矿山救护队开展预防性安全检查，搞好抢险救灾，全年共排查隐患14825条，参加抢险救灾15起，抢救遇险人员286人，其中生还133人。

二、救援装备

截至 2015 年，全省形成 5 个区域储备格局。

（一）豫南地区

豫南地区在煤矿安全生产应急救援物资储备体系建设运行中，结合当地的实际情况，对钻探应急救援物资设备、排水应急救援物资设备、医疗应急救援物资设备等依托有关单位加强建设，随时调用。该地区的救护队伍有 6 家：中国平煤神马集团救护队、平顶山市地方救护大队、禹州市矿山救护队、宝丰县矿山救护队、平顶山市石龙区矿山救护队、汝州市军事化矿山救护队。主要应急救援物资储备如表 5-4-1 所列。

表 5-4-1 豫南地区主要应急救援物资储备明细表

序号	设备名称		单位	数量
1	救援车辆	依维柯矿山救护车	辆	40
		金龙宿营救援车	辆	4
		矿山救护指挥车	辆	15
		陆地搜救装备车	辆	1
		矿山救护装备车	辆	1
		野外生活保障车	辆	1
		25 吨吊车	辆	1
		德国宝俄车载钻	套	1
2	大型灭火装备	DQP-200A 型煤矿用燃油惰泡阻爆灭火装置	套	1
		BGP-200 型煤矿用高倍数泡沫灭火装置	套	18
		BGP-400 型煤矿用高倍数泡沫灭火装置	套	12
		MKY-360 型二氧化碳灭火装置	套	1
		MKY-1000 型二氧化碳灭火装置	套	1
		水泵	台	5
		惰气灭火机	套	1
3	个人防护装备	正压四小时氧气呼吸器	台	730
		正压两小时氧气呼吸器	台	117
		隔热服	套	12
4	急救装备	SZ1.0/20 自动苏生器	台	113
		日本 P-6 型便携式氧气自动复苏器	台	4
		负压担架	套	40
		多功能心肺复苏仪	套	1
		负压式骨折固定仪	套	12
		抗休克裤	套	24
		呼吸器检测仪	套	6

表 5-4-1(续)

序号	设备名称		单位	数量
5	救灾通信装备	南非 RB2000 井下救灾通信系统	套	3
		声能通信系统	套	45
		井下多媒体通信系统	套	2
		卫星视频通信系统	套	1
6	搜寻装备	美国 DKLModel 1.0 生命探测仪	套	1
		英国 ST01 人体搜寻仪	套	1
		蛇眼探测仪	套	4
		BF-3 音频生命探测仪	套	2
7	检测装备	ZCJW 移动气体分析工作站	套	1
		红外线测温仪	台	53
		WF-4 迷你型风速计	台	10
		YRH300 矿用本质安全型红外热像仪	套	3
		BMK-Ⅱ便携式煤矿气体可爆性测定仪	套	1
		便携式气象色谱仪	套	1
		红外测距仪	套	2
8	破拆装备	荷兰 CT3120＋/3150＋剪切/扩展两用钳	套	1
		FYJ12-20A 型液压剪刀	套	4
		BH26 汽油破碎机	套	2
		ZKJ 轻型钻机	套	2
		液压金刚石链锯	套	2
		便携式液压剪扩器	套	2
		K1260 机动无齿锯	套	2
		250 气动切割刀	套	2
9	支护装备	QFB2 型臂式矿山多用液压起重器	套	40
		QFB5 型臂式矿山多用液压起重器	套	20
		快速密闭	套	4
		高压起重气垫	套	4
		救援三脚架	套	2
10	取证装备	防爆摄像机	套	2
		防爆数码照相机	套	2

(二) 郑州地区

该地区煤矿应急救援物资储备以郑煤集团救援中心应急物资储备为主,新密市应急救援中心、登封市矿山救护队、巩义市矿山救护队、荥阳市矿山救护队物资储备为辅。主要应急救援物资储备如表 5-4-2 所列。

表 5-4-2 郑州地区主要应急救援物资储备明细表

序号	设备名称		单位	数量
1	运输通信	矿山救护车	辆	49
		宿营车	辆	1
		装备车	辆	4
		消防车	辆	3
		灾区电话	套	40
		程控电话	套	28
		指挥车	辆	3
2	个人防护	正压四小时氧气呼吸器	台	685
		正压两小时氧气呼吸器	台	77
		SZ1.0/20 自动苏生器	台	70
		压缩氧自救器	台	528
		隔热服	套	147
		空气呼吸器	套	22
3	大型灭火装备	高倍数泡沫灭火装置	套	23
		二氧化碳灭火装置	套	325
		高压脉冲灭火装置	套	8
4	检测装备	红外线测距仪	套	9
		红外线测温仪	台	32
		数字式氧气便携仪	台	27
		呼吸器校验仪	套	39
		多种气体检测仪	套	32
		光学瓦斯检定器	套	72
		一氧化碳检定器	套	36
5	救灾通讯装备	液压起重器	套	31
		液压剪刀	把	10
		防爆工具	套	34
		担架(负压)	套	24
		潜水装备	套	12

（三）豫西地区

该地区以义煤集团救护大队物资储备为主，洛阳市、新安县等地方救护队物资储备为辅。主要应急救援物资储备如表 5-4-3 所列。

（四）豫东地区

该地区主要以河南煤化永煤公司救护队应急救援物资储备为主。作为豫东地区唯一一支专业化矿山应急救援队伍，主要服务的矿井为公司本部 4 对矿井和神火集团 4 对矿井。主要应急救援装备储备如表 5-4-4 所列。

表 5-4-3　豫西地区主要应急救援物资储备明细表

序号	设备名称		单位	数量
1	运输通讯	矿山救护车	辆	20
		指挥车	辆	7
		灾区电话	台	18
		程控电话	部	7
		引路线	米	16000
2	个人防护	正压四小时氧气呼吸器	台	330
		正压两小时氧气呼吸器	台	70
		SZ1.0/20 自动苏生器	台	17
		压缩氧自救器	台	311
		隔热服	套	65
3	大型灭火装备	高倍数泡沫灭火装置	套	12
		二氧化碳灭火装置	套	244
		高压脉冲灭火装置	套	13
		水枪	套	24
4	检测装备	红外线测距仪	套	9
		红外线测温仪	台	21
		数字式氧气便携仪	台	24
		呼吸器校验仪	套	51
		多种气体检测仪	套	15
		光学瓦斯检定器	套	55
		一氧化碳检定器	套	48

表 5-4-4　豫东地区主要应急救援物资储备明细表

序号	设备名称	单位	数量
1	正压四小时氧气呼吸器	台	60
2	正压两小时氧气呼吸器	台	14
3	矿灯	台	90
4	引路线	米	10000
5	模拟人	个	2
6	高中低扬程水泵	台	10
7	其他各类应急救援物资		

（五）豫北地区

该地区主要以河南煤化焦煤公司、鹤煤公司救护队应急救援物资储备为主，安阳市工矿救援队物资储备为辅。主要应急救援物资储备如表 5-4-5 所列。

表5-4-5　豫北地区主要应急救援物资储备明细表

序号	设备名称		单位	数量
1	运输通讯	矿山救护车	辆	20
		装备车	辆	4
		灾区电话	台	11
		指挥车	辆	5
		气体化验车	辆	1
2	个人防护	正压四小时氧气呼吸器	台	360
		正压两小时氧气呼吸器	台	15
		全封闭防化服	套	48
		压缩氧自救器	台	217
		自动苏生器	台	32
3	大型灭火装备	高倍数泡沫灭火装置	套	11
		高扬程水泵	套	2
		手抬消防泵	套	3
4	检测装备	红外线测距仪	套	3
		红外线测温仪	台	22
		便携防爆型对讲机	台	13
		呼吸器校验仪	套	1
		多种气体检测仪	套	12
		生命探测仪	台	1
		热成像仪	台	1

三、救援案例

（一）郑煤集团超化煤矿“4·11”透水事故抢险救援

2004年4月11日，郑煤集团超化煤矿21051上副巷掘进工作面发生透水事故，12人被困。事故发生后，该集团迅速启动应急救援预案实施救援，经过109个小时紧张有序的艰苦奋战，4月16日7点50分，成功救出12名被困人员。

事故原因：2004年4月11日20点01分，该集团总调度室接到事故报告后，立即启动事故应急救援预案，集团公司领导和有关部门人员立即赶往事故矿井，成立超化矿“4·11”事故抢险指挥部，下设技术、救护、后勤保障、治安保卫、善后处理、稳定与接待6个工作组，分头开展工作。安监局禹海盈、副总经理杨松君、总工程师宋建成等立即下井到现场指挥。12日6时28分，下井的救护人员通过第一淤积区，进入巷道进行侦察，未发现遇险人员；7时11分，侦察至距迎头约300米处发现巷道冒顶，侦察工作受阻。按照抢险救灾指挥部部署，组织力量清挖淤积巷道，加固受损巷道，恢复巷道局部通风。在巷道恢复局部通风后，抢险指挥人员进行现场勘察，发现现场冒落大量大块矸石，冒落区继续向外涌水，涌水量219立方米/时，巷道冒落长度难以确定，直接通过冒落区十分困难。冒落区50米外有40棚支架悬空，并有40米巷道淤积严重，影响抢险人员安全。根据现场情况，抢险指挥部制订了5套抢险方案，同时实施，根据现场情况变化，指挥部及时调整施工力量，采取多轮次作业方式，保持抢险人员有充沛的体力，提高抢险效率，加快掘进施工进度。4月15日13点16分，抢险指挥部接到抢险现场报告，上副巷绕巷掘进过程中，现场人员听到上副巷被困人员敲打水管传递的信号，随后又听到喊话。指挥部果断命令改变绕巷方向，加快掘进速度，以最短时间与被困人员所在上副巷贯通；确保向人员受困区域连续压风；构筑绕巷水沟，保证安全放出上副巷积水，为营救人员创造条件；在井下建立2个急救站，地面设置14台救护车编号待命。16日6时34分，绕巷与上副巷贯透。7时50分，成功营救出12名被困人员。

在救护人员紧张抢救的同时，被困人员一直在有组织地积极实施自救。“4·11”事故遇险人员在副总工程师周定栓指挥下，及时躲避到位置较高的瓦斯抽采巷，避开大水的冲击；当巷道冒落、通风中断、抽采巷瓦斯不断升高情况下，他们撤离到上副巷，在抽采巷口设置风幛，防止瓦斯向上副巷涌出；12盏矿灯集中使用，只保留一盏矿灯照明，他们获救时还有4盏矿灯尚未动用；两人一组值班巡查，其他人员休息待命，保存体力；采用敲打水管，喊话，往流水中放纸条、倾倒煤油等多种方式向救援人员传递信号。这些措施为最终获救创造了重要条件。

该事故由于应急抢险方案科学、组织得力，成功将被困的12名遇险人员安全救出，这是我国煤矿井下发生透水事故被困人员多、且全部成功营救的典范。主要经验是：① 事故抢险方案制订科学，组织严密，措施得力；② 巷道支护为U型钢连锁支架，工程质量好，1000多米的掘进巷道只出现一处冒顶，大大减轻了事故抢险的难度，为事故抢险争取了宝贵时间和创造了条件；③ 被困人员能有组织地开展自救、保持体能，千方百计与外界联系，配合抢险工作。

（二）平煤集团新峰一矿2005年“10·19”和2006年“7·2”两起水害事故抢险救援

2005年10月19日18时38分，平煤集团新峰一矿东大巷发生特大突水灾害，最大突水量为38056立方米/时，当时井下人员463人。新峰矿务局及新峰一矿两级领导干部共9人闻讯后，立即启动水灾应急救援预案，赶往事故地点，靠前指挥，组织人员迅速撤退，并巡查所有地点，清点职工人数。直到463名井下职工全部升井后，9名指挥抢险的领导干部才最后撤离，共472人全部安全升井。随后2分钟，井下中央泵房启动柜进水，地面变电站馈电柜跳闸，井下全部停电，矿井被淹。

2006年7月2日3时50分，由于历史罕见的特大暴雨，降雨量达300毫米以上，造成平煤集团新峰一矿上游水库溃堤，洪水灌入井下。当班矿领导果断启动水灾应急救援预案，4点48分，中央泵房、中央变电所全部被淹，至6点30分，井下当班作业人员254人全部安全升井。

在该事故抢险救灾中，一是坚持“以人为本，救人优先”的指导思想；二是科学编制应急预案，重视应急救援工作；三是领导干部反应迅速、决策科学、率先垂范；四是强化安全培训，提高事故防范能力；五是加强应急预案的规范化演练。

（三）河南省三门峡市陕县支建矿业有限公司支建煤矿“7·29”透水事故抢险救援

2007年7月29日8时40分，河南省三门峡市陕县支建矿业有限公司支建煤矿（原河南省陕县支建煤矿）发生透水事故，造成69人被困。经过76小时的紧张救援，8月1日12时45分，被困的69名矿工全部安全升井，创造了一个科学施救的成功典范。

该煤矿属地方国有煤矿，1958年建矿，为生产矿井，设计生产能力21万吨/年，属低瓦斯矿井。7月29日8时40分，该矿东风井因地面山洪暴发，经铝土矿坑附近的煤层露头和煤矿的矿井老巷沟通，洪水溃入井下，冲垮煤矿构筑的三道密闭墙，导致+260米水平巷道被淹，淹没巷道600米，透水量3000立方米。矿方立即组织井下工人撤离，该班下井人数102人，其中33人及时升井，造成69人被困。

事故发生后，时任国务院总理温家宝和国务委员华建敏同志两度批示，要求全力施救，科学施救，严防次生事故发生，确保被困矿工生命安全。时任国家安全生产监督管理总局局长李毅中、河南省委书记徐光春、省长李成玉、国家煤矿安全监察局局长赵铁锤、河南省委副书记陈全国、副省长史济春和省煤炭工业管理局李恩东局长、陈党义副局长等先后亲临现场，指挥组织抢险救援工作。抢险救援指挥部共同研究部署了"一堵、二排、三送"的综合抢险救援方案："堵"，即堵住地表洪水的泄露点；"排"，即在井下安装水泵排除洪水和淤积物；"送"，即向井下送压风、送氧、送牛奶和面汤等营养品。同时确保"三条生命线" 即供气供氧管路、供水供营养品管路和电话线路的畅通及良好运行，累计给井下输送医用氧气1050立方米、牛奶675千克、面汤100千克，为成功救援提供了保障。

事故成功救援的启示：一是继续加大煤矿质量标准化建设的力度，确保井下生命线(通讯线、压风管、防尘供水管)的畅通无阻且必须连接到工人作业地点；二是不断加大安全培训力度，提高工人的安全素质，在遇到灾变时能正确应对、配合救援、积极自救，处事不惊；三是加大隐患排查治理，隐患及时消灭在萌芽状态；四是健全事故应急预案，并加强应急预案演练，提高灾害应急处置能力，减少事故损失。为推广该矿的成功救灾经验，国家安全生产监督管理总局、国家煤矿安全监察局印发了《关于所有煤矿必须立即安装和完善井下通讯、压风、防尘供水系统的紧急通知》(安监总煤行〔2007〕167号)。

（四）禹州市大仝煤业有限公司"1·16"透水事故抢险救援

2008年1月16日17时，禹州市大仝煤业有限公司11010运输巷发生老空水透水事故，突出水量2000立方米。当班入井31人，其中13人自行升井，18人被困井下。经过12小时的抢险救援，救出被困矿工17名。

该矿于2005年4月，经河南省煤炭铝土资源整合领导小组办公室批准，由原禹州市鸠山乡大沟煤矿、仝庄三矿资源整合成大仝煤业有限公司，设计能力15万吨/年，属低瓦斯矿井。

事故发生后，时任河南省副省长史济春、河南省煤炭工业管理局局长李恩东、副局长张国辉及相关部门负责人赶往事故现场救援。根据现场情况，指挥部采取了四项平行作业的紧急措施：一是大致确定被困矿工的具体位置，启动周边3个煤矿的抽水系统进行排水，防止水位继续上涨；二是调集平煤集团平禹煤电新峰一矿救护队，在事故矿井的主井安装抽水泵排水；三是组织禹州市救护队等人力清挖一条与被困矿工所在巷道平行的废弃巷道，通过废弃巷道横向连通被困矿工的巷道，营救矿工；四是组织附近的另一国有大矿永煤集团永锦公司着手打钻送风，为被困矿工提供生存的条件。在实施第三项措施过程中，救护队员沿着废弃巷道清挖了50米，大致与被困矿工所处巷道在同一平面时，开始向透水的巷道横向作业。而被困的17名矿工也在井下安全检查工郭振毛的带领下进行自救，向这个废弃的巷道方向横向挖掘，挖了7米，与同样挖掘的救护队员相遇，17名矿工获救。

在该事故抢险救灾中，一是各部门反应迅速，预案到位；二是方案科学，判断准确，多策并举；三是救援过程严谨，对每个环节要求严格；四是救援责任落实到位。

（五）平顶山市郏县高门垌煤矿“11·17”透水事故抢险救援

2008年11月17日7时30分，平顶山市郏县安良镇高门垌煤矿发生透水事故。当班入井43人，有8人安全升井，另外35人被困井下。经过22个小时的抢险救援，被困人员中33人获救，2人遇难。

该矿为乡镇有证煤矿，属技改矿井，设计年生产能力6万吨，属低瓦斯矿井。事故发生时正处于6万吨改为9万吨的技改过程中。

事故发生后，国务院总理温家宝和河南省省委书记徐光春、代省长郭庚茂分别就事故救援做出批示。河南省代省长郭庚茂、副省长史济春和国家安全生产监督管理总局副局长王德学、国家煤矿安全监察局纪检组组长赵岸青等领导及有关部门负责人先后赶到事故现场指挥部署救援工作。平顶山市、郏县迅速启动煤矿安全事故应急救援预案，并成立了抢险救援指挥部。由于透水事故引发了冒顶，巷道大面积塌方，清理淤泥、打通巷道成为抢险的关键。当地政府调集800名救援人员争分夺秒清理巷道堵塞的木头、淤泥等杂物，向被困人员位置掘进。抢险指挥部还从洛阳市紧急调运大型快速钻孔机，从地面向发生事故的位置打钻，为被困矿工提供通风和给养。

第 六 篇

环 境 保 护

进入“八五”计划时期(1991—1995)以后,随着国家环境保护立法工作的逐步推进,河南省煤炭企业环境保护工作日益强化。各局、矿、公司环保组织和队伍不断加强,依据《中华人民共和国环境保护法》与河南省人民政府的有关规定及实施办法,以治理生产生活过程中产生的废水、废气、煤矸石、煤灰、炉渣为重点,切实加强组织领导,不断建立健全各项规章制度,加强环保宣传和监督力度,加大资金投入,认真解决危害矿区环境和居民身体健康的突出问题,为促进矿区经济全面协调可持续健康发展进行了不懈努力。1991 年平顶山、义马、鹤壁、焦作、郑州 5 个矿务局,从局到矿均建立了环境保护工作机构,配备环保工作人员 365 名,设立监测站 4 个,配置环保监测仪器 337 台,环保设施固定资产达 7249.60 万元,投入污染治理资金 1696.15 万元。截至 2001 年,监测站增至 7 个,环保监测仪器达到 390 台,各类污染处理设施配备 989 套,环保设施固定资产达 43120.96 万元。

省管各重点煤炭企业在煤矿建设项目管理中,坚持环境保护设施与项目建设主体工程同时设计、同时施工、同时投入使用,执行率达 100%。坚持标本兼治和“谁开发、谁保护,谁污染、谁治理”的原则,采取井下采空充填、对村庄和建筑物留设煤柱、搬迁沉陷区村庄或居民、土地复垦等措施,对沉陷区进行综合治理。坚持以技术改造为突破口,通过矿井水处理系统升级改造、燃煤锅炉脱硫除尘、脱硝设施升级改造、燃煤锅炉清洁能源改造、煤场扬尘治理等措施,逐年加大环境污染整治力度。积极配置废弃固体物、废水、废气处理配套设施,实现了废水、废气、噪声污染物全部达标排放。通过矸石山绿化、建立煤矸石发电厂和矸石砖厂等措施,加强煤矸石、粉煤灰的综合利用。同时,各国有重点煤矿不断加大土地塌陷治理和环境绿化美化工作力度,建设碧绿秀美矿山,改善矿区生态环境。通过全省煤炭系统的共同努力,煤矿环保工作逐步从最初的末端治理转向全过程控制,从单纯达标排放向废弃物资源化利用,将污染治理、生态整治与综合利用、综合开发统一起来,使煤矿企业从过去的污染型向清洁生产、节能降耗、净化美化环境、恢复生态的方向转化。

第一章 污 染 治 理

第一节 机构与制度

一、平煤神马集团

1991 年,平顶山矿务局环保节能处与煤质处合并成立环保中心。1997 年环保中心、开拓处、总办室合并成立技术环保处。2005 年成立环保中心,2008 年环保中心并入规划发展部成立环保处。2011 年成立环保节能部,内设工程科、监测站、监理科、危放管理科、循环经济科、节能科、办公室,并对环保责任制度及环保设施操作、维护制度进行了修订完善。为提高业务人员素质,1991—2015 年 25 年间组织 38 人次参加省级与国家级专业培训。

1991 年，平顶山矿务局把《中华人民共和国环境保护法》(以下简称《环境保护法》)、《中华人民共和国大气污染防治法》(以下简称《大气污染防治法》)、《中华人民共和国水污染防治法》(以下简称《水污染防治法》)及各项环境保护法规和集团公司有关环保规章制度汇编成环保工作手册，下发到基层各单位学习贯彻执行，并根据工作需要制作了污染统计手册。2005 年，平煤集团制定《矸石山污染防治及安全管理办法》，规范煤矸石的日常管理。2008 年平煤集团与神马股份公司合并重组后，针对集团从单一煤炭采选企业变为煤炭、化工、电力等多行业大型国有企业，污染物种类增多，环保治理难度加大的实际，集团及时制定了《中平能化集团环境安全管理规定》、《突发环境事件应急预案》、《中国平煤神马集团环保节能管理处罚办法》等管理制度。

二、义煤集团

1989 年，义马矿务局成立环境保护委员会，办公室设在环境保护监测站；基层各单位相继成立环保工作领导小组，配备专兼职环保管理人员负责环境保护工作。1992 年，集团环境保护监测站通过国家煤炭工业总公司验收，定为煤炭系统乙级站，1996 年被煤炭部命名为甲级站。集团 1987 年制定《环境保护条例》的基础上，于 1991 年制定《加强排污管理工作规定》，1994 年制定《义马矿务局建设项目环境保护工作管理办法》，2001 年制定《污染防治设施运行管理办法》，2002 年修订《排污管理办法》和《排污费考核及奖惩办法》，2003 年制定《建设项目环境管理办法》，2004 年制定《污染源监测管理办法》，2006 年制定《放射同位素与射线装置管理监督办法》，2007 年制定《义煤集团公司环境污染事件应急预案》，2008 年重新制定《义煤集团环境保护管理办法》，并对以前的环境保护管理办法进行补充、修改与完善。

三、郑煤集团

1991 年以后，郑煤集团先后制定《环境保护条例》、《建设项目环境保护条例》、《环境保护目标管理责任书》、《环境保护工作条例》、《环境保护奖惩条例》等环保管理文件。每年将建设项目执行率、矿井水外排达标率、医院污水达标率、锅炉烟尘达标率、矸石综合利用率、主要噪声达标率、环保设施运行完好率及环境保护宣传等指标，纳入年度环境保护考核指标，层层签订责任书，由环保处组织考核后奖惩兑现。2006 年，集团成立污染物减排工作机构，实行排污目标责任制，每季一考核。对污染物排放不达标的，实行环保一票否决权。2008 年重新颁发《郑煤集团环境保护管理办法》和《郑煤集团环保建设项目风险抵押考核实施细则》，与 40 个单位签订风险抵押目标责任书，层层落实环境保护责任。

四、焦煤集团

“八五”计划期间，焦作矿务局已建立局、厂矿、区队三级环境管理体系。2014 年，焦煤集团重新修订《焦作煤业(集团)有限责任公司环境保护管理办法》，明确环境保护领导小组成员和职责，焦煤集团“一把手”为环境保护工作第一责任人，下设一名副总经理分管环境保护工作，计划部负责正常的环境管理监管与环境监测工作，各矿(厂)成立了相应的环境管理体系，负责具体的环境保护管理工作。集团公司相关业务部室按照有关制度，采取不定期检查和定期考核相结合的办法，对基层单位环保设施运行管理和污染物治理情况进行监督检查，确保各类环保设施稳定高效运行，各项污染物排放达到国家及地方环保排放标准。

2007 年开始，焦煤集团相继制定了环境保护、建设项目和节能减排等一系列相关文件。每年对基层单位节能目标、环境污染综合整治及环境管理目标、环境监测计划、节能减排项目计划等责任目标进行分解，并纳入公司节能减排、环境保护考核体系，实行季度考核与年终总评，确保各项目标任务的顺利完成。2007 年，为确保建设项目环评达标和“三同时”原则落实，制定下发《关于古汉山矿改扩建等建设项目的环境管理要求》。2008 年，集团根据焦作市政府下达的环境污染整治目标，下发《关于落实政府环境污染整治目标责任的通知》，与各相关单位签订目标责任书，纳入考核体系，年终奖惩兑现；同时，根据国家节能减排目标，制定《焦煤集团节能减排实施方案》。2009 年，集团出台《关于开展矿区环境整治专项活动的通知》，对焦煤公司“十一五”环保减排目标进行明确和责任分工。2010 年，集团为有效应急处理各类环境污染事故成立领导小组，并下发《关于成立焦煤环境应急指挥领导小组的通知》。2011 年，集团制定《焦煤集团突发环境事件应预案》、《焦煤集团节能减排考核办法》、《焦煤集团 2011 年节能减排及环境保护工作计划》。2013 年，集团为推进节能项目实施，制定了《焦煤集团合同能源管理项目实施细则的通知》。2014 年，集团制定焦作煤业（集团）有限责任公司环境保护管理制度，重新明确环保领导小组及职责，制定《焦煤公司节能减排管理制度》与《焦煤公司 2014 年环境安全考核办法》，对焦煤公司重点单位纳入安全“双基”进行考核奖惩。2015 年，集团制定《焦煤公司外排矿井水达标排放的规定》，修订《焦煤公司 2015 年节能减排考核办法》与《焦煤公司节能减排与环境保护工作实施方案》；2015 年，依据《河南能源化工集团环保专项问题整改治理目标责任考核办法》要求，制定《焦煤公司环保专项问题整改治理目标责任考核办法》。

五、鹤煤集团

2007 年，鹤煤集团开始实施循环经济节能减排“6＋2”工程（发展具有优势的矿渣、煤层气、污水、电厂粉煤灰、余热以及再生资源综合利用等 6 个类别的循环经济产业，完成国家节能、减排 2 项控制指标），制定《鹤煤公司循环经济节能减排“6＋2”工程实施细则》和《鹤煤公司循环经济节能减排“6＋2”工程科技项目管理暨科技进步奖励细则》。为确保完成“十一五”主要污染物总量控制和消减目标，鹤煤集团对污染物排放总量指标进行了分解，设立了循环经济科技进步奖，设一、二、三等。集团成立了循环经济节能减排领导小组，成立“6＋2”工程考核小组，由院校信息处、科技部负责，组织有关单位和人员，严格考核各单位的循环经济节能减排工作情况。各单位将本单位的循环经济节能减排“6＋2”工程项目和指标分解到车间、区队，严格考核，凡未完成循环经济节能减排“6＋2”工程施工进度的单位，享受年薪者主要领导扣 10％年薪，分管领导扣 20％年薪，其他责任人视责任大小扣年终效益奖 10％～20％；凡未完成节能减排年度指标的单位，单位主要领导与分管领导按超欠比例扣除年薪，其他责任人按超欠比例扣除年终奖。单位未完成循环经济节能减排“6＋2”工程年度计划指标的，取消当年评“先”资格；连续两年未完成循环经济项目施工进度和节能减排指标的单位，主要领导降职。2012 年 5 月，鹤煤公司根据机构调整和人员变动情况，及时做出相应调整，印发了《关于调整鹤煤集团环境保护委员会成员的通知》（鹤煤环〔2012〕265 号）。根据国家、地方环保法律法规与河南煤化集团要求，集团认真对环境保护管理制度进行了补充完善，并相继制定下发《鹤煤集团关于印发突发环境事件应急预案和辐射事故应急预案的通知》和《鹤煤集团关于印发环境保护三项管理制度的通知》。三项管理制度分别是《鹤煤集团环境保护管理条例》、《鹤煤集团放射性同位素与射线装置管理办法》、《鹤煤集团环境监测管理办法》。2013 年 5 月，集团制定《鹤煤集团环境安全管理与考核办法(试行)》;2013 年 6 月，制定《鹤煤集团危险废物管理办法》;2014 年 2 月，制定《河南能源化工集团鹤煤公司环境保护管理制度》;2014 年 3 月，制定《河南能源化工集团鹤煤公司 2014 年环境安全考核办法》。2014 年 4 月和 7 月，集团分别对《突发环境事件应急预案》、《辐射事故应急预案》进行补充完善，制定下发《关于印发河南能源鹤煤公司突发环境事件应急预案的通知》和《关于印发鹤煤公司辐射事故应急预案的通知》。2015 年 9 月，集团根据《河南能源化工集团环保专项问题整改治理目标责任考核办法》文件精神，制定《鹤煤公司环保专项问题整改治理目标责任考核办法》;2015 年 10 月，制定《鹤煤公司环境保护责任追究暂行办法》。至 2015 年，集团共投入污染治理资金 23430 万元，建有环保设备 126 套，其中废水 19 套、废气 57 套、废渣 2 套、粉尘 5 套、噪声 43 套。这些环保设施的建成和正常运转，明显地改善了矿区环境，有效地保护了矿区的自然环境和生态平衡，促进了公司经济的健康发展。

六、永煤集团

2000 年，永煤集团成立以公司董事长为组长的环保管理机构，下发《永城煤电控股集团有限公司环境保护管理制度》，之后又不断修订完善。2011 年，集团分别制定下发《永城煤电控股集团有限公司突发环境事件应急预案》和《永城煤电控股集团有限公司环境监测计划指导意见》;2013 年，制定下发《永城煤电控股集团有限公司环境安全考核办法》。集团在环境治理中逐年加大环保投入，通过实施脱硫除尘脱硝设施升级改造、煤场扬尘治理、污水治理、噪声治理等环境污染整治，完善配套环保设施建设。2008—2015 年，集团累计投资 14.3 亿元，环保设施完好率、运转率达 95%以上，实现了废水、废气和噪声污染点源经治理设施处理后污染物全部达标排放。

七、神火集团

1992 年，神火集团成立环保领导小组，下属各单位都成立相应的领导和工作机构，认真贯彻执行《环境保护法》、《水污染防治法》、《中华人民共和国清洁生产促进法》(以下简称《清洁生产促进法》)、《煤炭工业节能减排工作意见》等环境保护法规，围绕煤炭开采和生产建设过程中的“三废”(废气、废水、废渣)、“一噪”(噪声)，先后制定一系列环保治污规章制度。对新建、改扩建工程增补环境污染治理遗漏，落实防治污染及其他公害的措施。1996 年，开展以环境治理为突破口的文明创建活动。2000 年，集团制定环保长远规划和年度计划，明确规定每年提取吨煤 0.06 元的资金，用于废水、废气、废渣、噪声等污染的治理。2001 年，集团开展 ISO 14000 环境管理体系认证后，每年都进行一次认证复查，并不断健全完善制度化的环境管理体系，保障矿区环境质量持续改善。2003 年，集团出台《环境保护管理办法》，对环境保护职责、环境防治设施管理、建设项目环境管理、环境工作制度、环境监测、环境统计与归档、奖励与处罚等都做了详尽的规定。公司所属各矿、选煤厂都制定了各自的环境管理办法。

八、济煤公司

2001 年以后，济源煤业有限责任公司成立环保部，负责全公司的环保工作;各矿矿长和地面单位负责人是各单位环保工作的第一责任人，各单位成立环保科，配备 1～2 人负责环保工作，公司制定了《河南省济源煤业有限责任公司环境保护管理制度》，内容涵盖环境保护方针，环境保护的任务和基本原则，工程项目“三同时”制度落实措施，环境保护设施管理，环境保护考核等，共计3章18条。

第二节 固体废弃物污染防治

一、平煤神马集团

（一）煤矸石污染防治

1996年平煤神马集团建成以煤矸石等为主燃料的坑口电厂，年消耗矸石60万吨。2006—2008年，集团分别建成一矿、四矿、八矿、十矿矸石砖厂，总规模年产5.2亿块标砖，年利用煤矸石200万吨。2008年以后，集团以综合利用、搬迁治理为主，陆续完成一矿、二矿、三矿、四矿、五矿等13座矸石山搬迁治理，采取多种渠道综合利用及相关鼓励措施，使煤矸石的综合利用率连年保持在100%的水平。2010年，集团在十二矿实施煤矸石井下充填，从源头解决矸石污染问题。集团自筹自建4家新型建材公司，年利用粉煤灰38万吨；拓展其他综合利用渠道，如利用煤矸石铺垫工业广场、修建路基、填充塌陷地等，年均利用煤矸石90多万吨；氯碱发展公司所产生的电石渣用于锅炉烟气脱硫，脱硫石膏用于矸石制砖等。

（二）其他固体污染物治理

自1996年，集团起将废矿物油、废催化剂、医疗废物等危险废物管理纳入环保日常管理，1999年开始按照国家有关规定进行转移处置。2010年，集团公司下发环境安全管理规定，规范危险废物管理。2012年，根据省环保厅有关危废规范化管理规定，集团进一步细化、量化危险废物管理标准。

二、义煤集团

自20世纪80年代初开始，义马矿务局每年都通过种植黑松、水杉、刺槐、梧桐、柳树、杨树等，对矸石山进行绿化固化，降低煤矸石对矿区环境的污染；2003年以后，通过安装防风抑尘和喷洒水装置减少煤场和矸石山扬尘，改善矿区的空气质量；在有计划地对矸石山进行绿化的同时，加强对煤矸石的综合利用。1994年6月，集团在观音堂煤矿开工建设2×0.6千瓦矸石电厂，1995年12月建成发电，每年可利用矸石18.6万吨。1995年12月，集团在跃进矿电厂建设2.4千瓦电厂，每年消耗矸石3万吨。1995年观音堂矸石电厂发电后，义马矿务局后续投资35万元，于1996年建成利用电厂炉灰和炉渣，生产免烧砖和建筑用沙的新型建材厂，该厂日产矸石免烧砖2.4万块，年处理炉渣5万吨。

2005年3月，集团开工建设千秋新型矸石砖厂，同年11月第一条焙烧窑试生产，2006年3月第二条焙烧窑建成点火。该厂年生产标准矸石砖6000万块，年利用煤矸石20万吨，节约标准煤7500吨，与利用黏土制砖相比可节约土地120亩。截至2008年，义煤集团先后建成常村煤矿、耿村煤矿、跃进煤矿、曹窑煤矿、观音堂煤矿矸石砖厂、粉煤灰砖厂6座，年产矸石（粉煤灰）砖3.7亿块，年消耗煤矸石和粉煤灰70多万吨。

三、郑煤集团

1993年10月，郑煤集团筹建芦沟矸石电厂，2000年9月建成投产。电厂占地81.44亩，总投资7548万元，装机容量2×6000千瓦时，年发电能力7200万千瓦。2002年11月25日，电厂被省经贸委认定为综合利用煤矸石、劣质煤生产电厂和省资源综合利用企业，开始享受减免税政策。2007年11月，根据国家节能减排要求该电厂被关闭。2002年，针对芦沟矿原煤中3毫米以下颗粒占65%以上的实情，集团组织芦沟矸石热电厂等单位，共同研究“粉煤”

对流化床锅炉燃烧危害治理技术，用中国矿业大学研制的弹杆振动筛将粉煤制球，年节约资金 190.56 万元，2002 年该技术被河南省煤炭工业局评为“科技进步”三等奖。

四、焦煤集团

从 2002 年开始，焦煤集团采取植树绿化固化对煤矸山进行综合治理；安装防风抑尘网和喷洒水装置防治扬尘；新建矿井全部实现仓储，达到国家固废堆场的“三防”要求；配备洒水车，定期进行洒水降尘，减少矿（厂）区道路二次扬尘污染。2006—2009 年间，集团建成 2 个煤矸石综合利用电厂，装机容量 220 兆瓦；建成 4 座煤矸石砖厂和 1 座蒸压粉煤灰砖厂，生产能力 3.6 亿块/年；建成 1 条年产 10 万立方米粉煤灰砌块生产线，2 条日产 9500 吨新型干法水泥生产线，对粉煤灰和炉渣实现零排放，煤矸石利用率连年实现负增长，煤矸石堆存量逐年减少。

五、鹤煤集团

1994 年 8 月至 12 月鹤煤集团投资 1 万元，完成电厂东粉煤灰场覆土工程。电厂锅炉产生的粉煤灰，通过冲灰水沟输送到灰场自然沉淀，然后用于建材生产、小型建筑原材料、筑路、充填低洼地和荒地造田等。1996—1998 年，鹤煤集团出资 43 万元，绿化矸石山 9 座，绿化面积 101 亩，种植火炬树、侧柏、花椒、刺槐等树木 27720 棵，平均成活率 75%。矸石山绿化率达 47%，提前 2 年完成矸石山绿化率 30%以上的限期治理任务。1996 年 9 月，集团第二职工医院投资 3.5 万元安装一台河南新乡锅炉辅助厂生产的 WPF-F1 型焚烧炉，医院垃圾经焚烧后，符合国家规定的无菌排放的要求。1997—1998 年电厂粉煤灰综合利用率分别达到 89%和 70%，符合地方环保部门“电厂粉煤灰综合利用 30%以上”的限期治理要求。

2006 年 5 月，鹤煤集团与美国福霖国际投资公司合资，成立了鹤壁福田舒布洛克建材有限公司，利用 2×13.5 万千瓦热电厂粉煤灰制作陶粒和砌块。该项目为年产陶粒 10 万立方米和陶粒粉煤灰混凝土砌块 20 万立方米的两条生产线，年消耗粉煤灰 20 万吨。该项目投资 4455 万元，分别于 2007 年 3 月和 10 月建成投产。

鹤煤集团公司有煤矸石 2510 万吨，占用了 670 亩宝贵的土地资源，并且每年新增煤矸石 60 多万吨。2006 年 2 月 16 日，鹤壁鹤煤环保建材公司成立，负责利用煤矸石烧结砖厂的建设和运营。该项目分别在一矿、五矿、六矿、八矿各建一个矸石烧结砖厂，每个厂设计生产能力 6000 万块/年。该项目总投资 1.33 亿元，建成投产后，安排关井破产转岗员工 1000 余名，年消耗煤矸石约 80 万吨，每年可节约标煤 1.8 万吨，减少煤矸石排放占地 40 亩，相比同样规模的黏土砖生产线可减少破坏耕地 62.8 亩，实现经营收入 5000 万元/年，利税 781.5 万元/年。

六、永煤集团

2003 年开始，永煤集团通过植树绿化固化对煤矸山进行综合治理；通过安装防风抑尘网和喷洒水装置防治扬尘；新建矿井全部实现仓储，防止煤炭落地扬尘流失污染；对矿（厂）区道路定期进行洒水降尘，减少二次污染。集团共建成 2 个煤矸石综合利用电厂，装机容量 100 兆瓦；1 座煤矸石砖厂，生产能力 1.8 亿标块/年；1 条 110 万吨/年水泥粉磨站生产线。通过对废弃固体物的综合利用，粉煤灰和炉渣实现零排放，煤矸石利用率连年实现负增长，煤矸石堆存量逐年减少。

七、神火集团

神火集团对矸石、炉渣的处理主要有4种方法:① 利用煤矸石回填因采煤造成的路基塌陷以及塌陷区搬迁新村庄的地基充填。② 无偿为永城矿区水泥厂代替黏土制水泥。1990—1997年,每年水泥厂处理5万余吨。③ 廉价出售给矿区附近的砖瓦窑厂作为内燃砖用。④ 无偿赠予或廉价出售给当地群众铺路基,作为回填土盖层填坑。通过上述措施,每年矸石处理量都在80%～90%,按吨煤含矸率8～10计算,每年处理矸石约50万吨。对生产生活垃圾的处理,各矿厂积极配合当地政府部门及时清运,形成闭环整治,以保持清洁环境。

八、济煤公司

济源煤业有限责任公司矸石场设置有洒水降尘装置。矸石部分用于(含锅炉灰渣)工业场地回填、填沟、压实整治复地,以种植树木、恢复植被;部分定期运往水泥厂综合利用。生活垃圾,定期收集运送至垃圾中转站或用作农田肥料。

第三节 水污染防治

一、平煤神马集团

从1991年开始,平顶山矿务局相继建设了大庄矿尾矿水处理厂、十矿北翼矿井水处理厂、香山矿矿井水处理厂、九矿矿井水处理厂、朝川矿一井、二井、牛庄副井矿井水处理厂、平禹一矿、四矿、六矿和白庙矿矿井水处理厂、梨园矿宁庄井矿井水处理厂。矿井水经处理后广泛用于井下降尘、地面绿化、矸石山、煤场洒水降尘、洗煤循环补充水等;集团建设了供水总厂四分厂用于处理五矿矿井水,处理后的矿井水可作为坑口电厂循环补充水;改造扩建了七矿矿井水处理厂、十二矿矿井水处理厂、一矿北山水厂,这些项目的实施使集团矿井水处理率达100%,综合利用率达76%。

1991年建成一矿生活污水处理厂、四矿、十矿澡堂废水处理站、十一矿生活污水处理厂、香山矿生活污水处理厂、十二矿工业广场和北山生活污水处理厂、十三矿生活污水处理厂、五矿污水处理厂、六矿污水处理厂,改造八矿污水处理厂 ,处理后的水质均达到综合排放一级标准,并回用部分处理后的生活污水。

2008年,中国平煤神马能源化工集团飞行化工有限公司投资1200万元,采用AO法终端废水深度处理工艺,对合成氨工业水污染进行处理,使水质达到国家排放标准。2010年,集团又投资6000多万元,对河南神马尼龙化工有限责任公司工业废水进行生化处理,采用“初沉+固定化高效微生物厌氧滤池+AO工艺+固定化高效微生物曝气滤池”处理工艺,深度处理采用“混凝沉淀+砂滤+生物活性炭+二氧化氯消毒”处理工艺,实现了废水稳定达标,回用水资源14400吨/天。河南天宏焦化(集团)有限责任公司采用AAO工艺,建成了1套日处理含酚废水为6000吨的生化处理设施;中国神马帘子布(集团)公司采用BAF曝气生物滤池工艺深度处理并回用废水4500吨/天。在对平煤神马医疗集团总医院(包括二分院、传染科)、职业病防治医院及其他16家职工医院的医疗废水治理的同时,安装了20台消毒设备,各医院还进行了厌氧、发酵和消毒,使全部医疗废水实现达标排放。

平煤神马集团废水处理厂情况,详见表6-1-1。

表 6-1-1　平煤神马集团废水处理厂情况表

序号	名　称	规模能力(立方米/天)	工　艺
1	六矿北山水处理厂	10000	加药反应、沉淀、过滤
2	十矿北翼水处理厂	3600	加药反应、沉淀、过滤
3	一矿矸南污水处理厂	3600	AAO 法
4	香山矿污水处理厂	1200	AO 法
5	朝川矿牛庄矿井水处理厂	3000	加药反应、沉淀、过滤
6	吴寨矿矿井水处理厂	3000	陶瓷膜过滤
7	六矿工广污水处理厂	2000	AO 法
8	五矿工广污水处理	2000	AO 法
9	大庄矿尾矿水处理厂	10000	加药反应、沉淀、过滤
10	九矿矿井水处理厂	2000	加药反应、沉淀、过滤
11	朝川矿一井矿井水处理厂	10000	加药反应、沉淀、过滤
12	香山矿矿井水处理厂	3000	加药反应、沉淀、过滤
13	朝川矿二井矿井水处理厂	2000	加药反应、沉淀、过滤
14	平禹一矿矿井水处理厂	10000	加药反应、沉淀、过滤
15	平禹六矿矿井水处理厂	2000	加药反应、沉淀、过滤
16	平禹白庙矿矿井水处理厂	2000	加药反应、沉淀、过滤
17	梨园矿宁庄井矿井水处理厂	3000	加药反应、沉淀、过滤

二、义煤集团

1998 年，义煤集团对千秋煤矿和曹窑煤矿矿井废水进行治理并资源化利用，2003 年对义马煤业集团股份有限公司总医院的医疗废水设施进行改造，增加了生化处理设施，医疗废水达到污水综合排放标准；2006 年对耿村煤矿、跃进煤矿矿井水处理设施进行改造，建成日处理能力 2400 吨的废水处理设施。2007 年，常村煤矿建成日处理能力 1000 吨的矿井废水处理设施。2008 年，集团采取物理沉淀和化学混凝沉淀工艺，对常村煤矿、千秋煤矿、曹窑煤矿、石壕煤矿、铁生沟煤矿、李沟矿业公司 6 个单位的矿井水进行了治理，对耿村煤矿、杨村煤矿、石壕煤矿、曹窑煤矿、华兴矿业公司、千秋煤矿、跃进煤矿、新安煤矿、李沟矿业公司、铁生沟煤矿的生活污水进行了治理。2015 年，集团分别投资 383 万元、248 万元、400 万元在新安煤矿、观音堂煤矿、跃进煤矿建成了日处理能力分别为 9000 吨、3000 吨、4000 吨的矿井水净化站，矿井水经处理后主要污染物浓度达到《煤炭工业污染物排放标准》(GB 20426—2006)要求。

三、郑煤集团

1995 年，郑煤集团投入资金 32.23 万元治理污染源，矿井水外排达标率 95%，工业废水外排达标率 100%，锅炉烟尘达标率 85%，炉窑烟尘排放达标率 50%，完成绿化面积 37.63 平方米。

2005 年，郑煤集团投资 780 万元，其中大平煤矿 320 万元、告成煤矿 260 万元、裴沟煤矿 200 万元，分别改造和新建矿井水处理系统，处理水量 4.46 万立方米/天。处理后的矿井水 COD(化学需氧量)浓度低于 50

毫克/升。大平煤矿投资 25 万元安装矿井水在线监测装置。通过对各矿矿井水处理设施的改造，2007 年集团 COD 减排量为 154.8 吨。2009 年 10 月，集团投资 482 万元，对超化煤矿矿井水进行资源化处理，拟建 4 套水处理设施，处理能力每台 40 立方米/时。2010 年超化矿一次性投资 600 万元与超化镇联建生活污水处理厂(15 年内不再支付生活污水处理费)。2011 年，裴沟煤矿、米村煤矿、超化煤矿、芦沟煤矿和赵家寨煤矿矿井水处理设施，以每套设施 9 万元/年的运行费与郑州江硕环境科技有限公司签订运营合同。2013 年 10 月，三李煤矿矿井水处理工程顺利完工，该项目于 11 月通过集团公司组织的环保专项验收。

四、焦煤集团

焦煤集团各矿井配套建设了矿井水处理系统和生活污水处理系统。矿井水处理系统采取物理沉淀和化学混凝沉淀工艺，生活污水处理系统采用生化活性污泥法处理工艺。选煤厂煤泥水全部实现闭路循环不外排，通过浓缩、压滤系统实现对煤泥的回收利用。2009—2010 年，集团对演马庄矿、中马村矿、九里山矿等 3 个老矿井开展环境影响后评价，投资 5000 余万元，新建 3 套矿井水和 5 套生活污水处理设施，在达标排放的基础上进一步降低了各项污染物排放量。

五、鹤煤集团

1991 年和 1995 年，鹤壁矿务局对生产民用火工品的五一一厂先后投资 3.03 万元、5.50 万元对 85# 车间污水处理系统进行改造，扩大污水处理量，延长废水沉淀时间，增加事故水池和直埋管路，进一步完善了处理工艺。1995 年，集团对鹤壁矿务局职工总医院投资 12.32 万元在传染病房安装一台次氯酸钠发生器，更换原有已报废的消毒设备，并对处理工艺进行改造，该设备杀菌效果良好，经鹤壁市防疫部门监测含菌污水达标排放。1996 年 8 月至 10 月，第二职工医院投资 15 万元安装一台二氧化氯复合消毒剂发生器，以取代原有已报废的臭氧发生器，经测试，含菌污水经消毒后细菌指标达到国家排放标准的要求。1997 年 3 月，鹤壁矿务局六矿投资 189 万元，建成一座日处理生活污水 700 吨的生活污水处理站，通过混凝、沉淀和过滤，对生活污水进行处理，大幅度降低了生活污水中的污染物含量，减少了对环境的污染。该生活污水处理站是鹤壁市第一座建成投入运行的生活污水处理站。2003 年“非典”期间，鹤煤(集团)公司为二矿、三矿、五矿、六矿、八矿、九矿、工程处等单位的 7 家中小型医院均配备一套污水治理设施，采用电解法二氧化氯发生器对医院污水进行处理。2005 年，鹤煤集团与深圳年富实业发展有限公司共同投资 1.8 亿元建设矿井水综合利用项目，双方于 7 月 25 日成立了河南鹤源水务有限公司，专门负责该项目的建设和运营。该项目的矿井水来源于鹤煤(集团)公司各矿产生的矿井涌水，采用国内先进的“絮凝沉淀＋过滤＋反渗透膜分离”技术进行水处理。工程设计规模为年处理矿井水 3294 万吨，输出水量 2986 万吨，拟建 9 座水处理站，1 座输水厂，主供鹤壁电厂三期(2×60 万千瓦，年用水量 1409 万吨)和鹤煤热电厂(2×13.5 万千瓦，年用水量 620 万吨)，作为冷却循环水水源，也可为其他工业项目供水。项目总投资为 18241 万元，预期年产值为 4195 万元，年利税 1517 万元。项目设计在九矿、四矿、三矿、二矿建四座深度脱盐处理站；在一矿、五矿、六矿、八矿和十矿建 5 座常规水处理站；建设相应的输水干管 26.8 千米，支管 12.62 千米。一期工程年处理水量 1121 万吨，输出水量 1064 万吨，五矿、六矿、八矿、十矿水处理站至 2×13.5 万千瓦热电厂的输水线路已基本完成。2005 年 9 月 18 日，十矿矿井排水经处理后成功送至热电厂。二期工程年处理水量2173万吨，年可供水量1922万吨，可满足2×60万千瓦电厂机组用水。截至2015年一期工程已实现向2×13.5万千瓦循环经济热电厂供水；二期工程也即将投入运行，实现向丰鹤2×60万千瓦发电厂供水。该工程是国家发改委以发改环资〔2004〕2572号文批准的节能、节水、资源综合利用示范项目。整个项目可处理矿井水3294万吨，年减少矿井水外排放量2797万吨，每年可减少COD排放量413吨。2011—2014年，鹤煤集团8座选煤厂通过实施改造循环水流程、循环水加药、煤泥两级回收等措施，实现生产用水闭路循环，废水零排放。

六、永煤集团

永煤集团各矿井在建井时就已配套建设水处理系统和生活污水处理系统。矿井水处理系统采取物理沉淀和化学混凝沉淀工艺，生活污水处理系统采用生化活性污泥法处理工艺。选煤厂煤泥水全部实现闭路循环不外排，通过浓缩、压滤系统实现对煤泥的回收利用；同时加大对矿井水的综合利用，主要通过农田灌溉、补给洗煤厂补充用水、厂区绿化洒水降尘、井下降尘及供给电厂、水厂进行综合利用，以减少外排矿井水量，降低对外环境的污染。集团投入1亿余元用于矿井水处理设施建设，先后建成污水调节池和沉淀池，生活污水处理设施建成调节池、生化反应池、沉淀池等，并配置了风机、加药设施、鼓风机等设备。污水经过处理后，实现达标排放。

七、神火集团

神火集团公司所属各矿厂均安装了矿井水处理系统，主要工艺是絮凝沉淀、过滤及反渗透处理，处理率达到100%，综合利用率达到80%以上，全部实现污水防治目标。处理水主要用于选煤厂补水、井下消防、地面洒水，经过反渗透深度处理过的水还可用于洗浴和生活使用。2001年，新庄煤矿建成投用一套矿井水处理系统，处理能力200吨/时。2006年，刘河煤矿建成投用矿井水处理系统，处理能力600吨/时。2008年，薛湖煤矿、泉店煤矿分别建成投用矿井水处理系统，处理能力1200吨/时。2009年，新庄煤矿北风井建成投用矿井水处理系统，处理能力600吨/时，其主要工艺为水力澄清＋无阀滤池＋反渗透。2013年，梁北煤矿建成投用矿井水处理系统，处理能力1200吨/时。薛湖煤矿、泉店煤矿主要工艺是“网格迷宫斜板沉淀池＋重力式无阀＋反渗透处理”。以上各矿年处理矿井污水能力达4380万吨。

第四节 大气污染防治

一、平煤神马集团

1991—2008年，平煤神马集团利用电厂集中供热和余热利用等措施，取消燃煤供热小型锅炉62台，飞行化工公司停产，拆除锅炉5台。2004年，集团完成对坑口电厂、四矿矸石热电厂、十二矿矸石电厂、飞行化工公司锅炉烟气的脱硫除尘工程，改造后污染物排放烟尘≤50毫克/立方米、SO_2（二氧化硫）≤200毫克/立方米。2010年，天宏焦化公司、朝川焦化公司采用HPF对焦炉荒煤气进行了脱硫处理，装煤、推焦废气安装了消烟除尘车，集气效率达到了100%，并配套建设了地面除尘站，除尘净化效率达到99.9%。2011年，集团投入4000多万元，实施了北部矿区生产矿露天原煤场防风抑尘网工程，建设防风抑尘网面积达5万平方米，大大减少煤尘的产生。2015年，集团各生产矿都按照要求建设有煤场防风抑尘网。2013年，集团实施了一矿、五矿、六矿、八矿、十三矿锅炉烟气的深度治理，采用了布袋除尘器和湿式脱硫工程，改造后烟尘小于30毫克/立方米、SO_2 小于200毫克/立方米。2014—2015年，随着国家环境保护力度加大，集团按照上级有关部门和集团公司环保规划，对能信电厂、德平电厂、坑口电厂2号炉、三和热电厂、尼龙化工公司自备锅炉、联合盐化公司自备锅炉、四矿热电厂、十二矿矸石电厂实施脱硫、脱硝、除尘的提标升级改造工程，采用了成熟先进的布袋除尘器除尘、循环流化床半干法和炉内喷钙的脱硫工艺、非催化还原法及选择性催化还原法脱硝技术，总投资达2.3亿元。提标改造后，烟尘小于毫克/立方米、SO_2 小于200毫克/立方米、NO_X 小于200毫克/立方米，达到新的火电厂排放标准，大大消减了污染物排放量。

二、义煤集团

1994年，义煤集团对水泥厂1#窑的静电除尘器进行了改造。1997年，集团将千秋煤矿、常村煤矿、总医院、跃进煤矿、多经总公司、耿村煤矿等单位锅炉的单管旋风除尘器，全部更换为高效陶瓷多管除尘器。2002年，集团将杨村煤矿、新安煤矿、石壕煤矿、曹窑煤矿、北露天煤矿、水泥公司、102化工厂、东工地锅炉房单管旋风除尘器全部更换为湿式脱硫除尘器。2005年，集团将常村煤矿和义煤集团机关锅炉的陶瓷多管除尘器更换为湿式脱硫除尘器，为观音堂电厂和跃进电厂的电除尘后增加了脱硫设施，降低了二氧化硫的排放量。2006年，集团对耿村煤矿3台沸腾炉除尘设施进行改造，将原来的陶瓷多管除尘器更换为袋式除尘器。2010年，集团分别对常村煤矿、耿村煤矿、跃进煤矿、李沟矿业建成了储煤场挡风抑尘网；2015年，集团在新安煤矿、铁生沟煤矿、孟津煤矿、义洛煤业分别建成了储煤场挡风抑尘网。2012年11月，集团投资740万元对石壕煤矿两台20吨燃煤锅炉除尘设施进行改造，新建两台三电场静电除尘器。2015年，集团投资830万元对耿村煤矿、孟津煤矿、铁生沟煤矿、新安煤矿、郇山煤业、华兴矿业等单位共计21台25吨以下燃煤锅炉原麻石水膜除尘改造为袋式除尘器，同时改造或新建了脱硫塔，治理后主要污染物排放浓度均达到《锅炉大气污染物排放标准》(GB 13271—2014)的要求。

三、郑煤集团

1991年初，中国统配煤矿总公司拨给郑州矿务局环境监测补助资金10万元。为保证补助资金的有效使用，郑州矿务局与河南省煤炭厅签订《郑州矿务局环境保护指标考核责任书》。集团将环保各项指标逐级分解到矿(厂、处)、区队、班组，并签订考核责任书，内容除中国统配煤矿总公司规定的考核指标外，又增加了噪声源治理达标、环保宣传、机构建立、管理制度和污染治理5项内容。当年，环保处对各单位执行情况进行检查考核，考核结果：建设项目“三同时”执行率100%；签订锅炉烟尘达标率37.5%，完成42.4%；主要噪声源达标率74%；环境保护宣传稿件80篇；环保设施运行完好率90%以上，其他各项考核指标均圆满完成。1992年5月，集团编制完成郑州矿务局“八五”计划期间环境保护规划；11月利用中国统配煤矿总公司下拨环境监测补助资金5万元，购置烟尘测试仪、林格曼黑度计、污水流量计等实验配套设备。1993年，集团利用维简资金对米村煤矿、超化煤矿、裴沟煤矿、芦沟煤矿、王庄煤矿、局机关、救护队、矿区中学、总医院等单位锅炉烟尘进行治理，把旋风除尘器更换为麻石水膜除尘装置，除尘效率达到95%以上，烟尘排放深度达到国家排放标准。1994年10月，按照煤炭工业部颁布的环境监测站验收标准，集团对监测用房进行改造，改造后设水质化验室6

个、仪器室2个，大气室、资料室、药品仪器储存室、天平室、微机室、高温室各1个。局自筹资金购置40多台件监测仪器和化学试剂等实验用品，具备了水、大气、噪声等15个项目的监测能力；1994年12月8日，河南煤管局对局监测站进行预验收。1995年3月2日，经煤炭工业部复验，被评定为乙级矿区监测站。1999年11月，集团下发《关于限期完成环境“双达标”任务的通知》，筹资543万元和747万元分别对大气污染源和水污染源进行治理，矿区环境质量得到明显改善；2000年11月18日至19日通过河南省环保局“双达标”验收；2006年关闭2个水泥厂机立窑水泥生产线，削减二氧化硫排放量78.364吨/时；利用电厂集中供暖，关闭郑煤集团机关附近燃煤锅炉，减少二氧化硫排放量16.24吨/时。2008年4月10日，集团与平顶山市众诚环保工程有限公司签订第三方运营协议，委托其负责对米村煤矿、超化煤矿、芦沟煤矿和杨河煤业4个单位5套COD在线监测系统的运行管理和维护。2008年5月13日，集团在中都饭店召开下属55个单位参加的环保工作会议，重新颁发《郑煤集团环境保护管理办法》、《郑煤集团环保建设项目风险抵押考核实施细则》，与40个单位签订风险抵押目标责任书；5月30日超化高岭煤矿(45万吨/年)新建项目环评报告书通过河南省环保局的审批。超化煤矿投资276万元，对矿井水沉淀池和3台6吨锅炉脱硫改造，每年可减排二氧化硫18吨。2008年，郑煤集团申报排污费单位16家，其中新密14家，登封2家。参考数据主要有：原煤产量854.25万吨，污(废)水排放量4274.68万吨，锅炉燃煤量66.72万吨，铝锭产量2.298万吨。当年污染物减排(控制)指标完成情况：COD排放量824.88吨、二氧化硫排放量2168.16吨、矿井水综合利用率30%、矸石综合利用率50%。

2009年2月，集团下发《关于编报2009年节能减排建议计划的通知》和《2009年节能减排计划的通知》，撰写《2008年郑州煤炭工业(集团)有限责任公司节能自查报告》；在郑州市经委和河南省发改委节能减排考核中，分别获99分和97.5分。2009年2月2日杨河煤业14井、10月21日芦沟煤矿25西井、12月29日大平煤矿14井环评报告书分别通过河南省环保厅审批。在郑州市总工会等6部门开展的“双比双降”活动中，郑煤集团获“劳动竞赛优秀组织单位”，4人获“郑州市节能减排竞赛技术标兵”，6项成果获“‘双比双降’节能减排优秀技术创新奖”。2009年5月，“郑煤集团机电运输系统节能项目”获国家奖励资金680万元。集团转发郑州市总工会等部门《关于组织开展“双比双降”节能减排竞赛活动的通知》并积极参与，比赛中有郑州市先进单位1个、技术标兵4名、先进个人1名、先进义务监督员1名。2009年5月国家环保部委托中煤集团北京华宇工程有限公司负责编制《赵家寨矿环境保护竣工验收调查报告》，在针对此报告提出的锅炉烟尘和二氧化硫排放不达标等问题，国家环保部会同有关单位制定整改措施，并向该矿投入整改资金260余万元，当年11月完成环保专项整治。东风电厂投资900万元实施锅炉脱硫改造工程，2009年12月经郑州市环保局监测与验收，满足节能减排控制指标。当年综合能源消费量57万吨标准煤，同比下降31%，万元产值综合能耗0.68吨标准煤，同比下降20%。单位产品综合能耗1.9吨标准煤，超额完成与省政府签订的年节能量1.68万吨标准煤目标。COD排放量831.6吨，二氧化硫排放量1917.08吨，建设项目环保“三同时”执行率100%。

2010年2月，芦沟煤矿16井与35井、杨河煤业14井及王庄煤矿西翼采区试生产，分别投资233万元、298.7万元、183.4

万元、173.2万元用于环境治理与生态恢复工作;2012年3月,芦沟煤矿25井和崔庙煤矿试生产,分别投入298.7万元和477万元,用于新建污水处理设施和储煤场等,主要污染物烟尘、二氧化硫、COD的排放总量符合控制指标,同月发出《关于下达2010年节能减排计划的通知》和《2010年度节能减排目标责任考核办法》,配合郑州市节能中心对重点耗能单位进行监察审计。2012年6月中旬通过监察审计,郑煤集团各项排放指标均符合国家标准。2012年6月东风电厂投入1100万元对二期锅炉除尘系统进行改造,将静电除尘器更换为袋式除尘器。

2010年,郑煤集团综合能耗为61.4万吨标准煤,万元产值综合能耗为0.5吨标准煤。单位产品综合能耗为5997吨标准煤,超额完成省政府下达的节能量5000吨标准煤目标。COD排放量1283吨,二氧化硫排放量1366吨,建设项目环保"三同时"执行率100%,矿井水利用率50%,煤矸石综合利用率80%,获"郑州市环保先进单位"和"中国煤炭工业协会节能减排先进单位"称号。

2011年1月,郑煤集团委托中煤国际武汉设计研究院编制《郑煤集团煤炭洗选加工发展规划环境影响报告书》。2011年2月,老君堂煤矿、尤氏煤矿、马池煤矿、兴达煤矿等技改项目,顺利通过河南省环境保护厅环保专项验收。建业煤矿扩建项目(45万~90万吨/年)环评报告通过河南省环保厅组织的专家评审,2011年3月得到河南省保护厅批复意见;3月17日,大平煤矿两台8吨/时锅炉安装了干法旋风除尘器和旋流板脱硫装置,顺利通过郑州市环保局组织的现场验收。

2012年3月至8月,《金龙煤矿井田扩边扩界环评报告》、高岭煤矿、新郑精煤建设项目、超化煤矿31风井、《芦沟煤矿32采区建设项目环境影响报告书》、《郑州煤电定向增发项目上市环保核查报告》等项目,通过河南省环保厅组织的环保专项验收,得到省环保厅的环评批复文件。2014年6月,东风电厂二期锅炉脱硝工程已完成并分别通过郑州市环保局与集团公司组织的竣工验收。2014年9月30日,振兴二矿30万吨/年技改项目通过河南省环保厅组织的环保专项验收;11月25日,《磴槽煤矿技改项目环境影响报告书》通过河南省环保厅组织的专家评审。2015年6月,芦沟煤矿三水平技改项目的环保"三同时"措施,按照环评报告批复文件要求和初步设计内容全部落实到位,通过河南省环保厅组织的环境保护竣工验收。2015年12月15号东风电厂锅炉脱硫系统升级改造工程完工并通过集团公司验收。

四、焦煤集团

1991年,鹤壁矿务局积极响应焦作市提出的"气化焦作"的号召,分批开展对10吨及以下的燃煤锅炉进行清洁能源改造,新建燃气锅炉,关停燃煤锅炉,彻底改变了由燃煤造成的废气排放现象。2007年,焦煤公司投产建设的5000吨/日水泥熟料干法水泥生产线,全线配套安装了袋式除尘器,实现了全省首家全线袋式除尘的先例,粉尘排放远远低于50毫克/立方米。2013—2014年,集团按照焦作市政府要求对下属电厂环保设施进行升级改造,配套电袋复合除尘器+炉内脱硫+SNCR脱硝,达到了《火电厂大气污染物排放标准》(GB 13223—2011)标准要求。

五、鹤煤集团

1996年,鹤煤集团分别在三矿投资8.8万元、八矿投资5.3万元、五矿6.2万元、二矿投资6.3万元建成储煤场洒水抑尘工程;1997年,集团在四矿投资8.2万元、六矿投资9.6万元、九矿投资12.7万元完成了储煤场洒水抑尘工程,洒水覆盖率均达到

90%以上。1997年,集团投资3万元,对八矿锅炉除尘进行了改造;投资96万元对电厂锅炉烟尘治理设施进行综合整治,实现锅炉烟尘达标排放。1998—1999年,集团投资125万元对建筑材料厂烘干机安装了旋风加高压静电两级除尘器,对两台机立窑分别安装了湿式除尘器,同时对二次破碎、包装等工段的高压静电除尘器进行了修复,2000年12月,集团通过了河南省环境保护局组织的验收。2014年,集团通过集中供热,替代机械设备制造公司1台6蒸吨和1台4蒸吨锅炉,年减排二氧化硫8.45吨、氮氧化物4.07吨。2015年,集团集中供热替代供电处2台4蒸吨锅炉,替代后勤服务中心8台锅炉共43蒸吨,年减排二氧化硫366.4吨、氮氧化物45.9吨。集团投资7000多万元,配套建设热电厂脱硫除尘工程,该工程采用国内领先的NID半干法烟气脱硫工艺,系统主要由静电预除尘器、反应器、二级布袋除尘器、吸收剂制备、脱硫灰再循环、工艺水系统,物料输送系统、流化风系统及仪表控制系统等组成,脱硫效率大于85%,除尘效率为99.9%,烟气实现了达标排放。两台炉的脱硫除尘系统均由DCS系统控制,并分别安装了连续排放在线监测装置。2008年通过国家环保部验收。2015年,热电厂新建了脱硝系统,项目总投资8470万元,采用"低氮燃烧(LNB)+选择性催化还原(SCR)"工艺,"LNB+SCR"综合脱硝效率不低于90%,SCR脱硝系统的设计效率不小于85%。脱硝SCR反应器布置在省煤器与空预器之间的高含尘区域,每台炉设置A、B两台反应器,呈对称布置。2015年,集团通过了省环保厅组织的环保验收。

六、永煤集团

2012—2013年,永煤集团对下属裕东电厂环保设施进行升级改造,配套"电袋复合除尘器+SCR脱硝",达到《火电厂大气污染物排放标准》(GB 13223—2011)标准要求。2014年以后,按照《锅炉大气污染物排放标准》(GB 13271－2014)要求,对所属化工、煤炭等单位锅炉环保设施,采用脱硫除尘脱硝一体化设施等方案,进行提标改造,各项污染物均满足新标准要求。2015年,集团按照政府环境污染整治要求,对10吨/时及以下燃煤锅炉一方面利用市政供热进行替代,另一方面对不能替代的锅炉实施环保设施提标改造。2008—2015年,集团用于大气污染防治设施建设累计投入资金近6亿元。

七、神火集团

神火集团所属7对矿井19台锅炉均装有旋风多管除尘器,保证排放烟气质量的达标。2012年,新庄、薛湖、刘河等选煤厂均安装并投入使用洒水降尘设施,覆盖整个煤场及矸石山,净化了空气。

八、济煤公司

济煤公司对每台锅炉配有多管旋风湿式喷淋脱硫除尘器,效率为96%,经除尘器排出后烟尘排放浓度降低,达到《锅炉大气污染物排放标准》(GB 13271—2014)。对于露天储煤场和矸石场设计储煤扬尘采取在四周分别布设摇臂喷头定期进行喷雾洒水的防尘措施,控制粉尘飞扬;另外,在工业场地及道路设洒水设施,定期对场地和路面进行洒水,并配人工清扫,以此减少工业场地及路面扬尘对环境的影响。

第二章　矿区环境治理

第一节　沉陷区治理

一、平煤神马集团

平煤神马集团1991年以来沉陷区治理的主要措施：

（一）塌陷补偿工作机制

平煤神马集团“三下”（建筑物下、铁路下、水体下的统称）采煤塌陷补偿工作由集团“三下”采煤暨地产管理领导小组办公室（简称“三下”办）统一管理。集团始终坚持“狠抓基础、依法办事、超前处理、兼顾双方、服务基层”的指导思想，采取“三下”办、生产处、地测处、生产矿四位一体的管理模式，日常业务着重抓好“申请、调查、决策、签订协议”四个环节，确保“工程量、补偿范围、补偿标准”三个统一。1994年，原矿务局出台了平顶山矿务局《关于“三下”采煤塌陷补偿办法的暂行规定》，以规范全集团的塌陷补偿业务工作。2013年，集团全面完善塌陷补偿工作制度，建立完善申请制度、公示制度和审核制度，依托地矿信息系统，建立集团层面塌陷补偿个案数据库，在此基础上整合、规范出系统的工作制度和流程。

在处理塌陷村庄的问题上，集团自1993年开始，依靠当地政府的支持与配合，对塌陷村庄异（就）地拆迁改为四个等级维修处理，其受损房屋塌陷级别的鉴定，是依据1985年原煤炭部制定的《建筑物、水体、铁路及主要井巷煤柱留设与压煤开采规程》中的“砖石结构建筑物的破坏等级”，主要是根据各类房屋墙体裂缝4毫米以下为一级、5～15毫米为二级、16～30毫米为三级、31毫米以上为四级。在采煤塌陷地处理上，对季节性积水塌陷地，按影响（指绝收或明显减产）一季补偿一季，影响一年补偿一年的标准处理；对常年积水塌陷地，按逐年补偿办法，具备复垦条件时，对其进行治理；山区裂缝、滑坡塌陷地，采取合理确定范围，一次性补偿一年青苗，并适当给予平整费用进行处理；在塌陷地复垦工作上，对已具备复垦条件的塌陷地，根据塌陷地位置、范围及周边地形地貌，以“一疏二平三改造”为主要措施的土地复垦方式进行治理；对矿区周边因采煤造成学校、医院、供水、供电、道路、桥涵等公共设施的塌陷问题处理上，按照相关政策规定，严格区分不同类别与情况，依据有关补偿政策和现场实际受损情况，给予合理的补偿。

（二）“四个等级”维修补偿标准

自1993年开始，集团在对塌陷问题的处理方法，一直采取先采煤后补偿，不再对村庄实施搬迁，而是普遍采取“四个等级维修”补偿方式来解决：如井下回采结束，村庄沉陷处于相对稳定（一般为2～3年），即采取4个等级维修处理；如井下连续回采并有接替，几年中暂时无相对稳定期，则采取给予临时维护或先期处理村庄危房的方式。

房屋的补偿标准，1991—1994年依据《河南省国家建设征用土地上附着物的补偿标准（修订本）的通知》（豫政〔1989〕113号）和《关于解决压煤村庄搬迁问题的报告》（豫政〔1990〕56号）中的各类附着物（房屋）的补偿标准给予补偿。1994年，平顶山市政府出台《平顶山征用土地补偿、安置暂行标准》（平政〔1994〕30号），其中规定矿区地面附着物补偿，按河南省人民政府《关于解决压煤村庄搬迁问题的报告》(豫政〔1990〕56 号)文件规定的补偿标准增加 30%执行。2009 年，平顶山市政府出台《平顶山征用青苗及地上附着物补偿标准(暂行)》(平政〔2009〕14 号)，并在《平顶山市人民政府市长办公会议纪要》(平政〔2009〕30 号)文件中明确："村庄整体搬迁或危房就地拆建所涉及的房屋补偿，按平政〔2009〕14 号文件标准的 100%执行；除此之外按平政〔2009〕14 号文件标准的 70%执行。"2012 年，平顶山市政府出台《平顶山市征地青苗及地上附着物补偿标准的通知》(平政〔2012〕12 号)，其中规定："采煤沉陷区补偿适用本《补偿标准》。"

（三）沉陷区塌陷土地复垦治理

煤炭生产建设的发展及地下煤炭的连续开采，造成地表下沉，部分土地出现常年积水或季节性积水，山坡地出现裂缝或滑坡等沉陷状况。集团公司对采煤塌陷地的复垦治理和利用工作一贯比较重视，在塌陷地复垦治理工作中，认真贯彻落实 1988 年《土地复垦规定》(国务院令第 19 号)和 1993 年《河南省〈土地复垦规定〉实施办法》(省政府令第 5 号)等法律文件的精神，根据塌陷地的现状与土地利用规划等情况，按照"宜农则农、宜林则林、宜渔则渔、宜建则建"的治理原则，结合不同区域不同类型的采煤塌陷地采取不同的治理方案。① 水面养殖型。通过对土层较厚，不发生渗漏，并处于 10～20 年不采煤的低洼积水地段塌陷地，因势利导，起高垫低，修筑养殖水面。② 林果种植型。对低土丘陵区采煤塌陷地，以发展林果业为主，建成林果地。③ 基地建筑型。对于交通便利及生活环境较好的被破坏的土地，在测定最稳定标高后，改造建设生活住宅小区。④ 疏排水复垦型。开沟挖渠，建设主、支渠配套工程，形成旱能浇、涝能排的水利系统，疏排塌陷区内积水，还田保耕。⑤ 景点娱乐型。根据地形地貌，因地制宜，建造景点。⑥ 三产用地型。利用复垦塌陷地兴建厂房，发展第三产业。截至 2015 年，集团累计复垦治理各类塌陷土地 13000 余亩，修垫道路 90 多万米，修建桥涵 100 多座，开挖排水渠 8000 多米、支渠 3 万米。

二、义煤集团

义马矿区属豫西低山丘陵地区，地面沟谷、山岭纵横、地形复杂，采煤主要造成地表沉陷、山体滑坡等，沉陷治理工作主要是沉陷村庄搬迁和部分土地复垦。2001—2005 年，塌陷区面积、复垦面积及投入征地迁村费用，详见表 6-2-1。2010 年，公司编制了《矿山地质环境保护与恢复治理方案》，使塌陷区治理工作纳入规范化制度化轨道。

表 6-2-1 2001—2005 年义煤集团地表塌陷治理表

年份		塌陷总面积（万平方米）	复垦面积（万平方米）	当年塌陷面积（万平方米）	当年复垦面积（万平方米）	征地迁村费用（万元）
2001		210.00	190.00	23.00	23.00	210.00
2002		210.70	190.00	22.08	21.00	83.40
	露天	557.45	298.40	0.90		
2003		234.90	208.00	37.20	22.00	100.90
	露天	558.35	298.00	0.90		
2004		247.30	6.40	23.62	6.40	826.00
2005		248.80	210.00	37.90	21.00	264.00

2005年经国家发改委改投〔2005〕389号文批准，义马矿区采煤沉陷区综合治理项目主要包含新建工程、货币安置补偿、择址扩建工程、择地重建工程（含学校、幼儿园、医院）、加固维修补偿工程、市政基础设施加固工程、土地复垦整治、新建居民供水工程等，项目批准概算51307万元，有国家安排20523万元、河南省政府出资5131万元、三门峡政府出资6157万元、洛阳市政府出资1539万元、义马煤业集团有限公司出资13340万元、城镇居民出资4617万元。新建安置小区分布在新安县和义马市两个区域。2006年开工建设，投资49685万元，其中新建工程中新建住宅30万平方米，安置沉陷户4994户。截至2015年，整个项目已按国家批准的概算基本完成。

三、郑煤集团

2004年7月23日，国家发改委下发《关于河南省郑州矿区采煤沉陷区治理有关问题的批复》〔2004〕1463号，核定郑州矿区采煤沉陷区范围达38.01平方千米，共影响住宅建筑面积171.7万平方米，住户18922户、66172人。需搬迁治理受损户住宅建筑面积113.01万平方米，住户12648户、42226人；受损学校21所，建筑面积6.326万平方米；受损医院14所，建筑面积1.478万平方米；供水管路、供电设施、交通设施、通信线路等受到不同程度的破坏。2005年6月7日，郑州矿区采煤沉陷区综合治理初步设计方案完成，6月14日通过省发改委和专家组的评审，8月21日获国家发改委通过，9月29日国家发改委下达郑州矿区采煤沉陷区综合治理2005年投资计划，10月8日省发改委1405号文下达落实郑州矿区采煤沉陷综合治理第一年的投资资金26354万元，12月1日郑煤集团沉陷治理工程指挥部成立，设工程技术组、动迁安置组、财务组、审计组、综合组，办公地点设在郑州市航海西路金苑小区。2006年4月1日，矿区采煤沉陷治理插建工程开工，12月15日河南省发改委以1804号文下达落实第二年的投资资金28814万元。2007年8月23日，河南省发改委以1292号文下达落实采煤沉陷治理第三年投资资金10547万元；同月，郑煤集团成立棚改工程领导小组，下设技术组、土地征用组、拆迁组、综合协调组。同时芦沟煤矿、杨河煤业公司等9个现场指挥部相继成立棚户区改造办公室，棚户区改造工程全面展开。2007年10月25日，集团在登封市举行郑煤集团采煤沉陷治理登封安置小区暨棚户区改造工程项目奠基仪式。2008年5月15日，郑煤集团采煤沉陷治理新密安置小区暨棚户区改造工程开工。2009年2月27日，河南省发改委以311号文下达批复郑州矿区采煤沉陷综合治理预备费使用资金计划3637万元；3月15日，河南省发改委投资处、中央审计署郑州特派办，进驻郑煤集团对沉陷治理进行为期半个月的中间审计，并到登封小区、新密小区和裴沟插建工地进行调研；9月16日，沉陷治理安置项目阳光港湾住宅小区开工奠基仪式在新郑市举行。2012年7月9日，阳光港湾住宅小区一、二期安置住房交房仪式在新郑市举行。2010—2015年，沉陷治理安置小区已建成住宅楼房82栋，其中新密安置小区26栋，已安置544户，登封安置小区22栋，已安置846户，新郑阳光港湾小区已建成34栋，已安置2095户。

四、焦煤集团

焦作矿区形成的沉陷盆地共划分为11个沉陷区，总面积66.46平方千米。其中稳定沉陷区面积46.57平方千米，占总沉陷面积的70.07%，非稳定沉陷区面积19.89平方千米，占总沉陷面积的29.93%。2002年以前，焦作市和焦煤集团共投入沉陷治理资金20037.5万元。为解决2002年以前历史遗留的严重的采煤沉陷区问题，改善矿区已严重恶化的生态环境和生存条件，焦煤集团分别委托辽宁工程技术大学和中煤国际工程集团沈阳设计研究院编制《河南省焦作矿区采煤沉陷情况报告》与《河南省焦作矿区采煤沉陷区综合治理方案》。据调查，沉陷区内受灾居民 27060 户，受灾人口 108676 人，受损住宅建筑面积 224.17 万平方米，其中城镇受灾居民 17890 户，受灾人口 67881 人，受损住宅建筑面积 88.84 万平方米；农村受灾居民 9170 户，受灾人口 40795 人，受损住宅建筑面积 135.33 万平方米。另外，还有受损中、小学校 15 所；受损医院、卫生院 7 所；受损非营利性公益设施、企事业单位及商服网点 25 个；受损道路 30 条，路桥 4 座等；受损农田 43688 亩。

2004 年 7 月 2 日，国家发改委以发改投资〔2004〕1287 号文对焦作矿区采煤沉陷综合治理项目予以批复。该项目总投资为 83670 万元，其中由国家安排国债资金 33468 万元、河南省政府出资 8367 万元、焦作市政府出资 16734 万元、焦煤集团出资 14224 万元、城镇搬迁居民出资 10877 万元。根据批复安排，规划新建阳光、玉河、云台、荣祥、丽园、玉泉 6 个居住小区，用于安置沉陷区城镇受灾居民 11620 户，总建筑面积 69.42 万平方米；货币安置补偿农村部分受损民房 7464 户，建筑面积 37.32 万平方米；择址重建(扩建)等工程 3.95 万平方米；维修加固补偿沉陷区住宅、医院等建筑面积 45.22 万平方米；维修受损道路 30.39 平方米，排水沟、供水管路、供电通信线路等市政基础设施 7.41 万平方米；搬迁空地复垦 229.34 万平方米。同时，焦煤公司采煤沉陷区充填地表裂缝、实施土地平整，并对辉县赵固矿区进行了土地复垦。2012 年，集团共完成冀屯镇东北流、西北流两个村居民点复垦项目总面积 421.85 亩，吴村镇张村、潘村(部分)居民点等复垦项目总面积 329.06 亩；2014 年初，完成吴村镇张屯村 210.47 亩和潘村剩余的 102.89 亩老村盘复垦任务。

五、鹤煤集团

鹤壁矿区属多山丘陵地貌，村庄密集，采煤沉陷特征以裂缝为主，稳沉期一般为 3 年。2003 年，国家采煤沉陷治理普查时，鹤壁矿区沉陷区面积约为 68 平方千米。经测算，此后每年平均增加采煤沉陷区面积 1.5 平方千米，到 2015 年年底鹤壁矿区采煤沉陷区面积达到 87.5 平方千米。治理概况如下：

(一) 房屋维修租赁

房屋维修租赁即对农村受损民房实行维修、租赁。在地表未稳定受采煤影响村庄治理前，鹤煤公司依据鹤沉治〔2007〕5 号标准规定，对受损程度达到一、二级房屋实行维修，对三、四级房屋实行租赁，以确保村民居住安全。2008—2015 年，集团共计对 20 多个村庄受损房屋维修租赁 375100 间，补偿资金 6435 万元。

(二) 村庄治理

根据不同条件情况，鹤煤公司依据鹤沉治〔2007〕5 号标准规定，对具备治理条件村庄分易地搬迁、分级补偿、就地拆建 3 种模式进行治理。2008—2015 年，集团共计对 39 个村庄进行治理，共计补偿资金 54449 万元，其中对南街新村、户家荒、汪流涧、贾吕寨、故县等村实施了搬迁补偿；对大吕寨村、邢吕寨等村实施了就地拆建补偿；对上赵荒、北街、梁峪、曹家等 20 多个村实施了分级补偿。

(三) 塌陷地赔青

因鹤壁矿区属多山丘陵地貌，采煤造成的土地塌陷以裂缝为主，反复耕种自然弥合，因此对采煤受损耕地以赔青为主。依据鹤沉治〔2007〕5 号标准规定，签订赔青等补偿协议予以补偿。2008—2015 年共计塌陷赔青 46253 亩，补偿赔青、裂缝充填等费用 5888 万元。

(四) 企业及杂项治理

对因采煤受损集体企业、个体企业及受损桥涵、道路、护岸等，集团依据有关规定进行一次性补偿，2008—2015 年共计补偿费用 13227 万元。2008—2015 年，鹤煤公司共计发生沉陷治理资金 79999 万元。(见表 6-2-2)

表 6-2-2 2008—2015 年鹤煤集团塌陷区治理情况表

序号	治理项目		2008 年	2009 年	2010 年	2011 年	2012 年	2013 年	2014 年	2015 年	合计
1	治理村庄	户数(户)	4020	6881	0	2202	1529	422	665	547	16266
		金额(万元)	12995	18188	386	11868	3580	3602	1950	1880	54449
2	塌陷地赔青	亩数(亩)	4355	5100	5300	4950	6200	8465	6083	5800	46253
		金额(万元)	540	599	618	602	804	935	920	870	5888
3	房屋维修租赁	间数(间)	46500	51000	48600	48500	47200	38800	48200	46300	375100
		金额(万元)	818	831	829	818	810	680	780	869	6435
4	企业及杂项	金额(万元)	1200	1295	1520	1550	1951	1850	2050	1811	13227
	合计(万元)		15553	20913	3353	14838	7145	7067	5700	5430	79999

六、永煤集团

永煤集团所辖矿井 5 对，其中陈四楼、车集、城郊、新桥煤矿为生产矿井，顺和煤矿为在建矿井。永城矿区属于高潜水位采煤沉陷区，塌陷后形成常年积水或季节性积水，可采煤层现集中在二$_2$煤，煤层厚度中等，采厚 2.4～3 米，采深 340～700 米，塌陷影响村庄较多，多数需要搬迁。地面塌陷深度最大 3.5 米，一般在 2～3 米左右。自 1997 年第一对矿井投产，1998—2015 年形成采煤塌陷土地 4 万余亩，塌陷区涉及 13 个乡镇、65 个行政村、252 个自然村，涉及人口 2.6 万户、9.5 万人。沉陷区治理主要措施如下：

(一) 组织领导

集团专门成立征迁复垦公司，负责塌陷区的协调、沟通、补偿等一系列问题；同时永城市市政府及各级乡镇成立征迁办，统筹安排部署塌陷区的治理工作。

(二) 实施搬迁

一是前期通过在本行政村内土地调整的方式进行选址和重建，如高庄镇贾庄、陈集镇练楼、城厢乡张大庄等，上述村庄处于井田边界，距离采煤区较近，采用土地调整的方式进行置换重建。二是采用异地搬迁的安置方式。2013 年起，永煤集团把沉陷区的村庄搬迁与新农村建设、城镇化建设结合起来，投资近 8 亿元，筹建阳光社区三期、幸福港湾、汉源社区、陈集新村四大社区，占地 2000 亩。2015 年，准备实施搬迁的社区有丰庄社区、刘岗社区、任楼小区蓝色港湾、钟庄社区、代王楼社区、新馨家园，这些社区建设完成后将形成以居住、休闲、商贸为一体的综合性社区，新村实行统一规划、统一建设、统一管理。为了加快搬迁和拆迁速度，凡确定为沉陷区整体搬迁村庄的有房户，在指定安置区购买楼房，按每平方米 350 元进行奖励。村庄搬迁后，集团对老村址进行及时复垦，实现了占补平衡。截至 2015 年年底，集团共建设社区 10 余个，分别为练楼、张大庄、贾庄、天齐阳光社区、民生花苑、六路环岛、汉源一期、幸福港湾一期、蓝色港湾、十八里印象一期、陈集中心等安置社区。累计已搬迁压煤村庄68个(含5年计划提前搬迁25个村庄)。正在实施搬迁的有142个自然村,尚有42个自然村预计在两年内完成搬迁。

(三)土地复垦

根据永城矿区地处平原、人均耕地少的实际,集团确定以"复垦耕地+鱼塘+高效农业用地"作为沉陷区治理主导模式,综合运用"熟土剥离"、"挖深垫浅"、"疏排法"和"矸石充填"复垦技术对塌陷区进行治理,先后建成陈四楼煤矿张大庄、城郊煤矿刘岗等一批采煤塌陷区综合治理示范区域,初步实现塌陷区综合治理和经济创收双赢。

(四)工作方法

① 针对塌陷区治理协调难度大,在不增加成本的情况下,塌陷治理资金交由当地政府实施。② 倡导土地流转,建设新型现代农业示范园区。这一做法得到国土资源部与河南省国土资源厅认可,也安排人员到沉陷治理区实地考察。③ 加强质量管控,首先把地表腐殖土(即熟土)收拢一起,堆放在适当位置待用,然后把挖出的新土垫在沉陷地段,摊平后再把熟土均匀地散布其上并予以平整,熟土覆盖厚度达到50厘米以上,即保证了土地复垦的质量,当年即可种植农作物,使治理后的生态环境比土地塌陷前更好。

七、神火集团

神火集团土地工作主要根据《土地复垦规定》(国发〔1988〕19号)、河南省批转省土地管理局《关于贯彻实施〈土地复垦规定〉的意见的通知》(豫政〔1989〕80号)、河南省人民政府〔1993〕第5号令《河南省〈土地复垦规定〉实施办法》开展的。

复垦依据及标准:① 地下开采引起地表塌陷深度不超过2米,连片面积不超过100亩的,在塌陷稳定后2年内复垦利用。② 塌陷深度超过2米,连片面积100亩以内的,应在塌陷稳定后3年内复垦利用。③ 塌陷深度超过2米,连片面积100亩以上的,应在塌陷稳定后4年内复垦利用。

复垦方法:一疏、二平、三改造。"一疏"指疏通排水,适用于塌陷波及的土地。此类塌陷地一般在停采线以外200米以内范围,向塌陷中心地段呈倾斜状,逐步加深,低处易积水,造成农作物减产。复垦时在适当位置挖沟排水,建造涵洞,保证汛期无积水。复垦后由于对表层土地破坏性不大,较易恢复地力,农民乐意接受。"二平"是就地挖补平整,主要适应于因回采后塌陷很不规则,地面高低不平的地块,复垦时采取统一标高,挖补平整,留有沟渠的办法形成可耕地。"三改造"是指塌陷较深,面积较大,无法疏通排水,充填抬高用土量太多的土地,这类塌陷地段采取规划鱼塘,取鱼塘土抬高周边土地的办法,垦耕率在60%~70%左右。1994—2015年年底,神火集团共复垦土地14334.8亩,其中形成可耕地9641.7亩、坑塘渠3789.9亩、村庄新址949.2亩。

第二节 植树绿化

一、平煤神马集团

1987年平煤神马集团成立绿化委员会,办公室设在林业处,由林业处具体承担集团护林防火、病虫害防治、义务植树、城郊绿化、庭院绿化美化、绿化工程和花卉摆租任务,同时制定实行了一系列环保管理规章制度。2009年,国土资源部要求各省国土资源部门制定矿山地质环境恢复治理实施细则,按照河南省国土资源厅要求,集团所属24家煤矿企业自2011—2015年共计缴存矿山地质环境恢复治理保证金10053.8万元。

2009年6月,集团公司对矿区绿化组织领导机构进行调整,下发《关于成立中平能化集团绿化委员会的通知》，成立中平能化集团绿化委员会。文件明确绿化委员会主要职责：① 贯彻执行国家和地方政府有关林业及绿化方面的方针、政策和法律、法规，研究拟定集团园林建设、土地绿化、生态环境建设、森林资源保护和林区发展等方面的政策，并监督实施。② 拟定集团林区和绿化的发展战略、发展规划、年度建设计划，审批建设规划，并组织实施。③ 负责绿化、植树、育林专项资金的管理、监督，审批专项资金的使用。④ 开展全民义务植树和土地绿化的宣传发动工作，制定并下达义务植树年度任务，组织义务植树、单位和小区绿化。⑤ 负责指导、协调集团园林单位（小区）、文明（单位）小区的建设和评定申报工作。⑥ 组织集团森林资源调查、动态监测和统计，协调、监督林木的采伐和林区资源的综合利用，指导林权管理。⑦ 指导、监督集团林区的防火、防盗、防虫害工作。⑧ 协调有关部门负责园林专业技术人才培训工作。2010年2月，集团印发《中平能化集团园林绿化管理办法》，各基层单位严格执行。

集团公司以建设"美丽矿区"、"生态矿区"为目标，把造林绿化、建设园林单位（园林小区）、土地复垦、保护生态环境作为保证企业实现持续健康发展的重要基础工作来抓。每年春季3月12日植树节，全集团都要掀起义务植树活动的高潮。截至2015年，集团共建苗圃、花卉基地35个，面积32万平方米；完成庭院绿化面积330万平方米，庭院绿化覆盖率达40.5%，绿地率达34.5%，有66个基层单位和小区实现市级庭院绿化达标，其中有21家基层单位获"省级园林单位"称号，6家单位获"市级园林单位"称号，7个住宅小区获"省级园林小区"称号，32个住宅小区获"市级园林小区"称号。2013年以后，集团共投入资金1863万元，植树造林5000余亩，新增矿区绿化面积21.8万平方米。

1991—2015年，集团公司共有矸石山41座，最大地面堆存量5800多万吨，占地120万平方米，年排新矸近350万吨。1991—2008年之间，集团以绿化治理为主，目的是恢复矸石山的自然生态，10年间已先后绿化矸石山22座，种植灌木60万余株，草本恢复面积60万平方米。以绿化靓化治理为主的二矿、八矿矸石山成为全国煤矿生态恢复治理的典范。集团下属一矿于2012年、十一矿于2013年被列入国家级绿色矿山试点单位，三矿、香山矿于2013年被列入省级绿色矿山试点单位。

二、义煤集团

1991年，义煤集团建立了农林处，组织基层各单位广泛开展义务植树、种花、种草活动。全局有10个单位建有温室花房、花卉苗圃地，每年可培育盆花80多个品种5万余盆。1996年前的15年间，种植各种绿化树25万株，矿区绿化覆盖率达27%。北露天煤矿排矸场停排后，为及时防治外排矸石对环境的污染，自1990年开始，义马矿务局北露天煤矿在排土场植树造林累计1311亩，如今绿树成荫，成为人们夏季乘凉、漫步休闲的场所。

2002年，义煤集团农林公司成立园林公司，负责集团公司内部单位的园林景观设计、园林绿化施工、园林绿化工程监理、项目策划、花卉养护管理等，并先后完成耿村煤矿、新安煤矿、千秋煤矿、义翔铝业公司等单位的绿化工程。

自2014年开始，义煤集团义海能源有限责任公司认真开展边坡治理、渣山复绿工程，累计投入资金1.43亿元，组织机械设备17100台（次），出动人员18600人（次），复绿渣山和矿区道路两侧边坡249万平方米，并采用可降解无纺布和防风网进行保温保墒，配备喷灌设施定期浇水防旱。经青海省农牧专家现场取样实测，平均出苗数为每平方米 2569 株，有苗面积率达到 95%以上。集团共完成采坑回填工程量 1254 立方米，规范收窄矿区道路 7.6 千米，青海省副省长王黎明一行在现场实地考察后指出：义海能源公司的环境整治、渣山复绿工作走在了青海省同行业的前列，展示了国有企业的风范和担当，为其他企业做出了典范。

三、郑煤集团

郑煤集团历来重视环境美化绿化工作，持续开展花园式单位和袖珍景点等创建活动，且成效显著。1991 年 3 月，救护大队等单位获评郑州市花园式单位。1992 年，集团开展“十佳风景点”评选活动，各单位根据局十佳风景点标准并结合本单位实际，聘请园林专家对工业广场、家属区进行园林化设计，或聘请外部承建，或自建。1992 年末建成“十佳风景点”10 个：救护大队的卫士乐园、东风煤矿的青龙卧波、干休所的怡园观海、总医院的九曲康乐、职工大学的洞天风月、供电处的湖光山色、王庄矿的双亭落玉、超化矿的风华苑、裴沟矿的长廊闻鹤、供应处的古亭彩泉。

1992 年，集团申报市级花园式单位 5 个，建成大型人工湖 4 处、九曲桥 2 处、假山 7 处、袖珍花园 5 个、景点 154 处。

1993 年，集团开展“十佳袖珍公园”评选活动，在十佳风景点的基础上，增加了小桥流水、假山喷泉、人工湖等。当年建成袖珍公园 12 个，新建成新密技校的园中园、供应处的翰林园、米村矿的文明园。

1995 年，集团开展“十佳花房”评选活动，在下属单位选出“十佳花房”：东风电厂、供电处、超化煤矿、技工学校、王庄煤矿、运销公司、大平煤矿、米村煤矿、王沟煤矿、工程处的 10 个花房。

1996 年 5 月 8 日至 5 月 15 日，郑煤集团在机关南大院举办首届花展，全公司 30 多个单位共展出 46338 盆花卉。同年开展“花园式标兵单位”和“十佳草坪”评选活动，供电处、超化矿、东风电厂、救护大队、大平煤矿、技工学校等 6 个单位建成花园式标兵单位，超化矿、金苑小区、供电处、大平煤矿、九龙公司、东风电厂、米村煤矿、救护大队、技工学校、裴沟煤矿等 10 个单位建成“十佳草坪”。供电处被评为“煤炭工业部煤矿造林绿化十佳”单位。

1997 年，米村煤矿、超化煤矿、大平煤矿、技工学校、子弟中学、机械厂、东风电厂、干休所建成郑煤集团“十佳垂直绿化单位”，超化煤矿、王庄煤矿、裴沟煤矿、大平矿、技工学校、职工大学、总医院、公司机关、救护大队、机关管理处等建成郑煤集团“十佳棚架绿化单位”。超化煤矿、救护大队获评“全国煤炭系统造林绿化四十佳”，供电处处长杜填仓被授予“河南省绿化奖章”，集团公司副总经理桑智卿被授予“全国绿化奖章”。

1998 年，郑煤集团绿化委员会提出“四季有花、四季常青、风景优美、环境优良、具有煤矿特色的花园式矿区”的环境绿化目标。郑煤集团机关、九龙实业公司、袁庄水泥厂被评为“郑州市花园式单位”，超化煤矿、米村煤矿生活区被评为“郑州市绿化达标生活区”，供电处获评“全国造林绿化 400 佳”，处长杜填仓被授予“全国绿化奖章”。《中国煤炭报》《河南日报》《郑州晚报》《国土绿化》《河南林业》等报刊均刊登了郑煤集团环境绿化的成绩和经验。

1999 年，铁运处被命名为“郑煤集团花园式单位”。2001 年，郑煤集团被评为“河南省十佳绿化先进单位”。2002 年，华鑫铝厂被命名为“郑煤集团花园式单位”。铁运处被评为“郑州造林绿化先进单位”。2003 年，水泥厂、华鑫铝厂被评为“郑州市花园式单位”。2004 年，地勘公司被评为“郑州市花园式单位”，技工学校、煤炭运销公司被评为“郑州市绿化达标生活区”。东风电厂被评为“省绿化十佳单位”。2005 年，超化煤矿、告成煤矿、供电处被评为“省园林单位”。芦沟电厂被评为“郑州市花园式单位”。2007—2008年，杨松君被授予“河南省绿化奖章”，白坪煤业有限公司获评“郑州市花园式单位”，李敬华被授予“郑州造林绿化先进个人”。

2009—2010年，郑煤集团总部和阳光花苑共栽植常绿乔木1185株、落叶乔木1436株、小乔及花灌木4232株、常绿球类522株；地被植物11583平方米、竹类759.4平方米、草坪47375平方米；大银杏18棵，大香樟6棵，对节白蜡、紫薇桩、大桂花、大元宝枫、古桩石榴、金银花树桩等19棵，枇杷、木瓜、无花果、山楂、柿树、枣树、葡萄等160余棵。杨河煤业、供电处获评“河南省绿化模范单位”，大平煤矿获评“河南省园林单位”，米村煤矿获评“郑州市造林绿化模范单位”。

2010—2012年，集团公司栽植各类花木10000余株、乔灌木5000余棵，种植绿篱1130延长米，铺种草坪10000平方米，垂直绿化1500平方米，改造矿区景观工程58000余平方米，铺设沥青路面和花砖装饰1500米；2013年，种植树木9306棵，种植绿化带豆瓣黄杨3200株；2014年，积极筹措资金，开展矿区绿化，培育花草树种7万多株，栽植绿乔木、落叶乔木、小乔、花灌木3500余株，种植其他各类花草树木达6万余株。2010年，新郑煤电公司获评“郑州市国土绿化模范单位”；2011年，集团公司获评“河南省绿化模范单位”、新郑煤电公司获评郑州市“支持造林绿化工作先进单位”；2012年，郑煤集团（河南）白坪煤业有限公司获评“郑州市全民义务植树先进单位”；2013年，集团公司获评“全国绿化模范单位”；2014年，郑煤集团（河南）白坪煤业有限公司获评“郑州市绿化模范单位”。

截至2015年年底，郑煤集团共完成公共绿地15万平方米，庭园绿化25万平方米，栽植乔木、灌木45万棵，育坑木林350亩、栽植绿篱20万延长米、铺种草坪43万平方米、小园景点28万平方米、立体绿化42万余株，绿化覆盖率达57%，义务植树尽责率100%。创建省绿化模范单位4个、省园林单位5个、省绿化先进单位5个、市花园式单位26个、市园林居住区9个，2人获得省绿化奖章。

四、焦煤集团

为了改善和美化矿区环境，有益职工的身心健康，焦煤集团由福利处负责，下属矿厂由福利科负责，配备专管绿化工作的人员，做到年初有计划，季季有检查，年终有总结，使绿化工作落到实处。2013年，集团承担红砂岭焦青路两侧共2630.2亩的植树任务。为了有效解决水源问题，保证树木成活率，焦煤公司投入100万元，建设红砂岭2号井，井深520米，孔径273毫米及配套60立方米蓄水池和机井房一座，浇水管道安装5000余米。截至2015年年底，全公司已有成活树木45820棵、绿篱89058.64平方米、草坪344479.413平方米、各种花卉72406株，绿化总面积达1628.14亩，绿地覆盖率为15%，矿区面积平均覆盖为2.64%。

五、鹤煤集团

1996—1998年，鹤煤集团出资43万元，绿化矸石山9座，绿化面积达101亩，种植火炬树、侧柏、花椒、刺槐等树木27720棵，平均成活率75%，矸石山绿化率达47%，提前2年完成矸石山绿化率30%以上的限期治理任务。2004—2005年，鹤煤集团本着“优美、整洁、自然、和谐”的环境观，积极开展后勤质量标准化活动，大力开展环境绿化美化和综合治理工作。集团以六矿绿化建设为样板，带动各矿井单位开展工业广场、道路绿化美化、公共绿地和景观建设改造；以棚户区改造和采煤沉陷区综合治理为契机，带动各住宅小区绿化建设和各生产矿宜林荒坡植被恢复；对八矿矿区环境进行重新规划，拆除影响矿区环境的陈旧破损房屋200间，并按规划异地新建房屋200间，在矿内建成占地7000余平方米的文化广场，树立起象征鹤煤人不屈不挠、奋发进取精神的大型雕塑——《崛起》；在矿外建成占地3000余平方米的休闲活动广场，建有花架、凉亭、十二生肖坐凳和多种健身器材，职工茶余饭后有了活动健身与休闲的好去处。六矿拆除矿内老俱乐部和周围破旧平房，建起职工“怡园”花园，在老球场和拆除的旧食堂上建起“竹苑”和“松鹤园”等绿地花园。在小区内建设健身、娱乐、休闲等场所，合理布置绿地、花坛树木等，为矿区职工在工作之余提供了一个良好的生活环境。2008—2015年，矿区累计种植乔木256905株、灌木879991株，植坪252054.1平方米。

六、永煤集团

依据永城市政府打造“生态水城”的城市建设规划，结合采煤塌陷区地质环境和区位的实际，永煤集团在塌陷区治理环境美化、绿化中主要采用两种模式：

（一）景观生态治理模式

城郊井田位于老城区东片区，临近311国道，属于永城市主城区建设规划范围。2010年，为充分利用交通和区位优势，打造城市景观，永煤集团积极配合永城市人民政府制定园区规划和项目建设资金筹措，在城郊矿采煤沉陷区启动了日月湖湿地公园区建设。日月湖公园区项目规划总面积24平方千米，其中包括6平方千米水面、6平方千米的绿地、6平方千米建设用地和6平方千米生态农业用地。该园区是一个集旅游、休闲、商务、金融于一体的生态公园，是永城未来的生态风景廊带和第三产业集聚区。日月湖景区于2009年12月28日开工，计划总投资为10亿～15亿元，其中国土资源部地质环境治理示范工程资金3.86亿元、永煤集团3.6亿元、省地质环境治理资金9133万元，其余为地方财政配套资金。整个工程分为4个工期，截至2015年6月，正在进行三期工程，已完成土方2480万立方米、护坡17387米，形成水面5000余亩、湿地210亩，铺修道路11.7千米，园林绿化2088亩，种植各类树木4.55万棵，生态效益和社会效益已初步显现。日月湖公园项目建设预计于2020年完成。

（二）生态休闲观光模式

2012年，根据永城市人民政府统一规划，永煤集团积极配合永城市侯岭乡人民政府，对车集煤矿的南部沉陷区进行规划设计，启动实施二十里铺还金湖工程建设项目，该项目工程总面积约7600亩。截至2015年年底，永煤集团共投入沉陷区治理费用7000万元，该区域休闲观光项目主体工程已基本完工，后续工程将深化“生态休闲观光农业”的开发，打造一个以休闲养生、农作体验、旅游观光、民俗文化为主的新兴景观农业体验景区。

永煤集团坚持“清洁生产、绿色发展”的环保理念，始终坚持绿色发展之路，组建专业队伍，稳步推进绿化工作的开展。集团下属单位征迁复垦公司负责土地复垦、造林绿化等工作，下属单位兴龙公司负责矿区生活区的绿化工作。1991—2015年，永煤集团共种植树木种类46种89359棵，种植绿篱197830平方米、草坪238154.1平方米，绿化总面积466203.1平方米，义务种植人员2626人次，总投资4265万元。居民小区月季苑、牡丹苑被评为“市级园林单位”。

七、神火集团

1993年，神火集团对居住区内的小庭园、办公区、居住区、俱乐部等地进行大面积绿化，共植树栽花10000余株。1994年，集团又对办公区、居住区进行绿化，共载草坪

1000余平方米，植花木3000余棵。1995—1999年，集团公司按照“绿化、美化、硬化”的文明创建要求和“三季有花、四季常青”的绿化原则，对公共场所、各单位院内全部进行绿化，共栽草坪1200余平方米，植花木20000余棵，绿化面积57590平方米，集团建有温室花房1个，育盆花2500余盆。2000年以后，集团公司对原有矿厂的工业广场全部进行了绿化、美化和硬化。新建的矿、厂、公司在建设的同时进行了详细的规划和全面的绿化，做到了路旁行道树常青，园内花木、草坪点缀，三季有花，四季常青，实现了工业广场园林化。2013年5月2日，河南省国土资源厅对河南省第一批省级绿色矿山试点单位进行公示，神火煤业公司薛湖煤矿等21个单位榜上有名。

八、济煤公司

济煤公司遵循因地制宜、经济、适用、美观的原则，对现有的绿地和树木尽量保留。工业场地绿化应以减轻环境污染、改善生产环境、降低噪声为主，根据不同功能，选择具有防噪、降尘的树种进行绿化，道路两旁种植花卉、树木。2001年，济煤公司投资60万元植树15000余棵，种植花草3000多平方米，硬化工作场地1000平方米，粉刷厂房15万多平方米，清理废料、垃圾2000余吨，治理环境大道2000多平方米，新建路边花池1000余平方米，创造间接经济效益150余万元。2007年，公司植树500余棵。2011—2013年，公司投资56万元，共植树2900棵。2014—2015年，公司投资60万元用于公司绿化建设，总绿化面积320亩，共植景观树1055棵，其他树林杨树5350棵。

第七篇
相关产业

1991年，河南省各主要煤矿企业相继建立了多种经营和集体经济的管理机构，抽调有一定技术专长、懂经营、会管理的行业骨干，从事多种经营、第三产业的开发和管理。河南省煤炭工业厅及各重点煤炭企业，在发展战略、项目选择、资金筹措、项目建设、目标管理、考核奖惩等方面都加大了工作力度，开展多种经营、独立核算的单位有375个，涉及煤炭开采、煤炭洗选、炼焦、机电、建材、化工、轻纺、冶金、农林牧渔、建筑、交通运输、商饮服务、劳务等方面。相关产业的生产经营网点有802个，从业人员有53650人，占煤炭产业从业人员总数的25.24%，生产经营总额3.17亿元，占煤炭产业生产经营总额的12.77%，完成投资总额1239.28万元，年末固定资产原值1.29亿元。

1992年，中共中央、国务院发出了《关于加快发展第三产业的决定》。当年7月，时任国务院副总理朱镕基在视察河南煤矿时反复指出，煤炭企业摆脱困境、扭亏增盈的根本出路，必须走发展多种经营、第三产业的路子，为河南煤炭行业的健康发展指明了出路。经过近两年的实践发展，中共河南省委、河南省政府在1994年5月《煤炭行业发展问题会议纪要》中提出了“在三至五年内，使国有煤矿多种经营产值超过煤炭生产产值，多种经营从业人员超过煤炭生产从业人员”双超过目标。1996年，省煤炭工业厅组建了综合利用多种经营处，组织制定了以提高经济效益为目标，上规模、上档次、上水平、努力完成“双超”目标任务的“九五”多种经营发展规划。1997年，全省煤矿多种经营企业广泛深入地开展了“管理效益年”活动。1997年5月，在郑州举办了全省煤炭行业多种经营产品展览交易会，展出产品种达1000多种，成交总额达5.39亿元。一些企业的多经产品多次参加了美国、东欧、东南亚等国家和地区举办的国际贸易展销会，一大批产品走出了国门。1991—2000年累计投资20.78亿元，固定资产原值达82.17亿元。2000年，全省国有煤矿企业独立核算的多种经营单位达到756个，生产经营网点达到1196个，经营门类跨第一、二、三产业，全年生产经营总额达到70.95亿元，占全省国有煤矿生产经营总值的53.37%，总销售收入66.71亿元，实现利税3.14亿元，从业人员162139人，占全省国有煤矿从业人员总数的47.29%，占据河南煤炭工业经济的半壁江山。

2001—2010年，河南非煤产业贯彻“以科学发展观为指导，大力推进经济增长方式的根本转变”发展思路，逐步走向一条资源利用率高、安全有保障、经济效益好、环境污染少和可持续发展的道路。1997年开工建设的义马煤气化工程，拉长了企业的产业链，提升了产品附加值，为全省乃至全国煤炭行业走煤炭深加工和综合利用趟出了一条新路径。2005年10月，中共河南省委七届十次全会对河南煤炭工业发展提出了“要把我省建成全国重要的能源基地，把煤化工打造成我省新的支柱产业”的要求，进一步推动了河南煤炭产业结构调整步伐。各重点煤炭企业，充分发挥资源优势，积极推进产业多元化。它们积极发展坑口电站，实现煤炭就地转化，变输煤为输电，拓展煤炭深加工渠道，大力发展煤焦化、煤化工等；利用矿区伴生资源，积极发展氧化铝、钼、炭素等有色金属业；积极推进煤矸石、粉煤灰等资源的综合利用，发展矸石电厂、煤矸石和粉煤灰建材厂等。全省煤炭工业形成了煤—电—铝、煤—煤矸石—建材、煤—焦、气—煤化工等多条产业链，逐年加大环保投入，不断加强固体废弃物、废水、废气污染综合防治、沉陷区治理、环境美化绿化工作，推动了煤炭工业健康可待续发展。以郑煤机和平煤机为主体的煤机制造业，围绕煤炭开采支护、开拓掘进、运输、供电、排水、通风等生产环节所需要的机械装备，加大产品研发力度，不断刷新产品纪录。2012 年平煤机集团在德国鲁尔集团 ZY11310/24/52D 型两柱掩护式电控液压支架招标过程中，成功获得价值近 4 亿元的批量生产订单。2015 年，郑煤机集团和平煤机集团联合为中国神华集团研制了 8.8 米支架，创造了当时世界上工作阻力最大、支护高度最高、配套生产能力最大、智能化技术最先进的支架，多项关键技术均为世界首创。

第一章 发电与化工

第一节 发 电

截至 2015 年年底，河南煤炭企业所属发电企业共有 14 家，装机容量约 4500 兆瓦。同时，为响应国家节能减排政策，发展循环经济，瓦斯发电新型能源利用项目陆续确定立项，焦煤集团、鹤煤集团所属一批瓦斯发电站相继建成发电。截至 2015 年，全省共建成瓦斯发电站 10 座，装机容量达到 30 兆瓦。

一、平煤神马集团

1995 年 6 月，平顶山矿务局四矿热电厂投产发电。1996 年 12 月，坑口电厂投产发电。2007 年 8 月 11 日瑞平电厂 2×135 兆瓦机组进入商业化营运，能信热电 2 台机组分别于 2008 年 5 月 9 日和 2008 年 9 月 17 日通过 96 小时联合试运行。截至 2015 年年底，集团有控股、参股等电厂 8 家，总装机容量达到 1350 兆瓦。2008 年年底，电力事业部成立后，监管单位有坑口电厂、矸石电厂、能信热电公司、天健热电有限公司、瑞平电厂、平东热电有限公司、四矿热电厂、三和热电有限责任公司 8 家单位。平煤神马集团的电厂基本情况见表 7-1-1。

表 7-1-1 2015 年平煤神马集团电厂基本情况表

电厂名称	机组数量	装机容量(兆瓦)	开建时间	投产时间	备 注
能信热电	2	2×210	2005.2	2008.5	
瑞平电厂	2	2×135	2005.4	2007.5	
坑口电厂	2	1×55 兆瓦+1×60		1996.12	1×55 兆瓦已关停
平东热电	2	2×210		2006.8	参股
三和热电	2	2×25		2002.12	已关停
四矿热电	2	1×6+1×3	1991.7	1995.6	已关停

2012—2015 年，国家经济下行压力增加，社会用电量减少，造成发电企业的利用小时数大幅度下降，发电量大幅度减少。集团公司各发电企业为应对困难局面，采取多

种措施，应对危机，2015 年发电量较 2014 年增加显著。2008—2015 年共计发电 297.45 亿千瓦时，平煤神马集团发电统计表见表 7-1-2。

表 7-1-2 2008—2015 年 平煤神马集团发电统计表

年 份	发电量(亿千瓦时)
2008	31.3
2009	44.09
2010	47.37
2011	40.71
2012	32.73
2013	35.49
2014	30.33
2015	35.43

二、义煤集团

(一) 义煤集团观音堂电厂

1994 年 6 月 18 日，义煤观音堂电厂一期工程 2×6 兆瓦项目破土动工，一号机组于 1995 年 12 月建成发电，二号机组于 1996 年 12 月 31 日并网发电。该电厂二期 1×12 兆瓦机组扩建工程于 2002 年 8 月正式开工建设，2003 年 10 月建成发电，观音堂电厂运行方式为四炉三机运行。由于观音堂电厂一号、二号、三号锅炉燃烧效率低，排烟污染严重，且运行中隐患较多，2007 年该电厂有 3 台锅炉停止运行，仅剩 1 台 12 兆瓦机组工作。

(二) 义煤集团跃进电厂

1995 年 12 月义煤集团跃进电厂一期工程 1×12 兆瓦机组开工建设，1998 年 12 月并网发电。二期工程 1×12 兆瓦于 2001 年 7 月开工建设，2002 年 3 月投产发电。跃进电厂运行方式为两炉两机运行。发电除供跃进煤矿使用外，其余部分输送到义煤集团三十里铺变电站，供常村煤矿、千秋煤矿使用。2002 年 4 月，义煤集团电力分公司挂牌成立，分公司所属观音堂、跃进 2 个坑口综合利用电厂总装机容量为 36 兆瓦，2003 年 10 月总装机容量达到 48 兆瓦。发电厂每年消耗矸石、煤泥和劣质煤 20 万吨以上，年产值近亿元，既弥补了生产用电缺口，电厂余热又可用于职工采暖，产生了良好的综合效益。

2004 年 4 月，义煤集团开工兴建跃进 2×50 兆瓦电厂，选用两台 240 吨/时循环流化床锅炉，配备两台 50 兆瓦抽凝式汽轮发电机组。2005 年 10 月第一台机组并网成功，2006 年 3 月第二台机组并网成功。电厂每年消耗煤泥、矸石、劣质煤约 60 万吨，灰渣可制成蒸压砖，蒸汽可供跃进、常村、千秋等单位工业及生活采暖。

(三) 义安电力公司

该公司是义煤集团与洛阳新安电力集团共同投资兴建的合资企业。2005 年 4 月 25 日成立，注册资本 10000 万元，出资比例为：义煤集团 50.5%，新电集团 49.5%。其建设规模为 2 台 440 吨/时煤粉锅炉，2 台 135 兆瓦凝汽式汽轮机，2 台 135 兆瓦发电机。义安电力公司扩建 4×135 兆瓦机组中的 2 台。发电用煤主要来源为义煤集团观音堂煤矿、石壕煤矿、华兴公司、新安煤矿等，所发电力 90%直供新安电力集团合金铝使用。

（四）义煤集团耿村瓦斯发电站

2006年8月9日，义煤集团开工兴建豫西第一个低浓度瓦斯发电站——耿村矿4×0.5兆瓦瓦斯发电站。同年12月，4台机组建成，创日发电3.8万千瓦时的最好成绩。12月15日，瓦斯发电厂余热供暖工程竣工送气，为煤矿职工公寓供暖2万平方米。该电厂的建设符合煤矿“以用促抽、以抽保用、抽采并举、抽采并用”的瓦斯治理措施要求，每年可以减少向大气排放有害气体380万立方米。该电厂4台机组日发电稳定在3.5万千瓦时左右，月发电稳定在100万千瓦时，是全国同类型瓦斯发电厂中效益最好的之一。

三、郑煤集团

（一）郑煤集团东风电厂

东风电厂是在报废的东风煤矿基础上转产而建的自备电厂。其一期2×25兆瓦工程于1993年12月28日建成并投产运行。二期2×25兆瓦工程于1998年5月动工，2001年9月竣工并投产运行。总装机容量达到100兆瓦，年发电8.4亿度。

（二）郑煤集团芦沟矸石热电厂

该电厂于1997年5月26日开工，装机容量2×6兆瓦，采用2台N6-3.14-1型打孔抽气汽轮机，设计年发电能力为7200万千瓦时，余热量采暖期20吨/时，非采暖期7吨/时。1999年7月24日1号机组调试发电，2000年10月1日正式并网发电，2002年1月正式运行，累计发电6.3亿千瓦时。2007年11月26日，根据国家节能减排政策，芦沟矸石热电厂正式关闭。

四、焦煤集团

（一）焦煤集团电冶分公司

电冶分公司于1989年10月16日正式破土动工。项目建设分3期进行施工，于1997年2月竣工投产后，具备“三炉四机”运行条件。电冶分公司总装机容量81兆瓦。该公司承担着焦作市中站区部分工业及民用供热。1991年7月，更名为焦作矿务局自备热电厂。1993年2月，更名为焦作矿务局热电厂。2001年3月，更名为焦煤集团电冶分公司。2009年9月—2012年8月，该公司先后两次对机组进行技术改造，技改后，锅炉蒸汽量扩容到150吨/时，锅炉由燃烧煤粉改为燃烧煤泥、煤矸石和劣质煤，每年可消耗煤泥40万吨、煤矸石25万吨，供汽量达130万吨。截至2015年年底，机组累计发电100.83亿度，供电90.49亿度，供汽227.39万吨，上缴利润2.68亿元。

（二）焦煤集团冯营电力公司

冯营电力公司于2005年建成投运，装机容量为2×50兆瓦。2013年4月，演马生产部（原演马电力）并入冯营电力公司，装机容量为1×25兆瓦。2004年12月1日第一台机组正式并网发电，2005年3月31日第二台机组并网一次成功，开始双机联合试运行，2005年4月两台机组转入试生产阶段。2006年9月22日，该公司被省发改委认定为省资源综合利用企业。2008年11月24日，公司被国家发改委认定为资源综合利用电厂。

（三）焦煤集团演马电厂

1991年4月演马电厂第一台机组通过试运，6月转入试生产，1992年3月第二台机组通过试运。1994年4月，该电厂被原省经贸委、省电力工业局认定为资源综合利用发电企业。1994年7月2台机组并网发电。1994年8月演马电厂与焦作市电业局签订上网协议，实现2台机组同时上网发电。2007年年底，按照国家关停燃煤小火电政策，焦煤集团关停了2×6兆瓦发电机组。

2001年9月18日，演马煤矸石电厂扩建1×25兆瓦机组开工建设。2002年10

月投入试运行并网发电。2003 年 7 月 29 日发电机组扩建工程通过竣工验收。2003 年 8 月，该电厂被认定为河南省资源综合利用企业，2005 年被省发改委继续认定为资源综合利用企业。2014 年 8 月，演马生产部机组实施脱硫脱硝除尘技术改造，达到了环保排放要求。1997 年该电厂被焦作市授予“花园式单位”称号，2002 年被焦作市委市政府授予“文明单位”称号，2003 年被中国煤炭加工利用协会评为“煤矸石综合利用先进单位”。

（四）焦煤集团煤层气开发利用有限公司

2006 年，为响应国家节能减排政策，发展循环经济，焦煤集团组织人员分别到山西、安徽等地进行新型能源利用的项目考察，结合生产矿井的实际情况，认真分析论证后，形成书面报告送上级部门进行审批。2006 年 11 月，瓦斯发电新型能源利用项目立项，一批瓦斯发电站相继建成发电。2008 年 8 月 8 日，焦作煤业（集团）煤层气开发利用有限公司成立，注册资金 6000 万元。2009 年年底，该公司通过股权转让，成为焦煤集团的全资子公司，隶属焦煤集团供电处全权管理，主要业务是低浓度瓦斯发电。截至 2015 年年底，建成罗庄、演马西、演马东、九里山南、九里山西、位村、古汉山等 7 座瓦斯发电站，安装发电机组 42 台，装机容量达到 23.2 兆瓦，累计发电量达到 3.5 亿千瓦时，供电量达到 3.3 亿千瓦时。1992—2015 年发电和供电量详见表 7-1-3。

表 7-1-3　1992—2015 年焦煤集团发电企业供电和发电量统计表　　万千瓦时

年份	冯营电力公司		演马生产部		电冶公司		煤层气	
	发电量	供电量	发电量	供电量	发电量	供电量	发电量	供电量
1992			1792	1453	12841	11428		
1993			3623	3000	19470	17328		
1994			5685	4857	27653	24611		
1995			8804	7521	41598	37014		
1996			8797	7487	54777	48880		
1997			8722	7463	48963	43919		
1998			7276	6081	36669	32840		
1999			8644	7309	38469	34723		
2000			9863	8422	40063	36080		
2001			10247	8662	49889	45291		
2002			12506	10691	44610	40242		
2003			28826	25241	50657	45841		
2004			28042	24274	55588	49921		
2005	80888	73012	20966	18155	42902	38541		
2006	95268	85729	20709	17807	32279	28998		
2007	97437	87602	21518	18480	43508	39438	997.6	947.15
2008	96747	87223	21122	18490	42774	38910	2258.31	2125.12
2009	100195	90596	20452	18117	34738	31350	3334.18	3192.97
2010	100730	91225	20457	17798	36137	32473	4115.54	3932.41

表 7-1-3(续)　　万千瓦时

年份	冯营电力公司		演马生产部		电冶公司		煤层气	
	发电量	供电量	发电量	供电量	发电量	供电量	发电量	供电量
2011	98086	88332	21150	18483	38038	33798	4998.64	4770.85
2012	97461	88270	21268	18546	51863	46339	5947.63	5682.76
2013	96698	87791	20423	17859	58858	52579	5620.04	5357.59
2014	94593	85441	19262	16746	54781	48777	3678.29	3504.15
2015	94951	85417	17161	14895	51199	45555	4189.94	3984.06
合计	1053054	950638	367315	317837	1008324	904876	35140.17	33497.06

五、鹤煤集团

(一) 鹤壁煤电股份有限公司电厂

该电厂是企业所属自备保安电厂。1996年8月,该电厂投资3100万元兴建了一台130吨煤粉炉,1998年11月2日投产使用。2001年,该电厂完成2#机组技改工程,将一期一台6千瓦纯凝汽机组改为一台1.2万千瓦抽气供热机组,实现热电联产。2000年12月,鹤壁矿务局电厂实施股份制改造,改制后为鹤壁煤电股份有限公司。2010年年底,根据国家环保治理规定,该电厂全部关停。

(二) 鹤壁煤电股份有限公司热电厂

该电厂是国家第三批重点技术改造"双高一优"项目。2004年9月经国家发改委核准批复,项目概算总投资13.54亿元,是鹤壁市作为国家首批循环经济试点城市迄今最大的循环经济项目,并被列入省、市重点工程。鹤煤热电厂总装机容量为2×13.5万千瓦。2005年6月28日该项目正式开工建设,2007年6月29日进入商业化运营。

(三) 鹤煤集团煤层气发电

2004年,鹤煤集团四矿率先在全省安装投运2×500千瓦煤层气发电机组,每天每台机组需25%~33%纯煤层气4000立方米,发电量为0.96万千瓦时。该项目既有效利用了废气,降低了大气污染,又节约了资源。截至2007年年底,鹤煤集团已经安装10台500千瓦电机组,年发电量3500万千瓦时,有效利用煤层气1150多万立方米。2015年,鹤煤公司瓦斯抽采量达8893.35万立方米,利用量3024.96万立方米;共36台机组,其中500千瓦的14台、600千瓦的16台,年发电量4439万千瓦时。

六、永煤集团

(一) 永煤公司热电厂

该电厂是永煤公司自备电厂,总装机4×25兆瓦,额定发电功率100兆瓦,最大发电功率110兆瓦。1#、2#机组分别于1992年、1998年建成投产,3#、4#机组2004年建成投产。电厂以本矿区煤泥和煤矸石为主要原料(占总燃料80%以上),每年可消耗煤泥40万吨、矸石40万吨。灰渣全部用于水泥生产,实现热、电、冷三联产,"高压变频""一炉两用"、新型流化床等新技术、除氧乏汽回收、凝结器在线清洗等先进技术得到广泛应用。

(二) 商丘裕东发电有限责任公司

1996年经国家计委批复,该电厂开始建设一座容量4×300兆瓦电厂,一期工程为2×300兆瓦。永城煤电(集团)有限责任公司、河南省电力公司、河南省建设投资公司、商丘地区经济技术开发公司共同出资,组建了永城煤电控股集团有限公司。该公司于1996年9月16日在商丘市注册成立。2004年8月和2005年1月,2台机组相继投运成功。截至2015年6月底，累计发电336.11亿度。

七、神火集团

（一）神火铝电公司发电一厂

该电厂装机容量230兆瓦，其中1#、2#机组为2×55兆瓦，3#、4#机组为2×60兆瓦。1#、2#机组于1997年4月1日开工建设，并分别于1999年9月30日、2000年9月20日并网发电。3#、4#机组于2003年2月26日开工建设，并分别于2004年6月23日、2005年8月3日并网发电。根据国家有关火电机组“上大压小”政策，1#、2#机组于2007年12月21日、23日分别关停，3#、4#机组于2008年10月23日、24日分别关停。

（二）神火铝电公司发电二厂

该电厂装机容量870兆瓦，其中1#、2#机组为2×135兆瓦，3#机组为1×600兆瓦。1#机组于2002年12月26日开工建设，2004年9月1日并网发电。2#机组于2004年11月开工建设，2007年3月8日并网发电。3#机组于2009年6月26日奠基，2012年10月28日600兆瓦机组发电并网成功。该机组为1×600兆瓦超临界燃煤机组，是神火集团积极响应国家“上大压小、节能减排”号召而实施的一项具有深远战略意义的重点建设工程，被列入河南省和商丘市重点建设项目。该机组属大容量、高参数、高效率机组，处于国内同类型机组领先水平，每年单机发电量可达到42亿千瓦时，设计供电标煤耗约为310克/千瓦时，所用燃料全部为神火集团洗中块煤、煤泥等低热值煤炭，提高了能源利用效率，减轻区域电网负荷压力，推动地方经济发展。

第二节 煤 化 工

河南省煤化工起步于20世纪90年代末，前期发展较快，产值、产能的总量也较大，目前在国内排名第四。河南省的煤化工是以甲醇等初级产品为主，产品定位于低端，随着煤化工技术的发展，一批大型甲醇装置相继建设并投入运行。原料结构有煤炭、天然气、焦炉煤气、煤及天然气混合等五类生产装置，以煤炭为原料生产甲醇的生产装置占原料结构的86.3%。全省甲醇产能主要分布于河南省的北部和中南部。作为甲醇的产业延伸，一批以煤或甲醇为原料的煤化工产品如二甲醚、醋酸、乙二醇、1,4-丁二醇、烯烃、聚甲醛等相继在河南省投入生产，构成了河南现代煤化工的雏形，并涌现出河南能源化工集团、中国平煤神马集团等在国内具有一定影响力的煤化工集团。

一、河南能源

煤化工板块是河南能源化工集团重点打造的核心支柱产业之一。截至2015年年底，化工产业资产总额为745.21亿元，占集团公司资产总额的27.12%；拥有员工2.4万人，其中中高级职称技术人员2000多人。

河南能源化工集团自2008年12月重组成立以后，在化工板块基本建设的投入占集团总投入的60%以上。集团拥有世界领先水平的煤制乙二醇、三聚氰胺泡绵、甲醇蛋白等产品技术，熟练掌握壳牌、航天、五环等大型粉煤加压气化和鲁奇、U-GAS碎煤加压气化生产技术。2010年以后，河南能源化工产业以高端煤化工、新材料和精细化工为发展方向，不断优化、完善化工产业链条，与集团内部煤炭、装备、有色板块深度融合，倾力打造技术领先、资源配置合理、能源梯级应用的现代化工高科技工业体系，努力成为河南能源新的利润增长点。

（一）企业股权结构

截至2015年年底，河南能化集团化工板块拥有35家主要化工企业，分布在河南省内的11个省辖市和安徽、新疆、贵州、青海等省或自治区。化工产业所属成员企业中,各企业股权结构均以集团公司及其区域公司国有控(参)股为主。

(二) 化工板块财务

截至2015年年底,化工板块的资产总额745亿元、营业收入242亿元、利润负12亿元。2015年正常生产运营的有20家,盈利的有2家,其他18家企业由于产品的市场价格大幅下滑等原因处于亏损状态。2015年由于狠抓挖潜增效、提升装置运行质量等因素,同比减亏3.35亿元,减幅21.34%。2011—2015年河南能源化工板块财务指标完成情况见表7-1-4。

表7-1-4 2011—2015年河南能源化工板块财务指标完成情况表

项目	2012年	2013年	2014年	2015年
资产(亿元)	442.74	559.84	588.87	614
负债(亿元)	386.32	479.8	509.79	651
营业收入(亿元)	189.38	245.85	238.36	242
利润(亿元)	−15.1	−12.15	−15.7	−12
化工板块资产占集团总资产比例(%)	22.17	20.78	21.43	27.12
化工板块收入占集团总收入比例(%)	10.48	11.18	11.66	15.11

(三) 化工板块业务

河南能源化工产业主要以大宗基础化工产品为主,如甲醇、尿素占集团化工产品总产能的86.3%、总产值的58%,材料化工产品主要有聚甲醛、聚四氢呋喃、聚对苯二甲酸乙二醇酯、对苯二甲酸丁二醇酯、碳纤维、环氧树脂等,占化工产品总产能的2%。

1. 主要产品

河南能源化工板块共有产品90种,其中主要产品有18种,分别为甲醇、尿素、烧碱、二甲醚、醋酸、乙二醇、1,4-丁二醇、聚甲醛、三聚氰胺和煤制天然气。2015年河南能源化工集团主要产品产能情况见表7-1-5。2012—2015年河南能源化工集团主要产品产销情况见表7-1-6。

表7-1-5 2015年河南能源化工集团主要化工产品产能表

序号	主要产品名称	产能(万吨/年)	2015年产量(万吨)	备 注
1	甲醇	285	215.08	产量低情况说明:① 部分生产甲醇的合成气用于生产乙二醇;② 部分装置产能未发挥,如鹤煤化工、综能公司、中新化工
2	尿素(实物量)	135	107.61	① 安化公司两套合成氨尿素装置,根据测算,2015年单套装置运行;② 三星化工根据市场行情调整产品结构,增加液氨外售,尿素产量下降
3	二甲醚	70	69.78	
4	烧碱	40	30.39	
5	醋酸	60	17.84	其中,龙宇煤化工二期40万吨醋酸项目处于基建期
6	乙二醇	100	18.84	① 永城、洛阳永金处于基建期;② 新乡永金2015年全年停车状态

表 7-1-5(续)

序号	主要产品名称	产能(万吨/年)	2015 年产量(万吨)	备　注
7	1,4-丁二醇	19	21.72	
8	聚甲醛	4	4.17	
9	三聚氰胺	5.4	4.44	中原大化公司因天然气供应问题,影响产量
10	甲胺	15	13.2	
11	聚四氢呋喃	6	1.14	
12	PTA	30	14.17	
13	PBT	10	0	
14	DMF	15	9.26	
15	焦炭	240	27.9	康威焦化 60 万吨/年焦炭处于基建期,众泰煤焦化 130 万吨/年焦炭扩建项目处于基建期
16	工业盐	100	0	成本倒挂,处于停车状态
17	环氯/环氧	3/4		
18	天然气	2.33 亿方	1.4 亿方	

表 7-1-6　2012—2015 年河南能源化工集团主要产品产销情况表

项目	2012 年					2013 年					2014 年					2015 年				
	产能(万吨)	产量(万吨)	销量(元)	售价(元)	单位成本(元)	产能(万吨)	产量(万吨)	销量(元)	售价(元)	单位成本(元)	产能(万吨)	产量(万吨)	销量(元)	售价(元)	单位成本(元)	产能(万吨)	产量(万吨)	销量(元)	售价(元)	单位成本(元)
甲醇	155	133	54	2282	2671	195	172	105	2155	2239	195	180	99	2054	1888	285	215	75	1699	1606
尿素	135	144	140	2126	1881	135	142	133	1807	1687	135	110	105	1543	1568	135	107.6	98	1631	1519
烧碱	40	23	22	2505	2018	40	28	28	1791	1730	30	31	30	1622	1662	40	30.4	30	1591	1613
二甲醚	50	50	50	3612	3428	70	68	68	3438	3214	70	75	74	3242	2888	70	70	70	2715	2333
1,4-丁二醇	—	—	—	—	—	19	18	18	11694	8955	19	21	21	9705	8167	19	21.7	19.5	7664	7406

说明:单位成本为制造成本,包括材料费、燃料费、职工薪酬、折旧费和其他支出。

2. 副产品和小产品

河南能源化工板块中的副产品和小产品共有 80 余种。

(1) 精细化工产品。2 万吨聚氯乙烯,3000 吨丁二酸酐装置,碳纤维公司 T300 碳纤维和 T700 碳纤维装置。

(2) 焦化企业的部分小、副产品。2 万吨煤焦油产能和 1 万吨粗苯产能。

(3) 空分装置产生的气体副产品。化工板块中多家企业均有空分装置,空分系统分离的富裕气体(如液氧、液氩、液氮等),是重要的副产品来源,此类副产品产量较大的单位有龙宇煤化工、中原大化、鹤壁煤化工、义马气化厂、开祥化工、综能公司等甲醇产能较大的企业。

(4) 硫回收装置回收的硫黄。回收的硫元素主要来自于低温甲醇洗装置酸性气体中的硫化氢,硫黄回收量较大的单位有龙宇煤化工、中原大化、义马气化厂和开祥化工。

(5) 盐化工衍生产品。包括焦煤开元化工的 4 万吨环氧树脂和 3 万吨环氧氯丙烷装置，3 家盐化工企业永银化工、开元化工和贵州金宏的共计 10 万吨盐酸产能、22.5 万吨液氯产能和 10 万吨聚氯乙烯产能。

(6) 其他特色小产品。包括永煤玉米淀粉玉米蛋白粉和脂肪醇，义煤公司甲醇蛋白，豫北公司保险粉、α-亚麻酸、利诺香皂、编织袋和水处理剂，中原大化公司三聚氰胺和绿宇泡绵，银鸽公司包装纸、生活纸、特种纸和竹浆纸。

（四）化工产业布局

河南能源以国家产业政策、国内外市场需求和高新技术发展为导向，按照规模化发展、基地化布局、园区化集聚、循环化利用的模式，从新能源、新材料、高附加值产品三大方向着手，做大做强化工产业，煤制乙二醇、碳纤维、聚酯等产品业务初具规模，拥有世界首创、国际领先、具有自主知识产权的煤制乙二醇核心技术及蛋白产品、酶制剂专利技术。截至 2015 年河南化工产业已逐步形成 4 条主要产业链：

一是煤炭—甲醇—二甲醚(醇醚燃料)、醋酸、聚甲醛；

二是煤炭—乙二醇—聚酯；

三是煤炭—甲醇—1，4-丁二醇—聚四氢呋喃、聚对苯二甲酸丁二醇酯；

四是煤、天然气—合成氨—尿素、硝铵—复合肥。

对已有产品进行整合，延伸上述产业链条，着力发展聚酯产业、材料深加工、精细化工等行业，河南省整体化工产业布局已经形成了豫西(洛阳、义马)工业园、郑汴(郑州、开封)材料加工园区、豫北(鹤壁、安阳)精细化工园区、濮阳工业气体综合园区、豫东(永城、涡阳、商丘)综合园区、新疆煤化工园区等 6 个工业园。

（五）重点化工企业

河南能源集团化工板块的重点企业有河南省煤气(集团)有限责任公司(简称“煤气化公司”)、河南开祥(天源/精细)化工有限公司、义马集团综能公司、河南龙宇煤化工有限公司、濮阳龙宇化工有限责任公司、开封龙宇化工有限公司、安徽三星化工有限责任公司、河南永骏化工有限公司、河南省煤层气开发利用限公司(简称煤层气公司)等 9 家企业。

二、中国平煤神马集团

中国平煤神马集团坚持“以煤为本、相关多元”的发展战略，立足集团资源优势，不断延伸和完善煤基焦化产业链，实现了由单一产品竞争向全产业链竞争的转变，打造了氢气、LNG、硅烷、石墨电极等多条资源优势和竞争优势突出的煤基特色产业产品链，氢气、精苯为尼龙产业提供了原材料，煤焦油、针状焦是生产炭素的原料，氢气合成高纯度硅烷供应电子光伏产业为原料，形成了以煤为本、以焦促化、焦化并举的产业发展格局。2015 年，该集团焦化产业资产总额 283 亿元，在册职工 1.1 万余人，拥有焦炭产能 1600 万吨/年，煤焦油深加工能力 30 万吨/年、甲醇 20 万吨/年、二甲醚 20 万吨/年、液氨 5 万吨/年、粗苯 10 万吨/年、硫铵 10 万吨/年、工业萘 1.5 万吨/年、针状焦 4 万吨/年、氢气 5 亿立方米/年、液化天然气 1 亿立方米/年，此外生产超高功率石墨电极 2.2 万吨/年。2015 年，焦炭产量完成 1420 万吨，其中平顶山本部焦炭产量 616 万吨。其营业收入 553.7 亿元，超过集团营业总收入总额的 1/3。

2013 年 5 月，平煤神马集团焦化事业部成立，对集团焦化产业实行专业化管理，发挥服务、协调、管理和监督作用。焦化板块所属成员单位 10 个，分布于平顶山、许昌、开封和湖北等地区，涉及焦化、炭素以及新材料 3 个产业。其中，焦化企业 7 个(天宏焦化、首山焦化、中鸿煤化、京宝焦化、朝川焦化、平武焦化、平鄂焦化)，炭素企业 1

个(开封炭素公司),新材料企业1个(开炭新材),统一销售企业1个(焦化公司)。

(一) 产业格局

该集团通过不断延长产业链条,发挥产业协同作用,打造全产业链竞争优势,形成煤、焦、尼龙产业互补和多元发展的格局,推动煤炭资源由传统燃料向化工原料产品的转变。

1. 煤基炭素产业链

原煤—粗煤气—煤焦油—煤沥青—针状焦—超高功率石墨电极。平煤神马集团通过对炼焦过程中提取的煤焦油进行深加工,生产出洗油、蒽油、工业萘等20余种高附加值精细化工产品,其中工业萘可以作为集团所属世界最大糖精企业——开封兴化精细化工公司的生产原料,高温煤焦油馏分加氢改质生产精制洗油,可作为洁净燃料组分使用。用焦油沥青生产出高品质的针状焦,实现了石墨电极原料的国产化,进一步巩固了开封炭素公司作为世界一流炭素生产基地的地位,有力地支持了炭素企业的发展。

2. 煤基尼龙产业链

原煤—粗煤气—氢气(苯)—尼龙66盐—帘子布。2011年,该集团从首山焦化铺设16千米输气管道,把从焦炉气中制成的氢气直接输送到集团尼龙化工公司生产66盐,完成全球最完整的煤基尼龙化工产业链。用焦炉煤气制氢替代三级冶金焦制氢,直接成本降低了30%。集中利用集团粗苯资源,加氢精制精苯10万吨,满足了集团尼龙化工公司生产66盐的需要,使整个产业链资源得到充分利用。2015年,焦炉煤气制氢气输送能力达5亿立方米。

3. 煤基化产品链

在扎实做好传统焦化产品的基础上,该集团树立"以焦促化、焦化并举"的发展理念,加快培育现代煤化工产业产品体系,以行业领先的新技术、新工艺和新装备,引领产品创新和资源高效循环利用,形成了多条特色煤基化产品链。如:原煤—粗煤气—液化天然气;原煤—粗煤气—甲醇—二甲醚;原煤—粗煤气—甲醇—甲醇池放气—合成氨;原煤—焦炭—焦炉煤气—氢气—硅烷的高端煤基化工产业链。2013年,尽管全国经济开始下行,但是平煤神马集团凭借完整的化工产业链,在市场企业竞争中优势突出,处于较为有利的竞争地位。

4. 煤基节能产品链

利用合同能源管理模式,集团推进干熄焦项目建设,形成原煤—干熄焦—余热—发电产品链,变环保负担为新的效益增长点。2013年,中鸿煤化公司和首山焦化公司的干熄焦项目成功运行。2016年,京宝焦化公司和朝川焦化公司干熄焦项目分别于同年6月和10月试车,集团焦化企业实现了干熄焦生产全覆盖。

(二) 主要成果

截至2015年年末,中国平煤神马集团焦化板块资产总额为282.91亿元,较2010年增加151.46亿元,增长了115%;实现营业收入553.7亿元,较2010年增加238.89亿元,增长了76%;焦炭产量完成1420万吨,较2010年增加485万吨,增长了52%。2015年,焦炭板块产能利用率95%,高出行业平均水平25个百分点。焦化板块直接消化集团精煤671万吨,采购集团原煤469万吨,间接转化精煤217万吨,两项合计占集团精煤产量的87%。2010—2015年平煤神马集团焦化板块主要经营指标完成情况如表7-1-7。

平煤神马集团煤焦化板块主要产品(业务)量完成情况如表7-1-8所示。

表7-1-7 2010—2015年平煤神马集团煤焦化板块主要经营指标完成情况表 万元

序号	指标名称	2010年	2011年	2012年	2013年	2014年	2015年
一	营业收入						
	煤焦化工产业	3148108	3770659	4177694	5085413	4874270	5536999
	天宏焦化	447852	391800	314185	274432	310827	245897
	首山焦化	313153	375825	451290	764979	389975	932410
	中鸿煤化	143816	451433	721732	1185098	1439962	1509856
	京宝焦化				238300	398176	561071
	朝川焦化	171737	172473	514272	506383	483518	680153
	平武焦化	1368984	1641798	1475116	1250198	1060318	860060
	平鄂焦化				259493	246743	190400
	开封炭素	86787	112532	120951	169194	161773	168321
	开炭新材					61981	80583
	焦化销售公司	615779	624798	580148	437336	320999	308249
二	利润总额						
	煤焦化工产业	234	−11812.25	281	17287.75	25786	−11242
	天宏焦化	−13929	−26400	−13767	−9978	−7475	−14469
	首山焦化	3732	1488.75	84	7791.75	15044	13148
	中鸿煤化	−5751	3621	247	7974	4358	6097
	京宝焦化				3030	8096	6128
	朝川焦化	1335	−1655	62	5611	3807	4453
	平武焦化	10181	4678	4597	43	−818	−27922
	平鄂焦化				10	4	−2013
	开封炭素	1575	58	3039	1822	257	−185
	开炭新材					112	1016
	焦化销售公司	3091	6397	6019	984	2401	2505
三	资产总额						
	煤焦化工产业	1314546	1573699	2017594	2664857	2890636	2829111
	天宏焦化	136991	110016	112767	107685	139904	132578
	首山焦化	198138	243750	272423	300919	366305	406669
	中鸿煤化	169409	278554	392406	464615	559311	383988
	京宝焦化				185687	273048	297693
	朝川焦化	78996	96731	162995	209058	258752	325331
	平武焦化	513569	605033	834606	898242	745096	690764
	平鄂焦化				180556	204919	223392
	开封炭素	167640	190222	206659	268300	252290	262455
	开炭新材					18476	39403
	焦化销售公司	49803	49393	35738	49795	72535	66839

表7-1-8　2010—2015年平煤神马集团煤焦化板块主要产品(业务)量完成情况表

序号	产品(业务)名称	计量单位	2010年	2011年	2012年	2013年	2014年	2015年
1	焦炭	万吨	935	1111	1052	1233	1462	1420
2	焦油加工	万吨					11.34	13.15
3	超高功率石墨电极	万吨	2.57	2.63	2.73	2.4	2.0	2.24

三、郑煤集团

（一）郑煤颍青化工公司

该公司原为临颍县化肥厂，2003年改制为民营企业。2007年1月与郑煤集团签订合作协议，2007年4月8日正式挂牌运作。其主要装置能力为：年产18万吨液氨、22万吨尿素、6万吨甲醇，产能在全省18家尿素企业排行中列第七位。该公司年销售收入4.5亿元，曾荣获漯河市工业十强、2008年漯河市工业企业高成长一等奖、2006年临颍县特殊贡献企业等荣誉称号。2012年3月根据行业政策停产。

（二）郑煤集团商丘中亚化工有限公司

该公司简称“中亚化工”。2008年6月5日，郑煤集团与商丘中原腾达贸易公司签署醇醚项目合作意向书。2009年8月6日，签订正式合作协议，由郑煤集团出资51%、商丘中原腾达公司出资34%、商丘三和化工公司出资15%，组建新的股份公司。公司主导产品为12万吨/年(2×6万吨/年)脂肪醇聚氧乙烯醚及6万吨/年环氧乙烷。该项目于2009年10月开工建设，一期工程总投资12.75亿元，为河南省“8511工程”，填补了河南省有机化工产业的空白，公司也成为河南省首家环氧乙烷生产企业。2011年7月，中原腾达将34%股份转让给商丘三和实业投资公司，股东变更为郑煤集团、三和实业、三和化工3家。2014年3月，三和实业公司34%股份转让给郑煤集团，变更后为郑煤集团持股85%、三和化工持股15%。2013年10月—2014年1月，中亚化工试车成功。由于资金问题，2014年1月底停产。

第三节　盐化工与尼龙化工

一、盐化工

（一）平煤集团煤盐联合化工园

2005年，平煤集团为优化产品结构、提高资源利用效率、培育集团新的经济增长点、实现可持续发展，经多次调研，结合平顶山市政府提出的建设中国中部化工城的要求，编制了《平煤集团煤盐联合化工园总体规划》，决定在平顶山市叶县东及沙河南建设平煤集团煤盐联合化工园。2005年8月，集团成立煤基联合化工产业园筹建处，委托石油和化学工业规划院承担《平煤集团煤盐联合化工园总体规划》设计任务。

2005年10月，平煤集团与开封市政府签订协议，整体收购了开封东大化工集团和开封兴化精细化工厂，迈出了盐化工行业发展步伐。

2007年10月，煤盐联合化工产业园，一期60万吨制盐项目于年底正式投产，二期项目筹备工作开始。为确保项目建成后的正常规范运营，设立了平煤集团独资的“平煤集团联合盐化有限责任公司”。公司注册资本2亿元。

2008年4月，随着集团管理体制改革，平煤集团成立了平煤集团化工事业部，主要负责化工产业的经营管理、规划发展、安全生产、人力资源以及财务管理，以协调、服务、监督、指导为主，统一研究产业政策，统一优化各种资源的配置、板块的发展规划等。8月，平煤集团对煤盐联合化工产业园进行了拆分，一部分人员并入联合盐化公司，一部分人员并入化工事业部，以煤盐联合化工产业园电石项目部人员为班底成立了汝州电化有限公司，负责45万吨电石项目的建设，项目于2010年年底基本建成。

2008年12月9日，平煤集团和神马集团合并，原神马集团所属的神马氯碱股份化工公司、神马新乡正华化工公司、神马盐业公司一并纳入化工事业部统一管理。2008年12月29日，集团重新启动原神马集团双30万吨氯碱项目。烧碱线于2010年6月份建成，聚氯乙烯线于2010年12月完工进入试运行阶段，集团盐化工规模进一步壮大。

2009年5月，停产一年多的神马新乡正华化工有限公司恢复生产。神马新乡正华化工有限公司主要产品的年产能为烧碱2.7万吨、聚氯乙烯2.8万吨。为改变该公司规模小、效益差的局面，2010年12月该公司动工建设3.5万吨钾碱项目，2011年11月投产。

2009年11月，平煤神马集团与开封市人民政府签署了在开封市精细化工产业集聚区建设光气化产业园的合作协议。集团出资4000万元购买开封市农药厂现有土地、设备、生产许可证等有效资产，以及开封市友联公司的资产。集团委托开封精细化工厂出资，配合开封市政府做好光气化产业园区规划建设及相关工作。

2011年，集团成立华瑞新材料有限公司，光气项目从精细化工厂剥离出来，开工建设，主导产品有十八酰氯等。

为了将集团的资源优势、产业链优势转化为煤盐化工行业竞争优势，平煤神马集团于2012年4月17日召开专题会议研究决定，启动瑞平电厂、汝州电化公司和氯碱发展公司的电—电石—聚氯乙烯“三位一体”模式运行，成立“三位一体”综合协调领导小组，负责协调“三位一体”日常运行管理，确保生产检修统一调度、结算价格统一协调、内部资源统一调配、物流运输统一管理“四统一”，实现三方共赢。

2013年5月，集团对化工公司进行了拆分，成立化工事业部，负责管理盐化工、精细化工和电厂；成立焦化事业部负责焦化企业管理。

2014年6月30日，神马氯碱股份化工公司全面停产，搬迁至叶县化工产业园区。搬迁后不再建设聚氯乙烯生产线。

2015年12月24日，因5万吨钾碱项目环保许可证办理未果，神马新乡正华化工公司被新乡市拉闸停产。

依据平顶山发展氯碱工业的优势，集团已把氯碱产业确定为重点发展的主业。截至2015年，通过兼并重组和新建，盐化板块建成项目9个，主要项目如下。

（1）开封东大15万吨离子膜烧碱改扩建工程。该项目建设内容年产10万吨烧碱、2万吨氯乙酸、1万吨AC发泡剂，建设地点开封鼓楼区、开封东大院内，建设期限2006年6月—2008年3月。主要产品及产能为年产10万吨烧碱、2万吨氯乙酸、1万吨AC发泡剂，概算总投资33675.54万元，实际完成投资36893.19万元。

（2）开封东大氯化亚砜、安全环保技改项目。该项目建设年产1万吨氯化亚砜、5万吨离子膜烧碱节能改造、2.5万吨氯乙酸，建设地点开封鼓楼区、开封东大院内，建设期限2008年10月—2012年7月。主要产品及产能为年产氯化亚砜1万吨、离子膜烧碱5万吨、氯乙酸2.5万吨，概算总投资28769.71万元，实际完成投资28769.71万元。

（3）开封华瑞20000吨光气及光气化产品项目。该项目建设内容20000吨光气及光气化产品项目相关的厂房、仓库、设备、电气、仪表及公用工程等，建设地点开封市禹王台区精细化工产业园区、华瑞化工新材料股份有限公司内，建设期限 2011 年 3 月—2014 年 12 月。主要产品及产能 20000 吨光气、十八酰氯、光气精细化产品（农药、工程塑料等中间体），概算总投资 13260.26 万元，实际完成投资 13260.26 万元。

（4）开封华瑞 5000 吨/年甲基硫菌灵和 3000 吨/年敌草隆项目。建设内容甲基硫菌灵、敌草隆相关的厂房、仓库、设备、电气、仪表及公用工程等，建设地点开封市禹王台区精细化工产业园区、华瑞化工新材料股份有限公司内，建设期限 2012 年 6 月—2014 年 12 月。主要产品及产能为 5000 吨/年甲基硫菌灵和 3000 吨/年敌草隆，概算总投资 10719.96 万元，实际完成投资 10719.96 万元。

（5）氯碱发展年产 30 万吨离子膜烧碱及 30 万吨聚氯乙烯树脂项目。建设地点平顶山高新区，神马大道北侧、开发路西侧湛河以南，建设期限 2004 年 8 月—2009 年 12 月，主要产品及产能离子膜烧碱年产 30 万吨、聚氯乙烯树脂年产 30 万吨，概算总投资 275200 万元，实际完成投资 230940.06 万元。

（6）开封兴化 5000 吨/年糖精钠技改项目。建设内容 5000 吨/年糖精钠的生产及辅助车间、符合 GMP 标准（良好操作规范）的成品车间、自动化包装线及道路、循环水池等配套设施。建设地点开封市禹王台区精细化工产业园区，建设期限 2009 年 6 月—2010 年 6 月。主要产品及产能为糖精钠产能 0.99 万吨/年，概算总投资 27000 万元，实际完成投资 26097 万元。

（7）新乡正华 5 万吨/年离子膜钾碱技改项目。建设内容为一次盐水、二次盐水工序，电解工序，纯水工序，蒸发工序，主控楼，成品罐区及其他公用工程，其他工程。建设地点新乡市凤泉区，建设期限 2011 年 12 月—2012 年 10 月。主要产品及产能为氢氧化钾 5 万吨/年、液氯 2 万吨/年、高纯盐酸 2 万吨/年，概算总投资 14300 万元，实际完成投资 15380 万元。

（8）联合盐化 60 万吨/年真空制盐二期项目。建设内容制盐主厂房、盐仓、输盐栈桥、冷却塔、卤井等建（构）筑物，及综合办公楼、职工食堂等配套辅助设施。建设地点平顶山叶县（联合盐化公司制盐厂区院内），建设期限 2008 年 4 月—2009 年 7 月。主要产品及产能是工业盐 60 万吨/年，概算总投资 25022.31 万元，实际完成投资 25022.31 万元。

（9）联合盐化 120 万吨真空制盐配套热电联产项目。建设内容为循环流化床锅炉配套汽轮机发电机组、主厂房、输煤系统、除尘设施及必要的附属生产设施和生活福利工程等，2×130 吨/时循环流化床锅炉，2×12 兆瓦背压发电机组。建设地点平顶山叶县（联合盐化公司制盐厂区院内），建设期限 2009 年 8 月—2012 年 7 月，概算总投资 21109 万元。

（二）河南能源

河南能源盐化工产品生产，主要有河南永龙化工有限公司、河南永银化工实业有限公司、贵州金宏化工有限责任公司、焦煤煤业（集团）开元化工有限责任公司（简称开元化工）、焦煤集团王封冶化有限责任公司等 5 家企业。

（1）河南永龙化工有限公司。该公司是河南能源化工集团永煤公司的子公司。公司地址位于河南濮阳化工产业集聚区石化路西段，占地 420 亩，年产真空工业盐 100 万吨，固定资产投资 5.4 亿元，员工 200 余人，2015 年处于停产状态。

（2）河南永银化工实业有限公司。该公司是河南能源化工集团永煤公司的子公司。公司地址位于漯河舞阳县城珠海路中段，占地面积 420000 平方，有职工 427 人，其中专业技术人员 27 人，下设氯碱、热电、电仪、公用工程4个分厂。公司始建于2008年，装备零极距离子膜电解槽4台，设计年产烧碱10万吨、液氯8万吨。热电厂发电装机容量为9000千瓦（2×1500千瓦+1×6000千瓦），有锅炉5台总容量160吨/时，至2015年各项装置运行平稳。

（3）贵州金宏化工有限责任公司。该公司是河南能源化工集团永煤公司的全资子公司。2004年8月12日公司在贵州省安龙县注册登记成立，是以生产聚氯乙烯和烧碱为主的氯碱化工企业。2008年1月22日股东会决议将金宏公司整体改制，成立贵州金宏化工股份有限公司，注册资本3.5亿元。公司占地面积530亩，产能规模包括10万吨/年烧碱工艺装置、12万吨/年聚氯乙烯工艺装置、12000千瓦热电联产装置，2015年停产。

（4）焦作煤业（集团）开元化工有限责任公司。该公司是河南能源化工集团焦煤公司的控股子公司。公司于2009年10月成立，注册资金3.5亿元，由焦煤集团和王封冶化共同出资组建。其中，焦煤集团占90%，王封冶化占10%。20万吨/年离子膜烧碱项目是焦煤集团王封冶化原化学分公司搬迁建设项目，厂址位于焦作市西部工业集聚区纬二路新材料产业园内，占地743亩，有员工733人。投资14.48亿元，其中离子膜烧碱、三氯氢硅8.3亿元，环氧、环氯6.5亿元。公司产能：20万吨/年离子膜烧碱、2万吨/年三氯氢硅、3万吨/年环氧氯丙烷、4万吨/年环氧树脂。

该公司20万吨/年离子膜烧碱项目于2010年1月正式开工建设，2011年8月建成，通过河南煤化、省安监局、省环保厅等上级部门的试生产前验收工作和消缺工作，获取同意试生产批复，2012年投入生产后运行稳定。电解装置采用先进的高电流密度自然循环复极式膜极距离子膜电解槽，具有单槽生产能力大、直流电耗低等优点；氯气液化采用中压液化工艺，具有安全节能、运行可靠等特点。

三氯氢硅采用2011年国内自动化程度最高的单台能力1万吨/年大型合成炉，质量可达99.999%，是国内高品质三氯氢硅生产装置。

环氧氯丙烷项目是与20万吨/年离子膜烧碱项目配套的氯平衡项目，位于离子膜烧碱装置西北部，投资76843万元。2012年1月开工建设，2013年6月竣工，2015年6月投料试车。环氧氯丙烷采用世界先进的甘油法生产工艺，与离子膜烧碱项目形成循环经济产业链，使企业产品结构更加合理，企业效益更加突出，可有效增强企业的抗市场风险能力。

（5）焦煤集团王封冶化有限责任公司。该公司是河南能源化工集团焦煤公司的子公司。1993年，为扩大烧碱生产规模，提高烧碱生产的技术水平，焦煤集团开工建设王封冶化有限责任公司化学分公司，1995年11月建成投产。其主要产品为液体烧碱、固体烧碱、液氯、盐酸、氯氧化锆、二氧化锆、硫酸锆等，基本形成了产品的多样化、规模化。2001年8月，开工建设当时豫北地区氯碱行业中的第一条离子膜生产线——万吨离子膜烧碱生产线。2002年5月一次试车成功，化学公司烧碱年生产能力由1.5万吨增加到2.5万吨，平均每年实现利润300万元。期间，该公司还建设了维生素K3三氯氢硅等项目。2011年2月，受焦作市环保政策制约，化学公司关停。

二、尼龙化工

河南尼龙化工企业主要是神马实业股份有限公司（简称神马股份）。该公司以中国平煤神马集团为投资主体，以化工、化纤为主业的特大型企业，是中国平煤神马集团尼龙板块的管理平台，是中国首家引进日本成套设备与技术建成的生产尼龙66帘子布的现代化企业,也是河南省首家在上交所挂牌交易的上市公司。1981年建成投产,1994年元月该公司股票在上海证券交易所挂牌交易,2015年资产规模达90亿元,有员工14000人。目前,公司已形成以尼龙66盐和尼龙66盐中间产品、工程塑料、工业丝(帘子布)、BCF地毯丝、安全气囊丝等主导产品为支柱,以原辅材料及相关产品为依托的新产业格局,形成了循环经济特征最明显的尼龙产业链。

神马股份拥有国家级技术中心、博士后科研工作站,与中国科学院、清华大学、北京大学等著名的一流高校和科研院所建立了战略合作关系;承担了国家863等重要研发项目10余项,负责6项产品的国家、行业标准的制定。自主开发的尼龙66高强超低缩中低档工业丝、纺丝级尼龙切片26HD项目、芳纶高强尼龙复合浸胶帘布填补了国内空白,专用催化剂成功替代了国外进口产品,拥有自主知识产权的芳纶等一系列高精尖产品将成为新的经济增长点。"神马"牌帘子布获全国"质量万里行荣誉奖牌"。"神马"牌工业丝先后获得"中国名牌""河南省出口名牌"产品称号。公司先后被评为国家一级企业,获得全国企业管理优秀奖——金马奖、全国科技进步奖等50多项荣誉称号。

神马尼龙66工业丝在全球尼龙66工业丝中约占有22%的市场份额,占有国内总供应量的98%;尼龙66帘子布在全球占16%的市场份额,排第二位,占国内总供应量的95%以上;尼龙66盐30万吨/年和工程塑料12万吨/年,居全球第四位。神马是世界轮胎巨头米其林、普利司通、固特异等公司的供应商,产品行销全球30多个国家和地区,并与40余家世界500强企业建立了合作、贸易关系,在世界相关行业享有较高声誉。

第二章 装 备 制 造

第一节 企 业

一、郑煤机

郑州煤矿机械集团有限责任公司简称"郑煤机",始建于1958年,前身为郑州煤矿机械厂,是国家发展国民经济第二个五年计划的重点项目,是国家煤炭行业设计生产综合机械化采煤液压支护设备的大型骨干企业,是中国煤机行业唯一的A股+H股两地上市公司。郑煤机具备年产30000台(架)综采设备的生产能力,能生产支护高度为0.55~8.8米,支护强度从1600千牛到26000千牛的各类液压支架;630~1250全系列刮板输送机及其配套的转载机、破碎机等设备的研制生产。郑煤机拥有国家级企业技术中心、博士后科研工作站、院士工作站等科研机构,先后承担了国家多项煤矿综采装备重点项目的研制开发。

20世纪70年代,郑煤机主要生产矿车、装岩机、皮带运输机、综采液压支架。80年代,其产品品种不断增多,生产能力不断扩大,产品4次获得国家优质产品银奖,成功研制的中国第一台放顶煤支架,被煤炭部确定为液压支架专业生产厂。90年代,郑煤机面对钢材的市场价格迅速上涨,企业从赢利跌入亏损的局面,制定了以专业销售部门为主，生产、技术、财务等部门参与的“三位一体”的市场营销体制，积极实施产品生产与产品订货相结合、技术革新与产品研发相结合、经营开发与用户需要相结合的营销战略，同时积极推进产权制度改革，使企业渡过了难关。“八五”计划时期，郑煤机每年新产品研制开发达 20 多项，仅液压支架就形成了 6 大系列 70 多个品种规格。企业成套设备出口实现零的突破，支架产品先后出口印度、俄罗斯、土耳其等国家和地区。同时郑煤机积极调整产业结构，开发了军用工程车、环保建筑、农用机等非煤产品。

“九五”时期，郑煤机抓住全国煤炭行业形势明显好转的契机，投入资金 20149.6 万元进行装备购置和技术改造，对数控机床、切削中心、加工中心和大型专机等重点设备进行了大规模的更新换代。2006 年，生产液压支架 6803 架，2007 年生产液压支架 8232 架。2008 年上半年，郑煤机生产液压支架 5445 架，当年产量位居世界第一，是世界煤机巨头德国 DBT 公司、美国 JOY 公司生产总和的 2～3 倍。2006 年，郑煤机自主设计研发的神华 6.3 米液压支架，代表了当时世界液压支架的最高水平，创造了世界液压支架设计制造的新纪录，液压支架工作阻力和支护高度世界第一。同年，郑煤机实现液压支架订货 6000 多架，其中高端液压支架订货 21 亿元，高端市场占有率超过 80%，产品先后打进了俄罗斯、土耳其、印度、越南、澳大利亚、美国等国家。技术革新、管理创新、设备更新实现了根本变革，陆续投放市场的 ZY8640/25/55、ZY9400/28/62、ZY10800/28/63 型液压支架，连续刷新多项国内国际支架性能纪录，实现了技术研发的多项突破，获得液压支架方面的发明专利 7 项、实用新型专利 26 项，初步形成了具有自主知识产权的液压支架产品体系。

进入“十一五”时期以后，郑煤机继续下大力气引进全球同行业内先进设备，以一流的装备保障产品质量。郑煤机通过 A 股上市募投项目——高端液压支架生产基地，总投资 20 多亿元，拥有当时国内同行业最先进的钢板下料、焊接、喷涂全自动化生产线，行业内最先进的立柱千斤顶自动化生产线，世界产能最大的液压支架总装流水线等。郑煤机研制的 ZY26000/40/88D 型超大采高智能化绿色开采液压支架，创造了煤矿支护装备的世界高度，多项参数均创造并保持着世界纪录；公司成功攻克了液压支架电液控制系统关键技术，填补了国内空白，取得了液压支架的完全自主知识产权。

二、平煤机

平顶山煤矿机械装备有限公司简称“平煤机”，始建于 1968 年，是国家煤炭部确定的煤炭工业采掘工作面液压支架定点生产厂。“九五”期间，随着国家机构改革，平煤机归属河南省煤炭工业厅管理。2015 年 10 月，河南省国有资产控股运营集团有限公司对平顶山煤矿机械有限责任公司资产进行重组，重新注册成立了平顶山平煤机煤矿机械装备有限公司。平煤机公司主导产品为矿用液压支架及铁路轨道车辆等，是集科研开发、设计制造、生产服务于一体的煤炭综采支护设备生产企业。2012 年 4 月，平煤机公司在全国煤机行业中率先通过 ISO 3834、DIN 18800 国际焊接体系认证，是全国唯一一家取得欧洲 CE 认证的液压支架产品企业，产品远销俄罗斯、德国、乌克兰、越南等国家。公司为德国鲁尔集团研制的 230 架价值 4 亿元的 ZY11310/24/52D 型两柱掩护式世界高端液压支架，开拓了中国煤机制造业进军世界高端市场的先河，成功实现了从引进消化到自行研发出口欧洲高端市场的创新转型。

(1) 平煤机公司首创 ZC8000/25/38 型四柱掩护式液压支架，可使开采与铺模同时作业，推进速度快，机械化程度高。2011

年，公司为陕西腾晖矿业有限公司研制了107架ZFY17000/27/50D型两柱放顶煤液压支架，该液压支架系当时世界采煤业界工作阻力最大、采高最高的两柱放顶煤液压支架。该支架采用电液控制，实现了放顶煤工作面的自动化控制及高产高效的生产要求。公司为神东公司保德矿研制成功国内首套放顶煤ZYF12500/25/39D两柱掩护式液压支架。该套支架使用了锻件柱窝、柱帽等最新技术、工艺，并在业内首次将千斤顶活塞杆陶瓷喷涂技术应用于该套支架，此项技术属国内首创。2015年，公司按欧洲标准研制出当时世界上采高最高、工作阻力最大的ZY26000/40/88D型超大采高液压支架。

(2) 依靠钢结构件焊接的实力，公司开发出多种钢结构产品。2012年，公司研制的KJYF-96/10矿用可移动式救生舱和KJYF-96/12矿用可移动救生舱，并先后顺利通过“国家矿用产品安全标志中心国家安全生产重庆矿用设备检测检验中心”现场检验，各项技术指标均达到或超过国家暂行标准要求。2015年，公司生产的轨道车辆产品获得EN15085-2轨道车辆及其部件的焊接资质认证，轨道车辆产品获得EN15085-2欧洲焊接标准认证。

(3) 2012年，平煤机公司率先在全国煤机企业中通过ISO 3834国际焊接质量体系认证和DIN 18800钢架构焊接企业认证，取得了进军世界煤机市场的入场券。2015年，按欧洲标准，为中国神华公司研制出世界上采高最高、工作阻力最大的ZY26000/40/88D型超大采高液压支架。平煤机公司和越南杨辉矿、俄罗斯拜凯姆斯卡亚煤炭公司签订价值9000余万人民币的液压支架供货合同，在国际化进程中迈出坚实步伐。

三、平煤神马机械装备

1994年6月24日，平顶山煤矿机修厂更名为平顶山矿务局机电装备公司。1996年6月18日，平顶山煤业(集团)机电装备有限责任公司组建成功。2002年3月，其与平顶山煤业集团煤矿机械厂合并，河南东联机械制造有限公司成立。2008年9月16日，平煤集团装备事业部成立，将集团所属装备企业整合成立天工公司，并以天工公司、东联公司、天成公司、中南检测公司为核心，对集团公司所属其他单位的装备企业进行行业管理和业务指导，实行事业部制管理，组建成相对完整的平煤集团装备制修板块。2011年1月9日，平煤集团撤销装备事业部建制，成立中平能化集团机械装备公司。

截至2015年年底，装备集团资产总额710485万元。其中：全民单位资产总额451584万元，板块集体企业资产总额258901万元。2015年机械装备集团获得煤炭机械行业企业信用等级评价为AAA级企业。

“十二五”规划时期(2011—2015)，装备集团连续蝉联中国煤炭机械工业企业50强第四名。拥有发明专利4项、实用新型专利68项，参与制定的国家标准8项、行业标准1项。其中仅2015年获得国家实用新型专利36项、发表论文21项、软件著作权5项，获得国家、省、集团级科技进步奖11项。

四、河南能源

河南能源化工集团的装备制造产业，是集团公司“4＋3”业务板块框架中的重点发展业务。始终按照企业“集团相关多元化、业务单元专业化、产业链完整化”的发展战略要求，深入推进板块资源整合，全面提升装备制造能力，大力加快科技创新力度，稳步优化调整产业结构，逐步打造专业高效的产业发展平台。2015年，河南能源装备制造产业主要有3大板块：空分设备制造、煤机产品及配套设备制造、汽车轮毂制造，涉及9家生产经营企业。除空分设备制造和汽车轮毂制造业务板块各拥有1家企业外，其余7家企业均属煤机产品及配套设备制造业务领域。2011—2015年河南能源化工集团装备制造产业主要经营指标完成情况见表7-2-1。

表7-2-1 2011—2015年河南能源化工集团装备制造产业主要经营指标完成情况表 万元

		2011年	2012年	2013年	2014年	2015年
营业收入	合计	909615	934788	947961	997722	471819
	1. 轴承	601849	556726	553420	581097	120233
	2. 空分设备	126614	121065	132191	155889	154042
	3. 煤机产品及配套设备	181152	178308	176058	159584	114567
	4. 汽车轮毂	—	78689	91419	101152	82977
利润	合计	12191	-10202	-21180	-17184	-9086
	1. 轴承	5193	-9982	-14994	-9924	-2499
	2. 空分设备	3122	-3185	-7491	-11598	-11720
	3. 煤机产品及配套设备	3876	2614	350.67	1901	122
	4. 汽车轮毂	—	351	1011	2437	5010

河南能源化工集团所属装备制造板块企业，主要有河南金马重型机械有限公司、焦作神华重型机械制造有限公司、焦作方鑫隆实业有限责任公司、焦作市焦西工业有限责任公司、焦作煤业(集团)鑫珠春工业有限责任公司机械制造厂、鹤壁煤业机械设备制造有限责任公司、鹤壁市起重运输机械厂、永煤集团龙宇机修等8家企业。

(1) 河南金马重型机械有限公司。河南金马重型机械有限公司简称“金马重机”，隶属于河南能源化工集团义煤公司，前身是义马矿务局机电修配厂，1990年4月更名为义马矿务局机电总厂，主要从事义马矿务局内部煤矿机电设备的维修和采煤机械加工制造。1997年12月，随着义马矿务局改制，义马矿务局机电总厂与第二机电厂合并，更名为义马煤业集团有限责任公司机电总厂。目前，形成了以液压支架、刮板输送机、皮带运输机为主导，转载机、矿用阻燃带、矿车、箕斗、罐笼、矿用翻机车、耙斗装岩机、调度绞车、回柱绞车、U型钢支架，工字钢支架、JI型梁等产品为辅的生产格局。

(2) 焦作神华重型机械制造有限公司。始建于1905年，前身是1905年英商福公司在焦作开办的“泽煤盛厂”。1990年，焦作煤矿机械厂更名为焦作煤矿设备厂；1995年11月10日，焦作矿务局机电总厂更名为焦作重型机器厂；1998年6月10日，焦作重型机器厂、焦作煤矿设备厂、焦作华飞电子电器工业有限公司合并成立焦作矿务局机械电子(集团)有限公司；1998年11月19日，将焦作矿务局机械电子(集团)有限公司更名为焦作华飞机械电子(集团)有限公司；2004年4月26日，更名为焦作神华重型机械制造有限公司。企业面向煤矿、建材、化工、冶金、电力等行业，可提供年产200万吨煤矿设备、日产5000吨水泥熟料生产线设备、10万吨纯碱生产线设备、各式环保除尘设备的制造及安装。

(3) 焦作方鑫隆实业有限责任公司。该公司隶属于河南能源化工集团焦煤公司，是2009年5月2日实施主辅分离后多家辅业单位改制重组的企业。2010年2月24日,公司在修武县工商部门注册,3月正式运行。主要产品:喷浆机、挤压泵、湿喷机、1吨矿车等;U型钢、锚杆、金属菱形网、塑料假顶网;锚固剂;高铬钢球;蝶型锚索系列托盘、锚梁(T型、Π型)及配套垫板、新型锚具;固特结加固材料、充填材料、封孔材料等。

(4) 焦作市焦西工业有限责任公司。该公司隶属于河南能源化工集团焦煤公司。2001年,按照国家给予煤炭、矿山行业的"1440"优惠政策,焦西矿正式进入破产改制程序。2002年1月14日,焦西矿更名为焦作市焦西工业有限责任公司,下设带钢厂、钢管厂、矿用设备厂、化冶分公司、选煤厂、建安公司、矿泉水厂、生活服务中心、供水供电队等生产经营和服务单位。其主要产品有:带钢、钢管、锚杆、矿用设备、西锶矿泉水等。

(5) 焦作煤业(集团)鑫珠春工业有限责任公司机械制造厂。该厂前身是焦作矿务局朱村矿综合厂,成立于1979年5月,下设有铸造、机修、预制、轴件、制砖、型煤等车间,主要服务于矿井生产。2003年12月更名为鑫珠春工业有限责任公司机械制造厂。2008年8月更名为焦作煤业(集团)鑫珠春工业有限责任公司机械制造厂,隶属于焦作煤业(集团)鑫珠春工业有限责任公司。其主要产品有钻头、钻杆、皮带机、铸件等。

(6) 鹤壁煤业机械设备制造有限责任公司。1999年12月28日,鹤壁矿务局改制为鹤壁煤业(集团)有限责任公司后,鹤壁矿务局总机厂更名为鹤煤(集团)公司总机厂。2002年8月13日,更名为鹤壁煤业机械设备制造有限责任公司,是集设计开发、生产、销售为一体的综合型机械制造企业。公司主导产品主要有:刮板输送机、皮带机、液压支架等煤机产品;煤矿专用减速机和硬齿面减速机产品;化工产品400~4000L系列混捏机;钢结构产品和压力容器产品等。

(7) 鹤壁市起重运输机械厂。该厂隶属于河南煤化集团鹤煤公司,主要产品为放顶煤液压支架及配套的刮板输送机、转载机、架空乘人装置、链式给料机、带式输送机;同时还可提供各种型号规格的起重机。2004年3月,该厂走强强联合之路,与国家重点机械制造企业太原重工集团携手合作,成立了鹤壁起运机械制造有限公司。

(8) 永煤集团龙宇机修。龙宇机修于1995年建成投产。建厂初期,主要生产锚杆、金属棚、矿车等简单的支护、运输产品。目前已经成为以煤机制造和煤机修理为主营业务的煤机企业。全厂主要制造产品有ZY2100-ZY5600液压支架、SGB420/40-SGZ800/400刮板输送机、SDJ100/63/2×90-DTL120/100/3×250S胶带输送机、1~13.5吨矿车、超前支护、机载支护、挖掘式装载机、工作面拆除安装设备等系列产品;主要修理产品有煤矿用采煤机、掘进机、液压支架、胶带输送机、刮板输送机等矿用主力生产设备。

五、郑煤集团

(一) 河南万合机械有限公司

公司主要产品有煤炭矿山机械、造纸机械、水泥机械、化工机械等100多种,其中具备煤安认证的产品有70余种,年铸造1500吨、机械加工4000吨、铆焊6000吨,是集煤炭机械设计、制造、安装为一体的综合性生产企业。

(二) 郑州东盛机械制造有限公司

1994年4月3日企业改制,更名为郑州矿务局工业品制造有限公司。2005年6月更名为郑州东盛机械制造有限公司。公司主要产品有:矿井提升支护设备,矿山机械各种配件,冶金勘探、石油化工、水泥建筑等机械设备,U型支架,带式输送机,刮板机，矿用车辆局部通风机，托辊等。

（三）郑煤集团郑州新达机械制造有限公司

1994年股份制改革后，成立郑州矿务局安全设备制造有限公司，隶属于郑州矿务局多种经营管理局。2005年7月改制为郑州新达机械制造有限公司。公司主要产品有数控压力机、矿用支护用品、磨砖机、消音器、橡胶塑料制品、风筒、隔爆水袋，各种胶辊、橡胶杂件等。

第二节　产　　品

一、支护装备

河南液压支架生产企业主要有郑煤机、平煤机，以及各集团公司的机械装备公司。

（一）郑煤机

1992年9月，郑煤机研制的ZPL6000-19.5/31前自动铺网支架获煤炭工业科技进步一等奖，ZZP4000/14/30型大倾角铺底网支架通过煤炭部科技成果鉴定。1992年12月，郑州煤矿机械厂承担的国家“七五”科技攻关项目大同矿务局TZ1000-3.0/4.7强力支架完工。2001年，郑煤机集团研制了ZZ9900/29.5/50型强力大采高支撑掩护式液压支架，设计制造了ZY6400/18/38型二柱强力掩护式支架，是当时国产工作阻力最大的掩护式支架。2002年，郑煤机针对市场特殊需要，制造了ZZ9900/29.5/50型四柱支撑掩护式一次采全高的强力液压支架，当时该支架是国内所有煤矿使用的各项指标最大的液压支架。2003年4月26日，郑煤机与晋城煤业集团签订生产制造ZY8640/25.5/55型大采高掩护式液压支架全工作面72架的协议，12月份完成了ZY8640/25.5/55型大采高掩护式液压支架的制造。其为晋城煤业集团设计制造的ZY8640/25.5/55型大采高液压支架，是大采高液压支架国产化技术攻关项目，也是真正意义上的高端液压支架产品。2005年，郑煤机设计制造了ZY7600/22/45强力掩护式液压支架，采用电液控制系统控制，完全按欧洲标准设计制造和试验。同年设计制造ZY9400/28/62型强力大采高液压支架，立柱缸径达到380毫米，为国内最大。2006年1月17日，郑煤机与神华集团签订6.3米液压支架研制备忘录。11月23日，集团公司研制开发的当时世界第一支护高度的ZY10800/28/63D型大采高液压支架样机通过评议。同年，公司为龙口矿业集团北皂煤矿海下综放工作面制造了ZF5200/17/32型放顶煤支架、ZFG6400/17/32H型过渡支架和ZTZ11600/18/28型端头支架。该工作面配置PM31电液自动控制系统，是公司设计制造的第一套海下综放工作面支架。2009年12月30日，郑煤机生产的液压支架在神华补连塔井下投入使用，最大支撑高度7米，最大工作阻力16800千牛，缸径500毫米，中心距2.05米，采用电液控制和双通道、大流量立柱阀组。2011年9月，郑煤机研制的ZF5200/18/28型液压支架在新疆农四师71团二矿投入使用。该支架是中国国内最大倾角的液压支架，其最大适应倾角达到70度。2012年12月，郑煤机研制的国内最高支护高度ZY15000/33/72D型液压支架投入使用。2015年，郑煤机研制的ZY26000/40/88D型超大采高智能化绿色开采液压支架，创造了煤矿支护装备的世界高度，多项参数均创造并保持着世界纪录。郑煤机生产的主要产品见表7-2-2。郑煤机液压支架主要获奖情况见表7-2-3。

表 7-2-2 郑州煤矿机械集团股份有限公司主要产品一览表

序号	产品类型	支护高度范围（米）	工作阻力范围（千牛）	适用范围	代表产品型号
1	掩护式液压支架（两柱）	1.3～8.8	2000～26000	适用于高产高效一次采全高综采工作面	ZY3400/13/32D、ZY3800/15/33、ZY5000/18/38、ZY6400/17/35、ZY6800/22/45D、ZY9000/24/50D、ZY12000/20/40D、ZY13000/28/63D、ZY18000/30/70D、ZY21000/33.5/70D、ZY26000/40/88D
2	支撑掩护式液压支架（四柱）	1.0～6.5	3000～18000	适用于顶板较坚硬的一次采全高综采工作面	ZZ4200/10/20、ZZ4600/14/28、ZZ7600/18/38、ZZ9200/24/50D、ZZ10800/18/38、ZZ13000/24/50D、ZZ13000/28/65D、ZZ18000/30/65D
3	放顶煤液压支架（两柱）	1.6～4	3200～18000	适用于综放开采工作面	ZFY4600/16/30、ZFY5000/14/28、ZFY10000/22/40D、ZFY10000/20/35D、ZFY18000/25/39D
4	放顶煤液压支架（四柱）	1.7～4.5	2600～21000	适用于综放开采工作面	ZF4000/17/28、ZF5400/17/32、ZF6200/17/30、ZF6800/18/35、ZF7200/20/32、ZF10000/25/38、ZF13000/22/35、ZF15000/27.5/42D、ZF21000/25/45D
5	薄煤层液压支架	0.55～2.4	2200～12000	适用于 0.8～2.0 米薄及较薄煤层的综采工作面	ZY2600/5.5/17、ZY2200/8.5/17、ZY3600/09/19、ZY4000/07/15D、ZY3200/07/15、ZY5200/09/21D、ZY6800/09/18D、ZY10000/12/24D
6	垛式液压支架	1.65～4.5	8100～18000	适用于综采工作面回撤设备时的支护	ZD10000/20/40、ZD12000/22/44、ZD15000/22/45、ZDD18000/16.5/30
7	大倾角液压支架	1.5～4.8	3600～6500	适用于 25°～60°的大倾角综采工作面	ZZ5800/18/35、ZZ6500/22/48、ZY6400/15/34、ZF5200/18/28
8	充填液压支架	1.4～3.8	6000～6800	适用于膏体、矸石、超高水材料的充填工作面	ZC6800/17.5/35、ZC6000/14/28、ZC6000/20/38
9	端头液压支架	1.6～4.5	7600～26000	适用于综采工作面机头及转载机处巷道的支护	ZT7600/18/35、ZT14400/16/30、ZYT14000/28/45、ZFT20000/22/35、ZFT29700/25/40、ZT26000/28/40
10	巷道液压支架	1.8～5.0	4800～28000	适用于综采工作面运输巷、回风巷的超前支护	ZTC4800/18/32、ZT18200/27/50、ZTC28000/28/45、ZTF24500/18/32

表 7-2-3 郑煤机液压支架主要获奖情况表

序号	获奖名称	等级	奖项、颁奖单位	获奖时间
1	ZTF6500/19/32 型综放工作面排头放顶煤支架	特等	河南省煤炭科学技术进步奖、河南省煤炭工业局	2003 年 9 月
2	强力、高可靠性 ZY6400/18/38 二柱掩护式液压	一等	河南省煤炭科学技术进步奖、河南省煤炭工业局	2003 年 9 月
3	ZZ9900/29.5/50 型大采高强力高可靠性液压支架	二等	河南省煤炭科学技术进步奖、河南省煤炭工业局	2003 年 9 月
4	ZY4400/9/21 型薄煤层刨煤机工作面电液控制液压支架	特等	河南省煤炭科学技术进步奖、河南省煤炭工业局	2005 年 11 月
5	ZY8640/25.5/55 型国产化大采高强力高可靠性掩护式液压支架	特等	河南省煤炭科学技术进步奖、河南省煤炭工业局	2005 年 11 月
6	ZY9400/28/62 电液控制液压支架研制	一等	中国煤炭工业科学技术奖、中国煤炭工业协会、中国煤炭学会	2007 年
7	ZY10800/28/63D 型大采高强力高可靠性支架研制	特等	河南省煤炭科学技术进步奖、河南省煤炭工业管理局	2008 年 7 月
9	ZY10800/28/63D 型大采高强力高可靠性液压支架研制	一等	河南省科学技术进步奖、河南省人民政府	2009 年 12 月

（二）平煤机

1996 年，平煤机为义马矿务局车千秋矿研制的 ZY4000-14/32 型液压支架通过 20000 次型式试验，创造当时国内同行业最高纪录，是当时行业标准 7000 次的近 3 倍。1998 年 12 月，二柱掩护式液压支架 ZY4000/14/32 通过 20000 次型式试验，创当时国内同行业最高纪录。2001 研制的 ZFB 系列轻型放顶煤支架获中国煤炭工业科技进步科研二等奖。2003 年平煤机研制的 ZY5000/18/38 掩护式液压支架获中国煤炭工业科技进步科研二等奖。2005 年平煤机生产的铆弧坡口切割机、二机双曲净面除尘技术和 ϕ360 毫米推镗液压技术在国内具有领先地位，获得国家科技发明专利。2006 年平煤机为神华集团成功研制出当时世界上工作阻力最大、支护高度最高的 ZY10800/28/63D 型及 ZY10000/28/62D 型等高端液压支架。2009 年平煤机自主研发了全球压力最大的 40000 千牛液压支架试验台并通过国家支护设备检测中心检测，被国家知识产权局授权为发明专利。2010 年平煤机为陕煤化集团红柳林煤矿研制的 ZY18800/32.5/72D 型液压支架顺利通过 8 万次型式试验，并由中国煤炭机械工业协会组织中国科学院宋振骐院士、中国工程院张铁岗院士等行业顶级专家进行评议。该批次支架 158 架，总价值 3.7 亿元，是当时世界上批量投入使用的高度最高、工作阻力最大的国内装机功率最大、开采高度最高、产量最高的电控液压支架，被行业誉为“世界第一架”。该支架于 2013 年 9 月 11 日在陕西神木通过验收。

（三）平煤神马机械装备集团

该集团的主要产品有：放顶煤液压支架、薄煤层液压支架、铺网液压支架、悬移支架、充填液压支架、端头液压支架、超前液压支架、单体液压支柱。该系列产品工作阻力涵盖 1600～12000 千牛，支护高度 550～7200 毫米，可满足客户不同需求。

（四）金马重机

河南金马重型机械有限公司前身机电总厂，“九五”计划时期，为耿村矿制造了 ZF2800-16/24 及 ZFS5500-18/28 液压支架共 200 架、SGZ630/220 刮板机 4 台、P 吨 L100-/180-4X45OS 强力皮带 2 部。耿村矿使用 ZF2800-16/24 液压支架的工作面日产量最高达到 14 万吨。后经更新，年产量由 1999 年的 200 万吨上升到 2005 年的 350 万吨。

（五）焦作重机

2013 年，焦作重机完成 KYZ 型矿用液压支架组装站设计与开发。

（六）龙宇机修

该公司的主要产品有：ZY3800/16/35、ZY4000/17.5/38、ZY2100/11/22、ZF4800/17/30、 ZZ4800/17/30、 ZY3300/08/17、ZY3800/14/30、ZF4200/17/30、ZF2400/16/24.ZF3200/16/24 等 10 余种液压支架系列产品。

（七）鹤壁煤业机械设备制造公司

该公司制造的液压放顶煤支架主要有 ZY2000/12/16 双柱护式液压支架、ZF2400/16/24、ZF2400/16/24ZC、ZFZ3200/14.4/26 型系列放顶煤液压支架及 ZFG2800/16/26 型放顶煤液压支架。外注式单体液压支柱，使用工作液含 M-10 乳化剂 1%～2%的乳化液。用于高档普采工作面和综合机械化采煤工作面的端头支护顶板及煤层倾角小于 25 度缓倾斜采煤工作面支护。

二、采煤装备

河南采煤装备制造企业的产品和发展方向包括以下 3 个方面。

（一）电牵引采煤机

电牵引采煤机的型号有：MG200/500-WD、 MG250/600-WD、 MG300/700-WD 等。其配有智能化监控、检测和保护系统，可以实现交互式人机对话、无线遥控、工况监测及状态显示、数据采集、存储及传输、故障诊断及预警、自动控制、自动调高等多种功能，以保证采煤机维护量少、利用率高，并可实现与液压支架、工作面输送机的信息交互和联动控制等功能。

（二）交流电牵引采煤机

MG550/1230-WD 型电牵引采煤机是一种多电机驱动，电机横向布置，交流变频调速无链双驱动电牵引采煤机。总装机功率 1230 千瓦，机面高度 1628 毫米，适用于采高 2000～3800 毫米，煤层倾角≤40°的中厚煤层综采工作面，要求煤层顶板中等稳定，底板起伏不大，不过于松软，煤质硬或中硬，能截割一定的矸石夹层。

（三）综采工作面智能化

综采工作面智能化的关键是对综采工作面机电设备进行可靠的远程监测及控制，及时掌握综采工作面设备的运行状态，提高煤矿开采效率和安全性的重要措施，通过智能化实现综采工作面少人化，一旦事故发生时，最大限度地减少人员伤亡。工作面智能化必须在机电装备自动化、计算机、网络通信以及系统集成技术支持下，实现采煤机、液压支架、综采面运输系统、乳化液泵站以及供电设备之间的协同控制。平煤神马机械装备集团在采煤装备制造已确立了智能化系统的总体目标和功能，并开始了智能化领域的系统研发工作。

三、掘进装备

（一）平煤神马集团

平煤神马机械装备集团生产的掘进装备为悬臂式掘进机，主要有 EBZ50 型悬臂式掘进机、EBZ120 型悬臂式掘进机、EBZ160 型悬臂式掘进机、EBZ220 型悬臂式掘进机等产品。悬臂式掘进机切割硬度高，截尺损耗小，机器稳定性好，操作方便，可靠性高。悬臂式掘进机主要由工作机构、行走机构、装运机构、转载机构、机架和回转台、液压系统、水系统及电气系统等部分组成。随着行走机构向前推进,工作机构中的切割头不断破碎岩石,并将碎岩运走,有安全、高效和成巷质量好等优点。

（二）永煤集团龙宇机修

该公司于2009年制造出的EBZ-132悬臂式掘进机,是一种中型综合掘进设备,它集切割、行走、装运和喷雾灭尘于一体,具有多重功能,可用于中等硬度岩层、不同断面形状的巷道施工。该产品主要应用于采煤准备巷道的掘进,适用于切割抗压强度不大于70米·帕、断面在6～20平方米之间的煤岩或半煤岩巷道掘进。龙宇机修的产品覆盖地域从河南拓展到新疆、内蒙古、贵州等地。

四、运输装备

（一）刮板运输机

刮板运输机的生产企业主要有郑煤机、平煤重机、鹤壁煤机、焦作重机、永煤龙宇、神火集团等。

1. 郑煤机

为了实现“产品成套化”战略,2008年郑煤机成立长壁项目部,并于当年为义马矿务局提供了一套SGZ800/750型刮板输送机。2010年,公司为中国华电集团蒙泰不连沟煤矿提供了一套年产1000万吨的工作面输送设备,包括SGZ1000/2×1000型前部刮板输送机、SGZ1200/2×1000型后部刮板输送机、SZZ1350/700型顺槽转载机、PLM4500型破碎机及配套的ZZ1200型转载机自移和MZ1400型皮带机自移机尾。2013年以后,公司开发了新一代刮板输送机——高强复合C型槽刮板输送机,并获得国家专利。该类型刮板输送机具有强度高、耐磨性好、寿命长、综合维护成本低等显著优点。SGZ800/800型、SGZ900/1050型,SGZ1000/1400型刮板输送机及配套设备,被山东能源集团、山西美锦集团、陕西沙沟岔煤业、吕梁东江煤业等用户使用,取得了显著的经济效益。郑煤机生产的刮板输送机的主要产品有整体铸焊和高强复合C型槽两种类型。

2. 平煤重机

2009年初,平煤神马机械装备集团重机公司开始了SGZ系列刮板输送机的开发、研究工作。第一台SGZ764/500型重型刮板机于2010年5月在平煤股份十一矿进行工业性试验和应用,性能良好。至2012年4月,公司先后完成了平煤一矿刮板机、转载机,天宏焦化公司12条铸石刮板机的改造设计,并获得SGZ900/1050刮板机安标证书,提升了该公司在煤机市场的竞争力。

3. 鹤壁煤机

2005年,鹤壁煤业机械设备制造公司根据煤矿实际和用户需求,在原有40吨刮板输送机的基础上,开发改造了SGB620/40G高性能刮板输送机,不但降低了维修费用,而且使用寿命提高2倍以上。2006—2007年,成功地开发出了SGZ630/220中双链刮板输送机、高性能40吨刮板机和新型中双链40吨刮板机。

4. 焦作重机

该公司先后生产带宽2000以下带式输送机、SGZ800/764/730/630等前部刮板输送机,SZZ630型顺槽用刮板转载机、SZZ730型顺槽用刮板转载机。

5. 神火集团

该公司生产有DSJ系列带式输送机、DTL系列带式输送机、SGB620系列刮板机、SGB630系列刮板机、MGC系列矿车等矿用提升运输类用品;ϕ89～ϕ159不同规格型号金属托辊、非金属托辊等矿用运输类配套件用品。

(二) 带式输送机

生产带式输送机主要制造商有平煤神马集团、焦作煤机、鹤壁煤机等生产企业。

1. 平煤神马集团

平煤神马机械装备集团生产的带式输送机分为固定式带式和可伸缩带式两种。固定式带式输送机使用范围包括:适用于冶金、矿山、煤炭、港口、化工等各个行业,用于输送各种散状物料及成件物品;可伸缩带式输送机使用范围:适用于矿山、煤炭行业有伸缩要求的散状物料的输送。

2. 焦作煤机

焦作煤业机械设备制造有限公司先后开发出的带式输送机分有 9 种:DTⅡ型固定式系列带式输送机,STG(D)800(1000)型带式输送机,TD75 型系列带式输送机,SJ-80、DSP-1010/650 型伸缩带式输送机,SPJ-800(1000)型绳架带式输送机、QJG 型系列气垫带式输送机、DPJ-1000/2×75(90)皮带机、SJ-80Ⅱ双向运输可伸缩带式输送机、JD-55 绞车和变频调速控制带式输送机、SGB620/40G 高性能刮板输送机、SGZ630/220 中双链刮板输送机、高性能 40 吨刮板机和新型中双链 40 吨刮板机。

3. 鹤壁煤机

2003 年,鹤壁煤业机械设备制造有限公司设计开发了专用轻型 800 皮带机。2004 年,该公司设计生产了 DPJ-1000/2×75(90)皮带机、SJ-80Ⅱ双向运输可伸缩带式输送机、JD-55 绞车和变频调速控制带式输送机。2005 年,该公司开发了 SDJ-150 上运煤下运料皮带机。2006 年,该公司开发成功了宽度达 1.4 米、功率达 450 千瓦的大型皮带机及大功率下运皮带机。

(三) 减速机

鹤煤集团机械设备制造有限责任公司生产的减速机主要有:ZDY(单级)、DZL(双级)、ZSY(三级)系列硬齿面减速机产品,DBY(二级)、DCY(三级)系列硬齿面减速机产品,ZD(单级)、ZS(三级)系列硬齿面减速机产品,LSY785 型硬齿面减速器,HFY800 空间二分力流硬齿面减速器及行星齿轮减速机和 40 吨硬齿面减速机。

(四) 架空乘人装置

平煤神马机械装备集团生产的产品按抱索器可分为:煤矿固定抱索器架空乘人装置、煤矿活动抱索器架空乘人装置、煤矿大坡度可摘挂抱索器架空乘人装置、煤矿单向活动抱索器架空乘人装置、煤矿单向大坡度可摘挂抱索器架空乘人装置、煤矿单侧固定抱索器架空乘人装置。

(五) 绞车

平煤神马集团、鹤煤集团、焦作重机等企业生产的绞车品种主要有:双速多用绞车、调度绞车、回柱绞车、斜井人车等。

五、矿井提升装备

(一) 提煤箕斗

生产提炼箕斗的主要生产企业和产品主要有平煤神马集团生产的提煤箕斗、焦作重机生产的气缸开闭轻型箕斗和自卸箕斗、鹤壁煤机生产的斜井提煤箕斗等。

(二) 立井多绳罐笼

平煤神马机械装备集团生产的多绳罐笼,主要用于煤炭行业主副井提升原煤、物料、设备、人员等。

第三章 其 他 产 业

第一节 建 材

一、水泥

1990年以后，河南重点煤炭企业技改或新建水泥厂15个，年生产能力达1130万吨。2001—2014年，关停5家。2015年河南煤炭企业水泥生产能力580万吨/年。

（一）平煤神马建工集团天元水泥有限公司

公司前身是始建于1970年的平顶山煤业（集团）建筑材料公司，2006年水泥项目建设被平煤集团列为重大技改项目之一，2007年正式投产。该公司生产线由1台HFCG140-80辊压机和1台4.2米×13米开流高细磨组成，可年产复合32.5级、42.5级硅酸盐水泥100万吨，适用于井巷工程、高速公路、大型桥涵、高层建筑及一般民用工程。

（二）焦作千业水泥有限责任公司

2006年，焦煤集团通过产能置换，关停筑王水泥和九里山水泥厂，申报建设五级悬浮预热器（DD炉）窑外分解干法水泥生产线。在此基础上，焦作千业水泥有限责任公司应运而生。其主导产品分别为PO42.5R袋装、PC32.5袋装、PO42.5R散装、PC32.5散装水泥，是豫北地区最大的水泥生产企业。干法水泥生产线于2006年2月26日开工建设，2007年2月26日建成投产。第二条4500吨/天熟料新型干法水泥生产线总投资5.9亿元，于2010年开工建设，2011年3月建成投产，日产水泥熟料1万吨，年产熟料155万吨、水泥200万吨。

（三）焦作市筑王水泥有限责任公司

2005年初，焦作建兴水泥工业有限责任公司完成改制，企业名称变更为焦作市筑王水泥有限责任公司，年产水泥50万吨。2008年12月，河南煤化集团成立之后，筑王公司大力实施项目带动战略，实施产业结构调整转型，逐步形成了以外加剂和新型建材为主导的产业方向。2009年6月，该公司利用南水北调补偿资金1029万元，在焦作市田门工业区自主设计建设了速凝剂生产线，并于当年建成投产，使速凝剂产量由原来的年产7000吨提高到5万吨的规模。2010年，该公司又投资43万元建成了助磨剂厂，投资100多万元建成了重介粉厂，在产业结构调整和产品结构调整上取得初步成效。

（四）鹤煤集团建筑材料厂

1999年初鹤煤集团投资640万元，开工建设建筑材料厂，2001年6月竣工，整个工程包括将ϕ2米×8米的机立窑改造成ϕ3米×10米机立窑、ϕ1.83米×6.4米的开流磨改为闭流磨与原来的ϕ2.2米×6.5米闭流磨配套（此项工程每小时可生产料粉340吨、水泥21吨）、新建混合材和石膏仓各1座、将闲置的ϕ1.5米×12米的烘干机恢复使用、增加熟料破碎机、新建ϕ8米×10米的水泥储存圆库2座等6大项。水泥年生产能力由9万～10万吨提高到13万～15万吨。

（五）鹤煤（集团）公司建筑材料厂

该公司为鹤煤（集团）公司下属国有水泥生产企业。该厂始建于1958年，原名鹤壁矿务局水泥厂。1984 年 4 月 25 日与矿务局预制厂、石料厂合并组成鹤壁矿务局建筑材料厂。1998 年年底，为了扩大水泥生产能力，鹤壁矿务局投资近 1000 万元，对该厂的生产技术改造，拆除了淘汰的 ϕ2.0 米×8 米的机立窑，在其位置上建设并安装了 ϕ30 米×10 米机立窑。2002 年初，本次技改全部完工，该厂拥有两条机立窑水泥熟料生产线，具备了年产 18 万吨的水泥生产能力。2003 年，该厂又投入近百万元对生产线进行了技术改造，水泥生产能力达到了 25 万吨。

（六）永城煤电控股集团汇龙水泥有限公司

2005 年 6 月，该公司建成 50 万吨/年水泥生产线，2007 年 8 月扩建 60 万吨水泥生产线，两条生产线全部通过环评验收和安全评价验收。2015 年公司生产规模达 110 万吨/年，主要生产普通硅酸盐水泥 42.5 级和复合硅酸盐水泥 32.5 级，产品早期强度高、凝结硬化快、稳定性好，广泛适用于煤矿、高速公路、桥涵、混凝、管桩等特大型工程项目。

（七）神火集团永城矿区水泥厂

1989 年，永城矿区水泥厂建成投产，总投资 43 万元，建设土蛋窑 3 座，设计年生产能力 7800 吨，生产普通硅酸盐 325#、425# 水泥和粉爆硅酸盐 325# 水泥。1990 年该厂更名为永城矿务局水泥厂，同年进行改扩建，改扩设计年生产能力 25 万吨，新建 1.7 米机立窑 1 座。1992 年该厂进行第二次改扩建，改扩设计年生产能力 4.4 万吨，1994 年 6 月改扩结束，实际年产量 3 万吨。1995—2000 年，年水泥产量一直在 3 万吨左右徘徊，经济效益不佳，每年亏损在 50 万元左右。2001 年 7 月，该厂被关停。

二、速凝剂

河南速凝剂产品主要是由焦作市新筑王材料科技有限公司生产的。2011 年 6 月，焦作市筑王水泥有限责任公司更名为焦作市新筑王材料科技有限公司。其主要产品有速凝剂、增强型速凝剂、液体速凝剂、大掺量石灰石助磨剂、水泥助磨剂、洗煤用重介粉、膏体充填料、高水充填料、注浆胶结料、瓦斯抽放封孔料、瓦斯封孔器、岩巷防风化材料、编织袋（含“双抗”袋）、电动滚筒、矿用设备等。该厂主要产品年设计生产能力：速凝剂 8 万吨、增强型速凝剂 2 万吨、液体速凝剂 1 万吨、岩巷防风化材料 1 万吨、瓦斯封孔器 200 万套；大掺量石灰石助磨剂 5000 吨、水泥助磨剂 1.5 万吨；洗煤用重介粉 5 万吨；膏体充填料 3 万吨、脱硫用石灰石细粉 5 万吨、高水充填料 5000 吨、注浆胶结料 8 万吨、瓦斯抽放封孔料 3000 吨；普通编织袋 2000 万条、“双抗”袋 500 万条；电动滚筒 200 台、矿用设备加工年产值 2000 万元（含电动滚筒）。

三、矸石（粉煤灰）砖

（一）平顶山福星现代建材有限公司

该公司是中外合资企业，注册资本 2500 万元。平煤神马建工集团出资 1750 万元，占注册资金的 70%；合资方美国福霖国际控股公司以实物出资 625 万元，技术出资 125 万元，占注册资金的 30%。公司主要经营范围为生产销售粉煤灰混凝土砌块砖及其相关建筑材料，于 2003 年 10 月 31 日正式建成投产。从日本引进两条 TG—4VS—RT 混凝土砌块生产线，可实现从计量、搅拌、成型、养护、码垛等全生产过程自动化控制。公司主要产品是环保混凝土路面砖、装饰劈裂砌块、承重砌块、挡土墙等，其生产的混凝土承重砌块、轻质砌块、混凝土实心砖、混凝土多孔砖获河南省新型墙体材料确认证书。

（二）义煤集团

2005 年 4 月 15 日，千秋煤矿年产 6000

万块矸石砖项目开工建设,2006 年 4 月 1 日建成投产,生产 KP1 型砖和标砖两种产品,标砖日产量达 20 万块。2008 年,义煤集团加大对煤矸石综合利用力度,在常村煤矿、耿村煤矿、曹窑煤矿、观音堂煤矿新建 4 个矸石砖厂,新增矸石砖生产能力 2 亿块,新增产值 4600 万元,净利润达 800 万元,安置就业 355 人。年产 6000 万块标砖的常村煤矿、耿村煤矿煤矸石烧结砖厂于 2008 年 10 月建成投产,曹窑煤矿、观音堂煤矿矸石砖项目于 2008 开工,次年建成投产。

(三) 焦煤集团

焦煤集团先后建成 6 家矸石砖和粉煤灰砖厂,分别是:鑫珠春制砖一厂、鑫珠春公司制砖二厂(原名焦作矿务局王封砖厂,2013 年 4 月因资源枯竭经焦煤公司批准关停)、演马庄矿砖厂、韩王公司建材厂、冯营矿砖厂、焦煤集团中马建材有限责任公司。焦煤集团总计产能:煤矸石标砖 1.72 亿块/年、蒸压粉煤灰标砖 2 亿块/年、粉煤灰砌块 10 万立方/年。

(四) 鹤煤环保建材有限公司

2006 年 2 月 16 日该公司由鹤壁煤电股份有限公司、鹤煤一矿、鹤壁市宝源物资贸易公司、鹤壁市鑫鹏工贸开发公司、鹤壁市鸿兴工矿机修总厂等 5 家股东共同出资设立。公司概算投资 13300 万元,建设 4 条煤矸石烧结砖线,年设计生产能力为 2.4 亿块(折标砖)。厂部分别在鹤煤(集团)公司的一矿、五矿、六矿、八矿建设。第一条生产线(一矿砖厂)于 2005 年 10 月开工建设,完成投资 2200 万元。第二条至第四条生产线先后于 2006 年 6 月—2008 年 4 月建成投产。4 条煤矸石烧结砖生产线均采用国内技术成熟且较先进的全煤矸石硬塑挤出、余热干燥技术、一次码烧工艺,经原料处理、成型、干燥、焙烧 4 个阶段,生产的煤矸石烧结砖具有规格全、体积大、重量轻、强度高(其强度是普通土砖的 2 倍多)、隔音、隔热、保温、施工建设快、外形美观大方、施工省工省料等优点,是黏土砖最理想的替代产品。经河南省建材工业产品质量监督检验站、鹤壁市建设工程质量检测站、鹤壁市产品质量检验所等单位检测,产品质量稳定、合格。

(五) 福田舒布洛克建材有限公司

鹤煤(集团)有限责任公司出资 2300 万元,占股权的 75%;美国福霖国际控股公司出资 766.70 万元,占股权的 25%。公司一期投资 5103 万元,建设年产 20 万立方米的粉煤灰混凝土砌块生产线和年产 10 万立方米的粉煤灰陶粒生产线各 1 条。2007 年 6 月和 2007 年 11 月投入试生产。

四、石板材与人造板

20 世纪 90 年代中期,鹤煤集团充分。利用自身资源优势,先后建立林州花岗石实业公司、矿务局石材制品总厂、矿务局人造板厂等企业,开始开展花岗石板材、人造板等生产。

(一) 林州花岗石实业公司

该公司是由鹤壁链条厂在林州市石板岩经济开发区创办,1994 年 8 月 18 日投产,年产花岗石板材 10 万平方米,花样品种 20 多个。

(二) 鹤煤矿务局石材制品总厂

1994 年鹤煤集团投资 170 万元,当年 11 月 28 日建成投产。该厂使用国内最先进的自动化石材生产流水线,年生产薄板、工程板、火烧板、圆柱板等型板材 10 万平方米。产品有 30 多个花色品种。

(三) 矿务局人造板厂

该厂由鹤煤集团投资 330 万元,于 1995 年 9 月 28 日建成投产,年设计生产能力 3000 立方米。

第二节 有色金属

一、铝业

(一) 铝土资源

河南能源集团铝土矿资源比较丰富，集团控股铝土矿山有 18 个，其中持有采矿许可证 13 个、勘查许可证 5 个。中美铝业拥有登封境内乐华、陈楼、金楼、焱卿、垌头、寺沟、木兰岗和贵州银鼎 8 个采矿许可证，以及登封曲河、峰山寨、白土坑、弋湾 4 个勘查许可证；义煤公司拥有渑池境内曹跃、曹跃东井、阳光矿业、兴达二铝 4 个采矿许可证；永煤公司控股的龙豫公司拥有偃龙煤田深部铝土矿合作勘查项目的探矿权；永煤公司控股的国际矿业拥有几内亚 BOKE 铝土矿合作项目 490 平方千米的特许采矿权。另外，义煤公司参股实施的煤下铝合作勘查项目有 3 个：渑池县曹窑以西煤下铝、宜阳县煤下铝、新安县石寺-北冶煤下铝勘查项目。截至 2015 年年底，河南拥有国内外铝土矿资源总量 180160.22 万吨，保有 179721.03 万吨。其中，国内铝土矿资源 25760.22 万吨、保有 25321.03 万吨，海外拥有几内亚 BOKE 地区铝土矿资源 15.44 亿吨、保有 15.44 亿吨。截至 2015 年河南能源化工集团铝土矿资源状况如表 7-3-1 所示。

表 7-3-1 2015 年河南能源化工集团铝土矿资源状况表

序号	公司(矿山或项目)名称	所在地区	矿权性质	矿区面积(平方千米)	地质资源储量(万吨)	2015 年年底保有资源储量(万吨)		
						采矿权	探矿权	合计
	合计			857.4969	180160.22	163282.66	16438.37	179721.03
一	河南省龙豫矿产勘查开发有限公司							
1	河南省偃龙煤田深部(洛阳部分)铝(粘)土矿勘查	洛阳	探矿权	185.00	15750.62		15750.62	15750.62
二	河南国际矿业开发有限公司							
1	几内亚 BOKE 铝土矿	几内亚	采矿权	558.00	154400	154400		154400.00
三	河南中美铝业有限公司							
1	河南中美铝业登封市石道乡乐华铝矿	登封	采矿权	2.8705	157	40.79		40.79
2	河南中美铝业登封市焱卿铝矾土有限公司	登封	采矿权	4.1763	404.7	314.24		314.24
3	河南中美铝业登封市垌头小红铝土矿	登封	采矿权	2.1589	277.2	243.5		243.5
4	河南中美铝业登封市金楼铝矾土有限公司	登封	采矿权	1.0378	139.7	115.80		115.80
5	河南中美铝业登封市木兰岗铝土矿	登封	采矿权	1.215	130.4	130.40		130.40

表 7-3-1(续)

序号	公司(矿山或项目)名称	所在地区	矿权性质	矿区面积(平方千米)	地质资源储量(万吨)	2015 年年底保有资源储量(万吨)		
						采矿权	探矿权	合计
6	河南中美铝业登封市寺沟铝土矿	登封	采矿权	2.8338	91.78	79.63		79.63
7	河南中美铝业登封市陈楼铝土矿	登封	采矿权	1.5198	119.58	117.67		117.67
8	河南省登封市曲河铝土矿	登封	探矿权	2.4567	54.64		54.64	54.64
9	河南省登封市峰山寨铝土矿	登封	探矿权	6.6211	303.0		269.00	269.00
10	河南省登封市白土坑矿区铝土矿	登封	探矿权	5.61	329.8		329.8	329.8
11	河南省登封市弋湾铝土矿	登封	探矿权	1.13	41.99		34.31	34.31
12	贵州银鼎矿业有限公司修文县谷堡乡银鼎铝土矿	贵州修文	采矿权	0.5358	63.8	57.40		57.40
四	渑池曹跃矿业有限责任公司							
1	渑池曹跃矿业有限责任公司	渑池	采矿权	9.9681	3860.36	3860.36		3860.36
2	渑池曹跃矿业有限责任公司东井	渑池	采矿权	5.6354	2795.34	2795.34		2795.34
五	义煤集团阳光矿业有限公司							
1	义煤集团阳光矿业有限公司	渑池	采矿权	61.7042	554.5	554.50		554.50
六	渑池县兴达矿产品有限公司							
1	渑池县兴达矿产品有限公司第二铝矿	渑池	采矿权	5.0235	685.81	573.03		573.03

（二）氧化铝

河南生产氧化铝产品的公司主要有河南能源、郑煤集团、神火集团的 6 个子公司。

1. 河南能源

2015 年，河南能源化工集团铝产业资产总额 47.10 亿元，从业人员有 2058 人。生产氧化铝 97.1 万吨，实现销售收入 19 亿元，利润总额－2.19 亿元。2015 年河南能化集团铝产业经营状况统计如表 7-3-2 所示。

表 7-3-2 2015年河南能源化工集团铝产业经营状况统计表

序号	子(分)公司名称	注册资本(万元)	所占股比	资产总额(万元)	销售收入(万元)	利润总额(万元)	从业人员(人)
	合计	79860		471044	189975	-21615	2058
1	三门峡义翔铝业有限公司	29860	100%	205304	103081	-11766	1089
2	河南同人铝业有限责任公司	20000	100%	98833	0	0	109
3	河南中美铝业有限公司	30000	70%	166907	86895	-9848	860

(1) 河南能源化工集团中美铝业有限公司简称“中美铝业”,集团控股 70%。该公司位于河南省登封市告城镇,属于河南能源永煤集团控股子公司。公司注册资本为人民币 3 亿元,固定资产为人民币 17 亿元。公司氧化铝项目设计生产能力为年产氧化铝 100 万吨,一期设计生产能力为年产氧化铝 40 万吨,生产工艺为拜耳法,于 2008 年 6 月达标达产。产品为冶金级砂状氧化铝,且产品全部为一级品。

(2) 河南能源化工集团义翔铝业公司。1993 年,集团开始对氧化铝项目进行考察论证。2002 年 5 月 30 日,氧化铝厂筹建处成立。2002 年 7 月 1 日,该厂土建工程动工。2004 年 2 月,三门峡义翔铝业公司成立,注册资金 1.722 亿元。2004 年 6 月 8 日,全套设备经过 3 个月的磨合调试,开始连续生产。2004 年 8 月 8 日,一期 10 万吨氧化铝扩建工程开工。2006 年 3 月 8 日,扩建蒸汽锅炉点火成功。2006 年,二期氧化铝征地、设备投议标、环境影响评价等前期准备工作就绪,2008 年完成 40 万吨技改项目。

2. 郑煤集团

郑煤集团有 2 个下属子公司生产氧化铝产品。

(1) 郑煤集团铝业分公司。1994 年 3 月,郑煤集团与浙江永康金属材料公司(法人代表金长亮)共同出资投建华鑫铝业公司。2004 年 3 月,郑煤集团与浙江永康金属材料公司解除联营合同,华鑫铝业公司成为郑煤集团独资企业。2007 年年底停产,累计生产铝锭 142755.17 吨,总产值 205539.37 万元,上缴利税 2293.63 万元,固定资产净值达 9367.19 万元。2009 年 5 月,该厂按国家政策关闭。

(2) 郑煤集团山西复晟铝业有限公司。2013 年 9 月,郑煤集团与杭州锦江集团合作,注册成立了“山西复晟铝业有限公司”,注册资本 6.25 亿元。氧化铝项目于 2013 年 10 月开始建设,2014 年 10 月建成试生产,到年底达产,形成年产 80 万吨氧化铝的生产规模。

3. 神火集团

河南有色汇源铝业有限公司系神火集团的控股子公司,前身为河南省汇源化学工业有限公司,始建于 1993 年,主营氧化铝生产、销售,年产能 80 万吨。2007 年 12 月,该公司与河南有色金属控股股份有限公司实现资产重组,注册成立河南有色汇源铝业有限公司,其中河南有色金属控股股份有限公司持股 51%。2009 年,神火集团对河南有色金属控股股份有限公司完成绝对控股(股权占总股份的 91%)。2010 年 3 月,神火集团控股河南有色金属控股股份有限公司 98.93%的股份,河南有色控股公司成为神火集团控股子公司,其控股的河南有色汇源铝业有限公司由神火集团全面管理。

(三) 电解铝

河南能源集团和神火集团参股、控股的

一些下属公司生产电解铝产品。

1. 河南能源

2015年年底，河南能源参股河南永登铝业有限公司。该公司拥有电解铝产能12万吨/年、阳极炭块16万吨/年，产品所占市场份额小，约占全国的0.3%。电解铝成本构成中，氧化铝、电力和阳极炭块占总成本的百分比约90%。各企业氧化铝和阳极炭块采购价区别不大，电解铝行业竞争的关键因素是用电成本的竞争。集团下属电解铝企业（永登铝业）用电由合作方股东的自备电厂供给，在一定程度上可以降低电解铝的生产成本，但相对新疆、内蒙古等地的电力成本仍明显偏高。

2. 神火集团

神火集团有色产业包括电解铝、炭素、氧化铝、铝板带、铝箔等。集团下属企业有：永城铝厂、商丘铝厂、沁阳铝厂、新疆神火铝业公司、神火铝业公司炭素厂、新疆神火炭素公司、有色汇源铝业公司、商丘铝材公司、沁阳铝材公司、上海神火铝箔公司等10家企业。主要产品有重熔铝锭、A356合金、炭素阳极块、氧化铝、铝板带、铝箔等。其中，“如固”牌重熔铝锭是“国家重点新产品”和出口免检产品，是上海及伦敦金属交易所的注册品牌。截至2015年年底，神火集团电解铝（铝合金）年生产能力170万吨，炭素阳极块年生产能力52.4万吨，氧化铝年生产能力80万吨，铝板带年生产能力10万吨，铝箔年生产能力2.5万吨。

（四）铝加工

神火集团为提高产品附加值、进一步提高经济效益、走产品深加工之路，2004年成立上海神火铝箔有限公司，建设年产5万吨的高精度铝箔厂。该厂一期工程年产2.5万吨铝箔项目于2005年6月开工建设，2007年1月竣工投产。2007年，神火集团控股组建商丘阳光铝材公司，从事铝板带胚料的加工。10万吨高精度铝板带项目工程于2007年10月9日奠基，2008年8月2日一期5万吨铸轧第一条生产线具备生产条件。2014年4月，成功试制1730毫米超宽双零铝箔胚料，进一步拓宽了经营范围。2007年11月，沁阳铝材公司10万吨高精度铝板带项目开工建设。2009年5月29日，一期5万吨项目全部建成。

二、炭素

2000年3月，神火集团兼并永城铝厂后，为了和年产6万吨电解铝项目相配套，由自焙阳极改为预焙阳极，进行年产4万吨预焙阳极块的炭素项目工程建设。2000年10月成立炭素项目部，并于12月26日开工建设。2002年4月24日第一批阳极块出炉，5月19日成型车间全线打通试生产，6月初实现了整个炭素厂全面正常生产。

神火新铝电年产8.4万吨炭素工程于2003年开工建设，后因建设资金问题，并结合当时情况，考虑电解铝行业的市场预期，于2004年10月停建。2007年，市场转暖，企业盈利，炭素项目工程于当年8月12日复工建设。2008年5月29日，项目全部建成并启动生产。2011年4月27日，新疆神火炭素年产100万吨项目一期工程40万吨项目开工建设，并于2013年12月建成投产。

三、钼业

2015年年底，河南能源集团控股具备钼业资源的企业15家，涉及钼矿石开采、选矿、冶炼、加工上下游领域，具有较完整的钼产业链，在行业内具有较强的综合实力和竞争优势，是集团有色金属产业板块的支柱产业。

（一）钼矿资源

河南能源化工集团钼矿资源主要位于河南省栾川、信阳等钼资源聚集区，拥有栾川南泥湖、长青858矿、黑家庄、马壮、老定沟、大清沟以及信阳千鹅冲、陡坡等8处钼矿权。2015年年底,集团保有钼矿资源储量矿石量20.44亿吨,钼金属量139.92万吨,共伴生钨金属(WO_3)资源量13.40万吨。其拥有的钼资源量占河南省的近1/4,具有良好的发展前景。集团尚未开发的栾川老定沟和信阳光山千鹅冲钼矿,这两处矿床赋存条件较好,矿体厚大集中,并伴生铁等多种元素可以综合回收利用,适宜露天开采,市场竞争力较强。截至2015年年底,河南能源化工集团钼矿资源储量如表7-3-3所示。

表7-3-3 河南能源化工集团钼矿资源储量表

序号	公司(矿山或项目)名称	所在地区	矿权性质	矿区面积(平方千米)	地质(查明)资源储量(万吨)		2015年年底保有资源储量(万吨)	
					矿石量	金属量	矿石量	金属量
	合计			68.14	211219.93	146.64	204432.52	139.92
1	栾川龙宇钼业有限公司南泥湖钼矿	栾川县	采矿权	3.98	110865	67.55	104329.06	61.11
2	栾川县长青钨钼有限责任公司858采矿工程	栾川县	采矿权	0.54	9182	8.52	9124	8.47
3	栾川县中天经贸有限责任公司黑家庄北区钼矿	栾川县	采矿权	1.41	2036.66	1.96	1940.83	1.86
4	河南省栾川县大清沟钼多金属矿区	栾川县	采矿权	52.09	1787.01	1.17	1787.01	1.17
5	栾川县马壮选矿有限公司石榴子石矿(实为钼矿)	栾川县	采矿权	0.12	3517.2	4.59	3488.54	4.55
6	河南省栾川县老定沟钼矿详查	栾川县	探矿权	4.98	5645.06	6.58	5576.08	6.49
7	河南永丰钼业有限公司光山县千鹅冲钼矿	光山县	采矿权	2.10	69612	50.74	69612	50.74
8	河南省罗山县陡坡多金属矿区勘探	罗山县	探矿权	2.92	8575	5.53	8575	5.53

(二) 钼矿采选

河南能化集团拥有栾川地区南泥湖、长青858矿、黑家庄、马壮、老定沟、大清沟钼矿与信阳地区光山千鹅冲、罗山陡坡钼矿等8个大中型钼矿的采矿权与探矿权。2015年集团拥有钼采选控股企业11家,控股钨选矿企业1家。分别是:栾川龙宇钼业有限公司、栾川县长青钨钼有限责任公司、栾川县中天经贸有限责任公司、栾川县大源选矿有限公司、洛阳开拓者矿业有限公司、栾川永达矿业有限公司、栾川县马壮选矿有限公司、栾川县丰汇矿业有限公司、栾川正龙矿业有限公司、河南永丰钼业有限公司、罗山县申城矿业有限公司;钨矿选矿控股企业为栾川县豫达矿业有限公司。集团具有钼采矿能力(设计能力)16300吨/日,钼选矿能力(设计能力)33150吨/日;白钨综合回收能力(设计能力)10000吨/日(豫达公司

5000吨/日、长青钨钼三分厂5000吨/日)。2015年,集团共生产钼精矿15616吨(实物吨),综合回收钨精矿2101.69吨(实物吨),钼精矿约占全国市场份额的5.45%,是全国钼行业主要生产企业之一。

(三)冶炼加工

河南能源化工集团拥有钼冶炼、加工控股企业3家,分别是洛阳多华钼业有限公司(简称"多华钼业",控股51%)、洛阳永卓钨钼材料有限公司(简称"永卓钨钼",控股100%)和河南省长青矿业有限公司(简称"长青矿业",控股75%),河南能源化工集团钼产业企业经营状况统计见表7-3-4所示。

表7-3-4 2015年河南能源化工集团钼产业企业经营状况统计表

序号	子(分)公司名称	注册资本(万元)	所占股比(%)	资产总额(万元)	销售收入(万元)	利润总额(万元)	从业人员(人)	备注
	合计			447525	229248	-5028	2067	
1	栾川龙宇钼业有限公司	26000	72	182669	188433	495	836	生产
2	洛阳多华钼业有限公司	800	51	3197	2094	149	71	搬迁技改
3	栾川县大源选矿有限公司	5000	55	11988	8986	398	157	生产
4	栾川县丰汇矿业有限公司	8800	100	14386	0	-394	2	探矿权保留
5	栾川县马壮选矿有限公司	1700	100	3838	0	-312	1	停产
6	洛阳开拓者矿业有限公司	3000	51	12967	0.12	-1055	15	停产
7	栾川县永达矿业有限公司	10000	51	11148	25	-22	8	基建
8	栾川县长青钨钼有限责任公司	21568	51	57417	17158	-2764	696	生产
9	栾川县豫达矿业有限公司	2745	51	4260	2781	-41	127	生产
10	河南省长青矿业有限公司	1680	75	4673	2209	-153	34	生产
11	栾川正龙矿业有限公司	500	51	5156	0.20	-367	1	尚未开发
12	栾川县中天经贸有限责任公司	6100	51	4935	47	-394	18	停产留守
13	洛阳永卓钨钼材料有限公司	8000	100	9289	7509	-565	101	钨钼加工
14	河南永丰钼业有限公司	100000	70	111188	0	0	10	前期开发
15	罗山县申城矿业有限公司	50	65	10408	0	0	15	探矿权保留

注:表中河南省长青矿业有限公司是栾川县长青钨钼有限责任公司的子公司。

多华钼业拥有钼铁生产产能6000吨/年。由于企业所在地已被栾川县调整为旅游产业集聚区,从长远发展角度考虑,公司决定实施搬迁技改及钼深加工项目,设计年产钼铁10000吨/年、氧化钼压块5680吨/年、钼粉1760吨/年、钼丝900吨/年,副产98%硫酸25190吨/年。

永卓钨钼是河南能化集团唯一的钨钼加工企业,具备钨钼制品650吨/年的生产能力,产品主要有钨/钼粉、钨/钼粒、钨/钼条、钨/钼杆、钨/钼丝、钨/钼坩埚异型件等产品。

长青矿业是栾川县长青钨钼有限责任公司在兰考投资设立的控股子公司,主要进行钨钼及其他矿产品的加工和进出口贸易。2015 年钨钼及其他矿产品的加工项目仍处于边建设边试产状态，进展缓慢。长青钨钼拟转让其所持 75％的股权。

（四）钼业经营

2015 年，国内有色金属行业经济下行压力持续增大，钼价继续走低，河南能化集团有色金属产业受到很大影响，钼采选企业仅龙宇钼业、大源选矿两家实现盈利，长青钨钼亏损，其他采选厂均已停产。截至 2015 年年底，集团钼产业资产总额 44.75 亿元，有从业人员 2067 人。2015 年，集团生产钼矿石 757.08 万吨、钼精矿 15616 吨（实物吨）、钨精矿 2101.69 吨（实物吨）、钼铁 7666.3 吨、钨钼制品 356 吨；实现销售收入 22.92 亿元，实现利润总额－5028 万元。2015 年河南能源化工集团钼产业经营状况统计如表 7-3-5 所示。

表 7-3-5　2015 年河南能源化工集团钼产业经营状况统计表

序号	业务名称	产量（吨）	销售收入（万元）	占总销售收入（％）	利润总额（万元）	占总利润总额（％）	备注
	合计		229248	100.00	－5028	100.00	
1	钼精矿	15616	214580	93.60	－1870	37.19	
2	钨精矿	2102	2782	1.21	－41	0.81	
3	钨钼制品	356	7510	3.28	－565	11.25	
4	其他		4377	1.91	－2551	50.74	

注：1. 钼精矿业务中的数据包含：龙宇钼业钼矿石、贸易、钼铁等数据，大源选矿的钼精矿数据，长青钨钼的钼精矿数据；2. 钨精矿数据来自豫达矿业；3. 钨钼制品数据来自永卓钨钼。

龙宇钼业是由永煤控股和栾川县政府合资的企业。公司成立于 2005 年，2007 年 8 月全面开工建设，2008 年 10 月建成投产，下设南泥湖矿山公司、小庙岭选矿公司和销售公司 3 个分公司。该企业拥有南泥湖钼矿区 3.98 平方千米的采矿权，矿区内保有钼金属储量超过 50 万吨，伴生白钨金属储量 8.6 万吨，矿石量超过 7 亿吨。公司具备采矿 15000 吨/日和选矿 10000 吨/日的生产能力。矿区内还有丰富的钨资源可在公司拓宽产业和持续发展中开发利用。

四、硅铝铁合金

焦作煤业（集团）王封冶化有限责任公司（简称王封冶化）前身为焦作矿务局王封矿，2006 年 12 月根据国家政策实施破产改制，2007 年 8 月更名为焦作煤业（集团）王封冶化有限责任公司。1990—1998 年，该公司先后建成矿热炉 14 台，年生产硅铝铁合金 15000 吨，年产值近 1 亿元。1995 年，获国家发明专利，1996 年获中国专利技术博览会金奖和布鲁塞尔尤里卡银奖。2002 年受国家环保和产能政策限制，王封铁合金厂小炉全部关停。2003 年 10 月，动工建设国内首台 16.5 兆伏安矿热炉。2005 年 9 月，公司注册的“王封”牌硅铝铁合金产品获得“河南省优质产品”称号，并被省发改委指定为重点支持建设硅铝铁产品生产基地。2010 年初，因电力成本过高关停。

第三节　服　务　业

一、宾馆服务

（一）平安大厦

平安大厦成立于 2006 年 1 月 16 日，是中国平煤神马集团按四星级标准投资兴建，集客房、餐饮、娱乐、购物为一体的豪华商务酒店，由郑州未来管理公司参与管理。平安大厦于2006年1月16日正式对外营业。酒店总占地面积15亩，建筑面积2万平方米，总投资1.66亿。大厦主体高度67米，分为主楼和副楼两个区域，由客房、餐饮、会议中心、旅行社、游泳馆、洗衣房等组成，可供出租客房195套(间)，有停车车位90个。

酒店位于平顶山市繁华地段，矿工路中兴路与民主路交汇处。平安大厦交通便利，距郑州新郑飞机场120千米，距高速公路入口10千米，距火车站3千米。酒店总面积2.3万平方米，拥有优雅舒适的各式客房195套(间)、309个床位，包括标准客房、豪华客房、女士特色客房、电子E房、豪华套房、豪华中式套房并特设无烟楼层。宾馆餐饮可容纳400人同时就餐，设有福祥阁中餐厅、乐天餐厅、大堂吧；既可以提供中式零点、宴会、自助美食，又可以提供冷餐酒会、亚洲美食及精美套餐。

酒店会议中心设有各种规格的会议室，包括贵宾接待室、视频会议室、多功能厅、会展厅、董事会议室、中型会议室、小型会议室等，大小不一、风格各异，可满足各种洽谈会、组织聚会和大型庆典活动。

平安大厦建有独立的游泳馆，采用国家泳池标准建设，内含10个标准泳道，泳池长50米，宽25米，浅水区1.5米，深水区2.5米，供水采用闭路循环系统、昼夜循环、水质清澈、卫生达标，四季恒温，水温28度，淋浴洗澡。泳池内天花板采用软膜吊顶，是全河南跨度最大的软膜天花吊顶，游泳馆内软件硬件均达到平顶山市一流水平。

（二）平煤神马集团职工休养院

主要单位是中国平煤神马集团职工荣誉休养工作的主体接待单位，位于平顶山市白龟山水库东北隅，背靠凤凰山，三面环水，占地百余亩。距集团公司总部10千米，与平顶山市新南环路相连，交通便利。院区风景秀丽，青松翠柏、石榴樱花、梧桐竹园、亭阁喷泉、草坪绿地与各具特色的建筑相映生辉。院内建有3个停车场，可停放车辆百余台。

职工休养院的前身是职工疗养所，成立于1974年9月。1986年9月职工休养院成立，隶属于矿区工会。2005年，集团第一次总经理办公会议决定对职工休养院进行全面维修改造，维修改造方案由武汉设计院设计，各接待楼统一为白墙红瓦。改造后，客房、餐厅条件能满足不同层次的需求，还增加了文化娱乐设施，采用了集中供冷采暖设施，对院区绿化又进行了重新规划。维修改造后的职工休养院实行统一管理，占地面积为80000平方米，建筑面积为20710平方米，拥有床位480余张、餐厅3个，一年可接待休养人员5000人次，拥有容纳20～400人的各类会议室14个。

2012—2015年，休养院对院区再次进行升级改造，并逐步完善生活服务、文化娱乐设施，还建有阅览室、图书室、篮球场、网球场、羽毛球场、音乐喷泉等。主要道路新设了景观灯、背景音乐，补栽了名贵花草树木。休养院的院内小桥流水，曲径通幽，名贵花草各异，百态绿树成荫，亭台楼榭林立，鸟语花香生辉，形成了独具特色的高品位立体绿化景观。休养院绿化面积达90%以上，每年除接待休养人员外，还接待各种会议及散客游览观光，成为平煤神马集团的接待服务“窗口”。

（三）义煤集团招待所

义煤集团招待所位于义马市朝阳路中段。招待所南楼于1970年竣工投入使用。该楼共3层、111个房间，建筑面积1000平方米。1978年，招待所北楼建成投入使用，建筑面积4240平方米，客房面积1060平方米，可同时接纳400人。1983年以前，餐厅面积300平方米，可同时接纳400人就餐。

2003年3月南楼拆除，北楼划归义煤集团公司下属工勘公司经营管理。2003年6月16日招待所开办永乐公寓，面向社会继续提供食宿服务。

（四）豫美宾馆

豫美宾馆位于洛阳市中州东路，是于1987年在义马矿务局驻洛阳办事处的基础上改建而成的。宾馆占地9.44亩，建筑面积7100平方米，固定资产为800多万元，有高、中、低档套房71套，床位150个，大中小型会议室5个，大型会议能容纳300人，餐厅可容纳280人就餐，宾馆后院设有停车场。2002年11月，义煤集团投资150万元对宾馆进行装修改造。1985年，该宾馆被洛阳市消费者协会授予洛阳市十佳宾馆，并先后被评为洛阳市卫生信得过单位，市旅游业、餐饮业一级店。

（五）榕花建国宾馆

榕花建国宾馆隶属于义煤集团，位于义马市千秋路中段，是一家涉外三星级宾馆。其主体建筑分前后两部分，后楼2层，前楼10层，总面积2万平方米。它的建筑造型风格各异，布局前呼后应，外观起伏活泼。宾馆融住宿、饮食、会议、娱乐、健身于一体，共有客房139间（套），其中标准间118间、普通套房14套、豪华套房7套；中西餐厅12个，中餐大厅1个，可容纳720人就餐；大型会议室1个，中型会议室1个，小型会议室7个，可同时为950人提供会议服务；拥有多功能餐厅、乒乓球室、台球室、美容中心、室内游泳池、室外网球场等。

（六）龙口培训中心

龙口培训中心是义煤集团设立的职工疗养院，位于山东省龙口市屺姆岛旅游度假区，1993年开始兴建，1996年竣工投入使用。它占地面积20.63亩，建筑面积4000平方米，分A、B、C座3栋主楼及变电房、锅炉房、车库等。其中：A楼客房1100平方米，有28个标准间；B楼客房860平方米，有16个标准间；C楼1900平方米，设餐厅、会议室、舞厅和办公室。全年的接待能力为700人次，接待时间是每年的5—10月。该中心由义煤集团工会管理，2001年划归生活服务公司管理，2002年划归后勤部管理。截至2008年年底，已累计接待集团公司劳动模范、先进工作者等6800多人次。

（七）中都饭店

该单位由郑煤集团于1989年立项，经煤炭工业部、郑州市计委、河南省教委批准，项目名称为“河南煤矿安全技术培训中心”。1994年1月动工兴建，1996年12月竣工。它位于郑州市航海中路99号，占地面积16.31亩，建筑总面积4.6万平方米，由A座、B座、C座3幢楼体组成，集餐饮、客房、康乐、商务、购物及旅游于一体。饭店系中国旅游饭店业协会理事单位和国际“金钥匙”组织会员单位。2002年12月，中都饭店被授予“四星级”旅游饭店。2010年7月在四川省宜宾市举办的第八届金钥匙国际联盟年会上，中都饭店连续第六次获得“世界金钥匙酒店联盟5C品质奖”，并获“最佳经营奖、管理创新奖、用心为您服务奖”等奖项；11月获中外酒店论坛“十大婚庆主题酒店”称号。2014年，中都饭店被国际皇金管家服务联盟授予“最佳会议接待酒店”。饭店共有客房255间（套）、床位441张，拥有大中小会议室16个，其中国际会议厅可容纳300人，拥有风格各异的餐厅、宴会厅及餐饮包间26个，汇集了淮扬、粤、川等众多菜系的菜品，可同时接待千人就餐。

（八）正都饭店

正都饭店是由郑煤集团于1993年在局机关南院对面兴建的，1994年8月8日挂牌营业。1994年10月被省外事办公室、省公安厅批准为“旅游涉外饭店”，隶属郑州矿务局锦鹏旅业总公司。2007年注册为郑州正都饭店有限责任公司，有员工14名。2008年1月起由郑煤集团职教中心代管，

2010年12月3日取消建制。

（九）焦作煤业集团东方宾馆有限责任公司

该宾馆简称“东方宾馆”，位于焦作市中心解放中路272号，地理位置优越，交通十分便利。焦作前身为1951年成立的焦作矿务局招待所，1985年改名为东方宾馆，2007年改制为有限责任公司，并逐步发展成为一家三星级涉外旅游饭店。经营范围：住宿、餐饮，卷烟的零售，预包装食品的批发零售，酒店管理、咨询服务。宾馆客房有豪华套房、普通套房、单人间、标准间、三人间等共131间266个床位以及6个会议室，部分配备有中央空调、有线电视、宽带入网；有21个大、中、小雅间和自助餐厅，共有600个餐位，既可以提供高中档菜肴，还可以提供各式会议、商务及家庭宴会套餐，并有早、中、晚自助餐服务；宾馆内还设有110个车位的地下、地上停车场。

（十）鹤壁迎宾馆

该宾馆是由鹤煤集团和鹤壁文化旅游集团共同投资兴建的五星级宾馆。宾馆位于鹤壁市淇滨区鹤煤大道中段。宾馆占地600亩，建筑面积约43800平方米，绿化面积达78%。宾馆有267间(套)现代新颖的个性化客房，宴会包房和多种风格的宴会厅，可同时容纳1300人就餐。宾馆还有大小各异的会议厅12个，可同时容纳15～500人不同规模的会议。300多个停车位可满足顾客便捷泊车需要。宾馆秉承“打造一流的生态五星级宾馆”的愿景目标，2006年6月加盟了世界金钥匙组织；2006年9月通过了ISO质量体系认证；2008年9月荣获了河南省首批金叶级绿色饭店；2009年和2010年分别加入了国际皇家管家组织、国际美食厨艺联盟。宾馆还先后获得了中华总工会颁发的“工人先锋号”“中国最受欢迎商务服务酒店”“中国优秀绿色旅游饭店”“金钥匙5C品质奖、最佳经营奖、管理创新奖”“中国最受欢迎商务服务酒店”“中国最佳会议会展酒店”“中国最佳绿色环保酒店”等荣誉称号。多年来宾馆接待多位党和国家领导人及各界名人。

（十一）鹤煤宾馆有限责任公司

该宾馆始建于1958年，前身为鹤壁矿务局招待所、鹤煤公司宾馆，是鹤壁市第一家旅游涉外定点宾馆、市旅游饭店协会会长单位。宾馆于鹤壁市工业基地、豫北商贸中心的山城区红旗街中段100号，与鹤壁市山城区政府隔街相望。占地面积4436.4平方米，建筑面积14174.35平方米。宾馆拥有豪华套房、单人间、标准间等各式客房180间(套)，床位400张，有大、小会议室3个。餐厅提供豫菜及地方特色菜系，设中、小型宴会厅18个，可同时容纳600人就餐。鹤煤宾馆作为鹤煤公司下属服务单位，2010年3月改制为企业，更名为鹤壁鹤煤宾馆有限责任公司，为鹤煤公司子公司。公司注册资本600万元，其中鹤煤公司持有股权30%，鹤煤宾馆工会委员会代表职工持有股权70%。

（十二）光明宾馆

1990年，永城矿务局光明宾馆建成启用，当时是永城新城唯一的一家宾馆。宾馆集食宿旅游于一体，是神火集团对内对外接待的窗口。

二、商贸物流

（一）国龙物流有限公司

该公司简称“国龙物流”，成立于2009年4月，是河南能化集团重组后成立的第一个全资子公司，也是河南能化集团物流贸易板块的领军企业。该公司注册资本3.9亿元，有职工130人，下设4个管理部室和2个业务部室，辖有10个子(分)公司。公司业务范围辐射北京、上海、河南、河北、山东、山西、陕西、内蒙古、安徽、湖北、贵州、新疆、黑龙江等地区。其经营范围主要包括煤炭、钢材、建材、油脂、化工等大宗物资的物流贸易业务，具有液氯、甲醇、乙烯等10种危险化学品经营资格。同时，公司主要负责河南能源化工集团大宗原材料的物流运作及供应链管理，是集采购、销售、仓储、配送于一体的综合性物流企业。2010年，国龙物流通过了ISO 9001质量管理体系认证，实现了物流贸易管理与国际标准的接轨，被列为河南省重点骨干物流贸易企业；2011年5月获评“中国5A级物流企业”“中国企业信用评价3A级物流信用企业”，10月获评“中国煤炭供应链管理领先企业”；2012年11月获评“中国物流实验基地”“中国先进物流企业”；2014年7月获得“河南省供应链管理先进单位”等荣誉称号。公司连续5年其综合实力位列中国物流百强前10位。2015年该公司完成营业收入231亿元，完成利润6710万元，经营规模位居河南物流商贸企业之首。

（二）焦煤集团新亚商厦

新亚高厦成立于1993年12月5日，位于焦作市解放中路繁华商业区，拥有营业面积2万余平方米。该公司有百货、电器、超市3种经营业态，经营服装鞋帽、珠宝首饰、化妆品、箱包、床品、电器、手机数码、办公机具、食品、烟酒、日用百货以及劳保用品、五金工具、电工电料等多种品类。它还拥有解放路中心店、电器商城、馨园超市、新发地批发物流中心、格力空调客户服务中心等5个市区经营配送网点，并在焦煤公司的主要生产矿井设立11处班中餐便利超市，为矿区广大职工提供优质便捷的服务。

（三）河南新东科技股份有限公司

该公司简称“新东股份”，是一家公司全员持股的股份制企业，前身为焦作矿务局焦东矿。1996年4月15日，焦东矿与焦作矿务局多种经营总公司合并组建焦作新东工业（集团）有限公司。2003年12月企业改制，成立焦作新东工贸有限公司。2010年10月，焦煤公司将焦作鑫华宝铝材有限公司、焦作市惠德印务有限公司收归属下，更名为河南新东科技股份有限公司。公司位于焦作市山阳区太行中路59号，占地面积213亩，下辖惠德印务、华宝铝材两个工业企业和新东·焦作1898休闲街区。2015年公司拥有股份员工1852人。主要经营范围：房屋租赁、机械设备租赁、机电产品、五金制品、日用百货、建材、五金交电、食品、农副产品、电子产品、国内广告、礼仪服务、会务服务、汽车装饰美容、家政服务、网上销售百货、文体用品、办公用品等。同时该公司还承担着新东南、北住宅区和新西、中森、华宝5个家属区约3000户居民的供电及物业服务。公司曾先后获得“全国青年文明号”“全国资源枯竭城市转型先进单位”“河南省守合同重信用先进单位”“河南省职业道德先进单位”“省级卫生先进单位”等荣誉称号。

（四）河南神火新利达有限公司

该公司成立于1996年，是从事集团内部生产服务的综合性生产经营企业。经营范围：矿建工程、建材、工矿配件、机械维修加工、商贸等。

（五）永城煤电控股集团先帅百货有限责任公司

该公司简称“先帅百货”，创建于1997年11月25日，经过十多年的不懈努力，发展成为集超市、百货、家电、专卖店、便利店、矿用物资、装备制造、酒店餐饮、广告印务等多种业态于一体，区域覆盖商丘的现代化企业。2015年，公司经营分为3个板块：一是商业零售板块，二是物资经销板块，三是酒店餐饮板块，并拥有子公司6家：永城市经纬广告印务有限公司、永城先帅之星快捷酒店、郑州先帅之星商务酒店、河南顺天实业有限公司、河南先帅商贸有限公司、永城市永煤宾馆等。总营业面积73600平方米，总营业网点54个，2015年产值8.12亿元。

（六）永城煤电集团聚龙物流贸易有限公司

该公司成立于2007年1月，是永煤集团全资子公司，注册资金8000万元。公司主要经营范围为货物运输、煤炭经营、有色金属营销、成品油经营和钢材贸易五大业务板块。2011年年底公司统管了永城本部单位通勤车辆，拥有自己的运输车队，自有车辆70辆。公司自营一个加油站，除内部供应永煤集团油品外，面向社会经营。2007年，永煤集团将发展大物流作为一项重要的发展战略而确定下来。公司使命是通过物流合理化、现代化等一系列活动，完善和协调集团内部整个生产和流通结构，为永煤集团内部各子公司打造最经济、最快捷、最稳定的供应链，从而降低成本，为企业挖掘第三利润源泉。公司通过物流合理化、现代化等一系列活动，提高企业对用户的服务水平，增加用户的满意度和对企业的忠诚度，进而提高企业的竞争能力。通过物流合理化、现代化等一系列活动，公司在相关领域的发展寻求商机，提供重大的伴随信息，从而对永煤集团建设新型商业模式提供强有力支撑。

（七）郑州煤电物资供销有限公司

该公司成立于1958年，前身为郑州矿务局供应公司；2005年更名为郑煤集团物资供应分公司；2006年1月，为适应上市公司独立采购系统，改变传统管理模式，更名为郑煤集团物资供应管理部和郑州煤电物资供销有限公司。供销公司于2006年1月19日注册登记，注册资本1000万元。公司法人营业执照于2010年11月15日变更登记，变更后注册资本为5000万元，是郑州煤电股份有限公司全资子公司。该公司设有24个职能部门，21个基层供应站，1个大型物资总库，1个加油站和2个郑煤集团兼并重组矿井物资供应管理部，以及河南惠泽物资供销有限公司、郑州煤电宾馆有限公司、郑州博威物资招标有限公司、上海郑煤贸易有限公司、郑州煤电爆破工程有限公司等5个分支机构。公司曾获“河南省学习型组织标兵单位”“河南省文明单位”和“河南省五一劳动奖状”等荣誉称号。

（八）河南惠泽物资供销有限公司

该公司成立于2010年1月，注册资本500万元，2012年追加后注册资金为5000万元，是郑煤集团供销公司下属的全资子公司。2015年年底该公司设有业务一、二、三部，综合部、财务部等5个职能部门，主要从事钢材、木材、机械设备及材料、工矿配件、建材、化工产品（易燃易爆及化学危险品除外）、机电产品、橡胶制品、有色金属、煤矿物资的贸易销售。惠泽公司在铁矿石、电解铝、钢材、水泥等四大产品板块与河北冀中能源金牛贸易有限公司、开滦沙钢能源有限公司等多家大型国有企业进行贸易合作，外销业务遍及上海、河北、江苏、浙江、安徽、山西、陕西等省市，年平均物流贸易销售额约30亿元。

（九）上海郑煤贸易有限公司

该公司成立于2011年11月，注册资本5000万元，是郑煤集团供销公司全资子公司。2015年年底公司设有综合部、财务部和业务部3个职能部门，主要从事石油制品、矿产品、冶金炉料、机械设备及配件、机电产品、金属材料、橡胶制品、化工产品、钢材、建材等产品的经营销售。上海贸易公司以能源类产品、化工产品、有色金属产品等贸易为主要拓展方向，与上海京慧诚国际贸易有限公司、山西潞安矿业（集团）有限责任公司、北新建材集团有限公司等一批国有大型企业建立了贸易合作伙伴关系，年平均物流贸易销售额约60亿元。2014年9月，集团公司成立上海新豫贸易有限公司，上海新豫公司和上海郑煤贸易公司为两个牌子一班人马，实行独立核算；2016年，上海郑煤贸易公司并入上海新豫公司。

三、金融服务

河南能源化工集团财务有限公司(简称“财务公司”),是经中国银行业监督管理委员会批准,于2013年11月26日由原河南煤业化工集团财务有限公司更名设立的非银行金融机构。财务公司注册资本30亿元人民币,有4家股东。股东出资额及出资比例如下:河南能源化工集团有限责任公司出资19.11亿元人民币,出资比例63.7%;永煤集团股份有限公司出资7.89亿元人民币,出资比例26.3%;永城煤电控股集团有限公司出资1.89亿元人民币,出资比例6.3%;河南省正龙煤业有限公司出资1.11亿元人民币,出资比例3.7%。公司按职能设有结算管理部、信贷管理部、资金计划部、投资管理部、财务会计部、综合管理部、稽核风险部等7个部门。截至2015年12月31日,公司资产总额1966289万元。2009年7月—2015年12月,该公司累计营业收入605109万元,实现利润总额397641万元。

四、建筑安装及房地产

(一)河南省国龙置业有限公司

国龙置业有限公司是河南能源化工集团房地产板块核心开发企业,是集团公司旗下开发规模最大、专业化程度最高、效益最突出的房地产企业。公司成立于2005年9月,注册资本5.9亿元,具有房地产开发、经营、租赁、物业管理相应资质。2009年7月,该公司成立全资子公司黔西国龙置业有限公司,开发黔西国龙水岸项目。2009年9月,该公司成立全资子公司商丘国龙置业有限公司,开发商丘和谐景苑项目。2010年1月,郑州国龙大厦项目竣工验收通过,项目获得郑东新区管委会颁发的“郑东新区CBD建功立业奖”、郑东新区建设指挥部颁发的“突出贡献奖”。2010年2月,该公司成立全资子公司洛阳国龙置业有限公司,开发洛阳建业龙城项目。同月,该公司成立全资子公司舞阳国龙置业有限公司,开发舞阳和谐景园项目。2010年3月,该公司成立全资子公司开封国龙置业有限公司,开发开封龙宇和谐港湾项目。2010年4月,合资成立新乡市国龙置业有限公司,开发新乡五月花城项目。2010年12月,合资成立商丘大商置业有限公司。2011年6月,成立郑州绿城怡园项目部,开发绿城怡园项目。2011年7月,该公司成立全资子公司永城国龙置业有限公司,开发永城龙城御园项目。2013年4月,合资成立郑州致方置业有限公司,开发成都东原亲亲里、成都东原时光道项目。同4月,该公司成立郑州龙宇国际项目部,开发龙宇国际项目。2013年9月,该公司成立全资子公司河南省国龙物业服务有限公司,将为客户提供高质量的物业服务纳入公司核心竞争力建设的重要部分。2014年11月,该公司成立郑州国龙商务中心项目部,开发国龙商务中心项目。2015年4月,该公司成立郑州双湖花园项目部,开发双湖花园项目。

(二)永城矿务局建筑安装工程公司

1995年11月,神火集团为理顺公司内部关系,将1987年成立的永城矿区指挥部建筑公司(1990年更名为永城矿务局建筑公司)与永城矿务局建筑安装公司合并,成立河南神火集团建筑安装工程公司,下设7个分公司,共有职工1200余人,其中技术人员26人。1995年年底,建安公司资质级别被煤炭部晋升为全民三级,1997年神火建安公司资质级别被晋升为全民二级。2001年10月,集团公司进行行业结构调整,实行行业归口管理,组建河南神火建筑安装工程公司,列入神火集团子公司序列。2001年施工的商丘神火科技中心项目被评为“省级文明工地”,1998—2002年连续5年获省级“重合同守信用企业”称号。2004年,神火建安公司抓住神火集团全面建设的大好机遇，以树立神火建安精品工程为宗旨，坚持顾客的满意是公司永恒的追求原则，严格执行 ISO 9001 质量管理体系工作标准，主动“找米下锅”，狠向自身挖潜，全年完成产值 6134 万元，实现利润 261 万元。经河南省工商部门审定，公司在原有二级民建资质的基础上，又获三级机电设备安装资质，能从事专业的工业大型机电设备安装。2011 年，在神火集团内部建设市场相对萎缩的情况下，神火建安公司坚持“立足建安创精品，拓宽业务得发展”的工作思路，积极进入社会建筑市场，先后在江苏徐州市、新疆神火公司阜康五彩湾、河南禹州市等地承建建筑项目，全年完成产值 3.16 亿元，实现利润 573 万元，均创历史新高。2012 年，神火建安公司坚持“开拓市场精管理、狠抓安全促质量，严控成本促效益”的工作思路，进一步提升了工程质量水平，在社会上打响“神火建安”企业品牌，保持了快速发展的良好势头。该公司先后承建了河南新密市中国曲梁锦荣服装创意工业园项目、郑州新郑综合保税区（航空港区）合村并城项目、开封龙昇丽景高层住宅楼项目、河南柘城产业集聚区项目、新疆神火阜康炭素厂项目、新疆神火五彩湾发电厂项目、永城神火城市雅苑项目等，全年完成产值 4.15 亿元，实现利润 1250 万元。2015 年，神火建安公司在神火集团遇到前所未有的困难、两大主营产业煤炭和电解铝严重亏损的情况下，积极参与社会工程招议标，成功承建河南新科技市场一期 4 栋 12 层高住宅楼工程、开封龙昇丽景 2 栋高层住宅楼工程、商丘城乡一体化示范区电子产业园项目一期 5 栋标准化工业产房、禹州“新龙华庭”产地开发项目 3 栋住宅楼等工程，全年实现利润 1348 万元，完成年计划的 112.33%。

（三）河南省豫西建设工程有限责任公司

该公司位于义马市银杏路中段，注册资金 6188 万元，资产总额 1362.2 万元，职工 3850 人，专业技术人员 410 人，其中高级职称人员 28 人、中级职称人员 137 人。公司下设 10 个专业分公司，经营范围包括工业与民用建筑、矿山建安、机电设备安装。1996 年以第一建筑安装公司为主，联合各矿 14 个建筑队，成立义马矿务局建筑安装总公司。1998 年 6 月建筑安装总公司与第二建筑安装公司合并，成立河南省豫西建设工程有限责任公司。公司拥有建设部颁发的房屋建筑工程施工总承包一级资质、机电设备安装工程专业承包二级资质、建筑装饰工程专业承包三级资质、混凝土预制构件专饰装潢、市政大型土方工程、高低压变电系统信输配电线路、超重、公路、桥梁、砼预制件、水泥制品、木制品、土建电气检测、运输、修理、器材、油料物资供销、技术开发等，具有多元综合经营能力。1991—2008 年该公司完成建筑面积 16432 万平方米，主要建筑项目包括：兴苑小区、义马市电视塔、建国榕花宾馆、孟津煤矿洗煤厂、新安煤矿、跃进煤矿洗煤厂、跃进 2×5 千瓦电厂、棚户区改造工程等。

（四）平煤神马建工集团有限公司

2008 年，为适应企业快速发展和市场竞争要求，平煤集团公司决定组建建工集团，提高建筑、建材及相关产业的竞争力，实现内部资源的优化重组，使之成为集团公司的 4+5 产业格局中的一个重要板块。4 月 10 日，平煤集团公司下发《关于机构设置及干部职务任免的通知》（平煤〔2008〕171 号），决定成立平煤建工集团有限公司。4 月 29 日，建工集团在六处院内举行了隆重的揭牌庆典，省、市有关单位及集团公司各基层单位负责人应邀参加庆典。建工建材板块组建之初，企业基本情况如下：① 母公司是平煤神马建工集团有限公司，注册资本 3.5 亿元。② 有 6 个分公司，包括平煤神马建工集团有限公司建井一处、平煤神马建工集团有限公司建井三处、平煤神马建工集团有限公司土建处、平煤神马建工集团有限公司安装处、平煤神马建工集团有限公司六处、平煤神马建工集团有限公司设备租赁站。③ 有 4 个子公司，包括平煤建工集团天元水泥有限公司、平顶山平煤设计院有限公司、平煤建工集团特殊凿井工程有限公司、平顶山福星现代建材有限公司。④ 有 6 个集体企业，包括平顶山煤业（集团）建安第一劳动服务公司、平顶山煤业（集团）建安第六劳动服务公司、平顶山煤业（集团）建筑安装工程有限责任公司土木建筑工程处劳动服务公司、平顶山煤业（集团）建安安装劳动服务公司、平顶山煤业（集团）建安第三劳动服务公司、平顶山煤业（集团）建安橡塑制品厂。

2015 年 6 月 1 日，国家住房城乡建设部发布公告，建工集团晋升矿山工程施工总承包的特级资质获得核准，同时还获得煤炭行业（选煤厂）和煤炭行业（矿井）专业甲级设计资质，成为全国煤炭建设行业第四家、河南省第一家具备矿山特级资质企业。12 月 5 日，由建工集团施工的工人劳模小区（安泰小区）5#、6# 楼工程获中国建设工程鲁班奖（国家优质工程），这是时隔 5 年建工集团再次获“鲁班奖”。平顶山安泰小区楼群如图 7-3-1 所示。

图 7-3-1　平顶山安泰小区楼群图

五、物业及其他服务业

（一）平煤集团机械装备集团服务业

1991 年以后，集团多经（集体）企业随着集团改革发展而不断变化着，涉及生产、经营的服务行业较多，范围广、品种多。平煤集团其他服务业情况如表 7-3-6 所示。

（二）兴龙公司

该公司是在原永煤集团后勤服务处的基础上，于 2005 年 5 月通过改制成立的具有独立法人资格的股份制公司。2015 年，公司有员工 645 余人，业务范围包括物业服务、园林绿化、幼儿教育、生活供暖、供水以及永煤集团职工公寓管理等，下设综合部、财务部、企管部、工程部 4 个职能部室和东、西两个物业服务处、维修中心、供水厂、幼儿园、花木园艺等 6 个基层单位。截至 2015

表7-3-6 平煤集团其他服务业情况表

序号	单位名称	经营范围	主要项目
1	平顶山煤业(集团)一矿残疾人基金会福利厂	棕制品、菱镁制品、竹制品、墩布针纺织品、服装劳保用品、木制品塑料、地砖废旧钢铁加工	劳保服装
2	平顶山煤业(集团)二矿建筑公司	房屋建筑工程施工总承包三级	
3	平顶山市豪洁清洗工程有限公司	各种设备、设施、管道的化学清洗、防腐、维修及保温、环保除尘、污水处理(国家限制经营的除外)	矿山设备清洗
4	平顶山煤业(集团)五矿劳动服务公司龙山福利加工厂	劳保用品生产,金属网,帆布手套,绒衣,灯代,胶鞋,防尘口罩,肥皂,聚氨酯,麻绳,综绳,橡胶制品	工作服及劳保肥皂
5	平顶山煤业(集团)六矿劳动服务公司	服务、加工	劳保用品、橡胶配件等
6	平顶山煤业(集团)六矿建筑安装公司	装饰装修	装饰装修
7	平顶山市诚信劳务站	劳务输出	劳务输出
8	平顶山煤业(集团)十矿劳动服务公司	主营:劳务服务;零售:日用百货,餐饮	
9	平顶山煤业(集团)十矿建筑公司	房屋维修	
10	平顶山煤业(集团)十矿东海汽车大修厂	汽车修理修配	
11	平顶山煤业(集团)铁路运输处劳动服务公司	劳务输出	劳务输出
12	平顶山煤业(集团)铁路运输处铁道建筑工程公司	工程	工程
13	平顶山市大地草坪绿化研究所	草坪、观赏苗木栽培种植、研究开发;园林设计、园林绿化及建设;水电安装;铁艺建材;劳务服务	
14	平顶山煤业(集团)安全技术培训中心劳动服务公司	住宿服务、餐饮服务、摄影扩印服务等	住宿
15	平顶山矿工报社宏达服务公司	国内版图书、期报刊零售、室内外广告设计制作发布、庆典服务、印刷品等	
16	平顶山煤业(集团)总医院劳动服务公司	洗涤、清洁、配送、服务	
17	平顶山煤业(集团)职工休养院劳动服务公司	劳务服务	保洁绿化
18	平顶山煤业(集团)有限责任公司物业服务中心劳动服务部	物业管理、工程维修、房屋租赁、园林绿化、家政服务、劳务服务(不含中介)	服务业

年年底，该公司服务规模如下：住宅物业7个（牡丹、月季、玫瑰、百花、咏梅、永馨园东、永馨园西），服务面积约80万平方米；商业和工业物业项目8个，服务面积约45万平方米；幼儿园3所，采用全蒙氏班教学，可接收1200名适龄儿童入园；提供24小时最大供水量为3500立方米的中心水厂和11眼水源井的运行服务；提供中心办公区1200间公寓服务。

（三）鹤壁市福田物业管理有限责任公司

2003年7月，该公司是由鹤壁福田工贸集团有限责任公司注资成立的一家企业。2005年2月，受福田小区业主委员会委托，正式管理福田小区。公司主要经营定位是为福田小区全体业主提供规范化、优质的物业服务。公司注册资本50万元，截至2017年2月底资产总额742余万元。公司现有员工146人，其中物业管理专业人员及工程管理、经济等相关专职管理和技术人员7人，具备三级物业管理资质，物业管理面积56.14万平方米。近年来，福田物业公司在小区管理方面认真执行国家的法律、法规和物业委托合同的约定相关内容实施物业管理，凭着“热情服务，亲切待人”的理念服务于业主，福田物业公司先后被评为“全国煤炭系统和谐社区”“河南省物业管理优秀住宅小区”“河南示范小区”“河南省物业管理先进单位”，连续多次被市房管局评为鹤壁市物业管理先进企业。

（四）神火永新物业公司

该公司负责神火集团机关、煤业公司各矿厂、铝业电力公司各厂的物业服务，主要包括两堂一舍、职工通勤、环卫绿化、治安保卫等服务内容。

第 八 篇

科研和教育

20世纪90年代，为适应煤炭工业的发展需要，河南省煤炭工业厅相继制定《1990—1995年河南煤炭工业科技发展规划纲要》《河南省煤炭工业厅、中国统配煤矿总公司河南公司科技管理办法》和《河南省煤炭工业厅、中国统配煤矿总公司河南公司科学技术奖励办法》一系列管理办法，把科技进步纳入河南煤炭工业发展规划，使全省煤炭科技工作在管理上跨入一个新台阶。“九五”时期，中共河南省煤炭工业厅（局）党组下发《关于加快实施“科教兴煤”战略的决定》，明确以科技进步带动全省煤炭工业的现代化发展；河南省计委、河南省煤炭工业厅制定并颁发了《河南省煤炭行业技术政策》，为实施“科教兴煤”战略，促进全省煤炭工业向高产、高效、安全、优质、洁净的目标发展，提供指导性文件；在全省煤炭机构改革后，河南省煤炭系统拥有9个科研院（所），形成以专业科研机构为主体的煤炭科技工作体系。

“十五”时期，为了全省煤炭工业持续健康发展，河南省煤炭工业管理局根据《河南煤炭工业“十五”科技发展意见》，确定继续推进“科技兴煤”战略，实施科技自主创新；积极推动行业技术进步，为全省煤炭系统争取到18个国家第七、第八批国债技术改造项目；加强了高产高效矿井建设和国有煤矿质量标准化工作；加大推进河南省煤炭工业科技体制改革，平煤集团和鹤煤集团、神火集团相继建立了国家、省级技术中心，由单一的科研单位逐步向科、工、贸一体化和科技型企业集团转化。依靠科技进步，经过技术改造和技术革新，提高科技进步贡献率，矿井机械化程度、吨煤工效不断提高，百万吨死亡率逐年下降，科技投入逐年增加，建成了一批高效安全的现代化矿井。

“十一五”时期，为了适应“自主创新，重点跨越，支撑发展，引领未来”的科技发展需要，河南省煤炭工业管理局制定并完善了“十一五”河南省煤炭工业科技规划，大力推动全省煤炭科技进步与创新，开展全省煤矿瓦斯地质编图工作，组织推广、应用一批较为成熟的科技成果；大规模展开职业培训，组织高技术人才培养选拔工作；不断推进煤炭教育基地建设，其中郑州经济管理干部管理学院完成新校区的建设，并通过教育部的“专升本”验收，郑州工业安全职业学院实现体制转换，平顶山工业职业技术学院进入全国首批28所国家示范性高职院校建设计划项目，河南工程技术学校等5所高级技校纳入全省示范性中职学校职业教育基础能力建设规划；河南省煤炭工业管理局制定了《河南煤炭工业科技管理办法》，进一步规范科技项目的立项、验收、评审、成果的推广等工作程序。

2009年，河南省煤炭工业管理局撤销后，全省煤炭科技管理工作划归河南省工业和信息化厅煤炭工业办公室管理。2015年，河南省人民政府决定设立河南省煤炭工业管理办公室，将全省煤炭科技管理工作划归河南省煤炭工业管理办公室。河南省煤炭工业管理办公室积极推进指导全省煤炭科技创新工作，深化煤炭科技成果推广应用，全面规范全省煤炭工业科技管理工作，鼓励煤矿科研机构和科技人员积极投身到科技创新工作中，推动河南省煤矿安全、清洁、高效发展和转型升级。“十二五”期间，河南煤炭工业在巷道快速掘进、煤层气（煤矿瓦斯）抽采、煤炭深加工等关键技术方面取得重大进展。全省骨干煤炭企业的煤矿采、掘煤机械化程度达到85%、88%，比2010年分别提高14个百分点和9个百分点。

第一章 科技研发

第一节 科研机构

一、河南省煤炭科学研究院有限公司

1999年,按照国家科研体制改革的整体部署,原河南省煤炭科学研究所,被列为国家首批242家企业化转制的科研院所之一,由河南省实行属地化管理。2001年为深化科技体制改革,又被列为河南省首批产权改制的28个直属科研单位之一。2006年12月26日,经河南省政府批准原河南省煤炭科学研究所成功转制,正式更名为河南省煤炭科学研究院有限公司。

河南省煤炭科学研究院有限公司目前下辖1个省级重点实验室、1个省级工程技术研究中心、1个甲级国家行业检测中心、2个省级行业检测中心、17个控参股公司、2个内部股份公司,主办河南省煤炭系统唯一全国公开发行的科技核心期刊《中州煤炭》。

河南省煤炭科学研究院有限公司以投资地产与物业、煤矿机械、工程机械、煤矿安全技术咨询及评价等业务为主,同时涉足计算机技术应用、环保技术研究与开发、机械电子产品生产、安全设备检测检验、国际贸易、先进能源材料研发和农业经济等领域,是国家认定的高新技术企业。截至2015年12月31日,人员由创立之初的60余人发展为300余人,总资产由200万元增长到3472万元。

二、平煤集团科研机构

1996年4月,国家发改委、国家税务总局、海关总署联合批准建立平煤集团技术中心,为国家级企业技术中心,相继设立了企业技术委员会和专家委员会。平煤集团技术中心完善了符合企业切身实际的科技管理办法、奖励办法等科技规章制度,多年来在国家企业技术中心评价中始终位列煤炭行业前列。

2010年初,为攻克制约煤炭安全高效开采技术难题及化工产业链关键核心技术,中国平煤神马集团专门设立了企业能源化工研究院,面向海内外招聘高层次创新人才。研究院的成立,标志着平煤集团在自主创新工作方面迈出了重要一步。按照企业总体安排,平煤集团能源化工研究院与集团技术中心采取一个单位,两块牌子的方式合署办公。集团研究院由最初成立时的8个专业化研究所,经过不断优化组合,现下设瓦斯、煤矿开采、尼龙化工、煤盐化工4个专业化研究所。集团技术中心设有科技综合管理室、专利信息室、平顶山煤炭编辑部、财务科等部门。

2015年9月30日,科技部批准“炼焦煤资源开发及综合利用国家重点实验室”落户平煤神马集团。这一决定标志着作为资源大省的河南,在该领域首次拥有了国家级的创新平台,实现了河南煤炭工业国家重点实验室“零”的突破。这也是全国煤炭行业在该领域唯一的国家重点实验室。实验室建设期5年,实验室建设与运行方案“2016—2020”年建设规划通过科技部组织的专家论证。实验室以国家炼焦煤资源战略开发和行业需求为引领,以炼焦煤安全高效开采及延伸产业链综合利用为主线,紧密

结合行业发展需求及企业自身特点，开展炼焦煤安全开采技术、清洁焦化技术和焦化副产品高效利用技术等 3 个方向研究。实验室将在国家重大科技项目攻关、技术示范与行业引领方面发挥积极作用。集团将借助这一平台，着力构建起全国一流的炼焦煤开发与研发基地。

三、义煤集团技术中心

1992 年，义马矿务局计量科更名为技术监督办公室。1993 年，技术监督办公室更名为技术监督室。1994 年，地震台业务划归地测处，计算机室更名为义马矿务局信息中心。科技处增设管理科，负责科技情报、科技资料的收集、整理，负责《义煤科技》的出版和《科技信息》的传递及专利代理工作。节能业务重新划归科技处管理。1995 年，河南省煤研所洛阳分所由义马矿务局直接管理。1997 年 12 月，科技处更名为科技开发部，下设科技开发科、技术监督科、综合科、节能科、信息科、环境保护监测科。1998 年，节能科撤销，业务划归综合科。2000 年 3 月，以科技开发部为主体，结合洛阳煤研所和义煤集团生产技术部、设计研究所等部门组建义煤集团技术中心，主要负责科技管理、协调、组织技术开发和新技术推广及对外科技合作。同年 12 月，河南省经贸委等 4 部门审定确认，批准义煤集团技术中心为河南省省级第五批企业技术中心。2001 年 3 月，信息科划归义煤集团通讯分公司。同年 12 月，义煤集团技术委员会和义煤集团专家委员会成立。2003 年 8 月，义煤集团支护研究所、义煤集团防灭火技术研究所、义煤集团瓦斯地质研究所成立，主要负责对各自范围内的新技术进行推广及对相应技术难题组织攻关。

2008 年 9 月，机关机构改革后，环境保护监测站划归安全健康环保部，技术中心下设综合管理科、科技科、行业服务与技术推广科 3 个科室，定员为处级 1 正 1 副、科级及科员共 6 名，同时成立瓦斯研究所、地质研究所、矿压研究所、煤铝联采研究所。

四、焦煤集团科研机构

焦煤集团的科研机构主要由三部门组成，分别为焦作煤炭科学研究所、焦煤集团技术中心、河南煤化集团焦煤公司博士后研发基地，其职能分工各有不同。

（一）焦作煤炭科学研究所

该所成立于 1978 年 3 月，主要从事瓦斯与水害防治、矿压监控等方面的科研攻关与技术服务工作，具体负责焦煤公司的科技创新管理和科技市场运作等工作。

2014 年机构调整后，焦作煤炭科学研究所共设 5 个科室，分别为瓦斯研究室、矿压物探研究室、综合办公室、科技管理科和计量检测中心，目前拥有在岗职工 50 人，其中高级职称以上人员 10 人。

30 多年来，焦作煤炭科学研究所先后有 4 人获得国务院政府特殊津贴，1 人获得孙越崎青年科技奖，1 人获得河南省学术带头人，2 人获河南省煤炭系统劳动模范荣誉称号，4 名专业技术人员取得博士学位，8 人被评为教授级高级工程师，共完成科研攻关项目 65 项，获得省部级科研成果 25 项。

（二）焦煤集团技术中心

2002 年 12 月，焦煤集团技术中心成立，设立有煤炭生产、通风瓦斯、防治水、机电、电力、化工、建材、煤炭深加工、通信信息等研究分中心，其日常管理职能由焦作煤炭科学研究所承担。

（三）河南煤化集团焦煤公司博士后研发基地

河南煤化集团焦煤公司于 2010 年申请建立博士后研发基地，并通过了河南省人力资源和社会保障厅的审核。河南煤化集团焦煤公司通过博士后研发基地的项目对接，促进产学研结合，推动科技创新发展。

第二节 科研成果

“八五”期间，河南省煤炭系统共取得科研成果114项，推广新技术76项，92对矿井实现质量标准化。1995年国有重点煤矿采煤机械化程度达到64.3%，比1990年提高近10个百分点，有10处矿井达到了高产高效矿井。

“九五”期间，河南省煤炭系统共完成科技成果1840多项，其中获得省部级及以上科技成果奖64项，获得国家专利18项。

“十五”期间，河南省煤炭系统共引进资金超过100亿元，技术面貌焕然一新。全省煤炭行业有107项科研成果获得国家、省部级科技成果奖，其中“三下”采煤技术、煤巷锚杆支护技术、矿井瓦斯和水、火的防治等一批新技术、新工艺得到推广应用。

一、河南省煤炭科学研究院有限公司

河南省煤炭科学研究院有限公司根据企业发展需要，不断加大研发投入，取得了一定成绩。该公司累计完成科研项目300多项，获奖200余项，其中1991—2014年获得省部级科技成果奖9项(其中二等奖及以上成果见表8-1-1)，1993—2015年获奖论文5篇(二等奖及以上成果见表8-1-2)；获得国家专利36项，其中发明专利13项；完成各类科技咨询服务项目300余项。

表8-1-1 1991—2014年河南省煤炭科学研究院有限公司获得省部级科技成果奖

序号	项目名称	完成单位	科技水平	获奖时间与种类
1	河南省缓倾斜煤层工作面顶底板分类	河南省煤炭科学研究所	国内领先	1991年河南省科学技术进步二等奖
2	米村矿“三软”不稳定厚煤层综采放顶煤技术研究	河南省煤炭科学研究所	国内领先	1992年河南省科学技术进步一等奖
3	数控等离子熔炼耐磨技术与设备	河南省煤炭科学研究院有限公司	国内领先	2010年河南省科学技术进步二等奖
4	空心阴极氮离子熔覆耐磨技术与设备的研究	河南省煤炭科学研究院有限公司	国际先进	2013年河南省科学技术进步二等奖
5	混合型远距离输送混凝土湿喷工艺及装备研究	河南省煤炭科学研究院有限公司	国际先进	2014年河南省科学技术进步二等奖

表8-1-2 1993—2015年河南省煤炭科学研究院有限公司获奖论文

序号	论文名称	完成单位	获奖时间与种类
1	蓄电池单轨吊的设计及计算	河南省煤炭科学研究所	1993年河南省自然科学优秀学术论文二等奖
2	大功率潜水泵在煤矿生产性排水中的应用	河南省煤炭科学研究院有限公司	中国煤炭学会2007—2008年度全国煤炭科技优秀论文一等奖
3	水泥浆与砂石料远距离输送混合型湿喷工艺及装备研究	河南省煤炭科学研究院有限公司	2015年河南省第三届自然科学学术奖二等奖

二、河南能源集团研究院有限公司

河南能源集团研究院有限公司拥有以瓦斯治理技术及装备、化工新产品制备技术、化工新型材料、固特结系列新型矿用复合材料、多品种氧化铝制备技术、超大空分装备技术、大型高速铁路轴承试验台等为主的一批具有自主知识产权的核心技术，拥有25项科技成果，其中国际领先7项、国际先进11项、国内领先7项。申请专利80多项，已获国家知识产权局授权45项，其中发明专利25项。已完成科技成果共获奖50项，其中省部级10项。

三、中国平煤神马集团

“十一五”“十二五”期间，中国平煤神马集团先后承担一批国家“973”“863”项目以及省部级、欧盟等重大科技专项，共获得科技进步奖1000余项，其中国家科技进步奖9项，国家技术发明奖2项，省部级奖300余项。其主要科技成果如下。

(1) 瓦斯地质规律研究完成的“中国煤矿瓦斯地质规律与应用研究”，形成了中国煤矿瓦斯防治的瓦斯地质规律研究方法、瓦斯赋存构造逐级控制理论和煤矿多级瓦斯地质图理论与技术，整体达到国际领先水平，获2011年度国家科技进步二等奖。

(2) 单一低透突出煤层卸压增透技术研究为单一低透突出煤层瓦斯治理找到了有效的技术途径。该成果获2015年度国家科技进步二等奖。针对平顶山矿区深部单一低透突出煤层所具有的高瓦斯、强吸附、低渗透的特点，平煤神马集团研究了煤层卸压增透技术，实现了整体卸压增透，强化了瓦斯抽采，加快了煤巷掘进和采面回采速度，保障了矿井安全生产，提高了矿井效益。集团在国内首次应用高压水力压裂方法对单一低透气突出煤层进行卸压增透技术研究与应用，设计开发了高瓦斯低透气性突出煤层井下高压水力压裂成套技术装备。中国平煤神马集团的主力矿井进行了推广应用，形成了一套适合平顶山矿区地质条件的井下压裂增透消突技术。

(3) 瓦斯监控预警技术研究提高了煤岩动力灾害的监测预警可靠性，提升了煤岩动力灾害矿井利用监控系统监测灾害的技术水平。“煤与瓦斯突出矿井深部动力灾害一体化预测与防治关键技术”提出了基于地质动力区划的矿井动力灾害统一预测理论，实现了中国平煤神马集团矿井动力灾害的科学预测，经河南省科学技术厅组织专家鉴定，整体技术达到国际领先水平并获2013年度国家科技进步二等奖。完成的“平顶山矿区深部开采煤岩动力灾害特征规律及预警技术研究”项目建立了平顶山矿区深部开采煤岩动力灾害多参量综合指标预警体系，实现了利用拥有的煤矿安全监控系统对煤岩动力灾害进行在线监测预警，为矿井灾害预警开辟了新的技术途径。

(4) 参与国家“973”项目——“深部煤炭开发煤与瓦斯共采理论”3个子课题的研究工作，中国平煤神马集团成为国家首个煤与瓦斯共采理论研究示范基地，已在平煤股份东部突出矿井全面实施。其中，“深部采动破断煤岩体中瓦斯运移与富集机理及规律研究”首次对深部采动条件下煤岩体的破断规律及裂隙场的发育范围进行了现场观测和实验研究，总结出了采动影响下已组煤层上覆煤岩体采动裂隙变化规律，丰富了深部开采理论体系；“采动过程中破断煤岩体的结构特征及联通性规律”得出了裂隙发育与瓦斯分布、流动、富集规律的关系，在煤与瓦斯共采方面取得了理论突破。

(5) 建设矿井综合自动化系统研究与实践，制定“平煤集团煤矿综合自动化建设指导意见”，在行业内首次提出煤矿安全、生产、决策支持和信息管理为一体的综合自动化系统建设方案，经河南省科学技术厅组织专家鉴定，整体技术达到了国际领先水平，并获2013年度中国煤炭工业协会科学技术一等奖。

（6）集团自主研发矿用可移动式救生舱成为全国首个通过中国煤炭工业协会行业技术鉴定的矿用可移动式救生舱，试验数据表明，该装备整体技术水平达到国际先进水平。

（7）矿山大功率、高性能电力传动关键技术研究实现了对大功率矿山电力传动设备的高效、可靠、高性能的控制，为国内在该领域的首次应用，提升了中国矿山大功率电力传动的制造和装备水平，获2009年度国家科技进步二等奖。

（8）建筑群下综合机械化矸石密实充填采煤与沉陷控制研究，以平煤股份十二矿为试验地点，成功开发了综合机械化采煤与井下矸石密实充填一体化技术，达到了解放建筑物下压煤并控制上覆岩层运动及地表沉陷的目的，实现了采煤与充填共举。该技术经鉴定达到国际领先水平，获2012年度国家技术发明二等奖。

（9）煤矿千米深部岩巷稳定控制关键技术研究与应用研究，在国内首次提出深部岩巷围岩稳定性分级体系，揭示了深部围岩变形破裂过程的演化机理，设计了深部岩巷稳定控制理论及相应支护技术措施，取得显著的效果，使中国煤矿深部巷道控制技术跃上了一个新台阶，获2010年度国家科技进步二等奖。

（10）深部巷道围岩变形破坏机理及稳定控制关键技术研发应用，有效解决了矿井深井软岩支护难、变形大的问题，形成了平顶山矿区深部岩巷围岩分级和支护技术标准。制定实施了平顶山矿区复杂地质条件下深部井筒施工方案和评价标准，破解了砂岩含水层水害治理的关键技术和施工难题，治理后涌水量低于每小时10立方米，有效解决了多年的井筒防治水难题。

（11）中国平煤神马集团与上海交大合作开发高纯度硅烷生产技术，利用自身炼焦副产品成功生产出高纯度硅烷，结束了国外技术垄断的历史，打通了原煤至硅烷的高端煤化工产业链，被评为2014年度煤炭行业十大新闻。开展的“7.63米超大容积顶装焦炉改捣固技术与装备开发”，以扩大炼焦用煤种，最大程度降低吨焦成本为目的，建成了世界规模最大、产量最高、技术先进的7.63米炉型。先后攻克装煤、环保等多项关键技术，进一步降低了吨焦成本。研究的“焦炉煤气制乙炔及氢关键技术研究及工业化”项目列为河南省重大科技专项。高品位煤制沥青研发的煤焦油沥青，达到黏结剂沥青的A级指标，获多项国家发明专利。尼龙化工公司建立的国内最完备、最先进的水合催化剂小试、中试评价装置，实现国产水合催化剂在生产装置中的添加使用和工业化应用，成为世界上第二家实现水合催化剂工业化的公司。针对单套己二胺装置产能不足的制约，大力开展反应器大型化技术研究，使生产能力提高了75%，产品各项质量指标达到国家优等品标准。帘子布公司自主研制开发出高强超低收缩锦纶66纤维、尼龙66单捻浸胶帘子布、超高强尼龙66工业丝等多个新产品，制定并颁布了《锦纶66工业用长丝》(F/ZT 54013-2009)、《缝纫线用锦纶66牵伸丝》(F/ZT 54055-2012)两项纺织行业标准。产品差异化率达70%以上，国际市场占有率30%以上，国内市场占有率90%以上。工程塑料公司自主研发了民用丝专用尼龙66树脂、高档织物用全消光尼龙66树脂及气囊丝专用尼龙66树脂，其各项技术指标均达到了国外同类产品的先进水平，实现了上述系列专用尼龙66树脂产品的国产化，完全替代进口产品。

平顶山煤业(集团)有限责任公司装备集团拥有专利72项,参与制定的国家标准8项、行业标准1项。集团还拥有河南电气、西瑞德胜、河南矿机公司3家省级高新技术企业。仅2015年集团就获得国家实用新型专利36项、发表论文21篇、获得软件著作权5项,获科技进步奖11项。

四、义煤集团

1991年10月—1993年3月,义马矿务局曹窑煤矿研究成功三软极不稳定煤层一次采全高局部放顶煤开采工艺。三软极不稳定煤层一次采全高局部放顶煤开采工艺与传统的采煤方法相比,工效提高0.9吨/工,巷道万吨掘进率降低58米,能够有效地控制伪顶,采出底部的优质煤,资源回收率高、煤质好,同时也改善了工作面的支护状况。1993年5月25日,该项目通过河南省煤炭工业厅验收。

1992年,常村煤矿成功推广高产高效综采工作面,年生产能力由100万吨提高到150万吨以上,工效由17.9吨/工提高到60吨/工,由两个综采面生产改为一个综采面生产,减少井下工作人员500余人,为该矿合理集中生产,减人提效,实现一井一面高产高效矿井打下了坚实基础。1993年5月,该项目通过河南省煤炭工业厅验收。

1998年,义煤集团和焦作工学院合作完成"综采放顶煤工艺及技术装备试验研究"。研究成果:工作面平均采出率为83.3%,最高达89.5%,原煤成本降低15.58元/吨。2000年,该项目通过河南省科学技术厅鉴定。

2000年,义煤集团完成了"铁路、建筑物附近露天煤矿开采边界问题研究"课题。同年12月26日,河南省科学技术厅组织鉴定,认为该项研究成果思路新颖,丰富了边坡稳定理论,其研究成果达到国际先进水平,其应用可以明显改善露天煤矿的生产状况、经济效益和社会效益显著。

2004年,新安煤矿完成"豫西(义煤集团新安煤矿)二$_1$煤瓦斯赋存规律及矿井瓦斯防治技术研究"项目,围绕煤层瓦斯赋存、瓦斯涌出规律、瓦斯参数测定及瓦斯灾害治理技术难题,在岩体结构控制瓦斯赋存研究方面有所创新。同年,广宇公司完成"矿山高回填场地上建设大型工业项目的研究",对在废弃的露天矿山高回填场地上建设大型工业项目进行研究,并通过河南省科委鉴定。

2005年,"义煤集团内部控制体系的对象研究"项目完成,提出义煤集团建立内部控制体系的目标及应当遵循的原则,对预算管理、财务会计管理及财务风险控制等内部控制体系方面进行研究。该项目于当年通过河南省科学技术厅鉴定。同年完成的项目"豫西陕渑煤田矿井突水规律及突水灾害防治技术",围绕矿井突水水源、突水通道、突水预测及突水灾害防治进行研究,在断裂导水通道、含水层富水性及矿井突水机理的理论研究方面有所创新。12月份,该项目通过河南省科委鉴定。"河南省义马煤业集团张村工业园区循环经济研究"项目,围绕张村工业园区废弃物的综合利用提出了园区建设方案,对赤泥的综合利用每年可产生1540万元的直接经济效益,对钡渣的利用可产生82.5万元的效益,而且大大减少废弃物对环境和地下水的污染。该项目通过河南省科委鉴定。

2006年,义煤集团和中国矿业大学合作完成"复杂条件下特厚煤层综放开采提高采出率研究"项目。该项目对在不同煤层赋存条件下,采用不同的放煤工艺参数进行工业性试验,并进行现场观测分析,平均采出率为85.17%,工作面最高月产量达到16.483万吨。2006年7月,该项目通过河南省科技厅鉴定,达到国际先进水平。义煤集团和中国矿业大学合作,首次在国内对三相泡沫进行防灭火试验，并取得成功，治理了耿村煤矿12190综放面的火灾事故。综合防灭火技术每年可为义煤集团创经济效益2.4亿元以上。该成果经专家组鉴定达到国际领先水平。义煤集团和河南理工大学合作完成的“煤矿大型固定机械故障诊断技术研究”，对煤矿皮带机的电动机、齿轮减速箱进行了振动分析和典型故障特征研究，制定了适合煤矿现场应用的机械故障诊断方案，解决了煤矿大型机械设备故障特征提取难的问题。

2007年，义煤集团和河南理工大学合作完成的“跃进煤矿顶板裂隙水赋存规律及治理途径”项目，使跃进煤矿在25090工作面在回采前针对矿井水害提出了防治水方案，多回收煤炭7万吨，创造经济效益1960万元。义煤集团与中国矿业大学联合开展“新安矿小浪底库区下开采上限研究”，该项目的实施对解放新安煤矿在小浪底水库下的煤炭资源，延长矿井服务年限具有重要意义。义煤集团与河南理工大学联合开展“义马西部‘三软’薄煤层综合机械化开采技术”研究，针对义马西部井田浅部区域遗留和深部构造复杂的“三软”薄煤层赋存不稳定，厚度变化大的特点，进行薄煤层采场围岩控制、煤层的可刨性、工作面设备配套以及采煤工艺等方面研究，延长矿井服务年限。针对综放工作面端头区排头支架一般不放顶煤，造成端头顶煤损失的现状，集团与中国矿业大学联合开展了“综放工作面端头放煤技术研究”，这项技术使耿村矿端头区排头支架的顶煤放出率达84.02%，每年产生的直接经济效益达700多万元。这一系列科技成果为提高煤炭回采率，延长矿井的服务年限提供了保障。

2008年，义煤集团通过省级鉴定的科研成果31项，完成技术革新272项，共有31项成果获奖，其中“小浪底水库下采煤防治水技术研究”获得中国煤炭工业协会科技进步一等奖。

五、郑煤集团

1994年，郑州矿务局完成的“‘三软’不稳定厚煤厚层综采放顶煤技术研究”项目，获河南省科技进步一等奖。

1997年，郑煤集团地勘公司完成的“陷落柱特大突水灾害快速治理技术”项目，获煤炭工业部科技进步二等奖。

2000年，郑煤集团地勘公司和供电处分别完成的“芦沟滑动构造面特大突水治理煤体注浆技术”“高压电网微机功率因数自动补偿技术研究”成果，均获河南省科技进步三等奖。

2002年，郑煤集团完成的“超化矿‘三软’不稳定厚煤层高产高效矿井建设技术研究”项目，获河南省科技进步二等奖。

2004年，郑煤集团超化矿完成的“高抽巷治理瓦斯在三软煤层综放面的应用”项目，获国家安监总局科技进步三等奖。

2005年，郑煤集团完成的“郑州矿区水害综合治理技术研究”项目，获中国煤炭工业科学技术二等奖。

2006年6月10日，“‘三软’不稳定特厚突出煤层顺层钻孔瓦斯抽放技术”在大平煤矿16071工作面试验成功，为“三软”突出煤层安全开采开创了先例。6月22日首个瓦斯发电项目——超化矿瓦斯发电站投入运行。11月15日，郑煤集团承担的国家“十五”科技攻关项目——“豫西‘三软’不稳定突出煤层防突示范技术研究”项目，通过国家安全生产监督管理总局和科技部验收。

2007年郑煤集团完成的“滑动构造顶板松散含水层防治水研究”项目，获河南省科技进步三等奖；“新密矿区‘三软’不稳定特厚突出煤层突出危险区域预测及顺层钻孔瓦斯抽放技术研究”项目，获中国煤炭工业科学技术二等奖；“煤矿瓦斯防治导航系统研究与应用”“滑动构造顶板松散含水层防治水研究”项目，获中国煤炭工业科学技术三等奖。10月，郑煤集团被中国煤炭工业协会授予2007年煤炭工业质量活动先进企业。

2008年1月27日，郑煤集团承担完成的国家“十五”重点科技计划项目“‘三软’不稳定突出煤层防突技术”在北京通过科技部、中国煤炭工业协会组织的科技成果鉴定，达到国际领先水平。郑煤集团与中国矿业大学合作完成的“郑州矿区‘三软’煤层底板带压开采水害防治技术研究”项目，获中国煤炭工业科学技术三等奖。

2009年，郑煤集团与中国矿业大学共同完成的“深井煤与瓦斯突出煤层区域性瓦斯灾害防治关键技术及应用”项目，获国家科学技术进步二等奖。郑煤集团与中国矿业大学、北京大学、河南理工大学等共同完成的“豫西‘三软’不稳定突出煤层防突示范技术研究”项目，获国家安监总局第四届安全生产科技进步一等奖。郑煤集团与北京大学、北京龙软科技发展有限公司共同完成的“煤矿瓦斯防治导航系统研究与应用”项目，获国家安监总局第四届安全生产科技进步三等奖。郑煤集团与华北科技学院合作完成的“河南煤矿区高承压水上采煤水害综合控制技术研究”项目，获中国煤炭工业科学技术二等奖。郑煤集团与中国地质大学、北京龙软科技发展有限公司合作完成的“郑州矿区煤层气资源评价与产业化发展战略研究”“机电运输信息管理系统研究与应用”项目，获中国煤炭工业科学技术三等奖。

2010年，郑煤集团与河南理工大学、河南省煤层气开发利用有限公司合作完成的“煤矿瓦斯地质规律与应用研究”“煤矿井下定向压裂增透消突成套技术”项目，获中国煤炭工业科学技术一等奖。郑煤集团与复旦大学管理学院共同完成的“煤炭企业集团跨越式发展战略研究”项目，获中国煤炭工业科学技术三等奖。

2011年，郑煤集团与河南理工大学、河南省煤层气开发利用有限公司、中国平煤神马能源化工集团有限公司、河南煤业化工集团有限责任公司、北京大学、安徽省皖北煤电集团有限责任公司、义马煤业集团有限责任公司、山西晋城无烟煤矿业集团有限责任公司、龙煤矿业集团双鸭山分公司合作完成的“中国煤矿瓦斯地质规律研究与应用”项目，获国务院二等奖。郑煤集团与北京龙软科技发展有限公司、北京大学遥感与地理信息系统研究所共同完成的“煤矿安全生产闭环管理方法与信息系统开发研究”项目，获中国煤炭工业科技进步三等奖、国家安监总局二等奖。郑煤集团与北京大学、龙软公司“基于GIS的煤矿生产技术管理信息系统的研究与应用”项目，获中国煤炭工业科技进步一等奖。郑煤集团白坪煤业有限公司、河南理工大学共同完成的“白坪煤业快速建井综合技术研究”项目，获中国煤炭工业科技进步三等奖。

2012年，郑煤集团公司和河南理工大学共同完成的“高性能喷射混凝土制备技术研究”项目，获中国煤炭工业科技进步二等奖。米村矿和河南理工大学共同完成的“水库坝体下厚煤层放顶煤协调开采技术研究及应用”项目，获中国煤炭工业科技进步三等奖。郑煤集团和河南锦源建设有限公司完成的“内置保温混凝土墙体结构保温体系研究与应用”项目，获河南省科技进步二等奖。

2013年，郑煤集团和河南理工大学共同完成的“‘三软’煤层开采岩层与地表沉陷规律研究及应用”项目，获中国煤炭工业科技进步一等奖。郑煤集团和河南理工大学共同完成的“矿井主通风机振动故障在线诊断关键技术与系统开发研究”项目，获中国煤炭工业科技进步二等奖。杨河煤业完成的"矿井瓦斯地质条件及对煤与瓦斯突出的控制"项目，获中国煤炭工业科技进步二等奖。郑州煤炭工业(集团)新郑精煤有限责任公司、郑煤集团、中煤科工集团武汉设计研究院、中国矿业大学共同完成的"基于构造煤的细粒难处理煤炭高效分选技术研究及应用"项目，获中国煤炭工业科技进步三等奖。杨河煤业和中国矿业大学共同完成的"杨河煤业42采区硐室群高强稳定型支护技术研究"项目，获中国煤炭工业科技进步三等奖。

2014年，由郑州煤电股份有限公司、北京龙软科技股份有限公司、郑煤集团、中国矿业大学、北京大学共同完成的"矿井水害防治信息集成与安全预警系统"项目，获中国煤炭工业科技进步二等奖。郑州华辕煤业有限公司、中国矿业大学(北京)、郑煤集团、山西焦煤汾西矿业(集团)有限责任公司共同完成的"煤矿大断面岩巷高效爆破与关键施工技术研究"项目，获中国煤炭工业科技进步三等奖。河南省新郑煤电有限责任公司、中国矿业大学、徐州中矿大传动与自动化有限公司共同完成的"大功率水冷中压三电平变频器关键技术与成套设备"项目，获国家安全生产监督管理总局第六届安全生产科技成果一等奖、河南省科技进步三等奖。郑煤集团和河南理工大学共同完成的"郑煤集团公司基于虚拟现实技术的瓦斯防治三维仿真系统"项目，获国家安全生产监督管理总局第六届安全生产科技成果三等奖。米村矿与河南理工大学共同完成的"'三软'煤层悬移支架机采放顶煤开采高产高效技术研究"项目，获国家安全生产监督管理总局第六届安全生产科技成果三等奖。郑州煤炭工业(集团)工程有限公司、河南锦源建设有限公司共同完成的"多腔竖井高架桁架一体式滑模施工技术"项目，获河南省科技进步三等奖。

2015年，郑煤集团、中国煤炭工业协会生产力促进中心、中国矿业大学(北京)共同完成的"郑煤集团企业标准体系及管理信息系统构建与实施"项目，获中国煤炭工业科技进步二等奖。郑煤集团、郑州煤炭工业(集团)杨河煤业有限公司、中国矿业大学共同完成的"深部延深二$_1$煤带压开采安全条件构造效应研究"项目，获中国煤炭工业科技进步三等奖。

郑煤集团2008—2015年共获得专利54项，其中发明专利5项。

六、焦煤集团

1991—2015年焦煤集团共有128个项目获得科技成果奖，其中省部级及以上项目63项，获得省部级及以上一、二等奖项目清单见表8-1-3。

表8-1-3　1991—2015年焦煤集团科技成果汇总表

序号	成果名称	完成单位	获奖情况
1	中小型矿井10千伏直接下井供电	焦作矿务局、焦作矿业学院、煤炭科学研究总院上海分院	1992年能源部科技进步一等奖
2	深孔控制卸压爆破防治煤和瓦斯突出措施的研究	焦作矿务局、煤科总院抚顺分院	1991年能源部科技进步二等奖
3	JTDK-PC-01型交流提升机电控系统	焦作矿务局电子设备厂	1996年煤炭部科技进步二等奖
4	高应力节理化复合型软岩巷道持续变形控制	焦作矿务局、中国矿业大学北京研究生部	1998年煤炭部一等奖

表 8-1-3(续)

序号	成果名称	完成单位	获奖情况
5	焦作矿区煤层底板含水层注浆改造技术研究	焦煤集团、河南理工大学	2004 年国家安监局二等奖
6	严重突出煤层快速掘进示范工程	焦煤集团、河南理工大学	2005 年中国煤炭工业协会一等奖
7	高应力软岩巷道围岩控制理论与技术研究	焦煤集团、中国矿业大学	2006 年煤炭工业十大科技成果奖
8	大水矿区水害控制技术及水资源综合利用	焦煤集团、河南理工大学	2007 年煤炭工业协会二等奖
9	复杂条件特厚冲击层冻结法凿井综合技术研究	焦煤集团赵固一矿、煤炭科学研究总院、北京建井研究所	2007 年中国煤炭工业协会二等奖
10	坚硬顶板突出煤层安全高效回采技术研究	焦煤集团、河南理工大学	2008 年中国煤炭工业协会一等奖
11	赵固二矿深井冻结段快速施工技术研究及应用	赵固二矿、煤炭科学总院、北京建井所、中煤第五建设公司	2008 年中国煤炭工业协会一等奖
12	煤与瓦斯突出综合防护技术研究	焦煤集团、中国矿大(北京)、河南理工大学	2009 年中国煤炭工业协会二等奖
13	JTDK-GBP 交流提升机高压变频电控装置	焦作华飞电子电器有限责任公司	2009 年国家安监总局二等奖
14	薄基岩突水威胁煤层围岩破坏规律与开采技术研究	焦作煤业(集团)有限责任公司、中国矿业大学(北京)	2010 年国家能源局二等奖
15	深井薄基岩破碎顶板大采高开采围岩控制技术研究	焦煤集团新乡能源有限公司、中国矿业大学(北京)	2012 年中国煤炭工业协会科技进步奖二等奖
16	高水压条件下综合防治水技术研究	焦煤集团、河南理工大学	2012 年中国煤炭工业协会科学技术奖二等奖
17	煤矿安全精细化管理研究与实践	焦煤集团、北京智联惠达管理咨询有限公司、焦煤集团古汉山矿	2012 年中国煤炭工业协会企业管理创新成果二等奖
18	巨厚松散层薄基岩下提高煤层开采上限可行性研究	焦煤集团赵固(新乡)能源有限责任公司、中国矿业大学(北京)	2013 年中国煤炭工业协会二等奖
19	特厚冲积层薄基岩节理化煤层大采高采场围岩控制技术	焦煤集团新乡能源有限公司、中国矿业大学(北京)	2013 年中国煤炭工业协会二等奖

七、鹤煤集团

1991—2015 年,鹤煤集团累计完成技术创新项目 400 多项,30 多项经鉴定达到国内先进及以上水平,其中 40 多项获省部及科技成果奖。如“井下设备用电监测管理系统”获河南省科技进步三等奖;鹤煤集团与中国矿业大学和焦作工学院联合完成“鹤壁矿区煤巷锚杆支护成套技术研究”项目,经河南省科技厅组织鉴定达到了国内领先水平,获得河南省煤炭工业科技进步特等奖;鹤煤集团与胜利油田动力机械设备有限公司联合研发的利用矿井抽放的中低浓度煤层气(矿井瓦斯)运用现代煤层气发电技术,在四矿成功发电,填补了煤层气发电在河南省的空白,获河南省科技进步三等奖、河南省煤炭工业科技进步特等奖;运输带厂与四川大学合作研制开发了“PVC阻燃输送带覆盖胶及塑料风筒布”产品,大幅度降低了生产成本,为公司创造了较好的经济效益。这些项目带动了巷道布置、井田布局、通风系统优化、瓦斯抽放系统改造、巷道支护、采掘工艺等的全面革新,煤与瓦斯突出规模与突出频率得到有效遏制,降低了成本,提高了效益。

1991年,鹤壁矿务局完成的“高水固化材料应用巷旁泵充填沿空留巷技术研究”项目,经过中国统配煤矿总公司组织的鉴定,各项技术经济指标全部达到设计要求,充填留巷的成本与掘巷基本持平,应用后产生的经济和社会效益显著,属国内首创。该项目成果被中国统配煤矿总公司列为“八五”期间国家煤矿重点科技推广项目,并在开滦、淮北、淮南、鸡西等矿务局推广应用。项目获得1993年度煤炭工业部科技进步二等奖。

1993年完成的“严重破坏巷道壁后充填注浆加固研究鹤壁四矿暗斜井严重破坏巷道壁后充填注浆加固的研究”项目是中国统配煤矿总公司河南分公司在1991年下达的科技攻关项目,是四矿改扩建的关键工程之一。此项科技成果的应用使巷道围岩变形速度由2.285毫米/天下降到0.072毫米/天,施工成本低、工期短,抗风化能力显著增强,为煤矿处理高冒顶难维护巷道探索了一条新途径。该项目经过河南省煤炭厅组织的现场鉴定,达到了国内领先水平,并获得1994年度煤炭工业部科技进步三等奖。

2001年,鹤煤集团和中国矿业大学共同完成的“大倾角轻型支架综采放顶煤技术研究”项目,通过专家验收,获得河南省科技进步一等奖,被列入中国煤炭工业十大科技成果。

鹤煤集团完成的“高突厚煤层本层瓦斯抽放与防突技术研究”项目,确保安全生产和“双高”矿井建设,提高矿井瓦斯防治水平,减少煤矿事故发生,获得2006年度河南省科技进步二等奖、河南省煤炭工业局科技进步一等奖。

鹤壁六矿完成的“地质动力区划及瓦斯灾害预测研究”项目,建立了煤与瓦斯突出预测的多因素模式识别概率预测方法,开发了煤与瓦斯突出区域预测信息管理系统,实现了煤与瓦斯突出区域预测的可视化管理,拓宽了煤与瓦斯突出预测途径,提高了瓦斯灾害预测准确性。该项目获得2007年度中国煤炭工业协会科学技术三等奖。

八、永煤集团

1998—2014年永煤集团获得省部级及以上科技成果奖共50项,其中二等奖及以上见表8-1-4。

九、神火集团

2000年,神火集团完成的“缩小防水岩柱、留防沙煤柱开采实践”“加强煤炭资源管理,提高煤炭资源回收”项目,分别获得中国煤炭工业协会煤炭地质勘探专业优秀技术成果一等奖和二等奖。

2001年,神火集团完成的“YPF-120移动式防块煤破碎装置”项目,获得1998—2000年度河南省煤炭工业科技进步一等奖。

2002年,神火集团完成的“神火矿区锚杆支护应用研究”和“地方煤矿炮采工作面高产高效技术研究与应用”项目,获得河南省煤炭工业局2001年度煤炭工业科技进步一等奖。

表 8-1-4 1998—2014 年永煤集团获省部级及以上科技成果一览表

序号	成果名称	完成单位	获奖情况
1	陈四楼矿主、副井深井冻结凿井技术	永夏矿区建设管理委员会	1998 年度国家科技进步二等奖
2	车集矿 2401 综采工作面底板灰岩水突出的定量预测预报	车集矿	2002 年中煤协会二等奖
3	井下水文钻孔结构优化及施工应用技术	陈四楼矿	2002 年中煤协会二等奖
4	陈四楼煤矿井下基本控制导线测量	陈四楼矿	2002 年中煤协会二等奖
5	利用 GPS 定位技术建立近井网	城郊煤矿	2002 年中煤协会二等奖
6	城郊矿建井地质报告	城郊煤矿	2003 年中煤协会一等奖
7	非煤产业 MBO 运作规范设计	永城煤电控股集团有限公司	2008 年度中国煤炭协会科学技术二等奖
8	河南永夏矿区煤层底板灰岩裂隙型突水综合防治技术研究与示范	永煤公司	2008 年度中国煤炭协会科学技术二等奖
9	陈四楼煤矿通风及监测系统仿真技术研究与应用	陈四楼煤矿	2010 年度河南省科技进步二等奖
10	煤制甲醇过程二氧化碳减排与利用的研究和应用	河南龙宇煤化工有限公司	2011 年度河南省科技进步二等奖
11	轻放开采在中硬厚煤层中型煤矿应用关键问题研究	安阳鑫龙煤业(集团)红岭煤业有限责任公司	2011 年度河南省科技进步二等奖
12	复杂联贯地下空区条件下露天强化开采协同技术	栾川龙宇钼业有限公司	2012 年度中国有色金属工业科学技术一等奖
13	壳牌煤气化工艺应用关键技术研究	河南龙宇煤化工有限公司,河南煤业化工集团研究院有限责任公司	2012 年度河南省科技进步二等奖
14	双绕组同步提升机交直交变频调速控制系统	永煤公司股份有限公司	2012 年度中国煤炭工业协会科学技术一等奖
15	马泰壕矿深长(440 米)斜井冻结法凿井关键技术	永煤公司股份有限公司	2012 年度中国煤炭工业协会科学技术一等奖
16	永城矿区电网智能化控制及预判实时处理技术研究与应用	永煤公司股份有限公司	2012 年度中国煤炭工业协会科学技术二等奖
17	矿井深部采区高承压水综合治理技术研究	河南龙宇能源股份有限公司	2013 年度中国煤炭工业协会二等奖
18	城郊煤矿老城下超高水材料充填开采技术研究与应用	河南省正龙煤业有限公司	2014 年度河南省科技进步二等奖

2006 年 7 月,神火集团完成的“神火集团煤炭数字化瓦斯远程监控系统”项目,获得河南省第九届科技情报奖。

2011 年 8 月,神火集团宋卫华博士完成的“煤与瓦斯突出力学机制及防治技术研究”项目,获得 2010 年度博士后评审二等奖。

十、河南理工大学

1991—2015年，河南理工大学为煤炭工业服务方面的科研成果主要如下。

（1）河南理工大学杨力生教授首创瓦斯地质学科，提出的矿井瓦斯涌量预测方法和瓦斯地质方法等成为煤炭工业技术标准，解决了煤层气资源开发利用和矿井瓦斯灾害治理领域内诸多基本问题，从根本上提升了中国矿井瓦斯灾害防治水平，改善了中国矿井安全生产状况，其研究成果被国际能源署和美国环保署等国际机构引用。

（2）河南理工大学矿产普查与勘探学科在国内率先引入痕迹学理论，创建了中国陆相痕迹化石组合及其沉积环境模式，在塔里木盆地和柴达木盆地等西部地区的找油以及大型矿区的勘探开发等国家重大基础研究项目中得到广泛应用，也奠定了中国痕迹学研究在国际上的学术地位。

（3）河南理工大学控制理论与控制工程学科最早在国内开展永磁直线电机垂直运输系统研究，创立了分段式永磁直线同步电机设计理论和设计方法，建成了世界上最高的直线电机驱动无绳电梯试验系统。

河南理工大学1993—2015年主要科研成果见表8-1-5。

表8-1-5　1993—2015年河南理工大学主要科研成果一览表

序号	课题名称	获奖级别	获奖时间	学校第一完成人
1	中国采煤方法研究	国家科技进步二等奖	1993	柴一言
2	10千伏直接下井供电	国家科技进步二等奖	1993	袁世鹰
3	全国煤炭资源利用对策研究	地矿部科技进步二等奖	1993	刘文锴
4	JIDK-PC-01型交流提升机电控系统	煤炭部科技进步二等奖	1996	柳春生
5	影响煤炭资源回收率因素分析及确定煤炭合理损失定额方法	河南省科技进步二等奖	1997	刘文锴
6	EBJ-160重型悬臂式掘进机的研制	国家科技进步二等奖	1999	朱建安
7	条带开采的三维层状介质理论及其应用研究	河南省科技进步一等奖	1999	邹友峰
8	多煤层采准巷道布置优化研究	河南省科技进步二等奖	1999	刘明举
9	流变理论与技术在煤和瓦斯突出及冲击地压预测中的推广应用	煤炭部科技进步二等奖	1999	刘明举
10	综采放顶煤无煤柱开采试验与研究	山西省应用科研二等奖	1999	管学茂
11	流变理论与技术在煤和瓦斯突出及冲击地压预测中的推广应用	国家煤炭工业局科技进步二等奖	2000	刘明举
12	条带开采优化设计及地表沉陷托板控制技术	教育部科技进步二等奖	2000	郭增长
13	防止煤炭自燃的新型阻化药剂的研究	河南省科技进步二等奖	2000	杨运良
14	矿岩爆破块度预测与控制研究	河南省科技进步二等奖	2000	杨小林

表 8-1-5(续)

序号	课题名称	获奖级别	获奖时间	学校第一完成人
15	含瓦斯煤岩动力灾害电磁监测技术及其应用	中国煤炭科学技术一等奖	2001	刘明举
16	煤巷锚杆支护设计新方法及支护新技术	教育部高等学校科技进步一等奖	2001	马念杰、勾攀峰
17	多维地理信息系统技术及其在土地管理中应用	河南省科技进步二等奖	2001	张子平
18	人机工程学在煤矿机械设计中应用及计算机专家系统	河南省科技进步二等奖	2001	李建中
19	矿井瓦斯灾害综合治理示范工程配套技术的研究	国家科技进步二等奖	2002	张铁岗、彭立世
20	粘结式可回收金属锚杆系列研究	河南省科技进步二等奖	2002	孙玉宁
21	易自燃煤层高产高效放顶煤开采技术研究	河南省科技进步二等奖	2002	周　英
22	厚煤层分层综采高产高效成套技术研究	河南省科技进步二等奖	2002	翟新献
23	岩盐压裂机理和工程应用的模拟研究	教育部科技进步二等奖	2003	余永强
24	大型工业建构物拆除爆破技术	河南省科技进步一等奖	2003	张英才
25	开采沉陷的相似理论及其应用研究	河南省科技进步二等奖	2003	邹友峰
26	GIS 技术在大气环境污染分析和预测中的应用	河南省科技进步二等奖	2003	胡　斌
27	河南省教育科研计算机网高速示范网关键技术及应用研究	河南省科技进步二等奖	2003	杨立身
28	平顶山矿区构造演化和瓦斯地质规律研究	煤炭工业十大科技成果	2004	张子敏
29	大倾角煤层开采上覆岩层变形规律研究	河南省科技进步二等奖	2004	刘建新
30	超细绿色高性能水泥基灌浆修补材料制备技术研究	河南省科技进步二等奖	2004	管学茂
31	焦作矿区煤层底板含水层注浆改造技术	河南省科技进步二等奖	2004	赵卫东
32	严重突出煤层快速掘进示范工程	中国煤炭科学技术二等奖	2005	刘明举
33	煤炭固体废物大宗循环利用与填充技术研究	中国煤炭科学技术二等奖	2005	邓寅生
34	鹤壁矿区煤巷锚杆支护成套技术研究	煤炭工业十大科技成果	2005	勾攀峰

表 8-1-5(续)

序号	课题名称	获奖级别	获奖时间	学校第一完成人
35	泥浆泵工程陶瓷缸套中试与产业化	河南省科技进步一等奖	2005	赵　波
36	煤层开采疏水过程对井壁的研究	河南省科技进步二等奖	2005	刘希亮
37	煤矿冲击矿压电磁辐射监测预警技术与装备及其应用	国家科技进步二等奖	2006	刘明举
38	煤矿突水点井下动水注浆封堵技术研究与应用	国家安全生产科技成果二等奖	2006	王心义
39	深部开采冲击地压防治技术	中国煤炭科学技术二等奖	2006	李化敏
40	淮北矿区突出矿井瓦斯地质规律信息化	中国煤炭科学技术二等奖	2006	张瑞林
41	矿山重大危险源(爆炸、火灾)辨识及评价技术研究	煤炭工业十大科技成果	2006	景国勋
42	矿用弧齿锥齿轮切割过程计算机模拟研究	河南省科技进步二等奖	2006	王裕清
43	矿山重大危险源辨识及评价技术研究	河南省科技进步二等奖	2006	景国勋
44	轮胎成型机控制系统	河南省科技进步二等奖	2006	沈记全
45	煤矸石山环境污染及其治理技术	河南省科技进步二等奖	2006	王心义
46	中国北方地下煤火探测与监测关键技术	中国煤炭科学技术一等奖	2007	余明高
47	大水矿区水害控制技术及水资源综合利用	中国煤炭科学技术二等奖	2007	王心义
48	新密矿区“三软”不稳定特厚突出危险区预测及顺层钻孔瓦斯抽放技术	中国煤炭科学技术二等奖	2007	张子敏
49	近地超轻型小数码航空摄影测量关键技术研究	河南省科技进步一等奖	2007	刘先林、邹友峰
50	煤矿矸石山自燃爆炸机理及综合治理技术研究	河南省科技进步一等奖	2007	余明高
51	动压巷道围岩稳定理论与控制技术研究	中国高校科学技术一等奖	2007	勾攀峰
52	新型注浆材料研发与应用	河南省科技进步二等奖	2007	张义顺
53	基于 6B 格式机器人拟人写字研究	河南省科技进步二等奖	2007	李泉溪
54	现代磨削技术	河南省科技进步二等奖	2007	赵　波
55	煤矿矿区、矿井、采掘工作面三级瓦斯地质图及可视化研究	国家安全生产科技成果一等奖	2008	张子敏
56	坚硬顶板与煤岩层动力灾害条件下安全开采技术	中国煤炭科学技术一等奖	2008	马建宏

表 8-1-5(续)

序号	课题名称	获奖级别	获奖时间	学校第一完成人
57	层状岩体爆破损伤断裂机理研究及煤矿岩巷施工应用	中国煤炭科学技术二等奖	2008	李桂林
58	“三软”不稳定突出煤层防突技术研究	中国煤炭科学技术二等奖	2008	张铁岗
59	高瓦斯油气共生易自燃厚煤层放顶煤开采瓦斯治理技术集成与示范	中国煤炭科学技术二等奖	2008	王兆丰
60	平煤矿区环境对地面构筑物的腐蚀的因素分析、评估与防治	中国煤炭科学技术二等奖	2008	邓寅生
61	多元合金添加剂替代铜在高强度灰铸铁件上的应用	中国机械制造工艺科技成果二等奖	2008	李　平
62	矿山重大灾害致因及预测预报系统研究	河南省科技进步二等奖	2008	景国勋
63	WJPL 微机配料控制系统	河南省科技进步二等奖	2008	余发山
64	受采空区影响的大型建设项目建筑物安全性研究	河南省科技进步二等奖	2008	曾宪桃
65	千米深井高应力区域巷道围岩控制综合技术研究	中国煤炭科学技术二等奖	2009	勾攀峰
66	煤矿供电网络安全保障系统的研究	中国煤炭科学技术二等奖	2009	王福忠
67	河南省瓦斯地质规律研究及煤矿瓦斯地质图编制	中国煤炭科学技术二等奖	2009	张铁岗、张子敏
68	煤矿供电网络安全保障系统的研究	中国煤炭科学技术二等奖	2009	余发山
69	全系列全长可回收树脂锚杆研究与开发	河南省科技进步二等奖	2009	孙玉宁
70	高瓦斯油气共生易自燃厚煤层放顶煤开采瓦斯治理技术集成与示范	陕西省科技进步二等奖	2009	王兆丰
71	无烟煤煤层气开发利用关键技术与产业化示范	中国煤炭工业科学技术特等奖	2010	苏现波
72	煤矿瓦斯地质规律与应用研究	中国煤炭科学技术一等奖	2010	张子敏
73	松软煤层瓦斯抽采钻进关键技术研究	中国煤炭科学技术一等奖	2010	孙玉宁
74	置换解吸和抑制解吸技术防治瓦斯突出试验研究	中国煤炭科学技术一等奖	2010	王兆丰
75	复杂环境下 180 米烟囱三段单向控制爆破拆除技术	中国工程爆破协会科技奖一等奖	2010	张英才
76	SWDC 数字航空摄影仪	测绘科技进步一等奖	2010	王留召

表 8-1-5(续)

序号	课题名称	获奖级别	获奖时间	学校第一完成人
77	高应力开拓巷道沿煤掘进综合支护技术研究	中国煤炭科学技术二等奖	2010	勾攀峰
78	煤矿火灾防治技术与防火新材料研究	中国煤炭科学技术二等奖	2010	余明高
79	中平能化集团循环经济技术支撑体系创建与工程示范	中国煤炭科学技术二等奖	2010	邓寅生
80	新安煤田三软煤层突出危险程度评价及瓦斯综合防治技术研究	中国煤炭科学技术二等奖	2010	魏风清
81	纳米复相陶瓷大型超精密平板研制及关键技术攻关	河南省科技进步二等奖	2010	赵波
82	河南省瓦斯地质规律研究及煤矿瓦斯地质图编制	河南省科技进步二等奖	2010	张子敏
83	中国煤矿瓦斯地质规律与应用研究	国家科技进步二等奖	2011	刘先林、邹友峰
84	大埋深复杂水文地质条件工作面防治水技术研究	中国煤炭科学技术一等奖	2011	李振华
85	大采高工作面安全高效开采技术研究	中国煤炭科学技术二等奖	2011	李化敏
86	年产 500 万吨复杂条件老矿井安全开采技术及示范性工程	中国煤炭科学技术二等奖	2011	康全玉
87	不同开采条件下矿区地表移动规律研究及应用	河南省科技进步二等奖	2011	郭文兵
88	变频调速设备及系统智能健康诊断技术的研究	河南省科技进步二等奖	2011	王新
89	轻放开采在中硬厚煤层中型煤矿应用关键问题研究	河南省科技进步二等奖	2011	翟新献
90	大面阵数字航空影像获取关键技术及装备	国家科技进步二等奖	2012	张子敏、高建良
91	中国煤矿瓦斯地质图及全国矿井矿区省区瓦斯地质图编制	中国煤炭科学技术一等奖	2012	张子敏
92	城区大型桥梁爆破拆除技术	中国工程爆破协会科技奖一等奖	2012	褚怀保
93	高性能喷射混凝土制备技术研究	中国煤炭科学技术二等奖	2012	李凯琦
94	章村矿 2＃煤层无煤柱连续协调开采技术体系研究	中国煤炭科学技术二等奖	2012	李化敏
95	深部条带煤柱动力稳定性与地表变形控制技术研究	中国煤炭科学技术二等奖	2012	柴华彬

表 8-1-5(续)

序号	课题名称	获奖级别	获奖时间	学校第一完成人
96	煤矿立风井备用防爆门快速复位技术及装备研究	中国煤炭科学技术二等奖	2012	余明高
97	高水压条件下综合防治水技术研究	中国煤炭科学技术二等奖	2012	王心义
98	早强超细水泥基注浆材料开发及应用研究	中国煤炭科学技术二等奖	2012	管学茂
99	“三软”煤层底板巷卸压抽放防突关键技术研究	中国煤炭科学技术二等奖	2012	刘彦伟
100	机载 LiDAR 基础测绘关键技术及规模化应用	中国测绘学会科学技术进步二等奖	2012	卢小平
101	冲击地压与瓦斯突出互为诱因矿井灾害机理及对策研究	河南省科技进步一等奖	2012	张铁岗
102	三软煤层钻掘机高压磨料射流切缝钻进一体化防突技术研究与应用	河南省科技进步二等奖	2012	张新民
103	矿井提升机双 PWM 变频调速关键技术研究与应用	中国煤炭科学技术一等奖	2013	郑征
104	"三软"煤层开采岩层与地表沉陷规律研究及应用	中国煤炭科学技术一等奖	2013	郭文兵
105	急倾斜三软煤层区域综合防突关键技术研究	中国煤炭科学技术二等奖	2013	郝富昌
106	矿井深部采区高承压水综合治理技术研究	中国煤炭科学技术二等奖	2013	冯有利
107	李雅庄煤矿采掘工作面动力灾害微震预警研究及应用	中国煤炭科学技术二等奖	2013	袁瑞甫
108	煤矿瓦斯抽放管道抑爆阻火技术及装备研究	中国煤炭科学技术二等奖	2013	余明高
109	沙曲矿瓦斯高效安全抽采关键技术装备研究与应用	中国煤炭科学技术二等奖	2013	孙玉宁
110	矿井主通风机振动故障在线诊断关键技术与系统开发研究	中国煤炭科学技术二等奖	2013	荆双喜
111	中原地区基本农田保护技术研究应用	中国测绘学会科学技术进步二等奖	2013	张合兵
112	LiDAR 支持下数字三维城市关键技术及规模化应用	中国测绘学会科学技术进步二等奖	2013	于海洋
113	煤矿深部巷道掘进施工关键技术及推广应用	河南省科技进步二等奖	2013	杨小林

表 8-1-5(续)

序号	课题名称	获奖级别	获奖时间	学校第一完成人
114	分段式永磁直线同步电动机垂直运输系统信号检测与处理研究	河南省科技进步二等奖	2013	高岩
115	突发事件应对案例分析	河南省科技进步二等奖	2013	夏保成
116	黄陵矿区煤层瓦斯赋存、资源潜力及瓦斯防治技术研究	陕西省科技进步二等奖	2013	魏建平
117	高大钢筋混凝土烟囱爆破拆除关键技术研究及应用	中国工程爆破协会科学技术一等奖	2014	张英才
118	井上下一体化三维信息管理与应急系统研发及规模化应用	地理信息科技进步一等奖	2014	卢小平
119	基于水化学特征的矿井突水水源辨识技术研究	中国煤炭工业协会科学技术二等奖	2014	王心义
120	深井巷道围岩锚固体稳定性试验研究与工程实践	中国煤炭工业协会科学技术二等奖	2014	韦四江
121	煤矿工人安全操作技能虚拟实训技术及装备研究	中国煤炭工业协会科学技术二等奖	2014	熊祖强
122	单一松软低渗煤层压裂增透技术及工程应用	中国煤炭工业协会科学技术二等奖	2014	雷文杰
123	矿粮复合区耕地损毁信息获取、评价及土壤修复技术与应用	中国煤炭工业协会科学技术二等奖	2014	张合兵
124	煤矿井下爆破关键技术及推广应用	中国工程爆破协会科学技术二等奖	2014	褚怀保
125	运行高速公路跨线桥梁爆破拆除关键技术研究	中国工程爆破协会科学技术二等奖	2014	张英才
126	系列超声加工中心研制及关键技术	河南省科学技术进步二等奖	2014	赵波
127	单一低渗软煤层井下水力强化增透技术研究及应用	河南省科学技术进步二等奖	2014	刘晓
128	低渗煤层瓦斯综合治理一体化技术	河南省科学技术进步二等奖	2014	雷文杰
129	矿区地质灾害与环境天空地一体化监测及预警关键技术	地理信息科技进步一等奖	2015	卢小平
130	新型矿用硅酸盐改性聚氨酯注浆材料的研制	中国煤炭工业协会科学技术二等奖	2015	杨政鹏
131	煤矿小电流接地故障定位系统	中国煤炭工业协会科学技术二等奖	2015	王晓卫
132	易自燃煤层瓦斯涌出异常区安全开采保障技术研究	中国煤炭工业协会科学技术二等奖	2015	褚廷湘
133	瓦斯预抽钻孔钻屑回填封孔材料与封孔装备研究	中国煤炭工业协会科学技术二等奖	2015	李辉

表 8-1-5(续)

序号	课题名称	获奖级别	获奖时间	学校第一完成人
134	采煤影响区耕地数量—质量—生态管控与地力提升技术及其应用	中国煤炭工业协会科学技术二等奖	2015	刘昌华
135	煤层瓦斯预抽区域防突措施消突效果评价方法及指标研究	第六届安全生产科技成果二等奖	2015	杨宏民
136	无绳提升系统的关键技术及应用	河南省科学技术进步二等奖	2015	汪旭东
137	煤粉气固流态化磁选装备设计及工艺开发	河南省科学技术进步二等奖	2015	史长亮
138	网络通讯约束下动态系统的分析与控制	河南省科学技术进步二等奖	2015	钱伟
139	采动覆岩裂隙动态发育规律的四维探测技术及工程应用	河南省科学技术进步二等奖	2015	高保彬

十一、河南工程学院

河南工程学院承担了多项省级以上项目研究，部分研究成果达到国内领先水平。

(1)“河南省大型煤炭企业多角化经营问题研究”是河南省哲学社会科学“十五”规划课题。该研究提出根据企业资源状况及企业生命周期，河南省煤炭企业应充分认识多角化经营的战略意义，以矿区开发作为主要的多角化经营模式，对拥有的多角化经营项目进行重组、整合，通过购并等方式进入新的产业领域。2002 年，河南省哲学社科规划办公室组织专家鉴定其为一级成果。

(2)“JZ-9703YZ 三相掌上型多功能工频电测量仪研制”项目，不仅可以测量电压、电流、频率、相位误差等常规参数，还具有测试谐波含量、失真度、CT 变化、显示向量和存储数据等功能。产品设计合理，技术先进，功能丰富，在体积、功耗和安全护套设计等方面达到国内同类仪器领先水平。

(3)“隔离巨厚松散层套管起拔研究”项目，一方面能抑制地层吸水膨胀，使套管与孔壁间保持一定的环状间隙；另一方面，具有很好的润滑性能，降低起拔套管的摩擦阻力，保证一次起拔套管成功，研究成果居国内领先水平。

(4)“河南省国有大中型煤炭企业债转股研究”项目，将金融资产管理公司的股权在国企债转股的前几年设置成优先股，后择机改为普通股，既有利于形成多元化的股权结构，改变国有大中型企业一股独大的局面，建立规范化的公司法人治理结构，又有利于银企双方后期在更高层面的合作。

十二、煤炭工业郑州设计研究院股份有限公司

煤炭工业郑州设计研究院股份有限公司先后投入 1 亿多元用于科技研发和技术提升，开展了数百项科技攻关和技术研究，培养专业技术专家 100 多位、国家注册工程师 200 多人次，是勘察设计行业较早通过了高新技术企业认证的单位。

煤炭工业郑州设计研究院股份有限公司具有复杂地质条件矿井设计核心技术，在深井冻结井壁设计方面，先后承担了 10 余对大中型矿井的深井冻结井筒设计，最大表土厚度 530 米，最大冻结深度超过 800 米，多次刷新全国深井冻结记录，其主要研发、设计成果如下。

(1) 其设计的永煤陈四楼矿，是当时穿

过冲积层厚度最深的井筒，也是发现竖向附加力存在后施工的第一对井筒。

(2) 其在井壁结构设计中，打破传统的井壁按平面受力设计的观念，首次考虑了竖向附加力对井壁结构设计的影响，提出了“抗”与“让”相结合的井壁结构设计理念，获得国家科技进步二等奖。

(3) 其设计的永煤新桥矿井，刷新了当时全国煤炭冻结建井深度记录，获河南省优秀设计一等奖。

(4) 其设计的辉县市程村矿井，刷新了当时全国煤炭冻结建井深度记录，获部级科技进步一等奖。

(5) 其中标的青海盐湖金属镁一体化选煤装置 EPC 项目，是中国第一个在青藏高原地区建设的大型现代化选煤工程。该装置在实现单一系统同时生产炼焦用煤、化工用煤、动力用煤，实现对原煤及选后产品数、质量指标的快速检测，对工艺流程及工艺参数的快速调整，准确控制选后产品的质量指标，实现无废弃物生产，各项指标在全国处于先进水平。

(6) 21 世纪以来，其完成生物质能电厂设计 10 余部，在全国率先进入生物质能发电设计领域。集中发展煤炭深加工和清洁能源技术，完成了鄂尔多斯罕台川洗配中心、青海甘河谷工业园选煤厂、河南煤化焦煤赵固二矿选煤厂、河南煤化鹤煤四矿选煤厂、新能集团王行庄选煤厂等 20 多项大、中型选煤厂，煤炭物流中心设计任务。

第三节 技术推广

一、河南省煤炭科学研究院有限公司

河南省煤炭科学研究院有限公司在发展科研的同时，注重科研成果转化，其主要技术推广成果如下。

(1) 1997 年，该公司成立科明机电技术发展有限公司(以下简称科明机电)，经营范围涉及喷射机和泵类产品及其矿用产品的研发、生产及销售，是国内首家研发并生产混凝土喷射机的单位，参与了全国混凝土喷射机多项行业标准的制定。生产自主研发的 PZ-5 型转子式混凝土喷射机(该产品被列为“九五”国家科技重点计划推广项目)，并不断研发(工程类)干、湿、潮混凝土喷射机系列产品、挤压泵、注浆泵等泵类系列产品。其中，其 19 个系列产品具有矿用产品安全标志证书，拥有 15 项喷射机国家专利。科明机电年产值已突破 2200 万元，注册的“科明”商标于 2014 年获得河南省著名商标称号。

(2) 2002 年，该公司注册成立了郑州汉洁环保科技发展有限公司，从事环保产品开发、生产、销售。已经研制成功排放连续监测系统(CEMS)、污染源在线监测系统、水质自动监测系统、COD 在线分析仪、HJL-01 型电脑明渠流量计、HJC-01 型污染防治设施运行监控仪等环保产品并开展规模化生产，广泛应用于省内各工业企业，“郑州汉洁环保”在河南环保领域已拥有较高知名度。

(3) 2003 年该公司注册成立郑州亿佳科技发展公司，将研发的电子产品“远程抄表系统”进行推广应用，还涉及校园一卡通系统、智能控电管理系统、楼宇对讲系统、防盗报警系统、视频监控系统等智能化产品，已形成规模生产。

(4) 2008 年，该公司注册成立河南省煤科院耐磨技术有限公司，主要从事金属材料表面改性领域的研究与开发。其在金属表面耐磨损、耐腐蚀方面的研究已取得了一系列科研成果，所研制的“爱钢”牌系列等离子熔覆设备、激光熔覆设备和磨辊堆焊设备已在煤矿、电力、水泥、石油等行业勘探、采掘运等领域得以广泛应用。工业化生产“爱钢”新型耐磨无火花截齿，取得了优良的耐

磨损耐腐蚀效果和较好的经济效益。该企业于2012年10月被认定为“河南省高新技术企业”。其主导产品的市场占有率超过31%,位居行业前列,2015年产值达到1800多万元。

二、河南能化集团研究院有限公司

河南能化集团研究院有限公司研发的高白超细氢氧化铝粉体制备技术、顺酐加氢制丁二酸酐技术、超大空分装置技术、改性聚甲醛制备技术、固特捷系列矿用高分子材料等一系列科研成果已经推广应用。其研发的壳牌炉仿真优化系统、高纯氧化铝制备技术、钻冲一体化卸压抽采瓦斯技术、冲压一体化卸压增透抽采瓦斯技术、瓦斯抽采孔修复技术、瓦斯治理新装备等技术已经具备推广条件。

三、平煤神马集团

1996年,平煤神马集团主持完成的国家科技进步二等奖、国家“九五”重点攻关项目“矿井瓦斯综合治理示范工程配套技术的研究和应用”取得9项具有国际领先水平的关键技术成果,在全国近千个矿井推广应用,为提高中国矿井瓦斯防治水平起到一定推动作用。

四、焦煤集团

1993年,焦作矿务局完成的“焦作矿区‘三软’煤层机械化采煤工艺的研究”项目,通过河南省煤炭工业厅组织的成果鉴定,创造性地选用并提出改造MGD-150N(A)型短机身采煤机和SGB-630/150刮板运输机配套使用方案,设备配套合理、新颖,既有效地控制顶板,又适应机械化采煤的要求。工业性试验采用的分段管理、跟机作业及管理措施行之有效,该成果在焦作矿务局三软煤层、短小工作面及中小型矿井推广使用,效果良好。

1994年,焦作矿务局完成的“排水节能技术的研究和推广应用”项目,通过河南省科学技术委员会组织的成果鉴定。该项目攻克了影响排水系统效率的关键技术,优化整个排水系统的经济运行,使排水系统平均效率达到66.5%,单耗降至0.4 kW·h/100 mt,通过对JG10D-55水泵的改进,扩宽高效区,延长使用寿命。该技术成熟,节能效果显著,逐步在下属矿井推广应用。同年,与中国矿业大学共同完成的“煤炭成本现代计算方法及制度研究”项目,通过煤炭部煤炭科学基金委员会组织的成果鉴定。该研究提出煤炭成本采用“标准制造成本法”和成本差异分析、控制系统模型及应用软件,探索出煤炭成本计算和控制的新方法,在煤炭行业是首次提出使用标准成本,并在焦作矿务局进行推广应用,取得良好效果。

针对焦作目前煤层与瓦斯赋存条件,“严重突出煤层快速掘进示范工程”项目开发出水力掏槽装备,实现安全、技术与工艺的配套。焦作矿区的演马庄矿、九里山矿选择严重突出危险地区开展推广应用,在保证安全的前提下,大幅度提高了掘进速度,取得了良好的示范效应,并获得2006年度中国煤炭工业协会科技进步二等奖。

2009年,焦煤集团和河南理工大学合作完成的“高强高性能喷射混凝土配制与推广应用”项目,通过河南省科技厅组织的成果鉴定。其研究开发出MK-1增强剂,是用常规喷射混凝土原材料及MK-1增强剂的配制,提高了喷射混凝土强度。该技术在赵固二矿井巷工程中得到实际应用,提出“锚网喷配合工字钢棚支护技术”,改善巷道的支护状况,简化了施工工序,提高了施工速度。同年,焦煤集团赵固二矿和科研所合作完成的“大埋深高水压巷道过断层破碎带技术研究与应用”项目,通过河南省科技厅组织的鉴定。该研究提出防止套管脱出、断管、爆管的有效控制技术，满足了断层破碎带高水压注浆要求，提高浆液质量，采用分散注浆技术，提高注浆效果。该研究成果在埋深大、水压高、岩层破碎、隔水层薄、隔水能力差条件下进行推广应用，保证巷道安全通过断层破碎带及矿井的生产建设安全，经济和社会效益显著。

焦煤集团的"水力掏槽防治瓦斯突出机理及应用"项目，完善了水力掏槽掘进防治煤与瓦斯突出技术。瓦斯突出煤体煤巷掘进水力掏槽防突工艺在焦作矿区进行了推广应用，水力掏槽防突措施的掘进速度比采用中高压注水、超前排放钻孔等防突措施的掘进速度提高2倍以上。同时，水力掏槽实现了无人值守作业，消除防突措施过程中的安全隐患，解决严重突出煤层安全快速掘进难题。并于2010年获得国家能源局三等奖。

焦煤集团通过"千米矿井水灾害抢救与关键技术研究"项目研制出系列装备：开发的G-500-90水力模型，效率达82%，单级扬程90米，流量500立方米/时；研制的ZQ-500、ZQ-1000两个系列矿用高扬程潜水泵，流量分别为500立方米/时、1000立方米/时两个规格，单泵扬程90～1080米，为我国千米矿井抗灾排水系统和抢险排水系统提供了关键装备；开发的850系列矿用潜水电机，样机单机功率为3200千瓦，是目前世界最大的矿用潜水电机；设计了新型同向水力推力轴承，采用铜合金自向心扇形块与软基复合材料组成水力摩擦副，最大承载力160千牛；开发的新型导向轴承，采用碳纤维金属基复合材料与硬质金属复合层组成摩擦副，可以满足电机立式和卧式两种运行方式；研制的ZQ-3200-1000/810、ZQ-2600-1000/650两个规格共四台产品，经焦作煤矿安全设备检测检验中心检验，单级扬程，长径比小，整机运行效率可达79.4%，各项技术指标符合Q/JZSH-ZQ系列矿用增安型潜水电泵的标准要求。该项目经冀中能源峰峰集团有限公司黄沙矿、河南宝雨山煤业有限公司何庄矿等单位推广应用，在深井抢险救灾、大水矿区抗灾性排水等方面具有显著的社会经济效益，并于2011年获得河南省科技进步一等奖。

焦煤集团的"煤矿突水快速综合治理技术研究与应用"项目，是针对焦作矿区底板灰岩含水层分布面积广、水压高、突水量大、突水频繁、断裂构造岩溶裂隙发育的特点，提出"先有效控制再彻底治理底板突水"的新方法，实现底板水害由被动治理到主动控制。该项目的研究成果在焦作、汝州等矿区得到推广应用，并于2011获得河南省工业和信息化厅科技成果奖。

五、鹤煤集团

1991年1月4日，鹤壁矿务局三矿通风区工程技术人员研制的自动撞杆风门，在该矿北翼一绕道试验成功并投入使用。1月5日，六矿通风区研制的光电控制自动风门，在－150南大巷试用成功，为全省填补了一项煤矿通风设施自动化的空白。2月，国家科技攻关项目1400S（八级）阻燃强力输送带由矿务局运输带厂研制成功，经中国统配煤矿总公司技术发展局鉴定，其各项安全性能和物理机械性能符合MT147-87标准要求，填补了国内织物强力输送带的空白。5月，矿务局工程处机械制修厂与机电处共同研制的WY13-1型矿用烟雾温度报警装置获得成功，经国家机械检测中心上海科研所的实际试验，各项技术指标均达到了设计要求。该产品被确认为国内首创的专利产品。8月下旬，矿务局运输带厂研制的阻燃输送带涂刮法生产线试产成功。该生产线生产的三、四、五、六级阻燃输送带经中国煤炭科学院上海分院测试中心测定，其物理、安全性能均达到国际先进水平，并获得合格证书。投产后，该生产线年产阻燃带可达 20 万米以上，不仅提高了生产效率，还可节省 90%的劳动力。

1992 年 6 月 4 日，一种用于普通车床调整角度的新型装置“小拖板角度游标副尺”由矿务局建材厂巫志远研制成功，相比刻度法提高工效 5～8 倍，并获得发明专利。10 月，一种适用于煤矿井下斜坡运输轨道的安全装置——随车制动安全钩由三矿运输区常千才研制成功。该项装置具有安全可靠、制作简单、操作方便、易于维修等特点，经试验各项技术指标均达到要求。

1994 年 1 月，四矿高级工程师钱德存经过 10 多年的实践探索，研究大预应力锚索支护新技术，攻关煤矿地下大型工程加固难题取得成功，在四矿井下煤水提升站峒室群的加固工程中取得良好成效。该项技术比传统的锚喷、铁棚、钢筋混凝土等支护形式缩短工期 6 个月，节约资金 100 多万元。全国有 10 多个局、矿采用这一技术加固井筒破裂、马头门变形和地下大型峒室等工程，均获得成功。2 月，五矿主井绞车提升限速保护装置改造成功。

1997—1998 年，全局推广使用树脂锚杆 6.3 万套，节约资金 70 万元，保证安全施工，增加巷道的服务年限。利用反井钻机先后施工了三矿、六矿北翼煤仓、冷泉矿主井底、四矿西翼 3 号煤场等，实现了快速施工。在冷泉矿煤仓、转载楼、卸载楼、电厂烟囱工程施工中采用了滑模施工技术，取得良好的效果。冷泉矿主井井架安装采用双抱杆技术，以优良的安装质量和较短的施工工期将 50 米高(迄今为集团最高)、256 吨(迄今为集团最重)重的井架矗立在冷泉矿主井井口。

1999 年，根据矿务局提出的关于“优化设计，压缩岩巷”要求，对采区设计进行优化，取消了部分矿井的岩中巷及岩石横川，对压力基本稳定且仅随静压的巷道采取了以煤代岩，以煤代岩与压缩岩巷工程 3250 米，节约资金 900 万元，在一定程度上缓解了全局资金压力。

2000 年 6 月，针对坡度大、推进度慢、回收率低、自燃发火形势严峻的实际状况，为了确保安全生产，鹤煤集团在二矿 3604 综放工作面进行了喷洒阻化剂试验。集团在工作面建立了喷洒阻化剂系统对工作面两端先后进行喷雾、局部采取喷洒阻化剂措施；采取了打钻、密闭、喷洒、埋管等综合注浆和均压通风措施，上隅角一氧化碳浓度由 0.024%下降到 0.0013%，保障安全生产。

2002 年，鹤煤集团煤炭生产部同焦作工学院、中国矿大联合研究全煤锚杆支护和全长可回收锚杆支护技术，并取得成功。当年，煤巷锚杆支护进尺为 9930 米，节约支护费用 367.4 万元。

2003 年，集团在三矿二水平北大巷进行鹤壁矿区失修巷道合理支护技术研究与推广应用，积极推广应用新技术、新工艺，研究适合公司不同条件下的巷道维修技术体系。例如：高冒顶区采用桁架或高水固化材料充填技术；高应力软岩峒室采用现浇钢筋混凝土配合锚索支护技术；破碎顶帮采用注浆——锚网、锚索支护技术。

2006 年，鹤煤集团煤炭生产部承担并组织 3 项科研项目，其中“锚注工艺在岩巷巷修中的应用”使巷道成巷速度提高 20%以上，巷道断面得到控制，年维修费降低 95%，支护成本降低 10%以上。“煤巷掘进 U 型棚替代工字钢支护配套技术研究”，解决鹤壁矿区复合型软岩持续变形破坏技术难题；巷道断面收缩率下降到 20%以下，巷道支护综合费用比工字钢对棚支护降低 10%，支架受压变形率下降 50%，修复利用率到 90%以上，支架加工效率提高 30%，彻底解决大断面高应力回采巷道的 U 型支架支护的复用问题。“液压装置在煤巷掘进工作面的应用”，有效地预防发生瓦斯、煤尘事故，打钻速度比煤电钻提高了 10%～20%；

可以快速消突，提高煤巷的单进水平，煤巷的单进提高 10%～20%；可以使掘进工作面实施液压超前支护，有效地预防掘进工作面发生顶板事故。

六、义煤集团

1990—2008 年，义煤集团科技工作得到长足发展，先进技术、先进经验在生产建设中得到应用和推广。

（一）采掘技术

20 世纪 90 年代中期，义煤集团依靠科技进步发展综采综掘生产，由点到面逐步发展采煤机械化，创建常村煤矿、耿村煤矿、杨村煤矿 3 个高产高效矿井。1994 年，常村煤矿实现一矿一面的高产高效，年产原煤 150 万吨。曹窑煤矿和观音堂煤矿完成沿底送巷一次采全高回采工艺，采煤工作面单产提高了 20%～30%，工效提高了 15%～20%。宜洛煤矿成功研究大倾角伪倾斜放顶煤回采技术，产量提高 25%～40%。同时，研究推广综放和炮放技术，工作面单产大幅度提高。耿村煤矿综放工作面单产达到 15 万吨，常村煤矿综放工作面单产达到 8 万吨。

在综采放顶煤技术研究方面，“易自燃煤层高产高效综放开采技术研究”取得进展，解决了在易自燃煤层中采用综放技术所面临的瓦斯、粉尘、火灾、回采率、顶煤移动规律等问题，提高了工作面单产和效率，降低了吨煤成本。2000 年，义煤全面推广应用炮采放顶煤工艺，并完善工艺和装备，提高单产。2002 年，共装备 6 个综放工作面，确定“两刀一放”（即割两刀放顶煤一次）的放煤工艺。常村煤矿与山东科技大学联合开展“常村煤矿 21072 超长综放工作面工艺及装备技术研究”项目，在义马煤田的工作面开采、设计上取得突破。对在易自燃煤层中布置超大综放工作面所需解决的防火、防瓦斯、生产技术管理及工作面设备选型、配套等技术难题进行了系统研究。炮采放顶煤工艺的实施，为义煤集团东、西部矿井的高产、达产、稳产奠定了基础。

（二）巷道支护

准备巷道和回采巷道，义煤广泛推广工字钢支护，以钢代木，工作面成功采用单体支柱和 π 型钢梁支护。1991 年，在耿村煤矿、杨村煤矿推广应用岩巷“三小”（小锚杆、小钻头、小药卷）作业线技术，提高巷道掘进速度，节约掘进成本。1991 年下半年，先后在常村煤矿、耿村煤矿、甘豪煤矿推广应用锚网支护，降低支护费用，同时为在矿井深部、高地压、围岩破碎地区开采进行了探索。1997 年，在曹窑煤矿试制成功岩巷定向断裂控制爆破技术，岩巷综合单进提高 25%，每米节约材料费 238 元，并且提高巷道成型质量。2002 年，在新安煤矿、曹窑煤矿、石壕煤矿试验推广煤巷锚网支护技术，完成煤巷锚网进尺 21000 多米，节约材料费 420 万元。常村煤矿与山东科技大学合作的“顶分层锚网支护参数优化设计研究”项目，首次采用计算机模拟技术，对巷道锚网支护参数设计进行优化。2007—2008 年，积极推进支护改革工作，从根本上解决了巷道断面小，影响安全和生产的不利因素。杨村矿与河南理工大学联合开展的“复杂地质构造区煤层联合开采技术及岩层控制”研究取得较好效果；与山东科技大学联合开展的“易燃厚煤层复杂采动条件下沿空巷道强力复合支护研究”项目采用“锚杆匹配设计”和“以预紧力为核心”的锚杆支护设计理念，保证锚杆设计强度的可靠性和支护系统的安全性，解决杨村煤矿易燃厚煤层受到复杂采动影响沿空巷道的合理布置与支护难题。千秋煤矿与山东科技大学联合开展“巨厚砾岩下深井特厚煤层综放巷道冲击地压防治与合理支护研究”项目，采用计算机模拟技术，对节理煤体预应力锚杆支护机理，卸压爆破对锚杆稳定性的动载影响进行了深入研究，为提高有冲击地压危险巷道锚杆支护系统可靠性提供了科学依据。

（三）更新设备

在机电运输方面，义煤推广应用绞车可编程控制器、无功就地补偿技术、摩擦卷筒式防墩罐安全装置、高效节能风机等新技术、新设备，降低电耗，提高设施技术水平和运行安全性。

（四）勘探技术

在矿区Ⅲ、Ⅳ等控制上采用半导体红外光电测距仪（DM502），开展航空摄影测量，率先使用 WKT-J2 仪无线电坑道透视法，探测地质小构造，成功率达 75%。利用矿井地质小构造探测技术，完成新安煤矿山西组沉积环境及二$_1$煤厚变化规律的研究，为工作面合理布置提供依据。利用三维地震勘探技术对正村勘探区建矿进行三维高分辨地震勘探，探查煤层的赋存条件、埋藏深度、地质构造等，为新义井田开工建设创造条件。同时，在新安煤矿综合防治水工作中，采用瑞利波、无线电波坑透仪、数字电法仪等多种物探仪器进行水害探查，保证矿井安全生产。

（五）灾害预防

义煤在易自燃矿井成功推广应用黄泥灌浆、阻化剂、均压、泡沫灭火、化学凝胶防灭火、复合凝突防灭火、粉煤灰防灭火、应用红外探测仪查找隐蔽火源等防灭火技术。在各矿井推广综合防尘技术，建立通风实验室，监测、测试手段不断完善。2002—2008 年，义煤集团在加强“一通三防”工作的同时，依靠科技手段解决生产中的技术难题。与焦作工学院联合开展“义马煤田低瓦斯矿井瓦斯涌出量预测与防治技术研究”项目，通过对耿村煤矿瓦斯地质进行研究，找出该矿的瓦斯赋存和涌出规律，提出针对性的防治措施，为耿村煤矿开展瓦斯防治工作提供理论和技术支持。应用抽放瓦斯技术解决新安煤矿、耿村煤矿采煤工作面上隅角和回流风瓦斯浓度超限问题。新安煤矿利用排瓦斯巷治理采煤工作面上巷及回风隅角瓦斯超限也取得成效。义煤集团加大对矿井安全监控系统的改造，建立监测监控网络系统，实现对井下所有采掘工作面的连续监测和瓦斯超限自动断电；在防灭火方面，与西安科技大学合作的“义马矿区易自燃煤层综放开采成套防灭火技术研究”项目通过河南省科技厅组织的鉴定。该项目为义煤集团综采放顶煤的防灭火提供了一整套技术措施，同时，采用新型的灭火器材如二氧化碳发生器和 MEA 新型防灭火材料治理火区也取得成效。

七、神火集团

神火集团科研技术的推广，主要体现在以下几方面。

（1）推广使用 3.15 米单体液压支柱。神火集团葛店矿二$_2$煤层平均厚度 2.85 米，部分厚度 3.0 米，1996 年 11 月推广使用 3.15 米单体液压支柱，使回采率提高到 95%以上。1997 年，仅此一项技术推广就多回采原煤 7 万吨，等于当时葛店矿一个月的产量。当年新庄矿开始推广此项技术。

（2）锚喷锚杆支护。1994 年永城矿务局普遍采用锚喷锚杆支护，基本实现巷道支护锚喷锚杆化，葛店矿锚杆支护已达到当时国内先进水平。

（3）“三下”采煤。建筑物下、水下、铁路下采煤又称“三下”采煤，是一项先进的回采技术。神火集团葛店矿成功推广应用“三下”采煤新技术，1995 年对 24 采区首采工作面成功地实施了“天窗下”采煤，比计划多回收煤炭资源 6 万吨。1996 年，在葛店矿 11081 采面回采中，为避免主井绞车房受采动影响，采用了面长 50 米、宽 20 米煤柱回采法，多采原煤 1 万吨，节省主井绞车房加固费 5 万元。

（4）极软双突厚煤层大采高开采技术。

神火集团梁北矿二$_1$煤层属顶底板和煤质较软，具有煤与瓦斯突出危险性，煤厚在3～6米，平均煤厚4.18米，地质条件复杂。在不准许放顶煤及不宜分层的条件下，为提高经济效益和保障安全生产，该矿开展5.0米大采高开采技术研究。进行5.0米左右极软双突厚煤层大采高综采设备的合理配置，实施大采高台阶式割煤工艺，该矿2006年平均月产达到8万吨，开发出极软双突厚煤层开采的新技术。2006年12月23日，河南省科技厅组织鉴定委员会，对《极软双突厚煤层大采高技术研究》进行鉴定，达到国际先进水平。2015年，该矿在11101回采工作面使用6.3米液压支架，成功实现11101工作面的对接，最大限度地提高原煤产量，为梁北矿11101回采工作面多回收原煤产量6.81万吨。

(5) 新庄矿主通风机数字化安全监测系统技术。安装KJZ-2型风量在线监测装置，新庄矿应用微机技术对通风机工作状态进行在线监测。2007年8月4日，河南省煤炭工业局组织鉴定委员会鉴定，认为该系统适用于非直线段测风，具有创新性，提高了通风机通风的可靠性，研究成果达到国内领先水平，有广泛的推广应用价值。新庄矿为提高采煤机械化程度和单产水平，进行高效综合与矿压研究，确定工作面采煤机单项割煤，端部斜切进刀、单架依次顺序移架的采煤工艺，实现月产5万吨。2007年12月18日，河南省煤炭工业管理局组织鉴定委员会鉴定，成果具有显著的经济社会效益，对类似条件煤层具有推广借鉴价值，研究成果达国内领先水平。

(6) 梁北矿寒灰突水机理及综合防治技术。2008年1月31日，河南省科技厅组织鉴定委员会对"梁北煤矿寒灰突水机理及综合防治技术研究"项目进行鉴定，认为该技术对同类矿井很有指导意义和推广价值，其技术水平达到国际先进水平。

八、郑煤机集团

2004年，郑煤机集团开始高端液压支架国产化的研究。2005年，为晋城煤业集团成功研制生产5.5米大采高液压支架，开创高端液压支架国产化的先河；2005年，与中国神华集团签署了液压支架采购合同，打破国际煤机巨头对中国高端煤矿综采装备的全面垄断局面。郑煤机集团率先研发生产全球6米以上大采高液压支架。2005年，晋城6.2米支架交付用户；2007年，神华6.3米支架交付用户；2009年，神华7米支架交付用户；2012年，潞安7.2米支架交付用户。至2005年，国际煤机巨头DBT、JOY全面退出中国液压支架市场。郑煤机集团的产品先后出口俄罗斯、土耳其、印度、越南、澳大利亚、美国等国际市场。

2015年，郑煤机集团为中国神华集团成功研制的8.8米支架、8.8米液压支架是世界上工作阻力最大、支护高度最高、配套生产能力最大、智能化技术最先进的支架，多项关键技术均为世界首创。

郑煤机集团通过产学研相结合方式，联合华中科技大学、中国矿业大学和平煤集团等单位，开展联合攻关，以生产环节作为实践手段，确保电液控制技术开发的目标导向性和实用性。2009年11月，电液控制系统研制项目顺利通过了河南省科技厅组织的院士专家组的鉴定及验收。电液控系统研制成功，提升中国在液压支架产品领域的核心竞争力，该项成果有多项创新，整体技术达到国际先进水平。

2015年，薄煤层自动化开采、工作面集中控制和云监控平台搭建、超大采高(8.8米支架)智能化控制方面实现攻关突破。研制成功具有自主知识产权的工作面智能供液系统，各项参数均达到国内领先水平。

第四节 科技刊物与学术团体

一、科技刊物

(一) 中州煤炭

该刊创刊于1979年，起初为由河南省煤炭研究所主编的内部刊物《豫煤科技》，不定期出版。1991年经国家科委和新闻出版总署批准，该刊开始面向国内外公开发行，国际统一刊号ISSN 1003－0506，成为河南省煤炭系统唯一公开发行的科技刊物。1993年《中州煤炭》被评为全国中文核心期刊。

2002年，该刊与煤炭企事业单位联合办刊，为煤炭工业的科技交流、科技创新以及加速科技成果向生产力转化发挥了桥梁和纽带作用，推动了煤炭工业的科技进步。

2004年，《中州煤炭》被列为首批《中国期刊网》《中国学术期刊(光盘版)》全文收录期刊和《中国学术期刊综合评价数据库》来源期刊，获得中国学术期刊《CAJ－CD规范》执行优秀奖，随后被万方、维普等国家级知名数据库全文收录。

2007年，《中州煤炭》从第3期开始对刊物进行了全面改版：辟出彩色专版，对省内煤炭行业重大事件进行专题宣传报道；对内文编排进行全面提升，提高期刊质量档次。《中州煤炭》突出自身特色，综合编排质量已位居全国同类刊物的前列，连续获得河南省第一届、第二届、第三届、第四届自然科学期刊综合质量检测一级期刊。

2008年1月，《中州煤炭》理事会正式成立，各理事单位积极为刊物的发展出谋划策。期刊为理事单位提供了大量的科技信息，为煤炭企业的可持续发展提供了强有力的科技支持，进一步推动了科技交流和科技创新。2008年11月经河南省新闻出版局批准，《中州煤炭》由双月刊改为月刊。

2009年3月，《中州煤炭》主管单位由河南省煤炭工业管理局变更为河南省工业和信息化厅。

2010年，《中州煤炭》引入自动化采编系统，建立与作者、编辑、读者、外审专家沟通的网络平台，实现在线投稿查稿、编辑在线办公、专家在线审稿，提高办公效率及办刊质量，利用读者交流群、微信公众号为读者、作者服务。

2014年，《中州煤炭》编辑部适时对期刊栏目进行重新编排，增强期刊可读性，当年入选“2014年中国科技核心期刊”。

2015年，经过对期刊总被引频次、影响因子、他引率、基金论文比等多项学术指标综合评定及同行专家评议推荐，《中州煤炭》再次入选2016年“中国科技论文统计源期刊”(中国科技核心期刊)①。

(二) 平顶山煤炭

该刊创办于1994年，是在平顶山矿务局科研所主办的《平煤科技》、平顶山矿务局煤经会主办的《平煤经济研究》、平顶山矿务局安全监察局主办的《平煤安全管理研究》三个刊物基础上联合创办的，以工程技术为主，集企业管理、安全工程、经济研究等为一体的综合性科技刊物。经河南省新闻广电总局的批准，其内部刊号是：河南省连续性内资〔平顶山〕006号。

《平顶山煤炭》为季刊，截至2015年年底共出版85期，每期约12万字。《平顶山煤炭》以在集团公司内部交流为主，兼顾与国内煤炭行业及有关大专院校、科研院所进

---

① 2016年第6期，《中州煤炭》又一次全新改版，并成了优先数字出版期刊的一员，期刊的优先出版缩短了知识传播周期，加快了知识更新速度，提升了知识创新能力。广大读者可通过互联网、手机等多种途径订阅、检索、下载。《中州煤炭》每期刊出约30万字，发行5000份。截至2016年6月末，《中州煤炭》已发行出版246期，总发行量达到115.45万册，订户遍及全国各地煤炭企事业单位。

行交流。

（三）科技信息

该刊创办于21世纪初，原名为平顶山煤业集团《科技信息》内刊，每月1期，每期30页，内容包括政策法规、行业信息、煤企动态和安全平台，主办单位为原平顶山煤业集团技术中心，累计出版发行46期。2008年，原平顶山煤业集团和原中国神马集团公司重组，成立中国平煤神马集团，于2010年将平顶山煤业集团《科技信息》内刊更名为中国平煤神马集团《科技信息》月刊，为集团内部科技刊物，每月1期，内容包括政策法规、行业信息、能源化工科技、企业动态、安全平台和专利与标准，主办单位为中国平煤神马集团技术中心，截至2015年12月底，累计出版发行63期。2014年经河南省业务主管部门报备，批准准印，准印证号审平顶山连00018。

（四）河南理工大学学报

1979年3月31日，焦作矿业学院成立《焦作矿业学院学报》编委会。1981年3月正式创刊，经煤炭工业部批准为学术性的内部刊物，季刊，主要刊登有关采矿、地质、机械、电气、经济管理、基础理论和社会科学等方面的科研学术论文，其办刊宗旨是：促进科技学术交流，为提高教学质量和科研水平服务，为发展煤炭工业与建设“四化”服务。每期印数1500份，主要面向全国大专院校、科研部门和煤矿企业发行。1995年更名为《焦作工学院学报》，2004年更名为《河南理工大学学报》。

（五）焦煤科技

该刊创刊于1978年年底，截至2015年12月，已出版86期。主要刊登焦煤公司瓦斯、水文地质、矿山压力和采煤等方面的文章，及时报道焦煤科研方面的新成果、新技术。

（六）焦煤科技信息

该刊创刊于2002年1月，2009年由《煤炭信息》更名为《焦煤科技信息》。截至2015年12月已出版371期，主要提供决策支持信息，信息内容短小精悍、时效性强。

（七）郑煤科技

1983年1月创刊，原名《新密煤炭科技》，至1988年共出版11期，发表科技论文119篇。

1989年1月更名为《郑州煤炭科技》，截至1997年年底共出版12期，发表科技论文232篇。

2001年1月更名为《郑煤科技》，2001年出版1期，发表论文25篇，随后停刊。

2004年6月，河南省新闻出版局批准复刊，每年4期，每期64页，刊号为〔豫直〕187号，每期约12万字，彩色封面印装，每期印刷1300册，与全国煤炭系统的130多家企事业单位进行交流，主管单位是河南省工业和信息化厅。截至2015年共出版38期，发表科技论文1100多篇。

（八）鹤壁煤炭科技

该刊创刊于1978年，是鹤壁市煤炭学会、鹤壁矿务局煤炭科学研究所主办的内部刊物，面向全省、全国煤炭行业及大专院校、研究院等200个单位。

1998、1999两年停办，2000年10月，经鹤壁市煤炭学会二次会议决定正式复刊，并改名为《鹤壁煤业科技》。每年一期，每期8万～20万字，发行600份。截至2015年年底共刊出50期，总发行量达29800册。

（九）义煤科技

该刊1982年创刊，隶属义煤集团科技协会。到2008年，共出版59期，发表论文1200余篇。面向60多个单位发行，与煤炭系统50余家单位、大专院校进行交流。

（十）永煤科技

该刊创刊于2003年，季刊，是永煤集团技术委员会主办，永煤集团技术信息中心承办。刊物面向集团公司内外征稿，内部发行，属企业内技术类综合性期刊。创刊以后，共发行53期，发表论文、行业信息等近1200篇。杂志根据来稿情况、企业发展的不同时期，分为新技术应用、问题研究探讨、科研攻关、技术改造成果总结述评、安全技术管理总结、企业管理、经济管理、行业信息等不同板块予以编发，其中行业信息主要涉及与公司各行业有关的国内外发展信息动态、“四新”技术、“五小”成果推广应用介绍等内容。

二、学术团体

（一）中国平煤神马集团科学技术协会

中国平煤神马集团科学技术协会(以下简称平煤集团科协)是中国平煤神马集团科技工作者组成的群众团体，紧密联系基层单位，服务于广大企业科技工作者，充分发挥“三主一家”职能(科普工作主要社会力量、学术交流主渠道、国际民间科技交流主代表与“科技工作者之家”)，推动企业提高自主创新能力，促进经济社会发展。平煤神马科协多次获得国家、省科协的表彰奖励，集团总工程师张建国当选为中国科协第八次全国代表大会代表，并获得2014年度全国“讲理想、比贡献”活动优秀组织者奖励。平煤集团科协配合平顶山市科协、市委组织部、市人力资源和社会保障局，每两年组织开展一次青年科技奖评选工作，做好优秀青年科技人才举荐工作，大力加强企业青年创新，促进企业科技人才成长，拓展集团为科技工作者服务的渠道。按照平煤集团科技奖励文件，平煤集团基层单位每年评选30～40名青年科技奖，评选自然科学优秀论文300～400篇。

（二）平顶山市煤炭学会

该学会于1979年成立，挂靠平煤集团，2002年9月经市民政局注册登记为法人单位。平顶山市煤炭学会下设采煤、矿建、机电、信息化、经济管理、环保、医学等11个专业委员会，拥有团体会员单位55个，一般会员1522人、资深会员60人，学会人数达到1582人，涵盖平煤集团煤炭板块各生产矿、厂、公司和市属煤炭部门以及各县区煤炭局等单位。该学会先后获得中国煤炭学会先进集体、中国煤炭学会科普工作先进单位、河南省科协系统先进集体、河南省优秀民间组织、平顶山市学会工作先进集体等荣誉称号。2015年1月学会召开第五次代表大会，选举产生了新一届理事会，时任中国平煤神马集团杨建国总经理当选为理事会理事长。

针对中国平煤神马集团煤炭工业生产的特点，结合学会专业技术人才、管理人才众多的优势，学会积极开展学术交流和技术咨询，邀请院士和知名专家举行学术讲座，举办多种类型的技术培训，开展专题科技咨询项目，举办各种科技考察和学术交流等活动，使学会充满了活力和凝聚力，繁荣了平顶山市煤炭行业的学术氛围，促进科技进步和决策的科学化、民主化。学会举办“煤炭科技万里行活动”，邀请煤炭科学研究院及下属8个分院、所34人组成的专家队伍，对企业生产中的技术难题，进行充分的切磋、交流和洽谈，达成意向合同25项，涉及平煤集团20多个单位1300余人，通过活动的开展，加强了与煤炭科技研究总院及各分院的交流，为双方的进一步合作开辟了新领域，也为集团公司与煤炭科学研究院的合作奠定基础。学会组织“煤矿安全技术创新院士行”活动，来自中国工程院17位能源与矿业学部的院士以及有关专家27人组成的专家团，深入平顶山矿区进行技术咨询、调研、座谈，对煤矿安全生产中的重大共性技术问题提出相应的建议。2007年7月，学会举办“第二届全国煤炭工业生产一线技术创新论坛”，20名全国煤炭工业生产一线优秀青年科技工作者和80篇青年技术创新优秀论文受到表彰。其他活动还有：组织来自全国30多个省、市的代表，针对在生产实践中的热点、难点问题进行技术交流；积极参加各行业学会专业委员会的活动，依照广大会员专业和实际工作需求，组织参加中国煤炭学会部分专业委员会的学术活动累计300余次，举办学术讲座200多次，参加人员万余人。

1991年以来，平顶山市煤炭学会有3人获得“孙越崎能源大奖”，2人获“全国优秀青年科技工作者”，1人获“中国煤炭学会贡献奖”，3人获“全国煤炭学会优秀工作者”，5人获“孙越崎青年科技奖”，3人获“全国煤炭青年科技奖”，2人获“煤炭工业技术创新优秀人才奖”，2人获“煤炭工业杰出青年科技工作者”，6人获“中国煤炭工业科技管理优秀人才奖”，2人获“中国科协抗震救灾先进个人”，2人获“河南省科协先进工作者”，9人获“全国煤炭工业生产一线优秀青年科技工作者”，9人获“河南省青年科技奖”，14人获得“河南省煤炭工业优秀科技工作者”荣誉称号，125人获“平顶山市青年科技奖”荣誉称号。

（三）义煤集团科学技术协会

该协会于1981年12月成立，下属有煤炭学会、中华医学分会、会计学会、珠算学会、自然科学学会5个团体会员，煤炭学会下设采煤、机电、通风安全、矿建、地测5个专业委员会。

（四）鹤壁市煤炭学会

鹤壁市煤炭学会成立于20世纪60年代中期，是鹤壁市煤炭系统科学技术工作者组成的学术性群众团体。

1992—1994年，该学会积极开展技术咨询、技术论证活动，学会科技咨询服务部为杏树岭、红卫、马庄、古楼河、大间寨等30余对矿井申请办矿进行技术论证，并提出论证报告，为煤炭主管部门批准办矿提供了决策依据。同时为助剂一厂选址，为张六沟和西天矿采掘纠纷，为鹤壁市砖瓦厂选址等进行调查鉴定并提出报告。

1999年2月3日，学会召开第三届会员代表大会，选出理事会理事67人，其中常务理事29人。2月9日，学会第三届常务理事会第一次会议决定成立学会技术委员会，调整《鹤壁煤炭科技》编委，学会下设采煤、通风安全、机电、地测、矿建、计算机、土建、综合、医学等9个专业委员会，设1个技术经济咨询部。

2000年3月10日，学会第三届常务理事会第二次会议决定成立由28人组成的外语翻译专业委员会，下设煤炭、医疗专业组。学会组织各专业委员会及会员单位参加“崇尚科学，破除迷信（金芒果杯）科普知识竞赛活动”，广泛普及医疗卫生知识、人体科学知识、天体知识、气象知识、自然物理知识等，参加活动单位10家1000余人次，竞赛试卷收回率达90%以上。

2003年5月，学会以普及科学知识传播和科学思想作为重点工作，将《非典型肺炎100问》科普宣传读本转发至鹤煤（集团）公司各单位，减少群众恐慌心理，维护矿区稳定。

2004年6月，学会组织部分会员参加“工程技术与百姓生活”知识竞答活动。在“全国科普日”活动中，组织会员代表参加省科协举办的“河南省科普月”活动并听取了学术报告会。5月，学会组织科研、生产、卫生系列的会员代表，参加“河南省科技工作者工作状况调查问卷”活动。

（五）焦作煤炭学会

焦作煤炭学会成立于1958年，是焦煤公司科技工作者的群众团体。煤炭学会紧密结合焦煤发展实际，积极开展学术交流活动，团结广大科技工作者结合行业发展的热点、难点，针对焦作矿区水大、瓦斯高、地质条件复杂等问题，发挥自身优势，积极进行科技攻关和学术交流。学会组织有关专家、学者针对煤炭行业发展中带有战略性、长远性的重大问题进行调研，在建言献策、决策咨询等方面发挥作用。学会组织参加各类科普活动，切实提高学会科普综合素养。学会充分利用各种途径和渠道，发现和推荐科技人才，为焦煤公司选拔优秀的青年科技工作者。

第二章 教 育 培 训

河南省煤炭行业重视学历教育及职工队伍的教育培训工作。进入21世纪以来，河南省煤炭行业投入近10亿元用于培训教育工作和培训基地建设的，对全省煤炭行业教育培训资源进行了大力整合，对其中7所学校完成了合并、重组或更名。各煤炭院校针对行业人才需求，发挥专业优势，加强校企合作，在为行业培养输送人才的同时，自身也得到了快速发展。郑州经济管理干部学院与省属煤炭企业签订合作办学协议，2007年该学院通过国家教育部组织的“升本”验收，更名为河南工程学院。平顶山工业职业技术学院，以职业能力培养为主线，以产学研合作为途径，主动适应生产、建设、管理、服务第一线需要，实现跨越式发展，2007年学院进入全国首批28所国家示范性高等职业院校建设计划项目。郑州工业安全职业学院如期完成了体制转换和新校区建设。鹤壁煤业高级技校组建技师高院。2008年河南省煤炭技校被国家劳动和社会保障部命名为国家级高级技工学校，河南工程技术学校、平顶山煤矿技工学校、河南省煤炭技校、郑州煤炭高级技校、鹤壁煤业高级技校等5所学校被纳入了河南省示范性中等职业学校职业教育基础能力建设规划。2007年河南省煤炭职业院校在校生达到52973人，向社会转送毕业生12453人。

第一节 学历及职业教育

职业技术教育是煤炭教育的重要组成部分，是劳动力生产和再生产的关键环节，是教育体系与经济社会发展对接的重要枢纽，是打造高技能人才队伍，促进科教兴国、经济发展方式转变和产业转型升级的重要支撑力量，为煤炭行业发展培养了大量的专业技术人才。

一、河南理工大学

该校其前身是1909年由英国福公司兴办的焦作路矿学堂，是中国第一所矿业高等学府，也是河南省建立最早的高等学校。在一个多世纪的办学历程中，该校曾10次迁址，辗转4省，9易其名，历经焦作路矿学堂、福中矿务大学、私立焦作工学院、西北工学院、国立焦作工学院、焦作矿业学院等重要历史时期，1995年恢复焦作工学院校名，2004年更名河南理工大学。

学校已形成以工科专业为主体，以地矿类专业为特色，理、工、文、管、经各专业相结合的办学格局。在坚持为煤炭服务的原则下，对原有专业拓宽服务面，增强专业的适应性和通用性，集中精力办好本科教育，以适应社会主义市场经济对煤炭行业应用型人才的急需，为煤炭工业和地方经济服务。1994年6月10日，《河南日报》以《焦作矿院着力调整优化专业结构》为题报道了学校加强系科和专业建设的经验。

该校于 1995 年复名焦作工学院。“九五”期间，新设本科专业 5～10 个，每年平均新增 1～2 个本科专业。到 1999 年，学校由 3 系 1 部发展为 8 系 2 部，其中本科专业 20 个、专科专业 19 个。学校的系科和专业建设更加适应煤炭工业建设和地方经济发展的需要。

2004 年，学校更名为河南理工大学，以学科建设为龙头，加大投入，强化特色，突出优势，安全、地矿学科特色鲜明，突出工科优势，理学、经管、人文等学科协调发展，建有 5 个博士后科研流动站、4 个一级学科博士点、32 个二级学科（方向）博士点；18 个一级学科硕士点、119 个二级学科（方向）硕士点，75 个本科专业，具有硕士学位推免权和开展本硕、硕博连读资格，拥有工商管理（MBA）、公共管理（MPA）专业硕士以及汉语国际教育专业硕士招生权，并在 17 个工程领域招收培养工程硕士。河南理工大学有 21 个省一级重点学科、2 个省级优势特色学科，其中 4 个博士学位授权一级学科在 2012 年国家学科评估中居全国前 10 位，安全科学与工程在全国排第 5 名。获得 55 个国家级本科教学工程项目和 69 项国家、省级教学成果奖；建有国家科技部、教育部、发改委、安监总局、国土资源部、测绘局、体育总局等国家级、省部级重点实验室、工程中心等科研平台 49 个，有国家、省部级教学科研团队 38 个，年度科研总经费突破 2.7 亿元，服务经济社会发展能力显著增强。1991—2002 年河南理工大学招生、毕业生统计表如表 8-2-1 所示，2003—2015 年河南理工大学招生、毕业生统计表如表 8-2-2 所示。

表 8-2-1　1991—2002 年河南理工大学招生、毕业生统计表　　人

年份	本科毕业生数	专科毕业生数	本科生招生数	专科生招生数	本、专科在校学生数	硕士研究生毕业数	硕士研究生招生数	在校研究生数
1991	494	135	532	148	2349	12	10	27
1992	532	109	529	221	2447	5	10	32
1993	438	117	603	357	2902	11	10	31
1994	503	246	694	196	3026	11	15	35
1995	515	378	746	259	3115	10	19	44
1996	510	267	787	226	3331	9	25	60
1997	574	73	865	185	3699	15	36	80
1998	714	180	1340	120	4212	17	30	92
1999	719	237	1929	122	5367	25	40	107
2000	741	264	2474	230	7016	36	61	132
2001	818	116	3406	267	9752	31	82	213
2002	本专科毕业生数 1391		本专科招生数 4791		12877	40	178	399

表 8-2-2 2003—2015 年河南理工大学招生、毕业生统计表 人

年份	本专科毕业生		本专科招生		本专科在校生	硕研毕业	硕研招生	硕研在校	博研毕业	博研招生	博研在校
	本科毕业	专科毕业	本科招生	专科招生							
2003	2162	4790	15535	61	140	320					
2004	2681	5568	18315	81	198	436					
2005	3602	4273	17706	98	245	583					
2006	4360	5712	3026	137	323	766					
2007	4868	5997	20097	186	375	948					
2008	4865	6736	21921	238	445	1156					
2009	4794	8347	25360	308	581	1425					
2010	5783	9097	28661	368	664	1721					
2011	6179	824	7819	1192	30643	457	642	1810	9	23	94
2012	6535	2033	8016	1777	32599	643	667	1834	14	29	109
2013	7014	1618	8028	1253	33202	602	691	1917	16	31	124
2014	7475	1592	8065	1712	33497	478	722	2107	16	32	140
2015	6854	1880	7996	1501	33672	646	740	2176	18	36	155

学校坚持实施“人才强校”战略，有专任教师 2401 人。其中院士（含双聘）10 人，国家“百千万人才工程”3 人，国家“千人计划”专家 1 人，国家级教学名师、全国模范教师、全国优秀教师、教育部新世纪优秀人才、省特聘教授、省管优秀专家、省教学名师、省部级学术带头人和省骨干教师等 200 余人，享受国务院政府特殊津贴的专家 31 人。1991—2015 年河南理工大学师资力量与结构统计表如表 8-2-3 所示。该校有全日制在校生 36000 余人，其中研究生 3600 多人。学校占地面积 4100 余亩，建筑面积 140 余万平方米，设有 22 个学院和后备军官学院、国际教育学院、继续教育学院、安全技术培训学院。学校始终坚持“实践育人”理念，致力于培养富有社会责任感、创新精神和创造能力的高素质人才，建有电工电子等 5 个国家级实验教学示范中心，建成大学科技园和大学生创业创新基地，教学科研仪器设备总值 4.78 亿元。学校坚持实施“开放发展”战略，与 30 多个国家和地区的 60 余所高校和科研机构建立友好合作关系。

表 8-2-3 1991—2015 年河南理工大学师资力量与结构统计表 人

序号	年份	专任教师总数	学历结构			职称结构	
			博士	硕士	本科及以下	正高（教授）	副高（副教授）
1	1991	472		95	358	7	79
2	1992	418		95	304	14	98
3	1993	408		98	290	18	123

表 8-2-3(续)　人

序号	年份	专任教师总数	学历结构			职称结构	
			博士	硕士	本科及以下	正高(教授)	副高(副教授)
4	1994	408	1	102	290	22	121
5	1995	402	2	123	265	24	116
6	1996	410	3	132	264	26	128
7	1997	412	5	132	264	32	143
8	1998	399	16	137	242	36	132
9	1999	488	21	143	324	51	146
10	2000	548	21	153	326	51	148
11	2001	616	34	164	372	66	165
12	2002	699	56	249	394	80	162
13	2003	826	67	277	482	102	224
14	2004	1023	68	365	590	107	259
15	2005	1089	83	411	595	114	279
16	2006	1177	129	481	567	121	294
17	2007	1291	196	576	519	131	328
18	2008	1509	330	761	418	153	258
19	2009	1655	392	863	400	166	395
20	2010	1848	459	1032	357	181	447
21	2011	1953	538	1119	296	197	488
22	2012	1963	615	1094	254	202	521
23	2013	1985	738	1014	233	212	526
24	2014	2111	819	887	395	221	612
25	2015	2232	884	893	437	248	670

二、河南工程学院

该校是由郑州经济管理干部学院与河南纺织高等专科学校于 2007 年合并组建而成的。原郑州经济管理干部学院的前身是 1956 年成立的煤炭工业部郑州工人技术学校，1958 年萍乡煤矿干部学校并入，此后校名历经郑州煤矿学校、中南煤矿干部学校、河南省煤炭工业干部学校、郑州煤炭工业学校等变迁，1983 年更名为郑州煤炭管理干部学院，2001 年更名为郑州经济管理干部学院，2002 年郑州煤田职工地质学院并入组建新的郑州经济管理干部学院。

1999 年以前学校职业技术教育主要以成人教育为主。2000 年，河南工程学院开始设置普通专科专业，并开始招生。郑州煤炭管理干部学院开设有应用电子技术、会计电算化、建筑工程预算、证券投资与管理、商务策划、商务文秘与公关等6个普通大专专业，以及13个成人大专专业和13个成人中专专业；郑州煤田地质学院开设有汽车工艺与维修、环境监测、环境治理、电子信息技术、电子商务、机电一体化、旅游与酒店管理、涉外旅游等8个普通大专专业，以及9个成人大专专业和9个成人中专专业。

2002年，郑州煤田职工地质学院并入郑州经济管理干部学院后，学校进行了系部和专业合并、重组，设有计算机系、建筑工程系、社会科学系、电子信息工程系、财务会计系、管理工程系、环境工程系、机电工程系、经济贸易系和基础部等10个系部，普通大专专业增设至22个，开设有10个成人大专专业和10个成人中专专业。

2006年，普通大专专业增至41个，成人大专专业有12个，停招成人中专学生。根据工程技术人才培养的教学需要，学校进一步规范和加强了实验中心建设，设置了会计实验中心、测量实验中心、经济贸易实验中心、环境工程实验中心、电工电子实验中心、电信工程实验中心、工商管理实验中心、机电技术实验中心、建筑工程实验中心、汽车技术实验中心、计算机专业实验中心等11个实验中心。

2007年，郑州经济管理干部学院与河南纺织高等专科学院合并组建成河南工程学院后，升为本科院校。学校共设安全工程系、计算机系、财会系、经贸系、管理系、社科系、电信系、机电系、环境系、建工系、基础部、继续教育学院、纺织系、纺化系、工商系、艺术系、服装系、信息系、体育艺术部等19个系部，增设机械设计制造及其自动化、电气工程与自动化、环境工程、安全工程、针织技术与针织服装、纺织品检验与贸易、纺织品设计、现代纺织技术、市场营销等9个普通本科专业，开设有77个普通大专专业、3个成人本科专业、17个成人大专专业、7个五年制高职转入专业。

2015年，学校共设安全工程学院、土木工程学院、资源与环境学院、纺织学院等教学院(部)21个，设有工学、管理学、经济学、理学、艺术学和文学等学科门类。学校以矿业、纺织、土木类专业为特色，共设45个本科专业、41个大专专业、23个人成人大专专业，本科专业数量超过了专科专业数量，学校教育转向以本科教育为主。1991—2015年河南工程学院历年学生情况表如表8-2-4所示。学校全日制在校生共26000余人，其中本科生16000余人；有教职工1533人，其中正高级职称114人、副高级职称418人、具有博士学位的教师237人、具有硕士学位的教师748人、外聘教师262人。学校建筑面积106万平方米，教学科研仪器设备总值2.23亿元，建立煤化工资源综合利用与污染治理河南省工程实验室、微生物治理瓦斯技术与装备河南省工程实验室、纺织新产品开发河南省工程实验室、河南省服装纺织品工程技术研究中心等4个省级科研平台，另有校内实验实习基地177个、校外实习基地217个。

表8-2-4 1991—2015年河南工程学院学生情况表 人

年份	招生数				毕业生数				在校生			
	小计	本科生	专科生	成人	小计	本科生	专科生	成人	小计	本科生	专科生	成人
1991	517			517	676			676	1319			1319
1992	505			505	566			566	1254			1254

表 8-2-4(续) 人

年份	招生数				毕业生数				在校生			
	小计	本科生	专科生	成人	小计	本科生	专科生	成人	小计	本科生	专科生	成人
1993	475			475	413			413	1306			1306
1994	780			780	454			454	1580			1580
1995	1050			1050	553			553	2022			2022
1996	1257			1257	639			639	2381			2381
1997	1158			1158	529			529	2963			2963
1998	1460			1460	1029			1029	3297			3297
1999	1764			1764	1338			1338	3713			3713
2000	3572		2150	1422	1348			1348	5913		2427	3486
2001	2237		1636	601	1084			1084	5932		2896	3036
2002	2359		2020	339	1372		233	1139	6561		4600	1961
2003	2804		2710	94	1508		960	548	6849		6350	499
2004	3755		3661	94	2156		1608	548	8902		8403	499
2005	3516		3396	120	2365		2032	333	10053		9767	286
2006	2886		2826	60	2793		2710	83	7621		7420	201
2007	8370	600	7334	436	4523		3935	588	20143	600	18465	1078
2008	8930	1219	6884	827	5871		5395	476	25523	1837	22258	1428
2009	7973	2104	5200	669	8444		8007	437	25290	3941	19698	1651
2010	7812	3155	4092	565	8565		7732	833	24514	7118	16034	1362
2011	8328	3489	3970	869	8875	957	7385	533	23722	9524	12764	1434
2012	9501	4164	3780	1557	6902	1564	4839	499	25893	12018	11383	2492
2013	9630	4490	3372	1768	6097	2178	3325	594	27767	14251	10655	2861
2014	8494	4479	3273	742	8202	3198	3593	1411	27154	15486	10000	1668
2015	9689	4843	3611	1235	8773	3918	3233	1622	27672	16023	10026	1623

三、河南工业和信息化职业学院

学校位于河南省焦作市，创建于 1975 年 7 月，历经河南省煤矿学校、焦作煤炭工业学校、河南工程技术学校、河南理工大学高等职业学院等时期。2013 年 3 月经河南省人民政府批准，在与河南理工大学剥离的基础上，更名为河南工业和信息化职业学院。

1994 年 3 月 25 日，学校被评为“河南省重点中专学校”。

1998 年 8 月 29 日，河南省人民政府豫政〔1998〕49 号文件通知，学校由煤炭部下放后由河南省煤炭厅主办并管理。

1999 年 4 月 16 日，河南省教育委员会教函〔99〕26 号文件批复，学校更名为河南煤炭工业学校。

1999 年 7 月 10 日，学校在河南省煤炭工业局指导下成立了董事会，与河南省煤炭骨干企业平煤集团公司、郑煤集团公司、焦煤集团公司、永煤集团公司、河南矿业建设集团公司等 30 多个大中型国有企业组成共同办学的联合体，深入开展校企合作。

2000 年 5 月 31 日，教育部教职成〔2000〕6 号文件通知，学校被授予国家级重点中专。同年 11 月 30 日，河南省教育厅教函〔2000〕70 号文件批准，学校名称变更为河南工程技术学校。

2002 年 7 月 15 日，经河南省教育厅豫教发规〔2002〕82 号文件批准，学校与焦作工学院（现河南理工大学）联合办学，成立了焦作工学院高等职业学院，提升办学层次。当年招生 185 人，实现了新的历史性跨越。学校由原来招收三年制或二年制中专，发展到可以招收三年制高职、五年和“3＋2”一贯制高职，拓宽了办学渠道。

2003 年 2 月，学校被授予省级文明单位。6 月，学校实行分系管理，设立采矿工程系、机电工程系、建筑工程系、信息工程系，同时改革干部任用制度。

2004 年 2 月，省发改委、省煤炭局批准学校在焦作市高新开发区征地建设新校区，占地面积 994 亩。随着学生规模的不断扩大，从 2005 年开始，学校相继在焦作市高新区和中站区租用了南、北两个校区，形成了三个校区办学格局。

2006 年，学校全面开展了行风评议工作，在年底验收工作中，学校以同类院校第一名的成绩被省政府评为“河南省学校行风建设先进单位”。

2009 年 5 月 20 日，学校举行了新校区奠基仪式，全面展开了新校区基本建设。10 月 24 日，学校获得“河南省职业教育攻坚工作先进单位”，同时被教育厅确定为河南省首批示范性中等职业学校。

2010 年 9 月 6 日，学校启用新校区。同时，继续保留老校区，撤销南、北两个校区，结束了三校区办学格局，开创了学校办学的新局面。

2011 年 6 月 1 日，学校召开第二届四次教职工代表大会，审议并通过了《河南工程技术学校“十二五”发展规划》，确定了“十二五”期间学校的发展目标和任务。学校成功申报省全民技能振兴工程技能人才培养示范基地项目。

2013 年 3 月 5 日，河南省人民政府印发《关于设置河南工业和信息化职业学院的批复》，批准设置河南工业和信息化职业学院，属公办专科层次的普通高等职业学校，由河南省工业和信息化厅举办和管理，省教育厅负责学校的教育教学管理工作，培养高等技术应用型人才。5 月 25 日，学校独立申办高职取得成功。

2014 年 9 月 29 日，河南省教育厅下发《关于公布“河南省职业教育品牌示范院校和特色院校建设计划”第三批立项建设学校名单及有关事宜的通知》，学校获批成为高等职业教育特色院校建设单位。12 月 22 日，学校成功申报全民技能振兴工程职业院校师资培养培训示范基地建设项目。

2015 年 5 月 21 日，经河南省教育厅批准，学校取得成人教育招生资格，获批了煤矿开采技术、机电一体化技术、建筑工程技术、计算机应用技术、会计电算化、电子商务等 6 个专业 50 人的招生计划，并开始招生。同年 9 月 19 日，学校举办建校 40 周年校企合作论坛，承办了河南省第三期企业家培训班暨省工信系统校企合作联盟成立大会，学校被推选为校企联盟副理事长单位、秘书长单位。同年，学校被推荐为河南省煤炭职业教育校企合作指导委员会常务副主任单位和秘书长单位，积极与全省多家煤炭企业开展校企合作。

截至 2015 年，学校占地面积 777.03

亩，建筑面积20万平方米，教学科研仪器设备总价值近5000万元，馆藏图书43.3万册，期刊2970种。在校生规模6000余人。学院设能源工程系、机械工程系、建筑工程系、信息工程系、电气工程系、财经商贸系、基础部、体育教学部和继续教育学院等9个教学系部，开设电子商务、物流管理、会计电算化、会计统计与核算、动漫设计与制作、机电一体化技术、电气自动化技术、矿山机电、建筑工程技术、工程造价、工程监理、商务英语等30个专业及方向，围绕工业和信息化正在建设资源环境与安全、装备制造、土木建筑、电子信息、财经商贸等5大专业群。

学院拥有专任教师254人，其中高级职称57人、中级职称109人；具有硕士学位教师113人，研究生学历49人，“双师型”教师比例达53.81%；有省厅级学术技术(学科)带头人14名、省厅级骨干教师4名；另外聘请中国工程院院士张铁岗等知名专家教授以及企业兼职教师68人。建校以来，为社会培养了5万多名毕业生，相继获得了河南省文明单位、河南省示范性职业学校、河南省职业指导与就业服务先进单位、全省学校行风建设先进单位、河南省职业教育攻坚工作先进单位、全国煤炭职业教育先进单位、全国煤炭系统文明单位、焦作市五好基层党组织等荣誉称号。

四、河南省煤炭高级技工学校

河南省煤炭高级技工学校于1990年由河南省政府批准成立，河南省工业和信息化委员会主管的一所全日制中等职业技术学校，国家级重点技校，省级文明单位。建校以来，先后经历了河南省地方煤矿技工学校、河南省煤炭技工学校、河南省煤炭高级技工学校3个发展时期：河南省地方煤矿技工学校时期(1990年4月—1999年8月)，为学校的初步发展时期。河南省煤炭技工学校时期(1999年9月—2008年10月)，为学校快速成长时期。河南省煤炭高级技工学校时期(2008年11月—2015年12月)，为学校巩固提升时期。

“八五”时期，国家技工学校系统实行统招统配。1991年，学校新增设矿山救护、通风安全、计算机应用、维修电工、建筑核算、焊工、商品经营等专业，毕业生主要就业方向为全省各地方煤矿。

“九五”时期，国家技工学校系统招生分配政策发生较大调整，从1999年开始，学校取消统招统配。为适应经济社会发展要求，学校在1999年增设了招生就业安置岗位。2000年3月，增设了招生安置办公室，加强了学校招生与毕业安置工作管理。为扩大办学规模，面对技能人才需求，该校增设了应用电子技术、计算机与财会、钳工、采掘等专业，并开始探索同企业合作办学的模式。

“十五”时期，学校内强实力，外树形象。2001年学校被省劳动和社会保障厅评为省部级重点技工学校；2005年5月，学校被国家劳动和社会保障部认定为国家级重点技工学校。校企合作方面，2003年学校同新登煤矿签订委培协议，学制1年；2004年学校同王行庄煤矿签订委培协议，学制2年；2005年学校同王行庄煤矿、新登煤矿等单位签订委培协议，学制分别为2年、3年。专业设置方面，为满足学生升入大专院校继续深造的需求，分别在计算机与财会、机电两个专业开设了对口升学班。

“十一五”时期，国家出台相关政策，鼓励大力发展职业教育，探索实施校企合作。2006年，学校先后同郑煤工程公司、新登煤矿、永煤永华能源有限公司、新郑煤电赵家寨煤矿、驻马店吴桂桥煤矿、新郑王行庄煤矿等单位签订委培协议；2007年，学校同永煤集团永锦公司、河南神火集团公司、河南煤炭建设集团、国投煤炭郑州能源开发公司、郑州市煤炭能源开发公司、河南煤炭建设集团公司、郑州新登集团公司、河南新能开发公司、郑煤集团教学二矿等多家煤矿企业签订了长期合作协议。从2007年开始，学校举办一年一度的校企合作座谈会，协商解决联合办学中遇到的问题，同10多家企业建立了稳定的合作办学关系。2007年，学校被河南省委、省政府授予“省级文明单位”。2008年，学校通过国家人力资源和社会保障部办学水平和办学能力评估验收，被认定为高级技工学校。

“十二五”时期，学校成功申报了现代化模拟矿井建设、教学实训综合楼建设、中等职业学校特色校建设等项目，筹建了一个现代化模拟矿井、一个文体活动中心，对学生宿舍楼、培训学员宿舍楼和培训餐厅进行了改造升级，正在筹建教学实训综合楼，筹建汽车检修实训室、服装实验室，筹建考试中心、远程教育中心、微课室、录播教室，对微机室计算机全部进行更新换代，购买实训流动车等实习、实训实验设备，提升办学硬件条件。同时，学校开拓与省内多家监狱系统的合作办学模式，形成煤与非煤并举的格局，丰富校企合作内涵，扩大办学规模。2015年，学校招收煤矿技术、计算机应用与维修、服装制作与营销、矿井通风与安全、电子应用技术、焊接加工、机械装配、电气自动化安装与维修等专业新生3182人，毕业生共2348人，在职培训各类人员2371人次。2015年为适应专业调整需求，学校加强师资队伍建设，改善师资结构，加大师资外出进修培训力度，除组织教师赴国内高职院校培训学习外，还组织4名教师远赴德国参加了师资培训，进一步提升了教师业务能力。该校有教职工126人，其中教师108人、正高级专业技术职称1人、副高级专业技术职称29人、中级专业技术职称49人、初级专业技术职称29人。

五、平顶山工业职业技术学院

该校是经河南省人民政府批准、教育部备案、中国平煤神马集团主办的一所高职院校。办学历史可追溯至原煤炭工业部创建于1956年6月的平顶山煤矿学校。1969年，学校被解散。后在此校基础上分别于1975年成立平顶山煤矿职工大学、1978年成立平顶山煤矿技工学校（1994年升格为平顶山煤炭高级技工学校）。2001年5月平顶山煤矿职工大学和平顶山煤炭高级技工学校合并成立平顶山工业职业技术学院。2006年，原平顶山市工业贸易学校并入学院。

学院秉承“面向社会、面向人人，服务地方、服务行业、服务企业、服务学生，帮助学生实现梦想”的办学理念，以实现“员工型、学习型、全面发展型高端技术技能人才”的人才培养为目标，以“以高职教育为本，以中职教育、继续教育和培训为两翼”为发展战略，创建“四进”“五个一”人才培养系统工程，形成学院特有的创新办学之路和特色育人之路。

学院占地521亩，建筑面积38.21万平方米，固定资产总值4.48亿元，教学仪器设备总值1.84亿元，图书馆藏书107.04万册。学院拥有教职工858人，其中，专任教师655名，副高级以上职称155人，双师素质教师301人，博士、硕士学位教师201人；拥有国家级优秀教学团队1个、省级优秀教学团队4个；设有机械工程学院、电力工程学院、计算机与软件工程学院、自动化与信息工程学院、资源开发学院、经济管理学院、化工学院、艺术学院、国际合作学院、成人教育学院、网络教育学院，文化教育部、思想政治教育部，技工学校、安全培训中心、实习实训中心、信息中心。学院开设煤矿类、建筑类、管理类、计算机类、汽车类、艺术类、医学类等51个专业及方向，其中，国家级重点建设专业6个、省级教学改革试点专业7个、省级特色专业建设点5个，在校生共2万余人；有国家级精品资源共享课程8门、省级精品资源共享课程23门;拥有与专业配套的、具有真实场景或高度仿真的实验实训基地(车间)103个,与中国平煤神马集团、平高电气集团、中兴通讯等大型企业共同建立的校外实习基地117个,其中,教育部——中兴通讯ICT行业创新基地、矿山机电实训中心综合楼、中央财政支持的煤矿安全实训基地、河南省政府支持建设的瓦斯防治实验室,以及数控加工实训工厂、服装加工实训工厂、煤化工高技能人才培养示范基地等均处全国、全行业领先水平。

学院先后向社会培养、输送各类毕业生20余万人,辐射全国各地,遍及社会各行各业,大多成为所在行业、单位的骨干力量。学院先后获得"全国煤炭教育先进单位""河南省职业教育先进单位""河南省大中专毕业生就业工作先进单位""全国综合实力十强高职院校""中国企业培训机构百强""全国文明单位""国家示范性高职院校""全国普通高校毕业生就业工作先进集体"等荣誉称号。

六、郑煤集团职工大学

1975年7月,新密矿务局工人大学创办。1981年更名为新密矿务局职工大学。1983年10月,经河南省人民政府豫政〔1983〕第226号文批准,正式成立新密煤矿职工大学。1989年更名为郑州矿务局职工大学。2006年3月该校与党校合并为郑煤集团职工教育培训中心安全培训站。

1991—2010年该校学历教育大专开设采煤、机电、统计、财会、配电、计算机应用、财会电算化等专业。

1991—2007年该校函授教育专科开设法律文秘、经济管理、营销与策划、机电一体化、电气自动化、煤矿开采技术、矿井通风与安全、机电等8个专业;专升本开设机械设计及其自动化、电气工程及其自动化、计算机科学技术、采矿工程、安全工程等5个专业。高起本开设会计学、采矿工程、电气自动化3个专业。

七、郑州煤炭工业技师学院

该校前身是郑州煤炭高级技工学校,为郑煤集团所属全日制中等职业技术学校。位于新郑市永宁街,占地面积137亩,建筑面积46206.77平方米。学校以中、高级学历制技工教育为主,同时进行安全培训、职业技能鉴定。专业设置以煤炭生产建设岗位群为主,以煤炭专业为骨干,以社会专业为补充,专业齐全,特色突出。

1996年以来,学校分别被河南省劳动厅、煤炭工业部、劳动和社会保障部评估认定为省、部级重点技工学校,国家级重点技工学校,国家高级技工学校、技师学院。2000年6月经郑州市劳动局批准成立国家职业技能鉴定所。2002年3月该校经河南省安全生产监督管理局、河南省煤矿安全监督局评估验收为"国家三级煤矿安全培训机构"和"国家三级非煤安全培训机构"。2004年3月该校通过ISO 9001质量管理体系认证。2006年6月经河南省煤矿安全监察局、河南省安全生产监察管理局评估验收,认定为"国家三级煤矿安全培训机构""国家三级非煤安全培训机构"。该校先后获"全国职业教育先进单位""省文明单位""省职业教育先进集体""郑州市技校系统实习教学优质课评选活动先进单位""郑州市技校系统教学管理先进单位"和"最具特色职业技术学校"等荣誉。

截至2015年年底,该校开设有矿井机械维修、矿井电气维修、矿井通风与安全、采掘机械化、综采机械维修、综采电气维修、采掘电钳工、计算机操作与文字录入、服装工艺、餐旅服务、车工、电工电子、铆焊、基层核算、财会电算化、汽轮运行与维修、锅炉运行与检修、电脑文秘、水泥工艺、钻探、井巷掘砌等专业(工种)。

八、焦作矿务局职业中等专业学校

该校前身是焦作矿务局机电总厂学校，它始建于1971年，最初为制修厂学校，后改名为机电总厂学校。1988年，改名为焦作矿务局职业中等专业学校。2000年4月，该校同矿务局技工学校、矿务局党校、电大函授站合并为焦煤集团职工教育培训中心。学校开设有护士、机电、财会、幼师、汽修等专业。

九、焦煤公司高级技工学校

该校前身为1955年由原煤炭部创办的焦作矿务局技工学校，1966年停办，1978年重新恢复办学。2000年与焦作矿务局职工中专(党校)、焦作矿务局职业高中、焦作矿务局电大函授站合并办学(合并后称“焦煤集团职工教育培训中心”)。2000年以后该校从普通技校逐步晋升为省重点技校、国家级重点技校、河南省高级技工学校。

2015年，焦煤公司高级技工学校有3个校区，资产总额1487万元，占地面积156亩，建筑面积55447.02平方米。学校拥有在职职工142人，其中专业教师95人；在校生共800余人，成人学历教育学生1500余人，年培训在职职工500余人。

焦煤技校是河南省较早建立的中等职业学校，建校60多年来为焦煤及周边地区培养了2万余名的技术技能人才。学校获得2012年焦作市技能竞赛焊工、维修电工两项团体冠军和“河南省校企合作先进单位”等荣誉称号。

十、鹤壁煤业技师学院

该校前身为1958年创办的鹤壁矿务局技工学校，1966年停办，1978年重新恢复办学。1991年8月13日，由鹤壁煤业技师学院、鹤煤(集团)公司职工中等专业技术学校、鹤煤(集团)公司党校干校、鹤煤(集团)公司安全技术培训中心、鹤壁煤业技师学院成人教育学院等五个教学单位组成鹤壁矿务局职工中专技工学校。

1999年12月，鹤壁矿务局改制为鹤壁煤业(集团)有限责任公司，学校也随之更名为鹤煤(集团)公司职工中专技工学校。2003年学校晋升为省部级重点技校，更名为鹤壁煤业(集团)有限责任公司技术学校。2004年学校晋升为国家级重点技校，2006年4月，学校被国家劳动和社会保障部认定为高级技校，更名为鹤壁煤业(集团)有限公司高级技工学校。2006年12月学校被河南省劳动和社会保障厅批准为技师学院，更名为鹤壁煤业技师学院，原鹤壁煤业(集团)有限公司高级技工学校名称仍保留，实行一所学校两个名称。

学校现设有综采、土建、电修、机修、锅炉、通风、绞车控制、电钳、钳工、运输、车工、铆焊、机加工、电工、电子、矿井供电、锻造、电气维修、矿井运输、矿井地质测量、综采电气维修、综采机械维修、煤矿地质测量、矿井通风与测量、煤矿机电维修、煤矿运输、煤矿机械维修、煤矿电气设备维修、电焊、采煤、井建、维修电工、煤矿电钳、机电一体化、车工、数控加工、酒店管理与服务、煤化工等近40个专业。截至2015年年底，学院有教职工226人，专职教师164人。其中，研究生学历2人、本科学历136人、专科学历26人；高级职称23人、中级职称44人。

十一、永城职业学院

该校位于永城市，是经国家教育部和河南省政府批准的一所公办全日制高等专科院校。学院创办于1956年，前身是永城师范学校，1975年改建为商丘师范学院，1978年恢复永城师范学校建制。2001年在师范教育结构调整中，商丘市人民政府将永城师范学校更名为商丘教育学院。2004年5月经国家教育部和河南省人民政府批准成立永城职业学院。2010 年 12 月经河南省人民政府批准，学院成功实现办学体制改革，实行世界五百强企业——河南能源化工集团和商丘市人民政府共同管理，以河南能源化工集团为主的管理体制。

学院资产总额 7.06 亿元，占地 2122 亩（老校区 510 亩，新校区 1612 亩），建筑面积 20.67 万平方米，其中教学、实验、行政用房面积 13.87 万平方米。图书馆藏书 41.3 万册，电子图书 20 万册。教学仪器设备总值 4462 多万元。

学院拥有校内教学实验、实训场所 110 多个，建有中央财政支持的"煤矿安全实训基地""建筑技术实训基地"，河南省高等职业教育示范性实训基地"粮食加工及储检实训基地""电子技术实训基地"。学院与陈四楼煤矿、车集煤矿、龙宇煤化工、机电制修厂、河南乐享装饰公司等单位共建校外实习实训基地，做到专业技能教学全覆盖、学生实习岗位全覆盖。学院校外实训基地——河南龙宇能源有限公司陈四楼煤矿被评为河南省首批高等职业教育示范性综合实训基地。

学院现设有机电工程系、文化艺术系、经济贸易系、电子信息工程系、矿业工程系等 10 个系部，开设有机电一体化技术、汽车检测与维修技术、学前教育、音乐、会计电算化、航空服务、城市轨道交通运行与管理、建筑工程技术等 35 个专业，其中矿山机电、冶金技术专业是河南省特色专业建设点，矿井通风与安全专业点是河南省高等学校"专业综合改革试点"项目，机电一体化技术专业是河南省高等学校特色专业建设点，矿山机电、煤矿开采技术两个专业被列为中央财政支持的高等职业学校提升专业服务产业发展能力建设项目。学校拥有教职工 602 人，其中专任教师 325 人，具有副高级以上职称的教师 118 人，"双师素质"教师 215 人。

十二、焦作职工医学院

该校是一所独立设置的成人医学院校，原名焦作煤矿职工医学院，1981 年建校，由原煤炭工业部及河南省煤炭工业管理局主办，原焦作矿务局主管。为了适应市场经济的需要，2000 年 12 月，经河南省人民政府批准，学校更名为焦作职工医学院，由河南能源化工集团焦煤公司主办主管。

经过 30 多年的发展，学校资产总额达 1722 万元，占地 63 亩，建筑面积 2.4 万平方米，教职工 102 人。学校拥有 21 个实验室和 8 个教研室。

学校设有中专部、成人部、培训部，开办有 3 个层次的学历教育：普通中专，主要开设护理专业；成人专科，开设有临床、口腔、护理、影像、检验 5 个专业；成人专升本，与新乡医学院联合办学（即新乡医学院焦作函授教学点）。此外，学校还长期举办各级各类培训班，是国家执业医师技能考试基地、国家卫生职业技能鉴定中心鉴定站和培训站。自建校以后，学校通过学历教育为煤炭行业与地方培养输送了 5 万余名合格的医疗卫生人才。

十三、义马高级技工学校

学校创建于 1978 年，原校址位于渑池县杨村北三里远的牛峪沟，隶属于国家煤炭工业部，后下放到属地管理，由河南省煤炭工业局和义煤集团主管。期间四易其址，1993 年 9 月学校迁至义马市千秋西路，占地面积 12.91 万平方米，建筑面积 6.558 万平方米。学校设有图书馆、阅览室、资料室，图书馆藏书 5 万余册、30 万册电子图书。

2004 年，经河南省教育厅批准，学校设立了成人教育函授站，开展成人大专、本科学历教育（与河南科技大学、河南理工大学、信阳师范学院合作在义马高级技工学校建立函授站）。

2015年,学校先后开办了采煤、通风安全、设备运转、机电、计算机应用、车钳、铆焊、数控技术、氧化铝、煤气化工艺、幼师、烹饪等30多个相关专业,其中矿山专业、数控、焊接、计算机、烹饪专业是我校的常设专业。学校目前拥有数控、机电、采掘、提升运输、通风等19个实验(实训)室,建有57个软硬件设施齐全的多媒体教室,并在实习工厂和校本部建有车、钳、铆、电、焊等多个实习车间。数控车床、电工电子综合试验台和多媒体教室、电子技术实训室的主要仪器设备均具有国内先进水平。学校目前拥有教职工345人,其中专职教师135人,包括高级职称50人,中级职称40人,双师型教师45人。根据教学要求,建有外聘教师专家库和内培师资库。学校在校学生共4453人。

学校承担了义煤公司及豫西地区煤矿、非煤特种作业人员、生产管理人员的安全技术培训、职业技能鉴定培训、劳动力储备培训等各类培训任务,年均培训2万人次。

十四、安阳鑫龙煤业(集团)技工学校

该校地处安阳县水冶镇,分南北两个校区,隶属于永煤集团安阳鑫龙煤业公司。1985年5月27日由河南省劳动人事厅正式批准成立,学校占地30余亩、建筑总面积约3万平方米。

2003年7月,该校通过河南省安全生产监督管理局专家组的评估验收,成为国家三级安全培训机构,培训范围为煤矿十大特种作业类别,并经省培训中心批准可培训煤矿安全生产管理人员、煤矿班组长。2010年4月2日该校经专家组评估验收合格成立函授站,2011年春季开始招收第一届函授班学生。目前学校安全培训专职教师共有20人,全部为本科以上学历,有中级以上职称12人、3名注册安全工程师。

上述永城职业学院、焦煤高级技工学校、焦作职业医学院、鹤壁煤业技师学院、安阳鑫龙技校和义马煤炭高级技工学校等6所学校,资产总额10.4亿元,教职工人数1258人,在校生人数16010人。2013年、2014年、2015年招生分别7000或8000人左右,毕业生就业率96%以上,河南省煤炭行业职业6院校情况统计表如表8-2-5所示。

第二节 职工培训

“八五”期间,河南省高度重视煤矿专业技术人员培养。1991年,河南省针对煤矿技术人员举办大专层次专业证书班80人,中级层次专业证书班150人。1992年,为提高采掘一线工作人员的技能,以考代训,河南省组织统配煤矿综掘统考13个队、11个矿,699人,普采统考9个队、9个矿1051人参加全国高档统掘普采统考;组织地方煤矿6个局、6个队,672人参加,2个局、2个队,80人参加全国高档普采统考。1993年,河南省加强煤矿矿长和区队长等管理干部的职业技能,实行持证上岗制度,区队长300人、矿长岗位50人通过培训考核取得上岗资格证。为增强技校毕业生的就业能力,河南省编制24个专业(工种)理论和实操考试卷,并组织“双证”考核。1995年,河南省完成13个煤炭技校专业理论和技能考核试卷的编订,成立河南煤炭技工学校教研室,挂靠在平顶山煤矿技工学校。全省产煤县先后成立16个安全技术培训机构与河南煤矿安全技术培训中心形成全省安全培训网络。

“九五”计划期间,河南省继续加大职业教育和煤矿工人技术培养。1996年,为进一步加强煤矿企业和煤矿管理人员的专业技术水平,河南省举办专业培训班,有210人取得专业培训证书,完成矿(处)岗位培训184人、区队长岗位培训290人、计算机管

表 8-2-5 河南省煤炭行业职业院校情况统计表

院校名称	教育机构类型	学历教育层次	主办单位名称	资产总额（万元）	集团或煤业公司股权比例	教职工人数	在校生人数	近三年招生人数			2015 年毕业生就业率	备注
								2015	2014	2013		
永城职业学院	高职(含中专)	大专(含中专)	河南能源化工集团有限公司、商丘市人民政府	70614	70%	463	5231	2407	1766	1311	96.16%	商丘市政府持股 30%，目前有事业编制 140 多人
焦煤高级技工学校	中职	中级技工、高级技工	焦作煤业(集团)有限责任公司	1487	100%	139	1263	653	317	380	98%	在校生及招生人数包含非全日制学员
焦作职工医学院	中职、成人大专	成人大专(含中专)	焦作煤业(集团)有限责任公司	1066		101	3500	2835	3195	4780	100%	改制后资产仍属焦煤，招生以成人大专为主
鹤壁煤业技师学院	中职	中级技工、高级技工	鹤壁煤业(集团)有限责任公司	19910	100%	214	1563	349	574	851	100%	
安阳鑫龙技校	中职	中级技工、高级技工	安阳鑫龙煤业集团	1118								
企业办学合计				94195		917	11557	6244	5852	7322		
义马煤炭高级技工学校	中职	中级技工、高级技工	义马煤业集团股份有限公司 河南省工业和信息化委员会	9918		341	4453	1375	1964	1092	98%	270 人事业编制工资由财政拨付，在校生及招生人数包含非全日制学员
合计				104113	0	1258	16010	7619	7816	8414		

理人员 820 人，举办煤矿安监员培训班 6 期，共培训各级煤矿安监员 406 人。1997 年，河南省完成矿处级培训 289 人，区队长培训 220 人，计算机管理人员 1555 人，举办煤矿安监员培训班 2 期，共培训各级煤矿安监员 172 人。为提高乡镇煤矿技术人员的专业技术水平，省煤炭厅联合焦作工学院，举办为期 3 个月的乡镇技术员资格证培训班，培训 67 人。为规范煤矿行业行政人员的执法行为，提升执法效能，省煤炭厅举办 2 期执法人员培训班，153 人参加学习，多数取得煤炭部制发的《中华人民共和国煤炭行政执法证》。1998 年，河南省开展安全生产法律法规及安全知识活动，有 10 万人参加竞赛，299 名职工获得优秀奖，举办乡镇煤矿技术负责人培训班、6 万吨以上乡镇煤矿矿长资格培训班、煤矿安监员培训班、地方国有煤矿矿长资格培训班，共计 322 人。1999 年，为加强煤炭公司和煤矿的管理水平，河南省完成矿处级工商管理培训 730 人，科级干部工商管理培训 367 人，区队长岗位培训 200 人，举办 6 万吨以上乡镇煤矿矿长资格培训班、地方国有煤矿矿长资格培训班、煤矿安监员培训班、防治煤与瓦斯突出培训班和由日本专家授课的地方煤矿安全管理技术培训班共 7 期，354 人。为提高煤矿特殊工种的专业技能，省煤炭厅组织对技工学校行业特有工种毕业生进行职业技能鉴定，首次开展了地方煤矿高级技师的鉴定评审工作，评选了 8 名煤矿高级技师。以下岗职工再就业为重点，省煤炭厅还组织培训下岗职工 5000 余名，3000 余名取得了职业鉴定证书。2000 年，为规范煤矿安全培训机构的培训工作，省煤炭厅出台了《河南省煤矿安全培训机构及教师资格认证管理办法》《河南省煤矿职工安全技术培训及考核管理实施办法》。

“十五”规划期间，为帮助煤矿企业和职工做到知法、懂法、用法，掌握煤矿安全生产法律知识和技术水平，全省煤炭行业开展“豫安杯”煤炭法律法规安全知识竞赛和中州煤矿安全巡访活动，共有 10.6 万人参加，掀起了学法、普法、用法的高潮。省煤炭厅加强煤矿职工培训工作，重新集中培训各类安全管理人员 3500 余人。2002 年，在全省小煤矿强制推广壁式采煤方法，为尽早掌握壁式采煤工艺，省煤炭厅举办相关知识培训班，共培训 120 人。为进一步提升煤矿矿长安全管理和安全技术水平，省煤炭厅以豫煤字〔2002〕568 号下发《关于对全省煤矿矿长任职资格进行年审的通知》，规定从 2002 年起，每年对国有煤矿“六职矿长”和乡镇煤矿的“五职矿长”进行全员考试，集中年审，当年完成对安阳市、鹤壁市、焦作市、济源市的矿长年审。2003 年，加大矿长、特殊工种、煤炭从业人员的培训力度，培训各类矿长 2800 余（人）次、特殊工种 20000 余人（次）、一般人员 5 万余人，完成全省国有重点煤矿和神火集团“五职矿长”资格年审工作，294 人参加考核考试，265 人审核通过。2004 年，在做好矿长、特殊工种、煤炭从业人员教育培训的同时，为提高煤矿安全质量标准化建设的水平，河南省煤炭工业管理局举办 3 期乡镇煤矿安全质量标准化培训班，培训业务骨干 200 余人。2005 年，省煤炭局加大安全培训力度，培训各类煤矿管理技术人员 3700 余人次，举办《国务院关于促进煤炭工业健康发展的若干意见》研修班，鹤煤集团、平煤集团、永煤集团等煤炭企业负责人约 300 人参加了研修班。9 月 30 日，省第十届人大常委会第十九次会议审议通过《河南省煤炭条例》，11 月 11 日，举行全省煤炭行业学习宣传贯彻动员大会，对学习贯彻条例做出了重要部署。为提高省煤管局机关人员煤矿专业技术水平和监管服务能力，省煤炭局与河南理工大学共同举办“煤矿安全生产实务培训班”，局机关 45 岁以下非煤矿主体专业毕业的工作人员、新录用的公务员约30人参加了培训。为切实做好全省煤矿通风能力核定工作，省煤管局举办《煤矿通风能力核定办法》培训班，各国有煤业集团公司和中介机构的主要技术负责人共50余人参加了培训。针对全省煤炭行业人才资源规模较小、层次偏低、结构不合理、流失严重的现状，切实加强行业人才队伍建设。省煤炭局制定出台了多项政策措施；加强专业技术和技能人才培养、引进，有355人取得高级专业技术职务，近500人取得中级专业技术职务，启动第二批“紧缺人才培养工程”，选拔学员903名，在校生达到1400多人。

“十一五”规划期间，2006年是《河南省煤炭条例》颁布实施的第一年，省煤炭局出台《政务公开办法(试行)》《行政执法制度》《行政执法标准》《行政过错责任追究试行办法》《行政执法处室的执法岗位责任表》等规范性文件，并举办两期煤炭执法人员培训班。郑州市出台河南省第一部市级煤炭法规性文件——《郑州市煤炭管理办法》。各级煤炭管理部门依照《河南省煤炭条例》，深入开展行政执法，维护煤炭企业的合法权益。职业培训大规模展开，安排部署矿长任职资格、紧缺人才等10类职业培训，培训6万余人。为加强煤矿井下人员管理，省政府下发《关于印发河南省煤矿企业从业人员准入资格管理规定的通知》(豫政〔2006〕98号)，明确准入人员的范围、准入标准和配备数量，对学历、工作经历做出规定。煤矿实施入井定员核定，举办第一期煤矿劳动定员定额培训班。河南省完成全省矿区、矿井瓦斯地质编图技术人员培训2期，各集团公司的主要负责人、各矿的总工程师以及通风、地质专业的技术骨干280余人参加了培训；完成煤矿生产能力核定技术人员培训，220人参加了培训；完成对全省国有重点煤矿煤业集团公司所属矿井的500多名“五职”矿长持证情况进行了审查，对国有重点和地方国有煤矿800多名“五职”矿长任职资格进行年审；认真组织高技术人才培养选拔工作，4人被评为享受国务院政府特殊津贴专家，3人获“河南省技术能手”称号。

2007年，省煤炭局下发《关于落实河南省煤矿从业准入资格管理规定实施意见有关问题的通知》，对认真贯彻落实煤矿企业从业人员资格管理做出了具体实施规定；继续加大培训力度，对2554名“五职”矿长任职资格进行年审，5年累计培训各类矿长1.8万人次，使“五职”矿长持证率从49%提高到95%，培训技术工人25万人次，其中18万人取得了职业资格证书；组织50万人次参加了各类技术比武、技术创新和劳动竞赛活动。大力推进科技兴安，积极组织实施“紧缺人才”培养工程，培养本、专科层级的学员4批8000余名，缓解煤矿主体专业人才短缺的压力。煤炭职业院校每年向社会输送毕业生达到1.2万人。

2008年，随着机构改革，省安全生产监督管理局与河南煤矿监察局分离办公，省安全监管局负责主要负责人安全生产培训和发证，其他安全生产管理人员培训由河南煤矿安全监察局负责，煤矿任职资格仍由河南省煤炭工业管理局负责。为规范煤矿“五职”矿长资格管理，河南省煤炭工业管理局下发《关于全省煤矿“五职”矿长任职资格学历有关规定的通知》，要求国有重点煤矿及神火集团新聘用任命的“五职”矿长必须具备煤矿安全生产相关专业大专以上学历，地方国有煤矿“五职”矿长必须具备煤矿安全生产相关专业中专以上学历，乡镇煤矿必须具备高中以上学历，国有重点煤矿及神火集团原在职“五职”矿长继续任职的，矿长和总工程师必须具备煤矿相关专业大专以上学历，其他副职矿长在2009年6月30日前，应具备煤矿相关专业中专以上学历。

2009年，随着机构改革，为保持煤矿安全培训工作的连续性、加强对安全培训机构的监督管理，促进安全培训机构提高培训质量和管理水平，河南煤矿安全监察局组织专家对2009年资质到期的36家三级和62家四级煤矿安全培训机构进行复审。

2010年，为进一步加强煤矿安全生产管理人员资格培训工作，切实提高煤矿安全生产管理水平，河南煤矿安全监察局印发《关于进一步加强煤矿安全生产管理人员资格培训工作的意见》，对培训内容和考核过程做了进一步规定。

2011年，为进一步规范全省煤矿“五职”矿长任职资格和主要负责人安全资格管理，省安全监管局由人事培训处负责的煤矿主要负责人安全资格证的考核发证工作，调整为煤矿安全监察办公室负责；出台《关于加强全省煤矿“五职”矿长任职资格证和主要负责人安全资格证管理工作的通知》等文件，进一步完善培训取证相关工作标准和程序、严格任职条件审查、明确办证程序；重点做好兼并重组煤矿的矿长培训工作，组织6期兼并重组煤矿“五职”矿长培训班，共计培训“五职”矿长431人，充实兼并重组煤矿管理队伍。

2012年，为进一步加强和规范煤矿班组长的安全培训工作，不断提升煤矿班组长安全素质，提高班组安全生产管理水平，强化煤矿井下现场安全生产管理，河南煤矿安全监察局下发《关于进一步加强煤矿班组长安全培训工作的通知》，要求煤矿班组长初次安全培训时间不得少于72学时，每年接受再培训的时间不得少于20学时。为规范煤矿安全生产培训工作，河南煤矿安全监察局组织修订《河南省煤矿安全培训机构管理办法》，对机构资质等级、申请条件、认定程序、监督管理进行明确规定，并对安全培训机构进行审查认定，焦作煤业(集团)有限责任公司安全培训中心为二级煤矿安全培训机构资质，保留河南省煤炭高级技工学校等29家机构三级煤矿安全培训机构资质，取消鲁山县矿山安全技术培训中心等8家机构安全培训资质。

2012年，河南省煤矿安全监察局强化“五职”矿长培训教育，努力提升煤矿管理人员业务素质，共组织开办矿长培训班13期，共培训矿长1256人次。同年10月对国有重点煤矿的“五职”矿长任职资格进行了严格的年审考试。

2013年，河南省煤矿安全监察局举办煤矿企业主要负责人和“五职”矿长培训班8期，参加培训866人；成功组织1452名“五职”矿长参加的年审考试。为确保《煤矿矿长保护矿工生命安全七条规定》真正落到实处，切实维护矿工生产安全，省安全监管局印发《河南省人民政府安全生产委员会关于认真学习贯彻〈煤矿矿长保护矿工生命安全七条规定〉的通知》，并结合实际，于3月5日成功举办《煤矿矿长保护矿工生命安全七条规定》河南宣贯大会。会上国家煤矿安监局副局长黄玉治结合近年来的典型事故案例，逐条解析了《七条规定》的主要内容及刚性要求，与会全体矿长签订《承诺书》，并现场参加《七条规定》知识考试。为保证风险预控体系建设在全省煤矿企业顺利开展，省安全监管局在登封成功举办安全生产风险预控管理培训班，各煤炭企业的安监局长和312名煤矿管理人员参加培训。6月、8月，省安监局在神宁集团公司举办两期全省煤矿企业主要负责人风险预控管理体系建设专题培训班，有86家煤炭企业的126名主要负责人和111名副职矿长参加学习。

2014年，根据国务院深化政府改革，简政放权的相关精神，国家安全监管总局下发《关于取消煤矿矿长资格证行政许可的通知》，决定取消颁发煤矿矿长资格证，省安全监管局决定从5月21日执行。为规范和加强安全生产资格考试及证书管理工作，切实提高从业人员安全素质，特别在安全培训机构资质证书的行政审批取消后，积极发挥考试对安全培训质量的评价、导向、检验作用，省安全监管局印发《河南省安全生产资格考试与证书管理实施细则（试行）》文件，在河南省、市（直管县）两级考试机构的设立、职责、设立程序以及考试回避制度、跨省取证人员监管、市级（直管县）考核发证全省通用、违规违纪考试机构和考试点的惩戒等方面做出创新规定，坚持教考分离、统一标准、统一题库、统一证书、分级负责的原则。严格考试标准，将安全生产知识考试时间由90分钟增加到120分钟，各类考试合格分数线由60分提高至80分；考试机构使用全国安全生产资格考试网络平台进行考试组织管理，除特种作业人员实际操作考试外，其他考试均要求实行计算机考试，特种作业人员需在安全生产知识考试合格后，方可进行实际操作考试，考试期间考试机构要安排监考人员进行现场监考，实际操作考试还应当安排考评人员现场评分；考试点要对考试过程进行全程录像，录像资料应当建立档案，并保存3年以上。为了加大事故教育培训力度，10月28日，河南省安全监管局按照“一矿出事故、万矿受教育，一地有隐患、全国受警示”的要求，组织召开全省煤矿事故汇报暨警示教育会议。会议分析几起典型的煤矿事故发生的原因，挖掘煤矿在安全生产理念、安全管理制度建设与落实、现场管理、安全技术措施等方面存在的深层次问题，提出做好煤矿安全生产工作的措施和意见。各产煤省辖市、省直管县（市）煤矿安全监管部门主要负责和分管负责，各骨干煤炭企业主抓安全工作的副总经理或安监局长，各事故煤矿安全矿长，共70余人参加会议。

2015年，为进一步加强河南省煤炭行业管理，建立健全煤矿安全管理长效机制，省政府决定设立省煤炭工业管理办公室，将省工信委煤炭行业管理职责、省安全生产监督管理局煤炭安全生产监督管理职责以及省能源局部分管理职能进行整合，并将全省煤炭行业职工教育培训工作划归省煤炭工业管理办公室。省煤炭工业管理办公室成立以后，按照职责职能分工和《安全生产法》及国家安全生产监督管理总局下发的各项规定，陈党义主任和万战伟副主任牵头完成培训机构建设、规章制度建设，规范培训考试管理、审核办证程序和政务信息公开等各项工作。① 成立机构，在全省确认设立了16家考试管理中心和38家培训（考试）机构：河南理工大学安全技术培训学院负责全省煤矿企业主要负责人（含董事长、总经理）培训；河南工业和信息化职业学院负责全省煤矿领导带班下井人员培训；其他36家培训机构负责全省特种作业人员培训。省煤炭工业管理办公室严格按照国家建设标准督促各培训（考试）机构完善教学设置、配强师资力量、创新教学手段、提高教学质量，从培训计划、开班计划、考试计划的请示、审批、报备、实施的整个过程，严格把关、逐级审批。② 建章立制，以权责明晰、制度约束为目标，按照系统化、规范化、标准化的原则，在多方征求意见、进行可行性论证的基础上，省煤炭工业管理办公室设立煤矿安全培训（考试）机构及考试管理中心，先后下发《关于加强煤矿企业主要负责人和特种作业人员安全培训管理工作的通知》《河南省煤矿特种作业人员实际操作考试管理制度》《煤矿特种作业人员实际操作评分标准》《关于加强煤矿特种作业人员实际操作考试管理工作的通知》等文件，分别就加强煤矿企业主要负责人和特种作业人员安全培训管理、加强煤矿特种作业人员实际操作考试管理等工作下发通知，提出具体要求，煤矿安全培训综合管理制度体系建设逐步推进和完善。③ 规范流程，省煤炭工业管理办公室制定培训考试办证审批流程，按照办证程序，严格把关。④ 信息公开，省煤炭工业管理办公室按照“决策、执行、管理、服务、结果向社会公开”的要求，对与安全培训工作相关的办事指南、工作动态、政策法规、办证人员名单,依法、及时、规范地在省工信委网站进行公开公示,接受社会监督,全面提升政务公开水平。

省煤炭工业管理办公室重视煤矿安全教育培训工作,形成完善的安全教育培训和管理体系,建立布局科学合理的安全教育培训基地,专业结构合理、数量质量满足工作需要的专兼职教师队伍,实现培训管理规范化、考核发证信息化、证书查询网络化。

一、平煤集团

1996 年 1 月 29 日,平煤职工教育围绕现代企业制度的建立进行一系列改革:在管理体制上,实行人事、劳资、安检、培训部门共同管理培训工作,分口抓、归口管;进行企业人员调查编制长远规划;培训人才随企业产业结构调整,加大对综合利用和高科技人才培养,加大对综合型复合型人才的培训力度。

2000 年,平煤职大、煤技校、河南煤炭卫生学校、党校、一矿职教中心、四矿职教中心、十矿职教中心被平顶山市人事劳动局命名平顶山市继续教育基地。

2009 年,平煤集团下发《关于进一步加强职教师资队伍建设的意见》和《中平能化集团教育培训管理办法》。

2010 年,平煤集团印发《中平能化集团 2010—2015 年教育培训工作规划》。

2012 年,平煤集团实行"两级管理、三级培训"管理模式,下发《实行教育培训工作"两级管理、三级培训"的规定》。职工培训业务由集团人力资源部统一管。

2013 年,平煤集团下发《关于进一步提高教育培训质量的意见》。职工教育培训工作,逐步建立集团、矿厂处、区队车间 3 级职工培训管理体系和集团培训基地、矿厂处职工学校(职教中心)、区队车间教育室 3 级培训体系。

(一) 培训基地

平煤集团的 3 级教育培训基地情况表如表 8-2-6 所示。

表 8-2-6 2013 年平煤集团 3 级教育培训基地情况表

序号	机构名称	培训范围
1	平顶山工业职业技术学院	国家首批 28 所示范性高职院校、全国煤炭行业企业办学中唯一一所国家示范性高职院校、河南省专业技术人员继续教育基地
2	平煤股份安培中心	国家煤矿二级、非煤三级安全培训机构,并具备全国救护中队长培训资质
3	集团党校	集团思想政治教育、企业管理人员继续教育培训基地

(二) 职教中心

平煤集团有矿(厂、处、公司)职教中心(职工学校)40 个,主要给集团及相关单位提供技能培训、继续教育、政治理论培训。

(三) 督导评估

1991—2007 年,平煤集团职工教育督导评估工作一直采用职工教育大检查的方法进行,根据不同单位,检查内容有所侧重,制定有检查标准和考核办法。对基层矿(厂)主要督导"领导重视、教学设施、教学质量、师资队伍、培训任务"等方面的情况。对集团办学基地主要督导教学管理、教学质量、教学研究、培训任务及办学效益等。采用互检方式,组成若干个督导评估小组,对集团所有单位进行检查。检查结束后,在各检查小组总结汇总的基础上,通过年初的教育培训工作会议，表彰先进、交流经验。2008年，平煤集团下发《教育培训管理工作督导评估实施意见》和《中国平煤神马集团“三三三一”安全生产绩效考核办法》。督导评估工作采取定期与日常相结合、综合与专项相结合的方法进行。对原煤生产和建井单位，由集团人力资源部牵头，平煤股份安全培训处和许平煤业安全培训处参加，每季度进行一次综合督导评估；对其他单位，按照集团《实行教育培训工作“两级管理、三级培训”的规定》精神，由各专业化公司代表集团，每半年进行一次综合督导评估，并及时把督导评估结果报集团人力资源部。日常督导评估由人力资源部牵头，相关专业化公司参加，对集团所有生产经营单位进行督导评估，重点是原煤生产单位、建井施工单位和危险化学品生产经营单位。

（四）教育经费

平煤集团的职工教育经费主要来源是根据国家有关规定，按企业职工工资总额的1.5%足额提取，从业人员技术要求高、培训任务重、经济效益好的企业，可按2.5%提取。平煤集团的职教经费定为按2%提取，2015年起由于经济形势严峻降到1.5%。

2007年以前，平煤集团职工教育经费由平煤教委(教育处)统一管理：对于集团补贴的经费，核定下发到学校，由学校自主管理，自主核算，平煤教委(教育处)对学校财务核算实施监督检查；对于集团下发的经费，统一管理，分校核算，平煤教委(教育处)结算中心(财务处)代理记账和把关。矿(厂、处)管理的中小学没有独立财务、其经费由所在单位财务科统一管理核算。

2008年以后，平煤集团将企业所承办的中小学移交市政府，原平煤教委撤销，职工教育经费由集团人力资源部统一管理使用。职工教育经费按各单位职工工资总额的1.5%提取后，矿(厂、处)自留一部分，其余上交集团。

职工教育经费留用与上交比例在2015年以前使用过3种：4:6，6:4，5:5，2015年按4:6的比例掌握。为把职教经费管好、用好，平煤集团下发《中平能化集团职工教育经费管理暂行规定》《中平能化集团职工教育培训费用标准》等相关文件。对职工教育经费的来源、经费使用范围、经费管理、财务处理做出了新的规定。职工教育经费主要用于购置一般器具、仪器、图书等费用，教师教学实验和购置讲义、资料等费用，支付办班费用等。

二、郑煤集团

（一）培训机构

2007年，郑煤集团安全培训站与党校合并为职教中心。2008年2月郑煤集团成立教研室。2010年8月正都饭店、招待所、学员餐厅及公寓楼合并成立生活服务部，培训一部与培训二部合并成立培训部。

2013年12月，教务部和教研室合并成立教务教研科，后勤管理部与生活服务部合并成立后勤科，培训部更名为培训科。2014年10月，郑州矿区职业技能鉴定站、河南省安全生产培训考核站两个机构划入职工教育培训中心，成立了鉴定科和考务科。

（二）培训设施

2008年郑煤集团重整12个培训专用教室，组建多媒体教室4个、电脑教室2个、三合一实验室及模型室各1个，2009年重新安装高标准的安全宣传教育展室、教学实验设备和多媒体教学设备；重整安全实验室、模型室各4个，综合实验室1个，计算机室2个，配置微机100台。2010年郑煤集团购置6套多媒体设备，组建6个标准多媒体教室，组建教学局域网；将正都饭店二楼大厅整修为多功能报告厅。

2012年2月郑煤集团招标采购联想计算机140台，加上职教中心原有的60台计算机，建成相对完善的计算机教室。2014

年10月,郑煤集团公司统一安装配备一套煤矿安全技术及特种作业实操可视仿真培训系统。12月,郑煤集团公司招标购买了虚拟教学仪3台,主要用于煤矿主提升、采煤机、掘进机司机3个工种的教学。

（三）培训活动

2008年举办安全培训、防治水知识培训、地测管理信息系统培训、防爆检查采掘电钳培训、防突工及管理人员培训、矿长安全培训、安全监测工培训、综合自动化培训、安全监察业务培训、区队长培训、五职矿长培训、通风安全监测培训等各种培训班共77期,培训学员10037人次。

2009年郑煤集团举办安全培训、文学创作培训、煤炭采制化培训、摄影培训、防突测试工培训、科技台账与管理培训、人口与计划生育工作培训、班组长培训、采煤系统管理人员培训、电气防爆检查及采掘电钳工培训、水质化验工培训、锅炉工培训、PRC变频器培训、转岗培训、653工程培训、技师培训、大型固定设备机修工培训、计算机操作员培训、全面质量管理及教育培训、通风调度员培训等各种培训班共57期,培训学员8334人次。

2010年郑煤集团举办安全培训、空压机培训、现代调速技术培训、五职矿长培训、瓦斯评价培训、整合矿井"总工"培训、整合矿井"机电"矿长培训、煤质化验培训、高低压开关培训、技师培训、班组长培训、设备管理培训等各种培训班共75期,培训学员13784人次(其中有443个班组长因参加特殊工种考试,数据又加入特殊工种)。

2011年郑煤集团举办煤矿特种作业培训、党员干部培训等各种培训班共72期,培训各类学员共计12918人次。2012年郑煤集团举办煤矿特种作业培训、业务技术人员培训、党员干部培训、四级培训等各种培训班共89期,培训学员10289人次。2013年郑煤集团举办各种培训班共58期,共培训各级各类学员6921人次。2014年郑煤集团举办各种培训班共77期,培训各类学员共计9411人次。2015年郑煤集团举办各种培训班共71期,培训学员6099人次。

三、焦煤集团

焦煤集团十分重视职业卫生培训工作,把职业病危害防治纳入日常安全培训管理,制定年度培训计划,开展对主要负责人、专职管理人员及职工岗前、在岗、监测人员定期的职业卫生培训,使从业人员真正了解职业危害知识,树立安全与健康并重的理念,增强自我防范意识,正确使用防护设施及防护用品。

（一）培训机构

焦煤集团职工培训机构设置较完善,分别为:焦作煤业(集团)有限责任公司安全培训中心(简称"焦煤集团安培中心",兼具非煤三级安全培训资质);焦作矿区职业技能鉴定站;焦作矿区通用工种鉴定所;煤炭远程教育焦煤集团教学中心;焦作职工医学院;焦煤技工学校;焦煤集团成人教育函授站等培训机构。同时其他生产矿井及地面单位都建立了相应的培训管理机构,基本上形成了覆盖全体员工的培训教育网络体系。培训管理具体分工如下。

(1) 人力资源部负责煤矿企业主要负责人、煤矿企业安全生产管理人员、煤矿企业带班领导、煤矿企业班组长、特种作业人员等各类人员安全培训计划的制定,相关处室培训计划的审核、汇总,各类培训计划完成情况的考核,内训师的聘任与综合考评等。

(2) 焦煤集团安培中心根据人力资源部下达的培训计划,负责组织各类安全培训计划的实施,负责对所使用培训师的日常管理和日常考核,保证各类安全培训计划的完成。

(3) 各生产矿井及地面生产单位负责

本单位新招员工的入职培训，及一般工种人员的安全培训(复训)。

(4) 技术工人的初、中、高级工，技师，高级技师等技能等级由焦作矿区职业技能鉴定站、焦作矿区通用工种鉴定所负责组织。

(5) 焦作职工医学院、焦煤技工学校主要针对社会进行招生培训。

(二) 培训机构状况

(1) 焦作煤矿职工医学院。这是一所独立设置的成人医学院校，1981 年 5 月由河南省人民政府批准设立焦作煤矿职工医学院。2001 年 5 月易名为焦作职工医学院。学院拥有生理、解剖、药理、生化、口腔、影像等 16 个实验室以及电教室、微机室和语音室等教学设施。

(2) 焦煤集团职工教育培训中心。该中心是 2000 年 4 月由原焦煤集团将矿务局职工中专(矿务局党校)、技工学校、电大函授站、职业高中合并组建的一个集技工教育、成人教育、职工培训为一体的教育培训机构。焦煤技校由原煤炭部 1955 年筹建，已有 60 多年办学的历史，2005 年被河南省确定为省部级重点技工学校，2008 年被确定为国家级重点技工学校，2010 年 4 月被国家人力资源和社会保障部确定为高级技工学校，2008 年被焦作市人社局认定为焦作市职业技能鉴定站，具有矿井和社会通用 14 个工种的鉴定资质。该培训中心与河南理工大学、焦作电大、中国石油大学等单位联合办学进行成人函授教育。2016 年 5 月焦煤集团安培中心(主要进行煤矿“三项岗位人员”、班组长、非煤特种作业和其他短期培训)整体并入，实行几块牌子一套班子管理。

(3) 焦煤集团远程教育教学中心。目前该中心的教学点暂设在焦煤集团职工教育培训中心。人力资源部具体负责远程教育网培训工作的组织和实施。

(4) 职业技能鉴定培训机构。焦作矿区职业技能鉴定站是 1996 年全国煤炭行业首批 17 个特有工种职业技能鉴定站之一。2003 年 9 月经省劳动和社会保障厅验收批准新成立了焦作矿区国家职业技能鉴定所。鉴定站建立了 3 个煤矿特有鉴定点、10 个通用工种鉴定点。鉴定站(所)经上级主管部门批准开展鉴定的职业(工种)包括煤矿特有工种 89 个，通用工种 41 个，能覆盖公司大部分关键岗位(职业)技术工种的鉴定。

(三) 培训管理体制与规章制度

目前培训工作由人力资源部负责根据河南能源及焦煤集团的整体工作部署，对所属单位组织的各类培训进行需求调查，并在此基础上制定下达培训计划，负责对各单位日常培训工作进行检查；安培中心负责根据焦煤集团下发的培训计划，负责对安全生产管理人员、班组长、特种作业人员等的培训；生产单位培训科负责一般工种持证培训，以及日常素质提升培训；基层区队负责员工安全意识及操作技能的培训管理体系。

为规范培训管理工作，焦煤集团下发《焦煤集团职工教育经费使用管理办法》《焦煤集团员工培训考核管理办法》《焦煤集团员工培训管理办法》《关于开展“人人上讲台”培训活动的实施意见》《焦煤集团内部培训师管理办法》《关于强化“三项岗位人员”持证培训管理工作的通知》《关于进一步强化实操基地建设及实操训练的指导意见》《焦煤集团煤矿从业人员入职资格及培训管理制度》《焦煤集团煤矿从业人员入职资格及培训管理制度》和《关于加强煤矿特种作业人员管理的若干规定》等多项安全培训管理制度。焦煤集团严格培训流程，强化实操考核，推行内训师制度，及时对培训效果进行评估，推动焦煤集团全员培训质量的稳步提高，保证培训工作的持续有效推进。

“十二五”期间，焦煤集团员工培训主要如下：① 紧缺人才委培 839 人，分别送中国矿业大学、河南理工大学、河南化工职业学院、河南工程技术学校等参加本科、专科、中专层次培训；② 通过中国煤炭工业协会现代远程教育培训网“煤炭大讲堂”走进焦煤集团的形式培训管理技术人员3000余人，焦煤集团远程教育局域网在线学习平台，累计培训人数10万余人次，井下区队培训覆盖面达100%；③ 共制作煤矿安全知识课件38个，其中荣获全国煤炭行业职工教育多媒体课件大赛一等奖6个、二等奖5个、三等奖2个，并获得“优秀组织单位”称号；④ 900余人参加与河南工程技术学校联合开办煤矿主体专业的大专学历教育，90名学员通过远程教育参加中国石油大学的培训；⑤ 安全培训考核工作共开展223期27583人次，主要负责人、“五职矿长”、安管人员、班组长、特种作业人员、专项培训、素质提升培训、特种设备操作培训和各类专业技术人员培训等63551人次，一般工种人员培训30.37万人次；⑥ 共组织职业技能鉴定39052人次，104人取得了职业技能鉴定考评员资格。申麦成、张金富、孙丽莉、李满意等分获“全国煤炭行业技能大师”和“技能大师工作室”称号，5人获河南省技术能手称号。

四、鹤煤集团

(一) 培训基地

1993年9月，鹤壁矿务局培训处更名为鹤壁矿务局职工培训中心。1994年10月，撤销鹤壁矿务局职工培训中心，恢复鹤壁矿务局培训处。1997年1月，矿务局培训处、电大函授站和矿务局职工中专技校合并，成立鹤壁矿务局职工教育培训中心。1998年10月，矿务局机关机构变动，培训处与矿务局职工中专技校、电大函授站分开，由二级机构变为局机关处室。2000年7月21日，鹤煤集团机关机构调整，培训处更名为员工培训部。2008年员工培训部与劳资部合并，更名为劳资部培训科。

2003年9月，鹤煤集团三矿、四矿、六矿、八矿的4个四级培训基地通过省安全监察局验收。2004年，二矿、五矿、九矿、十矿4个培训中心也通过四级培训基地验收。各培训基地年培训能力分别为：二矿3600人、三矿2100人、四矿2000人、五矿1080人、六矿1700人、八矿3000人、九矿500人、十矿2880人。

(二) 基本设施

技校、八矿、十矿的培训中心分别于2001年、2005年、2006年通过三级培训基地验收，具备自行培训特殊工种人员的资格。每个三级培训基地的基础设施新增几十种课堂教学仪器设备和实验、实际操作设备设施。技校安全培训中心教室面积3826.6平方米，专职管理人员10人，专职教师12人，2001—2007年共培训特殊工种职工12023人，复训11031人；八矿安全培训中心教室面积480平方米，专职管理人员11人，专职教师13人；十矿安全培训中心教室面积180平方米，多功能学术报告厅面积427平方米，专职管理人员22人，专职教师5人。

(三) 学历教育

“八五”期间，鹤煤集团共培训中专生425人、大专生546人、本科生152人。“九五”期间，矿务局委托北京煤炭干部学院代培40名应届高中毕业生。在培养较高学历层次人才方面，矿务局还与中国矿业大学及中国矿业大学研究生部建立了良好的合作关系。“十五”期间，鹤煤集团共组织职工参加成人高招报名1751人，共有1032人被录取，其中中专录取的人数为921人。“十一五”期间，鹤煤集团共组织职工参加成人高招报名2841人，共有1905人被录取，其中中专录取的人数为936人。

2006年，经各矿选拔，鹤煤集团选送127名员工到中国矿大、河南理工大学等高校进行两到三年的学习，主要培养采矿工程、安全工程、测绘工程、矿山地质、矿山测量等专业知识。同年，公司有8名煤炭行业优秀青年参加对口单招考试并被录取，外送深造。

2007年，鹤煤集团共派122名优秀青年职工到中国矿大、河南理工大学等相关院校参加煤矿紧缺专业的本、专科学历教育。鹤煤集团组织304名员工参加采矿专业、矿山机电专业、矿井通风与安全专业等大专层次的半脱产学历教育。鹤煤集团组织18名青年职工参加煤炭青年对口单招考试，有4名员工分别被中国矿大、西安科技大学和河南理工大学录取。

（四）岗位培训

“八五”期间，鹤煤集团培训中级技工1850人，班组长650人，初级技术培训21350人，新工人岗前培训5200人。截至1996年，岗位培训达10839人，局、矿两级干部参加过培训的比例为50%，井下正副队长参加培训的比例为75.8%，中小学校校长及党支部书记参加培训46人，占总数的比例为75.7%。

“九五”期间，鹤煤集团举办区队长以及瓦斯、放炮、绞车司机、电车司机、采煤司机、电钳等7大工种的培训班共91期，培训人员4796人次，并进行统考，及格率均在90%左右，对及格者颁发培训和上岗证书。鹤煤集团组织开展安全技术、岗位培训及岗位练兵、技术比武、知识竞赛等共268期(次)，参加人数55060人次。鹤煤集团组织转岗业务培训共22期，培训人员1623人次，为下岗职工转岗再就业创造条件。

“十五”期间，鹤煤集团机电部、工会、员工培训部联合组织48个工种参加的机电运输岗位练兵、技术比武活动。2002年9月，鹤煤(集团)公司举办由河南省煤炭工业局、省煤矿工会组织的全省煤炭系统采掘电钳工技术比武，有来自全省煤炭系统11个单位的33名选手参加。2005年，鹤煤集团对2843名外来务工人员进行重点培训。

“十一五”期间，鹤煤集团举行共脱产培训250790人次。其中，特殊工种培训21310人，特殊工种复训20180人，安全生产管理人员培训5055人，复训4630人，理论业务培训42740人次，岗前培训11380人次，外出培训5310人，职业技能鉴定培训4075人次。

“十二五”期间，鹤壁集团共开展各类培训206970人次。其中，安全生产管理人员培(复)训8135人，特种作业人员计划培(复)训12485人，班组长培(复)训6840人，一般从业人员培(复)训培训68460人次，各类专项培训93075人次，实操培训17500人次。

五、永煤集团

1991年，永城矿务局成立培训中心。1994年，永城矿务局培训中心更名为神火集团培训中心。1995年，职工培训中心、安全培训中心、永城矿务局党校合并，一个机构、三块牌子，下设党员干部教育科、职工培训科。1998年，培训中心组织机构变更为培训科、党员教育科、职业技能鉴定科和再就业培训中心四个职能科室。2015年，培训中心设培训管理科、党员教育科、安全培训科、职业技能鉴定办公室。

永夏矿区职业技能鉴定站在1998年取得国家特有工种职业技能鉴定资质，2003年又取得国家通用工种职业技能鉴定资质，担负着职业技能培训与鉴定工作。截至2015年该鉴定站共完成职业技能鉴定30238人，其中高级技师163人，技师922人，高级工3827人，中级工7225人，初级工18101人。

（一）学历教育

为提高管理技术人员的文化素质和业务能力，永煤公司与中国矿业大学、中国人民大学、河南大学等高等院校合作举办各种学历教育班 11 个，参加人员 2268 人次。

2009 年 5 月 15 日，永煤集团与中国矿业大学联合举办在职工程硕士和工商管理硕士研究生班，开设工程硕士（50 人）和工商管理硕士（40 人）两个班。同年 11 月 7 日，1283 名安全生产管理人员参加河南工程技术学院的学历教育。2010 年 5 月 27 日，永煤集团 50 名中高层管理人员参加中国人民大学的培训。

2011 年 4 月 29 日，永煤集团 45 人参加中国矿业大学工程硕士学历教育。同年 11 月 9 日，26 人开班参加开封龙宇化工与河南大学联合举办的工程硕士研究生教育。2012 年，永煤集团 267 人参加中国石油大学开展的本专科学历远程教育。同年 9 月 13 日，永煤集团 200 人参加河南煤炭高级技工学校与河南永华能源有限公司举办的中专学历再教育工程。2013 年 5 月 10 日，永煤集团 100 人参加中国矿业大学工程硕士研究生班。同年 11 月 6 日，永煤集团 69 人参加中国人民大学举办的中高层管理人员 MBA 培训班。同年 12 月 12 日，永煤集团 138 人进入永城职业学院再教育大专班培训学习。

（二）素质培训

永煤集团开展中高层管理人员素质培训，提升管理人员战略思维能力，先后聘请北京大学、中国矿业大学等知名专家学者来公司开展专题讲座 30 次，参培人数 29902 人次。

2009 年 2 月 20 日，永煤集团聘请中国矿业大学管理学院副院长谢守祥教授举办内部市场化管理专题讲座，有 1000 人参加。同年 11 月 21—22 日，永煤集团邀请中国职工教育与职业培训协会副会长毕结礼教授就“如何做好班组长”这一课题进行为期两天的培训，有 2000 人参加。2010 年 4—10 月，永煤集团与中国矿业大学组织 8 期“永煤公司优秀科队长综合素质提升培训班”，共 400 名优秀科、队长分期在中国矿业大学参加了为期 7 天的培训。同年 6 月 28 日—30 日，邀请资深培训专家许盛华举办“永煤公司培训体系构建与培训管理专题培训”，共 1200 人参加培训。

2011 年 4 月 28 日，永煤集团邀请央视百家讲坛栏目著名讲师纪连海举办“走进历史 感悟人生”专题讲座，共 1000 人参加培训。同年 5 月 14—15 日，聘请中国矿业大学吴红教授、徐州师范大学杨帆教授做“创新能力培养”及“压力管理、心理调节”专题培训，参培学员 1200 人次。5 月 22 日，永煤集团邀请著名财经作家吴晓波举办“中国式管理——名企成败的案例分析和启示”专题讲座，有 1000 人参加讲座。6 月 17 日，永煤集团邀请国际礼仪专家金正昆教授举办“交际礼仪与交往艺术”讲座，共 1300 人参加讲座。8 月 25 日，永煤集团邀请著名国学、养生专家张其成教授举办“中国传统文化与养生”讲座，共 1200 人参加培训。

2012 年 3 月 30 日，永煤集团邀请中国管理科学研究院研究员李泽尧教授举办“危机意识与强势管理”讲座，有 1300 人参加。3 月 9 日，永煤集团邀请中国矿业大学翟成副教授举办“瓦斯综合治理及矿井瓦斯抽采技术”专题培训，有 260 多人参加培训。4 月 6 日，永煤集团邀请中国矿业大学管理学院副院长谢守祥教授就现代企业制度、公司法等内容进行专题讲座，有 1200 人参加培训。4 月 25—26 日，永煤集团邀请中国企业联合会培训中心高级培训师杨帆，国家安全监管总局宣教中心安全文化专家尹贻勤教授，国家安全监管总局培训中心特聘专家宁尚根教授，就班组管理、安全压力与心理健康、安全管理等进行了专题培训，有 260 名区队长参加培训。6 月 6 日，永煤集团特邀著名经济学家睢国余教授举办“宏观经济形势分析”专题讲座，有 1000 人参加。同年

6月24日，永煤集团邀请国家安全生产监督管理总局培训中心特聘专家宁尚根举办“四型”班组创建业务知识培训班，有200人参加培训。7月24—26日，永煤集团邀请清华大学继续教育学院特聘讲师方均就生产绩效管理进行授课，有72名车间主任、优秀班组长参加培训。11月1日，永煤集团邀请著名经济学家温元凯教授就当前经济形势及企业发展进行专题讲座，有1200人参加。

2013年9月26日，永煤集团特邀北京大学光华管理学院特聘教授黄铁鹰举办“人才选用和培养”专题讲座，有1000人参加。10月20日，永煤集团邀请河南省首批煤矿安全文化专家钱洪伟教授举办安全文化建设理论与实务专题培训，有110人参培。10月29日，永煤集团邀请福建师范大学孙绍振教授举办“提升人际交流中的沟通艺术”专题讲座，有1000人参加。12月26日，永煤集团邀请北京邮电大学管理学博士、EMBA特聘教授赵玉平举办“中国式团队管理”专题讲座，有1100人参加。

2014年6月24日，永煤集团邀请著名清史学家阎崇年举办“历史文化和人生修养”的专题讲座，有1200人参加。7月28日，永煤集团邀请北京师范大学心理学院博士生导师金盛华教授举办“领导的智慧与境界”专题讲座，有1200人参加讲座。7月29日，永煤集团邀请北京大学危机管理课题组长艾学蛟教授举办“危机管理与媒体应对”专题讲座，有1000人参加。10月29日，永煤集团邀请国防大学马骏教授举办“国家安全环境和对策”专题讲座，有1300人参加。12月17日，永煤集团邀请中国外汇投资研究院院长谭雅玲教授举办“宏观经济形势分析与展望”专题讲座，有1000人参加。

2015年9月2日，北京大学中文系博士生导师程郁缀教授受邀举办“传统文化鉴赏与人文素质提升”专题讲座，有近1000人参加。10月29日，永煤集团邀请中华中医药学会国际部顾问李智举办“职场养生与心理健康”专题讲座，有1200人参加。11月24日，永煤集团邀请天创智源资深顾问霍祥明举办“赢在众筹——众筹与融资”专题讲座，有1000人参加。

（三）技术培训

永煤集团依托《煤炭大讲堂》走进永煤活动，开展工程技术人员专题培训，提升专业技术人员技术管理水平，举办各种技术培训、讲座共13次，培训人员16660人次。

2010年6月19日、20日、26日，永煤集团邀请兖矿集团战略研究院牛克洪院长、中国矿业大学（北京）武强教授、国家发改委能源研究所处长康艳兵博士就煤矿精细化管理、煤矿水害防治、节能减排举办专题讲座，共有1200人参加培训。9月13—14日，永煤集团邀请国家安全生产监督管理总局政策法规司副司长石少华解读《国务院关于进一步加强企业安全生产工作的通知》，中国矿业大学（北京）周心权教授主讲“煤矿重大灾害防治与应急处置”，共有1500人参加培训。

2011年7月26日，永煤集团邀请国务院发展研究中心社会发展研究部周宏春研究员、中国矿业大学（北京）朱红青教授，分别就“节能减排”“企业应急救援”进行专题讲座，1200人参加培训。

2013年5月4日，永煤集团邀请中国工程院院士袁亮、河南理工大学能源科学与工程学院院长勾攀峰教授，分别就“煤与瓦斯共采关键技术”“煤矿锚杆支护存在的问题及解决途径”做专题讲座，有1700人参加。6月22日，永煤集团邀请国务院国资委综合局局长刘南昌、神华神东煤炭集团安监局副局长高卓辉，分别做“打造煤炭绿色产业链，实现生态文明中国梦”“安全风险预控管理体系”专题讲座，有1200人参加培训。

2014 年 7 月 6 日，永煤集团邀请国家发改委能源研究所效率中心副主任白泉、国家节能中心处长张云鹏，分别就“中国能源发展与节能形势”、“国家节能项目资金申请程序及要点介绍 ”做专题讲座，有 1200 人参加。12 月 7 日，永煤集团邀请国家安监总局政策法规司副司长邬燕云，中国矿业大学煤矿瓦斯治理国家工程研究中心主任程远平，分别就新《安全生产法》“区域瓦斯治理技术与应用”开展专题讲座，有 1200 人参加。

2015 年 5 月 9 日，永煤集团邀请中国矿业大学博士生导师俞启香教授，举办煤与瓦斯防治专项培训，有 1700 人参加培训。6 月 19 日，永煤集团邀请国家能源局节能管理中心节能管理处处长辛升，举办节能减排专题讲座，有 1360 人参加。8 月 21 日，永煤集团邀请国务院参事室特约研究员黄毅就安全发展问题进行专题讲座，有 1000 人参加。10 月 22 日，永煤集团邀请中国煤炭科工集团西安研究院虎维岳教授举办“煤矿水害防治技术”专题讲座，有 1400 人参加培训。

六、神火集团

神火集团的集团培训中心为职业教育场所，并且各子公司、矿厂均设有职工教育培训中心。培训中心主要承担集团及各子公司、矿厂党员干部和职工职业技术教育培训工作。1991—2015 年，集团培训中心及各职业教育场所教育教学设施不断完善，领导班子得到加强，师资队伍持续壮大，教育培训条件有了不同程度改善，教育培训质量稳步提高。

神火集团职业技术教育采取目标管理、层层负责的管理办法。各级职业技术教育部门每年制定职工教育培训计划，并把职工教育的任务分解成若干个指标，纳入矿长、厂长任期目标，长规划、短安排，使软任务变成硬指标。同时，对参加培训人员制定奖惩办法，参培人员考勤统一由培训中心管理，把每位学员的学习时间、学习成绩、学习纪律、出勤情况等与本人的工资奖金挂钩，确保培训质量，保证职工职业技术教育任务的完成。培训的内容和专业主要有煤矿开采、机电修理、生产运行、特殊工种、企业管理、计算机、公文写作、党员发展等方面，紧密服务于神火集团生产经营发展。

针对煤矿职工文化水平偏低、知识面偏窄的实际情况，为适应煤炭事业现代化发展建设以及基层生产的需要，神火集团大力开展成人教育，通过职大、电大、函大、自学考试等多种形式，采取有计划地选送部分骨干到高等院校脱产深造与职工自学成才的办法相结合，同时不断出台优惠政策，支持鼓励职工参加成人教育，并给予适当的资金补助，毕业取得文凭后给予一定费用报销。1991—2015 年职工参加成人教育并取得大专以上学历文凭 3453 人。

七、济源煤业公司

1992 年 9 月，济源煤业公司职工教育经费按工资总额扣除各种奖金后的 1.5% 从生产成本中提取。1993 年，对全矿青年职工进行社会主义公德教育培训，共有 1000 名参加省统考。

2001 年 10 月 15 日—12 月 14 日，济源煤业公司选送 40 人到焦作工学院培训学习采煤、机电、通风、安全等领域的相关知识。2003 年，公司参加研究生、本科、大专学历的在职进修、自考或函授教育共有 100 多人。2005 年，公司组织矿井班队长、技术骨干到山东等地学习，择优选送 14 名青年员工到中国矿业大学、河南理工学院脱产学习；有 20 多名员工参加电大、党校等函授学习；在矿区建设职工安全文化长廊，组织职工参加安全知识竞赛，宣传学习《安全生产条例》，职工受教育率达 95%以上。2007 年

8月，公司邀请何家成教授对入矿的40名大学生进行专业培训，并派送6名大学生到中南大学深造学习。2009年8月，焦作理工大学开办为期3年的紧缺人才函授班，共88名职工进班学习。

2011年6—7月，济源煤业公司对全体管理人员进行《济源煤业公司规章制度》的学习和教育。同年9月30日，公司在二矿举行“岗位描述和手指口述”比赛，增强员工对各岗位工作标准和流程的掌握程度和熟练操作程度。2012年，公司共有98名职工进入河南理工大学、河南工程技术学校培训实用人才和紧缺人才大专班学习培训。济源煤业公司各单位、部门开展自我培训12期。截至2015年，济源煤业公司与河南理工大学和河南工程技术学校合作举办紧缺人才函授培训班5期，共400余人取得煤炭专业文凭。济源煤业公司坚持常年职工教育培训，将岗位成才与定向培养相结合，先后选送管理骨干、区队长、矿长及生产骨干参加各类专业培训和教育，提升他们的业务技能和管理水平。济源煤业公司投资1000余万元建设高标准的职工实训基地，定期组织职工培训、轮训。济源煤业公司每年投入200余万元定期举办各类讲座、专业技术培训、取证培训班等，组织竞聘上岗活动60余场。

八、河南工程学院

河南工程学院服务于煤炭行业和河南社会经济发展，除职业技术教育外，还承担职工培训工作，主要是通过技术或管理技能培训班的形式开展。1991年，河南工程学院举办矿(厂)长岗位职务培训班、矿(厂)长物资与供应培训班、劳动工资处(科)长班、采掘区队长岗位职务培训班、财会会计专业证书班、劳动工资专业证书班、计划统计专业证书班、经济法培训班、供销专业证书班、计算机操作专业证书班等培训班，累计培训职工378人。1992—2001年，河南工程学院每年都举办有职工培训班，但根据实际需要，每年举办培训班的种类和培训职工数量有所不同，培训职工人数依次为383人、217人、134人、330人、803人、417人、340人、154人、23人、80人。2002年，河南工程学院举办矿(厂)长岗位职务培训班、矿(厂)长物资与供应培训班、劳动工资处(科)长培训班、举办采掘区队长岗位职务培训班、财会会计专业证书班、劳动工资专业证书班、计划统计专业证书班等，累计培训学员2340人。2003—2006年，该校培训职工人数依次为1559人、1820人、1680人、2463人。2007年，该校举办财会会计专业证书班、劳动工资专业证书班、计划统计专业证书班、经济法培训班、供销专业证书班、计算机操作专业证书班等，累计培训学员1922人。2008—2015年，该校培训职工人数依次为1836人、1680人、390人、1727人、1270人、777人、972人、877人。河南工程学院历年职工培训情况如表8-2-7所示。

表8-2-7 1991—2015年河南工程学院职工培训情况统计表

时间	学院	培训班种类	培训人数
1991	郑州煤炭管理干部学院	矿(厂)长岗位职务培训班；矿(厂)长物资与供应培训班；劳动工资处(科)长班；采、掘区队长岗位职务培训班；财会会计专业证书班；劳动工资专业证书办；计划统计专业证书班；经济法培训班；供销专业证书班；计算机操作专业证书班	235
	郑州煤田职工地质学院	矿(厂)长物资与供应培训班；文化补习班	53

表 8-2-7(续)

时间	学院	培训班种类	培训人数
1992	郑州煤炭管理干部学院	物资供应处(科)长培训班;劳动工资处(科)长培训班;采掘区队长岗位职务培训班;煤矿井下机电区队长岗位培训班;矿(厂)长岗位职务培训班;党委书记岗位职务培训班,;中小学校长岗位培训班;工会主席岗位职务培训班	188
	郑州煤田职工地质学院	劳动工资处(科)长培训班;适应性培训班	195
1993	郑州煤炭管理干部学院	人事、组织处(科)长训班;机电区队长岗位职务培训班;采掘区队长培训班;中小学校长岗位培训班;矿(厂)长岗位职务培训班	100
	郑州煤田职工地质学院	物资供应处(科)长培训班;举办劳动工资处(科)长培训班;文化补习班	117
1994	郑州煤炭管理干部学院	计划统计专业证书班;经济法培训班	106
	郑州煤田职工地质学院	劳动工资培训班	28
1995	郑州煤炭管理干部学院	煤炭企业领导干部和优秀中青年干部岗位任职资格培训班;煤矿机电工程技术人员培训班;煤炭企业干部培训班	300
	郑州煤田职工地质学院	物资供应处(科)长培训班	30
1996	郑州煤炭管理干部学院	财会会计专业证书班;劳动工资专业证书班;计划统计专业证书班;经济法培训班;供销专业证书班;计算机操作专业证书班	803
	郑州煤田职工地质学院		
1997	郑州煤炭管理干部学院	财会会计专业证书班;劳动工资专业证书培训班;经济法培训班;供销专业证书班;计算机操作专业证书班	417
	郑州煤田职工地质学院		
1998	郑州煤炭管理干部学院	物资供应处(科)长培训班;劳动工资处(科)长培训班;采、掘区队长岗位职务培训班;煤矿井下机电区队长岗位培训班;矿(长)长岗位职务培训班;党委书记岗位职务培训	340
	郑州煤田职工地质学院		
1999	郑州煤炭管理干部学院	预科班	15
	郑州煤田职工地质学院	财会会计专业证书班;劳动工资专业证书班;计划统计专业证书班	139
2000	郑州煤炭管理干部学院	预科班	23
	郑州煤田职工地质学院		
2001	郑州经济管理干部学院	预科班	80
	郑州煤田职工地质学院		
2002	郑州经济管理干部学院	矿(厂)长岗位职务培训班;矿(厂)长物资与供应培训班;劳动工资处(科)长培训班;采掘区队长岗位职务培训班;财会会计专业证书班;劳动工资专业证书班;计划统计专业证书班	2340
2003	郑州经济管理干部学院	矿(厂)长岗位职务培训班;矿(厂)长物资与供应培训班;劳动工资处(科)长培训班;劳动工资专业证书班;计划统计专业证书班	1559

表 8-2-7(续)

时间	学院	培训班种类	培训人数
2004	郑州经济管理干部学院	财会会计专业证书班;劳动工资专业证书;计划统计专业证书班;经济法培训班;供销专业证书班	1820
2005	郑州经济管理干部学院	采掘区队长岗位职务培训班;财会会计专业证书班;劳动工资专业证书办;计划统计专业证书班;经济法培训班;供销专业证书班;计算机操作专业证书班	1680
2006	郑州经济管理干部学院	矿(厂)长岗位职务培训班;矿(厂)长物资与供应培训班;举办劳动工资处(科)长班;采掘区队长岗位职务培训班;财会会计专业证书班;劳动工资专业证书办;供销专业证书班	2463
2007	河南工程学院	财会会计专业证书班;劳动工资专业证书班;计划统计专业证书班;经济法培训班;供销专业证书班;计算机操作专业证书班	1922
2008	河南工程学院	财会会计专业证书班;劳动工资专业证书班;计划统计专业证书班;经济法培训班;供销专业证书班;计算机操作专业证书班	1836
2009	河南工程学院	财会会计专业证书班;劳动工资专业证书班;计划统计专业证书班;经济法培训班;供销专业证书班;计算机操作专业证书班	1680
2010	河南工程学院	劳动工资专业证书班;计划统计专业证书班;经济法培训班	390
2011	河南工程学院	财会会计专业证书班;劳动工资专业证书班;计划统计专业证书班;经济法培训班;供销专业证书班	1727
2012	河南工程学院	财会会计专业证书班;劳动工资专业证书班;计划统计专业证书班;经济法培训班;供销专业证书班;计算机操作专业证书班	1270
2013	河南工程学院	财会会计专业证书班;劳动工资专业证书班;计划统计专业证书班;供销专业证书班	777
2014	河南工程学院	财会会计专业证书班;劳动工资专业证书班;计划统计专业证书班;经济法培训班;供销专业证书班	972
2015	河南工程学院	财会会计专业证书班;劳动工资专业证书班;计划统计专业证书班;经济法培训班	877

九、河南工业和信息化职业学院

河南工业和信息化职业学院根据煤炭行业需求,大力开展各类职工培训工作,共计为社会培养了6000余名各类专业技术人员。同时,作为国家级职业技能鉴定站,学校累计鉴定特殊工种人员5000余人。

(一)职业培训

2000年以后,河南工业和信息化职业学院相继被认定为国家煤矿安全资格三级培训基地和河南省再就业培训定点学校。学校通过举办"半工半读"教学班、紧缺人才大专班、各类短期培训班等方式,积极开展多种层次、多种形式的联合办学,实行"订单式"培养,先后为焦煤集团、鹤煤集团、神火集团、禹州市国土资源局、登封市煤炭局、伊川煤炭局、洛阳龙门矿等几十家用人单位和企业培养了6000余名紧缺专业技术人才。

(二)职业技能鉴定

2007年12月,河南工业和信息化职业

学院获得国家级职业技能鉴定站资格，核定通用鉴定有数控车工、数控铣工、锅炉运行值班员、维修电工、汽轮机运行值班员、电气值班员、钢筋工、架子工、砌筑工、计算机系统操作工、计算机调试工、计算机文字录入处理员等 12 个工种。河南煤炭行业职业鉴定中心在学校设立职业技能鉴定所，承担采煤工、矿井通风工、矿井维修电工、主提升机操作工、综采维修电工、矿山电子修理工、采煤机司机、矿山测量工、矿井测风工、瓦斯检查工、综掘机司机等 95 个特殊工种的考试鉴定工作。截至 2015 年，该校已累计鉴定人员 5000 余人。

第　九　篇

文化生活与卫生

1991—2015 年，在计划经济向市场经济转变的过程中，河南省煤炭系统逐步养成了煤矿工人吃苦耐劳的精神。各煤炭企业不仅设计制作了公司标徽，还创作了公司之歌，规范了职工语言行为。

河南省煤炭系统各煤矿企业以建设企业文化为契机，不断改造和新建文化体育设施。各煤炭矿区、小区都规划建设了文化广场，安装了健身器材。程控电话、高速网络、闭路电视的安装开通，更是使广大职工的文化娱乐活动得到跨越提高。

河南省煤炭系统各煤炭企业坚持不断开展形式多样、丰富多彩、大众喜闻乐见的文体娱乐活动。重要纪念活动和节假日，都举办专题大型文艺演出和体育活动，积极参加和承办省级文化艺术活动并取得好成绩。重点煤炭企业都组建了文工团，创作出了大量反映煤矿工人工作和生活的剧目。

在物质生活保障方面，1991 年以后河南煤炭行业抓住有利的煤炭发展"黄金期"，不断深化改革，加快职工住房建设步伐，使职工居住条件发生了根本变化。六个国有重点煤业集团加大了对矿区职工居住条件和环境改造的投入建设力度，使矿区职工住房建设，人均居住面积，居住生活环境等都得到了极大改善。2005 年各煤炭企业通过对矿区采煤沉陷区综合治理，在新建、扩建、重建、安置补偿等方面安置城镇受灾居民。2007 年 3 月棚户区改造全面展开，棚户区新建住房，从根本上改善了煤矿职工家属的居住条件，行业的房改工作也得到了长足发展。1995—2007 年，全行业建设职工住房面积 1242.75 万平方米，人均住房面积从不足 4 平方米提高到 10.99 平方米。通过住房制度改革，极大地调动了煤炭职工购房的积极性，有力地促进了河南省煤炭行业职工住房建设的发展。

1991 年以后，河南省各煤炭企业全面开展食堂、澡堂、职工公寓的标准化管理。它们坚持把食堂、澡堂、职工公寓质量标准化建设作为一项重要工作，并将标准化基本要求、标准等逐项进行细化、分解，确保各项工作有据可依、有章可循。企业加大对《食品安全法》及《餐饮业卫生量化监督标准》学习、贯彻力度，加强对各单位食品采购、验收，加工制作等流程管理，从生（熟）食品的采购、验收、加工制作、成本管控等各个方面进行严格规范。生产矿职工澡堂工作衣陆续实行公管，班班换洗、烘干、缝补。有些单位职工澡堂还相继增加桑拿浴，基本实现洗浴保健化。职工宿舍每个房间除配有必要的物品外，还安装了电视、空调、暖气、学习桌、椅子、更衣柜等，各单位标准化宿舍在原有的基础上进一步完善。公寓楼还备有职工活动室、理发室、娱乐设施、超市等服务。有些单位还专门建造了大学生公寓。

河南省煤炭工业逐步建立、健全了各项社会保险制度，全省煤炭矿区初步实现了老有所养、病有所医、伤有所治，井下职工意外伤害补偿待遇得到不断提高。1998 年 2 月，河南省内的国有重点煤炭企业下放河南省管理，河南煤炭养老保险工作随企业移交地方。社保中心在 2005 年与保险公司正式签署了合作协议，协议规定自 2006 年 1 月起，国有重点煤业（集团）公司每年为井下作业职工缴纳 200 元的意外伤害保险费用，在井下职工发生意外伤害事故后，死亡和一级伤残可以得到最高 10 万元的补偿，二级以下按照伤残程度相应递减。截至 2007 年年底，河南煤炭企业为 47750 名井下作业人员办理了意外伤害保险。职工养老保险、医疗保险、失业保险、工伤保险和职工住房公积金等社会保险实行了全员覆盖。最低生活保障制度和持续开展的扶贫帮困活动，使得生活困难职工得到及时救助。劳动保护工作进一步完善加强，职业病也得到有效预防。

第一章 矿区文化与职工生活

第一节 企业文化

一、企业精神

河南省煤炭企业较多，国有企业和地方民营企业并存，在长期的发展中各个企业都形成了带有企业自身特色的企业精神。

（1）河南能源化工集团企业精神是：自强不息坚韧不拔。“天行健，君子以自强不息”，要始终保持昂扬的斗志、快速的反应能力，在危难之际不畏惧、不退缩，满怀信心、永不言败。要发扬“特别能战斗”的优良传统，无论前进的道路上困难重重，还是风雨交加，都阻挡不了集团披荆斩棘、坚韧前行的步伐，更加动摇不了永争一流的信念。① 企业哲学：科学发展 善行成器。做到善待自然，高效利用能源；善待社会，积极承担社会责任；善待股东，持续提高资产回报率；善待员工，始终保障员工和企业共同成长；善待用户，得到更多合作伙伴，做到基业长青。河南煤业化工集团的员工，对企业成就抱有良好的意愿，并通过自身的行动和努力，帮助他人，共同提升价值。② 核心价值观：用心做事、追求卓越。要有干不成事就“食不甘味、寝不安席”的责任感、时不我待的紧迫感、责任重于泰山的压力感和企衰我愧的荣辱感。要以干大事创大业为荣，以无作为无业绩为耻，接受任务不讲价钱，事没办完不讲理由，完成工作不讲回报。③ 企业使命：报效国家惠及员工。④ 企业作风：先人一步、持续创新。⑤ 安全理念：从零开始、向零奋斗。安全是员工最大的福祉，是生产的根本，效益的保障。⑥ 成本理念：精打细算开源节流。秉承勤俭办企业的原则，精打细算，注重实效。坚决反对“面子工程”，反对铺张浪费、大手大脚。⑦ 发展理念：立志高远、笃行求实。⑧ 管理理念：创新为先、“三化”为本。理念决定思路，思路决定出路，创新决定发展。“三化管理”是企业管理的根本，要按照市场化、制度化、规范化的运作模式，找出生产要素的科学搭配规律，进一步解放生产力，通过科学合理的机制和体制来解决发展中的问题。⑨ 效益理念：发掘潜力、提升价值。⑩人才理念：人尽其才、以德为先。人才是企业发展最重要的资源，是企业成功的关键。在企业的发展中要打造专业化的职业经理人队伍，形成人尽其才、有序涌动的局面。

（2）中国平煤神马集团结合企业发展实际，把学习型组织理论导入企业文化建设，大力倡导“感恩、善念、包容、快乐”理念，以“忠诚事业、追求更好”企业精神为统领，以“企业发展、职工富裕”为核心理念，倾力打造管理文化、安全文化、班组文化、感恩文化等方面的文化品牌，形成了独具特色的学习型企业文化体系。中平神马集团企业精神：忠诚事业、追求更好。企业的十大理念：① 核心理念：企业发展、职工富裕。② 企业作风：说实话、干实事、求实效。③ 管理理念：人人尽责、事事达标。④ 安全理念：生命至上、安全为天。⑤ 营销理念：与客户一起成长。⑥ 学习理念：学习成就未来。⑦ 人才理念：干好本职工作就是人才。⑧ 质量理念：质量是企业的命根子。⑨成本理念：省下一分钱、就增一分利。⑩ 廉洁理念：清白从业、以廉为荣。

（3）1997 年 11 月，义马矿务局改制为国有独资公司，义煤集团开始对自身固有的文化进行整合、梳理和再造，对计划经济体制下形成的企业精神重新审视，决定在“顾全大局，艰苦创业，勇于奉献，开拓前进”的基础上塑造具有时代特色和反映义煤个性的企业精神，破除计划经济时代旧有的、落后的思想观念和价值取向。2005 年 3—7 月，在义煤集团内部进行了广泛的问卷调查和企业理念征集活动，征集到 2000 余条企业理念，经过多次组织基层领导和处室负责人对征集到的企业精神进行讨论、筛选，初步确立了“英勇善战、创业无限”为企业精神。2005 年 11 月 8 日，义煤集团第三届职工代表大会第四次联席会议上审议通过了《关于确立义煤集团企业精神的决议》，2006 年 2 月 27 日，义煤集团第三届职工代表大会第三次会议上正式确立“英勇善战，创业无限”为义煤的企业精神。2007 年为适应新的形势，实现企业强势起步，义煤集团在原有基础上，对企业目标愿景、理念引领体系进行讨论，进一步修订、更新、充实和提升。2007 年 12 月在集团公司召开的三届五次职工代表大会上，经职工代表审议，确定“创业无限”为义煤的企业精神。2000 年以后，义煤集团形成了新的理念：① 战略方针：以煤为主，相关多元，科学发展，永续义煤基业。② 战略目标：强势崛起，卓越百强。③ 核心理念：只争朝夕，义马当先，忠诚义煤，开采未来。④ 企业精神：英勇善战，创业无限。⑤ 经营理念：人人都是经营者，岗位都是利润源，与你同行，竞合双赢。⑥ 管理理念：人本，精细，创新，高效，管理就是消缺。⑦ 安全理念：安全生产，我的责任，责任有我，我必负责，安全有我，我必安全。⑧ 质量观：质量是设计出来的，人优产品精，质优企业兴。⑨ 标准观：一切工作标准化，标准化人，规范化行。⑩ 成本观：成本领先，精当的投入等于俭省，合理的节约也是盈利。

（4）郑煤集团文化四大内核：① 企业精神：艰苦奋斗、脚踏实地、自信自强、争创一流。② 核心价值观：务实、创新、进取、超越。③ 企业使命：奉献绿色能源、创造蓝筹价值。④ 企业愿景：中原经济顶梁柱、煤炭行业常青树。郑煤文化四大基石：① 安全文化观：安全为天，责任如山；从零开始，向零奋斗。② 管理文化观：五精同进，六化并行；责权明确，高效协同。③ 和谐文化观：团结、友爱、诚信、奉献。④ 执行文化观：只为成功找方法，不为失败找借口。郑煤文化六大支柱：① 成本理念：让每一分钱都发挥效用；② 质量理念：质量是长期生存发展之基；③ 营销理念：快速反应、客户第一；④ 服务理念：感悟需求、超越期待；⑤ 人才理念：尚德重能、知人善任；⑥ 廉洁理念：正心正行、自律自警。

（5）焦煤集团“特别能战斗”精神：① 爱党爱国精神。② 团结奉献精神。③ 勇于吃苦精神。④ 不断创新精神。对得起奉献者成为焦煤集团的企业文化核心价值观：① 全体员工都要加倍敬重超值奉献者，关心、关怀他们的学习、工作和生活。② 让所有奉献者劳有所得，随着企业效益的增加，满足其日益增长的物质、文化生活所得。③ 肩负起应有的社会责任，尊重历史及社会上的奉献者，就是要使所有的奉献者各得其所：既对得起国家，又对得起集体；既对得起组织，又对得起职工；既对得起现在，又对得起历史；既对得起企业，又对得起客户和朋友；既对得起正式职工，又对得起农轮工；既对得起在岗者，又对得起已离开焦煤工作岗位者；既要有物质上的回报，又要有情感方面的理解与关爱。

(6) 鹤煤集团企业精神:理想、勤奋、创新、发展。这是鹤煤全体职工共同认同的正确的心理定式、价值取向和主导意识,是鹤煤职工群众健康人格、向上心态的外化,是企业向心力和凝聚力、职工群众对企业的信任感和自豪感的集中表现形态,也是鹤煤人宝贵的精神财富。① “理想”:理想就是对未来的美好憧憬和向往。它反映了鹤煤公司职工所具有的高尚的道德风格。其内涵是树立理想,坚守信念,增强信心,凝聚力量。② “勤奋”:勤奋就是不懈地努力,孜孜地追求。它反映了鹤煤公司职工所具有的高尚精神品质。其内涵是勤勤恳恳,认认真真,勤劳刻苦,努力奋斗,锲而不舍,孜孜不倦。③ “创新”:创新就是扬弃旧的,创造新的。它反映了鹤煤公司职工所具有的强烈竞争意识和进取精神。其内涵是解放思想,转变观念,勇于改革,锐意进取,不断创优,事事领先。④ “发展”:发展就是快速、高效前进。它反映了鹤煤公司职工所具有的勇往直前精神风貌。其内涵是以科技为先导,实施可持续发展战略,推进技术进步,实现产业升级、结构优化,不断提高企业综合实力,努力构建跨行业、跨地区、跨所有制的现代化大型企业集团。

(7) 神火集团企业精神:团结奋进、光大神火。1991 年以后,神火集团在经历了建设——推进——深化——提升的过程后,企业文化建设也在不断探索中日趋成熟,初步形成独具神火特色的物质文化、制度文化、行为文化和精神文化。神火集团把精神文化建设作为企业文化的突破口,通过理念的灌输、渗透、开发“三步走”,在企业的生产经营过程中形成一种精神成果和文化观念。

二、企业标志

不同的企业精神形成不同的企业文化,不同的企业文化又都塑造出不同的企业形象。河南煤炭企业在发展过程中,各自依据自身发展特点,逐步形成了自己独特的企业形象,具体体现在不同于别的企业形象特点的企业标志、旗帜、职工文明用语及规范等方面。

河南能源标志以河南二字的汉语拼音“HeNan ”、煤炭二字的英文“Coal”、化工二字的英文“Chemical”的首字母,缩写而成的“HNCC”为主要设计元素,如图 9-1-1 所示。图中上方的三角形为两个“C”的变形。

图 9-1-1 河南能源标志

中国平煤神马集团标志稳健、平安的外形轮廓向员工诉说着:煤炭开采、采掘、化工生产等工作对企业至上的是“安全为天”、“安全第一”! 标志的形象为两条流畅具有动感的白色圆形自内向外旋转融合交会为一条色带向上升腾冲击,突破外轮廓奔向“无限”,如图 9-1-2 所示。标志中蕴含着“方圆”的概念,构成规矩与方圆。蓝色代表科技、理想、广阔、化工。橙色代表辉煌、成功、收获、能源。

图 9-1-2 中国平煤神马集团标志

郑煤集团标志由字母“ZM”组成，分别取自“郑煤”二字的首字母，虚线与实线上下有序排列，组合成煤矿的各个巷道，表明了行业特性，同时，“M”占整个标志的主体，而“Z”则多条实线与虚线组合而成，寓意郑煤集团“以煤为主，相关多元”的发展战略，郑煤集团标志如图 9-1-3 所示。虚线与实线朝“M”的方向迸发，充满了力量感，寓意郑煤大力发展煤炭产业，积极向上的发展势头。“M”糅合了山峰的元素，山峰是实力的彰显、力量的展现，表明郑煤致力于发展成为主业突出、实力雄厚、核心竞争力强、具有较大影响力的综合发展的现代能源集团。

图 9-1-3　郑煤集团标志

义煤集团标徽以“义煤”的第一个拼音字母“YM”为基础设计要素，通过艺术化的组合形成座座煤山，突出以煤为主的行业特征，并列动感向上的柱体造型正是体现多业并举的集团化特征和开拓进取、奋发向上的企业精神。太阳作为标徽的主题背景表明企业集团在党的光辉照耀下不断发展壮大，喻示集团全体职工共同托起明天的太阳，升腾于行业之林的美好展示，突出了义煤集团全体职工发扬企业精神经过半个世纪的艰苦创业现已发展成为了以煤为主，多业并举的特大型集团公司，义煤集团标志如图 9-1-4 所示。

图 9-1-4　义煤集团标徽

三、行为规范

1997 年义马矿务局文明委办公室制定了一系列行为规范及文明守则。职工社会公德行为规范：讲文明、有礼貌、态度和、不粗野、乐助人；诚待客、扬正气、鞭丑恶、爱公物、守公约；重公益、尽职责、讲卫生、衣貌洁、爱花木；不攀折、遵法纪、守秩序、崇科学、不信邪。职工家庭美德行为规范：爱父母、敬长辈、亲待子、善育人、男女间；无尊卑、夫妻和、敬如宾、勤持家、俭为本；不攀比、勿浪费、礼让邻、和为贵、讲文明；不损人、公益事、不推诿、互敬助、风气新。职工文明守则：学习文化，崇尚科学。务实创新，爱岗敬业；热爱劳动，勤俭节约。遵纪守法，维护公德；见义勇为，扬善惩恶。注重文明，举止有节；尊老爱幼，邻里团结。扶贫济困，助人为乐；爱护公物，注重自觉。讲究卫生，环境整洁。但这些行为规范及文明守则与安全生产、经营管理结合得还不很紧密。2001 年始，义煤集团又重新设计职工的文明行为规范。2005 年，按照“符合义煤实际、符合社会主义精神文明要求、符合职业的岗位要求，并具有现代工业文明品格的员工基本行为规范”的原则，结合安全生产、经营管理，确立了员工 6S 基本行为规范、员工 10 条行为禁忌和 20 项 6S 行为养成要素，采取多种形式对员工的文明行为进行了强制训练和养成。

郑煤集团为培育“四有”新人，建设文明矿区，制定了职工日常文明用语、行为规范和职工“6S”（整洁、清洁、准时、标准化、安全、学习）基本行为规范。

神火集团制定了《员工文明手册》，内容涵盖职工行为准则、环境治理标准、文明创建标准等各方面，对职工文明乘车、文明行走、文明用语等都做出了详尽的规定，对职工分期开展拓展训练和行为养成。

第二节 文体设施

20世纪90年代以来，河南省煤炭行业大幅增加对企业文化设施资金投入，文化建设蓬勃发展。

（1）平煤集团。拥有职工俱乐部的文体场馆13座；田径场3块、综合体育场馆5座；展览馆、文化广场、歌舞厅132个；游艺、阅览、文化活动室1020个；综合训练房3座；门球场96块，网球场9块、简易篮球场56块，排球场2块，棋牌馆2个，乒乓球房28个。中国平煤神马集团矿工俱乐部位于平顶山市体育路北段5号院，建筑面积约2000平方米，隶属于中国平煤神马集团工会，注册资本260万元，主要是接待集团各类大型会议及各级文艺演出，丰富矿区职工文化生活。根据市场发展需求，俱乐部增设了招待所和餐厅，剧场共有座位1200个，可容纳1200人参会；餐厅可容纳200人同时就餐；招待所共有客房56间、床位80个，资产总额593.5万元。

（2）义煤集团。2003年建成集学习、健身、娱乐、培训为一体的职工活动中心。同年5月，耿村煤矿投资500余万元建成了能容纳2000余名观众的体育馆。2004年，义煤公司工会投入13万余元在职工活动中心广场安装了40余套健身器材。2005年义煤集团建成了一座能容纳3000名观众的体育馆，并有3块塑胶篮球场，室外健身器材400余套，室外篮球场60余个，门球场20余个，游艺活动场地100多个。义煤公司被中国煤矿体育协会授予“全国煤矿体育工作先进单位”称号。

（3）郑煤集团。2006年8月郑煤集团对文联、体协机构进行调整，职工文联设文学创作、戏曲、音乐舞蹈、书法美术、摄影等5个专业协会；建文化宫10个（超化矿、米村矿、王庄矿、大平矿、供电处等）；体育场（馆）增至17个，其中室内体育馆2个，室外体育场15个；俱乐部12个；图书阅览室15个。新俱乐部于1996年开工，位于矿区北街路西，由建筑工程处施工，1998年主体结构完成，后因资金紧张等原因停工，2004年复工，2005年竣工启用，同时更名为郑煤集团文化体育中心。文体中心成立后共组织开展文艺演出120余场次，多次成功接待服务各种大型文体活动和会议。2009年，郑煤集团投入资金2800多万元，用于职工体育场馆建设、改造和设施充实、完善，拥有大型综合室内体育场馆7个（超化矿、供电处、杨河煤业公司、大平矿、米村矿、告成矿、白坪煤业公司），室外篮球场38个。图书馆位于机关大院临街楼第二、三层，1997年开始筹备，至1999年先后购置图书设备34项，图书2750册，订阅报纸52种，杂志166种，年接待读者3100人次，接待资料查询1280人次。2010年大力开展职工书屋建设，有21个基层单位按照河南省总工会建设标准建设了职工书屋，藏书14.73万册，报刊662种，音像制品5255张，书架334组，上网电脑60台。同年7月超化矿职工书屋被全总命名为全国示范“职工书屋”，2014年3月裴沟煤矿职工书屋被全总命名为全国示范“职工书屋”。2015年8月，白坪煤业公司职工书屋被全总命名为全国示范“职工书屋”。告成煤矿职工书屋被河南省总工会命名为河南省示范“职工书屋”。

（4）焦煤集团。基层单位中拥有正规职工运动场所1个，基层职工俱乐部（内有乒乓球室、台球室、棋牌室）35个，职工锻炼健身房28个，职工体育活动中心26个，职工篮球场（馆）41个，羽毛球场（馆）22个。基层工会建成“职工书屋”40余个，总藏书量20余万册，年均借阅量6万多人（次）并制定了《图书管理员责任制度》《职工书屋借阅制度》。工会还充分发挥“职工书屋”的文化功能和育人功能，通过开展“书香三八”“书香矿山”等读书征文活动，不断引导职工走进书屋，扩大“职工书屋”的影响力，有些基层工会在各个基层车间工会设了“流动图书箱”“读书角”“读书园地”等。

（5）鹤壁集团。1991 年，矿务局有篮球场 37 个，田径场 5 个，足球场 2 个。1994 年 10 月，矿务局俱乐部改为矿务局文化娱乐中心。1996 年初，矿务局投资 290 万元，对局文化娱乐中心大厅进行了改造，6 月投入使用，装设空调 14 个，有座位 833 个。改造成的矿务局文化娱乐中心，是一个集文艺演出、体育活动、歌唱舞蹈、集会等一体。一矿、二矿、三矿、四矿、五矿、六矿、八矿、九矿、工程处、总机厂等单位的俱乐部以放映电影、文艺节目演出和承揽大型会议为主要活动。1997 年 8 月，鹤煤集团六矿工会筹集资金，在矿内又建立了一个职工游艺室，购置了乒乓球桌两套，象棋、军棋、跳棋、扑克等 30 余副。1997 年 6 月，为迎接全国煤矿在鹤壁矿务局举行第十届乌金杯（乙级）男子篮球赛暨第二届领导干部篮球赛，八矿、六矿各建 1 座封闭式的文体中心，配备有塑胶地板和玻璃钢篮球架等先进设备。截至 2015 年年底，公司共有职工游艺室 41 个，面积 1585 平方米，容纳人数 2235 人。俱乐部 7 个，面积 5994.49 平方米，容纳人数 7562 人。拥有文体中心 2 座，篮球场 57 个，排球场 13 个，羽毛球场 27 个，田径场 3 个，足球场 3 个，乒乓球室 45 个，棋类活动室 70 个，门球场 12 个，地掷球场 6 个，台球室 14 个。1992 年，矿务局部分矿、厂又先后投资近 80 万元，对各自的旧有线电视系统进行了改造，建成了收转 8—12 频道电视节目的有线电视系统，全局实现了电视电话光缆共缆传输。1995 年 10 月鹤壁集团成立有线电视台，有摄录编制作设备和收转播设备等固定资产近 300 万元。1996 年，全局实现了联网，在一矿、二矿、三矿、四矿、六矿、八矿、九矿、电厂等单位建立 8 个二级站，电视工作者有 50 人，终端用户有 5000 户。1997 年，鹤壁矿务局有线电视台通过 21 千米光缆和 23 千米同轴电缆，向终端用户传输中央电视台 1～8 套，中央教育台 1～2 套，地方电视台 11 套。1999 年以后，又新增上新的省台 30 套节目。2015 年年底，鹤煤集团新闻共播发稿件 15000 多条（篇），在中央、省台发稿 1400 多条（篇）。2015 年年底，集团共有有线广播站 11 个、广播室 5 个、播音员 16 人、维修工 16 人；公司有图书阅览室 38 个，总建筑面积 2056 平方米，藏书 106712 册。四矿工会在矿大门外的“商品一条街”办了一个建筑面积达 100 多平方米的“文化三室”，分别是图书室、游艺室、阅览室。

（6）永煤集团。2015 年，永煤集团共有多功能体育馆 1 个（1200 座），简易体育馆 1 个，室外塑胶多功能篮球场 20 个，室外健身路径近 100 套，室外乒乓球台 20 张，室外网球场 1 个，室外排球场 4 个。各基层工作区及职工居住区分别建有篮球场、排球场、羽毛球场、乒乓球室、健身房等活动场地，各类体育活动设施健全完好。永煤公司建有职工文体中心、职工文化站以及家属区职工文艺活动广场等多处文艺活动场地。文体中心、文化站等场地配备有专业演出灯光、音响等配套设施，满足大中型文艺活动需要。

（7）神火集团。1988 年 9 月矿工俱乐部在永城新城永城矿区指挥部中心居住区建成启用，占地面积达 5828.17 平方米，建筑面积有 1700 平方米，座位有 1114 个。1995 年更名为神火集团职工俱乐部。1997 年 1 月，神火职工文化娱乐中心建成启用，建筑面积 480 平方米，内设棋牌厅、球类厅、健身厅、舞厅、书报杂志图书阅览室等。集团公司各矿厂分别在工业广场建有俱乐部、篮球场、羽毛球场、乒乓球室等设施。截至

2015年年底，集团共有俱乐部9个、篮球场15个、门球场2个、多功能活动厅21个、健身场地31个、游泳池1个。

(8) 济煤公司。2003年投资10余万元对机关篮球场进行了整修；2005年，投资20余万元对职工俱乐部进行了翻修；2006年4月，投资数万元在一矿、二矿、机关等地方建立了职工健身苑，增设健身设施20余件。2006年4月新建图书室1个，面积150余平方米，投资2万余元增添了新书、桌椅等，藏书10000余册，获全国总工会赠书2000余册，价值2万元。投资10余万元，对二矿图书室进行了改扩建。截至2015年年底，济煤公司共有2个职工俱乐部，总面积3300余平方米，可容纳观众3200余人；篮排球场5个，业余运动队5个，人数60人；图书室3个，阅览室3个，游艺室3个，配备了乒乓球、康乐球、扑克、象棋、军旗、跳棋等娱乐品；电影放映队1个，专职人员4人；业余文艺团队1个，参加人数45人。

第三节 文体活动

(1) 平煤集团。平煤集团文体委设立文体委办公室，办公室下设综合科、文化科、艺术科、群体科、竞赛科、书画院职能科室，督导、协调平煤集团的文化、艺术、体育活动的开展，下属60多个基层单位工会也相应地设置了文体机构。平煤文工团隶属文体委，平煤豫剧团、曲剧团、管乐团、围棋队等专业文体团队挂靠实力较强的各基层单位，在平煤文体委的指导下参与演出或比赛；平煤文体委相继成立了文学创作、影视戏剧、音乐舞蹈、美术书法、摄影、集邮、模特、篮球、乒乓球、棋牌、田径、钓鱼等十几个业余协会，把平煤文体爱好者组织在相应的不同协会里。2008年与中国神马集团组合后，对群众性的文体协会重新进行了调整。

(2) 义煤集团。1991年，义煤矿务局承办河南省煤炭系统第二届运动会；1994年承办全国煤炭系统第七届“乌金杯”甲级男篮比赛；1995年承办河南省煤炭系统第三届职工运动会健美操比赛；1996年参加全国煤炭系统第九届“乌金杯”甲级男篮比赛；1997年参加全国煤炭系统第十届“乌金杯”甲级男篮比赛；1998年参加全国煤炭系统三运会。

(3) 郑煤集团。1991年5月，郑州矿务局举办首届女职工运动会，设女子篮球、乒乓球、羽毛球、象棋、围棋、4×50米接力赛跑等6个项目；12月举办局职工男子篮球赛，有8个代表队参加；1992年7月举办有140多名学员参加的业余武术训练班，项目有少林拳、大洪拳等6个。1996年5月，郑煤集团举办首届职工运动会，有25个单位、170多支代表队、2000多名运动员参加了田径、篮球(男、女、矿处级)、乒乓球、羽毛球、棋类、桥牌、门球、健美操、散打、武术等10个项目的比赛。1997年5月21—27日，郑煤集团举办“全民健身宣传活动月”篮球赛。1999年煤集团举办篮球裁判员培训班，有100名体育骨干参加。1997年郑煤集团领导班子篮球队参加第二届全国煤炭系统领导干部篮球赛，并获得冠军。1998年，郑煤集团体育代表队参加全国煤矿第三届职工运动会，获篮球女子第二名，男子篮球第五名，武术团体获第七名，游泳团体获第二名，乒乓球男、女团体获第二名，郑煤集团获“最佳组织奖”。2000年郑煤集团男、女乒乓球队参加全国煤矿第六届“乌金杯”乒乓球比赛，均获第一名。同年7月郑煤集团桥牌代表队参加河南省煤炭系统第三届桥牌比赛，获团体第一名。2009年7月15—21日，郑煤集团承办并参加全国煤矿第二十届“乌金杯”男子篮球赛(全国煤矿16支代表队参赛)，获第一名。2012年7月，组队参加工信系统职工运动会和郑州市职工羽毛球比赛、郑州市直属基层工会乒乓球比赛。

(4) 焦煤集团。2005 年 10 月焦煤集团承办由国家煤矿安全监察局、中国煤矿工业协会、中国能源化学工会、中国煤矿文联共同主办“第三届中国煤矿艺术节”活动并取得成功。

(5) 鹤煤集团。1991 年 5 月鹤壁矿务局举办第三届职工运动会,运动会设置了田径、球类、棋类、桥牌、游泳、钓鱼、健美操、自行车等 12 个项目。运动会为组队参加河南省煤炭系统第二届职工运动会和鹤壁市第五届职工运动会选拔了人才。1997 年 9 月 20 日—11 月 23 日,鹤壁矿务局举办了第四届职工运动会,有 32 支代表队参加了本届运动会的各项比赛。2000 年 8 月 29 日—9 月 30 日,鹤煤(集团)公司举办了首届职工运动会,参加运动会的有 36 个代表团,3000 余名运动员、教练员、裁判员。2013 年鹤煤集团举办了河南能源化工集团鹤煤公司首届职工运动会,组织开展了乒乓球、篮球、跳绳、自行车、健美操等 16 个大项、39 个小项的比赛。每项活动都是利用双休日进行,既丰富了广大职工的业余文化生活,又不影响安全生产。

(6) 永煤集团。永煤集团把加强职工文体活动作为提高职工队伍整体素质、丰富职工精神文化生活,激发职工工作热情和创新活力的重要途径。通过不断完善机制、突出重点、打造品牌、创新形式,永煤集团群众性职工文体活动呈现良好的发展态势,取得了一系列可喜的成绩,在活动影响力、职工参与度、对外形象展示等三个方面实现了新的发展与突破。20 多年来,每逢元旦、春节、“五一”、“十一”等节日期间,坚持组织开展篮球、排球、乒乓球、羽毛球、象棋、围棋、拔河、跳绳、舞蹈大赛、歌手大赛、文艺晚会等主题鲜明、内容丰富、形式多样、职工喜闻乐见的文体活动,不断丰富职工的业余文化生活。

(7) 神火集团。1995 年组团参加河南省煤炭厅举办的健美操比赛,分别获得老年组第四名、青年组第七名。1997 年 10 月,神火集团代表队在省煤炭系统第四届健美操比赛中,获团体总分第一名、三人单项操第一名,二人和六人单项操第二名,夺得金牌 13 块、银牌 8 块。

(8) 济源煤业公司。2013 年 4 月 23 日,济源煤业公司举办了第十二届“庆五一”职工运动会,设男子篮球、乒乓球男女单打、女子个人跳绳、双升、跳棋、掰手腕等项目,参赛人数达 300 余人;在公司 60 周年大庆之际,开展了“建矿 60 周年”征文活动,共收到优秀作品 90 余篇,部分作品被《济源文学》收录。

第二章 生活与福利

第一节 职 工 住 房

一、职工住房

(1) 平煤集团。1991—1995 年,平顶山矿务局住房建设速度逐年加快,人均居住面积由 4.95 平方米上升至 6.5 平方米。1996 年实施安居工程后,旧城改造和住房建设力度进一步加大,住房建设进入黄金时期,无论是在住房建设规模,还是在建设速度上,都创造了建矿以后的最好水平。人均居住面积由1995年的6.75平方米上升到2004年的10.13平方米，成套率达到80%。

1995年，平顶山矿务局抓住国家实施安居工程的契机，积极申报安居工程住房建设计划。1996年，集团公司作为安居工程建设计划单列企业申报成功，还争取到了平顶山市政府“一次规划，分步实施，逐步配套，给予优惠”的扶持政策。10年来平煤集团共争取到国家经济适用住房（安居工程）建设计划134.51万平方米。其中：安居工程计划92.26万平方米，经济适用住房建设计划42.25万平方米。1995年，平顶山矿务局设立了“平顶山矿区安居工程指挥部”和“安居工程办公室”，以改善矿区环境为目标，以解危解困为重点，按照“以销定建”的原则，统计各单位住房需求，统一向政府申报有关建房计划，同时监督基层各单位的计划落实、资金使用、住房分配、出售价格等环节。

采煤沉陷区治理规划建设住宅总建筑面积为91.25万平方米，总户数9729户。其中包括散（插）建住宅2001户，新建小区7728户。东部矿区散建工程中的八矿东单及西南风井小区于2007年6月开工建设；东湖花园小区于2007年8月开工建设；一矿西寺沟小区于2007年9月开工。择址重建工程选址为新城区，其中新城住宅小区一期工程于2008年9月开工建设；新馨住宅小区于2011年5月份开工。截至2015年年底，东部矿区散建实际建成2382户，建筑面积18万平方米，涉及居民已经入住。择址新建小区（新城小区和新馨小区）：新馨小区实际建成10栋楼832套住宅，建筑面积83224平方米，现已建成交工；新城小区规划居民住宅6762套，一期多层1008户，面积7.1万平方米，受灾户已经入住；高层1872户，建筑面积15.3万平方米已经建成。其余项目正在陆续建设。

根据河南省政府下发的《关于加快推进省属国有重点煤炭企业棚户区改造工作的意见》（豫政〔2007〕15号）文件，平煤集团制定了《平煤集团公司棚户区改造拆迁安置实施方案》，平煤集团棚户区改造共涉及41个基层单位，拆迁棚户区住房25251户、126.5万平方米，新征土地1305亩，新建66个小区、棚改安置住房约220万平方米、2.6万余套。

加快保障性住房建设。按照河南省人民政府《关于加快保障性安居工程建设的若干意见》（豫政〔2011〕52号）和平顶山市政府《关于加快推进棚户区改造的实施意见》（平政〔2011〕42号）文件精神，平煤神马集团制定下发了《中国平煤神马集团棚户区改造和公租房建设实施方案》（中平〔2011〕270号），从2011年开始申请保障房建设计划，共涉及35个基层单位。截至2015年年底，共开工新建住房25960户，约265.8万平方米。其中，2011年保障房共计开工28个建设单位、共12295户、127万平方米，当年竣工1257套、11.29万平方米；2012年保障房共计开工8个建设单位、共计3957户、42万平方米，当年竣工4434套、60.19万平方米；2013年保障房共计开工13个建设单位、7557户、78万平方米，当年竣工6104套、75.12平方米；2014年保障房共计开工3个建设单位、共计989户、7.8万平方米，当年竣工4026套、43.66万平方米；2015年保障房共计开工2个建设单位、共1162户、11万平方米，当年竣工3101套、33.88万平方米。

截至2015年年底，中国平煤神马集团矿区居住人口34.95万，带眷职工12万多户。平煤神马集团拥有住房产权的单位有56家，住宅12.23万套，总建筑面积964.37万平方米，2015年年底人均居住面积达16.10平方米。

（2）义煤集团。义煤集团房地产分公司作为集团住房建设主管部门，对义煤集团房地产开发建设进行统一管理。2005年3月，国家发改委批准义马矿区采煤沉陷区综合治理项目。项目总投资51307万元，新建了包括金银叶花园小区、千秋居民小区、乐意居小区、安心坊四个居住小区，建筑面积300103平方米，安置城镇受灾居民4994户。2007年3月，义煤集团开始对所属18个基层单位的棚户区进行改造。棚户区改造新建住房，省政府每平方米补助200元，棚户区所在地省辖市政府每平方米补助100元，企业再筹措一部分，其余由职工个人负担。义煤集团18个成片棚户区，分布在三门峡、洛阳两市所辖的义马、渑池、陕县、新安、宜阳5个县(市)境内，棚户房总面积98.58万平方米，居住户数22719户，人口6.64万。棚户区改造规划住宅总建筑面积170.74万平方米，484栋住宅楼，2.27万套住房，29个小区。

(3) 郑煤集团。1991年，王庄矿建8排家属平房，面积1562.74平方米；1993年，总医院建3栋家属楼，面积7753.38平方米；1994年，供电处建3栋家属楼，面积5200.42平方米；1995年1月，局机关建职工公寓楼，总投资480万元，总面积4858平方米。1996年郑煤集团兼并开封扳手厂和开封砖瓦厂，房屋面积共41072平方米，其中扳手厂9618平方米，砖瓦厂32464平方米；1997年1月兼并了兰考县煤炭公司，房屋面积3424平方米；同年10月兼并湖南省湘潭煤矿机械厂，房屋面积64710平方米。1998年郑煤集团投资建设告成矿，建办公楼、学校、医院、食堂、单身住宿楼等地面设施，总面积25272.67平方米；1999年供电处建1栋家属楼，面积3124.2平方米；2000年超化矿建2栋家属楼，面积9072平方米；2001年芦沟矿建医院门诊楼，面积2068.92平方米。1996—2002年郑煤集团建房屋面积447344平方米，其中住宅266964平方米；2002—2006年建房屋面积739450平方米，其中住宅78340平方米。

2007年，郑煤集团为解决各单位棚户区居民的住房问题，根据棚户区改造政策，陆续有218163平方米住宅楼开工建设。2007年年底共有各类房屋1985543平方米，其中家庭住宅1055702平方米，单身宿舍236483平方米，办公房屋693358平方米。

2009年，郑煤集团总部(郑州)和阳光花苑(一期)同时竣工。总部建筑面积11万平方米；阳光花苑建家属楼30栋，面积60万平方米。截至2010年年底，郑煤集团房屋总建筑面积为7190839.25平方米，其中工业用房814017.48平方米，生活福利文教用房6376821.77平方米。

2014年11月，郑煤集团制定并印发《郑煤集团公司房产租赁管理办法》，规范集团公司房产租赁工作，加强对集团公司直管的闲置房产出租，对阳光花苑、棚改、沉陷治理等小区的商业用房对外租赁项目进行审核。

2015年12月，郑煤集团制定并印发《郑煤集团公司房产租赁管理办法》(修订版)，进一步规范集团公司房产租赁工作，加强对集团公司直管的闲置房产出租，对阳光花苑、棚改、沉陷治理等小区的商业用房对外租赁项目进行审核。

(4) 焦煤集团。根据河南省政府《关于加快推进省属国有重点煤炭企业棚户区改造工作的意见》(豫政〔2007〕15号)文件精神，在焦作市委、市政府的直接领导下，焦煤集团于2007年3月启动煤矿棚户区改造工程，建成62.7万平方米功能完善、设施齐全、生活便利、环境优美的住宅小区，改善了煤矿职工和家属的居住条件。焦作矿区原棚户区分布于焦作市的9个矿区和集团公司机关本部，共计27个棚户片区，占地面积71.97公顷，总计6418户，总人数22655人，其中矿工户为6097户，矿工数21532人。棚户区主要集中在焦作市的4个地区，分别是中站区、解放区、马村区和修武县境内。2007—2015年焦煤集团棚户区基层单位拆迁情况统计表如表9-2-1所示。

表9-2-1　2007—2015年焦煤集团棚户区基层单位拆迁情况统计表

序号	棚户区名称	占地面积(公顷)	户数(户)			居住人口(人)			建筑面积(平方米)	备注
			合计	矿工户数	非煤户数	合计	矿工人数	非煤人数	合计	矿工户所属
1	王封矿安全街棚户区	0.92	121	121		410	410		5208.36	王封矿
2	王封矿西采煤街棚户区	1.99	336	320	16	1235	1179	56	14270.11	
3	王封矿荆庵街棚户区	0.4	72	72		266	266		2570.63	
	合计	3.31	529	513	16	1911	1855	56	22049.10	
4	李封矿劳模街棚户区	2.31	433	350	83	1596	1306	291	17822.38	李封矿
5	李封矿东采煤街棚户区	3.91	243	243		978	978		33820	
	合计	6.22	676	593	83	2574	2284	291	51642.38	
6	朱村矿棚户区	0.25	363	325	38	997	864	133	13634.60	朱村矿
7	焦西矿二百间棚户区	4.55	259	208	51	834	656	179	11660.50	焦西矿
8	合作街棚户区	1.05	166	166		569	569		5545.80	
9	先锋街棚户区	2.14	251	247	4	800	786	14	8321.48	
10	花园街棚户区	2.92	209	209		804	804		7784.59	
	合计	10.66	885	830	55	3007	2815	193	33312.37	
11	小马矿东北街棚户区	3.59	312	299	13	1292	1247	46	10579.18	小马矿
12	小马矿红房院棚户区	1.59	311	311		1120			1235.47	
13	小马矿剧院街棚户区	3.1	247	247		942	942		7587.26	
	合计	8.28	870	857	13	3354	3309	46	19401.91	
14	中马矿东北街棚户区	3.4	126	126		468	468		3898.32	中马矿
15	中马矿东南街棚户区	4.9	265	265		1058	1058		9203.58	
16	中马矿西南街棚户区	1.8	179	179		627	627		5116.46	
17	中马矿跃进街棚户区	4	219	219		981	981		8429.43	
	合计	14.1	789	789		3134	3134		26647.79	

表 9-2-1(续)

序号	棚户区名　称	占地面积(公顷)	户数(户)			居住人口(人)			建筑面积(平方米)	备注
			合计	矿工户数	非煤户数	合计	矿工人数	非煤人数	合计	矿工户所属
18	演马矿南街棚户区	5.2	284	276	8	919	891	28	10776.50	演马矿
19	演马矿北街棚户区	3.2	133	133		520	520		4297.53	
20	演马矿工人村棚户区	6.45	235	218	17	887	828	60	11541.4	
	合计	14.85	652	627	25	2326	2239	88	26615.43	
21	冯营矿工人村棚户区	0.48	151	151		645	645		8640.34	冯营矿
22	冯营矿西北院棚户区	0.23	105	105		352	352		2088.06	
	合计	0.71	256	256		997	997		10728.40	
23	九里山矿棚户区	3.21	211	211		629	629		7985.90	九里山矿
24	方庄矿棚户区	3.91	546	485	61	1742	1529	214	20900.84	
25	白庄矿棚户区	4.97	328	328		911	911		15366.93	
	合计	12.09	1085	1024	61	3282	3069	214	44253.67	
26	集团本部东区棚户区	1.09	195	165	30	614	509	105	7673.10	集团本部
27	集团本部西区棚户区	0.41	118	118		459	459		4439.12	
	合计	1.5	313	283	30	1073	959	114	12112.22	
	总计	71.97	6418	6097	321	22655	21532	1123	260397.87	

按照省、市政府的规定，焦煤集团建立了棚改工程资金专用账户，严格规范资金使用流程，对棚改资金统一调配，确保项目资金合理使用，及时足额拨付。截至 2015 年年底，资金到位 62028.19 万元。其中，中央财政补助 4066 万元，省财政补助 10126 万元，市政府补贴等 5110.28 万元，焦煤配套资金 21007.96 万元，住户集资上交房款等 21717.95 万元。棚户区改造共需用地 953.41 亩，其中拆迁后利用原址改造和公司存量土地共 421 亩，棚户区改造新征用地 2 处共 532.41 亩。按焦煤集团棚户区改造实施方案，共改造建设棚改住宅小区 10 个，新建 178 栋住宅楼、539 个单元、6466 户。住宅楼及公建工程总建筑面积 62.7 万平方米。其中：住宅建筑面积 55.05 万平方米、底商 0.58 万平方米、地下室 0.81 万平方米，公建工程建筑面积 6.26 万平方米(含 2 所学校、5 个幼儿园、2 座地下车库、1 座商场及车棚、社区用房等)。棚改工程已完成投资 6.12 亿元。截至 2015 年年底已结算安置 5334 户居民。

(5) 永煤集团。永煤集团 1996 年全面实行了住房制度改革，并下发永夏办字〔1996〕第 112 号文制定了实施细则，将原来的福利分房转为国家、企业、个人三者合理负担的体制，开始按标准价出售公有住房给职工，房改的同时又建立了住房公积金制度。随着职工队伍的壮大，永煤集团于1997年开始推出职工集资建房，先后建设了月季区、百花区、咏梅区和牡丹区部分集资建房，并配套出台了住房置换制度和住房公积金贷款制度。目前，永煤集团投入使用小区7个，在建小区1个，职工住房问题已得到解决和改善。

（6）神火集团。1992年末，神火集团使用国家投资建设的职工住房，总建筑面积12307平方米，企业自筹资金建设职工住房72040平方米。住房分配主要依据分房方案和分房条件分配住房。1992年，神火集团实行住房制度改革，对房改范围、房改内容、购房对象、购房条件，住房标准、优惠政策、产权处理都做出了详细规定。1995—1996年，实行职工集资建房，由集团公司统一规划，统一设计、统一施工，神火集团无偿提供土地，建房分为二室户、三室户、四室户，职工根据自己的经济条件和购房标准出资购买。两年共集资建房9栋334套，建筑面积25519平方米。1997年4月，集团出台《关于神火集团今后不再实行住房优惠政策的规定》，从1997年1月1日起，职工建房、购房的全部费用由个人承担。

（7）济源煤业有限责任公司。1990年，矿区内共有职工宿舍50余栋，面积87853余平方米，价值400余万元。1995年3月8日，筹建火车站木场职工商品楼，共计2幢5层楼，可安排60户，建筑面积5998.8平方米；1997年6月，投资130余万元在市区天坛南路征地20亩，筹建马棚小区职工家属住宅楼，共4栋，总面积20160余平方米，可入住200余户；1999年4月28日，马棚小区职工家属楼开工建设。2004年，公司投资250余万元对职工宿舍、家属住房进行了维修，改善了部分职工的居住条件。2005年，公司投资230万元，新建了职工宿舍，对二矿新井职工宿舍进行了改造。2009年3月，公司开工建设“梅苑新区”，总投资约5500余万元，工程规划18栋，826套房，安置826户居民，2400余口人。截至2015年，入住500余户，共为460余名职工申请廉租住房补贴52余万元。2010年，公司投资30余万元，为二矿职工宿舍安装了暖气设施。2011年，公司开发建设“沁园春天”住宅项目，项目位于市区沁园路南端，住宅楼高19层，共5栋，面积约50000平方米，300多套住房；截至2015年，共完成投资1.2亿余元，部分职工已入住。从2007年1月1日起，公司为职工缴纳住房公积金。至2015年年底，为职工缴纳住房公积金共计5735.4余万元。

二、住房制度改革

河南省煤炭行业职工住房制度改革是从1992年国务院批准行业房改方案开始的。这一期间是河南省煤炭行业职工住房建设投入资金大、建房面积多、建设速度快、解决职工住房好的时期。① 6个国有重点煤业集团（平顶山矿务局、义马矿务局、郑州矿务局、焦作矿务局、鹤壁矿务局、永夏矿区）认真落实国务院《关于深化城镇住房制度改革的决定》和煤炭部《关于深化煤炭行业住房制度改革的实施办法》，结合实际出台了各自的住房制度改革方案，先后建立和完善了住房公积金制度，集资建房、出售旧有公房等制度逐步实施，明确提出建立与市场经济相适应的住房新体制，实现住房建设、分配、管理、维修服务社会化、专业化、商品化的目标。② 加强领导，加强管理，加大投入。平顶山、郑州、焦作、鹤壁、义马、永城先后成立了房地产管理机构，全面负责本单位的职工住房建设。这一体制适应了住房建设专业化的要求，推动了6个国有重点煤业集团住房建设的发展。1993年，按照《中国统配煤矿总公司住房制度改革指导性方案》的文件精神，为解决矿区职工住房难题提供了新机遇，结合当时实际情况，6个煤业集团公司作为独立工矿区纳入行业房改，把向职工出售新旧公房作为推动住房商品化的基本措施之一，把合理调整公房租金作为住房制度改革的核心环节；1995 年，按照国务院《国务院关于深化城镇住房制度改革的决定》(国发〔1994〕43 号)和原煤炭部《关于深化煤炭行业住房制度改革的实施办法》的文件精神，6 个煤业集团公司先后出台了各自的关于深化住房制度改革实施方案，主要内容是：建立与社会主义市场经济体制相适应的新的住房制度，实现住房商品化、社会化，改住房建设投资由国家、单位统包的体制为国家、单位、个人合理负担的体制，改住房低租金福利分配为以按劳分配为主的货币工资分配，稳步推进公有住房出售。1998 年，根据国务院《关于进一步深化城镇住房制度改革，加快住房建设的通知》(国发〔1998〕23 号)和《河南省人民政府关于进一步深化城镇住房体制改革，加快住房建设的通知》(豫政〔1998〕70 号)，河南省煤炭行业提出了停止住房实物分配，逐步实行住房分配货币化，建立以经济适用房为主的多层次住房供应体系，培育和规范住房交易市场，发展住房金融等方面为主要内容的改革措施。截至 1999 年年底河南省煤炭行业职工住房停止住房实物分配，实行住房分配货币化，采取由原标准价售房转化为成本价售房，以解决河南省煤炭行业职工住房难问题。为了解危解困，缓解职工住房紧张局面，6 个煤业集团公司把房改重点放在公有住房出售和危旧房改造方面，每年都有一批无房户、住房困难户、动迁户乔迁新居。特别是中共十四大以后，各集团公司先后多次完善修订房改方案，相继进行了集资建房、租房交纳保证金、部分产权出售公有住房、以成本价取得全产权等一系列住房制度改革，标志着河南省煤炭行业的房改工作开始向规范化、制度化方向发展。

为认真贯彻落实国务院和省市房改政策，进一步深化住房制度改革，做好部分产权向全部产权转换工作，6 个煤业集团相继成立了住房制度改革委员会。拟定了各自的公有住房由部分产权向全部产权转换实施方案，主要内容有：对职工住宅由部分产权向全部产权转换，职工按成本价购买住房。此外，方案对于产权转换、职工购房细则、优惠措施等方面给予明确。在“鼓励、提倡、自愿、让息”的原则下，6 个煤业集团公司开始推行部分产权住房向全部产权住房过渡，鼓励职工补缴房款，向全部产权过渡，职工取得全部产权后可享与国家商品房相同的权利义务。通过房改部门的深入宣传发动，广大职工踊跃定购公有住房。截至 1999 年年底，6 个煤业集团公司共出售公有住房总建筑面积 599.54 万平方米，回收资金 12.6 亿元。省属煤炭二级机构 98%的出售房均已实现 100%产权，为矿区部分无房户、棚户区住户、特困户和“农转非”职工家属解决了住房问题，职工的居住条件和生活环境得到了大幅度的改善和提高。河南省住房制度改革以后，有 4 个集团公司被授予“全国煤矿康居建设小康集团公司”称号，7 个单位被授予“全国煤矿康居建设小康矿”称号，省煤炭局房改办被授予“全国煤矿康居建设小康单位”称号，并获得 2005 年度河南省“房改工作先进单位”称号。

1995 年按照国务院“国发〔1994〕43 号”和煤炭部“煤办字〔1994〕468 号”文件精神，河南省煤炭行业全面建立了住房公积金制度；1996 年以实施国家安居工程为契机，推行成本价出售新建公有住房，完成由标准价售房向成本价过渡，开始建立新房新制度；1997 年全面取消福利分房，推行成本价售房。1998 年国有重点煤业集团由中央直属企业下放为省管企业，房改政策逐步向省市地方政府衔接过渡，逐步建立了共用部位共用设施设备维修基金制度；2000 年以后，按照省、市政府有关文件精神，积极配合市房产局、房改办开展部分产权住房向全产权的过渡工作。

2000 年开始住房产权过渡以后，遵循"政府行为、规范运作、依法缮证、企业配合"的宗旨和"提倡、鼓励、自愿"的原则平稳开展。全公司部分产权住房 1249 栋，41915 户住房纳入产权过渡范围。截至 2005 年 4 月底，住户申请过渡并报送资料的 30453 户，达到应过渡户数的 73%，已有 20720 户职工补交了房款，19868 户职工办完契约证书，19614 户职工领到了《房屋所有权证》。其余未办住户正在分批分期办理。

对不宜出售的住房按月收取租金。居住在旧平房和非单元式楼房的职工 9172 户，使用面积 32.68 万平方米。这些住房均依据公有住房出租的有关规定向租住户收取租赁保证金，并按照地方政府房改办发布的公有住房租金标准逐步提高租金水平，月租金标准已提高到使用面积 2 元/平方米。

随着房改的一步步深化，住房建设中的职工个人资金投入由房改初期(1985 年)的 33%上升至 2015 年的 100%，企业在住房建设中的投入越来越少。1996 年后全面推行成本价出售新建住房和旧公有住房，企业不再为建设住房补贴资金，基本实现了住房资金与生产资金的分离，达到了住房建设的简单再生产，住房建设形成良性循环。

三、住房资金管理

1994 年，在总结部分城市建立住房公积金制度的基础上，国务院发布了《国务院关于深化城镇住房制度改革的决定》(国发〔1994〕43 号)，明确提出，要加快建立和完善住房公积金制度，加快矿区职工住房建设，深化行业住房体制改革。1995 年，河南省煤炭行业部分企事业单位开始建立住房公积金制度。1996 年，6 个国有重点煤业集团公司相继成立了各自的住房资金管理中心，全面推行住房公积金制度，建立了职工住房公积金个人存储账号，负责承办住房公积金归集和运营管理，对下属各单位的职工房款统一收存，专款使用于职工住房建设，并负责承办职工住房贷款业务。6 个煤业集团公司根据《住房公积金管理条例》相继为下属各单位职工建立了住房公积金，按月为职工缴存住房公积金，使《条例》得到了很好的落实。截至 2015 年年底，河南煤炭行业参加缴交住房公积金职工人数为 278490 人，全行业归集公积金余额共计 29.61 亿元，其中局直单位共归集公积金 4080 万元，归集面达到 95%以上，保持了住房公积金归集额度的高速增长，对推动煤炭行业公房出售、实施康居工程起到了积极作用。

6 家国有重点煤业集团公司住房资金管理中心相继出台了各自的职工住房公积金贷款暂行办法，加强了住房公积金使用贷款管理，稳步提高住房公积金使用效率，同时，加大对中低收入职工住房消费的支持力度，进一步完善住房公积金提取和贷款政策，增强服务意识，便捷贷款程序，合理降低费用，提高办事效率，重点支持职工购买中小套型、中低价位自住住房。自 2005 年开展公积金住房贷款以后，至 2007 年年底全行业共发放住房公积金贷款余额 7.43 亿元，其中局直共发放住房公积金贷款 3545 万元。在保证资金安全的前提下，保持住房公积金个人住房贷款户数和贷款额度的持续、稳定、快速增长，有力地支持了矿区职工住房建设和旧城改造、解危解困、沉陷区治理、棚户区改造工程的快速发展，为顺利实施煤炭行业康居工程奠定了财力基础，为职工购买住房提供了资金保障。

1993 年 2 月，平煤集团成立平顶山矿务局房改资金管理中心，受平顶山矿务局住房制度改革领导小组领导。首先建立起每人每月 13 元的建房互助金，由房改资金管理中心统一管理。1994 年《国务院关于深化城镇住房制度改革的决定》(国发〔1994〕

43号)颁布后,于1995年7月全员实行住房公积金制度,原“房改资金管理中心”更名为“住房资金管理中心”。住房资金管理中心负责全公司各单位的住房公积金、售房资金、维修基金的管理工作。各基层单位设住房资金管理分中心,负责本单位职工住房公积金账、卡、册的登记、月报表的绘制和住房公积金消退、转移手续的办理以及售房资金的辅助账目工作。1999年4月,随着国务院《住房公积金管理条例》的颁布实施,住房公积金的管理步入法制化、规范化轨道。2002年7月,按照国务院新修订颁发的《住房公积金管理条例》和省房改办、省煤管局房改办的要求,住房资金管理中心按属地化原则改制为市公积金管理中心的“分中心”。

1995年实施住房公积金制度后,住房公积金归集率和归集标准逐步提高,截至2015年年底,平顶山市公积金管理中心平煤分中心缴交单位103个,应缴人数约154701人,实缴人数136841人,公积金余额615411.3万元。

平煤集团住房公积金缴交比例最高为12%。目前,平煤神马集团住房公积金缴交比例职工个人与单位均为5%,职工个人与单位缴存的住房公积金存入个人住房公积金账户。截至2015年年底,平煤分中心应缴公积金人数15.49万人,实缴人数13.84万人,住房公积金覆盖率达到89%。公积金归集总额达到了106.54亿元,归集余额达到56亿元,支取总额达到50亿元。贷款业务增加到1.68万户,贷款金额增加到25.2亿元,平煤集团累计有19万户中、低收入家庭通过公积金贷款或提取公积金改善了居住条件。

郑煤集团于1996年4月9日成立郑煤集团住房公积金管理中心,2002年9月5日成立郑煤集团住房制度改革委员会,2004年4月8日郑州住房公积金管理中心设立郑煤集团分中心,2005年1月25日郑煤集团住房公积金中心纳入郑州市管理,成立了郑州住房公积金管理中心郑煤集团分中心,人员编制有11名。

1995—2005年8月,单位和个人都按25元/月/人的标准扣缴;2005年9月起,依法调整为单位、个人各按工资总额的8%和12%缴纳;2007年4月起,单位、个人都按工资总额的10%扣缴,其中改制单位可由职代会通过后,按不低于工资总额的8%扣缴;2008年11月起,全部单位和个人都按工资总额的12%比例扣缴。

自2005年起,中、低收入职工,在郑州市区、郑州矿区、新郑市、新密市、登封市、荥阳市购买自住房有困难,可在住房公积金中心申请低息政策性贷款。

第二节 食堂、澡堂、公寓

一、职工食堂

(一)郑煤集团

1991—1998年,郑煤集团开展包括职工食堂和炊事员在内的“十大窗口、八大员”竞赛,每月召开1次现场会,2次经验交流表彰会,共表彰36个优秀服务窗口和241名最佳炊事员、星级服务员。

1995年后职工食堂取消大锅菜,减少中锅菜,实行小锅菜,提倡一菜一炒。饭菜在确保早7(种)、晚8(种)、中15(种)的基础上,还随着季节变化,更换花样品种,就餐职工随时都能吃上可口的时令蔬菜和“三热”食品。食堂配套设施如炊事机械、保温冷藏、消毒设施等基本齐全。

1997年根据煤炭部职工生活福利工作考核标准,制定生活福利工作暂行标准,采取月抽查、季检查、半年联查、全年总查的办法对各单位生活福利的组织领导、“两堂一舍”、井下班中餐、家属住宅、环境绿化、生活用水、招待所、托(幼)(园)所等10个福利点分章、节、条款进行考核，80～89 分为二级达标，90 分以上为一级达标。单位福利点达标率在 80%～89%为二级达标单位。截至 2010 年，集团有特三级中式烹饪师 3 人、一级中式烹饪师 6 人、二级中式烹调师 24 人、三级中式烹调师 94 人、一级中式面点师 1 人、烹调技师 103 人、营养配膳师 5 人、餐厅服务师 3 人。

2010—2015 年集团相继投入资金为职工食堂配备设备（工作操作台、保温售饭台、油烟排放系统等）、购置物品（消毒柜、冰柜、碗柜、餐桌椅等）、维修设施，各单位职工食堂炊事设备、工具配备齐全，早、中、晚餐样品丰富，供应及时，秋冬季配置保温设施，确保职工能按时吃上“三热”食品，可口饭菜。

2012 年芦沟矿拆除老职工食堂，投资新建一座职工综合服务楼，具备餐饮、休闲等功能。2013 年郑煤集团下发《关于开展职工食堂食品卫生安全专项检查的通知》，2014 年郑煤集团下发《郑煤集团公司关于开展“两堂一舍”自查的通知》，2014 年杨河煤业食堂获矿“六好区队”称号。2015 年下发《关于做好排查消除食品安全隐患的通知》文件，职工食堂相继实行磁卡售饭，餐具实行公管化，专人负责杀毒消菌，保证清洁卫生。1991—2010 年郑煤集团职工食堂基本情况如表 9-2-2 所示。

表 9-2-2　1991—2010 年郑煤集团职工食堂基本情况一览表

年份	个数	建筑面积（平方米）	人均面积（平方米）	炊管人员	管理人员	炊事人员
1991	57	27588	1.22	1295	117	1178
1993	60	28548	1.2	1354	125	1229
1997	56	29825	1.24	1274	128	1146
2001	58	30845	1.2	1292	130	1162
2004	59	31265	1.22	1307	133	1174
2006	55	32127	1.23	1315	140	1175
2007	56	32856	1.22	1327	142	1185
2008	57	38473	1.25	1132	103	1029
2009	58	39829	1.27	1167	115	1052
2010	59	41000	1.26	1208	123	1085

（二）焦煤公司

2015 年，河南能源化工集团焦煤公司有食堂 29 个，总建筑面积 39456.9 平方米，就餐人数达 20712 余人，炊管人员 570 人。焦煤公司职工食堂基本情况如表 9-2-3 所示。

表 9-2-3　2015 年焦煤公司职工食堂基本情况表

单位＼项目	食堂数目	建筑面积（平方米）	管理人员	炊事人员	厨师人员	就餐人数	备　注
赵固一矿	2	5874	2	88	35	3756	2007 建成投入使用，2011 年培训中心餐厅建成投入使用，2013 年灶具更新

表 9-2-3(续)

项目 单位	食堂数目	建筑面积(平方米)	管理人员	炊事人员	厨师人员	就餐人数	备　注
赵固二矿	2	5006	2	80	30	3650	2008 年 3 月初建,2016 年新增回民餐厅,2014 年 10 月份灶具更新
九里山矿	4	5495.32	3	58	初级工 11 人,中级工 16 人,高级工 11 人,技师 8 人	2074	九里山矿食堂于 1970 年年底初建,1987 年扩建职工餐厅,在创矿井五优时期,又于 2010 年重新对餐厅、食堂操作间进行整修,于 2011 改造使用煤制气。于 2013 年改造成电磁灶使用至今,2011 年对食堂普通排风扇抽油烟机改造管道外排烟系统,2008 年淘汰凭餐票售饭,改换使用快捷式职工就餐刷卡系统
古汉山矿	2	2394.7	4	66	初级工 3 人,高级工 7 人,技师 10 人	1614	古汉山矿于 2003 年初建,2006 年由饭票改为刷卡系统,2013 年由煤制气改为电锅,电磁炉灶,抽油烟罩
冯营公司	1	3111.42	1	17	4	1000	1984 年初建,灶具为大铁锅、大煤火;2011 年在原基础上进行了扩修,增加了一个操作间,改为电锅,电磁炉灶,抽油烟罩
中马矿	1	1711	4	49	初级工 36 人,高级工 7 人,技师 5 人,高级技师 1 人	1254	1968 年初建,2013 年翻修,1968—2011 年使用煤球,2011—2013 使用煤制气,2013 年改为电锅,电磁炉灶,抽油烟罩
演马庄矿	1	3653.1	3	40	3	530	1958 年初建,1985 年扩建,2006 年装修,2014 年煤灶改为电磁炉灶
方庄一矿	2	1500	2	31	技师 1 人	700	1976 年初建,2011 年改扩建,2012 年炭火改成大煤球火,2013 年改为电锅、电磁炉烂、抽油烟罩
方庄二矿	1	374	3	31	初级工 12 人,中级工 1 人,高级工 1 人	715	1980 年 12 月份初建,1993 年扩建,2008 年由一级灶台换成节能灶
宝雨山煤矿	2	840	3	18	大厨 3 人,面点师 8 人	1300	2000 建成,2010 年改造
鑫珠春	1	1441.9	6	22	11	1600	1958 年初建,没扩建,2010 年以前使用大煤球火,2010—2011 年使用煤气发生炉,2012 年至今使用电磁灶
韩王公司	1	210	3	12	0	400	1971 年初建,2014 改为电磁炉灶
千业水泥	1	630	3	17	大厨 2 人,配厨 2 人	260	2007 年一期食堂投入使用,2011 年 12 月停用,迁至二期食堂
冯营电厂	1	679.72	4	12	6	425	2005 年初建
铁运处	1	1829.14	1	5	1	234	2011 年 12 月 31 日建成

表 9-2-3(续)

项目 单位	食堂数目	建筑面积（平方米）	管理人员	炊事人员	厨师人员	就餐人数	备注
开元化工	1	2761	2	11	3	260	2011 年 12 月 31 日建成
电冶分公司	1	787	0	5	高级工 4 人，技师 1 人	240	1991 年职工食堂投入使用。2004 年以前灶具全部为煤火，2004 年更换成柴油灶，2015 年增添一台电磁灶
中央医院	4	1158.6	3	8	8	700	1994 年病院食堂餐厅改造新建 314.78 平方米，2000—2014 年炒菜灶具改为电磁灶，电蒸车等新型节能灶具
合计	29	39456.9	49	521		20712	

（三）神火集团

1991 年以后，神火集团所属各矿、厂、公司都建有自己的职工食堂。随着企业效益的增长，配合矿井达标和文明创建活动的开展，按照食堂餐馆化的要求，对食堂进行了改造和装修，新建食堂按照高标准建造，逐步向现代化、高标准发展。各矿食堂都安装了中央空调，餐厅配备了不锈钢桌子和玻璃钢椅子，碗筷洁具每天消毒，统一配备。废除了 20 世纪 90 年代初的馍菜票，全部实行刷卡消费。1994 年起，所属各单位食堂，全部推向市场，实行自主经营，自负盈亏。集团公司制定了《食堂考核细则》，分为管理制度、食堂设施、成本核算、饭菜质量、服务态度、食品卫生、环境卫生 7 大项 23 条，按标准考核，实行季评年奖。通过经常性的检查评比，绝大多数食堂都做到了制度健全，服务热情，品种多样，经济实惠，成本合理，清洁卫生，基本达到单位领导、炊管人员、就餐职工三满意，全部实现了食堂餐馆化。

（四）济煤公司

济源煤业有限责任公司，有大小食堂 6 个，工作人员 354 人。1991 年，有工作人员 249 人。1992 年，有工作人员 199 人。2003 年，对公司职工餐厅承包方式进行改革；6 月份，通过竞标方式，对机关餐厅进行公开招标，确定 2 家共同经营；12 月份，分别对一矿等单位职工食堂面向社会公开招标，共有 7 家竞标承包经营。2008 年上半年对公司一矿、二矿职工餐厅进行改造装修，下半年对机关餐厅进行改造。2010 年 3 月 30 日，为规范职工食堂管理，制定了《河南省济源煤业有限责任公司食堂管理制度》(济煤〔2010〕21 号)文件，公司各矿井及机关食堂由物业公司统一监管，物业公司负责人员配备、物料采购及卫生、饭菜质量等日常管理工作，成立了食堂管理委员会，由工会、企业管理部、审计监察部、人力资源部，财务部、办公室和各单位抽调职工代表组成，负责对餐厅进行监督检查，根据不同时期物价适时确定饭菜价格，每月进行一次员工就餐意见测评，积极改善用餐质量，做好后勤服务工作，保障员工生活水平；从 4 月 1 日起实行刷卡就餐制度，对员工进行班中餐补助，标准为井下工每天 5 元，地面工每天 3 元；全年职工餐费补助总额 229.7 万元。2011 年，职工餐费补助总额 309.5 万元；2012 年，职工餐费补助总额 333.4 万元；2013 年，职工餐费补助总额 366 万元；2014 年，职工餐费补助总额 296 万元；2015 年，职工餐费补助总额 300 万元。

二、职工澡堂

（一）郑煤集团

1994—1995 年，郑煤集团米村、裴沟、超化、大平、芦沟 5 个矿和供电处、公司机关、东风电厂等单位职工澡堂相继增加桑拿浴，基本实现洗浴保健化。1996—1999年开展评选十佳职工澡堂、优秀职工澡堂和标准化职工澡堂活动。2003—2010年，开展标兵福利点评选活动，裴沟、米村、大平、超化、芦沟5个矿相继对职工澡堂进行改造，增添设施设备，改善洗浴环境、增加服务项目，获得标兵福利点。2010—2015年相继投入改善职工洗浴环境，整修职工澡堂，更换澡堂基础设施，配备洗浴设备，为职工创造舒适洗澡环境。职工洗浴确保先淋后浴、水清地净、水温适当、班班换水、定期消毒、严禁在池内打肥皂、洗衣物。米村矿、裴沟矿、超化矿、大平矿、芦沟矿职工澡堂增设紫外线消毒设施，米村职工澡堂实行换洗、烘干、缝补一条龙服务。部分单位职工澡堂又增添了桑拿浴，基本实现洗浴保健化。2011年裴沟矿新建一座高标准男职工澡堂。1995—2010年郑煤集团职工澡堂基本情况一览表如表9-2-4所示。

表9-2-4　1995—2010年郑煤集团职工澡堂基本情况一览表

年　份	个数	面积(平方米)	人均面积(平方米)
1995	12	30846	1.53
1998	11	30632	1.49
2001	13	31052	1.51
2004	12	30957	1.49
2007	12	30983	1.46
2008	13	35846	1.48
2009	13	36932	1.47
2010	14	38653	1.50

（二）神火集团

神火集团的澡堂主要是各个煤矿澡堂（各矿选煤厂与矿同用），铝厂、电厂、炭素厂也分别建有澡堂。1991年前各矿澡堂以大池为主，有少量淋浴喷头。1992年后，澡堂除大池外，配备多个淋浴喷头，逐步实现了淋浴化。原来的柜式更衣箱全部改造为自动升降的悬挂式更衣吊篮，实现更衣吊篮化。矿厂澡堂全天候24小时开放，有专人管理。

（三）济煤公司

济源煤业有限责任公司的各矿井都建有职工澡堂，配备专人管理，全部实现了淋浴化，每个矿井都安装大型洗衣机和烘干配套设施，解决了井下工人洗衣难的问题。2011年，公司投资30余万元，对二矿更衣室进行了吊篮式改造，营造舒适优雅的洗浴环境。至2015年，职工澡堂改造累计投资近200万元，改造面积达4000余平方米。

三、职工宿舍

（一）郑煤集团

1991—1994年，郑煤集团以大平矿为试点，在全局开展了“双文明宿舍”创建活动，各单位标准化宿舍在原有的基础上进一步完善。每层楼还备有储藏室、电视室、娱乐室等，设专职服务人员负责打扫室内外卫生、叫班等服务。1995年，超化矿、东风电厂率先在全局建成职工公寓化宿舍，每个房间除配有必要的物品外，还安装了空调、暖气。2001—2002年标准化宿舍档次进一步提高，除物品公备外，还定期为职工换洗床上用品、拆洗被褥、缝补衣服等。2003年标准化宿舍实现三级达标，至2006年二级以上达标率占80%。1987—2007年，郑煤集团依据《煤矿职工生活福利工作暂行标准》每年对各单位标准化宿舍进行考核，对超化矿公寓化宿舍楼、大平矿采煤二队和煤巷队宿舍楼、米村矿采一队宿舍楼、王庄矿三九队宿舍楼、芦沟矿第五标准化宿舍楼、裴沟矿开拓队宿舍楼、技工学校女生宿舍楼、东风电厂公寓化宿舍楼、救护大队公寓化宿舍楼、职工大学标准化宿舍楼等进行表彰。同时，对标准滑坡的，限期整改，整改不力的，取消标准化称号。2009年，集团对主要生产矿井的职工宿舍设施进行配套完善，共安装空调2400余台。2010年，集团新建单身宿舍楼3栋1.33万平方米、改造单身宿舍楼6栋1.45万平方米，为单身宿舍配备被褥4680套、床1534张、柜子400余套，床单、被罩、枕套2059套，电视1150台、空调850台，主要生产矿井的单身宿舍基本实现了公寓化。2010年裴沟矿改造大学生公寓，购置空调48台，安装移动光纤，配置实木桌椅床柜；2011年各单位相继投入资金亮化职工公寓，改造职工公寓楼10024平方米，安装空调800多台，配备被褥500多套、电脑150多台、床1000多张、液晶电视500多台及统一化床品，改善职工住宿环境；2013年投入资金131.25万元为职工宿舍配备设备、购置物品；2014年投入资金57.42万元对职工宿舍楼进行整修，改善职工住宿环境。全公司的标准化宿舍基本实现了住宿宾馆化。1991—2010年郑煤集团职工宿舍基本情况如表9-2-5所示。

表9-2-5 1991—2010年郑煤集团职工宿舍基本情况一览表

年份	建筑面积(平方米)	人均面积(平方米)
1991	224254	7.0
1995	248083	7.4
1996	245036	7.2
1999	254088	7.3
2000	245097	7.4
2001	235227	7.5
2003	243419	7.3
2004	241957	7.2
2006	236483	7.3
2007	238576	7.4
2008	239885	7.4
2009	243267	7.4
2010	256567	7.4

（二）焦煤集团

2015年，河南能源化工集团焦煤公司宿舍总建筑面积有193415.51平方米，职工宿舍设有空调、暖气、学习桌、椅子、更衣柜等设施。公司还设有职工活动室、理发室、超市等服务、娱乐设施。职工宿舍免费入住，不收取任何费用，但限制电量、水量使用。探亲房按30元/间/天，象征性收取费用。日常注重加强各基层单位宿舍卫生管理，特别是进入夏季后，定期对关键领域、关键环节(如职工宿舍、卫生间等)进行消毒、灭蚊虫,并确保通风,切实改善和提升职工住宿环境。同时,公司积极应对高温天气,坚持精心组织,超前谋划,提前要求各单位对宿舍空调及制冷设备进行维修、清洗、保养,保证人员职工安全度夏,有效杜绝了中暑等现象的发生。1991—2015 焦煤集团职工宿舍年发展情况表如表 9-2-6 所示。

表 9-2-6　1991—2015 年焦煤集团职工宿舍发展情况表

年 份	建筑面积(平方米)	年 份	建筑面积(平方米)	年 份	建筑面积(平方米)
1991	99423.01	2000	96286.51	2009	155788.54
1992	99423.01	2001	91622.21	2010	172540.04
1993	102574.01	2002	91622.21	2011	192397.41
1994	102574.01	2003	92763.66	2012	192715.51
1995	102574.01	2004	109389.06	2013	192715.51
1996	102574.01	2005	109389.06	2014	193415.51
1997	102574.01	2006	109389.06	2015	193415.51
1998	102574.01	2007	108909.06		
1999	102574.01	2008	169746.56		

焦煤集团秉承“用心做事,追求卓越”核心价值观,以机制体系建设为保障,以全方位优质服务为宗旨,紧紧围绕让员工洗好、吃好、休息好的工作目标,全面加强“两堂一舍”后勤管理,努力为员工营造舒适、温馨的工作生活环境,为企业安全生产提供坚强保障。

(三) 神火集团

神火集团的公寓主要是指工业广场内的单身职工宿舍。1991 年以后,所有单身宿舍全部实行旅馆化管理,各楼层配有专职管理人员服务。房间内水、电、暖、空调设施齐全,楼层有公共卫生间,房间卫生和环境卫生有专人管理。2000 年以后,每年分配(招聘)到集团公司工作的大学生逐年增多,为了留住人才,集团公司在永城新城居住区专门建造了大学生公寓 6 栋,单独建有大学生公寓食堂,最大限度地满足他们生活需要,解除他们的后顾之忧。

第三节　社会保险

一、养老保险

(一) 平煤神马集团

1994 年 5 月,平顶山矿务局颁发了《平顶山矿务局职工退休养老基金统筹暂行办法》与《实施细则》,建立了职工个人缴费卡片和保险手册。1998 年 7 月,部属煤炭企业下放地方管理,平煤集团参加河南煤炭行业职工养老保险社会统筹。在河南省煤炭厅社会保险中心管理期间,初步建立了在职职工个人账户、离退休人员、供养直系亲属三大数据库,集团自行设计程序实现了离退休养老金社会化发放。2011 年 11 月,省管煤炭企业纳入河南省省直企业基本养老保险社会统筹,由河南省城镇企业社会保险基金管理中心(后改称“河南省社会养老保险事业管理局”)管理后,平煤神马集团移交了在职职工个人账户、离退休人员、供养直系亲属三大数据库,并在陆续完善各项信息的基础上，按其规定的业务管理流程办理所有相关业务，各项养老待遇完全实现社会化发放。截至2015年9月，平煤神马集团省直在保在职职工135556人、离退休人员58446人。

（二）义煤集团

1993年，义马矿务局开始试行养老保险制度，初步建立职工个人、企业、国家共同承担养老保险负担的模式。1994年1月1日义马矿务局对直属单位核定，单位缴纳的养老保险费用比例为工资总额的15%，开始实行养老保险行业统筹。1995年1月，义马矿务局参加河南省煤炭行业养老保险，职工基本养老保险基金按照企业和个人共同负担的原则筹集，职工个人缴费的比例为本人工资总额的3%，以后按照每两年增加1%的标准逐步提高，达到本人工资总额的8%为止。1996年，按照《煤炭企业职工养老保险制度改革试行方案》，以职工个人缴费工资总额的12%为标准建立职工基本养老保险个人账户。1998年6月，按照《河南省人民政府关于印发〈河南省建立统一企业职工基本养老保险制度的实施意见〉的通知》精神，从1998年7月1日起基本养老保险个人账户由缴费工资的12%调整为11%。统一职工个人和企业缴费比例，职工个人缴费比例统一调整为4%，以后每两年提高一个百分点，直至8%，企业缴费率一般不得超过企业职工工资总额的20%。1998年8月，行业统筹移交地方管理。1999年起调整企业缴纳基本养老保险费比例，起步不低于企业工资总额的13%。2006年7月1日起个人账户的规模统一由本人缴费工资的11%调整为8%，全部由个人缴费形成，单位缴费不再划入个人账户。

（三）郑煤集团

1994年起郑州矿务局按河南煤管局豫社统字〔1994〕85号文，养老统筹纳入煤炭行业管理。个人按本人上年度工资的2%缴纳，企业按20元/月/人缴纳，统筹金全额上缴河南省煤炭行业统筹办。1999年集体工人转为合同制工人后，统筹办法、缴纳标准均按合同制职工政策执行；固定工按国发〔1991〕33号的文件精神，统筹金缴纳为1993年6月—1994年6月按本人上年度基本工资的3%，1994年7月—12月按2%缴纳。1995年1月年增长0.5%～0.8%，由郑煤集团统筹办负责统一管理：农民轮换工按豫煤社统字〔1994〕250号文规定，从1996年1月开始按本人上年度工资收入的3.5%、企业按20元/月/人缴纳回乡补助金，全额上缴省煤炭行业统筹办；1996年1月起，固定工、合同制工人、农民轮换工及离退休（职）人员全部纳入煤炭行业管理；1998年按国发28号文件由煤炭行业统筹转为河南省统筹；从2001年10月起，由河南省社会保障机构统一管理。2009年根据《劳动法》《劳动合同法》的有关规定，郑煤集团筹集1.5亿元资金为1.8万余名农民工补建了基本养老关系，历史性解决农民工未参加基本养老保险问题。2012年根据河南省人力资源和社会保障厅《关于将原“五七工”“家属工”等人员纳入城镇企业职工基本养老保险统筹范围的通知》有关精神，对符合政策规定的“家属工”“五七工”办理了参保手续。1995年河南省级煤炭行业养老保险制度建立后，根据《劳动部关于印发〈关于建立企业补充养老保险制度的意见〉的通知》精神，郑煤集团制定了《郑煤集团补充养老保险实施（暂行）办法》，按此办法计算与老办法计算后的养老金差额部分补齐；市级劳动模范和先进生产工作者补30元/月，省（部）级补40元/月，国家级补50元/月，资金由郑煤集团全额负担。

（四）焦煤集团

焦作矿务局于1993年2月25日成立焦作矿务局社会养老保险基金统筹办公室。从1994年1月起，河南煤炭行业固定职工及劳动合同制工人按照统一政策参加河南煤炭行业社会养老保险，劳动合同制工人养老统筹工作也纳入统筹办管理。1997年9月4日焦煤集团成立社会保险处，负责全局职工及离退休人员养老保险管理工作。1998年7月8日，原劳资处、社会保险处合并成立劳资社保处，下设社会保险科，负责全局职工及离退休人员养老保险管理工作。2002年3月12日，焦煤集团撤销劳资社保处，成立社保中心，下设养老保险科，负责全局职工及离退休人员养老保险管理工作。2015年8月养老保险科更名为养老失业保险科。

1993年4月，根据国务院、河南省人民政府、中国统配煤矿总公司有关文件规定，中国统配煤矿总公司河南分公司出台了《河南统配煤矿系统和厅直属企业单位职工社会养老保险基金统筹实施办法》(豫煤社统字〔1993〕234号)，中煤河南公司下发《关于职工个人基本养老金暂从6月份开始收缴的通知》(豫煤劳字〔1993〕第313号)，在煤炭行业建立了养老保险统筹，焦作矿务局(焦劳字〔1993〕308号)予以转发。河南煤炭工业管理局颁布《河南煤炭行业全民劳动合同制职工退休养老基金统筹实施办法》，文件规定自1994年1月起，企业按照合同制工人工资总额15%缴纳养老保险费，合同制工人个人按本人标准工资的3%缴纳养老保险费，考虑煤炭企业实际情况，企业缴纳暂定为每人每月20元。焦作矿务局按照以上规定将固定职工及劳动合同制工人统一纳入煤炭行业统筹管理。

1995年10月，河南省煤炭工业局颁布《关于〈印发河南煤炭行业职工养老保险实施方案〉的通知》(豫煤社保字〔1995〕550号)，规定自1995年1月起，职工个人缴纳比例为本人上年度工资总额的3%，以后每年提高，最终达到8%，企业筹资比例按照离退休费总额占工资总额的比例提取，每年核定一次。1996年10月，河南省煤炭工业局颁布《河南煤炭行业集体所有职职工养老保险试行办法》(豫煤社保字〔1996〕622号)，将集体企业所有制所属职工纳入煤炭行业统筹，自1997年集体企业职工缴纳养老保险费比例与全民职工同步。焦作矿务局养老保险纳入省级统筹管理后，根据《关于调整原行业统筹单位缴纳基本养老保险费比例的通知》(豫劳险〔1999〕16号)规定，1999年1月起职工个人缴费比例统一按照缴费基数的4%缴纳，以后逐年调整；根据河南省城镇企业社会保险基金管理中心豫社险金(〔1999〕35号)文件规定，1999年10月起单位缴费比例调整为缴费基数的22.9%。2003年根据河南省劳动和社会保障厅《关于调整企业职工基本养老保险个人缴费比例的通知》(豫劳社养老〔2003〕27号)及《关于调整省直统筹行业单位基本养老保险缴费比例的通知》(豫劳社养老〔2003〕28号)规定，焦煤集团自2003年7月1日起，职工基本养老保险个人缴费比例调整为个人缴费工资的8%，单位缴纳基本养老保险费比例调整为单位缴费基数的20%，逐步减轻了企业负担。

在退休人员待遇计发方面：焦煤集团按照河南省劳动厅(豫劳险〔1999〕42号)及河南省劳动和社会保障厅(豫劳社养老〔2001〕27号)的规定，经过几年的过渡，在充分考虑退休人员切身利益的同时，实现了退休金计发办法与地方接轨。

焦煤集团在养老金发放方面：一是补发了1999年9月前拖欠的养老金；二是养老保险基金改差额缴拨为全额缴拨，实行养老金社会化发放。为确保离退休人员养老金按时足额发放，1999年根据《社会保险费征缴暂行条例》规定，养老保险基金改差额缴拨为全额缴拨，收支两条线；养老金发放由企业代发变为由社保机构委托银行或邮局直接发放，经过建立和完善离退休人员数据库。焦煤集团养老保险工作纳入河南省省级统筹后，按照上级有关文件规定，实现了与河南省地方养老保险政策的四个统一，即政策办法统一、待遇标准统一、管理制度统一、征缴比例统一，建立和完善了单位、职工、离退休人员三大数据库，规范了养老保险个人账户。

二、医疗保险

（一）平煤神马集团

1991—1993年，平顶山矿务局执行原国务院颁布的《劳动保护条例》有关规定，所有职工实行公费医疗制度。1994年7月，平顶山矿务局实行劳保医疗制度改革试行办法，该办法是将单位工资总额9%提取为医疗费，分为个人医疗专用金、单位调剂金和大病统筹金，初步形成了医疗费由企业和个人分担的医疗保险制度雏形。平煤集团于1998年12月，成立了社会保险中心，医疗保险业务从卫生处划归社会保险中心，并于1999年4月平煤集团推行职工基本医疗保险实施办法。该办法规定：① 基本医疗保险费由用人单位和个人共同缴纳。用人单位按在职职工上年度职工工资总额的6%缴纳；退休（职）人员按上年度职工工资总额的3.5%和退休（职）费的10%缴纳；在职职工个人按本人上年度工资收入的2%缴纳；退休人员个人不缴纳。② 基本医疗保险费由统筹基金和个人账户组成。个人缴费部分全部划入个人账户，单位缴费部分按30%左右划入个人账户，其余部分建立统筹基金。个人账户用于支付门诊、定点药店购药费及统筹基金支付后由个人负担部分。统筹基金用于支付参保职工住院医疗费和门诊重症的医疗费。③ 统筹基金要确定起付标准和最高支付限额，起付标准以上、最高支付限额以下的医疗费用，主要由统筹基金支付，个人负担一定的比例。2000年4月，平煤集团修订《平煤集团公司职工基本医疗保险实施办法》，建立了企业补充医疗保险制度。企业补充医疗保险费由用人单位按本单位上年度职工工资总额的4%缴纳，用于支付补充个人账户、补充调剂基金和为职工建立大病补助保险。大病补助金用于支付参保职工在年度内因病累计发生超过统筹基金最高支付限额以上，10万元以下的医疗费用。至此，集团多层次的医疗保险体系形成。2003年4月，《平煤集团公司职工医疗保险补助暂行办法》开始执行，平煤集团对基本医疗保险基金、大病补助金支付后职工负担部分及大病补助金最高支付限额以上部分进行补助。2009年12月，医疗保险信息管理系统上线，系统覆盖集团所有参保单位和定点医疗机构，包括集团中心业务端、93家基层单位业务端、58家定点医疗机构定点药店业务端。参保职工可持医保卡在集团所有的定点医院、定点药店就医、购药，刷卡消费，真正实现老百姓期待的看病“一卡通”。结算方式由医院先垫付，集团再与医院审核结算。截至2015年9月底，集团医疗保险自行管理参保单位97家，参保人数213149人，其中在职职工146343人、退休人员66806人。

（二）义煤集团

1997年4月，义煤集团医疗保险办公室成立，1998年5月制定《义煤集团公司医疗保险制度改革试行方案》，5月19日获省煤管局批复试运行。但因企业经营困难，该方案未下发执行。2001年11月16日，义煤集团及所属各单位先后成立职工基本医疗保险改革办公室，负责医疗保险改革工作的组织实施和管理。2001年11月25日，义煤集团第二届职工代表大会第一次联席会议审议通过《义马煤业（集团）有限责任公司职工基本医疗保险暂行办法》，于2002年1月1日起试行。参保单位缴费率为在职职工上年度工资总额的6%；职工个人缴费率为本人上年度工资收入的2%；退休人员个人不缴纳医疗保险费。基本医疗保险基金实行收支两条线管理，参保单位要按时足额将单位和个人应缴纳的医疗保险统筹基金征缴到集团公司医疗保险基金专户上，集团公司将各参保单位缴费的90%和个人缴费的全部返还参保单位，由单位自己管理，超支自付，节约留用。参保单位必须按缴纳工资总额和退休费用总额的1%参加集团公司大额医疗费补充医疗保险。2002年实行医疗保险制度改革后，义煤集团参加基本医疗保险59284人，全年发生医疗费用1682万元。2005年，义煤集团开始对职工医疗保险信息采用计算机网络管理。2008年全公司征收医疗保险金11688万元。

（三）郑煤集团

2003年10月前职工疾病、因工负伤医疗期间的待遇，郑煤集团均按《劳动保险条例》《劳动保险条例实施细则修正草案》《全国总工会劳动保险部关于劳动保险的解答》和河南省、郑州市等有关规定办理，诊疗费、手术费、住院费和普通药费，由企业全额负担。按豫政〔1999〕38号等文件精神，郑煤集团制定了《郑煤集团职工基本医疗保险试行方案》和《实施细则》等11个配套改革管理办法。2002年12月启动，2003年10月集团全部职工和离退休人员纳入医疗保险改革范围。改革的核心是建立医疗费用分担机制，由企业全部包揽转向国家、企业、个人三方共同负担。医疗保险基金筹集由单位和职工个人共同缴纳，单位缴费率为上年度职工工资总额的6%，职工缴纳比例为上年度本人工资收入的2%，离退(职)休人员不缴纳。统筹基金和个人账户：统筹基金为单位缴纳的保险费扣减计入个人账户后的余额；个人账户为个人缴纳的保险费全部和单位缴纳部分按比例划入部分之和。统筹部分划入个人账户比例：在职职工45岁以下缴纳比例为本人工资的1%；45岁以上(含45岁)为1.5%；退(职)休人员55岁以下为本人上年度养老金3.5%，55岁以上(含55岁)为4%。统筹基金主要用于支付职工住院所发生的医疗费，个人账户主要用于支付职工门诊医疗费。参保职工在定点医疗机构门诊就医，由个人账户支付。参保职工住院医疗费，符合规定的，个人先负担统筹基金起付标准以下的费用，起付标准为企业上年度职工年平均工资的10%。一年内第二次及以后住院，起付标准降为5%。达到起付标准以上、最高支付限额以下时，主要从统筹基金中支付，个人按比例负担，在职职工为20%，退(职)休人员为15%。统筹基金支付范围内应由个人自负的医疗费也可从个人账户中支付，个人账户支付不足时，由个人自负。统筹基金的年度累计最高支付限额为上年度职工年平均工资的4倍，超过时通过大额医疗费补充保险解决。离休、老红军、二等乙级以上伤残军人，按原规定待遇不变。

2009年12月15日，河南省政府下文批复同意郑煤集团医保纳入省直统一管理，参加省直医疗保险统筹既提高职工医疗待遇又降低企业医疗费用负担，还争取到国家关于破产单位退休人员的医疗补助资金，使破产改制单位自谋职业人员、调出郑煤集团职工的医保接续、转移等问题得以妥善解决，打破郑煤集团职工的身份界限，解决了劳务派遣人员、农民协议工的医疗保险问题。

2010年2月，根据《河南省人民政府关于印发河南省省直职工基本医疗保险实施办法的通知》和《河南省人民政府关于郑州煤炭工业(集团)有限责任公司基本医疗保险统筹实施意见的批复》精神，郑煤集团重新修订《郑煤集团医保方案》，并经四届三次职代会讨论通过，从2010年2月1日起实施；同月，建立补充医疗保险制度，对特别困难职工、有特殊贡献人员、中华人民共和国成立前参加革命工作退休人员进行医疗补助。

2011年1月，根据《郑煤集团公司职工基本医疗保险修订方案》文件精神，郑煤集团制定《郑煤集团公司医疗保险基金财务会计管理办法》《郑煤集团公司职工大额医疗费补充保险办法》《郑煤集团公司职工基本医疗保险“特种病”“慢性病”管理办法》《郑煤集团公司职工基本医疗保险“三目录”管理办法》《郑煤集团公司职工基本医疗保险业务管理办法》等5个管理办法，加强医疗保险基金管理，规范业务经办行为，确保医疗保险平稳运行。

2012年5月，根据国家和河南省相关政策规定，结合集团公司实际，郑煤集团制定《郑煤集团公司职工基本医疗保险定点零售药店管理暂行办法》，加强对定点零售药店管理，确保定点零售药店为基本医疗保险参保人员提供安全、有效、优质购药服务。

2013年8月，根据《国务院关于建立城镇职工基本医疗保险制度的决定》和《河南省建立城镇职工基本医疗保险制度实施意见》文件精神，结合集团公司实际，郑煤集团制定《郑煤集团公司职工补充医疗保险管理办法》，经集团公司五届职代会代表团长联席(扩大)会议审议通过，并报请河南省社会医疗保险中心同意，于2013年8月23日执行。补充医疗保险基金由单位负责缴纳，参保人员个人不缴费，在原暂行办法的基础上，增加离休干部医疗费用、退出现役的1～6级残疾军人医疗补助、职工健康体检等支出。2013年8月，为加快企业职工慢性病管理与省直医保接轨，进一步健全医疗保险体系，规范慢性管理，集团公司结合实际制定《郑煤集团公司慢性病管理办法补充规定》，纳入集团公司管理的“慢性病”病种增加到30种，每年3月1—25日和9月1—25日集中申报，对恶性肿瘤、结核病、遗体器官移植、慢性肾功能不全、冠心病冠状动脉搭桥或支架置入、重度精神分裂症、再生障碍性贫血、系统性红斑狼疮等病种随时申报、随时鉴定。

2015年2月，根据劳动和社会保障部等五部委局《关于印发加强城镇职工基本医疗保险费用结算管理意见的通知》和河南省政府《关于印发河南省省直职工基本医疗保险结算管理办法的通知》文件精神，结合集团公司实际，制定《郑煤集团公司职工基本医疗保险费用结算管理办法》，实行“总额预算，弹性支付”和按“项目结算”相结合的综合付费方式。2015年2月，根据《中华人民共和国社会保险法》等法律法规，结合集团公司实际，郑煤集团制定《郑煤集团公司职工基本医疗保险定点医疗机构医保医师管理暂行办法》。

（四）焦煤集团

焦作矿务局制定《焦作矿务局医疗制度改革暂行方案》于1993年4月1起实施，由局卫生处负责全局劳保医疗的改革及管理，1993年4月12日正式文件下发。经焦作矿务局管委会、局九届职代会代表团长联席会议审议通过，《焦作矿务局医疗保险暂行办法》于1995年9月16日颁布并在局全面实施，《焦作矿务局医疗制度改革暂行方案》同时废止。1995年10月16日，焦作矿务局医疗保险管理委员会正式成立，主要负责全局医疗制度改革及管理工作。1995年11月16日，《焦作矿务局医疗保险暂行办法》5个配套方案公布，并与《焦作矿务局医疗保险暂行办法》同时配套实施。配套方案为：《焦作矿务局医疗保险基金管理试行方案》《焦作矿务局医疗保险金开支管理试行方案》《焦作矿务局医疗保险“个人账户”管理试行方案》《焦作矿务局医疗保险、医疗管理试行方案》《焦作矿务局医疗保险用药报销范围试行方案》。1997年9月4日，焦作矿务局社会保险处成立，负责全局医疗保险管理工作。1998年7月8日，焦作矿务局原劳资处、社会保险处合并成立劳资社保处，下设社会保险科，负责全局医疗保险管理工作。《焦作煤业(集团)有限责任公司职工基本医疗保险暂行办法》和10个配套政策于2001年6月28日下发，同时下发了《〈焦作煤业(集团)有限责任公司职工基本医疗保险暂行办法〉实施细则》。上述政策于2001年7月1日起实施，焦煤集团基本医疗保险暂实行“一个政策、两级统筹、差额缴拨、分步到位”的管理办法。2002年3月12日，焦煤集团撤销劳资社保处，成立社保中心，下设医疗管理科，负责焦煤集团医疗保险管理工作。2003年9月12日，《焦作煤业(集团)有限责任公司补充医疗保险暂行办法》正式下发，该政策于2003年7月1日起实施。2004年9月14日，焦煤集团下发《关于职工基本医疗保险、补充医疗保险实行统筹管理的通知》。该政策于2004年9月1日起正式实施。2011年11月22日，根据《河南煤业化工集团基本医疗保险统筹实施方案》，为确保医疗保险统筹新旧制度顺利衔接、平稳过渡，配合做好医疗保险统筹工作，焦煤集团下发《关于贯彻落实〈河南煤业化工集团基本医疗保险统筹暂行办法〉的通知》，并成立“实施河南煤化医保统筹焦煤集团领导小组”。2011年11月22日，焦煤集团转发《河南煤业化工集团补充医疗保险暂行办法》，并于2012年7月1日起在焦煤集团实施。2012年5月28日，社保中心医疗管理科和生育保险科合并为医疗生育保险科，负责焦煤集团医疗保险和生育保险工作。2012年6月12日，《关于呈报〈焦煤集团实施河南煤业化工集团医保统筹配套方案〉的请示》上报至河南煤业化工集团，于2012年6月22日获批通过。2012年6月30日，焦煤集团转发河南煤业化工集团的7个医疗保险政策，分别是《河南煤业化工集团职工基本医疗保险实施细则》《河南煤业化工集团职工基本医疗保险转诊转院管理暂行办法》《河南煤业化工集团职工基本医疗保险现金报销管理办法》《河南煤业化工集团大额医疗费补充保险实施暂行办法》《河南煤业化工集团职工基本医疗保险异地就医管理暂行办法》《河南煤业化工集团职工基本医疗保险住院病人管理暂行办法》《河南煤业化工集团基本医疗保险门诊重症慢性病管理暂行办法》，上述7个政策于2012年7月1日起在焦煤集团实施。2012年12月14日，焦煤集团转发《河南煤业化工集团职工生育保险实施细则》并于2013年1月1日起实施。2014年1月6日，焦煤集团转发《河南能源化工集团职工生育保险实施细则》并于2013年12月31日起实施，原《河南煤业化工集团职工生育保险实施细则》同时废止。2014年1月23日，焦煤集团转发《河南能源化工集团有限公司基本医疗保险统筹实施办法》并于2014年1月10日起实施。2014年1月27日，焦煤集团转发《河南能源化工集团职工补充医疗保险实施暂行办法》和《河南能源化工集团大额医疗费补充保险实施暂行办法》并于2014年1月23日起实施。2014年2月25日，焦煤集团转发《河南能源化工集团基本医疗保险门诊重症慢性病管理暂行办法》并于2014年2月20日起实施。2014年3月4日，焦煤集团转发《河南能源化工集团职工基本医疗保险实施细则》并于2014年2月27日起实施。2014年5月20日，焦煤集团转发《河南能源化工集团医疗保险定点医疗机构医保医师管理暂行办法》并于2014年5月7日起实施。2014年6月3日，焦煤集团转发《河南能源化工集团职工基本医疗保险异地就医管理暂行办法》并于2014年5月29日起实施。2014年6月6日，焦煤集团转发《河南能源化工集团职工基本医疗保险住院病人管理暂行办法》和《河南能源化工集团医疗生育保险业务档案管理暂行办法》，该政策于2014年6月3日起实施。2014年8月27日，焦煤集团转发

《河南能源化工集团职工医疗保险医疗费报销管理暂行办法》并于2014年8月21日起实施。2014年12月15日，焦煤集团转发《河南能源化工集团基本医疗保险门诊重症慢性病鉴定规程》并于2014年12月8日起实施。2015年7月15日，根据河南能源化工集团《关于成立河南能源化工集团医疗生育保险移交地方管理工作领导小组的通知》要求，下发文件宣布成立"焦煤公司医疗生育保险移交地方管理工作领导小组"。

三、工伤保险

（一）平煤神马集团

1991—1996年，平顶山矿务局工伤保险执行的是1951年原政务院颁布的《中华人民共和国劳动保险条例》和1953年劳动部制定的《劳动保险条例实施细则》，工伤保险基金没有实行社会统筹，工伤保险责任全部由各用人单位承担，各用人单位对工伤职工兑现工伤医疗和康复待遇、因工伤残抚恤待遇和因工死亡待遇等。

2004年1月，根据国务院颁布的《工伤保险条例》（国务院第375号令），集团参加了河南省工伤保险基金统筹，隶属河南省工伤保险中心管理，提高了工伤保险的统筹层次，增加了保障能力，变企业保险为社会保险，扩大了覆盖面，实现了包括农民工、集体工、灵活用工等人员在内的全员参保；规范待遇项目和标准，使工伤处理有所遵循，维护各方当事人权益，减少工伤争议；建立工伤预防机制，使工伤保险和安全生产相结合，实行差别费率和浮动费率。集团每年按照工资总额的2%上缴工伤保险费，发生的工伤保险待遇费用，由河南省工伤保险中心支付。

2011年1月，修改完善后的《工伤保险条例》（国务院第586号令）发布执行。集团的工伤保险工作，随着国家工伤保险制度的改革，进入了重大发展时期，以工伤预防、工伤康复和工伤赔偿为核心内容的工伤保险体系基本形成。

（二）义煤集团

1991—1996年10月1日，义马矿务局按照国家1953年颁布的《劳动保险条例》及煤炭部、河南省相关规定，执行职工工伤保险。1999年7月，义煤集团转发国家劳动和社会保障部颁布的《企业职工工伤保险试行办法》，对工伤的范围、认定程序以及工亡一次性补助金、一次性伤残抚恤费、工亡遗属抚恤费等内容做出了规定。2004年2月，义煤集团在劳动工资部设立工伤保险科，负责管理集团公司工伤保险工作。2004年3月，义煤集团下发《义煤集团公司工伤保险管理实施办法》等9个文件，按照河南省煤炭工业局的要求，对总医院、千秋煤矿、常村煤矿、跃进煤矿、耿村煤矿、杨村煤矿、北露天煤矿、观音堂煤矿、石壕煤矿、曹窑煤矿、华兴公司、机电总厂、豫建公司等13家矿级医院申报义煤集团工伤保险协议医疗机构资格进行审查，呈报河南省煤炭工业局。10月，河南省煤炭工业局批准义煤总医院为义煤集团工伤保险定点协议医疗机构；批准千秋煤矿等13家矿级医院为义煤集团工伤保险定点协议急救机构。2006年1月，义煤集团为14869名井下职工办理了意外伤害保险，缴纳意外伤害保险金297.38万元。2007年，参保职工53436人，为12400名井下职工办理了意外伤害保险，缴纳意外伤害保险金248万元。2008年按河南省《关于在全省煤矿企业推行意外伤害责任保险工作的通知》的要求，义煤集团与中华联合财产保险股份有限公司河南分公司签订了煤矿企业意外伤害责任保险协议。

（三）郑煤集团

1996年10月前职工因工负伤（职业病）医疗期间的工资，工残、工亡及供养直系亲属抚恤等待遇，按《劳动保险条例》《劳动保险条例修正草案》《全国总工会劳动保险部关于劳动保险的解答》和国务院、河南省、郑州市有关政策规定执行，费用由职工单位全部负担。1996 年 10 月—2003 年 12 月 31 日按劳动工业部《企业职工工伤保险试行办法的通知》和河南省《关于贯彻企业职工工伤保险试行办法的实施意见》两个文件规定执行。按照 2003 年 12 月国务院《工伤保险条例》《河南省实施工伤保险条例暂行办法》和《河南煤炭行业贯彻工伤保险条例的实施意见》，郑煤集团于 2004 年 10 月参加省煤炭行业工伤保险统筹。工伤保险费率实行行业差别费率和浮动费率，煤炭企业按当年确定的费率上缴河南煤管局社保中心工伤保险基金专户，工伤保险费率 2004—2007 年依次为 2%、2.4%、2.4%和 3.9%。

2004 年 4 月，郑煤集团根据上述文件规定精神，制定《郑煤集团工伤保险管理办法》，对全部职工参加工伤保险，工伤保险费缴纳、工伤认定、劳动能力鉴定、工伤保险待遇等进行了规范说明。

2006 年 7 月，为了切实做好《企业职工工伤保险试行办法》和《工伤保险条例》的衔接工作，郑煤集团制定了《郑煤集团老工伤基金管理实施细则》。老工伤基金实行郑煤集团内部统筹，资金来源为各单位缴纳的老工伤基金，职工不交费，由劳动社保部管理，实行浮动费率，2006 年度为 1.5%，支付范围：2004 年 1 月 1 日前因工伤残，未纳入省工伤保险统筹的，经鉴定为 1～10 级工伤人员的费用和职业病费用及非因工负伤人员；医疗终结后，经鉴定为 1～10 级的职工，在法定医疗期内，按月发放生活费。因工伤残为 1～4 级的，退出工作岗位，终止劳动关系的，待遇为：① 按月发给伤残抚恤金，发放标准按本人工资折算相应比例，1 级 90%，2 级 85%，3 级 80%，4 级 75%。② 享受伤残抚恤金期间死亡的，按郑州市上年度职工月平均工资发给 6 个月的丧葬费，27 个月一次性工亡补助金。因工伤残为 5～10 级的，安排适当工作，待遇为：① 伤残为 5～6 级，难以安排工作的，按月发给相当于本人工资 70%的伤残抚恤金。因伤残工资降低时，发给在职伤残补助金，按工资降低部分的 90%，晋升工资时，予以保留；② 伤残 7～10 级，自谋职业的，或者劳动合同期满终止，另行择业的，发给一次性伤残就业补助金，补助标准如下 7 级为 12 个月，8 级为 10 个月，9 级为 8 个月，10 级为 6 个月。郑煤集团根据《河南省煤炭工业局关于加强河南省煤矿井下职工意外伤害保险管理工作的通知》的规定和国家有关法律法规，制定《郑煤集团资源整合煤矿井下职工意外伤害保险试行办法》并于 2006 年 6 月 1 日起执行。井下职工意外伤害保险采取郑煤集团团体参保不记名方式，由郑煤集团与保险公司签订煤矿井下团体意外伤害保险合同。参保对象为各资源整合矿井从事井下生产作业的各类职工。

（四）焦煤集团

1997 年 9 月 4 日焦煤集团成立社会保险处，负责全局工伤保险管理工作。1998 年 7 月 8 日，原劳资处、社会保险处合并成立劳资社保处，下设社会保险科，负责全局工伤保险管理工作。2002 年 3 月 12 日，撤销劳资社保处，成立社保中心，下设医疗管理科，负责全局工伤保险管理工作。2004 年工伤保险纳入省级统筹，根据省煤炭工业局要求，成立了工伤保险科来负责全局工伤保险管理工作。

1991 年 2 月—1996 年 9 月，因工负伤的全部诊疗费、药费、住院费、住院时的膳费与就医路费，均由企业负担。

1997 年 10 月 28 日，煤炭工业部办公厅转发劳动部《企业职工工伤保险试行办法》的通知（煤厅字〔1997〕第 434 号），要求根据《试行办法》的有关规定，先在企业内部实行工伤保险统筹。企业内部的工伤保险政策由劳动工资部门负责,企业内部工伤保险的具体实施办法,由企业自行制定,并报煤管局备案。鉴于各企业在工伤保险统筹起步阶段,可以按照“政策上轨、管理归口、费用据实报销”的办法先行运作。对于待遇的落实,必须要严格按《试行办法》的规定执行,但考虑到煤炭企业的实际,一次性工亡补助金的标准,暂按企业所在省、自治区、直辖市上年度职工平均工资48个月的金额执行;《试行办法》实施前发生的工伤,已经处理的不再重新处理,尚未处理或正在处理的按国家原规定执行。

1999年7月1日,焦作矿务局下发了《焦作矿务局职工工伤保险制度改革试行办法》(焦劳字〔1999〕213号),为加强组织领导,推进全局职工工伤保险制度改革工作,成立“焦作矿务局职工工伤保险制度改革领导小组”。要求各单位负责切实加强组织领导,成立单位工伤保险制度改革领导小组,委派专人负责工伤保险制度改革,制定并落实工作制度和具体措施。鉴于企业在工伤保险做法及待遇支付上多头管理的实际情况,在起步阶段可按“政策归口,费用据实报销”的办法先行运转。工伤保险的有关待遇要严格按照项目标准,归口由社保机构办理结算和支付。以往工伤保险的相关政策与《焦作矿务局职工工伤保险制度改革试行办法》不一致的,按此规定执行。对于1996年10月1日前有关工伤保险待遇,属于一次性待遇的,仍按原规定处理。属于按月支付的长期待遇,从1996年10月1日起改按《焦作矿务局职工工伤保险制度改革试行办法》规定的待遇执行。1999年7月1日以前需补发的部分,待经济好转后,予以补发。明确规定领取伤残抚恤金的职工和工亡遗属,本人愿意一次性领取待遇的,可一次性计发13年有关待遇并终止工伤保险关系。

2003年10月29日,劳动和社会保障部、财政部、卫生部、国家安全生产监督管理局联合发布《关于工伤保险费率问题的通知》(劳社部发〔2003〕29号),根据不同行业的工伤保险风险程度,参照《国民经济行业分类》,将行业划分为三个类别,实行差别费率。用人单位属一类行业的,按基准费率缴费,不实行费率浮动。用人单位属二、三类行业的,费率实行浮动。煤炭开采和洗选业、化学原料及化学制品制造业均属于三类行业。

2003年12月19日,河南省人民政府发布河南省实施《工伤保险条例》暂行办法(豫政〔2003〕54号),明确规定一到四级工伤,除了按《工伤保险条例》规定缴纳的基本医疗保险费外,用人单位和职工个人应以伤残津贴为基数按规定缴纳基本养老保险费至达到国家法定退休年龄。基本养老保险待遇低于伤残津贴的,由工伤保险基金补足差额。明确规定了五至十级工伤职工按《条例》第三十四条、三十五条规定与用人单位解除或终止劳动关系时用人单位应支付的一次性伤残就业补助金和一次性工伤残医疗补助金的标准。因工死亡一次性工亡补助金标准为54个月统筹地区上年度职工月平均工资,对属于抢险救灾、见义勇为工亡者,按60个月发给。

2010年12月8日,国务院第136次常务会议通过《国务院关于修改〈工伤保险条例〉的决定》,自2011年1月1日起施行。要求本条例施行前已受到事故伤害或者患职业病的职工尚未完成工伤认定的,按照本条例的规定执行。修改后的条例提高了一次性伤残补助金的标准,并规定一次性医疗补助金由工伤保险基金支付。2010年11月,煤炭行业工伤保险业务由河南省煤炭工业管理局移交到河南省工伤保险中心。

四、失业保险

(一)平煤神马集团

1994年起,职工个人开始缴纳失业保险费。缴费标准为:企业按职工工资总额的

1%缴纳，个人按1元/月缴纳。各国有单位及职工与各集体单位及职工，分别直接向市失业保险经办机构缴纳失业保险费。1997年以后，各国有单位及职工的失业保险费由矿务局统一代征代缴；集体单位及职工仍按原渠道直接向市失业保险经办机构缴纳失业保险费。1998年7月1日以后，失业保险费缴纳标准改为职工按本人上年度月均工资的1%逐月缴纳，单位按照本单位上年度月均工资总额的2%逐月缴纳。各国有单位，统一在平顶山市劳动就业局待业管理处办理失业保险登记、缴费手续。平煤集团收购、兼并单位，如天宏焦化、飞行化工、朝川矿等单位扔按原渠道自行向所在地失业保险经办机构办理登记、缴费手续。2008年12月中国平煤神马集团成立后，合并、重组成立的单位仍按原渠道办理登记、缴费手续。截至2015年年底，参保单位93家，参保人数126503人。

（二）义煤集团

1990—1994年，义马矿务局按单位工资总额的1%缴纳失业保险金，职工个人每人每月按1元缴纳失业保险金。1995—1996年，义马矿务局按照单位工资总额的1.5%缴纳失业保险金，职工个人每人每月按1元缴纳。1996年后，义马矿务局所属各单位凡在义马市辖区的，由集团公司统一扣缴；在其他县市的，由单位与所在县(市)失业保险经办机构自行协商缴纳。1997—2008年，义煤集团按照《河南省失业保险条例》规定，单位按照本单位参保职工上年度月平均工资总额的2%缴纳失业保险费，职工按照本人上年度平均工资的1%缴纳失业保险费。

（三）郑煤集团

1995年，根据郑州市企业职工失业保险条例规定，按全部职工工资总额1%缴纳，职工个人按上年度本行政区域内职工平均工资0.5%缴纳。1998年11月，郑煤集团制定《征缴失业保险费的通知》，缴费比例由职工工资总额的1.5%提高到3%，职工个人缴纳1%，企业缴纳2%，从1998年7月起执行。2002年贯彻《河南省失业保险条例》建立了失业保险数据库。2003年起每年对失业保险缴费工资基数及缴费情况进行稽核。2009年，根据郑劳社〔2009〕8号文件精神，失业保险缴费率由3%降至1.5%。

（四）焦煤集团

1998年年底以前一直由市劳动部门按照失业保险有关规定向基层单位直接征收。从1999年开始，焦煤集团实行全局统筹，由劳资社保处社会保险科负责失业保险。2002年3月12日，社保中心成立后下设失业保险科专职负责失业保险。2015年8月以后由社保中心养老失业科负责失业保险。1992—1996年焦作市执行：单位2元，职工0.5元；1997—1998年，单位征工资总额1.5%，个人征0.5%；1999—2015年2月按照《河南省失业保险条例》规定，用人单位按照本单位应参保职工上年度月均工资总额的2%缴纳失业保险费。职工个人按照上年度月均工资的1%缴纳失业保险费。2015年3月以后按照焦作市标准执行。

第三章 医 疗 卫 生

第一节 机构队伍

1991—1995年，省煤炭局设有劳动工资卫生处，各重点煤炭企业设立卫生处，负责本企业医疗卫生管理工作，业务接受地方卫生行政部门的指导，省煤炭工业局监督管理。1995年以后，随着经济体制改革的深入，省煤炭工业局不再具有管理企业医疗卫生工作的职能，医疗卫生工作由企业自主管理。2000年以后企业办社会项目向地方移交时，矿区职工医院因其承担矿井工伤抢救等特殊职能，各企业没有向地方移交，继续为矿区职工家属和社会服务。

一、平煤神马集团

2007年3月，平煤集团公司成立平煤医疗集团，原平煤集团公司卫生福利处医政科、药管科、防疫站划入医疗集团，其他科室划入平煤集团公司物业事业部。随后，在平煤集团公司医疗卫生资源整合领导小组的带领下，在12个职能部室和各单位的配合下，2008年8月底全面完成了医疗卫生资源整合工作。平煤医疗集团下设46家医疗机构，开放床位5000余张，拥有员工4500余人，其中专业技术人员3600余人。2008年12月，平煤医疗集团更名为中平能化医疗集团。2011年4月，集团公司实施医疗卫生体制改革，中平能化医疗集团对总医院实行直接管理，对基层医疗单位实行业务指导，物资供应分公司卫生所、林业处卫生所划入总医院，其他基层院所划转回原单位。2011年4月15日，各基层医疗机构全部划转到位。2011年12月，中平能化医疗集团更名为平煤神马医疗集团。截至2015年年底，中国平煤神马集团下设医疗机构42个（因体制改革，2008年休养院卫生所、制革厂卫生所撤销；2011年矸石电厂卫生所并入十二矿医院；2012年勘探工程处卫生所撤销；2015年氯碱化工卫生所撤销）。其中，三级医院1个、二级医院3个、一级医院20个、卫生所18个，设有井口保健站24个。开放床位4440张，职工总数4742人，其中正高职称80人、副高职称329人、中级职称1579人。

2012年10月，中国平煤神马集团第二十五次董事长办公会议讨论通过了平煤股份矿山医疗救护中心综合楼项目，2012年12月30日奠基开工。平煤股份矿山医疗救护中心综合楼位于原总医院老门诊位置，项目规划用地9.3亩，其中净用地面积3.2亩。总建筑面积为7.36万平方米，其中地上21层，建筑面积6.62万平方米，设计床位1472张；地下2层，建筑面积0.74万平方米。地上建筑功能为：急救中心、病房、工伤康复、重症监护（ICU、CCU、RICU）、超声检查、功能检查、放射（DSA、X光、CT、DR）、层流设备层及配套辅助用房等；地下建筑功能为设备用房及6级防空地下室。2015年12月30日，平煤股份矿山医疗急救中心综合楼竣工落成，2016年5月正式投入使用。

1993年2月，三环公司卫生所升格三环公司医院。1998年，十一矿医院七层门诊楼建成投入使用。1999年1月11日，二矿卫生所升格二矿医院。1999年6月15

日，十三矿医院成立。1999 年 12 月 28 日，建井一处卫生所升格老年康复疗养院。1999 年 12 月 29 日，十一矿卫生所升格为十一矿医院（2007 年四层病房楼建成投入使用）。2001 年 12 月 3 日，六矿卫生所升格六矿医院（1998 年四层病房楼建成投入使用）。2008 年，六矿医院与原总医院二分院合并，成立中平能化医疗集团第一医院。2011 年，中平能化集团医疗集团第一医院重新变更为六矿医院。2012 年，平煤股份六矿矿山医疗救护分中心综合楼在六矿医院建成。2013 年，四矿医院建成投入使用（三层门诊楼和三层病房楼各一栋）。2014 年，平禹煤电公司医院建成投入使用（四层门诊楼一栋）。2015 年，高庄矿医院病房楼主体工程已完成，有效改善了原有医疗条件。2005 年平煤神马集团医疗单位情况如表 9-3-1 所示。

表 9-3-1 2015 年平煤神马集团医疗单位一览表

单 位	成立时间	划入集团时间	职工总数	建筑面积(平方米)	开放床位
一矿医院	1986.2		271	11692	220
八矿医院	1980		191	22285	300
卫校附属医院	1969		106	32700	250
二矿医院	1957.6		56	1646	44
三矿医院	1957		35	1301	26
四矿医院	1958.10		90	1945.56	107
六矿医院	1973.12		125	5000	160
七矿医院	1978		42	5210.25	75
十矿医院	1963.9		166	5860	121
十一矿医院	1978.8		92	8064	80
十二矿医院	1997		140	6435	150
十三矿医院	1999.6		56	3000	50
职业病防治院	1963		214	8700	350
高庄矿职工医院	1962		90	5400	80
机械装备公司医院	1958		33	2839	34
朝川矿医院	1980.5	1998.7	65	5430	40
焦化公司医院	1981.7	1998.10	40	4800	30
梨园矿职工医院	1980	2004	60	2576	60
飞行化工公司医院	1978		36	2000	50
平禹煤电公司医院	1959	2004	93	11100	99
平顶山神马医院	1980.12	2008.10	103	6500	80
平顶山三棱医院	1995.12	2009.1	88	1811	60
建井一处医院	1966.6		57	1440	60
建井三处卫生所	1977.10		24	550	
建井六处卫生所	1964	1983	7	304	
五矿卫生所	1973.12		49	2253	30

表 9-3-1(续)

单位	成立时间	划入集团时间	职工总数	建筑面积(平方米)	开放床位
九矿卫生所	1970.6		20	300	0
铁运处卫生所	1960		44	1200	0
尼龙化工卫生所	1998	2007	17	420	
平职学院卫生所	2001.5		5	300	
香山矿卫生所	2003.6	2003	24	1000	
天元公司卫生所	1970		8	296	
大庄矿医务所	1968		36	3349	50
天昊公司卫生所	1965		6	211.69	
坑口电厂卫生所	1995.12		7	280	
土建处卫生所	1969		5	350	
安培中心卫生所	1986.11		9	200	
电务厂卫生所	1971.11		5	150	
田庄选煤厂卫生所	1970		21	308	
力源化工卫生所	1968		7	440	
安装处卫生所	1987		19	450	

二、郑煤集团

2000 年 7 月 20 日,郑煤集团卫生处与预防保健中心合并为卫生预防中心,机关卫生所划归老干部处。2005 年 6 月,卫生预防中心划归总医院。2006 年 4 月,划归郑煤集团后勤管理部。1996 年 10 月,经河南省卫生厅、郑州市卫生局检查验收,总医院获二级甲等医院和爱婴医院;超化、米村、王庄、芦沟、大平、裴沟 6 矿医院先后获一级甲等医院和爱婴医院。随着体制变革,医疗资源社会化,企业对医疗事业投入逐步减少,各医疗机构实行自主管理。截至 2007 年年底,郑煤集团共有总医院 1 个,矿级医院 7 个,卫生所 16 个,病床 945 张,职工 1520 人,其中卫生技术人员 1258 人、高级职称 48 人、中级职称 332 人。

三、焦煤集团

1991 年以后,焦煤集团中央医院(原焦作矿务局总医院)进入建院以后最快发展时期,到 2015 年已成为省卫生厅直管的集医疗、急救、教学、科研、康复于一体的国家企业三级甲等现代化大型综合性医院,下辖焦煤公司所属的 22 家基层医疗单位,拥有职工 1800 余人,开放床位 1500 余张。中央医院按照河南能源的发展战略和现代企业管理机制,在河南能源"用心做事、追求卓越"的先进文化理念引导下,挖掘、提炼、确立了"仁爱敬业、追求卓越"的医院精神,"病人需求至上"的医院宗旨,"焦作领先、豫北一流、省内知名"的医院目标,"质量立院、人才强院、科技兴院"的医院战略,"技术一流、服务一流、设备一流、环境一流、管理一流" 的医院内涵等一系列医院文化理念。

医院拥有 64 排螺旋 CT、直线加速器、核磁共振、数字减影大型 X 光机、小 C 臂、模拟定位机、全自动生化分析仪、多功能彩色电脑超声诊断仪、彩色多普勒、光学相干断层扫描仪(OCT)、直接数字化摄影系统

(DR)、高压氧、碎石机、超声乳化仪、高频数字胃肠机、电子腹腔镜、动态心电图及动态血压监测系统、各类多功能监护仪、ICU、CCU监护系统等大中型医疗设备，总价值近亿元。职业病防治的主要设备有：体检车、高千伏X光摄片机、肺功能仪、五联观片灯、数字式十二道心电图机等设备。除了设立了神经内科、呼吸科、消化科、心内科、普外科、心脑外科、骨科、妇产科、肺科、耳鼻喉科、口腔科、疼痛科外，还设立了特色专科。焦作矿务局卫生处担负着全局20多万职工家属的医疗、卫生防疫、药政、妇幼保健、职业病防治、结核病防治及医学教育等各项卫生事业的管理、监督和指导，并负责全局的红十字会工作和爱国卫生运动工作。

1990年焦作矿务局成立了妇幼保健所。至此卫生处业务科室变为三所一站，定员23人。为充分发挥卫生处职能处室的作用，于1991年9月增设了管理科和医政科，定员8人。1991年焦作矿务局成立红十字会。1994年，焦作矿务局成立了专科医院，主要诊治对象为精神病人。同时将职业病防治所、结核病防治所、妇幼保健所划归中央医院领导。1997年矿务局卫生处与中央医院合署办公，同时将职业病防治所、结核病防治所、妇幼保健所又划归卫生处领导。1998年矿务局专科医院更名为焦作矿务局中央医院第三分院，由中央医院直接领导。随着国家机构改革的进行，防疫站和妇幼保健的业务逐步由属地管理，2000年以后，矿务局各基层医院、卫生所、卫生室逐步划归中央医院直接管理，2012年管理科、医政科、妇幼所撤销，2014年防疫站撤销，结核病防治所并入职业病防治所，卫生处撤销，职业病防治所划归中央医院。

四、鹤煤集团

1993年9月，鹤壁矿务局成立卫生处医疗卫生服务中心。1993年10月7日，"鹤壁矿务局职工医院"更名为"鹤壁矿务局总医院"。企业改制后，顺延更名为"鹤壁煤业(集团)公司总医院"。土地使用面积27875.5平方米，建筑总面积30815.98平方米。1996年3月该医院获"二级甲等医院"称号。1997年12月，医疗卫生服务中心整体并入矿务局总医院。2003年8月，矿务局防疫站与鹤壁煤业(集团)公司新成立的职业病防治所并入总医院。截至2007年年底，总医院卫生技术人员538人，占职工总人数的74.83%，其中大学本科及以上学历的249人、高级职称55人、中级职称177人；护理人员285人，占卫生技术人员的52.97%。科室设置56个，其中党政和业务职能部门23个：工会、纪委、党委办公室、团委、审计监察科、保卫科、老干部科、行政办公室、医务科、护理部、质控科、信息科、外联科、人劳科、财务科、住院处、总务科、药剂科、器材科、医保站、社保科、职防所、防疫站；临床业务和医技科室33个：心肾内科、呼吸内科、消化内科、神经内科、内分泌科、ICU、老年病科、普外烧伤科、心胸肿瘤外科、脑外科、泌尿外科、骨科、妇产科、儿科、法医科、五官科、中医科、康复科、急诊科、放射科、CT室、检验科、功能检查科、病理科、输血科、高压氧室、综合病房、鹿楼门诊部(含社区门诊)、福田门诊、供应室、注射室、计划免疫、手术室。总医院作为鹤壁矿区的中心医院，承担着全矿区16万职工、家属的医疗保健任务，作为鹤壁市最大的一家地市级医院，对鹤壁地区居民疾病预防、治疗亦起着积极的、重要的作用。

鹤煤(集团)公司第二职工医院(简称"职工二院")位于鹤壁市北半部鹤壁集新生路西段。占地面积4889.75平方米，总建筑面积9119.6平方米，是鹤壁市北部最大的一所以创伤救治为中心多学科的综合性医院，其前身为矿务局职工医院一分院。1987年5月12日，鹤壁矿务局职工医院一分院更名为鹤壁矿务局第二职工医院，为处级单位。2007年，开设床位150张，有职工301人，其中卫生技术人员222人，占职工总数的73.8%；管理人员25人，工勤人员54人。在卫生技术人员中，护理人员106人，占卫生技术人员总数的47.7%，有大学本科学历45人、高级职称10人、中级职称78人。医院设置科室33个，其中党政和业务管理部门18个：党委办公室、行政办公室、纪检监察、工会、团委、医务科、护理部、药械科、感控办、医保站、信息科、科教科、人劳科、财务科、总务科、保卫科、老干部科、考核办。临床业务和医技科室15个：门诊部、急诊科、检验科、输血科、放射科、保健科、五官科、中医科、妇产科、内科、外科、手术室、骨科、法医科、社区卫生服务科，承担着一矿、四矿职工家属及辖区居民的医疗卫生保健及社会抢险任务。

鹤煤(集团)公司二矿医院位于中山北路，建筑面积2165平方米，其前身为鹤壁矿务局二矿卫生所，1990年达标升至一级医院，更名为鹤壁矿务局二矿医院。2007年拥有职工73人，其中卫生技术人员66人、中级职称17人。设床位50张，有16个科室，共计18个专业，承担着二矿职工家属及辖区居民的医疗卫生保健工作。

鹤壁煤电股份有限公司三矿医院位于鹤壁市中山中路，占地面积4800平方米，建筑面积2042平方米，其前身为三矿卫生所，1990年晋升为一级医院，更名为鹤壁矿务局三矿医院，1998年11月9日，被鹤壁市卫生局评为“一级甲等医院”。2007年拥有职工78人，其中卫生技术人员67人，有高级职称1人、中级职称14人；设病房床位60张，康复床位6张；设有10科室共6个专业，承担三矿职工家属及附近居民医疗保健工作。

鹤煤(集团)公司五矿医院位于鹤壁市汤河桥西五矿工人村内，建筑面积2074平方米，其前身为五矿卫生所，1990年达标升至一级医院，更名为鹤壁矿务局五矿医院。1997年1月2日，被鹤壁市卫生局评为“一级甲等医院”；2007年拥有职工58人，其中卫生技术人员49人，有高级职称1人、中级职称12人；设13个科室，共9个专业，床位44张，承担五矿职工家属及辖区居民的医疗保健任务。

鹤壁煤电股份有限公司六矿医院位于鹤壁市红旗街二巷六矿工人村中心地段，占地面积2400平方米。其前身为鹤壁矿务局六矿卫生所，1990年达标升至一级医院，更名为鹤壁矿务局六矿医院。1997年12月30日，被鹤壁市卫生局评为“一级甲等医院”。2007年，有职工85人，其中卫生技术人员73人，中级职称19人；设有17个科室，共9个专业；设病房床位60张，承担六矿职工家属及辖区居民的医疗保健任务。

鹤壁煤电股份有限公司八矿医院位于鹤壁市长风南路矿工路地段，建筑面积3300平方米，其前身为鹤壁矿务局八矿卫生所，1990年达标升至一级医院，更名为鹤壁矿务局八矿医院。2007年，有职工100人，其中卫生技术人员84人，中级职称19人；设8个科室，共10个专业；设床位60张，承担着八矿职工家属及辖区居民的医疗保健任务。

鹤壁煤电股份有限公司九矿医院位于鹤壁市最北部鹤山区窦马庄北面，建筑面积4000平方米。其前身为鹤壁矿务局九矿卫生所，1990年达标升至一级医院，更名为鹤壁矿务局九矿医院。2007年，有职工51人，其中卫生技术人员45人，中级职称10人；设12个科室，共13个专业；设床位30张，承担着九矿职工家属及附近农村的医疗保健任务。

鹤煤(集团)公司工程处医院位于鹤壁市长风北路工程处、三矿、建筑安装总公司、链条厂等单位职工住宅集中处，建筑面积

2005平方米。1997年12月30日,被鹤壁市卫生局评为“一级甲等医院”。截至2007年,有职工50人,其中卫生技术人员39人,中级职称7人;设有12个科室,共14个专业;设有病床50张,承担着工程处职工及附近居民的医疗保健任务。

五、永煤集团

永煤集团总医院(简称“总医院”)是一所集医疗、教学、科研、预防为一体的大型综合性二级甲等医院。1992年10月,矿区成立医务所,隶属于永夏矿区建设管理委员会生活服务公司。1994年9月,医务所迁至牡丹区单身宿舍楼办公,更名为永夏矿区医院(正科级),隶属于生活服务公司。1995年5月,总医院奠基动工,门诊楼、医技楼相继开工建设。总医院于1998年启动使用,更名为永城煤电(集团)有限责任公司总医院。2004年11月,响应国家政策及河南省国资委要求,总医院成为永煤集团第一批改制单位,实施主辅分离,成功实施产权制度改革,矿区分院归属总医院,更名为永煤集团总医院。2011年4月,总医院新建23层病房楼正式开工,建筑面积32000平方米。

2015年总医院拥有在册员工770名,其中硕士研究生60余人、本科400余人。其中有主任医师、副主任医师等高级职称70余人,主治医师等中级职称280余人。

1998年总医院建院初仅有大内科、大外科两个科室。2015年设有临床科室22个科室、医技辅助科室18个科室。其中:胸腔、腹腔、宫腔、胆道、汽化电切镜手术及关节镜、椎间盘镜手术开展普遍;普外科开展的保肝取石术、半肝切除术、胰十二指肠切除术在周边地区处于领先地位;眼科中心是永城及周边县市设备最齐全、技术最先进的专业科室。特色治疗项目有:小儿眼病、白内障、青光眼、眼底病、眼部整形美容、医学验光配镜等。口腔科是集口腔内科、口腔外科、口腔修复、口腔正畸为一体的综合性科室,是商丘地区唯一具有种植牙资质的口腔中心。总医院有豫东地区规模最大、设施最全、年体检人数最多的职业健康体检中心。肿瘤中心、介入治疗中心正在建设中。

总医院医有建筑面积22720平方米(不包含新建病房楼32000平方米),总资产2.0亿元,固定资产1.6亿元,安装有中央空调、中心供氧、中心传呼、负压吸引等先进的配套设施,配备HIS、LIS、pacs系统、电子病历和OA办公等完善的信息化系统。配置有飞利浦3.0T磁共振系统、GE1.5T、东芝16排CT、飞利浦16排螺旋CT、DR系统、飞利浦IE33彩超、麦迪逊三维/四维彩超、奥林巴斯电子胃肠镜、电子支气管镜、肺功能仪、关节镜、鼻窦镜、前列腺电切镜、钬激光、输尿管镜、腹腔镜、椎间盘镜、美国爱尔康玻切超乳一体机、德国蔡司160手术显微镜、美国IRIDEX前后节激光、美国光视前后节OCT、日本TOPCON非接触式眼压计、电脑验光仪、天津索维眼科A/B超、重庆康华眼底荧光造影机、视野计、视觉电生理仪、法国进口洁牙机、血液透析机、运动平板、电生理工作站、骨密度检测、动脉硬化早期检测、东芝自动生化分析仪、直线加速器、中子刀、大型体检车等大型医疗设备百余台(套)。

总医院与河南省人民医院、郑大一附院、郑大二附院、徐医一附院、徐医二附院、徐州四院、上海远大胸科医院等知名医院保持良好的合作共建关系,可随时聘请徐州、郑州、上海的知名专家远程或来院会诊、指导工作。

六、神火集团

1990年5月,永城矿务局成立矿务局职工医院。1993年3月,更名为永城矿务局职工总医院,下设葛店煤矿医院、新庄矿卫生所。1996年,永城矿务局职工总医院更名为神火集团职工总医院（又称“神火总医院”），下设葛店矿分院、新庄矿两个分院。1997年末，神火集团职工总医院有医护人员144人。2014年10月，撤销新庄、葛店两个分院，合并为神火总医院。2015年年底，总医院有职工466人。其中，主任医师15人，副主任医师25人，主治医师46人，副主任护师1人，主管护师24人，共有医疗技术人员379人，占全院职工总数的81.3%。

七、河南省煤炭总医院机构队伍

河南省煤炭总医院（河南煤矿职业病防治医院）是1982年经煤炭部批准成立的，设计规模300张床位，总建筑面积3.6万平方米，人员编制300人。按照“全面规划，分层建设，重点突破，逐步推进”的原则，医院内部机构日趋完善，现设有16个临床专科、9个医技科室、5个病区。人员编制有250人，现有正式职工128人，聘用人员200人，其中：高级职称21人，中级职称80人，初级职称90人。医院已初步建成一个结构合理、相互支撑的综合型医院。

第二节 医疗救护

一、中国平煤神马集团

1996年，平顶山矿务局总医院更名为平顶山煤业集团总医院。1997年，医院被国家卫生部授予“三级甲等医院”。

2000年，该医院实施了管理、科技、文化、人力资源整合再造，建立了“财务、顾客、内部运营、学习成长”四个层面的平衡计分卡绩效管理体系，走出了一条具有特色的企业医院发展之路。2003年，医院通过了ISO 9000、ISO 14000双认证，成为河南省首家通过认证的单位。同年，面对非典型肺炎疫情，总医院、一矿医院、四矿医院、六矿医院、八矿医院、十矿医院、十一矿医院、十二矿医院、高庄矿中心医院等医疗单位迅速建立发热门诊、留观室，其他医疗单位设置了32个筛查台和预检分诊点，及时制定完善了一系列非典防治措施，建立了科学、规范、有效的非典防治机制。据统计，非典期间共有3000名卫生人员自愿报名参加抗击非典型肺炎工作，抽调1100名医务人员，组成医疗救治梯队；举办了培训班200期，培训医务人员1万人次；抽调306名人员到路口、车站对来往车辆进行杀菌消毒、对人员进行测量体温；发热门诊接诊累计总数2000人次，对发现可疑的30名发热病人进行医学留观隔离治疗，未发现非典病人和疑似病例。集团公司被河南省政府评为抗击非典先进集体，总医院和原集团公司卫生福利处防疫站被评为平顶山市抗击非典先进集体。

2004年5月，国家安全生产监督管理局（国家煤矿安全监察局）矿山医疗救护平顶山分中心在总医院挂牌。2011年4月，平顶山天安煤业股份有限公司矿山医疗救护中心成立，医院步入健康有序发展时期，人才梯队高效合理、医疗设备精良齐全、专科建设成效显著。2008年，建筑面积6万余平方米的住院综合大楼建成投入使用，有开放床位1500余张。总医院骨科实现了3级分科、4个病区7个亚专业。

2013年9月，总医院成为新乡医学院非直属附属医院，医院的临床、教学和科研水平进一步提升。2014年被河南省卫计委授予河南省卫生应急队伍单位；12月，成功举办了“全国脊柱微创技术研讨会暨中原椎间孔镜学术会”。

2015年1月4日，经国家卫计委医政医管局核准，河南省卫计委正式批准总医院为第二周期“三级甲等”医院，总医院成为河南省第一家通过三级甲等医院复核评审的地市级医院。在脊柱微创手术、脊椎手术，人工髋、膝关节置换术，膝关节镜、肩关节镜、复杂的四肢骨关节损伤、断肢(指)再植等领域处于区域领先地位，年手术量近7000台；紧跟现代外科发展步伐，全面开启微创外科领域的新纪元——小儿腹腔镜，腹腔镜下腹部恶性肿瘤根治，腹腔镜下妇科恶性肿瘤根治，腔镜下泌尿系恶性肿瘤根治，腔镜下输尿管取石术，椎间孔镜下椎间盘突出、椎管狭窄手术的治疗，膝关节、肩关节镜等30余项微创技术的应用，使医院的微创技术水平不断提升。心血管内科在全省较早开展了心血管微创检查及治疗，成功开展了永久性人工心脏起搏除颤器安置术，主动脉夹层动脉瘤腔内修复术，以及急诊下行冠状动脉支架介入治疗术，每年手术量达1000余例。

截至2015年，总医院占地面积65亩，建筑面积有18万平方米，编制床位1564张，开放床位1834张，设置临床科室56个、医技科室16个，重症医学科为省级重点培育学科，骨科和微创外科为平顶山市重点专科。总医院职工总人数有2180人，其中卫生技术人员1780人、高级职称308人、中级职称755人、博士2人、硕士160人。年门诊量170万人次，住院5.2万人次。其所属41个基层医疗机构中二级医院有3个，一级医院有20个，卫生所有18个，设有井口保健站24个。床位有2606张，职工有2562人，其中高级职称101人、中级职称824人。

1991年以后，在省级以上刊物发表论文5600篇，国外SCI论文1篇。获市级以上科研成果、管理创新成果奖800项，省、部级科研及管理成果10余项，全国管理创新成果一等奖1项。

二、郑煤集团

1992—1995年，在每年的“5・8”世界红十字纪念日，局红十字会与卫生处组织预防保健中心、总医院、电视台、矿工报社和基层医疗单位开展宣传纪念活动，组织了4次大型义诊及献血活动。1993年，在总医院举行由局属各医疗单位32名选手参加的创伤急救比武，进行了笔试、现场急救、止血、包扎、固定、搬运和现场心肺复苏等技能演习。1995年在王庄矿进行急救表演，并在郑州市举办的急救技术比武中获得第一名。

2003年，总医院加入郑州市120急救中心，与新密市急救系统联网，24小时应诊。

2009年11月，总医院120急救站由C级站升为B级站，有工作人员26名(医生8名，护理12名，司机6名)，救护车4辆；添置和更新的抢救设备有除颤仪2台、心电图机3台、心电监护仪2台、呼吸机2台、吸痰器5台、吸管插管4套、洗胃机2台。截至2010年共接诊急救病人49275人次。2008—2010年接诊急救病人数量依次为2532人次、3199人次、3979人次。

2004年，为加强在新密地区重大公共卫生及突发生产安全事故中的应急救治，总医院制定《重大公共卫生及突发性安全事故总医院应急救治预案》，成立工伤应急救治疗领导小组、办公室、专家组、后勤保障组、治安保卫组、宣传接待组，并制定各小组职责及奖惩措施。总医院参与2004年超化矿“4・11”透水事故、大平矿“10・20”煤与瓦斯突出事故、2006年马岭山煤矿瓦斯事故等重大事故抢险及善后伤员治疗工作，2008年5月参与振兴二矿瓦斯突出事故救治工作，2009年11月10日参与郑少高速重大交通事故抢救，2010年2月参与郑州市侯寨大桥交通事故抢救，8月参与新密市任岗煤矿透水事故救治。

三、焦煤集团

河南能源焦煤公司中央医院创立于1948年，现已发展成为一所集医疗、急救、教学、科研、预防、保健等多功能于一体的现代化三级综合医院。医院有开放床位1900多张，拥有职工1910人。高级技术人员258人，85人担任省、部级各学术团体学术职务。其中骨外科学、创伤外科学、脊柱外科学、心血管病学、神经病学、肾脏病学、眼科学、泌尿外科学、耳鼻喉科学、呼吸病学、口腔医学、神经外科学等十二个科室分别是河南省重点学科和焦作市特色专科。近年来开展新业务、新技术300多项，填补省市空白二十多项，近百项达省内先进水平。医院拥有1.5T磁共振、64排容积CT、大型心血管数字减影机、医科达直线加速器、彩色多普勒超声诊断仪、全自动生化分析仪、多学科微创腔镜系统、医学影像PACS系统等世界高精尖大型医疗设备300多台(套)，以及国内领先的21层新病房大楼、全省领先的层流净化手术室、介入治疗室、ICU病房和消毒供应室、血液净化室，硬件建设、技术水平、服务质量均跨入三级医院先进行列。创伤急救技术居全国煤炭行业领先水平，是国家安全生产监督总局矿山医疗救护中心省级分中心，卫生部国际紧急救援中心网络医院。医院先后获得“全国百姓放心医院”“全国抗震救灾工人先锋号”“河南省医院管理年暨‘三优一满意’先进单位”“河南省百姓最满意医院”“河南省行风建设先进单位”等荣誉称号。

四、神火集团

神火总医院的医疗救护面向社会服务，有救护车6辆，与永城市120联通，负责神火职工工伤救护和永城市及周边地区危重病人的救护，总院设有急诊室。

五、河南省煤炭总医院医疗救护

河南省煤炭总医院领导班子紧紧抓住“120”这一特色业务，在医院经费紧张的情况下花费200多万元购买了三辆救护车和各种急救设备，组建了急诊科，配备了专业技术人员32人并通过了郑州急救援中心的验收，成为郑州市紧急救援中心首批急救站。响应院领导建立“学习型医院”的号召，急救站积极组织全体医务人员进行各种急救知识培训，全员参加“120”中心的急救培训并获得上岗资格，做到人人持证上岗。同时医院内部组织各种学习、培训和疑难病例的讨论，鼓励职工参加学术会议及再教育学习，提升急救人员的综合素质，急救站还把岗位练兵纳入日常工作，做到人人熟练掌握心肺复苏、气管插管、心电除颤、洗胃机及呼吸机等设备的使用。2015年，总医院出诊4600余次，救治患者3554人次，抢救危重病人103人次。急救站每年参加郑州市组织的各种大型活动的保障工作，受到急救中心及省市领导的好评。

第三节 职业病防治

一、中国平煤神马集团

1997年，总医院更名为平煤集团职业病医院、平煤集团劳动卫生与职业病防治研究所(一个机构两块牌子)，升格为集团直属副处级单位。2003年3月，平煤集团劳动卫生与职业病防治研究所注册成具有独立社会事业法人资格的“平煤集团职业卫生技术服务中心”，仍是一个机构、两块牌子。2001—2011年，新增了综合科、放射卫生科和肺灌洗中心等科室，成立了5个党支部(内科、外科、劳卫、机关和后勤党支部)。2005年该医院取得职业健康检查资质，成为河南省工伤(尘肺病)定点医疗机构，2007年成为中国煤矿尘肺病防治基金会定点医院，2009年取得职业病诊断资质，2010年取得实验室计量认证资质和职业卫生技术服务资质(乙级)。1999—2012年，主要开展职业健康体检、职业病治疗、肺灌洗康复和职业卫生检测等工作。2012年该医院成为中华社会救助基金会“大爱清尘”基金定点医疗机构、河南省工伤联网结算协议医疗机构，2013年成为河南省新农合定点医疗机构。2008年该医院编制《职业健康监护和职业病诊断作业指导书》《肺灌洗作业指导书》等体系文件，2009年编制《管理手册》《程序文件》和《作业指导书》职业卫生体系文件。

2012年1月，职业病医院和职业卫生技术服务中心合并变更为中国平煤神马集团职业病防治院，升格为正处级集团直属二级机构。2012—2015年，职业病防治院设置了职防部、临床部、综合部、财务资产部、检测评价、职业健康监护、肺灌洗康复、临床治疗中心等机构。全面开展了职业卫生检测评价、职业健康监护、职业病诊断、肺灌洗康复和职业病临床治疗等业务。2012年，职业病防治院党总支撤销，党群工作划归医疗集团党委管理，职业病防治院成立了职防、临床和机关党支部。

截至2015年，职业病防治院占地35亩，建筑面积8000平方米，固定资产720万元，注册资金920万元，经营收入达5000万元，筹建了理化实验室、肺灌洗治疗室和职业卫生档案室，拥有进口气质联用离子色谱、数字化X线射线摄影(DR)系统、呼吸机、麻醉机等职业卫生检测、职业病临床治疗设备200余台。2000年以前，先后引进唐山医学院、新乡医学院等院校公共卫生专业本科生10人。2001年以后，引进陕西科技大学、郑州大学和新乡医学院等院校物理、化学、安全、煤矿工程等专业硕士研究生10人。截至2015年医院共有职工214人，其中专业技术人员174人、中高级以上职称89人，拥有国家级职业卫生专家1人、省级职业卫生专家7人。2011年医院完成的“大型煤炭企业EP-HSE管理模式研究”获平顶山市科技进步一等奖，并获得河南省科技进步二等奖；《集团安全管理模式研究与应用》获得集团公司科技进步一等奖；《大型煤炭企业职业健康监护管理》获得集团公司企业管理创新成果一等奖。检测评价版块已累计开展建设项目职业卫生评价(包括预评、控制效果评价和防护设计)140个项目，开展439个单位职业病危害因素检测；职业健康监护版块年体检量由2000年前的0.5万人增加到6万人左右，建立职业健康监护档案20万份；肺灌洗康复板块累计灌洗治疗集团公司一线职工5000人次，是全国开展肺灌洗人数最多的机构之一。

2009—2011年，集团职业病防治院连续被河南省主管部门授予“年度河南省职业卫生技术服务先进集体”荣誉称号。2014年该院获得中国煤矿尘肺病防治基金会颁发的“全国煤矿尘肺病防治工作先进集体”，同时还获得平顶山市“安康杯”优胜单位和卫生工作先进集体荣誉称号。2014年5月，全国总工会职业健康推进会观摩团来集团职业病防治院参观视察，国家总工会副主席李世明给予高度评价。

二、郑煤集团

2005年5月9日，郑煤集团在集团机关门口组织大型职业病防治法宣传，并在矿区电视台、《郑州矿工报》宣传职业病防治知识。对接能煤尘的职工和专、兼职从事职业病防治人员进行培训，建立培训记录。2006年6月8日和13日郑煤集团分别下发《对郑煤集团接尘工人进行职业健康检查的通知》和《职业病防治经费的通知》，明确经费提取。6月26日—8月26日，郑煤集团先后对米村矿、大平矿、杨河煤业公司、超化矿、告成矿8082名接尘工人进行职业病普查，确定尘肺病101人，其中Ⅰ期尘肺64人、Ⅰ期尘肺合并肺结核7名、Ⅱ期尘肺病例29名、Ⅲ期尘肺病例1名，检出率为1.25%。9月21日，郑煤集团成立职业危害和劳动保护工作领导小组，建立接尘职工健康档案，完成接尘工人数据库，做到一人一卡，并逐步和劳动档案接轨。2008 年 7 月，集团召开专题会议，安排职业健康体检工作。10 月 16 日起，总医院对各生产单位井下职工进行健康检查，共体检职工 7265 人，新增尘肺病例 16 人。2009 年 9 月，共体检职工 8082 人，新增尘肺病例 23 人。

2010 年 5 月集团在《郑州矿工报》连续刊登《职业病防治法》和《煤矿作业场所职业危害防治规定》，宣传、普及职业病防治知识，增强职工防护意识；6 月下发职业病健康体检文件，为接尘职工实行每两年体检一次；7 月开始体检，共体检职工 7160 人，新增尘肺病例 62 人。9 月 8 日—30 日郑煤集团委托新密市卫生防疫站对 13 个生产矿井进行职业危害因素监测评价。10 月 20 日—26 日，河南煤矿安全监察局开展“煤矿矿用设备、职业危害防治和劳动防护用品专项执法监察”，对白坪煤矿、新密分公司伟业煤矿、杨河煤业公司、超化煤矿进行专项检查，对职业健康工作实行规范化管理。同月，向河南煤矿安全监察局报送郑煤集团职业健康工作先进经验材料，并开展对各生产矿井职业卫生工作调查。对新诊断的职业病人，统一进行常规治疗。

2008 年 10 月、2009 年 9 月，白坪煤业公司、新郑煤电公司先后通过河南省卫生厅进行的建设项目职业危害控制效果评价。2008—2010 年，集团完成对张沟矿、老君堂矿、金龙矿、崔庙矿和 32 个资源整合矿井职业卫生专项验收。

三、焦煤集团

2002 年 5 月 1 日《中华人民共和国职业病防治法》开始实施，国务院、卫生部相继颁布了相关的职业卫生法规，职业病防治工作完全进入法制化、规范化，焦煤职业病防治工作稳步推进。

（一）尘肺病防治

1. 预防

各矿配备了专职防尘员，成立测尘队，列有专项资金。坚持从生产源头与过程治理相结合，采取综合防尘措施，降低了粉尘浓度；定期组织对综合防尘措施及职业病防治工作进行检查，对有代表性的粉尘作业地点进行监督测定。焦煤集团掌握全局的职业危害状况，预防职业病的发生，对公司所属各单位建立了工业卫生档案，并定期复查。

2. 普查

1993 年由煤炭部投资配备了一辆 X 线检查车，定期到各单位进行普查，应用高仟伏投照技术检查尘肺，提高了受检率，使普查工作顺利进行。1997 年年底对全局尘肺再次进行流行病学调查，全局尘肺检出率 8.9%，平均发病工龄 25.66，发病年龄 53.67 岁，结核合并率 6.64%，死亡率 26.24%，平均寿命 66.48 岁。1991—2015 年焦煤公司尘肺检查情况统计一览表如表 9-3-2 所示。

表 9-3-2 1991—2015 年焦煤公司尘肺检查情况统计一览表

年度	职工总数（人）	接触粉尘人数（人）	体检人数（人）	体检人数比率	新发尘肺人数（人）	新发比例
1991	66508	27624	3099	0.1122	68	0.2462
1992	48429	27708	5	0.0002	4	0.0144
1993	45969	27705	7190	0.2595	64	0.231
1994	43240	27600	4422	0.1602	116	0.4203

表 9-3-2(续)

年度	职工总数（人）	接触粉尘人数（人）	体检人数（人）	体检人数比率	新发尘肺人数（人）	新发比例
1995	41882	28753	3283	0.1142	39	0.1356
1996	58260	18237	6330	0.3471	38	0.2084
1997	40892	15852	7661	0.4833	35	0.2208
1998	43240	16235	9186	0.5658	35	0.2156
1999	41860	16240	3628	0.2234	40	0.2463
2000	49008	17083	6900	0.4039	31	0.1815
2001	30125	13025	3400	0.261	33	0.2534
2002	29157	13356	3814	0.2856	60	0.4492
2003	27586	13478	3100	0.2300	61	0.4526
2004	28564	13755	3057	0.2222	52	0.378
2005	32127	13486	2003	0.1485	42	0.3114
2006	29388	14574	3000	0.2058	20	0.1372
2007	28645	15042	3500	0.2327	25	0.1662
2008	27852	14963	4200	0.2807	24	0.1604
2009	27139	20493	4000	0.1952	20	0.0976
2010	26508	20911	7000	0.3348	46	0.2200
2011	31821	24906	15000	0.6023	44	0.1767
2012	32735	21841	13000	0.5952	25	0.1145
2013	31827	21027	12070	0.574	25	0.1189
2014	31360	19048	13000	0.6825	26	0.1365
2015	26002	17037	11695	0.6864	20	0.1174

3. 诊断

1992 年 5 月 16 日，职防所在医院有关部门协作下，首例大容量肺灌洗治疗尘肺获得成功。为了预防职业病，各矿和选煤厂都成立了由矿厂主要领导和医疗、劳资、安检、工会等单位成员组成的职业病防治领导小组，定期组织检查。

（二）职业病防治管理体系

（1）完善组织机构及制度管理。2002 年以后，焦煤各单位专门成立职业病防治管理机构，配备专职管理人员，逐步建立完善了职业危害防治规划、年度计划和实施方案、职业危害防治责任制度等文件及各项管理制度。

（2）组织开展工作场所职业危害因素检测评价。2012 年开始，焦煤公司对所属各矿井工作场所职业危害因素检测评价工作进行统一部署，委托具有资质的职业卫生技术服务机构对作业场所职业危害因素进行年检测、三年现状评价；各矿井针对职业危害因素检测评价结果制定整改措施，确定整改期限，认真落实。

（3）普及职业危害防治宣传教育工作。焦煤公司及各基层单位认真落实职业危害防治宣教工作，利用新闻媒介大力宣传，各基层单位在厂区醒目位置设置公告栏，公布有关职业病防治的规章制度、操作规程、职业病危害事故应急救援措施和工作场所职业病危害因素检测结果等内容，增强员工对职业病防治工作重要性的认识。

(4) 加强综合防尘管理。2002 年，焦煤各生产矿井配备直读式测尘仪 9 台、防尘供水主管路约 14000 米，供水支管约 20000 米。焦煤公司严格执行《煤矿作业场所职业危害防治规定(试行)》，作业现场钻孔采取湿式打眼方式，所有工作人员佩戴防尘保护用品。爆破前后冲洗煤壁、顶板并浇湿落煤。坚持定期冲刷巷道积尘，主要大巷每年刷白一次，主要进、回风巷每月至少冲尘一次，采区内巷道中每月至少冲尘两次。煤矿使用的粉尘检测仪器仪表，均具有有效的计量检验合格证。按规定配齐职业危害因素检测人员，每月至少检测二次产尘地点，其他危害因素按要求进行定期检测，并建立相关的检测原始记录和检修更换设备台账，且每半年对作业地点游离二氧化硅含量和粉尘分散度进行检测分析，针对检测存在的问题及时制定整改措施。

(5) 加强个体防护。按照《煤矿职业安全卫生个体防护用品配备标准》(AQ 1051—2008)，各矿井及地面单位为职工配备符合要求的个体防护用品，并建立健全防护用品发放台账和记录。各单位安监部门及工会组织对员工现场个体防护用品的使用情况进行监督检查，规范使用，防护到位。

(6) 加强全员监护。认真落实《煤矿作业场所职业病危害防治规定》(国家安全生产监督管理总局令第 73 号)，将三年一次的全体接尘职工普查，改为接触煤尘为主的在岗职工 2 年体检一次，对以接触岩尘为主的在岗职工以及接触噪声、高温的在岗职工进行年普查。

四、鹤煤集团

2002 年 5 月 1 日，《中华人民共和国职业病防治法》颁布实施后，鹤煤积极宣传《职业病防治法》，采取有奖知识问答、发放宣传彩页、制作宣传版块等形式，增强全体员工的职业病防治意识，有效促进职业病防治工作开展。

2003 年，鹤煤集团制定下发《鹤壁煤业(集团)有限责任公司职业病防治管理办法(试行)》。同年 8 月，成立鹤煤公司职业病防治所，设防疫站、劳动卫生科、职业健康监护科、综合办公室 4 个科室，配备有高仟伏流动体检车、肺功能仪、全自动洗片机、尿分析仪、B 超、粉尘检测仪等仪器设备。2006 年 5 月，获河南省卫生厅颁发的职业健康检查资质证书(豫卫职健字〔2006〕第 02 号)，能够开展粉尘、毒物、放射性、物理性有害因素及其他职业危害作业人员健康体检工作。

“十一”和“十二五”期间，集团成立职业危害防治领导小组和办公室，把职业卫生工作纳入公司安全质量标准化管理，制定职业危害防治规划、年度计划和实施方案。集团采取多种方式对职业危害防治知识进行宣传；对职工建立健全了个人健康监护档案；对新发现有职业病及疑似职业病的人员，按规定给予合理安置、诊断、治疗，及时为职业病人及疑似职业病人进行双盥洗治疗；职工签订劳动合同时，将工作场所的防护设备、采取的防护措施、配备的个人防护用品以及相关待遇如实告知职工。

(一) 尘肺病防治

在鹤煤集团职防所成立前，规定对从事岩巷作业 3 年，煤巷、采煤及岩煤混合工作 5 年，井下辅助工作 10 年的职工，由矿务局卫生处对尘肺病 3 年进行一次普查，每年进行一次复查。经拍片诊断后，根据不同情况分别对待，或调换工种，或住院治疗。在鹤煤公司职防所成立后，具体体检工作由职防所负责实施，诊断工作由河南省煤炭总医院或河南省职业病防治研究所负责诊断。对确诊尘肺病人员及时调整工作岗位，按规定落实新诊断尘肺病人的有关待遇和治疗。

（二）TNT 作业中毒防治

1991—2015 年，对五一一厂接触 TNT（三硝基甲苯）作业的工人进行了十几次体格检查，检查出中毒者 59 人。TNT 中毒防治，主要是每年进行体格检查，发现慢性中毒者，及时调离有毒作业岗位，并用保肝药物治疗；对检查出部分 TNT 作业工人的眼晶状体损害的情况，采取及时调离原有毒作业工种的方法，使病情不再发展，并使用治疗白内障的药物进行治疗。

五、神火集团

1991 年以后，神火总医院与河南省职业病防治所商定，每两年为井下职工进行一次矽肺病检查，有问题的职工再安排到省职业病防治所复查确诊。2008 年，神火总医院配备了职业病体检车 1 辆，每年为井下、地面易发职业病的岗位职工检查 10000 多人次，凡被确诊的职业病人，除坚持正常治疗外，定期到省级其他有关单位复查治疗。1993 年安排 2 位病人到北戴河疗养院进行洗肺治疗。所在单位按国家有关规定及时为有职业病的职工调整工作岗位，安排力所能及的工作或休养，增发福利待遇等。

六、河南省煤炭总医院职业病防治

1991 年，总医院配合河南省煤炭安监局编写《煤矿尘肺病三级预防知识》并在全省煤炭企业进行巡回展出。

1992 年以来，河南省煤炭总医院一直把煤矿职业病防治工作作为医院的重点工作来抓，每年组织专业技术人员为全省煤矿接尘工人进行尘肺病检查和诊断工作，每月定期为煤矿上岗、在岗、离岗的接尘工人进行例行检查，及时发现职业禁忌症。

1994 年，经省卫生厅批准成立河南省煤炭厅尘肺诊断组，河南省煤炭总医院牵头开展全省煤矿尘肺病诊断工作，每年平均阅片约 5 千人次。1995 年参与原河南煤炭管理干部学院组织的煤矿矿长、总工程师培训班教材有关煤矿尘肺病防治的编写和授课。

2002 年国家第三套尘肺病诊断标准颁发后，该医院多次组织全省各大矿务局进行标准的学习培训和研讨。

2003 年《国家职业病防治法》颁发后，河南省煤炭总医院经省卫生厅验收通过，成为河南省第一批具有职业病健康检查和诊断资质的医疗机构，累计定诊尘肺病人 2000 多例。

2015 年 3 月，河南省煤炭总医院被中国煤矿尘肺病防治基金会确定为尘肺治疗定点医院，2015 年 4 月 17 日，举行中国煤矿尘肺病防治基金会定点医院揭牌仪式，时任中国煤矿尘肺病防治基金会理事长黄毅、时任基金会驻会副理事长金磊夫、时任基金会顾问李玉环、时任河南省工业和信息化厅副厅长陈党义、时任河南煤矿安全监察局副局长许胜铭、时任基金会郑州联络办主任张庆玉、时任郑州市卫生和计划生育委员会副主任原学岭、时任院领导杨保峰、刘章锁、王会领及医护人员代表等 100 余人参加了揭牌仪式。

建院以来，河南省煤炭总医院开展尘肺病人心肺功能，肺血流变化，尘肺病人及尘肺结核病人血清脂质化反应的变化规律，煤矿工人肺功能预计值标准，尘肺病人早期小气道变化等二十多项科研课题的研究，分别在中华结核病杂志、中华劳动卫生与职业医学杂志等国家级期刊上发表，其中“煤工尘肺呼吸困难指标测定，尘肺病人血清 SOD、LOP 研究”获河南省卫生医学卫生科技成果一等奖，“郑州煤炭集团井下作业工人职业健康状况调查研究”获河南省煤炭工业科技进步二等奖。

第　十　篇

人物与荣誉

第一章　人　物

第一节　人物简介

朱德沛

朱德沛，男，生于1935年5月，山东省济南市人。1956年9月参加革命工作，1958年3月加入中国共产党，高级工程师。1956年毕业于合肥矿业学院采矿系。1956—1958年，任煤炭工业部地方工业局技术员。1958—1959年，在焦作矿务局小马村矿参加劳动锻炼。1959—1977年，任河南省煤炭科学研究所、中南煤炭工业管理局、河南省革委会煤炭化工局、煤炭管理局技术员。1977—1982年，任河南省革委会煤炭管理局生产处副处长、处长。1982—1983年，任河南省煤炭管理局副局长、党组成员。1983年3月—1987年9月，任河南省煤炭工业厅、煤炭工业部河南煤炭工业管理局副厅长、副局长，厅、局党组副书记。1987年9月—1995年7月，任河南省煤炭工业厅厅长、党组书记，煤炭工业部河南煤炭工业局管理局局长、党组书记，兼任郑州煤炭管理干部学院院长。2001年4月退休。

高国安

高国安，男，生于1942年11月，河南省项城市人。1968年8参加工作，中共党员，1967年7月毕业于中国矿业大学，大学本科学历，高级工程师职称。参加工作后，曾任鹤壁矿务局四矿技术员、工程师，河南省煤矿设计院工程师、科长、党委书记。1985年9月—1995年7月，任河南省煤炭工业厅(局)党组成员、副厅(局)长。1995年7月—2000年5月任河南省煤炭工业厅(局)党组书记、厅(局)长(1988—1998年兼永夏矿区管委会主任、党委书记)。2000年5月—2003年2月任河南省煤炭工业局党组书记、局长(1993—2003年兼河南煤气集团董事长、党委书记，主持永夏矿区和河南煤气集团的建设工作)。2003年2月—2008年3月任河南省政协常委、人口资源环境委员会副主任，河南省煤炭行业协会会长，河南国际商会副会长。2007年6月退休。

李恩东

李恩东，男，生于1958年8月，河南省沈丘县人。中共党员，毕业于中国政法大学研究生院，研究生学历，法学硕士学位，高级政工师职称。1976年3月参加工作，曾任郑州矿务局办公室秘书、秘书科长、行政科长、局干部处副处长、局组织部副部长、局组织部部长(兼任新密市人大常委会副主任、郑州矿区党工委副书记、郑州矿区管委会主任)。1995年5月—1998年3月，任郑州矿务局党委副书记。1998年3月—2005年5月，任郑煤集团党委书记(曾兼任矿区党工委书记)、副董事长。2000年5月—2003年2月，任河南省煤炭工业局副局长、党组副书记。2003年2月—2008年3月，任河南省煤炭工业局局长、党组书记，河南省国资委副主任、党委委员。2008 年 4 月—2010 年 9 月，任河南省平顶山市委副书记、市长。2010 年 9 月—2011 年 9 月，任河南省水利厅副厅长（正厅级）、党组副书记。2011 年 9 月—2011 年 10 月，任河南省社会科学界联合会党组书记。2011 年 10 月—2013 年 4 月，任河南省社会科学界联合会党组书记、副主席。2013 年 4 月，任河南省委副秘书长、省直机关工作委员会书记。

陈党义

陈党义，男，生于 1956 年 9 月，河南省内乡县人。中共党员，毕业于焦作矿业学院地质系，大学学历，工学学士学位，高级工程师职称。1982 年 1 月参加工作，历任煤炭部 49 工程处队长、工程师，平顶山市煤炭管理局总工办副主任，平顶山煤炭工业总公司生产计划处负责人、处长，平顶山市梨园矿务局副局长、党委副书记，高级工程师，平顶山市新华区委副书记、区长，平顶山市石龙区委书记（2002 年 2 月兼任区人大常委会主任）。2004 年 2 月—2009 年 3 月，任河南省煤炭工业管理局副局长、党组成员。2009 年 3 月，任河南省工业和信息化厅副厅长、党组成员。2015 年 11 月，任河南省工业和信息化委员会副主任、河南省煤炭工业管理办公室主任（正厅级），任中共河南省煤炭工业管理办公室委员会党委书记、兼中共河南省工业和信息化委员会党组副书记。

黄元庆

黄元庆，男，生于 1941 年 2 月，湖北省应城县人。中共党员，1963 年毕业于湖北省燃料工业学校（后并入湖北省工业学校），高级工程师职称。1963 年 10 月毕业分配到平顶山矿务局四矿工作，历任采煤队技术员、矿技术科副科长、矿副总工程师。后历任平顶山矿务局八矿总工程师，河南省煤炭工业厅安检局副局长、副厅长。1988 年 9 月—1993 年 9 月，任河南省煤炭工业厅副厅长、中国统配煤矿总公司河南公司副经理。1993 年 10 月—2000 年 4 月，任河南省煤炭工业厅（河南煤炭工业管理局）副厅（局）长。2000 年 4 月，任河南煤矿安监局巡视员、河南省整顿和规范市场办公室专职副主任（正厅级）。2001 年 2 月退休。

张国辉

张国辉，男，生于 1958 年 7 月，山东省莱州市人。中共党员，工学博士。1982 年参加工作，曾任河南省煤炭工业厅生产处副处长、国有煤矿处处长。2000 年 4 月—2008 年 3 月，任河南省煤炭工业管理局、河南省煤炭工业管理局副局长、党组成员。2008 年 3 月—2011 年 9 月，任河南省安全生产监督管理局党组书记、局长。2011 年 9 月，免去河南省安全生产监督管理局党组书记、局长职务，调出河南省。

刘世伟

刘世伟，男，生于 1963 年 3 月，河南省禹州市人。中共党员，毕业于中共河南省委党校行政管理专业，研究生学历。1982 年 7 月参加工作，历任郑州煤炭工业学校团委干事、副书记，郑州煤炭管理干部学院团委书记，河南省煤炭工业厅直属机关团委书记、人事处副处长、人事处（机关党委）处长。2003 年 10 月—2009 年 3 月，任河南省煤炭工业管理局、河南省煤炭工业管理局副局长、党组成员。2009 年 3 月—2011 年 9 月，任河南省工业和信息化厅（委）副主任、党组成员。2011 年 9 月—2014 年 7 月，任河南省人民政府副秘书长。2014 年 7 月—2016 年 1 月，任河南发展和改革委员会副主任、党组成员，省重点项目建设领导小组办公室主任（正厅级）。

严金满

严金满，男，生于1935年2月，浙江省宁海县人，教授级高级工程师。1949年6月参加中共海宁县委民运工作队，同年9月经组织保送到宁海中学学习。1954年3月加入中国共产党。1956年从北京矿业学院毕业后考取留苏研究生。1956—1957年，先后在北京俄语学院留苏预备部学习和北京矿业学院进修。1957—1965年，任鹤壁矿务局生产技术处技术员、工程师。1965—1972年，任鹤壁矿务局六矿副矿长、副总工程师。1972—1983年，任鹤壁矿务局技术处副处长、技术领导小组成员、副总工程师、总工程师。1983年10月起，任河南省煤炭工业厅、煤炭工业部河南煤管局、中国统配煤矿总公司河南公司总工程师。中共河南省第四次代表大会代表，河南省第六届、第七届人大代表，煤炭工业部技术咨询委员会委员，中国煤炭学会理事，河南省煤炭学会第三届理事长。1995年11月退休。

吕宗康

吕宗康，男，生于1931年5月，山东省莱芜市人。1984年9月加入中国共产党，高级会计师。1949年7月进入河南大学行政学院学习后参加革命工作。先后任洛潼段(铁路)工程修复委员会政治部宣传员、河南渑池县税务局核算员。1952—1955年，在上海财经学院读书。1955—1958年，任郑州煤矿基本建设局、鹤壁工程公司经济员、财务科成本员。1958年10月起，先后任鹤壁矿务局财务处会计组组长、副科长、科长、会计师、主任会计师。1983年10月任河南省煤炭工业厅副总会计师，次年10月起任煤炭工业厅(局、公司)总会计师。1993年2月退休。

杨耀敏

杨耀敏，男，生于1941年1月，河南省渑池县人。中共党员，1961年8月参加工作，1971年加入中国共产党。曾任义马矿务局常村煤矿技术员，助理工程师，第二采煤队队长，副矿长、矿长、矿党委常委。1983年12月，任义马矿务局局长、党委委员、中共义马市委书记。1992年10月，调任河南省煤炭厅副厅长、河南煤管局副局长。2000年4月，从河南煤矿安全监察局退休(正局级干部)。1990年，被评为中国煤炭工业优秀企业家，获得“金钟奖”。1992年《依靠科技进步，挖掘企业潜力，煤炭产量突破和巩固千万吨》成果获得1989—1992年度河南省煤炭工业科技进步奖组织类一等奖。

谷中立

谷中立，男，生于1948年11月，河南省密县(新密市)人。1964年4月参加工作，1972年7月加入中国共产党。1972—1974年，在密县超化煤矿任生产技术组长。1974—1976年，在焦作矿业学院学习。1976—1981年，任密县矿山救护队技术员、队长。1981—1985年，任密县煤炭工业局副局长、局长、局党委书记。1982年，被评为河南省劳动模范。1985—1989年，任密县人民政府副县长、常务副县长、县长、县委副书记。1989年4月，任中国统配煤矿总公司河南公司副经理、党组成员。2000年4月，任河南煤矿安全监察局助理巡视员。2009年3月退休。

刘云达

刘云达，男，生于1954年1月，河北省沧州市人。中共党员，毕业于焦作工学院成教学院工商管理专业，大学学历。1974年12月参军服役，历任战士、副班长、排长、政治处秘书、组织股干事(副连职)。转业后，从1983年7月起，历任河南省第六建井工程处组干科干事，河南煤炭基建公司组干处干事、副科长，河南煤矿建设第五工程处党委副书记、工会主席，河南矿业建筑安装工程公司党委副书记、党委书记，永夏矿区建设管理委员会纪委副书记、党委委员，纪委书记，永城煤电(集团)有限责任公司党委副书记兼纪委书记、党委副书记兼监事会主席。2001年12月—2009年3月，任中共河南省纪委驻河南省煤炭工业管理局纪律检查组组长、局党组成员(期间曾兼任河南省煤矿工会主席)。2009年3月，任河南省工业和信息化厅巡视员、党组成员。2014年3月退休。

莫建勇

莫建勇，男，生于1956年2月，河南省林州市人。中共党员，毕业于中央党校政法专业，大学学历。1974年12月参军，历任西藏军区边防第四团一营文书、政治处保卫干事，西藏军区政治部保卫处干事、联络站副站长、副营职干事，农场场长，正营职干事，西藏军区总医院政治部副团职协理员，西藏军区军事法院副院长、院长(正团)，那曲军分区政治部主任(副师职)。2006年5月—2009年2月，任河南省煤炭工业管理局副局长、党组成员。2009年3月—2014年9月，任河南省安全生产监督管理局副局长、党组成员。2014年9月—2016年3月，任河南省安全生产监督管理局巡视员、党组成员。

付树林

付树林，男，生于1947年10月，河南省平顶山市人。中共党员，毕业于中国矿业大学，研究生学历，教授级高级工程师。曾历任平顶山矿务局直矿综采二队党支部书记，平顶山矿务局十矿副矿长、矿长、党委书记。1993年8月—1999年12月，任平顶山矿务局副局长。1999年12月—2001年5月，任中共义煤集团党委书记、董事长。2001年5月，任义煤集团董事长、党委副书记。2005年1月9日，任河南省煤炭工业局任巡视员。2007年12月退休。曾获授“中国煤炭工业优秀企业家”“河南十大科技新闻人物”等称号，被国务院授予“有特殊贡献专家”称号，享受国务院特殊津贴。

王连海

王连海，男，生于1962年6月，河南省平舆县人。中共党员，毕业于焦作工学院采矿工程专业，大学学历，工程硕士学位，高级工程师职称。历任河南省梁洼煤矿行政办公室副主任、生产技术科科长、总工程师室主任。郑煤集团(郑州矿务局)米村煤矿矿长助理、副矿长、常务副矿长、党委委员。郑煤集团告成煤矿筹建处主任、矿长兼党委副书记。2000年10月—2004年6月，任河南省煤炭工业局安全管理处副处长、处长。2004年7月，任河南省煤炭工业局副巡视员。2008年1月—2009年2月，任河南省煤炭工业管理局副巡视员兼省煤矿工会主席。2009年2月—2014年5月，任河南省安全生产监督管理局党组成员、煤矿安全监察办公室主任(副厅级)。2014年5月任郑州煤炭工业(集团)有限责任公司董事长、党委书记。

李震寰

李震寰，男，生于1958年1月，云南省云县人。毕业于中国矿业学院采矿工程系，工学学士学位，教授级高级工程师，享受国务院政府特殊津贴。历任河南省煤炭科学研究所副所长、河南省煤炭工业管理局安全处副处长。2008年1月，任河南省煤炭工业管理局安全处总工程师，兼任中国煤炭开采专业委员会委员。曾获得全国煤炭工业科技进步奖二等奖一项，河南省科技进步一等奖、二等奖各一项，三等奖两项；1996 年被列为河南省煤炭专业技术拔尖人才，1998 年被列为国家煤炭工业部专业技术拔尖人才。2014 年 9 月—2015 年 11 月，任河南省安全生产监督管理局党组成员、煤矿安全监察办公室主任（副厅级）。2015 年 11 月，任河南省煤炭工业管理办公室副主任（副厅级）、党委委员。

第二节 人物名录

1991—2015 年河南省级政府机关任职副厅（局）以上人物 30 人。其中：河南省煤炭工业厅（局、办）正、副厅级人物 17 人；河南煤矿安全监察局正、副局级人物 13 人。1991—2015 年河南大型煤炭企业正职（董事长、书记、总经理）70 人。

1991—2015 年中国共产党全国代表大会代表、全国人民代表大会代表、中国人民政治协商会议委员会委员 15 人。中共河南省党代表大会代表、河南省人民代表大会代表、中国人民政治协商会议河南委员会委员 49 人。中国工程院院士 1 人。享受国务院特殊津贴人物 134 人。以上人物分单位按任职时间先后排序。

一、管理机构人物

（一）河南省煤炭工业厅（局、办）正、副厅级人物

姓名	籍贯	生卒年月	工作单位	任职时间及职务
朱德沛	山东省济南市	1935.5—	河南省煤炭工业厅，中国统配煤矿总公司河南公司	1987 年 9 月—1988 年 8 月，任河南省煤炭工业厅（河南煤炭工业管理局）厅（局）长；1988 年 9 月—1995 年 7 月，任河南省煤炭工业厅（中国统配煤矿总公司河南公司）厅长（经理）
高国安	河南省项城市	1942.11—	河南省煤炭工业厅，河南煤炭工业管理局	1995 年 7 月—2000 年 5 月，任河南省煤炭工业厅（河南煤炭工业管理局）党组书记、厅（局）长；2000 年 5 月—2003 年 2 月，任河南省煤炭工业局局长、党组书记
李恩东	河南省沈丘县	1958.8—	河南省煤炭工业局，河南省煤炭工业管理局	2003 年 2 月—2008 年 3 月，任河南省煤炭工业局、河南省煤炭工业管理局局长、党组书记
陈党义	河南省内乡县	1956.9—	河南省煤炭工业管理局，河南省工业和信息化厅，河南省煤炭工业管理办公室	2004 年 2 月—2009 年 3 月，任河南省煤炭工业局、河南省煤炭工业管理局副局长、党组成员；2009 年 3 月任河南省工业和信息化厅副厅长、党组成员；2015 年 11 月任河南省煤炭工业管理办公室主任、党委书记（正厅级）

（续）

姓名	籍贯	生卒年月	工作单位	任职时间及职务
黄元庆	湖北省应城市	1941.2—	河南省煤炭工业厅，河南煤炭工业管理局	1985年10月—1988年8月，任河南省煤炭工业厅（河南煤炭工业管理局）副厅（局）长；1988年9月—1993年9月，任河南省煤炭工业厅、中国统配煤矿总公司河南公司副厅长、副经理；1993年10月—2000年4月，任河南省煤炭工业厅（河南煤炭工业管理局）副厅（局）长
严金满	浙江省宁海县	1935.1—	河南省煤炭工业厅，河南煤炭工业管理局	1983年10月—1988年8月，任河南省煤炭工业厅、河南煤炭工业管理局总工程师；1988年9月—1993年9月，任河南省煤炭工业厅、中国统配煤矿总公司河南公司总工程师；1993年10月—1995年8月，任河南省煤炭工业厅、河南煤炭工业管理局总工程师
吕宗康	山东省莱芜市	1931.5—	河南省煤炭工业厅，河南煤炭工业管理局	1984年10月—1988年8月，任河南省煤炭工业厅、河南煤炭工业管理局总会计师；1988年9月—1992年8月，任河南省煤炭工业厅、中国统配煤矿总公司河南公司总会计师
杨耀敏	河南省渑池县	1941.1—	河南省煤炭工业厅，河南煤炭工业管理局	1992年6月—1993年9月，任河南省煤炭工业厅、中国统配煤矿总公司河南公司副厅长、副经理；1993年10月—2000年4月，任河南省煤炭工业厅（河南煤炭工业管理局）副厅（局）长
谷中立	河南省新密市	1948.11—	河南省煤炭工业厅，河南煤炭工业管理局	1989年5月—1993年9月，任河南省煤炭工业厅、中国统配煤矿总公司河南公司副厅长、副经理；1993年10月—2000年4月，任河南省煤炭工业厅（河南煤炭工业管理局）副厅（局）长
蒋喜成	河南省焦作市	1938.10—2013.6	河南省煤炭工业厅，河南煤炭工业管理局	1995年12月—2000年4月，任河南省煤炭工业厅、河南煤炭工业管理局纪检组长
张国辉	山东省莱州市	1958.7—	河南省煤炭工业管理局	2000年4月—2008年3月，任河南省煤炭工业局、河南省煤炭工业管理局副局长、党组成员

（续）

姓名	籍贯	生卒年月	工作单位	任职时间及职务
刘世伟	河南省禹州市	1963.3—	河南省煤炭工业管理局	2003年10月—2009年3月，任河南省煤炭工业局、河南省煤炭工业管理局副局长、党组成员
刘云达	河南省永城市	1954.1—	河南省煤炭工业管理局	2001年12月—2009年3月，任河南省煤炭工业局、河南省煤炭工业管理局纪检组长、党组成员(2004年8月—2008年1月，兼任河南省煤矿工会主席；2005年9月—2009年3月，任中共河南省煤炭工业局直属机关委员会委员、常务副书记)
莫建勇	河南省林县	1956.2—	河南省煤炭工业管理局	2006年5月—2009年3月，任河南省煤炭工业局、河南省煤炭工业管理局副局长、党组成员
付树林	河南省平顶山市	1947.10—	河南省煤炭工业管理局	2005年5月—2007年12月，任河南省煤炭工业局、河南省煤炭工业管理局巡视员、党组成员
王连海	河南省平舆县	1962.6—	河南省煤炭工业管理局	2004年7月—2009年2月，任河南省煤炭工业局、河南省煤炭工业管理局助理巡视员(2008年1月兼任河南省煤矿工会主席)
李震寰	云南省云县	1958.1—	河南省煤炭工业管理办公室	2014年9月—2015年9月任河南省安全生产监督管理局、煤矿安全监察办公室主任(副厅级)、党组成员；2015年9月任河南省煤炭工业管理办公室副主任、党委委员

(二) 河南煤矿安全监察局正、副局级人物

姓名	籍贯	生卒年月	工作单位	任职时间及职务
刘云涛	江苏省丰县	1962.4—	河南煤矿安全监察局	2000年4月—2001年6月任党组书记
牛森营	河南省临颍县	1962.10—	河南煤矿安全监察局	2008年6月—2014年2月任党组书记、局长
严寅初	湖南省宁乡县	1961.4—	河南煤矿安全监察局	2014年2月任党组书记、局长
黄元庆	湖北省应城市	1941.2—	河南煤矿安全监察局	2000年4月—2001年2月任巡视员

（续）

姓名	籍贯	生卒年月	工作单位	任职时间及职务
薛纯运	山东省鱼台县	1958.12—	河南煤矿安全监察局	2005年5月—2011年9月任党组成员、副局长；2011年9月任党组成员、巡视员
宋广太	河南省郏县	1956.10—2009.5	河南煤矿安全监察局	2000年4月—2005年1月任党组成员、副局长
李尚宽	河南省灵宝市	1956.6—	河南煤矿安全监察局	2000年4月—2008年6月任党组成员、副局长
许胜铭	河南省浚县	1963.5—	河南煤矿安全监察局	2006年3月—2010年11月任党组成员总工程师；2010年11月—2016年5月任党组成员、副局长
范朝庆	河南省巩义市	1971.10—	河南煤矿安全监察局	2006年3月—2011年2月任党组成员、纪检组长；2012年3月—2015年3月任党组成员、副局长
姚景州	河南省偃师县	1963.3—	河南煤矿安全监察局	2010年11月—2011年9月任党组成员、总工程师；2011年9月任党组成员、副局长
陈　滨	湖南省醴陵市	1962.7—	河南煤矿安全监察局	2011年2月任党组成员、纪检组长
谷中立	河南省新密市	1948.11—	河南煤矿安全监察局	2000年4月—2009年3月任助理巡视员
张庆玉	河南省延津县	1951.6—	河南煤矿安全监察局	2006年3月—2011年8月任助理巡视员

（三）河南省煤炭大型企业正职人物（分单位按时间排序）

姓名	籍贯	生卒年月	工作单位	任职时间及职务
陈兆华	江苏省南京市	1934.9—	平顶山矿务局	1982年4月—1995年11月，任平顶山矿务局党委书记
梁尤平	四川省达县	1936.11—	平顶山矿务局、平顶山煤业（集团）有限责任公司	1983年12月—1995年11月，任平顶山矿务局局长；1996年9月—1998年3月，任平顶山煤业（集团）有限责任公司董事长
赵铁锤	河南省郏县	1951.7—	平顶山煤业（集团）有限责任公司	1995年11月—2000年1月，任平顶山煤业（集团）有限责任公司党委书记

（续）

姓名	籍贯	生卒年月	工作单位	任职时间及职务
聂光国	河南省临颍县	1945.7—	平顶山煤业（集团）有限责任公司	2000年8月—2003年12月，任平顶山煤业（集团）有限责任公司总经理
陈庆禄	吉林省洮南县	1946.12—	平顶山煤业（集团）有限责任公司	1996年9月—2000年7月，任平顶山煤业（集团）有限责任公司总经理；1998年3月—2003年12月，任平顶山煤业（集团）有限责任公司董事长；2000年3月—2003年12月，任党委书记
陈建生	河南省内黄县	1956.12—	平顶山煤业（集团）有限责任公司	2004年1月—2010年9月，任平顶山煤业（集团）有限责任公司董事长、党委书记
梁铁山	河南省许昌县	1957.7—	平顶山煤业（集团）有限责任公司，中国平煤神马集团	2008年4月—2010年9月，任平顶山煤业（集团）有限责任公司总经理；2008年11月—2010年9月，任中国平煤神马集团总经理；2010年11月，任中国平煤神马集团董事长、党委书记
杨建国	河南省平顶山市	1957.12—	中国平煤神马集团	2010年11月，任中国平煤神马集团总经理
马　源	河南省邓州市	1960.3—	中国平煤神马集团	2008年12月，享受中国平煤神马集团总经理级待遇
高国安	河南省项城市	1942.11—	永夏矿区建设管理委员会	1989年3月—1991年3月，任永城矿区项目建设临时管理委员会主任；1991年3月—1995年10月，任永夏矿区建设管理委员会主任
张希贤	辽宁省营口市	1933.10—	永城矿区建设管理委员会现场办事处	1989年3月—1991年3月，任永城矿区建设管理委员会现场办事处主任
刘云涛	江苏省丰县	1962.4—	永城煤电（集团）有限责任公司	1995年10月—1997年10月，任永夏矿区建设管理委员会主任；1997年11月—2000年7月，任永城煤电（集团）有限责任公司总经理
肖桂彬	安徽省淮北市	1948.6—	永城煤电（集宙）有限责任公司	2000年7月—2002年5月，任永城煤电（集团）有限责任公司董事长

（续）

姓名	籍贯	生卒年月	工作单位	任职时间及职务
王自立	河南省宜阳县	1951.3—	永城煤电(集团)有限责任公司	2002年5月—2005年5月,任永城煤电(集团)有限责任公司党委书记
翟源涛	河南省杞县	1958.7—	永城煤电(集团)有限责任公司	2005年5月—2006年,任永城煤电(集团)有限责任公司总经理
贾学勤	河南省上蔡县	1950.10—	河南煤业化工集团	2008.11月—2010年9月,任河南煤业化工集团总经理
唐远游	重庆市永川市	1969.3—	河南煤业化工集团	2011年7月—2013年9月,任河南煤业化工集团总经理
乔国厚	河南省陕县	1961.2—	河南能源化工集团	2013年9月—2016年3月,任河南能源化工集团总经理
楚东初	安徽省阜阳县	1931.12—	义马矿务局	1983年12月—1992年10月,任义马矿务局党委书记
牛邦彦	河南省荥阳市	1933.11—	义马矿务局	1992年10月—1994年10月,任义马矿务局党委代理书记
杨耀敏	河南省渑池县	1941.7—	义马矿务局	1983年12月—1992年10月,任义马矿务局局长
李玉成	辽宁省大连市	1939.8—	义马矿务局	1992年10月—1997年11月,任义马矿务局局长;1997年12月—2000年1月,任义马煤业(集团)有限责任公司董事长、总经理
陈玉星	河南省新安县	1944.12—	义马矿务局	1996年8月—1997年11月,任义马矿务局党委代理书记
付树林	河南省平顶山市	1947.10—	义马煤业(集团)有限责任公司	1999年12月—2001年5月,任义马煤业(集团)有限责任公司党委书记、董事长;2001年5月—2005年1月,任义马煤业(集团)有限责任公司董事长、党委副书记
牛森营	河南省临颍县	1962.10—	义马煤业(集团)有限责任公司	2001年5月—2005年1月,任义马煤业(集团)有限责任公司党委书记、副董事长
宋广太	河南省郏县	1956.10—2009.5	义马煤业(集团)有限责任公司	2005年1月—2006年12月,任义马煤业(集团)有限责任公司总经理、副董事长

（续）

姓名	籍贯	生卒年月	工作单位	任职时间及职务
翟源涛	河南省杞县	1958.7—	义马煤业(集团)有限责任公司	2006年12月—2012年5月，任义马煤业(集团)有限责任公司总经理
乔国厚	河南省陕县	1961.1—	义马煤业(集团)有限责任公司	2012年05月—2013年9月，任义马煤业(集团)有限责任公司总经理
赵宗晋	河南省开封市	1934.6—	新密矿务局、郑州矿务局、郑州煤炭工业(集团)有限责任公司	1983年7月—1995年12月，任新密矿务局、郑州矿务局局长；1990年2月—1998年3月，任中共郑州矿务局、中共郑煤工业(集团)有限责任公司党委书记；1995年12月—1997年7月，任郑州煤炭工业(集团)有限责任公司总经理；1996年1月—1999年12月，任郑州煤炭工业(集团)有限责任公司董事长
李恩东	河南省沈丘县	1958.8—	郑州煤炭工业(集团)有限责任公司	1998年3月—2000年8月，任中共郑州煤炭工业(集团)有限责任公司委员会书记
苏万里	河南省鹿邑县	1945.12—	郑州煤炭工业(集团)有限责任公司	2000年8月—2005年1月，任中共郑州煤炭工业(集团)有限责任公司委员会书记
牛森营	河南省临颍县	1962.10—	郑州煤炭工业(集团)有限责任公司	2005年1月—2008年6月，任中共郑州煤炭工业(集团)有限责任公司委员会书记；2005年1月—2007年7月，任郑州煤炭工业(集团)有限责任公司董事长、党委书记
李国安	河南省郑州市	1944.4—	郑州煤炭工业(集团)有限责任公司	1997年7月—1999年12月，任郑州煤炭工业(集团)有限责任公司总经理；1999年12月—2005年1月，任郑州煤炭工业(集团)有限责任公司董事长
陈建生	河南省内黄县	1956.12—	郑州煤炭工业(集团)有限责任公司	1999年12月—2004年1月，任郑州煤炭工业(集团)有限责任公司总经理
宋广太	河南省郏县	1956.10—2009.5	郑州煤炭工业(集团)有限责任公司	2006年12月—2009年5月，任郑州煤炭工业(集团)有限责任公司总经理
张明剑	河南省杞县	1962.11—	郑州煤炭工业(集团)有限责任公司	2011年12月—2015年8月，任郑州煤炭工业(集团)有限责任公司总经理

（续）

姓名	籍贯	生卒年月	工作单位	任职时间及职务
王连海	河南省平舆县	1962.6—	郑州煤炭工业（集团）有限责任公司	2014年5月，任郑州煤炭工业（集团）有限责任公司董事长；2014年6月，任郑州煤炭工业（集团）有限责任公党委书记
马正兰	河北省东光县	1973.1—	郑州煤炭工业（集团）有限责任公司	2015年8月，任郑州煤炭工业（集团）有限责任公司总经理
苏学勤	唐山市丰南区	1935.11—	焦作矿务局	1985年11月—1995年8月，任焦作矿务局党委书记
贾俊卿	黑龙江省通和县	1935.9—	焦作矿务局	1991年4月—1995年8月，任焦作矿务局局长
辛世都	山西省阳城县	1944.1—	焦作矿务局、焦作煤业（集团）有限责任公司	1995年8月—1999年12月，任焦作矿务局党委书记；1999年12月—2003年4月，任焦作煤业（集团）有限责任公司董事长、党委书记
陈碧川	广东省东莞市	1939.11—	焦作矿务局	1995年8月—1999年12月，任焦作矿务局局长
郭中海	河南省沁阳市	1955.7—2007.8	焦作煤业（集团）有限责任公司	2003年4月—2007年8月，任焦作煤业（集团）有限责任公司总经理
贾学勤	河南省上蔡县	1951.11—	焦作煤业（集团）有限责任公司	2007年12月—2008年12月，任焦作煤业（集团）有限责任公司总经理
谢春和	辽宁省辽阳市	1933.1—	鹤壁矿务局	1983年12月—1993年4月，任鹤壁矿务局党委书记
周元庆	辽宁省丹东市	1935.10—	鹤壁矿务局	1983年12月—1993年4月，任鹤壁矿务局局长；1993年4月—1995年8月，任鹤壁矿务局党委书记、局长
荣庆龙	北京市	1940.3—	鹤壁矿务局	1995年8月—1997年9月，任鹤壁矿务局党委书记、局长
肖桂彬	江苏省徐州市	1948.6—	鹤壁矿务局	1997年9月—1999年12月，任鹤壁矿务局党委书记
郅公平	河南省西峡县	1948.2—	鹤壁煤业（集团）有限责任公司	2001年7月—2007年12月，任鹤壁煤业（集团）有限责任公司总经理

（续）

姓名	籍贯	生卒年月	工作单位	任职时间及职务
刘顺山	河南省南阳市	1955.6—	鹤壁煤业(集团)有限责任公司	2007年12月—2008年，任鹤壁煤业(集团)有限责任公司党委书记
苗河根	河南省武陟县	1957.9—	河南能源鹤煤公司	2008年12月—2010年8月，任河南能源鹤煤公司总经理；2010年8月—2012年10月任河南能源鹤煤公司董事长、党委书记
齐宗贤	辽宁省绥中县	1935.11—	永城矿务局、河南神火(集团)有限责任公司	1989年12月—1994年9月，任永城矿务局局长；1994年9月—2000年7月，任河南神火(集团)有限责任公司董事长、总经理
任启礼	安徽省淮北市	1937.10—	永城矿务局、河南神火(集团)有限责任公司	1989年12月—1994年9月，任永城矿务局党委书记；1994年9月—2000年7月，任河南神火(集团)有限责任公司党委书记
李志经	河南省永城市	1944.11—	河南神火(集团)有限责任公司	2000年7月—2005年3月，任河南神火(集团)有限责任公司董事长、党委书记、总经理
李孟臻	河南省民权县	1957.2—	河南神火(集团)有限责任公司	2003年12月—2014年2月，任河南神火(集团)有限责任公司总经理
赵　奇	河南省永城市	1950.10—	河南神火(集团)有限责任公司	2005年4—2010年12月，任河南神火(集团)有限责任公司党委书记
李　崇	河南省永城市	1964.10—	河南神火(集团)有限责任公司	2005年4月，任河南神火(集团)有限责任公司董事长；2011年1月—2014年1月，任河南神火(集团)有限责任公司党委书记，
李　伟	河南省永城市	1964.8—	河南神火(集团)有限责任公司	2014年2月，任河南神火(集团)有限责任公司党委书记
崔建友	河南省郸城县	1964.2—	河南神火(集团)有限责任公司	2014年1月，任河南神火(集团)有限责任公司总经理
于顺德	河南省郸城县	1964.10—	河南省煤层气开发利用有限公司	2011年8月，任河南省煤层气开发利用有限公司董事长、党委书记
苗河根	河南省武陟县	1957.9—	河南省煤层气开发利用有限公司	2012年8月，任河南省煤层气开发利用有限公司总经理
刘怀礼	河南省永城市	1941.3—	郑州煤矿机械厂	1987年6月—1995年11月，任郑州煤矿机械厂厂长

（续）

姓名	籍贯	生卒年月	工作单位	任职时间及职务
凌政书	山东省安丘市	1940.10—	郑州煤矿机械厂	1988年4月—1995年11月，任郑州煤矿机械厂党委书记
蓝世炯	江苏省无锡市	1944.7—	郑州煤矿机械厂	1995年11月—1998年1月，任郑州煤矿机械厂厂长
桂连魁	河南省新蔡县	1950.11—	郑州煤矿机械厂	1995年11月—1998年1月，任郑州煤矿机械厂党委书记
周贵国	浙江省定海县	1951.2—	郑州煤矿机械厂	1998年1月—2000年7月，任郑州煤矿机械厂厂长
贾建国	河南省鹤壁市	1950.8—	郑州煤矿机械厂	1998年1月—2000年7月，任郑州煤矿机械厂党委书记
焦承尧	河南省巩义市	1963.5—	郑州煤矿机械集团股份有限公司	2000年7月—2002年10月，任郑州煤矿机械厂厂长；2002年10月—2008年10月，任郑州煤矿机械（集团）有限责任公司董事长、总经理；2008年10月，任郑州煤矿机械集团股份有限公司董事长
邵春生	山东省蓬莱市	1958.4—	郑州煤矿机械集团股份有限公司	2000年7月—2002年10月，任郑州煤矿机械厂党委副书记（主持工作）；2002年10月至2008年10月，任郑州煤矿机械（集团）有限责任公司党委书记；2008年10—2015年2月，任郑州煤矿机械集团股份有限公司党委书记
向家雨	河南省光山县	1965.8—	郑州煤矿机械集团股份有限公司	2015年2月，任郑州煤矿机械集团股份有限公司党委书记

二、中共党代表、人大代表、政协委员

（一）中国共产党全国代表大会代表

姓　名	工作单位职务	会议名称	时　间
王川根	平顶山天安煤业股份有限公司一矿	中国共产党第十五次全国代表大会	1997年
张　玮	平顶山煤业（集团）有限责任公司田庄选煤厂班长	中国共产党第十六次全国代表大会	2002年
白国周	平顶山天安煤业股份有限公司七矿班长	中国共产党第十八次全国代表大会	2012年

（二）全国人民代表大会代表

姓 名	工作单位职务	会议名称	时 间
陶绍斌	河南省煤矿设计研究院	第七届全国人民代表大会	1988年
赵宗晋	郑州矿务局局长、党委书记	第八届全国人民代表大会	1993年
吕茂盛	焦作矿务局韩王矿采二区支部副书记、书记	第八届全国人大代表大会 第九届全国人大代表大会	1993年 1998年
赵铁锤	平顶山煤业(集团)有限责任公司党委书记、副董事长	第九届全国人民代表大会	1998年
李国安	郑州煤炭工业(集团)有限责任公司董事长	第九届全国人民代表大会 第十届全国人民代表大会	1998年 2003年
李志经	河南神火(集团)有限责任公司董事长	第十届全国人民代表大会	2003年
韦汝勤	平顶山天安煤业股份有限公司六矿综机办主任	第十届全国人民代表大会	2003年
陈建生	平顶山煤业(集团)有限责任公司董事长、党委书记	第十一届全国人民代表大会	2008年
李 崇	河南神火(集团)有限责任公司董事长	第十一届全国人民代表大会 第十二届全国人民代表大会	2008年 2013年
梁铁山	中国平煤神马集团董事长、党委书记	第十二届全国人民代表大会	2013年
马正兰	河南能源化工集团党委常委，鹤煤公司董事长、党委书记	第十二届全国人民代表大会	2013年

（三）中国人民政治协商会议委员会委员

姓 名	工作单位职务	会议名称	时 间
刘家骥	焦作矿务局	中国人民政治协商会议第八届委员会	1993年

（四）中共河南省党代表大会代表

姓 名	工作单位职务	会议名称	时 间
吴 如	平顶山天安煤业股份有限公司一矿	中共河南省第七次代表大会	2006年
梁铁山	中国平煤神马集团董事长、党委书记	中共河南省第九次代表大会	2011年
王 良	中国平煤神马集团副总经理	中共河南省第九次代表大会	2011年
白国周	平顶山天安煤业股份有限公司七矿班长	中共河南省第九次代表大会	2011年
董 刚	平顶山天安煤业股份有限公司六矿班长	中共河南省第九次代表大会	2011年

（续）

姓　名	工作单位职务	会议名称	时　间
楚东初	义马矿务局党委书记	中共河南省第五次代表大会	1990 年
李　才	义马煤业(集团)有限责任公司常村煤矿综采队队长	中共河南省第六次代表大会	1995 年
牛森营	义马煤业(集团)有限责任公司党委书记 郑州煤炭工业(集团)有限责任公司董事长、党委书记	中共河南省第七次代表大会 中共河南省第八次代表大会	2001 年 2006 年
赵宗晋	郑州矿务局局长、党委书记 郑州煤炭工业(集团)有限责任公司董事长、党委书记、总经理	中共河南省第五次代表大会 中共河南省第六次代表大会	1991 年 1996 年
李长有	郑州矿务局王沟煤矿副矿长 郑州煤炭工业(集团)有限责任公司超化煤矿矿长助理	中共河南省第五次代表大会 中共河南省第六次代表大会	1991 年 1996 年
苏万里	郑州煤炭工业(集团)有限责任公司党委书记	中共河南省第七次代表大会	2001 年
苏学勤	焦作矿务局	中共河南省第六次代表大会	1995 年
吕茂盛	焦作矿务局韩王矿采二区支部书记	中共河南省第六次代表大会	1995 年
荣庆龙	鹤壁矿务局机关	中共河南省第六次代表大会	1996 年
郝成新	鹤壁矿务局五矿	中共河南省第六次代表大会	1996 年
马正兰	鹤壁煤业(集团)有限责任公司总经理	中共河南省第九次代表大会	2011 年
曹志安	永城煤电控股集团公司董事长、党委书记	中共河南省第九次代表大会	2011 年
任启礼	永城矿务局党委书记	中共河南省第五次代表大会 中共河南省第六次代表大会	1991 年 1996 年

（五）河南省人民代表大会代表

姓　名	工作单位职务	会议名称	时　间
程太昌	平顶山天安煤业股份有限公司一矿	河南省第九届人民代表大会	1998 年
周先锋	中国平煤神马集团	河南省第十一届人民代表大会 河南省第十二届人民代表大会	2008 年 2013 年
方会珍	中国平煤神马集团	河南省第十一届人民代表大会	2008 年
杨建国	中国平煤神马集团总经理、副董事长、副书记	河南省第十二届人民代表大会	2013 年
巩国顺	中国平煤神马集团副总经理	河南省第十一届人民代表大会	2013 年
牛森营	郑州煤炭工业(集团)有限责任公司董事长、党委书记	河南省第十一届人民代表大会	2008 年

（续）

姓　名	工作单位职务	会议名称	时　间
王连海	郑州煤炭工业（集团）有限责任公司董事长、党委书记	河南省第十二届人民代表大会	2015年（增选）
邓文平	焦作矿务局	河南省第八届人民代表大会 河南省第九届人民代表大会	1993年 1998年
侯向保	焦作矿务局	河南省第八届人民代表大会 河南省第九届人民代表大会	1993年 1998年
辛世都	焦作矿务局党委书记	河南省第九届人民代表大会	1998年
贺春阳	焦作矿务局	河南省第九届人民代表大会	1998年
王建国	焦作煤（集团）有限责任公司焦西矿工会主席	河南省第十届人民代表大会	2003年
周振国	鹤壁矿务局三矿	河南省第七届人民代表大会	1988年
梁拱辰	鹤壁矿务局科研所	河南省第七届人民代表大会	1988年
谢春和	鹤壁矿务局局机关	河南省第七届人民代表大会 河南省第八届人民代表大会	1988年 1993年
张连富	鹤壁矿务局二矿	河南省第八届人民代表大会	1993年
冯桂云	鹤壁矿务局总医院	河南省第九届人民代表大会	1998年
王爱梅	鹤壁矿务局纺织厂	河南省第九届人民代表大会	1998年
梁　玉	鹤壁煤业（集团）有限责任公司财务资产部	河南省第十届人民代表大会	2003年
齐宗贤	永城矿务局局长	河南省第八届人民代表大会	1993年
李志经	神火集团常务副总经理	河南省第九届人民代表大会	1998年

（六）中国人民政治协商会议河南委员会委员

姓　名	工作单位职务	会议名称	时　间
张震旦	鹤壁矿务局总医院	中国人民政治协商会议第六届河南省委员会	1988年
傅咸阳	鹤壁矿务局科研所	中国人民政治协商会议第六届河南省委员会	1988年
陈碧川	焦作矿务局局长	中国人民政治协商会议第六届河南省委员会	1988年
王建国	焦作矿务局焦西矿工会主席	中国人民政治协商会议第六届河南省委员会	1988年
周永信	鹤壁矿务局局机关	中国人民政治协商会议第八届河南省委员会	1998年
陈　凯	鹤壁矿务局八矿	中国人民政治协商会议第八届河南省委员会 中国人民政治协商会议第九届河南省委员会	1998年 2003年
马得青	郑州煤炭工业（集团）有限责任公司安监局驻米村安监站长 郑州煤炭工业（集团）有限责任公司王庄煤矿安全副矿长	中国人民政治协商会议第八届河南省委员会 中国人民政治协商会议第九届河南省委员会	1998年 2002年

（续）

姓　名	工作单位职务	会议名称	时　间
王留根	平顶山信息通信技术开发公司副经理	中国人民政治协商会议第十届河南省委员会 中国人民政治协商会议第十一届河南省委员会	2008年 2013年
巩国顺	中国平煤神马集团副总经理	中国人民政治协商会议第十一届河南省委员会	2013年
张电子	中国平煤神马集团董事、副总经理	中国人民政治协商会议第十一届河南省委员会	2013年

三、中国工程院院士

姓　名	籍　贯	生卒年月	工作单位	获奖名称及时间
张铁岗	河南省许昌市	1945.9—	平顶山煤业(集团)有限责任公司	2003年12月，当选为中国工程院院士

四、享受国务院特殊津贴人物(分单位按获得时间排序)

姓　名	籍　贯	生卒年	工作单位	获奖名称及时间
李震寰	云南省云县	1958—	河南省煤炭工业管理局	1999年享受国务院政府特殊津贴
黄国纲	上海市	1936—	平顶山矿务局	1991年享受国务院政府特殊津贴
梁尤平	四川省达县	1936—	平顶山矿务局	1992年享受国务院政府特殊津贴
刘建均	湖南省望城县	1936—	平顶山矿务局	1992年享受国务院政府特殊津贴
王明忠	四川省洪雅县	1935—	平顶山矿务局勘探工程处	1992年享受国务院政府特殊津贴
侯贤文	河南省新郑市	1933—	平顶山矿务局	1992年享受国务院政府特殊津贴
李旦生	湖南省祁东县	1931—	平顶山矿务局	1992年享受国务院政府特殊津贴
张为民	安徽省舒城县	1934—	平顶山矿务局	1992年享受国务院政府特殊津贴
毛　毅	湖北省武汉市	1931—	平顶山矿务局	1992年享受国务院政府特殊津贴
荣庆龙	北京市	1940—	平顶山矿务局	1992年享受国务院政府特殊津贴
王天恩	辽宁省葫芦岛市	1930—	平顶山矿务局原职工大学	1992年享受国务院政府特殊津贴
张有祥	安徽省寿县	1935—	平顶山矿务局	1992年享受国务院政府特殊津贴
陶亚潜	湖南省岳阳县	1937—	平顶山矿务局土建处	1992年享受国务院政府特殊津贴
陆连甲	河北省卢龙县	1929—	平顶山矿务局救护大队	1992年享受国务院政府特殊津贴
林贤锦	福建省福州市	1935—	平顶山矿务局设计院	1993年享受国务院政府特殊津贴
郭梦初	福建省龙岩市	1935—	平顶山矿务局三处	1993年享受国务院政府特殊津贴

（续）

姓　名	籍　贯	生卒年	工作单位	获奖名称及时间
王永起	安徽省阜南县	1937—	平顶山矿务局医疗集团	1993年享受国务院政府特殊津贴
张胜武	辽宁省抚顺县	1938—	平顶山矿务局医疗集团	1993年享受国务院政府特殊津贴
王继忠	山东省胶县	1936—	平顶山矿务局设计院	1993年享受国务院政府特殊津贴
邹鼎峙	广东省大埔县	1932—	平顶山矿务局勘探工程处	1993年享受国务院政府特殊津贴
陈兆华	江苏省南京市	1934—	平顶山矿务局	1993年享受国务院政府特殊津贴
庞棱生	四川省西充县	1933—	平顶山矿务局	1993年享受国务院政府特殊津贴
杨群亮	河南省临颍县	1933—	平顶山矿务局安监局	1993年享受国务院政府特殊津贴
倪惠耕	浙江省上虞市	1933—	平顶山矿务局铁运处	1993年享受国务院政府特殊津贴
韦秀章	河南省安鲷县	1936—	平顶山矿务局八矿	1993年享受国务院政府特殊津贴
马凌骥	河南省开封市	1935—	平顶山矿务局田庄选煤厂	1993年享受国务院政府特殊津贴
聂光国	河南省临颍县	1945—	平顶山矿务局	1994年享受国务院政府特殊津贴
陈庆禄	吉林省洮南县	1946—	平顶山矿务局	1994年享受国务院政府特殊津贴
王福贞	河南省虞城县	1953—	开封东大公司	1995年享受国务院政府特殊津贴
胡　菊	江苏省无锡市	1935—	平顶山矿务局	1995年享受国务院政府特殊津贴
胡泽林	贵州省惠水县	1940—	平顶山矿务局原技工学校	1995年享受国务院政府特殊津贴
张玉栓	河南省叶县	1942—	平煤(集团)有限责任公司	1996年享受国务院政府特殊津贴
常乃全	河南省卫辉市	1941—	平煤(集团)有限责任公司	1996年享受国务院政府特殊津贴
姜玉山	山东省烟台市	1954—	平煤(集团)有限责任公司首山焦化公司	1996年享受国务院政府特殊津贴
肖泽俊	河北省保定市	1943—	平煤(集团)有限责任公司田庄选煤厂	1996年享受国务院政府特殊津贴
王志熙	湖北省黄冈市	1940—	平顶山煤业(集团)有限责任公司	1997年享受国务院政府特殊津贴
高洪伟	辽宁省沈阳市	1939—	平顶山煤业(集团)有限责任公司	1998年享受国务院政府特殊津贴
赵铁锤	河南省郏县	1953—	平顶山煤业(集团)有限责任公司	1998年享受国务院政府特殊津贴
陈建生	河南省内黄县	1956—	平顶山煤业(集团)有限责任公司	1999年享受国务院政府特殊津贴
卫修君	河南省唐河县	1953—	平顶山煤业(集团)有限责任公司	2000年享受国务院政府特殊津贴

（续）

姓　名	籍　贯	生卒年	工作单位	获奖名称及时间
裴大文	河南省武陟县	1955—	平顶山煤业(集团)有限责任公司	2000 年享受国务院政府特殊津贴
张铁岗	河南省许昌市	1946—	平顶山煤业(集团)有限责任公司	2005 年享受国务院政府特殊津贴
仵自连	河南省郸城县	1955—	中国平煤神马集团	2008 年享受国务院政府特殊津贴
周先锋	河南省平顶山市	1960—	中国平煤神马集团平煤股份八矿	2008 年享受国务院政府特殊津贴
马　源	河南省邓州市	1960—	中国平煤神马集团	2009 年享受国务院政府特殊津贴
曹春安	河南省舞阳县	1966—	中国平煤神马集团	2009 年享受国务院政府特殊津贴
梁铁山	河南省许昌市	1957—	中国平煤神马集团	2011 年享受国务院政府特殊津贴
白国周	河南省宝丰县	1970—	中国平煤神马集团平煤股份七矿	2011 年享受国务院政府特殊津贴
苏桐海	河北省景县	1944—2008	永城煤电控股集团有限公司	1993 年享受国务院政府特殊津贴
乔秉越	河北省玉田县	1942—	永城煤电控股集团有限公司	2000 年享受国务院政府特殊津贴
游　弋	安徽省太和县	1970—	河南能源化工集团有限公司车集煤矿	2014 年享受国务院政府特殊津贴
张传义	江苏省徐州市	1937—	义马煤业(集团)有限责任公司北露天矿	1992 年享受国务院政府特殊津贴
郑季明	河南省开封市	1939—	义马煤业(集团)有限责任公司总医院	1993 年享受国务院政府特殊津贴
王正木	河南省偃师市	1937—	义马煤业(集团)有限责任公司	1993 年享受国务院政府特殊津贴
李玉成	辽宁省大连市	1939—	义马煤业(集团)有限责任公司	1996 年享受国务院政府特殊津贴
李多敬	河南省宜阳县	1937—	义马煤业(集团)有限责任公司总医院	1998 年享受国务院政府特殊津贴
付树林	河南省平顶山市	1947—	义马煤业(集团)有限责任公司	2000 年享受国务院政府特殊津贴
翟源涛	河南省杞县	1958—	义马煤业(集团)有限责任公司	2010 年享受国务院政府特殊津贴

（续）

姓　名	籍　贯	生卒年	工作单位	获奖名称及时间
龚鹏飞	四川省隆昌县	1938—	郑州煤炭工业（集团）有限责任公司	1992年享受国务院政府特殊津贴
窦培成	河南省柘城县	1934—	郑州煤炭工业（集团）有限责任公司	1992年享受国务院政府特殊津贴
赵宗晋	河南省开封市	1934—	郑州煤炭工业（集团）有限责任公司	1993年享受国务院政府特殊津贴
齐振华	河北省玉田县	1944—	郑州煤炭工业（集团）有限责任公司	1993年享受国务院政府特殊津贴
胡星科	四川省万县	1934—	郑州煤炭工业（集团）有限责任公司	1994年享受国务院政府特殊津贴
李国安	河南省郑州市	1944—	郑州煤炭工业（集团）有限责任公司	1996年享受国务院政府特殊津贴
韩跃坤	河南省郑州市	1938—	郑州煤炭工业（集团）有限责任公司	1997年享受国务院政府特殊津贴
李振江	河南省洛阳市	1942—	郑州煤炭工业（集团）有限责任公司	1999年享受国务院政府特殊津贴
赵苏启	河南省辉县	1965—	郑州煤炭工业（集团）有限责任公司	2001年享受国务院政府特殊津贴
杨松君	河南省柘城县	1961—	郑州煤炭工业（集团）有限责任公司	2005年享受国务院政府特殊津贴
牛森营	河南省临颍县	1962—	郑州煤炭工业（集团）有限责任公司	2006年享受国务院政府特殊津贴
宋广太	河南省陕县	1965—2009	郑州煤炭工业（集团）有限责任公司	2006年享受国务院政府特殊津贴
赵国彬	河南省新密市	1971—	郑煤（集团）有限责任公司万合公司	2014年享受国务院政府特殊津贴
王一声	湖南省浏阳市	1929—	焦作煤业（集团）有限责任公司	1992年享受国务院政府特殊津贴
成恒棠	上海市	1937—	焦作煤业（集团）有限责任公司	1992年享受国务院政府特殊津贴
刘永义	四川省荣昌县	1939—	焦作煤业（集团）有限责任公司	1992年享受国务院政府特殊津贴

（续）

姓　名	籍　贯	生卒年	工作单位	获奖名称及时间
陈碧川	广东省东莞市	1939—	焦作煤业（集团）有限责任公司	1992 年享受国务院政府特殊津贴
赵禧林	河南省博爱县	1949—	焦作煤业（集团）有限责任公司	1992 年享受国务院政府特殊津贴
贾俊卿	黑龙江省通和县	1935—	焦作煤业（集团）有限责任公司	1993 年享受国务院政府特殊津贴
钱粤民	浙江省杭州市	1935—	焦作煤业（集团）有限责任公司	1993 年享受国务院政府特殊津贴
夏镛华	江西省新建县	1935—2001	焦作煤业（集团）有限责任公司	1993 年享受国务院政府特殊津贴
鲁宝珠	河南省博爱县	1957—2005	焦作煤业（集团）有限责任公司	1993 年享受国务院政府特殊津贴
岑军辅	广东省顺穗市	1929—	焦作煤业（集团）有限责任公司	1994 年享受国务院政府特殊津贴
彭伯高	江西省萍乡市	1936—	焦作煤业（集团）有限责任公司	1995 年享受国务院政府特殊津贴
许沼泽	河南省焦作市	1936—	焦作煤业（集团）有限责任公司	1996 年享受国务院政府特殊津贴
张光德	安徽省庐江县	1962—	焦作煤业（集团）有限责任公司	1997 年享受国务院政府特殊津贴
吕银盛	河南省新乡县	1941—	焦作煤业（集团）有限责任公司	1997 年享受国务院政府特殊津贴
杨昌光	河南省焦作市	1955—	焦作煤业（集团）有限责任公司	1998 年享受国务院政府特殊津贴
王振寰	河南省温县	1942—	焦作煤业（集团）有限责任公司	1998 年享受国务院政府特殊津贴
苗绍臣	河南省济源市	1949—	焦作煤业（集团）有限责任公司	1999 年享受国务院政府特殊津贴
王俊臣	河南省浚县	1942—	焦作煤业（集团）有限责任公司	1999 年享受国务院政府特殊津贴
赵廷钊	河南省长葛市	1964—	焦作煤业（集团）有限责任公司	2001 年享受国务院政府特殊津贴

（续）

姓　名	籍　贯	生卒年	工作单位	获奖名称及时间
辛新平	河南省武陟县	1966—	焦作煤业（集团）有限责任公司	2002年享受国务院政府特殊津贴
陈兴业	河北省抚宁县	1930—	鹤壁煤业（集团）有限责任公司	1991年享受国务院政府特殊津贴
周元庆	辽宁省丹东市	1935—	鹤壁煤业（集团）有限责任公司	1993年享受国务院政府特殊津贴
郭廷瑞	河南省原阳县	1933—	鹤壁煤业（集团）有限责任公司	1993年享受国务院政府特殊津贴
傅成阳	河南省孟津县	1945—	鹤壁煤业（集团）有限责任公司	1993年享受国务院政府特殊津贴
蒋耀中	北京市	1941—	鹤壁煤业（集团）有限责任公司	1993年享受国务院政府特殊津贴
郑子英	重庆市	1935—	鹤壁煤业（集团）有限责任公司	1994年享受国务院政府特殊津贴
陈裕金	广西融安县	1941—	鹤壁煤业（集团）有限责任公司	1994年享受国务院政府特殊津贴
李隆忠	贵州省遵义市	1940—	鹤壁煤业（集团）有限责任公司	1995年享受国务院政府特殊津贴
尹家朝	河南省南阳市	1942—	鹤壁煤业（集团）有限责任公司	1997年享受国务院政府特殊津贴
董得山	河南省孟州市	1940—	鹤壁煤业（集团）有限责任公司	1998年享受国务院政府特殊津贴
刘永庚	河北省易县	1942—	鹤壁煤业（集团）有限责任公司	2000年享受国务院政府特殊津贴
马　耕	河南省沈丘县	1958—	鹤壁煤业（集团）有限责任公司	2001年享受国务院政府特殊津贴
齐宗贤	辽宁省绥中县	1935—	河南神火（集团）有限责任公司	1993年享受国务院政府特殊津贴
赵培忠	河南省永城市	1948—	河南神火（集团）有限责任公司	1993年享受国务院政府特殊津贴
赵永来	山西省晋城市	1954—2005	河南神火（集团）有限责任公司	1999年享受国务院政府特殊津贴

（续）

姓　名	籍　贯	生卒年	工作单位	获奖名称及时间
孙德璇	山东省烟台市	1935—	河南省煤田地质局	1988 年享受国务院政府特殊津贴
郭熙年	广东省大埔县	1934—	河南省煤田地质局	1993 年享受国务院政府特殊津贴
刘乃坝	广东省大埔县	1935—	河南省煤田地质局	1993 年享受国务院政府特殊津贴
曹显煌	安徽省霍邱县	1938—	河南省煤田地质局	1993 年享受国务院政府特殊津贴
李万程	江苏省南京市	1935—	河南省煤田地质局	1995 年享受国务院政府特殊津贴
王志京	河南省唐河县	1943—	河南省煤田地质局	1998 年享受国务院政府特殊津贴
盛建海	河南省孟津县	1942—	河南省煤田地质局	2000 年享受国务院政府特殊津贴
郭均生	河南省荥阳市	1936—	煤炭工业郑州设计研究院股份有限公司	1991 年享受国务院政府特殊津贴
杨宏光	湖南省岳阳市	1930—	煤炭工业郑州设计研究院股份有限公司	1992 年享受国务院政府特殊津贴
翁嗣超	江苏省常熟市	1920—	煤炭工业郑州设计研究院股份有限公司	1993 年享受国务院政府特殊津贴
王松波	河南省襄城县	1941—	煤炭工业郑州设计研究院股份有限公司	1993 年享受国务院政府特殊津贴
金桂香	河北省大厂县	1942—	煤炭工业郑州设计研究院股份有限公司	1993 年享受国务院政府特殊津贴
陶绍斌	江西省西城县	1930—	煤炭工业郑州设计研究院股份有限公司	1993 年享受国务院政府特殊津贴
沈奉节	江苏省武进县	1946—	煤炭工业郑州设计研究院股份有限公司	2001 年享受国务院政府特殊津贴
安如曾	河北省乐亭县	1911—1999	河南省煤炭科学研究院有限公司	1991 年享受国务院政府特殊津贴
乔国恩	河南省方城县	1942—	河南省煤炭科学研究院有限公司	1992 年享受国务院政府特殊津贴
余恒昌	河南省新安县	1929—2004	河南省煤炭科学研究院有限公司	1993 年享受国务院政府特殊津贴
付增祥	河南省禹州市	1940—	河南省煤炭科学研究院有限公司	2000 年享受国务院政府特殊津贴
王　钦	辽宁省兴城县	1934—	郑州煤矿机械(集团)有限责任公司	1992 年享受国务院政府特殊津贴

（续）

姓　名	籍　贯	生卒年	工作单位	获奖名称及时间
罗恩波	辽宁省铁岭市	1943—	郑州煤矿机械(集团)有限责任公司	1993年享受国务院政府特殊津贴
王维孝	河北省青县	1938—	郑州煤矿机械(集团)有限责任公司	1993年享受国务院政府特殊津贴
杨振复	河北省定兴县	1940—	郑州煤矿机械(集团)有限责任公司	1993年享受国务院政府特殊津贴
吕法仁	河南省封丘县	1940—	郑州煤矿机械(集团)有限责任公司	1997年享受国务院政府特殊津贴
祝炳梁	辽宁省丹东市	1949—	郑州煤矿机械(集团)有限责任公司	2000年享受国务院政府特殊津贴
焦承尧	河南省巩义市	1963—	郑州煤矿机械(集团)有限责任公司	2010年享受国务院政府特殊津贴
任文杰	山东省平阴县	1966—	平顶山工业职业技术学院	2010年享受国务院政府特殊津贴
冯立杰	河南省焦作市	1966—	河南矿山抢险救灾中心	2011年享受国务院政府特殊津贴
杨武州	河南省新密市	1963—	河南矿山抢险救灾中心	2013年享受国务院政府特殊津贴

第二章　荣　　誉

第一节　国家级个人荣誉

1991—2015年河南省煤炭行业获得全国劳动模范，全国五一劳动奖章，全国表彰的先进人物117人。人物分单位按获得时间先后排序。

一、全国劳动模范、五一劳动奖章获得者(分单位按获得时间排序)

姓　名	工作单位	获奖名称	获奖时间
刘保国	平顶山矿务局建井一处	全国五一劳动奖章	1992年
谢新德	平顶山矿务局大庄矿	全国五一劳动奖章	1993年

（续）

姓 名	工作单位	获奖名称	获奖时间
张 玮	平顶山矿务局田庄选煤厂 平顶山煤业（集团）有限责任公司	全国五一劳动奖章 全国劳动模范	1994 年 2000 年
梁尤平	平顶山矿务局	全国劳动模范	1994 年
王川根	平顶山矿务局一矿	全国劳动模范	1994 年
程太昌	平顶山矿务局一矿	全国五一劳动奖章	1996 年
秦海青	平顶山煤业（集团）有限责任公司二矿	全国五一劳动奖章	1997 年
张新芳	平顶山煤业（集团）有限责任公司一矿	全国五一劳动奖章	1999 年
韦汝勤	平顶山煤业（集团）有限责任公司六矿	全国五一劳动奖章	2001 年
周先锋	平顶山煤业（集团）有限责任公司八矿	全国五一劳动奖章	2002 年
范满长	平顶山煤业（集团）有限责任公司天力公司	全国五一劳动奖章	2002 年
吴 如	平顶山煤业（集团）有限责任公司一矿	全国五一劳动奖章 感动中国十大杰出矿工	2004 年 2007 年
张铁岗	平顶山煤业（集团）有限责任公司	全国劳动模范	2005 年
李书坡	平顶山煤业（集团）有限责任公司建井一处	全国五一劳动奖章	2007 年
燕胜辉	平顶山煤业（集团）有限责任公司四矿	全国五一劳动奖章	2008 年
陈建生	中国平煤神马集团	全国五一劳动奖章	2010 年
白国周	平顶山天安煤业股份有限公司七矿	全国五一劳动奖章	2010 年
李广涛	平顶山天安煤业股份有限公司十矿	全国五一劳动奖章	2010 年
常海竹	平顶山天安煤业股份有限公司八矿	全国五一劳动奖章	2010 年
梁铁山	中国平煤神马集团	全国五一劳动奖章	2012 年
倪政新	中国平煤神马集团	全国五一劳动奖章	2012 年
董 刚	平顶山天安煤业股份有限公司六矿	全国五一劳动奖章	2012 年
段小亚	平顶山天安煤业股份有限公司一矿	全国五一劳动奖章	2013 年
胡长江	平顶山天安煤业股份有限公司八矿	全国五一劳动奖章	2014 年
王香瑞	平顶山天安煤业股份有限公司六矿	全国劳动模范	2015 年
王羊娃	平顶山天安煤业股份有限公司十三矿	全国五一劳动奖章	2015 年
杜新敬	义马矿务局曹窑矿	全国五一劳动奖章	1991 年
陈红阁	义马矿务局宜洛矿、耿村矿	全国五一劳动奖章 全国劳动模范	1993 年 2014 年
李 才	义马矿务局常村矿	全国劳动模范	1995 年
贾学勤	义马煤业（集团）有限责任公司	全国五一劳动奖章	2007 年

（续）

姓　名	工作单位	获奖名称	获奖时间
任　耀	义马煤业(集团)有限责任公司	全国五一劳动奖章	2007 年
刘和平	义马煤业(集团)有限责任公司耿村煤矿	全国五一劳动奖章	2010 年
崔永红	义马煤业(集团)有限责任公司义络公司	全国五一劳动奖章	2010 年
张礼亮	义马煤业(集团)有限责任公司石壕煤矿	全国五一劳动奖章	2013 年
李宗庆	义马煤业(集团)有限责任公司	全国五一劳动奖章	2004 年
金　柱	义马煤业(集团)有限责任公司义海公司	全国五一劳动奖章	2012 年
付相庄	郑州矿务局登封分公司	全国五一劳动奖章	1992 年
陈书保	郑州矿务局	全国五一劳动奖章	1993 年
赵宗晋	郑州煤炭工业(集团)有限责任公司	全国劳动模范	1995 年
禹海盈	郑州煤炭工业(集团)有跟责任公司	全国五一劳动奖章	1997 年
李文力	郑州煤炭工业(集团)有限责任公司王庄矿	全国五一劳动奖章	1997 年
李民忠	郑州煤炭工业(集团)有限责任公司米村矿	全国劳动模范	2000 年
张金贵	郑州煤炭工业(集团)有跟责任公司	全国五一劳动奖章	2001 年
王进步	郑州煤炭工业(集团)有限责任公司裴沟矿	全国五一劳动奖章	2008 年
郭矿生	郑州煤炭工业(集团)有限责任公司	全国五一劳动奖章	2009 年
余瑞好	郑州煤炭工业(集团)有限责任公司矿山救援中心	全国五一劳动奖章	2012 年
任灿忠	焦作矿务局	全国五一劳动奖章	1991 年
赵禧林	焦作矿务局	全国五一劳动奖章 全国劳动模范	1991 年 2005 年
吕茂盛	焦作矿务局	全国劳动模范	1995 年
张新景	焦作矿务局	全国五一劳动奖章 全国五一劳动奖章	1995 年 1999 年
董世坤	焦作矿务局中心医院	全国五一劳动奖章	1996 年
陈碧川	焦作矿务局	全国五一劳动奖章	1997 年
贺春阳	焦作矿务局	全国五一劳动奖章	1998 年
张光德	焦作煤业(集团)有限责任公司	全国劳动模范	2000 年
宋大国	焦作煤业(集团)有限责任公司韩王矿	全国劳动模范	2000 年
赵长波	焦作煤业(集团)有限责任公司原演马庄矿调度室	全国五一劳动奖章	2006 年
卢正法	焦作煤业(集团)有限责任公司古汉山矿综采一队	全国五一劳动奖章	2009 年

（续）

姓　名	工作单位	获奖名称	获奖时间
章世雷	焦作煤业（集团）有限责任公司九里山矿五四队	全国五一劳动奖章	2011年
谢延信	焦作煤业（集团）有限责任公司鑫珠春公司机电科	全国五一劳动奖章	2012年
尹连信	焦作煤业（集团）有限责任公司演马庄矿采煤队	全国五一劳动奖章	2013年
李昔安	焦作煤业（集团）有限责任公司方庄二矿采煤队	全国五一劳动奖章	2014年
刘海庆	焦作煤业（集团）有限责任公司原赵固二矿	全国五一劳动奖章	2015年
申麦成	焦作煤业（集团）有限责任公司赵固二矿综掘六队	全国劳动模范	2015年
黄先康	鹤壁矿务局	全国五一劳动奖章	1991年
肖桂彬	鹤壁矿务局	全国五一劳动奖章	1991年
赵振建	鹤壁矿务局八矿	全国五一劳动奖章	1998年
郭文芹	鹤壁中泰矿业有限责任公司机电队	全国劳动模范	2000年
任海军	鹤壁煤业（集团）有限责任公司八矿	全国五一劳动奖章 全国劳动模范	2003年 2005年
柴绍忠	鹤壁煤业（集团）有限责任公司	全国五一劳动奖章	2004年
张红卫	鹤壁煤业（集团）有限责任公司八矿	全国五一劳动奖章	2007年
闫　军	鹤壁煤业（集团）有限责任公司三矿	全国五一劳动奖章	2009年
孙自林	鹤壁煤业（集团）有限责任公司五矿	全国劳动模范	2010年
马文明	鹤壁煤业（集团）有限责任公司三矿	全国五一劳动奖章	2011年
苗河根	鹤壁煤业（集团）有限责任公司	全国五一劳动奖章	2012年
李宗庆	鹤壁煤业（集团）有限责任公司	全国五一劳动奖章	2013年
张金贵	永城煤电集团有限责任公司	全国劳动模范	2001年
马正兰	永城煤电集团有限责任公司	全国五一劳动奖章	2006年
高兴超	永煤集团股份有限公司	全国劳动模范	2010年
曹志安	永煤集团股份有限公司	全国五一劳动奖章	2013年
游　弋	永煤集团股份有限公司	全国劳动模范	2015年
顾朝立	永煤集团股份有限公司	全国劳动模范	2015年
赵永来	河南永城铝厂	全国五一劳动奖章	1998年

（续）

姓　名	工作单位	获奖名称	获奖时间
刘　军	河南神火（集团）有限责任公司新庄煤矿	全国劳动模范	2000 年
洪木银	河南神火（集团）有限责任公司薛湖煤矿	全国五一劳动奖章	2006 年
王天喜	河南神火（集团）有限责任公司新庄煤矿	全国五一劳动奖章	2013 年
王丰伟	河南神火（集团）有限责任公司新庄煤矿	全国劳动模范	2015 年
于顺德	河南省煤层气开发利用有限公司	全国劳动模范	2010 年
高　恒	河南省煤气（集团）有限责任公司	全国五一劳动奖章	2007 年

二、获得全国表彰的先进人物

姓　名	工作单位	获奖名称	获奖时间
邓留岗	平顶山矿务局六矿	全国人民群众见义勇为与犯罪分子做斗争先进分子	1993 年
程太昌	平顶山矿务局一矿	全国青年岗位能手	1995 年
韦汝勤	平顶山矿务局六矿	全国青年岗位能手	1996 年
张　玮	平顶山煤业（集团）有限责任公司田庄选煤厂	全国技术能手	2001 年
罗东升	平顶山煤业（集团）有限责任公司救护大队	全国青年岗位能手 全国青年岗位能手	2004 年 2008 年
王　伟	平顶山煤业（集团）有限责任公司四矿	全国青年岗位能手	2006 年
谢海燕	平顶山煤业（集团）有限责任公司十矿	全国青年岗位能手	2007 年
李铁峰	平顶山天安煤业股份有限公司二矿	全国优秀共青团员	2010 年
岳朝臣	平顶山天安煤业股份有限公司救护大队	全国技术能手	2012 年
杨伟猛	平顶山天安煤业股份有限公司一矿	全国青年岗位能手	2012 年
王香瑞	平顶山天安煤业股份有限公司六矿	全国青年岗位能手标兵	2012 年
闫业帅	平顶山天安煤业股份有限公司四矿	全国青年岗位能手	2013 年
张　帅	平顶山天安煤业股份有限公司二矿	全国青年岗位能手	2013 年
李 军	平煤神马机械装备集团天工公司	全国青年岗位能手	2013 年
熊祥林	平顶山天安煤业股份有限公司四矿	全国青年岗位能手	2013 年
王菊红	平顶山天安煤业股份有限公司十二矿	全国五好文明家庭	2014 年
米　敏	义马矿务局第一建筑公司	全国优秀青年先进女职工	1995 年
付来成	义马煤业（集团）有限责任公司千秋矿	感动中国十大杰出矿工	2007 年
赵爱荣	义马煤业（集团）有限责任公司千秋矿	全国最佳矿嫂	2008 年
赵禧林	焦作矿务局华飞公司	全国中青年有突出贡献专家	1997 年

（续）

姓　名	工作单位	获奖名称	获奖时间
鲁宝珠	焦作矿务局电子设备厂	全国先进女职工	1995 年
谢延信	焦作煤业(集团)有限责任公司	全国道德模范	2007 年
齐桂素	焦作煤业(集团)有限责任公司赵固一矿选煤厂	全国三八红旗手	2009 年
孙丽莉	焦作煤业(集团)有限责任公司煤质选煤处化验室	全国五一巾帼标兵	2012 年
张明建	焦作煤(集团)有限责任公司赵固二矿综掘二队	全国青年岗位能手	2014 年
张金富	焦作煤(集团)有限责任公司赵固二矿	全国煤炭行业技能大师	2014 年
傅青霞	鹤壁煤业(集团)有限责任公司三矿	全国三八红旗手	2008 年
游　弋	永煤集团股份有限公司	全国技术能手 全国职工职业道德模范标兵	2012 年 2013 年
周　荣	郑州煤矿机械(集团)有限责任公司	全国优秀共青团员	2001 年

备注:此表包括全国三八红旗手、全国新长征突击手、全国青年岗位能手等国家表彰的先进个人。

第二节　省部级个人荣誉

1991—2015 年河南省煤炭行业获得全国煤炭工业劳动模范、先进个人，获得河南省劳动模范、先进个人 169 人。人物分单位按获得时间先后排序。

一、全国煤炭工业劳动模范、先进个人(分单位按获奖时间排序)

姓　名	工作单位	获奖名称	获奖时间
沈天良	河南省煤炭工业管理办公室	全国煤炭工业先进工作者	2012 年
高　捞	平顶山梨园矿务局	全国煤炭工业劳动模范	1992 年
张有祥	平顶山矿务局	煤炭部劳动模范	1994 年
郑运廷	平顶山矿务局	煤炭部劳动模范	1994 年
马石头	平顶山梨园矿务局	全国煤炭工业劳动模范	1994 年
姜守业	平顶山矿务局四矿	煤炭部劳动模范	1994 年
王　琳	平顶山矿务局易成新材料有限公司	煤炭部劳动模范	1994 年
石崇峰	平顶山矿务局坑口电厂	中国煤矿统配总公司部级先进工作者	1995 年
张国平	平顶山煤业(集团)有限责任公司田庄选煤厂	全国煤炭工业劳动模范	2007 年

（续）

姓　名	工作单位	获奖名称	获奖时间
席发财	平顶山煤业(集团)有限责任公司七矿	全国煤炭工业劳动模	2007 年
赵红章	平顶山天安煤业股份有限公司一矿	全国煤炭工业劳动模范	2012 年
黄超慧	平顶山天安煤业股份有限公司十矿	全国煤炭工业劳动模范	2012 年
杨跃彬	中国平煤神马集团许平煤业公司	全国煤炭工业劳动模范	2012 年
梁志山	中国平煤神马集团工会	全国煤炭工业劳动模范	2012 年
肖向成	平顶山天安煤业股份有限公司十一矿	全国煤炭工业劳动模范	2012 年
杜新敬	义马矿务局曹跃公司	全国煤炭工业劳动模范	1994 年
谭少礼	义马矿务局义络公司	全国煤炭工业劳动模范	1994 年
赵少普	义马煤业(集团)有限责任公司耿村煤矿	全国煤炭工业劳动模范	2007 年
杜建鹏	义马煤业(集团)有限责任公司杨村煤矿	全国煤炭工业劳动模范	2007 年
付来成	义马煤业(集团)有限责任公司千秋煤矿	全国煤炭工业劳动模范	2007 年
陈矿山	义马煤业(集团)有限责任公司耿村煤矿	全国煤炭工业劳动模范	2007 年
拓文富	义马煤业(集团)有限责任公司新安煤矿	全国煤炭工业劳动模范	2012 年
杨运峰	义马煤业(集团)有限责任公司义安煤业	全国煤炭工业劳动模范	2012 年
院振来	义马煤业(集团)有限责任公司观音堂煤业	全国煤炭工业劳动模范	2012 年
李彦智	义马煤业(集团)有限责任公司工会	全国煤炭工业劳动模范	2012 年
于天明	义马煤业(集团)有限责任公司杨村煤矿	全国煤炭工业劳动模范	2012 年
付栓紧	郑州矿务局告成煤矿	全国煤炭工业劳动模范	1994 年
何遂彬	郑州矿务局王庄煤矿	全国煤炭工业劳动模范	1994 年
何银朝	郑州矿务局	全国煤炭工业劳动模范	1994 年
侯治国	郑州矿务局芦沟煤矿	全国煤炭工业劳动模范	1994 年
赵宗晋	郑州矿务局	全国煤炭工业劳动模范	1994 年
李全建	郑州煤炭工业(集团)有限责任公司裴沟煤矿	全国煤炭工业劳动模范	2007 年
宋付合	郑州煤炭工业(集团)有限责任公司告成煤矿	全国煤炭工业劳动模范	2007 年
周世伟	郑州煤炭工业(集团)有限责任公司运销公司	全国煤炭工业劳动模范	2007 年
孙怀领	郑州煤炭工业(集团)有限责任公司	全国煤炭工业劳动模范	2012 年
张新玉	郑州煤炭工业(集团)有限责任公司杨河煤业	全国煤炭工业劳动模范	2012 年
张豪华	郑州煤炭工业(集团)有限责任公司白坪煤业	全国煤炭工业劳动模范	2012 年
吴明虎	郑州煤炭工业(集团)有限责任公司大平煤矿	全国煤炭工业劳动模范	2012 年
王一声	焦作矿务局中央医院	全国煤炭工业劳动模范	1995 年
张大林	焦作矿务局焦西矿	全国煤炭工业劳动模范	1995 年

（续）

姓　名	工作单位	获奖名称	获奖时间
鲁宝珠	焦作矿务局电子设备厂	全国煤炭工业劳动模范	1995 年
吕茂盛	焦作矿务局韩王矿	全国煤炭工业劳动模范	1995 年
齐桂素	焦作煤业(集团)有限责任公司赵固一矿选煤厂	全国煤炭工业劳动模范	2007 年
蔡楚彦	焦作煤业(集团)有限责任公司中马村矿采煤队	全国煤炭工业劳动模范	2007 年
王智祥	焦作煤业(集团)有限责任公司新筑王公司	全国建材行业劳动模范	2007 年
申麦成	焦作煤业(集团)有限责任公司赵固二矿综掘队	全国煤炭工业劳动模范	2012 年
殷海峰	焦作煤业(集团)有限责任公司鑫珠春有限公司	全国煤炭工业劳动模范	2012 年
刘世鹏	焦作煤业水泥有限责任公司	全国建材行业劳动模范	2013 年
郝成新	鹤壁矿务局五矿	煤炭部劳动模范	1995 年
牛修法	鹤壁矿务局二矿	煤炭部劳动模范	1995 年
武水成	鹤壁矿务局四矿	煤炭部劳动模范	1995 年
张秀珍	鹤壁矿务局 511 厂	煤炭部劳动模范	1995 年
马有根	鹤壁煤业(集团)有限责任公司九矿	全国煤炭工业劳动模范	2007 年
贾继成	鹤壁煤业(集团)有限责任公司三矿	全国煤炭工业劳动模范	2007 年
苏万雨	鹤壁煤业(集团)有限责任公司五矿	全国煤炭工业劳动模范	2007 年
史照民	鹤壁煤业(集团)有限责任公司铁运处	全国煤炭工业劳动模范	2012 年
韩利果	鹤壁煤业(集团)有限责任公司二矿	全国煤炭工业劳动模范	2012 年
刘怀友	河南龙宇能源股份公司陈四楼煤矿开拓五队	全国煤炭工业劳动模范	2012 年
陶泽军	河南龙宇能源股份公司车集煤矿综采三队	全国煤炭工业劳动模范	2012 年
张永利	河南正龙煤业有限公司城郊矿	全国煤炭工业劳动模范	2012 年
齐宗贤	河南神火(集团)有限责任公司	全国煤炭工业劳动模范	1994 年
周广彦	河南神火(集团)有限责任公司新庄煤矿	全国煤炭工业劳动模范	2007 年
耿长明	河南神火(集团)有限责任公司葛店煤矿	全国煤炭工业劳动模范	2007 年
陈超美	河南神火(集团)有限责任公司新庄煤矿	全国煤炭工业劳动模范	2012 年
王新营	河南神火(集团)有限责任公司泉店煤矿	全国煤炭工业劳动模范	2012 年
王松峰	国投河南新能源开发有限公司	全国煤炭工业劳动模范	2012 年
张永灿	河南省煤层气平顶山中祥能源有限公司	全国煤炭工业劳动模范	2012 年

（续）

姓 名	工作单位	获奖名称	获奖时间
罗正武	河南省煤气(集团)公司义马气化厂备煤车间	全国煤炭工业劳动模范	2012 年
焦承尧	郑州煤矿机械集团股份有限公司	全国煤炭工业劳动模范	2007 年
邵春生	郑州煤矿机械集团股份有限公司	全国煤炭工业劳动模范	2012 年
朱永战	平顶山煤矿机械有限责任公司技术中心	全国煤炭工业劳动模范	2012 年
王荣超	河南大峪沟煤业煤业集团有限公司	全国煤炭工业劳动模范	2012 年
任军甫	煤炭工业郑州设计研究院有限公司	全国煤炭工业劳动模范	2012 年
韩 坤	河南省煤炭科学研究院有限公司	全国煤炭工业劳动模范	2012 年
付保全	河南矿业建设(集团)有限责任公司	全国煤炭工业劳动模范	2012 年
王宏图	河南煤炭建设(集团)哈密工程项目部掘进队	全国煤炭工业劳动模范	2012 年
秦中甫	河南工程学院会计系管理教研室	全国煤炭工业劳动模范	2012 年
郭均生	河南省煤矿设计研究院	全国设计大师	1990 年
杨 彬	煤炭工业部郑州设计研究院	全国优秀勘察设计院长	2000 年
孟召明	河南省工业和信息化厅煤炭工业管理办公室	全国煤矿瓦斯防治先进个人	2014 年

二、省级劳动模范、先进个人(分单位按获奖时间排序)

姓 名	工作单位	获奖名称	获奖时间
王振芳	河南省煤矿工会	河南省先进工作者	2014 年
牛清峰	平顶山矿务局党校	河南省劳动模范	1994 年
王允庆	平顶山矿务局	河南省劳动模范	1994 年
杨罗子	河南省朝川矿务局	河南省劳动模范	1994 年
邵东升	平顶山矿务局八矿	河南省劳动模范	1994 年
刘学西	平顶山矿务局十矿	河南省劳动模范	1995 年
袁增怀	平顶山天安煤业股份有限公司五矿	河南省劳动模范	1999 年
庞丽华	平顶山煤业(集团)有限责任公司医疗集团总医院	河南省劳动模范	1999 年
刘建国	平顶山煤业(集团)有限责任公司电务厂	河南省劳动模范	1999 年
赵海峰	平顶山煤业(集团)有限责任公司坑口电厂	河南省劳动模范	2004 年
仵自连	平顶山煤业(集团)有限责任公司	河南省劳动模范	2004 年
王松峰	平顶山天安煤业股份有限公司十一矿	河南省劳动模范	2004 年
董光德	平顶山煤业(集团)有限责任公司安监局	河南省劳动模范	2004 年
吴干臣	平顶山煤业(集团)有限责任公司工会	河南省劳动模范	2007 年

（续）

姓　名	工作单位	获奖名称	获奖时间
刘红义	平顶山天安煤业股份有限公司四矿	河南省劳动模范	2008 年
田永贵	平顶山天安煤业股份有限公司一矿	河南省劳动模范	2008 年
张东军	中国平煤神马建工集团建井一处	河南省劳动模范	2009 年
张建国	中国平煤神马集团	河南省劳动模范	2009 年
刘雷刚	神马股份帘子布公司	河南省劳动模范	2009 年
何伟峰	河南神马氯碱化工股份有限公司	河南省劳动模范	2009 年
陈长河	中国平煤神马集团安监局	河南省劳动模范	2010 年
赵晓举	河南平宝煤业有限公司	河南省劳动模范	2013 年
张民晓	平顶山天安煤业股份有限公司八矿选煤厂	河南省劳动模范	2013 年
熊祥林	平顶山天安煤业股份有限公司四矿	河南省劳动模范	2013 年
肖宇乡	中国平煤神马集团工会	河南省劳动模范	2013 年
王羊娃	平顶山天安煤业股份有限公司十三矿	河南省劳动模范	2013 年
王利军	平顶山天安煤业股份有限公司二矿	河南省劳动模范	2013 年
王克建	神马股份帘子布公司	河南省劳动模范	2013 年
汪建甫	平顶山天安煤业股份有限公司一矿	河南省劳动模范	2013 年
付　转	平煤神马机械装备集团	河南省劳动模范	2013 年
许永峰	中国平煤神马集团尼龙科技有限公司	河南省劳动模范	2014 年
陈敬全	开封炭素公司	河南省劳动模范	2014 年
任文杰	平顶山工业职业技术学院	河南省劳动模范	2015 年
冯跃群	新乡神马正华公司	河南省劳动模范	2015 年
范安民	义马矿务局	河南省劳动模范	1994 年
王正木	义马矿务局机械化处	河南省劳动模范	1994 年
苗喜彬	义马煤业(集团)有限责任公司常村煤矿	河南省劳动模范	1999 年
王书节	义马煤业(集团)有限责任公司耿村煤矿	河南省劳动模范	1999 年
周怀生	义马煤业(集团)有限责任公司杨村煤矿	河南省劳动模范	1999 年
李书民	义马煤业(集团)有限责任公司常村煤矿	河南省劳动模范	2004 年
杜青炎	义马煤业(集团)有限责任公司三门峡公司	河南省劳动模范	2004 年
马书生	义马煤业(集团)有限责任公司青海义海公司	青海省劳动模范	2009 年
乔茂堂	义马煤业(集团)有限责任公司耿村煤矿	河南省劳动模范	2009 年
谷胜利	义马煤业(集团)有限责任公司观音堂煤业	河南省劳动模范	2009 年
李前进	义马煤业(集团)有限责任公司千秋煤矿	河南省劳动模范	2014 年

（续）

姓　名	工作单位	获奖名称	获奖时间
鲁风云	义马煤业(集团)有限责任公司总医院	河南省劳动模范	2014 年
陈　平	义马煤业(集团)有限责任公司云顶煤业	河南省劳动模范	2014 年
李凌杰	义马煤业(集团)有限责任公司义海公司	青海省劳动模范	2014 年
胡星科	郑州矿务局	河南省劳动模范	1994 年
桑建臣	郑州矿务局王庄煤矿	河南省劳动模范	1994 年
许金甫	郑州矿务局王庄煤矿	河南省劳动模范	1994 年
周海军	郑州矿务局大平煤矿	河南省劳动模范	1994 年
崔书平	郑州煤炭工业(集团)有限责任公司	河南省劳动模范	1999 年
李合运	郑州煤炭工业(集团)有限责任公司王沟煤矿	河南省劳动模范	1999 年
李民忠	郑州煤炭工业(集团)有限责任公司超化煤矿	河南省劳动模范	1999 年
陈武营	郑州煤炭工业(集团)有限责任公司职教中心	河南省劳动模范	2004 年
路　广	郑州煤炭工业(集团)有限责任公司郑新公司	河南省劳动模范	2004 年
任胜岳	郑州煤炭工业(集团)有限责任公司	河南省劳动模范	2004 年
张明剑	郑州煤炭工业(集团)有限责任公司	河南省劳动模范	2004 年
冯会军	郑州煤炭工业(集团)有限责任公司超化煤矿	河南省劳动模范	2009 年
郭修甫	郑州煤炭工业(集团)有限责任公司运销公司	河南省劳动模范	2009 年
杨治国	郑州煤炭工业(集团)有限责任公司	河南省劳动模范	2009 年
朱春娜	郑州煤炭工业(集团)有限责任公司告成煤矿	河南省劳动模范	2014 年
杨朝维	郑州煤炭工业(集团)有限责任公司裴沟煤矿	河南省劳动模范	2014 年
贺春阳	焦作矿务局演马庄矿	河南省劳动模范	1997 年
焦素英	焦作矿务局冯营矿	河南省劳动模范	1998 年
张光德	焦作矿务局	河南省劳动模范	1999 年
宋大国	焦作矿务局韩王矿	河南省劳动模范	1999 年
赵廷钊	焦作煤(集团)有限责任公司	河南省劳动模范	2004 年
徐如春	焦作煤(集团)有限责任公司九里山矿	河南省劳动模范	2004 年
谢述新	焦作煤(集团)有限责任公司	河南省劳动模范	2014 年
张金富	焦作煤(集团)有限责任公司赵固二矿机电科	河南省劳动模范	2014 年
李永胜	焦作煤(集团)有限责任公司古汉山矿巷修二队	河南省劳动模范	2014 年
武水成	鹤壁矿务局四矿	河南省劳动模范	1994 年
牛修法	鹤壁矿务局二矿	河南省劳动模范	1994 年

（续）

姓　名	工作单位	获奖名称	获奖时间
郭文芹	鹤壁矿务局四矿	河南省劳动模范	1999 年
郅公平	鹤壁煤业(集团)有限责任公司机关	河南省劳动模范	2004 年
杨　恒	鹤壁煤业(集团)有限责任公司三矿	河南省劳动模范	2004 年
李付海	鹤壁煤业(集团)有限责任公司四矿	河南省劳动模范	2004 年
孙自林	鹤壁煤业(集团)有限责任公司五矿	河南省劳动模范	2009 年
翟　华	鹤壁煤业(集团)有限责任公司甲醇厂	河南省劳动模范	2009 年
王志强	鹤壁煤业(集团)有限责任公司五环分公司	河南省劳动模范	2013 年
裴景垚	鹤壁煤业(集团)有限责任公司三矿	河南省劳动模范	2013 年
陈　辉	永煤集团股份有限公司城郊煤矿	河南省劳动模范	2014 年
魏　雷	永煤集团股份有限公司陈四楼矿	河南省劳动模范	2014 年
刘　军	神火集团新庄煤矿采三队支部书记	河南省劳动模范	1999 年
李志经	神火集团董事长、党委书记、总经理	河南省劳动模范	2004 年
李　崇	神火集团董事长	河南省劳动模范	2009 年
焦承尧	郑州煤矿机械集团股份有限公司	河南省劳动模范	2009 年

单 位 简 介

一、重点企业

河南能源化工集团有限公司

河南能源化工集团有限公司(简称“河南能源”)是经河南省委、省政府批准,于2013年9月12日由原河南煤业化工集团、义马煤业集团股份有限公司战略重组成立的一家集煤炭、化工、有色金属、装备制造、物流贸易、建筑矿建、现代服务业等产业相关多元发展的国有特大型能源化工集团。截至2015年年底,集团共有员工23.92万人(不含洛阳LYC),含母公司后纳入合并的所有法人单位458家,分布在河南、贵州、新疆、内蒙古、青海、安徽、四川、山西、陕西等省(自治区、直辖市)以及澳大利亚等国家,其中大有能源(股票代码:600403)、银鸽投资(股票代码:600069)两家公司在沪上市,九天化工(股票代码:JIUTIANC)在新加坡主板上市。河南能源2014年累计生产煤炭1.02亿吨,实现营业收入2043.37亿元,上交税费105.32亿元,完成项目投资105.4亿元,位列2015年世界500强企业第364位、中国企业500强第74位、中国煤炭企业100强第6位。2015年累计生产煤炭产量10163.14万吨,实现营业收入1602.46亿元,上缴税费68.28亿元,完成项目投资44.43亿元,企业在逆势中总体实现了持续稳定发展。

河南能源煤炭板块拥有煤炭资源储量500多亿吨,形成了煤炭勘探开发、洗选加工、销售和高效利用的一体化产业体系。化工板块掌握煤化工世界高端技术,拥有年产千吨级高性能碳纤维、年产100万吨煤制乙二醇生产装置。有色金属板块拥有钼金属资源储量150多万吨、国内铝土矿资源量9000万吨,钼、铝产业均形成了从采矿、选矿、冶炼、深加工、贸易、消费终端一体化的完整产业链。装备制造板块拥有国家级空分研究院,正依托开封空分公司和重型装备公司,打造国际一流的空分和煤矿机械研发生产基地。

河南能源深入贯彻落实中共十八大和十八届三中、四中、五中全会精神和习近平总书记系列重要讲话精神,以“三严三实”专题教育为动力,按照“五位一体”总体布局、“四个全面”战略布局和“四个河南”建设总体部署,依托资源优势和产业基础,以煤为基础、以高端化工和新材料为方向,加快矿产资源由燃料向材料转化、产品从大众化向精品化发展、产业链从低端向高端延伸,加快河南、贵州、新疆、内蒙古、青海五大基地建设,走好新型工业化发展道路,倾力打造股权结构优化、产业结构合理、管理模式科学、企业文化先进、核心竞争力突出的国际一流企业集团。

中国平煤神马能源化工集团有限责任公司

中国平煤神马能源化工集团有限责任公司(简称“中国平煤神马集团”),隶属于河南省人民政府,集团总部位于河南省平顶山市,是一家以煤炭、化工、纺织、新能源新材料为主营业务,跨区域、跨行业、跨国经营的国有特大型能源化工集团,是河南省两家营业收入、资产总额“双千亿”企业之一。

2008年12月,原平煤集团和神马集团两家中国500强企业联合重组,创立中国平煤神马集团。集团注册资本为1943209万元,由河南省国资委、武汉钢铁股份有限公司、中国华融资产管理公司等9家股东共同持股。集团产业遍布河南、湖北、江苏等9个省区,产品远销30多个国家和地区,与40多家世界500强企业及跨国集团建立了战略和贸易合作关系。旗下所属平煤股份、神马股份、易成新能3家上市公司,神马华威、天工科技、矿益股份、天成环保4家新三板挂牌企业。集团设立1个国家重点实验室、2个国家级技术中心、2个国家企业博士后科研工作站、8个省级技术中心、10个省级工程技术研究中心。集团在美国、日本设有两家子公司,现有员工21万人。集团现拥有河南省平顶山、汝州、禹州和陕西省彬长4块煤田,含煤面积3000平方千米,合法拥有地质储量54亿吨,可采储量30.5亿吨,其中世界稀缺的焦煤资源占近60%,并获得中国东部第二大井盐田叶县盐田岩盐资源50.5亿吨,煤、盐资源丰富。中国平煤神马集团是中国品种最全的炼焦煤、动力煤生产基地和亚洲最大的尼龙化工生产基地,尼龙66工业丝及帘子布生产规模位居世界第一,尼龙66盐规模位居亚洲第一,工程塑料产能亚洲第一;拥有全国单套生产能力最大的糖精生产线和世界先进、国内最大的超高功率石墨电极生产基地,糖精钠、超高功率石墨电极、碳化硅精细微粉产能全国第一。

中国平煤神马集团下设16个职能部门、4个直属单位、7个专业化公司、3个事业部等。截至2015年12月,所属企业有377家。其中:二级分公司26家,二级子公司59家,企业法人10家,三级及以下企业282家。

1991—2015年,中国平煤神马集团共获得132个全国先进集体称号,涌现全国劳模8人,全国“五一劳动奖”获得者21人,全国煤炭系统劳动模范13人,中国工程院院士1人。集团技术研发机构承担或参与了国家“973”和“863”计划项目、国家科技支撑计划等多项重大科技攻关项目,先后取得国家科技进步二等奖9项,国家技术发明二等奖2项,省部级技术进步奖项300余个。

郑州煤炭工业(集团)有限责任公司

郑州煤炭工业(集团)有限责任公司(简称“郑煤集团”),前身为1951年11月创建的新密煤矿公司,1953年更名为新密煤矿,1958年4月4日成立新密矿务局;1989年1月更名为郑州矿务局;1996年1月郑州煤炭工业(集团)有限责任公司挂牌,率先整体改制为国有独资公司,构建起现代企业制度框架;1998年7月隶属关系由煤炭工业部直管下放为河南省管企业;2002年首批通过债转股组建为多元股东的有限责任公司,2015年股东会由3家股东组成(河南省政府国资委58.86%,河南能源化工集团公司32.69%,河南铁路投资有限责任公司8.45%),注册资本400451万元。机关总部于2007年10月由新密市矿区西街1号迁入郑州市伏牛路金帝大厦,2009年10月迁入郑州市中原西路188号。所辖企业跨郑州、开封、汝州、漯河、商丘、山西平陆、湖南湘潭、内蒙古西乌穆沁旗浩沁等地,业务涉及煤炭采选、发电供热、建筑施工、房地产、物流贸易、机械制造、化工、建材、铁路运输、宾馆餐饮等,形成以煤为主、相关多元的经营格局。1991年资产总额为6亿元,2007年首次突破100亿,2009年突破200亿元,2015年达到389亿元,25年增长了6383%。1995年,郑煤集团被国家经贸委、国家统计局等联合评选为1995年度中国工业企业最优500家第421名,“中国的脊梁”国有企业500强420名,500家最大企业第

470名，此后一直保持500强之列。截至2015年年底，郑煤集团已探明煤炭资源储量为62.56亿吨，郑煤集团煤炭产能达3163万吨。

1998年1月7日，郑煤集团成功上市发行“郑州煤电”股票，成为国有煤炭企业上市第一股，通过股份制改造和股票上市，实现了煤电联营和煤电互补，实现集约化经营。2005年，郑煤集团推进机关机构改革，大幅压减机构科室，公司机关由77个部门合并为24个；分流人员1167人，精减64.3%；中层干部职数由197个减至114个，精减42.1%。企业逐步实现了由粗放型向精细型、由生产管理型向经营效益型、由外延粗放型向内涵集约型转变。

2010年5月，郑煤集团在郑州市区、新密、登封等8个县市区整合兼并重组矿井共176个。2011年11月，郑煤集团与内蒙古西乌穆沁旗浩沁天成矿业有限公司共同开发建设内蒙古西乌穆沁旗浩沁煤田，郑煤集团持股51%，先后建设了宋(寨)大(平)铁路、大平铁路专用线、超化铁路专用线和(大)平告(成)铁路专用线，通车运营里程达103千米，运输能力1000万吨/年。东风电厂一期工程于1993年投运，二期工程于2001年建成发电，总装机容量4×2.5万千瓦；芦沟矸石电厂1999年投运，装机容量2×0.63万千瓦。

在企业文化建设方面，郑煤集团塑造了具有郑煤特色的“艰苦奋斗、脚踏实地、自信自强、争创一流”的企业精神，形成了20世纪50年代特别能战斗的“416”精神，70年代不畏艰险的“铁人”精神，80年代苦干实干的“骆驼”精神，90年代无私奉献的“文力”精神。至2015年，郑煤集团共建成全国文明单位1个、省级文明单位6个、市级文明单位1个，煤炭系统企业文化示范单位9个，在2012年3月获得煤炭系统企业文化示范基地。郑煤集团围绕“三软”煤层放顶煤开采技术难题，经过多年努力，攻克了豫西地区“三软”不稳定厚煤层机械化开采难关，填补了中国“三软”不稳定厚煤层机械化开采的空白，10多项“三软”煤层开采技术获得全国煤炭行业及河南省、郑州市技术进步奖或专利。

义马煤业集团股份有限公司

义马煤业集团股份有限公司(简称“义煤集团”)总部位于河南省义马市。矿区地跨河南洛阳、郑州、三门峡3个地级市以及青海海西州的德令哈市和天峻县等地，含义马煤田、陕渑煤田、新安煤田、偃龙煤田以及青海省义海煤田。矿区煤炭资源丰富，煤种齐全，主要有长焰煤、焦煤、贫瘦煤等。截至2015年，国家对义煤集团累计基建投资82.3亿元，企业资产总值达到119.6亿元，主要生产矿井有15对，核定生产能力为1874万吨/年；洗煤厂10座，年入洗能力933万多吨，配建筛选加工系统13个，入选能力达1500万吨以上。累计探明储量达253492.5万吨。

1991年，义马矿务局全面进行矿区现代化建设，至1992年全局的质量标准化工作矿矿达标，实现了质量标准化矿务局，安全方面百万吨死亡率控制在1以下，效率达到1.55吨/工。1992年7月，国务院副总理朱镕基视察义马，指出“义马煤矿要发展繁荣，关键是切实转变观念，深入发动群众，大搞多种经营和资源综合利用，加快发展第三产业。”为义马的发展指明了方向。

1997年8月18日，煤炭工业部下发《关于义马矿务局建立现代企业制度有关问题的批复》(煤办字〔1997〕第405号文)，同意义马矿务局依照《公司法》改制为义马煤业(集团)有限责任公司，初步建立起了现代企业制度。

2000年7月5日，经河南省政府批复，

成立以义马煤业(集团)有限责任公司、中国信达资产管理公司、中国华融资产管理公司、中国建设银行河南分行为股东的新的义马煤业(集团)有限责任公司。2006 年,义煤集团首次跨入中国企业 500 强。

2008 年 12 月 17 日,根据河南省国资委豫国资文〔2008〕119 号文批复,经工商注册登记,义马煤业(集团)有限责任公司整体变更为义马煤业集团股份有限公司。

2013 年 9 月 2 日,义马煤业集团股份有限公司和河南煤业化工集团实现战略重组,成立河南能源化工集团,义煤集团按河南能源化工集团二级子公司管理。

1949 年 1 月—2008 年年底,义煤集团累计生产原煤 3.8 亿吨,炼焦洗精煤 326.8 万吨。所产优质长焰煤、焦煤、贫煤、洗精煤广泛应用于发电、造气、工业锅炉、炼焦、建材等行业,产品广销河南、湖北、华东等 13 个省区,为国民经济发展做出了重要贡献。

永城煤电控股集团有限公司

永城煤电控股集团有限公司(简称“永煤集团”)是原煤炭部直属企业,位于“豫东明珠”河南省永城市,为中国六大无烟煤基地之一,是国家“八五”“九五”重点建设项目。永煤于 1989 年开工建设,1997 年首对矿井投产,1999 年下放河南省管理。1997 年,受国际金融风暴的影响,投产后连年亏损严重,到 2000 年亏损高达 1.2 亿元,资本金不足 5 亿元,负债率超过 98%,永煤成为河南省工业企业第二亏损大户,处于资不抵债边缘。2000 年 7 月以后,永煤坚持解放思想,坚持改革开放,抢抓发展机遇,连续多年产值、利润翻番,实现了快速发展、持续发展、和谐发展。目前,永煤集团拥有煤炭、化工、有色金属、装备制造、矿建建筑、物流、实业等分、子公司 200 多个,遍布上海、贵州、安徽、内蒙古等省市及省内 15 个地市,煤炭资源储量超过 200 亿吨。

2007 年,永城煤电控股集团有限公司成立。2007 年永煤集团位列中国企业 500 强第 130 位、河南省工业企业第 1 位,是河南省工业企业第一利润大户,吨煤利润全国第一,2004 年至 2007 年,连续 3 年综合效益位列全国煤炭行业第二,2007 年国有资本值增值率位居河南省第一,高于河南省国有企业平均值 15 个百分点。永煤集团从河南省工业企业第二亏损大户一跃成为河南省、全国同行业的一流企业。

2008 年年底,永煤集团与鹤煤集团、焦煤集团、中原大化、省煤气集团等 4 家单位战略重组为河南煤业化工集团,成为河南煤业化工集团下属骨干成员企业。2013 年 9 月份,河南煤业化工集团兼并义煤集团组成河南能源化工集团,永煤集团成为河南能源化工集团下属骨干企业。

永煤大力发展煤化工产业,拥有煤制烯烃等世界高端化工技术,打破了外资企业的技术垄断。永煤集团通过率先引进“壳”牌炉、航天炉等先进工艺设备,煤炭转化率达到 96%,较传统技术提高 30%以上,大幅度减少了碳排放,在此基础上,生产制造乙二醇、碳纤维、聚甲醛等高技术含量、高附加值的高端煤化工产品,提升了公司产业发展层次和水平,也为公司可持续发展奠定了基础。

永煤集团坚持地企协同发展,立足永城,面向全省、全国,秉承“人企合一、顺势而行”的企业哲学,践行“用心做事、追求卓越”的核心价值观,不断扩大经营规模,持续提升效率效益,推动企业做大做强做优,已发展成为涉及煤炭、化工、有色金属、装备制造、物流贸易、建筑矿建、现代服务业等七大产业的大型企业集团,其发展成就被誉为中国煤炭工业史上的奇迹和河南省工业战线的一面旗帜。企业被中组部命名为“四好领导班子先进单位”,被中宣部和国务院国资委选树为“全国国企十大典型”，连续多年获“全国煤炭工业优秀企业”“全国企业文化建设先进单位”“全国工业重点行业效益十佳企业”“中国工业行业杰出贡献企业”等荣誉称号。

永煤围绕全省国民经济发展规划，加快推进产业园区建设，在河南省内形成了永城、禹州、开封、安阳、濮阳、登封等多个产业集群，构建了煤炭采选、煤化工、盐化工、电力、钼铝产品深加工、装备制造、物流贸易等相对完善的产业链条，产品涵盖精品无烟煤、甲醇、乙二醇、聚甲醛、电解铝、氧化铝、钼精粉、钼氨酸、矿山重型设备等多个品种。

焦作煤业(集团)有限责任公司

焦煤集团是河南能源化工集团的重要成员企业，是全国主要无烟煤生产基地之一，已经有 117 年的煤炭开采历史。1898 年建矿，1949 年成立焦作矿务局，1999 年经河南省人民政府批准改制为焦作煤业(集团)有限责任公司(简称“焦煤集团”)。2008 年年底，根据河南省委、省政府企业战略重组的要求，融入河南煤业化工集团(2013 年 9 月更名为河南能源化工集团)。

1898 年，焦作煤矿由英国福公司投资开办，是中国最早运用现代技术开采的四大煤矿之一，几度坎坷，几度辉煌，堪称中国煤炭工业的缩影。被尊为中国现代能源工业奠基人、创办人的孙越崎先生，新中国成立前曾长期担任公司的总经理。焦作煤矿是“特别能战斗”精神的渊源，1925 年毛泽东在《中国社会各阶级的分析》中称赞焦作、开滦煤矿工人“特别能战斗”。中华人民共和国成立后，作为国家重点能源基地，焦作煤矿为国民经济的恢复、建设、发展做出了重要贡献，曾连续多年创造了煤炭系统的安全、效率、成本 3 个全国第一，先后涌现出了共和国第一代劳模刘九学、矿山铁汉丁百元、“大孝至爱”谢延信等一个个先进模范典型和先进集体，向其他矿区输送了大批技术和管理人才，有力地支持了共和国煤炭工业的建设。

焦煤公司拥有在册员工 4 万余人，下属 40 个子分公司。现有生产矿井 12 对，其中焦作本部 9 对，新乡地区 2 对，洛阳地区 1 对，年生产能力 1300 万吨。地面产业占据生产经营半壁江山，公司现有水泥厂一个，可年产水泥熟料 250 万吨，水泥 300 万吨，是豫北地区最大的水泥生产企业之一。公司现有坑口电厂 2 个，瓦斯发电机组 42 台，总装机容量 267 兆瓦，在焦作、新乡形成自备电网。焦煤集团具有年产 1800 吨多晶硅、4000 吨气相白炭黑、20 万吨离子膜烧碱和 2 万吨高纯三氯氢硅的生产能力。另外，焦煤集团还拥有一万多平方米营业面积的商厦、三星级宾馆等三产企业。

面对复杂严峻的内外形势，坚持“改革创新、进中求优”的总基调，以企业文化为引领，统筹做好保安全、稳发展、促和谐等各项工作，强力战危机、遏亏损，提质量、增效益，企业在极端复杂的形势下保持了基本平稳的发展态势。继续按照“全面深化改革，向改革要效益；发挥创新驱动，向技术要效益；始终围绕市场，向质量要效益；注重增效节支，向管理要效益”的工作思路，捕捉发展新机遇、奋力实现新作为，为推动河南能源化工集团持续向好发展，为中原崛起、河南振兴做出新的更大贡献。

鹤壁煤业(集团)有限责任公司

鹤煤集团的前身是原鹤壁矿务局，成立于 1957 年 6 月 3 日。原系国家 520 户重点企业、国家大型一档企业、河南工业综合实力百强和地税十强企业之一。全局职工以经济建设为中心，大胆进行各项改革，开展了企业整顿、现代化矿井建设、企业升级等一系列工作，1991年9月，鹤壁矿务局晋升为国家二级企业。1992年7月，经国务院经贸办、国家计委、国家统计局、财政部、劳动部、人事部审核评定，批准鹤壁矿务局为大型一档企业。

1999年5月12日，河南省人民政府批准，鹤壁矿务局改制为鹤壁煤业(集团)有限责任公司(简称“鹤煤集团”)。1999年12月28日，鹤壁煤业(集团)有限责任公司正式挂牌。2000年12月30日，鹤壁煤电股份有限公司成立。2000年1月31日签订债转股协议，成为河南省首户、全国煤炭系统第一家实施债转股的大型企业。2002年5月，国家经贸委批准鹤煤(集团)公司实施了债转股。2002年9月28日组建为由国资持股方(河南省煤炭工业局)、中国信达资产管理公司、中国华融资产管理公司3方共同出资的鹤壁煤业(集团)有限责任公司。

2008年12月5日，鹤煤集团与永煤集团、焦煤集团、中原大化集团和省煤气化集团联合组建了河南煤业化工集团有限责任公司。2008年鹤煤集团实现资产总额105.04亿元，营业收入97.25亿元，利税8.15亿元。2009年鹤煤集团实现煤炭产量1061.16万吨，资产总额178.97亿元，年营业收入121亿元，利税13.5亿元，其中利润4.53亿元，人均年收入32370元。

2010年，鹤煤完成煤炭产量1312.18万吨，同比增长21.45%；营业收入171.06亿元，同比增长44.6%；利税总额19.75亿元(其中利润9.35亿元)，同比增长39%；百万吨死亡率为零，主要经济技术指标均创造了历史同期最好水平。

2015年，面对持续严峻的国内外经济形势和煤炭市场下行压力，鹤煤集团以“战危机、保生存”为主线，坚持眼睛向内深挖潜，真抓实干求实效，综合施策，确保了企业经济运行的总体平稳。安全态势总体稳定，全公司实现了安全生产，煤炭产量1497.8万吨，超计划38.8万吨；总进尺78033米，超计划882米；开拓进尺22221米，超计划4717米；吨煤制造成本355.57元/吨，较计划下降34.43元/吨；煤炭销量1497.96万吨，实现了产销平衡。鹤煤集团全年营业收入216亿元，较计划增加16亿元；亏损12.95亿元，较计划增亏4.35亿元。

河南神火集团有限公司

河南神火集团有限公司(简称“神火集团”)总部位于河南省永城市东城区光明路。

神火集团是以煤炭、电力、电解铝生产和产品深加工为主的跨行业、跨地区的国有大型企业集团，下辖15个主要子公司、分公司，分布在河南省、上海市、深圳市、新疆维吾尔自治区等地，同时有建筑安装、房地产开发、商贸物流、生产生活服务等相关产业。神火集团是全国512家重点企业，河南省政府重点支持的七家骨干煤炭企业之一和七家铝深加工企业之一，河南省第一批循环经济试点单位。神火集团控股的河南神火煤电股份有限公司“神火股份”于1999年8月31日在深圳证券交易所上市。

神火集团的主要产品有：煤炭、铸造型焦、铝锭、铝硅钛合金、炭素阳极块、铝型材等，现已形成以煤—电—铝—氧化铝—铝锭—铝合金(锭、棒、材)—铝箔，原煤—块煤—洗精煤—沫煤—铸造型焦等多个产业和煤、电、铝联营的产业链。其主要产业的生产经营管理分别通过ISO 9001国际质量管理体系、ISO 14001环境管理体系、OHSMS 18001职业安全卫生管理体系、ISO 12001计量管理体系认证。

神火集团的煤炭产品具有开采条件好、机械化程度高、煤质优良、易于洗选等四大优势，加上独特的地理优势，具有良好的产品销售市场，“永成”牌优质无烟煤产品在苏、鲁、豫、皖、浙、沪等地有广阔市场，并远销日本、韩国、西班牙等国家。2011年，神火集团及产品被中国市场研究中心评为“名牌企业”“质量、服务、信誉AAA级品牌”，是宝钢集团喷吹煤的大型供应商之一，并被授予产品信得过单位。神火集团控股子公司河南神火铝电有限责任公司2003年被河南省科技厅认定为“高新技术企业”，产品合格率一直保持100%，所生产的“如固”牌铝锭被评为“国家重点新产品”和“出口免检产品”，多年来畅销全国，并出口日本、韩国等国家，在国际市场上享有较高的信誉，并于2003年在英国伦敦金属交易所(LME)成功注册。神火集团经济效益连续多年名列河南省同行业前茅。

神火集团先后获得“河南省最佳效益企业”“河南省综合评价先进企业”“银行系统AAA信誉企业”“河南省五一劳动奖状”“河南省文明单位”“河南省节能减排科技示范企业”“改革开放30年河南省功勋企业”“全国五一劳动奖状”“全国精神文明建设工作先进单位”“全国文明单位”“全国先进基层党组织”“全国企业500强”“全国煤炭工业优秀企业”“全国最具成长性企业”“全国企业信息化500强”等荣誉称号。

截至2015年年底，神火集团在册职工32314人，其中专业技术人员3652人总资产555亿元主要产业产能分别为煤炭1500万吨/年、铸造型焦10万吨/年、电解铝170万吨/年、炭素52.4万吨/年、氧化铝80万吨/年、铝板带10万吨/年、铝箔2.5万吨/年、发电装机容量2270兆瓦。

河南省煤气集团(有限)责任公司

河南省煤气集团(有限)责任公司(简称煤气化公司)是经河南省人民政府批准，于1996年成立的从事煤制气生产、输配、销售的大型国有独资企业，是河南省首家实施煤炭就地转化制造煤气的企业，原隶属河南省煤炭工业管理局，现为河南能源化工集团有限公司全资子公司。总部位于河南省郑州市，下辖义马气化厂、开祥化工、综能公司、洛阳永龙、管道输气分公司、天然气分公司、郑州安腾燃气、义马协力化工、郑州国龙矿业、渑池国龙燃气、新安国龙燃气、孟津国龙燃气、偃师国龙燃气等单位。

1997年一期工程开工建设，2001年一期工程试送气，日产煤气120万立方米，所产煤气可满足三门峡、洛阳、郑州等沿途60万户家庭的生活用气，每年可节约铁路运力1000多万吨公里，减少向大气排放有害气体3万吨，烟尘1.8万吨，减少城市灰渣18.6万吨。自2001年投产以来，煤气化公司已累计向义马—郑州沿线输送城市煤气和天然气50亿立方米，解决了郑州、洛阳、三门峡沿线各地市居民生活、工业及商业服务业用气，为义马煤炭就地转化、改善人居环境、支持区域经济发展做出了突出贡献。

2004年9月29日，煤气化公司二期工程开工，2006年9月21日，二期工程投料点火试运行。日产净煤气300万立方米、年产甲醇24万吨、年产二甲醚20万吨，初步可以满足义马至洛阳、洛阳至郑州煤气管线及豫西地区工业及居民用气的需求，同时对促进循环经济建设，把煤化工打造成河南省支柱产业起到重要作用。

2008年12月5日，经河南省委、省政府批准，战略重组成立了河南煤业化工集团，煤气化公司是参与重组的5家成员企业之一。按照河南省城镇燃气的发展总体规划，2011年，为适应市场环境变化，做大做强燃气事业，煤气化公司实施产品结构调整，革新工艺技术，将天然气取代煤制气。2012年7月正式开工建设，2013年11月试生产并送出合格天然气，实现了由生产煤制城市煤气向生产煤制天然气的转变。为加强天然气销售，在渑池、新安、孟津、偃师等地，成立了燃气公司，在渑池、偃师、孟津等地建设了 LNG(液化天然气)站点,进一步延伸天然气链条。

2014 年 8 月 5 日,河南能源化工集团实施豫西化工产业区域化和专业化管理,按照所有权和经营权相分离的原则,以煤气化公司为主体,将豫西地区的河南开祥(天源/精细)化工有限公司、综能公司等单位纳入统一管理,为煤气化公司的发展提供了一个更为广阔的平台。

截至 2015 年年底,煤气化公司资产总额 53.5 亿元,2015 年营业收入 34.7 亿元,员工 3814 人,具备年产天然气 2.33 亿立方米、甲醇 25 万吨、二甲醚 20 万吨、醋酸 20 万吨、硝酸铵 20 万吨、液氨 12 万吨,副产品 8 万吨的能力,副产品有粗酚、纯焦油、液氨、液氮、轻油、硫磺、液氧、液氩等,拥有煤—甲醇—二甲醚和煤-甲醇-1,4-丁二醇—PBT 两条产业链。

站在新的发展节点上,煤气化公司将深入学习贯彻党的十八大、十八届三中、四中全会精神和习近平总书记系列重要讲话精神,坚持融入中心,服务大局,发展豫西化工区域化管理,主动加压,砥砺奋进,为区域经济发展贡献新的更大力量。

河南省煤层气开发利用有限公司

2006 年年底,河南省委、省政府开始筹建省煤层气公司,并明确提出省煤层气开发利用公司比照国有重点煤炭企业管理,按照正厅级省管企业管理,由省煤管局代省政府国资委履行出资人职责。2007 年 1 月 16 日公司挂牌成立,注册地为郑州市经济技术开发区,由河南省煤炭工业管理局牵头并代河南省人民政府出资,平煤集团、永煤集团、义煤集团、郑煤集团、鹤煤集团、焦煤集团、神火集团、河南省煤田地质局和安阳鑫龙煤业集团、大峪沟矿务局、河南豫中地质勘察工程公司等 12 家股东出资组建,注册资本 3.4 亿元人民币。建成河南省瓦斯研究院和河南煤矿瓦斯监测监控区域服务中心两个研发平台。该公司具有煤层气专业开采、页岩气勘探开发、煤炭生产、运销、煤矿瓦斯等级鉴定、煤矿生产能力核定、实验检验检测等资质,被河南省发改委认定为河南省工程实验室,被河南省科技厅认定为河南省煤层气(瓦斯)抽采利用与装备工程技术研究中心。

2009 年 12 月 29 日,河南省煤炭工业管理局持有的河南省煤层气开发利用有限公司国有股权划转河南省国资委,公司正式列入省国资委管理。2011 年 5 月,河南煤化集团托管省煤层气公司。

2010 年 2 月 26 日,按照《河南省人民政府关于批转河南省煤炭企业兼并重组实施意见的通知》(豫政〔2010〕32 号)要求,河南省煤层气开发利用有限公司被确定全省煤炭企业兼并重组主体,兼并重组中小煤矿,实现全省煤炭规模化经营。同年,公司在平顶山石龙区、汝州市、郏县和郑州市成立了 4 个区域公司,兼并重组了 68 家煤矿。2012 年以后公司先后关闭煤矿 33 对,移交煤矿 31 对,保留 6 对。

2012 年 8 月,公司干部管理正式被纳入省管企业管理序列。班子组建以后,迅速调整企业发展思路,坚持"以气为主、相关多元"发展战略,坚持项目带动和品牌带动,积极实践"两占一活"的发展举措,加强与具有先进技术和丰富实践经验的大专院校和科研院所合作,成立了专业的钻井、排采队伍,先后在河南、重庆、内蒙古、贵州、陕西等地实施了一大批瓦斯防治和煤层气、页岩气地面抽采项目,煤层气产业化抽采和利用取得了重大突破。

2013 年 12 月,公司进行了增资扩股,注册资本金增加到 86949 万元,实际到位 72949 万元。公司拥有各项国家专利共计 33 项(发明专利一项"煤矿井下定向压裂增透消突方法及压裂增透消突装置”，实用新型专利 32 项)，其中联合省内国有重点煤炭企业研发的“煤矿井下定向压裂增透消突综合安全成套技术”通过国家技术鉴定。

2011 年以后，煤层气地面抽采技术在鹤壁、平顶山等矿区取得积极进展。至 2014 年 4 月底，平顶山十三矿直井创造了单井日产气量超 1708 立方的历史记录，成为河南省第一口高产压裂直井。2014 年 10 月底，鹤壁矿区地面抽采水平井实现单井日产气 3600 立方。

郑州煤矿机械集团股份有限公司

郑州煤矿机械集团股份有限公司(简称“郑煤机”)，始建于 1958 年，原隶属于国家煤炭工业部，1998 年因国家机构改革下放至河南省管理，2008 年年底股份制改造后归属于河南省国资委管理。郑煤机是全球规模最大的煤矿综采液压支架制造企业，是河南省管企业中唯一的、中国煤机行业唯一的在上交所、联交所两地上市公司，是河南省发展混合所有制经济改革和职业经理人制度改革的“双试点”单位。2000 年以后，公司经历了从资不抵债、濒临破产到行业领军企业的蜕变，销售收入(含税)从 2000 年的 1 亿元增长到 2012 年 120 亿元，增长了 120 倍。郑煤机具备年产 30000 台(架)综采设备的生产能力，生产支护高度从 0.55 米到 8.8 米、支护强度从 1600 千牛到 26000 千牛的各类液压支架。郑煤机自主创新研发成功的高端产品全面打破了欧美煤机巨头对国内综采支护设备市场的垄断，并以纵深的模式向海外发展，跻身煤炭综采装备国际舞台，产品远销俄罗斯、印度、土耳其、美国、澳大利亚、越南等国家。

“七五”“八五”期间(1986—1995)郑煤机综采支护设备液压支架研制开发技术进入成熟期，新产品研发对市场的贡献率不断增大。10 年郑煤机中共开发液压支架新产品上百种，洗选产品 7 种，非煤产品 15 种。以放顶煤、铺网支架、TZ720 强力支架、大同 TZ1000 型重型支架等为代表的重大科技开发成果，标志着企业这一时期综采支护设备研发已接近或达到国内先进水平。“十五”计划第一年(2001 年)郑煤机订货达到 2.6 亿元以上，当年企业产值、产量比上年度翻了一番，产值在企业历史上首破 2 亿元，当年减亏近千万元。2001—2007 年企业经营规模迅速扩大，企业陆续投入 2 亿多元设备更新技改资金，更新各类设备 2500 多台，基本达到年产 20 万吨以上的生产能力；生产经营效果显著。2002 年，企业完成产值 3.49 亿元，实现利润 1712 万元，扭转了企业连续 9 年严重亏损的困局。2007 年 5 月，中共中央总书记、国家主席、中央军委主席胡锦涛在中共中央政治局候补委员、中央办公厅主任王刚及河南省、郑州市、河南煤炭工业局主要领导陪同下到郑煤机视察，对郑煤机工作给予肯定，对企业的发展做出重要指示，郑煤机全体员工从中感受到极大的鼓舞和激励。2008—2012 年集团公司发展迎来了腾飞，2010 年郑州煤矿机械集团股份有限公司在上海证券交易所主板上市，股票代码为“601717”，发行 1.4 亿股，募集资金超过 27 亿元，成为液压支架行业首家上市公司。2012 年 12 月 5 日，郑州煤矿机械集团股份有限公司在香港联合交易所主板上市，拥有了境内外“A 股”+“H 股”两个资本平台。郑州煤矿机械集团股份有限公司 2012 年度营业收入首次突破 100 亿元，实现了百亿郑煤机目标。2013 年以后，随着国家宏观经济调控，煤炭行业去产能、去库存的持续推进，煤机行业迎来了行业的下行期，郑煤机的各项营业数据出现一定下滑。

2002 年 10 月，郑煤机实施公司制改革，改制为国有独资的有限责任公司，即“郑州煤矿机械厂”改制为“郑州煤矿机械集团有限责任公司”，郑煤机由全民所有制企业改制为国有独资公司。2006年10月，郑煤机改制为国有控股的有限责任公司，在河南省委、省政府的支持下，进一步改制为国有控股51%、职工股占49%的有限责任公司。2008年，郑煤机完成股份制改造，以协议的方式将职工股转让给12家社会投资机构和26名自然人股东，并于当年12月份注册成立由河南省国资委持股51%、12家社会投资机构和26名自然人股东持股49%的郑州煤矿机械集团股份有限公司。

2015年，河南机械装备投资集团有限责任公司成立。河南省国资委将所持有郑煤机32.14%股份变更为河南机械装备投资集团持有，郑煤机控股股东变更为河南机械装备投资集团。河南省将河南机械装备投资集团列为发展混合所有制经济和职业经理人制度改革的试点单位。

平顶山平煤机煤矿机械装备有限公司

平顶山平煤机煤矿机械装备有限公司(简称“平煤机”)，始建于1968年，原国家煤炭工业部确定的煤炭工业采掘工作面液压支架定点生产厂家，系GB/T 19001—2008、GB/T 24001—2004、GB/T 28001—2001三标一体化获证单位。平煤机隶属于河南省国有资产控股运营集团有限公司，是在重组平顶山煤矿机械有限责任公司产业园区资产的基础上，出资设立的国有全资公司，注册资本金为人民币7.77亿元，资产总额22.3亿元，主导产品为矿用液压支架及铁路轨道车辆等新研制产品。

公司位于河南省平顶山市郏县产业集聚区，于2009年开始按照国际一流标准筹建，总投资17.6亿元，生产厂房20万平方米，拥有行业领先的各类液压支架专业生产线，具备年产各种型号液压支架8000架的生产能力。作为集科研开发、设计制造、生产服务于一体的煤炭综采支护设备——液压支架专业生产企业，平煤机先后研制0.5～8.8米各类型号液压支架20万架，装备了全国14个大型煤炭基地的1000多个综采工作面，主导了中国高端液压支架的国产化进程，填补了多项煤机制造业空白，创造了多项世界第一，连续多年被评为“全国煤炭机械工业优秀企业”“中国机械500强企业”“中国煤炭工业100强”“河南省高新技术企业”“河南省重点培育装备制造企业”。

公司在国际化进程方面走在了行业前列。2012年4月，在全国煤机行业中率先通过ISO 3834、DIN 18800国际焊接体系认证，是目前唯一一家液压支架产品取得欧洲CE认证的企业。平煤机拥有国际焊接工程师，国际焊接技师，国际焊工，国际UT、MT、VT检验等各类专业技术人员500余人，可严格按照欧洲标准研制各类型号矿用液压支架，可根据需求提供整套煤矿开采解决方案及融资租赁、共同开采等合作模式。产品远销俄罗斯、德国、乌克兰、越南等国家，平煤机为德国鲁尔集团研制的230架近4亿元的ZY11310/24/52D型两柱掩护式世界高端液压支架，开拓了中国煤机制造业进军世界高端市场的先河，标志着以平煤机为代表的中国高端液压支架产品，成功实现了从引进消化到仿制替代、再到出口欧洲高端市场的创新转型。平煤机为神华集团研制ZY26000/40/88D型大采高支架样机，是目前世界工作阻力最大、支护高度最高的掩护式电控液压支架；为海湾煤矿研制了ZY14000/33.5/74D型大采高支架；为红柳林煤矿研制的ZY18800/32.5/72D型液压支架，获得“全国煤炭工业技术进步一等奖”；研制的ZFY17000/27/50D型两柱放顶煤电控液压支架，标志着两柱放顶煤支架领域的最高水平；研制的ZC8000/25/38型充填支架、ZC7600/18/36型充填支架、

ZYJ2300/13/32 型大倾角等型号液压支架均为国内首创。同时，轨道车辆产品获得EN15085－2 轨道车辆及其部件的焊接资质认证，轨道车辆、钢箱桥梁等新产品逐步走向了规模化、产业化发展道路。

进入 21 世纪，平煤机按照资本市场要求实现轻装运营，依托 40 多年液压支架制造底蕴积累，传承“平煤机”品牌价值，积极履行企业公民的社会责任，做全球煤机行业技术创新的领跑者，做智能制造和工业强基的示范者，为煤矿开采现代化和中国制造“2025”提供高价值的产品和服务。

河南国控建设集团有限公司

河南国控建设集团有限公司的前身，是组建于 1953 年的煤炭工业部第四十五工程处，现为河南省属国有施工企业。集团公司拥有市政公用工程、矿山工程、房屋建筑工程、机电安装工程等 4 项施工总承包一级资质，隧道工程、冻结工程、路基工程、注浆工程、钢结构工程等 5 项专业承包一级资质，年施工能力 50 多亿元。该公司现有子(分公司)10 个、下属项目部 26 个、员工 5000 余人、各类高中级专业管理人员 700 余人、总资产 30 亿元、各类大中型专业施工设备 2000 余台(套)。该公司可以施工市政水利、地铁隧道和打钻冻结、井筒装备安装及压力容器、高压输变电工程的施工任务，是一家集市政水利、房屋建筑、矿山工程、机电安装、地铁隧道、冻结特殊凿井及其他相关产业协调发展的综合企业集团。

1953 年 4 月，公司应运组建，时称“中华人民共和国煤炭部第 45 工程处”，主要承担焦作矿区及市政建设任务，1988 年 10 月，企业由“河南煤矿建设第一工程处”更名为“河南矿业建设工程第一公司”，进行工商登记，领取营业执照，申办资质证书。1999 年 7 月公司总部从汝州市迁至郑州市，并更名为“郑州矿业建设(集团)有限责任公司”，为立足中原、开拓全国市场创造了条件。2003 年 7 月，公司更名为“河南煤炭建设(集团)有限责任公司”，从郑州市工商局转河南省工商局注册。

在搞好省内工程施工的同时，河南国控建设集团大力开拓外省市场，先后承揽了山东省何岗煤矿，安徽省界沟、潘北、望峰岗、潘一东煤矿，贵州省响水、五凤、新田煤矿，内蒙古利民、五间房、母杜柴登、虎豹湾煤矿，青海省默勒二矿，山西省下霍、兴跃、邓家庄、郭家沟、木家庄、华晟荣煤矿，湖南良相煤矿，国投山西庞庞塔矿和新疆哈密矿等矿建工程及部分安装土建工程，省外市场占有率大幅提升，分别承建了全国冻结深度最深 820 米的郑煤集团李粮店煤矿副井井筒工程；施工了表土层冻结最厚 676 米的山东新汶集团龙固风井工程，2012 年取得同类工程施工最好成绩；承建了世界上井筒最深 1310 米的河北峰峰集团磁西一矿风井工程，同场竞技获得业主最高赞誉；实现了最高海拔 3890 米、气温零下 35 度的青海西海煤电默勒煤矿立井施工，创造了月进尺 112 米的青海省立井建设纪录；2010 年 10 月制作安装的世界最重 1283 吨的神火集团梁北煤矿混合井井架，一次吊装成功。在神火集团泉店煤矿中央风井井筒冻结段外壁掘砌施工中，完成月进尺 223.2 米，创造了立井井筒冻结段外壁掘砌施工月进尺全国纪录。2010 年以后，集团公司有 35 项工程被认定为太阳杯工程、部优工程，先后创造多项全国纪录并保持着河南、贵州、山西、内蒙古、青海、新疆等省、区煤矿基建领域的多项施工纪录。凭借企业累积的经验、自有技术、装备水平和综合施工能力，稳居中国矿山施工企业前三强。企业年产值从 1991 年的 1511 万元增长到 2013 年的 12.78 亿元，人均年收入从 1991 年的 2212 元提高到 2013 年的 50630 元。

河南矿业建设(集团)有限责任公司

河南矿业建设(集团)有限责任公司，前身为煤炭工业部第47工程处。1956年组建于鹤壁市，承建鹤壁煤矿。1964年，根据国家指令性计划，赴湖南省从事煤矿基本建设。1977年返回河南，更名为“河南煤矿建设第五工程处”，1988年易名为“河南矿业建筑安装工程公司”，1998年由煤炭部下放到河南省煤炭工业厅管理。同年10月，公司总部从永城市迁至郑州经济技术开发区。1999年年底，改制为国有独资“河南矿业建设(集团)有限责任公司”。2009年11月，公司被划归河南省国有资产控股运营集团有限公司管理，先后被评为全国“安康杯”竞赛优胜单位、河南省“五一劳动奖状”、全省“安康杯”竞赛优胜单位，多次获得“全省劳动关系和谐模范企业”“河南省建筑业先进企业”“河南省建筑安全先进企业”“河南省建设工程质量管理先进企业”和“河南省优秀施工企业”等荣誉称号。

公司具有国家房屋建筑工程施工总承包一级、房地产开发二级、钢结构工程承包一级、市政公用工程总承包二级和建筑工程设计乙级资质，同时具有机电设备安装工程、公路路基工程、送变电工程、建筑装修装饰工程专业承包等增项资质。公司注册资本为1亿元，在册职工有548人(其中一、二级建造师共75名，各类专业技术人员295人)，下属12个分公司、6个子公司，是集房地产开发、建筑施工、钢结构施工、市政工程施工、机电设备安装、建筑设计、设备租赁、建筑劳务和物业管理等为一体的综合性企业，主营业务年生产能力10亿元以上，信誉等级AAA级，省级“重合同守信用”企业，是质量管理、环境管理、职业健康安全管理标准体系认证达标企业。

2012年以后，公司不断创新发展理念，全方位提升管理水平。企业产值利税、职工收入等指标连续大幅攀升，连续超额完成上级下达的生产经营指标，企业呈现出风清气正、心齐劲足、干事创业、科学发展的局面，受到河南国控集团和社会各界的广泛赞誉。2012年公司完成营业收入5.1亿元、利税2241万元、利润306万元、员工年人均收入4.6万元;2013年完成营业收入7.03亿元、利税3635万元、利润601万元、员工年人均收入5.4万元;2014年完成营业收入8.2亿元、利税4702万元、利润2028万元、员工年人均收入7.44万元;2015年公司完成营业收入9.1亿元、利税6200万元、利润3026万元、员工年人均收入突破9万元。

河南地方煤炭集团有限公司

河南地方煤炭集团有限公司属国有独资企业，由河南省国有资产控股运营有限公司出资。公司成立于20世纪80年代初，主要负责全省地方煤矿的投资建设与管理。2011年，公司在省工商局重新登记注册，办公地址在郑州市丰产路36号，主营煤炭开采与物流、地产置业两大类业务，下属河南省平禹铁路有限责任公司、河南省山顶房地产开发有限公司、河南省豫煤煤炭投资运营有限公司等13家全资和控股子公司。

公司是省政府批准的煤炭企业兼并重组主体之一，拥有5家整合煤矿，原煤开采能力在100万吨/年以上，远期开采能力在200～300万吨/年。平禹铁路是公司控股的一段自营铁路，全长46.7千米，位于河南省登阜铁路大通道的关键部位，被誉为登阜通道上的“金腰带”。公司在铁路沿线所建的黄榆店、梁北、禹州、花石四个集运货场，年集运能力在500万吨以上，其中黄榆店货场是河南省目前最大的煤炭集运站，被列为武汉铁路局战略运输装车点。

公司所属山顶房地产开发公司具有二

级开发资质，拥有过硬的投资、开发、管理团队，在郑州成功开发了人和花园小区、商鼎创业大厦、御金城、御鑫城、郑州航空港区富士康生活区等商业和商住项目，多次获得“郑州市房地产开发先进单位”荣誉称号，被评为“河南地产十大诚信企业”“河南省房地产开发企业综合实力 50 强”。

煤炭工业郑州设计研究院股份有限公司

煤炭工业郑州设计研究院股份有限公司，位于郑州市郑东新区正光北街 19 号。公司创立于 1971 年，是原煤炭工业部重点设计院之一，全国首批核准的甲级工业设计院，建设部命名的全国优秀设计院、高新技术企业。2006 年改制为科技型企业；2012 年完成股份制改造；2015 年在全国中小企业股份转让系统挂牌。

公司拥有矿井设计、选煤厂设计、建筑工程设计、建筑智能化设计、建筑装饰工程设计、建筑幕墙设计、建筑轻钢设计、照明工程设计、消防设施工程设计、煤炭工程咨询、建筑工程咨询、岩土工程咨询、火电及岩土工程咨询、生态建设和环境工程咨询、矿山工程监理、房屋建筑工程监理、市政公用工程监理、岩土工程、工程测量、工程造价、工程总承包、项目管理、安全评价、煤炭招标代理等近 20 项甲级资质。公司有城乡规划编制、露天矿工程设计、火力发电工程设计、送变电工程设计、新能源发电工程设计、市政行业综合（涵盖热力、给水、排水、道路、桥梁、公共交通、环境卫生等）设计、冶金矿山工程设计、环境工程（大气污染防治工程、固体废物处理处置工程、水污染防治工程、污染修复工程、物理污染防治工程）设计、环境影响评价、水土保持方案编制、招投标代理机构、电力工程监理、压力管道设计等 40 多项乙级、专项及其他资质，具有境外承包工程资格。其业务涵盖：煤炭工程、建筑工程、市政工程、电力工程、新能源工程、智能化工程、环境工程、冶金矿山工程、岩土工程、物流工程等诸多领域，可以为海内外客户提供从规划咨询、工程造价、环境评价、勘察设计、工程监理、设备采购、EPC 总承包到生产运营全过程的高品质服务。

公司具有雄厚的技术力量、完善的质量控制、人本化的服务理念和丰富的管理经验，先后培养了包括中国工程设计大师在内的技术专家 100 余人，有中高级职称技术人员 320 多人，150 多人次获得国家注册工程师资格。公司的质量、环境、职业健康和安全三标保证体系覆盖其生产服务全过程，并通过认证。成立以后，共完成矿区总体设计 20 余部；各类矿井、选煤厂、电厂设计 2000 余部；高层、超高层建筑和市政设计 1000 余部；环境影响报告 1900 余部；大型岩土勘察 2000 余项；其他单项设计 5000 余项，完成的工程总承包及监理项目总投资已超过 300 亿元。公司获得包括“全国优秀设计奖”“国家科技进步奖”“全国总承包奖”“全国项目管理奖”在内的各类省部级以上奖励 200 余项，拥有专利、软件著作权等自主知识产权 50 多项。

河南省煤炭科学研究院有限公司

河南省煤炭科学研究院有限公司（原河南省煤炭科学研究所）始建于 1979 年 3 月，隶属于原国家煤炭工业部，1999 年，由河南省实行属地化管理。1999 年 5 月，公司被国务院列为全国 242 个转制科研院所之一，并批转为科技型企业。2001 年，公司又被列为河南省首批产权改制的 28 个科研单位之一，2003 年开始进行产权制度改革，2006 年 12 月完成改制，经工商局注册，更名为河南省煤炭科学研究院有限公司。公司现有员工 300 余人，工程技术人员占 70%以上，其中教授级高工 6 名，高级工程师 32 名，国家实验室内审员 3 名，注册安全评价师 20 名，注册安全工程师 21 名，有 17 人被聘为省市安全生产专家。

30 多年间，公司为河南省煤炭工业科技进步做出了积极贡献，取得了一系列丰硕的科研成果，累计完成国家、省、市级科研项目 300 多项，其中有 200 余项获奖，获国家发明和实用新型专利 47 项，完成科技咨询服务项目 300 余项。

随着改革开放的不断深入，公司已从创建之初的以煤炭生产、安全、煤矿机电等为主要研究方向的纯事业性专业研究机构发展成为一家以煤炭生产、安全，煤矿机电等为主，同时，涉足科技金融、计算机技术应用、化工、环保技术研究与开发、机械制造与开发生产、安全设备检测，国内外贸易、农业经济、房地产开发及物业管理等相关技术研发，跨领域发展的高新技术企业。

2015 年年底，公司拥有 1 个国家级实验室、1 个省级重点实验室、1 个省级工程技术中心，7 个行业检测中心，国家科技核心期刊《中州煤炭》编辑部，17 个下属控、参股公司等。

河南工程咨询监理有限公司

河南工程咨询监理有限公司成立于 1987 年，前身为河南省煤矿基建公司，2007 年改制为河南工程咨询监理有限责任公司。公司坐落于郑州市经济技术开发区经南五路 16 号，现为中国煤炭工业协会理事、中国煤炭建设协会常务理事、中国建设监理协会理事、河南省建设监理协会常务理事单位、国际咨询工程师联合会(FIDIC)会员单位。

公司具备矿山工程、房屋建筑工程和机电安装工程的甲级监理资质，市政工程、电力工程的乙级监理资质，人防工程的丙级监理资质；煤炭、建筑专业的甲级咨询资质，火电、建筑材料、生态建设和环境工程、市政、机械专业的丙级咨询资质及其各专业的节能评估报告编审资格；矿山工程乙级设计资质、工程招标代理资质、工程造价咨询资质、河南省矿井瓦斯等级鉴定资质。

1988 年，公司开始从事工程咨询、监理业务，是中国首批监理试点企业，追求“科学、创新、卓越”理念，信守“公平、独立、诚信、科学”准则。截至 2015 年年底，公司已完成了 891 个项目的业务，工程累计投资约 2000 亿，遍及全国 19 个省、市、自治区。拥有各类工程技术人员共 300 余人，其中教授级高级工程师 5 人，高级工程师 31 人，各类国家注册师 77 人。

公司通过 ISO 9001 质量、ISO 14001 环境和 OHSAS 18001 职业健康安全管理体系认证，实现质量、环境、职业健康安全“三标”一体化认证，连年被评为“煤炭行业先进监理企业”“中国煤炭监理企业二十强”“河南省先进监理企业”“河南省监理企业二十强”。有近百项工程获得“太阳杯”“中州杯”“菊花杯”等煤炭行业和省市级奖项，受到业主和参建单位的高度赞誉。

二、事业单位

河南理工大学

河南理工大学始建于1909年，是中国第一所矿业高等学府、河南省建立最早的高等学校和中央与地方共建、以地方管理为主的河南省属重点高校。历经焦作路矿学堂、福中矿务大学、私立焦作工学院、西北工学院、国立焦作工学院、焦作矿业学院和焦作工学院等重要历史时期，2004年更名为河南理工大学。2011年河南理工大学成为河南省人民政府与国家安全生产监督管理总局共建高校，2012年入选国家“中西部高等教育振兴计划基础能力建设工程”高校。

20世纪上半叶，著名教育家蔡元培、工矿泰斗孙越崎、地质学家翁文灏、张仲鲁、张清涟、张伯声等众多学者执校任教，引领学校承载起培养工矿高级技术人才的历史责任，为民族工业振兴、国家经济发展和社会文明进步做出了特殊贡献。中华人民共和国成立后，学校坚持服务煤炭工业的办学方向，着力拓宽学科专业领域，成为煤炭行业重要人才培养基地。

经过百余年的建设发展，学校已成为具有博士、硕士、学士学位授予权，涵盖理、工、管、文、法、经、教、艺术、医学九大学科门类的特色鲜明高水平大学。学校坚持实施“人才强校”战略，现有专任教师2401人，其中院士(含双聘)10人，国家“百千万人才工程”入选3人，国家“千人计划”专家1人，国家级教学名师、全国模范教师、全国优秀教师、教育部新世纪优秀人才、省特聘教授、省管优秀专家、省教学名师、省部级学术带头人和省骨干教师等200余人，享受国务院政府特殊津贴的专家31人。有全日制在校生36000余人，其中研究生3600多人。学校占地面积4100余亩，建筑面积140余万平方米，设有22个学院以及后备军官学院、国际教育学院、继续教育学院、安全技术培训学院。学校始终坚持“实践育人”理念，致力于培养富有社会责任感、创新精神和创造能力的高素质人才，建有电工电子等5个国家级实验教学示范中心，建成大学科技园和大学生创业创新基地，教学科研仪器设备总值4.78亿元。学校坚持实施“开放发展”战略，与30多个国家和地区的60余所高校和科研机构建立友好合作关系。

学校建有5个博士后科研流动站、4个一级学科博士点、32个二级学科(方向)博士点；18个一级学科硕士点、119个二级学科(方向)硕士点，75个本科专业，具有硕士学位推免权和开展本硕、硕博连读资格，拥有工商管理(MBA)、公共管理(MPA)专业硕士以及汉语国际教育专业硕士招生权，并在17个工程领域招收培养工程硕士。学校有2个省优势特色学科、21个省一级重点学科，其中4个博士学位授权一级学科在2012年国家学科评估中居全国前10位，安全科学与工程在全国排第5名。学校建成10个国家级特色专业、6个教育部“卓越工程师教育培养计划”试点专业、6门国家级精品课程等55个国家级本科教学工程项目，获得69项国家、省级教学成果奖；建有国家科技部、教育部、发改委、安监总局、国土资源部、测绘局、体育总局等国家级、省部级重点实验室、工程中心等科研平台49个，有国家、省部级教学科研团队 38 个，5 年内获得国家科技进步二等奖 3 项、省部级以上科技奖励 137 项，年度科研总经费突破 2.7 亿元，服务经济社会发展能力显著增强。

1991 年以后 25 年的办学历程中，学校始终坚持服务煤炭工业的办学方向，在地矿、安全、测绘等学科形成了特色鲜明的办学优势，为国家煤炭工业发展做出了重大贡献。

学校围绕实现煤炭安全生产这一重大课题，在国际上首创瓦斯地质理论，创建了瓦斯地质新学科，出版了中国第一部瓦斯地质学术专著《瓦斯地质概论》，"《瓦斯地质》新学科与课程建设"在 1993 年获国家级优秀教学成果二等奖。学校编制了中国第一幅《1:200 万中国煤层瓦斯地质图》，创立了矿井瓦斯赋存构造逐级控制理论，建立了瓦斯突出区域预测瓦斯地质方法及指标，被写入国家《煤与瓦斯突出防治细则》；由学校完成的"中国煤矿瓦斯地质规律与应用研究"成果 2011 年获国家科技进步二等奖。该领域有两个团队入选教育部"长江学者和创新团队发展计划"，组建了"煤炭安全生产河南省协同创新中心"，安全科学与工程学科在 2012 年教育部组织的学科评估中，取得了全国排名第五的好成绩，成为河南高校唯一进入前五名的一级学科。

在数字航空摄影测量方面，学校首创大视场高精度几何标定和多中心投影影像单中心化技术，研制出国内首台大面阵数字航空影像获取装备，实现了装备的国产化，保障了国家测绘地理信息安全，该成果 2012 年获"国家科技进步二等奖"。

围绕油气资源勘探开发，学校在国际上首次提出湖泊深水遗迹相模式，出版中国第一部遗迹学专著，获准立项国内第一个遗迹学研究的国家自然科学基金。在遗迹学与盆地分析、矿产资源勘查与评价等主要研究方向具有明显的特色优势。学校在 2009 年成功举办了第十届国际遗迹组构研讨会，这也是第一次在亚洲和发展中国家举行的国际遗迹学会议，体现了学校相关研究在国际上的学术地位。

学校研制成功 10 千伏直接下井供电技术，有效解决了煤炭生产现代化对电力的高负荷需求，大大提高了煤炭生产效率，获"国家科学进步二等奖"。学校最早开展直线电机提升系统研究，在直线电机理论及应用、电工电能新技术、电气安全与绝缘技术等研究方向具有明显的特色和优势，解决了制动、多轮定位、安全防护等关键难题，研发了提升高度达 20 米、具有自主知识产权的直驱快速电梯产品化样机，可用于航空母舰舰载升降机、矿井提升机、建筑电梯、油田抽油机等领域，应用前景广阔。

在精密与特种加工领域，学校成功集成超声、激光、精密加工技术及数控装备技术，实现了脆性材料的高效塑性加工；开发了泥浆泵工程陶瓷缸套和纳米复相陶瓷大型超精密检测平板；率先在国内研制了高速立式超声加工中心系列装备，完成了天宫一号上的卫星主镜和照相机框架的加工；成立的大型龙门式超声铣削中心解决了空天大型零部件的高效率重切削技术与装备难题。

在新材料研究领域，学校解决了极端不平衡条件下高性能镁合金材料制备的难题，开发了用于工程结构的高性能镁合金材料；开发了复合材料的喷射沉积制备工艺、不同热加工产品制备工艺，国内首次喷射沉积出大型高温合金盘形坯件；开发了用于有害气体检测的新型气敏材料、新型二次电池电极材料、具有多孔结构的新型金属氧化物催化剂等新材料；开发了宝石级金刚石大单晶的高温高压下温度梯度法合成技术，国内首次合成出尺寸 8.2 毫米的优质金刚石大单晶，实现了 4 毫米板状宝石级金刚石大单晶批量合成。

围绕煤的洁净利用，学校建立了完备的

粗煤泥液固流态化实验室分选系统，提出了阻尼脉动干扰床分选技术方案并完成了工业性试验；研制了煤粉干法永磁强磁选技术样机，构建了煤粉风送磁选系统，取得了一定的脱硫降灰效果；在分子尺度上研究煤中的各组分在液化过程中的变迁规律，提高煤液化油收率，降低过程能耗和对装备的要求；在尽可能温和条件下将煤同时优化集成为洁净的气、液、固体燃料，同时有效地脱除煤中污染物；研究层燃锅炉燃烧机理和催化燃烧理论，解决层燃锅炉热效率低和污染严重的问题；以煤为碳质前驱体，采用化学活化法制备出一系列高比表面积活性炭，将其用作新型节能、环保储能器件的电极材料，目前已经进入工业化实验阶段。

学校安全培训中心是省内高校中唯一具有国家一级安全培训资质的安培中心，中心以大型煤炭企业安全生产高级管理人员培训为主体，积极拓展非煤大型企业高层培训，年培训规模在5000人次以上，成为区域内有重大影响的安全培训中心。河南省应急管理研究与培训中心在应急预案体系建设以及应急预案评估理论与方法研究领域取得系列成果，特别是在应急准备能力建设与评估、跨区域应急联动、安全与应急管理示范社区建设，巨灾情景下政府和企业持续运营等方面，为国家应急安全体系建设提供了重要的理论支撑和决策服务。

河南工程学院

河南工程学院（简称“河工”）是省属普通本科院校。学校地址在河南省郑州市，分为龙湖校区（郑州市新郑龙湖祥和路1号）、桐柏路校区（郑州市桐柏路62号）和南阳路校区（郑州市南阳路97号），校园占地面积2600余亩，建筑面积106万平方米。学校现有全日制在校生26000余人，其中本科生16000余人。

学校由原郑州经济管理干部学院和原河南纺织高等专科学校合并组建。原河南纺织高等专科学校始建于1954年，其办学历史可追溯到1910年设立的河南省官立中等工业学堂，著名抗日将领杨靖宇将军即为学校的知名校友；原郑州经济管理干部学院始建于1956年，是原煤炭部直属院校。2007年两校合并后，学校秉承“自强不息博学精艺”的校训，以人才培养和科学研究为重点，充分发挥服务地方和区域发展的作用，形成了“育人为本、德育为先、能力为重、应用为主”的办学理念、鲜明的办学特色和优良的办学传统，现已发展成以工学为主，文理渗透，多学科专业协调发展的应用型本科院校。

多年来，学校坚持教学工作的中心地位，以学生为本，突出教师的办学主体作用，聚焦内涵发展，不断提升办学层次和水平。学校以矿业、纺织、土木类专业为特色，设有工学、管理学、经济学、理学、艺术学和文学等学科，现有纺织学院、安全工程学院、工商管理学院等教学院（部）21个，本科专业45个。

学校现有教学科研仪器设备总值2.23亿元，校内实验实习基地177个，校外实习基地217个；有国家级、省级本科教学质量工程项目等28个，其中国家级特色专业和国家级综合改革试点专业各1个，国家级大学生校外实践教育基地1个，省级重点学科1个，省级特色专业6个，省级综合改革试点专业7个，省级实验教学示范中心3个，省级精品资源共享课程3门，省级精品课程3门，省级教学团队2个。2010—2015年学校共承担省级以上教研项目15项，获得省部级以上教研成果奖3项。学校大力加强大学生创新教育和就业创业工作，着力培养大学生的创新意识，提升大学生的就业创业能力，与地方政府、企业合作建设了大学生创业中心和创业孵化园等，大学生在各类学科竞赛及创新创业项目中屡获佳绩。

学校现有教职工 1533 人，其中正高级职称 114 人，副高级职称 418 人；具有博士学位的教师 237 人、硕士学位的教师 748 人，外聘教师 262 人。现有“中央联系专家”1 人、“国家万人计划领军人才”1 人、“百千万工程国家级”入选 1 人、“全国优秀科技工作者”1 人、“中原学者”1 人、“国务院政府特殊津贴专家”2 人、“河南十大青年科技新闻人物”1 人、“河南省省管优秀专家”4 人、“国家级及省级优秀教师”17 人、“河南省学术技术带头人”6 人、“河南省教学名师”1 人、“河南省科技创新杰出人才”2 人、“河南省科技创新杰出青年”3 人、“河南省高校科技创新人才”12 人、“河南省青年骨干教师”27 人、“河南省教育厅学术技术带头人”39 人、“市厅级科技创新人才”9 人。

河南工业和信息化职业学院

河南工业和信息化职业学院是经河南省人民政府批准、国家教育部备案，由河南省工业和信息化委员会主管、省教育厅负责教学管理工作的一所公办全日制专科层次普通高等院校。学院位于河南省焦作市，创建于 1975 年，历经河南省煤矿学校、焦作煤炭工业学校、河南工程技术学校、河南理工大学高等职业学院等时期。2013 年 3 月经河南省人民政府批准，学校与河南理工大学剥离，独立设置河南工业和信息化职业学院。

学院占地面积 777.03 亩，建筑面积 20 万平方米，教学科研仪器设备总价值 5000 万元，多媒体教室 99 个，馆藏图书 43.3 万册，期刊 2970 种；在校生规模 6000 余人，拥有能源工程综合训练中心、矿井通风安全、电子商务、会计电算化、物流管理、矿山机电、电气控制、PLC 实训室、计算机中心、标准语音室、数控机床加工等具有真实职业氛围和产学研一体化功能的现代化校内实验实训室 75 个，建有稳定的校外实训基地 55 个，实验实训开出率为 100%。

学院设有能源工程系、机械工程系、建筑工程系、信息工程系、电气工程系、财经商贸系、基础部、体育教学部和继续教育学院等 9 个教学系部(院)，开设电子商务、物流管理、会计电算化、会计统计与核算、动漫设计与制作、机电一体化技术、电气自动化技术、矿山机电、建筑工程技术、工程造价、工程监理、商务英语等 30 个专业及方向。围绕工业和信息化学校正在建设资源环境与安全、装备制造、土木建筑、电子信息、财经商贸等五大专业群。学校有专职教师 254 人，其中高级职称 57 人，中级职称 109 人；具有硕士学位教师 113 人，研究生学历 49 人，“双师型”教师比例达 53.81%；有省厅级学术技术(学科)带头人 14 名、省厅级骨干教师 4 名、院级学术技术带头人 41 名、院级骨干教师 40 名、院级教学名师 28 名、教学标兵 32 名、教学能手 46 名；另外还聘请中国工程院院士张铁岗等知名专家教授以及企业兼职教师 68 人，形成了一支专兼结合、师德高尚、学术水平高、创新能力强、结构合理的教学团队。学院教师在各级各类刊物上发表论文 576 篇，其中核心期刊 145 篇、EI 收录论文 15 篇；编写各类教材 120 本；获得省市级相关课题研究奖 190 项、省市级优秀成果评选奖 105 项、省级优秀课件评选奖 71 项。

学院深入推进校企合作、工学结合。学院先后与郑煤集团、大河网等多家企业签订战略合作协议，分别与上海飞翱集团、河南省中纬测绘规划信息工程有限公司、郑州麦普空间规划勘察设计有限公司、焦作煤业(集团)鑫珠春工业有限责任公司、焦作市昊宇测绘工程有限公司、慧聪网等 63 家企业共建校企合作基地，成立了工业和信息化校企合作联盟，是河南省电子商务职业教育实训基地，形成了校企合作人才培养共同体，实现了学院人才培养与企业人才需求之间的“无缝对接”。

建校40余年来，学院为社会累计培养了5万余名优秀毕业生。学院大力推行校企合作、工学结合，不断深化教育教学改革，强化学生职业素质和职业能力的培养，促进学生素质的全面提升。多年来，学生双证获取率始终保持在97%以上。在省级以上职业技能大赛中，学院先后获得第六届全国信息技术大赛最佳组织奖1项、个人二等奖2项；获得全国煤炭职业教育技能大赛优秀组织奖；全国职业院校技能大赛高职组测量二等奖、数字测图二等奖、水准测量三等奖、综合二等奖；全国职业院校英语口语大赛河南赛区二等奖；多次获得全国职业院校技能大赛先进单位。2013年省教育厅对河南省高职院校就业情况调查表明，学院综合排名位居全省前10名，学院毕业生毕业一年后的月收入排名第4位，就业现状满意度排名第13位，毕业生对母校的推荐度排名第9位。

学院逐步形成了“严谨勤奋、明德善学”的校风，“自强博学、唯实创新”的校训，“敬业笃学、厚生乐教”的教风和“好学深思、知行合一”的学风。学院相继获得了“河南省文明单位”“河南省文明标兵学校”“河南省示范性职业学校”“河南省职业指导与就业服务先进单位”“全省学校行风建设先进单位”“河南省职业教育攻坚工作先进单位”“全国煤炭职业教育先进单位”“全国煤炭系统文明单位”“河南省煤炭系统职业教育先进集体”“焦作市五好基层党组织”等荣誉称号。2014年学院被评为“河南职业教育特色院校建设单位”。

河南省煤炭高级技工学校

河南省煤炭高级技工学校是1990年由河南省政府批准成立的，是河南省工业和信息化委员会主管的一所全日制中等职业技术学校，国家级重点技校、省级文明单位。建校25年来，先后经历了河南省地方煤矿技工学校、河南省煤炭技工校、河南省煤炭高级技工学校3个发展时期。

河南省地方煤矿技工学校时期（1990年4月—1999年8月），为起步发展期。学校坚持“边教学边基建边发展”方针，先后建成了学生宿舍楼、餐厅、办公楼、钳工实习车间等；设置了办公室、教务科、教研室、学生科、总务科、基建办、伙食科、校团委等职能科室；建立了教学、学生管理、行政管理、后勤服务、文明创建等管理制度；加强师资队伍建设，加强教科研工作，提高了教师业务素质。学校首次参加了河南省劳动部门组织的办学水平评估，就被评估为“基本良级技校”。

河南省煤炭技工学校时期（1999年9月—2008年10月），为快速成长期。学校以主动参与国家劳动部门组织的技工学校系统办学条件和办学水平评估为抓手，充实了实习实验设备，进行了分配制度改革，实行“全员聘任”，加强专业建设，形成了“以煤炭专业为主体，社会专业为补充”的专业格局；加强师资队伍建设和教科工作，积极探索校企合作办学模式，同神火集团等多家煤炭企业建立了稳定的校企合作关系；实施多功能办学，在校生和在职培训规模连创新高。2001年年底，学校被河南省劳动部门认定为省（部）级重点技工学校，2005年5月，被国家劳动部门认定为国家级重点技工学校，2007年4月，被河南省政府命名为“省级文明单位”。

河南省煤炭高级技工学校时期（2008年11月—2015年年底），为巩固提升期。学校在“硬件”完善、“软件”提升方面取得长足进展。学校共申请国家财政资金2300多万元，筹建了机加工车间、现代化模拟矿井、文体活动中心、教学实训综合楼，打了深水机井，筹建图书馆，建设了煤矿各专业及汽修检测、服装设计与加工等非煤专业实验室、实训室，对计算机室、校园网站进行了升级换代，通过特色校工程建设了相应的设施，办学硬件跻身河南省技工学校系统先进行列。校企合作以与煤炭企业合作办学为主，向“煤炭系统、非煤系统并重”转变，注册学生中，校企合作班学生比例占95%以上。学校加强专业建设，针对经济社会的发展需求，新开设了数控机床、汽车检修与服务、服装设计与加工等新兴专业。在发展技工教育的同时，利用自身优势，积极开展在职培训，为河南经济社会发展做出了贡献。学校加强校园文化建设，培育形成了以“校训、校风、教风、学风”为核心的校园文化，2012年保持了省级文明单位文明创建成果。

河南省煤炭总医院

河南省煤炭总医院的前身是河南省煤矿职业病防治医院(简称“总院”)，1982年7月由原中国煤炭工业部批准成立的综合型医院。

总院集医疗、职业病防治、教学、科研培训为一体，是省市医保定点医院、新农合定点医院、河南省煤矿职业病诊断机构、职业病健康检查机构、中国尘肺病防治基金会定点医院、郑州市120急救网络医院、全省15种慢性病诊治医院、省市工伤保险定点医院。总医院占地面积47000平方米，设计总建筑面积36000万平方米，已建成门诊楼、住院楼、医技楼、供应室、家属楼等建筑面积21800平方米，规模床位300张，人员编制250人，现有正式职工128人，聘用人员200人，其中:高级职称21人，中级职称80人，初级职称90人。医院拥有16排螺旋CT、核磁共振、全自动生化仪、全数字化摄片机(DR)、彩色超声波诊断仪等先进的大型诊疗仪器。

按照“全面规划，分层建设，重点突破，逐步推进”的原则，总院内部机构日趋完善，共设16个临床专科、9个医技科室、5个病区。医院从切实缓解群众“看病难看病贵”入手，全面推行“三好一满意”服务，不断优化就诊流程，开辟了急危重病人的绿色通道。以“医疗质量万里行”活动为契机，围绕“质量、安全、规范、服务、创新”的工作思路，不断改进医院管理和医疗服务质量，初步建成一个结构合理、相互支撑的综合型医院。

紧紧围绕国家公立医院改革的总体要求，以贯彻国家医改方案为主线，坚持医疗公益性，以维护人民群众健康为宗旨，以提高医疗质量、保证医疗安全、提供优质服务为根本出发点和落脚点，加快医院建设和人才培养，综合实力不断提升。医院内部不断加强精细化管理、强化岗位责任意识、提高医疗技术水平，医院规模不断扩大，医院门诊量、住院人次和业务收入逐年增加，2015年总计实现业务收入3339万，较上年同期增长16%。门诊病人总数72061人次，与上年同期增长4.4%；住院病人总数2627人次，较上年增长29.2%。

河南矿山抢险救灾中心

河南矿山抢险救灾中心(简称“救灾中心”)原名是煤炭工业部抢险排水郑州中心站，成立于1958年，是专业从事矿山抢险排水的自收自支事业单位。抢险救灾中心位于郑州经济技术开发区第二大街和新乡平原新区丹江路，占地面积78亩，建筑面积21800平方米，拥有各类潜水电泵100余台套，固定资产超亿元。救灾中心在矿山抢险排水领域综合实力较强的专业机构，承担了全国矿井恢复排水80%以上的工程量，覆盖19个省区，包括煤矿、黑色金属、有色金属、石膏、铅锌、石墨、隧道、地下核试验室、抗旱、抗洪、抗震等多个领域。参与了广东大兴煤矿"8·7"矿难、陕西陈家山煤矿灭火工程、湖南碧利斯台风11个煤矿救援、湖南冰灾救援、河南陕县支建煤矿"7·29"救援、山东新汶华源"8·17"矿难、四川汶川"5·12"地震救援、神华集团乌海骆驼山煤矿、中煤华晋王家岭煤矿透水事故等全国特大水灾抢救工作,累计救出遇险矿工200余名,恢复矿井生产能力6000万吨,为国家挽回经济损失达6亿多元。救灾中心多次受到国家局领导和有关省区领导的表彰和表扬,先后获得"抗震救灾重建家园工人先锋号""河南省直属机关五一劳动奖章""河南省直属机关五一劳动奖状""河南省煤炭系统安全生产十大标兵""全国矿山救援工作先进个人""全国设备管理先进工作者"等荣誉。

1958年,原煤炭工业部为中南煤管局投资配备了单、多级卧式水泵及排水管路成套排水设备,由中南煤管局负责管理,煤炭工业部郑州抢险排水中心站正式成立;1998年煤炭工业部撤销,煤炭工业部郑州抢险排水中心站下划河南省政府管理,由河南省煤炭工业管理局具体管理;1999年更名为"河南矿山抢险救灾排水站";2004年9月更名为"河南矿山抢险排水救灾中心";2005年10月更名为"河南矿山抢险救灾中心";2009年划归河南省安全生产监督管理局管理。下划河南省之前,煤炭工业部累计投资1000余万元,配备了单、多级卧式水泵、潜水电泵等成套排水设备,基地租赁煤炭部中南物管处仓库。

2000年4月,救灾中心自筹资金购得郑州经济技术开发区第二大街的土地15亩,2002年建成厂房1300平方米,露天仓库1300平方米,硬化道路800平方米,实现了仓库的功能配套,完成了抢险救灾排水基地建设。2007年救灾中心购置了位于平原新区河南省科研实验基地土地63亩,开始建设抢险救援第二基地,救灾中心同时被列入省政府重点支持的科技型企业。2009年第二抢险救援基地建设完工,共建设办公楼1200平方米、车间6400平方米、道路与露天仓库5000平方米,完成了基地搬迁。2010年12月自筹资金开工建设了13000平方米的排水科研大楼,2012年7月投入使用。两个基地占地78亩,建筑面积21800平方米,拥有资产超亿元的维修和实验设备25台套,排水设备100多台套,形成了研发、设计、柔性制造、维修、实验、检验检测、安装、维护、运行的综合能力,是全国最大的抢险救灾排水基地。

2009年,开展了大功率潜水电泵的制造业务,形成了抢险排水研发、制造、工程服务一体化的产业格局;2010年增加了非煤矿山设备安全和能效检测业务,进入日常安全技术服务领域;2012年增加了物业租赁业务;2014年增加了职业卫生检测评价业务。

2015年年底,救灾中心有博士研究生4人,河南省学术带头人2人,享受国务院特殊津贴专家2人,河南省管优秀专家1人,国家安全生产专家1人,国家应急救援专家1人,全国煤炭行业专家3人,国家科技奖评审专家1人,全国优秀科技工作者1人,教授级高工2人,高级工程师4人,工程师5人,注册安全工程师7人,建造师2人、河南省技术能手1人,形成了从技术研发到施工服务的完整人才技术保障体系。救灾中心团队被河南省科技厅评为"河南省矿山排水创新型科技团队",救灾中心建设的"矿山排水技术与装备实验室"被省发改委列为河南省级工程重点实验室,并被列入河南省高技术产业发展计划。

2000—2015年,救灾中心先后开发了潜水泵与卧泵串联运行技术、电容器补偿特大异步电动机起动技术、充油电机式混流接力泵、大功率潜水电泵非潜水运行模式、大功率潜水电泵(1600千瓦)卧式排水技术、工矿跃变超高排水技术、多功能高可靠潜水污水排水技术、世界最大矿用潜水电泵(3200千瓦)、两栖抗灾排水技术等多项技术和产品。技术创新对河南矿山抢险救灾中心收入的贡献率达80%。救灾中心先后获省部级科技进步1等奖2项、2等奖6项、3等奖1项;出版专著标准近10部,发表论文100多篇。

河南煤炭建设工程质量监督中心站

河南煤炭建设工程质量监督中心站,原名为“河南煤管局质量监督中心站”,始建于1986年,1999年更名为“煤炭工业河南建设工程质量监督中心站”,2004年经河南省编委批准,更名为“河南煤炭建设工程质量监督中心站”,隶属于河南省煤炭工业管理局,机构规格为处级,经费供给形式为自收自支。2009年转属河南省工业和信息化委员会,机构规格为正处级,财政全供事业编制12名,下设监督科,办公室两个科室,经费供给形式改为财政全额预算管理。

河南煤炭建设工程质量监督中心站成立以后,贯彻执行国家和上级部门有关工程质量监督管理的方针、政策、法规和强制性技术标准;制定本省煤炭建设工程质量监督注册、事中监督、质量认证等项具体管理制度;对矿区站实施业务领导,组织协调矿区站开展质量监督工作,负责矿区站的资质年审、业务考核,对质量监督员进行业务培训和从业资格审核;负责组织投资总额在5000万元及以上、产能在30万吨及以上的煤炭工业建设项目的质量监督、注册登记和质量认证工作;参与煤炭建设项目的竣工投产验收,负责组织评审和上报优质工程;对全省煤炭工业建设项目工程质量实施动态巡查,及时纠正、制止和处置建设工程质量责任主体的违规行为;参与重大工程质量事故的处理和质量纠纷的仲裁;研究、分析全省煤炭建设工程质量状况,提出搞好煤炭建设工程质量工作的建议。

河南省煤炭行业住房资金管理中心

河南省煤炭行业住房资金管理中心(简称“资金管理中心”)位于河南省郑州市金水区福彩路1号山顶大厦15楼,隶属于河南省工业和信息化委员会,为财政全供事业单位。资金管理中心成立于1996年,前身为原国家煤炭工业部河南煤炭工业管理局住房资金管理中心,2000年9月更名为河南省煤炭工业局住房资金管理中心,2004年9月由省编委批准(豫编〔2004〕83号),更名为河南省煤炭行业住房资金管理中心。2005年1月,资金管理中心被命名郑州住房公积金管理中心省煤炭工业局管理部。2008年2月,原河南省煤炭工业管理局撤销,划归原河南省工业和信息化厅管理,编制10人,副处级规格,拥有工作人员14人,下设综合管理科、公积金管理科、精神文明办公室。

河南省煤炭行业住房资金管理中心的具体职责是编制、执行住房公积金的归集、使用计划;记载职工住房公积金的缴存、提取、使用等情况;住房公积金的统一核算,指导、监督分支机构的内部核算;审批住房公积金的提取、使用;住房公积金的保值和归还;编制住房公积金归集、使用计划执行情况的报告;拟订住房公积金增值收益分配方案;住房基金收取、使用、管理等。

河南省煤炭行业住房资金管理中心始终秉承“让政府放心,让百姓满意”服务宗旨,认真贯彻落实国家、省、市有关政策精神,努力实现公积金事业新突破、新发展。中心成立以后,累计建立公积金单位账户64个,归集人数1.5万人,归集总额9.9亿元;累计提取18711人次,提取总额5.5亿元;发放贷款2218笔,发放贷款总额6.057亿元,为全省煤炭行业广大职工解决住房提供政策、资金支持做出了应有贡献。2015年该中心被河南省城乡与住房建设厅表彰为“2015年河南省住房公积金管理工作先进单位”。

河南省煤炭行业档案馆

河南省煤炭行业档案馆前身是1987年成立的河南省煤炭工业厅机关档案科，隶属厅办公室，省专职档案人员1人，负责管理原中南煤炭管理局及河南煤炭管理机构的所有技术、文书、财务、声像等档案。1996年11月，经煤炭工业部办公厅批准，成立河南省煤炭工业管理局档案馆，为副处级事业单位，编制5人。1998年煤炭行业机构改革，随河南省煤炭管理局下放河南。2004年9月，经河南省机构编制委员会批复(豫编〔2004〕83号)，河南煤炭工业管理局档案馆更名为河南省煤炭行业档案馆，机构规格为副处级，编制5名，其中领导职数1名，经费实行财政全额拨付。2008年1月，经河南省人民政府批准(豫政〔2008〕2号)，河南省煤炭行业档案馆参照公务员法管理。2009年，随机构改革，河南省煤炭行业档案馆隶属河南省工业和信息化厅领导。2012河南省清理规范事业单位，保留河南省煤炭行业档案馆，明确其主要职责是承担全省煤炭行业档案的监督、检查、指导工作，负责全省煤矿基本建设项目档案工作指导和档案专项验收，负责煤炭行业文件资料的收集、整理、归档及开发利用，同时管理新组建的河南省工业和信息化厅机关档案工作，档案馆编制增至7人。2015年河南省编制办下文将档案馆划为一类公益事业单位管理。2015年年底，档案馆实有编制10人，工作人员10人。

按照《中华人民共和国档案法》和《河南省档案管理条例》要求～，河南煤炭行业档案馆先后建立健全一系列规章制度，规范档案收集、整理、归档、安全保管、查阅利用等工作。2014年实现档案目录、全文计算机检索。

截至2015年年底，档案馆现馆藏1952—1999年文书档案5866卷，2000—2015年33168件。1999—2015年煤炭生产许可档案4487卷，煤炭经营许可档案5645卷。全省煤炭地质资料4209卷，图纸31481张。2006—2015年技改档案3263卷，图纸14359张。全省2009—2014年的融资担保档案649卷、小额贷款档案279卷。会计档案2958卷，照片5000张，死亡职工档案110卷，各种书籍、资料1500册。

三、市县煤炭管理机构

郑州市煤炭管理局

郑州是河南省原煤生产第一大市，是全国19个重点产煤地市之一。截至2008年，累计探明煤炭储量60多亿吨，占全省探明储量的22.8%。根据煤炭资源地质分布情况，划分为新密、登封、荥巩和偃龙四大煤田，分布在新密市、登封市、巩义市、荥阳市、新郑市和二七区，含煤面积2600多平方千米。

1995年11月以前，郑州市煤炭化学工业局对全市煤矿实施行业管理职能。1995年11月，郑州市政府决定撤销郑州市煤炭化学工业局、地质矿产管理局，组建郑州市地质矿产煤炭管理局，正县级规格，行政编制38人，是市政府主管全市地质矿产行政管理和煤炭行业管理的职能部门，负责矿产资源和煤炭行业管理、法律法规的组织实施和监督检查。

2001年，根据《中共郑州市委、郑州市人民政府关于市直机构改革的实施意见》，设置郑州市安全生产监督管理局(挂郑州市煤炭管理局牌子)。2002年1月，郑州市人民政府办公厅印发《郑州市安全生产监督管理局(挂郑州市煤炭管理局牌子)职能配置、内设机构和人员编制规定》，郑州市安全生产监督管理局(挂郑州市煤炭管理局牌子)是负责全市安全生产监督和煤炭行业管理的市政府直属机构，内设办公室、组织人事处、政策法规处、安全生产综合管理处、安全监察一处、安全监察二处、煤炭行业管理处、煤炭运销管理处。

2004年8月6日，郑州市人民政府办公厅根据《市委办公厅市政府办公厅关于印发〈郑州市市县人民政府机构改革实施意见〉的通知》，印发《郑州市煤炭管理局职能配置、内设机构和人员编制规定》，设置郑州市煤炭管理局为市人民政府直属事业单位，正县级。

1991年，全市有煤矿552家，其中地方国有煤矿15家、乡镇煤矿537家，原煤产量为944.9万吨，煤炭工业产值为3.98亿元，从业人数为39410人，1992年首次突破千万吨大关，达到1153万吨。1998年，全市煤矿有830家，其中乡镇煤矿791家，1998年12月关闭取缔一批非法开采和布局不合理煤矿。2000年，全市有各类煤矿553家，其中地方国有煤矿18家、乡镇煤矿535家，原煤产量为886万吨，煤炭工业产值为7.47亿元。

2004年6月郑州市开始煤炭资源整合，至2006年年底，全市共保留煤矿209家，年设计生产能力4062万吨。其中，年产120吨的有1家，60万吨的有6家，45万吨的有8家，30万吨的有20家，21万吨的有8家，15万吨的有159家，15万吨以下的有8家。郑州市成为全国第二位、河南省第一位的重点产煤地市，煤炭工业是郑州市六大支柱产业之一。

2010年3月煤炭企业兼并重组工作正式启动，至2013年全市煤矿兼并重组222家，其中170家煤矿被郑煤集团、河南煤化、省煤层气公司、国投河南分公司、省地煤公司、神火集团、义煤集团等7家中央、省属骨干煤炭企业兼并，地方管理的煤矿共52家，3家企业单独保留，其他49家共组建10家地方煤炭主体公司。

2015年，全市生产原煤2500万吨(含郑煤集团重组兼并的地方煤矿产量)，实现产值86亿元，实现工业增加值31亿元；煤炭百万吨死亡率0.04，达到历史最低点，事故起数、死亡人数同比分别下降88%和90%。地方煤矿采掘机械化程度分别达到63%和72%。

洛阳市煤炭工业局

洛阳煤炭资源丰富，是全国乃至全世界煤炭发现和开发利用最早的地区之一。市辖区地跨豫西新安、宜洛、偃龙、登封、临汝5大煤田，占有新安、宜洛两大煤田全部，偃龙煤田大部，登封、临汝煤田各一部。煤炭资源主要分布于新安县、宜阳县、伊川县、偃师市和汝阳县。含煤面积1707.9平方千米，占全市总面积15200平方千米的11.23%。截至2002年年底，累计查明资源储量219031.2万吨，占全省总储量的1/12，其中二$_1$煤资源储量202940.7万吨。截至2015年年底，全市辖区共有各类煤矿53个，年设计生产能力1914万吨。其中，国有重点煤矿企业所属煤矿14个，年设计生产能力1101万吨；兼并重组及地方主体煤矿39个，年设计生产能力813万吨。

1991—1998年是洛阳乡镇煤矿快速发展时期，全市乡镇煤矿发展到551个，年产原煤达496.67万吨，比1990年提高85.14%。1992年国家决定“三年放开煤价，抽回亏损补贴”，1995年市、县煤矿多种经营企业、网点由1994年的35个增至60个，固定资产由532万元增至2707万元，从业人员由717人增至1560人。1996年以后经过调整，淘汰不适应的项目，1998年有企业、网点47个，从业人员1159人，固定资产2096万元，产值及营业额4259万元。2002年有企业网点20个，人员841人，固定资产4347万元，产值及营业额4163万元。

1998—2002年“关井压产”，洛阳市通过整顿全市乡镇煤矿由1998年的551个，关停306个，保留245个。

2003年6月，为进一步提高全省煤矿行业整体素质，巩固煤矿整顿成果，河南省政府办公厅印发了《河南省煤矿专项治理整顿工作实施方案》。洛阳市煤炭工业局对全市保留下来的245处乡镇煤矿进一步的关闭整顿，相继又关闭了30处乡镇煤矿，截至2004年初，全市保留乡镇煤矿215处。

2004年以后，经过两次煤炭资源整合，洛阳市共关闭小煤矿151个，关闭井筒333个(2005年年底285个，2006年48个)，小煤矿总数由原来的215个压减到64个，减少了70%以上，单井年生产能力由年产6万吨提高到15万吨以上，年设计生产能力达到了1000余万吨。

2010年3月，河南省委、省政府正式启动河南煤炭企业兼并重组工作，煤炭企业兼并重组前，洛阳市有各类煤矿72处，年设计生产能力1268万吨。截至2015年年底，洛阳市兼并重组保留煤矿39处，其中省属骨干煤炭企业兼并重组37处(义煤集团36处，河南地方煤炭集团1处)，地方主体企业所属煤矿2处(河南豫联集团伊川县金窑煤矿和郑州中兴实业集团郑兴宿煤煤业公司)。2012—2015年连续4年消灭了煤矿安全生产死亡事故，煤炭安全生产工作创历史最好水平。

平顶山市安全生产监督管理局

平顶山市煤炭总储量103亿吨，保有工业储量30.4亿吨，含煤面积1044平方千米，主要分布于市区、韩梁、汝州一带，煤质优良，品种齐全，有焦煤、气煤、肥煤、瘦煤。其中，焦煤储量为24.7亿吨，占河南省焦煤储量的62.1%，是中南地区主要的炼焦煤基地。煤层赋存稳定，按目前的开采能力计算，开采年限超过100年。

1982年8月14日平顶山市地方煤炭工业管理局成立。1984年2月9日平顶山撤销平顶山市地方煤炭工业管理局，成立平顶山市地方煤炭工业公司。1984年4月18日，平顶山市编委批复，同意平顶山市地方煤炭工业公司对外保留平顶山市地方煤炭工业管理局的名称。1989年7月18日，中共平顶山市委决定，撤销平顶山市地方煤炭工业公司，保留平顶山市地方煤炭工业管理局。同年10月更名为平顶山市煤炭工业管理局。1990年11月8日，中共平顶山市委决定成立平顶山煤炭工业总公司，保留平顶山市煤炭工业管理局的牌子。1993年5月17日，平顶山市政府决定，恢复平顶山市煤炭工业管理局。1995年12月，平顶山市煤炭工业管理局更名为平顶山市煤炭工业局。2013年7月，根据工作需要，经市编委会议研究并报市委常委会议同意，决定市安全生产监督管理局(简称“市安监局”)、市煤炭工业局(简称“市煤炭局”)实行合署办公。合署办公后的机构名称为市安全生产监督管理局(市煤炭工业局)，可以共同或以各自的名义对外开展工作。市煤炭局煤炭行业管理职能划入市工业和信息化局，市煤炭局机关规划发展科、行业管理科、煤炭调运科3个科室划入市工业和信息化局，7名在编人员连人带编随之划转。调整后，市安全生产监督管理局（市煤炭工业局）机关保留行政编制26名，事业编制44名，机关驾驶员事业编制3名。两局办公室、人事培训科（机关党委）分别合并，市煤炭局安全监督管理科更名为安全监督管理四科。调整后市安全生产监督管理局（市煤炭工业局）内设办公室、政策法规科（行政审批服务科）、综合协调科（市政府安全生产委员会办公室、职业安全健康监督管理科）、安全监督管理一科、安全监督管理二科、安全监督管理三科（烟花爆竹安全监督管理科）、安全监督管理四科、信息调度中心、事故调查科、人事培训科（机关党委）、财务科等11个科室。2015年11月16日，平顶山市政府决定撤销“平顶山市煤炭工业局”，设立新的“平顶山市安全生产监督管理局”，同时将市工业和信息化委煤炭工业行业管理职责和原市煤炭工业局的煤矿安全监管职责划入市安全生产监督管理局，并设立四个煤炭管理科室，即煤炭综合规划科、煤炭行业管理科、煤矿安全监督监察科、煤炭运营管理科。

2004—2006年，平顶山市通过煤矿资源整合对现有煤矿的矿业权、产权重组，实现对矿产资源的优化配置，411个小煤矿经重组改造后，保留到193个。2006—2010年为平顶山市资源整合阶段，各煤矿均实现了一个独立法人主体，全部办理了采矿许可证延续手续。2010—2015年为兼并重组阶段，全市小煤矿数量大幅度减少。截至2015年年底，全市辖区内共保留兼并重组煤矿22座，核定生产能力400万吨/年。其中，郑煤集团1座，河南省煤层气开发利用有限公司3座，中国平煤神马集团18座。此外，有2座生产矿井批准恢复生产（郑煤集团宝丰嵩阳盛源煤矿、河南省煤层气公司郏县先锋煤业公司），嵩阳盛源煤矿因市场原因自行停产；1座技改矿井批准恢复施工（平煤集团郏县景昇煤业公司），正在等待竣工验收；1座技改矿井批准井下隐患整改（平煤集团新华区香安煤业公司）；其余18座矿井全部停止通风排水，临时封闭井口。

三门峡市煤炭工业管理办公室

三门峡市煤炭工业管理办公室成立于1986年6月，1996年4月，改名为三门峡市煤炭总公司（局）。2000年年底，市煤炭局共有26人，内设生产科、安全科、计征科、财务科、党政办公室等科室，为参公管理事业单位，经费由市财政全额供给。2010年，全市机构改革，撤销市煤炭局，其职能分别划转到市安监局、市工信局。原市煤炭局所属安全科、救护队、执法队等相关科室及下属单位划归市安监局；原市煤炭局所属生产科、运销科等科室划归市工信局，其余人员组建煤炭总公司。

三门峡市下属产煤县市主要有义马市、渑池县、陕县3个县市。义马市煤炭管理局前身为义马市资源局，成立于1988年11月。1998年4月，义马市资源局分为义马市地矿局、义马市煤炭局两家单位。渑池县煤炭局、渑池县煤炭总公司1998年3月前为一个机构、两块牌子，1998年3月，改称为渑池县煤炭总公司。2007年渑池县煤炭局和各乡镇开始向各煤矿派驻驻矿员。陕县煤炭工业管理局组建于1987年，1992年整体职能转变后，改称陕县煤炭工业总公司。陕县煤炭工业管理局为一个机构、两块牌子，属全民所有制企业。

2008年，三门峡市煤炭局成立煤矿安全监察支队，事业编制6人，经费由财政全额供给。同年，成立煤矿安全技术培训中心，编制7人，属自收自支事业单位。同期，

3个产煤县市增加事业编制126人，其中陕县为26人，义马为30人，渑池为76人，经费由各县财政全额供给。1991年至2000年年底，全市共建立安全管理机构30个。2002年10月23日，三门峡市煤炭局成立执法大队，全年共出动执法人员80余人，关闭30对矿井，配合省煤炭安全检查组对70对有证矿井进行验收工作，并与各煤矿签订救灾协议。

三门峡地质构造复杂，煤层赋存变化大，乡镇煤矿开采技术落后，生产能力小。20世纪八九十年代，走向长壁后退式采煤法，个别小煤矿仍采用房柱式开采，回采率为20%～25%，工作面支护方式为坑木支护，2000年，工作面支护方式由坑木支护变为摩擦支柱配合铰接梁支护，2006年工作面支护变为单体柱配合π型梁支护。随着煤炭资源整合、兼并重组，工作面支护采用单体柱π型梁，消灭木支护。掘进巷道全部采用工字钢或U型钢不燃材料支护。2014年，三门峡市煤矿开采均采用悬移支架，提高了煤矿生产装备水平。

2003年，三门峡市按照《河南省人民政府办公厅关于印发河南省煤矿专项治理整顿工作实施方案的通知》(豫政办〔2003〕43号)，对小煤矿进行治理整顿。三门峡市成立了煤矿专项治理整顿领导小组，副市长史增田任组长，市煤炭局局长乔长青任领导小组办公室主任。全市通过整顿，经省市验收合格小煤矿89处，关闭29处。

2004年全市生产原煤350.3万吨。其中地方国有煤矿生产原煤63.5万吨，乡镇煤矿生产原煤286.8万吨。整合后全市保留小煤矿总数为44处，其中整合矿井27处，单独保留矿井17处。资源整合后，全市乡镇煤矿生产能力为507万吨/年。

2010年，按照《河南省人民政府关于加强煤矿安全生产若干规定的通知》(豫政〔2010〕17号)、《河南省人民政府关于批转河南省煤炭企业兼并重组实施意见的通知》(豫政〔2010〕32号)要求，三门峡市成立了由市长任组长，常务副市长苏新华任常务副组长，副市长赵光超、李琳任副组长的煤矿兼并重组工作领导小组，各产煤县(市)政府也成立了相应机构。

2010年，三门峡市地方煤矿共有38对矿井(义马市8对、渑池县17对、陕县13对)，核定生产能力603万吨/年，其中32对属15万吨/年以上能力改造矿井(支建煤矿2008环节改造，能力21万吨/年)，4对属9万吨/年能力改造矿井，2对属生产矿井(英豪煤矿梁家洼矿井、天坛矿井)。

截至2015年年底，三门峡市引导关闭退出乡镇煤矿15对，完成技术改造并办理安全生产许可证后又实施停产矿井1座，继续进行技改矿井14对。

安阳市煤炭工业管理办公室

安阳市煤炭资源储量丰富，安阳矿区南北长33千米，东西宽23千米，含煤地层面积759平方千米，已勘探地区均在矿区西部约8千米宽的地带，面积约250余平方千米。安阳市煤炭资源主要分布在安阳市以西至清峪，南抵贺驼，北至观台一带。本区内可采煤层主要为山西组二1煤层，该煤层较稳定，厚0.6～10米，一般厚4.7～5.9米，区内煤种较多，从北向南分布有肥煤、焦煤、瘦煤、贫煤和无烟煤。截至2013年年底，安阳市累计查明煤炭资源共13.18亿吨，历年来累计消耗煤炭储量1.44亿吨，2015年年底，保有查明的煤炭资源储量11.75亿吨。全区预测资源量36.08亿吨(1000米以深～2000米以浅)。

1991年，安阳市组建安阳市矿产煤炭化学工业总公司，负责安阳市地方煤炭、矿产资源、化学工业的安全生产。1996年，安阳市成立安阳市地质矿产煤炭化工管理局，归安阳市经贸委领导。2001年,安阳市撤销安阳市地质矿产煤炭化工管理局,成立安阳市煤炭工业管理局,与安阳市安全生产监督管理局实行一个机构、两个牌子,内设煤炭安全生产监管科、企业管理科。2007年,安阳市单设安阳市煤炭管理局,内设煤炭安全管理科、企业科等科室。2009年,安阳市撤销安阳市煤炭管理局,安全生产监察职能划入安阳市安全生产监督管理局;行业管理职能和安全管理职能划入安阳市工业和信息化委员会。2016年1月,安阳市将分散在其他部门的煤炭管理职能整合划入安阳市工业和信息化委员会,内设安阳市煤炭工业管理办公室,具体负责煤矿安全生产监督管理、行业管理以及煤炭市场的经营管理等职责。

“八五”期间,是安阳市乡镇煤矿发展期。安阳市共有国营、乡镇煤矿100处,原煤产量达到300万吨。“八五”末,安阳市共有煤矿53个,年生产能力200万吨。

“九五”期间,安阳市共有煤矿51个,其中国有煤矿有10个,乡镇、集体、个体小煤矿有41个,年产煤量稳定在300万吨。

“十五”期间,全市共有煤矿52个,其中:国有煤矿有10个、乡镇煤矿有42个,职工总数为11396人。2002年末,安阳市依法关闭了15家不符合安全生产条件的小煤矿,强行炸毁了违法生产的小矿井两处。全市乡镇煤矿安全投入1960万元,主要用于提升运输、机电设备更新改造等投入。2003年,全市共有煤矿36个,其中国有煤矿有10个、乡镇煤矿有26个,职工总数为17950人。2005年,全市共有煤矿27个,其中国有煤矿有10个,乡镇煤矿有17个,职工总数为15001人。

“十一五”初,全市共有各类煤矿30个,其中国有、国有控股和参股煤矿为13个、乡镇煤矿为17个,职工总数有17124人,完成工业总产值115953万元,完成利税29681万元。2008年,全市共有各类煤矿25个,其中国有、国有控股和参股煤矿为10个、乡镇煤矿为15个,职工总数为17000人。

“十二五”初,按照河南省煤炭企业兼并重组有关要求,安阳永安煤业投资有限公司于2010年先后对贺驼、永天、黑玉、永兴、王海地、东街、水冶、子针、榆木岭、永丰、李村、永中、白莲坡及马村等14对煤矿进行了兼并重组;2011年6月又兼并重组了铜冶、铜冶二矿、三泉寺等3对矿井,并派驻了“五职”矿长,成立了15家合资公司(永安公司控股51%,原股东控股49%),实现了“五真”管理(真重组、真出资、真管理、真负责、真安全)。永安公司对17个矿井实现有效管控后,经过论证、甄别,决定对储量较少、安全风险较大、不具备投资价值的16对矿井实施关闭。“十二五”期间,已关闭退出14个煤矿,其余两对矿井双方股东正在协商,矿井井筒已封闭,停止通风排水,停止下人。

济源市安全生产监督管理局

济源市是河南18个省辖市之一,位于黄河北部的太行山脚下,因济水发源于此而得名(古时济水与黄河、淮河、长江并称“四渎”)。济源市矿产资源丰富,已探明的矿藏有四十余种。煤炭资源储量最大、品种较全,主要分布在北部的克井和西部山区的下冶、大峪、邵原、王屋5个镇。2000年年底,济源市探明煤炭储量2.85亿吨,经过十多年的开采,剩余地质储量约1.6亿吨,剩余可采储量约1.2亿吨。2010年以后,济源市又在西部山区新确立了16个探矿权,新勘探煤炭资源约3.9亿吨。

1990年,济源市有乡镇村集体、个体煤矿150对,年生产原煤150万吨。为适应煤炭工业迅速发展的新形势,济源市先后在克井、下冶、邵原、大峪、王屋5个产煤乡镇组建了煤管站，着力加强对乡镇煤矿管理。

1996 年，济源市煤炭工业局增设煤炭运销管理办公室。1997 年 1 月 1 日，济源市实施省直管体制后，原属焦作市管理的矿山救护队济源分队整体移交给济源市，更名为“济源市矿山救援中心”，隶属于济源市煤炭工业局管理。矿山救援中心下设 2 个救护小队，救护人员 23 人。2000 年，济源煤炭工业局下设 6 科、2 室和 8 个经营机构，共有干部职工 200 余名。

2001 年，济源市煤炭工业局更名为济源市煤炭工业管理局。2004 年年底，济源市在济源市煤炭工业管理局的基础上组建成立济源市安全生产监督管理局，内设煤炭安全生产监管科、煤炭市场管理科，下设克井、邵原、下冶 3 个煤管站。2007 年 3 月，其煤炭行业管理职能划转到济源市工业经济发展服务局，成立二级机构事业单位济源市煤炭管理局。

2009 年，济源市煤炭管理局成为市政府直属部门，机构单列。2010 年，济源市煤炭管理局在机构改革中正式成为市政府 31 个工作部门之一，内设 4 个正科级科室（综合科、生产技术科、安全监管科、纪检监察室），下设 3 个正科级事业单位（煤矿安全生产监察支队、煤矿安全生产培训中心、矿山救援中心）。2011 年 9 月份，济源市招聘驻矿安监员 56 名，成立了驻矿员管理办公室。2015 年 1 月，根据机构改革要求，济源市煤炭管理局职能、人员、编制整体划入济源市安全生产监督管理局，内设煤炭安全监督管理科和煤炭生产技术科，具体负责煤矿安全生产监督管理、煤炭市场的经营管理等职责。

“八五”初，济源市共有国营、乡镇煤矿 120 对，原煤产量 150 万吨；“八五”末，济源市共有煤矿 60 处，年生产能力 200 万吨。

“九五”末，济源市共有煤矿 58 处，年生产能力 300 万吨左右，煤炭加工企业 5 家，煤炭运销企业 36 家，地销转运市场 5 个，转运户近 300 余家。

“十五”期间，济源市煤矿通过安全专项治理整顿，依法关闭了 13 处不具备安全生产条件的乡镇煤矿。

“十一五”初，济源市共有煤矿 45 处。根据河南省煤炭资源整合政策有关要求，济源市关闭淘汰了不具备基本安全生产条件的矿井 15 处，整合保留了安全生产条件较好的矿井 30 处。2008 年年底，济源市剩余生产矿井 28 处。

“十二五”初，按照河南省煤炭企业兼并重组有关要求，济源市保留煤炭企业 2 家，煤矿 23 处，年生产能力 453 万吨。其中，鹤济公司兼并重组 15 处，年生产能力 246 万吨；济源煤业兼并重组 8 处，年生产能力 207 万吨。“十二五”末，济源市共有煤矿 20 处，年生产能力 357 万吨。其中，鹤济公司 12 处，济源煤业 8 处。鹤济公司 12 处矿井中，有 4 处正实施关闭退出，保留 8 处，年生产能力 141 万吨；济源煤业保留 8 处，年生产能力 216 万吨。

附　录

重 要 文 献

关于印发河南国有重点煤矿管理体制改革问题商谈纪要的通知

煤办字〔1998〕454 号

河南省人民政府各有关部门和有关市地、县(市)人民政府国家煤炭工业局各司(室)和有关煤炭企事业单位;河南煤炭工业管理局:

根据《国务院关于改革国有重点煤矿管理体制有关问题的通知》(国发〔1998〕22号)精神,国家经贸委、国家煤炭工业局会同财政部、中国人民银行、劳动保障部等有关部门,与河南省人民政府就下放河南省国有重点煤矿交接问题认真进行了协商,签订了商谈纪要。现将《国家经贸委、国家煤炭工业局与河南省人民政府关于河南国有重点煤矿管理体制改革问题商谈纪要》印发给你们,望遵照执行。

国家煤炭工业局(章)

河南省人民政府(章)

一九九八年九月二十八日

国家经贸委、国家煤炭工业局与河南省人民政府关于河南国有重点煤矿管理体制改革问题商谈纪要

根据《国务院关于改革国有重点煤矿管理体制有关问题的通知》(国发〔1998〕22号文件)精神,国家经贸委、国家煤炭工业局会同财政部、人民银行、劳动保障部等有关部委,与河南省人民政府于 1998 年 8 月 14—15 日,就改革河南国有重点煤矿管理体制问题,在北京进行了认真的商谈。双方一致认为,国有重点煤矿划转地方管理,是煤炭工业管理体制的重大改革,是社会主义市场经济的客观要求,有利于政府职能转变和企业经营机制转换,有利于煤炭工业结构调整和健康发展。一致表示拥护国务院决定,并对企业下放有关问题达成了协议。现纪要如下:

一、下放的企事业单位。根据国务院关于将原煤炭部直属和直接管理的国有重点煤矿,以及原随煤矿一起上收、为煤矿服务的各类企事业单位一并下放地方管理的规定,这次下放到河南省的煤炭企事业单位共 17 户,即平顶山煤业(集团)有限责任公司、焦作矿务局、鹤壁矿务局、义马煤业(集团)有限责任公司、郑州煤炭工业(集团)有限责任公司、郑州煤矿机械厂、平顶山煤矿机械厂(国家体改委〔1993〕122 号文件批准上收,但未办理上收交接手续)、河南矿业建设工程第一公司、河南矿业建设公司、河

南矿业建筑安装工程公司、河南煤炭基建设备租赁站、河南煤矿防排水站、河南煤矿职业病防治医院(河南煤炭总医院)、河南煤田地质局、河南煤炭科学研究所及洛阳分所、煤炭工业部郑州设计研究院、河南煤炭工业管理局附属单位。

二、资产划转。根据财政部批准的1997年企业财务决算，划转资产总额1849373万元，负债总额1056038万元，所有者权益793335万元。实收资本450906万元，其中国家资本金438774万元。

三、劳动工资和社会保险基金划转。划转在职职工262335人，离退休职工113577人；企业应提工资282749万元，实提工资244699万元工资总额227458万元；事业单位工资总额2607万元；养老保险基金余额25882万元。

四、亏损补贴基数划转。原煤炭部和财政部确定的基数:盈亏缴拨净拨补11252万元，养老保险净上缴7334万元。将养老保险还原到盈亏后，净拨补3918万元，其中利润企业上缴利润15978万元，亏损企业拨补亏损19896万元。这次下放，考虑河南省的实际，亏损单位亏损补贴基数按18710万元划转。

五、事业经费基数划转。根据财政部下达的1997年基数，事业单位经费划转指标为4442万元，其中地质事业费4247万元，科学事业费148万元，工交事业费44万元，房改经费3万元。

六、统借贷款划转。下放企业使用原煤炭部和统配煤矿总公司统贷的建设银行基建投资贷款余额2025万元，工商银行“三产”贴息贷款63120万元，煤田地质总局从开发银行统贷借款1528万元，随企业下放划转下去。具体办法按银行有关规定办理。

七、人事关系划转。根据干部管理有关规定，将下放企事业单位中原煤炭部管理的领导干部名单移交给地方组织人事部门，同时移交有关人事档案。

八、其他有关政策

1. 继续执行对国有重点煤矿的转产贴息贷款政策。

2. 原煤炭部与各煤炭企事业单位的债权债务，由国家煤炭工业局负责继续清理。

3. 使用原国家能源投资公司向中国建设银行统贷的煤炭基建投资贷款和储备贷款，随企业下放一并划转，未尽事宜按国家有关部门协调确定的意见办理。

4. 对基建投资贷款的财政贴息，继续按财政部有关规定办理。

九、对一些困难煤炭企业拖欠的离退休人员养老金、下岗职工基本生活保障费补贴以及拖欠职工工资问题，按国家政策规定办理。考虑焦作矿务局目前的实际困难，这次由中央财政补贴1000万元。

十、国家经贸委、国家煤炭工业局表示，要进一步加强煤炭行业管理，继续支持河南煤炭工业的发展。河南省人民政府代表表示，要认真落实国家对国有重点煤矿的扶持政策，并采取积极的政策措施，支持煤炭工业的发展。同时对各类煤矿统筹安排，进行结构调整和改组，进一步整顿煤炭生产秩序和经营秩序，关闭非法开采和布局不合理、乱采滥挖的各类小煤矿，更好地发挥国有重点煤矿的作用。

十一、双方同意将本纪要印发国家有关部门、有关银行和河南省人民政府有关部门及有关市地县(市)人民政府。

国家经贸委
国家煤炭工业局
代表签字
王　君
河南省人民政府
代表签字
张以祥

一九九八年八月十五日

河南省煤炭条例

（2005 年 9 月 30 日河南省第十届人民代表大会常务委员会第十九次会议通过，2005 年 9 月 30 日河南省人民代表大会常务委员会公告第 58 号公布，自 2006 年 1 月 1 日起施行）

第一章 总 则

第一条 为了合理开发利用和保护煤炭资源，规范煤炭生产、经营和管理活动，促进和保障煤炭行业的健康发展，根据《中华人民共和国煤炭法》和其他有关法律、行政法规的规定，结合本省实际，制定本条例。

第二条 在本省行政区域内从事煤炭生产、经营和管理活动，适用本条例。

第三条 省煤炭管理部门负责全省煤炭行业的监督管理。

省辖市、县（市、区）煤炭管理部门按照管理权限负责本行政区域内煤炭行业的监督管理。

县级以上人民政府其他有关部门在各自的职责范围内负责煤炭行业的监督管理。

第四条 煤炭开发应当实行统一规划、合理布局、综合利用的方针。坚持开发利用与节约资源、保护环境并重的原则。

第五条 对煤矿矿区应当按照谁开发、谁保护，谁污染、谁治理，谁破坏、谁恢复的原则，加强其生态环境和水资源的建设和保护；做好废弃物的循环利用和采煤沉陷区的治理。

第六条 煤矿企业必须坚持安全第一、预防为主的安全生产方针，建立健全安全生产的责任制度和群防群治制度。

第七条 各级人民政府及其有关部门应当加强对煤矿矿区的保护。

禁止任何单位和个人扰乱煤矿矿区的生产秩序和工作秩序。

第八条 县级以上人民政府煤炭管理部门和有关部门应当加强对煤矿企业和煤炭经营企业执行煤炭法律、法规情况的监督检查，依法查处煤炭生产、经营中的违法行为。

第九条 国家机关工作人员和国有企业负责人不得违反国家规定投资入股煤矿（依法取得上市公司股票的除外），不得对煤矿的违法行为纵容、包庇。

第二章 规划与建设

第十条 省煤炭管理部门根据全国和省矿产资源规划，组织编制全省煤炭生产开发规划，报省人民政府批准后实施。

第十一条 开办煤矿企业，应当向省煤炭管理部门提出申请并报送下列材料：

（一）开办煤矿企业申请书；

（二）项目核准文件、可行性研究报告或者开采方案；

（三）地质、测量、水文资料；

（四）环境影响评价报告；

（五）开采范围资料、资源综合利用方案和省国土资源部门划定的矿区范围批复；

（六）符合煤矿安全生产、环境保护和省人民政府规定的年生产能力要求的矿山设计；

（七）与项目建设所需资本金相应的资信证明；

（八）与煤矿生产规模相适应的技术人员、安全生产管理人员的相关证明文件；

（九）法律、法规规定的其他材料。

省煤炭管理部门应当自受理申请之日起六十日内审查完毕，根据煤炭法律、法规规定的条件作出批准或者不予批准的决定;不予批准的,应当书面通知申请人并说明理由。

经批准开办的煤矿企业,申请人凭批准文件向国土资源部门申请颁发采矿许可证。

第十二条 煤矿建设工程项目的设计、施工、监理,应当依法实行公开招标投标。

煤矿建设工程项目,应当实行法人负责制度和工程监理制度。

煤矿建设项目竣工后,由工程项目核准部门会同有关单位进行验收。

煤矿新建、改建、扩建工程项目的安全设施和环保设施,应当与主体工程同时设计、同时施工、同时验收、同时投入生产和使用。

第三章 煤炭生产

第十三条 煤矿企业在建成投产前,应当依照法律、行政法规的规定,以矿(井)为单位,取得安全生产许可证后,向煤炭管理部门申请领取煤炭生产许可证。

申请煤炭生产许可证,应当按照管理权限经县(市、区)和省辖市煤炭管理部门审核后,报省煤炭管理部门批准。省煤炭管理部门应当依法进行审查,符合条件的,颁发煤炭生产许可证;不符合条件的,应当书面通知申请人并说明理由。煤炭管理部门应当在六十日内完成审核和批准工作。

未取得煤炭生产许可证的,不得从事煤炭生产。

禁止伪造、变造、转让、出租煤炭生产许可证。

煤炭生产许可证实行年检制度。

第十四条 煤矿矿长和特种作业人员应当持证上岗。

省煤炭管理部门负责煤矿矿长的培训和考核,考核合格的,颁发矿长资格证。特种作业人员的考核、发证工作按照国家有关规定执行,但不得重复培训和发证。

第十五条 煤炭生产许可证登记事项发生变更的,煤矿企业应当在事项变更三十日前,向省煤炭管理部门申请办理变更登记手续。省煤炭管理部门应当自受理申请之日起二十日内办理完毕。其中采矿权人、生产规模、矿区范围发生变更的,应当先向省国土资源行政主管部门申请办理采矿许可证的变更登记手续。

煤炭生产许可证有效期届满需要延续的,煤矿企业应当在有效期届满九十日前向省煤炭管理部门提出申请。

第十六条 煤矿企业应当按照批准的设计生产能力或者核定的生产能力组织生产,不得超能力生产。

煤炭生产应当依法在批准的开采范围内进行,不得超越批准的开采范围越界、越层开采。

第十七条 开采煤炭资源应当达到国家规定的煤炭资源回采率。

县级以上煤炭管理部门应当建立煤炭资源利用监管制度,对煤炭资源回采率和综合利用情况实行年度核查、动态监管,指导煤矿企业不断提高煤炭资源回采率和资源综合利用水平。

鼓励煤矿企业进行复采或者开采极薄煤层和边角残煤。

推进中小型煤矿采煤工艺改革和技术改造。

第十八条 煤炭生产应当按照高效、清洁、充分利用的原则,综合开发利用煤矸石、煤泥、煤层气、矿井排放水以及与煤共伴生资源。

第十九条 因开采煤炭压占土地或者造成地表土地塌陷、挖损的,煤矿企业应当进行复垦,恢复到可供利用的状态;造成他人损失的,应当依法给予补偿。

煤矿企业应当提取土地复垦费用和塌陷补偿费用,具体提取办法按省人民政府规定执行。

第二十条 煤矿企业应当按照国家和省有关规定提取维持简单再生产费用，专款专用。

第二十一条 煤矿企业关闭煤矿、报废矿井的，应当依法向省煤炭管理部门提交申请报告，并附矿井实际开采的实测图纸资料和矿井关闭后可能危及公共安全的事故隐患资料，经审核同意后，依法办理关闭、报废手续。

第四章 煤 矿 安 全

第二十二条 县级以上人民政府应当加强对煤矿安全生产工作的领导，支持、督促各有关部门依法履行煤矿安全生产监督管理职责。

煤矿安全监察机构依法履行煤矿安全监察职责，对煤矿实施安全监察。

县级以上人民政府煤炭管理部门依照规定的权限具体负责本行政区域内煤矿安全生产的监督管理工作。

第二十三条 县级以上人民政府应当鼓励和支持煤矿安全生产科学技术研究和煤矿安全生产先进技术的推广应用，提高煤矿安全生产水平。对在改善煤矿安全生产条件、防止安全生产事故、参加抢险救护等方面取得显著成绩的单位和个人，应当给予奖励。

第二十四条 县级以上人民政府应当按照企业负责、政府支持的原则，完善政府和企业共同增加煤矿安全投入的机制，加大对煤矿安全生产的投入。对国家支持的煤矿安全改造项目，应当安排配套资金，专项列支。

县级以上人民政府财政、审计、煤炭管理部门和煤矿安全监察机构应当加强监督，确保煤矿安全资金专款专用和安全改造项目顺利实施。

第二十五条 煤矿企业是煤矿安全生产的责任主体。

煤矿企业的安全生产管理，实行法定代表人、矿长（经理）负责制。

煤矿企业主要负责人对本单位安全生产工作负全面责任，其他负责人对分管业务范围内的安全生产工作负领导责任。

第二十六条 煤矿企业应当按照下列规定，加强对煤矿安全生产的管理：

（一）按照有关法律、法规、煤矿安全规程和技术规范的要求，建立健全通风、防瓦斯、防尘、防火、防水、防冒顶、爆炸物品和危险物品管理制度；

（二）加强井下劳动组织管理和现场管理，定期检查，及时发现、排除事故隐患；

（三）建立煤矿企业负责人和生产经营管理人员下井带班作业制度；

（四）使用的设备、器材、火工产品和安全仪器，必须符合国家标准或者行业标准；

（五）加强对高瓦斯和煤与瓦斯突出矿井的管理，建立健全危险源辨识技术体系、瓦斯抽采和监测监控体系、灾害预警救援体系；

（六）定期为职工提供保障安全生产所需的劳动保护用品，对井下作业的从业人员提供特殊的保护措施；

（七）严格遵守国家关于井下作业人员工作时间的规定；

（八）按照规定提取、使用煤炭生产安全费用；

（九）其他关于煤矿安全生产的规定。

第二十七条 煤矿企业应当对职工进行安全生产教育、培训，并为每位职工免费发放煤矿职工安全手册；未经安全生产教育、培训的，不得上岗作业。

煤矿企业职工应当接受安全生产教育和培训，掌握本职工作所需的安全生产知识，提高安全生产技能，增强事故预防和应急处理能力；在作业过程中，应当严格遵守煤矿安全生产规章制度和操作规程。

第二十八条 煤矿企业应当按照国家

规定，为从业人员缴纳工伤、医疗、失业、养老、生育等社会保险费用。

煤矿企业应当按照规定为井下作业的从业人员办理意外伤害保险，支付保险费，并对其定期进行健康检查。

煤矿企业应当采取有效措施，做好煤矿尘肺病等职业病的防治工作，保护职工身体健康。

第二十九条 煤矿企业工会依法组织职工参加企业安全生产工作的民主管理和民主监督，维护职工的合法权益。

工会对企业违反安全生产法律、法规，侵犯职工合法权益的行为，有权要求纠正；发现企业违章指挥、强令冒险作业或者发现事故隐患时，有权提出解决的建议，企业应当及时研究答复；发现危及职工生命安全的情况时，有权向企业建议组织职工撤离危险场所，企业应当立即予以处理。

工会有权依法参加事故调查，向有关部门提出处理意见，并要求追究有关人员的责任。

第三十条 在煤矿井下作业中，出现危及职工生命安全并无法排除的紧急情况时，作业现场负责人或者安全管理人员应当立即组织职工撤离危险现场，并及时报告有关方面负责人。

第三十一条 煤矿职工有权对煤矿企业安全生产工作中存在的问题提出批评、检举和控告；有权拒绝违章指挥和强令冒险作业；对发现直接危及人身安全的紧急情况，有权立即停止作业或者在采取可能的应急措施后撤离作业场所。

对前款规定的情形，煤矿企业不得以任何借口对职工进行打击报复。

第三十二条 省煤炭管理部门应当根据全省煤矿分布、生产规模和自然条件，对全省煤矿救护队进行统一规划，合理布局，建立救护网络。

煤矿企业应当按照国家规定的条件，建立煤矿救护队；不具备建立煤矿救护队条件的，应当建立辅助救护组织，并与就近的煤矿救护队签订救护协议。

第三十三条 县级以上人民政府应当组织有关部门制定本行政区域内煤矿重特大生产安全事故应急救援预案，建立应急救援体系。

煤炭管理部门、安全生产监督管理部门和煤矿安全监察机构应当按照各自职责，组织、指导和协调煤矿应急救援工作。

煤矿企业应当制定预防生产安全事故及处置突发事件的应急救援预案，并定期演练和修订完善。

第三十四条 发生煤矿安全事故，煤矿企业、有关部门应当依法及时、如实报告，不得隐瞒不报、谎报或者拖延不报。

第五章 煤炭经营

第三十五条 省煤炭管理部门负责全省煤炭经营活动的监督管理。

省辖市、县（市、区）煤炭管理部门按照管理权限对本行政区域内的煤炭经营活动实施监督管理。

第三十六条 设立煤炭经营企业，应当具备《中华人民共和国煤炭法》、《煤炭经营监管办法》规定的条件，经省辖市煤炭管理部门审核后，报省煤炭管理部门批准。省煤炭管理部门应当依法审查，符合条件的，予以批准，颁发煤炭经营资格证；不符合条件的，应当书面通知申请人并说明理由。煤炭管理部门应当在三十日内完成审核和批准工作。

依法取得煤炭生产许可证的煤矿企业，有权销售本企业生产的煤炭。

第三十七条 煤炭经营企业应当按照批准登记的经营场所和经营方式从事煤炭经营活动。

第三十八条 煤炭经营资格证登记事项发生变更的，煤炭经营企业应当于事项变更三十日前，向省煤炭管理部门申请办理变更登记手续。

第三十九条 省煤炭管理部门应当按照国家政策和本省煤炭资源供需情况，对全省煤炭企业产、运、需进行平衡，组织协调外销、外运和全省煤炭行业对外协作。

第四十条 煤矿企业、煤炭经营企业应当依法经营，不得有下列行为：

（一）未取得煤炭经营资格证擅自经营；

（二）采取掺杂掺假、以次充好、数量短缺等欺诈手段；

（三）伪造、变造、出租、转借、转让煤炭经营资格证；

（四）其他违反法律、法规的行为。

第六章 法律责任

第四十一条 违反本条例规定的行为，法律、行政法规有处罚规定的，从其规定。

第四十二条 县级以上人民政府煤炭管理部门和其他有关部门的工作人员，有下列情形之一的，由其所在单位、上级主管部门或者监察机关给予行政处分；构成犯罪的，依法追究刑事责任：

（一）违反规定批准开办煤矿企业的；

（二）违反规定颁发煤炭生产许可证、煤炭经营资格证等证件的；

（三）未依法履行安全生产监管职责的；

（四）对煤炭生产、经营活动中的违法行为不依法制止、纠正、处罚的；

（五）其他玩忽职守、徇私舞弊、滥用职权的。

第四十三条 违反本条例规定，未按规定向煤炭管理部门申请办理煤炭生产许可证变更手续或者煤炭经营资格证变更手续的，由县级以上人民政府煤炭管理部门责令改正，没收违法所得；拒不改正的，处五万元以上十万元以下罚款；情节严重的，吊销煤炭生产许可证或者煤炭经营资格证。

第四十四条 变造煤炭生产许可证，从事煤炭生产的，由县级以上人民政府煤炭管理部门责令停止生产，没收违法所得，可以并处违法所得一倍以上五倍以下的罚款；情节严重的，吊销煤炭生产许可证。

第四十五条 变造煤炭经营资格证，从事煤炭经营活动的，由县级以上人民政府煤炭管理部门责令改正，没收违法所得，可以并处违法所得一倍以上五倍以下的罚款；情节严重的，吊销煤炭经营资格证。

第四十六条 违反本条例规定，出租、转借、转让煤炭经营资格证的，由县级以上人民政府煤炭管理部门责令改正，没收违法所得，可以并处违法所得一倍以上三倍以下的罚款；情节严重的，吊销煤炭经营资格证。

第四十七条 违反本条例规定，煤矿企业对安全事故隐患不按期整改的，由县级以上煤炭管理部门报经同级人民政府同意，责令停业整顿，暂扣煤炭生产许可证；整顿后验收不合格的，吊销煤炭生产许可证；构成犯罪的，依法追究刑事责任。

第七章 附 则

第四十八条 本条例自 2006 年 1 月 1 日起施行。

河南省煤炭工业局关于开展"五优"矿井创建活动的通知

豫煤行〔2007〕2号

各省辖市煤炭管理部门，各国有重点煤业集团公司，神火集团：

为进一步加强我省煤矿安全基础管理工作，促进质量标准化工作向纵深发展，建设本质安全型矿井，实现全省煤矿安全形势稳定发展。根据国家七部委局《关于加强国有重点煤矿安全基础管理的指导意见》(安监总煤矿〔2006〕116号)，结合我省实际，省局决定在全省开展"五优"矿井(指在安全生产、质量标准化、高产高效、科技贡献、文明建设等五方面效果显著、成绩优异的矿井)创建活动。

一、充分认识开展"五优"矿井创建活动的重要意义

2006年，我省煤炭工业继续保持了"十五"以来的良好发展势头，安全生产形势持续稳定好转，煤炭百万吨死亡率创出了历史最好水平。创建了一批质量达标矿井和高产高效矿井，本质安全型矿井建设取得了一定的成效。但就全省煤矿基础建设来讲，还存在发展不平衡、整体水平低等问题，与先进兄弟省份相比还有较大的差距。开展"五优"矿井创建活动，既是贯彻落实国家提出的建设"两型三化"矿井(安全高效型、本质安全型、基础管理精细化、技术装备现代化、人员培训制度化)的一项重要举措，又是对目前质量标准化工作的延伸与提高，对进一步提高我省煤矿整体素质，夯实安全生产基础具有十分重要的意义。

二、开展"五优"矿井创建活动指导思想和总体目标

指导思想：以"三个代表"重要思想和党的十六届六中全会、省八次党代会精神为指导，按照科学发展观要求，坚持安全发展、和谐发展，集中力量强化矿井安全基础管理工作，推动质量标准化工作向纵深发展，进一步夯实矿井安全生产基础，有效杜绝重特大事故，确保全省煤矿安全生产形势稳定好转。

总体目标：在全省范围内建成一批"安全、达标、高效、科技、文明"的"五优"矿井，以点带面，实现全省煤矿安全基础管理工作质的飞跃。

三、"五优"矿井应具备的基本条件

1. 安全：健全和落实安全生产责任制，各项管理制度完善；煤炭百万吨死亡率为零，杜绝二级以上重大非伤亡事故；无《国务院关于预防煤矿生产安全事故的特别规定》规定的15种重大安全生产隐患；按规定足额提取和使用安全费用及质量标准化建设专项资金。

2. 达标：矿井达到质量标准化特级矿井。

3. 高效：矿井生产布局科学合理；采煤机械化程度达到85%以上，掘进装载机械化程度达到95%以上；资源回采率符合国家规定；矿井原煤生产人员效率要达到10吨/工以上；职工年人均工资在4万元/人以上或者增长幅度不低于20%；矿井平均吨煤利润40元以上。

4. 科技：矿井积极开展科技攻关和新技术推广工作，获得市级(或省局级)以上科技成果每年不少于1项；全矿井科技投入要占企业销售收入的3%以上；矿井中层以上领导干部具有中专以上学历的人员所占比

例不低于85％。

5. 文明：矿井领导班子团结；无集体上访事件；治安秩序状况良好；获得市级以上文明单位称号；企业文化建设特点明显，成绩突出。

四、考核验收与奖励

省局每年验收命名一次。凡按照上述创建标准，制订创建规划，落实创建措施，取得显著成效，符合“五优”矿井标准的煤矿，可申报“五优”矿井。申报前，矿井要进行自我评审，并将自评结果报各集团公司和省辖市煤炭主管部门。各集团公司和省辖市煤炭主管部门要按照“五优”矿井创建标准组织初审，符合标准的，报省局验收。验收通过后，由省局批准、命名。

考核验收要坚持求真务实的原则，不搞形式主义，不走过场；要坚持有利于提高矿井安全生产水平，有利于促进全省煤炭行业的健康发展。“五优”矿井有效期为三年，期满后，矿井必须重新进行申报。被命名的矿井，由省局每年进行复核，对不符合标准，以及发生死亡事故的，省局将撤销荣誉称号。

对于获得“五优”荣誉称号的矿井，省局将在全省进行通报表扬，并颁发奖牌和证书。集团公司可根据自身情况，给予每矿100万至500万元不等的奖励。地方煤矿可参照此标准进行奖励。

五、有关要求

（一）统一认识，加强领导

开展“五优”矿井创建活动，是新时期我省推动和谐矿区建设，深入开展矿井质量标准化工作的一项重要内容，各单位、各部门必须统一思想，提高对创建活动重要意义的认识，切实加强领导，把这项工作列入重要的议事日程，作为一项重要工作抓紧、抓实、抓好。

（二）成立机构，狠抓落实

开展“五优”矿井创建活动，关键在提高认识，加强领导，狠抓落实。为加强对“五优”矿井创建活动的领导，省局成立领导小组，领导小组办公室设在行业处，负责创建活动的日常工作。

各单位也要成立相应机构，负责协调创建活动。

（三）精心组织，统筹安排

各单位要根据省局的统一布置，结合实际，认真研究，制定切实可行的实施工作方案。各生产矿井也要在各集团公司或各省辖市煤炭主管部门的领导下，有计划、有目标地稳步推进，争取今年底，全省创建一批“五优”矿井，为提高全省煤矿基础管理工作水平提供经验和典范，以此推动全省煤矿“两型三化”矿井建设。

二〇〇七年一月四日

河南省人民政府印发关于加强煤矿安全生产若干规定的通知

（豫政〔2010〕17号）

各省辖市人民政府，省人民政府各部门：

现将《关于加强煤矿安全生产的若干规定》印发给你们，请认真贯彻执行。

河南省人民政府

二〇一〇年二月二日

关于加强煤矿安全生产的若干规定

第一章 总 则

第一条 为进一步加强全省煤矿安全生产工作，有效遏制重特大事故发生，实现全省煤矿安全发展，根据《中华人民共和国煤炭法》、《中华人民共和国安全生产法》、《国务院关于预防煤矿生产安全事故的特别规定》(国务院令第446号)等法律、法规和国家煤炭产业政策，结合我省实际，制定本规定。

第二条 牢固树立安全发展理念，坚持以人为本、生命安全高于一切，严格煤矿安全生产准入标准；坚持市场主体一律平等的原则，切实维护企业合法权益，依法推进煤矿企业兼并重组；加大政府监管力度，全面落实企业安全生产主体责任，完善煤矿安全生产监督管理和问责机制，建立和完善政府统一领导、部门依法监管、企业全面负责、群众参与监督、社会广泛支持的煤矿安全生产长效机制。

第二章 准 入

第三条 煤矿生产实行严格的准入制度。全省辖区内煤矿企业必须具备相应的安全生产技术和管理规模并符合安全生产条件。

(一) 煤矿安全生产技术和管理规模标准：1. 新建煤矿单井规模不低于45万吨/年；2. 现有煤矿单井规模30万吨/年(不含30万吨/年)以上；3. 生产规模100万吨/年以上的煤矿企业所辖煤矿单井规模不低于15万吨/年。

(二) 全省各类煤矿必须严格执行有关法律、法规、技术规范和安全规程，并具备以下安全生产条件：

1. 煤矿依法取得采矿许可证、安全生产许可证、煤炭生产许可证和营业执照，煤矿矿长依法取得矿长资格证和矿长安全资格证。

2. 煤矿“五职”矿长(矿长、安全副矿长、生产副矿长、技术副矿长、机电副矿长)具备煤矿安全生产相关专业中专以上学历，具有3年以上井下工作经验，持证上岗；安全管理人员、特种作业人员的数量符合要求并持证上岗，其中专职安全检查人员不少于20人；设置安全生产技术管理机构，配备的专业技术管理人员应具备相关专业中专以上学历，其中采掘、机电、通风等专业每个专业不少于3人，地测专业不少于1人。

3. 煤矿的通风、防瓦斯、防水、防火、防煤尘、防冒顶、防冲击地压等安全设备、设施和条件符合国家标准、行业标准，并有防范生产安全事故发生的措施和完善的应急处理预案。

4. 煤矿严格按照核定的生产能力组织生产，实行科学的定额定员管理；依法与从业人员签订劳动合同，为从业人员办理工伤保险；参加安全生产责任险；对井下安全生产工作实行一体化管理，不得将井下工程层层转包或以包代管。

5. 煤矿必须对井下工程进行闭合导线测量，及时填绘反映实际情况的井上井下工程对照图、采掘工程平面图、通风系统图和避灾路线图等图纸资料。采掘工程每月实测填图，并按照隶属关系，及时报煤炭行业管理部门备案。

6. 煤矿在用巷道净断面能满足通风、行人、运输和设置安全生产设施的需要：矿井主要运输巷、主要通风巷净高不低于2米，净断面不小于8平方米；采区巷道净高不低于1.8米，净断面不小于5平方米。煤巷采用金属支护(包括锚网支护)，岩石巷道应采取光爆锚喷、砌碹或其他复合型支护形式，杜绝木支护。

7. 煤矿采用正规壁式采煤方法，严禁巷道式采煤；炮采工作面应采用单体液压支柱支护，至少保持 2 个畅通的安全出口；煤矿井下必须采用机械化运输。

8. 煤矿实行双回路供电，提升、运输、通风、排水、空气压缩等各类设备保护齐全可靠；防爆电气设备有产品合格证和煤矿矿用产品安全标志，安全性能符合要求；定期对各类机电设备进行检验、检测、维护、保养和检查，设备运转运行良好；严禁使用非阻燃电缆、非阻燃皮带和国家明令淘汰的机电设备，杜绝电气设备失爆。

9. 煤矿通风符合《煤矿井工开采通风技术条件（AQ 1028—2006）》的规定，矿井总风量、采掘工作面和各供风场所的配风量符合安全生产要求。

高瓦斯、煤与瓦斯突出矿井建立完善的井上下瓦斯抽放系统，坚持“先抽后采、监测监控、以风定产”的瓦斯综合治理方针，构建“通风可靠、抽采达标、监控有效、管理到位”的瓦斯治理工作体系。

煤与瓦斯突出矿井必须严格执行《防治煤与瓦斯突出规定》，坚持区域防突措施先行、局部防突措施补充的原则，在采掘作业前消除突出危险。

煤矿装备有完善可靠的自动化、数字化安全生产指挥调度系统、煤矿安全监控系统和井下人员定位系统。煤矿安全监控系统必须符合《煤矿安全监控系统及检测仪器使用管理规范（AQ 1029—2007）》的要求。煤矿井下通信线路、压风自救管路和防尘洒水管路铺设到煤矿每个采掘作业地点，并安全可靠。

10. 煤矿坚持“预测预报、有疑必探、先探后掘、先治后采”的防治水原则，严格执行《煤矿防治水规定》，落实“防、堵、疏、排、截”综合治理措施。

第四条 坚持政府引导和市场运作相结合，推动生产规模 15 万～30 万吨/年煤矿实施兼并重组，着力提高煤炭资源利用率、煤炭产业集中度和煤矿安全保障程度。

（一）省内现有煤炭生产规模 100 万吨/年以上的企业可作为兼并重组主体，以产权为纽带兼并重组小煤矿。兼并重组主体企业所占股权比例不得低于 51%。

（二）按规划整合煤炭资源和兼并重组现有煤矿。省工业和信息化厅会同有关部门负责编制全省煤矿兼并重组规划，省资源整合领导小组办公室负责编制全省煤炭资源整合规划，按照“一个矿区一个主体开发为主”的原则和就近适量的原则，将现有小煤矿分矿区逐一明确兼并重组主体。

（三）实施兼并重组的煤矿企业应当实行统一的专业化生产经营管理，成立安监、生产、技术、通风、机电、地测等安全生产技术管理机构，充实专业技术管理人员，其中采掘、机电、通风、地测等专业每个专业不少于 3 人。

（四）已全额缴纳采矿权价款的被兼并重组煤矿，可将其剩余资源储量的采矿权价款折价入股兼并重组后的煤矿企业。被兼并重组煤矿退出煤炭生产直接转让采矿权的，由兼并重组后的煤矿企业向其支付剩余资源储量的采矿权价款。

兼并重组煤矿的采矿权价款处置及资产评估具体办法由省财政厅、国土资源厅另行制定。

（五）有关部门在办理兼并重组煤矿证照变更和项目审批手续时要坚持公开、公正、公平的原则，提前进行公示或公告，提高办事效率和透明度。

（六）各产煤省辖市政府要研究制定具体实施办法和鼓励扶持政策，确保兼并重组工作顺利进行和社会稳定。大力支持省骨干煤炭企业作为兼并重组主体，按规划兼并重组小煤矿。国有煤炭企业在兼并重组过程中要发挥模范率先作用，推动兼并重组工作顺利进行。

各级财政部门、金融机构要积极支持煤矿兼并重组工作。

各级监察部门要全程参与，确保兼并重组工作规范、健康、有序推进。

第三章 退 出

第五条 严格查处煤矿非法违法生产行为。煤矿存在下列非法违法生产行为的，由县级以上政府依法予以关闭：(一) 不具备本规定第三、四条规定条件继续从事生产的。(二) 未依法取得采矿许可证非法建设的。(三) 拒不执行停产整顿指令或者经整改逾期仍达不到安全生产条件的。(四) 无视政府监管，在技改区域组织生产的。(五) 超层越界开采拒不退回的。

第六条 2010年年底前申请退出的煤矿(确定关闭矿井除外)，经有关部门核准，全额退还其缴纳的安全风险抵押金、剩余资源储量的采矿权价款等规费。

产煤省辖市、县(市、区)政府和省政府有关部门要研究制定煤矿退出的配套政策。

第四章企业主体责任第七条煤矿企业是安全生产的责任主体，企业法定代表人是本单位安全生产第一责任人，应当履行下列安全生产主体责任：

(一) 应当按照国家有关规定提取煤炭生产安全费用，实行专户管理、专款专用。

(二) 应当建设安全质量标准化矿井，推行作业现场精细化管理，制定各岗位工作质量标准和各单项工程质量标准，创建本质安全型矿井。

(三) 应当严格执行技术管理有关规定，做好矿井瓦斯等级、煤尘爆炸性和自燃倾向性的鉴定报批工作。

(四) 应当按照规定对井下作业人员进行安全生产和职业安全健康教育培训并建立培训档案，保证井下作业人员具有必要的安全生产知识，熟悉有关安全生产制度和安全操作规程，掌握本岗位的安全操作技能。

(五) 应当加强劳动用工管理，煤矿企业所辖煤矿劳动用工实行统一管理、统一招录、统一培训、统一分配，并依法签订劳动合同。

(六) 应当按照规定每年对井下劳动定员进行核定，按照核定标准严格控制每班下井作业人数。

(七) 应当建立完善领导干部下井跟班带班制度，企业负责人和生产经营管理人员应当按照规定轮流带班下井，并建立下井登记档案。

(八) 应当建立完善隐患排查治理制度，对矿井隐患实行分级管理，定期排查、治理和报告；发现重大隐患，必须实行停产整顿，由领导包案，挂牌督办，限期整改。

(九) 应当建立应急救援体系，制定完善应急救援预案，经常开展灾害预防、避险、报警、自救、互救知识培训，定期进行应急救援预案演习，提升应急自救能力。

第五章 监督管理

第八条 各级政府是煤矿安全监管的责任主体，按照隶属关系和属地管理的原则，对辖区内各类煤矿实行综合监管。

(一) 各级政府要加强对煤矿安全生产工作的领导，支持、督促各有关部门依法履行煤矿安全生产监督管理职责。

(二) 各级煤矿安全监察、煤炭行业管理、国土资源、国有资产监管、能源、公安、工商、电力、监察等部门，要依法履行其相应的监管监察职责，各司其职，各负其责，相互配合，形成合力。

(三) 负责颁发采矿许可证、安全生产许可证、煤炭生产许可证、营业执照、矿长资格证和矿长安全资格证的部门，要加强对取得证照煤矿的日常监督管理，促使煤矿持续符合取得证照应当具备的条件。

第九条 打击和查处非法违法煤矿由产煤省辖市、县(市、区)、乡镇政府分级负责并组织实施。关闭煤矿由产煤省辖市、县(市、区)政府作出决定并负责组织实施，乡镇政府参与关闭工作。关闭煤矿必须达到切断煤矿所有供电电源、拆除生产设备、填实井筒、遣散人员、恢复地貌、收缴民爆物品的标准。

第十条 产煤省辖市、县(市、区)政府要明确煤炭行业管理部门，建立与辖区内煤矿安全生产监管任务相适应的专业监管队伍，组建煤矿瓦斯和水害等专业技术研究或服务机构，为所辖煤矿提供专业技术服务。

第六章 问 责

第十一条 县级以上政府负有煤矿安全生产监督管理职责的部门发现煤矿无证照或者证照不全从事生产的，要责令立即停止生产，没收违法所得和开采出的煤炭以及采掘设备，并处违法所得1倍以上5倍以下罚款；涉嫌犯罪的，移送司法机关处理；同时于2日内提请同级政府予以关闭。

第十二条 煤矿存在重大安全生产隐患，仍然进行生产的，由县级以上政府负有煤矿安全生产监督管理职责的部门依法责令停产整顿，提出整顿的内容、时间等具体要求，并依法处50万元以上200万元以下罚款，对煤矿企业负责人依法处3万元以上15万元以下罚款。

第十三条 煤矿企业未依照规定排查和报告重大隐患的，由县级以上政府负有煤矿安全生产监督管理职责的部门责令限期改正；逾期未改正的，责令停产整顿，并对煤矿企业负责人处3万元以上15万元以下罚款。

第十四条 煤矿企业未依照国家有关规定对井下作业人员进行安全生产教育和培训或者特种作业人员无证上岗的，由县级以上政府负有煤矿安全生产监督管理职责的部门责令限期改正，并处10万元以上50万元以下罚款；逾期未改正的，责令停产整顿。

第十五条 煤矿企业在生产过程中，1周内其负责人或者生产经营管理人员没有按照国家规定带班下井，或者下井登记档案虚假的，由县级以上政府负有煤矿安全生产监督管理职责的部门责令改正，并对该煤矿企业处3万元以上15万元以下罚款。

第十六条 乡镇政府辖区内有非法煤矿并且没有采取有效制止措施的，对乡镇政府的主要负责人以及负有责任的相关负责人给予停职或免职处理，再依法依纪追究责任；县(市、区)政府所辖区域内1个月内发现有2处或者2处以上非法煤矿并且没有采取有效制止措施的，对县级政府的主要负责人以及负有责任的相关负责人给予停职或免职处理，再依法依纪追究责任；涉嫌犯罪的，移送司法机关处理。

各级政府及其有关部门不依法履行职责，致使可以避免的重特大煤矿生产安全事故发生的，对直接责任人和主要负责人依照有关规定依法依纪追究责任；涉嫌犯罪的，移送司法机关处理。

第七章 附 则

第十七条 本规定自印发之日起施行。省政府以前有关规定与本规定不一致的，以本规定为准。各省辖市政府和省政府有关部门要根据本规定，制定具体的实施细则。

河南省人民政府关于批转河南省煤炭企业兼并重组实施意见的通知

（豫政〔2010〕32号）

各产煤省辖市人民政府，省人民政府各部门：

省政府同意省煤炭企业兼并重组领导小组办公室制定的《河南省煤炭企业兼并重组实施意见》，现批转给你们，请认真贯彻执行。

河南省人民政府

二〇一〇年二月二十六日

河南省煤炭企业兼并重组实施意见

（省煤炭企业兼并重组领导小组办公室二〇一〇年二月二十六日）

按照《河南省人民政府印发关于加强煤矿安全生产若干规定的通知》（豫政〔2010〕17号）要求，依据国家有关法律、法规及我省煤炭资源整合政策，现就我省实施煤炭企业兼并重组提出以下意见：

一、指导思想和基本原则

（一）指导思想。以邓小平理论和“三个代表”重要思想为指导，全面贯彻落实科学发展观，坚持以人为本、安全第一，以加快河南煤炭基地建设为主线，充分发挥大型煤炭企业管理、技术、资金、人才优势，实施煤炭企业兼并重组，大力培育发展大型现代化煤炭企业和企业集团，着力提高煤炭产业集中度，提升煤矿安全生产水平，促进全省煤炭工业安全发展、节约发展、清洁发展和可持续发展。

（二）基本原则。

1. 坚持“政府引导、企业自愿、市场运作”的原则，切实维护企业合法权益，依法推进煤炭企业兼并重组。

2. 坚持“一个矿区以一个主体开发为主”和就近适量的原则，遵循地质规律，科学合理划分兼并重组区域，确定兼并重组主体；大力支持省骨干煤炭企业优先兼并重组相邻相近煤炭企业和整合煤炭资源。

3. 坚持发展先进与淘汰落后相结合的原则，依托大型煤炭企业兼并重组中、小煤矿，实现规模化经营。

4. 坚持市场主体一律平等的原则，统一安全标准，统一准入条件，依法保障企业正常生产经营活动，维护劳动者合法权益，促进社会和谐稳定。

二、兼并重组的范围、目标和方式

（一）兼并重组的范围。1. 此次兼并重组的重点是全省年生产规模在15万～30万吨的煤矿（含15万和30万吨，不包括年生产规模100万吨以上煤炭企业所属矿井）。2. 具备豫政〔2010〕17号文件规定条件的年生产规模30万吨以上煤矿，可单独组织生产。

（二）兼并重组的目标。通过兼并重组，充分利用大型煤炭企业在管理、技术、资金和人才等方面优势，逐步形成以大型煤炭企业为主的办矿体制，提高煤矿安全保障能力，提升煤炭整体开发水平。

到2010年年底，全省要力争建成3个

年产 5000 万吨的特大型煤炭企业；省骨干煤炭企业控制的煤炭资源量占全省占用煤炭资源量的 85%以上，产量占全省总产量的 75%以上；单个矿井生产规模不低于 15 万吨/年。

（三）兼并重组的方式。以省骨干煤炭企业为主体，以资源为基础，以资产为纽带，通过企业并购、转让、联合重组、控股等多种方式，由大型煤炭企业兼并重组中小煤矿；鼓励大型煤炭企业联合重组；国有煤炭企业之间的兼并重组，可采用资产划转的方式；非国有煤炭企业之间或非国有与国有煤炭企业之间的兼并重组，可采用资源、资产评估作价入股的方式。

三、兼并重组的实施

（一）确定兼并重组主体。大力支持中平能化集团、河南煤化集团、义煤集团、郑煤集团、神火集团、河南省煤层气开发利用有限公司等大型煤炭企业作为兼并重组主体，兼并重组中小煤矿，实现规模化经营。

年生产规模 100 万吨以上的煤炭企业可兼并重组中小煤矿。

兼并重组主体企业在所兼并重组煤矿中所占股权比例不得低于 51%。

（二）划定兼并重组区域。按照兼并重组基本原则，在遵循现有煤炭生产布局的基础上，大型煤炭企业兼并重组工作原则上以以下矿区为主：

中平能化集团：平顶山矿区、韩梁矿区、临汝矿区、禹州矿区、郏县矿区；

河南煤化集团：永夏矿区、鹤壁矿区、安阳矿区、焦作矿区、济源矿区、新乡矿区；义煤集团：义马矿区、陕渑矿区、新安矿区、偃龙矿区、宜洛矿区、汝阳矿区；

郑煤集团：新密矿区、登封矿区、荥巩矿区、新郑矿区、三李矿区；

神火集团：永夏矿区、禹州矿区；

省煤层气开发利用有限公司：可利用自身技术力量优势，兼并重组中小煤矿。

省骨干煤炭企业或年生产规模 100 万吨以上的煤炭企业已兼并重组的小煤矿原隶属关系不变。

各产煤省辖市具备兼并重组主体资格的煤炭企业原则上只允许兼并重组本辖区内的中小煤矿，并可根据本实施意见确定的兼并重组原则和全省煤炭企业兼并重组整合规划兼并重组相邻相近的中小煤矿。

（三）编制兼并重组整合规划。按照兼并重组的原则和全省煤炭资源赋存、产能规模以及矿井分布状况等，省煤炭企业兼并重组领导小组负责编制全省煤炭企业兼并重组整合规划。各产煤省辖市政府根据本地煤矿实际情况，按照本实施意见和全省煤炭企业兼并重组整合规划，负责编制本地中小煤矿兼并重组规划，对被兼并重组中小煤矿要逐矿明确兼并重组主体，并报省煤炭企业兼并重组领导小组审查批准。

四、兼并重组的工作步骤

兼并重组工作分为三个阶段，时间为一年半。

（一）第一阶段（2010 年 2 月—3 月）：制定方案。对全省境内所有煤矿现状（包括：资源储量、地区分布、生产规模、所有制形式等）进行调查摸底，为兼并重组工作提供基础数据；结合我省实际，制定兼并重组方案。同时，召开专门会议对兼并重组工作进行安排部署。

（二）第二阶段（2010 年 4 月—2011 年 3 月）：组织实施。

按照兼并重组方案，明确兼并重组主体企业，确定被兼并重组小煤矿，制定配套措施，建立退出机制；兼并重组企业双方按照有关规定进行资产评估，签订相关协议，报国资部门或企业股东会（董事会）批准；办理相关产权、证照变更或过户手续。

（三）第三阶段（2011 年 4 月—6 月）：

检查验收。

兼并重组完成后,省政府将组织有关部门对兼并重组后的企业进行检查验收,并对兼并重组工作进行总结。

五、支持兼并重组的政策

兼并重组企业要严格按照《中华人民共和国公司法》规定,完善公司治理结构,实行统一的专业化生产经营管理;省政府将在资源、资金、税收等方面对兼并重组企业予以支持。

(一)资源配置方面:根据兼并重组规模和全省煤炭生产开发规划,按照就近适量原则,优先将被兼并企业周边或部分深部资源配置给兼并重组主体企业;对于未参加兼并重组的小煤矿,一律不予新增资源,采矿权到期后不予延期。

(二)资金方面:在向国家申报争取国家煤矿安全改造等项目资金时,优先考虑兼并重组的省骨干煤炭企业;支持企业发展的有关专项资金安排使用时向兼并重组煤炭企业安全技改等项目倾斜。兼并重组企业的煤矿生产安全费用可以重新确定提取标准。

(三)安全监管方面:被兼并重组煤炭企业的安全生产责任由兼并重组主体企业承担,两年内安全指标单列、单独考核,两年后纳入兼并重组主体企业统一考核。

(四)矿权转让及调整方面:对已全额缴纳采矿权价款的被兼并重组煤矿,原则上应将其剩余资源储量的采矿权价款折价入股兼并重组后的煤炭企业;被兼并重组煤矿退出煤炭生产直接转让采矿权的,由兼并重组后的煤炭企业向其支付剩余资源储量的采矿权价款;兼并重组的煤炭企业新增资源在办理采矿许可证时,可按国家有关规定分期分批缴纳采矿权价款。

(五)税收方面:兼并重组后的煤炭企业在印花税、契税、所得税等方面,享受国家规定的税收优惠政策。具体办法按财政部、国家税务总局有关规定执行。被兼并重组企业仍按原渠道纳税。

(六)金融方面:省政府支持具备条件的兼并重组企业上市融资,通过发行企业债券、股权转让等融资方式筹集发展资金;各类金融机构应积极支持煤矿企业兼并重组工作,在金融资源投放决策时,对兼并重组企业优先给予信贷支持,对其贷款授信和不良债务回购等予以优惠;鼓励省内商业银行开展并购贷款业务,设立小煤矿兼并重组专项贷款资金,加大对小煤矿兼并重组的贷款支持力度。

(七)资产补偿方面。对被兼并重组的煤矿,其现有的生产设备、工程投入以及地面建筑物等财产经有资质的机构进行评估后,由兼并重组主体企业给予一定的补偿。

(八)行政审批方面:各产煤省辖市、县(市、区)政府有关部门要简化程序、减免费用,对涉及工商设立登记、变更登记、注销等事项的,要实行一站式集中办理,提供优质便捷服务;涉及采矿许可证、勘察许可权证、土地使用权证、房屋所有权证等变更或转移,以非交易形式办理的,减免相关费用;对被重组企业原使用的划拨土地,按照国家和省企业重组改制土地资产处置政策进行处置,符合国有资产无偿划转规定的进行无偿划转。

(九)环境优化方面:完成兼并重组的煤炭企业要依法依规从事生产经营,不得乱停产。政府及有关部门依法保护企业利益和规范监管,不得乱检查、乱收费。

六、建立小煤矿退出机制

对于不符合豫政〔2010〕17号文件要求或者未参加兼并重组的小煤矿,必须退出煤炭开采领域,并可享受以下退出政策:

(一)全额返还安全风险抵押金。对2010年年底前申请退出的煤矿(因非法违法生产被关闭的矿井除外)，经有关部门核准，全额退还其缴纳的安全风险抵押金。

(二) 退还剩余煤炭可采储量采矿权价款。对退出煤炭开采的煤矿，由相关部门对其剩余资源储量进行核查，并按原价款的1.5～2倍由政府予以退还；如其剩余资源被整合给其他煤炭企业，由兼并重组煤炭企业支付。

(三) 优先安置职工。各级政府要督促兼并重组煤炭企业优先安排录用退出矿井的职工，维护职工合法利益，确保社会稳定。

(四) 争取国家补偿。省政府将积极向国家申请小煤矿关闭补助资金，用于小煤矿退出补偿工作。

七、工作要求

(一) 统一思想，提高认识。实施煤炭企业兼并重组是我省为建立煤矿安全生产长效机制采取的一项重要举措，对促进煤炭工业健康发展具有十分重要的意义。各产煤省辖市、县(市、区)政府及有关部门要高度重视，主要负责人要亲自抓好组织领导工作，加强舆论宣传，在全省形成有利于企业兼并重组的良好氛围，并积极协调解决有关问题，确保煤炭企业兼并重组工作按期完成。

(二) 加强领导，成立机构。为加强对全省煤炭企业兼并重组工作的领导，省政府成立煤炭企业兼并重组领导小组，负责全省煤炭企业兼并重组工作。领导小组下设办公室，办公室设在省工业和信息化厅。各产煤省辖市、县(市、区)政府也要成立相应的领导小组，加强对本地煤炭企业兼并重组工作的组织领导，统筹推进煤炭企业兼并重组工作。

(三) 明确职责，落实责任。为确保高质量、按时完成煤炭企业兼并重组工作，煤炭企业兼并重组领导小组各成员单位要依法履行职责，认真开展工作。省工业和信息化部门要会同其他单位制定煤炭企业兼并重组规划，并做好日常综合组织协调工作；省发展改革部门要会同省资源整合领导小组其他成员单位制定煤炭后备资源整合规划；省国土资源部门负责对被兼并重组小煤矿资源进行认定，会同有关单位做好煤炭资源配置以及采矿权价款核准工作；省财政、国资、国土资源等部门负责采矿权价款处置、企业资产评估办法的研究制定工作；省安全监管部门负责加强对兼并重组煤矿的安全生产监管工作；省工商部门负责审核办理工商营业执照及变更工作；省税务部门负责税收优惠政策的落实工作；其他相关部门要积极配合。

兼并重组工作以产煤省辖市、县(市、区)为责任单位，各产煤省辖市、县(市、区)政府负责本辖区内煤炭企业兼并重组工作，政府主要负责人是煤炭企业兼并重组工作的第一责任人。各产煤省辖市、县(市、区)政府及有关部门要根据职责分工，采取措施，落实责任，积极推进兼并重组工作的开展。同时，要制定落实本地小煤矿退出配套政策，确保社会稳定。

省骨干煤炭企业在兼并重组过程中要发挥模范率先作用，推动兼并重组工作顺利进行；要利用管理、技术、人才、资金等方面优势，有效解决小煤矿存在的安全生产水平低、资源浪费严重等问题；要承担相应的社会责任，最大限度地维护被兼并重组小煤矿的合法利益，支持当地经济发展。

(四) 加强监管，确保安全。各级政府、各兼并重组主体企业要认真落实安全监管责任，对未参加兼并重组的煤矿，要加强监管，防止非法违法生产，对重组后的煤矿，按照《河南省人民政府印发关于加强煤矿安全生产若干规定的通知》(豫政〔2010〕17号)要求，制定改造方案和措施，杜绝不技改偷生产、边技改边生产现象，坚决防止因安全监管缺位、不到位发生安全事故。

河南省人民政府关于加强煤矿安全生产工作的补充意见(节选)

(豫政〔2011〕40号)

各产煤省辖市人民政府,省人民政府各部门:

为认真贯彻落实《国务院关于进一步加强企业安全生产工作的通知》(国发〔2010〕23号),严肃煤矿生产安全事故(以下简称事故)责任追究,有效预防和遏制事故的发生,根据安全生产有关法律、法规、规章的规定,现就《河南省人民政府关于进一步加强煤矿安全生产工作的若干意见》(豫政〔2008〕51号)提出如下补充意见,请认真贯彻落实:

一、煤矿发生一次死亡1人以上(含本数,下同)事故的,立即停产(停工)整顿。省属煤炭企业所属矿井由省政府组织验收,其他煤矿由省辖市政府组织验收。

二、煤炭企业(集团公司)发生一次死亡1至2人一般事故的,给予矿长、分管副矿长免职处理;发生一次死亡3至9人较大事故的,给予集团公司专业化公司(区域公司、子公司)主要负责人和分管负责人免职处理并责令集团公司董事长、总经理和分管负责人写出书面检查;发生一次死亡10至29人重大事故或者一年内发生两起3至9人较大事故的,给予集团公司总经理、分管负责人停职检查处理并,对集团公司董事长进行诫勉谈话;发生一次死亡30至49人特别重大事故或者一年内发生两起一次死亡10至29人重大事故的,给予集团公司总经理和分管负责人免职处理,并给予集团公司董事长停职检查处理;发生一次死亡50人以上特别重大事故或者一年内发生两起一次死亡30至49人特别重大事故的,给予集团公司董事长、总经理和分管负责人免职处理。

三、辖区内发生一次死亡3至9人较大事故的,给予县(市、区)政府有关部门主要负责人和分管负责人免职处理;对负有责任的乡镇长、分管副乡镇长,给予免职处理;责令县(市、区)长和分管副县(市、区)长写出书面检查。发生一次死亡10至29人重大事故或者一年内发生两起一次死亡3至9人较大事故的,给予县(市、区)长、分管副县(市、区)长和省辖市政府有关部门主要负责人和分管负责人诫勉谈话处理;对县(市、区)政府和省辖市政府有关部门予以通报批评。发生一次死亡30至49人特别重大事故或者一年内发生两起一次死亡10至29人重大事故的,给予县(市、区)长、分管副县(市、区)长和省辖市政府有关部门主要负责人和分管负责人免职处理;对省辖市政府予以通报批评。发生一次死亡50人以上特别重大事故或者一年内发生两起一次死亡30至49人特别重大事故的,给予省辖市市长、分管副市长免职处理。

河南省人民政府关于印发河南省重大事故隐患排查治理责任追究规定的通知(节选)

(豫政〔2011〕41号)

各省辖市人民政府,省人民政府各部门:

现将《河南省重大事故隐患排查治理责任追究规定》印发给你们,请认真贯彻执行。

河南省人民政府

二〇一一年四月二十五日

第三条 有下列情形之一的,应当认定为重大事故隐患:

(一)未按规定建立事故隐患排查治理工作制度和开展重大事故隐患排查治理工作的;

(二)未按规定向负有安全生产监督管理职责的有关部门报告重大事故隐患排查整改情况的;

(三)特种作业人员和现场管理人员违章作业、违章指挥、冒险蛮干或者强令作业人员冒险作业的;

(四)停工停产停业整顿和技改期间擅自组织生产经营和建设施工的;

(五)使用国家明令淘汰、禁止使用的危及生产安全和劳动者身体健康的工艺、设备、原材料或者生产经营国家明令淘汰、禁止生产的产品的;

(六)新建、改建、扩建的生产经营性建设项目的安全设施未按规定经设计审查或者未经验收合格投入生产和使用的;

(七)重大危险源未按规定安装泄漏报警、监控预警、安全连锁等装置或者系统,不能实现实时有效监测监控的;

(八)非法开采、超层越界开采矿产资源的;

(九)作业场所有毒有害物质种类、浓度和强度超过规定范围而没有按规定报告,也未采取相应处置措施的;

(十)采用欺骗手段致使监测、监控、连锁、报警、保险等装置不能发挥正常作用的;

(十一)生产经营单位将生产经营项目、场所、设备发包或者出租给不具备安全生产条件或者相应资质的单位或者个人的;

(十二)井工开采的矿山未按规定使用取得矿山安全标志的设备、设施或者使用的危险性较大设备、设施未按规定经有规定资质的检验机构检测检验合格的;

(十三)事故发生单位对较大以上事故的防范及整改措施逾期仍没有落实的;

(十四)对国家和省有关安全生产工作部署落实不力,致使事故隐患存在或者存在的安全生产问题不能及时解决的;

(十五)构成重大事故隐患的其他情形。

河南省人民政府关于进一步明确兼并重组煤矿安全生产责任的通知(节选)

(豫政〔2011〕42号)

各产煤省辖市人民政府,省人民政府各部门:

根据《中华人民共和国安全生产法》、《国务院关于预防煤矿生产安全事故的特别规定》(国务院令第446号)、《国务院关于进一步加强企业安全生产工作的通知》(国发〔2010〕23号)等有关规定,现就进一步明确兼并重组煤矿安全生产责任通知如下:

产煤省辖市、县(市、区)政府应按照"分级负责、属地管理"原则,对辖区内兼并重组煤矿实施安全生产监督管理,切实承担对兼并重组煤矿的安全生产监督管理责任。产煤省辖市、县(市、区)政府及有关部门应按照有关法律、法规的规定,履行以下安全生产监管职责:

(一)将兼并重组煤矿安全生产监督管理工作纳入政府重要议事日程,及时安排部署和研究解决兼并重组煤矿安全生产监管中存在的问题。

(二)对辖区内兼并重组煤矿存在的非法违法生产行为进行严厉打击,依法查处瞒报、谎报煤矿事故行为。对未依法履行打击非法、违法生产职责的,依据国务院令第446号第七条和国发〔2010〕23号文件第三十一条规定及时制止处置,并严格追究有关人员责任。

(三)监督检查辖区内兼并重组主体企业所属的区域分公司、子公司和兼并重组煤矿贯彻落实煤矿安全生产法律、法规、规章、标准情况,按照"两到位、五控制"(包矿领导、驻矿人员到位,控制入井人数、灯房发灯数量、火工用品、主井绞车、用电量)要求,对辖区内停工停产整顿的兼并重组煤矿严格监管。对申请复工复产验收的,按规定组织或者参与验收;对验收不合格或不具备安全生产条件的,依法依规实施关闭。

(四)按照国家有关规定和管理权限,负责辖区内兼并重组煤矿证照办理、技术改造、生产能力核定等监督管理工作。

(五)煤矿存在瓦斯突出、自然发火、冲击地压、水害威胁等重大事故隐患,该煤矿在现有技术条件下难以有效防治的,县级以上地方政府负责煤矿安全生产监督管理的部门、煤矿安全监察机构应当责令其立即停止生产,并提请有关地方政府组织专家进行论证。专家论证应当客观、公正、科学。有关地方政府应当根据论证结论,作出是否关闭煤矿的决定,并依法组织实施。

(六)对辖区内兼并重组煤矿电力、火工品供应、矿区稳定等工作进行监督管理和协调。

(七)对辖区内兼并重组煤矿实行安全生产目标管理,统计发布安全生产信息,对年度生产安全事故控制指标完成情况进行考核。

(八)对辖区内兼并重组煤矿安全教育培训进行监督管理,对从业人员持证上岗情况进行监督检查。

(九)参与辖区内兼并重组煤矿生产安全事故和其他突发事件的应急处置,参与生产安全事故调查处理工作。

(十)法律、法规规定的其他的职责。

河南省工业和信息化厅关于印发《河南省煤矿职工安全生产行为守则》的通知

（豫工信煤〔2013〕856 号）

各产煤省辖市、省直管试点县（市）煤炭行业管理部门，省骨干煤炭企业，地煤集团公司，国投河南分公司：

为认真贯彻落实《煤矿矿长保护矿工生命安全七条规定》（以下简称《七条规定》），规范煤矿职工安全生产行为，营造矿长和职工互动抓安全的氛围，省厅制定了《河南省煤矿职工安全生产行为守则》（以下简称《守则》），现印发给你们。《守则》分别从安全意识、岗位职责、业务技能、职业健康、风险预控、工作质量、设施保护、灾害处置、安全互保、文明诚信等 10 个方面规范了煤矿职工行为。印发《守则》的主要目的是全面增强煤矿职工安全意识和责任意识，提高职工业务技能和整体素质，有效防范“三违”现象，坚决遏制重特大事故的发生。为切实做好《守则》贯彻执行工作，特提出以下要求。

一、高度重视，广泛宣传。贯彻执行《守则》是全面提升煤矿职工整体素质，夯实安全生产基础，促进全省煤炭安全发展采取的一项重要举措。各级煤炭管理部门和省骨干煤炭企业必须高度重视，认真做好宣传培训和贯彻执行工作。各单位要充分利用各种媒体和宣传渠道，大力宣传《守则》的目的和意义，使所有职工深刻了解贯彻执行《守则》的重要性和必要性。要确保《守则》传达贯彻到每一个煤矿、每一个矿工，做到家喻户晓、耳熟能详。同时，各单位党工团组织要充分发挥自身优势，将贯彻执行《守则》与双基建设、班组建设相结合起来，开展演讲比赛、知识竞赛、业务技能比武等多种形式的活动，掀起贯彻执行《守则》的高潮。

二、强化培训，提高素质。各单位要将《守则》作为职工安全培训教育的主要内容，列入年度安全培训教育计划，采取分期分批集中培训的方式，组织全体员工进行教育培训，明年上半年各煤矿企业要将本单位所有职工全部轮训一遍。为便于煤矿职工学习和执行《守则》，结合我省煤矿实际，省厅对《守则》逐条给予了阐释，并配有事故案例，既有经验，又有教训。因此，广大煤矿职工要认真学习和领会，熟练掌握和运用，及时对照查找和纠正问题，将《守则》逐条贯彻好、执行好、落实到位。

三、加强领导，确保实效。各单位要把贯彻执行《守则》，提升煤矿职工整体素质作为煤炭行业管理重点工作之一，摆上重要议事日程，主要领导亲自抓，分管领导具体抓。要细化任务分工，层层落实责任，切实将此项工作抓实抓好抓出成效。要通过贯彻执行《守则》，促使广大煤矿职工牢固树立“安全第一，生命至上”的安全意识，认真履行岗位职责，提升业务技能，强化风险预控，提高工作质量，爱护设施设备，落实互保联保，争做文明诚信矿工，为促进全省煤炭安全发展做出应有的贡献。

附件：

1. 河南省煤矿职工安全生产行为守则

2.《河南省煤矿职工安全生产行为守则》（内容提要）

2013 年 12 月 4 日

附件 1

河南省煤矿职工安全生产行为守则

第一条 坚持安全第一，关爱珍惜生命，安全方针入脑入心；

第二条 热爱本职工作，履行岗位职责，自觉遵守规章制度；

第三条 及时培训学习，确保持证上岗，熟练掌握业务技能；

第四条 遵守入井规定，用好防护用品，提升职业健康水平；

第五条 实施风险预控，主动查治隐患，有效消除事故根源；

第六条 坚持岗位达标，提升工作质量，创建安全工作环境；

第七条 爱护设备设施，正确使用维护，确保运行稳定可靠；

第八条 熟知煤矿灾害，辨识处置险源，提高应急救助能力；

第九条 履行矿工权利，抵制违章行为，落实安全互保联保。

附件 2

河南省煤矿职工安全生产行为守则

（内容提要）

第一条 坚持安全第一，关爱珍惜生命，安全方针入脑入心

煤炭是高危行业，煤矿安全是安全生产的重中之重。党和国家历来高度重视安全生产工作，在总结多年各行业安全生产实践的基础上，确立了“安全第一，预防为主，综合治理”的安全生产方针，它是国家安全生产管理的基本方针。“安全第一”是党和国家安全生产方针的核心理念，既体现了党和政府对安全工作的重视，也体现了以人为本的重要思想。“预防为主”是“安全第一”的前提条件，要做到“安全第一”，必须坚持“预防为主”，使工作由被动变主动。“综合治理”是落实“安全第一、预防为主”的手段和方法，是指综合运用经济、法律、行政等手段，人管、法治、技防多管齐下，并充分发挥社会、职工、舆论的监督作用，有效解决安全生产领域的问题。因此，“安全第一”是对一切工作的要求，“预防为主，综合治理”是实现这一要求的基本保障，只有做到有效预防，综合治理，才能实现安全。

煤炭属于特殊行业，全省每年大约有50万人在井下一线工作，作业环境不仅艰苦，而且危险，始终面临着瓦斯、水、火、冲击地压等自然灾害的威胁。人的生命是宝贵的。安全生产的核心就是关爱珍惜生命。保护矿工生命安全，就是保护矿工最大的利益和基本的权利，是以人为本、执政为民的必然要求，是科学发展、安全发展的必然要求，是每位矿工和家属的殷切期盼。实现煤矿安全生产，煤矿职工是关键。安全生产方针、安全生产措施以及隐患排查治理的落实，都需要煤矿职工具体执行。因此，只有每一名矿工将安全生产方针入脑入心，并落实到行动中，才能确保煤矿安全生产。

第二条 热爱本职工作，履行岗位职责，自觉遵守规章制度

我国是能源生产和消费大国，煤炭是我国的主要能源和重要的化工原料，被誉为“工业的粮食”。目前，煤炭在我国一次能源总产量和消费总量中的比例都在70%左右。我省是全国重要产煤省份。2002年至2012年间，全省共开采煤炭20亿吨，煤炭产业为我省经济快速发展作出了重要贡献，是我省的传统产业、优势产业和支柱产业。新中国成立以来，我省煤炭企业涌现出许多可歌可泣的先进集体和模范人物，如义煤集团八一采煤队、平煤神马集团六矿大学生采煤班等先进集体及丁百元、张玮、白国周、谢延信等先进个人，他们都是爱岗敬业，贡献突出的楷模，更是河南煤炭战线50万干部职工的骄傲。岗位职责是指一个岗位所要求的需要去完成的工作内容以及应当承担的责任范围。一个煤炭企业，上至董事长、总经理、党委书记、矿长，下至每个职工，只有明确分工，互相协作，人人履行岗位职责，

才能保证企业正常运作。

煤矿井下作业的特殊性，决定了煤矿职工必须自觉养成遵章守纪的良好习惯。在长期与大自然做斗争的过程中，人们根据无数经验教训，总结出了需要煤炭企业员工认真遵守的法律法规，包括《矿山安全法》、《煤矿安全规程》、《煤矿瓦斯治理经验五十条》及《煤矿防治水规定》、《操作规程》和《作业规程》等，每个员工只有自觉遵守规章制度，自觉按章操作，才能保证自身安全，保证矿井安全生产。

第三条 及时培训学习，确保持证上岗，熟练掌握业务技能

煤炭行业是高危行业，提高员工整体素质，是煤炭企业实现安全生产的当务之急。职工到煤矿工作就必须参加培训学习，及时掌握本行业的基本知识和本岗位的操作要领、安全注意事项、业务技术知识，学习掌握有关安全生产的法律法规，以便熟练掌握安全生产技能，出现各类安全隐患时采取针对性措施，预防事故发生，实现安全生产。从业人员调整工作岗位或者采用新工艺、新技术、新设备、新材料的，应当对其进行转岗培训和知识更新。未经安全教育和培训合格的从业人员，不得上岗作业。

持证上岗制度，是对专业技术人员实行的岗位管理制度。它是对岗位从业人员政治、业务和技能提出最基本的要求。实行持证上岗，就是要求上岗人员必须具备该岗位规定的最基本的上岗条件。特种作业人员持证上岗，一是可以提高从业人员的素质，加强专业技术人员队伍建设。二是健全和完善专业技术人员管理制度，加强人力人才资源管理。三是统一从业人员资格准入的资格条件，对专业人才队伍建设进行统筹规划。

熟练的业务技能是一个人有能力去做好某件事的前提和资本。每个员工只有积极参加技能培训，不断提高技能水平，熟练掌握业务技能，才能确保安全生产。这是企业又快又好发展的迫切要求，也是提高企业竞争力的有效途径。

第四条 遵守入井规定，用好防护用品，提升职业健康水平

煤炭生产是与大自然做斗争的高危行业，环境条件复杂，不安全因素多，安全系数较低。为了保证安全，针对煤炭生产的特殊性，行业部门制订了许多入井规定，这些规定是无数矿工的鲜血与生命和沉痛教训换来的，都是每个矿工必须遵守的刚性规定。如入井前必须首先经过安全培训，特种作业人员按国家有关规定培训合格，取得操作资格证书；新入矿的井下作业职工，必须接受不低于 72 小时的安全教育和培训；认真检查劳动防护用品，佩戴矿灯、自救器和人员定位卡，严禁穿化纤衣服、携带手机、电子表、烟草、点火用品等入井。

煤矿生产属地下作业，条件复杂，环境恶劣，瓦斯、粉尘、淋水等危害矿工身体健康的因素有很多。井下作业人员必须穿戴棉质工作服、佩戴防尘口罩、安全帽、胶靴等劳保用品；其目的不但要保护职工的人身安全，还要保护职工的身体健康。佩戴个人防护用品是增强职工个人安全健康能力的重要措施。

第五条 实施风险预控，主动查治隐患，有效消除事故根源

煤矿安全风险预控管理体系是一套现代科学的煤矿安全生产管理方法。煤炭生产工艺流程复杂、作业环境恶劣，煤矿生产面临各种风险，能否对这些风险进行预先的辨识、评估，从而进行有效的管理、控制，对煤矿安全生产有着至关重要的意义。风险预控就是在危险源辨识和风险评估的基础上，预先采取措施消除或控制风险的过程。

事故隐患是指生产系统中可导致事故发生的人的不安全行为、物的不安全状态和管理上的缺陷。是引发安全事故的直接原

因。事故隐患分为一般事故隐患和重大事故隐患。隐患排查治理是指通过经常性安全检查、专业(项)安全检查等形式,发现隐患,按照“五定”原则(定人员、定时间、定责任、定责任、定预案),消除隐患,防范事故发生的闭合管理过程。

目前,煤炭企业常用的隐患排查方法主要有专职安监人员开展的常规检查、定期开展的安全大检查和安全质量标准化检查、各专业部门开展的采煤、掘进、机电、运输、一通三防、防治水、爆破、职业危害等专项检查,各区队、班组、岗位开展的自查自纠活动。检查手段主要是对照有关标准、规程、规范及规定、进行定性评价,从而发现隐患并及时消除,实现安全生产。

第六条 坚持岗位达标,提升工作质量,创建安全工作环境

岗位是企业安全管理的基本单元,落实岗位安全生产责任制是煤矿企业实现安全生产的基本要求。岗位达标又分工序达标、工作质量达标和工程质量达标。岗位达标是企业安全生产标准化的基本条件,是企业开展安全生产标准化建设工作的重要基础,是企业防范事故的有效途径。由此可见,开展岗位达标,是搞好煤矿安全质量标准化,实现安全生产的基础。对于煤炭企业安全生产来说,工程质量是实现安全生产的基础,而工程质量又取决于工作质量,提高工作质量是取得成功的核心之最,它关系到企业可持续发展的问题。如果不注重工作质量,实现岗位达标,搞好质量标准化就是一句空话。

煤炭生产是地下作业的特殊行业,狭隘的作业环境、复杂的地质条件极大地制约着安全生产。井下作业环境差,势必给安全生产带来隐患。如果作业现场物料乱,后路不畅通,当出现顶板事故预兆时,人员就无法顺利撤离,从而导致伤亡事故;工作环境的好坏,直接关系着现场职工的生命安全和身体健康,只有以较高的工作质量,才能保证岗位达标,创造安全、舒适的作业环境,才能实现安全生产,保障职工身体健康。

第七条 爱护设备设施,正确使用维护,确保运行稳定可靠

为了保证安全生产,保障广大矿工的生命安全,党和政府高度重视煤矿的安全投入,坚持走科技兴安之路,为煤矿企业装备了如运输、机电、采掘、防治水、通风、防瓦斯、防煤尘、防灭火、调度通信等安全设备设施以及监测监控、井下人员定位、井下紧急避险、压风自救、供水施救、通信联络等“六大系统”,这些设备设施,既是保证矿井进行正常生产经营活动的基础,也是煤矿职工生命安全的“保护神”。但是,如果不按规定维护、使用,保证不了稳定可靠,就是一个摆设,就是一堆废铁,就对安全生产起不到任何保证作用。因此,各种安全设备设施,只有按规定维护,才能保证运行稳定可靠;只有正确使用,才能在安全生产中发挥应有作用。只有做到了爱护、维护、正确使用设备设施,使设备设施始终处于稳定可靠的状态,才能够正确发挥安全设备、设施的安全保护作用,为安全生产提供保障。

第八条 熟知煤矿灾害,辨识处置险源,提高应急救助能力

煤炭生产是地下作业,受水、火、瓦斯、煤尘、顶板等诸多自然灾害的威胁严重,稍有不慎就会发生群死群伤的重特大事故。每个煤矿员工都应该熟悉并掌握煤矿常见的事故灾害发生前的预兆及其规律,正确辨识各类危险源,以便发现灾害预兆时能够迅速、正确地避灾、自救、互救和逃生;发现危险源或事故征兆时,能够正确处置,把事故迅速消灭在萌芽状态或有效控制,防止事故扩大或为消除事故、抢救伤员赢得时间。

煤矿企业从业人员必须对事故发生后相应的应急处置方法进行强化演习训练,包括参加全员准军事化训练,参加自救器和消

防器材使用训练、医疗救护知识进行训练等。提高从业人员特别是区(队)长、班(组)长应急避险以及现场处置能力,定期参加矿井避灾演练,熟知工作地点的环境情况和避灾线路;遇突发事件或事故能够做到在第一时间内撤离危险区域,同时采取有效措施,防止事态的扩大或蔓延。

第九条 履行矿工权利,抵制违章行为,落实安全互保联保

为体现"以人为本"的企业管理宗旨,党和政府对职工安全生产的职责、权利和义务都提出了要求。如:参与安全生产管理权、安全生产监督权、安全生产知情权、参与事故隐患整改权、不安全状况停止作业权、接受安全教育培训权、抵制违章指挥权、紧急避险权、反映举报权、投诉上告权及工伤保险和索赔权等。

煤炭行业生产环境的特殊性和自然灾害的多样性,决定了每个员工都必须严格按章操作。据统计,我国90%以上的煤矿安全事故都与管理不当或人为失误有关。由于现场违章行为是导致事故发生的重要因素,真正切身承担"不安全"后果的是现场职工,因此每个矿工都必须强化权利认识,认真履行安全生产的权利和义务,对于违章指挥、违章作业的行为,人人自觉抵制,人人敢于抵制。同时作业过程中必须落实互保、联保制度,不但要保证自身安全,还要保证工友的安全,切实做到"四不伤害"(不伤害自己,不伤害别人,不被他人伤害,保护他人不受伤害)。

第十条 提高执行能力,做到令行禁止,争做安全文明矿工

执行力是指贯彻组织战略意图,完成预定目标的操作能力。执行力是企业竞争力的核心,是把组织战略、规划转化成为效益、成果的关键。要提高执行力,就必须发扬严谨务实、勤勉刻苦的精神,坚决克服夸夸其谈、评头论足的毛病。就必须从小事做起,从点滴做起,一件一件抓落实,一项一项抓成效,养成脚踏实地、埋头苦干的良好习惯。就必须强化时间观念和效率意识,弘扬"立即行动、马上就办"的工作理念,养成雷厉风行、干净利落的良好习惯。还要求每个职工都要充分发挥主观能动性,创造性地开展工作、执行指令,做到令行禁止,形成不拖沓、不推诿、不扯皮的工作意识,有效提升团队凝聚力和战斗力。

新时期的矿工就是要做到,说文明话、做文明事、当文明人,自觉遵守社会公德,弘扬家庭美德,提高个人品德,全面提升自身综合素质,树立行业良好形象,为构建和谐社会做出应有贡献。

河南省人民政府办公厅关于贯彻国办发〔2013〕99号文件精神进一步加强煤矿安全生产工作的实施意见

(豫政办〔2014〕22号)

各省辖市、省直管县(市)人民政府,省人民政府各部门:

《国务院办公厅关于进一步加强煤矿安全生产工作的意见》(国办发〔2013〕99号)是煤炭行业坚守发展决不能以牺牲人的生命为代价的红线和煤矿安全治本攻坚的指导性文件,对遏制煤矿重特大事故发生、促进煤矿安全生产形势持续稳定好转具有重要意义。为认真贯彻国办发〔2013〕99号文件精神,进一步加强全省煤矿安全生产工

作，经省政府同意，现结合我省实际制定如下实施意见，请认真贯彻落实。

一、严格煤矿准入条件

（一）提高准入标准。一律停止核准新建生产能力低于60万吨/年的煤矿，一律停止核准新建生产能力低于90万吨/年的煤与瓦斯突出矿井。不具备相应灾害防治能力的企业不得开采煤与瓦斯突出、高瓦斯、冲击地压、煤层易自燃、水文地质条件复杂等煤炭资源。存在瓦斯突出、冲击地压、水害威胁、自燃发火等重大安全生产隐患的煤炭企业，经论证在现有技术条件下难以有效防治的，对其煤矿依法依规实施关闭。到“十二五”时期末，全省关闭开采条件差、资源储量少、安全基础薄弱的小煤矿20处以上，淘汰落后产能300万吨/年以上，对发生重大、特大事故的小煤矿依法予以关闭。2014年6月底前主动关闭退出小煤矿符合《河南省人民政府办公厅关于转发省发展改革委等部门支持煤炭企业兼并重组政策的通知》（豫政办〔2010〕55号）规定的，享受相关优惠政策。

（二）严格管理人员准入。从事煤炭生产的企业必须有相关专业和实践经历的管理团队。煤矿必须配备矿长、总工程师和分管安全、生产、机电的专职副矿长，以及负责采煤、掘进、机电运输、通风、地质测量工作的专业技术人员。矿长、总工程师和分管安全、生产、机电的副矿长必须具有安全资格证，且严禁在其他煤矿兼职；专业技术人员必须具备煤矿相关专业中专以上学历或注册安全工程师资格，且有3年以上井下工作经历。安全管理人员、特种作业人员的数量符合要求并持证上岗，其中专职安全检查人员不少于20人；采煤、掘进、机电运输、通风等专业人员每个专业不少于3人，地测专业不少于1人。

（三）规范煤矿劳动用工管理。加强煤炭企业招工信息服务，统一组织报名和资格审查、统一考核、统一签订劳动合同和办理用工备案、统一参加社会保险、统一依法使用劳务派遣用工，并加强监管。严格落实工伤保险实名制，严厉打击无证上岗、持假证上岗。提高下井补贴标准，增加煤矿工人收入。严格执行国家法定工时制度。停产整顿煤矿必须按期发放工人工资。煤矿必须依法配备劳动保护用品，建设标准化的食堂、澡堂和宿舍，定期组织职业健康检查，加强尘肺病防治工作。

（四）建立煤炭安全生产信用报告制度。建立完善诚信评价标准和考核机制，健全安全生产准入和退出信用评价机制。各有关省辖市和省直管县（市）政府要定期将安全生产诚信缺失的煤炭企业相关信息向省发展改革、煤炭行业管理、安全监管、煤矿安全监察、国土资源、人力资源社会保障、公安、工商、税务及银行、保险等相关部门（单位）通报，并建议采取相应制裁措施。

（五）严格证照管理。煤炭企业在申请煤矿安全生产许可证时，由所在地政府煤炭行业管理部门或安全监管部门对矿井生产能力、开采方式、通风系统、瓦斯等级等主要生产技术指标出具具体审查意见。煤炭企业达不到三级安全质量标准化的，不得颁发安全生产许可证。

二、深化瓦斯综合治理

（六）加强瓦斯管理基础工作。全面贯彻落实“先抽后采、监测监控、以风定产”瓦斯治理十二字方针，建立完善“通风可靠、抽采达标、监控有效、管理到位”瓦斯治理工作体系，切实做到不掘突出头，不采突出面。坚持区域防突措施先行、局部防突措施补充的原则，严格落实瓦斯治理区域和局部“两个四位一体”综合防突措施（区域综合防突措施，即区域突出危险性预测、区域防突措施、区域措施效果检验、区域验证；局部综合防突措施，即工作面突出危险性预测、工作面防突措施、工作面措施效果检验、安全防护措施)，落实保护层开采或大面积预抽煤层瓦斯区域防突措施。按要求做好煤矿瓦斯等级鉴定及瓦斯等级鉴定能力认定工作，进一步强化煤矿瓦斯基础管理。认真开展煤炭企业瓦斯防治能力评估工作，加强评估结果执行情况监督检查，提升煤炭企业瓦斯防治能力。对煤与瓦斯突出矿井，省国土资源及财政部门要在资源价款等方面给予适当优惠。

(七) 建立完善煤矿瓦斯防治机制。认真贯彻落实煤矿瓦斯分类管理各项规定，有Ⅰ类、Ⅱ类瓦斯管理区的煤矿必须增设专职防突副矿长，分别按吨煤不低于 70 元和 50 元标准提取生产安全费用；有Ⅰ类瓦斯管理区的煤矿总工程师兼任常务副矿长；煤与瓦斯突出矿井具备或基本具备保护层开采条件的，必须优先开采保护层，不具备保护层开采条件的必须采用底(顶)板岩巷穿层钻孔预抽煤层瓦斯，煤巷必须在岩巷的掩护下掘进，实现超前彻底消突；Ⅰ类和Ⅱ类瓦斯管理矿井工作面瓦斯预抽时间不少于 6 个月(从最后一个抽放钻孔连孔预抽时计算)，抽采率达到规定标准要求，采掘工作面的消突指标符合规定。严格按照认定类别进行分类管理和产能控制，Ⅰ类和Ⅱ类瓦斯管理矿井分别按核定生产能力的 80%和 90%组织生产。

(八) 加强瓦斯抽采和利用。加强“三软”煤层(软的顶板岩层、软的主采煤层和软的煤层底板岩层)及低渗突出煤层压裂增透技术研究，研究适宜于豫西“三软”煤层的煤层气抽采技术，提高瓦斯抽采率。建立完善煤矿瓦斯利用系统，提高瓦斯综合利用水平。积极采用地面钻井抽采瓦斯，通过地面开发与井下抽采，推动煤层气开发和煤矿瓦斯治理联动发展。“十二五”时期末全省煤矿瓦斯抽采和利用量分别达到 10 亿立方米和 7 亿立方米以上。加大对煤层气(瓦斯)抽采和利用的支持力度，进一步提高奖励标准。

三、强化生产能力管理

(九) 严格煤矿生产能力核定。煤与瓦斯突出、冲击地压等灾害严重的生产矿井，原则上不再扩大生产能力(含产业升级、技术改造及能力核定)，2015 年年底前重新核定上述矿井的生产能力，核减不具备安全保障能力的生产能力。对符合国家产业政策，通过机械化改造提升产能的小煤矿，按生产能力核定办法予以认可。因煤矿主要生产系统、采掘工艺、资源赋存条件或其他生产技术条件发生较大变化，导致原批准生产能力与实际差异较大的，要及时进行核定，并报省级煤炭行业管理部门审批。

(十) 加强生产能力监管。鼓励和支持煤炭企业通过扩储或合并，对资源储量多、开采条件好的兼并重组小煤矿实施技术改造，提升生产能力。取得安全生产许可证的煤矿要按批准核定的生产能力组织生产。行业管理部门要做好煤矿生产能力建档登记工作，并对煤矿按登记生产能力组织生产情况统一进行年度考核。煤矿安全监管及监察部门要加强煤矿生产行为监督，将生产能力监管列入执法计划，对超过登记生产能力组织生产的煤矿按照有关法律、法规规定进行处罚。

四、加强煤矿基层基础建设

(十一) 狠抓“三基”(基层、基础、基本功)建设。把安全管理的重心放在区队、班组和现场，完善班组安全生产责任制，加大现场管理和隐患治理力度，夯实煤矿安全生产基础。把安全管理的核心放在基础建设上，打牢安全生产根基。着力打造高素质职工队伍，从根本上消除人为事故隐患，加快实现变“招工”为“招生”，强化职工实际操作技能培训和素质提升。煤炭企业要建设与井下环境一致的实操基地及设施，增强培训的针对性、实用性和有效性。支持煤炭企业与大中专(院)校开展校企合作办学，按照工学结合的模式定向招生，实行“订单式”培养。有关省辖市和省直管县(市)政府要积极培育发展或建立区域性技术服务机构，为煤矿特别是地方煤矿提供技术服务。

(十二) 深化煤炭企业兼并重组。坚持煤炭企业兼并重组“三真”(真控股、真投入、真管理)和“三到位”(资金到位、人员到位、管理到位)不动摇。兼并重组主体企业对兼并重组小煤矿的资产控股比例不低于51%，以货币或资产的方式对小煤矿进行绝对控股；兼并重组到位后，兼并重组双方按比例安排资金，对矿井进行安全生产技术改造，提升安全生产水平。省骨干煤炭企业要利用资金、人才、技术、管理等优势，对兼并重组煤矿的日常安全生产活动实行统一管理。

(十三) 全面提升职工素质。推行《河南省煤矿职工安全生产行为守则》，从安全意识、岗位职责、业务技能、安全健康、安全确认、工作质量、设施保护、灾害处置、安全互保、文明诚信等 10 个方面加强对煤矿职工的培训教育，进一步提高职工业务技能和安全互保能力，有效杜绝煤矿“三违”现象(违章指挥、违章作业、违反劳动纪律)，遏制煤矿生产事故发生。

(十四) 加快采掘机械化建设。积极推广应用新技术、新设备、新材料和新工艺，实施采掘运机械化改造，加快采掘机械化示范矿井建设。加快推进小煤矿机械化建设，加大安全投入，提高机械化水平，优化生产系统，减少生产环节，全省年生产能力 30 万吨以下的小煤矿到 2015 年年底前实现“一井一面”。对不采用机械化开采的煤矿，不得批准进行改扩建或技术改造。2015 年年底前省骨干煤矿采煤机械化达到 80%以上，地方及兼并重组煤矿达到 60%以上；省骨干煤矿掘进机械化达到 90%以上，地方煤矿达到 70%以上。

(十五) 持续推进安全质量标准化建设。强化动态达标和岗位达标，凡未达到安全质量标准化三级标准的煤矿，限期停产整顿；逾期仍不达标的，依法实施关闭。深入推进“五优”(安全、高效、达标、科技、文明)矿井创建工作，发挥“五优”矿井示范和带动作用，推进安全质量标准化建设。2015 年全省合法生产煤矿全部达到安全质量标准化标准。省骨干煤矿、地方及兼并重组小煤矿一级达标率分别达到 80%和 50%以上。基建、技改矿井竣工投产时必须达到三级以上标准。全省煤矿井下使用的设备全部按规定取得煤矿矿用产品安全标志，杜绝国家明令禁止或淘汰的设备和工艺。

(十六) 大力推进煤矿自动化和信息化建设。继续深入推广使用全省煤矿安全质量标准化信息管理系统和煤矿瓦斯等级鉴定信息管理系统，进一步提高煤炭行业信息化管理水平。积极推进自动化矿井建设，努力实现矿井“采、掘、运、风、水、电、安全”等生产环节信息化和自动化，实现井下主要变电所、主排水系统等重点场所无人值守。煤矿在确保安全监控、人员定位、通信联络系统正常运转的基础上，大力推进信息化、物联网技术应用，充分利用和整合现有的生产调度、监测监控、办公自动化等信息化系统，建设完善安全生产综合调度信息平台，做到视频监视、实时监测、远程控制。县级煤矿安全监管部门要与地方及兼并重组煤炭企业安全生产综合调度信息平台实现联网，随机抽查煤矿安全监控系统运行情况。

五、强化煤矿安全监管责任

(十七) 落实煤炭企业安全生产主体责任。煤炭企业是安全生产的第一责任主体，其法定代表人是安全生产第一责任者，要依法确保安全投入、管理、装备、培训等落实到位。煤矿矿长要落实安全生产责任和承诺，严格执行《煤矿矿长保护矿工生命安全七条规定》(国家安监总局令第 58 号)，确保煤矿具备安全生产基本条件，切实保护矿工生命安全。严格事故问责，对发生死亡事故的煤炭企业及其所属煤矿负责人，按照《河南省人民政府关于加强煤矿安全生产工作的补充意见》(豫政〔2011〕40 号)规定进行处理。

(十八) 强化各地政府监管责任。落实“党政同责”和“一岗双责”，严格执行“一票否决”。各地政府要按照隶属关系和属地管理的原则，对辖区内各类煤矿实行综合监管，定期研究解决煤矿安全生产工作中存在的突出问题。落实停产整顿煤矿验收签字制度。省属和中央煤炭企业由省级煤矿安全监管部门组织验收，主要负责人签字；地方和兼并重组煤矿由省辖市、省直管县(市)煤矿安全监管部门组织验收，省辖市、省直管县(市)政府主要负责人签字。中央煤炭企业由省辖市、省直管县(市)以上煤矿安全监管部门负责安全监管。

(十九) 明确部门安全监管职责。各级煤炭行业管理部门要坚持“管行业必须管安全、管业务必须管安全、管生产经营必须管安全”，切实履行煤矿安全管理职责，加强督促检查、严格考核奖惩，全面推进煤矿安全生产管理。煤矿安全监管部门负责煤矿安全综合监管。煤矿安全监察部门要严格安全准入，严格煤矿建设工程安全设施的设计审查和竣工验收；依法加强对地方政府煤矿安全生产监管工作的监督检查；对停产整顿煤矿要依法暂扣其安全生产许可证。国土资源部门要严格执行矿产资源规划、煤炭国家规划矿区和矿业权设置方案制度，严厉打击煤矿无证勘查开采、以煤田灭火或地质灾害治理等名义实施露天采煤、以硐探坑探为名实施井下开采、超越批准的矿区范围采矿等违法违规行为。公安部门要停止审批停产整顿煤矿购买民用爆炸物品。电力部门要对停产整顿煤矿限制供电。建设主管部门要加强煤矿施工企业安全生产许可证管理，组织及时修订煤矿设计相应标准规范，会同煤炭行业管理部门强化对煤矿设计、施工和监理单位的资质监管。投资主管部门要提高煤矿安全技术改造资金分配使用的针对性和实效性。

六、深化隐患排查治理

(二十) 完善隐患排查治理制度。煤炭企业要建立完善隐患排查治理制度，对矿井隐患实行分类定级管理，定期排查、治理和报告；发现重大隐患的必须实行停产整顿，并建立信息管理台账，由领导包案，挂牌督办，限期整改。

(二十一) 建立风险预控管理体系。强力推广神华集团深入开展企业安全生产风险预控管理、有效防范事故的经验和做法，通过开展持续、全面、全过程、全员参与和闭环式的安全管理活动，以风险预控为核心，实现企业安全生产风险管理常态化、规范化、制度化，在生产作业过程中做到人员无失误、设备无故障、系统无缺陷、管理无漏洞，使企业的安全管理由经验管理提升为风险管理，提前发现和消除引发事故的因素，从而杜绝事故，实现企业本质安全。力争 2015 年前全面建成符合全省煤炭企业实际的安全生产风险预控管理体系，促进安全生产长效机制建设。

(二十二) 全面普查煤矿隐蔽致灾因素。煤炭企业要加强建设、生产期间的地质勘查，查明井田范围内的瓦斯、水、火等隐蔽致灾因素，未查明的必须综合运用物探、钻探等勘查技术进行补充勘查，否则一律不得继续建设和生产。要建立隐蔽致灾因素普查治理机制。登封、新密、济源、巩义等 4 个产煤重点市每市要至少建成 1 个水害普查治理示范点，各煤业集团和市政府在2014年年底前完成小煤矿集中矿区区域性水文地质条件普查，对每个煤矿的老空区积水划定警戒线和禁采线，完善和落实预防性保障措施。受冲击地压威胁矿井生产计划、采掘接续必须服从防冲要求，从源头上减轻冲击威胁程度；要科学运用监测预警装备和手段，积极开展防冲鉴定和安全评价。加强机电运输和顶板管理，淘汰国家明令禁用设备和老旧杂设备。

七、加大科技攻关力度

（二十三）提升煤炭企业创新能力。强化企业在技术创新中的主体地位，加大科技经费投入，加强产学研合作，加快科技成果转化和产业化。进一步完善数字化、信息化管理监控手段，建好用好安全避险“六大系统”（监测监控、人员定位、通讯联络、紧急避险、压风自救和供水施救系统），建设“智慧矿山”。支持煤炭企业升级改造，积极争取煤矿安全改造、重大灾害治理、示范工程建设等中央预算内资金，各级政府要按照国家规定积极落实配套资金。

（二十四）实施协同创新。发挥“煤炭安全生产河南省协同创新中心”作用，充分整合和利用煤炭企业、高校和科研院所的优势科技资源，集中我省乃至全国煤炭行业的专业技术人才，形成投入和技术合力，共同解决煤炭企业技术难题。围绕制约我省煤矿安全生产的重大课题，加大“三软”煤层瓦斯区域治理及抽采、冲击地压防范、水害治理等影响安全生产重点领域的科技创新力度，力争到“十二五”时期末建成一批瓦斯综合治理、水害防治、冲击地压防范等示范矿井。

八、健全煤矿安全应急救援体系

（二十五）加快煤矿应急救援能力建设。煤炭企业要按照国家规定建立专职应急救援队伍。没有建立专职救援队伍的，必须建设兼职辅助救护队，并与就近的矿山救护队签订救护协议。要制定各类事故应急救援预案，每年至少组织1次全员应急演练。加强煤矿事故应急救援指挥，发生较大事故，省辖市、省直管县（市）政府主要负责人或分管负责人要及时赶赴事故现场；发生重大及以上事故，省级政府主要负责人或分管负责人要及时赶赴事故现场。对在煤矿抢险救灾中牺牲的救援人员，要按照国家有关规定申报烈士。

（二十六）加强煤矿应急救援装备建设。煤矿要按规定建设完善紧急避险、压风自救、供水施救系统，配备井下应急广播系统，储备自救互救器材。2014年6月底前全省所有煤矿安装使用打钻视频监控和语音广播系统。重点产煤县（市）要配备适用的排水设备和应急救援物资。支持重点研发煤矿应急指挥、通信联络、应急供电等设备和移动平台，以及遇险人员生命探测与搜索定位、灾害现场大型破拆、救援人员特种防护用品和器材等救援装备。

河南省人民政府办公厅

2014年3月14日

河南省人民政府办公厅关于进一步加强煤矿安全管理的通知

（豫政办〔2014〕163号）

各产煤省辖市、省直管县（市）人民政府，省人民政府各部门：

为进一步加强我省煤矿安全监管工作，依据《中华人民共和国安全生产法》、《国务院办公厅关于完善煤矿安全监察体制的意见》（国办发〔2004〕79号）、《国务院关于进一步加强企业安全生产工作的通知》（国发〔2010〕23号）、《国务院关于坚持科学发展安全发展促进安全生产形势持续稳定好转的意见》（国发〔2011〕40号）、《国务院办公厅关于进一步加强煤矿安全生产工作的意见》（国办发〔2013〕99号）精神，经省政府同意，现就加强煤矿安全管理有关问题通知如下：

一、产煤省辖市、县（市、区）政府是本辖区煤矿安全监管责任主体，要加强对煤矿安全生产的领导，进一步明确本辖区煤炭行业管理部门和煤矿安全监管部门及其职责，切实加强基层煤炭行业管理和煤矿安全监管部门能力建设，支持、督促各有关部门依法履行安全生产监督管理职责；定期组织有关部门检查指导本辖区煤矿安全隐患排查治理工作；组织开展联合执法，打击非法违法生产和建设行为，关闭不符合安全生产条件的矿井；组织制定停产煤矿复产验收方案，并组织有关部门开展联合验收；负责组织对煤矿迟报、漏报、谎报和瞒报事故进行核查。

二、各级煤炭行业管理部门要切实履行煤矿安全管理职责。各级煤炭行业管理部门要按照“管行业必须管安全、管业务必须管安全、管生产经营必须管安全”的要求，履行以下煤矿安全管理职责：认真执行煤炭法律、法规；研究编制煤炭工业发展规划，组织编制和实施本地煤炭生产开发规划；组织拟订行业政策、技术标准、煤矿准入条件和开办标准；指导煤炭工业生产建设技术工作，监督煤炭企业执行生产建设规范和标准；指导煤炭、煤层气资源开发及综合利用；依法规范和整顿煤矿生产建设和经营秩序；负责煤矿建设项目设计审查和竣工验收，资源整合方案审批、瓦斯等级鉴定，矿井生产能力和通风能力核定，质量标准化建设；负责煤炭行业统计信息汇总、经济运行分析工作；加强督促检查，严格考核奖惩，全面推进煤矿安全生产管理工作。

三、各级煤矿安全监管部门要认真履行煤矿安全监管职责。各级煤矿安全监管部门要依法依规履行以下煤矿安全监管职责：制定安全生产年度监督检查计划，对本地煤矿安全进行日常性监督检查，对煤矿违法违规生产、建设行为依法作出现场处理或实施行政处罚；监督煤矿企业事故隐患整改并组织复查，其中市、县级煤矿安全监管部门负责煤矿安全监察机构、省级煤矿安全监管部门在监管监察中查出的煤矿企业事故隐患整改复查工作；建立健全重大事故隐患治理督办制度，督促煤矿消除重大事故隐患；依法组织关闭不具备安全生产条件的矿井；负责组织煤矿安全专项整治；参与煤矿事故调查处理；对煤矿职工培训进行监督检查。

四、产煤省辖市、县（市、区）政府要切实履行属地管理职责，按照“分级负责、属地管理”原则，对辖区内各类煤矿企业实施严格的安全生产监督检查和管理。产煤省辖市政府负责辖区内中央煤炭企业、省骨干煤炭企业及其所属煤矿（不含兼并重组煤矿）安全监督管理工作，省直管县（市）政府负责辖区内各类煤炭企业及其所属煤矿安全监督管理工作，县（市、区）政府负责辖区内地方主体企业煤矿、地方单独保留煤矿及兼并重组煤矿安全监督管理工作。

五、产煤省辖市、县（市、区）政府要结合本地实际，明确承担煤炭行业安全管理和煤矿安全监管职责的具体部门，可以明确不同的部门分别承担行业管理和安全监管职责，也可以明确由一个部门同时承担行业管理和安全监管职责，并在 2014 年 11 月底前向省政府安全生产委员会办公室、河南煤矿安全监察局报备。

河南省人民政府办公厅
2014 年 11 月 14 日

河南省人民政府办公厅
关于印发河南省工业和信息化委员会主要职责
内设机构和人员编制规定的通知

豫政办〔2015〕105 号

各省辖市、省直管县（市）人民政府，省人民政府各部门：

《河南省工业和信息化委员会主要职责内设机构和人员编制规定》已经省政府批准，现予印发。

河南省人民政府办公厅
2015 年 8 月 21 日

河南省工业和信息化委员会主要职责
内设机构和人员编制规定（节选）

根据《中共河南省委河南省人民政府关于省政府职能转变和机构改革的实施意见》（豫发〔2014〕7 号），设立河南省工业和信息化委员会，为省政府组成部门。

一、职能转变

（一）取消的职责。

1. 取消煤炭生产许可职责。

2. 取消煤炭经营资格许可职责。

3. 取消信息系统工程监理单位资质认证和监理工程师资格认定职责。

4. 取消计算机信息系统集成企业资质认定职责。

5. 取消计算机信息系统集成项目经理资质认定职责。

6. 取消无线广播电视发射设备生产资质初审职责。

7. 取消外国组织或者人员运用电子监测设备在我国境内进行电波参数测试初审职责。

8. 取消工艺美术大师认定职责，具体工作交由相关行业协会承担。

9. 取消已由省政府公布取消的其他职责。

（二）下放的职责。

将甘草、麻黄草收购许可证核发职责下

放到省辖市及省直管县(市)工业和信息化行政主管部门。

(三) 整合划转的职责。

1. 将分散在各部门的煤炭管理职责整合划入省工业和信息化委员会。

2. 将省工业和信息化委员会承担的小额贷款公司和融资性担保机构的监督管理职责整体划入省政府金融服务办公室(省委金融工作委员会)。

(四) 承接的职责。

1. 铬化合物生产建设项目审批职责。

2. 稀土深加工项目核准职责。

3. 新建二苯基甲烷二异氰酸酯(MDI)项目核准职责。

4. 采选黄金矿项目核准职责。

(五) 加强的职责。

1. 加强充分发挥市场机制配置资源的决定性作用,强化工业和信息化发展战略规划、政策标准的引导和约束作用。

2. 推进信息化和工业化融合,强化信息化对经济社会的带动作用;推进制造业与生产性服务业融合发展,加快新型工业化进程。

3. 加强产业创新体系建设,提高自主创新能力,大力发展有关新兴产业,以高新技术改造传统产业,促进经济转型升级。

4. 加强对促进中小企业发展的宏观指导和综合协调职能。

二、主要职责

(略)

三、内设机构

(略)

省煤炭工业管理办公室主要负责贯彻落实国家法律、法规和煤炭行业政策,拟订煤炭行业发展专项规划,研究提出全省煤炭行业管理政策;统筹全省煤炭及煤层气资源的合理开发和综合利用;指导全省煤炭行业产业结构调整;负责全省煤矿安全生产监督管理,重点监管省骨干煤炭企业及中央所属企业,指导省辖市、县(市、区)煤矿安全生产监督管理工作;编制并组织实施煤矿安全生产规划,监督落实煤矿安全生产责任制并开展安全生产绩效考核;组织煤矿安全生产监督检查和安全专项整治,依法查处煤矿违法违规行为,参与煤矿事故调查处理;承担省瓦斯防治与抽采利用领导小组办公室日常工作;负责全省煤矿安全质量标准化建设和煤矿生产能力核定,实施行业调控;承担对大型煤矿机电设施检验检测工作的监督管理职责;负责组织协调煤矿抢险救灾工作;制定煤矿准入条件和办矿标准,提出煤炭资源矿业权设置的初审意见;负责对煤矿新建、改建、扩建项目提出行业审核意见,负责按规定权限核准煤矿技术改造项目并牵头组织竣工验收和联合试运转工作;负责全省煤炭建设工程质量监督工作,制定煤炭建设、生产技术规范、规程和标准;负责煤矿建设项目监督管理;监测煤炭工业经济运行情况;负责全省煤炭行业科技进步、节能降耗、淘汰落后和统计调度工作;负责全省煤炭经营监督管理工作,依法规范和整顿煤炭经营秩序;负责全省煤炭行业对外经济技术交流和市场信息发布;负责全省煤炭行业职工教育培训和职业健康管理工作;组织煤矿矿长安全资格认定及特种作业人员的安全培训、考核和发证工作。设4个内设机构。

综合与调度处。负责综合协调及文秘、会务工作;负责拟订煤炭行业发展专项规划,研究提出全省煤炭行业管理政策;制定煤矿准入条件和办矿标准,提出煤炭资源矿业权设置的初审意见;统筹全省煤炭及煤层气资源合理开发和综合利用;指导全省煤炭行业产业结构调整;负责全省煤炭行业科技进步、节能降耗、淘汰落后和统计调度工作;负责全省煤炭行业对外经济技术交流和市场信息发布;负责全省煤炭行业职工教育培训和职业健康管理工作;组织煤矿矿长安全资格认定及特种作业人员的安全培训、考核和发证工作。

行业管理处。负责贯彻落实国家法律、法规和煤炭行业政策,负责对煤矿新建、改建、扩建项目提出行业审核意见,负责按规定权限核准煤矿技术改造项目并牵头组织竣工验收和联合试运转工作;负责全省煤矿安全质量标准化建设和煤矿生产能力核定,实施行业调控;承担对大型煤矿机电设施检验检测工作的监督管理职责。

安全监管处。负责全省煤矿安全生产监督管理,重点监管省骨干煤炭企业及中央所属企业,指导省辖市、县(市、区)煤矿安全生产监督管理工作;编制并组织实施煤矿安全生产规划,监督落实煤矿安全生产责任制并开展安全生产绩效考核;组织煤矿安全生产监督检查和安全专项整治,依法查处煤矿违法违规行为,参与煤矿事故调查处理;负责组织协调煤矿抢险救灾工作;承担省瓦斯防治与抽采利用领导小组办公室日常工作。

运营管理处。负责全省煤炭经营监督管理工作,依法规范和整顿煤炭经营秩序,负责全省煤炭建设工程质量监督工作,制定煤炭建设、生产技术规范、规程和标准;负责煤矿建设项目监督管理。

四、人员编制

省工业和信息化委员会机关行政编制和省煤炭工业管理办公室行政编制总计244名。

省工业和信息化委员会机关行政编制189名。其中:主任1名、副主任5名(其中1名兼任省信息化工作办公室主任),省煤炭工业管理办公室主任兼任省工业和信息化委员会党组副书记、副主任(不占省工业和信息化委员会领导职数),中小企业服务局局长1名(副厅级),正处级领导职数25名(含总工程师、总经济师、机关党委专职副书记、中小企业服务局副局长、离退休干部工作处处长各1名,省信息化工作办公室副主任3名),副处级领导职数48名。

省煤炭工业管理办公室行政编制55名。其中:主任1名(可由正厅级干部担任),副主任3名(副厅级)。正处级领导职数6名(含安全生产监察员2名),副处级领导职数11名。其人事党务、后勤财务等工作由省工业和信息化委员会负责。

五、其他事项

(一)省工业和信息化委员会作为行业管理部门,主要管规划、管政策、管标准,指导行业发展。要坚持政企分开的原则,不干预企业生产经营活动;充分发挥行业协会和社会中介组织的作用。

(二)与省发展和改革委员会、省能源规划建设局相关职责分工。省能源规划建设局承担编制煤炭、煤炭清洁利用等相关能源发展总体规划、计划和拟订相关政策措施等职责,涉及煤炭的部分应征求省煤炭工业管理办公室的意见。省煤炭工业管理办公室在相关总体规划内制定煤炭行业发展专项规划,统一承担煤炭工业管理职责。省发展和改革委员会、省能源规划建设局按规定权限审批、核准或上报国家投资主管部门、能源行业主管部门审批、核准煤矿新建、改建、扩建项目,须征求省煤炭工业管理办公室意见,省煤炭工业管理办公室负责提出行业审核意见。

(三)与省安全生产监督管理局相关职责分工。省安全生产监督管理局承担全省煤矿安全生产综合监督管理责任。省煤炭工业管理办公室承担煤矿安全生产具体监督管理责任,会同省安全生产监督管理局协调解决煤炭安全生产相关重大问题。

(略)

河南省人民政府办公厅关于加强安全生产监管执法的实施意见

（豫政办〔2015〕127号）

各省辖市、省直管县（市）人民政府，省人民政府各部门：

为深入贯彻《国务院办公厅关于加强安全生产监管执法的通知》（国办发〔2015〕20号）精神，全面推进安全生产法治建设，严格执行安全生产法律、法规，加快实现安全生产形势根本好转，维护人民群众生命财产安全和健康权益，切实为建设富强河南、文明河南、平安河南、美丽河南创造安全稳定环境，经省政府同意，现就加强安全生产监管执法提出如下实施意见，请认真贯彻落实。

一、加快推进安全生产立法普法

（一）推动修订完善地方性法规和企业规范。抓紧推动修订完善《河南省安全生产条例》，积极做好隐患排查治理、产业集聚区安全管理和矿山、消防、交通、危险化学品、职业卫生等地方性法规、规章的研究论证和制修订工作，健全安全生产法治保障体系。指导、监督企业修订安全生产制度、工艺技术安全标准和岗位安全操作规程，尽快建立与企业生产经营实际相适应的安全生产企业制度规范体系。深入剖析事故发生的原因，查找安全生产制度规范的漏洞和缺陷，及时有针对性地加以修订完善。

（二）加快完善安全生产政策措施。各级政府、各负有安全生产监管职责的部门要将保障安全作为城乡建设和构建现代产业体系、现代能源体系、综合交通运输体系必须遵循的基本原则，结合经济社会发展和行业发展实际，研究制定本地、本行业安全生产规划和年度行动计划，按照安全发展要求修订完善区域和行业产业政策和准入标准。

各级政府要营造良好的安全生产监管执法环境，不得以发展经济为由对安全生产监管执法设置障碍，2015年年底前要全面清理、废除影响和阻碍安全生产监管执法的相关规定，并向上级政府报告。要结合深化行政审批制度改革，及时做好安全生产政策规范清理工作，严格保留的实施许可项目的审核批准和后续监管，既要简政放权、透明高效便民，又要确保安全准入门槛不降低、监管不放松。

（三）大力开展安全生产普法教育。将安全生产法律、法规纳入普法教育内容，深入开展安全生产月和安全进机关、进企业、进校园、进农村、进社区、进家庭活动，全面加强基层和企业安全生产法律、法规宣讲力度，推动安全文化建设，提高各级领导干部和职工群众安全生产法治意识和法治素养。

各级领导干部要做学法、遵法、守法、用法的模范，带头厉行法治、依法办事，运用法治思维和法治方式解决安全生产问题。各级政府、各负有安全生产监管执法职责的部门要按照"谁执法、谁负责"的原则，加强安全生产普法宣传教育，在其网站、行政服务大厅、行政许可窗口提供安全生产法律、法规查询咨询服务，告知企业和群众办理安全生产许可审批的政策和程序。

二、强力推动安全生产责任落实

（四）抓紧健全安全生产责任体系。严格贯彻安全生产"党政同责、一岗双责、齐抓共管"要求，2015年年底前省辖市、县（市、区）、乡镇（街道、开发区、产业集聚区）和规模以上企业要成立由行政主要负责人任主任的安全生产委员会。政府安全生产委员会要加强对下级政府和负有安全生产监管职责的部门的指导监督,协调督办安全生产重大事项。

各级政府、各负有安全生产监管职责的部门和各类企业要按照“管行业必须管安全、管业务必须管安全、管生产经营必须管安全”要求,加快推进安全生产责任体系建设,明确部门和岗位人员的责任范围和考核标准,将政府监管责任和企业主体责任细化为干部职工的行为责任,并建立相应的监督考核机制,保证安全生产责任制落实。

（五）督促落实企业安全生产主体责任。各负有安全生产监管职责的部门要指导、督促企业依法建立安全生产委员会和安全管理机构,配齐安全生产管理人员,健全安全管理责任、隐患排查治理、安全投入保障、安全教育培训、应急抢险救援等安全生产管理体系,切实具备法律、法规规定的安全生产条件和主体管理能力。企业董事长、党委书记、总经理等主要负责人要带头落实安全生产责任。企业职工要严格遵守安全生产标准、规程,强化“一备三查”(树立工作准备理念,在工作前检查知识技能、检查工具设备、检查周边环境),坚决纠正和克服习惯性违规违章行为。深入推进安全生产标准化建设,建立安全生产警示和预防应急制度,完善风险排查、评估、预防和预控机制,加强风险辨识和过程控制,持续提升企业安全管理能力,改善安全保障条件。

（六）严格安全生产履职检查考核。各级、各部门、各单位要将安全生产纳入领导干部和企业负责人政绩业绩考核体系,严格落实安全生产“一票否决”制度。上级政府对下级政府和负有安全生产监管职责的部门及其主要负责人实施年度责任目标考核时,要考核其安全生产履职绩效。各级安全监管部门要定期向同级组织部门报送安全生产情况,将安全生产绩效评价结果纳入领导干部综合考核信息库,作为领导班子和领导干部业绩评定、年度考核、提拔任用、奖励惩处的重要参考。各负有安全生产监管职责的部门要加强对企业主要负责人和班子成员履行安全生产职责情况的监督检查和考核奖惩,对不履行安全生产职责的,要按照安全生产法律、法规规定依法追究责任。

（七）严肃生产安全事故调查处理。各类生产安全事故发生后,事发地政府在启动应急预案组织抢险救援的同时,要立即按要求上报事故情况,按照事故类别、事故等级和管辖权限,依法组织相关部门开展事故调查处理。确认为生产安全责任事故的,要通知同级检察院派员参加调查处理。对涉嫌失职渎职、滥用职权构成犯罪的公职人员,负责事故调查处理的事发地政府要移交检察机关处理。

严格生产安全事故查处挂牌督办,按规定由市级和县级政府负责查处的较大和一般事故,分别由上一级政府安全生产委员会负责挂牌督办、审核把关。强化事故调查处理信息公开和整改措施落实情况评估,负责事故调查的当地政府要在规定时限内结案,依法及时向社会公布事故调查报告,并在事故结案 1 年内组织对防范整改措施落实情况进行评估,并报上一级政府安全生产委员会办公室备案。

三、创新安全生产监管执法机制

（八）加强源头综合治理。各级政府、各负有安全生产监管职责的部门在招商引资、承接产业转移中要坚持高标准、严要求,大力发展安全保障性较高的产业,加快推进传统产业改造升级,坚决淘汰安全风险高的工艺技术和不符合安全发展要求的落后产能。城乡建设规划和企业空间布局设计必须保证安全距离,对易燃易爆场所、石油天然气管线、矿山和尾矿库可能危及区域等实施安全避让。

严格煤矿、金属非金属矿山、危险化学品、易燃易爆危险品等建设项目安全评价论证，强化区域安全容量评估，贯彻落实最低规模、最低服务年限和生产工艺技术等准入限制标准；严格特种设备、船只和危险性较大设备设计审查和建造检验；严格安全生产和职业卫生建设项目安全卫生设施设计审查、过程核查和市场准入把关，严厉打击无证无照、证照过期等非法违法生产经营行为。各负有安全生产监管职责的部门要根据国家要求和我省经济社会发展需要，及时修订调整行业准入限制标准并在政府网站向社会公布。

（九）加强重点监管执法。省、省辖市、县（市、区）政府及其负有安全生产监管职责的部门要根据辖区、行业领域安全生产实际情况，每年分别筛选确定若干地区和生产经营单位实行重点监管，组织安全生产专家进行指导，采取综合措施实施安全生产系统整治，全面提升辖区、行业领域安全生产保障水平。督促、指导企业对容易发生事故的关键部位和关键岗位实施重点管理，按规定对危险品储存装置、运输车辆和危险性较大设备、水上客货运和农渔船只等喷涂明显的安全警示标志和识别标识。

乡镇政府和开发区、产业集聚区管理机构要认真履行安全生产监督检查职责，定期组织辖区生产经营单位开展安全生产隐患排查治理，排查制止安全生产非法违法行为，对依法应当行政处罚的案件，要及时移交上级政府有关部门调查处理。

（十）加强协调联动和督导督办。各级政府安全生产委员会要加强对安全生产的综合协调管理，建立健全重点行业和重大事项联席办公机制，加强部门议事协调、联合检查和区域联动执法，构建衔接顺畅、严密高效的全省安全生产行政执法网络，形成齐抓共管合力。

各地和相关部门要建立完善分级分类监管执法和暗查暗访安全检查制度，明确政府各部门和系统各单位安全生产监管执法对象和职责范围，制定事故隐患分类分级挂牌督办标准，加大对重大隐患的执法检查频次，强化事故预防控制措施。严格落实安全生产挂牌督办责任和措施，挂牌单位要定期对相关责任和措施的落实情况进行明察暗访、跟踪督办，监督责任单位完善落实整改措施，严防因失管失控导致事故发生。

（十一）严格群众举报投诉核查处理。建立健全安全生产群众和社会监督机制，加强安全生产舆情研判，畅通“12350”和群众来信来访等举报投诉渠道，对群众举报投诉和网络、媒体反映的问题认真核查处理、及时反馈通报情况，切实维护群众安全生产权益。各负有安全生产监管职责的部门要建立健全本单位、本系统执法监督制度和程序机制，及时受理核查对监管执法人员履行职责情况的投诉举报，纠正不符合依法行政要求的行为。

（十二）建立完善安全生产诚信约束机制。各级政府要将企业安全生产诚信建设作为社会信用体系建设的重要内容，实行安全生产“黑名单”制度并通过企业信用信息公示系统向社会公布，对列入“黑名单”的企业在经营、投融资、政府采购、工程招投标、国有土地出让、授予荣誉、进出口、出入境、资质审核等方面依法予以限制或禁止。发展改革、国土资源、住房城乡建设、工商、税务等部门和银行、保险机构要加强安全生产诚信结果运用，对达到安全标准化等级、没有发生生产安全事故等信用优秀企业，在项目核准、证照登记、税务办理等方面优先办理，在银行贷款、保险费率等方面依法给予优惠。

（十三）运用市场机制加强安全监管。抓紧建立健全省、市、县三级政府安全生产专家队伍和服务机制，支持重点行业领域成立行业安全生产专家组，引导支持科研院所、行业协会、专业服务组织参与安全生产工作,提供安全管理和技术服务。2016年年底前所有县(市、区)要成立政府安全生产专家组,并采取政府购买等方式聘请专家服务安全生产监管执法。

充分发挥保险对安全生产的促进和保障功能。探索建立统一组织协调、分口运作实施的责任保险新机制,积极推动将雇主责任险、承运人责任险、火灾公共责任险等涉及安全的险种统一为安全生产责任保险。进一步推动在煤矿、非煤矿山、危险化学品、烟花爆竹、建筑施工、民用爆炸物品、特种设备、金属冶炼与加工、水上运输等行业领域实行安全生产责任保险制度,凡参加安全生产责任保险的企业不再缴纳安全生产风险抵押金。建立健全工伤保险和安全生产责任保险促进事故预防机制,省、省辖市工伤保险机构要会同安全监管部门,按照每年实际征缴总额的5%的比例制定工伤预防费使用计划;商业保险机构要每年从安全生产责任保险收入中提取10%作为事故预防费用,用于支持安全生产宣传教育、聘请专家参与检查等事故预防工作。

(十四)加快监管执法信息化建设。各地要在2016年年底前建立企业安全生产违法信息库,在2017年年底前整合建立与国家对接的省、市、县三级安全生产综合信息平台,加快实现与事故隐患排查治理、重大危险源监控、安全诚信管理、安全生产标准化、安全教育培训、安全专业人才、行政许可、监测检验、应急救援、事故责任追究等信息共享。省、市、县级政府要在2017年年底前建立安全监管部门与企业联网的隐患排查治理信息系统,实行企业自查自报自改与政府监督检查并网衔接,并建立健全线下配套监管制度,实现分级分类、互联互通、闭环管理。继续强力推行煤矿瓦斯监测监控、危险化学品危险工序监控、客货运车辆实时定位,支持省辖市、县(市、区)相关信息平台与企业监控信息平台对接。

严格规范安全生产监管执法事中事后监管,大力实施随机抽查监管,依法依规制定随机抽查事项清单,建立市场主体和执法检查人员"双随机"抽查机制,根据当地经济发展和监管领域实际情况合理确定随机抽查的比例和频次,加强抽查结果运用,增强市场主体守法的自觉性。加快配套制度机制建设,建立统一的市场监管信息平台,探索建立相关部门联合抽查机制。

(十五)加强安全生产预警预控。加强安全生产大数据研究利用,及时研判安全生产形势,采取针对性措施加强安全预警和事故预防。坚持把过去的事故当现在的事故看待、把别人的事故当自己的事故看待、把小事故当大事故看待、把隐患当事故看待,组织开展针对性的安全生产检查整顿,切实做到"一厂出事故、万厂受教育,一地有隐患、全省受警示"。鼓励县(市、区)、行业和企业设立"事故警示日",加强事故警示教育,切实做到安全生产警钟长鸣。建立健全安全生产与气象、地震、环境保护的预警联动机制,及时组织对恶劣天气、自然灾害条件下的安全风险进行预防预控。

(十六)加强安全河南创建。各级政府要坚持以人为本、生命至上,加快推进《安全河南创建纲要》贯彻实施,继续开展安全乡村、安全社区等基层安全创建活动,积极构建全民共建共享的公共安全防控体系。县(市、区)要建立健全安全生产网格化动态监管机制,明确网格长、网格员安全生产管理职责,力争用2年左右时间覆盖到所有村和社区,尽快形成较为完善的公共安全人防、物防和技防网络。

四、严格规范安全生产监管执法行为

(十七)加强体系运行监管执法。负有安全生产监管职责的部门要将安全生产许可信息及时通报相关部门,有关部门审核企业资格时要同步考虑安全生产需要，加快实现涉企行政许可信息互通共享。要加大对企业安全生产管理体系运行情况的监督检查，在听取履职汇报、查阅记录档案的基础上进行现场核查，对发现隐患的，要查处企业负责人和主管人员、岗位人员安全生产不作为问题，加快实现以现场具体设备设施检查为主向安全生产管理体系运行情况监察的转变。

（十八）严格规范安全生产监管执法。各负有安全生产监管职责的部门要编制安全生产权力和责任清单，制定工作流程，明确责任机构和责任人员，建立监督问责机制，并通过政府网站等载体向社会公开，做到安全生产监管执法不错位、不缺位、不越位。各负有安全生产监管职责的部门要完善年度执法计划、监管执法任务书、监督检查实施方案、执法效果评估等制度规范，制定年度执法计划，根据监管执法任务选派参加人员、制定检查实施方案，促进监管执法科学化、规范化。积极推行安全生产与职业卫生一体化监管执法、同类事项综合执法、部门联合执法，降低执法成本，提高监管实效。加强安全生产监管执法信息公开，各有关部门对依法作出的安全生产行政执法决定，要在作出决定之日起 20 个工作日内向社会公开。

（十九）严格行政强制和执法监督。各级政府、各负有安全生产监管职责的部门要从严强化安全生产现场处置和行政强制，监管执法人员发现隐患要当场采取现场处理措施，对非法违法行为要立即报请派出单位作出暂时停产停业、停止施工、停止使用相关设施或设备，查封、扣押相关设施或物品，停止供电、停止供应民用爆炸物品等行政执法决定，坚决制止和纠正非法违法行为。加强执法监督，建立监管执法行为审议制度和重大行政执法决策机制，依法规范执法程序和自由裁量权，定期对安全生产监督执法效果进行评估，及时向社会公开监管执法信息，接受监管执法对象和社会监督。

（二十）加强与司法机关的工作协调。各级政府安全生产委员会要制定安全生产非法违法行为等涉嫌犯罪案件移送规定，明确移送标准和程序，建立安全生产监管执法机构与公安部门和检察机关安全生产案情通报机制，加强相关部门间的执法协作，严厉打击各类违法犯罪行为。对安全生产重大复杂案件，要邀请司法机关提前介入行政执法，提供司法咨询、指导和保障。对逾期不履行安全生产行政决定的，要依法强制执行或向法院申请强制执行，维护法律的权威性和约束力，切实保障人民群众生命安全和职业健康。

五、加强安全生产监管执法能力建设

（二十一）健全基层监管执法机构。市、县级政府要贯彻国务院要求，2016 年年底前健全省辖市、县（市、区）、乡镇（街道）和各类开发区、产业集聚区的安全生产监管机构，强化安全生产基层执法力量，落实安全生产监管责任。新招录监管执法人员要增加专业技术人员比例，逐步改善监管执法队伍专业结构。2017 年年底前专业监管人员配比不低于在职人员的 75%。坚持重心下移、力量下沉，通过探索实行派驻执法、跨区域执法、委托执法和政府购买服务等方式，加强和规范乡镇（街道）及各类开发区、产业集聚区安全生产监督检查，促进城乡安全生产网格化、一体化监管执法。

（二十二）加强监管执法保障。构建安全生产人防、物防、技防网络体系，实现安全生产监管执法人员素质、设备保障和技术应用的整体协调。各级政府要将安全生产监管执法机构作为政府行政执法机构，健全安全生产监管执法经费保障机制，将安全生产监管执法经费纳入同级财政保障范围。加快推进安全生产监管执法机构规范化、标准化建设，2017年年底前为所有执法人员配备便携式移动执法终端，保证调查取证、安全防护等装备和基层执法、应急救援用车满足安全生产监管执法工作需要。

（二十三）加强监管执法队伍建设。各级政府和相关部门要加强安全生产监管执法人员思想建设、作风建设和业务建设，建立健全监督考核机制，促进安全生产严格执法、科学执法、文明执法。各负有安全生产监管职责的部门要通过视频会议等形式开展法制专题培训，每3年进行1次安全生产业务轮训，提升本系统监管执法人员业务能力。要加强安全生产监管执法队伍党风廉政建设，强化纪律约束，坚决查处腐败问题和失职渎职行为，宣传推广基层安全生产监管执法的先进典型，树立廉洁执法的良好社会形象。

河南省人民政府办公厅

2015年10月12日

河南省煤炭工业管理办公室关于印发《关于开展煤矿安全生产“126”工程行动计划的指导意见》的通知

（豫煤〔2015〕3号）

各产煤省辖市、省直管县（市）煤炭行业管理部门、煤炭安全监管部门，省骨干煤炭企业：

为进一步夯实煤矿安全生产基础，构建煤矿安全生产长效机制，根据国家、省有关法律法规和文件要求，结合我省煤矿安全管理工作实际，省煤炭工业管理办公室研究制定了《关于开展煤矿安全生产“126”工程行动计划指导意见》，现印发给你们，请你们对照意见要求，制订具体落实意见和实施方案，切实将各项工作落到实处，促进我省煤炭行业持续健康发展。

附件：关于开展煤矿安全生产“126”工程行动计划的指导意见

2015年11月 日

根据《中华人民共和国安全生产法》、《煤炭法》和《国务院办公厅关于进一步加强煤矿安全生产工作的意见》（国办发〔2013〕99号）等有关法律法规的规定，为坚决防范和遏制重特大事故，实现全省煤矿安全生产形势持续稳定好转，现就全省煤矿开展安全生产“126”工程行动计划提出以下指导意见。

一、总体要求

以党的十八大和十八届三中、四中、五中全会精神为指导，认真贯彻落实安全生产法律法规和《河南省人民政府关于印发河南省强化煤矿安全生产暂行规定的通知》（豫政〔2014〕63号）、《河南省人民政府办公厅关于进一步加强煤矿安全管理的通知》（豫政办〔2014〕163号）等文件要求，坚守安全生产红线，围绕“1”个目标（安全生产）；突出“2”个重点（灾害防治和生产管理）；落实“6”项任务（监管体系、人员素质、安全装备、技术管理、规章制度、应急救援），夯实煤矿安全生产基础，构建安全生产长效机制，为推动“平安河南”建设创造良好的安全生产环境。

二、安全目标

全省煤矿百万吨死亡率低于全国平均水平，坚决杜绝煤矿重大及以上事故，有效遏制较大煤矿事故，生产矿井力争实现“零死亡”。

三、工作重点

(一) 强化灾害防治,防范各类事故

1. 稳步推进煤矿职业健康工作。认真贯彻落实《煤矿作业场所职业病危害防治规定》(国家安全生产监督管理总局令第73号),加强煤矿作业场所职业病危害的防治工作,强化煤矿企业职业病危害防治主体责任,预防和控制粉尘、噪声、热害、有毒有害物质等对煤矿劳动者的健康危害,确保全省煤矿职业健康水平不断提升。

2. 建立完善风险预控管理体系。完善煤矿企业安全生产风险预控管理体系。加强隐患源头控制,逐步提升煤矿企业安全生产风险预控管理体系,通过对煤矿危险源辨识、分类、监测、风险评估和风险预警,制定危险源管理标准和管理措施,确保在生产作业中实现全员、全过程、全方位管理,最大限度做到人员无失误、设备无故障、系统无缺陷、管理无漏洞。

3. 深入开展重大灾害专项治理活动。编制煤矿重大灾害专项治理年度行动方案,分季节分时段集中开展煤矿瓦斯、水害、煤尘、冲击地压、顶板、火灾和机电运输等专项安全大检查活动,查找重大安全隐患和安全生产薄弱环节,督促煤炭企业查大系统、除大隐患、防大事故,把事故消灭在萌芽状态,坚决杜绝煤矿重大及以上事故。各省辖市、省直管县(市)煤炭安全监管部门要加大安全生产行政执法力度,突出重点,有计划、按步骤开展执法工作,对查出的重大隐患交由地方政府挂牌督办。

4. 补充完善隐患排查治理体系。以企业自查自控为重点,构建煤矿隐患排查治理体系。建立健全隐患排查治理制度,实现煤矿企业、矿井、区(科)队及班组四级不间断的隐患排查治理,确保隐患排查治理常态化、制度化、信息化。加大隐患排查治理力度,不断强化事前预防和源头控制,根据采、掘、机、运、通等特点,分系统、分层级、全覆盖、不间断的排查治理和监测监控,实现隐患排查、登记、分析、监控、整改、验收闭环管理。严格隐患整改,对查出的隐患要按照定措施、定责任、定资金、定时限和定预案的“五定”原则逐条整改到位。

5. 全面落实瓦斯综合防治措施。全面贯彻落实“先抽后采、监测监控、以风定产”瓦斯治理十二字方针,建立完善“通风可靠、抽采达标、监控有效、管理到位”瓦斯治理工作体系,切实做到不掘突出头,不采突出面。坚持区域防突措施先行、局部防突措施补充的原则,煤与瓦斯突出矿井必须坚持优先开采保护层,落实“两个四位一体”防突措施,消除突出危险性。深入落实豫政〔2014〕63号、豫政办〔2014〕126号等文件要求,建立健全瓦斯灾害防治管理体系,明确各管理层级的防突职责,完善瓦斯灾害防治管理制度,健全防突机构、人员和防突队伍,配备相关设施设备,强化防突现场管控。督促生产矿井合理安排生产布局,超前实施防突工程,做到“先治理后布置”、“先抽后掘”、“先抽后采”,实现抽、掘、采平衡。积极推进煤与瓦斯突出矿井“先抽后建”,建立完善的地面钻井抽采系统。牢固树立“瓦斯超限就是事故”理念,严格瓦斯零超限目标管理。瓦斯防治措施不到位的矿井必须停产整顿,停产整顿期间仍组织生产的矿井,按煤矿隶属关系提请当地政府依法严格查处相关人员责任。

6. 深化防治水综合治理。坚持“预测预报、有疑必探、先探后掘、先治后采”原则,落实“防、堵、疏、排、截”综合治理措施。煤矿必须按规定建立防治水机构、配备防治水专业技术人员和探放水设备;水文地质条件复杂、极复杂矿井必须配备水文地质副总工程师,成立专门的探放水队伍;受水害威胁严重矿区必须按照规定组织开展矿区水害普查和治理；每个煤矿的老空区积水都要划定警戒线和禁采线并经煤矿技术负责人审查；严格执行“探掘分离、先探后掘”等探放水规定，未经探放水作业确认安全的区域严禁进行一切采掘活动；积极推广现有先进成熟的防治水三维地震勘探技术，地面及井下电法勘探技术、超前钻探与注浆技术，水文地质条件综合探查与带压开采配套技术等，提升矿井水害防治能力；煤矿集中矿区和重点产煤市要配备适用的排水设备和应急救援物资，确保能够及时发挥救援作用；加强煤矿防汛和雨季“三防”工作。

7. 加强煤矿冲击地压管理。坚持“区域先行、局部跟进”防冲原则，落实“冲击危险性评价与预测、监测预警、防范治理、效果检验、安全防护”等综合性防治措施；冲击地压矿井必须按规定建立完善防冲机构，配齐防冲相关人员，健全各项管理制度和岗位责任制；必须进行区域危险性预测和局部危险性预测，区域与局部预测可根据地质与开采技术条件等，优先采用综合指数法确定冲击危险性，建立冲击地压危险分析预警制度；优化开采部署，优先选择无煤柱护巷工艺，冲击地压煤层应严格按顺序开采，不得留孤岛煤柱；严禁采用刚性支护。进入冲击地压危险区域的人员必须采取特殊的个体防护措施和专门的培训。

8. 做好煤矿防灭火工作。煤矿企业认真落实“预防为主、防消结合、依靠科技、多种形式防灭火”原则，采取综合措施防治煤矿火灾。矿井必须设地面消防水池和井下消防管路系统，并按规定进行定期检查；开采容易自燃和自燃煤层的矿井，必须编制矿井防灭火设计和开展自燃发火监测工作，健全自然发火预测预报及管理制度，并积极采取优质防火材料防火灌浆或者其他有效的综合预防自燃发火的措施；开采容易自燃和自燃煤层、采用全部充填采煤法时，严禁采用可燃物作充填材料。必须保证井下机电和所有提升设备完好，严禁非阻燃、非防爆设备违规入井，严控机电设备火灾事故。

9. 加强煤尘防治工作。严格落实《煤矿井下粉尘综合防治技术规范》（AQ 1020—2006）要求，健全煤尘防治责任体系和管理制度，确保煤尘防治主体责任落实到位；煤矿必须建立完善的防尘供水系统，落实综合防尘措施，配齐用好喷雾降尘和除尘等设施装备，落实湿式钻眼、水炮泥、煤层注水等具体措施；生产矿井每延深一个新水平，应进行一次煤尘爆炸性试验工作，并根据鉴定结果，采取相应的预防和隔绝煤尘爆炸等安全措施，且隔爆设施的安装地点、数量、水量或岩粉量必须符合有关规定。

10. 加强煤矿地温管理。煤矿企业要加强煤矿的地温观测与探测，尤其是有地热危害的矿井，要查明本矿井不同深度和各构造部位的地温变化梯度；分析地温异常变化的地质因素；掌握煤矿地温变化规律，预测地热异常区。同时，要积极采取一切必要的手段和先进的降温技术，确保井下温度符合规定。

11. 强化煤矿顶板管理。煤矿企业要加强矿井地质勘探和矿压观测工作，掌握煤层赋存情况、地质构造、顶底板岩性和矿压显现规律，合理确定相应的支护方式和支护参数，增强支护的针对性、适用性和有效性；坚决淘汰落后支护方式和工艺，大力推进煤矿企业支护方式改革，回采工作面必须采用液压支架或悬移支架支护，不经论证和批准不得采用单体液压支柱配 π 型钢梁支护；积极推广应用锚杆、锚网、锚索联合支护等顶板支护的新技术、新工艺、新材料，提高支护强度和质量；严格执行敲帮问顶制度，严禁空顶作业。

12. 加强机电运输管理。大力开展煤矿淘汰落后机电设备和工艺会战，加快设备更新，杜绝国家明令禁止或淘汰的设备和工艺超期使用；建立健全大型固定设备的技术档案，按规定进行技术检测，保持设备性能完好，杜绝电气失爆；煤矿井下设备必须全部按规定取得煤矿矿用产品安全标志；加强煤矿供电、提升和运输系统的维护和管理，完善安全保护装置和安全设施；加强井下辅助运输系统的优化改造，积极应用成熟适用技术，减少运输环节，整体提高运输安全水平。

13. 加大安全投入。严格按照《河南省人民政府办公厅关于贯彻国办发〔2013〕99号文件精神进一步加强煤矿安全生产工作的实施意见》（豫政办〔2014〕22号）要求，按规定的标准提取安全生产费用，煤与瓦斯突出矿井提取标准为吨煤不低于70元，高瓦斯矿井提取标准为吨煤不低于50元，其他煤矿吨煤不低于15元。主要用于瓦斯治理等灾害防治、设备更新、技术改造、隐患治理等。安全费用要专款专用，严禁挪用。

（二）加强生产管理，夯实安全基础

14. 控制开采强度。认真贯彻落实国家关于控制总量、产能公示、限制劣质煤、淘汰落后等政策措施，维护市场供需平衡。优化产业布局，控制开发强度，有效控制煤炭总量。严格新建煤矿准入标准，合理控制产能增量。不具备相应灾害防治能力的企业不得开采煤与瓦斯突出、高瓦斯、冲击地压、煤层易自燃、水文地质条件复杂等煤炭资源。存在瓦斯突出、冲击地压、水害威胁、自燃发火等重大安全生产隐患的煤矿，经论证在现有技术条件下难以有效防治的，依法依规实施关闭。新建矿井必须进行开办许可，必须全部实现机械化开采。

15. 完善采掘布置。根据井田范围、地质条件，进一步优化矿井开拓布置，按照有关规范、标准及规定，合理设计采区（含上下山开采设计）开采顺序及开采水平延伸，确保矿井在服务年限内正常开采，保证开采服务年限。严禁无规律、无节制乱采滥挖，甚至超能力生产，人为减少和缩短矿井服务年限。

16. 提升系统功能。加强对煤矿采煤、掘进、机电、运输、通风、排水等安全生产系统和监测监控、人员定位、紧急避险、压风自救、供水施救、通信联络等安全避险系统建设和治理，确保主要系统合理、健全、可靠，提升矿井的防灾抗灾能力，进一步夯实煤矿安全工作基础，有效遏制重特大事故的发生。

17. 科学组织生产。科学编制年度生产计划，保证矿井的正常生产接续和均衡生产。加强生产组织管理，控制采掘工作面个数，切实做到合理集中生产，严禁超能力、超强度、超定员组织生产。全省年生产能力30万吨以下的小煤矿必须实行“一井一面”。依法依规组织生产，进一步提高产业集中度，增强煤矿安全保障能力。

18. 淘汰落后产能。继续对兼并重组小煤矿实施分类管理，实行发展先进产能和淘汰落后产能相结合，鼓励资源量大、开采条件好的兼并重组小煤矿，通过扩储或合并改造提升生产能力，提高机械化水平。引导资源储量少、开采条件差、经济效益差的小煤矿退出煤炭开采领域，进一步提高煤炭产业集中度。

19. 严格能力核定。按照《国务院办公厅关于进一步加强煤矿安全生产工作的意见》（国办发〔2013〕99号）文件要求，坚持核增从严、核减从快原则，对高瓦斯、煤与瓦斯突出、冲击地压及水文地质类型极复杂等灾害严重的生产矿井严格生产能力核定，核减不具备安全保障能力的生产能力，进一步提升全省煤矿安全生产水平。

20. 强化能力监管。按照《国家能源局关于建立煤矿生产能力登记和公告制度的通知》（国能煤炭〔2013〕476号）要求，强化煤矿产能登记及公示工作。煤矿企业必须严格按照煤矿生产能力审核的公告组织生产，严禁超能力生产。进一步完善煤矿生产能力管理相关办法、标准和规定，建立健全监督管理体系和机制，督促煤炭企业严格按照核准的煤矿建设规模和生产能力组织生产。

四、主要任务

（一）落实监管责任，建立完善安全生产责任体系

21. 健全监管体制。建立健全煤矿“党政同责、一岗双责、齐抓共管”的安全生产责任体系，切实履行煤矿属地监管责任。贯彻落实豫政办〔2014〕163号文件要求，进一步细化地方政府属地监督管理内容和范围，明晰各级政府对辖区内所属煤矿的属地监管职责。按照“管行业必须管安全、管业务必须管安全、管生产经营必须管安全”和“谁主管谁负责”、“谁发证谁负责”的原则，进一步强化煤炭综合监管部门、行业管理部门、地方煤矿安全生产监管部门以及其他专业监管监察部门职责，逐步构建适应全省煤炭工业安全发展的监管体制机制。

22. 落实主体责任。强化企业法定代表人和实际控制人的责任，严格执行企业“五落实五到位”规定，做到企业“党政同责”、“一岗双责”、安全生产组织领导机构、安全管理力量、安全生产报告制度“五落实”，把安全生产责任和措施落实到生产经营活动的全过程，做到安全投入、安全培训、基础管理、应急救援、隐患排查治理“五到位”，促使企业履行安全生产主体责任，建立自我约束、持续改进的企业安全生产长效机制。

23. 强化属地监管。各级地方政府要按照职责范围加强对辖区内煤矿的监督管理，强化属地监管职责；加强部门之间的配合协作，切实履行安全生产综合监管、专项监管、行业管理和指导等职责。定期研究解决煤矿安全生产工作中存在的突出问题，做到关口前移、重心下移。学习借鉴纪检监察系统经验，各煤矿企业集团向所属煤矿派驻安全监察专员，现场实时监督并受理干部职工关于安全生产方面的举报，进一步督促煤矿主体责任的落实。

24. 完善领导责任。健全落实各级领导责任制，促进依法治矿各项任务落实到各部门、各单位和责任人，切实提高执行力。各单位行政一把手要亲自抓，分管领导要具体抓，其他领导要协助抓，形成煤矿安全生产齐抓共管的良好工作局面。

25. 抓好绩效考核。紧紧抓住以董事长、总经理为首的煤矿企业领导班子这个“牛鼻子”，大力开展煤矿安全生产绩效考核，考核结果报省政府将作为企业领导年薪的重要参考依据。严格实行安全生产“一票否决制度”，对发生较大以上生产安全责任事故的煤矿企业，在表彰、年薪、晋职晋升等方面予以一票否决制。

26. 严格责任追究。按照“无盲区、全覆盖、零容忍”的要求，盯紧瓦斯、火灾、水害、煤尘、冲击地压等灾害严重矿井，查大系统、治大隐患、防大事故。深入排查事故隐患。因隐患排查不及时、隐患整改不到位等原因造成事故的，严格按照“党政同责、一岗双责、失职追责”和“四不放过”原则（事故原因不查清不放过、责任人员未处理不放过、整改措施未落实不放过、有关人员未受到教育不放过），严肃煤矿事故查处，按照《中共河南省委印发〈关于强化党组织主要负责人煤矿安全生产责任的暂行办法〉的通知》（豫文〔2011〕184号）、《河南省人民政府关于进一步加强煤矿安全生产工作的若干意见》（豫政〔2008〕51号）、《河南省人民政府关于加强煤矿安全生产工作的补充意见》（豫政〔2011〕40号）等文件精神从严从重追究有关人员的责任。

27. 严惩违法违规。严惩煤矿企业“三超”（超能力、超强度、超定员组织生产）、超层越界开采、不按规定实施瓦斯区域治理等

违法违规行为，严厉打击非法生产，杜绝已关闭矿井死灰复燃。对存在违法违规行为、不具备安全生产条件的煤炭企业及个人要从严惩处，遏制非法违法行为。

（二）坚持以人为本，提高全员素质

28. 落实煤矿矿长责任制。严格落实《矿矿长保护矿工生命安全七条规定》（国家安全生产监督管理总局令第58号）；严格矿长准入，新任命的煤矿矿长必须具有煤矿安全生产相关专业大专以上学历和从事煤矿井下工作3年以上的经历；还必须具备生产（机电）、技术、安全等副职岗位2年以上的工作经历；抓好矿长的再教育再培训，建立矿长竞技交流平台，提升管理水平，积极开展优秀矿长评选活动。

29. 提高各级安全管理人员综合素质。从事安全、生产、机电、防突等专职副矿长，必须具备煤矿相关专业大专以上学历或注册安全工程师资格，其他负责采煤、掘进、机电运输、通风、地质测量工作的专业技术人员必须具备煤矿相关专业中专以上学历或注册安全工程师资格，且有3年以上井下工作经历；要进一步强化培训，确保培训时间和质量，不断更新管理人员管理知识、管理能力、处置能力、应急能力等综合素质。

30. 加强特殊工种培训和管理。加强特殊工种培训，规范培训内容，严格培训考核，切实增强特殊工种操作人员安全意识和安全操作技能。加强特种作业人员日常管理，确保持证上岗，规范操作，处置准确，构建坚强的安全技术保障。

31. 加强基层班组建设。严格落实《煤矿班组安全建设规定（试行）》（安监总煤行〔2012〕86号）要求，继续大力推行“白国周班组管理法”；煤矿企业必须将班组长岗位工作经历纳入煤矿各级管理人员选拔的基本前提，区队安全生产管理人员原则上要有班组长经历；建立完善以安全为核心的班组考核标准，并将考核结果作为班组长提拔、奖励及评先的重要依据；赋予班组长决策权，班组长对管辖范围内的现场安全管理全面负责，在遇到险情时有第一时间下达撤人命令的直接决策权和指挥权。

32. 提升职工技能水平。大力推行《河南省煤矿职工安全生产行为守则》，从安全意识、岗位职责、业务技能、安全健康、安全确认、工作质量、设施保护、灾害处置、安全互保、文明诚信等10个方面加强对煤矿职工的培训教育，提高职工业务技能和安全自保、互保能力，有效杜绝煤矿“三违”（违章指挥、违章作业、违反劳动纪律）现象，遏制煤矿生产事故发生；积极开展“百名优秀职工”评选活动，选出一批优秀职工带头人，营造爱岗敬业的良好氛围。

（三）提升装备水平，提高煤矿安全保障能力

33. 提高采掘机械化水平。不予核准不采用机械化开采的新建和改扩建煤矿；全面推进小煤矿机械化升级改造，对不采用机械化开采的煤矿，不批准进行改扩建或技术改造；新密、登封、巩义和济源市4重点县（市）至少建设一个采煤、掘进机械化示范矿井；加快推进大中型煤矿自动化、智能化建设，学习借鉴全国先进煤矿的信息化与自动化融合技术经验，鼓励大中型煤矿对通风、提升、运输、排水、供电等系统进行技术改造，简化优化生产系统，减少工作面个数和井下作业人员。到“十三五”末，骨干企业本部煤矿机械化程度达到90%以上，掘进机械化达到75%以上；兼并重组小煤矿机械化程度达到70%以上；小型煤矿全部实现机械化正规开采。

34. 推动煤矿监控系统改造升级。生产矿井必须装备安全可靠的安全监控系统，实现对煤矿的瓦斯、风速、一氧化碳、烟雾、温度等环境参数和矿井生产、运输、提升、排水等环节的机电设备工作状态进行监测和控制。严格执行《煤矿安全监控系统及检测

仪器使用管理规范》(AQ 1029—2007),保证系统各分站、传感器、读卡器数量和安装符合要求,并且运行安全可靠,准确传输工作信息和报警信息。大力推动煤矿监测监控系统升级改造,推广使用监控系统检查分析工具;监控系统不能正常运行的煤矿,一律停产整顿。

35. 加强煤矿监控系统联网。2016 年 6 月底前各集团公司必须与所属矿井实现联网,2016 年年底前,各产煤县(市、区)必须实现与本辖区内煤矿联网;2018 年年底前,各产煤省辖市实现与辖区内煤矿实现联网,实现全省煤矿适时动态监控,有效地提高煤矿防范灾害能力。

36. 提高机电设备管理水平。加强矿井提升、通风、排水、运输、采掘等系统设备管理,设备选型必须符合国家有关规定,遵循"技术上先进、经济上合理、生产上适用"的原则;各类设备安全保护装置符合《煤矿安全规程》要求,做到动作灵敏、性能可靠。按照设备操作规范,科学合理的使用设备,严格执行日常维护和定期维修制度,严禁设备超负荷、超规范以及带病运转。

37. 深化煤矿机电装备及管理水平对标活动。按照《河南省煤矿机电装备及管理水平考核评价标准》、《煤矿安全规程》等与机电有关的管理标准,深入开展煤矿机电装备及管理水平考核评价对标活动,不断提升我省煤矿机电装备和管理水平,推进矿井现代化、自动化、信息化建设步伐,努力构筑煤矿机电安全生产保障体系。

(四) 实施科技创新,提高煤矿技术管理水平

38. 开展重大科技攻关项目。针对制约我省煤矿安全生产的关键性技术难题,以重点煤炭企业为基地,依托高等院校和科研院所,积极开展跨区域、跨行业、跨学科、多层次、多领域的联合科技攻关和广泛交流合作。重点对"三软"煤层瓦斯区域治理及抽采、冲击地压防范、矿井热害治理、深部承压水防治和软岩支护等方面开展攻关。

39. 推广先进适用技术。大力推动煤矿技术进步,积极推行新技术、新工艺和新设备,推广实施《煤矿安全生产先进适用技术推广目录(2015 年)》中"煤与瓦斯突出综合预警"、"顶板灾害监测及预警"、"冲击地压微震监测"等先进成熟的技术;发挥科技创新第一生产力作用,加大科技攻关项目推广实施力度,深入开展煤矿安全科技进矿区活动。

40. 大力实施协同创新。发挥"煤炭安全生产河南省协同创新中心"作用,充分发挥产、学、研、用各方协同创新力量,努力解决制约我省煤炭企业安全高效生产技术瓶颈,力争到"十三五"末建成一批瓦斯综合治理、水害防治、冲击地压防范等示范矿井,确保我省煤矿安全生产形势稳定向好。

41. 推动煤矿绿色开采。认真落实《关于印发〈煤矿充填开采工作指导意见〉的通知》(国能煤炭〔2013〕19 号)和《国家能源局 环境保护部 工业和信息化部关于促进煤炭安全绿色开采和清洁高效利用的意见》(国能煤炭〔2014〕571 号)要求,适时在全省重点矿区启动煤矿绿色开采试点工作,选择有条件的煤矿实施"充填开采"、"保水开采"和"煤与瓦斯共采"等绿色开采技术,促进资源开发与环境保护协调发展。

42. 促进煤炭清洁利用。大力发展煤炭洗选加工,新建煤矿必须配套建设选煤厂,所有大中型煤矿均应配套建设选煤厂或中心选煤厂,小型煤矿集中矿区要建设群矿选煤厂,提高原煤入选比例;落实《商品煤质量管理暂行办法》,研究制定煤炭质量管理体系,完善煤炭清洁储运体系,加强对煤炭开发和利用的监督管理;建设煤炭分级分质梯级利用示范项目。"十三五"末,原煤入选率达 75%以上。

43. 大力推广互联网应用。各级、各部

门和煤矿企业都要制定“互联网＋”发展规划，切实把“互联网＋”技术运用在煤矿安全生产各个领域，实现数字矿山、智慧矿山。

（五）完善规章制度，提高依法治矿水平

44. 贯彻落实国家现行法律法规和政策。煤矿企业要坚持并贯彻落实好国家和省关于煤矿一系列行之有效的现行安全政策和规章制度，并按照《安全生产法》新要求，重新梳理并修订各项规章制度，与现行规章制度相适应。

45. 完善相关法规政策。推动修订《河南省煤炭条例》；完善煤矿主要负责人、煤矿特种作业人员安全生产资格认定等制度建设；研究制定生产能力监管、“三下”开采管理、煤矿回采率管理等规范性文件，形成较为完备的制度体系。

46. 深入推进煤矿质量标准化达标工作。强化动态达标和岗位达标，建立完善岗位责任制、岗位标准和考评办法。凡未达到安全质量标准化三级标准的煤矿，限期停产整顿。加大三级达标矿井考核力度，每半年进行考核命名。继续取消出现较大事故煤矿达标等级。巩固“五优”矿井创建成果，继续深入开展“五优”矿井创建，着力夯实安全基础，提升创建的水平和档次。

47. 继续推行管理创新。继续推行“三描述一确认”（系统描述、岗位描述、手指口述，安全确认）的安全工作操作规范体系，提高职工操作技能；大力推行准军事化管理，强化全体职工的责任感，提高全体职工执行力；抓好职工行为准则培训，全面提升职工素质。

（六）强化应急救援，坚守安全生产防线

48. 加强应急知识普及和应急技能培训。加大煤矿安全生产应急知识普及工作，开展形式多样的应急知识竞赛活动，提高煤矿各级管理人员和一线职工的应急意识。对重点岗位和班组等一线职工的定期组织开展应急处置技能培训，提高煤矿职工应急避险和自救互救能力。

49. 按要求配备和更新应急救援装备。加大应急救援运行投入，各煤矿企业和矿山救护队应结合工作实际，按标准配备和更新应急救援装备器材和物资。没有建立专职救援队伍的，必须建设兼职辅助救护队，并与就近的矿山救护队签订救护协议。建立完善应急救援装备协调调配机制。

50. 强化应急预案编制和应急演练工作。按要求制订和完善应急预案，切实提高应急预案的针对性、实用性和可操作性，强化事故初期的妥善处置，有效控制事故发展扩大。应急救援预案必须与上级预案、地方政府预案相衔接，确保应急救援科学组织、上下联动、施救有力。定期开展应急演练，提高应急管理人员的指挥能力、应急救援队伍的实战能力，不断增强应急演练工作的针对性和实效性。

索 引

一、附表索引

二、附图索引

编纂始末

《河南煤炭工业志》是《中国煤炭志·河南卷》的续志。2016年3月,《河南煤炭工业志》编纂工作开始筹备,河南省煤炭工业管理办公室主任陈党义主持召开全省煤炭系统动员会议,安排部署煤炭志编纂工作,印发《关于〈河南煤炭工业志〉编纂工作规划的通知》(豫煤综〔2016〕28号)。编纂工作由河南省煤管办主任陈党义总负责,副主任万战伟分工负责,明确省煤管办综合处调研员张利亚具体负责编志工作,并从省煤管办机关、河南能源化工集团义煤公司、郑煤集团等部门和单位抽调6名同志组成编志办公室,开展前期编写工作。同时,按照有关规定,省煤管办通过询标形式,委托河南煤炭学会承担编志有关工作,《河南煤炭工业志》编纂工作正式启动。

5月底,编志办人员研究起草了《河南煤炭工业志》编写大纲。为了志书大纲设计科学合理和便于编写,万战伟、张利亚等一行5人专程到北京向《中国煤炭工业志》总纂吴晓煜汇报《河南煤炭工业志》大纲篇目设计情况,随后又赶赴陕西煤炭行业协会编志办学习取经。6月初,对编写大纲进行调整修改,最终确定为10篇29章,记述时限为1991—2015年,大纲设置规范合理,为志书编写奠定良好基础。

编写大纲修改确定后,省煤管办主任陈党义、副主任万战伟等多次召开省骨干煤炭企业主管领导及编纂人员专题会议,明确任务,落实责任,听取工作进展情况,协调编志中存在的困难和问题;沟通协调河南煤监局、省能源局、省煤田地质局提供相关材料,保障了编志工作的总体推进。编志办张利亚、薛红梅等人员多次到基层单位指导、督促志书编写工作,帮助解决编写中遇到的困难和疑点,保证了编志工作的总体进度。

6—10月,各有关单位按照任务分工,积极部署并确定专人负责,加紧查找、收集、整理1991年至2015年的相关历史资料。截至8月份,共收到各有关单位来稿和查找收集资料500多万字,资料照片120多张。编写人员,采取边查找资料、边编纂、边催稿、边补充的方式,开始志书的初稿编辑工作。在此期间,编志办人员人人动手,到档案馆查资料、找文件。同时对报送资料进行反复核对,分类整理,仔细梳理,按照篇章节对号入座,按照史志横排和竖写的要求,划分层次,理清头绪。11月份,编写人员加班加点,每天工作10小时以上,编辑出志书的讨论稿;之后经过大家不辞辛苦的修改完善,截至12月底,《河南煤炭工业志》初稿完成,字数达120余万字。

志稿初稿编撰人有:万战伟(凡例、概述);张利亚(管理体制、人物荣誉、照片、附录、索引、编纂始末);张宝山(生产运销、安全生产);郭俊善(环境保护、相关产业);吉建庆(地质勘查、煤矿建设、单位简介);薛红梅(大事记、科研教育);牛卫东(文化卫生)。全部志稿由陈党义、万战伟、张利亚修改、统编和终审。

2017年3月2日,《中国煤炭工业志》编纂委员会组织评审专家在郑州对《河南煤炭工业志》进行了终审,评审领导小组组长解宏绪,专家吴晓煜、陈守强、宁新民、李宗华、李明清、周松元、于海宏对志稿逐篇逐章进行了审阅,提出了许多宝贵意见。《河南煤炭工业志》编委会根据专家意见，安排专业人员程乐金、茹纯洁、孙文生、刁良勋、齐二伟、张宝山、张利亚等对志书进行了多次修改和补充，同时要求各煤业集团和有关单位对志稿进行核校补充，提高了志书内涵和质量。

《河南煤炭工业志》的编纂工作，得到《中国煤炭工业志》编委会、河南省工业和信息化委的大力支持和帮助。《中国煤炭工业志》总纂吴晓煜多次对编志工作提出具体要求和指导；河南省工业和信息化委主任王照平、副主任陈富刚明确指示要保障编志工作的顺利开展；河南省煤管办副主任李震寰、沈天良对志书进行了认真审查；综合处处长李天明、副处长李学同在保障编志办公条件、办公经费、人员生活等方面付出了辛勤努力。在志书编撰工作中，还得到了省煤管办各处室、全省各煤炭企事业单位和产煤市县领导的关心和支持，在此向所有参加志书编写工作的单位和个人表示衷心感谢。

由于时间紧迫、水平所限，书中遗漏讹误在所难免，敬请广大读者指正和谅解。

《河南煤炭工业志》编纂委员会办公室执行总纂　张利亚

2017 年 8 月